# Goldmann Lexikon
24 Bände in Farbe

# GOLDMANN LEXIKON

## BAND 8

*Frau – Gnat*

BLI

BERTELSMANN
LEXIKOGRAPHISCHES
INSTITUT

Aktualisierte Ausgabe
Redaktionsschluß: Juni 1998

Herausgegeben vom Bertelsmann Lexikographischen Institut

*Redaktionsleitung:* Wolf Keienburg
*Textredaktion:* Gerhard Bruschke, Ursula Geier, Inge Götze, Dr. Gerhard Hirtlreiter, Feryal Kanbay, Dr. Dieter Kunz, Werner Lord, Klaus Meyer, Dr. Jörg Theilacker, Dr. Thomas Tilcher
*Bildredaktion:* Eva von Reibnitz, Elisabeth Franz
*Schlußredaktion:* Helmut E. Scheidler, Arno Matschiner
*Kartographie:* Inge Seyffarth
*Herstellung und Layout:* Augustin Wiesbeck, Dr. Jörg Theilacker

*Umwelthinweis*
Alle bedruckten Materialien dieses Taschenbuches sind chlorfrei und umweltschonend. Das Papier enthält Recycling-Anteile.

Genehmigte Taschenbuchausgabe 1998
Wilhelm Goldmann Verlag, München
in der Verlagsgruppe Bertelsmann GmbH
© 1998 Bertelsmann Lexikon Verlag, Gütersloh
in der Verlagsgruppe Bertelsmann GmbH
*Umschlaggestaltung:* Design Team München
*Druck:* Graphischer Großbetrieb Pößneck
Made in Germany
Gesamtwerk ISBN 3-442-90000-X
Band 8 ISBN 3-442-26168-6

# Hinweise für den Benutzer

Für die Einordnung ist das gesamte (fettgedruckte) Stichwort maßgebend: **Börsenumsatzsteuer** · **Bosch GmbH, Robert** · **Bosnien-Herzegowina** · **Boulogne-sur-Mer**.
Die Umlaute ä, ö, ü sind als a, o, u eingeordnet: **Buchman** · **Büchmann** · **Buchmesse**.
Treffen zwei Stichwörter zusammen, die sich nur durch den Umlaut unterscheiden, so ist dasjenige ohne Umlaut vorangestellt: **Buhl** · **Bühl** · **Kur** · **Kür** · **Lohe** · **Löhe** · **Losung** · **Lösung**.
ae, oe, ue werden nach ad, od, ud eingeordnet, auch wenn die Vokalbildung als Umlaut gesprochen wird: **Schädlinge** · **Schaefer**.
Unter C vermißte Wörter suche man auch unter K und Z. Entsprechendes gilt für Ch, Dj, Dsch, J und Tsch; F und Ph; J, Y; Sch, Sh und Ch; V und W. ß gilt gleich ss.

*Einordnung der Stichwörter in das Abc*

Der Verweispfeil (→) weist darauf hin, daß das folgende Wort in einem eigenen Artikel behandelt ist. Er steht unmittelbar vor dem Bezugswort: J. S. →Bach, →Österreichischer Erbfolgekrieg.

*Verweise im Text*

Hinweise auf Abbildungen und Tafeln stehen in den Randspalten und werden mit einem besonderen Zeichen (■) markiert, z. B.: (■) **Airbus**: weiteres Bild →Flugzeug; (■) **Barsoi**: Bild →Hunde (Tafel). Als Tafel wird eine Zusammenstellung mehrerer zu einem Stichwort gehörender Abbildungen bezeichnet.

(■) *Bildhinweise*

Für Sofortmaßnahmen bei Gefahr für Gesundheit und Leben eines Menschen, z. B. bei Unfällen, Kreislaufstillstand, sind Erläuterungen zu den Verhaltensmaßregeln beim Stichwort ›Erste Hilfe‹ sowie bei entsprechenden anderen Einträgen zu finden, kenntlich gemacht durch rote Kreuze auf der Randspalte.

✚ *Erste Hilfe*

Diese Rubriken enthalten Empfehlungen zu Gesundheits- und Rechtsfragen des Alltags sowie zu sprachlichen Zweifelsfällen.
In den ›Praxistips Gesundheit‹ sind Ratschläge zum Verhalten bei den verschiedensten körperlichen Beschwerden wie auch zur Selbsthilfe bis zum Eintreffen des behandelnden Arztes zu finden. Besonderer Wert wird auf die Prophylaxe zahlreicher Erkrankungen und die allgemeine Gesundheitsvorsorge gelegt.
Die ›Praxistips Recht‹ informieren über die gesetzlichen Bestimmungen und Lösungsmöglichkeiten bei den vielen kleinen juristischen Problemen des Alltags, für die nicht bereits ein Rechtsanwalt zu Rate gezogen wird.
Die ›Praxistips Sprache‹ bieten zahlreiche Hinweise auf sprachliche Zweifelsfälle und Probleme: sowohl hinsichtlich von Einzelfragen (**anscheinend – scheinbar; fremdsprachig – fremdsprachlich**) wie in Übersichtsdarstellungen (**Deklination**; **Fremdwörter**; **Groß- und Kleinschreibung**; **Kommasetzung** u. a.). Ein Verweissystem erleichtert das Auffinden der gesuchten Einträge.

▨ *Praxistips Gesundheit, Recht, Sprache*

**Gleichlautende Stichwörter (Homonyme)**

Homonyme stehen in jeweils getrennten Artikeln in folgender Reihenfolge: Personen · Staaten, Städte, sonstige geographische Namen · Tiere · Pflanzen · sonstige Sachen und Begriffe. Homonyme innerhalb einer dieser Gruppen (z. B. ›Kardinäle‹ als Gattung der Fische und der Vögel, ›Schloß‹ als Gebäude und Türverschluß) sind in einem Artikel zusammengefaßt und mittels fettgedruckter Ziffern numeriert.

**Personen gleichen Namens**

Die Reihenfolge bei gleichlautenden Namen ist: Götter, Heilige, Herrscher, Päpste, andere Personen. Ergeben sich bei Herrschernamen wie Karl oder Ludwig größere Gruppen, sind sie nach Ländern aufgeteilt: erst deutsche Kaiser und Könige, dann andere Länder in Abc-Folge. Personen gleichen Hauptnamens sind nach dem Abc der Vornamen eingeordnet, bei gleichen Vornamen nach dem Geburtsjahr.

**Namenspartikel**

Für alle europäischen Sprachen wurden großgeschriebene Namenspartikel vor dem Hauptwort belassen: **L'Aquila** · **Las Casas** · **Le Havre** · **La Rochelle** (im Alphabet unter ›L‹).
Kleingeschriebene Namenspartikel werden dagegen nachgestellt: **Alembert,** Jean le Rond d' · **Goethe,** Johann Wolfgang von (im Alphabet unter ›A‹ bzw. ›G‹ eingeordnet).

**Herkunft**

Bei Fremdwörtern ist die Herkunft in eckigen Klammern hinter dem Stichwort angegeben, z. B. **Sch<u>e</u>ma** [griech.], **<u>A</u>men** [hebr.], in besonderen Fällen auch die ursprüngliche Bedeutung, z. B. **<u>A</u>baton** [griech. ›das Unbetretene‹]. Bei Wörtern aus entlegenen Sprachen, die auf dem Weg über eine europäische Sprache ins Deutsche gedrungen sind, wird manchmal außer der Ursprungssprache (an erster Stelle) auch die europäische Vermittlersprache (an zweiter Stelle) angegeben, z. B. **Jasm<u>i</u>n** [pers.-frz.]. Sind Wörter aus Bestandteilen zweier Sprachen zusammengesetzt, so werden beide Sprachen angegeben, z. B. **Soziolog<u>i</u>e** [lat.-griech.].

**Wortumstellung bei zusammengesetzten Namen**

Bei Namen, die sich aus mehreren Wörtern zusammensetzen, ist die Reihenfolge der Wörter in der Regel unverändert wiedergegeben: **Gran Canaria** · **Hessisch Oldendorf** · **Sankt Anton am Arlberg** · **kollektives Bewußtsein**. Eine Umstellung der Wörter wurde dann vorgenommen, wenn davon ausgegangen werden kann, daß der Benutzer solche Begriffe (besonders geographische Namen) eher unter dem wichtigsten Namensbestandteil sucht: **Agulhas, Kap** · **Everest, Mount** · **Urach, Bad**.

**Zweitnamen (Synonyme)**

Synonyme zum Stichwort stehen in Kursivschrift in runder Klammer hinter dem Stichwort: **Böhmische Brüder** *(Mährische Brüder)* · **Gliedsatz** *(Nebensatz)* · **Patristik** *(Patrologie)*.
Bei Tier- und Pflanzennamen ist der wissenschaftliche Name an den Schluß aller Zweitnamen gestellt und durch Semikolon abgesetzt: **Immergrün** *(Wintergrün, Singrün; Vinca minor).*
Gibt es für Städte von Ländern mit Lateinschrift einen eingebürgerten deutschen Namen, so steht dieser im allgemeinen als Hauptstichwort, der Fremdname folgt in diesem Fall in halbfetter Schrift: **Freiburg,** frz. **Fribourg** · **Prag,** tschech. **Praha** · **Mailand,** ital. **Milano** · **Warschau,** poln. **Warszawa**.
Die Synonyme erscheinen meist nochmals an dem ihnen gebührenden Platz im Abc mit einem Verweis auf die Form, unter der der eigentliche Artikel zu finden ist: **Rat für gegenseitige Wirtschaftshilfe** → COMECON · **Milano,** ital. für → Mailand. Manchmal ist über den Verweis hinaus eine Erläuterung beigefügt.

Personen, die unter einem Pseudonym oder Beinamen bekannter sind als unter ihrem bürgerlichen Namen, werden unter diesem Pseudonym bzw. Beinamen behandelt. Der bürgerliche Name erscheint hier als Zweitname in runden Klammern hinter dem Stichwort: **Bamm**, Peter (eigtl. *Curt Emmrich*).

**Pseudonyme, Beinamen**

Bei Stichwörtern, deren richtige Betonung nicht jedermann geläufig ist, wird die Betonung wie folgt angegeben:
Strich unter einem Vokal: Vokal ist betont und lang: **F̱atum**.
Punkt unter einem Vokal: Vokal ist betont und kurz: **Ạlbula**.
Strich unter zwei Vokalen: Diphthong **(Da̱uthendey)** bzw. langes i **(Telepathi̱e)**.
Strich (oder Punkt) unter einem von zwei aufeinanderfolgenden Vokalen: Die Vokale sind getrennt (nicht als Diphthong) auszusprechen, z. B. **Achille̱a, Ae̱tius, De̱us ex ma̱china**.
In einsilbigen Wörtern bezeichnen Punkt und Strich unter dem Vokal nur die Kürze bzw. Länge der Aussprache, z. B. **Hu̧s, Ka̱r, Lu̱v, Prüm**.
In italienischen, spanischen, portugiesischen und schwedischen Wörtern gibt der Akzent die Betonung an: **Città, Cádiz, Setúbal, Kjellén**.
Soweit dem Stichwort eine genaue Aussprachangabe beigegeben ist, wird die Betonung bei dieser angegeben: **Broad Peak** [bro̱d pik] · **Daumier** [domje̱].

**Betonung**

Wo Zweifel über die richtige Aussprache eines Wortes bestehen können, ist diese in eckigen Klammern hinter dem Stichwort angegeben.
Tabelle der verwendeten Zeichen siehe Seiten X/XI.

**Aussprache**

Die Schreibung folgt den gebräuchlichen Regeln, wie sie zum Beispiel im ›Bertelsmann Wörterbuch Deutsche Rechtschreibung‹ festgelegt sind. Fachwörter, vor allem aus den Bereichen Naturwissenschaft und Technik, erscheinen als Hauptform meist in der international vereinbarten Schreibweise; die deutsche Schreibung folgt als Synonym in runder Klammer: **Ca̱lcium** *(Kalzium)*, **Coca̱in** *(Kokain)*, **Coffe̱in** *(Koffein)*, **Co̱rtex** *(Kortex)*, **Glyceri̱n** *(Glyzerin)*, **Glycosuri̱e** *(Glykosurie)*.
Namen aus Sprachen, deren Alphabet auf dem lateinischen beruht, werden in der Regel mit allen diakritischen Zeichen wiedergegeben (z. B. **La Coruña, Briançon, Włocławek**).
Antike Eigennamen erscheinen in eingedeutschter Form, wenn eine solche gebräuchlich ist, die lateinische bzw. (transkribierte) griechische Form ist dann in runder Klammer nachgestellt. **Ägisth** *(Aigisthos)*. Die Zweitform erscheint im Abc als Kurzverweis in der Form **Aigisthos** → Ägisth.
Wörter aus nichtlateinisch geschriebenen Sprachen erscheinen als Hauptform in der eingebürgerten deutschen Form, sofern eine solche vorhanden ist: **Pirä̱us · Mo̧skau · Jeru̱salem · Ka̱iro · Aleppo · Bangkok · Dama̧skus · Algier**. Ist keine solche Form vorhanden, erscheint als Hauptform eine einfache lautliche Transkription, die den Leser befähigt, das Wort annähernd richtig auszusprechen: **Chalkidike · Tsche̱chow · Beerscheba · Ri̱ad · Lataki̱a · Faiju̱m**. Lediglich im japanischen, koreanischen, indischen, birmanischen und thailändischen Bereich ist als Hauptform die international verbreitete englische Transkription bevorzugt: **Nagoya · Seoul · Hyderabad · Chiang Mai · Chindwin**. Für chinesische Wörter ist als Hauptform in der Regel die von der Regierung der Volksrepublik China eingeführte Pinyin-Transkription verwendet: **Chongqing · Sichuan · Yunnan · Mao Zedong · Cixi · Zhou**; nur bei sehr bekannten Namen wird der traditionellen deutschen Form der Vorzug gegeben: **Jangtsekiang** anstelle

**Schreibung und Transkription**

VII

**Schreibung und Transkription**

von Chang Jiang · **Kanton** anstelle von Guangzhou · **Peking** anstelle von Beijing · **Tientsin** anstelle von Tianjin · **Hwangho** anstelle von Huang He.
Die vier wichtigsten nichtlateinischen Alphabete sind beim Stichwort **Alphabet** vollständig dargestellt.
Von der Hauptform abweichende weitere Schreibungen erscheinen als Zweitform (kursiv gesetzt) hinter dem Stichwort. Als Zweitform dient z. B. die griechische Form neben einer besser bekannten lateinischen: **Dädalus** *(Daidalos)*; für das Kyrillische die wissenschaftliche Transkription: **Tsch<u>e</u>chow** *(Čechov)* · **Iw<u>a</u>nowo** *(Ivanovo)*; für das Chinesische die konventionelle deutsche Form: **Chongqing** *(Tschungking)* · **Sichuan** *(Szetschuan)* · **Mao Zedong** *(Mao Tse-tung)* · **Cixi** *(Tse-hsi)* · **Zhou** *(Dschou)*. Die in Klammern gesetzte Zweitform erscheint häufig im Abc als Stichwort mit Kurzverweis. Beispiele: **Č<u>e</u>chov** →Tschechow · **Iv<u>a</u>novo**, russ. Stadt →Iwanowo · **Chang Jiang**, Fluß in China: →Jangtsekiang · **Szetschuan**, chin. Provinz →Sichuan · **Tse-hsi**, chin. Kaiserin →Cixi · **Dschou**, chin. Dynastie →Zhou.
Die Schreibung der Ländernamen richtet sich nach dem vom Auswärtigen Amt in Bonn herausgegebenen Vier-Sprachen-Länderverzeichnis.

**Arabischer Artikel**

Al oder el lautet der arabische bestimmte Artikel für alle Beugungsfälle in Einzahl und Mehrzahl. Beginnt ein Substantiv mit d, dh, (l), n, r, s, sch (engl. sh, frz. ch), t, th [θ], z [stimmhaftes s], so wird der Artikel al (el) lautlich angeglichen zu ad, adh, an, ar, as, asch, at, ath, az, also: **as-Sadat, ar-Raschid**. Bei der Form ›ul‹ ist der Artikel mit der arabischen Endung des vorangehenden Wortes phonetisch verschmolzen (**Abd ul-Baha**). Im allgemeinen sind arabische geographische Namen nach dem ersten Hauptbegriff geordnet (**Scharm asch-Scheich, Schatt al-Arab**); die Vollform in den entsprechenden Fällen in Klammern hinzugefügt: **Riad** *(ar-Riad)*; Ausnahme: im Deutschen als Einheit aufgefaßte Namen wie **Alkindi** *(al-Kindi)*.

**Werkangaben**

Bei Schriftstellern, Gelehrten usw. sind die Titel von ihnen verfaßter Werke entweder im laufenden Text genannt oder am Artikelschluß zusammen aufgeführt unter den Abkürzungen *W* = Werke oder *WW* = Weitere Werke (falls im Artikel schon Werke angeführt sind). Fremdsprachige Werke, die in deutscher Übersetzung erschienen sind, werden in der deutschen Form angeführt; in diesem Fall bezieht sich das angegebene Jahr des ersten Erscheinens auf die deutsche Übersetzung. Häufig ist jedoch in Klammern der fremdsprachige Titel außerdem angegeben; in diesem Fall bezieht sich die erste Jahreszahl auf die deutsche, die zweite auf die Ausgabe in der Originalsprache: ›Die Schatzinsel‹ (1884; Treasure Island, 83). Bei Bühnenwerken wird als Erscheinungsjahr das Jahr der Erstaufführung angegeben, sofern diese vor der Drucklegung erfolgte. Eine hochgestellte Ziffer beim Erscheinungsjahr bezeichnet die Auflage (z. B. $^4$1972).

**Einwohnerzahlen der Orte**

Für die Orte der Bundesrepublik Deutschland, Österreichs und der Schweiz geben wir die Einwohnerzahlen der amtlichen Statistik, ergänzt oder berichtigt auf Grund direkter Angaben der Gemeinden. Für die Orte aller übrigen Länder geben wir Zahlen, die von Landeskennern auf der Grundlage der letzten verfügbaren amtlichen Zahlen geschätzt wurden. Für Länder, bei denen seit der Ermittlung dieser Zahlen schon einige Jahre vergangen sind, besteht ein gewisser Unsicherheitsfaktor, erst recht für solche Länder, bei denen die amtlich ermittelten Zahlen selbst ungenau und unzuverlässig sind.

Daten werden im allgemeinen nach dem Kalender angegeben, der zum Zeitpunkt des Ereignisses in dem betreffenden Land gültig war. Der Gregorianische Kalender (1582) wurde in den europäischen Ländern zu verschiedenen Zeiten zwischen 1582 und 1926 eingeführt (vgl. → Kalender, → Zeitrechnung). Soweit der Redaktion verläßliche Quellen zugänglich waren, geben wir für die Zeit zwischen Verkündung und Inkraftsetzung des Gregorianischen Kalenders beide Daten an: 20. 11. (31. 11.). Das erste Datum bezieht sich auf den Julianischen Kalender (→ alter Stil), das zweite ist umgerechnet auf den Gregorianischen Kalender (vgl. I. → Newton, M. → Bakunin).

**Daten**

Das Verzeichnis der Urheber photographischer Abbildungen (Agentur/Photograph) ist im letzten Band abgedruckt. Auch die Urheberberechtigten bei Werken bildender Künstler sind am Schluß des letzten Bandes aufgeführt. Abbildungen ohne Urhebervermerk sind urheberrechtsfrei, oder das ausschließliche Nutzungsrecht liegt beim Lexikographischen Institut, München. Ein vollständiges Verzeichnis der wissenschaftlichen Mitarbeiter sowie der Graphiker und Kartographen bildet den Abschluß des letzten Bandes.

**Bildquellen, Mitarbeiter**

Namen und Begriffe, die nach Kenntnis der Redaktion als eingetragene Warenzeichen/Marken geschützt sind, werden durch das Zeichen ® kenntlich gemacht. Das Fehlen dieses Zeichens läßt nicht den Schluß zu, daß ein Wort oder Zeichen frei sei. Etwa bestehende Patente und Gebrauchsmuster sind nicht angegeben.

**Warenzeichen und Patente**

Die wichtigsten durchgehend verwendeten Zeichen sind:
→ siehe folgendes Stichwort (Verweis), * geboren, † gestorben, § (§§) Paragraph(en), % Prozent, ‰ Promille, $ Dollar, £ Pfund Sterling, ° Grad, °C Grad Celsius, ' Bogenminute, " Bogensekunde, ⌀ Durchmesser, ∞ unendlich.
Weitere wichtige Zeichen sind angegeben in den Artikeln: chemische Elemente, Formelzeichen, mathematische Zeichen sowie auf Seite XVI dieses Lexikons (Auswahl der wichtigsten Maßeinheiten).

**Zeichen**

Die im Lexikon verwendeten Abkürzungen sind auf den Seiten XI bis XIII zusammengestellt. Darüber hinaus können neben allgemein verständlichen Abkürzungen (z. B., u. a., dgl., usw.) auch die Endungen -schaft, -(l)ich und -isch abgekürzt werden. Beispiele: Wirtsch.(aft), elektr.(isch), betriebl.(ich).

**Abkürzungen**

Die Lautschrifttabelle (Seiten X/XI) umfaßt einen Teil des internationalen Transkriptionsalphabets. Sie soll dem Leser helfen, Fremdwörter und fremdsprachige Namen annähernd richtig auszusprechen. Sehr feine Nuancierungen, wie abgeschwächte Vokale im Russischen oder einige Nasallaute im Portugiesischen, werden vereinfacht, das heißt mit Hilfe ähnlicher Zeichen wiedergegeben, da sie beim schnellen Sprechen im Deutschen ohnehin nicht genau wie in der Ursprungssprache gesprochen werden.
Im Deutschen eingebürgerte Fremdwörter, wie Training oder Bonbon, werden nicht wie in der Ursprungssprache transkribiert, sondern so, wie sie im Deutschen allgemein gesprochen werden, also nicht [trɛɪ-], sondern [tre-] und: nicht [bɔ̃ bɔ̃], sondern [bɔŋbɔŋ].

**Lautschrifttabelle**

# Lautschrifttabelle

- [a] Galopp [galɔp] helles, kurzes, unbetontes a
- [a̯] Gesang [gəzaŋ̯] helles, kurzes, betontes a
- [aː] Zierat [tsiːra:t] helles, langes, unbetontes a
- [a̱] Nase [na̱zə] helles, langes, betontes a
- [ʌ] Sussex [sʌsıks] dunkles, kurzes, betontes a
- [ã] antichambrieren [-ʃãbri̱-] nasales, unbetontes a
- [ã̱] Chance [ʃã̱sə] nasales, betontes a
- [e] jedoch [jedɔ̃x] geschlossenes, kurzes, unbetontes e
- [eː] Karies [ka̱rieːs] geschlossenes, langes, unbetontes e
- [e̱] Leben [le̱bən] geschlossenes, langes, betontes e
- [ɛ] Eidechse [ai̯dɛksə] offenes, kurzes, unbetontes e
- [ɛ̱] kennen, Hände [kɛ̱nən, hɛ̱ndə] offenes, kurzes, betontes e
- [ɛː] Eisbär [ai̯sbɛːr] offenes, langes, unbetontes e
- [ɛ̱] Käse [kɛ̱zə] offenes, langes, betontes e
- [æ] Jazzband [dʒæzbænd] sehr offenes, mittellanges, unbetontes e
- [æ̱] Catcher [kæ̱tʃə] sehr offenes, mittellanges, betontes e
- [æ̃] Sandwich [sæ̃ndwitʃ] sehr offenes, langes, betontes e
- [ɛ̃] pointiert [poɛ̃ti̱rt] nasales, unbetontes e
- [ɛ̱̃] Refrain, Bulletin [rəfrɛ̱̃, byltɛ̱̃] nasales, betontes e
- [ə] Gabe, Gentleman, Mijnheer [gabə, dʒɛntlmən, mənḛr] dunkles, kurzes, ›gemurmeltes‹, unbetontes e
- [əː] Callgirl [kɔlgəːl] dunkles, langes, unbetontes e
- [ə̱] Jersey [dʒə̱si] dunkles, langes, betontes e
- [i] Thackeray [θækərı] sehr kurzes, unbetontes i
- [i] Minute [minu̱tə] kurzes, unbetontes i
- [i̱] Hilfe [hi̱lfə] kurzes, betontes i
- [iː] Mitglied, Augenlid [mitgliːd, au̯gənliːd] langes, unbetontes i
- [i̱] niesen, Stilblüte [ni̱zən, sti̱lbly:tə] langes, betontes i
- [ĩ] portug. infante [ĩfantə] nasales i
- [o] Krokodil [krɔkodi̱l] geschlossenes, mittellanges, unbetontes o
- [oː] Trio [tri̱oː] geschlossenes, langes, unbetontes o
- [o̱] Mode [mo̱də] geschlossenes, langes, betontes o
- [õ] portug. bom [bõ] geschlossenes, nasales o
- [ɔ] Heros [he̱rɔs] offenes, kurzes, unbetontes o
- [ɔ̱] Sorge [zɔ̱rgə] offenes, kurzes, betontes o
- [ɔː] Overall [ou̯vərɔːl] offenes, langes, unbetontes o
- [ɔ̱] Story [stɔ̱ri] offenes, langes, betontes o
- [õ] Fondue [fõdy̱] offenes, nasales o
- [õ̱] Bourbon [burbõ̱] offenes, nasales, betontes o
- [ø] Dejeuner [deʒøne̱] geschlossenes, kurzes, unbetontes ö
- [øː] unschön [unʃøːn] geschlossenes, langes, unbetontes ö
- [ø̱] böse [bø̱zə] geschlossenes, langes, betontes ö
- [œ] Jeunesse dorée [ʒœnɛs dore̱] offenes, kurzes, unbetontes ö
- [œ̱] löschen [lœ̱ʃən] offenes, kurzes, betontes ö
- [œː] Œ uvre [œːvrə] offenes, langes, betontes ö
- [œ̃] frz. un homme [œ̃nɔm] nasales, unbetontes ö
- [œ̱̃] Verdun [vɛrdœ̱̃] nasales, betontes ö
- [u] Omnibus [ɔmnibus] kurzes, unbetontes u
- [u̱] Puppe [pu̱pə] kurzes, betontes u
- [uː] Uhu [u̱huː] langes, unbetontes u
- [u̱] Bruder [bru̱dər] langes, betontes u
- [ũ] portug. Funchal [fũʃal] nasales u
- [y] parfümieren [parfymi̱rən] kurzes, unbetontes ü
- [y̱] Mücke [my̱kə] kurzes, betontes ü
- [yː] Haustür [hau̯styːr] langes, unbetontes ü
- [y̱] Gemüse [gəmy̱zə] langes, betontes ü
- [ai̯] Ameise [a̱mai̯zə] unbetontes ai
- [aı] Kaiser, Speise [kai̯zər, ʃpai̯zə] betontes ai
- [au̯] Kabeljau [ka̱bəljau̯] unbetontes au
- [au̯] Laune [lau̯nə] betontes au
- [ɛi] Gangway [gæŋwɛi] unbetonte Verbindung von offenem e und i
- [ɛı] Ranger [rɛındʒə] betonte Verbindung von offenem e und i
- [ɔi] Efeu, Allgäu [eʃɔi, algɔi] unbetonte Verbindung von offenem o und i
- [ɔı] Freude, Fräulein [frɔıdə, frɔılain] betonte Verbindung von offenem o und i

| | | | | | |
|---|---|---|---|---|---|
| [ou] | Norfolk [nɔfək] unbetonte Verbindung von offenem o und u | | [zaɣən] tief in der Kehle geriebenes g | [θ] | Southamton [sauθæmptən] stimmloser engl. th-Laut |
| [ou] | Floating [floutiŋ] betonte Verbindung von offenem o und u | [j] [k] [l] [m] [n] | j [ja] Kind [kind] Licht [lict] Mann [man] Nest [nəst] | [ʒ] | Genie [ʒəni] stimmhaftes sch |
| [b] | Ball [bal] | [ŋ] | Fang [faŋ] | [ʃ] | schön [ʃøn] stimmloses sch |
| [ç] | ich [iç] | [p] | Pilz [pilts] | [t] | Tag [tag] |
| [x] | ach [ax] | [r] | Riese [rizə] | [v] | Wachs, Vase [vaks, vazə] |
| [d] | Dach [dax] | [s] | Last, Kuß [last, kus] stimmloses s | | |
| [f] | Feld, Veilchen [fɛld, failçən] | [z] | Rose [rozə] stimmhaftes s | [w] | Wales [wɛilz] konsonantisches u |
| [g] | Garten [gartən] | | | [l] | Aero... [alero...] getrennt auszusprechende Vokale |
| [h] | Haus [haus] | [ð] | engl. mother [mʌðə] stimmhafter engl. th-Laut | | |
| [ɣ] | Tarragona [taraɣona], berlinerisch sagen | | | | |

## Abkürzungsverzeichnis

### A
| | |
|---|---|
| ABGB | Allgemeines Bürgerliches Gesetzbuch |
| Abk. | Abkürzung |
| Abt. | Abteilung |
| afrik. | afrikanisch |
| AG | Autonomes Gebiet |
| ahd. | althochdeutsch |
| AK | Autonomer Kreis |
| Akad. | Akademie |
| akad. | akademisch |
| allg. | allgemein |
| amerik. | amerikanisch |
| Anat. | Anatomie |
| Anf. | Anfang |
| Anm. | Anmerkung |
| Anthropol. | Anthropologie |
| AO | Autonome Oblast |
| AR | Autonome Republik |
| Archit. | Architektur |
| argent. | argentinisch |
| Arr. | Arrondissement |
| Art. | Artikel |
| ASSR | Autonome Sozialistische Sowjetrepublik |
| Astrol. | Astrologie |
| astrol. | astrologisch |
| Astron. | Astronomie |
| astron. | astronomisch |
| A.T. | Altes Testament |
| Aufl. | Auflage |
| Ausg. | Ausgabe |
| austr. | australisch |
| Ausw. | Auswahl |

### B
| | |
|---|---|
| Bankw. | Bankwesen |
| bayr. | bay(e)risch |
| Bd., Bde. | Band, Bände |
| bearb. | bearbeitet |
| Bed. | Bedeutung |
| bed. | bedeutend |
| Begr. | Begründer |
| begr. | begründet |
| bek. | bekannt |
| bes. | besonders |
| best. | bestimmt |
| BetrVG | Betriebsverfassungsgesetz |
| Bev. | Bevölkerung |
| Bez. | Bezeichnung |
| BG | Bundesgesetz |
| BGB | Bürgerliches Gesetzbuch |
| BGBl. | Bundesgesetzblatt |
| Bibl. | Bibliothek |
| Biol. | Biologie |
| biol. | biologisch |
| Bot. | Botanik |
| bot. | botanisch |
| Brand. | Brandenburg |
| brand. | brandenburgisch |
| brasil. | brasilianisch |
| BRD | Bundesrepublik Deutschland |
| BR Dtld. | |
| BRT | Bruttoregistertonne(n) |
| BSP | Bruttosozialprodukt |
| bulg. | bulgarisch |
| BVerfG | Bundesverfassungsgericht |
| BVerf GG | Bundesverfassungsgerichtsgesetz |
| BVG | österr. Bundes-Verfassungsgesetz |
| | dt. Bundesversorgungsgesetz |
| | dt. Betriebsverfassungsgesetz |
| Bz. | Bezirk |

### C
| | |
|---|---|
| chin. | chinesisch |
| ČSFR, ČSSR | Tschechoslowakei |

### D
| | |
|---|---|
| d.Ä. | der Ältere |
| DDR | Deutsche Demokratische Republik |
| Dep. | Departamento (span.) |
| Dép. | Département (frz.) |
| d.Gr. | der Große |
| d.h. | das heißt |
| Dir. | Direktor |
| Distr. | Distrikt |
| Div. | Division |
| d.J. | der Jüngere |
| dt. | deutsch |
| Dtld. | Deutschland |
| DVO | Durchführungsverordnung |
| Dyn. | Dynastie |

XI

| | | | | | | |
|---|---|---|---|---|---|---|
| **E** | | | **H** | | **KV** | Köchelverzeichnis |
| E. | Einwohner | | Hb. | Handbuch | | (Werkverzeichnis |
| ebd. | ebenda | | hebr. | hebräisch | | Mozarts) |
| ehem. | ehemals, ehemalig | | Herst. | Herstellung | **L** | |
| eigtl. | eigentlich | | HGB | Handelsgesetzbuch | Landw. | Landwirtschaft |
| Eigw. | Eigenschaftswort | | hist. | historisch | landw. | landwirtschaftlich |
| einschl. | einschließlich | | Hl., hl. | Heilige(r), heilig | lat. | lateinisch |
| Einz. | Einzahl | | Hoch- | Hochschule | latin. | latinisiert |
| entspr. | entsprechend | | sch. | | li. | link(e, -er, -es, -s) |
| err. | errichtet | | Holst. | Holstein | Lit. | Literatur |
| Erstauff. | Erstaufführung | | holst. | holsteinisch | lit. | literarisch |
| | | | Hptst. | Hauptstadt | Lkr. | Landkreis |
| erstm. | erstmals, erstmalig | | Hptw. | Hauptwort | lt. | laut |
| | | | Hrsg. | Herausgeber | luth. | lutherisch |
| EStG | Einkommensteuergesetz | | hrsg. | herausgegeben | | |
| | | | Hwb. | Handwörterbuch | **M** | |
| europ. | europäisch | | Hzg. | Herzog | MA | Mittelalter |
| ev. | evangelisch | | Hzgt. | Herzogtum | Math. | Mathematik |
| e. V. | eingetragener Verein | | **I** | | math. | mathematisch |
| | | | i. d. F. | in der Fassung | Max. | Maximum |
| **F** | | | Ind. | Industrie | max. | maximal |
| Fak. | Fakultät | | Ing. | Ingenieur | MdB | Mitglied des Bundestags |
| Fam. | Familie | | insbes. | insbesondere | | |
| Föd. | Föderation | | Inst. | Institut | MdL | Mitglied des Landtags |
| Forts. | Fortsetzung | | internat. | international | | |
| Frhr. | Freiherr | | israel. | israelisch | MdR | Mitglied des Reichstags |
| Frkr. | Frankreich | | israelit. | israelitisch | | |
| frz. | französisch | | ital. | italienisch | Meckl. | Mecklenburg |
| Ft. | Fürstentum | | i. e. S. | im engeren Sinne | meckl. | mecklenburgisch |
| | | | i. ü. S. | im übertragenen Sinne | Meckl.-Vorp. | Mecklenburg-Vorpommern |
| **G** | | | | | | |
| Geb. | Gebirge | | i. w. S. | im weiteren Sinne | Med. | Medizin |
| gegr. | gegründet | | | | med. | medizinisch |
| Gem. | Gemeinde | | **J** | | mexik. | mexikanisch |
| gen. | genannt | | jap. | japanisch | mhd. | mittelhochdeutsch |
| Geneal. | Genealogie | | Jb. | Jahrbuch | Milit. | Militär |
| geneal. | genealogisch | | Jg. | Jahrgang | milit. | militärisch |
| Geogr. | Geographie | | Jh. | Jahrhundert | Min. | Minister, Ministerium |
| geogr. | geographisch | | jmd. | jemand(em, -en) | | |
| Geol. | Geologie | | jr. | junior | min | Minute (nur im technischen Bereich, bei Formeln u. ä.) |
| geol. | geologisch | | Jt. | Jahrtausend | | |
| Ges. | Gesellschaft | | jugosl. | jugoslawisch | | |
| Gesch. | Geschichte | | | | | |
| Gew. | Gewicht | | **K** | | Mio. | Million |
| GewO | Gewerbeordnung | | Kap. | Kapitel | Mitgl. | Mitglied |
| Gft. | Grafschaft | | kath. | katholisch | mittl. | mittlere(n, -s) |
| GG | Grundgesetz | | Kfz | Kraftfahrzeug | Mrd. | Milliarde |
| Ggs. | Gegensatz | | kgl. | königlich | Mskr. | Manuskript |
| Ggw. | Gegenwart | | Kgr. | Königreich | Mz. | Mehrzahl |
| Gouv. | Gouvernement | | Kl. | Klasse | | |
| Gramm. | Grammatik | | km/h | Kilometer pro Stunde | **N** | |
| gramm. | grammatikalisch | | | | N | Nord |
| GWB | Gesetz gegen Wettbewerbsbeschränkungen (Kartellgesetz) | | KO | Konkursordnung | Nat.-Soz. | Nationalsozialismus |
| | | | Kr. | Kreis | | |
| | | | Krst. | Kreisstadt | nat.-soz. | nationalsozialistisch |
| | | | Kt. | Kanton | | |
| | | | | | n. Chr. | nach Christus |

| | | | | | | |
|---|---|---|---|---|---|---|
| nhd. | neuhochdeutsch | saarl. | saarländisch | u. M. | unter dem |
| neuseel. | neuseeländisch | Sachs.- | Sachsen-Anhalt | | Meeresspiegel |
| niederl. | niederländisch | Anh. | | ü. M. | über dem |
| Nordrh.- | Nordrhein- | SchKG | Bundesgesetz | | Meeresspiegel |
| Westf. | Westfalen | | über | ung. | ungarisch |
| Nr. | Nummer | | Schuldbetreibung | Univ. | Universität |
| N.T. | Neues Testament | | und Konkurs | Urauff. | Uraufführung |
| | | Schrift- | Schriftsteller | urspr. | ursprünglich |
| O | | st. | | USA | United States of |
| O | Ost | schweiz. | schweizerisch | | America |
| o.J. | ohne Jahr | sen. | senior | usw. | und so weiter |
| op. | Opus | SFSR | Sozialistische | | |
| OR | Obligationenrecht | | Föderative | V | |
| orth. | orthodox | | Sowjetrepublik | v. a. | vor allem |
| Österr. | Österreich | skand. | skandinavisch | v. Chr. | vor Christus |
| österr. | österreichisch | sog. | sogenannt | Verf. | Verfasser |
| | | SGB | Sozialgesetzbuch | verh. | verheiratet |
| P | | spez. | spezifisches | versch. | verschieden |
| Pädag. | Pädagogik | Gew. | Gewicht | Verw.- | Verwaltungs- |
| pädag. | pädagogisch | SSR | Sozialistische | Bez. | bezirk |
| Pharm. | Pharmazie | | Sowjetrepublik | Verz. | Verzeichnis |
| pharm. | pharmazeutisch | St. | Sankt, Saint | vgl. | vergleiche |
| Philos. | Philosophie | StG | Strafgesetz | viet- | vietnamesisch |
| philos. | philosophisch | StGB | Strafgesetzbuch | nam. | |
| physik. | physikalisch | StPO | Strafprozeßord- | VO | Verordnung |
| Physiol. | Physiologie | | nung | Vors. | Vorsitzende(r) |
| physiol. | physiologisch | stud. | studentisch | VR | Volksrepublik |
| portug. | portugiesisch | StVO | Straßenverkehrs- | | |
| Präs. | Präsident | | ordnung | W | |
| Prof. | Professor | Syn. | Synonym | W | West |
| prot. | protestantisch | | | wahr- | wahrscheinlich |
| Prov. | Provinz | T | | sch. | |
| Pseud. | Pseudonym | Tab. | Tabelle | WEST | Wehrsteuergesetz |
| Psychol. | Psychologie | Temp. | Temperatur | | (Schweiz) |
| psychol. | psychologisch | TH | Technische | Westf. | Westfalen |
| | | | Hochschule | westf. | westfälisch |
| R | | Theol. | Theologie | wiss. | wissenschaftlich |
| rd. | rund | theol. | theologisch | Württ. | Württemberg |
| re. | recht(e, -er, -es, -s) | Thür. | Thüringen | württ. | württembergisch |
| Red. | Redaktion | thür. | thüringisch | | |
| ref. | reformiert | tsche- | tschechoslo- | Z | |
| Reg.- | Regierungsbezirk | chosl. | wakisch | zahlr. | zahlreich |
| Bz. | | Tsd. | Tausend | z. B. | zum Beispiel |
| Reg.- | Regierungspräsi- | TU | Technische | ZGB | Zivilgesetzbuch |
| Präs. | dent | | Universität | ZK | Zentralkomitee |
| Relig. | Religion | | | Zool. | Zoologie |
| relig. | religiös | U | | zool. | zoologisch |
| Rep. | Republik | u. a. | und andere(n, -r, | ZPO | Zivilprozeß- |
| rheinl. | rheinländisch | | -s), unter ande- | | ordnung |
| Rheinl.- | Rheinland-Pfalz | | rem | Zschr. | Zeitschrift |
| Pf. | | u. ä. | und ähnliche(s) | z. T. | zum Teil |
| rum. | rumänisch | UdSSR | Union der | Ztg. | Zeitung |
| | | | Sozialistischen | Ztw. | Zeitwort |
| S | | | Sowjetrepubliken | zus. | zusammen |
| S | Süd | Übers. | Übersetzung; | zw. | zwischen |
| Saarl. | Saarland | | Übersicht | z. Z. | zur Zeit |

XIII

## Abkürzungen internationaler Organisationen

| | |
|---|---|
| ACM | Arab Common Market / Arabischer Gemeinsamer Markt |
| AKP | Entwicklungsländer des afrik., karibischen und pazifischen Raums |
| ALADI | Asociación Latinoamericana de Integración / Vereinigung zur Integration Lateinamerikas |
| ASEAN | Association of South East Asian Nations / Verband südostasiatischer Nationen |
| CARICOM | Caribbean Community and Common Market / Karibischer Gemeinsamer Markt |
| CEDEAO | Communauté économique des Etats de l'Afrique de l'Ouest/ |
| ECOWAS | Economic Community of West African States / Wirtschaftsgemeinschaft westafrikanischer Staaten |
| EFTA | European Free Trade Association / Europäische Freihandelsassoziation |
| EG | Europäische Gemeinschaft |
| EU | Europäische Union (seit 1.11.1993) |
| GCC | Gulf Cooperation Council / Golf-Kooperationsrat |
| GUS | Gemeinschaft Unabhängiger Staaten |
| KSZE | Konferenz für Sicherheit und Zusammenarbeit in Europa |
| MCCA | Mercado Commun Centro Americano, Zentralamerikanischer Gemeinsamer Markt |
| NATO | North Atlantic Treaty Organization / Nordatlantisches Verteidigungsbündnis |
| OAPEC | Organization of Arab Petroleum Exporting Countries / Organisation arabischer Erdölexportländer |
| OAS | Organization of American States / Organisation amerikanischer Staaten |
| OAU | Organization of African Unity / Organisation für afrikanische Einheit |
| ODECA | Organización de Estados Centroamericanos, Organisation zentralamerikanischer Staaten |
| OECD | Organization for Economic Cooperation and Development / Organisation für wirtschaftliche Zusammenarbeit und Entwicklung |
| OIC | Organization of the Islamic Conference, Organisation der Islamischen Konferenz |
| OPEC | Organization of Petroleum Exporting Countries / Organisation Erdöl exportierender Länder |
| OSZE | Organisation für Sicherheit und Zusammenarbeit in Europa (seit 1.1.1995) |
| SAARC | South Asian Association for Regional Cooperation, Südasiatische Regionalkooperation |
| SADC | Southern African Development Community, Südafrikanische Entwicklungsgemeinschaft |
| SELA | Sistema Económico Latinoamericano / Lateinamerikanisches Wirtschaftssystem |
| SPC | South Pacific Commission / Südpazifik-Kommission |
| SPF | South Pacific Forum / Südpazifik-Forum |
| UDEAC | Union Douanière et Economique de l'Afrique Centrale / Zentralafrikanische Zoll- und Wirtschaftsunion |
| UMA | Union du Maghreb Arabe / Union des Arabischen Maghreb |
| UMOA | Union Monétaire Ouest Africaine / Westafrikanische Währungsunion |
| UN | United Nations / Vereinte Nationen |
| WEU | Western European Union / Westeuropäische Union |

## Zeichenerklärung (Staatenkarten)

| | | | |
|---|---|---|---|
| ■ ● | Hauptstadt | ⊃⊂ Paß | periodischer Fluß |
| ☐ | Millionenstadt | — Staatsgrenze | See |
| ○ | Stadt; wichtiger Ort | — Straße | |
| ∴ | historisch bed. Stätte | — Eisenbahn | periodischer See |
| ▲ | Berg | ～ Fluß | Sumpf |

| | | | | | |
|---|---|---|---|---|---|
| AK | Alaska (Alsk.) | | MT | Montana (Mont.) | **Gliedstaaten** |
| AL | Alabama (Ala.) | | NC | North Carolina (N.C.) | **der USA** |
| AR | Arkansas (Ark.) | | ND | North Dakota (N.D.) | |
| AZ | Arizona (Ariz.) | | NE | Nebraska (Nebr.) | Dazu der Bundes- |
| CA | California (Calif.) | | NH | New Hampshire (N.H.) | distrikt mit der |
| CO | Colorado (Colo.) | | NJ | New Jersey (N.J.) | Hauptstadt Washing- |
| CT | Connecticut (Conn.) | | NM | New Mexico (N.Mex.) | ton (District of Co- |
| DC | District of Columbia (D.C.) | | NV | Nevada (Nev.) | lumbia) sowie die |
| DE | Delaware (Del.) | | NY | New York (N.Y.) | Amerikanischen |
| FL | Florida (Fla.) | | OH | Ohio | Außengebiete Guam, |
| GA | Georgia (Ga.) | | OK | Oklahoma (Okla.) | Puerto Rico und |
| GU | Guam | | OR | Oregon (Oreg.) | Amerikanische Jung- |
| HI | Hawaii (Haw.) | | PA | Pennsylvania (Pa.) | ferninseln |
| IA | Iowa (Io.) | | PR | Puerto Rico (P.R.) | (Virgin Islands) |
| ID | Idaho (Id.) | | RI | Rhode Island (R.I.) | |
| IL | Illinois (Ill.) | | SC | South Carolina (S.C.) | Die vereinfachten |
| IN | Indiana (Ind.) | | SD | South Dakota (S.D.) | Abkürzungen wur- |
| KS | Kansas (Kans.) | | TN | Tennessee (Tenn.) | den zugleich mit den |
| KY | Kentucky (Ky.) | | TX | Texas (Tex.) | Postleitzahlen einge- |
| LA | Louisiana (La.) | | UT | Utah (Ut.) | führt (in Klammer: |
| MA | Massachusetts (Mass.) | | VA | Virginia (Va.) | frühere Abkürzung). |
| MD | Maryland (Md.) | | VI | Virgin Islands | |
| ME | Maine (Me.) | | VT | Vermont (Vt.) | |
| MI | Michigan (Mich.) | | WA | Washington (Wash.) | |
| MN | Minnesota (Minn.) | | WI | Wisconsin (Wis.) | |
| MO | Missouri (Mo.) | | WV | West Virginia (W.Va.) | |
| MS | Mississippi (Miss.) | | WY | Wyoming (Wyo.) | |

| | | | | |
|---|---|---|---|---|
| Apg | Apostelgeschichte | | Lev | Levitikus (3. Buch Mose) | **Bücher der Bibel** |
| 1 Chr | Das 1. Buch der Chronik | | Lk | Evangelium nach Lukas | |
| 2 Chr | Das 2. Buch der Chronik | | 1 Makk | Das 1. Buch der | |
| Dan | Buch Daniel | | | Makkabäer | |
| Dtn | Deuteronomium | | 2 Makk | Das 2. Buch | |
| | (5. Buch Mose) | | | der Makkabäer | |
| Eph | Brief des Paulus an die | | Mk | Evangelium nach Markus | |
| | Epheser | | Mt | Evangelium nach Mattäus | |
| Ex | Exodus (2. Buch Mose) | | Num | Numeri (4. Buch Mose) | |
| Ez | Buch Ezechiel (Hesekiel) | | Offb | Offenbarung des | |
| Gal | Brief des Paulus an die | | | Johannes (Apokalypse) | |
| | Galater | | Phil | Brief des Paulus an die | |
| Gen | Genesis (1. Buch Mose) | | | Philipper | |
| Hebr | Brief an die Hebräer | | Ps | Psalmen | |
| Jer | Buch Jeremia | | Ri | Buch der Richter | |
| Jes | Buch Jesaja | | Röm | Brief des Paulus an die | |
| Joh | Evangelium nach | | | Römer | |
| | Johannes | | 1 Sam | Das 1. Buch Samuel | |
| Jos | Buch Josua | | 2 Sam | Das 2. Buch Samuel | |
| Koh | Kohelet | | Spr | Buch der Sprichwörter | |
| | (Prediger Salomo) | | | (Sprüche Salomos) | |
| Kol | Brief des Paulus an die | | 1 Thess | Der 1. Brief des Paulus | |
| | Kolosser | | | an die Thessalonicher | |
| 1 Kön | Das 1. Buch der Könige | | 2 Thess | Der 2. Brief des Paulus | |
| 2 Kön | Das 2. Buch der Könige | | | an die Thessalonicher | |
| 1 Kor | Der 1. Brief des Paulus | | 1 Tim | Der 1. Brief des Paulus | |
| | an die Korinther | | | an Timotheus | |
| 2 Kor | Der 2. Brief des Paulus | | 2 Tim | Der 2. Brief des Paulus | |
| | an die Korinther | | | an Timotheus | |

## Maßeinheiten

Nach dem vom Deutschen Bundestag erlassenen Gesetz über Einheiten im Meßwesen vom 2. Juli 1969 dürfen im amtlichen Verkehr nur noch die folgenden Einheiten verwendet werden.

| Größe (Formelzeichen) | Einheit | Einheitszeichen |
|---|---|---|
| *Basis-Einheiten* | | |
| Länge ($l$) | Meter | m |
| Masse ($m$) | Kilogramm | kg |
| Zeit ($t$) | Sekunde | s |
| elektr. Stromstärke ($I$) | Ampere | A |
| Temperatur ($T$) | Kelvin | K |
| Lichtstärke ($J$) | Candela | cd |
| Stoffmenge | Mol | mol |

*Wichtigste abgeleitete Einheiten* (meist gebildet als Produkte von Basis-Einheiten)

| | | |
|---|---|---|
| Fläche ($A$) | Quadratmeter | $m^2$ |
| Volumen ($V$) | Kubikmeter | $m^3$ |
| Zeit ($t$) | Minute | min = 60 s |
| | Stunde | h = 3600 s |
| | Tag | d = 86400 s |
| ebener Winkel | Radiant | rad |
| | Grad | ° = $1/90$ des rechten Winkels |
| | Minute | ′ = $1/60$ Grad |
| | Sekunde | ″ = $1/3600$ Grad |
| räumlicher Winkel ($\Omega$) | Steradiant | sr |
| Dichte ($\rho$) | | $kg/m^3$ oder $g/cm^3$ |
| Frequenz ($\nu$ [ny], $f$) | Hertz | Hz = 1/s |
| Geschwindigkeit ($v$ [vau]) | | m/s |
| Beschleunigung ($a$) | | $m/s^2$ |
| Winkelgeschwindigkeit ($\omega$) | | rad/s |
| Winkelbeschleunigung ($\alpha$) | | $rad/s^2$ |
| Kraft ($F$) | Newton | N = 1 kg · $m/s^2$ |
| Impuls ($p$) | | kg · m/s |
| Druck ($p$) | Pascal | Pa = 1 $N/m^2$ = 1 kg/m · $s^2$ |
| | Bar | bar = 100000 Pa |
| Energie, Arbeit, Wärmemenge ($E, A, Q$) | Joule | J = 1 N · m = 1 kg · $m^2/s^2$ |
| Leistung, Energiestrom, Wärmestrom ($L$) | Watt | W = 1 J/s = 1 V · A = 1 kg · $m^2/s^3$ |
| Kraftmoment ($M$) | Joule | J = 1 N · m = 1 kg · $m^2/s^2$ |
| Drehmoment ($M$) | | J/rad |
| Temperaturintervall ($t$) | Kelvin | K |
| | Grad Celsius | °C |
| Entropie ($S$) | | J/K = 1 kg · $m^2/s^2$ · K |
| elektr. Spannung ($U$) | Volt | V = 1 W/A = 1 kg · $m^2/s^3$ · A |
| elektr. Widerstand ($R$) | Ohm | $\Omega$ = 1 V/A = 1 kg · $m^2/s^3$ · $A^2$ |
| Elektrizitätsmenge, elektr. Ladung ($Q$) | Coulomb | C = 1 A · s |
| elektr. Kapazität ($C$) | Farad | F = 1 C/V = 1 $A^2$ · $s^4/m^2$ · kg |
| elektr. Flußdichte ($D$) | | $C/m^2$ = 1 A · $s/m^2$ |
| elektr. Feldstärke ($E$) | | V/m = 1 kg · $m/s^3$ · A |
| magnet. Fluß ($\Phi$) | Weber | Wb = 1 V · s = 1 $m^2$ · $kg/s^2$ · A |
| magnet. Flußdichte, Induktion ($B$) | Tesla | T = 1 $Wb/m^2$ = 1 $kg/s^2$ · A |
| Induktivität ($L$) | Henry | H = 1 V · s/A = 1 $m^2$ · $kg/s^2$ · $A^2$ |
| magnet. Feldstärke ($H$) | | A/m |
| Leuchtdichte ($L_v$) | | $cd/m^2$ |
| Lichtstrom ($\Phi_v$) | Lumen | lm = 1 cd · sr |
| Beleuchtungsstärke ($E_v$) | Lux | lx = 1 $lm/m^2$ = 1 cd · $sr/m^2$ |
| Aktivität einer radioaktiven Substanz | Becquerel | Bq = 1/s |

# Frau

**Frau,** die Stellung der F., ihr Ansehen und die ihr zugeschriebenen Eigenschaften variieren in unterschiedl. Kulturen. Eine Arbeitsteilung nach Geschlecht läßt sich jedoch in allen Gesellschaften nachweisen. Sie bezieht sich auf das Aufziehen und die Sicherung der Kinder, auf den Haushalt, aber auch auf die Erstellung wirtschaftl. Güter. In einfachen Ackerbaukulturen (Hackbau) trägt die F. die Hauptlast der Feldarbeit und leistet auch gewerbl. Arbeit (Weben, Töpfern ster (z. B. Gandersheim). Im 17. und 18. Jh. gewann die F. zunehmend Zugang zu Bildung und Kultur, zumindest in den höheren Gesellschaftsschichten. Mit der Aufklärung begann die Bemühung, die rechtl., polit. und wirtschaftl. Stellung der F. zu heben, im 19. Jh. durch den Sozialismus aufgenommen und fortgesetzt. → Frauenbewegungen versuchten Gleichstellung mit den Männern zu erreichen. Besonderen Einfluß gewann die (engl.) F.-Stimmrechtsbewegung

**Frau:** Diese allegorische Darstellung der häufigsten weiblichen Berufe spiegelt die Vorstellungen der Gesellschaft um die Jahrhundertwende von der sozialen Rolle der Frau. Öldruck nach einem Motiv von Fridolin Leiber (1890).

usw.). Auf Grund der starken Stellung der F. finden sich hier mutterrechtl. Gesellschaftsformen. In höheren Ackerbaukulturen (Pflugbau), bei Nomaden- und Kriegervölkern ist die Stellung der F. weniger bedeutsam. – Im alten Griechenland war die F. auf das Haus beschränkt, kaum rechtsfähig, ohne polit. und geistigen Einfluß (Ausnahme: → Hetären). Im alten Rom stand die F. unter patriarchal. Gewalt, ebenso bei den Germanen; die Achtung vor der F. als Seherin gab ihr jedoch eine bes. Stellung; dazu bestand eine Schutzpflicht des Mannes. Auch im Christentum und im MA blieb die F. unter der Gewalt des Mannes. Gesellschaftl. Achtung gewann sie durch die → Minne, auch durch geistig führende F.-Klö- (*Suffragetten*). Inzwischen ist die rechtl. und polit. Gleichstellung der F. mit dem Mann in den Industriegesellschaften fast durchweg offiziell vollzogen, bes. auf Grund ihrer wachsenden Bedeutung für die Wirtschaft (Industriearbeit und Angestelltenberufe). Trotzdem verhindern noch immer Einstellungen bzw. Vorurteile (z. B. ›natürliche Unterlegenheit der F.‹) eine wirkliche Gleichberechtigung (→ Frauenarbeit, → Frauenforschung) und binden die F. an ihre traditionelle, untergeordnete Rolle in der Ges. – Es ist vor allem ein Verdienst der Frauenbewegung, daß heute über diese Situation und die Emanzipation der F. eine fast institutionalisierte öffentliche Diskussion geführt wird.

## frau

**frau**/man, siehe ›Praxistip Sprache‹.

**Frauenarbeit,** über viele Jh. war F. Zeichen niederen Standes. Bes. in den letzten Jahren wandelt sich allmähl. mit dem Bild der Frau in der Ges. auch deren Rolle im Berufsleben. Begünstigt wurde dies durch den erhöhten Bedarf an Arbeitskräften, durch gesamtgesellschaftl. Veränderungen (Auflösung der Großfamilie, Gesetzgebung, gestiegener Anspruch an den Lebensstandard, erweiterte Ausbildung) sowie durch öffentl. Emanzipationsbestrebungen der Frauen. Mitte der 90er Jahre ist die wirtschaftl. Emanzipation der Frauen gekennzeichnet durch die alten Strukturen einerseits: Die Berufsausbildung ist weiterhin deutlich geschlechtsspezifisch geprägt. Innerhalb der Berufe erhalten sie untergeordnete Stellen und werden niedriger eingestuft. So verdienten Arbeiterinnen in der (west-)deutschen Industrie 1992 nur 74% dessen, was ihre männl. Kollegen erhielten. Innerhalb gleicher Leistungsgruppen liegt das Gehalt weibl. Angestellter etwa 18% unter dem der Männer. Andererseits ist erkennbar, daß Frauen stärker als bisher am Erwerbsleben teilnehmen (1991 waren in Dtld. 42% aller Arbeitsplätze durch Frauen besetzt mit weiter steigender Tendenz), daß sie an gehobenen Ausbildungsgängen, insbes. am Universitätsstudium, nahezu gleichberechtigt teilnehmen (Anteil in Dtld. 43%) und auch leitende Stellungen in der Verwaltung einnehmen, während in der gewerbl. Wirtschaft die männl. Vorherrschaft noch weitgehend unangetastet ist. Neben dem hist. tradierten Rollenverständnis bildet die biol. Arbeitsteilung ein nicht nur aus männl. Dominanz geborenes Hindernis für die Berufskarriere der Frauen.

**Frauenaurach,** Ortsteil von →Erlangen, Standort des Wärmekraftwerks Franken (zwei 200-MW-Blöcke); verbrauchsnahe Energieerzeugung für den Ballungsraum Nürnberg–Erlangen–Fürth.

**Frauenbeauftragte** *(Gleichstellungsbeauftragte),* Bez. für Frauen, die bei den sog. Gleichstellungsstellen in den Kommunen, auf der Ebene der Bundesländer, bei Hochschulen und in Betrieben dafür sorgen sollen, daß die Benachteiligung der Frauen im öffentl. Leben abgebaut wird.

**Frauenberg** (tschech. *Hluboká*), nördl. von →Budweis gelegenes Schloß mit Kunstgalerie; urspr. eine got. Burg, später als Schloß im neugot. Stil umgebaut.

**Frauenbewegung,** Bestrebungen, für die Frau die gleichen Bildungs- und Arbeitsmöglichkeiten sowie die gleichen politischen Rechte zu erreichen, wie sie für den Mann bestehen. In Dtld. forderte nach 1843 Luise Otto-Peters die Erziehung der Frau zu selbständiger wirtschaftl. und geistiger Arbeit. Die Märzrevolution 48 begünstigte erste emanzipator. Ansätze der F., die jedoch in der folgenden Ära der Reaktion unterdrückt wurden. Der 65 gegr. *Allg. Dt. Frauenverein* blieb lange Zeit

---

### Praxistip Sprache — frau/man

Das unpersönliche Fürwort (Pronomen) *man* wurde ursprünglich für beide natürliche Geschlechter gebraucht:

*Im allgemeinen fährt man in Europa im August in Urlaub.*

Im Rahmen der Emanzipationsbewegung wurde in den 70er Jahren die Bezeichnung *frau* als unpersönliches Pronomen für das weibliche Geschlecht eingeführt:

*Das hat frau nun davon.* (statt: man)

Diese Bezeichnung ist bis heute nicht Teil der Standardsprache; nach wie vor gilt als Norm das →generische Maskulinum *man.*

# Frauenchiemsee

Frauenchiemsee auf der Fraueninsel; im Vordergrund Klostergebäude

Träger der F. 94 schlossen sich Einzelvereine zum *Bund dt. Frauenvereine* zus., der sich 97 dem *Internat. Frauenbund* anschloß; vor dem I. Weltkrieg traten sozialpolitische Fragen in den Vordergrund, bes. bei konfessionellen Frauenvereinen. Zu den Vertreterinnen der linksliberal-bürgerl. F. gehören u. a. H. →Lange, M. →Weber. Daneben entfaltete sich in der Arbeiterbewegung eine sozialist. F. (u. a. C. →Zetkin). Nach 1933 in Dtld. Auflösung fast aller Frauenverbände und Unterbindung internat. Zusammenarbeit; Rückschritt der F. durch die ›NS-Frauenschaft‹. Nach 45 lebte die F. im *Dt. Frauenring* (gegr. 49) als überparteil. und überkonfessionelle Organisation wieder auf, der sich 51 mit den konfessionellen Frauenvereinen zum *Informationsdienst und Arbeitskreis dt. Frauenverbände und Frauengruppen gemischter Verbände e. V.* zusammenschloß.
Der Widerspruch zw. der im GG garantierten Gleichberechtigung und der fortdauernden gesellschaftl. Diskriminierung der Frau führten im Rahmen der Protestbewegung Ende der 60er Jahre zur Entstehung der ›neuen F.‹, die nicht formale Rechtspositionen behandelte, sondern, in Verbindung mit einer Kritik des kapitalistischen Gesellschaftssystems, die Befreiung der Frau von patriarchalischer Unterdrückung in den Mittelpunkt stellte (→Feminismus). Die neue F. erstrebt eine Auflösung der patriarchalischen Strukturen in allen Bereichen und eine Veränderung hin zu einer anderen, von Frauen und ihren Normen mitgeprägten Gesellschaftsordnung sowie eine Überwindung des geschlechtsspezif. Rollenverhaltens.
**Frauenbünde,** meist geheime Zusammenschlüsse von Frauen; in Afrika vor allem in →Sierra Leone und →Liberia verbreitet; spielen eine wichtige Rolle bei den Zeremonien der →Ausschneidung.
**Frauenburg,** poln. Stadt →Frombork.
**Frauenchiemsee** [-kim-], Benediktinerinnenkloster (karolingischen Ursprungs) auf der *Fraueninsel* im →Chiemsee; roman. Kirche mit barocker Ausstattung; Klostergebäude um 1730 entstanden, heute mit Internatsschule.

Frauenbewegung: Kongreß des ›Verbandes fortschrittlicher Frauenvereine‹ im Berliner Reichstag am 3.10.1901. Präsidium (in der vorderen Reihe von links nach rechts): Cauer, Lüders, Augspurg, Hartog, von Witt, Lichnowski, Schaaf

# Frauenchor

Frauenfarn *(Athyrium filix femina)*

Frauenschuh *(Paphiopedilum)*

■ **Frauenschuh:** weiteres Bild →Orchideen

**Frauenchor,** mit Mädchen und Frauen besetzter Chor. Entsprechend der Änderung der gesellschaftlichen Stellung der Frau und als Reaktion auf die Männerchöre und Liedertafeln entstanden Frauenchöre erst um 1800, zuerst in Wien, Dresden und Hamburg. Zahlreiche Komponisten schrieben Werke für F., so Schubert, Schumann, Brahms, Distler, Bartók u. a.
**Frauen des Hauses Wu, Die,** Roman von P. S. →Buck (1946).
**Frauen, Die,** Film von G. →Cukor (1939) über weibl. Emanzipation und den Kampf der Geschlechter, ausschließl. mit weibl. Darstellerinnen besetzt, u. a. J. →Crawford und J. →Fontaine.
**Frauendienst,** autobiograph. Versroman von →Ulrich von Lichtenstein (1255).
**Fraueneis,** Gipsmineral: →Marienglas.
**Frauenfarn** *(Athyrium),* Gattung der →Tüpfelfarne; dem →Wurmfarn ähnlich, jedoch mit zarteren Blättern.
**Frauenfeld,** Hptst. des Kt. Thurgau, an der Murg, mit 19 000 E.; Schloß, St.-Laurentius-Kapelle mit wertvollem Glasgemälde (14. Jh.), kantonales Museum; vielseitige Industrie. – F. erhielt 1331 Stadtrecht und kam 1460 an die Eidgenossenschaft, im 18. Jh. wurden hier die →Tagsatzungen abgehalten.
**Frauenflachs** →Leinkraut.
**Frauenforschung,** untersucht sexistische Vorurteils- und Benachteiligungsmuster in der Gesellschaft. Sie will damit Bedingungen für deren Verschwinden und für eine Verbesserung weibl. Lebensverhältnisse aufzeigen.
**Frauenhaar** →Widerton.
**Frauenhandel** *(Mädchenhandel),* in der BR Dtld. strafbar als →Menschenhandel. Damit wurde die Verpflichtung aus der Konvention zur Bekämpfung des Mädchenhandels erfüllt. – In *Österr.* als Menschenhandel auch dann strafbar, wenn die Person bereits der gewerbsmäßigen Unzucht ergeben ist (§ 217 StGB). – In der *Schweiz* ähnl. geregelt (Art. 202 StGB). Auch internat. Übereinkommen zur Bekämpfung des F. vom 4. 5. 1910, 30. 9. 21 und 11. 10. 33.
**Frauenhäuser,** Einrichtungen, in denen Frauen Aufnahme finden, die von ihren Lebensgefährten körperl. und seel. mißhandelt wurden; Träger der F. sind überwiegend autonome Frauengruppen, ansonsten die Gemeinden, Kirchen oder Wohlfahrtsverbände.
**Frauenheilkunde** *(Gynäkologie),* die Lehre von den spezifischen →Frauenkrankheiten und von der →Geburtshilfe.
**Frauenhilfsdienst** →Militärischer Frauendienst.
**Fraueninsel,** Insel im Chiemsee mit dem Kloster →Frauenchiemsee.
**Frauenkäfer** →Marienkäfer.
**Frauenkirchen,** burgenländ. Wallfahrtsort im →Seewinkel, 2700 E.
**Frauenkrankheiten,** Erkrankungen der weiblichen Geschlechtsorgane: z. B. →Eierstockentzündung, →Eileiterentzündung, →Gebärmutterkrankheiten (→Ausfluß und Geschwülste (→Myom, →Krebs) und Störungen im weibl. Hormonhaushalt, die sich z. B. auf die →Regelblutung auswirken.
**Frauenlob,** Beiname des Dichters →Heinrich von Meißen.
**Frauenmantel** *(Sinau; Alchemilla),* artenreiche Gattung der →Rosengewächse; mit unscheinbaren gelblich-grünen Blüten (achselständig oder in Rispen) und gelappten Blättern; Samenbildung oft auch ohne Befruchtung; volkstümliche Heilpflanzen.
**Frauenmilch** →Muttermilch.
**Frauenschuh** *(Venusschuh),* Orchidee mit bauchig aufgeblasener Lippe; Hauptgattungen: 1. *Cypripedium,* einheim. *Cypripedium calceolus* mit großen, meist einzeln stehenden Blüten, die gelbe Lippe von braunroten äußeren Hüllblättern umgeben, in schattigen Laubwäldern auf Kalkboden; selten geworden, geschützt!; 2. *Paphiopedilum,* verbreitet in Süd- und SO-Asien, viele Zuchthybriden; 3. die Gattung *Phragmipedium* in Amerika, häufig in Gewächshäusern.
**Frauensommer** →Altweibersommer.
**Frauenspiegel** *(Muttergottesauge;*

# Fraunhofer

*Legousia speculum-veneris),* ein →Glockenblumengewächs mit violetten Blüten, einjährig; Mittelmeerraum; bei uns: Getreideunkraut, Gartenpflanze.
**Frauenstein,** sächs. Stadt im Lkr. Brand-Erbisdorf, 40 km östl. von Chemnitz, 2000 E.; Papierindustrie; Wintersportort; Schloß (16. Jh.).
**Frauenstimmrecht,** zentrale polit. Forderung der →Frauenbewegung im 19. und 20. Jh. In Australien 1861, Schweden 1862, Finnland 1863 als Gemeindewahlrecht alleinstehender begüterter Frauen, in Einzelstaaten der USA erstm. als volles Wahlrecht verwirklicht. Setzte sich nach dem I. Weltkrieg in Großbritannien (nach jahrelangen schweren Auseinandersetzungen, →Suffragetten), Dtld., Italien und Österr. durch, Frkr. und Belgien folgten nach dem II. Weltkrieg. – In der *Schweiz:* seit 1971 F. in eidgenöss. Angelegenheiten sowie in allen Kantonen und Gemeinden.
**Frauentag,** *ehem. DDR:* Kurzform für Internationaler Frauentag, der am 8. März in den Ostblockländern gefeiert wurde.
**Frauentäubling** →Täubling.
**Frauen und Wölfe,** Film von G. →De Santis (1956) mit S. →Mangano.
**Frauenviole** →Nachtviole.
**Frauenwald,** Luftkurort im Thüringer Wald, im Lkr. Ilmenau, 45 km südl. von Erfurt, 1500 E.; Glasindustrie; Wintersportort.

**Frau für eine Nacht,** Filmkomödie von M. →Camerini (1951) mit G. →Lollobrigida und G. →Cervi.
**Frau Holle** →nord. Mythologie.
**Frau im Hermelin, Die,** Film von E. →Lubitsch und O. →Preminger (1948) über Krieg und Frieden und den Kampf der Geschlechter.
**Frau Jenny Treibel,** Roman von Th. →Fontane (1892).
**Frauke** [von westgerman. fraw ›fröhlich und flink‹], weibl. Vorname, meist als niederdt.-fries. Koseform zu ›Frau‹ aufgefaßt.
■ **Fräulein/**Frau, siehe ›Praxistip Sprache‹.
**Fräulein Ilse,** Novelle von A. →Schnitzler (1924).
**Fräulein Julie,** Drama von A. →Strindberg; Urauff.: 1889, Kopenhagen.
**Fräulein von Scuderi** [- skyderi], Kriminalnovelle von E. T. A. →Hoffmann (1819).
**Frau Luna,** Operette (Urauff.: 31. 12. 1899, Berlin) von Paul →Lincke; darin: ›Das ist die Berliner Luft-Luft-Luft‹.
**Frau, nach der man sich sehnt, Die,** Stummfilm von C. →Bernhardt (1929) mit M. →Dietrich und F. →Kortner.
**Frau nebenan, Die,** Film von F. →Truffaut (1961) mit G. →Depardieu und F. ›Ardant; Geschichte einer ›amour fou‹.
**Fraunhofer, Joseph von,** Optiker und Physiker, *6.3.1787 Straubing, †7.6.1826 München; vom

Der **Frauenmantel** hat mantelähnliche Blätter, die (in Aufgüssen) besonders gegen Frauenleiden verwendet wurden. Durch dauernde Selbstbestäubung haben sich viele sehr ähnliche Formen entwickelt.

■ **Joseph von Fraunhofer** (Fraunhofersche Linien): Bild →Absorptionsspektrum

## Praxistip Sprache

### Fräulein/Frau

Im Gegensatz zur Bezeichnung des männlichen Geschlechts wird seit Jahrhunderten beim weiblichen Geschlecht zwischen der verheirateten und der unverheirateten Frau unterschieden *(Frau – Fräulein).*
Im öffentlichen Leben wird heute dagegen nur die Anrede *Frau* akzeptiert, analog zu *Herr,* es sei denn, die entsprechende Person legt ausdrücklich Wert auf die Anrede *Fräulein.*
Entsprechend dieser Regelung werden auch die Berufsbezeichnungen moviert, d. h., mit der Endung *-in* versehen:

*Frau Präsidentin, Frau Kollegin* usw.

Die Anrede bezieht beide Geschlechter ein:

*Sehr geehrte Damen und Herren* bzw.
*Sehr verehrte Damen, sehr geehrte Herren!*

# Fraunhofer-Gesellschaft

Joseph von Fraunhofer

Glasschleiferlehrling brachte er es bis zum Ehrendoktor der Univ. Erlangen; wurde 1824 für seine Verdienste geadelt. F. setzte anstelle des zeitgemäßen Probierens wissenschaftl. Erkenntnis und Kontrolle bei der Fertigung seiner Fernrohre (*Dorpater Refraktor; Königsberger Heliometer,* →Bessel). Beugungserscheinungen mit parallelen Lichtstrahlen werden nach ihm benannt *(Fraunhofersche Beugung).* Bis heute kaum übertroffen sind seine Messungen von optischen Brechzahlen und →Wellenlängen. Die *Fraunhoferschen Linien* im →Spektrum des Sonnenlichtes hatte auch W. H. Wollaston schon 1802 beobachtet. Das erste Gitterspektrometer mit 3000 Linien je cm und viele Forschungs- und Prüfgeräte gehen auf F. zurück (→Spektroskopie).

**Fraunhofer-Gesellschaft zur Förderung der angewandten Forschung e.V.** [nach J. von →Fraunhofer], 1949 gegr. Einrichtung zur Durchführung von Forschungsarbeiten auf zahlr. Gebieten mit eigenen Instituten *(Fraunhofer-Institute);* Sitz: München.

**Frau ohne Gewissen,** ›Film noir‹ von B. →Wilder (1944) mit B. →Stanwyck.

**Frau ohne Schatten, Die,** Oper (Urauff.: 10.10.1919, Wien), op. 65, von R. →Strauss, nach einem Libretto von H. von →Hofmannsthal.

**Frautragen,** Brauch in den alpenländ. Gebieten; →Advent.

**Frauwallner,** Erich, Indologe, * 28.12.1898 in Wien, † 5.7.1974 ebenda; Arbeiten zur Gesch. der indischen Philos.; gründete 1957 die ›Zschr. für die Kunde Süd- und Ostasiens‹.

**Fravashi** [awest. ›Bekenntnis, Bekennerin‹], in der altiran. Religion persönl. Schutzgeist eines Menschen.

**Fraxinus** →Esche.

**Fray Bentos,** Seehafen in Uruguay, an der Mündung des Río Uruguay, 22000 E.; Fleischexport.

**Frazer** [frɛizə], Sir (ab 1914) James George, britischer Völkerkundler, * 1.1.1854 Glasgow, † 7.5.1941 Cambridge; die Ergebnisse seiner Erforschung magischer und relig. Praktiken von Naturvölkern und der Antike sind in seinem Werk ›The Golden Bough‹ (12 Bde., 1890–1915, dt. ›Der goldene Zweig‹) dargestellt.

**Freak** [engl.,fri:k], **1)** jmd., der sich nicht in die normale bürgerl. Ges. einfügt; **2)** jmd., der sich übermäßig für etwas begeistert.

**Frears** [frɪəs], Stephen, brit. Film-

**Joseph von Fraunhofer:** Teilansicht seiner berühmten optischen Werkstatt mit den verschiedenen Schleif- und Poliervorrichtungen, Drehbänken und Fräsmaschinen zur Herstellung von Zahnrädern und Skalen für parallaktische Fernrohre sowie Winkelmessern für Prismen und Linsensysteme; in der *Mitte* terrestrisches Fernrohr

# Frederikshavn

**Frederiksborg:** Backsteinbau im niederländischen Renaissancestil; bis 1840 Krönungsschloß der dänischen Könige

regisseur, *20.6.1941 Leicester. – *Filme:* Saigon (1983); Mein wunderbarer Waschsalon (85); Sammie und Rosie tun es (87); Gefährliche Liebschaften (89); Grifters (90); Ein ganz normaler Held (92); The Snapper (93).
**Frechen,** Stadt im Erftkreis, Reg.-Bz. Köln, Nordrh.-Westf., mit 45000 E.; Burg Bachem; Braunkohle-Großtagebau, Brikettier- und Kraftwerk, Baumaschinen-, keram. und Steinzeug-Ind., Quarzsandförderung; Keramikgalerie.
**Fréchette** [freʃɛt], Louis-Honoré → kanadische Literatur.
**Fred,** Kurzform zu den mit Fred beginnenden oder auf -fred endenden männl. Vornamen wie Alfred oder Frederick.
**Fredegar,** nicht belegter fränk. Geschichtsschreiber, Verf. (zus. mit anderen) einer ›Historia Francorum‹ (bis 658, später fortgesetzt); bed. Geschichtsquelle des 7. Jh.
**Fredegunde,** Gemahlin des fränk. Königs → Chilperich I. von → Neustrien, dessen Gemahlin Galswintha 567 auf ihr Betreiben ermordet wurde. In dem dadurch ausgelösten Blutrachekrieg wurde Chilperich 584 ermordet; F. übernahm darauf zeitweise für ihren unmündigen Sohn → Chlothar II. die Regierung; sie starb 597 ( → Brunhilde).
**Fredensborg** [frɛðənsbɔr], Sommerresidenz des dän. Königshauses am Esromsee, NO-Seeland.
**Fredericia** [freðəredsja], Hafenstadt in Dänemark, 1649 als Festung an der Ostküste Jütlands gegr.,

28000 E., mit Vororten 46000 E.; Bahnknotenpunkt vor der Brücke (1178 m) über den Kleinen Belt nach Fünen; Agrar- und Textil-Ind., Erdölraffinerie.
**Frederick** [frɛdrɪk], niederdt.-fries. Namensform zu → Friedrich.
**Frederick** [frɛdrɪk], Stadt im W des US-Bundesstaates Maryland, mit 40000 E.; Leder- und Textilindustrie; hist. Museum; zahlr. Antiquitätengeschäfte.
**Fredericton** [frɛdrɪktən], Prov.-Hptst. von → Neubraunschweig, Ostkanada, am Saint John River, 45000 E.; anglikan. Bischofssitz; Univ. (gegr. 1785); Nahrungsmittel- und Papierindustrie; Hafen.
**Frederiksberg** [frɛðrəksbɛr], dän. Stadt mit 85000 E. auf Seeland, Enklave in Kopenhagen, bildet mit diesem und → Gentofte eine städt. Agglomeration.
**Frederiksborg** [frɛðrəksbɔr],
**1)** dän. Renaissance-Schloß (1602 bis 25) bei Hillerød in NO-Seeland, 1859 teilweise abgebrannt, nach dem Wiederaufbau (1875–84) nationalhist. Museum. Der *Friede von F.* (1720) beendete den → Nordischen Krieg mit Schweden.
**2)** dän. Verwaltungsbezirk auf der Insel Seeland mit 1347 km² und 340000 E., Hpst. Hillerød.
**Frederikshavn** [-haun], dän. Fährhafen an der Kattegatküste, in Nordjütland, 26000 E.; regelmäßige Verbindungen nach → Larvik, Oslo, Göteborg und zur dän. Kattegatinsel Læsø; Werft, Fischkonservenindustrie.

## Frediano von Lucca

**Frediano von Lucca** →Frigidian von Lucca.
**Fredrikshald,** bis 1928 Name der norweg. Stadt →Halden.
**Fredrikshamn,** schwed. Name der heute finn. Stadt →Hamina. In dem am 17.9.1809 zw. Schweden und Rußland geschlossenen *Frieden von F.* wurde die Konvention von Olkioki (19.11.1808) bestätigt, in der Schweden nach der Niederlage durch die Russen 1808 Finnland und die Ålandinseln an Rußland abgetreten hatte.
**Fredrikstad** [-sta], norweg. Industriestadt an der Mündung der Glomma in den Skagerrak, mit 26 000 E.; Elektro-, chem., Textil- und Papierindustrie, Fischverarbeitung, Schiffbau.
**Fredro,** Aleksander, Graf, poln. Dichter, *20.6.1793 Surochów, †15.7.1876 Lemberg; Lustspiele nach dem Vorbild →Molières.
**Free** [friː], engl. Bluesrockgruppe mit Paul Rodgers, Paul Kossoff, Andy Fraser und Simon Kirke von 1968 bis 1971/72; größter Hit: ›All Right Now‹. – *LPs:* Fire and Water (1970); Free Live (71).
**free alongside ship** [engl., friː əlɔŋsaɪd ʃɪp] →fas.
**Free Cinema** [engl., friː sɪnəmə] →Film.
**Freedom** [engl., friːdəm ›Freiheit‹], von den USA geplante Weltraumstation in einer erdnahen Umlaufbahn für den ständigen Aufenthalt von vier Astronauten. Gewaltige Kostensteigerungen erzwangen eine Reduzierung der urspr. Pläne und eine Verkleinerung der Grundstruktur von 167 m Länge auf rd. 100 m. Am Projekt F. sind auch die →ESA mit ihrem Raumlabor *Columbus* und Japan beteiligt. Nach den gegenwärtigen Plänen soll F. ab dem Jahr 2000 einsatzbereit sein; der Aufbau der Station und deren Versorgung erfolgt durch den Raumtransporter →Space Shuttle.
**Free Jazz** [friː dʒæz], Jazzstil, der in den 60er Jahren v. a. in New York entwickelt wurde; radikaler Bruch mit tonalen und metrisch-harmon. Mustern; offene Form der Improvisation; Verschleierung oder Negierung tonaler Zentren; kein Grundmetrum; Aufhebung der Rollenverteilung in Solist und Begleiter. Der F. J. stellt die parallele Entwicklung zu den tonalen Auflösungserscheinungen der europ. E-Musik um 1900 dar. Stilbildende Musiker sind Ornette Coleman, Cecil Taylor, John Coltrane, Albert Ayler, Don Cherry und bes. das Art Ensemble of Chicago; eigenständige F.J.-Entwicklung in Europa durch Peter Brötzmann, Alexander von Schlippenbach und sein Globe Unity Orchestra oder Albert Mangelsdorff. Die später von New York ausgehende No-Wave- und Noise-Music (Bill Laswell, John Zorn, Arto Lindsay, Sonny Sharrock u. a.) sind auch dem F. J. zuzurechnen.
**free on board** [engl., friː ɔn bɔːd] →fob.
**free on rail** [engl., friː ɔn reɪl] →for.
**free on truck** [engl., friː ɔn trʌk] →fot, →for.
**Freeport** [friːpɔːt], 1956 gegr. Stadt auf der Großen Bahamasinsel mit Strandsiedlung Lucaya, 28 000 E.; Erdölraffinerie; internat. Flughafen, Yachthafen; Tiefseemuseum.
**Freese,** Heinrich, Unternehmer, *13.5.1853 Hamburg, †29.9.1944 Berlin; wirkte bahnbrechend neben E. →Abbe in der Sozialpolitik; führte in seinem Berliner Unternehmen bereits Ende des 19.Jh. →Gewinnbeteiligung, 8-Stunden-Tag, Tarifabkommen ein und befürwortete eine Bodenreform.
**Freesie** [freːzjə] *(Kapmaiblume; Freesia),* nach *F. H. Th. Freese* (†1876) benannte südafrik. Gattung der Schwertliliengewächse; vielfarbige und wohlriechende Blüten; Zierpflanzen.
**Freestyle** [engl., friːstaɪl] →Trickskifahren.
**Freetown** [friːtaun], Hptst. der Rep. Sierra Leone, 1787 als Niederlassung freigelassener Sklaven gegr., ab 1808 erste britische Kronkolonie Westafrika, mit Vororten 530 000 E.; älteste Univ. Tropisch-Afrikas (gegr. 1827); moderne Reg.-Gebäude in Tower Hill, Bischofssitz, Bibl., Museum und Fischereiforschungs-Institut; Ind.-Zentrum des Landes (Nahrungs- und Genußmittel, Baumaterial,

Kunststoffartikel, Schuhe, Textilien), gut ausgebauter natürlicher Hafen, internat. Flughafen.
**Fregata** →Fregattvögel.
**Fregatte** [ital.-frz.], im 17. Jh. entwickelter schnellsegelnder Kriegsschiffstyp; heute ein →Geleitboot (Geleitzerstörer) zum Schutz von →Geleitzügen gegen Überwasser-, Unterwasser- und Luftangriffe oder eine Einheit im Kampf gegen Landungsunternehmen von Seestreitkräften. Die Modernisierung der Bundesmarine stützt sich auf die ›Bremen‹-Klasse: Typ F 122 im Dienst, F 123 in der Entwicklung.
**Fregattenkapitän,** Seeoffizier im Rang eines Oberstleutnants.
**Fregattvögel** *(Fregatidae),* Fam. tropischer Seevögel, langer Schnabel mit raubvogelartiger Spitze; schlechte Schwimmer, jedoch fluggewandt; bauen Nestkolonien auf Bäumen und Felsen. Der Pracht-F. *(Fregata magnificens)* spannt 2,1 m. Der Adler-F. *(Fregata aquila)* brütet nur auf der Boatswindbird-Insel nahe →Ascension.
**Frege,** Gottlob, Mathematiker und Philosoph, *8. 11. 1848 Wismar, †26. 7. 1925 Bad Kleinen (Meckl.); wurde durch seine Integration der Junktoren- und der Quantorenlogik zu einer einheitl., symbolisch darstellbaren (›begriffsschriftlichen‹) Theorie zum Begr. der modernen math. →Logik. Durch seine gegen den Psychologismus gerichtete Unterscheidung von *Sinn* und *Bedeutung* und die Zuordnung von *Anzahl* und *Existenz* nicht zu Gegenständen, sondern zu *Begriffen*, schuf F. die Grundlage für eine moderne Semantik und philos. Logik, die großen Einfluß auf Husserl, Wittgenstein und die engl. Sprachphilosophie hatte. Russell, Carnap, Church und Quine führten seine Gedanken weiter, Gödel lieferte den Beweis für F. Logik.– *W:* Grundgesetze der Arithmetik, 2 Bde. (1893–1903); Logische Untersuchungen (1966); Schriften zur Logik und Sprachphilosophie (71).
**Frei,** Eduardo, chilen. Politiker (christl. Demokrat), *16. 1. 1911 Santiago de Chile, †22. 1. 1982 ebenda; 1964–70 Staatspräsident.

# Freiberg

**Freiamt,** hist. Name für das fruchtbare Riedelland zw. Reuß und Seetal, Kt. Aargau, mit Zentrum →Muri. 1415–1798 eidgenöss. Untertanenland.
**Freiballon** →Ballon.
**Freiballonsport,** Zielwettfahrten mit frei fahrenden Wasserstoff- oder Heißluftballons.
**Freibank,** Verkaufsstelle von bedingt taugl. bzw. minderwertigem Fleisch.
**Freibankfleisch,** das bei der →Fleischbeschau als *minderwertig* oder nur *bedingt tauglich* beurteilte Fleisch, welches nur in bes. zugelassenen Abgabestellen (→Freibank) unter Kenntlichmachung ver-

**Fregattvögel:** balzender männlicher Prachtfregattvogel; um dem Weibchen zu imponieren, bläst er seinen Kehlsack auf.

kauft werden darf. Bedingt taugl. Fleisch muß zuvor in zugelassenen Verarbeitungsbetrieben brauchbar gemacht werden (z. B. Erhitzen).
**Freibauer, 1)** Bauer, der einen eigenen, nicht grundherrl. gebundenen Hof bewirtschaftete; eine vollständige Abgabenfreiheit mußte damit nicht verbunden sein. **2)** im →Schach ein verwandlungsfähiger Bauer, der auf seinem Weg zur letzten Reihe (Umwandlungsfeld) nicht mehr von einem gegnerischen Bauern aufgehalten werden kann.
**Freiberg,** Siegfried, Schriftsteller, *18. 5. 1901 in Wien, †5. 6. 1985 Veghel; entwicklungspsychol. und sozialkrit. Romane über das alte Österreich; auch Lyrik und Dramen.
**Freiberg, 1)** Krst. nordöstl. Chemnitz, am NW-Rand des Erzgebirges, 48 000 E.; Bahnknotenpunkt; spätgot. Dom mit ›Goldener Pforte‹ (um

3257

## Freiberge

Freiburg: Kantonswappen

Freiburg: Stadtwappen

Freiburg/Fribourg: die Altstadt an der Saane mit der Kathedrale St. Nicolas

1230), Bergbaumuseum, Besucherbergwerk; Maschinenbau, Elektronik-, Recycling-, Porzellan-, feinmechan. Ind.; Erzbergbau wurde 1969 eingestellt. – Als Silberbergbausiedlung Ende des 12. Jh. von Markgraf Otto dem Reichen gegr.; Anf. des 13. Jh. Stadterhebung; Verleihung eines eigenen Bergrechts. Das *Freiberger Bergrecht* und das *Freiberger Stadtrecht* wurden für ganz Ost-Dtld. und Böhmen vorbildlich.
**2)** tschech. **Příbor**, Ort westl. von →Frýdek-Místek, 13 000 E.; Geburtsort des Psychoanalytikers Sigmund Freud.
**Freiberge** (frz. *Franches-Montagnes*), rd. 200 km² große, etwa 1000 m hoch gelegene Juralandschaft, Kt. Jura, mit 8000 E.; bekanntes Pferdezuchtgebiet. Auf Grund eines Freibriefes des Bistums Basel von 1384 kolonisiert.
**Freiberger,** Pferderasse aus der Schweiz (→Freiberge).
**Freibetrag,** bei Besteuerung der Betrag des Steuergegenstandes, der steuerfrei bleibt. Der Steuersatz wird erst auf die um den F. herabgesetzte Höhe des Steuergegenstandes (Einkommen, Vermögen, Erbschaft) angewendet (→Freigrenze).
**Freibeweis,** an keine Regeln gebundene Beweiserhebung; Ggs.: *Strengbeweis* nach den Regeln der Prozeßordnung.
**freibleibend,** unverbindlich oder nicht bindend; Handelsklausel, durch die sich ein Anbieter vorbehält, die im Angebot aufgeführten Bedingungen bis zum Vertragsabschluß noch zu ändern oder vom Angebot zurückzutreten.
**Freibord,** auf halber Schiffslänge beidseitig am Rumpf angebrachte Markierung, die den höchstzulässigen Tiefgang von Handelsschiffen markiert, festgelegt durch die Internat. F.-Vorschriften. Da Süß- und Meerwasser durch ihr unterschiedl. spezif. Gewicht für Schiffe versch. große Auftriebskräfte bewirken und kaltes Wasser andere Auftriebskraft als warmes hat, unterscheidet man zw. Winter- und Sommer-F., Tropen-F. und Frischwasser-F.
**Freibrief, 1)** Urkunde im Sinne eines königl. oder landesherrl. Privilegs, das dem Besitzer bestimmte Vorrechte zuspricht; **2)** Freilassungsbrief eines Hörigen.
**Freiburg,** frz. **Fribourg** [fribür], **1)** westschweiz. Kanton beiderseits der Saane, von Neuenburger See und Murtensee bis in die *Freiburger Alpen* (Nordwestrand der Berner Alpen) reichend, 1670 km², 210 000 überwiegend frz.-sprachige E.; vorherrschend Landwirtschaft. – Der Stadtstaat F., der 1481 als neunter Ort zur Eidgenossenschaft kam, hat seine ›Alte Landschaft‹ im Burgunderkrieg, durch Eroberungen im Waadtland und Erwerbung von Gruyère im 16. Jh. erweitert.
**2)** Hptst. des Kt. F., im →Üechtland, in einer Flußschlinge der Saane gelegen, auf der dt.-frz. Sprachgrenze, mit 34 000 E., als Agglomeration 59 000; in der an ehrwürdigen Bauwerken reichen Altstadt mit Wehrbauten des MA das Rathaus (1522), die Kathedrale St. Nicolas (14. Jh.), Notre-Dame (12. Jh.) und mehrere Klöster. Sitz des Bischofs von Lausanne–Genf–F., einer kath. Univ. (gegr. 1889) und der Gregorian. Akad.; Technikum und Fachschulen, Maschinen- und chem. Ind., Brauereien. – F. ist eine Zähringer-

# Freie

Gründung (1157) an noch heute wichtiger Brückenstelle; 1277 kam es an die Habsburger; 1481 wurde F. in die Eidgenossenschaft aufgenommen.
**Freiburger Schule** (*Ordo-Liberalismus*), die von W. →Eucken um 1930 begr. neoliberale nationalökonom. Schule, die eine freiheitl. Wirtschaftsordnung auf der Basis eines funktionsfähigen Wettbewerbs anstrebt und staatl. Eingriffe auf ein Minimum beschränken will. Die Wirtschaftsordnung und -politik der BR Dtld. (→soziale Marktwirtschaft) ist stark von den Forderungen der F. Sch. geprägt worden. Vertreter: F. Boehm, F. A. Lutz, W. Meyer, W. →Röpke. Publikationsorgan: ›Ordo, Jb. für die Ordnung von Wirtsch. und Ges.‹ (seit 1948).
**Freiburg im Breisgau**, Hptst. des Reg.-Bz. F. in Baden-Württ., Stadtkreis sowie Sitz des Lkr. Breisgau-Hochschwarzwald und des Regionalverbandes Südl. Oberrhein, an der Dreisam, am Rande des südlichen Schwarzwalds, 195 000 E., mit Vororten 235 000 E.; Handels- und Verwaltungszentrum mit Oberfinanz-, Oberpostdirektion, Wasser- und Schiffahrtsdirektion, Oberbergamt und Landeszentralbank; Univ. (gegr. 1457), Max-Planck-, Fraunhofer-, Bergstraesser- u. a. Inst., Staatl. Hochschule für Musik, versch. Fachhochschulen, Bibl., Theater, Museen; Erzbischofssitz; reizvolles Stadtbild mit dem beherrschenden Münster (einziger im MA vollendeter got. Dombau), got. Martinskirche, Rathaus, hist. Kaufhaus (1532); Weinbau, Elektrotechnik, chem.-pharm. Ind., Kunststoff-Ind., Verlagsgewerbe; Mineralthermalbad. Im Stadtgebiet der 1284 m hohe →Schauinsland. – F. i. B. ist eine Gründung der Zähringer (1120), nach 1368 habsburg., wirtschaftl. Aufstieg im MA durch Edelsteinschleiferei und Silberbergbau; im II. Weltkrieg stark zerstört. 1946 bis 52 Sitz der Staatsregierung des Bundeslandes Baden.
**Freidank** (*Fridank*), Vagantendichter, um 1230 in SW-Deutschland nachweisbar; erstellte um 1215–30 eine mhd. Sammlung relig. und moral. Sprüche, meist in gereimten Zwei- und Vierzeilern, unter dem Titel ›Bescheidenheit‹ (soviel wie Bescheidwissen, Urteilsfähigkeit), die stark auf das späte MA wirkte.
**Freidenker** (*Freigeist*), allg. ein Mensch, der sich nicht einem kirchlich-autoritativen Glauben unterwirft. Im 18. Jh. hießen zunächst die Deisten der engl. Aufklärung F. (→Deismus), in Frkr. wurde Freidenkertum aber schon bald mit →Atheismus identisch; andererseits nannten sich auch die Anhänger kirchenfreier relig. Bewegungen F. Die Ausbreitung des Freidenkertums unter dem Einfluß der modernen Naturwissenschaften in der 2. Hälfte des 19. Jh. führte zur Gründung kirchenfeindlicher F.-Verbände; mit dem Schwinden der universalen Geltung kirchl. Glaubensgrundsätze haben auch sie ihre Bed. weitgehend verloren.
**Freie** (*Altfreie, Urfreie, Volksfreie, Homines liberi*), in der Germanenzeit der Stand, der zus. mit dem Adel das Volk im polit. Sinne bildete. Als persönlich F. waren sie wehrfähig, hatten das Recht und die Pflicht, auf dem →Ding zu erscheinen; bei der Tötung eines F. war ein höheres →Wergeld zu entrichten

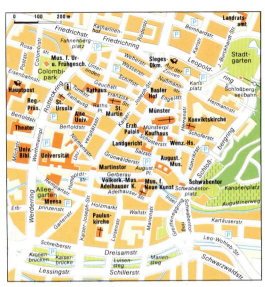

Freiburg im Breisgau: inneres Stadtgebiet

Freiburg im Breisgau

**Freibord:**
**W** Winterfreibord,
**S** Sommerfreibord,
**F** Frischwasserfreibord (Süßwasserfreibord),
**T** Tropenfreibord,
**TF** Tropenfreibord in Frischwasser

## freie Berufe

als bei der eines Minder-F. Unter den F. der Karolingerzeit bildeten sich Sonderformen der Freiheit aus (*Königsfreie* oder *Königszinser, Siedlungsfreie, Rodungsfreie*), deren bes. Freiheitsrang in der direkten Abhängigkeit vom König (oder Herzog: *Herzogsfreie*) bestand. Die bäuerl. Freiheit bestand im MA *wirtschaftlich* darin, daß die Bauern →Freigüter zu freiem Erbrecht besaßen und volle Freizügigkeit genossen; dingl. Lasten minderten die Freiheit an sich nicht; *politisch* besaßen die Bauern gute Rechte, sie waren Träger der gemeindl. Selbstverwaltung, landtagsfähig und behielten das Waffenrecht. Diese einzelnen Freiheitselemente waren sowohl im Zeitablauf als auch in den einzelnen Landesteilen des Heiligen Röm. Reiches verschieden stark ausgeprägt. Die F. waren im Heiligen Röm. Reich gegenüber den Unfreien im Sinne der grund- und gutsherrlich gebundenen Bauern in der Minderzahl. Das änderte sich erst im Verlauf der →Bauernbefreiung um die Mitte des 19. Jh. In mittelalterl. Städten wurde die Unfreiheit Zugezogener durch das Bürgerrecht aufgehoben (›Stadtluft macht frei‹). Der Begriff F. wird regelmäßig nur auf die Bauern bezogen, nicht auf den Adel.

**freie Berufe,** Berufe, die in der Regel wissenschaftl. oder künstler. Fähigkeiten voraussetzen und selbständig gegen Honorar ausgeübt werden (z. B. Ärzte, Architekten, Rechtsanwälte, Unternehmensberater, Schriftsteller, bildende Künstler, Musiker, Privatlehrer, Hebammen). Angehörige der f. B. gelten nicht als Gewerbetreibende und unterliegen daher nicht der Gewerbesteuerpflicht.

**Freie Bühne,** nach dem Muster des Pariser *Théâtre libre* 1889 in Berlin von O. →Brahm und Gleichgesinnten gegr. Theater, das den Naturalismus durchsetzte. Gefördert wurden neben den dt. Naturalisten G. →Hauptmann, M. →Halbe, A. →Holz, J. →Schlaf auch →Ibsen, →Strindberg, L. →Tolstoi.

**Freie Demokratische Partei** →F.D.P.

**Freie Deutsche Jugend** →FDJ.

**freie Erlaubnis** →Erlaubnis.

**Freie evangelische Gemeinden,** von Staat und Landeskirchen unabhängige Gemeinden, die ihren Ursprung in der schweiz. →Erweckungsbewegung (Anf. des 19. Jh.) haben. Erste F. e. G. 1854 in Elberfeld-Barmen gegr.; bald weitere Gem., die sich 1874 zu einem Bund zusammenschlossen. Heute *Bund Freier ev. Gemeinden in Deutschland,* über 27 500 Mitgl. in 360 Ortsgemeinden in der BR Dtld. (1993). Engagement in →Diakonie und Mission. Der 1948 in Stockholm gegr. *Internationale Bund F. e. G.* umfaßt heute 16 Gemeindebünde aus Europa und Nordamerika mit über 300 000 Mitgliedern.

**Freie Gewerkschaften,** die im Ggs. zu den weitgehend neutralen *Einheitsgewerkschaften* sozialist. ausgerichteten →Gewerkschaften, die zw. 1860 und 1933 bestanden. Zu den F. G. gehörten der →Allgemeine Deutsche Gewerkschaftsbund, gegr. 1919, der *Allgemeine Freie Angestelltenbund (AFA-Bund),* gegr. 1919, und der *Allg. Dt. Beamtenbund (ADB),* gegr. 1921.

**freie Güter,** in unbeschränkter Menge vorhandene →Güter.

**Freie Künste** →Artes liberales.

**freie Liebe,** das Zusammenleben von Mann und Frau ohne eheliche Bindung als Ausdruck einer Lebensanschauung.

**freie Marktwirtschaft** →Marktwirtschaft ohne staatl. Eingriffe.

**freie Niederlage** →Freilager.

**Freienwalde, Bad F./Oder,** brand. Krst. nordöstl. von Berlin, am Oderbruch, mit 11 000 E.; eisenhaltige Quellen, Moorbäder; landw. und med. Fachschulen, Oderlandmuseum; Ziegeleikombinat, Sägewerke, Braunkohletiefbau.

**freie Oberfläche,** die nicht durch eine Gefäßwand begrenzte Fläche eines mit einer Flüssigkeit gefüllten Behälters; an der f. O. wird der Flüssigkeit der Umgebungsdruck (z. B. Luftdruck) aufgezwungen.

**Freie Pistole,** im Schießsport verwendete Waffe, bei der nur das Kaliber (5,6 mm) festgelegt ist. Bei Wettbewerben mit der F. P. sind

## Freigrafschaft Burgund

im stehenden Anschlag 60 Schuß auf 50 m entfernte Scheiben abzugeben.
**Freier Brüderkreis** →Darbysten.
**Freier Deutscher Gewerkschaftsbund** →FDGB.
**freie Reichsstädte** →freie Städte.
**freie Rhythmen,** beliebig lange, rhythm. stark bewegte Verszeilen ohne Reim, Metrum und stroph. Bindung, jedoch oft Versgruppen. Sie weisen im Ggs. zur →Prosa Entsprechungen zw. den wechselnden Hebungen und den einzelnen Zeilen auf. Zu freiem Ausdruck feierlich-erhabener Empfindungen von →Klopstock in die dt. Dichtung eingeführt, bes. von →Goethe, →Hölderlin, →Novalis, →Nietzsche und →Rilke verwendet; in anderen Lit. bei →Whitman, →Claudel und T.S. →Eliot.
**Freies Deutsches Hochstift,** 1859 gegr. Ges. zur Pflege von Wissenschaft, Kunst und Bildung, bes. zur Erforschung der dt. Klassik. Sitz im Goethe-Haus (Frankfurt a.M.). Bed. Literaturarchiv, Betreuer des Goethe-Museums und Hrsg. wissenschaftl. Schriften und Jahrbücher.
**freies Geleit, 1)** *Strafrecht:* einem abwesenden Beschuldigten zugesagte Befreiung von Untersuchungshaft; auch zeitweilige Freistellung von der Gerichtsbarkeit eines Staates in bestimmtem Umfang, z.B., damit er in einem Strafverfahren als Zeuge aussagt. **2)** *Völkerrecht:* meist in Auslieferungsverträgen geregelt; →Geleit.
**freies Klettern** *(natürliches Klettern),* beim Bergsteigen Überwinden von schwierigen Stellen im Fels oder Eis ohne Verwendung künstl. Hilfsmittel.
**freie Städte,** alte Handels- und Marktorte, die vom 14.Jh. ab ihre Selbstverwaltung durch Vertreibung oder Entmachtung der bisherigen, meist bischöfl. Stadtherren erworben hatten (z.B. Basel, Straßburg, Speyer, Worms, Köln), später den →Reichsstädten rechtl. gleichgestellt und mit diesen zusammen *freie Reichsstädte* genannt. F. St. blieben als Mitgl. des →Deutschen Bundes 1815 →Frankfurt a.M. (bis 1866), →Hamburg, →Bremen, →Lübeck (1937 preuß.).
**Freie Universität Berlin** *(FU),* 1948 gegr. Univ. in Berlin (West) als Antwort auf die Relegation von Studentenvertretern durch die Humboldt-Univ. in Berlin (Ost); durch körperschaftl. Verfassung haben Studenten Sitz und Stimme in allen Organen.
**Freie Volkspartei** *(FVP),* polit. Partei in der BR Dtld., gegr. 1956 von 16 MdB, die nach einem Konflikt aus der →F.D.P. ausschieden; 57 mit →Deutsche Partei vereinigt.
**freie Währung,** Währung, deren Geldmenge weitgehend von der Notenbank bestimmbar ist.
**freie Weglänge,** bei Gasen der von einem Molekül zw. zwei Stößen zurückgelegte Weg. Die *mittlere f. W.* hängt vom Druck und der Temp. ab und beträgt bei Normalbedingungen etwa $10^{-7}$m.
**freie Wirtschaft** →Marktwirtschaft.
**Freie Wohlfahrtspflege** →Fürsorge.
**Freifallbär** →Ramme.
**Freifallmischer** →Mischmaschine.
**Freiformschmieden** →Schmieden.
**Freigeist** →Freidenker.
**Freigepäck,** Gepäck, desen Mitnahme bei einem Flug ohne zusätzl. Gebühren erlaubt ist.
**Freigericht** →Feme.
**Freigewehr,** im Schießsport verwendete Waffe, bei der nur Kaliber (bis 8 mm) und Gewicht (maximal 8 kg) festgelegt sind. Beim F.-Schießen sind im Dreistellungskampf insgesamt 120 Schuß auf eine 300 m entfernte Scheibe abzugeben.
**Freigrafschaft Burgund** (frz. *Franche-Comté),* ehemalige Prov. Frankreichs, Hptst. →Besançon; umfaßte das obere →Saône-Becken und den Frz. Jura. Im Hochmittelalter Teil des →Arelat, mit dem es 1032 an das Heilige Röm. Reich kam; gehörte im Spätmittelalter zum Hzgt. →Burgund, fiel 1477 durch Erbschaft an das Haus Habsburg, bei der habsburg. Erbteilung 1556 an Spanien; wurde im Holländ. Krieg von →Ludwig XIV. erobert (Friedensschluß von Nimwegen 1678), seitdem französisch.

◉ **Freigrafschaft Burgund:** Karte →französische Geschichte, Provinzen (Franche-Comté)

# Freigrenze

**Freigrenze,** Betrag der Steuerbemessungsgrundlage, bis zu dem eine Steuer nicht erhoben wird. Bei Überschreiten der F. wird die Steuer vom Gesamtbetrag erhoben. F. werden zur Erhebungsvereinfachung, aber auch aus sozialpolit. Gründen eingeführt.

**Freigut** *(Freihof),* im MA ein nicht grundherrl. gebundener Hof, der im vollen Eigentum seines Bewirtschafters *(Freisasse)* stand.

**Freihafen,** Hafengebiet, das staatsrechtl. zum Inland gehört, zollrechtl. aber außerhalb der Zollgrenzen liegt (→Zollfreigebiet). Ausländ. Waren können hier zollfrei entladen, gelagert, umgepackt, veredelt und umgeschlagen werden. Verzollung erfolgt erst bei Übertritt der Ware über die Zollgrenze. F. der BR Dtld. befinden sich in Hamburg, Bremen, Bremerhaven, Cuxhaven, Emden und Kiel.

**Freihandbibliothek** *(Freihandbücherei),* Bibliotheksform, die dem Nutzer freien Zugang zu dem Buchbestand erlaubt.

**Freihandel** (engl. *free trade),* der von Zöllen, Kontingenten und sonstigen staatl. Eingriffen unbehinderte zwischenstaatl. Handelsverkehr. Die Lehre vom F. wurde von Autoren des klass. →Liberalismus entwickelt. Danach verhindern Außenhandelsbeschränkungen die optimale internat. Arbeitsteilung und damit ein möglichst hohes Wirtschaftswachstum in den betreffenden Ländern (A. →Smith, D. →Ricardo). Das →Manchestertum machte die Forderung nach F. zu einem Politikum. Großbritannien behielt das F.-Prinzip so lange bei (bis 1932), wie seine wirtschaftl. Vormachtstellung dies ohne größere wirtschaftspolitische Schwierigkeiten gestattete. Gegner des *F.-*Gedankens traten schon früh auf, z. B. F. →List mit seiner theoret. Begründung des Erziehungszollsystems; 1879 wurde die offizielle Schutzzollpolitik im Dt. Reich eingeführt. Die →Weltwirtschaftskrise veranlaßte alle Staaten zu Außenhandelsbeschränkungen und zur Devisenbewirtschaftung. Nach dem II. Weltkrieg kam es zu einer Intensivierung der Bestrebungen, Beschränkungen des Außenhandels abzubauen (→GATT, →Europäische Zahlungsunion, →Europäische Freihandelsassoziation, →Europäische Wirtschaftsgemeinschaft).

**Freihandelszone,** 1) →Zollfreigebiet (→Freihafen, →Freilager). 2) Vereinigung mehrerer Staaten zu einem einheitl. Zollgebiet ohne Vereinheitlichung der Außenhandelspolitik gegenüber Drittländern, im Ggs. zur →Zollunion. F. sind z. B. die →Europäische Freihandelsassoziation und die →Lateinamerikanische Freihandelszone.

**freihändige Vergabe,** Vergabe eines Auftrags nach freiem Ermessen des Auftraggebers; Ggs. →Submission.

**Freiheit,** am Anfang seiner Geschichte ist F. kein positiver philos. Begriff, sondern wird den Menschen erfahrbar in Abhebung von Notwendigkeit, Schicksal, Zufall, dem sie unterworfen sind. Frei ist der Grieche als Bürger der Polis gegenüber dem Sklaven, Kriegsgefangenen oder Barbaren. In der griech. Tragödie gewinnt der Held F., indem er das unfaßbare Tun der Götter als eigenstes Gesetz verinnerlicht; bei den Sophisten ist F., was die Natur bestimmt, die auf das Zuträgliche, die Tugend *(arete)* und die vollendete Praxis in der Polis zielt; bei den Kynikern und Stoikern ist F. Unabhängigkeit von äußerl. und innerl. Zwingendem, von Bedürfnissen und Leidenschaften sowie Hingabe an den mit Notwendigkeit wirkenden Welt-Logos. Nach Plato ist F. das Sein des Guten, an dem die Seele um ihrer Erfüllung willen notwendig teilzuhaben strebt, während es bei Aristoteles dazu eines Willensaktes und einer besonderen Entscheidungskraft bedarf. Die Einheit eines notwendig freien Wesens und der Selbstverfügung im Wollen ist nach Plotin aber nicht im Menschen, sondern nur in einem göttlichen Wesen möglich. In der theol. Auseinandersetzungen des MA geht es darum, wie die vollkommene Freiheit mit der absoluten Notwendigkeit und der All-

## Freiheitsberaubung

güte des göttl. Schaffens vereinbar sein könne, wieso Gottes Allmacht nicht das Böse verhindere und ob der Mensch für seine Sünden überhaupt zur Verantwortung gezogen werden könne, wenn doch alles nach Gottes Willen geschieht, ob Gott noch als allgütig angeschaut werden könne, wenn doch alles Böse durch seinen freien Willen entstanden sei. Bei Augustinus hat das Böse seinen Ursprung ausschließlich im Wollen des Menschen. F. des Menschen läßt sich nach Ockham nicht beweisen, sondern nur durch Innenerfahrung feststellen, somit durch Glauben; dieser aber ist nach Luther nur als Gnade Gottes möglich. Einen formal-indeterministischen F.-Begriff läßt Descartes als erste Stufe der F. gelten; Leibniz weist ihn als dem Prinzip vom zureichenden Grund widersprechend zurück. Als polit. F.-Begriff definiert Hobbes die Abwesenheit von phys. Zwang; dies bleibt auch für die empirist. Philos. von Locke bis Voltaire bestimmend. Demgegenüber ist nach Spinoza eine Sache frei, die allein aus der Notwendigkeit ihres Wesens existiert und allein durch sich selbst zum Handeln bestimmt wird. Erst bei Rousseau ist F.wieder eine anthropolog. Grundbestimmung des Menschen, in der sich die Geistnatur seiner Seele zeigt. Kant sucht die versch. Überlegungen des 17. und 18.Jh. in einem gedoppelten F.-Begriff zu vermitteln. Im kosmolog. Sinne ist F. das Vermögen, einen Zustand von selbst anzufangen; im Sittlichen ist für Kant F. die Befugnis, nur den selbst bestimmten Gesetzen zu gehorchen. Mit Fichte und Schelling wird F. zum transzendentalen Ausgangspunkt der Philos., aus dem alle anderen Begriffe abgeleitet werden. Den abstrakten Ggs. von Determinismus und Indeterminismus hebt Fichte in den Begriff der Tathandlung auf, die, obwohl aus der inneren Notwendigkeit des Wesens folgend, doch frei sei. Für Hegel ist F. nicht bloß transzendental, sondern auch geschichtlich-genetisch: Konkrete Bestimmungen der F. gewinnt der Geist erst auf dem Weg der Erfahrung seiner selbst in den versch. historischen Gestalten, die in der Philos. zur Darstellung kommt und in der geschichtl. Praxis realisiert wird. An diesen F.-Begriff knüpft Marx an, während Feuerbach, wie die empirische Psychologie, das materialist. Konzept handlungsdeterminierender Affekte gegen den Begriff der F. geltend macht. Aber auch die den Determinismus zu höchster reflexiver Subtilität treibende Erörterung N. Hartmanns endet in der Aporie eines ›metaphysischen Restes‹. Bei Heidegger ist F. das grundlegende ›Um-willen‹, mit dem sich der Mensch sein Dasein begründet, das dann bei Sartre zur ›Geworfenheit‹ zugespitzt wird. Neue Ansätze zu einer Begründung bzw. Infragestellung von F. kommen von der Soziologie, Kulturanthropologie und Kybernetik.

**Freiheit der Meere,** der im Völkerrecht herrschende Grundsatz, daß das Meer außerhalb der Küstengewässer frei und jedermann zugängl. zu sein hat. Im 17.Jh. wirkungsvoll vertreten von H. → Grotius; ( → Seerecht).

**Freiheit, Gleichheit, Brüderlichkeit** (frz. *Liberté, Égalité, Fraternité*), Losungsworte der → Französischen Revolution.

**Freiheitliche Partei Österreichs** *(FPÖ),* die 1955/56 aus Teilen des 1949 gegr. *Verbandes der Unabhängigen (VdU),* liberalen und nationalen Gruppen gebildete Partei, im 1995 gewählten Nationalrat mit 41 Abgeordneten vertreten; Bundesobmann seit 1986 Jörg Haider, der sich mit seinem nationalist. Programm gegen seine liberalen Gegenkandidaten, die in der Folge mehrheitl. aus der FPÖ austraten, durchsetzen konnte.

**Freiheitsberaubung,** vorsätzliche und rechtswidrige Entziehung der persönl. Bewegungsfreiheit eines Menschen durch Einsperren oder auf andere Weise (z. B. durch Betäubung, Wegnahme der Kleider eines Badenden). BR Dtld.: mit Freiheitsstrafe oder Geldstrafe bedroht (§ 239 StGB). – Ähnl. in *Österr.:* § 99 StGB *(Freiheitsentziehung),*

## Freiheitsgrade

*Schweiz:* Art. 183 ff. StGB. – *Erpresserische F.*, wenn die Handlung (z. B. Geiselnahme) in Bereicherungsabsicht erfolgt. Freiheitsstrafe nicht unter 3 Jahren, in schweren Fällen (Tod des Opfers) bis zu lebenslangem Freiheitsentzug (§ 239a StGB).

**Freiheitsgrade**, Bez. für die Bewegungsmöglichkeiten eines Körpers. Ein frei bewegl. Massepunkt hat entspr. seinen Bewegungsmöglichkeiten im dreidimensionalen Raum drei F.; beim starren Körper kommen dazu noch drei F. der →Rotation, entspr. den drei mögl. Rotationsachsen. Weitere F. beruhen z. B. auf der Möglichkeit zu schwingen, wie beim elast. Körper und beim mehratomigen Molekül. Jede auferlegte Bedingung vermindert die Zahl der F. um 1, auch bei tiefen Temp. tritt eine Einschränkung der F. ein.

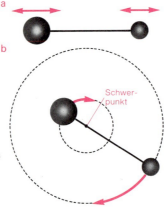

**Freiheitsgrade:** Die beiden Freiheitsgrade von Schwingung **(a)** und Rotation **(b)** eines zweiatomigen Moleküls; die beiden Vorgänge überlagern sich, sie treten also gleichzeitig auf.

**Freiheitskriege**, dt. Geschichte: →Befreiungskriege.

**Freiheitsrechte**, die dem einzelnen verfassungsmäßig garantierten →Grundrechte, durch die ein bestimmtes Maß persönl. Freiheit gewährleistet wird. Das GG kennt folgende F.: Recht auf freie Entfaltung der Persönlichkeit, Gleichheit vor dem Gesetz, Glaubens- und Gewissensfreiheit, Recht der freien Meinungsäußerung, Versammlungs-, Vereinigungs-, Koalitionsfreiheit, Recht der Freizügigkeit, Recht der freien Berufswahl, Petitionsrecht. – Ähnl. für *Österr.* das Staatsgrundgesetz vom 21. 12. 1867 über die allg. Rechte der Staatsbürger. – *Schweiz:* In der Bundesverfassung festgelegt: Rechtsgleichheit (Art. 4 BV), Eigentumsgarantie, Handels- und Gewerbe-, Niederlassungs-, Glaubens- und Gewissens-, Kultus-, Ehe-, Presse-, Vereins-, Petitionsfreiheit. Die persönl. Freiheit, die Meinungsäußerungsfreiheit sowie Versammlungs- und Sprachenfreiheit sind ungeschriebene verfassungsmäßige Rechte.

**Freiheitsstatue** (engl. *Statue of Liberty*), Standbild an der Einfahrt zum New Yorker Hafen, eine fakkeltragende Frauengestalt; ein Geschenk Frankreichs an die USA, in Frankreich von F.-A. →Bartholdi geschaffen (mit Kupferplatten auf Stahlrahmen); wurde 1885 zerlegt nach Amerika verschifft und 86 auf *Liberty Island* (bis 1960 *Bedloe's Island*) eingeweiht; Gesamthöhe ü. M. 92 m, Statue 46 m (innen zugänglich, mit Aussichtsplattform).

**Freiheitsstrafe**, Strafe, die in einer Entziehung der persönl. Freiheit besteht. Das dt. Strafrecht kennt seit dem 1. Gesetz zur Reform des Strafrechts vom 25. 6. 1969 nicht mehr die F. →Zuchthaus, →Gefängnis, →Haft und →Einschließung, sondern nur noch *zeitliche F.* (1 Monat bis 15 Jahre) und *lebenslange F.* Im →Jugendstrafrecht *Jugendstrafe.* – Das *österr.* StGB kennt die zeitliche F., die mindestens einen Tag und höchstens 20 Jahre beträgt, und die lebenslange F. – Das *schweiz.* StGB kennt lebenslanges und zeitweises (1–20 Jahre) Zuchthaus, Gefängnis von 3 Tagen bis 3 Jahren, Haft von 1 Tag bis 3 Monaten.

**Freiherr**, Stufe des niederen Adels, unter dem →Grafen stehend, dem Baron entsprechend; im MA zunächst Besitzer eines Stammgutes, Grundherr altfreier Abstammung; durch den Ausbau des Feudalsystems im 11./12. Jh. in der Regel mediatisiert und zum Lehensmann geworden. Im 13./14. Jh. stiegen in den Stand der F. großenteils auch →Ministeriale auf. Soweit sich die F. unabhängig halten konnten, ge-

hörten sie dem niederen reichsunmittelbaren Adel an (Reichsritter, ab Mitte des 18. Jh. allg. mit dem Titel *Reichs-F.*), der 1803 bzw. 06 mediatisiert wurde.
**Freiherren von Gemperlein, Die,** Novelle von M. von →Ebner-Eschenbach (1879).
**Freiherrnkrone** →Krone.
**Freihof** →Freigut.
**Freijahr** →Jubeljahr.
**Freikirchen,** christliche Gemeinschaften, die sich von den →Staatskirchen und den →Landeskirchen durch ihre finanzielle und organisator. Unabhängigkeit, von den →Volkskirchen durch die Betonung, Kirche sei ein freier Zusammenschluß bewußter und bekehrter Christen (Infragestellung der Kindertaufe), von den →Sekten durch die Beibehaltung traditioneller Kirchenordnungen sowie die Mitarbeit in der →ökumenischen Bewegung unterscheiden. In den USA vorherrschende Kirchenform. – Die F. sind entstanden aus den individualist., sich von der traditionellen Kirche abwendenden Strömungen des Spät-MA, aus denen in der Reformationszeit die →Täufer erwuchsen. Infolge von →Calvins theokrat. Kirchenbegriff boten die stärker calvinistisch geprägten Länder Niederlande, Schottland, England (→Puritaner) und die USA einen fruchtbareren Boden für die Entstehung der F. als die lutherischen. Die wichtigsten F.: →Brüdergemeine, →Quäker, →Mennoniten, →Presbyterianer, →Baptisten, →Kongregationalisten, →Methodisten, →Darbysten und Irvingianer.
**Freikörperkultur** *(FKK, Nacktkultur, Nudismus, Naturismus),* Freiluftleben (Freiluftsport, bes. Wassersport) mit unbekleidetem Körper, von beiden Geschlechtern gemeinsam betrieben; weltanschaul. begründet im Sinne einer Rückkehr zur Natur; organisiert in der *Internat. Naturisten-Föderation.*
**Freikorps** [-ko:r], **1)** Kurz-Bez. für →Freiwilligenkorps. **2)** Bez. für den äußersten polit. Rechten zuzuordnende dt. Freiwilligenverbände nach dem I. Weltkrieg. Sie wurden meist von beschäftigungslosen Offizieren aufgestellt, waren bewaffnet und erfreuten sich staatl. Duldung und Unterstützung. Ende 1919 existierten rd. 150 F. mit einer Gesamtstärke von etwa 400 000 Mann. Ihre Aufgabe lag im Inneren in der Bekämpfung der revolutionären dt. Arbeiterbewegung (Januarkämpfe 1919 in Berlin; Spartakusaufstand; Bremer und Münchener Räterepublik). Nach außen hin waren sie in Grenzkämpfe mit Polen verwickelt und beteiligten sich am Krieg in den baltischen Staaten. Nach der offiziellen Auflösung der F. 1920 bildeten sie die Kader für faschist. und militarist. Organisationen wie NSDAP, SA, Stahlhelm und Organisation Consul.

**Freilager,** Lager in einem →Zollfreigebiet (→Freihafen).
**Freilassing,** oberbayr. Stadt im Lkr. Berchtesgadener Land, am Zusammenfluß von Saalach und Salzach, 13 000 E.; Bahnknotenpunkt und Einkaufsstadt nahe der österr. Grenze; Erholungsort; Maschinenbau, Feinmechanik.
**Freilauf,** Vorrichtung an einer Fahrradnabe, die den treibenden vom angetriebenen Teil trennt, sobald dieser schneller umläuft als der treibende. Erfindung von Ernst Sachs, Schweinfurt, der auch die Torpedo-

**Freiheitsstatue** in New York

## Freileitung

**Freilauf:** Beim Vorwärtsdrehen des Zahnkranzes **(1)** drükken fünf schiefe Ebenen auf dem Antreiber **(2)** die fünf Walzen **(3)** im Walzenführungsring **(4)** in entsprechende Aussparungen des Nabenmantels **(5)** und nehmen diesen bei der Drehung mit. Bei Drehung des Mantels ohne Antrieb fallen die Walzen in die Aussparungen zurück. Beim Rücktreten drücken schiefe Ebenen des Bremskonus **(6)** nach innen, der den Bremsmantel **(7)** auf den mit dem Bremshebel **(9)** am Rahmen festgehaltenen Festkonus **(8)** aufdrückt und gegen den Nabenmantel aufspreizt.

nabe (F. mit Rücktrittbremse) konstruierte.

**Freileitung,** oberirdische, von Masten getragene Leitung; isoliert befestigt.

**Freilichtbühne,** ein Theater im Freien, meist an landschaftl. schön gelegenen Plätzen oder in Schloßhöfen, Ruinen, auf alten Marktplätzen, oft nach dem Vorbild des griech. →Amphitheaters angelegt. Im 17./18. Jh. von der höf. Gesellschaft bevorzugt, erhielt das *Freilichttheater* zu Beginn des 20. Jh. durch E. Wachtlers Bestrebungen um das Harzer Bergtheater neuen Auftrieb.

**Freilichtmalerei** *(Pleinairismus, Pleinairmalerei),* die etwa 1850 einsetzende Malerei im Freien, unmittelbar vor dem Sujet bei natürl. Licht, im Ggs. zur Ateliermalerei. F. war eine der Forderungen des →Impressionismus.

**Freilichtmuseum,** Museum, das unter freiem Himmel ausstellt. Bes. geeignet, um die Frühgeschichte durch Rekonstruktionen und Originalfunde in natürl. Umgebung zu veranschaulichen; ferner zur Demonstration der Volkskultur: Ländl. Wohn- und Wirtschaftsbauten (u. a. Bauernhöfe, Fischerhäuser, Mühlen) mit gesamter Einrichtung und Ausrüstung stehen in ihrer zugehörigen Landschaft. Beispiele: Pfahlbauten in Unteruhldingen am Bodensee; F. in Skansen (Stockholm); Greenfield Village (USA; Nachbildung eines Dorfes der nordamerik. Pionierzeit).

**Freilichttheater,** ein Theater unter freiem Himmel, bei dem die Landschaft als Kulisse einbezogen ist. (→Freilichtbühne).

**Freiligrath,** Ferdinand, Lyriker, * 17. 6. 1810 Detmold, † 18. 3. 1876 Cannstatt; wegen seiner radikalen polit. Gedichte ›Ein Glaubensbekenntnis‹ (1844) zur Emigration gezwungen; in ›Ça ira‹ (46) lyrisches Bekenntnis zu Revolution und sozialer Reform. Mit K. →Marx Redakteur der ›Neuen Rheinischen Zeitung‹, Köln; ging 51 abermals ins Exil nach London, 68 Rückkehr nach Düsseldorf. Nach ›Neuere polit. und soziale Gedichte‹ (49–51) auch zuletzt patriotische Kriegslieder (70/71).

**Freimaurerei,** Männerbund mit zahlr. voneinander unabhängigen

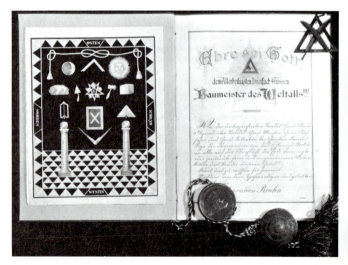

**Freimaurerei:** Freimaurerzeichen; Gründungsurkunde der Johannesloge ›In Treue fest‹ in München 1903. Privatsammlung

# Freirechtsschule

Organisationen, der bürgerl. liberale Werte vertritt und seine Mitgl. großenteils aus der Oberschicht und oberen Mittelschicht rekrutiert. Die Rituale und Gebräuche der F. sind mehr oder weniger nur Eingeweihten, d. h. den Mitgl., zugänglich, wobei die verwendeten Symbole und Embleme zum Teil auf mittelalterl. → Bauhütten zurückgeführt werden (›Maurer‹, ›Freimaurer‹). Die unabhängigen Organisationen heißen Logen, die jeweils von Großlogen gegründet werden. An der Spitze jeder Loge steht ein Logenmeister (›Meister vom Stuhl‹; in Großlogen: Großmeister), der zus. mit anderen Logenbeamten auf Zeit von den Mitgl. gewählt wird. Die Mitgl. der Logen heißen ›Brüder‹. Ihre Stellung innerhalb der Logen richtet sich nach den Graden, die sie einnehmen. Die ersten drei Grade sind Lehrling, Geselle, Meister. Außerdem gibt es in angelsächs. Großlogen eine weiter ausgebaute Hierarchie, die bis zu 30 weitere Grade umfaßt. Die rituellen Veranstaltungen der Logen heißen ›Arbeit‹; die Versammlungsstätten werden ›Tempel‹ oder ›Bauhütten‹ genannt. Die F. entstand in England (1717 erste Großloge in London aus dem Zusammenschluß von vier ›Werkmaurerlogen‹; das Konstitutionsbuch der ›Alten Pflichten‹ trat 23 in Kraft). Die F. setzte sich schnell auf dem Kontinent durch; seit 37 in Dtld., seit 42 in Österr. Die Anziehungskraft der F. beruhte damals auf der Betonung humanitärer und egalitärer Ideen, die allerdings in erster Linie auf die Durchsetzung der Werte des liberalen Bürgertums gerichtet waren. Ihre kosmopolit. Grundhaltung trug ihr das Mißtrauen nationaler Kreise, ihre liberale Haltung das der kath. Kirche ein. F. wird bis heute in autoritären, kath. und kommunist. Staaten verfolgt. 1949 schlossen sich die wiedergegründeten dt. Logen in Frankfurt a. M. zu der ›Vereinigten Großloge von Dtld.‹ zusammen. – *Österr.:* Die einzelnen Logen sind seit 1955 in der ›Großloge von Österr.‹ vereinigt. – *Schweiz:* Die 51 schweiz. Logen sind in der Groß-

**Nelson Freire** mit der Pianistin Martha Argerich

loge ›Alpina‹ zusammengeschlossen.
**Freimaurermusik,** schon früh traten Freimaurerlogen als Musik-Auftraggeber auf; sie veranstalteten Konzerte, Liederabende und bestellten Kompositionen. So schrieb Haydn seine sechs Pariser Symphonien für eine Pariser Loge; Mozart komponierte die ›Maurerische Trauermusik‹ (1785) KV 477 sowie die Kantaten ›Die Maurerfreunde‹ (85) KV 471 und ›Eine kleine Freimaurer-Kantate‹ (91) KV 623. Freimaurerthemen treten auch in Mozarts Oper ›Zauberflöte‹ zutage.
**Freiraum, 1)** freier, unbebauter, unbesetzter Raum; **2)** innerer Abstand von der Umwelt, Möglichkeit zum Eigenleben.
**Freire** [freɪrə], Nelson (Pinto), brasil. Pianist, * 18. 10. 1944 Boa Esperança; nach seiner Wunderkindkarriere nahm F. u. a. bei Bruno Seidlhofer in Wien Unterricht; seit 1964 zahlr. Auftritte in Europa; musikal. Dialog mit M. → Argerich an zwei Klavieren.
**Freire** [freɪrə], Paulo, brasil. Pädagoge und Bildungspolitiker, * 19. 9. 1921 Recife, † 2. 5. 1997 São Paulo; entwickelte eine ›volkspädagogische‹ Methode zur Alphabetisierung in der dritten Welt: Lernen aus der Lebenssituation der Armen.
**Freirechtsschule,** eine vor dem I. Weltkrieg entstandene Methode der Rechtsfindung, nach der der Richter den einzelnen Fall ungehin-

**Ferdinand Freiligrath**

## Freireligiöse Gemeinden

Freising

dert durch generelle Vorschriften in seiner Eigenart würdigen und entscheiden soll, wobei er sich möglicherweise zur Vermeidung von Unbilligkeiten auch über das Gesetz hinwegsetzen darf (→ Begriffsjurisprudenz, → Interessenjurisprudenz).

**Freireligiöse Gemeinden,** 1859 aus dem *Deutsch-Katholizismus* und den ev. ›freien Gemeinden‹ (Lichtfreunde) entstandener Bund; Forderung relig. Selbstbestimmung. Vereinigung mit dem *Deutschen Freidenkerbund* 1924 zum *Volksbund für Geistesfreiheit*; 33 verboten, 50 neu gegr. als *Bund F. G. Deutschlands*, der neben → Unitariern, → Monisten und ähnlichen Organisationen dem 49 wiedergegr. *Deutschen Volksbund für Geistesfreiheit* als Dachorganisation angehört und seit 52 Mitgl. der *Internat. Humanistisch-Ethischen Union* ist; etwa 230 F. G. mit 50 000 Mitgl.

**Freisa** [fre̱isa], ital. Rotweinsorte und der aus ihr erzeugte Wein, leicht süß (z. B. Freisa d'Asti).

**Freisasse** →Freigut.

**Freischärler** *(Franktireurs),* Personen, die sich an Kriegshandlungen beteiligen, ohne → Kombattanten im Sinne des → Völkerrechts zu sein. F. können nach → Kriegsrecht abgeurteilt werden, haben aber Anspruch auf ein Gerichtsverfahren (→ Partisanen).

**Freischlag,** im Hockey der einer Mannschaft bei regelwidrigem Spiel ihres Gegners zugesprochene unbehinderte Schlag.

**Freischürfe,** im österr. → Bergrecht die Bergbaubewilligung.

**Freischütz, Der,** Oper (Urauff.: 18. 6. 1821, Berlin) C. M. von →Webers; Text: Friedrich Kind; zentrales Werk in der Geschichte der dt. Nationaloper.

**Freisetzungsrichtlinie,** vom EG-Ministerrat 1990 verabschiedete Richtlinien über Freisetzung genet. veränderter Organismen in die Umwelt sowie deren Anwendung in geschlossenen Systemen.

**Freising,** oberbayr. Krst. (Große Kreisstadt) an der Isar, 38 000 E., zw. Tertiärhügelland und *Freisinger Moos*; Dom (1160 begonnen, barocke Innenausstattung der Brüder → Asam); Fakultäten für Landw. und Gartenbau sowie Brauwesen, Lebensmitteltechnologie und Milchwissenschaft der Techn. Univ. München, Fakultät für Forstwissenschaft der Univ. München, Fachhochschule Weihenstephan; Maschinenbau, Brauereien. – Seit 739 Bischofssitz (1821 nach München verlegt: Erzbistum München und Freising).

**Freisinn,** dt. Wort für → Liberalismus; in Dtld. ab 1850 in versch. Parteinamen vertreten (→ Fortschrittspartei).

**Freisinnig-demokratische Partei der Schweiz** *(FDPS),* 1894 nach dem Auseinanderfallen des damals polit. vorherrschenden → Freisinns gegr. Partei bürgerl.-zentrist. Ausrichtung, in der frz. Schweiz *Parti radical.* Ununterbrochene Regierungsbeteiligung mit maßgebl. Einfluß; führende Stellung im Lager der bürgerl. Parteien. Die FDPS gilt als bevorzugte Partei der schweiz. Wirtschaft, der Unternehmer, leitenden Angestellten und freien Berufe. 1991: 44 von 200 Mandaten im →Nationalrat, 18 von 46 im →Ständerat.

**Freisler,** Roland, Jurist, * 30. 10. 1893 Celle, †(bei Bombenangriff) 3. 2. 1945 Berlin; als Präs. des → Volksgerichtshofs (ab 1942) fanat. Vertreter des nat.-soz. Justizterrors, bes. in der Verfolgung der Widerstandskämpfer des 20. Juli 1944.

**Freispruch,** im Strafverfahren die richterl. Feststellung, daß der Angeklagte unschuldig ist oder nach den vorliegenden Beweismitteln der Tat nicht überführt ist (→ Verfahrenshindernis). – In der *Schweiz* ebenso. – *Österr.:* Der Angeklagte wird auch freigesprochen, wenn es an der gesetzlichen Anklage fehlt, wenn der Ankläger nach Eröffnung der Hauptverhandlung und vor Urteilsschöpfung von der Anklage zurücktritt, Strafaufhebungsgründe oder Verfolgungshindernisse vorliegen.

**Freistaat,** offizielle Bez. für die meisten dt. Länder nach 1918, heute für Bayern, Sachsen und Thüringen; gleichbedeutend mit →Republik.

# Freivorbau

**Freistaat der drei Bünde,** Vorläufer des Kantons →Graubünden.
**Freistadt,** Bezirksstadt im Mühlviertel, Oberösterr., 7000 E.; mittelalterliches Stadtbild; wirtschaftl. Zentrum.
**Freistellungsauftrag** →Zinsabschlagsteuer.
**Freistempler,** andere Bez. für →Frankiermaschine.
**Freistil,** 1. im →Schwimmen ein Wettbewerb mit freier Wahl der Schwimmart; dabei wird ausnahmslos die Kraultechnik als die derzeit schnellste Schwimmart angewandt; 2. Kampfart im Ringen, bei der am ganzen Körper Griffe angesetzt werden dürfen.
**Freistoß,** im →Fußball der einer Mannschaft bei regelwidrigem Verhalten eines gegnerischen Spielers zugesprochene unbehinderte Ballstoß; ein direkter F. kann im Gegensatz zum indirekten F. direkt als Torschuß versucht werden.
**Freitag,** Walter, dt. Gewerkschaftsführer, *14.8.1889 Remscheid, †7.6.1958 Herdecke (Ruhr); ab 1920 im Dt. Metallarbeiterverband; 52–56 Vors. des DGB.
**Freitag,** fünfter Tag der →Woche, nach der german. Göttin Frija (→Frigga) benannt; engl. *Friday* (im alten Rom nach der Göttin Venus: *Veneris dies*; frz. *vendredi*). Für Katholiken Abstinenztag. Unglückstag wegen der Kreuzigung Christi am Karfreitag.
**Freital,** sächsische Krst. südwestl. von Dresden, an der Weißeritz, im Plauenschen Grund, mit 42000 E.; Mittelpunkt des Steinkohlereviers Döhlener Becken; Edelstahlwerk, Maschinen-, Glas-, Lederindustrie, Gerätebau.
**Freitisch,** regelmäßiges kostenloses Mittagessen in Klöstern, Heimen, Internaten.
**Freitod,** Syn. für →Selbstmord.
**Freitreppe,** Stufenanlage außerhalb eines Gebäudes, oft angelegt zur Betonung des Hauptzuganges bei Kirchen, Schlössern, Rathäusern, Patrizierhäusern; als Verbindung zw. Garten und Terrasse.
**Freitritt,** im →Rugby der einer Mannschaft bei regelwidrigem Spiel ihres Gegners zugesprochene unbehinderte Tritt des Balles.
**Freiübungen,** im 19. und in der 1. Hälfte des 20. Jh. Bez. für körperbildende Übungen allg. Art.
**Freiumschlag,** frankierter Briefumschlag, mit dem einem Empfänger die Kosten für das Antwortschreiben erspart werden sollen.
**Freiverkehr, 1)** *Zoll:* Warenverkehr im →Zollfreigebiet; **2)** *Börse:* Handel mit nicht amtl. notierten Wertpapieren; kam vor der Einführung des →Geregelten Marktes als geregelter F. oder außerhalb der Börse als ungeregelter F. (Telephonverkehr) vor. Seitdem der geregelte F. im Geregelten Markt aufgegangen ist, bezieht sich der Ausdruck F. nur noch auf den ungeregelten F.
**Freivorbau,** Herstellungsverfahren im Brückenbau, bei dem →Schalung und →Rüstung so konstruiert

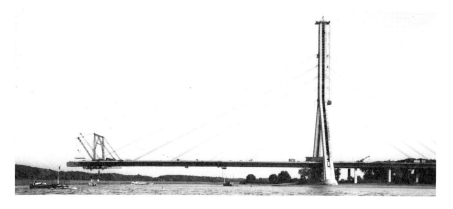

**Freivorbau:** Die Rheinbrücke in Düsseldorf-Flehe wurde mit dem bisher längsten Freivorbau der Welt errichtet (367 m).

## Freiwaldau

sind, daß sie mit wenig Lohnaufwand abschnittweise versetzt oder von Öffnung zu Öffnung verschoben werden können. Die einzelnen Vorbauabschnitte werden, bei den Pfeilern beginnend, mit Hilfe einer jeweils angehängten Rüstung und Schalung an den vorangegangenen, erhärteten Abschnitt anbetoniert, bis die immer länger und meist niedriger werdenden Kragarme die Mitte der Spannweite erreicht haben. Dort werden die Enden entweder gelenkig oder biegesteif miteinander verbunden. Da innerhalb der großen Öffnungen keine Montagestützen benötigt werden, eignet sich dieses Verfahren bes. für die Überquerung großer Flüsse (ohne Beeinträchtigung des Schiffsverkehrs) oder tiefer Täler. Mit diesem F.-Verfahren wurde 1952 die erste Spannbetonbrücke (114,2 m Spannweite) über den Rhein bei Worms gebaut. Für Brückenträger mit einer konstanten Bauhöhe wurden wirtschaftlichere Herstellungsverfahren entwickelt ( →Vorschubrüstung, →Taktschiebeverfahren).

**Fre̱iwaldau,** tschech. Stadt →Jeseník.

**freiwillige Erziehungshilfe,** durch das Jugendamt erfolgende Erziehungshilfe zur Unterstützung des Personensorgeberechtigten bei Erziehung eines in seiner Entwicklung gefährdeten Jugendlichen, wenn →Erziehungsbeistandsschaft nicht ausreicht (§ 62 Jugendwohlfahrtsgesetz). – *Österr.:* ähnlich (§ 9 Jugendwohlfahrtsgesetz).

**freiwillige Gerichtsbarkeit,** staatlich geordnetes Verfahren zur Regelung privatrechtl. Angelegenheiten, die nicht zur streitigen Gerichtsbarkeit gehören. Zur f. G. gehören u. a. Vormundschafts-, Ehe-, Nachlaß-, Wohnungseigentums-, Landwirtschafts-, Grundbuch-, Register- und Urkundsachen. BR Dtld.: geregelt im Gesetz über die Angelegenheiten der f. G. (FGG) vom 17. 5. 1898. Neben den Gerichten sind auch die Notare Organe der f. G., z. B. bei der Beurkundung. – *Österr.:* geregelt im Gesetz über das gerichtliche Verfahren in Rechtsangelegenheiten außer Streitsachen (Außerstreitgesetz) vom 9. 8. 1854. Weitere Rechtsquellen sind das Grundbuchgesetz u. a. – *Schweiz:* kantonal versch. geregelt; Erziehungsberatung und -hilfe häufig mit dem Bildungssystem verknüpft.

**Freiwilligenkorps** [-koːr], nicht in die regulären Streitkräfte eingegliederter Kampfverband, dessen Angehörige als →Kombattanten anerkannt werden können, falls sie einen verantwortl. Führer haben, Uniform oder klar erkennbare Unterscheidungszeichen tragen, die Waffen offen führen und die Gesetze und Gebräuche des Krieges einhalten.

**Freiwillige Selbstkontrolle der Filmwirtschaft** *(FSK),* von der Filmwirtschaft (SPIO), den Kirchen- und Jugendverbänden errichtete Filmprüfungsstelle; seit 1949 tätig, Sitz: Wiesbaden. Tätigkeit in ›Grundsätzen‹ (Fassung März 55) festgelegt. Aufgaben sind u. a.: Aufführung von Filmen zu verhindern, die negative Einflüsse auf moral., relig. und polit. Gebiet ausüben; über die Eignung der Filme für Kinder und Jugendliche zu entscheiden.

**freiwillige Sozialleistungen,** betriebl. Leistungen, die über das tarifl. oder vertragl. Maß hinaus den Arbeitnehmern gewährt werden, z. B. ärztliche Betreuung, Kantinen, Urlaubsheime, Zuwendungen an Pensions- und Unterstützungskassen.

**Freiwurf,** im →Handball, →Korbball, →Basketball und →Wasserball der einer Mannschaft bei regelwidrigem Spiel ihres Gegners zugesprochene unbehinderte Ballwurf.

**Freizeichen,** allg. gebräuchl. Zeichen für bestimmte Warengattungen ( →Warenzeichen).

**Freizeichnungsklausel,** vertragl. Vereinbarung, durch welche die Haftung eingeschränkt oder ausgeschlossen wird. Für Vorsatz kann die Haftung nicht ausgeschlossen werden. F. ist nichtig, wenn sie gegen die guten Sitten verstößt.

**Freizeit,** der von der Berufsarbeit nicht beanspruchte Zeitraum, der sich in der hochindustrialisierten Ges. durch Arbeitszeitverkürzungen ausdehnt, insbes. auch Urlaub

# Freizeitwohnsitz

und verlängertes Wochenende. F. als geregelter und arbeitsrechtl. gesicherter Anspruch eines →Arbeitnehmers ist, mit Ausnahme der Beamtenberufe, eine relativ junge Erscheinung. Dauer von F. und Urlaub sind in der BR Dtld. im Arbeitsrecht und in Tarifverträgen geregelt; umfassender ›Anspruch auf Erholung und F.‹ in der Erklärung der Menschenrechte der UN 1948 (Art. 24). Die →Arbeitswissenschaft hat Wesentliches zur Regelung der F. innerhalb der Berufsarbeit (z. B. Pausenordnung) beigetragen. Historisch ist F. nicht denkbar ohne den Kampf um die Verringerung der Arbeitszeit (1850: 84 Stunden pro Woche für Arbeiter; 1979: tarifl. Arbeitszeit durchschnittl. 40 Stunden; mittlerweile ist die 35-Stunden-Woche Gegenstand gewerkschaftl. Forderungen).
In vorindustriellen Ges. mitteleurop. und nordamerik. Prägung diente die F., wie auch im Verlauf der Industrialisierung selbst, praktisch bloß der Wiederherstellung der Arbeitskraft, war als ›Muße‹ hingegen nur auf privilegierte Gruppen beschränkt, was zugleich ein gewisses Bildungsmonopol bedingte. Somit bringt die heutige ausgedehnte F. nicht nur gesellschaftl. Angleichungen in Konsumgewohnheiten und Verhaltensweisen zwischen den versch. Schichten, sondern auch die Chance des Zugangs zu Bildung und Kultur. Die F. ist zu einem bed. Wirtschaftsfaktor geworden, weil verlängerte F. auch mehr Zeit für Konsum bedeutet; bes. augenfällig wird dies in der Entwicklung der F.-Industrie, die den Wunsch nach F.-Gestaltung vermarktet. F. ist von polit. und sozialer Bed. durch die auf die F. gerichteten Massenmedien, die Fortbildungsmöglichkeiten, die mögl. Veränderung sozialer Beziehungen und Verhaltensweisen. Trotz der zunehmenden Bed. ist das Verhalten in der F. sozialer Gruppen in der F. noch nicht ausreichend erforscht; fest steht, daß das Verhalten in der F. sehr von den in der Arbeitszeit erforderl. Verhaltensweisen geprägt wird; es ist demnach schichtspezifisch unterschiedl. Die Trennung von Beruf und F. erweist sich immer mehr als Trugschluß. D. →Riesman spricht bezüglich der F. von ›außengeleiteter Lebensweise‹ und von ›Freizeitzwang‹. Das Ausmaß der F. wird oft überschätzt, weil der Prozeß des gesellschaftl. Zusammenlebens wesentl. neue zeitl. Anforderungen stellt (Verkehr, Behördengänge usw.), deren Erfüllung nicht vom Begriff der F. abgedeckt wird.

**Freizeitgeographie,** Zweig der Sozialgeographie, beschäftigt sich mit der Raumwirksamkeit der Freizeitaktivitäten und den daraus resultierenden Organisationsformen des Freizeitraumes; untersucht Freizeitverhalten im Fremdenverkehr oder Wohnumfeld (Naherholung).

**Freizeitpädagogik,** Inbegriff der Bemühungen, Jugendliche und Erwachsene für eine sinnvolle Nutzung ihrer Freizeit zu qualifizieren, teils durch Angebote für die Freizeit- und Urlaubsgestaltung, teils durch schulische und außerschul. Bildungsmaßnahmen. Einrichtungen sind z. B. ›Häuser der Jugend‹.

**Freizeitwohnsitz,** Zweitwohnung im Freizeitraum; ein überwiegend während der Freizeit und nur vorübergehend (stunden- oder tageweise, am Wochenende oder während des Urlaubs) benutzter weiterer Wohnsitz neben dem Hauptwohnsitz.

**Freiwilligenkorps:** ›Freiwillige Jäger des Großherzogtums Würzburg 1813 – 14‹

3271

# Freizügigkeit

**Freizügigkeit,** das Recht auf freie Wahl des Aufenthaltsortes. Nach Art. 11 GG genießen alle Deutschen F. im ganzen Bundesgebiet. Eine Einschränkung ist nur durch Gesetz und nur zum Schutz der Allgemeinheit bei unzureichender Lebensgrundlage, zum Schutz der Jugend vor Verwahrlosung, zur Bekämpfung der Seuchengefahr und zur Vorbeugung gegen strafbare Handlungen zulässig (→Notstandsgesetze). – In *Österr.* (Art. 4 StGG über die allgemeinen Rechte der Staatsbürger) und der *Schweiz* (BV Art. 45) ist die F. ebenfalls verfassungsrechtlich gewährleistet (→Freiheitsrechte).

**Fréjus** [freʒys], südostfrz. Stadt an der Côte d'Azur, südwestl. von Cannes, 41 000 E.; Bischofssitz; Korkverarbeitung, Baustoff-Ind.; Garnison; 1959 beim Bruch des Staudammes von Malpasset größtenteils verwüstet (über 400 Todesopfer); Reste von Bauwerken der von Cäsar gegr. Stadt *Forum Iulii,* seit Augustus röm. Kolonie und bed. Flottenstützpunkt (Hafen längst verlandet).

**Fréjus, Col de** [- freʒys], Paß in den Westalpen, auf der frz.-ital. Grenze, 70 km östlich von →Grenoble, 2542 m ü. M.; der Straßen- und Schienenverkehr verläuft durch einen 12 km langen Tunnel zw. Modane und Bardonecchia.

**Frelimo** →*Frente de Libertação de Moçambique.*

**Fremantle** [frimæntl], bedeutendster Hafen Westaustraliens, südwestl. von Perth, 24 000 E.; Werften, Maschinenbau, Woll- und Lederverarbeitung, Nahrungsmittel-, petrochem. Ind.; Ausfuhr von Wolle, Weizen, Bergbauprodukten.

**Fremdarbeiter,** Bez. für Menschen aus den während des II. Weltkriegs vom Dt. Reich besetzten Gebieten, die zunächst freiwillig, später zunehmend zwangsweise in der dt. Kriegswirtschaft arbeiteten (1944: 7,5 Mio.). Sie lebten meistens kaserniert in Lagern unter besonderer Überwachung durch die Gestapo und arbeiteten bei niedrigem Lohn unter schlechten Ernährungs- und Arbeitsbedingungen. Der weitaus größte Teil der Betroffenen hat bislang keine Entschädigung erhalten.

**Fremdbedienung** →Einzelhandel.

**Fremdbestäubung** *(Xenogamie, Allogamie)* →Bestäubung.

**Fremd-DNA,** DNA-Abschnitte, die in der →Gentechnik mit Hilfe von Fremdorganismen in Genome bzw. extrachromosomal in Zellen eingeschleust werden.

**Fremde, Der,** Erzählung von A. →Camus (1942).

**Fremde im Zug, Der,** Kriminalfilm von A. →Hitchcock (1951) nach einem Roman von P. →Highsmith.

**Fremdenfeindlichkeit,** bei höheren Tieren und den Menschen beobachtbares aggressives Verhalten gegenüber in das Revier oder in den sozialen Verband eindringende fremde Artgenossen; Form der ›innerartlichen Aggression‹.

Fremdenlegion: Fremdenlegionäre auf den Champs-Elysées

# Fremdenverkehr

**Fremdenverkehr:** Einrichtungen für den Massentourismus erfordern meist aufwendige Bau- und Infrastrukturmaßnahmen; die Schönheit der Landschaft als ein wichtiges Potential des Tourismus wird dadurch oft beeinträchtigt. Andererseits können stark frequentierte Touristenmagneten auch helfen, einen großen Teil der Urlauber und Ausflügler so zu lenken, daß andere, naturnahe Gebiete vom Massentourismus verschont bleiben. Die Abbildung zeigt den Westgipfel der Zugspitze mit der alten, 1993 durch einen Neubau ersetzten Seilbahn-Bergstation; im Hintergrund die Alpenvereinshütte ›Münchner Haus‹.

**Fremdenfurcht,** ablehnende Reaktion eines Kleinkindes gegenüber Fremden durch Kopfabwenden und Vermeiden des Blickkontaktes.

**Fremdenlegion,** eine von einigen Staaten überwiegend aus Ausländern aufgestellte und meist in überseeischen Gebieten eingesetzte Truppe. Am bekanntesten wurde die aus aufgelösten Schweizerregimentern (darunter der → Schweizergarde), politischen Flüchtlingen und Abenteurern gebildete frz. F. *(Légion étrangère).* Sie sollte den Angehörigen der Schweizerregimenter des Bürgerkönigs Louis Philippe ermöglichen, weiterhin in frz. Solddiensten zu bleiben. Wegen ihrer Verwicklung in den Algerienputsch wollte de Gaulle die F. auflösen. Sie hat sich behauptet, aber ihren Charakter stark verändert; jetzt auch im frz. Mutterland stationiert. Elitetruppe, Stärke: rd. 8000 Mann. Werbung für eine F. in der BR Dtld. und durch Deutsche im Ausland ist nach § 109h StGB strafbar. – In *Österreich* und der *Schweiz* ähnlich geregelt.

**Fremdenrecht,** völkerrechtl. und innerstaatl. Bestimmungen über die rechtl. Stellung der Personen, die nicht die Staatsangehörigkeit des Staates besitzen, in dem sie sich aufhalten ( → Ausländer). Nach den Grundsätzen des Völkerrechts hat jeder Fremde Anspruch auf Zubilligung der → Menschenrechte im fremden Staat. Die Bürgerrechte, wie z.B. das aktive und passive Wahlrecht, stehen ihm dagegen nicht zu. Ebenso ist das Recht der → Freizügigkeit beschränkt. Dieser Beschränkung entspricht, daß der Fremde auch nicht zu den Bürgerpflichten wie z.B. der Wehrpflicht herangezogen werden kann; dagegen ist er steuerpflichtig.
Im Altertum war der Fremde rechtlos, jedoch wurde die Rechtlosigkeit durch das allenthalben bestehende Gastrecht gemildert. Rechtlos war der Fremde auch bei den Germanen; er stand jedoch später unter dem Schutz des Königs.

**Fremdenverkehr,** die Gesamtheit der Beziehungen und Erscheinungen, die sich aus der Reise und dem Aufenthalt von Personen ergeben, für die der Aufenthaltsort weder Hauptwohnort noch Arbeitsort ist (›St. Galler Definition‹). Vorrangig wird der längerfristige, mit mindestens einer Übernachtung verbundene Aufenthalt betrachtet, doch werden z.T. auch Tagesausflüge zum F. gerechnet. Man unterscheidet Urlaubs-, Erholungs-, Vergnügungs-, Bildungs-, Geschäftsreisen, Kuraufenthalte u.a. Das *F.-Gewerbe* umfaßt in der Hauptsache das Hotel- und Gaststättengewerbe, Sanatorien und Erholungsheime, Verkehrsbetriebe und → Reisebüros. Mit der Entwicklung des modernen Verkehrs- und Kommunikationswesens, dem Wohlstand der Bev. in den Industriestaaten und dem Aus-

3273

# Fremdenverkehrsgeographie

bau der Dienstleistungen in F.-Orten hat der F. in den letzten Jahrzehnten sprunghaft zugenommen. Wegen der Bed. des F. für die →Zahlungsbilanz, die Sicherung von Einkommen und die Schaffung von Arbeitsplätzen unterstützen die Staaten Bestrebungen, durch Werbung ausländ. Gäste anzuziehen. Es bildeten sich in der BR Dtld. die →Deutsche Zentrale für Tourismus, in *Österreich* die *Österr. Fremdenverkehrswerbung*, in der *Schweiz* die *Schweizerische Verkehrszentrale*, weiterhin überall regional begrenzte *F.-Verbände* und *F.-Vereine*, die durch Werbung und Ausbau der Dienstleistungen für ihre Gebiete den F. intensivieren wollen, sowie wiss. Institutionen (z. B. Dt. Wirtschaftswiss. Institut für F.). Staatl. Förderprogramme kennzeichnen den hohen Stellenwert des Freizeitsektors in der Ges. (Tourismus).

**Fremdenverkehrsgeographie,** ein Zweig der Sozialgeographie, der zunehmend als Teilbereich der →Freizeitgeographie aufgefaßt wird; befaßt sich mit der Gestaltung der Landschaft, der Siedlungen, der Verkehrsverhältnisse, der Bevölkerungs- und Sozialstruktur durch den Fremdenverkehr. Die F. versucht, entspr. dem Zusammenspiel aller dieser Faktoren und nach dem Ausmaß der Umformung durch die Fremdenverkehrsströme, Räume als Fremdenverkehrsgebiete, -regionen oder -landschaften zu erfassen.

**Fremdenverkehrslandschaft,** ein Raumausschnitt, der seine heutige Gestaltung speziellen Angebots- und Nachfragestrukturen des Freizeitverhaltens der Bevölkerung verdankt und charakterisiert ist durch eine Konzentration von Beherbergungsbetrieben (Hotels, Pensionen, Bungalows), Kurhäusern, Badeeinrichtungen, Campingplätzen, Vergnügungsstätten, Sommer- und Wintersportanlagen, versch. Arten von Touristenverkehrsmitteln wie Seilbahnen und Skiliften, von Spazierwegen, Berggasthäusern usw. Diese Fremdenverkehrselemente haben die urspr. bäuerl. oder städt. Siedlungsform in hohem Maße überprägt. Die F. wird weiterhin gekennzeichnet durch hohe Bettenkapazität und Übernachtungszahlen, spezielle fremdenverkehrsorientierte Steuereinnahmen der Gemeinden, Saisongebundenheit des Verkehrs und starken Grundbesitzanteil von Ortsfremden. Typische F. sind die Riviera, die schweiz. und dt. Alpenrandseen (Vierwaldstätter See, Starnberger See, Tegernsee), das Salzkammergut, Obengadin, Montblanc-Gebiet, die oberital. Seen, die Nordseeküsten Dtld., der Niederlande und Belgiens.

**Fremderregung** →Generator.

**Fremde Schatten,** Filmthriller von J. →Schlesinger (1989).

**Fremde Zimmergesellen** →Hamburger Zimmerleute.

**Fremdkapital,** die Summe der Verbindlichkeiten eines Unternehmens; wird auf der Passivseite der →Bilanz ausgewiesen. Bei ungünstigem Verhältnis von F. und →Eigenkapital spricht man von Überschuldung (→Finanzierung).

**Fremdkeime,** in der →Biotechnologie Bez. für Mikroorganismen, die im Produktionsprozeß unerwünscht sind; →Sterilisation und →Desinfektion von Geräten und Nährstoffen reduzieren das Risiko.

**Fremdkörper,** *Med.:* von außen in den Organismus eingedrungene Substanzen und Gegenstände, die vom Gewebe als körperfremd empfunden werden und Abwehrreaktionen auslösen.

**Fremdkörpersuchgeräte,** *Med.:* Spezialendoskope (→Endoskop) zur Suche, Beobachtung und evtl. Entfernung von →Fremdkörpern in Organen.

**Fremdkraft-Bremsanlage,** Bremsanlage in großen Nutzfahrzeugen, die unabhängig von der motorgetriebenen Druckluftbremse arbeitet. Die F.-B. bewirkt bei Ausfall der Druckluftanlage einen automat. eingeleiteten Bremsvorgang.

**Fremdlingsfluß,** ein Fluß in →aridem Gebiet, der seinen Wasserreichtum feuchten Klimaten in seinem Oberlauf verdankt (z. B. Nil, Indus, Colorado).

**Fremdreflex,** Bez. für →Reflex, bei

# Fremont

## Praxistip Sprache — fremdsprachlich/fremdsprachig

**Fremdsprachlich** meint ›über eine fremde Sprache‹, also: *fremdsprachlicher Unterricht* (= Unterricht über eine fremde Sprache, aber in der eigenen Sprache [Muttersprache]). Beispielsweise *Deutsch als Fremdsprache* (= fremdsprachlicher Deutschunterricht in der Muttersprache außerhalb des deutschen Sprachraums).
**Fremdsprachig** meint dagegen ›eine fremde Sprache sprechend/schreibend‹, also: *ein fremdsprachiger Besucher* (= einer, der eine Fremdsprache spricht oder schreibt), *fremdsprachige Literatur* (= Literatur in einer fremden Sprache), *fremdsprachiger Unterricht* (= in einer fremden Sprache gehaltener Unterricht, z. B. Englischunterricht in Deutschland in englischer Sprache).

dem →Rezeptor und Erfolgsorgan räumlich getrennt sind, z. B. →Babinski-Reflex; Ggs.: *Eigenreflex*.
**Fremdrenten,** diejenigen von der Unfall- und Rentenversicherung übernommenen Renten, die aus Versicherungen bei nicht mehr bestehenden oder außerhalb der BR Dtld. befindl. Versicherungsträgern stammen. Regelung im *F. und Auslandsrenten-Neuregelungsgesetz (FANG)* vom 25. 2. 1960.
**Fremdscherben,** beim Ansetzen der Glasschmelze zugefügte Scherben, die z. B. aus dem Recycling von Altglas stammen; bei manchen Glassorten beträgt der F.-Anteil inzwischen bis zu 50%.
**fremdsprachlich**/fremdsprachig, siehe ›Praxistip Sprache‹.
**Fremdstoffe** →Zusatzstoffe.
**Fremdversicherung,** Versicherung für fremde Rechnung, bei der der Versicherungsnehmer die Versicherung für einen Dritten abschließt. F. kommt z. B. in der Transportversicherung durch den Spediteur für dessen Kunden vor.
**Fremdwasser,** in Lebensmitteln enthaltenes Wasser, mit oder ohne Absicht zugesetzt.
**Fremdwort,** aus einer fremden Sprache übernommenes Wort. Die Gründe einer solchen Übernahme sind verschieden. Der häufigste Grund ist, daß mit der Übernahme eines bis dahin unbekannten Gegenstandes oder Begriffes gleichzeitig seine Bez. mitübernommen wird. Auf diese Weise spiegelt sich in den F. wider, welches Volk auf dem Gebiet führend ist, aus dessen Be-reich das F. stammt. So kennzeichnet die große Anzahl der frz. F. in Dingen des Hofs, der Gesellschaft und Küche, der lat. F. im kirchl. Bereich fast aller europ. Sprachen, der Fachausdrücke der Musik aus dem Italienischen und der des Jazz aus dem Amerikanischen die (ehemals) führende Rolle dieser Länder bzw. Sprachen auf den besagten Gebieten. Rein äußerl. sind die F. meist an ihrer fremdartigen Lautstruktur und Betonungsweise zu erkennen. In dem Maß jedoch, wie ihre Aussprache der eigenen Sprache angepaßt wird, verliert das F. seinen andersartigen Charakter und wird zum →Lehnwort, dessen fremde Herkunft dem Sprecher im allg. nicht mehr bewußt ist.
Siehe auch ›Praxistip Sprache‹, S. 3276–3278.
**Fréminet** [-nɛ], Martin, frz. Maler, *24. 9. 1567 Paris, †18. 6. 1619 ebd.; bed. Vertreter der Schule von →Fontainebleau, schuf dort u. a. Fresken für die Kapelle Sainte-Trinité.
**Fremont** [fri͜mɔnt], John Charles, amerik. Offizier und Forschungsreisender, *21. 1. 1813 Savannah (GA), †13. 7. 1890 New York; führte mehrere bedeutsame Expeditionen im Westen der USA durch (Gebiet der Rocky Mountains, Great Basin); war an der Eroberung Kaliforniens beteiligt; 1878–81 Gouverneur von Arizona.
**Fremont** [fri͜mɔnt], Stadt im US-Bundesstaat Kalifornien, östl. der San Francisco Bay, 173 000 E.; bed. Agrarzentrum für Obst-, Weinbau.

○ John Charles Fremont: Reiseroute →Nordamerika, Entdeckungsreisen (Karte)

3275

# Fremdwörter

## Praxistip Sprache                                          Fremdwörter

Es gibt in der deutschen Sprache eine Fülle von Fremdwörtern, die aus dem Griechischen *(Demokratie, Philosoph, Rheuma)*, Lateinischen *(Kollege, Republik, Senat)*, Englischen *(Jetstream, Weekend)*, Französischen *(Boulevard, Courage, Rendezvous)*, Russischen *(Kolchos, Sputnik)* und anderen Sprachen übernommen worden sind. Sie benennen im Regelfall neue Wissensbestände, dienen gelegentlich aber auch nur dazu, um vermeintliche Weltläufigkeit zu beweisen. Von forciertem Gebrauch wird daher abgeraten, zumal von dem reiner ›Modewörter‹ *(Briefing, Mainstream, Moral majority, Political correctness, Outfit)*. Die Deklination folgt im Regelfall deutschsprachigen Wörtern.

### Der Singular der Fremdwörter
Im Singular werden drei Klassen unterschieden:

1. Genitiv Singular auf *-(e)s*: Dieser Deklinationsform folgen die meisten Maskulina und Neutra der Fremdwörter. Lautet der Stamm auf *-d/-t* aus, kann *-e* vor das *-s* treten. Zu dieser Klasse gehören auch Substantive auf *-or*, die den Plural auf *-en* bilden: *Assessor, Doktor, Professor*. Weiterhin die Substantive auf *-iv*: *Imperativ, Passiv*. Dativ und Akkusativ sind mit dem Nominativ identisch.

2. Genitiv Singular auf *-(e)n*: Hierzu gehören Maskulina, die Berufsbezeichnungen oder Zugehörigkeiten zu einer Gruppe benennen. Die Endungen dieser Substantive sind *-and* (Doktorand), *-ant (Sympathisant)*, *-at (Kandidat)*, *-ent (Absolvent)*, *-ist (Germanist)*, *-nom (Agronom)*, *-oge (Ethnologe)* sowie Substantive wie *Philosoph, Pilot* usw. Genitiv, Dativ und Akkusativ enden auf *-(e)n*.

3. Genitiv Singular endungslos: Die Feminina unter den Fremdwörtern mit folgenden Endungen gehören dieser Gruppe an: *-age (Montage)*, *-anz/-enz (Vakanz, Differenz)*, *-e* [unbetont] *(Chance)*, *-ie* [-ɪə] *Tragödie*, *-ie* [-ɪː] *(Energie)*, *-ik (Republik)*, *-(i)on (Faszination)*, *-(i)tät (Majestät)*, *-ur (Zensur)*, ebenso einige Maskulina und Neutra auf *-os/-us*: *der Mythos, das Epos, der Egoismus, das Genus*.

Ausnahme: Andere Fremdwörter bilden – wie unter (1) – den Genitiv auf *-es* mit Verdoppelung: *der Autobus – des Autobusses, der Kosmos – des Kosmosses*.
Doppelformen im Genitiv Singular haben:

> der Atlas – des Atlas/des Atlas-ses, der Kompaß – des Kompaß/des Kompas-ses, der Magnet – des Magnet-s/des Magnet-en, der Papagei – des Papagei/des Papagei-en, der Partisan – des Partisan-s/des Partisan-en

### Der Plural der Fremdwörter
Auch im Plural folgen viele Fremdwörter der Deklination deutscher Substantive. Es werden vier Varianten der Endung im Nominativ Plural unterschieden:

1. Nominativ Plural auf *-e* (gilt für die meisten Maskulina und Neutra):
Maskulina und Neutra mit den Endungen:

```
-al           der Pokal              die Pokal-e
-an           der Ozean              die Ozean-e
-ar           das Exemplar           die Exemplar-e
-ier          das Turnier            die Turnier-e
-iv           das Motiv              die Motiv-e
-on           der Baron              die Baron-e
Maskulina auf:
 -är          der Funktionär         die Funktionär-e
 -eur/ör      der Friseur/Frisör     die Friseur-e/Frisör-e
 -in          der Termin             die Termin-e
```

# Fremdwörter

**Praxistip Sprache** **Fremdwörter**

Neutra mit der Endung:
- -ell   das Modell   die Modell-e
- -ent   das Kontigent   die Kontigent-e
- -(i)at   das Inserat   die Inserat-e
-   das Plagiat   die Plagiat-e
- -il   das Konzil   die Konzil-e
- -ment   das Medikament   die Medikament-e

2. Nominativ Plural auf -(e)n (mit wenigen Ausnahmen alle Feminina):

| | | |
|---|---|---|
| -age | die Etage | die Etage-n |
| -anz | die Instanz | die Instanz-en |
| -e[unbetont] | die Chance | die Chance-n |
| -enz | die Differenz | die Differenz-en |
| -ie [-lə] | die Familie | die Familie-n |
| -ie [-ɪː] | die Epidemie | die Epidemie-n |
| -ik | die Chronik | die Chronik-en |
| -(i)on | die Nation | die Nation-en |
| -(i)tät | die Universität | die Universität-en |
| -ur | die Frisur | die Frisur-en |

Daneben gehören einige Maskulina (Berufsbezeichnungen und Gruppenangehörige) zu dieser Gruppe:

| | | |
|---|---|---|
| -and | der Konfirmand | die Konfirmand-en |
| -ant | der Sympathisant | die Sympathisant-en |
| -at | der Soldat | die Soldat-en |
| -ent | der Dirigent | die Dirigent-en |
| -et | der Athlet | die Athlet-en |
| -ist | der Artist | die Artist-en |
| -it | der Antisemit | die Antisemit-en |
| -nom | der Astronom | die Astronom-en |
| -oge | der Ethnologe | die Ethnologe-n |
| -or | der Assessor | die Assessor-en |
| -soph | der Philosoph | die Philosoph-en |

Auf -ien lauten folgende Neutra im Plural aus:
    das Adverb – die Adverb-ien, das Indiz – die Indiz-ien, das Material – die Material-ien

3. Nominativ Plural auf -er:
Hierzu gehören nur wenige Fremdwörter: *das Hospital – die Hospitäl-er, das Regiment – die Regiment-er.*

4. Nominativ Plural auf -s:
aus dem Englischen:
    *der Airport, das Baby, der Boom, die City, der Cocktail, der Crash, der Fan, der Gag, der Hit, das Hobby, der Jet, die Kombine, das Meeting, das Pony, der Rowdy, der/das Shuttle, der Song, die Story, das Team, der Trip, das Weekend*

aber: *der Bestseller – die Bestseller*

aus dem Französischen:
    *der Attaché, das Bassin, der Bonbon, das Bulletin, der Champignon, der Coupon, das Detail, der Doyen, das Feuilleton, der Gobelin, der Gourmand, der Gourmet, das Hotel, der Jargon, das Mannequin, das Medaillon, der Pavillon, der Plafond, das Plateau, der Ragout, der Refrain, das Repertoire, die Saison, der Salon, das Varieté*

# Fremdwörter

## Praxistip Sprache                               Fremdwörter

Doppeltschreibung ist zulässig bei:
*der Bobby – die Bobbys/die Bobbies, die Lady – die Ladys/die Ladies, die Party – die Partys/die Parties, der Rowdy – die Rowdys/die Rowdies*

### Fremdwörter mit fremden Endungen und Mischformen

Fremdwörter, die aus der griechischen, lateinischen oder aus lebenden romanischen Sprachen übernommen worden sind, folgen dem Pluralsystem der deutschen Substantive häufig nicht, sondern bilden eigene Pluralformen oder Mischformen:

Nominativ Plural auf -*a*:
*das Abstraktum – die Abstrakta, das Femininum – die Feminina, das Genus – die Genera, das Maskulinum – die Maskulina, das Maximum – die Maxima, das Minimum – die Minima, das Neutrum – die Neutra, das Tempus – die Tempora, das Visum – die Visa*

Nominativ Plural auf -*e*:
*der Korridor – die Korridore, der Major – die Majore, der Meteor – die Meteore, der Tenor – die Tenöre, der Bus – die Busse*

Nominativ Plural auf -*en*:
*das Drama – die Dramen, die Firma – die Firmen*
*der Dämon – die Dämonen, das Elektron – die Elektronen, das Neutron – die Neutronen, das Proton – die Protonen*
*der Direktor – die Direktoren, der Doktor – die Doktoren, der Professor – die Professoren, der Transformator – die Transformatoren, der Traktor – die Traktoren*
*das Album – die Alben, das Datum – die Daten, das Individuum – die Individuen, das Museum – die Museen, das Spektrum – die Spektren, das Zentrum – die Zentren*
*der Antagonismus – die Antagonismen, der Organismus – die Organismen, der Rhythmus – die Rhythmen, der Typus – die Typen, das Virus – die Viren, der Zyklus – die Zyklen*
*das Epos – die Epen, das Konto – die Konten, die Praxis – die Praxen, die Villa – die Villen*

Nominativ Plural auf -*i*:
*das Cello – die Celli, der Gondoliere – die Gondolieri, der Modus – die Modi, der Numerus – die Numeri, der Papyrus – die Papyri, der Terminus – die Termini*

Nominativ Plural mit Konsonantenveränderung:
*der Appendix – die Appendizes, der Index – die Indizes, der Pater – die Patres*

Doppelformen im Plural nehmen an Zahl zu; sie sind insofern Ausdruck eines Sprachwandels, als die ›eingedeutschte‹ Pluralform gleichberechtigt neben die fremdwortspezifische tritt:
*der Atlas – die Atlanten/die Atlasse, die Aula – die Aulen/die Aulas, der Balkon – die Balkons/die Balkone, das Dogma – die Dogmata/die Dogmen, das Examen – die Examina/die Examen, der Filius – die Filii/die Filiusse, das Forum – die Foren/die Fora/die Forums, der Globus – die Globen/die Globusse, der Kaktus – die Kakteen/die Kaktusse, der Karton – die Kartons/die Kartone, der Kodex – die Kodizes/die Kodexe, das Kollektiv – die Kollektive/die Kollektivs, das Komma – die Kommata/die Kommas, das Konto – die Konten/die Kontos, der Leutnant – die Leutnants/die Leutnante, das Lexikon – die Lexika/die Lexiken, der Lift – die Lifts/die Lifte, der Magnet – die Magnete/die Magneten, der Park – die Parks/die Parke, das Porto – die Porti/die Portos, das Praktikum – die Praktiken/die Praktika, das Pronomen – die Pronomina/die Pronomen, das Schema – die Schemata/die Schemas, das Semikolon – die Semikola/die Semikolons, das Solo – die Soli/die Solos, das Tempo – die Tempi/die Tempos, das Thema – die Themata/die Themen, das Verbum – die Verba/die Verben*

# Frequenzbereiche

**French** [frɛntʃ], John Denton Pinkstone, Earl of Ypres and of High Lake, brit. Feldmarschall, *28.9.1852 Ripple (Kent), †22.5.1925 Schloß Deal (Kent); war 1914/15 Oberbefehlshaber der brit. Truppen in Frkr., danach des brit. Heimatheeres und von 1918 bis 21 Lord Lieutenant in Irland.
**French Can Can** [frɛnʃ kænkæn], Film von J. → Renoir (1955) mit J. → Gabin über die ›Belle Époque‹.
**Freneau** [frɪnou], Philip (Morin), amerik. Lyriker, *2.1.1752 New York, †18.12.1832 Middletown Point (NJ); aus betontem Patriotismus polit.-satir. Gedichte gegen England und romant. Naturlyrik.
**frenetisch** [griech.], rasend, tobend.
**Freni** [frɛni], Mirella, ital. Sopranistin, *27.2.1935 Modena.
**Frenssen**, Gustav, dt. Erzähler, *19.10.1863 in Barlt (Holstein), †11.4.1945 ebenda; zuerst ev. Pfarrer, wandte sich später einem nordgerman. Schicksalsglauben zu, der sich dem Nat.-Soz. zur polit. Ausbeutung anbot: ›Glaube der Nordmark‹ (1936). Verfaßte naturalist. Erfolgsromane aus norddt. Bauernleben, u.a. ›Jörn Uhl‹ (01), ›Hilligenlei‹ (05), ferner den autobiograph. Roman ›Otto Babendieck‹ (26), Erzählungen.
**Frente de Libertação de Moçambique** [-tasᾳu - mosəbik] *(Frelimo)*, die 1962 in Daressalam (Tansania) gegr. Befreiungsbewegung für →Mosambik, die sich gegen Rassismus und Ausbeutung durch die portug. Kolonialherren richtete; führte ab 1964 einen bewaffneten Kampf gegen die Kolonialmacht; übernahm 1974 die Regierung in Mosambik; bis 1990 Einheitspartei.
**Frente Farabundo Martí para la Liberación Nacional** [- liberasjon nasjonạl] *(FMLN)*, 1980 gegr. Befreiungsbewegung in El Salvador, die bis 1992 die rechtsgerichtete Staatsregierung in einem 12jährigen Bürgerkrieg bekämpfte. Im Mai 1992 Umwandlung in eine polit. Partei.
**Frente Sandinista de Liberación Nacional** [- liberasjon nasjonạl] *(FSLN)*, 1962 gegr., nach dem früheren Guerillaführer *César Augusto Sandino* (1893–1934) benannte nicaraguan. Befreiungsbewegung. Die sozialrevolutionär orientierte Bewegung bekämpfte 1978/79 die Diktatur von A. → Somoza Debayle und die Vorherrschaft seiner Familie; 1979–90 regierende Partei in Nicaragua.
**Frenulum** [lat.], **1)** *Anat.:* kleines Hautband, kleine Falte der Haut oder Schleimhaut; **2)** Vorhautbändchen (verbindet die Eichel des männlichen Gliedes mit der Vorhaut).
**Freon**® *(Frigen*®), Handelsbezeichnung für versch. → Fluorchlorkohlenwasserstoffe wie Difluordichlormethan, $CF_2Cl_2$. Dieses ist ein geruchloses, weder brennbares noch giftiges Gas, Siedepunkt $-30\,°C$, Schmelzpunkt $-155\,°C$, und wird in Kältemaschinen verwendet. In abnehmendem Maße dient es als Treibmittel in Sprühdosen ( → Aerosol).
**frequentieren** [lat.], häufig aufsuchen, ständiger Gast sein.
**Frequenz** [lat.] *die*, **1)** Häufigkeit; Besucherzahl.
**2)** *Physik:* Formelzeichen $v$ oder $f$, die Anzahl von Schwingungen (oder ähnl. Vorgängen) in einer Zeiteinheit, meist pro s, wofür die Bez. → Hertz (Abk. Hz) üblich ist. Die → Hochfrequenz umfaßt die Übertragungs-F. der drahtlosen Nachrichtentechnik (ungefähr ab 10 kHz). Von → Niederfrequenz spricht man hauptsächl. im akust. Bereich (bis etwa 20000 Hz). Ein abgegrenzter F.-Bereich heißt *F.-Band*, welches wiederum in einzelne Kanäle aufgeteilt werden kann. Den einzelnen Nachrichtensendern sind bestimmte F.-Bänder durch internat. Vereinbarung zugewiesen. Die F. einer Schwingung läßt sich aus der Wellenlänge $\lambda$ und der Ausbreitungsgeschwindigkeit $c$ nach folgender Formel berechnen:

$$v = \frac{c}{\lambda}.$$

**Frequenzbereiche**, eine Unterteilung der in der Technik verwendeten Frequenzen in Abhängigkeit von ihrer Wellenlänge und Frequenz ( → Rundfunk).

# Frequenzdiskriminator

Girolamo Frescobaldi

Carl Remigius Fresenius (Lithographie von Hoffmann)

■ **Frequenzmodulation:** Bild →Modulation

Augustin Jean Fresnel

**Frequenzwandler:** Aufbau einer Kippstufe; **1** Eingangstakt, **2** Ausgangssignal mit halber Frequenz

**Frequenzdiskriminator,** Schaltung zur Umwandlung einer frequenzmodulierten Schwingung in eine amplitudenmodulierte (→Diskriminator).
**Frequenzgang,** Abhängigkeit einer Größe von der Frequenz, dargestellt als Kurve. Der F. verrät dem Meßtechniker Ungleichmäßigkeiten bei der Fertigung sowie Fehler bei der Montage und im Betrieb. Der F. eines Übertragungsgliedes ergibt sich, wenn man dessen Eingang mit einem sinusförmigen Signal konstanter Amplitude, aber wachsender Frequenz speist und dabei laufend die Amplitude des Ausgangssignals *(Amplitudengang)* mißt sowie den Phasenwinkel zw. Eingangs- und Ausgangssignal *(Phasengang).*
**Frequenzgenerator,** eine elektr. Spannungsquelle für nieder- bis mittelfrequente Wechselspannungen von 0,1–100 kHz.
**Frequenzmesser,** Gerät zur Bestimmung von →Frequenzen. Man benutzt in der Regel schwingfähige Systeme, die man mit der zu untersuchenden Frequenz in →Resonanz bringt: beim *Zungen-F.* einen Satz versch. langer Stahlzungen (bes. für techn. Wechselströme), beim *elektron. F.* (für höhere Frequenzen und Hochfrequenzen) regelbare Schwingungserzeuger (→Oszillograph), deren Eigenfrequenz mit der zu messenden verglichen wird *(Frequenzzähler).*
**Frequenzmodulation** *(FM),* Verfahren der →Modulation, wobei die Frequenz der Trägerschwingung entspr. der zu übertragenden Schwingung bei unveränderter Amplitude verändert wird; Anwendung bes. im Ultrakurzwellenbereich, da die F. weniger störanfällig ist als →Amplitudenmodulation.
**Frequenzmultiplex-Verfahren** →Multiplex-Verfahren.
**Frequenzspektrum,** zusammenhängende Folge aller →Frequenzen einer Impulsfolge oder einer Wellenstrahlung.

**Frequenzteiler,** andere Bez. für →Frequenzwandler.
**Frequenzumformer,** andere Bez. für →Frequenzwandler.
**Frequenzumsetzer,** automatisches Funksende- und -empfangsgerät, das als Relaisstation arbeitet und eine Funksendung aufnimmt, sie (meist ohne Demodulation) durch Frequenzmischung auf eine andere Frequenz umsetzt und diese wieder abstrahlt, z. B. als *Fernseh-Füllsender* zur Versorgung von Talgebieten, die vom Hauptsender nicht erreicht werden. Auch →Nachrichtensatelliten arbeiten als Frequenzumsetzer.
**Frequenzwandler,** Gerät zur Änderung der Frequenz eines Wechselstroms; elektromechan. auf der Basis des →Generators *(Frequenzumformer),* elektron. durch Vervielfachung oder Teilung der Grundfrequenz *(Frequenzteiler).*
**Frequenzweiche,** aus →Filtern aufgebaute elektrische Schaltung zur Überlagerung oder Trennung versch. Frequenzen in einer Leitung. →Drosselspulen lassen niedere Frequenzen passieren, Kondensatoren hohe.
**Frequenzzähler,** ein digital arbeitendes elektron. Meßgerät, das die Zahl der Nulldurchgänge einer Wechselspannung registriert und als *Frequenzanzeige* ausgibt.
**Frescobaldi,** Girolamo, ital. Komponist, * 12. 9. 1583 Ferrara, † 1. 3. 1643 Rom; ab 1608 Organist der Peterskirche in Rom, erlangte als Lehrer großes Ansehen und übte durch seine Kompositionen und seinen Schüler J. →Froberger großen Einfluß auf die Musik im deutschsprachigen Raum bis zur Zeit J. S. →Bachs aus. Im Druck erschienen u. a. Ricercare, Tokkaten, Fantasien, Madrigale und Arien.
**Fresenius,** Carl Remigius, Chemiker, * 28. 12. 1818 Frankfurt a. M., † 11. 6. 1897 Wiesbaden; Begr. der ›Zeitschrift für analyt. Chemie‹; verfaßte Lehrbücher und gründete 1848 ein vielseitiges Untersuchungslaboratorium in Wiesbaden.
**Freshwater** [frɛʃwɔtə], Badeort in südl. England, an der Westküste der Isle of →Wight, an der F. *Bay,*

5000 E.; Ausgangspunkt für Wanderungen; Hochseefischerei; nahebei die bek. *Needles* (›Nadeln‹), mehrere scharfgratige Kreidefelsen.

**Fresko** [ital. ›frisch‹], **1)** *das*, Mz. -ken, Wandmalerei auf feuchtem Kalkverputz *(a fresco)*. Die Farben verbinden sich beim Trocknen unlösl. mit dem Putz. Es wird in ›Tagwerken‹ stückweise gemalt, da der Kalk jeweils frisch sein muß. F.-Malerei setzt große Erfahrung und Beherrschung der Mittel voraus, da die Farben beim Trocknen aufhellen. Spätere Korrekturen auf dem trockenen Putz sind nur bedingt möglich *(al secco)*, da sie schnell abblättern. **2)** *Textiltechnik: der*, ein strapazierfähiger Anzug- oder Kostümstoff in Leinwandbindung. Durch scharf gedrehte Zwirne in Kette und Schuß erhält das Gewebe einen körnigen Griff.

**Fresnay** [frɛnɛ], Pierre (eigtl. *P. Laudenbach*), frz. Schauspieler, * 4. 4. 1897 Paris, † 9. 1. 1975 ebd.; Mitgl. der Comédie-Française. – *Filme:* Der Mann, der zuviel wußte (1935); Die große Illusion (37).

**Fresnel** [frɛnɛl], Augustin Jean, frz. Physiker, * 10. 5. 1788 Broglie (Dép. Eure), † 14. 7. 1827 Ville d'Avray (bei Paris); untersuchte die Beugungs- und Interferenzerscheinungen des Lichts *(Fresnelscher Spiegelversuch)* und entwickelte die Theorie des Lichts erstm. auf der Grundlage transversaler → Wellen. Beugungserscheinungen in divergentem Licht werden nach ihm benannt *(Fresnelsche Beugung)*. Der *Fresnelsche Mitführungskoeffizient* bezeichnet den Bruchteil der Lichtgeschwindigkeit, mit dem sich Licht in bewegten Körpern (Strömungen) fortpflanzt. F. erfand ein Glasprisma zur Erzeugung zirkular polarisierten Lichts sowie die aus Glasringen aufgebauten Ring- und Gürtellinsen *(Fresnelsche Linsen)* für Leuchttürme und Scheinwerfer von Schiffen und Fahrzeugen.

**Fresnelsche Zonenplatte** [frɛnɛl-, nach A. J. → Fresnel], eine Platte mit abwechselnd schwarzen und durchsichtigen konzentrischen Ringen abnehmender Stärke, die durch Beugungserscheinungen des Lichts wie eine sehr starke Sammellinse wirkt.

**Fresnillo** [frɛnijo] *(F. de González Echevarría)*, Stadt im mexik. Bundesstaat Zacatecas, 150 000 E.; Thermalquellen; Bergbauzentrum mit Blei, Quecksilber, Kupfer und Gold; Bewässerungsfeldbau.

**Fresno** [frɛsnou], Stadt in Kalifornien (USA), im San Joaquin Valley, mit 220 000 E., einschl. Vororten 480 000 E.; kath. Bischofssitz, Universität; Obst- und Weinbau, Gemüse, Blumenzucht; Erdöl-, chem., Genußmittelindustrie.

**Freßgier** *(Adephagie, Heißhunger)*, krankhaft gesteigerter Hunger, häufig als neurot. Ersatzbefriedigung.

**Fresson** [frɛsõ], Bernard, frz. Theater- und Filmschauspieler, * 27. 5. 1931 Reims. – *Filme:* Hiroshima – mon Amour (1959); Der Amerikaner (69); French Connection II (75); Straße ohne Wiederkehr (89).

**Fresko:** ›Kriemhild mit einem Falken‹, Detail aus den Nibelungenfresken (1831 – 1867) in der Münchner Residenz von Julius Schnorr von Carolsfeld

## Freßzellen

Das **Frettchen** wird als Albinoform des Europäischen Iltis angesehen.

**Freßzellen,** Trivialbezeichnung für →Phagozyten.
**Frettchen,** Zuchtrasse einer südosteurop. oder marokkan. Form des →Iltis, meist weiß (→Albinismus); zur Kaninchenjagd verwendet, halbzahm.
**Frettkatze** *(Fossa; Cryptoprocta ferox),* nur auf Madagaskar vorkommende →Schleichkatze; Kopfrumpflänge 80 cm, Schwanzlänge 70 cm; jagt Vögel.
**Freuchen** [frɔiɡən], Peter, dän. Schriftsteller, * 20.2.1886 Nykøbing, † 2.9.1957 Anchorage (Alaska); schilderte Forschungsreisen nach Grönland, Alaska und in die Arktis in ›Ivalu‹ (1930; dt. 31), ›Hvid Mand‹ (43) und ›Nigger Dan‹ (51).
**Freud,** Anna, Psychologin, Tochter von S. Freud, * 3.12.1895 Wien, † 8.10.1982 London; befaßte sich mit versch. Fragen der →Psychoanalyse (›Das Ich und die Abwehrmechanismen‹, 1936), insbes. Kindertherapie (›Wege und Irrwege in der Kinderentwicklung‹, 68).
**Freud,** Sigmund, Neurologe und Psychiater, * 6.5.1856 Freiberg (Mähren; heute Příbor), † 23.9.1939 London; lebte von 1859 bis zur Emigration 1938 in Wien (psychoanalyt. Praxis, 1885 Habilitation); Begr. der →Psychoanalyse. Nach frühen physiol. und neurolog. Arbeiten sowie Aufenthalt in Paris (Einfluß →Charcots) Beschäftigung mit dem Problem der →Neurose ›Studien über Hysterie‹ (95; zusammen mit J. →Breuer). Bis 96 entwickelte F. allmähl. die eigtl. psychoanalyt. Behandlungsmethode. Starke Anfeindungen wegen Betonung der Sexualität als Hauptfaktor neurotischer Störungen. Zahlr. Schüler, von denen sich mehrere wieder von F. lösten und eigene tiefenpsychologische Schulen gründeten (A. →Adler, C.G. →Jung u.a.); Untersuchung vieler Probleme des normalen (→Traum, →Fehlhandlung, Witz u.a.) und des krankhaften Seelenlebens sowie zur Kulturpsychologie, wobei F. seine Anschauungen ständig revidierte: ›Die Traumdeutung‹ (1900); ›Psychopathologie des Alltagslebens‹ (01); ›Totem und Tabu‹ (13); ›Das Unbehagen in der Kultur‹ (30); ›Abriß der Psychoanalyse‹ (38); versch. wichtige Schriften zur Metapsychologie. Wesentl. sind seine genaue Beschreibung der Dynamik des →Unbewußten im Zusammenhang seiner Trieblehre (→Trieb), seine Theorie der →Abwehrmechanismen, bes. der →Verdrängung, seine Arbeiten über die Rolle der kindl. Sexualität, über Angst, Schuldgefühl.
F. hatte großen Einfluß auf die moderne →Psychotherapie, Sozialpsychologie, Ethnologie, Pädagogik, Anthropologie, Religionspsychologie und Kulturphilosophie. Seine Psychoanalyse bildet heute eine eigenständige wiss. Disziplin. Kritik an F. richtet sich vor allem gegen seine Forderung nach Anpassung an die Gesellschaft (Änderung des Individuums statt der gesellschaftlichen Strukturen). – *Gesammelte Werke,* 18 Bde. (1942–68).
**Freud,** Film von J. →Huston (1961) über S. →Freud; in der Hauptrolle M. →Clift.
**Freudenau,** Pferderennbahn in Wien, am SO-Ende des Praters; Austragungsort des Österreichischen →Derbys.
**Freudenberg,** Stadt und Luftkurort im Kr. Siegen-Wittgenstein, Reg.-Bz. Arnsberg, Nordrh.-Westf., mit 17000 E.; hist. Stadtkern ›Alter Flecken‹ (Fachwerkbauten); Spezialmaschinen-, Apparate-, Schaltgerätebau; Südwestfälische Freilichtbühne; Fremdenverkehr.
**Freudenberger,** Sigmund, Maler und Graphiker, * 16.6.1745 Bern, † 15.11.1801 ebd.; schuf v.a. Darstellungen aus dem bäuerl. Leben im Berner Oberland.
**Freudenhaus** →Bordell.

**Freudenstadt,** Krst. (Große Kreisstadt) im Reg.-Bz. Karlsruhe, Baden-Württ., im nordöstl. Schwarzwald, 23 000 E.; heilklimat. Kurort, Wintersportplatz; Maschinenbau. – Gegr. 1599.
**Freude schöner Götterfunken,** Beginn des Chorteils des vierten Satzes der neunten Symphonie (Urauff.: 7.5.1824, Wien), d-Moll, op. 125, L. van →Beethovens; Text: F. →Schillers ›Ode an die Freude‹; zugleich →Europahymne.
**Freudianer,** Anhänger der Lehren von S. →Freud.
**freudlose Gasse, Die,** Filmmelodram von G. W. →Pabst (1925) mit G. →Garbo und A. →Nielsen im Wien zur Zeit der Inflation.
**Freund,** Gisèle, frz. Photographin dt. Herkunft, *19.12.1912 Berlin; bekannt durch zeitgenöss. Porträts (u. a. J. →Joyce, V. →Woolf, E. →Perón) und Bildberichte aus Lateinamerika. – *Werke:* Memoiren des Auges (1978).
**Freund,** Hermann Ernst, dän. Bildhauer, *15.10.1786 Uthlede bei Bremen, †30.6.1840 Kopenhagen; Schüler B. →Thorwaldsens, nahm oft nordische Sagenstoffe als Motiv.
**Freund,** Leopold, Röntgenologe, *5.4.1868 Miscovice bei Prag, †7.1.1943 Brüssel; Begr. der med. Radiologie und Röntgentherapie.
**Freund Fritz** *(L'amico Fritz),* Oper (Urauff.: 31.10.1891, Rom) von P. →Mascagni; Text: Nicola Daspuro.
**Freund Hein** (norddt.), Bez. für den Tod; →Hein.
**Freundlich,** Otto, Maler und Bildhauer, *10.7.1878 Stolp, †9.3.1943 KZ Lublin-Majdanek; befreundet mit A. →Raederscheidt und M. →Ernst; Mitgl. von →Abstraction-Création; Bilder mit rhythmisierten, leuchtenden Farbflächen; auf Urformen reduzierte Plastiken.
**Freund meiner Freundin, Der,** Film von E. →Rohmer (1987).
**Freundschaftsinseln,** eine polynesische Inselgruppe im Pazifik: →Tonga.
**Freut euch des Lebens,** Volkslied aus der Schweiz; Melodie: vermutlich H. G. →Nägeli; Text: J. M. →Usteri.

Sigmund Freud mit seiner ältesten Tochter Mathilde im Londoner Exil (1938)

**Frey,** Adolf, Schriftst., Lit.-Historiker, Sohn von Jakob F., *18.2.1855 Küttigen (Kt. Aargau), †12.2.1920 Zürich; Freund G. →Kellers und C. F. →Meyers; literarhist. Biographien, Gedichte (z. T. in Mundart), realist. hist. Romane wie ›Die Jungfer von Wattenwil‹ (1912) und Dramen.
**Frey,** Alexander Moritz, Schriftsteller, *29.3.1881 München, †24.1.1957 Zürich; 1933 emigriert; Verfasser phantast.-grotesker Romane, Novellen, Märchen, oft mit satirischer oder parodist. Zeit- und Gesellschaftskritik: ›Solneman der Unsichtbare‹ (1914), ›Spuk des Alltags‹ (20), ›Die Pflasterkästen‹ (29), ›Verteufeltes Theater‹ (57).
**Frey,** Gerhard, Philosoph, *19.10.1915 Wien; bed. Untersuchungen zu wissenschaftstheoretischen und sprachphilosophischen Grundfragen (›Philosophie und Wissenschaft‹, 1970).
**Frey,** Jakob, Erzähler, *13.5.1824 in Gontenschwil (Kt. Aargau), †30.12.1875 Bern; Journalist und Mitglied des Großen Rats; realist. Novellen und Dorfgeschichten: ›Zwischen Jura und Alpen‹ (1858), ›Die Waise von Holligen‹ (63), ›Erzählungen aus der Schweiz‹ (85).
**Frey,** Karl, eigtl. Name des Schriftstellers K. →Falke.
**Frey,** Maximilian, Physiologe, *16.11.1852 Salzburg, †25.1.1932 Würzburg; erforschte v. a. die Sinnesphysiologie.

Freudenstadt

# Frey

Gustav Freytag

**Frey,** Rudolf, Anästhesiologe, *22.8.1917 Heidelberg, †(Freitod) 23.12.1981 Mainz; Begr. der Katastrophenmedizin; initiierte die Einrichtung des Notarztwagens.
**Freyberg,** Marie Electrina Freifrau von, Malerin, *14.3.1797 Straßburg, †1.1.1847 München; bek. als Porträtistin, relig. Bilder.
**Freyburg/Unstrut,** Stadt im Burgenlandkreis, Sachsen-Anhalt, an der unteren Unstrut, 5000 E.; Wein, Obstbau, Sektkellerei; Kalkwerk. In F. lebte Turnvater F. L. → Jahn von 1825 bis 52 (Jahn-Museum).
**Freycinet** [frɛsinɛ], Charles Louis de Saulces de, frz. Staatsmann, *14.11.1828 Foix (Dép. Ariège), †14.5.1923 Paris; 1870 milit. Berater → Gambettas; mehrfach Min. und Min.-Präs.; modernisierte 98/99 das frz. Heer.
**Freyer,** Hans, Soziologe und Kulturphilosoph, *31.7.1887 Leipzig, †18.1.1969 Wiesbaden; entwickelte, besonders unter dem Einfluß → Diltheys, eine ›Theorie des objektiven Geistes‹ (1923), von der wiederum seine geisteswissenschaftlich orientierte Soziologie bestimmt ist, mit der er zum Begr. einer dt. soziolog. Schule wurde.
**Freyja,** Göttin der Fruchtbarkeit: → nordische Mythologie, → Wanen.
**Freyr,** Friedensgott: → nordische Mythologie, → Wanen.
**Freyre** [frɛirə], Gilberto de Mello, brasil. Soziologe und Schriftst., *15.3.1900 Recife, †18.7.1987 ebd.; gilt wegen seiner wiss. Untersuchungen über die ethn. Mischgesellschaft Brasiliens als bedeutendster Soziologe Lateinamerikas. – W: Herrenhaus und Sklavenhütte (1965; Casa grande e senzala, 33).
**Freyre,** R. (1868–1933): → lateinamerikanische Literatur.
**Freyssinet** [frɛsinɛ], frz. Konstrukteur und Architekt, *13.7.1879 Objat (Dép. Corrèze), †8.6.1962 Saint-Martin-Vésubie (Dép. Alpes-Maritimes); baute 1916 zwei Luftschiffhallen in Orly, deren Betonrippen eine Höhe von 62,5 m erreichten.
**Freytag,** Gustav, Schriftsteller, *13.7.1816 in Kreuzburg (Schlesien), †30.4.1895 in Wiesbaden; kämpfte in der Zschr. ›Die Grenzboten‹ für polit. Einheit Dtld.; seine Zeitromane aus dem bürgerl. Leben ›Soll und Haben‹ (1855) und ›Die verlorene Handschrift‹ (64) hatten nachhaltigen Erfolg wie auch der hist. Romanzyklus ›Die Ahnen‹ (73–81), der aus der Arbeit an den kulturhist. ›Bildern aus der dt. Vergangenheit‹ (59) hervorging und Vorbild für den dt. Professorenroman wurde, sowie das Lustspiel ›Die Journalisten‹ (52).
**Freytag-Berndt und Artaria KG,** kartograph. Anstalt und geogr. Verlag, Sitz: Wien; 1940 entstanden aus Zusammenschluß von Freytag-Berndt (gegr. 1879) und Geogr. Verlag und Landkartenhandlung Artaria GmbH (gegr. 1770).
**Freyung,** Krst. des niederbayr. Lkr. F.-Grafenau, im Bayerischen Wald (Nationalpark Bayer. Wald), mit 7000 E.; Kleinindustrie; Fremdenverkehr, über 400 000 Gästeübernachtungen im Jahr.
**Fria,** Ort im W der Rep. Guinea, 120 km nördl. von → Conakry; Bauxitabbau mit Weiterverarbeitung zu Tonerde; Wärmekraftwerk; Verkehrsknotenpunkt.
**Friagem** [portug., friə-] der, durchschnittl. 3–5 Tage andauernde, ungewöhnl. kühle und wolkenreiche Witterungsperiode im westl. Brasilien; F. sind ein Phänomen des Winterhalbjahres, verursacht durch starke Ausbrüche antarkt. Kaltluft über großen Teilen Südamerikas östl. der Anden.
**Friaul** (ital. *Friuli,* auch *Julisch-Venetien,* nach dem röm. *Forum Julii,* jetzt *Cividale*), hist. Landschaft und nordostital. Region mit den Prov. Udine, Pordenone, Görz und Triest; umfaßt die Einzugsgebiete von → Tagliamento sowie des unteren → Isonzo; Durchgangsland, das im 10. Jh. zum Heiligen Röm. Reich (952), im 11. Jh. zum Patriarchat von → Aquileja und unter Teilungen vom 15. Jh. an zu Venetien und Österr. gehörte. In dem nach 1947 wiederum stark veränderten Gebiet (große Teile gingen an Jugoslawien) von gegenwärtig 7844 km² mit 1,2 Mio. E. wohnen neben vielen Slowenen auch etwa 450 000 ein al-

penroman. Idiom sprechende *Furlaner*. Hptst. →Triest.
**friaulische Sprache** →rätoromanische Sprachen.
**Fribourg** [fribur], frz. für →Freiburg.
**Frick,** Wilhelm, nat.-soz. Politiker, *12.3.1877 Alsenz (Pfalz), †(hingerichtet) 16.10.1946 Nürnberg; Jurist, beteiligte sich 1923 am Hitler-Putsch, ab 24 MdR; 30/31 Innen- und Volksbildungs-Min. in Thür. (erster nat.-soz. Min.); 33–43 Reichsinnen-Min., verantwortl. für →Gleichschaltung, Auflösung der Parteien, →Rassengesetze; nach seiner Entmachtung am 24.8.43 Reichsprotektor in Böhmen und Mähren. In Nürnberg als Kriegsverbrecher zum Tode verurteilt.
**Frick Collection** [engl., - kɔlɛkʃən], Kunstsammlung in New York, urspr. im Besitz des Industrieunternehmers *Henry Clay Frick*, seit 1935 öffentl. Museum; ital., niederl. und engl. Gemälde in Räumen im Stil der jeweils entspr. Zeit.
**Fricker,** Peter Racine, brit. Komponist, *5.9.1920 London, †1.2.1990 Santa Barbara (CA); wirkte als Lehrer bis 1964 in London, danach in Santa Barbara (CA); seine Werke sind teilweise gemäßigt modern und polytonal.
**Fricktal,** fruchtbare Landschaft im Aargauer Tafeljura. Teil des alten *Frickgaus*, bis 1803 habsburgisch mit kath. Bevölkerung.
**Fricsay** [frɪtʃai], Ferenc, ung. Dirigent, *9.8.1914 Budapest, †20.2.1963 Basel; 1948–52 Dirigent der Städt. Oper Berlin und (wieder ab 60) des RIAS-Symphonie-Orchesters, 56–58 der Bayer. Staatsoper München, ab 61 Dt. Oper Berlin; hervorragender Mozart- und Bartók-Interpret.
**Frida,** Emil, eigtl. Name des Dichters J. →Vrchlický.
**Fridank,** Dichter: →Freidank.
**Fridegård** [friːdəgɔːrd], Johan: →schwedische Literatur.
**Fridell,** Folke, schwed. Schriftst., *1.10.1904 Lagan, †12.8.1985 Ljungby; schilderte in seinen Romanen den von Maschinen manipulierten und entfremdeten modernen Menschen.

**Friderichs,** Hans, dt. Wirtschaftsfachmann und ehem. Politiker (F.D.P.), *16.10.1931 Wittlich; Jurist; 1965–69, 76/77 MdB; 69 Staatssekretär im Min. für Landwirtschaft, Weinbau und Forsten von Rheinl.-Pf., 72–77 Bundesminister für Wirtschaft; 78–84 Vorstandssprecher der Dresdner Bank AG (als Nachfolger des von Terroristen ermordeten J. Ponto); 87 wegen seiner Verwicklung in die ›Parteispendenaffäre‹ rechtskräftig verurteilt; 89/90 Aufsichtsratsvorsitzender der Co op AG.
**Friderici** [-ritsi], Daniel, Komponist und Musiktheoretiker, *1584 in Kleineichstädt (heute zu Querfurt), †23.9.1638 Rostock; Kantor in Oldenburg (ab 1614) und in Rostock (ab 18); geistliche und weltliche Werke; Publikation ›Musica figuralis oder Newe Unterweisung der Singe Kunst‹ (1618).
**Fridericianum** *(Museum F.)*, erster öffentlicher Museumsbau Festlandeuropas in Kassel (erbaut 1769–79); Ausstellungsort der →documenta.
**Fridolin,** iroschott. Missionar des 6./7. Jh.; erst in der Schweiz tätig; nach der Legende Gründer des Klosters Säckingen. Schutzpatron des Kt. Glarus; Heiliger (6.3.).
**Frieberger,** Kurt, Schriftst., *4.4.1883 Wien, †19.11.1970 ebenda; Jurist; steht als Lyriker barocken Vorbildern nahe: ›Barocke Monologe‹ (1907), ›Barocke Balladen‹ (19); impressionist. Dramen, Romane und Novellen. – WW: Bahnbrecher (1946); Der Fischer Simon Petrus (53).
**Fried,** Alfred Hermann, Schriftst. und Pazifist, *11.11.1864 Wien, †5.5.1921 ebenda; Begr. der ›Dt. Friedensgesellschaft‹ (1892), erhielt 1911 den Friedensnobelpreis (zus. mit T.M.C. Asser); Hrsg. des ›Handbuchs der Friedensbewegung‹ (11–13), Verf. eines ›Kriegstagebuchs‹ (18–20).
**Fried,** Erich, Schriftst., *6.5.1921 Wien, †22.11.1988 London; emigrierte 1938 nach England; sprachlich erfindungs- und anspielungsreiche polit. Gedichte (›und Vietnam und‹, 1966; ›Die Beine der größeren Lügen‹, 69; ›Die Freiheit,

Erich Fried

# Fried

**Friedel-Crafts-Synthese:** Bei dieser Reaktion werden methylsubstituierte Aromaten wie m-Xylol in Gegenwart von Aluminiumchlorid mit Benzoylchlorid zu einem Ketongemisch umgesetzt, dessen Pyrolyse bei 400 °C dann durch Dehydratisierung und Redox-Reaktionen mehrkernige Aromaten (z. B. Pentacen) liefert.

den Mund aufzumachen‹, 72; ›So kam ich unter die Deutschen‹, 77; ›100 Gedichte ohne Vaterland‹, 78; ›Liebesgedichte‹, 79), Prosa (›Fast alles Mögliche‹, 75), Hörspiele, Essays; übersetzte u. a. Shakespeare und Dylan Thomas. – *WW:* Kinder und Narren (1986); Gedanken in und an Deutschland (88).

**Fried,** Oscar, Dirigent, * 10. 8. 1871 Berlin, † 5. 7. 1941 Moskau; in Berlin erfolgr. Dirigent; emigrierte 1934 nach Tiflis; setzte sich nachhaltig für die Werke Mahlers, Schönbergs, Strauß' und Strawinskys ein.

**Friedberg, 1)** bayr. Stadt im Lkr. *Aichach-F.*, Reg.-Bz. Schwaben, 28 000 E.; Schloß (16. Jh.), Wallfahrtskirche (1730–53); Stahl-, Maschinen- und Fahrzeugbau, Papierindustrie. **2)** *(F. [Hessen]),* Krst. des Wetteraukreises im hess. Reg.-Bz. Darmstadt, am Taunusrand, mit 25 000 E.; mittelalterliche Reichsburg mit Adolfsturm und Renaissance-Schloß, Liebfrauenkirche (1260–1410), Judenbad (1260), geschlossene staufische Marktstraße; ev. theol. Seminar, Fachhochschule Gießen-Friedberg (ehem. Polytechnikum), Behindertenschulen; Wetterau-Museum; Elektro- und Maschinenindustrie. **3)** Stadtgemeinde am Fuße des Wechsels in der Oststeiermark, um 1194 gegr., 2700 E.; Grenzstadt gegen Ungarn, einst Mittelpunkt des Protestantismus.

**Friede** (lat. *pax*), allg. jeder Zustand bestehender oder wiederhergestellter ungestörter Ordnung sowohl im Individuum (innerer F.) wie zw. einzelnen bzw. Gruppen. Im soziolog. und völkerrechtl. Sinne bedeutet F. daher einerseits das konfliktfreie Zusammenleben von Gruppen und Gesellschaften, andererseits die Beendigung (F.-Schluß) eines gewalttätigen Konflikts (→ Krieg). Ein dauerhafter F. zwischen Gesellschaften, deren Interessen gegenläufig gerichtet sind, kann nur durch übergeordnete Instanzen und Institutionen gewährleistet werden, die von beiden konfligierenden Mächten anerkannt sind. Infolgedessen sind alle dauerhaften, erfolgreichen F.-Bemühungen von solchen Institutionen getragen worden: z. B. *Pax Romana* vom Röm. Reich, die *Pax Britannica* im 19. Jh. von Großbritannien. Die UN stellen ebenfalls einen solchen, bisher nur teilweise erfolgreichen Versuch dar. Private F.-Bewegungen, Weltfriedensgesellschaften, der Friedensnobelpreis u. a. haben bes. die Funktion, den Wert des F. und die Ächtung des Krieges als mögl. Mittel der Politik ins öffentl. Bewußtsein zu tragen.

**Fri̱edek,** tschech. Stadt → Frýdek Místek.

**Friedel-Crafts-Synthese** [nach *Charles Friedel,* 1832–1899, und *James Mason Crafts,* 1839–1917], Reaktion von aromatischen Kohlenwasserstoffen, z. B. → Benzol, mit aliphatischen Halogenverbindungen bzw. Säurechloriden in Gegenwart von wasserfreiem Aluminiumchlorid als → Katalysator zu den entspr. alkylierten Aromaten unter Freisetzung von Salzsäure.

**Friede̱ll,** Egon, Schriftst., * 21. 1. 1878 Wien, † (Freitod beim nat.-soz. Einmarsch) 16. 3. 1938 ebenda; zunächst Schauspieler, dann Theaterkritiker und Kulturhistoriker, Verf. von geistvollen Essays, Aphorismen, Dramen und Romanen. – *W:* Steinbruch (1922); Kulturgeschichte der Neuzeit, 3 Bde. (27 bis 32); Kulturgeschichte des Altertums, 2 Bde. (36–49).

**Friedensbewegung,** Bez. für eine polit. und sozial heterogene gesellschaftliche Protestbewegung gegen staatliche Rüstung und für die Erhaltung des Friedens. Erste pazifistische Initiativen relig. Vereinigungen und bürgerlich-liberaler Kreise reichen in die ersten Jahr-

# Friedenspreis des Deutschen Buchhandels

zehnte des 19. Jh. zurück. Ende des 19. Jh. wurden angesichts der fortschreitenden Kriegsgefahr in mehreren europ. Staaten Friedensgesellschaften gegründet. Rückblickend auf die beiden Weltkriege und v. a. angesichts der sich abzeichnenden Bedrohung der Menschheit durch den atomaren Holocaust verstärkten sich nach 1945 die Appelle an die Friedensbereitschaft der Völker (→Ostermarschbewegung, Proteste gegen die Wiederbewaffnung der BR Dtld., gegen das Wettrüsten zw. NATO und Warschauer Pakt). Nach dem NATO-Doppelbeschluß (1979) und dem amerik. Beschluß zur strateg. Erneuerung (1981) entstand in Westeuropa und in den USA eine ›neue F.‹, die sich für Rüstungskontrolle und Abrüstung sowie für internat. Entspannung einsetzt; hierbei wurden neue, gewaltlose Demonstrationsformen entwickelt (Menschenketten, Sitzblokkaden u. a.). Die F. in der BR Dtld. hat keine hierarchischen und zentralistischen Organisationsformen; trotz vielfältiger Verflechtungen wahrt sie ihre Unabhängigkeit von Parteien und Verbänden.

**Friedensfahrt,** im Radsport bis 1990 größtes Amateur-Etappenrennen der Welt; ab 1948 in der ehem. ČSSR, Polen und der ehem. DDR.

**Friedensfest, Das,** Drama von G. →Hauptmann; Urauff.: 1890, Berlin.

**Friedensforschung,** die wissenschaftl. Analyse der Bedingungen des Friedens; zentriert sich um 1. Willensbildungs- und Entscheidungsvorgänge bei Fragen der internat. Beziehungen, die Rolle von Eliten und Massen, von Wirtschaftsinteressen, Massenmedien und anderen gesellschaftl. Faktoren; 2. Rüstungskontrolle und Abrüstung; 3. psychol. Faktoren bei Spannungen und Aggressionen zw. einzelnen und zw. Gruppen. Aus der Integration versch. Ansätze wird versucht, eine allg. Konflikttheorie zu entwickeln und Modelle für zukünftiges Handeln abzuleiten.

**friedensgefährdende Beziehungen,** ein Tatbestand des →Landesverrats.

**Friedensgrenze,** *ehem. DDR:* Grenze zu Polen.

**Friedenskorps** (engl. *Peace Corps*), USA: durch Präsident John F. Kennedy 1961 gegr. Hilfsdienst für Entwicklungsländer.

**Friedensnobelpreis,** →Nobelpreis, der für bes. Verdienste um die Erhaltung des Weltfriedens verliehen wird.

**Friedenspfeife** *(Calumet),* künstler. gestaltete, z. T. steinerne zeremonielle Rauchrohre und -pfeifen der Indianer Nordamerikas seit der →Adena-Kultur (→Catlinit).

**Friedenspflicht,** im Arbeitsrecht die Verpflichtung der Tarifvertragsparteien, während der Dauer des Tarifvertrages Arbeitskampfmaßnahmen in bestimmtem Umfange zu unterlassen. Man unterscheidet zw. *relativer F.* (Verbot von Kampfmaßnahmen, die gegen den Bestand des Tarifvertrages gerichtet sind) und *absoluter F.* (Verbot jeglicher Kampfmaßnahmen). Soweit der Tarifvertrag keine bes. Vereinbarung enthält, besteht nur relative F.

**Friedenspreis des Deutschen Buchhandels,** 1950 von einer Verlegergruppe gestiftet, seit 51 in der Obhut des →Börsenvereins des Deutschen Buchhandels. Der mit 10 000 DM dotierte Preis, über dessen Vergabe der aus 11 Mitgl. bestehende Stiftungsrat abstimmt, wird jährl. an eine um den Frieden verdiente Persönlichkeit oder Institution verliehen. Preisträger bis 1995: M. Tau, A. Schweitzer, R. Guardini, M. Buber, C. J. Burckhardt, H. Hesse, R. Schneider, Th. Wilder, K. Jaspers, Th. Heuss, V. Gollancz, S. Radhakrishnan, P. Tillich, C. F. von Weizsäcker, G. Marcel, N. Sachs, Kardinal Bea und W. A. Visser 't Hooft (gemeinsam), E. Bloch, L. S. Senghor, A. Mitscherlich, A. und G. Myrdal, M. Gräfin Dönhoff, J. Korczak (postum), Club of Rome, R. Schutz, A. Grosser, M. Frisch, L. Kolakowski, A. Lindgren, Y. Menuhin, E. Cardenal, L. Kopelew, G. F. Kennan, M. Sperber, O. Paz, T. Kollek, B. Bartoszewski, H. Jonas, S. Lenz, V. Havel, K. Dedecius, G.

# Friedensrecht

Konrád, A. Oz, F. Schorlemmer, J. Semprún, A. Schimmel, M. Vargas Llosa.

**Friedensrecht,** Teilbereich des →Völkerrechts.

**Friedensresolution** *(Juliresolution),* von der Mehrheit des Dt. Reichstags (212 gegen 126 Stimmen) am 19.7.1917 beschlossene Erklärung, die Reichsregierung solle anstatt eines Siegfriedens einen Frieden der Verständigung (ohne Annexionen) anstreben. Die F. wurde von M. →Erzberger eingebracht und von SPD und →Fortschrittspartei unterstützt.

**Friedensrichter,** 1. im angelsächs. Recht Einzelrichter für Straf- und Zivilsachen von geringerer Bedeutung; 2. in Baden-Württ. 1949–59 Einzelrichter für Straf- und Zivilsachen von geringerer Bed., vom Bundesverfassungsgericht jedoch für unvereinbar mit dem GG erklärt; 3. *Schweiz:* ein Beamter, der Sühnoder Güteverfahren vor Prozeßbeginn durchführt; kantonal geregelt.

**Friedenstaube,** weiße Taube mit einem Ölzweig im Schnabel (als Symbol für den Frieden).

**Friedenstruppe,** aus versch. Ländern zusammengestellte und von den UN eingesetzte milit. Einheit in Spannungsgebieten, zur Verhinderung von Kampfhandlungen.

**Friedensverrat,** die Vorbereitung oder Aufstachelung zu einem Angriffskrieg, an dem die BR Dtld. beteiligt sein soll; Herbeiführung der Gefahr eines Krieges für die BR Dtld. Strafbar nach § 80 StGB.

**Friedensvertrag,** ein Vertrag, der den Friedenszustand nach einem Krieg wiederherstellt; enthält insbes. Bestimmungen über Grenzen, Kriegsentschädigung usw. (→Versailler Vertrag, →Saint-Germain-en-Laye). Nach dem II. Weltkrieg wurde in Paris im Febr. 1947 der F. zw. den Alliierten und Italien, Bulgarien, Rumänien, Ungarn, Finnland geschlossen, im Sept. 51 in San Francisco der F. zw. 48 Alliierten (ohne Sowjetunion) und Japan. Als F. zw. den Alliierten und Dtld. wurde 1990 der Vertrag über die abschließende Regelung in bezug auf Dtld. abgeschlossen.

**Friedenthal,** Richard, Schriftst., *9.6.1896 München, †19.10.1979 Kiel; ab 1938 in England; Lyriker, Erzähler, Historiker, Biograph mit wiss. Exaktheit und erzählerischer Liebe zum Detail. Mit dem ›Kleinen Knaur‹ (zuerst 32) prägte er den Typ des Kurzlexikons; als Übersetzer und Hrsg. um dt.-engl. Verständigung bemüht. – *W:* Demeter (1924); Der Heuschober (25); Goethe (63); Luther (67); Ketzer und Rebell: Jan Hus (72).

**Friedfisch,** Fisch, der sich von Pflanzen und Kleintieren ernährt, z. B. →Karpfen und →Elritze; Ggs. Raubfisch, z. B. →Hecht, →Barsch.

**Friedhof** [ahd. vrithof ›eingehegtes, umgrenztes Grundstück‹ (ahd. friten ›hegen‹), volksetymolog. angelehnt an ›Friede‹], urspr. der umschlossene, eingefriedete Raum um eine Kirche (in dem bereits Asylrecht herrschte), später auch die Stätte, wo die Toten zu ewigem Frieden begraben wurden (Kirchhof, Toten-, Gottesacker); bes. im jüd., christl., islam. Kulturkreis.

**Friedkin** [frɪdkɪn], William, amerik. Filmregisseur, *29.8.1935 Chicago (IL). – *Filme:* French Connection (1971; zwei Oscars); Der Exorzist (73); Leben und sterben in L.A. (85); Das Kindermädchen (89).

**Fried. Krupp AG Hoesch Krupp,** Obergesellschaft eines internat. tätigen Konzerns, hervorgegangen aus der Fusion von Hoesch und Krupp 1992; Sitz: Essen/Dortmund; Umsatz: 23 Mrd. DM; Beschäftigte: 91 000 (1993); Geschäftsbereiche: Stahl (Krupp Hoesch Stahl AG), Maschinen- und Anlagenbau, Verkehrstechnik, Verarbeitung sowie Handel.

**Friedl,** Leontine ›Loni‹ von, Schauspielerin, *24.7.1943 Wien; Engagements u. a. am Burgtheater, ab 1977 am Thalia-Theater Hamburg; Film- und Fernsehrollen.

**Friedlaender,** Johnny, frz. Maler und Graphiker, *21.6.1912 Pless (Oberschlesien), †18.6.1992 Paris; Bilder im Umkreis des abstrakten Expressionismus, Farbradierungen.

**Friedlaender,** Salomo (Pseud. *Mynona),* Schriftsteller, Philosoph, *4.5.1871 Gollantsch (Prov. Po-

sen), †9.9.1946 Paris; emigrierte 1933; mit P. →Scheerbart befreundet, Verbindung zu Expressionismus und Dadaismus; schrieb über Schopenhauer, Nietzsche und Kant; Hauptwerk ›Schöpferische Indifferenz‹ (1918); unter Pseudonym hintergründige Grotesken wie ›Rosa, die schöne Schutzmannsfrau‹ (13).
**Friedland, 1)** Stadt im Lkr. Ostvorpommern, 8500 E.; Marienkirche (14. Jh.), Stadttore als Reste der Stadtbefestigung; Stärkefabrik, Keramikindustrie. **2)** niedersächs. Gem. im Lkr. Göttingen, Reg.-Bz. Braunschweig, im Leinetal, nahe der ehem. Grenze zur DDR, 7000 E.; Durchgangslager (Flüchtlinge, Heimkehrer und Aussiedler). **3)** tschech. Stadt →Frýdlant. **4)** russ. Stadt →Prawdinsk.
**Friedländer,** David, Publizist, *6.12.1750 Königsberg, †25.12.1834 Berlin; einer der aktivsten Vorkämpfer für die bürgerl. Emanzipation der Juden; gründete 1778 die ›Jüdische Freischule‹ und wurde 99 als erster Jude zum Berliner Stadtrat gewählt.
**Friedländer,** Max J(acob), Kunsthistoriker, *5.6.1867 in Berlin, †11.10.1958 Amsterdam; Generaldirektor der Berliner Museen 1929–33; emigrierte 38 nach Holland. Bed. Interpret der altdt. und altniederl. Malerei, über die er grundlegende Werke verfaßte, u. a.: ›Von van Eyck bis Breughel‹ (1916); ›Die niederländische Malerei des 17. Jh.‹ (23); ›Die altniederländische Malerei‹ (14 Bde., 24–37).
**Friedländer, 1)** Beiname →Wallensteins (nach seinem Herzogtum Friedland); **2)** Soldat aus Wallensteins Heer.
**Friedlandhilfe e.V.,** 1957 gegr. gemeinnütziger Verein, überwiegend aus privaten Spenden finanziert; leistet den über Durchgangslager kommenden Übersiedlern und Flüchtlingen Hilfe.
**Friedlosigkeit,** im altgerman. Recht der Ausschluß aus der Rechts- und Friedensgemeinschaft bei schweren Missetaten. F. trat ohne weiteres bei Begehung der Tat ein, später auch bei gerichtl. Ungehorsam. F. machte rechtlos; der Friedlose konnte von jedermann getötet werden.
**Friedman** [-mən], David, amerik. Jazzmusiker, *10.3.1944 New York; der an der Juilliard School of Music in New York ausgebildete Perkussionist verbindet lyrisch-melodische Elemente mit perkussiver Attacke; seit 1965 Marimbaphonspiel und Meisterkurse für →Marimba.– *LPs:* Winter Love, April Joy (1975); Dawn (78); Of the Wind's Eye (81); Percussions Profiles (82).
**Friedman** [-mən], Jerome I., amerik. Physiker, *28.3.1930 Chicago; seit 1967 Prof. am →MIT und seit 83 Leiter des Departments für Physik. 90 erhielt F. den Nobelpreis für Physik zus. mit H. W. →Kendall und R. E. →Taylor für seine bahnbrechenden Arbeiten auf dem Gebiet der →Quarks. Anhand von Streuungsexperimenten gelang ihm der Nachweis, daß Protonen und Neutronen eine innere Struktur besitzen, also nicht homogen sind, sondern tatsächl., wie theoret. schon länger gefordert, aus kleineren Teilchen, den Quarks, aufgebaut sind.
**Friedman** [-mən], Milton, amerik. Nationalökonom, *13.7.1912 New York; Begr. des →Monetarismus der ›Chicagoer Schule‹, die sich um eine Weiterentwicklung der Quantitätstheorie des Geldes verdient machte. F. fordert als streng Liberaler, die →Konjunktur über die →Geldmenge zu steuern statt mit der von →Keynes entwickelten →Fiscal policy. 1976 Nobelpreis für Wirtschaftswissenschaften.
**Friedman,** Yona, frz. Architekt ung. Herkunft, *5.6.1923 Budapest; vertritt ›realisierbare Utopien‹ im Städtebau, strebt danach, die Benutzer der Gebäude an der Planung zu beteiligen.
**Friedmann,** Alexander, russ. Mathematiker, Physiker und Astronom, *17.6.1888 St. Petersburg, †16.9.1925 Leningrad (heute St. Petersburg); Arbeiten zur kosmolog. Theorie A. →Einsteins; entwickelte Lösungen für deren Gleichungen *(F.-Gleichungen)*.

Max J. Friedländer

# Friedmann

**Friedmann,** Andrei, eigtl. Name von R. →Capa.
**Friedmann,** Georges, Begr. der frz. Arbeits- und Industriesoziologie, *12.5.1902 Paris, †16.11.1977 ebenda; analysierte in seinen Werken vornehml. die Stellung des Menschen in der rationalisierten, teilmechanisierten Fertigung.
**Friedmann,** Wolfgang, dt.-amerik. Völkerrechtler, *25.1.1907 Berlin, †(ermordet) 22.9.1972 New York; Arbeiten zu Völkerrecht, Rechtsvergleichung, Rechtsphilosophie.
**Friedreich,** Nikolaus, Mediziner, *31.7.1826 Würzburg, †6.7.1882 Heidelberg; Forschungen zu Herz- und Kreislaufkrankheiten und zur Pathologie von Nervenkrankheiten, bes. der →Ataxie.
**Friedrich** [ahd. ›Friedensherrscher‹], männl. Vorname.
**Friedrich,** Fürsten:
*Röm.-dt. Kaiser und dt. Könige*
**Friedrich I.,** *Barbarossa* (1152 bis 90), Staufer, Sohn des Hzg. F. von Schwaben und der Welfin Judith, *um 1122, †(ertrunken) 10.6.1190 im Saleph (heute Göksu, Türkei); 1152 Nachfolger seines Oheims →Konrad III. als dt. König, 55 in Rom zum Kaiser gekrönt; befriedete das Reich und baute die stauf. Hausmacht zw. →Elsaß und Egerland aus; ab 58 in wechselvolle Kämpfe mit den lombard. Städten (Mailand) und Papst →Alexander III. verwickelt; sein Kanzler war →Rainald von Dassel. Nach dem Frieden von Venedig (77) entzog F.I. dem mächtigen Vetter →Heinrich dem Löwen, der ihm auf seinem Italienzug die Gefolgschaft verweigert hatte, das Hzgt. Bayern und belehnte damit 88 den Wittelsbacher →Otto I. – F.I. verkörperte das ritterl. Ideal der Zeit: Heiterkeit, Ausgeglichenheit, ein ausgeprägtes Rechtsgefühl (Reichstag von Roncaglia 58, Wiederbelebung des alten röm. Rechts). Unter seiner Regierung beginnt sich die dt. Kultur des Hoch-MA zu entfalten. Auf dem von ihm angeführten 3. →Kreuzzug ertrank er beim Baden im Fluß Saleph (im südl. Anatolien). – Nach der Sage wartet F.I. im →Kyffhäuser auf die Wiederkehr des dt. Kaisertums.
**Friedrich II.** (1212–50), Staufer, Enkel von F.I., Sohn Kaiser →Heinrichs VI. und der Konstanze von Sizilien, *26.12.1194 Iesi (bei Ancona), †13.12.1250 Fiorentino; als unmündiger König von Sizilien unter der Vormundschaft Papst →Innozenz' III. in Süditalien erzogen, von diesem als Gegenkönig gegen →Otto IV. nach Dtld. geschickt, von Frkr. unterstützt (Schlacht bei →Bouvines 1214); wurde 12 zum König, 20 zum Kaiser gekrönt. Erweiterte die Rechte der dt. Landesherren (20 und 32) und erhielt dafür ihre Hilfe für seine Pläne in Italien; Ausbau des sizilian. Normannenstaates durch zentralisierte Verwaltung, Steuerreformen, Wirtschaftslenkung, stehendes Heer und Flotte, Festungen, Gründung (24) der ersten Staats-Univ. in Neapel; der Versuch, dieses Staatssystem auf Mittel- und Oberitalien zu übertragen, führte zu erbitterten Kämpfen mit dem Papsttum (→Gregor IX., →Innozenz IV.) und den lombard. Städten. Trotz Bann erfolgreicher Kreuzzug (28/29) und Krönung zum König von Jerusalem. Nach dem Sieg über den Lombardenbund bei Cortenuova (37) steigerte sich die leidenschaftl. Auseinandersetzung zw. Kaiser und Papst (F. der ›Antichrist‹; als Gegenkönige in Dtld. Heinrich Raspe, Wilhelm von Holland; Mordanschläge

■ **Friedrich I.** Barbarossa: weiteres Bild →deutsche Geschichte (Welfenchronik)

**Friedrich I.,** *Barbarossa.* Vatikan, Biblioteca Apostolica

# Friedrich Wilhelm

auf den Kaiser; Verrat in seiner nahen Umgebung, z. B. sein Kanzler → Peter von Vinea); mit seinem Tod Zusammenbruch der Stauferherrschaft. – Bewandert in antiker, arab. und christl. Philos., pflegte F. II. Wissenschaft, Dichtung und Kunst; verfaßte ein bed. Buch über die Falkenjagd.

**Friedrich** *der Schöne*, dt. Gegenkönig (1314–30), Habsburger, Sohn → Albrechts I., *1289, †13.1.1330 Burg Gutenstein (Niederösterr.); 1314 bei einer Doppelwahl neben → Ludwig dem Bayern zum dt. König gewählt, wurde von diesem 22 in der Schlacht bei Mühldorf am Inn geschlagen und gefangengenommen. Gegen Anerkennung Ludwigs 25 freigelassen und mit der Mitregentschaft betraut, die er aber tatsächl. kaum ausübte. Die Niederlage gegenüber den Eidgenossen 15 am Morgarten leitete den Niedergang der habsburg. Macht in der Schweiz ein.

**Friedrich III.** (1440–93), Habsburger, *21.9.1415 Innsbruck, †19.8.1493 Linz; 1440 zum König, 1452 in Rom zum Kaiser gekrönt; nüchterner, bedächtiger Herrscher, der sich bes. um die Erweiterung der habsburg. Hausmacht kümmerte, sich in schwierigen außen- und innenpolit. Situationen auf passiven Widerstand beschränkte und trotzdem seinem Sohn ein großes Erbe hinterließ; er verlor Böhmen an G. → Poděbrad und zeitweise Niederösterr. an den König von Ungarn → Matthias Corvinus; war von einem unerschütterl. Glauben an die Größe und Beständigkeit Österreichs erfüllt (seine Devise AEIOU wird gedeutet als *A*lles *E*rdreich *i*st *Ö*sterreich *u*ntertan); überlebte und beerbte seine Gegenspieler. Größter Erfolg seiner Politik war die Heirat seines Sohnes → Maximilian I. mit Maria, der Erbin des Kgr. → Burgund.

*Dt. Kaiser (Dt. Reich)*
**Friedrich (III.)**, dt. Kaiser und als König von Preußen F. III. (1888), Hohenzoller, Sohn → Wilhelms I., *18.10.1831 Potsdam, †15.6.1888 ebenda; verh. mit der brit. Prinzessin → Viktoria, die ihn stark beeinflußte; liberalen Auffassungen zugänglich, stand deshalb oft im Ggs. zu → Bismarcks Innenpolitik, dessen Reichsgründung er unterstützte. Heerführer in den Kriegen von 1866 und 70/71; erkrankte an einem Kehlkopfleiden und konnte nur 99 Tage regieren.

*Baden*
**Friedrich I.**, Regent (1852–56), Großherzog von Baden (1856 bis 1907), *9.9.1826 in Karlsruhe, †28.9.1907 Insel Mainau; Schwiegersohn Kaiser → Wilhelms I., vertrat liberale Politik sowie das Prinzip der nationalen Einigung unter preuß. Führung. Trotz Teilnahme am Deutschen Krieg 1866 gegen Preußen unterstützte er → Bismarcks Reichsgründung.

*Brandenburg-Preußen*
**Friedrich I.** (1415–40), Burggraf von Nürnberg (ab 1397); von Kaiser → Sigismund als Markgraf und Kurfürst von Brandenburg (1417) eingesetzt, *1371, †20.9.1440 Cadolzburg; Begr. der brand.-preuß. Hohenzollern-Dynastie; bezwang den märk. Adel; ohne Erfolg Feldherr im Reichskrieg gegen die Hussiten.

**Friedrich Wilhelm,** *der Große Kurfürst* (1640–88), *16.2.1620 Berlin, †9.5.1688 Potsdam; schuf ein stehendes Heer, erhielt im → Westfälischen Frieden 1648 Hinter-

Friedrich II.: Reliefs des Kaisers auf einer Seitenwange der Kanzeltreppe in Bitonto/Italien

Friedrich Wilhelm, *der Große Kurfürst*

# Friedrich I.

Friedrich I.
von Preußen

Friedrich Wilhelm I.
von Preußen

Friedrich II., der Große: Darstellung des ›Alten Fritz‹ zu Pferde (Miniatur von D. Chodowiecki)

pommern, Magdeburg, Halberstadt und Minden; er löste das Hzgt. →Preußen (im *Frieden von Oliva* 60) von Polen, besiegte die Schweden 75 bei Fehrbellin. Im Innern setzte er gegen die Stände den →Absolutismus durch und schuf aus den vielen Teilgebieten einen zentral verwalteten Einheitsstaat. Er suchte die Schäden des →Dreißigjährigen Kriegs durch Ansiedlung von Bauern sowie Förderung der Landw. zu heilen, baute Kanäle, nahm aus Frkr. vertriebene →Hugenotten (85) auf, die neue Gewerbezweige ins Land brachten; Kolonialgründung in Afrika (→Groß-Friedrichsburg an der Goldküste).
**Friedrich I.,** König in Preußen (1701–13), als Kurfürst von Brandenburg *F. III.* (ab 1688), Sohn von F. Wilhelm, *11.7.1657 Königsberg, †25.2.1713 Berlin; die Politik seines Vaters wurde zunächst von →Danckelmann fortgeführt, später Günstlingswirtschaft; unterstützte außenpolit. Österr. (→Spanischer Erbfolgekrieg), das dafür seiner Selbstkrönung zum ›König in Preußen‹ zustimmte; Förderer von Kunst und Wissenschaft (Begr. der Univ. Halle 1694, der Akademie der Künste 96, Gesellschaft der Wissenschaften 1700 in Berlin), zog →Leibniz, →Pufendorf und →Schlüter an seinen Hof.
**Friedrich Wilhelm I.,** König (1713 bis 40), Sohn von F. I., *15.8.1688 Berlin, †31.5.1740 Potsdam, schuf einen gut funktionierenden Verwaltungsapparat, ein pflichttreues, sparsames Beamtentum, eine Finanzverwaltung, die einen Staatsschatz von 9 Mio. Talern ansammelte; sorgte für Neuansiedlung von Bauern (Anfänge der Bauernbefreiung). Seine Hauptsorge galt dem Heer, das er auf 80 000 Mann vergrößerte und durch Zucht und Drill anderen überlegen machte *(Soldatenkönig).*
**Friedrich II.,** *der Große,* König (1740–86), Sohn von Friedrich Wilhelm I., *24.1.1712 Berlin, †17.8.1786 Sanssouci (Potsdam); suchte sich der strengen Erziehung seines Vaters zu entziehen (mißglückte Flucht 1730); strenge Haft in Küstrin; nach Aussöhnung mit dem Vater Umgang mit Künstlern, Gelehrten (u. a. →Voltaire) und schriftsteller. Tätigkeit. Nach Regierungsantritt erhob F. II. Anspruch auf →Schlesien, das er in den zwei →Schlesischen Kriegen (1740–42, 1744/45) eroberte; mußte es gegen eine Koalition von Österr., Sachsen, Rußland und Frkr. (→Kaunitz) im →Siebenjährigen Krieg (56–63) verteidigen; glänzende Siege bei Prag, Roßbach, Leuthen, Zorndorf, Liegnitz und Torgau; schwere Niederlagen bei Kolin, Hochkirch und Kunersdorf; sicherte Preußen die Stellung als europ. Großmacht, die neben Österr. die Führung in Dtld. beanspruchen konnte (Beginn des dt. →Dualismus). Bei der 1. Teilung →Polens 72 Erwerb von Westpreußen. F. II. suchte durch intensiven Wiederaufbau die Schäden des Krieges zu heilen und die Wohlfahrt des Landes, geleitet von humanitären Forderungen der →Aufklärung (›Ich bin der erste Diener meines Staates‹), zu heben. Bodenkultivierung (→Oderbruch), Ansiedlung von 57 000 Familien; Verbesserung der Lage der Bauern; →Merkantilismus; Ausbau des Bildungswesens; Justizreform (Allg. Preuß. Landrecht, Abschaffung der Folter); Verfasser polit. und philos. Schriften.
**Friedrich Wilhelm II.,** König (1786–97), ein Neffe von F. II., *25.9.1744 Berlin, †16.11.1797

# Friedrich Heinrich

Potsdam; von Günstlingen beeinflußt; Religionsedikt und Zensuredikt von 1788 richteten sich gegen den Geist der →Aufklärung; Beteiligung an den →Französischen Revolutionskriegen (→Basler Friede 95). Erwerb Posens und Zentralpolens mit Warschau bei der 2. und 3. Polnischen Teilung 93 und 95.
**Friedrich Wilhelm III.**, König (1797–1840), Sohn von F.W.II., *3.8.1770 Potsdam, †7.6.1840 Berlin; verursachte durch seine passive Haltung die Isolierung Preußens gegenüber →Napoleon I. und schließlich die Niederlage bei →Jena und →Auerstedt 1806. Im Frieden von →Tilsit (07) wurde sein Territorium etwa auf die Hälfte reduziert (→Napoleonische Kriege); stimmte nur widerwillig den zivilen (→Stein, →Hardenberg) und milit. (→Scharnhorst, →Gneisenau) Reformen zu. Wurde durch die patriot. Begeisterung 1813 zum Beginn der →Befreiungskriege gedrängt; war nach 15 ein eifriger Vertreter der →Restauration, unterdrückte freiheitl. und nationale Bestrebungen, veranlaßte 17 den Zusammenschluß von Reformierten und Lutheranern zur Preuß. Unierten Landeskirche.
**Friedrich Wilhelm IV.**, König (1840–61), Sohn von F.W.III., *15.10.1795 Berlin, †2.1.1861 Sanssouci (Potsdam); der *Romantiker auf dem Thron* genannt, sah sein Ideal im Gottesgnadentum und der mittelalterl. Reichsidee; versprach das Aufgehen Preußens in einem größeren Dtld., verwarf aber die Forderungen der Revolution von 1848 und lehnte die ihm von der →Frankfurter Nationalversammlung angebotene Kaiserkrone ab; oktroyierte Ende 48 eine Verfassung mit Dreiklassenwahlrecht. Sein Versuch, einen kleindt. Bund zu schaffen, scheiterte am Einspruch Österr. (→Olmützer Punktation). Infolge Gehirnerkrankung mußte er 57 die Regierungsgeschäfte seinem Bruder →Wilhelm I. übergeben.
*Braunschweig*
**Friedrich Wilhelm**, Hzg. (1813 bis 15), der *Schwarze Herzog* genannt, Sohn von →Ferdinand von Braunschweig, *9.10.1771 in Braunschweig, †(gefallen) 16.6.1815 Quatre-Bras (bei →Waterloo); begann 1809 mit einem eigenen Freikorps den Krieg gegen →Napoleon I., der ihm sein Herzogtum weggenommen hatte.
*Dänemark*
**Friedrich VII.**, König (1848–63), *6.10.1808 Kopenhagen, †15.11.1863 Glücksburg; berief 1848 die →Eiderdänen in die Regierung und suchte eine Einverleibung Schleswigs herbeizuführen. Der daraus entstandene Deutsch-Dänische Krieg (48–50) wurde 52 durch die *Londoner Protokolle* beigelegt. Der Gedanke einer engen Verbindung von Dänemark, Schweden und Norwegen konnte nicht verwirklicht werden.
*Hessen-Homburg*
**Friedrich II.**, Landgraf (1681 bis 1708), als ›Prinz von Homburg‹ bekannt, *30.3.1633 Homburg v.d.H., †24.1.1708 ebenda; zuerst in schwed. Diensten, 1670–78 brand. Reitergeneral, hatte 75 wesentl. Anteil am Sieg des Großen Kurfürsten →Friedrich Wilhelm bei Fehrbellin.
*Hessen-Kassel*
**Friedrich II.**, Landgraf (1760–85), *14.8.1720 Kassel, †31.10.1785 Weißenstein (bei Kassel); vermietete den Briten 12000 hess. Soldaten zum Einsatz gegen die aufständ. Kolonien in Nordamerika.
*Meißen*
**Friedrich** *der Freidige* (Mutige, Unerschrockene), Landgraf von Thür., Markgraf von Meißen, *1257, †1323; erhob als Nachkomme der Staufer (Enkel Kaiser →Friedrichs II.) Anspruch auf den dt. Thron (1273), seine Wahl wurde vom Papst verhindert; legte im Kampf mit →Adolf von Nassau und →Albrecht I. den Grund für die Macht der →Wettiner.
*Niederlande*
**Friedrich Heinrich**, Prinz von Oranien, Statthalter der Niederlande (1625–47), jüngerer Sohn →Wilhelms I. von Oranien, *29.1.1584 Delft, †14.3.1647 Den Haag; führte erfolgreich Krieg gegen Spa-

Friedrich Wilhelm II. von Preußen

## Friedrich II.

nien und erreichte im →Westfälischen Frieden (1648) die Selbständigkeit der Niederlande nach 80jährigem Freiheitskampf. Sein glänzender Hof im Haag war Mittelpunkt des europ. →Calvinismus.

*Österreich*
**Friedrich II.** *der Streitbare,* Hzg. (1230–46), * um 1210, †15. 6. 1246; wurde von Kaiser →Friedrich II. seiner Reichslehen beraubt, da er dessen Sohn →Heinrich unterstützt hatte; fiel im Kampf gegen Ungarn; letzter →Babenberger.

*Pfalz*
**Friedrich V.,** Pfalzgraf und Kurfürst (1610–23), der ›Winterkönig‹, * 26. 8. 1596 Amberg, † 29. 11. 1632 Mainz; Führer der prot. →Union, nahm 1619 die Wahl zum König von Böhmen an, mußte nach der Schlacht am Weißen Berg (20) nach Holland fliehen, konnte erst 31 in die Pfalz zurückkehren.

*Sachsen*
**Friedrich I.** *der Streitbare,* Markgraf von Meißen, erster Kurfürst von Sachsen (1423–28), * 11. 4. 1370, † 4. 1. 1428 in Altenburg; kämpfte mit wenig Erfolg gegen die →Hussiten; nahm die aus Prag abgewanderten dt. Professoren 1409 in Leipzig auf (Gründung der Universität).

**Friedrich III.,** *der Weise,* Kurfürst von Sachsen (1486–1525), * 17. 1. 1463 Torgau, † 5. 5. 1525 Schloß Lochau (Annaburg); arbeitete für die Reichsreform; lehnte 1519 die Wahl zum Kaiser ab; gründete 02 die Univ. Wittenberg; Förderer und Beschützer →Luthers; erwirkte ihm freies Geleit nach Worms und verbarg ihn auf der Wartburg.

*Schwaben*
**Friedrich I.,** Hzg., † 1105; treuer Anhänger Kaiser →Heinrichs IV., der ihm seine Tochter Agnes zur Frau gab und das Hzgt. Schwaben verlieh. Stammvater der →Staufer, Großvater von →Friedrich I., Barbarossa.

**Friedrich,** Bischof von Utrecht, Märtyrer, * um 780 Friesland, † um 835 Utrecht; Heiliger (18. 7.).

**Friedrich,** Caspar David, * 5. 9. 1774 Greifswald, † 7. 5. 1840 Dresden; Maler der dt. →Romantik.

Friedrich V., der Winterkönig (nach einer Miniatur von P. Oliver, 1621)

Friedrich III., *der Weise* (Gemälde von L. Cranach, 1519 – 20)

Lebte nach seinen Studienjahren 1794–98 in Kopenhagen, dann bis zu seinem Tod in Dresden; kam dort 1802 zus. mit Ph. O. →Runge mit führenden literarischen Vertretern der Romantik in Berührung. Die frühen Arbeiten sind durchweg Sepiazeichnungen; erst 1807 schuf F. sein erstes Ölgemälde ›Kreuz im Gebirge‹ (Tetschener Altar). Hauptthema von F. ist die Landschaft und in ihr das Werden und Vergehen im Wandel der Jahreszeiten; strebte in Farbe, Linie und Motiv einen hohen Symbolgehalt an (Jahreszeiten, Naturvorgänge werden zu Allegorien menschl. Lebens) und schuf eine neue →Ikonographie. – WW: Der Mönch am Meer (1808–10); Zwei Männer in Betrachtung des Mondes (um 1820); Das Eismeer (21); Mondaufgang am Meer (22); Die Lebensstufen (um 34).

**Friedrich,** Götz, Regisseur und Intendant, * 4. 8. 1930 Naumburg/Saale; 1968–72 Oberspielleiter der Kom. Oper Berlin (Ost), ab 73 an der Staatsoper Hamburg; ab 76 Regisseur der Covent Garden Opera in London, ab 81 Generalintendant der Dt. Oper Berlin. – *Veröffentlichungen:* Die humanistische Idee der Zauberflöte (1954); Walter Felsenstein (61).

**Friedrich,** Hugo, Romanist, * 24. 12. 1904 Karlsruhe, † 25. 2. 1978 Freiburg i. Br.; Abhandlungen zur frz. und ital. Literatur: ›Drei Klassiker des frz. Romans‹ (1939); ›Montaigne‹ (49); ›Die Struktur der modernen Lyrik‹ (56); ›Epochen der italienischen Lyrik‹ (64).

**Friedrich,** Johannes, Altorientalist, * 27. 8. 1893 Leipzig, † 12. 8. 1972 Berlin; wesentl. Beiträge zur Erschließung des Hethitischen, Churritischen, Urartäischen und Phönizischen sowie zur allg. Schriftgeschichte.

**Friedrich,** Nikolaus, Klarinettist, * 1956 Schwäbisch Gmünd; exemplarische werkgetreue Aufführung der Klarinettenwerke der Klassik und Romantik, bes. von L. →Spohr; 1991 erste Gesamtaufnahme der Klarinettenwerke M. →Regers.

# Friedrichsort

Caspar David Friedrich: ›Das Eismeer‹, auch ›Die gescheiterte Hoffnung‹ (1821). Hamburg, Kunsthalle

**Friedrich-Ebert-Stiftung e. V.,** nach dem Tod F. →Eberts (1925) gegr. Stiftung zur Förderung des allg. Demokratieverständnisses und der internat. Verständigung; 33 verboten, seit 47 Stätte der Erwachsenenbildung und Entwicklungshilfe; der SPD nahestehend; Sitz: Bonn.
**Friedrich-Naumann-Stiftung,** 1958 von Th. →Heuss gegr. Stiftung zur Pflege und Förderung der polit. Erwachsenenbildung; der F.D.P. nahestehend; Sitz: Königswinter.
**Friedrichroda,** thür. Stadt im Lkr. Gotha, am NO-Rand des Thür. Waldes, 430 m ü.M., 6000 E.; Luftkurort, Wintersportplatz; keramische, Kunststoff-, Spielzeug-, Elektroindustrie. Anf. 11. Jh. Rodungszentrum im Thür. Wald; nahebei Schloß Reinhardsbrunn.
**Friedrichs,** Hanns Joachim, Fernsehjournalist, * 15. 3. 1927 Hamm, † 28. 3. 1995 Hamburg; u. a. ZDF-Korrespondent in New York und Leiter der Hauptredaktion Sport; 85–91 Erster Moderator der ›Tagesthemen‹ bei der ARD.
**Friedrichsburg,** Schloß in →Vohenstrauß (1586–89).
**Friedrichsdor,** die preuß. →Pistole, von 1740 bis 1850 geprägte preuß. Goldmünze.
**Friedrichsdorf,** hessische Stadt im Hochtaunuskreis, Reg.-Bz. Darmstadt, 25 000 E.; Nährmittelfabrik, Pumpenbau, Glashütte, Kunstleder- und chem. Industrie. – Im 17. Jh. Ansiedlung von Hugenotten, Textilgewerbe, 1771 Stadt, bis 1885 rein französisch (Sprache, Verwaltung, Schulwesen).
**Friedrichshafen,** Stadt (Große Kreisstadt) und Verwaltungssitz des Bodenseekreises im Reg.-Bz. Tübingen, Baden-Württ., am Nordufer des Bodensees, 56 000 E.; Schloß, barocke Schloßkirche; Hafen, Flughafen, vor dem II. Weltkrieg Ausgangspunkt der Zeppelin-Luftschiffahrt; Motoren- und Getriebebau (Motoren- und Turbinen-Union, Zahnradfabrik), Luft- und Raumfahrttechnik (Dornier-Werke), Leichtmetallverarbeitung; Messestadt (alljährl. Internat. Bodensee-Messe, Messe für Rennsport, Motorsport und Flugsport/Freizeit, ›Interboot‹); Fremdenverkehr. – Entstand 1811 durch Vereinigung der ehem. Reichsstadt *Buchhorn* mit der Siedlung *Hofen.*
**Friedrichshall, Bad,** württ. Stadt im Lkr. Heilbronn, Reg.-Bz. Stuttgart, an den Mündungen von Kocher und Jagst in den Neckar, 12 000 E.; Solbad; Salzbergwerk.
**Friedrichsort,** nördlichster, 1923 eingemeindeter Stadtteil von →Kiel; von den Dänen 1632 als Festung angelegt.

Friedrichshafen

# Friedrichsruh

**Friedrichsruh**, ehem. Domäne des Hzgt. →Lauenburg, in der Gem. Aumühle, Kr. Hzgt. Lauenburg, Schleswig-Holst., östl. von Hamburg, im Sachsenwald. Als Dotation des Reiches im Besitz von →Bismarck (ab 1871; Bismarck-Mausoleum, -Museum).
**Friedrichsthal**, Wohnstadt nordöstl. von Saarbrücken, im Stadtverband Saarbrücken, Saarland, mit 12000 E.; Steinkohlebergbau, versch. Gewerbebetriebe, Handel.
**Friedrich von Hausen** *(Husen)*, Minnesänger aus mittelrhein. Adel; 1171 erstm. urkundl. nachgewiesen, †(Kreuzzug) 6.5.1190 Philomelium (Kleinasien); formal von roman. Vorbildern beeinflußt, leitete er mit Liedern über die Minne den klass. dt. Minnesang ein.
**Friedrich-Wilhelm-Lübke-Koog**, →Koog in Nordfriesland, südl. des Hindenburgdamms, 1954 durch Eindeichung gewonnen.
**Friedrich-Wilhelms-Hafen**, früherer Name der Stadt →Madang.
**Fries**, Ernst, Maler, *22.6.1801 Heidelberg, †11.10.1833 Karlsruhe; romant. Landschaftsmaler.
**Fries**, Fritz Rudolf, Schriftst., *19.5.1935 Bilbao; lebt seit 1942 in Deutschland; wurde v.a. bekannt durch seinen das unpolit. Privatleben verherrlichenden Roman ›Der Weg nach Oobliadooh‹ (66).
**Fries**, Hans, Maler, *um 1465 Freiburg im Üchtland, †um 1523 Bern (?); bed. spätgot. Altarwerke in seiner Geburtsstadt.
**Fries**, Jakob Friedrich, Philosoph, *23.8.1773 in Barby/Elbe, †10.8.1843 Jena; bes. von →Kant beeinflußt, suchte F. die apriorische Vernunfterkenntnis durch die Methode der Selbstbeobachtung zu fundieren (›Neue Kritik der Vernunft‹, 3 Bde., 1807). Obgleich er Natur und Geschichte positivistisch als nach mechan. Gesetzen ablaufend begriff, stellte er ins Zentrum seiner Sittenlehre die persönl. Würde des Menschen. Seine Religions-Philos. war bes. von →Jacobi beeinflußt. F. Lehre wurde von L. →Nelson wiederaufgenommen.
**Fries**, **1)** *Baukunst:* waagerechtes Schmuckband mit figürl. oder ornamentalen Motiven, plast. gestaltet oder aufgemalt, zur Trennung von Baugliedern; Bestandteil des griech. Gebälks (→Metopen- und →Triglyphen-F. in der dorischen, Palmetten-F. in der ionischen Ordnung); reiche plast. Ornamentalfriese in der roman. und got. Baukunst.
**2)** *Textilkunde:* grober Wollstoff.
**Friesach**, ummauerte Stadt im Bz. St. Veit an der Glan, Kärnten, im Metnitztal, durch die Zusammenlegung mit den Gem. St. Salvator, Micheldorf und Zeltschach (1972) auf 7000 E. angewachsen; Bezirksgericht, got. Pfarrkirche; von zwei Burgen überragt. Einst Hauptstapelplatz im Italienverkehr, Residenz der Salzburger Erzbischöfe.
**Friese**, Pferderasse der Niederlande, ausschließl. →Rappen ohne jede Abzeichen.
**Friesel** *(Frieselausschlag)* →Hitzeausschlag.
**Friesen**, Karl Friedrich, Turnpädagoge, *25.9.1784 Magdeburg, †15.3.1814 Lalobbe (Frkr.); neben F. →Jahn einer der Mitbegr. der dt. Turnbewegung.
**Friesen**, ein germanischer Volksstamm, urspr. in Jütland, dann an der Nordseeküste beheimatet: West-F. in Holland, Ost-F. um Ems und Wesermündung, Nord-F. an der Westküste Schleswigs. Bodenständig und freiheitsliebend, weigerten sich lange, das Christentum anzunehmen, bewahrten german. Verhältnisse und Lebensart, noch heute viel altertüml. Brauchtum. Im MA entstandene kleine Bauernrepubliken konnten sich z.T. bis ins 18.Jh. erhalten. Westfriesland fiel im 13.Jh. an die Grafen von Holland, Ostfriesland 1744 an Preußen; Ostfriesland wurde 1810 französisch, 15 hannoverisch, 66 wieder preußisch; Nordfriesland wurde ein Teil von Schleswig.
**Friesenhaus** →Bauernhaus.
**Friesenheim**, baden-württ. Gemeinde im Ortenau-Kreis, 40 km nördl. von Freiburg im Breisgau, 10000 E.; Agrarzentrum für Obst, Gemüse und Wein.
**Friesische Inseln**, der Nordseeküste vorgelagerte, durch das

# Frikadelle

Wattenmeer vom Festland getrennte Inselkette, erstreckt sich von Holland bis nach Jütland: →Westfriesische Inseln bis zur Emsmündung (→Texel, →Vlieland, →Terschelling, →Ameland, →Schiermonnikoog), →Ostfriesische Inseln zw. Ems- und Wesermündung (→Borkum, →Juist, →Norderney, →Baltrum, →Langeoog, →Spiekeroog, →Wantegerooge), →Nordfriesische Inseln nördl. der Elbmündung (→Amrum, →Föhr, →Sylt und die →Halligen); aufgebaut aus Watten, Dünen und festem Kern; Fischerei, Viehzucht; viele Badeorte, Fremdenverkehr.

**friesische Sprache,** german. Sprache, an den Küsten der Nordsee gesprochen, der →englischen Sprache und dem Niederdeutschen am nächsten verwandt; seit dem 13. Jh. bekannt (Altfriesisch). Starke mundartl. Spaltung in: 1. Westfriesisch im niederländ. Friesland, 2. Ostfriesisch im dt. Friesland, heute nur noch im →Saterland gesprochen, 3. Nordfriesisch in einigen Orten zw. Husum und Tondern, auf den Halligen sowie auf Sylt, Amrum, Föhr und Helgoland. – Was anderswo ›Friesisch‹ genannt wird, ist Niederdeutsch. Schriftsprache ist die f. Sp. nur in Westfriesland.

**Friesland, 1)** der im 1. Jt. vom Volksstamm der →Friesen beherrschte Landstrich an der Nordseeküste zw. Zuidersee und Unterweser, später teils in den Niederlanden, teils in Dtld. aufgegangen. **2)** niedersächs. Landkreis im Reg.-Bezirk Weser-Ems, Verwaltungssitz →Jever. **3)** Provinz im N der Niederlande mit Anteil am Marschenland, an Moorgebieten und trockener Geest, 3357 km², 600000 E., Hptst. →Leeuwarden.

**Friesoythe,** niedersächs. Stadt im Lkr. Cloppenburg, Reg.-Bz. Weser-Ems, nördl. der Talsperre an der Soeste, 17000 E.; roman. Kirche; Sägewerk, pharm. Industrie, Kabelherstellung.

**Friesz** [fris], Othon, frz. Maler, *6.2.1879 Le Havre, †10.1.1949 Paris; schloß sich nach akad. Ausbildung 1900 den →Fauves an; spontane, kühne Frühwerke.

**Frigen**®, ein →Fluorchlorkohlenwasserstoff (→Freon®).

**Frigga** (*Frigg, Frija*), germ. ›Geliebte‹, ›Gattin‹, höchste der german. Göttinnen, Gattin Odins, in der Überlieferung oft mit Freyja gleichgesetzt, Göttin der Ehe und der Fruchtbarkeit. Katze, Storch, Schwalbe und Kuckuck sind ihr heilig. F. ist zugleich Göttin der Toten. Ihre Begleiterin ist Fulla (die Fülle), die Reichtum und Segen bringt.

**Frigidaire** [frz., friʒidɛr], Kühlschrank.

**Frigidarium, 1)** *im alten Rom:* kaltes Bad (in den Thermen); **2)** kaltes Gewächshaus.

**Frigidian von Lucca** *(Frediano von Lucca),* Bischof, *in Irland (?), †588 (?) Lucca; Heiliger (18.3.).

**Frigidität** [lat.], völliges Fehlen des geschlechtl. Verlangens bei der Frau oder Nichtauftreten des →Orgasmus. Ursachen meist psychisch (→Psychotherapie), seltener organisch; Eigw. *frigid* (→Frauenkrankheiten).

**Frija,** german. Göttin: vgl. →Freitag, →Frigga.

**Frikadelle** [frz.] *die, (Frikandelle, Boulette),* gebratener, gewürzter Fleisch- (›deutsches Beefsteak‹) oder Fischkloß.

**Fries:** Gigantomachie vom Nordfries des Schatzhauses der Siphnier in Delphi (Marmor, um 525 v. Chr.). Delphi, Museum

■ **Fries:** vgl. →griechische Kunst (Säulenordnungen)

■ **friesische Sprache:** vgl. Karte →Sprachen (Europa)

## Frikandeau

Joseph Kardinal Frings

Karl von Frisch

**Frikandeau** [frz., -kãdo] *das*, *(Kalbsnuß)*, zarter innerer Teil der Kalbskeule.
**Frikassee** [frz.] *das*, zerkleinertes und gedämpftes Kalbfleisch (oder Fisch, Geflügel) in heller Soße.
**Frikativum** [lat.] → Spirant.
**Friktiograph**, Gerät zum Messen der Reibung.
**Friktion** [lat.], Reibung, Einreibung.
**Frimaire** [frz., frimɛr ›Reifmonat‹], der dritte Monat (21. 11. bis 20. 12.) im frz. Revolutionskalender.
**Friml**, Rudolf, amerik. Komponist tschech. Herkunft, *2. 12. 1879 Prag, †12. 11. 1972 Los Angeles; Schüler Dvořáks; bek. durch Operetten: ›The Firefly‹ (1912); ›The Three Musketiers‹ (28).
**Frimley and Camberley** [frımlı ənd kæmbəlı], Stadtgemeinschaft im südl. England, 40 km südwestl. von London, 43 000 E.; Maschinenbau; Herstellung von Baustoffen und optischen Geräten.
**Frimmersdorf**, Braunkohle-Großkraftwerk bei → Grevenbroich.
**Fringilla** → Buchfink.
**Fringillidae** → Finkenvögel.
**Frings**, Joseph, kath. Theologe, Kardinal (ab 1946), *6. 2. 1887 Neuss, †17. 12. 1978 Köln; 1942 bis 69 Erzbischof von Köln; Wortführer des deutschen Katholizismus der Nachkriegszeit.
**Frings**, Theodor, Germanist, *23. 7. 1886 Dülken, †6. 6. 1968 Leipzig; seit 1917 Professor in Leipzig und Bonn mit Schwerpunkt auf kulturgeogr. Forschung. Hrsg. der Werke Heinrichs von Veldelke und Mitbegr. des ›Althochdeutschen Wörterbuches‹ (52 ff.).
**Fripp**, Robert, engl. Gitarrist, *16. 5. 1946 Wimborne (Dorset); Begr. der legendären Gruppe King Crimson (ab 1969); spielte mit zahlr. Musikern wie B. → Eno (›No Pussyfootin'‹; ›Evening Star‹), D. → Bowie, → Blondie, P. → Gabriel und The Roches. Musikal. bewegt sich F. zw. Rock, elektron. Musik (›Frippertronics‹) und Minimal Music. Ab 81 erneut mit King Crimson, u. a. mit dem herausragenden Album ›Discipline‹ (81). – *CDs:* I Advance Masked (1982); Bewitched (84, beide mit Andy Summers).

**Frisbee**® [engl., frɪsbi] *das*, tellerartige Wurfscheibe aus Kunststoff; für Freizeit und Wettkampfsport.
**Frisch**, Karl Ritter von, Zoologe, *20. 11. 1886 Wien, †12. 6. 1982 München; Prof. in München; bahnbrechende Untersuchungen über Sinnesleistungen und Verhalten der Fische und → Bienen; er entdeckte u.a., daß Fische Farben und Töne unterscheiden können und eine → Schreckreaktion besitzen; er fand, daß Bienen Farben unterscheiden, polarisiertes Himmelslicht sehen und sich durch Tänze verständigen. Bienen können die Sonne als Kompaß für ihre Orientierung verwenden und besitzen eine ›innere Uhr‹. Bed. Arbeiten über Geruchs- und Geschmackssinn der Bienen. 1973 Nobelpreis für Med., zus. mit K. → Lorenz und N. → Tinbergen. – *W:* Aus dem Leben der Bienen (1927, $^{9}$77); Du und das Leben (36, $^{20}$74); Tanzsprache und Orientierung der Bienen (65); Ausgewählte Vorträge 1911 bis 1969 (70); Tiere als Baumeister (74).
**Frisch**, Max, Schriftst., *15. 5. 1911 Zürich, †4. 4. 1991 ebenda; gestaltete Gegenwartsprobleme in autobiograph. ›Blättern aus dem Brotsack‹ (1940), in zwei ›Tagebuch‹-Bänden (50, 72) und in Dramen, die dramaturg. und in ihrer moral. Fragestellung von → Brechts → epischem Theater beeinflußt sind: ›Nun singen sie wieder‹ (46), ›Die Chinesische Mauer‹ (47), ›Als der Krieg zu Ende war‹ (49), ›Don Juan oder Die Liebe zur Geometrie‹ (53), ›Biedermann und die Brandstifter‹ (58, urspr. Hörspiel 53), ›Andorra‹ (61), ›Biografie: Ein Spiel‹ (67); Romane und Erzählungen: ›Die Schwierigen‹ (43), ›Bin oder Die Reise nach Peking‹ (45), ›Stiller‹ (54), ›Homo faber‹ (57), ›Mein Name sei Gantenbein‹ (64), ›Montauk‹ (75), ›Der Mensch erscheint im Holozän‹ (79), ›Blaubart‹ (82). Friedenspreis des Dt. Buchhandels 1976.
**Frisch**, Ragnar, norweg. Wirtschaftswissenschaftler, *3. 3. 1895 Oslo, †30. 1. 1973 ebenda; Gründer der ›Econometric Society‹; 1969 Nobelpreis für Wirtschaftswissen-

**schaften,** zus. mit J. →Tinbergen, für seine formalisierte Theorie der Wirtschaftsabläufe.
**Frischblut,** ohne Zusätze direkt vom Spender auf den Empfänger übertragenes Blut.
**Frischdampf,** der Dampf, der der →Turbine zugeführt wird, um dort mechan. Energie zum Antrieb des Generators zu erzeugen.
**frische Brise,** in der 13teiligen →Beaufortskala Bez. für Windstärke 5, also eine Windgeschwindigkeit zwischen 29 und 38 km/h.
**Frischeindex,** hauptsächlich bei Fischen verwendetes Kriterium zur Frischeangabe; enzymat. bestimmte Konzentration von Abbauprodukten gilt als Maß für die Frische.
**Frischen, 1)** *Technik:* Reinigungsprozeß (durch Oxidation) zum Entfernen von unerwünschten Beimengungen bei der Gewinnung der Metalle, z. B. die Umwandlung des Roheisens in Stahl durch Windfrischen im →Bessemer- oder →Thomasverfahren (→Herdfrischverfahren); **2)** weidmännisch: das Werfen von →Frischlingen.
**Frische Nehrung** (poln. *Mierzeja Wiślana*), 56 km lange, aus Dünen bestehende Landzunge, die das →Frische Haff von der Ostsee (→Danziger Bucht) abtrennt; Fischerdörfer und Seebäder.
**Frisches Haff** (poln. *Zalew Wiślany*) durch die →Frische Nehrung abgetrennter Strandsee der Ostsee in Ostpreußen, etwa 100 km lang, durch das →Pillauer Tief mit der Danziger Bucht verbunden.
**Frischkäse,** Sammel-Bez. für Käse in nicht gereiftem Zustand, für den raschen Verzehr bestimmt (z. B. Speisequark, Schichtkäse, Rahm- und Doppelrahm-F., Cottage Cheese, Hüttenkäse). F. haben leicht säuerl. Geschmack und sind von pastenartiger bis körniger Konsistenz; Wassergehalt in der fettfreien Käsemasse über 73% (höchstens 87%).
**Frischlin,** Nikodemus, humanist. Dichter, *22.9.1547 in Balingen, †30.11.1590 Urach; lat. Satiren und Komödien.
**Frischling,** junges Wildschwein bis zum Verlust der Streifenzeichnung.

**Frischmann,** David, hebr. Schriftsteller, *5.1.1865 (?) bei Lodz, †4.8.1922 Berlin; schrieb Gedichte und Novellen in bibl. Hebräisch; wirkte als einflußreicher Literaturkritiker, Essayist, Übersetzer und Herausgeber.
**Frischmuth,** Barbara, Schriftstellerin, *5.7.1941 Altaussee (Steiermark); Kinderbücher, Hörspiele, Erzählungen, zunehmend traditionell erzählende Romane, oft Frauenthemen: ›Das Verschwinden des Schattens in der Sonne‹ (1973), ›Die Mystifikationen der Sophie Silber‹ (76), ›Amy oder Die Metamorphose‹ (78), ›Kopftänzer‹ (84), ›Über die Verhältnisse‹ (87).
**Frischölschmierung,** Ölversorgung von →Zweitaktmotoren aus einem gesonderten Ölgefäß statt durch Ölbeimischung zum Kraftstoff (→Schmierung).
**Frischwasserkühlung,** Kühlung des Kondensators einer Dampfturbine in einem Wärmekraftwerk mit nicht im Kreislauf geführtem Fluß- oder Seewasser. Falls Frischwasser in ausreichender Menge zur Verfügung steht, ist die F. die billigste Kühlung; um eine übermäßige Aufheizung des Frischwassers zu verhindern, sind Maximalwerte für die Einleittemperatur des erwärmten Wassers vorgeschrieben (z. B. 28 °C). Falls eine F. nicht möglich ist wegen zu geringer Wassermengen oder zu starker thermischer Belastung des Gewässers, muß eine →Wasserrückkühlung eingesetzt werden.
**Frischzellentherapie** *(Niehans-Zellulartherapie),* steril entnommenes Gewebe von Tieren, das bearbeitet und nach Aufschwemmung injiziert wird. Ziel ist die Anregung der Stoffwechseltätigkeit. F. ist risikoreich; therapeut. Erfolg bisher nicht erbracht (→Zellulartherapie).
**Frisco,** volkstüml. für →San Francisco.
**Frisé** [frz., -ze], Stoff mit gekräuselter, d.h. aus kleinen Schlaufen bestehender Oberfläche; bei größeren Schlaufen →Frottee.
**Frisell,** Bill, amerik. Gitarrist, *18.3.1951 Baltimore (MD); über-

Max Frisch

Ragnar Frisch

Barbara Frischmuth

## Friseur

schreitet musikal. Genregrenzen vom Jazz zum Blues, Rock, Country bis zur Klassik; enorm produktiver Musiker mit über 60 LPs und CDs seit 1978; Zusammenspiel u. a. mit J. →Zorn, J. →Garbarek und P. →Bley. – *CD:* Have A Little Faith (1993).

**Friseur** [frz., -zør ›Haarkräusler‹], (weibl. *Friseuse*) →Ausbildungsberuf zur Pflege und Gestaltung von Haar und Bart.

**Frisoni,** Donato Giuseppe, ital. Baumeister und Stukkateur, *1683 Laino (Tessin), †29. 11. 1735 Ludwigsburg; Bauleiter im Auftrag des württ. Herzogs in Ludwigsburg (Schloß, neue Stadtanlage).

**Frist,** Zeitraum für die Vornahme rechtserhebl. Handlungen, bedeutsam für den Eintritt von bestimmten Rechtswirkungen (z. B. →Anfechtung, →Verjährung, →Ersitzung).

**Fristenlösung,** die Freigabe der →Schwangerschaftsunterbrechung in den ersten drei Monaten der Schwangerschaft durch den Gesetzgeber (→Abtreibung).

**Fritfliege** (*Oscinella frit*), bis 3 mm lange, schwarze Halmfliege; Larve an Getreidepflanzen, bei Massenvorkommen schädlich.

**Frith** [frıθ], Fred, amerik. Musiker, *17. 2. 1949 Heatfield; der Gitarrist, Violinist und Perkussionist spielt oft auf selbstgebauten Phantasie-Instrumenten; 1985 Mitbegr. der Gruppe Skeleton Crew, deren musikal. Stilbreite sich von Rock 'n' Roll über Blues, Free Jazz, Klassik bis zu Geräuschexperimenten erstreckt. – *CDs:* With Friends Like These (1979); Gravity (80); Speechless (81); Voice of America (83); Learn to Talk (84); Technology of Tears (88); Step Across the Border (90); Helter Skelter (92).

**Frith** [frıθ], William Powell, brit. Maler, *9. 1. 1819 Asfield (bei Ripon), †2. 11. 1909 London; malte zunächst nach lit. Vorlagen, später Motive des modernen Lebens, z. B. Rennbahnen, Seebäder und Bahnhöfe (›The Railway Station Paddington‹, 1862).

**Frithjofssaga,** isländische →Saga, wahrscheinlich um 1300 aufgezeichnet, erzählt von der Liebe des Bauernsohnes Frithjof zu der Königstochter Ingeborg; von →Tegnér zum schwed. Epos gestaltet.

**Fritieren,** →Garen von Fleisch, Fisch, Kartoffeln, paniertem Gemüse oder Fettgebäck in reichl. Fett bei Temperaturen zw. 175°C und 200°C.

**Fritillaria** →Schachblume, →Kaiserkrone.

**Fritsch,** Gerhard, Schriftst., *28. 3. 1924 Wien, †(Freitod) 21. 3. 1969 ebd.; Verf. von schwermütiger Lyrik mit sozialer Tendenz sowie gesellschaftskrit. Romanen und Hörspielen.

**Fritsch,** Johannes Georg, Komponist, *27. 7. 1941 Bensheim; bes. bei elektron. Musik engagiert. – *W:* Modulation I–IV (1967/68); Ballette; Lieder.

**Fritsch,** Werner Frhr. von, dt. Generaloberst, *4. 8. 1880 Benrath, †(gefallen) 22. 9. 1939 vor Warschau; wurde 1934 Chef der Heeresleitung und 35 Oberbefehlshaber des Heeres, dessen Aufbau er entscheidend prägte (allgemeine Wehrpflicht); er stand Hitlers Kriegsplänen ablehnend gegenüber; als Opfer einer Intrige Görings wurde er am 4. 2. 38 unter dem Vorwurf der Homosexualität verabschiedet, aber in einem kriegsgerichtl. Verfahren voll rehabilitiert.

**Fritsch,** Willy, Filmschauspieler, *27. 1. 1901 Kattowitz, †13. 7. 1973 Hamburg; Stummfilmstar, später erfolgreich mit Lilian Harvey in ›Die Drei von der Tankstelle‹ (1930), ›Der Kongreß tanzt‹ (31).

**Frittate** [ital.] *die,* 1. Omelette, Eierkuchen; 2. *Österr.:* in Streifen geschnittener Pfannkuchen als Suppeneinlage.

**Fritten,** Erhitzen von körnigen oder pulverisierten Stoffen wie Glas, Metall, Porzellan u. a., bis durch Aneinanderschmelzen der Teilchen eine poröse Masse entsteht.

**Frittenporzellan** →Porzellan.

**Frittung** [frz.] *die,* Verhärtung von Sand- und Tongesteinen nach vorangegangenem Aufschmelzen bei →Kontaktmetamorphose.

**Fritüre** [frz.] *die,* heißes Fett sowie darin Gebackenes; auch Bez. für den Behälter (*Friteuse*).

Fritfliege

Gert Fröbe

**Fritz,** Namenskurzform zu →Friedrich.

**Fritz,** Walter Helmut, Schriftst., *26.8.1929 Karlsruhe; begann mit Naturlyrik, ehe er mit ›Veränderte Jahre‹ (1963) zu Liebes- und Bildgedichten mit knapper Diktion überging, die auch seine eher handlungsarmen Romane prägt.

**Fritzlar,** hess. Stadt im Schwalm-Eder-Kreis, Reg.-Bz. Kassel, auf dem Steilufer der Eder, 14 000 E.; mittelalterl. Stadtmauer mit Wehrtürmen und Außenwarten, Patrizierhäuser, Stiftskurien, Dom St. Petri (um 1100), roman.-got. Rathaus; Museen; Nahrungsmittel-, Bekleidungs- und Basaltindustrie. – Wahl Heinrichs I. zum dt. König; im 11.Jh. fiel F. an den Erzbischof von Mainz und 1803 an Hessen Kassel.

Fritzlar im Schwalm-Eder-Kreis: Marktplatz

Fritzlar

**Fritzsche,** Gottfried, Orgelbauer, *1578 Meißen, †1638 Ottensen (heute zu Hamburg); schuf den Typ der Hamburger Barockorgel; einer der bedeutendsten Orgelbauer seiner Zeit.

**Friuli,** ital. für →Friaul.

**frivol** [frz.], schlüpfrig, zweideutig, frech; Hptw. *Frivolität.*

**Frizzante,** ital. Bez. für →Perlwein.

**Fröbe,** Gert, Schauspieler, *25.2.1913 Planitz (Sachsen), †5.9.1988 München; zahlr. Charakterrollen. – *Filme:* Das Mädchen Rosemarie (1958); Die Dreigroschenoper (63); Goldfinger (64); Die tollkühnen Männer in ihren fliegenden Kisten (65); Ludwig II. (72); Das Schlangenei (77); Blutspur (79).

**Fröbel,** Friedrich, Pädagoge, *21.4.1782 Oberweißbach (Thür.), †21.6.1852 Marienthal (Thür.); gründete 1816 ein Erziehungsheim in Griesheim, das 17 als *Allgemeine Deutsche Erziehungsanstalt* nach Keilhau bei Rudolstadt verlegt wurde. Vorübergehend als Erzieher in der Schweiz. Schuf 40 in Bad Blankenburg (Thür.) den ersten →Kindergarten; erarbeitete die Grundlage für die Berufe der Kindergärtnerin, Kinderpflegerin und Jugendleiterin. Von →Pestalozzi beeinflußt, betonte F. körperliche Arbeit, musische Erziehung, Spiel und Feier als Quellen ganzheitlicher Bildung des Menschen. – *W:* Die Menschenerziehung (1826); Gesammelte Schriften, 3 Bde. (1862/63, Neuausgabe 1966).

**Fröbel,** Julius, dt. Publizist und Politiker, Neffe von Friedrich F., *16.7.1805 Griesheim (Thür.), †6.11.1893 Zürich; war 1848/49 linksradikaler Abgeordneter der →Frankfurter Nationalversammlung; ging 1848 mit R. →Blum nach Wien, zum Tode verurteilt, aber begnadigt; Selbstbiographie ›Ein Lebenslauf‹ (1890/91). – *WW:* Die Wirtschaft des Menschengeschlechts (1870–76).

**Froben** *(Frobenius),* Johann, Buchdrucker und Verleger, *um 1460 Hammelburg, (begraben) 26.10.1527 Basel; zw. 1515–20 bed. Drucker im dt. Sprachbereich und berühmt für seine Druckqualität und künstler. Ausstattung.

## Frobenius

**Frobenius,** Leo, Ethnologe, *29.6.1873 Berlin, †9.8.1938 Biganzolo (Lago Maggiore); Schüler von F. →Ratzel, gründete 1922 in München das Forschungs-Inst. für Kulturmorphologie (jetzt F.-Inst. in Frankfurt a.M.); einer der frühen Vertreter der kulturhist. Richtung in der Ethnologie und eigentlicher Begründer der *Kulturkreislehre*; begriff Kulturen, wie O. →Spengler, als vergängliche Organismen (Morphologie) mit einer ihnen jeweils eigenen ›Kulturseele‹ (→Paideuma). Von 1904 bis 35 zwölf Expeditionen nach Afrika, die die Afrikaforschung um wesentl. Er-

Leo Frobenius

## Froberger

kenntnisse bereicherten. Gab der Felsbildforschung in Afrika entscheidende Impulse. F. genoß bes. Wertschätzung bei den Vertretern der Négritude-Bewegung (wie A. →Césaire, L. S. →Senghor). – W: Der Ursprung der afrik. Kulturen (1898); Und Afrika sprach ... (3 Bde., 1912/13); Erlebte Erdteile (7 Bde., 25–29); Atlas Africanus (22–30); Madsimu Dsangara, südafrik. Felsbilderchronik (2 Bde., 31, ²62); Kulturgeschichte Afrikas (33, ²54); Ekade Ektab – Die Felsbilder Fezzans (37, ²63).

**Froberger,** Johann Jakob, Komponist, * 18. 5. 1616 Stuttgart, † 6. oder 7. 5. 1667 Schloß Héricourt (Dép. Doubs); Schüler von G. →Frescobaldi, maßgebl. an der Entwicklung der dt. Klaviersuite beteiligt; entwickelte einen eigenen Cembalo-Stil. Neben Suiten (Partiten) Tokkaten, Ricercare, Kanzonen und Fantasien.

**Frobisher** [froubıʃə], Sir (ab 1588) Martin, engl. Seefahrer, * um 1535 Normanton (Yorkshire), † 22. 11. 1594 Plymouth; sichtete 1576 als erster wieder die Südküste Grönlands, das nach den Fahrten der Normannen in Vergessenheit geraten war, und entdeckte das südl. →Baffinland mit der *F.-Bucht.*

**Frobisher Bay** [froubıʃə bɛɪ], Verwaltungs- und Versorgungszentrum der kanad. Insel →Baffinland, Nordwest-Territorien, am Nordende der gleichnamigen Bucht, 2000 E.; Militärflugplatz.

**Fröding,** Gustaf, schwed. Lyriker, * 22. 8. 1860 Alster (Värmland), † 8. 2. 1911 Stockholm; gehört zu den meistgelesenen Lyrikern der neueren schwed. Lit., von Geisteskrankheit bedroht. Begann mit heimatlich neuromant. Gedichten ›Gitarr och dragharmonika‹ (1891), verlor sich mehr und mehr in mystisch-relig. Grübeleien: ›Stänk och flikar‹ (96), ›Gralstänk‹ (98).

**Frög,** Ortsteil der Gem. Rosegg im Drautal, Bezirk Villach-Land, in Kärnten, Österreich. Fundort eines Grabhügelfeldes der →Hallstatt-Zeit (8.–6. Jh. v. Chr.) mit Brand- und Körperbestattungen; Beigaben neben Keramik und Bronzegeräten figurale Bleiplastik (Menschen, Tiere, Wagen). In der Nähe Bleiglanzlagerstätten.

**Frohburg,** Ort im westl. Sachsen, 30 km südl. von Leipzig; Textilindustrie; Schloß aus dem 16. Jh. und Museum zur Geschichte der Postmeilensäulen.

**Frohes Fest,** Film von G. →Tabori (1981) über die dt. Konsumgesellschaft.

**Fröhlich,** Gustav, Schauspieler und Filmregisseur, * 21. 3. 1902 Hannover, † 22. 12. 1987 Lugano; Filmrollen u. a. in ›Metropolis‹ (1926), ›Barcarole‹ (35), ›Die Sünderin‹ (50), ›Ball der Nationen‹ (56). – *Filme:* Wege im Zwielicht (1948); Torreani (51).

**Fröhlich,** Hans Jürgen, Schriftst., * 4. 8. 1932 Hannover, † 22. 11. 1986 Dannenberg; veröffentlichte seit 1963 teils experimentelle, teils realistisch-psychol. Romane und Erzählungen.

**fröhliche Weinberg, Der,** Lustspiel von C. →Zuckmayer; Urauff.: 1925, Berlin.

**Fröhlich-Krankheit** (*Dystrophia adiposogenitalis*), durch Geschwüste u. a. verursachte Störung im Bereich des Zwischenhirns; hat Fettsucht, Wachstumshemmung, Unterentwicklung der Fortpflanzungsorgane infolge sekundärer Unterfunktion der →Hypophyse zur Folge; benannt nach dem österr. Neurologen *Alfred Fröhlich* (1871 bis 1953).

**Frohnleiten,** Marktgemeinde auf einer Flußterrasse der Mur, nach 1278 burgartig angelegt, 5100 E.; mittelalterl. Ortsbild, Pfarrkirche mit Rokoko-Einrichtung.

**Froissart** [froasa̱r], Jean, frz. Geschichtsschreiber und Dichter, * 1337 Valenciennes (Hennegau), † um 1410 Chimay (Hennegau); Verf. der kultur- und zeitgeschichtl. aufschlußreichen ›Chroniques de France, d'Angleterre, d'Écosse, d'Espagne, de Bretagne‹, die von 1327 bis 1400 reichen; Gedichte und Artusroman ›Meliador‹.

**Frombork** (dt. *Frauenburg*), Stadt im N Polens, am Frischen Haff, 2000 E.; got. Dom, Grab des Copernicus; Fremdenverkehr.

Martin Frobisher

# Fröndenberg

**Nicolas Froment:** mittelalterliche Stadt (Ausschnitt aus dem Triptychon ›Auferstehung des Lazarus‹, 1461). Florenz, Uffizien

**Frome, Lake** [lɛik froum], flache → Salzpfanne im O des Bundesstaates Südaustralien, östl. der → Flinders Range, rd. 5000 km² groß, nur episod. wassergefüllt; nahebei eine Uranerzmine mit bed. Vorräten.

**Froment** [fromã], Nicolas, frz. Maler, *um 1435 Uzès, †um 1485 Avignon; Vertreter der südfrz. Malerei des späten 15. Jh.: Auferweckung des Lazarus (1461, Florenz); Brennender Dornbusch (75, Kathedrale von Aix-en-Provence).

**Fromentin** [frɔmãtɛ̃], Eugène, frz. Schriftst. und Maler, *24.10.1820 La Rochelle, †27.8.1876 Saint-Maurice (bei La Rochelle); nach mehreren Nordafrika-Reisen zw. 1846–53 wurde er zu einem der führenden Vertreter der frz. Orientmalerei; als Schriftst. bekannt geworden durch Reiseberichte und den autobiograph. psychol. Roman ›Dominique‹ (62).

**Fromm,** Erich, amerik. Psychologe dt. Herkunft, *23.3.1900 Frankfurt a. M., †18.3.1980 Locarno; ab 1934 in den USA, Anhänger der Neo-Psychoanalyse, arbeitete über sozial- und kulturpsychol. Fragen sowie über psycholog.-anthropolog. Grenzprobleme. – W: Anatomie der menschl. Destruktivität (1975; The Anatomy of Human Destructiveness, 73); Haben oder Sein (79; To Have or To Be, 76).

**Fromme Helene, Die,** Bildgeschichte in Versen von W. → Busch (1872).

**Fron** *(Fronarbeit, Frondienst, Fronde),* Dienstleistungen, die ein Pflichtiger zum Vorteil eines Dritten entweder ohne Lohn oder gegen eine geringe Vergütung zu entrichten hat (→ Agrarverfassung). Die von den → Grundholden an den Landes-, Grund- oder Gutsherrn zu entrichtenden Leistungen waren teils *Spanndienste* (mit dem Fuhrwerk), teils *Handdienste.* Mit der → Bauernbefreiung wurden alle F.-Dienste abgeschafft.

**Fronde** [frz., frɔ̃də ›Schleuder‹] *die,* die polit. Opposition des frz. Hochadels und des Pariser Parlaments (Gerichtshof) gegen den → Absolutismus → Mazarins während der Minderjährigkeit Ludwigs XIV. (1648–53). Zunächst wurde die F. vom Pariser Parlament geführt (48/49), dann im Bündnis mit Spanien vom Prinzen → Condé (49–53). Nach schweren Kämpfen behielten schließl. Mazarin und die königstreue Partei die Oberhand. – Die F. war der letzte Versuch der alten Feudalmächte Frankreichs, der absolutist. Monarchie ständische Schranken zu setzen.

**Fröndenberg,** Stadt im Kr. Unna, Reg.-Bezirk Arnsberg, Nordrh.-Westf., an der Ruhr, 21 000 E.;

**Erich Fromm**

# Fronhof

Stiftskirche (ehem. Zisterzienserkloster); Metallverarbeitung, Armaturenbau, Papier- und Leuchtenindustrie.

**Fronhof,** vom MA bis ins 19.Jh. Herrengut, auf dem hörige Bauern und Hintersassen Frondienste zu leisten hatten.

**Fronius,** Hans, Maler, Graphiker und Illustrator, *12.9.1903 Sarajevo, †21.3.1988 Mödling bei Wien; bei aller expressiven Modernität doch traditionsgebunden.

**Fronleichnam** [mhd. ›Leib des Herrn‹], kath. Fest des Altarsakraments (→Eucharistie) am Donnerstag nach der Pfingstwoche; 1264 auf Grund von Visionen der Augustiner-Chorfrau *Juliana von Lüttich* (1193–1258) eingeführt. Luther lehnte das F.-Fest ab. – *F.-Prozession,* feierl. Umzug mit der →Monstranz, im Barock mit theaterhaften Elementen prunkvoll ausgestattet.

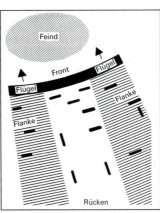

**Front:** schematische Darstellung der militärischen Front

**Front** [frz.], **1)** *allg.:* Stirnseite, Vorderseite. **2)** *Milit.:* Raum, in dem sich im Krieg die eigtl. Kampfhandlungen abspielen. Der moderne Luft- und Raketenkrieg hat die scharfe Unterscheidung zw. F. und Heimat z.T. verwischt. I.e.S. feindzugewandte Richtung einer gefechtsbereiten Truppe. In der ehem. UdSSR auch Bez. für die Führungsebene der →Heeresgruppe in der Roten Armee. **3)** *Meteorologie:* Bez. der Grenzfläche zw. zwei →Luftmassen im Bereich eines →Tiefdruckgebiets. Man unterscheidet →Warmfront, →Kaltfront, →Okklusion. **4)** *Politik:* →Volksfront.

**frontal** [lat.], von bzw. nach vorn.

**Frontalaufprall-Versuch,** gesetzl. vorgeschriebener Versuch, bei dem ein Modell einer neuen Fahrzeugserie mit 48,3 km/h auf eine starre, senkrechte oder bis zu 30° schräge Barriere prallt. Die Fahrgastzelle muß bei diesem Versuch im wesentlichen erhalten bleiben.

**Frontalunterricht,** Unterrichtsform, bei der die Schüler in Reihen sitzen und der Lehrer sich ihnen gegenüber befindet (Ggs. →Gruppenunterricht). Der F. wird ebenso wie andere Formen des lehrerzentrierten Unterrichts von der heutigen Schulpädagogik kritisiert.

**Frontalzone,** das Übergangsgebiet zw. zwei Luftmassen mit versch. Eigenschaften (→Front, →Tiefdruckgebiet).

**Frontantrieb** *(Vorderradantrieb),* Kraftübertragung über die Vorderräder eines Kfz als Antriebsräder; vermindert Neigung zum Ausbrechen des Hecks bei Kurvenfahrt und auf Glatteis, erlaubt Zusammenfassung des vorn liegenden Motors mit Getriebe, Kupplung und Differential zu einem Antriebsblock. Nachteilig gegenüber dem Hinterradtrieb ist die verminderte Traktion bei Bergauffahrt. Die Vorteile beider Antriebsarten werden im →Allradantrieb vereint.

**Front de Libération Nationale** [frz., frõn de liberasjõ nasjonal] *(FLN),* Nationale Befreiungsfront Algeriens; gegr. 1954 in Kairo; begann am 1.11.54 den Aufstand gegen die frz. Kolonialmacht. 58 bildete sie eine provisor. Regierung der alger. Republik in Tunis. Nach der Unabhängigkeit Algeriens wurde sie zur Staatspartei, geführt von den Generalsekretären A. →Ben Bella (62–65), H. →Boumedienne (65–78), B. →Chadli (78 bis 88), seit 88 A. Mehri.

**Frontgewitter,** im Unterschied zum lokalen →Wärmegewitter an einer →Front auftretende Gewitterlinie; F. können zu jeder Tages- und Nachtzeit auftreten.

# Froschfische

**Front:** gewittrige Kaltfront im Norden von München

**Frontignac** [frz., frɔ̃tinjak], ein süßer, aufgespriteter Muskatellerwein aus der Gegend um Frontignan in Südfrankreich.
**Frontignan** [frɔ̃tinjɑ̃], frz. Ort an der Mittelmeerküste, Languedoc, südwestlich von Montpellier, mit 13 000 E.; Erdölraffinerie; Muskatwein (Muskateller).
**Frontino,** Bergbauort in Kolumbien, 4080 m ü. M., in der Anden-Westkordillere (Dep. Antioquia); mit umliegenden Dörfern 30 000 E.; Abbau von Gold, Silber und Kupfer; Weidewirtschaft.
**Frontispiz** [frz.] *das,* **1)** *Baukunst:* Giebeldreieck über dem Mittelrisalit (→ Risalit) eines Bauwerks, auch über Tür und Fenster. **2)** *Buchdruck:* Bild auf oder neben der Titelseite eines Buches; häufig Kupferstich *(Titelkupfer).*
**Frontlader,** hydraul. betriebene Zusatzeinrichtung an Ackerschleppern zum Aufsammeln und Hochheben von Massengütern (Rüben, Heu usw.).
**Front Range** [frʌnt rɛɪndʒ], nordsüdlich verlaufender Gebirgszug der Rocky Mountains in Colorado (USA), höchster Berg Grays Peak mit 4349 m.
**Froß,** Wilhelm, eigtl. Name des Schauspielers W. → Forst.
**Frosch,** Zoologie: → Frösche.
**Frosch, 1)** *Pyrotechnik:* mehrmals explodierender, hüpfender Feuerwerkskörper; **2)** *Erdbau:* → Ramme; **3)** *Musikinstrumente: (Talon),* Griffende des Bogens bei Streichinstrumenten (mit Spannvorrichtung).

**Froschauge,** ein Weitwinkelobjektiv mit kurzer Brennweite und großem Blickwinkel.
**Froschbiß** *(Hydrocharis morsusranae),* einkeimblättrige Sumpfpflanze aus der Familie der *F.-Gewächse (Hydrocharitaceae);* Schwimmpflanze mit langen Ausläufern; Blätter lang gestielt und kreisrund, Blüten weiß; seltene Pflanze, in moorigen Gräben oder Teichen.
**Froschbißgewächse** *(Hydrocharitaceae),* Fam. → Einkeimblättriger Pflanzen, zu der versch. Wasserpflanzen zählen, z. B. → Krebsschere, → Sumpfschraube, → Wasserpest, → Froschbiß.
**Frosch, Der,** Groteske von H. → Achternbusch; Urauff.: 1982, Bochum.
**Frösche** *(Echte F.; Ranidae),* Fam. der → Froschlurche, mit Zunge und Zähnen im Oberkiefer; Männchen mit paarigen seitl. Schallblasen, die den Ruf verstärken; Weibchen legen im Frühjahr etwa 5000 Eier *(Froschlaich).* F. leben in allen Erdteilen; in Europa u. a. der grüne → Wasserfrosch und der braune → Grasfrosch. Die größten F. sind der Goliathfrosch *(Rana goliath)* in Westafrika, Körperlänge über 25 cm, und der Ochsenfrosch *(Rana catesbeiana)* in Nordamerika; sie fressen kleine Wirbeltiere, z. B. junge Wasservögel.
**Frösche, Die,** Komödie von → Aristophanes (405 v. Chr.).
**Froschfische** *(Meerkröten; Batrachoididae),* zu den → Knochenfi-

**Frösche:** *oben* Männchen (Kopf) mit aufgeblähten Schallblasen; *unten* Erdkröte mit Hautwarzen

## Froschgeschwulst

Die **Froschfische** erinnern mit ihrem großen flachen Kopf und dem Riesenmaul von vorn gesehen an Frösche.

schen zählende Fam., schlanke Meeresfische mit froschähnl. Kopf; amerik. Arten haben hohle, mit einer Giftdrüse verbundene Flossenstacheln.

**Froschgeschwulst** *(Ranula)*, eine halbkugelige kleine Geschwulst der Unterzungenspeicheldrüse, hervorgerufen durch Speichelanstauung bei verstopftem Ausführungsgang; kann operativ entfernt werden.

**Froschkröten** *(Alytes)*, Gattung der Froschlurche, z. B. →Geburtshelferkröte.

**Froschlaich** →Frösche.

**Froschlaichalge** *(Batrachospermum)*, eine in Gebirgsbächen wachsende →Rotalge mit →Generationswechsel.

**Froschlaichgärung**, in Rohrzuckerlösungen durch Bakterien und Pilze verursachte schleimige →Gärung; wegen Rohrverstopfung und hohen Zuckerverlusten in Zuckerfabriken gefürchtet.

**Froschlöffel** *(Wasserwegerich; Alisma)*, weiß oder rötlich blühende Sumpfpflanze aus der Fam. der F.-Gewächse *(Alismataceae)*; Unterwasserblätter von Überwasserblättern verschieden (→Anisophyllie), Blüten in endständigen Quirlen.

**Froschlurche** *(Anura)*, Ordnung der →Amphibien. Körper gedrungen, schwanzlos, Haut nackt, Hinterbeine sind Sprung- und Schwimmbeine zugleich. F. fressen Insekten u. a. Kleintiere, leben überwiegend an Land. Eiablage meist in stehendem Wasser; die Larven *(Kaulquappen)* besitzen Kiemen und Ruderschwanz und ernähren sich von Pflanzen und Abfallprodukten. Bei der Verwandlung (Metamorphose) zum Volltier schwinden Schwanz und Kiemen, dafür werden Beine und Lungen gebildet. F. sind mit rd. 2600 Arten weltweit verbreitet, fehlen nur in kalten und trockenen Gebieten (z. B. nördl. des Polarkreises). Zu den F. zählen →Scheibenzüngler, →Unken, →Kröten, →Laubfrösche und die eigtl. →Frösche.

**Froschmann**, ein frei beweglicher Taucher mit Gummianzug und Atmungsgerät; *Kampfschwimmer*, Einzelkämpfer der Marine.

**Froschschenkel**, enthäutete eßbare Hinterschenkel verschiedener Frösche, vorwiegend vom →Wasserfrosch bzw. vom →Grasfrosch; in einigen Regionen Europas Delikatesse.

**Froschtest**, veralteter Test zum Nachweis einer Schwangerschaft.

**Frosinone**, Hptst. der ital. Prov. F. (3264 km$^2$, 480000 E.) in Latium, im Saccotal südöstl. von Rom, mit 50000 E.; Landwirtschaftszentrum (Wein, Oliven).

**Frost**, Robert Lee, amerik. Dichter, *26.3.1874 San Francisco (CA), †29.1.1963 Boston (MA); scharfsinnige Charakterdarstellungen und realist. Szenen aus dem ländl. Leben. Erhielt viermal den Pulitzerpreis. – W: A Boy's Will (1913); New Hampshire: A Poem with Notes and Grace Notes (23); Gesammelte Gedichte (52; Complete Poems, 49).

**Frost**, Temp. unter 0 °C, aber auch Erscheinungen, die mit dem Erstarren des Wassers zusammenhängen (→Bodenfrost).

**Frost**, Roman von Th. →Bernhard (1963).

**Frostbeule** *(Pernio)*, empfindl., juckende Anschwellung und Rötung der Haut (bes. an Fingern und Zehen) infolge Kälteeinwirkung bei mangelhafter Hautdurchblutung; durch Reiben und Kratzen kann es zu Blasen und Geschwüren kommen. Behandlung: mäßig warme Bäder und durchblutungsfördernde Salben.

**Frostboden**, Boden, der dauernd (→Dauer-F.), langanhaltend oder nur gelegentl. gefroren ist.

**Frostbrand** *(Frostlappen, Frostplatten)*, Rindenschäden an der sonnenexponierten Stammseite von Obstbäumen und Reben, bedingt durch starke Sonneneinstrahlung während des Tages und wiederholtes Gefrieren bei Nacht. *Frostrisse* haben die gleiche Ursache, doch reißt hier die Rinde von der Krone bis zur Stammbasis der Länge nach auf.

**Frostgare**, durch Einwirkung von Frost entstandene →Bodengare.

**Frostgehörn**, deformiertes →Geweih beim männl. Hirsch- und

**Froschlöffel**: grundständige Blätter linealisch, auf dem Wasser schwimmende eirund oder länglich

Rehwild, entsteht durch Erfrieren der oberen Stangenpartie, während diese noch im Bast ist.
**Frostgraupeln,** →Graupeln, die von einer dünnen Eisschicht überzogen sind.
**Frosthärte** *(Frostresistenz),* artspezifisch und jahreszeitl. versch. Widerstandsfähigkeit von Pflanzen gegenüber Temperaturen unter 0°C; einheim. Bäume besitzen bei Winterbeginn die größte, in der Zeit des Blattaustriebs die geringste F.
**Frosthebung** *(Frosthub),* Auffrieren des Bodens in Gebieten mit →Frostwechselklima; die Intensität der Bewegung hängt u.a. von der Häufigkeit von Frostwechseln und dem Feinerdegehalt des Bodens ab.
**Frostkeimer,** Pflanzen, deren Samen ohne vorhergehende Frosteinwirkung nicht oder nur schlecht keimen, z.B. die der meisten einheimischen Waldbäume, der →Lupine oder der →Trollblume.
**Frostlappen** →Frostbrand.
**Frostmusterboden,** →Strukturboden im periglazialen Bereich.
**Frostplatten** →Frostbrand.
**Frostrauch** *(Seerauch),* über offenen Wasserflächen treibende Nebelschwaden; F. bildet sich, wenn sehr kalte Luft über ein relativ warmes Gewässer driftet und die dadurch angeregte starke Verdunstung zur Kondensation des Wasserdampfes (→Nebel) führt.
**Frostschutt,** Gesteinsschutt, der infolge Frostsprengung bei Gefrieren und Wiederauftauen von Wasser in Gesteinsklüften und -poren gebildet wird.
**Frostschutz,** Maßnahmen zur Verhütung oder Minderung von Frostschäden, bes. in Landw., Garten- und Weinbau. Während z.B. Rebkulturen vor den Frühfrösten des Herbstes geschützt werden müssen, ist in Obstpflanzungen Vorsorge bei den Spätfrösten des Frühjahrs zu treffen.
**Frostschutzberegnung,** das Übersprühen blühender Obstbäume und Weinreben in Nächten mit Frostgefahr. Unter dem gefrierenden Wasser bildet sich zw. Eismantel und Blüte ein kleines Luftpolster als Gefrierschutz.

**Frostschutzmittel** →Gefrierschutzmittel.
**Frostspanner,** versch. Spannerschmetterlinge (z.B. *Operophthera, Erannis),* deren Raupen Obstbaumschädlinge sind; Männchen fliegen im Spätherbst und Winter, Weibchen sind flugunfähig.
**Frostsprengung** *(Frostverwitterung),* in Gebieten mit →Frostwechselklima verbreitete Art der physikal. →Verwitterung; durch Volumenausdehnung von Wasser beim Gefrieren zerfällt das umgebende Gestein durch Druckwirkung.
**Frosttag,** Tag, an dem die →Lufttemperatur zeitweise unter 0°C sinkt (→Eistag). Der Wechsel von Gefrieren und Tauen hat Bed. für die mechan. →Verwitterung.
**Frostverwitterung** →Frostsprengung.
**Frostwechselklima,** Bez. für ein Klima mit häufigen (tägl.) Schwankungen der Temperatur um den Nullpunkt (subpolare Gebiete und Hochgebirge); häufiger Frostwechsel führt zu →Frostsprengung und →Solifluktion.
**Frottage** [frz., -taʒə], graph. Blatt, das durch Abreibung eines geeigneten Gegenstandes (Blatt, Stück Holz, Knochen, Metall) auf Papier mit Bleistift oder Farbstift hergestellt wird. Zuerst angewendet von M. →Ernst; nach dem Prinzip der chines. Steinabreibung.
**Frottee** [frz.] *der* oder *das, (Frotté, Frottierware),* Stoff, der durch Verwendung von Schlaufengarn eine aufgelockerte Oberfläche erhält.
**Frọttola** [ital.] *die,* 3- oder 4stimmiges Tanzlied (meist Liebeslied) des 15. und 16.Jh.
**Froufrou** [frz., frufrṳ] *der* oder *das,* Rauschen, Rascheln von Kleiderstoffen, bes. von Taftunterröcken (Mode um 1900).
**Froward, Kap** [engl., - frouəd], felsiges Kap am Nordufer der Magalhãesstraße, südlichster Vorsprung des amerikanischen Kontinents.
**F.R.S.,** Abk. für *Fellow of the Royal Society,* Mitgl. der →Royal Society.

Robert Lee Frost

**Froschlurche** sind schwanzlos im Gegensatz zu Schwanzlurchen.

# Frucht

**Frucht:** wichtige Formen von Einzelfrüchten, Sammelfrüchten und Fruchtständen

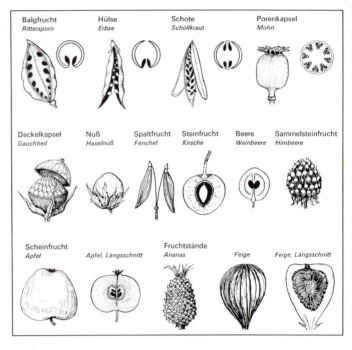

**Frucht,** Pflanzenorgan, das die Samen bis zur Reife schützend umschließt; entsteht meist nach → Befruchtung als Umwandlung des Fruchtknotens (→ Blüte), Blütenachse und Kelch können sich beteiligen. In seltenen Fällen erfolgt F.-Bildung ohne Befruchtung *(Parthenokarpie)*; solche F. besitzen entweder gar keine oder zurückgebildete Samen (so u. a. bei manchen Sorten von Orangen, Bananen, Trauben). Die den Samen umschließende Hülle (Fruchtwand; *Perikarp*) besteht aus bis zu drei Schichten (einer äußeren: *Exokarp*, mittleren: *Mesokarp*, inneren: *Endokarp*). Die F. dient nicht nur dem Schutz der Samen, sondern auch durch bes. Einrichtungen und Ausbildungen (hauptsächl. des Perikarps) der Verbreitung: durch die Öffnungs- und Schleudermechanismen (bei Streufrüchten); durch Flug-, Kleb- und Schwimmapparate; durch Bildung fleischiger Speichergewebe als Lockspeise für fruchtfressende Tiere. Dem Bau nach lassen sich Einzelfrüchte, Sammelfrüchte und Fruchtstände unterscheiden. 1. *Einzelfrüchte:* F. entwickeln sich nur aus einem Fruchtknoten; bei der → Balgfrucht (z. B. Rittersporn), der → Hülse (Lupine), → Schote (Raps) und *Kapsel* (Schwertlilie) werden die Samen nach der Reife ausgestreut *(Streufrüchte);* bei der → Nuß (z. B. Eiche), der → Spaltfrucht (Fenchel), *Bruchfrucht* (Beinwell), → Beere (Tollkirsche) und → Steinfrucht (Kirsche) werden die Samen mit der Frucht (oder mit Teilen der Fruchtwand) verbreitet *(Schließfrüchte).* 2. *Sammelfrüchte:* Aus mehreren Fruchtknoten, von denen jeder ein Früchtchen bildet, entwickelt sich eine Sammelfrucht mit dem Aussehen einer Einzelfrucht, z. B. die *Sammelnußfrucht* (Erdbeere) und die *Sammelsteinfrucht* (Himbeere). Eine *Scheinfrucht (Apfelfrucht)* entsteht, wenn Achsenteile fleischig werden und die Früchte einhüllen, z. B. beim Apfel, der gleichzeitig *Sammelbalgfrucht* ist. 3. *Frucht-*

# Fruchtblase

*stände:* F. entstehen aus ganzen Blütenständen, können einfachen Früchten gleichen und bilden eine Einheit (Ananas). – F. im eigtl. Sinne haben nur die Pflanzen mit eingeschlossenen Samenanlagen (→Bedecktsamer).

**Fruchtaromen,** synthet. hergestellte oder aus Fruchtextrakten isolierte Stoffgemische; werden zur Aromatisierung von Lebensmitteln verwendet.

**Fruchtäther** →Fruchtessenzen.

**Fruchtbarer Halbmond,** kulturgeogr. Bez. für das halbmondförmige Ursprungsgebiet der ersten →Hochkulturen der Menschheit, gebildet durch die mittels künstl. Bewässerung fruchtbar gemachten Flußoasen am Nordrand →Arabiens (→Mesopotamien, östl. Mittelmeerländer) und in →Ägypten. Der Übergang zum Ackerbau (6. Jt. v. Chr.) ist hier oder in den nach Norden und Osten angrenzenden Hügelgebieten erfolgt.

**Fruchtbarkeit** *(Fertilität)*, **1)** *Biol.:* die Fähigkeit zur Erzeugung von Nachkommen; **2)** *Landw.:* die Ertragfähigkeit des Bodens.

**Fruchtbarkeitspuppen,** in Afrika bei den Stämmen der →Akan-Gruppe sowie bei Stämmen Burkina Fasos gebräuchl. Holzfiguren in abstrakter Gestalt mit scheibenförmigem Kopf; sollen gesunde Kinder bewirken.

**Fruchtbarkeitsrente,** eine Form der →Grundrente.

**Fruchtbarkeitsriten,** religiös-magische Praktiken zur Förderung der Fruchtbarkeit von Mensch, Tier und Pflanze. In Europa noch erhalten in Gebet, Opfer (letzte Garbe), Kornstreuen, in Hochzeits-, Oster- und Maibräuchen. Ihre Ursprünge gehen u. a. auf die agrar. Riten der frühen Hochkulturen zurück (→Vegetationskult). Durch →Analogiezauber wie etwa den mag. Austausch von Wachstumskräften in Sexualriten (Phalluskult) oder durch Opfergaben sollte der Ernteertrag gesichert werden. Menschl. Opfer verkörperten die Erd- und Vegetationsgottheit und teilten deren myth. Schicksal. Insofern können die F. bei sog. Naturvölkern als die kult. Wiederholung der Weltschöpfung, als symbol. Handlung von Tod und Wiedergeburt betrachtet werden (A. E. →Jensen).

**Fruchtbarkeitszauber** →Zauber.

**Fruchtbarkeitsziffer** →Geburtenstatistik.

**Fruchtbecher** →Buchengewächse.

**Fruchtblase,** sackartige Umhüllung des →Embryos durch die →Eihäute; enthält als zusätzl. Schutz das →Fruchtwasser.

**Fruchtbarkeitspuppen:** Zwillingspuppe der Haussa, aus einem Brett geschnitten, mit Perlen geschmückt (um 1900). Sonneberg, Deutsches Spielzeugmuseum

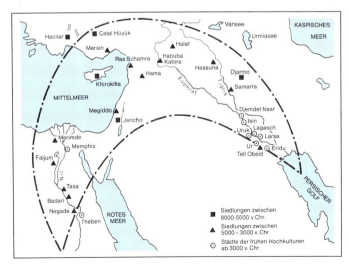

**Fruchtbarer Halbmond:** die ältesten Siedlungen im Ursprungsgebiet der ersten Hochkulturen. Der Übergang zum Ackerbau setzte im 6. Jt. v. Chr. ein.

## Fruchtblätter

**Fruchtblätter** →Blüte.
**Fruchtbringende Gesellschaft** (*Palmenorden*), erste und bedeutendste dt. →Sprachgesellschaft, 1617 durch Fürst Ludwig von Anhalt-Köthen gegr., bestand bis 1680; ihr Emblem war die Kokospalme. Mitgl.: →Opitz, →Moscherosch, →Gryphius, →Zesen, →Logau, →Rist, →Harsdörf(f)er und →Schottelius.
**Fruchtdessertweine,** durch Gärung aus Kern-, Stein-, Beerenobst, Hagebutten, Schlehen oder Rhabarberstengeln gewonnene Getränke; die herben F. besitzen 13–15 Vol.-% Alkohol, die süßen 15–18 Vol.-%.
**Fruchtdrehung,** eine geburtshilfl. Unterstützung der Drehung der →Fruchtwalze bei der Geburt.
**Früchte, 1)** *Biologie:* →Frucht; **2)** *Recht:* nicht durch den Gebrauch, sondern durch sonstige Nutzung einer Sache oder eines Vermögensrechts erzielte Vorteile; man unterscheidet: 1. *Sachfrüchte*, zu unterteilen in a) unmittelbare Sachfrüchte, die Erzeugnisse der Sache (z. B. Kalb und Milch einer Kuh); b) mittelbare Sachfrüchte, vor allem Miete und Pachtzinsen oder andere Gegenleistungen für eine Nutzungsüberlassung durch den Eigentümer; 2. *Rechtsfrüchte*, zu unterteilen in a) unmittelbare Rechtsfrüchte, die Erträge, die ein Vermögensrecht bestimmungsgemäß dem Berechtigten gewährt (z. B. die Erträge, die der Pächter zieht); b) mittelbare Rechtsfrüchte, die Erträge aus entgeltl. Überlassung der Nutzung eines Vermögensrechts (z. B. die Erträge, die der Pächter aus Unterverpachtung zieht), geregelt in §§ 99ff. BGB. – *Österr.:* analog (§ 405 ABGB). – *Schweiz:* Der Begriff ist beschränkt auf die natürl. F., wozu nur die unmittelbaren Sachfrüchte gehören.
**Früchtebrot** (*Hutzel-, Kletzenbrot*), Gebäck mit getrockneten Früchten.
**Früchte des Zorns,** Film von J. →Ford (1940) mit H. →Fonda und J. →Carradine; Adaption des gleichnamigen Romans von J. →Steinbeck.

**Fruchtessenzen** (*Fruchtether*), Mischungen von aromat. Estern aus Alkoholen und Carbonsäuren wie Amylacetat, Essigester u. a., die oft natürl. Fruchtsäften zugesetzt werden; auch verwendet in Parfümen, Bonbons, Likören, Fruchteis.
**Fruchtfäule,** durch Pilze oder Bakterien verursachte Pflanzenkrankheit; befällt Früchte am Baum oder erst beim Lagern; z. B. →Braunfäule, →Bitterfäule, →Graufäule.
**Fruchtfliegen** →Bohrfliegen.
**Fruchtfolge,** sorgfältig geplante jährl. Nacheinanderfolge im Anbau von Kulturpflanzen auf demselben Feld. Richtige F. trägt entscheidend bei zur Verhinderung von Bodenmüdigkeit und zur Eindämmung von Krankheiten und Schädlingen an landw. Nutzpflanzen (→Fruchtwechselwirtschaft).
**Fruchtfolgekrankheiten,** Ausbreitung von Schädlingen, bes. Pilzen und Bakterien, durch den wiederholten Anbau einer Pflanzenart auf demselben Feld; F. lassen sich durch Anbaupausen umgehen.
**Fruchtformen,** Grundformen der →Frucht der Samenpflanzen.
**Fruchtglied** →Rute.
**Fruchtgummi,** mit Gelatine eingedickter Fruchtsaft, der gefärbt und aromatisiert wurde.
**Fruchtholz,** Bez. für Triebe an Obstbäumen oder -sträuchern, die Blütenknospen tragen. Ansatz von F. kann durch Schnitt und Düngung gefördert werden. Das F. selbst wird im allgemeinen nicht geschnitten.
**Fruchtknoten,** die Samenanlage enthaltendes Organ der →Blüte.
**Fruchtkörper,** Bez. für den sporenerzeugenden Teil der →Pilze (z. B. Pilzhüte; ungenau, da sie der ungeschlechtlichen →Fortpflanzung dienen, also keine Früchte hervorbringen.
**Fruchtnießung,** im Recht: →Nießbrauch.
**Fruchtreife,** letzter Abschnitt der Fruchtentwicklung; beschleunigt durch das Phytohormon (→Wuchsstoffe) Ethylen.
**Fruchtsäuren,** in Früchten vorkommende organ. Säuren (→Apfelsäure, →Zitronensäure, →Weinsäure, →Fumarsäure).

**Fruchtkörper:** Die aus dem Boden ragenden Pilze stellen in Wirklichkeit nur einen Teil der Pflanze dar, nämlich die Fruchtkörper des weit im Boden verzweigten Pilzfadengeflechts; aus dem Pilzstiel (vergrößert dargestellt) ein Gewebeausschnitt.

**Fruchtschiefer,** ein durch Kontaktmetamorphose aus Tongestein entstandenes →Metamorphitgestein mit neugebildeten Mineralien, die fleckenartig auftreten und an Früchte erinnern.
**Fruchtsirup,** durch Einkochen mit Zucker gedickter Fruchtsaft.
**Fruchtstände** →Frucht.
**Fruchttauben** *(Treroninae),* Unterfamilie der →Tauben; bunt gefärbte Fruchtfresser; trop. Asien, Afrika und Australien.
**Fruchttod,** Absterben des →Fetus in der 2. Schwangerschaftshälfte, vor oder während der Geburt.
**Fruchtwalze,** der kindl. Körper bei der Geburt, der durch die Wehen die Form eines walzenförmigen Zylinders angenommen hat.
**Fruchtwand** →Frucht.
**Fruchtwasser** *(Liquor amnii),* wässerig-graue Flüssigkeit in der →Fruchtblase, vom Amnion (der innersten →Eihaut) ausgeschieden; umgibt die Frucht, schützt sie gegen Druck und Stöße und deckt ihren Flüssigkeitsbedarf; beträgt gegen Ende der Schwangerschaft etwa 1 Liter, wird zu Beginn der Geburt beim Blasensprung entleert. Verminderung oder Vermehrung ist krankhaft.
**Fruchtwasserdiagnostik,** die Untersuchung des durch →Amniozentese gewonnenen →Fruchtwassers zur Feststellung der Reife und Gesundheit des Fetus.
**Fruchtwasserembolie,** seltene →Embolie, ausgelöst durch das Eindringen von →Fruchtwasser in den Blutkreislauf der Mutter während der Geburt.
**Fruchtwechsel** →Fruchtwechselwirtschaft, →Fruchtfolge.
**Fruchtwechselwirtschaft,** landw. Betriebssystem mit regelmäßigem Anbauwechsel zw. *Halmfrucht* (Getreide, Mais) und *Blattfrucht* (Rüben, Kartoffeln, Klee).
**Fruchtzucker** *(Fructose),* $C_6H_{12}O_6$, in Honig und süßen Früchten, bes. Äpfeln und Birnen, vorkommende Zuckerart, die frei meist mit →Traubenzucker gemischt oder gebunden z. B. im →Rohrzucker vorkommt. F. ist linksdrehend (→optische Aktivität), daher auch *Lävulose* genannt, und wird aus Rohrzucker unter Erwärmen mit verdünnten Säuren gewonnen (→Invertzucker). In der Med. wird F. gegen Herzleiden, Lebererkrankungen und zur Kräftigung verabreicht (injiziert).
**Fructidor** [frz., fryktidọr ›Fruchtmonat‹], der zwölfte Monat (18.8. bis 16.9.) im frz. Revolutionskalender.
**Fructọse** →Fruchtzucker.
**Fructọse-Intoleranz,** vererbbarer Enzym-Defekt im Fruchtzucker-Stoffwechsel; schwere Fälle führen zu →Leberzirrhose und Tod durch Unterzucker.
**Fructọse-Intoleranz-Syndrọm** *(Fructosämie),* ererbte Störung des Fructose-Stoffwechsels.
**Fructosịde** →Glykoside.
**Fruẹauf,** Rueland, d. Ä., dt. Maler, * um 1440 Obernberg am Inn (?), † 1507 Passau; großformatige Figurentafeln im Stil der Salzburger Tradition: relig. Szenen, Porträts.
**Fruẹauf,** Rueland, d. J., dt. Maler, Sohn von R. F. d. Ä., * um 1470, † um 1545 Passau; Bilder zu Heiligenlegenden in romant.-phantast. Landschaft, z. B. Leopoldslegende in Klosterneuburg.
**frugal** [lat.], einfach, genügsam (Ernährung); Ggs. →opulent.
**Frugọni,** Carlo Innocenzo (Pseud. *Cornante Eginetico),* ital. Schriftst., * 21.11.1692 Genua, † 20.12.1768 Parma; Anakreontiker.
**Frühabort,** Abgang des Keimlings oder Embryos innerhalb der ersten zwei Monate der Schwangerschaft (→Fehlgeburt).
**Frühbeck de Burgos,** Rafael (eigtl. R. F.), span. Dirigent dt. Herkunft, * 15.9.1933 Burgos; wirkte in Bilbao, Madrid und Düsseldorf, Montreal, Tokio; 1992–95 Chefdirigent der Dt. Oper Berlin.
**Frühbeet,** durch einen erhöhten Rahmen abgegrenztes und mit Glasfenstern abgedecktes Gartenbeet; ermöglicht die Verfrühung von Kulturen und den Anbau witterungsempfindl. Arten und Sorten.
**Frühburgunder, Blauer** *(Clevner),* Rebsorte mit geringeren, unsicheren Erträgen; hellrote leichte, süffige Weine; erreichen nicht die Qualität des Spätburgunders.

# frühchristliche Kunst

frühchristliche Kunst: *links* Abraham und die drei Engel (Mosaik, zwischen 432 und 440). Rom, Mittelschiff der Kirche Santa Maria Maggiore; *rechts* Der gute Hirte (Mosaik, 2. Hälfte des 4. Jh.). Aquileja, Basilika

**frühchristliche Kunst** *(altchristliche Kunst)*, erste Periode der christl. Kunst, die, gegen anfängl. theol. Widerstand der Volksfrömmigkeit nachgebend, an hellenistisch-röm. Vorbilder anknüpfte, diese den neuen gottesdienstl. und relig. Bedürfnissen anpaßte und im 5. Jh. in die →byzantinische Kunst überging. Hauptleistungen: in der Baukunst →Basilika (manchmal auch →Zentralbau), in der Skulptur →Sarkophag-Relief, →Elfenbeinschnitzerei, Kultgerät, in der Malerei →Fresko, →Mosaik, →Miniatur.

**frühchristliche Literatur** *(altchristliche Literatur)*, christl. Schrifttum etwa der ersten drei Jahrhunderte bis zur Bildung der Reichskirche.

**Frühdruck** →Inkunabeln.

**Frühgeburt** *(Partus praematurus)*, die Geburt eines nicht voll ausgetragenen, oft lebensfähigen Kindes zwischen der 28. und der 38. Schwangerschaftswoche; Meldung beim Standesamt ist erforderlich (→Fehlgeburt).

**Frühglazial,** Bez. für den frühen Abschnitt einer →Eiszeit.

**Frühjahrsdermatose** *(Frühlingslichtdermatose)*, leichter Ausschlag an Gesicht, Ohren und Handrücken nach dem ersten Sonnenbad bei Kindern im Frühjahr.

**Frühjahrslorchel** →Lorcheln.

**Frühjahrsmüdigkeit,** vorübergehende Abgeschlagenheit, Konzentrationsschwäche sowie großes Schlafbedürfnis, ausgelöst durch die körperl. Umstellung im Frühjahr (→Müdigkeit).

**Frühjahrsstarkbier,** ein in Bayern Ende März/Anfang April ausgeschenktes Starkbier mit einem →Stammwürze-Gehalt von 18 bis 19%, von den Paulanermönchen in Neudeck bei München gegen 1630 erstmals eingebraut. Der Pächter der Brauerei, Franz Xaver Zacherl, führte 1806 den Brauch fort und nannte das starke, süffige *Sankt-Vater-Bier* verballhornend *Salvator*. Ende des 19. Jh. begannen auch andere bayerische Brauereien Biere ähnlicher Art herzustellen, deren Namen alle auf *...ator* enden.

**Frühkapitalismus,** Bez. für die Epoche der europ. Geschichte zw. dem 16. Jh. und der industriellen Revolution (→Kapitalismus).

**Frühlähme** →Fohlenlähme.

**Frühlesen,** Erwerb der Lesefähigkeit vor Schuleintritt (→Lesen);

# Frühlingsmonat

teils befürwortet (große Lernfähigkeit des Grundschulkindes), teils abgelehnt (einseitige intellektuelle Förderung).
**Frühling** *(Lenz),* →Jahreszeit, Beginn des pflanzl. Wachstums nach der Winterruhe; astron.: vom Zeitpunkt der Tagundnachtgleiche bis zum Sonnenhöchststand (auf der Nordhalbkugel 21.3.–21.6.); in der →Meteorologie in Mitteleuropa die Monate März bis Mai; in der →Phänologie die Zeit von der Apfelblüte bis zur Holunderblüte.
**Frühlingsadonis,** Bot.: →Adonis.
**Frühlingsblumen,** von März bis etwa Ende Mai blühende Gewächse, oft klein und bescheiden, z.T. Zwiebelpflanzen. Manche F. zeigen im Herbst noch einmal schwache Ansätze zum Blühen.
**Frühlings Erwachen,** Tragödie von F. →Wedekind (1891); Urauff.: 1906, Berlin.
**Frühlingserzählung,** Film von E. →Rohmer (1990), erster Teil des Zyklus ›Vier Jahreszeiten‹.
**Frühlingsknotenblume,** Bez. für das Große →Schneeglöckchen.
**Frühlingslichtdermatose** →Frühjahrsdermatose.
**Frühlingsmonat** →März.

**Frühlingsblumen:**
**1** Lungenkraut: Laub- und Mischwälder;
**2** Gelbe Narzisse: Wiesen, Wälder, Obstgärten, selten;
**3** Weiße Narzisse: feuchte Wiesen, Südeuropa; einige Bergwiesen;
**4** Duftende Schlüsselblume: Laub- und Mischwälder, Bergwiesen;
**5** Buschwindröschen: Wälder;
**6** Traubenhyazinthe: Bergwiesen, lichte Wälder, selten;
**7** Krokus, drei Gartenvarietäten;
**8** Scilla: Gartenform;
**9** Märzenbecher und **10** Schneeglöckchen: feuchte Wälder und Wiesen;
**11** Leberblümchen: Laubwälder;
**12** Huflattich: an Wegen und auf Schuttplätzen;
**13** Wohlriechendes Veilchen: Wegraine, Trockenwälder.

Die abgebildeten Arten werden zum Teil in Gartenformen kultiviert.

# Frühlingspunkt

Wolfgang Frühwald

Georg von Frundsberg

**Frühlingspunkt,** Schnittpunkt der Ekliptik mit dem Himmelsäquator, auch *Widderpunkt* gen.; liegt im Sternbild *Fische*. Die Sonne steht am 21. März, Datum des astronomischen Frühlingsanfangs (→ Äquinoktium, → astronomische Koordinaten), im F.
**Frühlingssonate,** Beiname der Sonate für Violine und Klavier (1801), F-Dur, op. 24, von L. van → Beethoven.
**Frühlingsstimmenwalzer,** Walzer für Koloratursopran und Orchester (1883), op. 410, von J. → Strauß (Sohn).
**Frühlingssymphonie,** Symphonie (Urauff.: 31.3.1841, Leipzig), Nr. 1, B-Dur, op. 38, von R. → Schumann.
**Frühreife, 1)** *Psychologie:* individuelles Vorauseilen gegenüber dem normalen Entwicklungsgang auf körperl. oder geistig-seel. Gebiet. Im bes. Sinne: 1. die frühzeitige Ausbildung einer Hochbegabung; 2. einseitige Entwicklung auf Grund endokriner Störungen oder infolge von extremen Umweltbedingungen (→ Akzeleration).
**2)** *Tier- und Pflanzenzucht:* 1. geschlechtl. F., frühes Erreichen der Zuchtfähigkeit; 2. körperl. F., frühes Erreichen des ausgewachsenen Zustandes; in vielen Zuchtprogrammen angestrebtes Zuchtziel.
**Frühsommer-Meningoenzephalitis** *(FSME),* durch Zecken übertragene Viruserkrankung mit → Gehirnhaut- oder → Gehirnentzündung, gehäuft in Süddeutschland, Österreich und auf dem Balkan. Für gefährdete Personen aktive und passive Schutzimpfung.
**Frühstart** → Fehlstart.
**Frühstück bei Tiffany** [-tɪfənɪ], Filmkomödie von B. → Edwards (1960) mit A. → Hepburn und G. → Peppard; Adaption einer Novelle von T. → Capote.
**Fruhtrunk,** Günter, Maler, * 1.5. 1923 München, † 12.12.1982 ebd.; Bilder mit parallelen Streifen kräftiger Farbgebung.
**Frühwald,** Wolfgang, Germanist, * 2.8.1935 Augsburg; bekannt als Romantik- und Exilforscher; Hrsg. von historisch-krit. Ausgaben der Werke und Briefe von A. Stifter und C. Brentano. Seit dem 1.1.92 ist F. Präsident der → Deutschen Forschungsgemeinschaft e.V.
**Frühwarnsystem,** ein großräumiges Netz von → Radarstellen, mit dem angreifende Flugzeuge und → Flugkörper so frühzeitig geortet werden können, daß wirksame eigene Maßnahmen möglich werden (→ NADGE).
**Fruktifikation** [lat.], **1)** Nutzbarmachung; **2)** *Bot.:* Fruchtbildung.
**Frundsberg,** Georg von, Landsknechtsführer, * 24.9.1473 (?) in Schloß Mindelburg (bei Mindelheim), † 20.8.1528 ebenda; kaiserl. Feldhauptmann unter → Maximilian I. und → Karl V., Organisator des dt. Landsknechtsheeres *(Vater der Landsknechte),* das unter seiner Führung im Krieg gegen Frkr. 1522 bei Bicocca und 25 bei Pavia erstmals über die in frz. Sold stehenden Schweizer Reisläufer (→ Reislaufen) siegte.
**Frunse,** Michail Wassiljewitsch, sowjet. General und Militärtheoretiker, * 21.1. (2.2.) 1885 Pischpek (1926 in F. umbenannt), † 31.10. 1925 Moskau; 1904 Mitgl. der Bolschewiki; 07 verhaftet, 14 nach Sibirien verbannt, von wo aus er 15 floh; erwies sich in den Revolutionskämpfen 18–20 als einer der erfolgreichsten milit. Führer, wurde 24 Leiter des Obersten Kriegsrates und 25 Volkskommissar für Heer und Flotte. Anteil am Aufbau der → Roten Armee. Die Moskauer Militärakademie trägt seinen Namen.
**Frunse** [nach M. W. → Frunse], 1926–91 Name der kirgis. Stadt → Bischkek.
**Fruška Gora** [fruʃka -], bewaldeter Bergrücken in Syrmien, im kroat.-serb. Grenzgebiet, 60 km lang, bis 539 m hoch; an den Südhängen Weinbau; Fremdenverkehr.
**Frustration** [lat. ›Versagung‹, ›Enttäuschung‹], nach S. → Freud das Enttäuschungserlebnis bei erzwungenem Verzicht auf Befriedigung eines Triebbedürfnisses, i.w.S. bei Vereitelung zielgerichteter Handlungen und Versagung einer erwarteten → Belohnung. F. kann das Auftreten von → Aggression begün-

stigen, wenn die Situation dies erlaubt (z. B., wenn die aggressive Handlung keine Bestrafung nach sich zieht). F. kann aber auch Hilflosigkeit und darüber → Depression erzeugen. F.-Toleranz bezeichnet das individuell unterschiedl. Ausmaß, in dem eine Person F. ertragen kann, ohne daß sie ihr ursprüngl. Handlungsziel ändert.
**Frutigen**, Bezirkshauptort im Kt. Bern, mit 6000 E., an der Einmündung des Engstligentals ins → Kandertal, das die → Lötschberg-Bahn durchfährt; Schieferbrüche.
**Frutiger**, Adrian, Schriftgestalter, *14.5.1928 Unterseen (bei Bern); Schöpfer zahlreicher Schriften, auch für Photosatz, und der maschinenlesbaren OCR-B-Schrift.
**Frutti di mare** [ital. ›Meeresfrüchte‹], ital. Gericht aus kleinen Meerestieren (Muscheln, Krebsen u. ä.).
**Fry** [fraɪ] (eigtl. *Harris*), Christopher, engl. Dramatiker, *18.12. 1907 Bristol; Verskomödien und relig. Dramen in romant.-ironischer Haltung und hohem Sprachstil. – *W:* Die Dame ist nicht fürs Feuer (1950; The Lady's Not for Burning, 47); Venus im Licht (51; Venus Observed, 50); Ein Schlaf Gefangener (52; A Sleep of Prisoners, 51); Das Dunkel ist Licht genug (55; The Dark is Light Enough, 54).
**Fry** [fraɪ], Elizabeth, engl. Quäkerin, Begr. der Gefangenenfürsorge, *21.5.1780 in Norwich, †12.10. 1845 Ramsgate; gründete 1817 in Großbritannien den ›Frauenverein zur Besserung weibl. Sträflinge‹.
**Frýdek-Místek** (dt. *Friedeck*), Stadt am Südrand des Mähr.-Ostrauer Industriegebiets, Tschech. Rep., 64000 E.; Eisenhütte, Textilindustrie.
**Frýdlant** (dt. *Friedland*), nordböhm. Stadt am Rande des Isergebirges, Tschech. Rep., 6000 E.; Textilindustrie; über der Stadt das Schloß → Wallensteins.
**F-Schlüssel**, Bez. für Baßschlüssel (→ Baß), bei dem der Doppelpunkt das f auf der vierten Linie markiert.
**FSH** (*follikelstimuulierendes Hormon, Follitropin*), Hormon der → Hypophyse, fördert Wachstum und Entwicklung der Eizellen; wirkt v. a. im Menstruationszyklus, regt im Hoden die Samenreifung an.
**FSK** → *Freiwillige Selbstkontrolle der Filmwirtschaft.*
**FSME** → Frühsommer-Meningoenzephalitis.
**F-Sterne**, Sterne der Spektralklasse F (→ Spektralklassen) mit Oberflächentemperaturen zw. 6100 und 7400 K mit 1,7 Sonnenmassen und ähnl. chem. Zusammensetzung wie die Sonne.
**Ft**, Abk. für → Forint.
**Ftorlon**®, → Chemiefaser auf der Basis von Polytetrafluorethylen.
**FTZ-Zeichen** → Fernmeldetechnisches Zentralamt.
**FU** → Freie Universität Berlin.
**Fuad I.**, ägypt. König, *26.3.1868 Giseh, †28.4.1936 Kairo; 1917–22 ägypt. Sultan, nach Beendigung des brit. Protektorats (22) König.
**Fuad Pascha**, türk. Politiker, *17.1.1815 Konstantinopel, †12.2. 1869 Nizza; mehrmals Außenminister, 1861–66 Großwesir; versuchte ein Reformprogramm zur Modernisierung des Osman. Reiches (→ Tansimat) durchzusetzen.
**Fuchs**, Anke, Politikerin (SPD), *5.7.1937 Hamburg; seit 1980 MdB; 82 parlamentar. Staatssekretärin beim Bundesminister für Arbeit und Sozialordnung; 82 Bundesministerin für Jugend, Familie und Gesundheit; seit 82 Sprecherin der SPD-Bundestagsfraktion in sozialen Angelegenheiten; 87–91 Bundesgeschäftsführerin der SPD.
**Fuchs**, Ernst, Jurist, *15.10.1859 Weingarten, †10.4.1929 Karlsruhe; Vertreter der → Freirechtsschule.
**Fuchs**, Ernst, ev. Theologe, *11.6. 1903 Heilbronn, †14.1.1983 Langenau; von R. → Bultmann beeinflußte Arbeiten zum N.T. und zur theol. Hermeneutik.
**Fuchs**, Ernst, Maler und Graphiker, *13.2.1930 Wien; führender Vertreter des → Phantastischen Realismus; häufig von literar. Vorbildern inspiriert, mit einem Hang zur Mythologie, zum Fabulösen und zur apokalypt. Vision. In seiner Malweise an der altmeisterlichen Raffinesse niederl. und ital. Meister ge-

Elizabeth Fry

Anke Fuchs

# Fuchs

Ernst Fuchs: ›Zyklopische Landschaft‹ (Strichätzung und Aquatinta, 1967)

Fuchs: Fährte eines schnürenden Fuchses, der die Trittstelle der Vorderläufe auch für die Hinterläufe benutzt

Fuchs: Kleiner Fuchs (Aglais urticae)

■ Fuchs: weiteres Bild → Schmetterlinge

schult, verbinden sich in seinen Werken oft fabulierende Erotik mit einer Neigung zu einem süßlichen, dem Jugendstil nahestehenden Ornament. Versiert in den Techniken der Druckgraphik; aus Kombinationen versch. Verfahren gewinnt er der Graphik neue Möglichkeiten ab. Phantasievolle Illustrationen.

**Fuchs,** Günter Bruno, Schriftsteller und Graphiker, * 3. 7. 1928 Berlin, † 19. 4. 1977 Berlin (West); Gedichte und lyr. Prosa, worin sich poet. Verspieltheit mit Zeitkritik, berlinischem Witz und Satire verbinden (›Pennergesang‹, 1965; ›Blätter eines Hof-Poeten‹, 67; ›Gesammelte Fibelgeschichten und letzte Gedichte‹, 78); ferner Erzählungen und Romane sowie Hörspiele.

**Fuchs,** Klaus, Physiker, * 29. 12. 1911 Rüsselsheim, † 28. 1. 1988 Berlin (Ost); emigierte 33 nach Großbritannien und erhielt die brit. Staatsbürgerschaft, von 43–46 war er am amerik. Atombombenprojekt beteiligt, wobei er wertvolle Unterlagen an die Sowjetunion lieferte; 48 als Spion enttarnt, 50 verurteilt, 59 begnadigt; danach am Zentralinstitut für Kernphysik in der DDR tätig.

**Fuchs,** Leonhart, Mediziner und Botaniker, * 17. 1. 1501 Wemding bei Donauwörth, † 10. 5. 1566 Tübingen; schuf eines der bedeutendsten Kräuterbücher, in dem er z. T. neuentdeckte Pflanzen anführte; nach ihm benannt die → Fuchsie.

**Fuchs,** Robert, Komponist, * 15. 2. 1847 Frauenthal (Steiermark), † 19. 2. 1927 Wien; Hoforganist, unterrichtete am Wiener Konservatorium u. a. H. Wolf, G. Mahler, F. Schreker; Messen, Klavier- und Violinsonaten, Symphonien, 5 Serenaden für Streicher.

**Fuchs,** Sir (seit 1958) Vivian, britischer Geologe und Polarforscher, * 11. 2. 1908 Freshwater (Isle of Wight); ihm gelang 1957/58 in 99 Tagen die erste Landüberquerung des antarktischen Kontinents (vom Filchner-Schelfeis zum McMurdo-Sund); am Südpol traf er mit der neuseeländ. Gruppe der brit. Expedition unter E. P. → Hillary zusammen.

**Fuchs,** Zool.: 1. *(Vulpes),* Gattung hundeartiger Raubtiere. Der Rot-F. *(Vulpes vulpes)* lebt in fast 50 Unterarten und vielen Farbvarianten (so Brand-F., Birk-F., Silber-F., Schwarz-F. u. a.) in Wäldern Eurasiens bis Skandinavien, in Nordamerika und Afrika nördl. der Sahara; mit Schwanz 1,5 m lang, Einzelgänger mit Ausnahme in der Fortpflanzungszeit, selbstgegrabener Bau, frißt kleine Tiere, Obst, Pilze und Aas; Brunst (Ranzzeit) Januar bis Februar, Tragzeit 2 Monate, 3–12 blinde Junge. Vom Don bis zum Baikalsee lebt der kurzohrige Korsak *(Vulpes corsac),* in Vorderindien der Bengal-F. *(Vulpes bengalensis),* in den nördl. Prärien Nordamerikas der Kit-F. *(Vulpes velox).* Nicht zur Gattung *Vulpes*

# Fuchskauten

gehören →Fenek, Abessinischer F. und →Polarfuchs. – Der F. ist eine wichtige Tiergestalt des Volksglaubens. Er gilt in der Überlieferung als dämon. Wesen, teils teuflisch, teils hilfreich, nach röm. Tradition als Wettermacher, an manchen Orten als Bringer der Ostereier (→Reineke). Das Wort F., dessen indogerman. Wurzel ›dicht behaart‹ bedeutet, ist wahrsch. ein Ersatzname für die mit →Tabu belegte ursprüngliche Benennung. 2. Bez. für zwei Arten rostbrauner →Fleckenfalter mit braun-schwarzer Musterung und blauer Halbmondfleckenreihe am Flügelrand: Kleiner F. (Nesselfalter; *Aglais urticae*); Großer F. *(Nymphalis polychloros).* 3. Pferdefarbe: rotes Deckhaar von Hell bis Tiefdunkel, Mähne und Schweif ebenfalls rot oder heller.
**Fuchs, 1)** Rauchabzugskanal von Heizanlagen, verbindet Feuerungsraum mit Schornstein.
**2)** Jungmitglied in einer Studentenverbindung (während der ersten beiden Semester). Unterweisung durch *Fuchsmajor.*
**Fuchsberger,** Joachim ›Blacky‹, Schauspieler und Showmaster, * 11. 3. 1927 Stuttgart; Rollen u. a. in ›08/15‹ (1954/55) und Edgar-Wallace-Verfilmungen der 60er Jahre; Moderator von Talkshows und Quizsendungen: ›Der heiße Draht‹ (73/74), ›Auf los geht's los‹ (77–86), ›Heut' abend‹ (80–91), ›Ja oder Nein‹ (seit 91).
**Fuchsflechte** *(Letharia vulpina),* Strauchflechte, bes. auf Nadelhölzern; arkt.-alpine Verbreitung; giftig.
**Fuchshai** →Drescherhaie.
**Fuchsie** [fʊksjə, nach dem Botaniker L. →Fuchs] *(Fuchsia),* Gattung der →Nachtkerzengewächse; Sträucher und kleine Bäume mit rot-violetten und rot-weißen hängenden Blüten, stammen aus Mittel- und Südamerika; bei uns meist als Zimmer- und Balkonpflanzen.
**Fuchsin** *(Rosanilin),* nach dem Farbton von Fuchsien benannter basischer →Teerfarbstoff; bildet glänzende, grüngelbe Kristalle, die sich in Wasser und Alkohol mit leuchtend roter Farbe, jedoch grün- schillernd lösen. F., 1858 von A. W. →Hofmann entdeckt, war früher in der Textil- und Lederfärberei verbreitet.
**Fuchsit** [nach dem Mineralogen *Johann Nepomuk von Fuchs,* 1774–1856] *der,* grünes, chromhaltiges Mineral aus der Gruppe der →Glimmer.
**Fuchsjagd, 1)** bes. im Reitsport verbreitet: ein Teilnehmer, der ›Fuchs‹, geht mit einem Vorsprung vor dem ihn verfolgenden Jagdfeld auf die Strecke.
**2)** Wettbewerb zum Orten von Funksignalen: Ein im Gelände versteckter kleiner Sender wird von den Teilnehmern mit Peilempfängern aufgespürt (beliebt bei →Funkamateuren).
**Fuchskauten,** mit 656 m höchste Erhebung des →Westerwalds.

**Fuchsien** sind vor allem wegen ihrer leuchtenden, meist mehrfarbigen Blüten beliebte Balkon- und Zimmerpflanzen.

● **Fuchs:** weitere Bilder →Allensche Regel; →Fenek; →Geheck

**Fuchs** *(Vulpes vulpes)*

# Fuchskusu

**Fuchsschwanz:** Die Ähre des Wiesenfuchsschwanzes erinnert an den Schwanz eines Fuchses.

**Fuge: A** Dehnfugen zwischen großformatigen Betonteilen; **B** Fuge mit Fugenverband zur Dichtung gegen Wasser, **1** Füllplatte (z. B. Styropor®), **2** Fugenband, **3** Fugendichtungsmasse

**Fuchskusu** *(Trichosurus vulpecula)*, nächtlich lebender →Kletterbeutler, Australien, Tasmanien; entfernt fuchsähnl., Körper etwa 50 cm, Schwanz 45 cm lang; frißt Laub, Früchte, Nüsse.

**Fuchsmajor** →Fuchs.

**Fuchsreizen,** Jagdart: Der Jäger lockt den Fuchs durch Nachahmung der Klage eines Hasen (Hasenklage) oder das Pfeifen einer Maus (mäuseln) vor die Flinte.

**Fuchsschwanz,** versch. Pflanzengattungen, z. B. →Amarant(h), sowie die Grasgattung F.-Gras mit dem Wiesen-F. *(Alopecurus pratensis)*, einem wertvollen Futtergras, dessen Ähre an den Schwanz des Fuchses erinnert.

**Fuchsschwanz,** Einmann-Holzsäge ohne Spannbogen mit kurzem, breitem Blatt.

**Fuchtel** *die,* ursprünglich Fechtdegen, später ein Degen mit flacher Klinge; übertragene Bed.: Zucht oder Macht, der jemand untersteht; *fuchtig,* erbost.

**Fuciner Becken** [-tʃi-] (ital. *Conca del Fucino*), von Bergen umgebenes ehem. Seebecken im S der mittelital. Abruzzen, 1852–75 unter Gewinnung von 17 500 ha Ackerland trockengelegt; Zuckerrüben-, Weizen- und Gemüseanbau.

**Fucoxanthin,** in →Braunalgen vorkommender Naturfarbstoff.

**Fucus** →Blasentang.

**Fuder, 1)** Ladung (Fuhre) meist landw. Güter, wie Heu, Getreide, Mist usw.; **2)** ein altdeutsches Flüssigkeitsmaß besonders für Wein; in Württ. = 1763 l, Baden = 1500 l, Pfalz = 1000 l, Mosel = 960 l; *Österr.* = 1811 l.

**fudit** [lat. ›hat gegossen‹] *(fud.),* Vermerk auf Glocken u. a. Metallgüssen hinter dem Namen des Gießers.

**Fudschaira** *(Fujairah),* ein kleines Fürstentum (Emirat) im O der Arab. Halbinsel, am Golf von Oman, 1150 km² mit rd. 60 000 E., Hauptort al-F.; Mitgl. der Föderation →Vereinigte Arabische Emirate. Schmaler Oasenstreifen entlang der Küste.

**Fudschijama,** heiliger Berg Japans: →Fujiyama.

**Fudschisawa,** jap. Stadt →Fujisawa.

**Fudschiwara** →Fujiwara.

**Fuengirola** [fueŋxi-], span. Badeort an der Costa del Sol, Andalusien, 13 000 E.; alter Stadtkern, 10 km Sandstrand.

**Fuenlabrada** [fu|en-], Satellitenstadt im S von Madrid, 145 000 E.; elektron. und metallverarbeitende Industrie.

**Fuenllana** [-jana], Miguel de, span. Lautenist und Komponist, \*um 1500 Navalcarnero (bei Madrid), †um 1579 Valladolid; der blind geborene F. veröffentlichte 1554 seine Fantasien und Bearbeitungen von Vokalsätzen für Laute (›Libro de musica para vihuela intitulado Orphenica lyra‹).

**Fuenterrabía** [fu|en-] (bask. *Hondarribia*), span. Ort an der Mündungsbucht des Río Bidasoa, nahe der frz. Grenze, 14 000 E.; mittelalterl. Befestigungsanlage und Burg, denkmalgeschützte Altstadt; Fischerei; Tourismus.

**Fuentes,** Carlos, mexik. Schriftst., \*11. 11. 1928 Mexico City; seine Werke zeugen von großer formaler Meisterschaft und setzen sich kritisch mit der mexik. Geschichte, v. a. mit der Rolle des Bürgertums, auseinander. – W: Landschaft im klaren Licht (1974; La región más transparente, 58); Der Tod des Artemio Cruz (66; La muerte de Artemio Cruz, 62); Terra Nostra (75; dt. 79).

**Fuerteventura** *(Fortaventura),* zweitgrößte und dem afrik. Kontinent nächstgelegene der →Kanarischen Inseln, 1731 km², 20 000 E., Hauptort und Hafen ist Puerto del Rosario; wüstenähnlich, geringe Niederschläge; Fremdenverkehr.

**Füetrer,** Ulrich, Dichter und Maler, \*1. Hälfte 15. Jh. Landshut, †um 1500 München; faßte die beliebtesten Ritterepen des späten MA im ›Buch der Abenteuer‹ (1473–78)

# Fugger

zusammen, schrieb auch eine unkrit. ›Baierische Chronik‹ (78–81) in Prosa.

**Fuga,** Ferdinando, ital. Baumeister, * 1699 Florenz, † 1781 Rom; spätbarockes Werk als Hofbaumeister in Neapel, tätig auch in Florenz, Palermo und Rom.

**Fugard** [fju̱ga:d], Athol (Halligan), südafrik. Dramatiker, * 11. 6. 1932 Middelburg; gilt zus. mit seiner schwarzen Schauspielertruppe ›Serpent Players‹ als Begr. des modernen südafrik. Theaters.

**fugato** [ital.], in Art einer →Fuge, doch ohne deren strenge Form, komponierter Abschnitt.

**fugax** [lat.], flüchtig, rasch ablaufend.

**Fuge, 1)** [mhd.], *Bautechnik:* Trennungsraum oder -linie zw. zwei benachbarten Bauteilen. Breite der F. entspr. dem Verbindungsmaterial (Leim, Mörtel), der Ausdehnungsfähigkeit der Stoffe und der Verarbeitungspräzision. Im Mauerwerk waagerechte Lager-F., senkrechte Stoß-F., zw. versch. hohen Baukörpern →Setzungsfuge, bei langen Gebäuden →Dehnungsfuge.
**2)** [ital. fuga ›Flucht‹], *Musik:* mehrstimmiges Instrumental- oder Vokalstück in strenger Imitationsform. Sie entwickelte sich im 17. Jh. aus den polyphonen Formen des 16. Jh. (→Kanon, →Ricercar). Im 18. Jh. erhielt sie ihre exemplarische Gestalt, die folgende Teile umfaßt: 1. die *Exposition,* bestehend aus dem Fugenthema (Dux), seiner Beantwortung in strenger Imitation (Comes) und einer Gegenstimme, dem Kontrasubjekt oder →Kontrapunkt. Die Exposition ist dann beendet, wenn jede Stimme das Thema oder den Comes einmal vollständig vorgetragen hat; 2. als *Durchführungen* bezeichnet man die Wiederkehr von Dux und Comes im Verlauf der F., meist in veränderten Tonarten; 3. zw. der Exposition und den Durchführungen können *Zwischenspiele* stehen, die das themat. Material frei weiterentwickeln oder neue Motive bringen sowie die harmon. Entwicklung (→Modulation) weitertreiben. Zu den musikal. Verarbeitungstechniken in der F. gehören die Vergrößerung (→Augmentation) oder Verkleinerung (→Diminution) des Themas, seine Umkehrung oder seine rückläufige Gestalt (→Krebs) sowie die →Engführung; 4. nach beliebig vielen Durchführungen und Zwischenspielen endet die F. mit einer *Coda* (Schlußteil) in der Haupttonart. Eine Spiegel-F. kann komplett umgekehrt werden. *Doppel-, Tripel-* oder *Quadrupel-F.* benutzen 2, 3 oder 4 Themen. Bei der *Choral-F.* ist das Thema einer Choralmelodie entnommen.

**Fugel,** Gebhard, * 14. 8. 1863 Oberklöcken (bei Ravensburg), † 26. 2. 1939 München; Altarbilder und Fresken im süddt.-schweiz. Raum in Nachfolge der Nazarener.

**Fügelade** →Stoßlade.

**Fügemaschine,** Maschine zum Hobeln und Beschneiden von Holz für ein fugendichtes Verleimen (→Holzbearbeitungsmaschinen).

**Fügen,** Geradehobeln von Werkstücken und Zusammenpassen vor dem Verleimen bzw. Verkleben; auch Verbinden metall. Werkstücke durch Schrauben, Nieten, Schweißen, Löten, bei Blechverbindungen durch Falzen, Pressen.

▪ **Fugen -s,** siehe ›Praxistip Sprache‹ S. 3320.

**Füger,** Heinrich Friedrich, Maler, * 8. 12. 1751 in Heilbronn, † 5. 11. 1818 Wien; Klassizist; Historienbilder und Illustrationen.

**Fugger,** Augsburger Kaufmannsgeschlecht, 1368 als Barchentweber in

Anton Fugger

Jakob II. Fugger

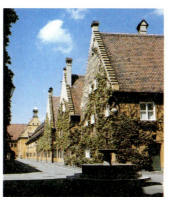

**Fugger:** Häuserzeile der Fuggerei, einer der ältesten deutschen Armenstiftungen

# Fughetta

## Praxistip Sprache — Fugen -s

Das Fugen-*s* ist das wichtigste Fugenzeichen der deutschen Sprache: Ursprünglich das Genitiv-*s* der maskulinen und Neutrumsdeklination, wird es heute in weiterem Umfang gebraucht. Grundsätzlich kennzeichnet ein Fugenzeichen die Trennfuge zwischen Bestimmungs- und Grundwort beim zusammengesetzten Substantiv (Kompositum):

*Halbtagstätigkeit, Landsmann, Rindsbraten, Vertragsabschluß*

Weitgehend willkürlich stehen häufig beim gleichen Substantiv verschiedene Fugenzeichen (bzw. auch kein Fugenzeichen) nebeneinander:

*Arbeitnehmer, Arbeitsvertrag*

Das Beispiel zeigt, daß ein Fugen-*s* auch bei Feminina *(die Arbeit)* stehen kann.

Generell werden Fugenzeichen heute gesetzt, um die Aussprache von zusammengesetzten Substantiven zu erleichtern:

*Pfundskerl, Verbandstarifvertrag* (auch *-es: Tagesbeginn*)

bzw. – bei mehrgliedrigen Substantiven – die Grenzlinie zwischen Grundwort und Bestimmungswort (die sog. Hauptfuge) zu kennzeichnen:

*Dauerarbeitsplatz, Wiederaufbereitungsanlage*

Franz Fühmann

Augsburg nachweisbar; die Familie verzweigte sich in die Linie ›F. vom Reh‹, erloschen 1586, und ›F. von der Lilie‹; aus dieser Linie entwickelte sich die große F.-Handelsgesellschaft; *Jakob II., der Reiche* (1459–1525) begr. den Reichtum des Hauses. Unter seinem Neffen *Anton* (1493–1560) erlebte das Haus seine höchste Blüte: Die F. handelten mit Spezereien, Seide und Wolle, pachteten Silber-, Kupfer- und Bleibergwerke in Spanien, Österr. und Ungarn, wurden Bankiers der Päpste und Kaiser (Maximilian I. und Karl V.). Um 1510 Bau der *Fuggerei* in Augsburg, der ältesten geschlossenen dt. Reihensiedlung, mit 53 Doppelhäusern für arme kath. Bürger. In der 2. Hälfte des 16. Jh. Rückgang des Reichtums der Familie, nicht zuletzt wegen hoher Verluste im Kreditgeschäft (span. Staatsbankrotte).
**Fughetta** [ital.] *die*, kleine →Fuge.
**Fügungspotenz**, von *W. Admoni* auf alle Wortarten bezogener und an Stelle von →Valenz verwendeter linguist. Begriff.
**Fu Hi** →Fu-hsi.
**Fühler**, Zoologie: →Antenne.
**Fühlerlose** *(Xyphosura)*, Unterstamm der →Gliederfüßer ohne Antennen; erstes Gliedmaßenpaar scheren- oder klauenförmig; seit dem Kambrium; leben an Land und Wasser (z. B. Pfeilschwanzkrebse).
**Fühlkraut** *(Biophytum sensitivum)*, trop. Art der Sauerkleegewächse; auf krautigem Stamm, 10–20 cm hoch, sitzt ein Schopf von Fiederblättern, die sich bei Berührung (ähnl. wie bei der →Mimose) und zur Nacht (Schlafstellung) senken; gelegentl. in Gewächshäusern.
**Fühllehre** *(Spion)*, Stahlblechstreifen unterschiedl., aber genau abgestufter Dicke (Zunahme meist um 0,05 mm) zum Ausmessen von →Spiel, Spalten und Fugen im Gerätebau.
**Fuhlrott**, Johann Carl, Naturforscher, *31.12.1803 Leinefelde (Ldkr. Worbis), †17.10.1877 Elberfeld (heute zu Wuppertal); im Ggs. zu Fachleuten erkannte F. die 1856 im Neandertal entdeckten Skelette als Gebeine fossiler Menschen; Mitbegr. der →Paläanthropologie.
**Fuhlsbüttel**, nördl. Stadtteil von →Hamburg, mit Flughafen.
**Fühmann**, Franz, Schriftst., *15.1.1922 Rochlitz (Böhmen), †8.7.1984 Berlin (Ost); machte nach lyr. Anfängen (›Gefühle der Klage, Trauer, Ratlosigkeit‹, 1942) miter-

## Führungsakademie der Bundeswehr

lebte, oft in die Form des Märchens gekleidete Zeitgeschichte zum Thema seiner Erzählungen (›Kameraden‹, 55; ›Das Judenauto‹, 62; ›22 Tage oder Die Hälfte des Lebens‹, 73; ›Der Geliebte der Morgenröte‹, 79) und Gedichte (›Die Richtung der Märchen‹, 62). Als Essayist Kenner und scharfer Kritiker der Lit. wie der Kulturpolitik (›Der Sturz des Engels‹, 82).

**Fuhr**, Xaver, Maler, *23.9.1898 in Neckarau (heute zu Mannheim), †17.12.1973 Regensburg; ab 1946 Prof. an der Akademie für Bildende Künste in München. Vom →Expressionismus beeinflußt; Stadtansichten und Landschaftsbilder.

**Führer**, der sich selbst verliehene Titel →Hitlers. Entsprach im Italienischen dem Duce, im Spanischen dem →Caudillo, im Rumänischen dem Conducator (I. →Antonescu, N. →Ceauşescu). *F.-Prinzip:* der von den faschist. Diktaturen verkündete Grundsatz, daß allein der – bedingungslosen Gehorsam fordernde – Wille eines einzelnen das staatl. Wohl verbürge.

**Führerausweis**, *Schweiz:* Führerschein ( →Fahrerlaubnis).

**Führerprinzip** →Führer.

**Führerschein**, amtl. Bescheinigung über die Erteilung einer →Fahrerlaubnis, beim Führen von Kfz mitzutragen. Im Ausland ist teilweise internat. F. erforderlich.

**Führich**, Joseph Ritter von (ab 1861), Maler, *9.2.1800 in Kratzau (Böhmen), †13.3.1876 Wien; →Nazarener; Fresken in der Alterchenfelder Kirche in Wien.

**Fuhrmann** (lat. *auriga*), Sternbild der Milchstraße, im Winter sichtbar; hellster Stern →Kapella.

**Fuhrmann Henschel**, Schauspiel von G. →Hauptmann; Urauff.: 1898, Berlin.

**Führung**, **1)** *Soziologie:* Leitung; die Person oder Personengruppe, die für eine →Gruppe oder Organisation die Befehls- und Entscheidungsgewalt besitzt. F. hat die Aufgabe, die Ziele der Gruppe zu formulieren und zu verwirklichen und die Mittel hierzu auch unerwarteten Situationen anzupassen. F. wirkt nicht nur nach außen, sondern regelt auch das Verhalten der Gruppenmitgl. und überwacht die Gruppennormen. Grundsätzlich kann unterschieden werden zwischen F., die Ideen und Ziele vorgibt und die Gruppe begründet, und F., die sich aus einer bestehenden Gruppe bildet. Hier ist zu beachten, welche Eigenschaften verlangt werden (z.B. Mut), wie Befähigung zugesprochen (z.B. Wahl), die Position angelegt (situationsbedingt oder dauerhaft) und ausgeübt wird (demokratischer oder autoritärer F.-Stil); →Herrschaft, →Autorität.
**2)** *Recht:* Verhalten, Benehmen; nach öffentl. Recht und Arbeitsrecht sind u.a. für gewisse Einstellungen, Eintritt in den öffentl. Dienst usw., F.-Zeugnisse erforderl. und von Polizei oder früherem Arbeitgeber auszustellen.
**3)** *Kybernetik:* zielorientierte Einwirkung auf einen Materialfluß, einen Energiestrom oder einen Informationsfluß. Die F. läßt sich klassifizieren in *fixe F.* (durch Ventile, Dioden, Prismen usw.), in *Steuerung*, d.h. planmäßige F. ohne Kontrolle des Ergebnisses, und in *Regelung*, d.h. planmäßige F. unter Einbeziehen des jeweiligen Ergebnisses durch →Rückkopplung.
**4)** *Technik:* Einrichtung zum Führen von beweglichen Maschinenteilen auf einer bestimmten Bahn (*Steuerkurve;* →Geradführung).

**Führungsakademie der Bundeswehr**, Einrichtung zur Auswahl, Aus- und Fortbildung der →Stabsoffiziere der Bundeswehr, besonders der Offiziere im General- und im Admiralstabsdienst; Standort: Hamburg.

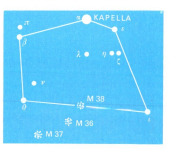

Sternbild **Fuhrmann** mit Sternhaufen M 36, M 37 und M 38

## Führungsaufsicht

**Führungsaufsicht,** die von einem Gericht angeordnete Überwachung eines Straftäters. Voraussetzungen: Straftat, bei der F. bes. vorgesehen ist, Freiheitsstrafe von mindestens 6 Monaten und Gefahr weiterer strafbarer Handlungen. Der Verurteilte untersteht einer Aufsichtsstelle und einem →Bewährungshelfer, die seine Führung überwachen und Weisungen erteilen können. Dauer 2 bis 5 Jahre. – *Österr.:* Bewährungshilfe. – *Schweiz:* Schutzaufsicht (Art. 379 StGB).

**Führungsgebiete,** Führungsbereiche in Bundeswehr und Bundesheer (→Führungsgrundgebiete).

**Führungsgrundgebiete,** Einteilung der Führungsbereiche bei den Kommandobehörden der →Bundeswehr (Heer) und des österr. →Bundesheeres; die Bez. G 1 umfaßt Personal und →innere Führung, G 2 fremde Wehrlage und milit. Sicherheit, G 3 Führung, Organisation und Ausbildung, G 4 →Logistik, G 6 Fernmeldewesen. Entspr. Bez. bei Luftwaffe und Marine A 1, A 2 usw.

**Führungskraft,** horizontal quer zur Fahrtrichtung gerichtete Kraft, die bei Fahrzeugen mit Spurführung von der Spurführungseinrichtung übertragen werden muß.

**Führungsstil,** nach K. →Lewin charakterist. Führungsverhalten in Gruppen; Typen: autokrat., demokrat. und Laissez-faire-F. (→Erziehungsstil).

**Führungstruppen,** →Waffengattungen, die als Instrumente der Führung durch →Aufklärung, Verbindungen und Wahrung der Ordnung unerläßl. Voraussetzungen für erfolgreiche Kampfführung schaffen. F. der →Bundeswehr sind →Fernmeldetruppe, →Heeresfliegertruppe und →Feldjägertruppe.

**Führungszeugnis,** schriftl. Bestätigung über den Inhalt des →Bundeszentralregisters (Vorstrafen) bezügl. der Person, die das F. anfordert. Es wird bei der Meldebehörde beantragt. Sind keine weiteren Eintragungen vorhanden, werden in das F. nicht aufgenommen: Jugendstrafen von nicht mehr als 2 Jahren, Geldstrafen mit →Ersatzfreiheitsstrafen und →Freiheitsstrafen von jeweils nicht mehr als 3 Monaten. Auskunftsberechtigt ist der Betroffene oder sein gesetzl. Stellvertreter, Behörden nur in Erfüllung hoheitl. Aufgaben und wenn der Betroffene das F. auf Anforderung nicht selbst vorlegt. – *Österr.:* Strafregisterbescheinigung. – *Schweiz:* Strafregisterauszug.

**Fu-hsi** *(Fu Hi),* chin. Urherrscher und Kulturheros, Jagdgott.

**Fu-hsing,** chin. Stern- und Glücksgottheit.

**Fujairah** →Fudschaira.

**Fujian** [fudʒien ›glückliches Gebiet‹] *(Fukien),* Provinz in SO-China, 123 100 km², 30 Mio. E., Hptst. →Fuzhou. Starke Orientierung nach Übersee: früher beträchtl. Auswanderung, heute Investitionen von Überseechinesen und eigene Wohnviertel für Rückwanderer in →Xiamen. Ausgangsgebiet für Besetzung und Besiedlung Taiwans im 17. Jh. Gute Hafenanlagen an zerklüfteter, buchtenreicher Küste; Überwindung der wirtschaftlichen Stagnation durch Bahnbau (1956), Straßenverbindungen ins Hinterland und verstärkte Industrialisierung; neben Traditionsgewerbe (wie Porzellan, Seide, Leder, Lack, Kampferholz) vor allem Zucker-, Papier- und Chemiebetriebe. 20% der wald- und niederschlagsreichen bergigen Küstenprovinz werden landw. intensiv genutzt: zwei Reisernten pro Jahr, Zuckerrohr, Jute, Obst, Mais, Tee und Tabak; Fischfang. Beliebtes Reiseziel mit mildem, subtrop. Klima; oft Taifune.

**Fujimori** [fudʒi-], Alberto, peruan. Politiker, *28.7.1938 Lima; zunächst tätig als Agrarwissenschaftler; von 1984 bis 89 Rektor der Nationalen Landwirtschaftshochschule in Lima; 88 Gründer der Bürgerbewegung ›Cambio 90‹; 90 Staatspräsident, löste 92 das Parlament auf und suspendierte die Verfassung.

**Fujin** [-dʒin], schintoist. Windgott.

**Fujisawa** [fudʒi-] *(Fudschisawa),* jap. Stadt auf Hondo unweit des Fudschijama, an der Sagamibucht, 350 000 E.; TH; Eisen-Ind., Maschinenbau, Elektrotechnik.

**Ful**

Der **Fujiyama**, höchster Vulkan und gleichzeitig größte Erhebung Japans, gilt wegen seines symmetrischen Aufbaus als der schönste Vulkan der Erde.

**Fujitsu Ltd.** [fudʒɪtsu limitɪd], führendes jap. Computer-Unternehmen, Sitz: Tokio; Umsatz: 42,6 Mrd. DM; Beschäftigte: 162 000 (1992).
**Fujiwara** [fudʒi-] *(Fudschiwara),* neben dem Kaiserhaus, das keinen Familiennamen trägt, älteste und bedeutendste Familie Japans, heute noch in Seitenlinien. Sie lenkte vom 9.–12. Jh. die jap. Politik.
**Fujiyama** *(Fudschijama,* jap. *Fujisan),* ebenmäßiger, 3776 m aufragender Vulkankegel auf →Hondo, südwestl. der Ebene von Tokio; Wahrzeichen, höchster und heiliger Berg Japans (in den Sommermonaten von Tausenden Japanern besticgen), seit 1707 inaktiv; längste Zeit des Jahres schneebedeckt, Mittelpunkt eines Touristen- und Wintersportgebietes.
**Fukazawa**, Shichirō, jap. Schriftst., *29. 1. 1914 Isara (Präfektur Yamanashi), †18. 8. 1987 Shobu-machi (Präfektur Sitama); Werke in der jap. Tradition verhaftet.
**Fukien** [-kjɛn], chin. Prov. →Fujian.
**Fuks**, Ladislav, tschech. Schriftst., *24. 9. 1923 Prag, †19. 8. 1994 ebd.; Verf. von Romanen und Novellen, die meist das Schicksal der jüd. Bevölkerung Prags unter der dt. Besatzung behandeln.
**Fukui**, Kenichi, jap. Chemiker, *4. 10. 1918 Nara (bei Kioto); erhielt 1981 den Nobelpreis für Chemie zus. mit R. →Hoffmann für seine Arbeiten über den Ablauf organ. Reaktionen.

**Fukui**, jap. Prov.-Hptst. auf der Hauptinsel Hondo, nördl. des Biwasees, 250 000 E.; Univ. (TH); Papier- und Seidenindustrie.
**Fukuoka**, jap. Universitätsstadt und Prov.-Hptst. auf der Hauptinsel Kyushu, an der Tsushimastraße gegenüber Korea, mit dem Hafen Hakata, Zentrum des ›jap. Ruhrgebietes‹ Chikuho, 1,2 Mio. E., als Agglomeration 1,7 Mio. E.; Steinkohleförderung, Seiden-, Baumwoll-, Metall- und Elektroindustrie.
**Fukurokudshu** [jap. ›Glück, Reichtum, langes Leben‹] *(Fukurokuju),* schintoist. Glücksgott.
**Fukushima**, Kazuo, jap. Komponist, *11. 4. 1930 Tokio; Autodidakt; Synthese aus jap. Musiktradition und westl. Moderne (→Takemitsu). – *W:* Requiem (1956); Kada Hihaku (59); Ring of the Wind (68).
**Fukushima** *(Fukuschima),* jap. Prov.-Hptst. im N der Hauptinsel Hondo, 280 000 E.; Seiden-Ind., Automobil- und Maschinenbau, Elektrotechnik, Chemiewerk.
**Fukuyama** *(Fukujama),* jap. Hafenstadt im SW der Hauptinsel Hondo, 360 000 E.; Textil-, Elektro-, chem. Industrie.
**Ful** *(Fulfulde,* engl. *Fulani,* frz. *Peul),* nigrit. (→Sudansprachen) →Klassensprache der in West- und Zentralafrika verbreiteten →Fulbe. Das Westful (Senegal, Guinea, Nigerbogen) hat 28 Nominalsuffixe, das Ostful (Nordnigeria, Nordkamerun) 24. Diese bedingen systematischen Anlautwechsel (→Permutation).

Kenichi Fukui

## Fulbe

**Fulbe** (Einz. *Pulo*, engl. *Fulani*, frz. *Peul*), Sudanvolk mit nigrit. Sprache (→Ful), etwa 5 Mio., über 12 Staaten von Senegal bis Kamerun verstreut. Die F. werden gewöhnlich in zwei kulturell unterschiedl. Gruppen gegliedert, die auch somatische Unterschiede aufweisen: 1. die städtische, gewerbetreibende Gruppe, seit dem 11.Jh. Muslime, auf die zahlreiche Staatengründungen zurückgehen; 2. die insgesamt hellhäutigeren, nomadisierenden Viehzüchter, auch Bororo genannt, die in Religion und Sozialstruktur noch ältere Kulturmuster erkennen lassen. Beide Gruppen leben in enger Symbiose. Die →Ethnogenese der F. ist noch weitgehend ungeklärt (Vermischung berberischer und negrider Bevölkerungselemente). Als Ursprungsgebiet gilt das Gebiet am unteren Senegal, von wo aus vermutl. ab dem 11./12.Jh. eine allmähl. Expansion einsetzte.

**Fulbe**-Frau aus dem Sudan beim Flechten

**Fulbright** [fụlbraɪt], James William, amerik. Politiker, *9.4.1905 Sumner (MO), †9.2.1995 Washington; auf seine Initiative geht ein Austauschprogramm für Wissenschaftler und Studenten zurück (seit 1946). Scharfer Kritiker der milit. Interventionen der USA in Kuba, der Dominikan. Republik und in Vietnam; befürwortete engere Bindung der USA an Europa.

**Fulc-Este**, ital. Adelsgeschlecht: →Este.

**Fulda**, Ludwig, Schriftst., *15.7.1862 Frankfurt a.M., †(Freitod) 30.3.1939 Berlin; Mitbegründer der →Freien Bühne; schrieb soziale, später neuromant. Märchendramen und kultivierte Gesellschaftskomödien, u.a. ›Der Talisman‹ (1893) und ›Maskerade‹ (1904); übersetzte Molière; auch Epigramme.

**Fulda, 1)** hess. Krst. im Reg.-Bz. Kassel, an der F., im *Fuldaer Becken*, 55000 E.; kath. Bischofssitz, Tagungsort der ›Dt. Bischofskonferenz‹, Sitz der Präsidialkanzlei des Dt. Ev. Kirchentags; Michaelskapelle (822), Barockdom mit Bonifatiusgrab, Stadtschloß; Philos.-Theol. Hochschule, Fachhochschule, Landes-Bibl., Museen, Tiergarten; vielseitige Ind. (Weberei, Bekleidung, Wachs, Gummi, Elektro-, Meßgeräte, Teppiche). – Klostergründung 744, papst- und reichsunmittelbare Fürstabtei bis 1802; bereits 1114 Stadt.
**2)** Quellfluß der Weser, 218 km lang, entspringt an der →Wasserkuppe (Rhön), vereinigt sich bei Hannoversch-Münden mit der Werra zur Weser; mündungsaufwärts sind 109 km kanalisiert.

**Fulfulde** →Ful.
**Fulgoridae** →Laternenträger.
**Fulguration** [lat.], ein Evolutionssprung, der mit einfacher Mutation nicht zu erklären ist.
**Fulgurit** [lat.] *der,* **1)** Syn. →Blitzröhre; **2)** *F.*®, Baumaterial aus Zement und Asbest für Abzugsrohre, Dächer u.a.; korrosionsbeständig gegen Rauchgase.
**Fulham** [fuləm], Stadtteil von London, im Stadtbezirk Hammersmith; Bischofspalast aus dem 16.Jh.
**Fuligo** →Lohblüte.
**Fulla**, german. Göttin; →Frigga.
**Fullarton** [fulətən], John, engl. Bankier und Nationalökonom (1780 bis 1849), einer der Hauptvertreter der →Bankingschule.
**Füllen** →Fohlen.

# Füllkörper

**Fuller** [fulə], Curtis, amerik. Jazzposaunist, *15.12.1934 Detroit (MI); wurde bes. durch A. →Blakeys ›Jazz Messengers‹ bekannt; Zusammenspiel u.a. mit Cannonball Adderley, Miles Davis und Dave Brubeck.

**Fuller** [fulə], Loie, amerik. Tänzerin, *15.1.1862 Fullersbury (IL), †1.1.1928 Paris; berühmt v.a. durch ihren ›Serpentinentanz‹, der hauptsächlich auf dem Effekt fließender und angestrahlter Seidenbahnen beruhte.

**Fuller** [fulə], Richard Buckminster, amerik. Ingenieur, *12.7.1895 Milton (MA), †1.7.1983 Los Angeles; die von ihm entwickelten Schalenkonstruktionen prägten die moderne Architektur, kennzeichnend sind die durch tragende Stäbe abgegrenzten, gedeckten oder transparenten Einzelzellen, die sich über Kreuzungspunkte beliebig miteinander kombinieren lassen. Sein Name stand Pate für die neu entdeckte Stoffklasse der →Fullerene.

**Fuller** [fulə], Roy Broadbent, engl. Schriftst., *11.2.1912 Failsworth; schrieb anfänglich von W.H. →Auden beeinflußte Gedichte mit sozialer Thematik, später iron.-krit. Romane, Kriminalromane und Jugendbücher.

**Fuller** [fulə], Samuel, amerik. Filmregisseur, *12.8.1911 Worcester (MA), †30.10.1997 Hollywood (CA); bekannt durch Western, Kriegs- und Kriminalfilme: ›Vierzig Gewehre‹ (1957), ›Der nackte Kuß‹ (64), ›Die unbesiegbare Erste‹ (78), ›Weiße Bestie‹ (81), ›Straße ohne Wiederkehr‹ (89).

**Fuller** [fulə], Sarah Margaret, amerik. Schriftstellerin, *23.5.1810 Cambridgeport (MA), †(Schiffsunglück) 19.7.1850 Fire Island (NY); Hrsg. der Zschr. ›Dial‹ (1840–42), Vertreterin des →Transzendentalismus; Vorkämpferin der amerik. Frauenbewegung mit der Schrift ›Woman in the Nineteenth Century‹ (45); übersetzte Eckermanns ›Gespräche mit Goethe‹ (39).

**Fullerene** [nach R. B. →Fuller], Anfang der 90er Jahre neu entdeckte Modifikation des Kohlenstoffs, bei der sich Kohlenstoffatome ent-

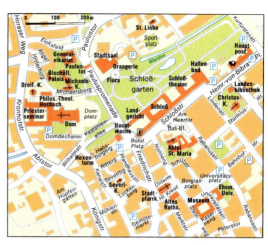

weder als $C_{60}$- oder $C_{70}$-Molekül in Form regelmäßiger Sechs- und Fünfecke zu einer fußballähnl. Struktur zusammenschließen. Die Erforschung der F. ist noch in vollem Gang, ihre mögl. Verwendung als Schmierstoff, Katalysator, Ionenaustauscher oder Material für eine neue Klasse supraleitender Verbindungen wird intensiv untersucht.

**Fullerton** [fulətən], Stadt im S des US-Bundesstaates Kaliforniens, im östl. Einzugsbereich von Los Angeles, 114000 E.; Herst. von Flugzeug- und Raketenteilen; nahebei Erdölvorkommen.

**Füllfederhalter,** ein Schreibgerät mit Verschlußkappe und auffüllbarem Tintenraum, der über einen feinen Kanal mit der Feder verbunden ist. Übliche Konstruktionen sind: Kolben-, Druck- und Patronen-F.

**Füllhorn,** Pilz: →Totentrompete.

**Füllhorn,** mit Blumen und Früchten gefülltes Horn, in der griech. Mythologie Sinnbild des Überflusses, v.a. Attribut der Erdgöttin →Gäa oder Fortuna; auf Münzen propagandist. Symbol für segensreiche Regierung (→Amalthea).

**Füllkörper,** kleine Ton- oder Kunststoffkörper (→Raschig-Ringe) oder Rollspäne aus Holz u.ä., mit denen Reaktionstürme (→Reaktion) gefüllt werden. Chemische und physik. Reaktionen zw. Gasen und die F. berieselnden Flüssigkeiten wer-

**Fulda:** inneres Stadtgebiet

Fulda

## Full Metal Jacket

**Füllkörper: 1** Berl-Sattel, geeignet für Destillationen von Stoffgemischen mit engen Siedegrenzen; **2** Kugeln aus Keramik, verwendet zur besseren Verteilung gasförmiger Stoffe während des Einströmvorgangs in die Kontaktphase; **3** Raschig-Ring, ein Hohlzylinder, universell verwendbar; **4** und **5** Füllkörper mit Steg bzw. Kreuzsteg bieten gegenüber dem normalen Raschig-Ring vergrößerte Oberfläche; **6** Pall-Ring, eine weitere Verbesserung des Raschig-Rings

den dadurch wegen der großen Reaktionsfläche beschleunigt.
**Full Metal Jacket** [- mɛtəl dʒækɪt], Film von St. →Kubrick (1987) über den Vietnamkrieg.
**Füllort,** im Bergbau die Anschlußstelle einer Strecke an den Schacht (ein untertägiger Grubenbahnhof). Hier werden die beladenen Förderwagen in den Förderkorb geschoben oder in die Fördergefäße *(Skips)* entleert.
**Füllschriftverfahren,** Verfahren zur möglichst dichten Anordnung der Tonspuren auf →Schallplatten. Hierbei werden bei längeren leisen Musikpassagen wegen der kleinen Amplituden die Rillenabstände verringert, bei lauten Stellen dagegen entspr. vergrößert.
**Füllstandsmesser,** Gerät zur Anzeige der Füllhöhe von Tanks und Flüssigkeitsbehältern. Einfache F. besitzen einen →Schwimmer, dessen Stand die Füllhöhe markiert. Beim *pneumatischen F.* wird der von der Tauchtiefe abhängige Auftrieb zur Anzeige benutzt. Der *radioaktive F.* arbeitet analog der →Lichtschranke.
**Füllstimme,** im musikal. Satz eine den Klang bereichernde Stimme, die keine melod. Eigenbedeutung besitzt.
**Füllstoffe,** *Chemie:* oft pulverförmige Mischungsbestandteile, die bei der Fertigung von Anstrichmitteln, →Kunststoffen, →Gummi, →Papier u. a. entweder die physik. Eigenschaften verbessern (Kieselsäuren, →Ruß, auch verstärkende →Kunstharze als aktive F.) oder als nicht verstärkende F. nur die Volumenkosten senken (inerte Bunt- und Weißpigmente, Aktivatoren wie Zinkoxid). Als F. dienen auch →Kreide, Holzmehl, Fasern.
**Full-time-Job** [engl., fʊltaɪm dʒɔb], Ganztagsbeschäftigung.

**Füllung, 1)** *allg.:* Inhalt eines Gefäßes; **2)** *Bautechnik:* dünne Sperrholz-, Holzfaser-, Preßspanplatten oder Bretter, die in einen aus stärkeren Hölzern gezimmerten Türrahmen eingesetzt werden (u. a. für Zimmer- und Schranktüren); **3)** *Zahnmed.:* →Plombe; **4)** *Röntgendiagnostik:* →Kontrastmittel.
**fully fashioned** [engl., - fæʃənd], Bez. für formgerecht angefertigte Strickwaren.
**Fulmar** *(Eissturmvogel; Fulmarus glacialis),* möwengroßer →Sturmvogel des Nordpazifiks und Nordatlantiks; nistet an steilen Felsen; beide Eltern brüten (40–60 Tage), lösen einander alle 2–4 Tage ab.
**fulminant** [lat. ›blitzend‹], glänzend, blendend, großartig.
**Fulminate** [lat. fulmen ›Blitz‹], Salze der in freiem Zustand nicht beständigen Knallsäure *(Fulminsäure),* $H-C \equiv N = O$, z. B. Knallquecksilber, $Hg(CNO)_2$, wichtiger →Initialsprengstoff.
**Fulpmes,** Fremdenverkehrsort im Stubaital, Tirol, 3000 E.; Kleineisen-Ind.; Endpunkt der Stubaitalbahn.
**Fulton** [fʊltən], Robert, amerik. Ingenieur, * 14. 11. 1765 Little Britain (PA), † 24. 2. 1815 New York; baute das erste mit Schaufelrädern angetriebene Dampfschiff. 1807 erste Fahrt auf dem Hudson.
**Fulvosäuren,** Gruppe stark saurer →Huminstoffe; bilden sich bes. in Böden mit geringer biol. Aktivität, sind leicht lösl. und weisen deshalb eine hohe Mobilität auf.
**Fumage** [frz., fymaʒə], Brandcollagentechnik in der modernen Malerei unter Einsatz von Ruß, angesengten Materialien, Brandspuren.
**Fumana** →Heideröschen.
**Fumaria** →Erdrauch.
**Fumarin** →Erdrauch.
**Fumarole** [lat.] *die,* vulkan. Exhala-

# Fundamentalismus

tion (Aushauchung) verschiedenartiger Gase mit Temp. zw. 200 und 800 °C.
**Fumarsäure,** in vielen Pflanzen, bes. Pilzen, vorkommende organ. Säure, stereoisomer (→ Isomerie) zur → Maleinsäure; bildet weiße Kristallnadeln, die bei 200 °C sublimieren; wird durch Erhitzen von → Apfelsäure dargestellt.
**Fumé** [frz., fyme̱] der, 1. Rußabdruck beim Stempelschneiden; 2. Probeabzug eines Holzschnitts (mit Rußfarbe).
**Fun,** jap. Gewichtseinheit; 1 F. = 0,378 g (→ Momme).
**Funabashi** *(Funabaschi)*, jap. Stadt auf der Hauptinsel Hondo, Trabantenstadt von Tokio, mit 530 000 E.; Hafen, Fischhandel, Metallverarbeitung und chemische Industrie.
**Funambulus** → Hörnchen.
**Funan** *(Phnam)*, von indischer Kultur geprägtes Königreich, umfaßte vom 2. bis 6. Jh. den S von Vietnam und Kambodscha; als Zentrum der buddhist. Gelehrsamkeit reichten die Einflüsse von F. bis nach China; um 630 vom Khmerstaat Chen-la annektiert.
**Funaria** → Drehmoos.
**Funboard** [engl., fʌnbɔːd], im Windsurfen schwertloses, in der Regel unter 3 m langes Brett für das Surfen bei hohen Windstärken.
**Funchal** [fũʃal], Hptst. der portug. Insel → Madeira und des Distrikts F. (794 km², 270 000 E.), mit rd. 50 000 E.; Bischofssitz; Hafen, Handelsplatz; Winterkurort.

**Fund,** eine verlorene Sache, die jemand findet und in Besitz nimmt (BR Dtld.: §§ 965 ff. BGB; *Österr.:* §§ 388 ff. ABGB; *Schweiz:* Art. 720–724 ZGB). Der Finder hat den Fund dem Verlierer oder Eigentümer, wenn er ihn kennt, sonst der Polizeibehörde unverzügl. anzuzeigen. Anzeige an die Polizeibehörde ist nicht erforderlich, wenn die Sache nicht mehr als 10 DM (*Österr.:* 50 S, *Schweiz:* 10 sfr) wert ist (Klein-F.). Der Finder hat Anspruch auf → Finderlohn und auf Ersatz etwaiger Aufwendungen (z. B. Fütterungskosten für einen Hund). Er erwirbt an der Fundsache, deren Empfangsberechtigter sich nicht feststellen läßt, mit Ablauf eines halben Jahres (*Schweiz* nach fünf Jahren) seit Erstattung der Anzeige das Eigentum; in *Österr.* nach einem Jahr das Benutzungsrecht und nach drei Jahren das Eigentum.
▓ Siehe auch ›Praxistip Recht‹.
**Fundament** [lat.], Unterbau (aus Stein, Beton, Pfahlrosten u. a.) von Gebäuden, Ingenieurbauten, Maschinen usw., der die Lasten auf den Baugrund überträgt (→ Gründung).
**Fundamentalbaß** → Generalbaß.
**Fundamentalismus, 1)** um 1875 in den ev. Kirchen Nordamerikas entstandene Bewegung mit dem Ziel, gegenüber dem Liberalismus und der hist.-krit. Forschung die christl. Glaubensgrundlagen zu verteidigen, insbes. die Gottheit Christi, seine leibliche Auferstehung und Himmelfahrt, die Jungfrauengeburt

## Praxistip Recht                                                    Fund

Fund liegt vor, wenn jemand eine verlorene Sache auffindet und an sich nimmt. Das Problem, vor dem Sie als Finder stehen, lautet: Ist die Sache verloren oder aufgegeben? Hier hilft ausnahmsweise der gesunde Menschenverstand weiter: Aus den Umständen des Einzelfalls müssen Sie schließen, ob die Sache herrenlos oder verloren ist. Alle Dinge, die eindeutig herrenlos sind – z. B. auf den Sperrmüll gebracht worden sind –, können Sie als Ihr Eigentum an sich nehmen (›sich aneignen‹). Eine gefüllte Geldbörse oder den Bürgersteig beispielsweise oder einen ordentlichen Schirm in der Telefonzelle müssen Sie dagegen regelmäßig als verloren ansehen. Jeden Fund, der mehr als 10 DM wert ist, müssen Sie unverzüglich dem Eigentümer zurückgeben, wenn Sie ihn kennen, oder der Gemeinde anzeigen. Andernfalls begehen Sie eine Unterschlagung. Meldet sich der Eigentümer nicht binnen 6 Monaten, so wird der Fund Ihr Eigentum. Gegenüber dem Eigentümer haben Sie Anspruch auf Finderlohn, und zwar 5 % bis zu einem Wert von 1000 DM und 3 % für den 1000 DM überschießenden Betrag.

# Fundamentalkatalog

u. a.; weltweite Verbreitung mit losem organisator. Zusammenhalt.
**2)** Strömung im Islam, deren Vertreter die urspr. islam. Religion zur Grundlage des gesellschaftl. Lebens ihrer Länder machen wollen *(Reislamisierung).* Ursache der raschen Verbreitung des F. im ausgehenden 20. Jh. ist die Identitätskrise vieler islam. Länder, hervorgerufen durch den ihnen durch die europ. Kolonialmächte aufgezwungenen Kulturwandel.

**Fundamentalkatalog,** Verzeichnis der →Fundamentalsterne; nach internat. Vereinbarung wird für astron. Beobachtungen der F. des Berliner Astron. Jahrbuchs zugrunde gelegt, der 1963 als *FK 4* vom Astron. Recheninstitut in Heidelberg neu bearbeitet wurde.

**Fundamentalkonstanten,** andere Bez. für →Naturkonstanten.

**Fundamentalontologie,** die von M. →Heidegger durchgeführte Grundlegung der →Ontologie, die vom Menschen als dem *Dasein* ausgeht, das nicht einfach fraglos *ist,* sondern dessen Verhältnis zur Welt durch existenziale Bezüge (→Existenzial) geregelt ist.

**Fundamentalpunkte,** Synonym für →Festpunkte.

**Fundamentalsatz** →Algebra.

**Fundamentalsterne,** ausgewählte, möglichst gleichmäßig über den Himmel verteilte Sterne, deren Örter bes. sorgfältig vermessen wurden; dienen zu Anschlußbeobachtungen für die Örter der übrigen Sterne sowie zu Zeit- und geogr. Ortsbestimmungen.

**Fundamentaltheologie,** Teilgebiet der kath. Theologie, das die Bedingungen von →Offenbarung und →Glaube sowie die Möglichkeit der rationalen Erkenntnis der Glaubensgrundlagen abzuhandeln versucht.

**fundieren** [lat.], mit einer (festen) Grundlage versehen, begründen, sicherstellen.

**fundierte Schulden,** langfristige öffentliche Schulden, z. B. →Obligationen; Ggs. →schwebende Schulden.

**fundiertes Einkommen,** das Einkommen aus Vermögensbesitz, z. B. Zinsen, Miet- und Pachterträge.

**Fundulus** →Zahnkarpfen.

**Fundunterschlagung,** das unberechtigte Aneignen einer gefundenen Sache (→Fund).

**Fundus** [lat. ›Boden, Grund‹] *der,* 1) *allg.:* Grundlage, Bestand; 2) *Theater, Film:* gesamter Ausstattungsbestand; 3) *Medizin:* Grund, Boden von Organen oder Geweben (z. B. Augenhintergrund).

**Fundusdrüsen,** Vorkommen in der →Fundus-Region des Säugermagens; in Abhängigkeit der drei am Aufbau beteiligten Zelltypen werden Schleim, Salzsäure oder Verdauungsenzyme produziert.

**Fundy Bay** [fʌndɪ-], rd. 300 km lange Bucht an der kanad. Atlantikküste zw. Neubraunschweig und Neuschottland, weist den höchsten Tidenhub der Erde auf: im Inneren bis 14 m, bei Springflut bis 21 m; wichtigster Zufluß Saint John River; größtes Gezeitenkraftwerk der Erde in Planung.

**Fundy-Nationalpark** [fʌndɪ-], rd. 200 km² großes Schutzgebiet im S der kanad. Prov. New Brunswick, an der NW-Küste der Fundy Bay.

**funèbre** [frz., fynɛbrə], musikal. Vortrags-Bez.: traurig, düster.

**Fünen** (dän. *Fyn*), zweitgrößte dän. Insel zw. Großem und Kleinem Belt, 2984 km², 400 000 E. *(Amt F.),* mit südl. Nebeninseln 3486 km² und 460 000 E., Hauptort →Odense; hochentwickelte Landwirtschaft.

**Funès** [fynɛs], Louis de, frz. Film- und Theaterschauspieler, *31.7. 1914 Courbevoie, †28.1.1983

Fünfkirchen: innerstädtische Pfarrkirche, eine ehemalige Moschee (1766/67 barokkisiert, 1939 – 42 restauriert, 1958 Freilegung der osmanischen Kuppel)

Nantes; bek. durch Rollen in Komödien: ›Die große Sause‹ (1966), ›Balduin, der Ferienschreck‹ (68), ›Brust oder Keule‹ (76), ›Louis, der Geizkragen‹ (80).
**Fünfblatt** →Fünfpaß.
**Fünfeck** *(Pentagon)*, unregelmäßige oder regelmäßige Figur mit fünf Ecken und Seiten. Die Summe seiner Innenwinkel beträgt 540°. Das regelmäßige F., dessen Seiten gleich lang sind, kann mit Zirkel und Lineal konstruiert werden.
**Fünferalphabet** →Fernschreiber.
**Fünfjahresplan** (russ. *Pjatiletka*), der auf Gesetz beruhende zentrale Wirtschaftsplan in der ehem. Sowjetunion. Der erste F. trat 1928 in Kraft. In den nur einmal durch einen Siebenjahresplan (1959–66) unterbrochenen F. wurden wechselnde Schwerpunkte gesetzt. Der F. von 1986–1990 enthielt Reformen, u. a. die begrenzte Einführung marktwirtschaftl. Elemente wie die Zulassung individueller Arbeit. Nach dem russ. Vorbild wurden in anderen Ostblockstaaten ebenfalls Mehrjahrespläne aufgestellt.
**Fünfkirchen,** ung. **Pécs,** Hptst. des ung. Komitats →Baranya, wirtschaftl. und kulturelles Zentrum SW-Ungarns, mit 180000 E., am Südhang des Mecsekgebirges; im Umland Obst-, Wein- und Tabakanbau, in der Stadt Agrarhandel, Sektherstellung, Landmaschinenbau, Mühlen-, Leder-, Konfektions- und Möbelindustrie, Hanf- und Flachsverarbeitung, Kokerei, Wärmekraftwerk; bei Komló Kohlevorkommen. – Ehem. röm. Siedlung; als *Quinque Ecclesia* bed. Ort im Großmährischen Reich. 1367 bis 1543 Univ., erneut seit 1920 (durch Verlegung der Univ. von →Preßburg).
**Fünf letzte Tage,** Film von P. →Adlon (1982) über die Widerstandskämpferin Sophie Scholl.
**Fünfpaß** *(Fünfblatt),* got. →Maßwerk mit fünf in einen Kreis eingefügten Dreiviertelkreisbogen (→Paß).
**Fünfprozentklausel** →Sperrklausel.
**Fünftagefieber** *(Wolhynisches Fieber; Febris quintana),* eine durch →Rickettsien *(Rochalimaea quintana)* verursachte Krankheit mit period. Fieberschüben (alle fünf Tage) und typ. Schienbeinschmerzen; Schwellung der Milz. Die Rickettsien werden durch Kleiderläuse übertragen.
**fünfte Kolonne,** mit dem Feind sympathisierende und ihm Vorschub leistende Untergrundgruppen im Hinterland. Benannt nach den Anhängern Francos in Madrid, die ihn während des →Spanischen Bürgerkriegs im Rücken der republikanischen Front unterstützten, als er in vier Kolonnen die Stadt angriff.
**Fünfte Republik** →französische Geschichte.
**Fünftonmusik** →Pentatonik.
**fungieren** [lat.], Amt ausüben, sich betätigen (als), wirksam sein (als).
**fungiform** [lat.], pilzförmig.
**Fungistatika,** chem. Substanzen oder durch Mikroorganismen produzierte Stoffe; hemmen Wachstum und Vermehrung von Pilzen.

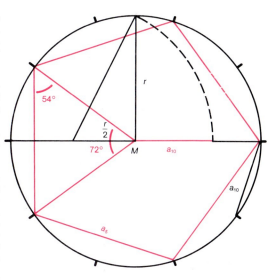

**Fünfeck:** Die Konstruktion des einem Kreis eingeschriebenen regelmäßigen Fünfecks nur mit Zirkel und Lineal verläuft über die Konstruktion der Seitenlänge $a_{10}$ des diesem Kreis eingeschriebenen regelmäßigen Zehnecks: Es läßt sich berechnen, daß das Verhältnis zwischen Radius $r$ und $a_{10}$ den Wert $r/2 \cdot (\sqrt{5}-1)$ besitzt; dies entspricht aber genau einer Teilung von $r$ nach dem Goldenen Schnitt. Durch Abtragen von $a_{10}$ auf dem Kreisbogen und Verbinden nur jedes zweiten Schnittpunktes erhält man das regelmäßige Fünfeck.

**Fünfpaß** im gotischen Maßwerk

# Fungivoridae

**Fungivoridae** → Pilzmücken.
**Fungizide** [lat.], zu den Mikroboziden gehörende Chemikalien mit abtötender oder das Wachstum hemmender Wirkung *(Fungistatika)* gegenüber Schimmelpilzen u. a. Pilzen und deren Sporen. Einsatz finden die F. v. a. im Pflanzenschutz sowie beim Schutz von Lebensmitteln, Textilien, Farben, Anstrichstoffen, Treibstoffen, Schmiermitteln, Holz, Leim und Papier (→ Konservierung, → Imprägnieren). Zu den *metallfreien F.* zählen u. a. Chlor-, Chlornitro- und Phenylphenole sowie stickstoffhaltige Heterocyclen, Phosphorsäureester und feiner Schwefel; *metallhaltige F.* sind z. B. Kupferkalk- und Kupfersodabrühe, Kupferoxychlorid und die Calciumpolysulfide (→ Beizen).
**fungös** [lat.], schwammig.
**Fungus** [lat. ›Pilz‹] *der*, Mz. *-gi*, schwammige Geschwulst an Gelenken.
**Funhof**, Hinrik, Maler, *um 1430 Hamburg, †nach 1484 ebd.; schuf u. a. die spätgot. Tafeln am Hochaltar der St.-Johanniskirche in Lüneburg (1482–84).
**Funi**, (Virgilio Socrate) Achille, ital. Maler, *26.2.1890 Ferrara, †26.7.1972 Appiano Gentile (bei Como); anfangs Futurist, malte ab 1920 in neoklassizist. Realismus.
**Funiculus,** Botanik: → Nabel, → Samenanlage.
**Funikulitis,** Entzündung eines Samenstrangs.
**Funk,** Casimir, poln.-amerik. Biochemiker, *23.2.1884 Warschau, †20.11.1967 Albany (NY); beschäftigte sich vor allem mit Vitaminmangelerscheinungen; prägte 1912 den Begriff ›Vitamin‹ (→ Vitamine).
**Funk,** Walther, nat.-soz. Politiker, *18.8.1890 Trakehnen, †31.5.1960 in Düsseldorf; Wirtschaftssachverständiger der → NSDAP. 1933–38 Reichspressechef, 38–45 Reichswirtschafts-Min., ab 39 auch Reichsbank-Präs., 46 in Nürnberg zu lebenslänglicher Haft verurteilt, 57 entlassen.
**Funk,** Sammel-Bez. für alle Verfahren drahtloser Nachrichten- und Impulsübermittlung und für den → Funkverkehr, stammt aus der Anfangszeit des Funkwesens, als elektr. Hochfrequenzschwingungen durch Funkenentladungen erzeugt wurden.
**Funk** [fʌŋk, von engl. funky ›stinkig‹], bluesbezogene Spielweise in der Jazzmusik mit unsauberer (›dirty‹) Phrasierung, langsamen Tempi, ostinaten Bässen, hoher rhythm. Intensität und kurzen melod. Floskeln; in den 50er und 60er Jahren von Musikern wie Nat ›Cannonball‹ Adderley oder Horace Silver begonnen; Ausstrahlung auf Jazzstile wie Soul und Hardbob; seit den 70er Jahren Stilkategorie der Popmusik, speziell der afroamerik. Musik, jedoch auch Verbindungen mit anderen Stilen wie Rap, Punk oder Dance Floor und Heavy Metal Funk.
**Funkamateur,** eine Person, die den → Funkverkehr aus persönl. techn. Interesse betreibt und dafür eine nach einer techn. Fähigkeitsprüfung erteilte Lizenz mit internat. Rufzeichen besitzt. F. werden in fast allen Ländern der Erde zugelassen und arbeiten auf internat. für sie reservierten Frequenzen. Es gibt z. Z. über 500 000 lizensierte Amateurfunkstationen auf der Erde.
**Funk Art** [fʌŋk at, von engl. funky ›stinkig‹], amerik. Kunstrichtung, die provokativ-bizarre Environments mit obszönen oder vulgären Themen gestaltet; Vertreter: B. → Conner, E. → Kienholz.
**Funkdienst,** der von Funkstellen durchgeführte → Funkverkehr. Der *feste F.* umfaßt den Funkverkehr ortsfester Funkstellen untereinander, z. B. für Übersee- und Europafunk sowie → Rundfunk, der *bewegliche F.* bes. den See- und Flug funkverkehr, *Land-F.* den Funkverkehr innerhalb eines bestimmten Landes. Jedem dieser F. sind bestimmte Frequenzbereiche zugewiesen (→ Funkrecht).
**Funke,** kurzzeitige elektr. Entladung durch ein normalerweise nichtleitendes Gas (bes. Luft, → Gasentladung); kommt zustande, wenn das elektr. Feld zwischen den beiden spannungsführenden Elek-

# Funkenkammer

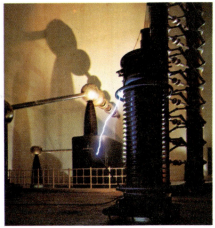

troden so stark wird, daß Gasmoleküle ionisiert (→Ion) werden und dadurch Ladungsträger entstehen, die eine Entladung einleiten. Es bildet sich ein Kanal ionisierten Gases zw. den Elektroden, der sich durch weiteren Stromdurchgang so stark erhitzt, daß das Gas aufglüht und bes. ultraviolette Strahlung aussendet. Die rasche Erhitzung bewirkt eine entspr. Ausdehnung und dadurch eine Druckwelle, die sich bei schwachen F. als Knistern, bei kräftigen als Knall (→Donner beim →Blitz) bemerkbar macht. Innerhalb einer F.-Strecke finden meist kurz hintereinander mehrere Entladungen statt; dies führt zur Abstrahlung von →elektromagnetischen Wellen. Wird durch den F. die elektr. Ladung nicht ausgeglichen, dauert die Entladung an und wird zu einem →Lichtbogen. Zur Einleitung eines F. ist, abhängig von Gasart und -druck, Form und Abstand der Elektroden, eine Mindestspannung erforderlich.
**Funkeln,** durch Luftturbulenzen bedingte rasche Helligkeits-, Farb- und Positionsschwankungen weit entfernter Lichtquellen; das *F. der Sterne* beeinträchtigt die astron. Beobachtungsmöglichkeiten.
**Funkendauer,** die Brenndauer des Zündfunkens an der Zündkerze eines Ottomotors, sie beträgt maximal 2 ms.

**Funkenentladung,** eine rasch erlöschende Bogenentladung (→Gasentladung). Die Spannung, die zur Auslösung einer F. erforderl. ist, wird u. a. durch den Gasdruck und die Form und den Abstand *(Funkenstrecke)* der →Elektroden bestimmt; sie beträgt in normaler Atmosphäre zw. Kugeln im Abstand 1 cm etwa 30 000 V. Durch die F. gleicht sich die Spannung zw. den Elektroden aus; die F. ist mit Lichterscheinung und oft mit starkem Geräusch verbunden (→Blitz; →Donner). Ihr Licht zeigt große Intensität im ultravioletten Bereich.
**Funkenerosion** →Elektroerosion.
**funkenerosive Bearbeitungsanlage,** Maschine zur Erzeugung von Durchbrüchen und Bohrungen sowie zum Abtrennen von Werkstoffteilen durch elektr. Entladungen.
**Funkeninduktor,** Gerät zur Erzeugung hoher Wechselspannungen (rd. 100 000 Volt), bes. für experimentelle Zwecke. Der F. ist ein Hochspannungstransformator mit offenem Eisenkern: Die Spannung der Batterie wird durch den Hammer und den Unterbrecher zerhackt und der Primärwicklung zugeführt. Die in der Sekundärspule induzierte Hochspannung kann über die verstellbare Funkenstrecke entladen werden (→Induktion).
**Funkenkammer,** ein Gerät zum Nachweis geladener →Elementar-

**Funkenentladung:** *links* Überschlagprüfung eines Isolators; auf diese Weise wird festgestellt, welchen Spannungen ein Isolator noch ausgesetzt werden kann, ohne seine isolierenden Eigenschaften zu verlieren; *rechts* Überprüfung eines Isolators bei einer Spannung von 3 Millionen Volt, durch die extrem hohe Spannung treten bläuliche Koronaentladungen auf.

# Funkenprobe

**Funkenkammer:** Bahn eines Teilchens in der Funkenkammer. Durch die ausgelösten elektrischen Entladungen läßt sich mit Hilfe der parallelen Platten der Weg des Teilchens verfolgen; aus seiner Eindringtiefe und der Stärke der Entladungen kann das Teilchen bestimmt werden.

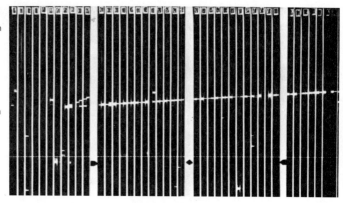

teilchen. Die F. besteht aus einer großen Anzahl paralleler Platten in einer Edelgasatmosphäre; zw. diesen liegt für einige tausendstel Sekunden eine Hochspannung. Jedes Teilchen löst beim Durchfliegen während dieser Zeit einen Funken aus, der als Stromstoß registriert wird und zur Bahnbestimmung dient (→ Blasenkammer).
**Funkenprobe,** ein Prüfverfahren zur Unterscheidung verschiedener Stahlsorten anhand ihrer Funkenbildung und -farbe beim Schleifen.
**Funkenspektrum,** ein → Spektrum der durch elektr. Funken hervorgerufenen Lichterscheinung, enthält die Linien der ionisierten Metallatome des Elektrodenmaterials (→ Emissionsspektrum).
**Funkenstrecke,** Elektrotechnik: → Funkenentladung.
**Funkentstörung** → Störung.
**Funkfeuer,** unbemannte Funksendestelle für die → Funknavigation, meist mit bes. → Kennung (→ Radiokompaß); verwendet zur Eigenpeilung (→ Peilung) von Schiffen und Flugzeugen. *Richtfunkfeuer (Leitstrahlsender)* markieren Seefahrtsstraßen, Kurse, Flugschneisen (→ ILS) usw. durch gerichtete Abstrahlung. *Drehfunkfeuer (Consolfunkfeuer)* ermöglichen durch umlaufende gerichtete Abstrahlung automatische Richtungsbestimmung durch Bordgeräte, neuerdings auch kombiniert mit automatischer Entfernungsmessung (→ TACAN, → VOR). Standortbestimmungen durch F. über große Entfernungen erfolgen mit → LORAN.
**Funkie** [-ki|ə] *(Hosta)*, nach *Chr. Funk* (1771–1839) benannte ostasiat. Gartenzierpflanzen der Fam. → Liliengewächse mit großen weißen oder blauen Blütentrauben.
**Funkkolleg,** Form des Fernstudiums, meist im Medienverbund von Rundfunk und Fernsehen, schriftl. Unterrichtsmaterialien und Kursen.
**Funkmast** → Funkturm.
**Funkmeßverfahren** → Radar.
**Funknavigation,** die → Navigation mittels elektromagnetischer Wellen durch → Peilung von Sendestellen mit bekanntem Standort, durch → Funkfeuer usw. Im Unterschied zu terrestrischer und astronom. Navigation ist die F. von Sichtverhältnissen vollkommen unabhängig (→ Radiokompaß, → LORAN, → VOR, → ILS, → Satellitennavigation).
**Funkortung,** die Bestimmung des Standorts eines Schiffes oder Flugzeugs durch Funkpeilungen (→ Peilung).
**Funkpeilung,** ein Navigationsverfahren (→ Navigation).
**Funkrecht,** rechtl. Regelung für Sendung und Empfang elektromagnet. Wellen. Im Interesse ungestörten → Funkverkehrs sind die den einzelnen → Funkdiensten zugeteilten → Frequenzen internat. durch den *Internat. Fernmeldevertrag,* abgeschlossen in Málaga-Torremolinos am 25. 10. 1973, geregelt. Die nationalen Behörden, die die Funk-

# Funktion

hoheit ausüben (in Europa die staatl. Postbehörden), sind bei nat. Regelungen, der Zuteilung von Funklizenzen usw. an die internat. Regelungen gebunden. Grundsätzl. ist für die Errichtung und den Betrieb von Funksende- und -empfangsanlagen eine Genehmigung der Funkbehörden erforderl., die für das Aussenden von elektromagnet. Wellen nur nach techn. Prüfung des Lizenznehmers erteilt wird. Niemand darf den Inhalt von abgehörten Funksendungen, die nicht für ihn selbst bestimmt sind, weitergeben. Rundfunksendungen gelten rechtlich als Sendungen ›an alle‹.
**Funksender** →Sender.
**Funksprechgerät,** eine trag- oder fahrbare Kombination von Sender und Empfänger für drahtlose Telephonie auf Kurzwelle und UKW über kürzere Entfernung; tragbares F.: Walkie-talkie, bei Rettungsaktionen usw.; eingebaute F. in Polizei- und Feuerwehr-Kfz, Taxis (→CB-Funk).
**Funkspruch,** drahtlos übermittelte Nachricht, oft verschlüsselt.
**Funkstille,** Einstellung des Funkverkehrs, um den Empfang von Notsignalen, z.B. von Schiffen in Seenot, sicherzustellen; im Seekrieg zur Vermeidung von →Funkortung durch den Feind.
**Funkstörungen,** nachrichtentechn. Empfangsstörungen, die ihre Ursachen in atmosphär. Entladungen oder in Ausstrahlungen elektr. Geräte aller Art haben (→Störung).
**Funktechnik,** Sammelbez. für die Verfahren zur drahtlosen Übermittlung von Nachrichten aller Art (z.B. Telegraphiezeichen, Gesprächen, Regel-, Steuerungs- und Meßsignalen, Rundfunk- und Fernsehsendungen) mittels →elektromagnetischer Wellen. Allen Verfahren ist grundsätzl. gemeinsam, daß man die Nachrichten einer hochfrequenten elektr. Schwingung als Träger aufmoduliert (→Modulation), die modulierte Trägerfrequenz mittels eines →Senders verstärkt, in einer →Antenne in elektromagnet. Wellen umwandelt und in dieser Form abstrahlt; in einer Empfangsantenne wird wieder eine Trägerfrequenz

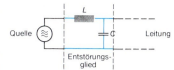

induziert, diese von einem Funkempfänger aufgenommen, verstärkt und demoduliert. Die demodulierten Signale werden entspr. verwertet. Als Hochfrequenzempfänger bzw. -empfängerteil dienen heute prakt. in allen Arten von Geräten der F. (wie z.B. Funkempfängern, Rundfunkgeräten, Funknavigations-Empfangsgeräten, Radaranlagen, Fernsehempfängern) und für alle →Wellenlängen Empfangsschaltungen nach dem Prinzip des →Superhet-Empfängers.
**Funktion** [lat.], **1)** *allg.:* Tätigkeit, Obliegenheit, Aufgabe, Amt.
**2)** *Sozialgeographie:* →Daseinsgrundfunktion.
**3)** *Biol.:* spezif. Leistung bestimmter Organe oder anderer Strukturelemente wie Gewebe, Zellen und Zellbestandteile im Rahmen des gesamten Organismus. Die Untersuchung dieser F. ist Aufgabe der →Physiologie.
**4)** *Math.:* Die Zuordnung $x \to f(x)$ (sprich x Pfeil f von x) heißt Funktion, wenn jedem Element der Definitionsmenge (Definitionsbereich) von $x$ genau *ein* Wert $f(x)$ zugeordnet wird. Die Elemente von $f(x)$ entstammen der Wertemenge bzw. dem Wertevorrat. Von besonderer prakt. Bedeutung sind F., die durch eine Gleichung dargestellt werden können *(analytische F.): $y = f(x)$,* und deren Definitionsmenge Teile der reellen Zahlen sind. Man spricht

**Funkstörung:** Funkentstörung durch ein Tiefpaßfilter als Entstörungsglied

**Funktion:** Symmetrieeigenschaften von Funktionen:
**a** periodische Funktion mit der sich ständig wiederholenden Periode $x_p$;
**b** ungerade Funktion, sie kommt bei einer Drehung um 180° um den Ursprung des Koordinatensystems mit sich selbst zur Deckung; **c** gerade Funktion, sie verhält sich spiegelsymmetrisch zur $y$-Achse.

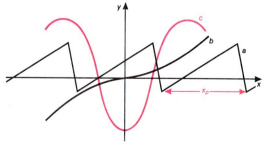

# funktionale Erziehung

**Funktion 4):** graphische Darstellung wichtiger Funktionen →Exponentialfunktion; →Logarithmus; →trigonometrische Funktionen; vgl. auch →Differentialrechnung und →Integralrechnung

**Funktionalismus 2):** vgl. Bilder →Industriedesign

dann auch von Funktionen einer Veränderlichen *(Variablen)* $x$ und nennt $x$ die unabhängige, $y$ die abhängige Variable. Eine F. heißt *stetig*, wenn eine beliebig kleine Änderung von $x$ auch nur eine beliebig kleine Änderung von $y$ zur Folge hat. Im anderen Fall ist die F. *unstetig*. Stetige F. lassen sich in einem →Koordinatensystem als ununterbrochene Kurven graph. darstellen. Durch Auflösen nach $x$ und Vertauschen der beiden Veränderlichen $x$ und $y$ erhält man die zu $y = f(x)$ →inverse F. $y = g(x)$ (muß nicht unbedingt existieren). Die bisher verwendete Darstellung $y = f(x)$ nennt man *explizit*; löst man nach keiner der Veränderlichen auf $(y-f(x) = 0)$, erhält man die *implizite* Form der F. Die Abhängigkeit zw. mehreren Veränderlichen läßt sich allgemein durch den Ausdruck $y = f(x_1 x_2 x_3 \ldots)$ erfassen. Einige spezielle F. haben bes. Namen, so z. B. die →Exponentialfunktion, →trigonometrische Funktionen, →Logarithmusfunktion, →Hyperbelfunktion und →zyklometrische Funktionen; entsprechende Werte sind in den meisten Taschenrechnern programmiert.
5) *Linguistik:* in flektierenden Sprachen die Bed. der Formanzien (→Formans) in ihrer Zuordnung zur Wurzel eines Wortes; Beispiel: er *sag-t-e* (*sag* Wurzel, *t* Formans für Vergangenheit und *e* für dritte Person Einzahl).
**funktionale Erziehung** →intentionale Erziehung.
**funktionale Grammatik,** in den USA und in der ehem. DDR angewandte Grammatik, die grammat. Formen nicht lediglich strukturell (›formal‹), sondern im Hinblick auf ihre kommunikativen Funktionen in Satz und Rede untersucht.
**funktionale Musik,** im Ggs. zur autonomen Musik wird f. M. über ihren gesellschaftl. Zweck definiert: Arbeitsmusik, Tanzmusik (→Disco Music), Marschmusik, Meditationsmusik, Lieder eines best. Zweckes (Wander-, Schlaflieder usw.), polit. Musik und Nationalhymnen, auch Repräsentationsmusik, Musik am Arbeitsplatz, in Verkaufsräumen (→Muzak) und für die Produktwerbung. Entscheidend ist, daß die gesellschaftl. Funktion die individuelle Gestaltung dominiert, sowohl in der Produktion als auch beim Konsum.
**funktionale Satzperspektive,** ein Terminus der →Prager Schule; funktionale Methode, die Wortstellung (Satzgliedfolge) nach dem Informationsgehalt für den Hörer/Leser zu interpretieren. Angenommen wird, daß im normalen, nicht emotionalen Satz am Satzanfang das bereits aus dem Text Bekannte *(Thema)* steht, in der Satzmitte bzw. am Ende die neue Information *(Rhema),* daher *Thema-Rhema-Perspektive.*
**Funktionalismus, 1)** *allg.:* eine philos. Denkrichtung (→Marburger Schule, →Logik), Forschungsrichtung in der Soziologie, →Anthropologie und →Völkerkunde (→Merton, →Radcliffe-Brown, B. →Malinowski, R. →Thurnwald); **2)** *Kunst:* Kunstrichtung, die bestrebt ist, die Form eines Bauwerks oder Gegenstandes aus seiner Funktion, seinem Gebrauchswert herzuleiten, wie es z. B. in der Baukunst das →Bauhaus und allgemein der →Konstruktivismus erstrebt haben.
**Funktionär,** neben- oder hauptberufl. Beauftragter einer Organisation, z. B. Partei-F., Sport-F.
**funktionell,** wirksam, zweckbestimmt; die →Funktion betreffend.
**funktionelle Gruppen,** Atomgruppen, die in versch. Verbindungen wiederkehren und diesen gemeinsame Eigenschaften geben; z. B. die →Hydroxylgruppe in →Alkoholen, die →Aminogruppe in →Aminen, die →Carboxylgruppe in →Carbonsäuren, die →Carbonylgruppe in →Ketonen.
**funktionelle Krankheiten,** Beschwerden an Organen, deren Funktion gestört ist, ohne daß krankhafte organ. Veränderungen nachweisbar sind; sie werden als körperl. Erkrankung erlebt, ihre Ursache liegt in seelischen Einflüssen oder Erlebnissen. Zunächst werden (z. B. durch Verkrampfung) funktionelle Arbeitserschwernisse für die Organe geschaffen: Magen-, Darm-,

# Funkverkehr

Herz-, Menstruationsstörungen u. a. Bei längerer Dauer können diese Organneurosen (→Neurose) in echte organ., nachweisbare Schäden übergehen. F. K. sind oft einer vollständigen wissenschaftl. Analyse unzugänglich, während durch abnorme Einflüsse erzeugte funktionelle Störungen, bes. Zivilisationsschäden, nachweisbar sind.

**Funktionentheorie,** von A. L. →Cauchy, C. F. →Gauß, B. →Riemann und K. →Weierstraß entwickelte Theorie der →Funktionen mit komplexen Veränderlichen (→komplexe Zahlen).

**Funktionsgleichung,** eine Gleichung mit zwei Veränderlichen, allg. Form: $y = f(x)$.

**Funktionskreis,** ein von J. J. von →Uexküll eingeführter Begriff, der die Beziehung zw. Eigenschaften der tierischen Umwelt, ihrer Wahrnehmung durch das Tier und dessen Reaktionen beschreibt; in der heutigen Verhaltenslehre Bez. für eine Gruppe von Verhaltensweisen mit gleicher oder ähnlicher Aufgabe und Wirkung, z. B. Fortbewegung, Nahrungsaufnahme, Brutpflege, Aggression oder Fortpflanzung.

**Funktionsstruktur,** die Verknüpfung von Teil- oder Elementarfunktionen zu einer Gesamtfunktion entspr. dem Stoff-, Energie- und Signalfluß.

**Funktionstastatur,** ein Tastenfeld, bei dem durch Tastendruck gespeicherte geometrische Gebilde oder eigene Funktionsblöcke aufgerufen werden.

**Funktionstheorie,** Theorie der harmon. Zusammenhänge in dominantisch-tonaler Musik; begr. von H. →Riemann (›Vereinfachte Harmonielehre‹, 1893); von drei Hauptfunktionen Tonika, Dominante, Subdominante werden alle übrigen Akkorde abgeleitet (z. B. Terzverwandtschaft, Parallelen usw.). Die Akkorde werden mit definierten Funktionsbez. geschrieben, z. B. D (Dominante), T (Tonika), Tp (Tonikaparallele); akkordfremde Töne werden mit nebengestellten Ziffern notiert, z. B. $S_5^6$ für: Subdominantquintsextakkord; →Harmonielehre.

**Funktionsverb,** Verb, das mit einem Substantiv (meist →Deverbativum) eine feste Verbindung eingeht und dabei weitgehend seine urspr. Bedeutung verliert: *zur Diskussion stellen – in Bewegung bringen.*

**Funktionswechsel** *(Metergie),* in der stammesgeschichtl. Entwicklung vollzogene Änderung der Aufgabe von anatom. einander entsprechenden Organen (→homologe Organe). So waren urspr. die Extremitäten der Wirbeltiere Organe zum Schwimmen (bei Fischen); daraus sind Organe zum Laufen (Amphibien, Reptilien, Säuger), aus den Vorderextremitäten ferner solche zum Fliegen (Vögel, Fledermäuse, Flughunde) und zum Greifen (Affen, Mensch) hervorgegangen.

**Funkturm** *(Funkmast),* Turm, der Sende- und Empfangsantennen trägt oder als isoliert stehende Stahlkonstruktion selbst als Stabantenne wirkt; als Zwischenstation für →Richtfunkstrecken meist Betonturm mit Parabolantennen und Sende- und Empfangseinrichtungen für den →Ballempfang (Nachrichtenturm). Kabelstrecken bes. für Telephonfernverbindungen wurden nach dem II. Weltkrieg vielfach durch ein Netz von Richtfunkstrecken zwischen frei stehenden Nachrichtentürmen mit theoretischer Sichtverbindung ersetzt.

**Funkuhr,** eine →Quarzuhr mit einem Langwellenempfänger, die in stündl. Abständen durch ein Zeitzeichensignal gesteuert wird, das die gesetzl. Zeit angibt und von äußerst genauen Primäruhren stammt. Im Gebiet der BR Dtld. ist die →Physikalisch-Technische Bundesanstalt für diese Zeitzeichen zuständig. Die Signale werden vom Sender DCF 77 bei Mainflingen (Kr. Offenbach) auf der Trägerwelle von 77,5 kHz abgestrahlt. Die Langzeitgenauigkeit einer F. ist mit der des primären Zeitgebers vergleichbar und liegt bei etwa $10^{-14}$ (das entspricht einer Gangunsicherheit von 1 s in 1 Mio. Jahren).

**Funkverkehr,** die Herst. und Aufrechterhaltung von Funkverbindungen zw. Funkstellen und die Über-

⬤ **Funkturm:**
Bilder →Fernsehen; →Richtfunk

# Funkverkehrsbuch

Kurt Furgler

mittlung von Nachrichten zw. ihnen auf drahtlosem Weg. Für die versch. Arten des F. (Übersee-F., Schiffs- und Flugfunk, bewegl. Landfunk von Fahrzeugen aus, milit. Funkdienste, Amateurfunk usw.) sind internat. bestimmte Frequenzgebiete (→Wellenlänge) zugeteilt. Die Verkehrsformen des F. sind internat. weitgehend vereinheitlicht.
**Funkverkehrsbuch** → Signalbuch.
**Fünte** [zu lat. fons ›Quelle‹], norddt. Bez. für Taufbecken.
**Funtumia** → Hundsgiftgewächse.
**Fuorn, Pass dal** → Ofenpaß.
**Fur**, den Sudanvölkern zuzurechnendes Volk in →Darfur (Westsudan) und Träger des gleichnamigen Reiches (16. Jh.). Die Sprache der F. nimmt innerhalb der Sudansprachen eine Sonderstellung ein. Die islamisierten F. waren, an einer der wichtigsten transsahar. Karawanenstraßen ansässig, schon früh Vermittler altägypt., mediterraner und islamischer Kulturelemente im Sudan und in Westafrika.
**Furage** [frz., -ra:ʒə], Truppenverpflegung; Futter für Militärpferde.
**Furan**, farblose, nach Chloroform riechende organ. Flüssigkeit der Bruttoformel $C_4H_4O$, bildet über den Furfurylalkohol Ausgangsstoff für die zu den →Kunstharzen zählenden F.-Harze (→heterocyclische Verbindungen).
**Furca** [lat. ›Gabel‹], Schwanzgabel; →Ruderfußkrebse.
**Furchenbienen** → Schmalbienen.
**Furchenemail**, eine künstlerische Technik: →Email.
**Furchenreinigungsmaschine**, in der →Müllerei verwendetes Gerät zum Entfernen von Schmutz aus der Furche des Samenkorns durch Vorbrechen; *Brechstuhl* für Roggen, *Quetschstuhl* für Weizen.
**Furchenwale** (*Balaenopteridae*), Fam. der →Bartenwale; Meeressäuger der offenen See, weltweit verbreitet, 9–34 m lang, stromlinienförmig, mit 14–118 Längsfurchen an Kehle und Bauch. Zu ihnen gehören →Finnwale und →Bukkelwale.
**Furchenzähner**, Sammel-Bez. für Giftschlangen, deren Giftzähne vorne oder seitl. eine Rinne besitzen, zum Unterschied von →Röhrenzähnern.
**Furcht**, Affekt bei tatsächl. oder vermeintl. Bedrohung; im Ggs. zur →Angst objektbezogen; verbunden mit der Tendenz zu Flucht oder Abwehr; neurotisch gesteigert: →Phobie.
**Fürchten und lieben,** Film von M. von →Trotta (1988) mit F. →Ardant und G. →Scacchi; Adaption des Dramas ›Drei Schwestern‹ von A. →Tschechow.
**Furchung** (*Furchungsteilung, Blastogenese*), Biol.: erste Phase der Keimesentwicklung (→Entwicklung). Durch mitotische →Kernteilungen wird das befruchtete Ei in Blastomeren (Furchungszellen) zerlegt, wodurch zuerst die brombeerähnl. *Morula* (Maulbeerkeim) entsteht. Nach weiteren Zellteilungen bildet sich am Ende der F. eine Hohlkugel, die *Blastula* (Blasenkeim), deren Wand aus einer Zellschicht (Blastoderm) besteht und deren Inneres von der Furchungshöhle, dem *Blastozöl*, eingenommen wird.
1. Bei dotterarmen (*oligolezithalen*) Eiern wird das gesamte Zellmaterial aufgeteilt: *totale* F. Ist der Dotter gleichmäßig im Ei verteilt (*isolezithales Ei*), so entstehen durch die F. gleich große Blastomeren: *total (ad)äquale* F. Ist der Dotter am vegetativen Eipol (→Ei) angereichert (*telolezithales Ei*), so sind in diesem Bereich die Blastomeren größer als am animalen Eipol: *total inäquale* F. 2. Bei dotterreichen (*polylezithalen*) Eiern wird die Dottermasse nicht aufgeteilt; der Vorgang der F. beschränkt sich auf den Eiplasmabereich: *partielle* F. 3. Bei extrem dotterreichen Eiern (z. B. bei →Vögeln) ist der Vorgang der F. auf eine kleine scheibenförmige Blastodermkappe (*Keimscheibe*) begrenzt: *diskoidale* F. 4. Bei Insekteneiern liegt *superfizielle* F. vor: Im Inneren des dotterreichen Eies teilt sich der Eikern wiederholt. Die entstehenden Tochterkerne wandern durch den Dotter in den Plasmabelag der Eioberfläche und bilden dort nach dem Aufbau von Zellwänden das Blastoderm.

Furchung: *oben* Einzell-, *Mitte* Zweizellstadium, *unten* beerenartiges Stadium (Morula), aus vielen Zellen bestehend

**Für Elise,** Albumblatt (1798) bzw. Bagatelle, WoO ( = Werk ohne Opuszahl) 59, von L. van →Beethoven.
**Furetière** [fyrtjɛr], Antoine, frz. Schriftsteller, *28.12.1619 Paris, †15.4.1688 ebd.; schrieb Gedichte, Satiren, Kritiken sowie einen Sittenroman seiner Zeit. Sein ›Dictionnaire universel‹ (1690) umfaßt auch Eintragungen aus der Volks- und Alltagssprache.
**Fureys, The** [ðə fjʊrɪs], irisches Folk-Music-Duo der Brüder Eddie und Finbar Furey; Durchbruch auf der ›Irish Folk Festival‹-Tournee 1974; bek. LP: ›Four Green Fields‹.
**Furfurol** [von lat. furfur ›Kleie‹] *(Furfural, Furol),* farblose organ. Flüssigkeit, Aldehyd des →Furans, wird aus Kleie, Maiskolben, Erdnußschalen und anderen Samenhülsen gewonnen. F. ist Ausgangsstoff für →Adipinsäure und →Hexamethylendiamin, aus denen →Nylon kondensiert wird. Als aromat. riechender Stoff *(Brotaroma)* wird F. vielseitig zur Aromatisierung von Branntwein, Parfümen, Kerzen, Tabak u. a. sowie als Extraktionsmittel von →Butadien und aromat. Ölen aus Rohölen verwendet.
**Furgler,** Kurt, schweiz. Politiker, *24.6.1924 Sankt Gallen; Mitglied der Christdemokrat. Volkspartei; 1971–86 Mitglied des Nationalrats, 71–82 zuständig für das Departement für Justiz, 82–86 für das Departement für Volkswirtschaft; 77, 81 und 85 Bundespräsident.
**Furiant** *der,* böhm. Volkstanz in schnellem Tempo, zw. $^2/_4$- und $^3/_4$-Takt wechselnd; tritt auch in der Kunstmusik auf (bei Smetana und Dvořák häufig anstelle des Scherzos in den Symphonien).
**Furie** [fjuːrɪ], Sidney, kanad. Filmregisseur, *28.2.1933 Toronto. – *Filme:* Ipcress (1965); Südwest nach Sonora (66); Der Mann am Draht (67); Lady sings the Blues (72); Sag ja zur Liebe (75); Der stählerne Adler (85); Ladybugs (92).
**Furien** [lat.], altröm. Rachegöttinnen, den →Erin(n)yen entsprechend; i. ü. S.: wütende, rasende Weiber.

**Furier** [frz.] *(Fourier),* mit Aufgaben des Verpflegungs- und des Rechnungswesens betrauter Unteroffizier.
**furioso** [ital.], musikal. Vortrags-Bez.: wild, leidenschaftlich.
**Furioso-Northstar** [-nɔθstaː], eine Pferderasse aus Ungarn.
**Furka** *die,* 2431 m hoher Alpenpaß in der großen nördl. Längstalung, auf der Grenze der Kt. Uri und Wallis; über ihn verbindet die *F.-Straße* Reuß- (→Andermatt) und Rhonetal (Oberwald-Gletsch). Die *F.-Oberalp-Bahn* unterfährt den Paß seit 1984 zw. Oberwald und Realp in einem Basistunnel. Eine private Ges. bemüht sich, die stillgelegte Bergstrecke als Museumsbahn mit Dampfbetrieb wieder herzurichten.
**Furlana** →Forlana.
**Furlaner,** Volksgruppe im ital. →Friaul.
**Furlanisch,** eine der →rätoromanischen Sprachen.
**Furlong** [fə-], engl. Feldlängenmaß: 201,17 m.
**Furmanow,** Dmitri Andrejewitsch, sowjet. Schriftst., *26.10. (7.11.) 1891 Sereda, †15.3.1926 Moskau; nahm auf bolschewist. Seite am Bürgerkrieg teil, den er in zahlr. Werken schildert, am bekanntesten ›Tschapajew‹ (1923; dt. 28).

**Furka:** An der Westrampe des Passes führt die Straße nahe an den Rhonegletscher heran.

# Furmecyclox

**Furnier:** Darstellung der beiden Verfahren zur Gewinnung von Furnieren; *unten* Aufbau einer furnierten Holzplatte

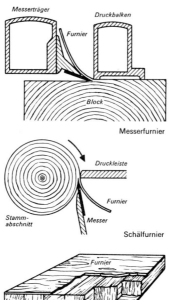

furnierte Holzplatte

**Furnier,** dünnes Blatt aus edleren Hölzern (→ Furnierhölzer) zum Belegen von →Blindholz im Möbelbau. Je nach Schnittverfahren unterscheidet man zw. hochwertigem *Messer-F.* mit bes. schöner Zeichnung und *Schäl-F.*
**Furnierhölzer,** einheim. und trop. Holzarten, die wegen ihrer Färbung oder bes. Maserung in der holzverarbeitenden Industrie für →Furniere von Möbeln, Täfelungen u. dgl. verwendet werden. Wichtige F. sind: Ahorn, Falsche Akazie (→Robinie), Birke, Birnbaum, Buchsbaum, Ebenholz, Eiche, Esche, Espe (→Pappel), Kirschbaum, Lärche, Mahagoni, Makoré, Nußbaum, Palisander, brasilian. Rosenholz, Teakholz, Ulme.
**Furnierplatte,** tragender Baustoff für Holzbauwerke, gebildet durch mehrere Lagen aus Furnieren, die parallel zur Plattenebene kreuzweise aufeinandergeleimt sind.
**Furnierschälmaschine,** Einrichtung zum Schneiden eines →Furniers.
**Furocumarine,** pflanzl. →heterocyclische Verbindungen; wegen der photosensibilisierenden Eigenschaft Verwendung als Bräunungsmittelzusatz in Sonnencremes; Hautkrebs auslösende Wirkung unklar.
**Furol** →Furfurol.
**Furor** [lat.] *der,* Wut, Raserei; *F. teutonicus,* Kampfwut der Teutonen, deutsches Ungestüm.
**Furore** [ital.] *die* oder *das,* rasender Beifall; fast nur noch in der Wendung *F. machen,* Aufsehen erregen, großen Erfolg haben.
**Furrer,** Beat, Komponist, *6.6. 1954 Schaffhausen; komponiert häufig extrem leise Werke, bei denen die Artikulation von bes. Bedeutung ist. – *W:* Oper ›Die Blinden‹ (1989), nach Maeterlinck; Orchester- und Kammermusik.
**Furrer,** Jonas, schweiz. Staatsmann, *3.3. 1805 Winterthur, †25.7. 1861 Bad Ragaz (Kt. St. Gallen); war 1847/48 beteiligt an der liberalen Reformgesetzgebung und Schaffung der neuen schweiz. Bundesverfassung; 48 erster Bundes-Präs. der Schweiz.

**Furmecyclox,** Ersatzstoff für Pentachlorphenol als Holzschutzmittel und Konservierungsstoff; durch Einstufung als krebserregend nur bis Ende 1991 zugelassen.
**Furmint,** kostbarste Rebsorte Ungarns für weiße Dessertweine; Hauptbestandteil des Tokajers, verleiht diesem den charakterist. Geschmack.
**Furnace-Prozeß** [f*ə*nıs-], Verfahren zur Herst. von →Ruß.
**Furnariidae** →Töpfervögel.
**Fürnberg,** Louis, Schriftst., *24.5. 1909 Iglau, †23.6.1957 Weimar; 1939–46 Emigration, 54 Übersiedlung von Prag nach Weimar, wo er die ›Weimarer Beiträge‹ mitbegründete; schrieb Dramen, Novellen, Lyrik; Kompositionen.
**Furneauxgruppe** [f*ə*nou-], austr. Inselgruppe in der Bass-Straße, Teil des Gliedstaates →Tasmanien; größte Insel: →Flindersinsel.
**Furness** [f*ə*nıs], Halbinsel in NW-England, nördl. der →Morecambebucht; Steinkohle- und Kupfererzlager, Schieferbrüche.

Reinhard Furrer

**Furrer,** Reinhard, Physiker, * 25. 11. 1940 Wörgl (Tirol), † (Flugzeugabsturz) 9. 9. 1995 Berlin; nahm als Wissenschaftsastronaut vom 30. 10. bis 6. 11. 85 am Flug des → Spacelab im Rahmen der *D1-Mission* teil; 87–95 Prof. für Weltraumtechnologie.

**Fürsorge,** in der BR Dtld. ältere Bez. für die Hilfstätigkeit öffentl. und privater Organisationen bei individuellen Notlagen. Die *öffentl. F.* wird heute als → Sozialhilfe bezeichnet und ist im Bundessozialhilfegesetz geregelt. Träger der *privaten F.* sind v. a. die zentralen Verbände der *Freien Wohlfahrtspflege* mit ihren regionalen Verbänden und örtl. Niederlassungen: Deutscher Caritasverband (kath.), Diakonisches Hilfswerk (Innere Mission und Hilfswerk der Ev. Kirche in Dtld.), Zentralwohlfahrtsstelle der Juden in Deutschland, Hauptausschuß der Arbeiterwohlfahrt, Deutsches Rotes Kreuz. – *Österr.:* ähnl.; in den Ländern Ausführungsgesetze; *Schweiz:* Träger der F. sind die Gemeinden.

**Fürsorgeerziehung,** die unter Aufsicht durchgeführte Erziehung Minderjähriger in geeigneten Familien oder Heimen unter Einschränkung der elterl. Gewalt (nach §§ 64–77 Jugendwohlfahrtsgesetz). Die F. kann in der BR Dtld. durch das Vormundschafts- oder Jugendgericht für einen Minderjährigen bis 16 Jahre angeordnet werden, wenn er zu verwahrlosen droht oder verwahrlost ist und keine anderen geeigneten Erziehungsmaßnahmen verfügbar sind. Für die Durchführung der F. ist das Landesjugendamt verantwortlich. Die F. endet mit Volljährigkeit oder durch Aufhebung. – Ähnlich in *Österr.:* Jugendwohlfahrtsgesetz vom 9. 4. 1954, Jugendgerichtsgesetz von 1989. F. ist grundsätzlich bis zur Vollendung des 18. Lebensjahres zulässig. – *Schweiz:* Strafrechtl. Erziehungsmaßnahmen (Art. 84, 91 StGB) ordnet das Gericht an; die zivilrechtlichen Kindesschutzmaßnahmen (Art. 307 ff. ZGB) trifft die Vormundschaftsbehörde. Maßnahmen: Erziehungshilfe, Unterbringung in geeigneter Familie oder im Erziehungsheim, therapeutische Behandlung.

**Fürsorgepflicht,** im Arbeitsrecht die sich aus dem Arbeitsverhältnis für den Arbeitgeber ergebende Pflicht gegenüber dem Arbeitnehmer.

**Fürsorgeprinzip,** neben dem Versicherungsprinzip und dem Versorgungsprinzip eines der drei Kernprinzipien der → sozialen Sicherung. Nach dem F. werden bei Eintritt eines Schadensfalls oder einer Notlage nach Prüfung der Bedürftigkeit Leistungen gewährt, ohne daß der Betroffene zuvor Beiträge entrichtet oder eine andere Vorleistung erbracht hätte.

**Fürsorger(in),** in der BR Dtld. und der *Schweiz* veraltete Bez. für Sozialarbeiter(in). – In *Österr.* der in der öffentlichen oder privaten Fürsorge tätige Angestellte oder Beamte; Ausbildung in Sozialakademie.

**Fürsprech,** *Schweiz:* → Rechtsanwalt.

**Fürst** [ahd. ›der Vorderste‹, lat. *princeps*], Bez. für die → reichsunmittelbaren Landesherren, die im Heiligen Röm. Reich teils geistl. (F.-Bischöfe und Reichsäbte), teils weltl. F. (Herzöge, Pfalz-, Mark-, Landgrafen und einige im Spät-MA teilweise auch Grafen) waren. Man unterscheidet älteren und jüngeren Reichsfürstenstand; letzterer bildete sich in der Stauferzeit; 1231 erstm. ›domini terrae‹ genannt. In der → Goldenen Bulle (1356) wurden die → Kurfürsten als Sondergruppe in ihren Vorrechten gegenüber den übrigen F. bestätigt. Die F. waren mit einer Einzel-(Viril-)Stimme im

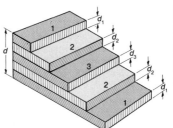

**Furnierplatte:** Aufbau einer fünflagigen Furnierplatte; **1** Deckfurnier, **2** Querfurnier, **3** Längsfurnier (Mittelfurnier); $d_1$, $d_2$ und $d_3$ Dicke der einzelnen Platten, $d$ Gesamtdicke

## Fürstabt

**Fürth:** Rathaus, 1840–50 nach Plänen von Eduard Bürklein erbaut

**Fürstenberg** (Fürstentum)

**Fürstenfeldbruck:** St. Leonhard (1440) an der Amper

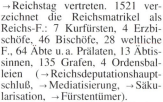

→Reichstag vertreten. 1521 verzeichnet die Reichsmatrikel als Reichs-F.: 7 Kurfürsten, 4 Erzbischöfe, 46 Bischöfe, 28 weltliche F., 64 Äbte u. a. Prälaten, 13 Äbtissinnen, 135 Grafen, 4 Ordensballeien (→Reichsdeputationshauptschluß, →Mediatisierung, →Säkularisation, →Fürstentümer).

**Fürstabt,** bis 1803 Bez. für die dem Fürstenstand angehörenden Äbte, mit Sitz und Stimme im Reichstag.

**Fürstbischof,** bis 1803 Titel der Bischöfe, die Sitz und Stimme im

Reichstag hatten; als Titel heute nur noch in Österreich gebräuchlich, kirchenrechtlich jedoch ohne Bedeutung.

**Fürstenabfindung,** Bez. für den vermögensrechtl. Vergleich zw. den dt. Ländern und den 1918 entthronten Fürsten. Nach dem Scheitern des ›Volksentscheids auf entschädigungslose Enteignung‹ der Fürsten (1926) war eine einheitl. Festlegung der F. durch Reichsgesetz nicht mehr möglich. Die Länder schlossen nun mit den ehem. Fürsten Abfindungsverträge. – In *Österreich* war der Kron- und Familienbesitz der →Habsburger schon 1919 per Gesetz enteignet worden.

**Fürstenau,** niedersächs. Stadt im Lkr. Osnabrück, Reg.-Bz. Weser-Ems, 8000 E.; rechteckig angelegte Altstadt mit zahlr. hist. Baudenkmälern und Backstein-Fachwerkbauten; Stahl-, Maschinen-, Textilindustrie.

**Fürstenbank,** auf dem Reichstag des Heiligen Röm. Reichs die geistl. und weltl. Territorialherren im Fürstenrang, die ›bankweise‹ abstimmten.

**Fürstenberg,** mediatisiertes Fürstentum im südl. Schwaben, ehem. Residenz Donaueschingen, ab 1806 unter der Landeshoheit von Baden, Württemberg bzw. Hohenzollern-Sigmaringen. Franz Egon F. war 1663–82, Wilhelm Egon F. 1682 bis 1704 Bischof von Straßburg, dem frz. Interesse dienend (→Reunionen).

**Fürstenberg, 1)** *(F./Havel),* brand. Stadt im Lkr. Oberhavel, an der oberen Havel, Luftkurort auf der Mecklenburgischen Seenplatte, mit 6500 E.; ehem. Schloß; Textilindustrie.

**2)** niedersächs. Gemeinde im Lkr. Holzminden, Reg.-Bz. Hannover, an der Weser, 1300 E.; Schloß, bekannte Porzellanmanufaktur (gegr. 1747).

**3)** *(F./Oder),* brand. Stadt südl. von Frankfurt/Oder, seit 1961 mit der ›sozialist.‹ Neugründung →Stalinstadt unter dem Namen →Eisenhüttenstadt vereinigt; zuvor war F. Krst. mit rd. 8000 E.

# Furth im Wald

**Fürstenbund,** Bund dt. Reichsfürsten, 1785 von →Friedrich d. Gr. gegr. als Antwort auf den Versuch →Josephs II., Bayern im Tausch gegen die österr. Niederlande zu erwerben.

**Fürstenfeld,** Bezirksstadt in der Oststeiermark, an der Feistritz, 6000 E.; Tabakanbau und -verarbeitung. – Burg F. um 1170 als Grenzfestung erbaut.

**Fürstenfeldbruck,** oberbayerische Krst. (Große Kreisstadt) an der Amper, westl. von München, mit 31 000 E.; Zisterzienserkloster *Fürstenfeld* (gegr. 1258/63, im Jahre 1803 säkularisiert).

**Fürstengräber,** herkömmliche Bezeichnung für überdurchschnittl. reich ausgestattete Gräber der vor- und frühgeschichtl. Zeit (z. B. in →Mykenä); kommen vereinzelt von der Bronzezeit an vor, häufig seit der Latène-Kultur.

**Fürstenkrone,** ein mit Blättern und Perlen besetzter Reif oder hermelinverbrämter Purpurhut, von Bügeln überwölbt, die in der Mitte einen Reichsapfel tragen (→Heraldik).

**Fürstenspiegel,** Schrift mit Anweisung über das ideale Verhalten eines Fürsten, meist zur Prinzenerziehung gebraucht. Bekannte F. sind: →Xenophons ›Kyrupädie‹, →Machiavellis ›Il principe‹ (1532), des Jesuiten Mariana ›De rege et regis institutione‹ (1599), →Fénelons ›Télémaque‹ (1699), →Friedrichs d. Gr. ›Antimachiavell‹ (1740) und →Wielands ›Der goldene Spiegel‹ (1772).

**Fürstentümer,** reichsunmittelbare Territorien, von denen die meisten 1803 säkularisiert (geistl. F.) bzw. 1806 mediatisiert (weltl. F.) wurden. In Dtld. bestanden bis zum Nov. 1918 noch sieben souveräne F.: Reuß (die ältere und jüngere Linie), Schwarzburg-Sondershausen, Schwarzburg-Rudolstadt, Lippe-Detmold, Schaumburg-Lippe und Waldeck.

**Fürstenwalde/Spree,** brand. Krst. südöstl. von Berlin, an der Spree, 34 000 E.; St.-Marien-Dom. Der mittelalterliche Stadtkern wurde im II. Weltkrieg völlig zerstört.

**Fürstenzell,** Gem. südwestlich von Passau, Niederbayern, 6700 E.; ehem. Zisterzienserkloster mit Rokoko-Ausstattung, Bibliothek mit geschnitzten Holzemporen..

**Fürst Igor** *(Knjas Igor),* (unvollendete) Oper (Urauff.: 4. [16.] 11. 1890, St. Petersburg) von A. →Borodin, fertiggestellt von A. →Glasunow und N. →Rimski-Korsakow; Text von Borodin nach W. W. Stassow.

**Furt** *die,* befahrbare, seichte Übergangsstelle eines Gewässers.

**Fürstenberg:** Porzellanmarke der Manufaktur Fürstenberg

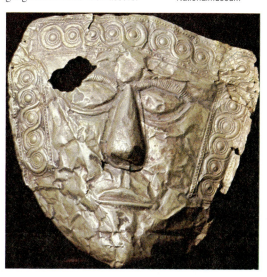

**Fürstengräber:** Goldmaske aus einem Fürstengrab (Ende 6. Jh. v. Chr., illyrisch-griechisch). Belgrad, Nationalmuseum

**Fürth,** kreisfreie Stadt und Sitz des Lkr. F. im bayr. Reg.-Bz. Mittelfranken, am Zusammenfluß von Rednitz und Pegnitz zur Regnitz, 108 000 E.; vielseitige Industrie: Spielwaren, Unterhaltungselektronik, Metallverarbeitung, Möbel-, Textil-Ind., Brauereien; Versandhandel; Hafen am →Rhein-Main-Donau-Kanal. – 1007 erste urkundl. Erwähnung; ab Mitte des 11. Jh. Markt; 1806 zu Bayern, seit 1808 Stadt. Zum benachbarten Nürnberg fuhr 1835 die erste deutsche Eisenbahn (›Adler‹).

**Furth im Wald,** Grenzstadt im ostbayr. Lkr. Cham, Reg.-Bz. Oberpfalz, mit 9500 E.; Erholungsort im oberen Bayer. Wald, Straßen-

# Furttenbach

und Schienengrenzübergang zur Tschech. Rep.; Glas-, Holz-, Metall-, Textil- und Lederindustrie; alljährl. traditionelles Volksschauspiel ›Drachenstich‹.

**Furttenbach,** Josef d. Ä., Baumeister und Architekturtheoretiker, * 30.12.1591 Leutkirch, † 17.1.1667 Ulm; vermittelte v. a. theoret. Wissen über die Kunst Italiens, früher Verfechter einer Zweckmäßigkeit des Bauens.

**Furtwangen,** Stadt im Schwarzwald-Baar-Kreis, Reg.-Bz. Freiburg, Baden-Württ., im südlichen Schwarzwald, an der Breg, mit 10000 E.; Erholungsort (850 bis 1150 m ü. M.) und Wintersportplatz; Fachhochschule für Feinwerktechnik, Elektrotechnik und Informatik; Uhrenmuseum; Maschinen- und Apparatebau, elektrotechn., feinmechan., Uhren- sowie Textilindustrie.

**Furtwängler,** Adolf, Archäologe, * 30.6.1853 Freiburg i. Br., † 11.10.1907 Athen; Ausgrabungen in → Olympia, → Amyklä, → Orchomenos und → Ägina. Arbeiten über mykenische Vasen, griech. Plastik und antike Gemmen.

**Furtwängler,** Wilhelm, Dirigent und Komponist, * 25.1.1886 Berlin, † 30.11.1954 Ebersteinburg (heute Baden-Baden); nach Stationen in Zürich, Straßburg, Lübeck, Mannheim dirigierte F. 1922–28 das Leipziger → Gewandhausorchester, die → Berliner Philharmoniker (Chefdirigent: 22–45, 47–54), die Wiener Philharmoniker, das Philharmonia Orchestra London u. a. Orchester. 33 Direktor der Berliner Staatsoper und Vizepräsident der Reichsmusikkammer; trotzdem widersetzte sich F. den rassist. Vorstellungen der Nationalsozialisten, deckte jüd. Musiker, dirigierte unerwünschte Werke (z. B. Hindemith). Später ging jedoch auch F. zahlr. Kompromisse ein. Seine Schallplattenaufnahmen zählen zu den bedeutendsten Dokumenten dt. romant. Orchestertradition.

**Furunkel** [lat.] der, (Blutschwäre), Entzündung eines Haarbalges und der dazugehörigen Talgdrüse mit Vereiterung durch → Staphylokok-

Wilhelm Furtwängler

ken. *Furunkulose,* Auftreten zahlreicher Furunkel am Körper; bes. gefährl. sind Gesichtsfurunkel. *Karbunkel,* durch Vereinigung mehrerer F. entstandenes großes Entzündungsgebiet, meist im Nakken-, Rücken- oder Gesäßbereich. Schwere Erkrankung mit hohem Fieber; tritt bes. bei → Diabetes auf.

**Fürwort** → Pronomen.

**Furzewa,** Jekaterina, sowjet. Politikerin, * 21.11. (7.12.) 1910 Wyschny Wolotschok, † 24.10.1974 Moskau; 1950–60 im Obersten Sowjet, 57 bis 61 im Präsidium des ZK der KPdSU, 60–74 Kultur-Min. der Sowjetunion.

**Fusan,** korean. Stadt → Pusan.

**Fusariosen,** Pflanzenkrankheiten, verursacht durch Schadpilze der Gattung *Fusarium,* z. B. in Champignon-Kulturen.

**Fusarium,** eine Schimmelpilzgattung; Erreger von Pflanzenkrankheiten, bes. bei Getreide; bildet auch Trichothecene (→ Mykotoxine).

**Fuscher Tal,** re. Seitental der Salzach in den Hohen Tauern, Land Salzburg, von der Großglockner-Hochalpenstraße durchzogen, mit den Orten Fusch (809 m) und Ferleiten (1145 m ü. M.).

**Fuscher Törl,** 2404 m hoher Paß im Gebiet des → Großglockners.

**Fuschl am See,** Sommerkurort mit 1000 E. am *Fuschlsee* (2,7 km$^2$) im Salzkammergut, Land Salzburg.

**Fuschun,** chin. Stadt → Fushun.

**Fuse,** ehem. jap. Stadt im Einzugsbereich von Osaka (auf Hondo), seit 1967 Teil der neuen Stadt → Higashiosaka.

**Fuseli** [fjuzlı], anglisierter Name von J. H. → Füßli.

**Fuselöle,** unangenehm riechende Nebenprodukte der → alkoholischen Gärung; bestehen hauptsächl. aus Amylalkohol, ferner Isobutylalkohol (→ Butylalkohol) und Propylalkohol; F. lassen sich aus schlechten Schnäpsen *(Fusel)* durch Destillation entfernen, bilden aber in lagerndem Branntwein auch wichtige Aromastoffe. Verursachen in höheren Konzentrationen Kopfschmerzen (›Kater‹).

**Fu Shen,** chin. Glücksgott.

# Fuß

**Fushun** *(Fuschun)*, Industriestadt in NO-China, Prov. Liaoning, östl. von Shenyang, 1,3 Mio. E.; inmitten eines an mächtigen Kohleflözen (Tagebau) und Ölschiefer reichen Gebietes; Erdölverarbeitung, Kupferminen, Aluminiumwerke und Schwermaschinenbau.

**Fusicladium** → Schorf.

**Füsilier** [von frz. fusil ›Gewehr‹], Flintenträger. Bis Mitte des 19. Jh. waren in Preußen die F.-Bataillone als ›leichte Infanterie für den zerstreuten Kampf‹ bestimmt. Seit 1870 reine Traditions-Bez. Im II. Weltkrieg zeitweilig Bez. für ein der → Division unmittelbar unterstelltes Infanteriebataillon. – In der *Schweiz:* Bez. für Infanterist.

**Fusionsoperation,** starre Vereinigung von Wirbeln nach Bandscheibenoperation zur Verhinderung einer erneuten Verschiebung.

**Fusobacterium,** Gattung → gramnegativer, → anaerober Bakterien; *F. necrophorum,* Erreger der → Moderhinke (unter Beteiligung von → Bacteroides nodosus).

**Füsilieren,** Erschießen eines zum Tode Verurteilten (meist Soldaten); *Füsillade,* Massenerschießung.

**Fusin,** chin. Stadt → Fuxin.

**Fusion** [lat.], **1)** *Wirtschaft:* Verschmelzung mehrerer Gesellschaften (in der Regel → Kapitalgesellschaften); Ziele: Sanierung, rationelle Finanzierungspolitik, Erlangung einer besseren Marktstellung; **2)** *Politik:* Verschmelzung von Parteien; **3)** *Physik:* → Kernfusion.

**Fusion-Music** [fjuːʒən mjuːzik], Bez. für Jazzrock, Rockjazz; oft synonym mit Crossover-Music.

**Fusionskontrolle,** Kontrolle von Unternehmenszusammenschlüssen (Fusion oder Konzernbildung) durch das → Bundeskartellamt. Rechtsgrundlage bildet das Gesetz gegen die Wettbewerbsbeschränkungen in der Fassung vom 24. 9. 1980 (§§ 23, 24); danach sind alle Zusammenschlüsse anzeigepflichtig, sofern die Unternehmen (nach vollzogener Verbindung) einen Marktanteil von wenigstens 20% besitzen oder mindestens 10 000 Arbeitnehmer beschäftigen oder einen Umsatz von über 500 Mio. DM haben. Das Bundeskartellamt hat den Zusammenschluß zu untersagen, wenn durch ihn eine marktbeherrschende Stellung erlangt oder verstärkt wird und die beteiligten Unternehmen nicht nachweisen können, daß der Zusammenschluß zu einer Verbesserung der Wettbewerbsbedingungen führt, die die Nachteile der Marktbeherrschung überwiegt. Der Bundesminister für Wirtschaft kann einen vom Bundeskartellamt verbotenen Zusammenschluß genehmigen, wenn für diesen gesamtwirtschaftl. Vorteile oder das Interesse der Allgemeinheit sprechen.

**Fuß** *(Pes),* das Skelett des Menschenfußes besteht aus 26 Knochen: 7 Fußwurzelknochen *(Sprungbein, Fersenbein, Kahnbein, Würfelbein*

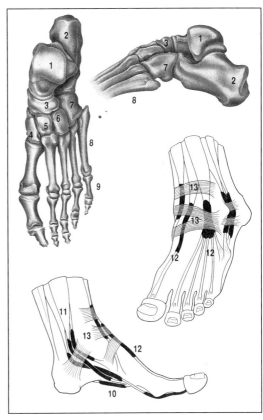

Der **Fuß** besteht aus Sprungbein (1), Fersenbein (2), Kahnbein (3), drei Keilbeinen (4, 5, 6), dem Würfelbein (7), den fünf Mittelfußknochen (8) sowie den Zehenknochen (9). Die starken Beugemuskeln (10, 11) ziehen unter den Knöcheln zur Fußsohle hin. Die Sehnen der schwachen Streckmuskeln (12) verlaufen am Fußrücken. Alle Sehnen der Fußwurzel werden von Querbändern (13) am Skelett festgehalten.

# Fuß

**Fußball:** Lothar Matthäus und Rudi Völler in Siegerpose. Am 8. Juli 1990 hat eine deutsche Nationalmannschaft zum dritten Mal den Titel eines Fußballweltmeisters errungen.

■ **Fuß:** weitere Bilder →Mensch (Skelett, Muskulatur)

und 3 *Keilbeine*), 5 Mittelfußknochen und 14 Zehenknochen. Jede Zehe besteht aus drei Zehengliedern, nur die Großzehe aus zwei. Der Bau des F. ähnelt dem der Hand. Mit dem Unterschenkel ist der F. durch das obere und das untere Sprunggelenk verbunden. Die Bewegung in diesen Gelenken erfolgt mit Hilfe der am F. ansetzenden Unterschenkelmuskulatur. Die Wadenmuskulatur erhält zusammen mit den kurzen Fußmuskeln die Wölbung der Fußsohle (Fußgewölbe). Durch starke Beanspruchung und Muskelschwäche sowie Dehnung der Muskelsehnen treten Platt- und Senkfuß auf, auch Spreizfuß durch Spreizung der Mittelfußknochen. Durch mangelnde Pflege und schlechtes Schuhwerk kann es zu zahlr. Erkrankungen und Schäden am F. kommen (→Fußschweiß, →Hautpilzerkrankungen, Haken-, Hohl-, Spitzfuß); →Klumpfuß.

**Fuß** *(Schuh),* altes Längenmaß, abgeleitet vom menschl. Fuß, 25 bis 35 cm. Genf: 48,79 cm (→Foot).

**Fußach,** Gemeinde westl. der Mündung des Neuen Rheins in den Bodensee, Vorarlberg; Schiffswerft.

**Fußangel,** aus 5–8 cm langen Stacheln bestehendes Eisengerät, mit den Spitzen nach oben in den Boden gesteckt; heute gelegentl. noch zum Schutz von Grundstücken (nur mit polizeil. Genehmigung).

**Fußartillerie** *(schwere Artillerie),* bis 1918 im dt. Heer die mit Geschützen schwerer Kaliber ausge-

**Fußball:** Abmessungen eines Fußballspielfeldes

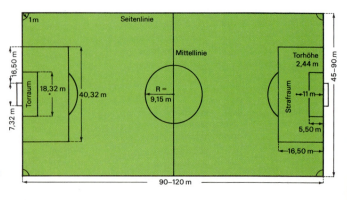

ß wird beim Einordnen ins Abc wie ss behandelt.

# Fußball-Europameisterschaft

stattete Artillerie im Ggs. zur Feldartillerie. Kanoniere gingen zu Fuß. **Fußball**, weitverbreitetes Kampfspiel, das bes. in Europa und Südamerika viele Anhänger hat; Anfangsformen dieses Spiels wurden in China (um 2700 v. Chr.) festgestellt, kultische Abarten in Japan, Indonesien, Mittelamerika u. a.; im MA und in der beginnenden Neuzeit noch eine Mischung von →Rugby und Fußball, entwickelte sich im 19. Jh. in England der moderne F.: 2 Mannschaften von je 11 Spielern stehen sich auf einem Spielfeld von 90–120 × 45–90 m gegenüber (100–110 × 64–75 m für internat. Spiele) und versuchen, den Ball (68 bis 71 cm Umfang, 396 bis 453 g Gewicht) in das gegner. Tor zu treiben; Spielzeit für Erwachsene 2 × 45 min mit Pause von 10 min (Halbzeit). Das Spiel wird von einem Schiedsrichter unter Assistenz von 2 Linienrichtern geleitet. Außer dem Tormann, dem im Torraum auch der Gebrauch der Hände erlaubt ist, dürfen die Spieler den Ball nur mit Füßen, Kopf und Rumpf berühren. Beim Überschreiten der Spielfeldbegrenzung wird der Ball durch den Gegner wieder ins Spiel gebracht (Einwurf, Eckstoß oder Abstoß). Regelverstöße (Handspiel, Foul, →abseits) werden durch →Freistoß geahndet. Der direkte Freistoß innerhalb des Strafraums wird als →Strafstoß vom 11-m-Punkt ausgeführt.
F.-Spiele werden ausgetragen von Amateuren und Berufsspielern; in der BR Dtld. wurde mit der Bundesliga (Saison 1963/64) auch der →Lizenzspieler eingeführt. Dachorganisationen der F.-Vereine: →Deutscher Fußball-Bund und Österr. bzw. Schweiz. Fußballverband.
**Fußball-Europameisterschaft**, alle vier Jahre stattfindender Wettbewerb der Nationalmannschaften; die Europameister:
1960 Sowjetunion
1964 Spanien
1968 Italien
1972 BR Deutschland
1976 Tschechoslowakei
1980 BR Deutschland
1984 Frankreich
1988 Niederlande
1992 Dänemark
1996 Deutschland

*Fußballmeisterschaften 1948–95*
*BR Dtld.:* 1. FC Nürnberg (48); VfR Mannheim (49); VfB Stuttgart (50); 1. FC Kaiserslautern (51); VfB Stuttgart (52); 1. FC Kaiserslautern (53); Hannover 96 (54); Rot-Weiß Essen (55); Borussia Dortmund (56, 57); Schalke 04 (58); Eintr. Frankfurt (59); Hamburger SV (60); 1. FC Nürnberg (61); 1. FC Köln (62); Borussia Dortmund (63); 1. FC Köln (64); Werder Bremen (65); 1860 München (66); Eintr. Braunschweig (67); 1. FC Nürnberg (68); Bayern München (69); Borussia Mönchengladbach (70, 71, 75, 76, 77); Bayern München (72, 73, 74); 1. FC Köln (78); Hamburger SV (79, 82, 83); Bayern München (80, 81, 85, 86, 87, 89, 90, 94, 97); VfB Stuttgart (84, 92); Werder Bremen (88, 93); 1. FC Kaiserslautern (91); Bor. Dortmund (95, 96).
*Schweiz:* AC Bellinzona (48); FC Lugano (49); FC Servette Genève (50); Lausanne Sports (51); Grasshopper-Club (52); FC Basel (53); FC La Chaux-de-Fonds (54, 55); Grasshopper-Club (56); BSC Young Boys (57, 58, 59, 60); FC Servette Genève (61, 62); FC Zürich (63); FC La Chaux-de-Fonds (64); Lausanne Sports (65); FC Zürich (66); FC Basel (67); FC Zürich (68); FC Basel (69, 70); Grasshoppers Zürich (71); FC Basel (72, 73); FC Zürich (74, 75, 76, 77); Grasshoppers Zürich (78, 82, 83, 84, 90, 95, 96); FC Servette Genève (79, 85, 91, 94); FC Basel (80); FC Zürich (81); Young Boys (86); Neuchâtel Xamax (87, 88); FC Luzern (89); FC Sion (92, 97); FC Aarau (93).
*Österr.:* Rapid Wien (48); Austria Wien (49, 50); Rapid Wien (51, 52); Austria Wien (53); Rapid Wien (54); Vienna (55); Rapid Wien (56, 57); Wiener Sportklub (58, 59); Rapid Wien (60); Austria Wien (61, 62, 63); Rapid Wien (64); LASK (Linzer Athletik Sportklub) (65); Admira Wien (66); Rapid Wien (67, 68); Austria Wien (69, 70); Wacker Innsbruck (71, 72, 73); VOEST Linz (74); Wacker Innsbruck (75, 77); Austria Wien (76, 78, 79, 80, 81, 85, 86, 91, 92, 93); Rapid Wien (82, 83, 84, 87, 88); Tirol Innsbruck (89, 90); Casino Salzburg (94, 95); Rapid Wien (96); Austria Salzburg (97).

# Fußball-Europapokal

**Fußball-Europapokal:** Pokalwettbewerb der europäischen Landesmeister und Pokalsieger sowie der UEFA-Pokal, der von 1958 bis 70 als Messepokal von Mannschaften europäischer Messestädte ausgespielt wurde.

| | Landesmeister | Pokalsieger | UEFA-Pokal |
|---|---|---|---|
| 1956/57 | Real Madrid | | |
| 1958 | Real Madrid | | |
| 1959 | Real Madrid | | Stadtelf Barcelona |
| 1960 | Real Madrid | | |
| 1961 | Benfica Lissabon | AC Florenz | FC Barcelona |
| 1962 | Benfica Lissabon | Atletico Madrid | AS Rom |
| 1963 | AC Mailand | Tottenham Hotspur | FC Valencia |
| 1964 | Inter Mailand | Sporting Lissabon | FC Valencia |
| 1965 | Inter Mailand | West Ham United | Real Saragossa |
| 1966 | Real Madrid | Borussia Dortmund | Ferencvaros Budapest |
| 1967 | Celtic Glasgow | FC Bayern München | FC Barcelona |
| 1968 | Manchester United | AC Mailand | Dinamo Zagreb |
| 1969 | AC Mailand | Slovan Bratislava | Leeds United |
| 1970 | Feyen. Rotterdam | Manchester City | Newcastle United |
| 1971 | Ajax Amsterdam | Chelsea London | Arsenal London |
| 1972 | Ajax Amsterdam | Glasgow Rangers | Leeds United |
| 1973 | Ajax Amsterdam | AC Mailand | Tottenham Hotspur |
| 1974 | FC Bayern München | 1. FC Magdeburg | FC Liverpool |
| 1975 | FC Bayern München | Dynamo Kiew | Feyen. Rotterdam |
| 1976 | FC Bayern München | RSC Anderlecht | Bor. Mönchengladbach |
| 1977 | FC Liverpool | Hamburger SV | FC Liverpool |
| 1978 | FC Liverpool | RSC Anderlecht | Juventus Turin |
| 1979 | Nottingham Forrest | FC Barcelona | PSV Eindhoven |
| 1980 | Nottingham Forrest | FC Valencia | Bor. Mönchengladbach |
| 1981 | FC Liverpool | Dynamo Tiflis | Eintracht Frankfurt |
| 1982 | Aston Villa | FC Barcelona | Ipswich Town |
| 1983 | Hamburger SV | FC Aberdeen | IFK Göteborg |
| 1984 | FC Liverpool | Juventus Turin | RSC Anderlecht |
| 1985 | Juventus Turin | FC Everton Liverpool | Tottenham Hotspur |
| 1986 | Steaua Bukarest | Dynamo Kiew | Real Madrid |
| 1987 | FC Porto | Ajax Amsterdam | Real Madrid |
| 1988 | PSV Eindhoven | KV Mechelen | IFK Göteborg |
| 1989 | AC Mailand | FC Barcelona | Bayer Leverkusen |
| 1990 | AC Mailand | Sampdoria Genua | SSC Neapel |
| 1991 | Roter Stern Belgrad | Manchester United | Juventus Turin |
| 1992 | FC Barcelona | Werder Bremen | Inter Mailand |
| 1993 | Olympique Marseille | AC Parma | Ajax Amsterdam |
| 1994 | AC Mailand | Arsenal London | Juventus Turin |
| 1995 | Ajax Amsterdam | Real Saragossa | Inter Mailand |
| 1996 | Juventus Turin | Paris St. Germain | AC Parma |
| 1997 | Borussia Dortmund | FC Barcelona | FC Bayern München |
| | | | Schalke 04 |

(•) **Fußballmeisterschaften:** Tabelle S. 3345

**Gertrud Fussenegger**

**Fußball-Europapokal,** jährl. ausgetragene Wettbewerbe für Vereinsmannschaften: F.-E. der Landesmeister und der Pokalsieger sowie der UEFA-Pokal.

**Fußballmeisterschaften,** eine nach einem bestimmten System ablaufende Folge von Spielen zur Ermittlung des Regional-, Landes- oder Weltmeisters; Regional- und Landesmeisterschaften werden jährl., Weltmeisterschaften alle vier Jahre durchgeführt. F. werden ausgespielt in 1. fortlaufender Spielrunde (alle beteiligten Mannschaften treffen in Vor- und Rückspiel aufeinander, die Mannschaft mit der höchsten Punktzahl ist Meister, in der BR Dtld. erstm. 1964; 2. Gruppenspielen (die Ersten und Zweiten mehrerer Ausscheidungsgruppen ermitteln die beiden Endspielgegner). F. werden durchgeführt für Amateure und Profis.

**Fußballtoto** *der* oder *das,* 1921 in Großbritannien eingeführte organisierte Wettform, seit 38 u. a. auch in der Schweiz, seit 48 im Gebiet der heutigen BR Dtld. und seit 49 in Österr. Die Einnahmen werden zu je 50% für Gewinnausschüttung und für öffentliche Aufgaben genutzt.

### Fußball-Weltmeisterschaften

| | | |
|---|---|---|
| 1930 Uruguay – Argentinien | 4:2 |
| 1934 Italien – Tschechoslowakei | 2:1 |
| 1938 Italien – Ungarn | 4:2 |
| 1950 Uruguay – Brasilien | 2:1 |
| 1954 BR Dtld. – Ungarn | 3:2 |
| 1958 Brasilien – Schweden | 5:2 |
| 1962 Brasilien – Tschechoslowakei | 3:1 |
| 1966 England – BR Dtld. | 4:2 |
| 1970 Brasilien – Italien | 4:1 |
| 1974 BR Dtld. – Niederlande | 2:1 |
| 1978 Argentinien – Niederlande | 3:1 |
| 1982 Italien – BR Dtld. | 3:1 |
| 1986 Argentinien – BR Dtld. | 3:2 |
| 1990 BR Dtld. – Argentinien | 1:0 |
| 1994 Brasilien – Italien | 3:2 |

# Fußfehler

**Fußball-Weltmeisterschaft,** die von der →Fédération Internationale de Football Association seit 1930 mit Ausnahme von 1942 und 1946 alle vier Jahre ausgetragene →Fußballmeisterschaft der Nationalmannschaften.

**Fußbeschwerden,** siehe ›Praxistip Gesundheit‹.

**Fußblatt** →Podophyllum.

**Fußboden,** begehbare Fläche von Räumen; in Wohnräumen: Holzdielen, 10–15 cm breit, Parkett in Stab- oder Tafelform, Bahnenbeläge wie →Linoleum, Gummi und Kunststoffplatten (→Kunststoffe), Spachtelbeläge, seltener Steinplatten; in Bädern, Küchen usw.: →Fliesen und Natursteinplatten, fugenlose Böden wie Steinholz, →Terrazzo, auch Zementestrich, Ziegelpflasterung, Lehmestrich.

**Fußbodenheizung** →Heizung.

**Füssen,** Stadt im bayr. Reg.-Bz. Schwaben, Lkr. Ostallgäu, am Lech, nahe der österr. Grenze, 13 000 E.; ehem. Benediktinerkloster St. Mang (mit Museum), über der mittelalterl. Stadt das Hohe Schloß (ehem. Sommerresidenz der Augsburger Fürstbischöfe); Kleinindustrie; Fremdenverkehr.

**Fussenegger,** Gertrud (verh. *Dorn*), Schriftstellerin, *8.5.1912 Pilsen; Stoffe und Motive ihres vorwiegend erzähler. Werkes wurzeln in Böhmen und Vorarlberg und sind vom Katholizismus geprägt; breitangelegte, symbol. Geschichtsromane ›Geschlecht im Advent‹ (1937), ›Die Brüder von Lasawa‹ (48), ›Das Haus der dunklen Krüge‹ (51), ›Das verschüttete Antlitz‹ (57), ›Zeit des Raben, Zeit der Taube‹ (60); Novellen, Dramen, Hörspiele, Lyrik.

**Fußfehler,** in Sportspielen regelwidriges Berühren des Balls mit dem Fuß; Tennis: beim Aufschlag

Füssen am Lech mit Hohem Schloß

Füssen

## Praxistip Gesundheit — Fußbeschwerden

Der menschliche Fuß funktioniert bei Bewegung besser als in Ruhe oder bei langem Stehen, denn Quer- und Längsgewölbe behalten länger ihre anatomische Form, wenn sich Muskeln und Sehnen in einem ständigen Wechsel von Anspannung und Entlastung befinden. Ist dieses Gleichgewicht gestört, drohen Plattfuß, Spreizfuß, Knickfuß oder andere Leiden: Signal für einen entstehenden Knickfuß ist häufiges Nach-außen-Knicken der Ferse. Beim Plattfuß verliert das Längsgewölbe unter andauernden Schmerzen seine ursprüngliche Form, beim Spreizfuß ist das Quergewölbe betroffen. Hohl- und Spitzfuß führen zu Druckstellen an den überlasteten Bereichen. Bei der Hammerzehe sind Mittel- und Endgelenk krallenförmig gekrümmt: Entzündungen und Hornhautschwielen sind die Folge. Enge und zu spitze Schuhe verursachen am Vorderfuß den Hallux valgus, die gefürchtete Abknickung des großen Zeh nach der Kleinzehenseite hin.
Alle diese Beschwerden entwickeln sich langsam und sollten frühzeitig beachtet werden; später helfen oft nur noch operative Eingriffe oder der orthopädische Schuh. Als vorbeugende Maßnahmen gegen Verbildungen des Fußes empfehlen sich regelmäßige Fußgymnastik, Barfußgehen, vor allem aber praktisches Schuhwerk.
Andere Ursachen für fortwährende Schmerzen der Füße sind Übergewicht und Durchblutungsstörungen wie auch Diabetes. In solchen Fällen muß der Arzt eingeschaltet werden. Letzteres gilt auch, wenn Zuckerkranke sich für eine Pediküre entscheiden.

## Fußgrind

Berühren oder Übertreten der Grundlinie.
**Fußgrind** → ansteckender Fuß- und Lippengrind.
**Füssing, Bad,** Gemeinde im Lkr. Passau, Niederbayern, mit 6000 E.; bed. Thermalheilbad, über 2,5 Mio. Gästeübernachtungen im Jahr.
**Fußlage,** eine → Kindslage.
**Füßli** (*Fueßli,* engl. *Fuseli*), Johann Heinrich, Maler und Graphiker, *6.2.1741 Zürich, † 16.4.1825 in London; 1770–78 in Rom mit J. → Winckelmann und J.-L. → David befreundet, ab 79 ständig in London; zahlr. Illustrationen zu Homer, Dante, Shakespeare, Milton; liebte den dramat. - phantast. gesteigerten Bildvorwurf.
**Fußluxation** → Fußverrenkung.
**Fußmykose,** Fußpilz (→ Hautpilzerkrankungen).
**Fußnote,** Anmerkung zu einer bestimmten Textstelle, die am unteren Rand, dem ›Fuß‹, der betreffenden Druckseite steht (meist durchnumeriert, Verweiszeichen im Text).
**Fußpfette,** innerhalb eines Dachstuhls entlang der Traufe angeordnetes Kantholz, das die Lastabtragung des Daches (über den → Sparren) auf den Traufpunkt gewährleistet; Übergangselement zw. Holz und Mauerwerk oder Beton.
**Fußpilz** → Hautpilzerkrankungen. Siehe ›Praxistip Gesundheit‹.
**Fußräude,** durch Milben erzeugte ansteckende Hautkrankheit der Pferde, Rinder und Schafe im Fesselbereich; Anzeichen: Juckreiz, Stampfen mit den Füßen, beim Geflügel auch *Kalkbeinkrankheit* genannt (→ Hühnermilbe).
**Fußschweiß,** übermäßige Schweißabsonderung der Füße bei nervösen Störungen, Blutarmut, Tuberkulose u.a.; Infektionen (bes. → Hautpilzerkrankungen) können hinzukommen. Zur Behandlung Adstringenzien, Fußpuder; zur Förderung der Schweißverdunstung Wollstrümpfe, poröses Schuhwerk.
**Fußspinner** → Spinnfüßer.
**Fußstütze,** Schuheinlage zur Korrektur von Fußfehlbildungen.
**Fußverrenkung** (*Fußluxation*), Verschiebung der mit kräftigen Bändern verankerten Enden des Fußgelenks bei Einwirkung starker Gewalt.
**Fußverstauchung,** Überstreckung der Bänder der Gelenkkapseln (z.B. durch Umknicken des Fußes).
**Fußwaschung,** altoriental. Sitte der Ehrerbietung gegenüber Fremden

---

**Praxistip Gesundheit** — **Fußpilz**

Die verbreiteten Fußpilzerkrankungen werden durch dieselben Fadenpilze hervorgerufen, die auch andere feuchte Hautpartien wie Achselhöhlen, Oberschenkelinnenseiten, Genitalregion und Hände befallen und u.a. für den unangenehmen Juckreiz sorgen. Speziell der Befall der Füße zeigt sich an geröteten, nässenden und juckenden Hautpartien: Die Haut zwischen den Zehen reißt leicht ein und läßt sich abziehen.
Wenn rasch für eingreifende Maßnahmen gesorgt wird, ist die meist im Sommer auftretende Erkrankung relativ leicht zu behandeln. Oberstes Gebot ist Sauberkeit und Desinfektion, besonders in den Schwimmbädern. Darüber hinaus sollten die Füße immer mit sauberen, oft zu wechselnden Handtüchern gründlich abgetrocknet werden, besonders die Zehenzwischenräume. Häufiges Wechseln der Strümpfe und Schuhe ist angesagt; beides, Schuh- wie Strumpfwerk, sollte – zur Vorbeugung und zum Schutz vor Infektionen – möglichst aus Naturstoffen bestehen. Des weiteren empfehlen sich regelmäßige Fußbäder mit desinfizierender Kaliumpermanganatlösung sowie die Einpinselung der erkrankten Partien mit Lotio alba, bestehend aus Zink, Talk, Glyzerin, Wasser u.a.; Antimykotika verschreibt der behandelnde Arzt. Sind bereits die Zehennägel befallen, wird nach Anlegen einer Pilzkultur der Verursacher bestimmt: Meist sind dies Schimmelpilze, Hefen oder Dermatophyten. Hier hilft gezielte Medikamentengabe, die sich aber meist über einen längeren Zeitraum hinzieht und viel Geduld beim Patienten erfordert. Im fortgeschrittenen Stadium müssen die Nägel entfernt werden, damit es zur Heilung kommt. Besteht jedoch der Verdacht auf eine sog. Systemmykose, muß das Leiden klinisch abgeklärt werden, weil sonst der Befall innerer Organe droht.

und Gästen; im frühen Christentum gemäß Joh 13 als Symbol der Demut und Liebe gepriesen, später am →Gründonnerstag in der östl. und röm.-kath. Kirche von hohen geistl. Würdenträgern (Papst, Bischöfen, Äbten) an im Rang niedriger Stehenden als liturg. Handlung vollzogen; seit der Liturgiereform nach dem II. Vatikan. Konzil generell Bestandteil der Gründonnerstags-Liturgie. Die F. Christi ist ein beliebtes Motiv der christl. Kunst.

**Fußwurzel** (*Tarsus*), Anatomie: aus Sprung-, Fersen-, Kahn- und Würfelbein sowie aus drei Keilbeinen bestehender mittl. Teil des Fußes.

**Fust,** Johann, *um 1400 Mainz, †30. 10. 1466 Paris; Geldgeber J. →Gutenbergs. Als dieser in Zahlungsschwierigkeiten geriet, verklagte F. ihn auf Rückzahlung des Darlehens. Wahrscheinl. gelang es ihm, Gutenberg 1455 pfänden zu lassen und so seinem Schwiegersohn *Peter Schöffer* (1424–1502) den größten Teil von Gutenbergs Pressen und Schriften zu verschaffen. Die daraufhin von F. und Schöffer gegr. Druckerei brachte (ab 1457) bed. Werke der Frühdruckzeit heraus.

**Fustage** [frz., fustaʒə], **1)** Frachtverpackung (z. B. Fässer, Kisten, Säcke); **2)** Preis für Leergut; Syn. Fastage.

**Fustanella** *die,* seit der Selbständigkeit Griechenlands (1821) männliche Nationaltracht: kurzer, weißer Faltenrock.

**Fusti** [ital. ›Stengel‹, ›Stiele‹] *Mz.,* Abfall oder Beimischung einer Ware; auch Preisnachlaß hierfür.

**Fustikholz** [lat.], trop., zur Farbstoffgewinnung geeignetes Holz.

**Fusuli,** Dichter: →türkische Literatur.

**Fusulinen** [lat.], Fam. fossiler →Foraminiferen mit spindelartigen oder kugeligen Kalkgehäusen.

**Fusulinenkalk,** im Karbon und Perm abgelagerter →Kalkstein, der massenhaft *Fusulinen* (Einzeller, →Foraminiferen) enthält.

**Fusuma** *die,* leichte, verschiebbare und mit lichtdurchlässigem Papier bespannte Wand in jap. Häusern, z. T. mit reicher Malerei.

**Futabatei,** Shimei (eigtl. *Tagsunosuke Hasegawa*), jap. Schriftst., *3.2. 1864 Edo (heute Tokio), †10. 6. 1909 Golf von Bengalen; verwendete in seinen realist. Romanen erstmals die Umgangssprache; übersetzte auch russ. Literatur.

**Futapaß** (*La Futa*), 903 m hoher Apenninenpaß mit der Straße Bologna–Florenz.

**Futhark** [engl., fuθaːk] →Runen.

**Futschou,** chin. Stadt →Fuzhou.

**Futter, 1)** *Landwirtschaft:* Nahrung der Tiere, bes. der Haustiere. Man unterscheidet: 1. *Erhaltungs-F.* (*Grund-F.*): die Nährstoffe, die zum Aufbau des Tierkörpers und seiner Erhaltung nötig und ausreichend sind; Erhaltungsbedarf abhängig von der Größe der Tiere bzw. deren Oberfläche; 2. *Leistungs-F.* (*Produktions-F.*): die Nährstoffe, die spezielle Leistungen der Tiere ermöglichen (Erzeugung von Milch, Fett und Fleisch; Lieferung von Arbeitsenergie). **2)** *Textiltechnik:* meist glänzendes Reyon- oder Baumwollgewebe, das auf der Innenseite von Textilien zum Abfüt-

Johann Heinrich Füßli: ›Der Albtraum oder der Nachtmahr‹ (1781). Frankfurt a. M., Goethemuseum. Eine Reproduktion dieses Bildes hing am Eingang zu S. Freuds Wiener Ordinationszimmer.

**Johann Fust:** Allianzwappen von J. Fust und P. Schöffer, ältestes Druckerzeichen (um 1462)

## Futteralmotten

tern verwendet wird. **3)** *Hüttenwesen:* Auskleidung von Schmelzöfen mit feuerfesten Steinen. **4)** *Maschinenbau:* Einspannvorrichtung für rotierende Werkstücke (z. B. auf der →Drehmaschine) oder Werkzeuge (z. B. Bohrer in →Bohrmaschine); man unterscheidet zw. *Backen-* und *Zangenfutter.*
**Futteralmotten** →Sackmotten.
**Futterautomat,** mechan. Einrichtung zur automat. Futtervorlage bei landw. Nutztieren.
**Futterbaubetrieb,** landw. Betrieb, dessen landw. genutzte Fläche überwiegend aus absolutem Grünland besteht, das ackerbaul. nicht genutzt werden kann. Der F. ist zur Wiederkäuerhaltung gezwungen.
**Futterhefe,** hochwertiges, leichtverdaul. Futtermittel, stark vitamin- und eiweißhaltig.
**Futterkalk,** kohlensaurer F. (Calciumcarbonat) oder phosphorsaurer F. (sekundäres Calciumphosphat); Hauptbestandteil des Mineralfutters für landw. Nutztiere; diese benötigen Zulagen an →Calcium und →Phosphor zum Grundfutter, insbes. wachsende Tiere (Skelettbildung), Legehennen (Eischalenbildung) und Milchvieh (Ausscheidung von Calcium und Phosphor mit der Milch).
**Futtermauer,** Stützmauer zur Aufnahme des Erddrucks von gewachsenem Boden; Verkleidungsmauer vor standfestem Gestein als Verwitterungs- und Steinschlagschutz.
**Futtermittel,** Futterstoffe für Tiere, bes. Haustiere; können in der Wirtschaft selbst gewonnen (wirtschaftseigene F.) oder aufgekauft sein (Handels-F., Misch-F.). Man unterscheidet: 1. *pflanzliche F.:* Grünfutter (Klee, Luzerne), *Rauhfutter* (Heu, Stroh, Spreu), →Gärfutter (Silage), Wurzeln, Knollen, Körner und Früchte sowie Abfälle und Rückstände der Industrie (Mehl, Kleie, Schrot, →Schlempe, →Treber, Schnitzel, Ölkuchen); 2. *tierische F.:* Fleisch-, Blut- und Fischmehl, Milch. *Mineralstoffe* sind in allen F. enthalten, Zusatz in manchen Rationen als Mineralstoffmischung (mit Viehsalz, Spurenelementen, Knochenmehl u. a.).

**Futtermittelzusätze,** Stoffe, die Futtermitteln zugesetzt werden, um Veränderungen z. B. von Geruch, Geschmack, Konsistenz sowie eine Verbesserung der Haltbarkeit zu erreichen; F. sind Vitamine, Spurenelemente, färbende Stoffe, Antibiotika für therapeutische Zwecke, organ. Säuren zur Konservierung; F. mit Hormonwirkung sind verboten.
**Futterneid,** in allen Tierverbänden mit ausgebildeter →Rangordnung beobachtbare und (unpräzise) als Neid gedeutete Aggressionsbereitschaft ranghöherer Tiere gegen rangniedere, wenn diese den ranghöheren beim Fressen nicht selbst den Vortritt lassen. Für menschl. Gesellschaften wird in dieser rangabwärts gerichteten Aggressionstendenz und der komplementär zu ihr rangaufwärts gezeigten Duldungsbereitschaft u. a. die verhaltenswiss. Erklärung gesehen für die in mittl. und oberen Gesellschaftsschichten ausgeprägte und in umgekehrter Richtung weitgehend fehlende →Feindlichkeit gegenüber Ideen, Bewegungen und Organisationen, die Verbesserungen der wirtschaftl. Lage unterer Schichten zum Ziel haben.
**Futterpflanzen,** neben den Getreidearten Hafer, Roggen, Mais, Gerste, Hirse u. a., die vielfach als Grünmasse für Frischfutter- und Silagezwecke oder als Körnerfrucht zur Tierfütterung angebaut werden, gibt es weitere Gräserarten, die nur als Frischfutter oder Heu gewonnen werden, z. B. Wiesenfuchsschwanz, Glatthafer, Knäuel-, Kamm-, Gart- und Palisadengras; außerdem werden auch Schmetterlingsblütler (z. B. Erbse, Sojabohne, Erdnuß, Kuhbohne, Kleearten) und Rüben (Wasser-, Kohl-, Steck-, Runkelrübe) sowie Blattfutterpflanzen (Kohlarten, Raps, Rübsen) als F. angebaut.
**Futterroggen** *(Johannisroggen),* sehr dicht gesäter Winterroggen, vor dem Blühen als Grün- oder →Gärfutter verwendet.
**Futterrübe** →Runkelrübe.
**Futterrübenvollernter,** eine Rübenziehmaschine zur vollmechan. Ernte von Futterrüben, meist als

# Futurismus

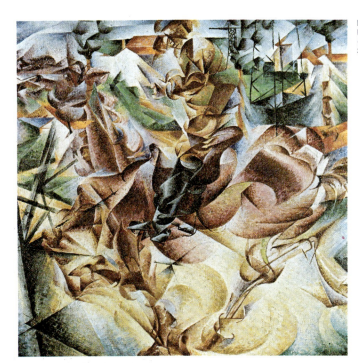

**Futurismus:** Umberto Boccioni ›Elasticità‹ (1911). Mailand, Sammlung R. Jucker

einreihig arbeitender *Bunkerköpfroder* ausgeführt, der vom Schlepper gezogen und angetrieben wird.
**Futterschneckenklee** → Luzerne.
**Futterschneider,** landw. Maschine zum Häckseln von sperrigem Futter oder zum Schneiden von Rüben.
**Fütterungstechnik,** in der Landw. von baulichen Gegebenheiten, Tierart, Lagerung und Art der vorhandenen Futtermittel abhängige Tätigkeit. Im wesentl. unterscheidet man zw. *Trockenfütterungsanlagen* und *Flüssigfütterungsanlagen.*
**Futterverwertung,** Kennzahl für die Umsetzung eines Futtermittels durch landw. Nutztiere in die gewünschte Leistung. Beispiel: Eine F. von 1:3,2 in der Schweinemast bedeutet, daß 3,2 kg einer Futtermischung notwendig waren, um 1 kg Schweinefleisch zu erzeugen.
**Futterwicke** → Wicke.
**Futur** [lat. ›Zukunft‹] *das,* Zeitstufe der Zukunft, die durch die entspr. Form des Verbums ausgedrückt wird. Nicht alle Sprachen verfügen über eine bes. Zeitwortform der Zukunft, und bei denjenigen mit eigenem F. ist die Bildungsweise unterschiedl., z. B. lat. *amabo* gegenüber dt. *ich* (→ Personalpronomen) *werde* (→ Hilfsverb) *lieben* (→ Infinitiv).
**Futura** [lat.] *die,* häufig gebrauchte → Groteskschrift, 1925 von Paul Renner (1878–1956) entworfen (→ Druckschrift).
**Futurismus** [zu lat. futurum ›Zukunft‹], von F.T. → Marinetti begr. und im ›Manifeste du futurisme‹ (erschienen am 20. 2. 1909 im Pariser ›Figaro‹) verkündete lit., künstler. und polit. Bewegung, die den Bruch mit den Werten der Tradition und die Umgestaltung aller Bereiche der Kultur und des öffentl. und polit. Lebens forderte. F. wollte eine allen Konventionen entgegenwirkende, den Regeln von Logik und Grammatik nicht unterworfene, das Rationale ausschaltende Sprache als reinsten, unmittelbarsten Ausdruck des Innern. In der bildenden Kunst

## Futurologie

traten 1910 U. →Boccioni, C. →Carrà, L. →Russolo und Giacomo Balla mit eigenem Manifest hervor, dessen Ziel die Zerstörung der auf dem subjektiven Seh-Akt beruhenden Bildeinheit war. Entspr. ihrer These, daß ein Rennauto schöner sei als die Nike von Samothrake, wollten sie eine zukunftweisende Kunst schaffen, die dem dynam. Geist des modernen Großstadtmenschen entspräche; das dynam. Element wurde in der Malerei durch Überlagerung und Aneinanderreihung mehrerer Bewegungsphasen verwirklicht. In der Photographie konnte dieser Effekt durch Mehrfachbelichtung erzielt werden (›Fotodinamica‹, Aufnahmen von A. G. Bragaglia). Der F. ist in seinen geistesgeschichtl. Voraussetzungen und seinen Zielen dem →Expressionismus verwandt; seine größere Radikalität verhinderte die erstrebte Breitenwirkung. Neben Marinetti gehörten der Bewegung für kurze Zeit die Schriftst. G. →Papini (ab 1913 Hrsg. der Zschr. ›Lacerba‹), A. →Palazzeschi und A. →Soffici an sowie der Komponist Francesco Balilla Pratella (1880–1955), der zus. mit Luigi Russolo auf die →Musique concrète und bes. auf E. →Varèse einwirkte. Die Komponisten des F. lehnten die symphonische Tradition strikt ab; ihre Musik bezieht auch Geräusche als akust. Material mit ein ( →Bruitismus). Der Elan des F. ebbte Mitte der 20er Jahre ab; sein Einfluß blieb spürbar im →Dadaismus und →Surrealismus. Sein polit. Programm prägte die Vorstellungswelt des Faschismus in Italien. Eine eigene, von Italien weitgehend unabhängige Ausprägung erfuhr der F. ab 1910 in Rußland durch W. →Tatlin, in der Lit. durch W. →Majakowski und W. →Chlebnikow, die alle Konvention zerstören und die Poesie als Handwerk handhaben wollten.
**Futurologie** *(Zukunftsforschung)*, von O. K. →Flechtheim 1943 geprägte Bez. für wissenschaftliche systemat. und kritische Untersuchung von Fragen möglicher zukünftiger Entwicklungen. Hilfswissenschaften: Statistik, Kybernetik, Spieltheorie, Soziologie, Wirtschaftswissenschaften. Seit 1965 in Wien ›Inst. für Zukunftsfragen‹, gegr. von R. →Jungk.
**Fux,** Johann Joseph, Komponist, * 1660 Hirtenfeld (Steiermark), † 13.2.1741 Wien; Hofkapellmeister; Kirchenmusik, Opern und Instrumentalwerke.
**Fu xi,** myth. Kaiser →Yijing.
**Fuxin** *(Fusin)*, chin. Stadt in der Mandschurei, Prov. Liaoning, mit 700000 E.; Zentrum des Kohlebergbaus und der Energieerzeugung.
**Fuzhou** *(Futschou*, engl. *Foochow; Minhou)*, Hptst. und wichtigster Hafen der chin. Prov. →Fujian, an der geschützten Mündung des Min Jiang in die Formosastraße, 1 Mio. E., als Agglomeration 1,2 Mio. E.; Univ. (TH); Stahlwerk, chem. und Textil-Ind., Papierherstellung; Export von Holz, Seide, Reis, Tee.
**Fuzzy logic** [engl., fʌzɪ lɔdʒɪk ›unscharfe Logik‹], in der Entwicklung befindl. Zweig der math. →Logik, der nicht mehr nur mit Ja/Nein-Entscheidungen (richtig/falsch) arbeitet, sondern auch Zwischenwerte (fast richtig, nicht ganz falsch) zuläßt. Da viele techn. und biol. Prozesse im Prinzip mit Verfahren der F. l. arbeiten, erhofft man sich von ihrer math. Entwicklung und ihrer Umsetzung in techn. Anwendungen Fortschritte z. B. bei der Konstruktion ›intelligenter‹ Steuerungs- und Kontrolleinrichtungen. 1993 gelang es jap. Wissenschaftlern erstm., einen Hubschrauber nur durch Steuerung über F. l. in einer stabilen Flugphase zu halten.
**Fylgjen,** nordgerman. Schutzgeister einzelner Personen.
**Fylke,** Mz. -ker, Bez. für Provinz (Verwaltungsbezirk) in Norwegen.
**Fyn,** dän. Insel →Fünen.
**Fyne, Loch** [lɔk faɪn], fjordartige Nebenbucht des Firth of →Clyde, 60 km lang, bis 7 km breit.
**Fyrtiotal,** lit. Bewegung: →schwedische Literatur.
**Fyt** [fɛɪt], Jan, niederl. Maler, getauft 15.3.1611 Antwerpen, † 11.9.1661 ebd.; üppige, meist kleinformatige Stilleben.
**fz.,** Abk. für forzando; →forzato.

**G, 1)** siebter Buchstabe im Alphabet; **2)** internat. Kfz-Kennzeichen für Guatemala; **3)** *Physik:* 1. Abk. für →Gauß (→Formelzeichen); 2. Abk. für den Vorsatz →Giga- bei Maßeinheiten (= 10⁹); **4)** *Musik:* Zeichen für G-Schlüssel (Violinschlüssel); **5)** *Börse:* →Kurszusatz; **6)** Abk. für →Gourde; **7)** auf Münzen: Zeichen für Karlsruhe als Prägestätte.

**g, 1)** *Musik:* fünfte Stufe der diatonischen Grundskala C-Dur (→Diatonik, →Notenschrift); Bez. für Dreiklänge und Tonarten: g für g-Moll, G für G-Dur; **2)** *Math.:* ᵍ, Zeichen für die nicht mehr zulässige Winkeleinheit →Neugrad; **3)** *Physik:* 1. Symbol für Fallbeschleunigung (→Fall); 2. Abk. für Gramm.

**GA,** postal. Abk. für →Georgia.

**Ga,** chem. Symbol für das Element →Gallium.

**Gäa** *(Gaia, Ge),* griech. Göttin der Erde, Gemahlin →Uranos', Mutter der →Titanen und →Zyklopen. Bei den Römern entsprach ihr die →Tellus bzw. die Terra Mater.

**Gaas,** Angerdorf im Pinkatal, südl. Burgenland; südl. von G. die gotische Wallfahrtskirche ›Maria Weinberg‹ mit einer Madonna aus dem 15. Jh.

**Gabanholz** →Sappanholz.

**Gabardine** [frz., -din, -dinə] *der* oder *die,* kahlgeschorenes, schräg geripptes Woll- oder Mischgewebe, z. B. für Anzüge, Mäntel.

**Gabbro** [ital.] *der,* ein quarzfreies basisches Plutonitgestein von dunkler Farbe; Hauptbestandteile sind →Plagioklas, →Augit oder →Hornblende, daneben →Olivin.

**Gabel, 1)** *allg.:* zwei- oder mehrzinkiges Vorlege- und Eßgerät, erstm. im 11. Jh. in Italien; in Dtld. im 15. Jh., seit dem 17./18. Jh. allg.

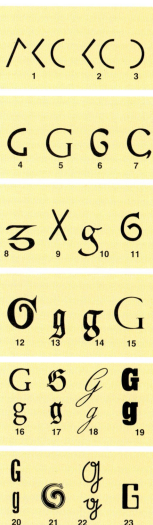

1. Westgriech. Schrift, Inschrift, 8.–7. Jh. v. Chr.
2. Prototyrrhen. Schrift, Inschrift, 8.–7. Jh. v. Chr.
3. Archaische röm. Capitalis, Inschrift, 6.–4. Jh. v. Chr.
4. Frühe röm. Capitalis, Inschrift, 3.–2. Jh. v. Chr.
5. Capitalis Quadrata, Inschrift, Italien, 2. Jh.
6. Capitalis Rustica, Handschrift, Italien 5. Jh.
7. Unziale, Handschrift, Italien 5. Jh.
8. Halbunziale, Handschrift, Italien 6. Jh.
9. Runen, Inschrift, England um 800
10. Karoling. Minuskel, Handschrift, Frkr. um 845
11. Roman. Majuskel, Inschrift, Dtld. 12. Jh.
12. Got. Majuskel, Inschrift, 14. Jh.
13. Got. Minuskel (Textura), Handschrift, England 1384
14. Rotunda, Handschrift, Italien 14. Jh.
15. Renaissance-Capitalis, Handschrift, Italien um 1463
16. Antiqua, Druck, Aldus Manutius, Italien 1499
17. Fraktur, Druck, Augsburg um 1513
18. Lat. Schreibschrift (Round Hand), England 1743
19. Fette Egyptienne, Frkr. 19. Jh.
20. Schmale fette Grotesk, 19. Jh.
21. Jugendstilschrift, C.E. Thompson, England 1897
22. Dt. Schreibschrift, Anfang 20. Jh.
23. Computerschrift

# Gabela

**Gabelböcke** besitzen verschiedene Duftdrüsen zur geruchlichen Informationsübertragung. Zudem dient der aufgerichtete ›Spiegel‹ als optisches Signal.

**Clark Gable**

**Gabelschwänze:** Raupe des Großen Gabelschwanzes

in Gebrauch; **2)** *Landw.:* Handgerät mit gebogenen Zinken; **3)** *Maschinenbau:* gabelförmiges Maschinenteil, z. B. für Radlagerung (→ Fahrrad).
**Gabęla,** Ort im westl. Angola, 250 km südöstl. von Luanda; Handelszentrum eines Gebietes mit ausgedehnten Kaffeeplantagen.
**Gabelbein,** die bei den Vögeln zu einem gabelförmigen Knochen verwachsenen Schlüsselbeine.
**Gabelbock, 1)** *(Gabler),* Rehbock mit zwei Enden an jeder Stange; **2)** *(Pronghorn; Antilocapra americana):* heute einziger Vertreter einer einst (fossil) größeren Familie der →Paarhufer; die beim Männchen gegabelten Hornscheiden der Stirnaufsätze werden alljährlich abgeworfen; auch fossile Formen nur in Nordamerika.
**Gabelbuchenspinner** → Buchenspinner.
**Gabeldorsch** *(Urophycis blennioides),* ein mittelgroßer →Dorsch, Schwarmfisch in Bodennähe; Mittelmeer und europ. Küstensaum bis Südnorwegen.
**Gabelfrühstück** *(Dejeuner),* zweites Frühstück, Zwischenmahlzeit.
**Gabelgriff,** Bez. für Griff bei klappenlosen Holzblasinstrumenten, bei dem eine Reihe abgedeckter Löcher durch ein oder mehrere geöffnete Löcher unterbrochen wird; bes. für chromat. Töne notwendig.
**Gabelhäkelei,** Häkelarbeit mit einer Holz- oder Metallgabel; zw. den Schlingen werden die Häkelmaschen verknüpft.
**Gabelhirsch, 1.** *(Huemul; Hippocamelus bisulcus),* Andenhirsch, knapp rehgroß, je Geweihstange nur zwei Enden: Gabelgeweih; lebt in kleinen Rudeln, selten. 2. Rothirsch als *Gabler* (→Geweih).
**Gabelmücken** →Malariamücken.
**Gabelsberger,** Franz Xaver, Stenograph, * 9. 2. 1789 München, † 4. 1. 1849 ebenda; schuf eine → Kurzschrift, die eine der Grundlagen für die dt. Einheitskurzschrift bildete.
**Gabelschaltung,** eine Schaltung in Fernsprechanlagen zur Überleitung der gleichzeitigen Gespräche in beiden Richtungen von Vier- auf Zweidrahtbetrieb und umgekehrt.
**Gabelschwanz** →Sturmschwalben.
**Gabelschwänze,** Bez. für versch. Schmetterlingsgattungen aus der Fam. der →Zahnspinner. Die bunten Raupen der G. tragen an Stelle der letzten Bauchfüße zwei lange Fortsätze, aus denen bei Erregung lange, rote Fäden hervortreten, die ein stark riechendes Sekret abgeben. Zu den G. zählt der Große Gabelschwanz *(Dicranura vinula).*
**Gabelschwanzseekuh** →Seekühe.
**Gabelsperber** *(Melierax gabar),* ein den Sperbern nahestehender →Greif; Weibchen größer als Männchen; lebt in baumbestandenen Savannen südl. der Sahara, jagt bes. Webervögel.
**Gabelstapler** *(Stapelroller),* elektr. oder mit Verbrennungsmotor angetriebenes Fahrzeug mit hydraul., an einer senkrechten Gleitbahn bewegl. Ladegabel, die sich unter Stückgut schiebt und dieses zum Verladen oder Stapeln hochhebt.

3354

**Gabeltang** *(Dictyota)*, Gruppe von →Braunalgen mit handgroßen, flachen Thalli, die gabelig verzweigt sind; bildet oft ausgedehnte Rasen.
**Gabelweihe** →Milane.
**Gabelwender,** landw. Maschine zum Heuwenden.
**Gabelzahnmoos** *(Dicranales)*, Gattung der Laubmoose; relativ hoher Wuchs mit weißlichem Filz, der die Seitenzweige des Stämmchens basal umgibt.
**Gaberones** →Gaborone.
**Gabès** [-ɛz] *(Qabis)*, tunes. Hafenstadt am *Golf von G.* (Kleine Syrte) mit 95 000 E.; Mittelpunkt einer Dattelpalmenoase; Herst. von Teppichen und Schmuckwaren, Fischfang; Seebad; Eisenbahnlinie nach Tunis.
**Gabija** *(Gabieta, Gabeta)*, litauische Feuer- und Hausgöttin.
**Gabin** [gabɛ̃], Jean (eigtl. *J.-Alexis Moncorgé*), frz. Filmschauspieler, *17.5.1904 Paris, †15.11.1976 ebenda. – *Filme:* Nachtasyl (1936); Die große Illusion (37); French Can-Can (55); Im Kittchen ist kein Zimmer frei (59); Der Fall Dominici (73). – Bes. bekannt durch seine ›Kommissar Maigret‹-Filme.
**Gabirol** *(Gebirol)*, Salomon ben Jehuda ibn (auch *Avicebron* oder *Avencebrol*), arab. (jüd.) Philosoph und Dichter, *um 1020 Málaga, †um 1070 Valencia; versuchte aristotel. und neuplaton. Gedanken mit der jüd. Relig. zu vereinigen (Hauptwerk: ›Fons vitae‹, nur in lat. Übersetzung erhalten); großer Einfluß auf die →Scholastik.
**Gabjauja**, litauische Getreidegöttin, seit der Christianisierung eine Dämonin.
**Gabjaujis**, litauischer Hausgeist.
**Gable** [gɛɪbl], Clark, amerikanischer Filmschauspieler, *11.2.1901 Cadiz (OH), †17.11.1960 Hollywood; Typ des Draufgängers und Frauenhelden. – *Filme:* Meuterei auf der Bounty (1935); Vom Winde verweht (39); Nicht gesellschaftsfähig (61).
**Gabler** →Gabelbock, →Geweih.
**Gablonz an der Neiße**, tschech. Stadt →Jablonec nad Nisou.
**Gabo**, Naum (eigtl. *N. Pevsner*), russischer Bildhauer, *5.8.1890

Brjansk, †23.8.1977 in Waterbury (CT); urspr. Ing.; Bruder von A. →Pevsner, begr. mit ihm 1920 den →Konstruktivismus; schuf unter Anwendung höherer Math. abstrakte Plastiken aus Metall und Kunststoffen (z. B. ›Säule‹, 1923); ab 46 in den USA.
**Gabon** [-bɔ̃], frz. für →Gabun.
**Gabor**, Dennis, brit. Physiker ung. Herkunft, *5.6.1900 Budapest, †9.2.1979 London; nach Studium in Budapest 1926/27 am Dt. Forschungsinstitut für Hochspannungsanlagen, bis 33 bei Siemens &

**Jean Gabin** in dem Film ›Im Kittchen ist kein Zimmer frei‹, der 1959 bei der Berlinale den ›Silbernen Bären‹ erhielt.

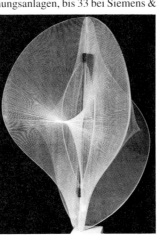

**Naum Gabo:** ›Lineare Konstruktion‹ (1928)

## Gaboriau

Dennis Gabor

⬛ Gaborone:
Bild →Botsuana

Halske in Berlin tätig, ging 34 nach Großbritannien, ab 58 Prof. für angewandte Elektronenphysik in London. 71 Nobelpreis für Entwicklung der →Holographie, deren Grundlagen er bereits 47 erarbeitet hatte, die aber erst durch Einsatz von Laserstrahlen eine Vielzahl prakt. Anwendungen finden konnte.
**Gaboriau** [gabɔrjo], Émile, frz. Schriftsteller, *9.11.1832 Saujon (Dép. Charente-Maritime), †28.9. 1873 Paris; früher Vertreter des Detektivromans, der maßgeblich A. C. →Doyle beeinflußte.
**Gaborone** (bis 1970 *Gaberones*), seit 1965 Hptst. der Rep. Botsuana, südl. Afrika, nahe der südöstl. Landesgrenze, an der Bahnstrecke nach Bulawayo (Simbabwe), mit rd. 135 000 E.; kath. Bischofssitz, Univ. (gegr. 1975), Nationalmuseum; Zentrum eines Viehzuchtgebietes; Flughafen.
**Gabos** [gɔbɔʃ], Gábor, ung. Pianist, *4.1.1930 Budapest; Gewinner zahlr. Wettbewerbe, u.a. Marguerite Long-Jacques Thibaud in Paris, Reine Elisabeth in Brüssel, Liszt-Bartók-Wettbewerb in Budapest; breites Repertoire mit bes. Schwerpunkt auf den Werken B. →Bartóks.
**Gabr**, Bez. der Anhänger des →Parsismus im Iran.
**Gabriel**, in der spätjüd. Lit. →Erzengel und mit Michael Beschützer Israels; im N.T. kündigt G. die Geburt Johannes' des Täufers und Jesu an; im Islam diktiert G. *(Dschabrail Dschibril)* Mohammed den →Koran.
**Gabriel**, Jacques-Ange, frz. Architekt, *23.10.1698 Paris, †4.1.1782 ebenda; Wegbereiter des Klassizismus in der frz. Architektur. – *W:* Petit Trianon und die Oper im Schloß von Versailles u.a.
**Gabriel**, Leo, Philosoph, *11.9. 1902 Wien, †15.2.1987 ebenda; Untersuchungen zur Logik und Philos. der Gegenwart (›Integrale Logik‹, 1965).
**Gabriel** [gɛɪbrɪəl], Peter, engl. Rockmusiker, *13.5.1950 London; 1967–75 Leadsänger von →Genesis; seither Solokarriere, z.T. Zusammenspiel mit R. →Fripp; durch seine Neigung zu extravaganten Bühnenkostümen und seine Liedthemen von Heilssuche, Magie und weißer Schuld wurde G. zu einer zentralen Figur der →World Music (z.B. Organisation des ›World of Music, Arts and Dance Festivals‹, London 1982). – *CDs:* Peter Gabriel I bis IV (1977, 78, 80, 82); Birdy (85); So (86).
**Gabriele**, ital. männl. Namensform wie auch dt. weibl. Namensform zu →Gabriel.
**Gabrieli**, Andrea, ital. Komponist, *um 1510 Venedig, †Ende 1586 ebd.; Organist; war mit seiner Kirchen- und Instrumentalmusik wesentl. an der Entstehung der Mehrchörigkeit und der Dur-Moll-Harmonik beteiligt. – *W:* Sacrae cantiones (1565); sechsstimmige Messe (72); sechsstimmige ›Psalmi Davidici‹ (83); Concerti (87); Madrigale; Orgel- und Instrumentalwerke.
**Gabrieli**, Gabriel de, ital. Architekt, *1671 Rovereto, begraben 21.3. 1747 Eichstätt; barocke Bauten, vorwiegend in Ansbach und Eichstätt.
**Gabrieli**, Giovanni, ital. Komponist, Schüler und Neffe von Andrea G., *1554 und 1557 Venedig, †12.8.1613 ebenda; Organist; baute die Mehrchörigkeit weiter aus, entwickelte Instrumentalformen und Raum-Klang-Effekt (›Sacrae Symphoniae‹, 1597/1615); Lehrer von Heinrich Schütz. – *WW:* Concerti (1587, gemeinsam mit A. Gabrieli); Ecclesiasticae cantones (89); Canzoni e Sonate (1615); Madrigale; Orgelwerke.
**Gabrieli String Quartet** [- kwɔːtɛt], 1966 gegr. brit. Streichquartett mit John Georgiadis, Brendan O'Reilly (Violine), Ian Jewel (Viola) und Keith Harvey (Violoncello); seit 1971 ›quartet in residence‹ der Univ. Essex; spielt bevorzugt Werke des 20. Jh.
**Gąbrowo**, Stadt am Nordrand des Balkans, Bulgarien, an der Jantra, 81 000 E.; bed. Textil-Ind. auf alter Handwerkstradition, Lederverarbeitung, Metall-, Elektro- und Möbel-Ind.; von hier Balkanquerstraße über den Schipkapaß.
**Gabun**, siehe S. 3358–3359.

# Gaddi

**Gabun** (*Okoumé*, fälschl. auch *G.-Mahagoni*), das weiche, rosa- bis mahagonifarbene Holz von *Aucoumea klaineana* (Balsambaumgewächs), einem bis 60 m hohen Laubbaum des trop. Westafrika; für Furniere, Möbel.

**Gabunviper** → Vipern.

**Gächinger Kantorei**, 1954 in Stuttgart von H. → Rilling gegr. gemischter Chor mit etwa 100 Laiensängerinnen und -sängern; bed. Gesamtaufnahme der Kantaten und Oratorien J. S. Bachs.

**Gad**, **1)** syrische Schicksalsgottheit (Jes 65); **2)** Prophet zur Zeit Davids (2 Sam 24); **3)** Sohn Jakobs, nach dem der israelit. Stamm G. im Ostjordanland benannt wurde.

**Gadag** (*Gadag Betgeri*), Stadt im S Indiens, 180 km östl. von → Goa, 142 000 E.; nahebei zahlr. Tempel und Kulthöhlen aus dem 7./8. Jh.

**Gadamer**, Hans-Georg, Philosoph, * 11. 2. 1900 Marburg; vertritt in seinem Hauptwerk ›Wahrheit und Methode‹ (1960) eine philos. Hermeneutik, die als umfassende Theorie des Verstehens das menschl. Dasein von seiner sprachl. Verfaßtheit her begreift. Philos.-hist. und ästhet. Studien.

**Gadames**, Oasenstadt in Libyen: → Ghadames.

**Gadda**, Carlo Emilio, ital. Schriftst., * 14. 11. 1893 Mailand, † 21. 5. 1973 Rom; übte schonungslose Kritik an der bürgerl. Klasse; sein Stil zeichnet sich durch barocke Fülle sprachl. Elemente aus allen Bereichen von Technik und Kultur aus; von großer Wirkung auf die ital. Lit. nach dem II. Weltkrieg. – W: Il castello di Udine (1934); Die Erkenntnis des Schmerzes (63; La cognizione del dolore, 38–41); Die gräßliche Bescherung in der Via Merulana (61; Quer pasticciaccio brutto de via Merulana, 57); Eros e Priapo (67); La meccanica (70).

**Gadder** *das*, großmaschiges, festes Netz, welches das eigentliche feinmaschige, lose eingestellte Fischnetz von beiden Seiten abdeckt und ihm Stabilität verleiht. Beim Versuch, das G. zu durchschwimmen, verwickelt sich der Fisch im Innengarn des Dreiwandnetzes.

**Gaddhafi** (*Gaddafi, Kadhafi*), Muammar al-, libyscher Politiker, Oberst, * Sept. 1942 Misurata (Tripolitanien); 1969 am Staatsstreich gegen König Idris beteiligt; 69–77 Vors. des Libyschen Revolutionsrates; 70–72 Min.-Präs. und Verteidigungsminister. Setzte im Nov. 76 die Umwandlung Libyens in die ›Sozialistische Libysch-Arabische Dschamahirija‹ (›Massenvertretung‹) durch; 77–79 Staatspräsident und Vors. des Generalsekretariats des Allg. Volkskongresses, Rücktritt 1. 3. 79 von allen polit. Ämtern, um sich ganz der ›Revolutionären Aktion‹ zu widmen. G. gilt als Unterstützer extremist. Bestrebungen in Afrika und Asien und als Gegner der Friedenspolitik Ägyptens gegenüber Israel. G. sieht in der libyschen Variante des Islam eine Alternative zum Kommunismus und Kapitalismus.

**Gaddi**, Agnolo, Sohn von Taddeo G., ital. Maler, * um 1350 Florenz, begraben 16. 10. 1396 ebd.; setzte die auf → Giotto basierende Tradition fort; Fresken in Santa Croce, Florenz (um 1380), und im Dom zu Prato (1392–95).

**Gaddi**, Taddeo, ital. Maler, * um 1300, † 1366 Florenz; Schüler → Giottos; Fresken in Santa Croce, Florenz; Altarbilder.

Muammar al-Gaddhafi

Taddeo Gaddi: ›Begegnung am Goldenen Tor‹ (Fresko, 1332–38). Florenz, Santa Croce

# Gabun

**Gabun** (französisch *Gabon*; amtl. *Gabunische Republik*, frz. *République Gabonaise*), Staat in Äquatorialafrika, am Atlantischen Ozean (Niederguineaküste).

| | |
|---|---|
| Zeitzone | Mitteleuropäische Zeit |
| Fläche | 267 667 km² (etwa drei Viertel so groß wie Deutschland); Ausdehnung: N – S 700 km, W – O 650 km |
| Einwohner | 1,2 Mio.; mittl. Dichte 4,5 E./km²; jährl. Zuwachsrate 3,5%; mittl. Lebenserwartung 54 Jahre |
| Hauptstadt | Libreville, 360 000 E.; am Nordufer des breiten Gabun-Ästuars im Nordwesten des Landes |
| Verwaltungsgliederung | 9 Provinzen, mit jeweils einem Gouverneur an der Spitze; 37 Präfekturen |
| Mitgliedschaft | UN (seit 1960), Communauté Française, OAU, UDEAC, AKP, OPEC |
| Amtssprache | Französisch; als Umgangssprachen werden die verschiedenen Bantusprachen gesprochen |
| Währung | 1 CFA-Franc = 100 Centimes (c) |

*Natur*
G. erstreckt sich beiderseits des Äquators. Seine rd. 800 km lange Küste ist im N buchtenreich, im S als Ausgleichsküste mit Nehrungen und Lagunen ausgebildet. Vom Küstentiefland, das im Gebiet des gabunischen Hauptstromes → Ogooué bis 200 km weit ins Innere reicht, steigt das Land terrassenartig zur Mittelgebirgslandschaft der Niederguineaschwelle an; im zentralen Massif du Chaillu werden Höhen von über 1500 m erreicht. Den N und O nehmen Hochplateaus ein. Es herrscht ausgesprochenes Tropenklima mit gleichbleibend hohen Temperaturen (um 27 °C) und extremer Luftfeuchtigkeit; die Niederschlagsmengen (zwei Regenzeiten) bewegen sich zw. 1600 und 3000 mm pro Jahr. Drei Viertel des Landes sind mit trop. Regenwald bedeckt; stellenweise kommen Feuchtsavannen vor, im SO auch Trockensavanne. Im Küstenbereich wachsen Mangrovenwälder.

*Bevölkerung*
Gründe für die dünne Besiedlung des Landes liegen v. a. in den wenig günstigen naturgeogr. Gegebenheiten (schlechte Zugänglichkeit des Innern, Tropenkrankheiten). Die Bev. besteht hauptsächl. aus Bantuvölkern (Fang, Eschira, Mbete, Teke, Kota u. a.); im NO gibt es kleine Pygmäengruppen. Hinzu kommen Europäer (bes. Franzosen) und Afrikaner aus den Nachbarländern, die seit Anf. der 70er Jahre (Erdölboom) verstärkt zuziehen. Die anhaltende Landflucht ist bes. auf die Industriezentren Libreville und Port-Gentil gerichtet, z. T. auch auf Franceville und Lambaréné. Die Gabuner sind überwiegend Christen (bes. Katholiken). Das Bildungswesen wird vorrangig ausgebaut (Analphabetenrate 38%). Seit 1971 gibt es in Libreville eine Universität.

*Staat*
Nach der Verfassung von 1961 (zuletzt 1991 revidiert) ist G. eine präsidiale Republik. Der Staatspräsident wird für fünf Jahre direkt gewählt; er ernennt den Premierminister. Die Legislative liegt bei der Nationalversammlung mit 120 Ab-

# Gabun

geordneten, die in direkten, allg. Wahlen für fünf Jahre gewählt werden. Das Rechtswesen orientiert sich am frz. Vorbild. Keine allg. Wehrpflicht.

*Wirtschaft*
Der Reichtum an natürl. Ressourcen – Holz, Erdöl, Erze – hat in G. zu einem relativen Wohlstand geführt. Kaum Anteil am Rohstoffboom hat jedoch die Agrarbev., die überwiegend für die Selbstversorgung Knollenfrüchte, Mehlbananen, Palmöl, Kakao und Kaffee erzeugt. Die Ausbeutung der Waldbestände liegt zumeist in ausländ. Hand; G. hat neben Kongo das Weltmonopol für →Gabun-Holz. Träger des wirtschaftl. Wachstums ist der Bergbau, insbes. die Erdöl- und Erdgasförderung (zwei Drittel der Exporterlöse). Bei Uran- und Manganerzen gehört G. zu den führenden Erzeugerländern. Ferner gibt es Gold, Eisenerz, Baryt u. a. Führende Industriezweige sind die Nahrungs- und Genußmittelherstellung, Holz-, Metallverarbeitung, Baustoff-, chem. bzw. petrochem. Industrie. Verkehrsmäßig ist G. noch wenig erschlossen. Der neuen Transgabunischen Eisenbahn von Libreville nach Franceville kommt deshalb bes. Bedeutung zu. Wichtigste Seehäfen sind Port-Gentil (Erdöl, Holz) und Libreville-Owendo (Erze). Internat. Standard haben die Flughäfen von Libreville, Port-Gentil und Franceville.

*Daten zur Wirtschaft* (1994) Bruttosozialprodukt: 3,6 Mrd. US-$; je Einwohner 3550 US-$ Sektoranteile am Produktionsvolumen: Land- und Forstwirtschaft 8%; Produzierendes Gewerbe 52%; Dienstleistungen 40% Warenexport: 2,5 Mrd. US-$; Warenimport: 0,9 Mrd. US-$ Saldo der Leistungsbilanz: –284 Mio. US-$

*Geschichte*
1472 entdeckten portug. Seefahrer die Küste von G.; 1839 und 1841 erwarb Frkr. Gebiete an der Trichtermündung des Gabun. 1886 erhielt G. den Status einer frz. Kolo-

Flöße aus Holzstämmen erfüllen in dem westafrikanischen Land eine wichtige Transportfunktion.

nie. 1910–58 gehörte G. zu Frz.-Äquatorialafrika; 1958 erhielt es mit dem Beitritt zur Communauté Française die innere Autonomie, 1960 die Souveränität. Seit 1967 ist Omar Bongo Staats-Präs.; der von ihm geführte Parti Démocratique Gabonais (PDG) hatte bis 1991 den Status einer Einheitspartei. Die neue Verfassung von 1991 veränderte die bestehenden diktatorischen Machtverhältnisse nur unwesentlich.

*Kunst*
Künstlerisch bed. Masken, Reliquiarfiguren der →Fang, Kota und Punu, allerdings zum größten Teil von Missionaren zerstört.

# Gade

Niels Gade (Lithographie von Tegner)

**Gade,** Niels (Wilhelm), dän. Komponist, *22.2.1817 Kopenhagen, †21.12.1890 ebenda; Kapellmeister in Leipzig und Kopenhagen; zahlr. Orchesterwerke (Konzertouvertüre ›Nachklänge aus Ossian‹, 1840), Chor- und Kammermusik in ›nordisch‹ gefärbtem Stil (→ dänische Musik).

**Gadebusch,** meckl. Stadt nordwestl. von Schwerin, mit 7000 E.; got. Stadtkirche; Schloß (16. Jh.), Waldbühne; Landmaschinenbau, Erzeugung von Leder, Teigwaren.

**Gaden,** *Architektur:* 1. Haus mit nur einem Raum oder einem Stockwerk; 2. Fensterbereich im oberen, die Seitenschiffe überragenden Teil des Mittelschiffs einer Basilika (→ Lichtgaden).

**Gadertal** (*Enneberger Tal,* ital. *Val Gadera*), südliches Seitental des → Pustertals in den Dolomiten, Südtirol, mit knapp 7000 E., meist Rätoromanen, in 4 Großgemeinden; oberer Abschnitt Abteital (Val Badia).

**Gades,** Antonio (eigtl. *A. Esteve*), span. Choreograph und Tänzer, *16.11.1936 Elda (Prov. Alicante); in seinen Choreographien verbindet er folklorist. mit Elementen des modernen Bühnentanzes. Bekannt seine ›Flamenco‹-Trilogie mit dem Film ›Carmen‹.

**Gades,** phöniz. Handelsplatz: → Cádiz.

**Gadidae** → Dorsche.

**Gadmental,** Seitental des → Haslitals (→ Aare) im Berner Oberland mit Westrampe des → Sustenpasses, 18 km lang.

Antonio Gades und Laura del Sol in Carlos Sauras preisgekrönter Film-Ballettversion des ›Carmen‹-Stoffes (1983)

**Gadolinit** [nach dem finn. Chemiker *J. Gadolin*], berylliumhaltiges, dunkelglänzendes Mineral, bildet oft große Kristalle, chem. Formel $Y_2FeBe_2O_2(SiO_2)_2$.

**Gadolinium** *(Gd),* dreiwertiges Element der Ordnungszahl 64 aus der Gruppe der → Lanthanoiden, Atommasse 157,25, Dichte 7,9 g/cm³, Schmelzpunkt 1312 °C, Siedepunkt rd. 3000 °C; schwach gelbl. Metall, gehört zu den → Metallen der Seltenen Erden; wurde von seinem Entdecker → Marignac 1880 nach dem finn. Chemiker *Gadolin* benannt. Das Isotop $^{157}_{64}Gd$ hat den größten Absorptionsquerschnitt für therm. Neutronen unter allen Elementen.

**Gádor, Sierra de** [- gaðor], Küstengebirge in Südspanien, in der andalus. Provinz Almería; Teil der Penibetischen Kordillere; im *Morrón* 2236 m hoch.

**Gadsden** [gædzdən], Stadt im NO des US-Bundesstaates Alabama, 43 000 E., mit Einzugsgebiet 100 000 E.; Eisen- und Stahl-Ind.; Verarbeitung von Kautschuk.

**Gadus** → Kabeljau.

**Gaede,** Wolfgang, Physiker, *25.5.1878 Lehe (heute zu Bremerhaven), †24.6.1945 München; entwickelte eine Reihe von Vakuumpumpen für Forschung und Industrie (→ Diffusionspumpe), Konstrukteur zahlreicher Vakuum-Meßgeräte.

**Gaeta,** Francesco, ital. Schriftst., *27.7.1879 in Neapel, †(Selbstmord) 15.5.1927 ebd.; war mit B. → Croce befreundet. Seine Gedichte und Novellen kreisen stets um die Vergangenheit und um die Vergänglichkeit des ird. Lebens.

**Gaeta** (das antike *Caieta*), mittelital. Hafenstadt und Badeort in der Prov. Latina, Latium, am *Golf von G.,* mit 24 000 E.; Dom (Erzbischofssitz), Kastell; bis 1861 wichtige Festung des neapolitan. Königreichs.

**Gaffel,** am Mast eines Schiffes schräg nach oben und hinten gerichtete → Spiere zur Befestigung des Gaffelsegels, eines viereckigen Segels, das oben an der G. und unten an einem Baum befestigt ist.

# Gagern

**Gaffky,** Georg Theodor August, Bakteriologe, * 17. 2. 1850 Hannover, † 23. 9. 1918 ebenda; Nachfolger R. →Kochs als Leiter des Instituts für Infektionskrankheiten in Berlin; erste Reinzüchtung von Typhusbakterien und Arbeiten über Tuberkuloseerreger.

**Gaffori,** Franchino (latin. *Franchinus Gafurius*), ital. Komponist und Musiktheoretiker, * 14. 1. 1451 Lodi, † 24. 6. 1522 Mailand; nach Aufenthalten in Mantua, Genua und Neapel wurde G. 1484 Kapellmeister am Mailänder Dom. Seine Kompositionen vereinen Polyphonie mit ital. Klangkunst. Seine musiktheoret. Schriften behandeln Fragen der Notation und Tonalität.

**Gaflon**®, ein Kunststoff auf der Basis von →Polytetrafluorethylen.

**Gafsa** (*Qafsah*; das antike *Capsa*), Oasenstadt in Tunesien, an den Ausläufern des tunes. Saharaatlas nördl. des Chott al →Djérid, 60 000 E.; Thermalquellen, Phosphatlager, Ölbäume und mehr als 100 000 Dattelpalmen; Schmalspurbahn nach Tunis; nach prähist. Funden wurde die Umgebung ›Capsien‹ genannt.

**Gag** [engl., gæg] *der*, witziger, verblüffender Einfall (Film, Theater).

**Gagaku** [jap. ga ›klassische‹ und gaku ›Musik‹], höf. Instrument- und Vokalmusik der →japanischen Musik seit dem 9. Jh.; die dazugehörigen Tänze (›Bugaku‹) werden mit strengem Programm aufgeführt.

**Gagarin,** Juri Alexejewitsch, sowjetischer Fliegeroffizier und Astronaut, * 9. 3. 1934 Kluschino (Gebiet Smolensk), † (Flugzeugabsturz) 27. 3. 1968 in der Nähe von Moskau; umkreiste am 12. 4. 1961 als erster Mensch in dem Raumschiff ›Wostok‹ einmal die Erde (Umlaufzeit 89,1 min; →Weltraumfahrt).

**Gagat** →Jett.

**Gagausen,** zu den →Turkvölkern gehörender Volksstamm, überwiegend in der →Dobrudscha und in →Bessarabien ansässig, christl.-orthodox, mit eigener Sprache (*Gagausisch*) und Lit.; etwa 120 000 Menschen.

**Gage** [gɛidʒ], Irwin, amerik. Pianist ung.-russ. Herkunft, * 4. 9. 1939 Cleveland (OH); profilierte sich v. a. als Liedbegleiter von Peter Schreier, Dietrich Fischer-Dieskau, Christa Ludwig, Gundula Janowitz, Jessye Norman und als Schubert-Interpret.

**Gage** [frz., gaʒə], Bezahlung, Gehalt von Sängern und Schauspielern.

**Gagea** →Goldstern.

**Gagel** *der,* (Gagelstrauch, Heidegagelstrauch; *Myrica gale*), einziger mitteleurop. Vertreter der trop.-subtrop. Fam. der *G.-Gewächse* (*Myricaceae*) mit rd. 50 Arten; bis 1,5 m hoher Strauch in Heidemooren NW-Deutschlands, mit aromat. duftenden Blättern (*Brabanter Myrte*); früher zur Bier- und Likörbereitung verwendet.

**Gagern,** Friedrich Frhr. von, Schriftst., * 26. 6. 1882 Schloß Mokritz (Krain), † 15. 11. 1947 Geigenberg (bei Sankt Leonhard am Forst, Niederösterreich); kulturhist. und kulturkrit. Romane über die Indianer: ›Der Marterpfahl‹ (1925), ›Das Grenzerbuch‹ (29), über Volk und Gesch. Kärntens und Krains: ›Ein Volk‹ (24), ›Die Straße‹ (29), unsentimentale Jagdgeschichten: ›Der Jäger und sein Schatten‹ (40).

**Gagern,** Heinrich Frhr. von, dt. Politiker, * 20. 8. 1799 Bayreuth, † 22. 5. 1880 Darmstadt; Liberaler in hess.-darmstädt. Diensten; 1848 Präs. der →Frankfurter Nationalversammlung, nach dem Rücktritt

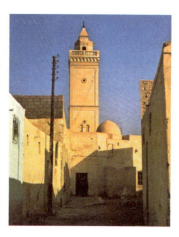

Gafsa: Moschee in der Altstadt

Juri Alexejewitsch Gagarin

Heinrich von Gagern

# Gaggenau

Gaggenau

●  **Gaillard Cut:** vgl. Karte →Panamakanal

**Thomas Gainsborough** (zeitgenössischer Stich)

● **Thomas Gainsborough:** Bild →Englische Kunst (Tafel)

→Schmerlings Leiter des Reichsministeriums; versuchte vergebl. eine Vermittlung zw. dem engeren und weiteren Bund, unterstützte dann die kleindt. Reichsverfassung und nach deren Scheitern die preuß. Unionsbestrebungen.
**Gaggenau,** bad. Ind.-Stadt (Große Kreisstadt) im Lkr. Rastatt, Reg.-Bz. Karlsruhe, im Murgtal, mit 29 000 E.; Zweigwerk von Mercedes-Benz (Unimog), Maschinen-, Gerätebau, Werkzeug- u. a. Metall-Ind., Kunststoffverarbeitung, Holzwerke. Heilbad (Kochsalztherme) im Stadtteil *Bad Rotenfels*; Markgrafenschloß (1818–27).
**Gagliano** [galjano], Marco da, ital. Komponist, *1.5.1582 Florenz, †25.2.1643 ebd.; ab 1608 Kapellmeister in San Lorenzo, ab 11 Hofkapellmeister; Opern im ›stile rappresentativo‹, u. a. ›Dafne‹ (1608), ›La Flora‹ (28); Messen, Responsorien und Madrigale (02–17).
**Gagnebin** [ganjebɛ̃], Henri, Komponist und Organist, *13.3.1886 Lüttich, †2.6.1977 Genf; Organist in Paris und Lausanne; 1925–57 Direktor des Genfer Konservatoriums. Seine Kompositionen verbleiben im Bereich der Tonalität.
**Gagnoa** [ganjoa], Ort im S der Rep. Elfenbeinküste, im NW von →Abidjan, mit 42 000 E. (1975); Holzwirtschaft; Anbau von Kaffee und Kakao.
**Gagra,** Hafenstadt und Badeort an der kaukas. Schwarzmeerküste in Abchasien; bereits 1901 zum Luftkurort ausgebaut.
**Gahdan** [tibet. ›Paradies‹], tibet. Kloster, 60 km östl. von →Lhasa, seit 1409 eines der vier Hauptklöster der →Gelbmützen.
**Gahmuret** [auch gax-], in →Wolfram von Eschenbachs ›Parzival‹ Vater der Titelhelden.
**Gähnen,** tiefes, unwillkürl. Einatmen durch den weit geöffneten Mund bei mangelhafter Sauerstoffversorgung des Gehirns; das G. fördert die Ausscheidung des Kohlendioxids und Aufnahme des Sauerstoffs in die Lungen sowie den Rücktransport des venösen Blutes zum Herzen; *Gähnkrampf* u. a. bei organ. Gehirnkrankheiten.

**Gaia,** griech. Göttin: →Gäa.
**Gaia-Hypothese,** naturphilos. Annahme eines Selbsterhaltungsmechanismus der Erde, der einen stabilen Zustand von →Biosphäre und →Atmosphäre gewährleistet.
**Gaidar,** Jegor Timurowitsch, russ. Wirtschaftswissenschaftler und Politiker, *19.3.1956 Moskau; 1987 bis 90 Wirtschaftsjournalist. 90 Dir. des Instituts für Wirtschaftspolitik an der Akad. für Volkswirtschaft der UdSSR. Mitarbeit am ›Schatalin-Plan‹ zur Privatisierung der Wirtschaft; Nov. 91 bis Juni 92 Vize-Min.-Präs.; Juni bis Dez. 92 Min.-Präs.; Nov. 91 bis April 92 auch Wirtschafts- und Finanz-Min.; Sept. 93 bis Jan. 94 wieder Vize-Minister-Präs. und Finanzminister.
**Gail,** re. Nebenfluß der Drau, entspringt in den Karnischen Alpen in Osttirol, völlig geradliniger Verlauf, Mündung nach 122 km bei Villach; das Talstück des Oberlaufs heißt Lesachtal.
**Gaillard Cut** [gɪljad kʌt], 13 km langer Einschnitt des →Panamakanals in die Wasserscheide zw. Atlant. und Pazif. Ozean.
**Gaillarde** [gaijardə] *die,* lebhafter Tanz in ungeradem Takt, der in der →Suite als Nachtanz der →Pavane auftritt.
**Gaillardia** [gaijardia] →Kokardenblume.
**Gailtaler Alpen,** Gebirgskette zw. Drautal im N und Gailtal im S; höchster Gipfel im westl. Teil (Lienzer Dolomiten) die Große Sandspitze, 2772 m.
**Gainesville** [gɛɪnzvɪl], Stadt im N von Florida (USA), mit 85 000 E., mit Vororten 200 000 E.; Staats-Univ. für Florida.
**Gainsborough** [gɛɪnzbərə], Thomas, engl. Maler, getauft 14.5.1727 Sudbury (Suffolk), †2.8.1788 London; neben →Reynolds ein Hauptmeister der engl. Bildnismalerei. Unter Einfluß von van →Dyck sind seine Porträts in unmittelbarer Beziehung zur umgebenden Landschaft gestaltet.
**Gainsborough** [gɛɪnzbərə], ostengl. Stadt am unteren Trent, nordwestl. von Lincoln, 18 000 E.; Landmaschinen- und Eisen-Ind.,

# Galagos

Schiffbau; landw. Markt; Bahnknotenpunkt.
**Gainsbourg** [gɛ̃sbur], Serge (eigtl. *Lucien Ginsburg*), frz. Chansonnier, *2.4.1928 Paris, †2.3.1991 ebd.; Barpianist, sexueller Provokateur und anarchist. Liedermacher; nach seinem Hit ›Le Poinçonneur des Lilas‹ (1961) stöhnte er sich mit Jane Birkin und ›Je t'aime ... moi non plus‹ (68) an die Hitparadenspitze. Auch seine jamaikanische Reggae-Version der ›Marseillaise‹ (›Aux Armes et Caetera‹, 79) provozierte die Franzosen.
**Gairdnersee** [gɛədnə-], abflußloser Salzsee in Südaustralien, nördl. der →Eyrehalbinsel, rd. 5000 km²; im Sommer fallen weite Teile trocken.
**Gaiser**, Gerd, Schriftst., *15.9.1908 Oberriexingen (Württ.), †9.6.1976 Reutlingen; urspr. Maler; schildert in dem Heimkehrerroman ›Eine Stimme hebt an‹ (1950), dem Kriegsroman ›Die sterbende Jagd‹ (53), dem gesellschafts- und zeitkrit. ›Schlußball‹ (58) wie in seinen Novellen menschl. Einsamkeit und Bewährung in unbewältigter Zeit und Umwelt. – *WW*: Zwischenland (1949); Das Schiff im Berg (55); Am Paß Nascondo (60).
**Gaismair** *(Gaismayr)*, Michael, Bauernführer, *um 1491 Sterzing (Südtirol), †(ermordet) April 1532 Padua; im →Bauernkrieg 1525 Führer der Tiroler Bauern; seine 1526 verfaßte Tiroler Landesordnung trat für die alten Bauernrechte ein und kämpfte gegen die Vorrechte von Adel und Klerus; Plan eines Bauernstaates.
**Gaitskell** [gɛɪtskəl], Hugh Todd, brit. Politiker, *9.4.1906 London, †18.1.1963 ebenda; 1945 Abgeordneter des Unterhauses, mehrfach Minister; 55–63 als Nachfolger →Attlees Führer der Labour Party.
**Gaius**, röm. Jurist: →Gajus.
**Gaj**, Ljudevit, kroat. Politiker, *8.7.1809 Krapina, †20.4.1872 Zagreb; Begr. des sog. Illyrismus, eines erstrebten Zusammenschlusses aller Südslawen mit panslawist., teils auch russophilem Einschlag, setzte sich für eine gemeinsame serbokroat. Schriftsprache auf den von V. St. →Karadžić geschaffenen Grundlagen ein; schuf eine neue phonet. Rechtschreibung des Kroatischen.
**Gaja**, indische Stadt →Gaya.
**Gajaneh**, Ballett (Urauff.: 9.12.1942, Perm) von A. →Chatschaturjan; darin die populäre ›Säbeltanz‹.
**Gajdusek** [gɛɪdusək], Daniel Carleton, amerik. Kinderarzt und Virologe, *9.9.1923 Yonkers (NY); 1976 Nobelpreis für Medizin zus. mit Baruch Blumberg für die Entdeckung neuer Mechanismen der Entstehung und Verbreitung von Infektionskrankheiten.
**Gajus** *(Gaius)*, röm. Rechtsgelehrter, 2. Jh. n.Chr.; Verf. der ›Institutiones‹, eines Lehrbuchs des Privat- und Prozeßrechts, das Grundlage des spätröm. Rechtssystems und der Rechtskodifikation wurde (→ Corpus Iuris).
**Gal** [nach →Galilei], das Maß für die Erdbeschleunigung; 1 Gal = 1 cm/s²; es wurde vor allem im Bereich der Geophysik verwendet, ist seit dem 1. Januar 1978 nicht mehr zulässig.
**Gál**, Hans, österr. Komponist, Dirigent und Musikwissenschaftler, *5.8.1890 Brunn (bei Wien), †4.10.1987 Edinburgh; 1929–33 Dir. der Musikhochschule Mainz; 33 Rückkehr nach Wien; 38 Emigration nach Edinburgh; Mithrsg. der Brahms-Gesamtausgabe (26 Bde., 1926–28). – *W*: Opern, Symphonien, Chorwerke, Kammer- und Klaviermusik, Lieder.
**Gala** [arab.-span.] *die*, urspr.: vorgeschriebene Hoftracht; allg.: Festkleidung.
**Galagos** *(Ohrenmakis; Galagidae)*, Fam. von Halbaffen; langer, buschiger Schwanz, nackte, faltbare Ohren, große, gelbrot oder grünblau leuchtende Augen, schreiende Stimme *(Buschbaby)*; nächtlich lebende Baumbewohner West- bis Ostafrikas mit hervorragendem Sprungvermögen.

Galagos sind fähig, aus dem Stand auf einen 2,25 m höher gelegenen Ast zu springen. Das ist mehr als das Zehnfache ihrer Körperlänge. Dabei nehmen sie in der Luft den anfangs gestreckten Oberkörper weit zurück, so daß die Füße zuerst auf dem Ast aufsetzen. Vermutlich soll durch diesen Sprungstil der empfindliche Kopfbereich vor Verletzungen geschützt werden.

3363

# Galahad

**Galahad** [gæləhæd] *(Sir Galahad),* Gralsritter, Sohn →Lancelots, verkörpert in der engl. Gralssage die Gestalt des →Parzival.
**Galahut** →Zweispitz.
**Galakt(o)-** [griech.], Vorsatz mit der Bed. ›Milch‹.
**Galaktane,** →Polysaccharide in Pflanzen, die überwiegend →Galaktose enthalten (z. B. Agarose).
**galaktisch** [griech. gala ›Milch‹], unserem →Milchstraßensystem angehörend; Ggs. →extragalaktisch.
**galaktische Nebel,** im Milchstraßensystem befindl. interstellare Materieansammlungen; entweder in Form von →Dunkelwolken oder als leuchtende Emissions- oder Reflexionsnebel.
**galaktisches Zentrum,** der in etwa 28 000 Lichtjahren Entfernung vom Sonnensystem im Sternbild Schütze liegende Mittelpunkt des →Milchstraßensystems.
**Galaktit,** Zuckeralkohol, dessen Anhäufung in der Augenlinse bei →Galaktosämie zum Erblinden führen kann.
**Galaktographie** [griech.], röntgenolog. Verfahren zur Darstellung der einzelnen Milchgänge der weibl. Brust mit einem wasserlösl. Kontrastmittel.
**Galaktometer** [griech.] *das,* ein →Aräometer, das durch Messung der →Dichte von Milch deren Fettgehalt anzeigt.
**Galaktorrhö** [griech.] *die,* Milchabsonderung außerhalb der Stillzeit, meist als Folge einer Überproduktion von →Prolactin.
**Galaktosämie** [griech.], autosomal-rezessiv erbl. Stoffwechselanomalie, führt zu schwerer Erkrankung des Säuglings in den ersten Lebenstagen durch die aus der Milch stammende →Galaktose, die infolge angeborenen Fehlens eines →Enzyms nicht in Traubenzucker umgewandelt wird (→Enzymopathie). Die Giftwirkung der Galaktose löst eine schwere Leberschädigung mit Gelbsucht und Schwachsinn aus. Wird die Galaktose aus der Nahrung fortgelassen, so kann sich das Kind normal entwickeln.
**Galaktose** [griech.], einfacher Zucker (→Monosaccharid) der Bruttoformel $C_6H_{12}O_6$, Baustein des →Milchzuckers, aus dem er neben dem →Traubenzucker durch →Hydrolyse gewonnen wird.
**Galaktosid-Translokator,** Membrantransport-Protein aus →Escherichia coli (→Membran); verantwortl. für die Aufnahme von Galaktosid-Zuckern in der Zelle.
**Galaktosurie** [griech.], eine Stoffwechselerkrankung; Nachweis von →Galaktose im Harn.
**Galaktozele** [griech.], **1)** mit Milch gefüllter Hohlraum in der Brust; **2)** Ansammlung von milchartigen Sekreten zw. Geweben.
**Galalith**®, Handelsname für die aus Casein und Formaldehyd erzeugten hornartigen Massen *(Kunsthorn);* läßt sich färben und z. B. zu Kämmen und Knöpfen verarbeiten.
**Galamian** [gəlæmjən], Ivan, amerik. Violinist und Pädagoge armen. Herkunft, *23. 1. [5. 2.] 1902 Täbris (Iran), † 14. 4. 1981 New York; Studium in Moskau (1916–22) und Paris; Professuren in Paris (Rachmaninow-Konservatorium), Philadelphia (Curtis Institute) und New York (Juilliard School of Music); einer der prägendsten Violinpädagogen des 20. Jh.
**Galan** [span.], (vornehmer) Liebhaber, Verehrer.
**Galana,** 200 km langer Fluß in SO-Kenia. Er bildet im Oberlauf die *Lugardsfälle,* durchfließt den →Tsavo-Nationalpark und mündet nahe →Malindi in den Indischen Ozean.
**Galangawurzel** →Galgant.
**galant** [arab.-frz.], ritterlich, höflich und gewandt, zuvorkommend, bes. im Umgang mit Frauen; Hptw. *Galanterie.*
**galante Dichtung,** verstandesbetonte, oft witzig pointierte oder frivole Gesellschaftsdichtung in eleganten Formen (bes. Reimgedicht, poet. Brief, Epigramm), meist mit erot. Themen, um 1700 in den Pariser Salons in Mode gekommen. In Dtld. im 18. Jh. nur formale Nachahmungen (Hunold, →Neukirch, J. Ch. →Günther und Happel). Eine moderne Parodie der g. D. gab im 20. Jh. A. →Holz mit ›Dafnis‹.
**Galante Feste** *(Fêtes galantes),*

# Galater

Gedichtsammlung von P. →Verlaine (1869; dt. 1949).
**Galanterie**, kurzes Stück für Cembalo im →galanten Stil; bes. beliebt im 18. Jh.
**Galanteriewaren**, veraltete Bez. für kleine modische Gebrauchsgegenstände wie Handschuhe, Schals, Fächer, Puderdosen.
**galanter Stil**, musikal. Stil im letzten Drittel des 18. Jh.; gekennzeichnet durch kleine Formen, Betonung der einfachen, stets sanglichen Melodie, simple Harmonik, häufige Wiederholungen und kleine, symmetr. Gruppen; löst die oft kompliziertere Barockmusik ab und bereitet die Klassik vor. Wichtige Komponisten des g. St. sind G. B. →Sammartini, die →Berliner Schule um C. H. →Graun und bes. die Söhne J. S. Bachs, C. Ph. E. →Bach und J. Ch. →Bach.
**Galanthomme** [frz., galãtɔm], ein Mann von feiner Lebensart, Weltmann.
**Galanthus** →Schneeglöckchen.
**Galantine** [frz.], Pastete aus Fleisch oder Fisch, mit Aspik überzogen.
**Galantuomo** [ital.], Ehrenmann.
**Galápagosfinken** →Darwinfinken.
**Galápagosinseln** (*Schildkröteninseln*; amtl. *Archipiélago de Colón*), zu Ecuador gehörige Inselgruppe im Pazif. Ozean, fast 1000 km westl. der südamerik. Küste, umfaßt 10 größere (größte: Isabela) und viele kleine vulkan. Inseln mit zus. 7812 km² und 10 000 E., Verwaltungssitz Puerto Baquerizo Moreno auf San Cristóbal (Chatham); trotz Lage am Äquator mildes Klima infolge des kalten →Perustroms, in Küstennähe sehr trocken; seltene Pflanzen- und Tierarten (Riesenschildkröten, -echsen; artenreiche Vogelwelt); Anbau von Zuckerrohr, Ananas und Bananen. – 1535 von Spaniern entdeckt; 1832 kamen die G. zu Ecuador, bis zu diesem Zeitpunkt unbewohnt; 35 von Ch. →Darwin besucht, der die dortige Tier- und Pflanzenwelt erforschte. Seit 1959 Nationalpark.
**Galápagoskormoran** (*Stummelkormoran; Nannopterum harrisi*), flugunfähiger, bis 100 cm langer →Kormoran; brütet nur auf einigen Galápagosinseln; vom Aussterben bedroht.
**Galápagospinguin** →Pinguine.
**Galápagos-Riesenschildkröte** →Elefantenschildkröte.
**Galaru** →Galeru.
**Galashiels** [gæləʃilz], südschott. Stadt am Tweed, am Rande der Southern Uplands, 13 000 E.; Zentrum der schott. Wollindustrie; Textilmaschinenbau, Gerbereien.
**Galatea** (*Galateia*), griech. Sagengestalt, Tochter des Nereus (→Nereide), zu der der Zyklop →Polyphem in Liebe entbrennt.
**Galatea**, Schäferroman von M. de ›Cervantes Saavedra (1585).
**Galater**, Bund kelt. Stämme, die 279 v. Chr. in Makedonien eindrangen, 278 von König Bithyniens nach Kleinasien geholt, um 268 von →Antiochos I. geschlagen (›Elefantenschlacht‹) und im anatol.

Galápagosinseln: Vulkanlandschaft auf der Insel San Salvador

## Galaterbrief

**Galaxien:** Der Spiralnebel M 51 im Sternbild Jagdhunde war das erste Objekt, das Ende des 19. Jh. als eigenständige Galaxie erkannt wurde (Entfernung etwa 8 Mio. Lichtjahre).

⦿ **Galatien:** vgl. Karten →römische Geschichte

**Servius Sulpicius Galba** (zeitgenössische Büste). Florenz, Uffizien

Hochland um den Mittellauf von Sangarios (→ Sakarya) und Halys (→ Kızılırmak) angesiedelt wurden; zwangen alsbald mehrere Städte, darunter → Pergamon, zu Tributzahlungen und standen als Söldner im Dienst Bithyniens und der Seleukiden. König →Attalos I. verweigerte den Tribut und schlug sie um 230 bei Pergamon. Die G. wurden ihrer Raubzüge wegen 189/188 durch eine Strafexpedition der Römer und → Eumenes' II. zum Verbleib in ihren Grenzen gezwungen und durch Pompejus 63 v. Chr. drei Tetrarchen unterstellt. 25 v. Chr. als *Galatien* dem römischen Provinzsystem eingegliedert. Christl. Gem. in dieser Prov. waren Adressaten des Galaterbriefs.

**Galaterbrief,** Schreiben des Apostels →Paulus an die Gem. in Galatien, in dem er die den Heidenchristen auf dem → Apostelkonzil zugestandene Freiheit vom jüd. Gesetz verteidigte; wichtig für die Erschließung des Lebens und der Theol. des Apostels.

**Galatheatiefe,** tiefste Stelle des → Philippinengrabens, 10 540 m.

**Galați** (dt. *Galatz*), Hptst. des ostrumänischen Bezirks G. (4425 km², 640 000 E.) und wichtigster Donauhafen des Landes, am li. Hochufer oberhalb des Donaudeltas, für Seeschiffe bis zu etwa 8 m Tiefgang zugänglich, 300 000 E.; Ind.- und Handelszentrum SO-Rumäniens; orth. Bischofssitz; Univ. (seit 1974), Museen, Theater; Eisenhüttenkombinat, Schiffbau, Nahrungsmittel- und Textilindustrie, Fischereizentrum. – Ab dem 16. Jh. bed. Umschlagplatz des europ. Orienthandels.

**Galatien,** eine hist. Landschaft im Inneren Kleinasiens, zu Großphrygien gehörig, weiträumiges Bergland mit Steppencharakter; benannt nach den kelt. →Galatern.

**Galaxidae** → Hechtlinge.

**Galaxien,** selbständige → Sternsysteme außerhalb unseres → Milchstraßensystems mit Ausdehnungen zw. 5000 und 100 000 Lichtjahren.

**Galaxienhaufen,** durch die gegenseitig wirkende Gravitationskraft bedingte Häufung von Galaxien innerhalb eines bestimmten Raumgebietes. Das → Milchstraßensystem gehört zum G. der →lokalen Gruppe (→ Superhaufen).

**Galaxis** → Milchstraßensystem.

**Galba,** Servius Sulpicius, röm. Kaiser (68/69), * 24. 12. 3 v. Chr. Tarracina, † (ermordet) 15. 1. 69 n. Chr. Rom; fiel als Statthalter in Spanien 68 von → Nero ab, dessen Nachfolger er wurde; von den über seine Sparsamkeit empörten → Prätorianern ermordet.

**Galba** → Schlammschnecken.

**Galbanum** [hebr.-lat.] *(Mutterharz),* braungelbes Gummiharz aus den Stengelsekreten von *Ferula galbaniflua,* einem → Doldengewächs; med. verwendet u. a. bei Katarrhen.

**Galbraith** [gælbreiθ], John Kenneth, amerik. Volkswirt, * 15. 10. 1908 Iona Station (Kanada); 1961 bis 63 Botschafter in Indien; bekannt geworden durch gesellschaftskrit. Analysen sowie durch die Countervailing-power-These: Marktmacht ruft die Bildung von Gegenmarktmacht hervor; schrieb u. a. ›Gesellschaft im Überfluß‹ (1959; The Affluent Society, 58), ›Die moderne Industriegesellschaft‹ (68; The New Industrial State, 67), ›Die Tyrannei der Umstände‹ (78; The Age of Uncertainty, 77).

**Galbulidae** → Glanzvögel.

**Gałczyński** [gawt∫iski], Konstanty Ildefons, poln. Schriftst., * 23. 1. 1905 Warschau, † 6. 12. 1953 ebd.; dem → Surrealismus nahestehend. In seiner Lyrik mit schlichter alltägl. Thematik vermischt sich

# Galéria

Stimmungshaftes mit Groteskem und makabrer Satire.

**Gáldar,** Stadt im NW der Kanar. Insel Gran Canaria, 18000 E.; Agrarzentrum für Bananen und Tomaten; Blumenplantagen.

**Galdhøpiggen,** der höchste Berg Norwegens und Skandinaviens, im Massiv von →Jotunheimen, 2469 m.

**Galea** [lat. ›Helm, Haube‹], die feste Sehnenhaube des Schädeldachs.

**Galeano,** Eduardo, uruguayischer Schriftst. (*1940); →lateinamerikanische Literatur.

**Galeasse** [ital.] *die, Schiffahrt:* 1. aus der →Galeere hervorgegangener, durch Ruder oder Segel getriebener größerer Kriegsschifftyp (bis 1000 t groß, bis 700 Mann Besatzung) im 15.–18. Jh.; 2. *(Galjaß),* kleiner Frachtsegler in Nordeuropa (Ostsee).

**Galeere** [ital.] *die,* flachgehendes Ruderkriegsschiff (mit bis zu 50 Rudern, jedes von zwei bis drei Mann bedient) der Mittelmeermächte vom Altertum bis ins 18. Jh.; bis 40 m lang und 5 m breit, mit Rammsporn und Wurfmaschinen, später Geschützen bestückt. Ruderbedienungen im Altertum meist *G.-Sklaven,* ab dem 15. Jh. verurteilte Verbrecher *(G.-Sträflinge).* G. konnten auch segeln (ein bis zwei Masten mit →Lateinsegeln). Ab dem 16. Jh. von der größeren Galeasse verdrängt.

**Galega** →Geißraute.

**Galego dourade** [galegu du-], portug. Rebsorte; topasfarbene, nussige Dessertweine; aufdringl. Süße verliert sich erst bei Alterung.

**Galen,** Clemens August Graf von, Kardinal (1946), *16.3.1878 Dinklage, †22.3.1946 Münster (Westf.); 1933 Bischof von Münster, Kritiker der Euthanasiepolitik des nat.-soz. Regimes.

**Gälen,** die kelt. Bewohner von Irland, Schottland, Wales und der Insel Man; im 4.–7. Jh. eigene Schrift *(Ogham-Schrift)* aus Strichen und Punkten. Sprache ( →gälische Sprache) und Sitten bis heute lebendig, ebenso gesellschaftliche Organisation in →Clans.

**Galenika** [lat.] *(galenische Mittel),* Einz. *das -kum,* aus Drogen zubereitete Arzneimittel im Ggs. zu chem. hergestellten Fertigerzeugnissen; →Galen(os).

**Galenit** [lat.] →Bleiglanz.

**Galen(os),** griech. Arzt, *129 n. Chr. Pergamon, †199 Rom; einer der großen Ärzte der Antike, Leibarzt des Kaisers →Mark Aurel; seine aus der Affen- und Schweineanatomie gewonnenen Erkenntnisse übertrug G. auf den Menschen; er faßte das gesamte med. Wissen seiner Zeit zu einem Lehrsystem zusammen. Seine Theorien galten noch über das MA hinaus, ebenso seine Anweisungen für Arzneimittel und deren Zubereitung.

**Galeocerdo** →Haie.

**Galeone** *die, (Galleone, Galione),* hochbordiges Segelkriegsschiff vor allem der span. und portug. Flotten vom 16. bis zum 18. Jh.

**Galeopsis** →Hohlzahn.

**Galeorhinus** →Hundshai.

**Galeote** [ital.] *die, (Galiote),* kleines einmastiges Küstensegelschiff.

**Galeotto,** Drama von J. →Echegaray y Eizaguirre; Urauff.: 1881, Madrid.

**Galera,** Ort in Peru, höchstgelegener Bahnhof der Welt (4781 m) an der Andenbahnstrecke von →Callao nach →Huancayo.

**Galeras,** Vulkan in den kolumbian. Anden nahe →Pasto, 4276 m hoch; letzter Ausbruch 1989.

**Galéria,** Hafenort an der NW-Küste Korsikas, am *Golf von G.;* Fremdenverkehr (Sandstrände).

John Kenneth Galbraith

Clemens August Graf von Galen

Galeone: zeitgenössische Beschreibung eines Schiffs der französischen Marine (17. Jh.)

## Galerida

**Galerida** →Lerchen.
**Galerie** [frz.], **1)** *Archit.:* 1. einseitig offener Verbindungsgang zw. Gebäuden; 2. balkonartiger Einbau in Sälen (→Empore), auch Bez. für obersten Rang im Theater.
**2)** *Kunst:* 1. Aufbewahrungs-, Sammlungs- und Ausstellungsort von Gemälden; 2. Kunsthandlung.
**3)** *Technik:* 1. Überdachung von Gebirgsstraßen zum Schutz gegen Lawinen oder Steinschlag; 2. Stollen im →Bergbau.
**Galeriewald,** Waldformation der →Savannen; durchzieht die Talböden der Flüsse und feuchte Schluchten.
**Galerius,** Gajus G. Valerius Maximianus, röm. Kaiser, * um 250 Illyrien, † Mai 311 in Nikomedien; Schwiegersohn des →Diokletian (293), von diesem neben →Constantius I. als Cäsar eingesetzt; 305 zum →Augustus (→Tetrarchie) nachgerückt, mußte nach innenpolit. Machtkämpfen durch Vermittlung Diokletians (→Carnuntum) 309 →Maximinus Daja und →Konstantin I. als weitere Augusti anerkennen. Nach schweren Christenverfolgungen erließ er 311, kurz vor seinem Tod, ein Toleranzedikt.
**Galerna** [span.] *die,* aus W bis NW einfallender Gewitterwind an der span. Biskayaküste; erreicht häufig Sturmstärke.
**Galeru** (*Galaru*), in der austral. Mythologie eine sich als Regenbogen über den Himmel spannende Riesenschlange.
**Galestro,** ital. Weißwein aus der Toskana, erzeugt aus →Trebbiano; meist fruchtiger, leichter Wein.
**Galette** [frz.], aus Blätterteig hergestellter runder, flacher Kuchen.
**Galgani,** Gemma, ital. Mystikerin, * 12. 3. 1878 in Camigliano (bei Lucca), † 11. 4. 1903 Lucca; Heilige (Tag: 11. 4.).
**Galgant** [chin.-frz.] (*Galangawurzel, Fieberwurzel*), die braunrote, pharm. (Magenmittel) und als Gewürz genutzte Wurzel von *Alpinia officinarum,* einem südostasiat. Ingwergewächs.
**Galgen, 1)** *allg.:* Balkengerüst zur Hinrichtung durch den Strang;
**2)** *Technik:* Aufhängevorrichtung für Geräte, Mikrophone u. a.;
**3)** *Jagd:* Lederschlaufen an der Jagdtasche, in die die erlegten Hühnervögel mit dem Kopf zum Transport eingehängt werden.
**Galgenlieder,** Gedichte von Ch. →Morgenstern (1905).
**Galgenvogel,** volkstümlich für →Kolkrabe; i. ü. S. gescheiterter Mensch, Herumtreiber.
**Galiani,** Ferdinando, ital. Schriftst., * 2. 12. 1728 Chieti, † 30. 10. 1787 Neapel; 1760 Legationssekretär in Paris, Kontakt zu den →Enzyklopädisten, vielseitiger Theoretiker und Dramatiker; sein Traktat über das Geldwesen ›Della moneta‹ (1751) beeinflußte K. →Marx.
**Galicien** (span. *Galicia*), hist. span. Landschaft und Region (1980 Autonomiestatut angenommen) im äußersten NW der Iberischen Halbinsel, umfaßt die Prov. →La Coruña, →Pontevedra, →Orense und →Lugo mit zus. rd. 29 500 km² und 2,7 Mio. E., Hptst. Santiago de Compostela; niederschlagsreiches Gebirgsland mit stark gegliederter Küste (→Riasküste); Viehzucht, Ackerbau, Fischerei, Eisenerzbergbau; bed. Hafenstädte: La Coruña, →Vigo, →Ferrol. – *Geschichte:* Röm. Provinz; im 5. Jh. von Sweben besetzt, 585 von Westgoten unterworfen; im 8. Jh. unter maurischer Herrschaft; fiel 1230 an Kastilien.
**galicische Sprache und Dichtung,** das Galicische, urspr. einer der ro-

Galicien: La Guardia an der portugiesischen Grenze

# Galileo

manischen Dialekte, aus dem sich im MA die portug. Sprache entwikkelte, war während des 13. Jh. Sprache der lyr. Dichtung in ganz Spanien, mit Ausnahme der an der provenzal. Poesie orientierten katalan. Dichtung. Die galic. Lyrik blühte von der 2. Hälfte des 12. Jh. bis zur 1. Hälfte des 14. Jh. und prägte maßgeblich die kastil. Lyrik des 15. und 16. Jh. Zu neuer Blüte kam die galic. Dichtung im 19. Jh. Das Galicische lebt gegenwärtig nur noch im nordwestl. Spanien (Galicien).

**Galictis** →Marder.
**Galidiinae** →Mungos.
**Galik-Alphabet,** um Spezialbuchstaben erweitertes Alphabet einer mongol. Schrift, das die Umschrift vom Sanskrit und dem Tibetischen ins Mongolische ermöglichte; frühes 14. Jh.
**Galiläa** (hebr. *Hagalil*), Kreidekalkbergland im nördl. Palästina, zw. oberem Jordan und Mittelmeer, im Har Meron 1208 m; altes Scheidegeb., auch heute mit Grenze Libanons gegen Israel. Im dichter besiedelten *Nieder-G.* die Orte →Nazareth, →Kana u. a.; Jesus und fast alle Jünger kamen aus G.
**Galiläisches Meer,** Syn. für den See →Genezareth.
**Galilei,** Alessandro, ital. Architckt, * 25. 7. 1691 Florenz, † 21. 12. 1736 Rom; namhafter Vertreter des Frühklassizismus, ab 1730 in Rom.
**Galilei,** Galileo, ital. Naturforscher, * 15. 2. 1564 Pisa, † 8. 1. 1642 Arcetri (bei Florenz); Mathematiker am Hof zu Florenz; Begr. der neuzeitl. experimentellen Naturforschung. G. entdeckte die Gesetze der Pendelschwingung, erfand die hydrostatische Waage, untersuchte am Schiefen Turm von Pisa die Gesetze des freien Falles, verbesserte die Fernrohrtechnik (→Fernrohr) und entdeckte so die Gebirge des Mondes, vier →Jupitermonde, den Phasenwechsel der Venus, die Erscheinung des Saturnringes (ohne der Ring zu erkennen) und die Sonnenflecken (etwa gleichzeitig mit J. →Fabricius und Ch. →Scheiner). Infolge seines wiederholten Eintretens für das kopernikan. (→helio-

**Galileo:** künstlerische Darstellung des Startens der Raumsonde nach Verlassen des Space Shuttle

zentrische) Weltsystem wurde er von der →Inquisition in zwei Prozessen erst zum Schweigen, dann unter Androhung der Folter zum Widerruf verurteilt und in Haft bzw. Zwangsaufenthalt gehalten. Die ›Edizione Nazionale‹ seiner Werke (1890–1909) umfaßt 20 Bände. – Drama von B. →Brecht (1943).
**Galilei,** Vincenzo, ital. Komponist und Musiktheoretiker, * um 1520 Santa Maria a Monte (Prov. Pisa), begraben 2. 7. 1591 Florenz; Vater von Galileo G.; studierte bei Zarlino; Erfolge als Lauten- und Violenspieler; seine Werke markieren den Beginn der neuen Monodie bei der Florentiner →Camerata; veröffentlichte erstmals altgriech. Notenbeispiele als Kritik an der zeitgenöss. Polyphonie; zahlr. Madrigale und Lautenkompositionen.
**Galileische Monde** →Jupitermonde.
**Galileisches Fernrohr** →Fernrohr.
**Galilei-Transformation** →Relativitätstheorie.
**Galileo,** Name einer am 18. 10. 1989 gestarteten →Raumsonde (entwickelt von den USA und Europa), die Ende 1995 den Planeten →Jupiter erreichen und bis Ende 1997 Jupiter und seine Monde erkunden soll. Während des Hinfluges erfolgten Nahaufnahmen von den Planetoiden →Gaspra und →Ida.
**Galileo,** Film von J. →Losey

Galileo Galilei

# Galimathias

**Galionsfigur**

Franz Joseph Gall

(1974); Adaption des Dramas ›Leben des Galilei‹ von B. →Brecht.
**Galimathias** [lat. + griech.] *(Gallimathias),* verworrenes Gerede.
**Galimathias musicum,** musikal. Spaß, KV 32, von W. A. →Mozart.
**Galinski,** Heinz, Vors. des Zentralrats der Juden in Dtld. (1988–92), *28.11.1912 Marienburg (Westpreußen), †19.7.1992 Berlin; 1943 Deportation ins KZ Auschwitz, 45 Zwangsarbeit im KZ Buchenwald, April 45 Befreiung im KZ Bergen-Belsen; ab 49 Vors. der jüd. Gemeinde in Berlin (West), ab 1990 von Gesamtberlin.
**Galinsoga** →Knopfkraut.
**Galione,** Schiff: →Galeone.
**Galionsfigur,** ein figürl., oft auf den Schiffsnamen hinweisender Schmuck am Bug eines Schiffes.
**Galiote,** Schiff: →Galeote.
**Galipot** [frz., -po] *der,* Harz einheimischer Nadelbäume.
**gälische Sprache** *(goidelische Sprache),* zum irischen Zweig des Keltischen gehörende Sprache in Schottland; auch Sammelbegriff für Irisch, Schottisch und Manx.

**Galium** →Labkraut.
**Galivaten,** Transportschiffe in Indien.
**Galizien,** südlichste Landschaft Polens; umfaßt das nördl. Karpatenvorland, im W vom Oberlauf der Weichsel begrenzt, im O allmähl. in Ukraine und →Bukowina übergehend. Der →San trennt *West-G.* und *Ost-G.* und ist zugleich Grenze zw. Mittel- und Osteuropa sowie zw. dem poln. und vorwiegend ukrain. Siedlungsgebiet. Als altes West-Ost-Durchgangsland mit naturlandschaftl. vor allem Nord-Süd-Differenzierung besitzt G. seit Jh. eine vielfältige Struktur mit bed. Städten (alle nach Magdeburger Recht) wie →Krakau, →Tarnów, →Przemyśl und →Lemberg, deren Gewerbe und Handel bis in die Neuzeit vorwiegend deutsch, dann zunehmend jüdisch waren. Am Karpatenfuß herrschte auch eine starke dt. bäuerl. Kolonisation mit großen Waldhufendörfern; ferner zahlr. Bergbausiedlungen (Erz und Salz). – Vor der Völkerwanderung z. T. von Germanen bewohnt; im 11. Jh. mit Polen vereinigt; dann ukrain.; 1386 wieder polnisch.
Als österr. Kronland 1772–1918 (→Polnische Teilungen) erlebte G. einen Aufschwung durch Eisenbahnbau und Industrialisierung. Die Bevölkerungsdichte stieg auf etwa 100 E. je km$^2$ an. 1918 Annektion von G. durch Polen; 1939 annektierte die UdSSR Ost-G. Nach dem Einmarsch dt. Truppen 1941 Vernichtung der jüd. Bev.; 1944 Rückeroberung Ost-G. durch die UdSSR; heute gehört Ost-G. zur Ukraine.
**Galizischer Karpfen** →Aischgründer Karpfen.
**Gall,** Ernst, Kunsthistoriker, *17.2.1888 Danzig, †5.8.1958 München; Verf. bed. Untersuchungen zur mittelalterl. Baukunst; Mitverf. von G. Dehios ›Handbuch der dt. Kunstdenkmäler‹ (ab 1935); Hrsg. des ›Jahrbuchs für Kunstgeschichte‹ (23–58) und des ›Reallexikons zur dt. Kunstgeschichte‹ (ab 52).
**Gall,** France, frz. Schlagersängerin, *9.10.1947 Paris; Hits: ›Poupée de cire, poupée de son‹ (1965; Siegerti-

# Galle

tel des Grand-Prix-Wettbewerbs), ›Merci, Herr Marquis‹ (68), ›Ein bißchen Goethe, ein bißchen Bonaparte‹ (69), ›Ella elle l'a‹ (88).

**Gall,** Franz Joseph, Arzt, *9.3.1758 Tiefenbronn, †22.8.1828 Montrouge (bei Paris); begr. die →Phrenologie, wonach bestimmte Anlagen und Fähigkeiten des Menschen an Schädelwölbungen erkennbar sind.

**Galla,** sumer. Unterweltsdämon.

**Galla** (Selbstbez. *Oromo*), großes (etwa 8 Mio.), kuschitisch sprechendes Volk im Berg- und angrenzenden Tiefland von S-Äthiopien und N-Kenia; unterteilt in zahlr. Stammesgruppen. Die Gruppen im N und NO weisen starke christl. (→Kopten) und islam. Einflüsse auf; Pflugbauern. Die südl. Gruppen sind überwiegend nomadisierende Viehzüchter, die ihre angestammte Kultur und Religion bewahrt haben; typ. Vertreter der osthamit. Kultur (→Hamiten).

**Gallagher** [gæləgə], Rory, irischer Rockmusiker, *2.3.1949 Ballyshannon, †14.6.1995 London; der brillante Gitarrist wurde mit dem Trio ›The Taste‹ (1966-70) und seinem kräftigen Blues berühmt; seither Solokarriere.- *LPs:* The Taste (1969); Taste Live at the Isle of Wight ('71); Taste First (72); Calling Card (75); Photo Finish (78), Jinx (82); Defender (87).

**Gallait** [galɛ], Louis, belg. Maler, *10.3.1810 Tournai, †20.11.1887 Brüssel; hatte mit großformatigen, romant. Historiengemälden erheblichen Einfluß auf die dt. Malerei des 19. Jh.

**Gallapfel** →Gallen, →Gallwespen.

**Galla Placidia,** Tochter des röm. Kaisers →Theodosius I. und Schwester des Kaisers →Honorius, *um 390 Konstantinopel, †27.11.450 Rom; von →Alarich I. 410 gefangengenommen, wurde sie 414 die Gemahlin des Westgotenkönigs →Athaulf und 417 Gemahlin des röm. Feldherrn und späteren Kaisers Constantius III. Berühmt das auf ihre Veranlassung in Ravenna erbaute sog. ›Mausoleum der G.P.‹ (425-433).

**Gallas,** Matthias Graf von Campo,

Hzg. von Lucera, kaiserl. Heerführer, *16.9.1584 Trient, †25.4.1647 Wien; im →Dreißigjährigen Krieg maßgebl. an der Ermordung →Wallensteins beteiligt; erhielt als dessen Nachfolger im Oberkommando der Armee auch den größten Teil von dessen böhm. Herrschaften; hatte nach dem Sieg bei Nördlingen (1634) ständig Mißerfolge; daraus sein Spitzname ›Heerverderber‹.

**Galle,** Johann Gottfried, Astronom, *9.6.1812 Pabsthaus (bei Gräfenhainichen), †10.7.1910 in Potsdam; Dir. der Sternwarte Breslau; fand 1846 den Planeten →Neptun an dem von →Leverrier berechneten Ort.

**Galle** [xalə], in Antwerpen wirkende niederl. Kupferstecher- und Zeichnerfamilie des 16. und 17. Jh.; bedeutendste Mitglieder:
**1)** Philipp, *1537 Haarlem, †12.(29?)3.1612 Antwerpen, dessen

Johann Gottfried Galle

Galla Placidia: sogenanntes Mausoleum der Galla Placidia in Ravenna mit Mosaikdecken (425-433)

# Galle

**Galle:** Der in der Leber hergestellte Gallensaft fließt durch den Gallengang in den Zwölffingerdarm und gelangt zum Teil als Lebergalle direkt in den Dünndarm, während ein anderer Teil die Gallenblase (1) füllt und nur auf Abruf durch Hormone an der Verdauungsarbeit teilnimmt. Dieser Gallensaft erreicht den aus der Leberpforte kommenden *Ductus hepaticus communis* (3) durch einen kurzen Gallenblasengang (2), wird außerhalb des Zwölffingerdarms an das Duodenum herangeführt (6), bildet mit dem Gang der Bauchspeicheldrüse eine Ampulle (7) und mündet durch eine Bohrung (8) in den Zwölffingerdarm (9). Die beiden Gänge der Galle und der Bauchspeicheldrüse bleiben bis zur Mündung meist getrennt. Die Leberarterie (4) schickt einen Zweig zur Gallenblase; die graugetönten Gefäße sind Venen (5).

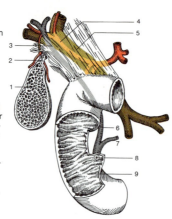

Werkstatt bis gegen 1600 das Zentrum des niederl. Kupferstichs war (etwa 800 Blätter wurden in ihr gefertigt);
**2)** Theodor, Sohn von Philipp G., getauft 16. 7. 1571 Antwerpen, begraben 18. 12. 1633 ebenda; er und sein Bruder *Cornelis* (1576–1650) arbeiteten zeitweise als Stecher für →Rubens und traten als Buchillustratoren hervor.
**Galle** [gal], Hafenstadt an der SW-Küste von Sri Lanka (Ceylon), 100000 E.; portug. Fort (1505), niederl. Bausubstanz; Ausfuhr von Tee, Kautschuk und Kokosöl;

Handwerk (Klöppelei, Ebenholz- und Schildpattarbeiten).
**Galle** *(Bilis)*, wird von der Leber als gelbe Flüssigkeit produziert (0,5–1 l pro Tag), in der →Gallenblase zehnfach konzentriert, als grüne Blasengalle durch den Gallengang in den Zwölffingerdarm (→Darm) abgegeben. Die G. enthält →Gallenfarbstoffe, →Gallensäuren, →Cholesterin, Wasser und Salze; sie dient vor allem der Verdauung der Fette.
**Gallé,** Émile, frz. Kunsthandwerker, *4.5.1846 Nancy, †23.9.1904 ebenda; einflußreicher Meister des →Jugendstils; farbige Gläser in Überfangtechnik, Möbel mit Intarsien.
**Gallego** [gajeγo] *(Gallegos),* Fernando, span. Maler, *um 1440 Salamanca (?), †nach 1507 ebd.; von niederl. und ital. Kunst nachhaltig beeinflußter, wichtigster Repräsentant der kastilischen Malerei in der 2. Hälfte des 15. Jh.
**Gállego** [gajeγo], li. Nebenfluß des Ebro in Aragonien, NO-Spanien, 175 km lang, entspringt in den mittl. Pyrenäen, mündet bei Zaragoza; mehrere Stauanlagen.
**Gallegos** [gajeγos], Rómulo, venezolan. Schriftst., *2.8.1884 Caracas, †5.4.1969 ebenda; 1948 Präs. der Rep. Venezuela, gestürzt und

---

### Praxistip Gesundheit — Gallenbeschwerden

Gallensteine machen sich durch Koliken bemerkbar, als an- und abschwellende Schmerzen im rechten Oberbauch, die gürtelförmig in den Rücken ausstrahlen. Wenn sich der Stein jedoch im Gallenblasengang *(Ductus cysticus)* einklemmt, entsteht eine Gallenblasenentzündung mit anhaltenden Schmerzen im rechten Oberbauch sowie Abwehrspannung der Bauchmuskeln. Rutscht der Stein weiter und bleibt im großen Gallengang liegen, kommt es zu Koliken und Gelbfärbung der Haut und Skleren (→ Sklera). Macht sich eine Gelbfärbung aber langsam und ohne Schmerzen bemerkbar, so kann sich hinter dieser Veränderung ein Tumor verbergen. Bei gleichzeitig auftretendem Fieber muß man auch an eine → Hepatitis denken.
Jedem Betroffenen ist zu raten: Beim Auftreten von Gallenbeschwerden sollte die Nahrungszufuhr eingeschränkt und nur Flüssigkeit aufgenommen werden. Darüber hinaus sind feuchtwarme Umschläge auf den rechten Oberbauch hilfreich. Der behandelnde Arzt gibt meist ein Spasmolytikum (in Form von Spritzen) und sorgt dadurch für sofortige Schmerzfreiheit; er entscheidet auch über die weitere Diagnostik oder eine mögliche Einweisung ins Krankenhaus.

zehn Jahre verbannt. Poetisch-realist. Romane, die Menschen und Landschaften Venezuelas typolog. erfassen und den Widerstreit von Zivilisation und Barbarentum darstellen: ›Doña Bárbara‹ (1929; dt. 41), ›Canaima‹ (32; dt. 61).

**Gallegos y Arnosa** [gajeγos -], José, span. Maler, *3.5.1859 Jerez de la Frontera, †21.9.1917 Anzio bei Rom; Genrebilder und oriental. Straßen- und Volksszenen.

**Gallehus**, Ort bei Tønder in Nordschleswig, SW-Dänemark; nahebei Opferfund mit zwei goldenen Trinkhörnern; die figuralen Verzierungen sind die ältesten szenischen Darstellungen auf german. Boden, Runenschrift mit frühestem bekannten Stabreim; entstanden um 400 n. Chr.; Originale wurden eingeschmolzen; Nachbildungen sind erhalten.

**Gallen, 1)** *Bot.:* gestaltverändernde Wucherungen am Pflanzenkörper, hervorgerufen durch pflanzl. Parasiten: Bakterien, Pilze, oder durch tierische Parasiten: Milben (→ Gallmilben) und Insekten (→ Gallwespen, → Gallmücken); Abgabe spezif. Stoffe, bes. von den Eiern und den sich daraus entwickelnden Larven, regt wahrsch. das umliegende Pflanzengewebe zur Bildung von meist charaktcrist. gestalteten G. an, z.B. *Hexenbesen, Rosenapfel (Schlafapfel);* bekannt bes. die *Galläpfel* auf Eichenblättern, reich an Gerbstoffen, früher bed. für die Tintenherstellung *(Gallustinte).*
**2)** *Tiermedizin:* flüssigkeitsgefüllte Anschwellungen an den Gelenken der Gliedmaßen von Pferden und Rindern, anfangs etwas schmerzhaft, später verhärtend; können zum Lahmen führen. Ursachen: Überanstrengung, mechan. Einwirkung (z.B. Schlag), Sehnenscheiden- oder Gelenkentzündung, Krankheitsfolge; auch angeboren.
▪ **Gallenbeschwerden,** siehe dazu ›Praxistip Gesundheit‹.

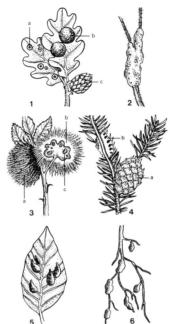

**Gallen:** 1 häufige Gallen an Eichen: **a** Münzengallen (verursacht durch die Gallwespe; *Neuroterus numismalis*), **b** Eichengallapfel (Gemeine Eichengallwespe), **c** Eichenrose (Gallwespe; *Andricus fecundator*); 2 Stengelgalle (Himbeergallwespe); 3 Rosenapfel an Rosen: **a** ganze Galle, **b** Schnitt, **c** Maden im Innern (Rosengallwespe); 4 Ananasgallen an Fichten; **a** ganze Galle, **b** Schnitt (Fichtengallenlaus); 5 Beutelgallen auf Rotbuchen (Buchengallmücke); 6 Wurzelgallen (Reblaus)

**Gallehus:** Nachzeichnung aus dem 19. Jh. eines der beiden Hörner; die Verzierungen sind abgerollt dargestellt.

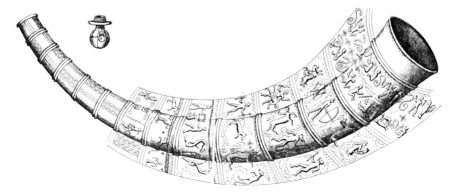

## Gallenblase

**Gallertgewebe:** extrem lockeres Bindegewebe mit großen Zellabständen und hoher Fähigkeit, Wasser zu speichern

◾ **Gallenpilz:** Bild →Pilze

Viele **Gallertpilze** haben einen zittrig gallertartigen Fruchtkörper und wachsen auf abgestorbenen Holzgewächsen.

**Gallensteine** nach der Operation, meist ein Gemisch von Cholesterin- und Pigmentsteinen

**Gallenblase,** ein birnenförmiges, dünnwandiges, mit Schleimhaut ausgekleidetes Hohlorgan an der Unterseite der →Leber; Speicherorgan für die →Galle.
**Gallenblasenempyem,** eine Eiteransammlung in der Gallenblase als Folge einer →Gallenblasenentzündung.
**Gallenblasenentzündung** (Cholezystitis), Entzündung der →Gallenblase durch →Bakterien, die sie auf dem Blut- oder Lymphweg oder aus dem Darm erreichen; meist im Zusammenhang mit →Gallensteinen. Die G. kann auf Leber- und Bauchspeicheldrüse übergreifen und wird konservativ oder operativ behandelt. Die akute G. verursacht Fieber, Druckschmerzen und Verdauungsbeschwerden; die chron. G. kann fast unbemerkt verlaufen.
**Gallenblasenkarzinom** (Gallenkrebs), Karzinom (→Krebs) in der Gallenblasenwand, meist gleichzeitig mit einem Gallensteinleiden (→Gallensteine).
**Gallenfarbstoffe,** Farbstoffe, die durch biol. Abbau von →Porphyrinen entstehen, in Tieren verbreitet, bes. reich in der →Galle. Im Säuger entsteht aus dem roten Blutfarbstoff, dem →Hämoglobin, über Zwischenstufen das grüne *Biliverdin,* daraus das rote *Bilirubin,* das über die Leber in die Galle gelangt. Im Darm erfolgt weiterer Abbau zu *Urobilin* und *Stercobilin* (Farbstoffe des Kotes). Bei Lebererkrankungen und Verschluß der Gallenwege tritt Bilirubin in Blut und Gewebe über (→Gelbsucht).
**Gallenfieber** →Piroplasmose.
**Gallengrieß,** grießförmige, kleinste →Gallensteine.

**Gallén-Kallela** [-len-], Akseli, finn. Maler und Graphiker, *26.5.1865 Pori, †7.3.1931 in Stockholm; gestaltete Stoffe aus dem finn. Epos →Kalevala, Bildnisse, Landschaften.
**Gallenkolik** →Kolik.
**Gallenkrebs** →Gallenblasenkarzinom.
**Gallenpilz** (Gallenröhrling; *Boletus felleus*), →Röhrenpilz sandiger, saurer Böden, meist in Kiefernwäldern; äußerl. leicht mit Steinpilzen zu verwechseln, Fleisch jedoch gallenbitter; ungenießbar, Geruch angenehm.
**Gallensäuren** (Cholsäuren), in der Leber gebildete, aus →Cholesterin entstehende organ. Säuren, die als Bestandteile der →Galle in den Darm ausgeschieden werden, wo sie das Nahrungsfett in feinste Tröpfchen verteilen und so dessen Spaltung durch das →Enzym Lipase ermöglichen.
**Gallenstachling** →Habichtspilz.
**Gallensteine** (Cholelithiasis), grieß- bis walnußgroße, hauptsächl. aus →Cholesterin bestehende Steine (aber auch Bilirubin-, Kalkoder Mischsteine) in der Gallenblase und den Gallenwegen. Jeder vierte ältere Mensch hat G., Frauen sind fünfmal so häufig befallen wie Männer. Meist sind bei Anwesenheit von G. die Befallenen ohne Beschwerden (Gallensteinträger), nur eine Minderzahl erkrankt (Entzündung, →Kolik, Ikterus). Der Versuch der Gallenblase, größere Steine auszutreiben, führt zu immer wieder auftretender Kolik (meist durch Fettgenuß ausgelöst). Behandlung: Auflösung, Zertrümmerung, Operation.
**Gallensteinileus** [-e|us], →Darmverschluß durch abgegangene, im Darm steckengebliebene →Gallensteine.
**Gallenwegentzündung** (Cholangitis), Entzündung der Gallenwege in der →Leber durch aufsteigende Infektion von einer →Gallenblasenentzündung aus, begünstigt durch Gallestauung infolge von Steinen oder Geschwülsten der ableitenden Gallenwege.
**Galleone,** Schiff: →Galeone.

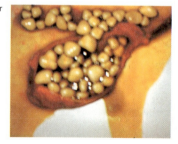

# Gallia Cisalpina

**Akseli Gallén-Kallela:**
›Kullervo auf dem Kriegspfad‹ (1901). Helsinki, Ateneum

**Gall<u>e</u>ria** →Wachsmotten.
**Galler<u>i</u>a Borgh<u>e</u>se,** Museum in Rom; enthält Gemälde des 14. bis 19. Jh. und Plastiken von der Antike bis zum 19. Jh.; das Museumsgebäude aus dem 17. Jh. war urspr. Schloß der Familie →Borghese.
**Galler<u>i</u>a degli Uff<u>i</u>zi** [-d<u>e</u>lji-], kurz →Uffizien genannt.
**G<u>a</u>llertalgen,** Bez. für →Gallerte abscheidende Blau-, Rot- und Grünalgen, bes. für die Rotalgengattung *Gelidium,* die →Agar-Agar liefert, und die zu den Blaualgen zählende Gattung *Nostoc.*
**G<u>a</u>llertbauch,** eine gutartige Geschwulst von Schleimgewebe des Bauchfells oder gallertiges Sekret aus einer Zyste des Wurmfortsatzes.
**Gall<u>e</u>rte** *die, (Gallert),* weiche, elastische, durchsichtige tierische oder pflanzl. Substanzen, z. B. Gelatine, →Agar-Agar, Pektin, die sich bei Wärme verflüssigen und bei Kälte erstarren; geeignet für Sülzen und Gelees.
**G<u>a</u>llertflechte** *(Collema),* Blaualgenflechte, die bei Wasseraufnahme eine gallertige Konsistenz annimmt und im trockenen Zustand spröde und meist schwärzlich, braun oder grau gefärbt ist; kommt auf Lehm-, Ton- und Kalkböden vor.
**G<u>a</u>llertgewebe,** ein →Bindegewebe mit verästelten Zellen und ungeordnet verlaufenden Fasern, die

in eine schleimartige Grundsubstanz eingebettet sind; verbreitet bei wirbellosen Tieren (z. B. →Medusen), selten bei Wirbeltieren (bei Säugetieren im Nabelstrang des Embryos).
**G<u>a</u>llertkern,** zentraler Kern der →Bandscheibe.
**G<u>a</u>llertkrebs,** von Drüsenepithelien (→Epithel) ausgehende Krebsbildung (→Krebs) mit außergewöhnl. großer Schleimbildung.
**G<u>a</u>llertpilze** *(Zitterpilze; Tremellaceae),* Familie der ›Ständerpilze mit gallertartigen Fruchtkörpern; meist auf Holz.
**Gallest<u>a</u>uung** →Choloestase.
**galletreibende Mittel** *(Cholagoga),* Mittel zur Förderung der Gallenblasenentleerung: →etherische Öle (z. B. Pfefferminzöl), →Bittersalz, Gallensäurepräparate und →Glaubersalz, bestimmte Hormone aus dem Dünndarm. Zu den g. M. gehören auch die *Choleretika,* die in den Leberzellen die Gallebildung anregen.
**Gallex,** Abk. für Gall*ium*-Ex*periment,* im Gran-Sasso-Tunnel in Italien laufendes Experiment zur Untersuchung der Eigenschaften von →Neutrinos und zum Nachweis ihrer vermuteten Masse.
**G<u>a</u>llia Cisalp<u>i</u>na,** altröm. Bez. für den nördl. des Rubikon gelegenen Teil der Apenninenhalbinsel, der Anf. des 4. Jh. v. Chr. von →Gal-

## Galliant

Publius Licinius Egnatius Gallienus (zeitgenössische Büste). Rom, Kapitolinische Museen

Gallien: vgl. Karte →römische Geschichte (das Römische Reich zur Zeit seiner größten Ausdehnung)

liern besiedelt, um 225 und Anf. des 2. Jh. v. Chr. röm. Herrschaft unterworfen wurde. Die Provinz G. C. bestand bis zur Neuordnung Italiens unter Augustus (→Gallien).
**Galliant** *der*, synthet. Edelstein; chem. ein Gallium-Gadolinium-Granat.
**Gallico** [gælɪkou], Paul William, amerik. Schriftst., *26.7.1897 New York, †15.7.1976 Monte Carlo; zeitweilig der populärste amerik. Sportjournalist; bekannt geworden als Verf. heiterer Unterhaltungsromane und Erzählungen.
**Galli da Bibiena** →Bibiena.
**Gallien**, das ab dem 6. Jh. v. Chr. von →Galliern besiedelte Gebiet zw. Rhein, Alpen, Pyrenäen und Atlant. Ozean. Um 400 v. Chr. drangen die Gallier auch in Oberitalien ein; das oberital. Siedlungsgebiet, um 225 erstm. unter röm. Herrschaft, wurde späterhin *Gallia Cisalpina* (diesseits der Alpen) im Ggs. zu *Gallia Transalpina* (jenseits der Alpen) genannt. Der südlichste Teil von Gallia Transalpina wurde als *Gallia Narbonensis* 118 röm. Prov. 58–51 eroberte →Cäsar im Gall. Krieg das übrige G.: Aquitanien zw. Pyrenäen und Garonne, von iber. Stämmen; das eigtl. G. zw. Garonne, Seine und Marne, von Kelten; und das belg. G. zw. Seine, Marne und Rhein, von →Belgen bewohnt; diese Teile wurden unter Augustus als die drei gall. Prov. Lugdunensis, Belgica und Aquitania neu geordnet (Hptst. Lugdunum/Lyon) und unter Diokletian noch weiter untergliedert. Ab dem 3. Jh. n. Chr. drangen verschiedene Germanenstämme (→Franken, →Burgunden und Westgoten) in G. ein und nahmen unter →Chlodwig 486 ganz G. in Besitz. Das rasch romanisierte und mit zahlr. Römerstädten durchsetzte G. (darunter die spätröm. Residenz Trier) wies noch in der Spätantike ein blühendes Geistesleben auf und trug wesentl. zum Überleben röm. geprägter Kulturtraditionen im frühen MA bei.
**Gallienus**, Publius Licinius Egnatius, röm. Kaiser (260–268), Sohn und ab 253 Mitregent des Kaisers →Valerian, *um 218, †(ermordet) 268 Mailand; gebot durch sein Toleranzedikt (260) den Christenverfolgungen Einhalt; kämpfte in seiner ganzen Regierungszeit um die Sicherung der Reichsgrenzen gegen die Germanen; suchte durch Förderung griech. Kultur und Wissenschaft die Barbarisierung des Reiches einzudämmen; durch seine Reformen auf dem Gebiet der Verwaltung und des Militärwesens ist er ein Vorläufer →Diokletians.
**Gallier**, Hauptstamm der →Kelten; Bewohner →Galliens.
**Galliformes** →Hühnervögel.
**gallikanischer Gesang**, Bez. für einstimmiges Repertoire der altgallischen Liturgie (4.–7. Jh.); →französische Musik.
**Gallikanismus**, nationalkirchl. Bestrebung in Frkr., die den kirchl. Universalismus ablehnte und den Konzilsgedanken sowie die Unumschränktheit des frz. Königs gegen Papst, Kaiser und Adel betonte. Nachweisbar bei der Rückkehr Papst Urbans V. 1367 aus Avignon, erstmals festgelegt in der →Pragmatischen Sanktion (Bourges, 1438), danach in den ›Libertés de l'Église Gallicane‹ (1594) und der ›Declaratio Cleri Gallicani‹ Bossuets (1682, formell zurückgenommen 1693). Ähnliche Tendenzen bei →Maurinern und →Oratorianern, im 18. Jh. auch in außerfrz. staatskirchl. Regungen (→Emser Punktation, Hontheim, →Wessenberg). Der G. wurde 1870 vom I. Vatikan. Konzil verworfen, lebte aber in der frz. Lit. und Politik (→Action française) in die Zeit vor dem II. Weltkrieg weiter.
**Gallimard, Librairie** [librɛri galimar], Verlag in Paris, gegr. 1911, hervorgegangen aus der →Nouvelle Revue Française. Umfangreiche geisteswissenschaftl. Produktion. Autoren des schöngeistigen Zweiges u. a. Gide, Claudel, Sartre, Camus, Proust, Valéry, Saint-Exupéry.
**Gallinago** →Sumpfschnepfen.
**Gallinas, Punta**, die Nordspitze des südamerik. Festlandes, auf der kolumbian. Halbinsel →Guajira.
**Galling**, Kurt, ev. Theologe, *8.1.1900 Wilhelmshaven, †12.7.1987 Tübingen; Forschungen zur Ge-

# Gallmilben

schichte Israels und bibl. Archäologie.
**Gallinula** →Teichhuhn.
**Gallipoli, 1)** (türk. *Gelibolu*), alte türk. Hafenstadt am Ausgang der Dardanellen ins Marmarameer auf der langgestreckten Halbinsel G., 20000 E.; Marinestützpunkt; im I. Weltkrieg heftig umkämpft; Nationalpark.
**2)** südital. Hafenstadt auf einer Felsinsel im Golf von Tarent, Apulien, mit 21 000 E.; Kathedrale (17. Jh.), Kastell; mit der modernen Vorstadt auf dem Festland durch eine Brücke verbunden.
**gallisch,** aus Gallien (Frkr.); meist gleichbedeutend mit französisch; *gallischer Hahn:* Wahrzeichen Frankreichs.
**Gallische Rosen** → Essigrosen.
**Gallisieren,** Verbessern von saurem Weinmost nach der Methode des Chemikers *L. Gall* durch Zuckerzugabe; gleichzeitig wird der Alkoholgehalt gesteigert.
**Gallitzin,** Amalia Fürstin von (geb. Gräfin von Schmettau), *28.8.1748 in Berlin, †27.4.1806 in Münster (Westf.); nach 1780 Haupt des kath. ›Kreises von Münster‹, der mit F. von Fürstenberg, J. G. →Hamann, F. →Hemsterhuis, F. H. →Jacobi, B. Overberg und L. von →Stolberg das geistige Leben beeinflußte.
**Gallium** *(Ga),* meist dreiwertiges Element der Ordnungszahl 31, Atomgewicht 69,72, Dichte 5,9 g/cm$^3$, Schmelzpunkt 29,78 °C, Siedepunkt etwa 2400 °C, →Mohshärte 1,5; glänzend weißes, weiches Metall, an der Luft beständig, bleibt auch unter 29 °C noch flüssig ( → Unterkühlung). Von →Mendelejew vorausgesagt *(Eka-Aluminium),* wurde G. 1875 von Lecoq de Boisbaudran in Zinkblende entdeckt und zu Ehren Frkr. *(Gallia)* benannt. Es wird elektrolyt. aus Verhüttungsrückständen von Kupferschiefer gewonnen, in Quarzthermometern bis 1200 °C, in Metalldampflampen (zus. mit Aluminium), als ungiftige Sperrflüssigkeit und als Spiegelbelag verwendet. *G.-Arsenid* (GaAs) ist ein ausgezeichneter →Halbleiter und ein Material für →Laser ( →intermetall. Verbindungen). *G.-Nitrid* (GaN) und *G.-Phosphid* (GaP) finden heute auch Verwendung zur Herst. von Lumineszenzdioden ( →Diode).
**Galliumarsenid,** halbleitende Germaniumverbindung, chem. Formel GaAs, Verwendung in Halbleiterdioden und Festkörperlasern.
**Gällivare** [jɛli-] (früher *Gellivara*), Stadt-Gem. in Nordschweden mit 25000 E.; Verkehrsknotenpunkt an der Lapplandbahn Luleå–Kiruna–Narvik; seit 1893 bed. Eisenerzabbau, Wasserkraftwerk.
**Gallizismus** [lat.], typisch frz. Redewendung, insbes. deren Übernahme in eine andere Sprache.
**Gall-Läuse** →Ananasgalle.
**Gallmeyer,** Josephine (eigtl. *Tomaselli*), Schauspielerin, Schriftstellerin, *27.2.1838 Leipzig, †3.2.1884 Wien; Novellen und Drama ›Aus purem Haß‹ (1883).
**Gallmilben** *(Tetrapodili),* Unterordnung der →Milben, Pflanzenschädlinge mit wurmförmigem Körper, nur vier Beinen, selten länger als 0,2 mm; eine Art mißt nur 0,08 mm und ist damit der kleinste →Gliederfüßer. Viele G. rufen →Gallen an Blättern hervor, die häufig vorzeitigen Laubfall bewirken, so z. B. →Birnblattgallmilbe *(Eriophyes piri),* Rebenblatt-G. *(Eriophyes vitis);* andere befallen Knospen, die dann nicht austreiben, z. B. Johannisbeer-G. *(Eriophyes ribis),* Haselnuß-G. *(Eriophyes avellanae).* G. verursachen die →Kräuselkrankheit des Weinblattes. Zur Bekämpfung eignen sich Schwefelspritzmittel.

Josephine Gallmeyer

Gallmilben verursachen verschieden geformte Wucherungen an den Wirtspflanzen.

# Gallmücken

**Gallmücken** *(Cecidomyidae)*, weltweit verbreitete, artenreiche Fam. der →Zweiflügler; meist klein; oft schädl., Larven bewirken das Entstehen von →Gallen, z. B. Erbsen-G. *(Contarinia pisi)*, Birnen-G. *(Contarinia pirivora)*; die Buchen-G. *(Mikiola fagi)* erzeugt zwiebelförmige Blattgallen; die Larven der Hessenfliege saugen Stengel junger Getreidepflanzen aus.

**Gallneukirchen,** Marktgemeinde im oberösterr. Mühlviertel an der Verkehrsachse Linz – Budweis, mit 5100 E.; Küchenmöbelerzeugung.

**Galloitalienisch,** eine ital. Mundart: →italienische Sprache.

**Gallone** (englisch *gallon*), angelsächs. Hohlmaß; USA: 3,785 l; England: 4,546 l.

**Gallophilie** →Frankophilie; Ggs. *Gallophobie*.

**Galloway** [gǽləwɛɪ], Landschaft in SW-Schottland, die große Halbinsel zw. Firth of Clyde und Solway Firth mit dem südwestl. Teil der Southern Uplands; Rinder- *(G.-Rind)*, Pferde- und Schafzucht.

**Gallseife,** umweltfreundl. Kern- oder Flüssigseife mit Rindergallenzusatz; wirksamer Fleckentferner mit guter Hautverträglichkeit.

**Gallspach,** Kurort im oberösterr. Alpenvorland, 2500 E.; bek. für Therapien nach der Hochfrequenzmethode.

**Gallu,** akkad. böser Dämon.

**Gallup** [gǽləp], Stadt im NW des US-Bundesstaates New Mexico, 19 000 E.; Zentrum des Braunkohlebergbaus; zahlr. Kunstgewerbeläden.

**Gallwespen:** Galläpfel an Eichenblatt, von Larven der Gallwespen verursacht

**Gallup-Institut** [gǽləp-] *(American Institute of Public Opinion; AIPO),* 1935 von *H. Gallup* (1901–94) in den USA gegr. Institut zur Erforschung der öffentl. Meinung anhand von Repräsentativbefragungen (→Sozialforschung); zahlr. Meinungsforschungsinstitute in aller Welt angeschlossen.

**Galluppi,** Pasquale, ital. Philosoph, *2. 4. 1770 Tropea (Kalabrien), †13. 12. 1846 Neapel; Descartes folgend, ist der Ausgangspunkt seiner Philosophie das sich seiner selbst bewußte Ich, das die außerhalb seiner liegende Welt erkennt. Von diesem Ansatz aus entwickelt G. eine Philosophie der Erfahrung.

**Gallus,** Missionar, *um 555 Irland, †um 645 Arbon am Bodensee; Mönch und Schüler →Columbans, wirkte bei den →Alemannen; aus seiner Mönchszelle ging das spätere Kloster St. Gallen hervor. Heiliger (16. 10.).

**Gallus,** Gajus Cornelius, röm. Dichter, *um 69 v. Chr. Forum Iulii (Fréjus), †26 v. Chr.; gilt als Schöpfer der röm. →Elegie.

**Gallus,** Gajus Vibius Trebonianus, röm. Kaiser (251–253), *um 206 Perusia, †(ermordet) 253 Umbrien; Nachfolger des →Decius.

**Gallus** (eigtl. *Petelin,* auch *Handl, Händl),* Jacobus, Komponist, *3. 7. 1550 Reifnitz (heute Ribnica, Slowenien), †18. 7. 1591 Prag; geistl. Musik im Stil Palestrinas und der niederl. Schule, im Geiste der Gegenreformation; mehrchörige Werke in der Art der Venezianer (›Opus Musicum‹, 4 Bde., 1586–90).

**Gallus** →Bankivahuhn, →Haushuhn.

**Gallusgerbsäure** →Tannin.

**Gallussäure** (3, 4, 5-*Trihydroxybenzoesäure),* organ. Säure der Bruttoformel $C_6H_2(OH)_3COOH$, schwach gelbl., kristallines Pulver, in warmem Wasser, Alkohol und Ether leicht lösl.; kommt u. a. in Galläpfeln, Eichenrinde, Teer vor und wird zur Herst. von Eisengallustinte u. a. Farbstoffen, von photograph. Entwicklern (→Pyrogallol) und des Wundheilmittels *Dermatol*®, einer Wismutverbindung der Gallussäure, verwendet. Der tiefblaue Komplex (→ Komplexverbindungen) mit Eisensalzen war bereits → Plinius d. Ä. bekannt.

**Gallwespen** *(Cynipidae),* etwa 2000 Arten umfassende Fam. der → Schlupfwespen; kleine Insekten, Larven verursachen → Gallen an Pflanzen, so die bis 3 cm Durchmesser erreichenden *Galläpfel* der Eichengallwespe *(Cynips quercusfolii)* an Eichenblättern und die mit moosähnl. Fasern bedeckten *Rosengallen (Rosen-, Schlafäpfel)* der Rosengallwespe *(Diplolepis rosae).*

**Gallziekte** → Anaplasmose.

**Galmei** [griech.-lat.] *der,* Sammelname für carbonat. und silicatische Zinkerze: u. a. → Smithsonit, → Hemimorphit.

**Galmeipflanzen,** an hohe Zinkkonzentrationen angepaßte Pflanzen; wachsen auf Erzhalden.

**Galois** [galoa], Évariste, frz. Mathematiker, * 25. 10. 1811 Bourg-la-Reine (bei Paris), † (Duell) 31. 5. 1832 Paris; schrieb die Legende nach in der Nacht vor seinem Tod eine neue Theorie der algebraischen Gleichungen, die auf der Gruppentheorie fußt *(Galoissche Theorie)*; → Gruppe.

**Galon** [frz., galõ] *der, (Galone, Tresse),* glänzende Borte an den Seitennähten der Hose eines festl. Anzugs.

**Galopp** [frz.], **1)** → Gangart des Pferdes, aus fortlaufend aneinandergereihten Sprüngen; **2)** *Musik:* schneller Rundpaartanz (Schnellpolka) im 2/4-Takt; bis ins 19. Jh. sehr beliebt; typ. Kompositionen von J. → Strauß (Vater und Sohn).

**galoppierende Schwindsucht** → Lungentuberkulose.

**Galopprennen,** im → Pferderennsport Leistungsprüfung in Schnelligkeit und Ausdauer auf einer speziellen Rennbahn; bei G. wird zw. → Flachrennen und → Hindernisrennen unterschieden.

**Galopprhythmus** *(Dreierrhythmus), Med.:* Abweichung vom normalen Herzrhythmus; Auftreten eines dritten Herztons durch Verdoppelung des ersten oder zweiten Herztons.

**Galosche** [frz.], Gummiüberschuh.

**Gal-Rezeptor,** Rezeptor an der Plasmamembran von → Hepatozyten; bindet defekte → Glykoproteine des Blutplasmas.

**Galswintha,** fränkische Königin: → Brunhilde, → Chilperich I.

**Galsworthy** [gɔlzwəːði], John, engl. Schriftst., * 14. 8. 1867 Kingston Hill (Surrey), † 31. 1. 1933 London; Essays, Kurzgeschichten, sozialkrit. Dramen; schilderte in der berühmten Romanfolge ›Die Forsyte Saga‹ (1925; The Forsyte Saga, 06–21) den gehobenen Mittelstand der spätviktorianischen Epoche; Fortsetzungen: ›Moderne Komödie‹ (29; A Modern Comedy, 24–28) und ›Das Ende vom Lied‹ (37; End of the Chapter, 31–33); Nobelpreis 1932. – WW: Der Zigarettenkasten (1909; The Silver Box, 06); Das Herrenhaus (13; The Country House, 07).

**GALT** (Abk. für engl. *gut associated lymphoid tissue),* das lokale Immunsystem des Darms.

**Galt** *(gelber G.),* von → Streptokokken hervorgerufene Entzündung des Euters bei Kühen und Ziegen, die zum Versiegen der Milch führen kann (→ Euterentzündung).

**Galtelli,** Bischofssitz im westl. Sardinien; die Kirchen beherbergen zahlr. antike und mittelalterl. Kunstschätze.

**Galtgraben,** höchste Erhebung des → Samlandes, 110 m.

**Galton** [gɔltən], Sir (ab 1909) Francis, engl. Naturforscher und Anthropologe, * 16. 2. 1822 Birmingham, † 17. 1. 1911 London; Arbeiten über Vererbungslehre, Anthropologie, Kriminalistik u. a.

**Galtonia** → Hyazinthe.

**Galtonpfeife** [gɔltən-, nach F. → Galton] *(Grenzpfeife),* Pfeife zur Erzeugung von → Ultraschall bis 100 kHz.

**Galtür,** bedeutender Wintersportort im → Paznauntal, westl. Tirol; 700 E., 3400 Gästebetten, 400 000 Übernachtungen.

**Galuppi,** Baldassare, ital. Komponist, * 18. 10. 1706 Burano (bei Venedig), † 3. 1. 1785 Venedig; Kapellmeister in London, St. Petersburg und Venedig; ein Hauptvertreter der Opera buffa; Oratorien, Kirchen- und Instrumentalmusik

Évariste Galois

John Galsworthy

# Galuth

Luigi Galvani

**Galuth,** im Judentum die gewaltsame Verbannung des Volkes Israel aus dem Hl. Land.
**Galvani,** Luigi, ital. Arzt und Naturforscher, *9.9.1737 in Bologna, †4.12.1798 ebenda; er entdeckte 1789 bei Versuchen mit Froschschenkeln die nach ihm benannte galvan. Elektrizität. G. führte die Erscheinungen zunächst auf Lebensprozesse zurück, bis Alessandro → Volta die physik. Grundlagen der → galvanischen Elemente erkannte.
**Galvanisation** → Elektrotherapie.
**galvanisches Element,** nach L. → Galvani benannte Vorrichtung zur direkten Umsetzung von chem. in elektr. Energie; besteht aus zwei versch. → Elektroden, meist Metallen, die in einen gemeinsamen → Elektrolyten bzw. in zwei durch ein → Diaphragma getrennte Elektrolyte tauchen, ohne sich zu berühren. In einer äußeren leitenden Verbindung der Elektroden entsteht dann ein elektr. Strom (A. → Volta, J. F. → Daniell). Die Stellung der betreffenden Stoffe in der elektrochem. → Spannungsreihe ist maßgebend für die an den Elektroden auftretende elektr. Spannung, die den Strom verursacht. Das von dem frz. Chemiker G. Leclanché (1839 bis 1882) erfundene g. E. gelangte in der Trockenbatterie zu großer Bed.: In einem Zinkbecher als negativer Kathode und einem Elektrolyten aus 10–20%iger Salmiaklösung befindet sich als positive Anode ein Kohlestab, der von einem Beutel oder Tonzylinder mit → Braunstein umgeben ist. Im Braunstein oxidiert der entstehende Wasserstoff zu Wasser. Die entstehende elektromotor. Kraft *(Urspannung)* beträgt 1,5 V. Moderne g. E. haben Elektroden aus Quecksilber und Cadmiumamalgam (z.B. Weston-Element mit einer Normalspannung von 1,018 V), Zink und Silberchlorid (1,02 V) oder Nickel und Cadmium (wiederaufladbar). Die g. E. lassen sich klassifizieren in 1. *Primärelemente,* die irreversibel (nicht umkehrbar) chem. Energie in elektr. Energie umsetzen, 2. *Sekundärelemente,* die sich laden und entladen und wieder laden lassen, also reversibel (umkehrbar) arbeiten (→ Akkumulator), und 3. → Brennstoffzellen, die so lange elektr. Leistung abgeben, wie ihnen Brennstoff zugeführt wird.
**Galvaniseur** [-søːr], ein → Ausbildungsberuf; der G. veredelt Metalloberflächen durch Elektrolyse.
**Galvanisieren** *(Galvanotechnik),* Herstellung meist metall. Überzüge (Galvanostegie) oder metall. Gegenstände (Galvanoplastik) auf elektrolyt. Wege (→ Elektrolyse). Grundsätzl. wird eine Metallsalzlösung als Elektrolyt verwendet, in die die Elektroden eintauchen, wobei das zu überziehende Teil die → Kathode und das Überzugsmaterial die → Anode bilden; z.B. *Verkupfern:* Elektrolyt Kupfersulfat, Anode aus Kupfer; bei Stromdurchgang bildet sich auf dem Werkstück eine Kupferschicht, deren Dicke (üblich 5 µm–0,1 mm) von Einwirkungszeit und Stromdichte abhängt. Eine gründl. Reinigung und Entfettung ist Voraussetzung eines gut haftenden Überzuges, der die gleiche Oberflächenbeschaffenheit annimmt wie die Unterlage (z.B. glatt oder rauh). Auch die Entfettung wird meist elektrolytisch durchgeführt, wobei starke Wasserstoffbildung die Fettpartikel ablöst. Durch sog. *Glanzbäder* erzielt man unmittelbar glänzende Niederschläge, die das Nachpolieren ersparen.
Bei der *Galvanostegie (Elektroplattieren)* wird zur Oberflächenveredlung ein edles (→ Versilbern, → Vergolden) oder bes. widerstandsfähiges Metall (Verkupfern,

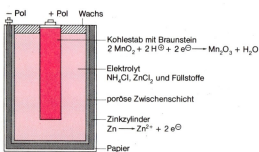

**galvanisches Element:** Querschnitt durch ein Leclanché-Element; angegeben sind die ablaufenden chemischen Vorgänge.

# Gamander

Verzinken, Vernickeln) niedergeschlagen. Für das →Verchromen wird als Elektrolyt eine Chromsäurelösung benutzt. Bei der *Galvanoplastik* wird die niedergeschlagene Metallschicht von der Oberfläche, auf die sie aufgebracht wurde, wieder abgelöst und dient, meist durch Hintergießen mit Blei verstärkt, als exakte Kopie von →Bleisatz und →Klischees als *Galvano* (→Matrize), ferner zur Abbildung von Funden, Medaillen, als Mater bei der Schallplattenherstellung u. ä. Die galvanoplast. Kopie kann auch Feinstrukturen der galvan. abgeformten Oberflächen wiedergeben.
**Galvano** →Matrize.
**Galvanokaustik,** *Medizin:* Durchtrennung oder Zerstörung von erkranktem Gewebe mit dem Galvanokauter.
**Galvanokauter,** chirurg. Instrument, das mit Gleichstrom zum Glühen gebracht wird.
**Galvanometer** *(Galvanoskop),* ein elektr. Meßinstrument, dient zum Messen sehr niedriger Spannungen und Ströme, z. B. in Meßbrücken; der Meßstrom fließt durch eine im Feld eines Permanentmagneten drehbar aufgehängte Spule, deren Auslenkung proportional dem durchfließenden Strom ist. Beim *Lichtmarken-G.* und *Spiegel-G.* ist mit der Spule ein Spiegel verbunden, der einen Lichtstrahl auf die Anzeigeskala reflektiert. Mit dem *ballistischen G.* lassen sich kurze Stromstöße sowie Ladungsmengen messen ( →Drehspulinstrument).
**Galvanoplastik,** Herstellung metall. Gegenstände auf elektrolyt. Wege ( →Elektrolyse, →Galvanisieren). Als Druckform ist die G. Duplikat eines →Klischees oder eines →Holzschnittes, um das Original vor Abnutzung zu bewahren.
**Galvanopunktur,** Entfernung z. B. von Haaren mit einer durch galvanischen Strom erhitzten Nadel.
**Galvanoskop** →Galvanometer.
**Galvanostegie** *(Elektroplattieren),* Form der Oberflächenvergütung ( →Galvanisieren).
**Galvanotechnik** →Galvanisieren.
**Galvano-Topotaxis** →Taxien.
**Galveston** [gǽlvɪstən], Hafenstadt in Texas (USA), auf einer Nehrungsinsel vor der *G.-Bai* am Golf von Mexiko, 60 000 E., mit Vororten 220 000 E.; bed. Baumwoll- und Getreideausfuhrhafen; Eisen-Ind., Werften, Ölraffinerien, Mühlen, Fischkonserven.
**Galway** [gɔlweɪ], James, brit. Flötist, *8. 12. 1939 Belfast; 1969–75 Soloflötist der →Berliner Philharmoniker, seit 75 freier Solist; führender Flötenvirtuose der Gegenwart.
**Galway** [-gɔlweɪ], irisch **An Ghaillimh** [-galjəf], Hptst. der westirischen Gft. G. (5939 km², 180 000 E.) und der Prov. →Connacht, an der Mündung des Corrib in die *G.-Bai,* 48 000 E.; geistiges und Handelszentrum von Westirland; got. Kirche, Bischofssitz, College der Univ. Dublin; Hafen; Leichtindustrie, Fischerei; Fremdenverkehr.
**Galway Soufrière** [gɔlweɪ sufriɛr], ein Bergzug vulkan. Ursprungs auf der brit. Insel Montserrat (Inseln über dem Wind), im *Chances Peak* 914 m hoch.
**Gama,** Vasco da, portug. Seefahrer, *1469 Sines, †24. 12. 1524 Cochin (Indien); Entdecker des Seewegs nach Indien; verließ am 8. 7. 1497 mit vier Schiffen Rastello bei Lissabon, umsegelte das Kap der Guten Hoffnung und erreichte am 20. 5. 98 die ind. Küste bei →Kozhikode; 1502/03 Wiederholung der Reise, 24 Vizekönig von Ostindien. Leitete Aufstieg Portugals zur Kolonialmacht ein ( →Entdeckungsreisen).
**Gamander** [griech.] *der, (Teucrium),* artenreiche Gattung der →Lippenblütler, Stauden oder

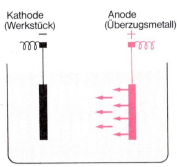

**Kathode** (Werkstück) −

**Anode** (Überzugsmetall) +

**Galvanisieren:** Galvanische Abscheidung eines als Anode geschalteten Überzugmetalls auf ein als Kathode geschaltetes Werkstück, das durch die Elektrolyse beschichtet wird.

Vasco da Gama

## Gamander-Ehrenpreis

Echter **Gamander** (Teucrium chamaedrys)

**Gameten** des Menschen: oben Eizelle, unten Samenzelle

Zwergsträucher, fünf einheim. Arten; Volksheilmittel: zur Blutreinigung der Salbeiblättrige G. (Wald-G.; *Teucrium scorodonia*) mit gelbl. Blüten, gegen Hämorrhoiden und Würmer der purpurn blühende Echte G. (*Teucrium chamaedrys*).
**Gamander-Ehrenpreis** → Ehrenpreis.
**Gamasche** [arab.-frz.] *die*, Bekleidung des Unterschenkels aus Leder oder Tuch mit Fußsteg und seitl. Verschluß; geknöpft, geschnürt oder gebunden. Die *Halb-G.* reicht nur bis zum Knöchel, die gewöhnl. G. bis zum Knie oder auch darüber. *Wickel-G.* aus Tuchstreifen. Die G. kam im 17. Jh. von Frkr. nach Dtld. und gehörte bis ins 20. Jh. zur milit. Uniform; früher auch Damenmode.
**Gamay** [-mɛ], hervorragende frz. Rebsorte; liefert leichte, fruchtige Rotweine, bes. Beaujolais.
**Gambang**, → Xylophon mit 16 bis 21 Stäben aus Java.
**Gambe** → Viola.
**Gambela**, Ort im westl. Äthiopien, nahe der Grenze zur Rep. Sudan; Flußhafen am *Baro*; Anbau von Kaffee und Baumwolle; nahebei früher Goldabbau.
**Gambetta** [frz. gãbɛta], Léon, frz. Staatsmann, * 3. 4. 1838 Cahors (Dép. Lot), † 31. 12. 1882 Ville-d'Avray (bei Paris); Gegner des Zweiten Kaiserreichs, proklamierte nach der Kapitulation von Sedan (4. 9. 1870) die Republik und organisierte den Widerstand des frz. Volksheeres ( → Deutsch-Französischer Krieg von 70/71); vertrat dann als Abgeordneter und Führer der Republikaner eine Revanchepolitik gegenüber Dtld., bekämpfte Monarchisten und Klerikale; 81/82 Ministerpräsident.
**Gambia**, siehe S. 3384–3385.
**Gambia**, Fluß in Westafrika, 1127 km lang, davon rd. 400 km schiffbar; entspringt im Bergland → Fouta Djalon (Rep. Guinea), mündet mit breitem Ästuar bei → Banjul (Rep. Gambia) in den Atlantik.
**Gambierinseln** [gãbje-] (*Mangarevainseln*), zu → Französisch-Polynesien gehörende Inselgruppe im Pazif. Ozean (Südsee), südl. der → Tuamotuinseln, rd. 30 km² mit 600 E.; Hauptinsel Mangareva, wichtigster Ort Rikitea (Kathedrale), zahlr. unbewohnte Atolle; Kaffee, Bananen, Zuckerrohr, Perlenfischerei.
**Gambir** (*Catechu gambir*), gelbes → Katechu.
**Gambit** [ital. (?) dare il gambetto ›ein Bein stellen‹] *das*, Eröffnungsart beim → Schach: Ein Bauer wird geopfert, um den Angriff schneller entfalten zu können.
**Gambohanf** → Eibisch, → Hanf.
**Gambrinus**, sagenhafter flandr. König zur Zeit Karls d. Gr.; Schutzherr der Bierbrauer und -trinker, angebl. Erfinder des Bieres.
**Gambusien** (*Gambusia*), Gattung lebendgebärender → Zahnkarpfen aus dem südl. Nordamerika. Der Koboldkärpfling (Moskitofisch; *Gambusia affinis*) wurde in sumpfigen Gegenden (Camargue, Pontinische Sümpfe) zur Vertilgung der Stechmückenlarven und damit zur Eindämmung der Malaria eingesetzt; Männchen 5 cm, Weibchen 7 cm lang; Aquarienfische.
**Game Boy**® [engl., gɛɪm bɔɪ], handliches elektron. Spielzeug mit integriertem Flachbildschirm, durch Disketten für die unterschiedlichsten → Computerspiele, so z. B. *TETRIS*®, programmierbar.
**Gamelan** *das*, Orchester in Indonesien in einer je nach Anlaß unterschiedl. Besetzung aus Schlag- und Saiteninstrumenten, Flöten und Singstimmen.
**Gamelin** [gamlɛ̃], Maurice Gustave, frz. General, * 20. 9. 1872 Paris, † 18. 4. 1958 ebenda; 1914–16 → Joffres Stabschef, 31 Generalstabschef, 35 Generalinspekter des Heeres und Vize-Präs. des Obersten Kriegsrats, mit Beginn des II. Weltkriegs Oberbefehlshaber der alliierten Streitkräfte in Frkr.; nach dem dt. Durchbruch durch die frz. Front durch General → Weygand ersetzt.
**Gamelle** [frz.], schweiz. für Kochgeschirr des Soldaten.
**Gametangien** → Moospflanzen.
**Gameten** [griech.] (*Geschlechtszellen*), die der geschlechtl. → Fortpflanzung dienenden reifen Keimzellen; können in beiden Geschlechtern gleiche (*Iso-G.*) oder ähnl. Ge-

# Gammarus

stalt *(Aniso-G.)* haben. Bei allen höheren Tieren und beim Menschen finden sich *Hetero-G.:* der weibl. G. ist als große, unbewegl. *Eizelle* (→Ei), der männl. als kleine, aktiv bewegl. Samenzelle ausgebildet; Moose, Farne und viele →Thallophyten besitzen →Spermatozoiden; bei Samenpflanzen sind Eizellen und meist auch →Samenzellen unbeweglich. Ggs. →Agameten.
**Gametogamie** →Kopulation.
**Gametogenese** [griech.], Entwicklung von reifen Samenzellen und Eizellen aus Vorläuferzellen in den Geschlechtsorganen.
**Gametopathie** →Keimschäden.
**Gametophyt** [griech.] *der,* die geschlechtl. Keimzellen (→Gameten) erzeugende Generation bei Pflanzen mit →Generationswechsel; Ggs. →Sporophyt.
**Gamillscheg,** Ernst, Romanist, *28.10.1887 Neuhaus (Böhmen), †18.3.1971 Göttingen; forschte über Fragen der Etymologie, Wortbildung, Syntax und Grammatik. Bed. Beiträge zur Erforschung der rum. und rätoroman. Sprache.
**Gaming,** Marktgemeinde in der →Eisenwurzen, Niederöster., 3800 E; Kartause aus dem 14.Jh., Anlage mit Klosterkirche restauriert.
**Gamlitz,** Marktgemeinde an der südsteir. Weinstraße, nahe der slowen. Grenze, 3000 E.; bek. Schloß *Ober-Gamlitz.*
**Gamma** (Γ, γ), dritter Buchstabe im griech. →Alphabet. – Zusammensetzungen mit γ siehe unter ›Gamma-‹.
**Gamma-Eule** *(Phytometra gamma),* ein auch am Tag fliegender →Eulenfalter mit einer dem griech. Buchstaben γ (Gamma) ähnl. Zeichnung auf den Vorderflügeln. Die G.-E. ist ein Wanderfalter, bei Massenauftreten schädigen ihre Raupen Kulturpflanzen.
**Gammaglobuline,** zu den →Globulinen zählende Eiweißkörper im Blutserum, die hauptsächl. aus →Antikörpern bestehen. G. von Tieren und Menschen, die eine Infektionskrankheit überstanden haben, werden zur Schutzimpfung oder bei der →Serumtherapie verwendet (passive →Immunisierung).

**Gammaglobulin-Mangelkrankheit** →Agammaglobulinämie.
**Gammagraphie,** Verfahren der zerstörungsfreien →Werkstoffprüfung; das betreffende Werkstück wird mit Gammastrahlen durchleuchtet, die Schwärzung eines hinter dem Produkt befindl. photograph. Films erlaubt Rückschlüsse auf Homogenität des Materials; bes. zur Prüfung von Schweißnähten.
**Gammakamera** *(Szintillationskamera),* mit →Gammastrahlen arbeitendes Gerät der →Nuklearmedizin zur Aufnahme von Szintigrammen (→Szintigraphie); durch Serienaufnahmen auch Darstellung von Funktionsvorgängen möglich.

**Gamma-Eulen:** Die Wanderfalter fliegen von April bis Juli aus dem Süden ein und sind auf Feldern und Wiesen, in Gärten, Laub- und Auwäldern zu finden.

**Gammametall,** Legierung aus Kupfer und Zinn, für Münzen.
**Gammaquanten** (Abk. γ-*Quanten*), i. e. S. die energiereichen Photonen der →Gammastrahlen, ihre Energien reichen bei natürl. radioaktiven Stoffen bis zu 4,9 MeV, bei künstl. radioaktiven Stoffen bis zu 17,6 MeV; i. w. S. werden auch die sehr viel energiereicheren Photonen der →Bremsstrahlung, der →Höhenstrahlung sowie die beim Zerfall von Elementarteilchen und bei der Paarvernichtung entstehenden Photonen als G. bezeichnet, sie werden auch künstl. in Teilchenbeschleunigern erzeugt. Im Rahmen der *Gammaastronomie* dienen aus dem Weltraum auf die Erde einfallende G. zur Erforschung des Endzustandes von Galaxien und Sternen.
**Gammarus,** eine Gattung der →Flohkrebse.

# Gambia

**Gambia** (amtl. *Republik G.*, englisch *Republic of the G.*), kleiner westafrikanischer Staat an der Atlantikküste, vom Staatsgebiet der Rep. Senegal umgeben.

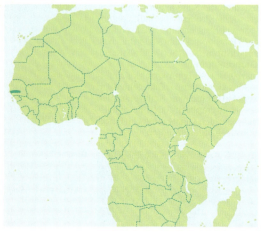

| | |
|---|---|
| Zeitzone | Mitteleuropäische Zeit – 1 Stunde (Westeuropäische Zeit oder Greenwich Mean Time, GMT) |
| Fläche | 11 295 km² (ein Viertel so groß wie die Schweiz); Ausdehnung: W–O 350 km, N–S maximal 45 km |
| Einwohner | 0,9 Mio.; mittl. Dichte 80 E./km²; jährl. Zuwachsrate 3,3%; mittl. Lebenserwartung 45 Jahre |
| Hauptstadt | Banjul (bis 1973 Bathurst), 50 000 E.; am Gambia-Ästuar, unweit des Atlantik |
| Verwaltungsgliederung | 6 Bezirke (Divisions) mit 36 Distrikten; die Hauptstadt bildet eine eigene Verwaltungseinheit |
| Mitgliedschaft | UN (seit 1965), Commonwealth, OAU, CEDEAO, AKP |
| Amtssprache | Englisch; Verkehrssprache Französisch, Bildungssprache Arabisch; über 20 lokale Umgangssprachen |
| Währung | 1 Dalasi (D) = 100 Bututs (b) |

*Natur*
G. ist der kleinste Staat des afrik. Festlandes. Das Land erstreckt sich als schmaler Streifen beiderseits des Gambia-Unterlaufs. Die Flußniederung besteht aus fruchtbaren Schwemmlandböden (Hauptanbaugebiet). Daran schließen sich sandige Hügelländer an, die landeinwärts in sanft ansteigende Plateaus übergehen. Das Klima ist (rand)trop.-wechselfeucht mit einer Regenzeit von Juni bis Okt. (1000 bis 1300 mm jährl. Niederschlag). Während der etwas kühleren Trockenperiode weht zeitweilig der →Harmattan, ein heißer, staubbeladener Wind aus der Sahara. Die Gambia-Trichtermündung wird beiderseits von Mangrovedickicht gesäumt; im Hinterland herrscht Savannenvegetation vor (im O Trockensavanne), örtlich Bambuswälder. Zwei Nationalparks.

*Bevölkerung*
Die Bev. setzt sich, wie in Senegal, überwiegend aus Sudanvölkern zusammen: Mandingo (Ackerbauern), Fulbe (Viehzüchter), Wolof (Händler, Handwerker), Diola und Sarakole; hinzu kommen versch. kleinere Volksgruppen sowie Ausländer insbes. aus den Nachbarstaaten. Der Anteil der Stadtbevölkerung liegt bei 25%. Etwa 90% der Bev. bekennen sich zum Islam (Sunniten); daneben gibt es christl. Minderheiten und Anhänger von Naturreligionen. Das Bildungswesen ist noch unzureichend entwickelt; die Analphabetenrate beträgt 75%.

*Staat*
Nach der Verfassung von 1997 ist G. eine präsidiale Republik im Commonwealth of Nations. Der für fünf Jahre gewählte Staatspräsident ist zugleich Regierungschef. Die Legislative liegt beim Repräsentantenhaus, das sich aus 36 direkt und fünf von der Häuptlingsversammlung gewählten sowie neun ernannten Mitgl. zusammensetzt. Das Rechtswesen basiert auf dem brit. Common Law, erweitert durch einheimische und islam. Gesetze.

*Wirtschaft*
Grundlage der Wirtschaft ist die

# Gambia

Erdnußproduktion (auf der Hälfte der Ackerfläche); Erdnüsse bzw. Erdnußprodukte erbringen den Großteil der Ausfuhrerlöse, wobei die Ernteergebnisse wie die Weltmarktpreise starken Schwankungen unterliegen. Außerdem werden Reis, Mais, Hirse, Maniok, Palmkerne und Baumwolle erzeugt. Extensive Viehhaltung (bes. Rinder); Fluß- und Küstenfischerei. Die Entwicklung einer verarbeitenden Industrie wird insbes. durch die heimische Marktschwäche, ferner durch Kapitalmangel und Mangel an qualifizierten Arbeitskräften behindert. Ein bed. Verkehrsweg ist der Gambia-Strom, der von Seeschiffen bis 200 km ins Landesinnere (Kuntaur) befahren werden kann. Handel und Transport erbringen auf Grund der Bedeutung, die G. als Transitland hat, 30% des Sozialprodukts. Mehrere Autofähren queren den Fluß; Banjul ist Tiefwasserhafen. Südl. des Flusses verläuft die wichtigste Straße. Internat. Flughafen ist Yundum bei Banjul.

*Daten zur Wirtschaft* (1994)
Bruttosozialprodukt: 384 Mio. US-$; je Einwohner 360 US-$
Sektoranteile am Produktionsvolumen: Landwirtschaft 28%; Produzierendes Gewerbe 15%; Dienstleistungen 58%
Saldo der Leistungsbilanz: −35 Mio. US-$.

*Geschichte*
Ab etwa dem 10. Jh. gehörte die Region vermutl. zum Kgr. →Gana, ab dem 13. Jh. zum Kgr. Mali. 1447 wurde die Region von portug. Seefahrern entdeckt. Ab Ende des 16. Jh. betrieben dort v. a. Engländer Gold- und Sklavenhandel. Im 17. Jh. ließen sich auch Franzosen im Mündungsgebiet des Gambia nieder. 1843 wurde Bathurst (Banjul) brit. Kronkolonie, 1888 ganz G. brit. Protektorat. 1960 wurden Kronkolonie und Protektorat zusammengeschlossen; 1965 wurde G. unabhängig, 1970 Republik. 1982 schloß G. mit dem Senegal einen Vertrag über die Konföderation Senegambia, der 1989 aber wieder gekündigt wurde. 1970–94 war Dawda Kairaba Jawara von der People's Progressive Party (PPP) Staatspräsident und Regierungschef. Im Juli 1994 wurde er durch einen Offiziersputsch gestürzt und floh nach Senegal; neuer Staatschef wurde Leutnant Yayah Jammeh (durch Präs.wahl 1996 bestätigt).

Die natürlichen Bedingungen lassen den Anbau von Reis häufig nur auf kleinen Parzellen zu.

# Gammaspektrometer

**Gammaspektrometer,** Gerät zur Bestimmung des Spektrums einer Gammastrahlung, d. h. der Häufigkeitsverteilung der →Gammaquanten über einen Energiebereich. Sie erzeugt in geeigneten Materialien freie Elektronen, die die gesamte oder einen definierten Bruchteil der Strahlungsenergie aufnehmen. Bei dem *Szintillationsspektrometer* wird die Energie der Elektronen dann in einem Szintillator in sichtbares Licht verwandelt und kann dann durch einen Photomultiplier nachgewiesen werden, der für jedes einfallende Quant einen kleinen Stromimpuls abgibt (→Szintillationszähler). Beim *Halbleiterzähler* hingegen werden die Elektronen, die in der (meist künstl. vergrößerten) Übergangsschicht einer Halbleiterdiode beim Einfall von Gammastrahlung frei werden, zu einer Elektrode abgezogen und ergeben einen Ladungsstoß, der nach Verstärkung durch empfindl. Verstärker nachgewiesen werden kann. Im *Kristallspektrometer* werden die Gammaquanten am Gitter eines Einkristalls gebeugt; aus den Abständen der Gitterbausteine und dem Winkel, unter dem max. Intensität der gebeugten Strahlung auftritt, ist die Wellenlänge und damit Energie der Quanten bestimmbar.

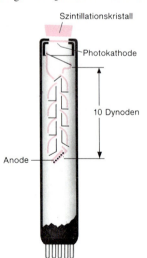

**Gammaspektrometer:** Schnittzeichnung durch ein Szintillationsspektrometer; die einfallende Gammastrahlung löst in dem Szintillationskristall Lichtblitze aus, die in der nachfolgenden Photokathode Elektronen freisetzen. Diese Elektronen lösen in dem als Verstärker wirkenden Photomultiplier weitere Elektronen aus (hier ein Verstärker mit 10 Zwischenstufen, den Dynoden). Der Elektronenstrom wird an der Kathode registriert, seine Größe ist ein Maß für die Stärke der Gammastrahlung.

**Gammastrahlen** (γ-*Strahlen*), eine elektromagnet. →Strahlung der Wellenlänge von $10^{-5}$ bis $10^{-10}$ μm, die u. a. bei →Kernumwandlungen entsteht und die großes Durchdringungsvermögen besitzt; die Schwächung ist proportional der Masse der durchstrahlten Stoffe, unabhängig von deren Zusammensetzung. Mit dem →Gammaspektrometer läßt sich ihre Energie bestimmen. G. finden bei der Krebstherapie und in der Technik bei der Werkstoffprüfung Verwendung (→Gammaquanten).
**Gammastrahlung** →Radioaktivität.
**Gammatron,** der Handelsname für ein Strahlbehandlungsgerät, das →Gammastrahlen aussendet. Als strahlende Substanz wird das →Isotop Kobalt 60 verwendet.
**Gammertingen,** Gem. im Lkr. Sigmaringen, Baden-Württ.; im Gem.-Gebiet wurden außer bed. Funden der späten Bronzezeit Reihengräber der Merowingerzeit mit reichen Grablegen der Alemannen (7. Jh.) gefunden.
**Gammler,** Bez. für Personen, meist Jugendliche, die v. a. in den 60er Jahren sich gegen die Wertvorstellungen (→Werte) und Wohlstandssymbole der Industrie- und Leistungsgesellschaft auflehnten und das z. B. durch vernachlässigtes Äußeres und Nichtbeteiligung am Wirtschaftsprozeß zum Ausdruck brachten; in einigen Zügen verwandt: →Beat Generation.
**Gammler, Zen und hohe Berge,** Kultroman der →Beat Generation von J. →Kerouac (1958; dt. 1963).
**Gammopathien,** erhöhte Synthese aller oder einzelner Immunglobulinklassen. *Monoklonale G.:* gesteigerte Wucherung eines einzigen →Klons von →B-Lymphozyten, beruht wahrscheinlich auf einer Störung der B-Zellreihe nicht weiter bekannten Ursprungs. *Polyklonale G.:* vermehrtes Auftreten von Immunglobulinen, die von versch. B-Lymphozyten gebildet werden.
**Gamogonie,** geschlechtl. →Fortpflanzung (→Gamont).
**Gamone** →Befruchtungsstoffe.
**Gamont,** Zelle oder Generation bei Protozoen, die durch multiple Tei-

lung (→Mitose, →Meiose) →Gameten oder Gametenkerne bildet.
**Gamow** [gɛɪmau], George, amerik. Physiker russ. Herkunft, *4.3.1904 Odessa, †19.8.1968 Boulder (CO); Schüler →Bohrs und →Rutherfords, entwickelte ein nach ihm benanntes Atomkernmodell sowie die Theorie des Kernzerfalls durch →Alphastrahlen über den →Tunneleffekt.
**Gams,** Helmut, Botaniker, *25.9.1893 Brünn (Mähren), †13.2.1976 Innsbruck; gab zus. mit Gustav Hegi die ›Illustrierte Flora von Mitteleuropa‹ heraus, arbeitete bes. über Systematik und Pflanzengeographie.
**Gams** →Gemse; *G.-Bock:* männl. Gemse; *G.-Geiß:* weibl. Gemse.
**Gamsachurdia,** Swiad, georgischer Politiker, *11.3.1939 Zugdidi; †31.12.1993 in West-Georgien; 1974 Mitbegr. der ›Initiativgruppe zum Schutz der Menschenrechte‹; nach Haft und Verbannung Ende 89 führend in der georg. Unabhängigkeitsbewegung; ab Nov. 90 Parlaments-Präs.; April 91 bis Jan. 92 Staats-Präs.; sein diktator. Führungsstil, Personenkult und v. a. seine rabiate Politik gegenüber nationalen Minderheiten führten zu seinem Sturz.
**Gams, Bad,** Kurort in der Steiermark, östl. der Koralpe, 2000 E.; Eisenquellen.
**Gamsbart,** Hutschmuck, gebunden aus den langen Haaren der hinteren Rückenpartie des Gamsbocks *(Bartgams).*
**Gamskresse** →Gemskresse.
**Gamswild** *(Krickelwild), Jägersprache:* Bock, Geiß und Kitz der Gemse.
**Gamza** *(Gamsa),* alte, blauschwarze bulg. Rebsorte; Herkunft nicht mehr feststellbar; bringt dunkelgranatroten, gefälligen, bukettreichen Wein.
**Gan,** Peter (eigtl. *Richard Moering),* Schriftst., *4.2.1894 Hamburg, †6.3.1974 ebenda; 1938–58 emigriert; Essayist und Prosaist von hintergründigem Humor (›Von Gott und der Welt‹, 34); meditierende, auch ironische Lyrik: ›Die Windrose‹ (35), ›Die Holunderflöte‹ (49),

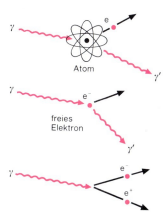

›Schachmatt‹ (56), ›Die Neige‹ (61), ›Das alte Spiel‹ (65), ›Soliloquia‹ (70).
**Gan,** traditioneller Name für die chin. Provinz →Jiangxi.
**Gana** *(Ghana,* auch *Wagadu),* ältestes sudanes. Früherreich in Westafrika, im Kerngebiet zw. dem Senegal und oberen Niger westl. von →Timbuktu; reicht bis auf das Jahr 800 zurück und gelangte durch weithin organisierten Goldhandel zu großer Macht, doch zerfiel es um 1200 unter dem vordringenden Islam. Die Portugiesen des 15. Jh. suchten noch dieses Reich und benannten danach die Westküste Afrikas ›Guinea‹. Die heutige Rep. →Ghana, die geogr., geschichtl.

**Gammastrahlen:** Die drei Arten der Wechselwirkung von Gammastrahlen mit Materie: *oben* der Photoeffekt, bei dem Elektronen aus der Elektronenhülle des Atoms herausgeschlagen werden; in der *Mitte* der Compton-Effekt, bei dem die Energie einzelner Elektronen verändert wird; *unten* die Paarbildung, bei der sich ein energiereiches Gammaquant in ein Elektron und ein Positron umwandelt.

**Gammertingen:** Helm (7. Jh.) aus einem Alemannengrab. Stuttgart, Württembergisches Landesmuseum

## Ganapati

Indira Gandhi

Rajiv Gandhi

**Gandhara:** sitzender Buddha (altindische Kunst). Kabul, Museum

sowie völkerkundl. mit dem Frühreich G. nichts gemein hat, übernahm den Namen als Symbol für nationalafrik. Größe.
**Ganapati** →Ganesh(a).
**Ganasche** [ital.-frz.], beim Pferd oberer, muskulöser Seitenteil des Unterkiefers, mit dem es sich gegen das Zaumzeug stemmen kann.
**Gäncä,** aserbaidschan. Bez. der Stadt →Gjandsha.
**Gance** [gãs], Abel, frz. Filmregisseur, *25.10.1889 Paris, †9.11. 1981 ebenda; ein Filmpionier. – *Filme:* J'accuse (1918); Das Rad (22); Napoleon (26; Tonfassung 35); Austerlitz (60).
**Gand** [frz., gã], belg. Stadt →Gent.
**Ganda** *(Baganda, Waganda),* zu den Ostbantu (→Bantu) zählendes Volk (etwa 1 Mio.), Träger eines der bekanntesten →Hima-Reiche (ab etwa 14. Jh.) im Zwischenseengebiet Ostafrikas; namengebend für das ehem. brit. Protektorat und den heutigen Staat →Uganda.
**Gandak,** li. Nebenfluß des Ganges, entspringt im Himalaya, nahe der nepales.-tibet. Grenze, mündet nach rd. 700 km gegenüber von Patna.
**Gandareva,** iran. Wasserdämon.
**Gander** [gændə], Stadt im O der Insel Neufundland, Kanada, 9500 E.; seit 1938 Flughafen, Zwischenlandeplatz der Nordatlantikroute.

**Ganderkesee** [-kəzeː], niedersächs. Gemeinde und Erholungsort (seit 1978) im Lkr. Oldenburg, Reg.-Bz. Weser-Ems, westl. von Delmenhorst, 29 000 E.; Förderungswerk für die berufl. Rehabilitation Behinderter; Maschinenfabrik, flugtechn. Werke, Umwelttechnik; Flugplatz (mit Flugschule).
**Gandersheim,** Hrotsvith von →Hrotsvith von Gandersheim.
**Gandersheim, Bad,** niedersächs. Stadt im Lkr. Northeim, Reg.-Bz. Braunschweig, an der Gande, 11 000 E.; Solbad westl. des Harzes; mittelalterl. Stadtbild, Rathaus (1580), roman. Stiftskirche, ehem. Abtei (→Hrotsvith von Gandersheim).
**Gandhara,** antike Prov. am Rande NW-Indiens beiderseits der heutigen afghan.-pakistan. Grenze. Im 6. Jh. v. Chr. pers.; von Alexander d. Gr. erobert (kulturelles Zentrum damals Taxila); Einflußsphäre des →Ashoka; ab 130 v. Chr. unter Vorherrschaft der Shaka, später der Parther. Nach Etablierung der Kushan-Dyn. im 1. Jh. n. Chr. (→ind. Geschichte) entwickelte sich hier eine hellenist.-(röm.-)ind. Mischkunst, deren große Leistung zunächst die Gestaltung des Buddha-Bildes war (→indische Kunst). In versch. Stilrichtungen, die auch iran. Elemente aufwiesen, blühte diese Kunst in Zentralasien bis ins 7. Jh. und wirkte bis nach China und Japan.
**Gandharven,** Einz. *-va,* in den ind. Religionen göttl. Wesen komplexer Natur, urspr. wohl Fortpflanzungsgenien, später bes. als anmutige himml. Musikanten dargestellt.
**Gandhi,** Indira, ind. Politikerin, *19.11.1917 Allahabad, † (ermordet) 31.10.1984 New Delhi; Tochter →Nehrus, 1959 Präs. der Kongreßpartei, 64–66 Informations-Min., 66–77 Premierministerin. Nach dem Wahlsieg von 71 setzte sie ihren staatssozialist. Kurs verstärkt fort; rief 75 den Ausnahmezustand aus, als ihr wegen Amtsmißbrauchs jurist. Konsequenzen drohten; dies erregte zunehmend Kritik und hatte ihre Wahlniederlage und nachfolgende Verhaftung

# Ganesh(a)

zur Folge (Verdacht der Korruption und des Amtsmißbrauches). Spaltete Ende 77 die Kongreßpartei zum zweiten Mal und wurde Vors. des neuen ›Indian National Congress (Indira)‹. Nicht zuletzt wegen ihrer charismat. Ausstrahlung gewann sie seit dem Rücktritt von Premier-Min. Desai (Juli 79) wieder Einfluß auf Parlament und Regierung. 80–84 erneut Premierministerin.
**Gandhi,** Mohandas Karamchand (gen. *Mahatma* ›große Seele‹), ind. Staatsmann, * 2. 10. 1869 Porbandar (Gujarat), † (ermordet) 30. 1. 1948 Delhi; aus vornehmer Hindufamilie, studierte in Großbritannien die Rechte und ließ sich in Bombay als Rechtsanwalt nieder; 1893–1914 Führer der Inder in Südafrika. Ab 1920 kämpfte er für die Befreiung Indiens von der brit. Herrschaft. Beeinflußt von der ind. Idee des Nichtverletzens (→Ahimsa), von der Bergpredigt und den Lehren L. →Tolstois, entwickelte er die Methode des waffenlosen Kampfes, der auf Nichtbeteiligung *(Non-cooperation)* an brit. Institutionen und bürgerl. Ungehorsam *(Civil Disobedience)* beruhte. Auf seine Initiative fanden die Aktion ›Häusliches Spinnen‹ (21) und der ›Marsch zum Meer‹ (30) statt, um Indien von der brit. Textilwirtschaft und vom Salzmonopol unabhängig zu machen. Insgesamt achtmal im Gefängnis; durch konsequentes Fasten zwang er die Briten mehrfach zur vorzeitigen Entlassung. 24–37 und 40/41 Präs. der allind. Kongreßpartei. Bes. bemüht um eine Einigung zw. Hindus und Muslimen, konnte er die Teilung Indiens nicht verhindern. An der Unabhängigkeit Indiens hat er jedoch entscheidend mitgewirkt. – G. war eine Persönlichkeit von tiefer Religiosität, Lauterkeit und großem polit. Geschick. Obwohl er mit der altind. Gedankenwelt eng verbunden war, erstrebte er die Überwindung des alten Kastengeistes und die Hebung des Lebensstandards der Unterschichten.
**Gandhi,** Rajiv, ind. Politiker, * 20. 8. 1944 New Delhi, † (ermordet) 21. 5. 1991 Sriperumpudur

(Tamil Nadu); Sohn von Indira Gandhi; 1984–89 Premierminister.
**Gandhi,** Film von R. →Attenborough (1982) über das Leben von M. →Gandhi mit B. →Kingsley; ausgezeichnet mit drei Oscars.
**Gandhinagar,** neue Hptst. (seit 1966 im Bau) des ind. Unionsstaates →Gujarat, nördl. von Ahmadabad, etwa 70 000 E.
**Gandía,** Stadt in der span. Provinz Valencia, 50 000 E.; Agrarzentrum; seit dem 15. Jh. Herzogssitz der Adelsfamilie Borja (ital. →Borgia).
**Gandscha,** aserbaidschan. Stadt: →Gjandsha.
**Gane,** Niculai, rum. Schriftsteller (1835–1916): →rumänische Literatur.
**Ganeff,** jidd. für →Ganove.
**Ganerbe,** im älteren deutschen Recht der an einem Familienbesitz erbberechtigte familienangehörige Miterbe. Später wurden Ganerbschaften auch mit Personen, die nicht zur Fam. gehörten, vertragl. begründet, z. B. Burggemeinschaften *(Ganerbenburg)*.
**Ganesch(a)** →Ganesh(a).
**Ganesh(a)** [Sanskrit, ganeſa ›Herr der Schar‹] *(Ganapati)*, im hinduist. Pantheon der populärste Gott, Sohn Shivas und der Parvati; dargestellt als kleinwüchsiger, dickbäuchiger Mensch mit Elefantenkopf. G. ver-

**Ganesh(a):** Der elefantenköpfige Sohn des Shiva und der Parvati nimmt im hinduistischen Volksglauben eine herausragende Stellung ein. Katmandu, Nepal

**Mahatma Gandhi**

3389

## Ganesh Himal

körpert Glück, Erfolg, Reichtum und Klugheit; als Überwinder aller Hindernisse wird er vor jeder bed. Unternehmung angerufen. Er liebt Speisen (Attribut: Schale mit Leckereien) und verabscheut körperliche Verausgabung; sein Tragtier ist die Ratte.

**Ganesh Himal** [ganɛʃ -], Berggruppe im Himalaya, Nepal; höchste Erhebung Ganesh I, 7406 m.

**Gang, 1)** *Fahrzeugbau:* Das Übersetzungsverhältnis zw. Motorwelle und Antriebsrädern von Kfz und Motorrädern ist bestimmt durch die wählbare Übersetzung des →Wechselgetriebes (→Schaltung) und der festen Übersetzung des →Differentials (bei Kfz); üblich sind bei Straßenfahrzeugen 3–5 G.; **2)** *Maschinenbau:* ein voller Umlauf der Schraubenlinie eines →Gewindes; **3)** *Feinmechanik:* die Hemmung der Unruh bei Uhren; **4)** *Geologie:* Ausfüllung einer Felsspalte mit anderem Gestein, mit Mineralien, häufig auch mit Erzen; man unterscheidet: *Gesteinsgänge* (mit →Ganggestein), *Mineralgänge* (mit →Quarz, →Fluorit, →Baryt, →Calcit u. a.) und *Erzgänge;* abbauwürdige Erzgänge sind *G.-Lagerstätten;* ein kleiner G. wird als *Ader* bezeichnet.

**Gang** [gɛŋ] *die,* engl. für →Bande.

**Ganga:** Personifikation des heiligen Flusses Ganges. Patan, Nepal

**Ganga,** Flußgöttin im hinduist. Pantheon; Personifikation des Flusses →Ganges; verleiht Wohlstand und gewährt Erlösung; personifiziert Gesundheit und Überfluß; ihr Tragtier ist in der Regel ein Seeungeheuer (Makara).

**Ganganagar** [gæŋgɑːnəgə], Stadt in NW-Indien, an der Grenze zu Pakistan, 175 000 E.; Agrarzentrum; Textil- und Zuckerindustrie.

**Ganganęlli,** Giovanni Vincenzo Antonio, urspr. Name von Papst →Clemens XIV.

**Gangart, 1)** *Zoologie:* Fortbewegungsart der Tiere; *Schritt:* schreitende, *Trab:* schwunghafte Bewegung der Füße über Kreuz *(Kreuzschritt),* d. h., gleichzeitig werden Vorderbein der einen und Hinterbein der anderen Körperseite gehoben; *Paßgang:* gleichzeitige Fortbewegung der Beine derselben Seite (z. B. Kamel); *Tölt:* Variante des Paßgangs, bei der die Hufe derselben Körperseite nacheinander auffußen; *Galopp:* Fortbewegung durch unmittelbar aufeinanderfolgende Sprünge, zw. denen das Tier kurz in der Luft schwebt. **2)** *Pferdesport:* Fortbewegungsart eines Pferdes; unter Berücksichtigung der versch. Rassen wird zw. 5 Gangarten unterschieden: Schritt, Trab, Paßgang, Tölt, Galopp. **3)** *Bergbau:* die nichtmetall. Begleitgesteine von Erzen.

**Ganges** *der,* (ind. *die Ganga*), Hauptstrom Nordindiens mit 1,1 Mio. km² Einzugsgebiet, entspringt als *Bhagirathi* in 4200 m Höhe im Himalaja, durchfließt das dichtbevölkerte nordind. Tiefland (→Hindustan) von W nach O und nimmt zahlr. Nebenflüsse auf, mündet nach 2511 km, in ein Netz von Armen verzweigt und gemeinsam mit dem →Brahmaputra ein riesiges Delta bildend, in den Golf von Bengalen. Die Wasserführung ist im Jahreslauf stark schwankend, Hochwasser z. Z. der Monsunregen. Bed. Schiffahrt im Delta, Frachtschiffe bis Allahabad. Der heiligste Strom der Hindus mit vielen Wallfahrtsorten an seinen Ufern.

**Gangesdelphin** →Flußdelphinartige

# Gangotri

**Gangesgavial** →Gaviale.

**Ganggestein,** in Spaltenform (→Gang) auftretendes →Magmatitgestein; nach Struktur und Mineralbestand können G. eine Mittelstellung zw. →Plutonitgesteinen und →Vulkanitgesteinen einnehmen, andererseits auch wesentl. versch. vom Muttergestein sein. Vertreter: →Aplit, →Granitporphyr, →Pegmatit, →Lamprophyr.

**Ganghofer,** Jörg (gen. *Jörg von Halspach*), Baumeister, *Sixthaselbach bei Moosburg an der Isar, †29.9.1488 München; führte als Stadtbaumeister in München (ab 1468) den Bau der spätgot. Frauenkirche durch und vollendete ihn bis auf die beiden Turmhauben.

**Ganghofer,** Ludwig, Schriftst., *7.7.1855 in Kaufbeuren, †24.7.1920 Tegernsee; Dramaturg und Journalist in Wien, ab 1895 in München; viele erfolgreiche Unterhaltungsromane und Erzählungen aus Oberbayern, oft vor hist. Hintergrund (z.T. verfilmt): ›Edelweißkönig‹ (1886), ›Der Klosterjäger‹ (92), ›Die Martinsklause‹ (94), ›Schloß Hubertus‹ (95), ›Der laufende Berg‹ (97), ›Das Schweigen im Walde‹ (99); Volksstücke wie ›Der Herrgottschnitzer von Ammergau‹ (80) sowie Erinnerungen.

**Ganglienblockade,** eine Unterbrechung oder Abschwächung der Impulsübertragung in den Synapsen des vegetativen →Nervensystems durch bestimmte Arzneimittel (Ganglienblocker); wird heute wegen zahlr. Nebenwirkungen nur noch selten angewandt.

**Gangliensystem** [griech.] →Zentralnervensystem.

**Ganglinie,** die graph. Darstellung des zeitlichen Ablaufs einer Größe.

**Ganglion** [griech.] *das*, Mz. -glien, 1. *(Nervenknoten)*, knotenförmige Ansammlung von Nervenzellen (→Nervengewebe), häufig außerhalb des →Zentralnervensystems gelegen, bei vielen niederen Tieren stark ausgeprägt (z.B. bei →Gliedertieren und →Weichtieren), bei höheren Wirbeltieren und beim Menschen bes. im Verlauf des →Sympathikus und →Parasympathikus. 2. *(Überbein)*, Degenerationszyste an Gelenkkapseln und Sehnen mit gallertigem Inhalt. Behandlung: operative Entfernung.

**Ganglionitis** [griech.], Nervenknotenentzündung (→Ganglion).

**Gangliosi̱de,** saure, stark kohlehydrathaltige →Glykolipide in der äußeren Oberfläche von Zellmembranen, bes. von Nervenzellen (z.B. graue Hirnsubstanz); →Mucopolysaccharid-Speicherkrankheiten.

**Gangolf** *(Galgolf, Gangloff),* fränk. Adeliger und Märtyrer, †11.5.760(?) Burgund; Patron vieler Quellen; durch die Legendenverse von →Hrotsvith von Gandersheim auch in Dtld. bekannt; Heiliger (11.5.).

**Gangotri,** die Quelle des Ganges-Quellflusses Bhagirathi im ind. Unionsstaat Uttar Pradesh, ein hinduist. Wallfahrtsort im Himalaya, 4200 m ü.M.

Der **Ganges** wird von den Hindus als heiliger Fluß verehrt. Hier der Wallfahrtsort Benares.

◉ **Ganges:** weiteres Bild →Benares

**Ludwig Ganghofer**

## Gangotrigletscher

Bei den **Gänsen** sind die Geschlechter gleich gefärbt. *Oben*: Die Ringelgans erkennt man an der weißen Ringelzeichnung am Hals. *Mitte*: Die Graugans ist die Stammform der Hausgans. *Unten*: Die Schneegans kommt in einer weißen und blaugrauen Form vor.

**Gangotrigletscher,** mit 32 km Länge der größte Gletscher des →Himalaya.
**Gangraena senilis** [griech.-lat., -grɛ-] →Altersbrand.
**Gangrän** [griech.] *die, (Brand),* Folgeerscheinung einer →Nekrose (das Absterben von Körpergewebe): 1. *(trockener Brand),* Eintrocknen des toten Gewebes, das dabei schrumpft und sich schwärzl. verfärbt (→Mumifizierung); bes. an Extremitäten (z. B. bei →Erfrierungen); 2. *(feuchter Brand),* die G. im eigtl. Sinne; entsteht durch Bakterien, die das in Selbstauflösung (→Autolyse) begriffene Gewebe in eine weiche, zerfließende, faulig riechende Masse verwandeln, die durch Zerfall des Blutfarbstoffs schmutzig-graugrün gefärbt ist. Feuchter Brand tritt an inneren Organen überall dort auf, wo schon früher Bakterien angesiedelt waren, z. B. im Mund, in den Atemwegen, im Darm. G. der Zehen bei →Arteriosklerose und →Diabetes häufig; meist Amputation nötig (→Altersbrand).
**Gangregler** →Uhr.
**Gangschaltung** →Schaltung.
**Gangspill** [niederl.] *das,* Trommelwinde mit vertikaler Achse zum Hieven des Ankers von Hand; Teil des →Ankergeschirrs.
**Gangster** [engl., gɛŋ-], Bandenmitglied, Verbrecher.
**Gangtok,** Hptst. von →Sikkim (seit 1975 indischer Unionsstaat), im Vorderhimalaya, mit 40 000 E.; Sitz des ind. Beauftragten für Bhutan; Tibetolog. Inst.; Maharadschapalast, buddhist. Kloster Rumtek; Marktort.
**Gangunterschied,** bei Interferenzerscheinungen die Differenz der opt. Weglängen zweier Wellenzüge, die sich zw. Trennung und Wiedervereinigung durch versch. Wegstrecken und versch. Brechzahlen der durchlaufenden Medien ergibt.
**Gangway** [engl., gɛŋweɪ], bei Schiffen und bei Flugzeugen zum Ein- und Aussteigen dienende fahrbare Treppe.
**Ganivet,** Ángel, span. Schriftst., *13. 12. 1865 Granada, †(Freitod) 29. 11. 1898 Riga; Vorläufer der ›Generation von 1898‹ mit krit. Essays (›Idearium español‹, 1897), in denen er die Ursachen des span. Niedergangs analysierte und die Notwendigkeit einer geistigen Erneuerung verkündete. Schrieb auch Romane (›Los trabajos del infatigable creador Pío Cid‹, 98) und Reiseberichte (›Cartas finlandesas‹, 98).
**Gan Jiang** *(Kankiang),* re. Neben-

# Gänsehaut

fluß des unteren Jangtsekiang, 744 km lang, durchfließt die chin. Prov. Jiangxi; bed. Transportweg für die Forstwirtschaft.
**Ganoblast** [griech.], *Medizin:* zahnschmelzbildende Zelle.
**Ganoidschuppe** → Schuppe.
**Ganove** (jidd. *Ganeff*), Gauner, Dieb, Verbrecher.
**Gänsbacher,** Johann, österr. Komponist, * 8. 5. 1778 Sterzing, † 13. 7. 1844 Wien; Schüler von Abbé Vogler und Albrechtsberger; lebenslange Freundschaft mit C. M. von Weber und G. Meyerbeer; ab 1823 Kapellmeister am Wiener Stephansdom. Seine Werke sind dem Stil der Frühklassik verpflichtet.
**Gansbauch,** ein ausgepolstertes Wams, das, beutelartig über die Gürtellinie herabhängend, im 16. Jh. getragen wurde; beeinflußte auch die Form des →Harnischs.
**Gänse** *(Anserinae),* Unterfamilie der →Entenvögel mit → Baumenten *(Dendrocygna),* →Schwänen *(Cygnus),* →Meergänsen *(Branta)* und Echten G. *(Anser);* die letzteren mit kräftigen, zum Schwimmen (Schwimmhäute) und Gehen geeigneten Beinen und starkem Schnabel mit Hornzähnen; fressen tags auf Wiesen Gräser und Blätter, sind nachts auf dem Wasser; vorwiegend in kühleren Gebieten der Nordhalbkugel, Zugvögel. Männchen und Weibchen gleich gefärbt, bleiben zeitlebens beisammen; Weibchen brütet (oft auf Inseln), Männchen wacht; versch. Verständigungsrufe. Junge sind Nestflüchter, werden von beiden Eltern geführt. Schnee-G. *(Anser caerulescens)* und Ringel-G. *(Branta bernicla)* bewohnen die arkt. Tundra, die nordamerik. Kanada-G. *(Branta canadensis)* jetzt verwildert auch in Schweden, Deutschland und Großbritannien. Die in Nordeurasien brütende Saat-G. *(Anser fabalis),* Zwerg-G. *(Anser erythropus)* und Bleß-G. *(Anser albifrons)* überwintern in Mitteleuropa. In Europa, Asien und NW-Afrika die Grau-G. (Wild-G.; *Anser anser),* bis 3,5 kg schwer, Stammform der europ. Hausgans. Die als Haustier verbreitete Höcker-G. stammt von der ostasiatischen Schwanen-G. *(Anser cygnoides)* ab. Die wildfarbenen oder weißen Haus-G. liefern Fleisch, Fett und Daunen; nach vier Wochen Brutzeit schlüpfen 10 bis 15 gelbe oder graue Junge *(Gössel),* werden von der Mutter im ›G.-Marsch‹ geführt, *Gänserich (Ganter)* beschließt den Zug. Zehn Wochen alte G. erreichen bei guter Mast 4,5 kg. Rassen: z. B. *Emdener G.,* schwerste Gans, Männchen bis 15 kg, zartes Fleisch, viel Fett, beste Federn; *Pommern-G.,* sichere Brüterin, bis 9 kg, beste Fleischgans. Im alten Ägypten und Griechenland waren G. verbreitete Haustiere, oft mit Kultvorstellungen verbunden (G. des Kapitols).
**Gänseblümchen** *(Maßliebchen, Tausendschön, Bellis perennis),* ausdauernde Staude aus der Fam. der →Korbblütler; weiß bis rot blühend, meist im Frühling, einzelne Exemplare das ganze Jahr über; gefüllte Zuchtformen als Zierstauden.
**Gänsedistel** *(Saudistel; Sonchus),* gelb blühende Gattung der Korbblütler; verbreitete Ackerunkräuter: die einjährige Kohl-G. *(Sonchus oleraceus)* und die ausdauernde Acker-G. *(Sonchus arvensis).*
**Gänsefingerkraut** →Fingerkraut.
**Gänsefüßchen,** umgangssprachl. für Anführungszeichen.
**Gänsefußgewächse** *(Chenopodiaceae),* artenreiche Pflanzenfamilie mit meist unscheinbaren, gelblich-grünen Blüten. Wichtige Gattungen: →Queller, → Rübe, → Spinat und Gänsefuß *(Chenopodium);* letztere umfaßt: Kulturpflanzen, z. B. → Erdbeerspinat, Unkräuter auf Schutt und an Wegrändern, z. B. Guter Heinrich *(Chenopodium bonus-henricus).*
**Gänsefußstern** *(Anseropoda placenta),* →Seestern, dessen verkürzte Arme sich kaum von der Körperscheibe abheben; bis 20 cm Durchmesser; auf Sand- und Weichböden bis in max. 600 m Tiefe; Vorkommen: von den Shetlandinseln bis zum Mittelmeer.
**Gänsegeier** → Geier.
**Gänsehaut,** durch äußere Reize verursachte unwillkürl. Zusammenziehung der Haarbalgmuskeln, wodurch es zur Vorwölbung der Haut

**Gansbauch:** Mann mit Gansbauch, Mäntelchen und Mühlkragen

● **Gänse:** weitere Bilder → Geflügel; →Hawaiigans; →Schwäne

**Gänseblümchen** wachsen auf Weiden, Wiesen, Grasplätzen und Rainen; sie blühen dort, wo die umgebenden Gräser durch häufiges Mähen niedrig gehalten werden, fast das ganze Jahr.

## Gänseklein

des Haarbalgs und Steilstellung der Haare kommt (z. B. Sträuben der Tierhaare).
**Gänseklein** (*Gänsepfeffer*, bayr. *Gansjung*), ragoutähnl. Gericht aus Kopf, Hals, Flügeln, Herz und Magen der Gans; mit Gänseblut und Essig: *Gänseschwarzsauer*.
**Gänsekresse** (*Arabis*), artenreiche Gattung der →Kreuzblütler; meist weiß blühende Kräuter oder Stauden, vorwiegend auf Geröll und steinigen Hängen der Gebirge, z. B. die Alpen-G. *(Arabis alpina)* und die Rauhe G. *(Arabis hirsuta)*. Einige Arten sind polsterbildende Zierpflanzen.
**Gänsepfeffer** →Gänseklein.
**Gänserndorf,** niederösterr. Bezirksstadt mit 6000 E., im Marchfeld; Metall- und Elektroindustrie.
**Gänsesäger,** Vogel: →Säger.
**Gänsestrenzel** →Geißfuß.
**Gänsevögel** (*Anseriformes*), Ordnung mittelgroßer und großer Vögel, die zumindest zeitweise ans Wasser gebunden sind, mit rd. 150 Arten. Man unterscheidet zwei Fam.: →Entenvögel und →Wehrvögel.
**Gansu** *(Kansu)*, nordchinesische Provinz mit 366 500 km² und 21 Mio. E., überwiegend südlich der Chin. Mauer, Hptst. →Lanzhou; das Gebirgsland im Mittel- und Südteil geht im N in Steppen und Wüsten über; bei der heute stark erweiterten künstl. Bewässerung tragen bes. die Lößgebiete reiche Ernten von Weizen, Hirse, Baumwolle, Tabak; im N (bei Yumen) Erdölförderung; petro-chem. Ind., Kernenergieanlage in Industriezentrum Lanzhou.
**Gant** [ital.] *die*, süddt. Ausdruck für die →Zwangsversteigerung, später auch für →Konkurs.
**Ganter** *(Gänserich)*, die männlich Gans.
**Ganter,** Holzgestell, auf dem da Bierfaß beim Direktanstich steht Bei dieser Art des Zapfens sprich man von *Gantern* und vom *G.-Aus schank*; G.-Bier, das über Nacht in Faß steht, verdirbt.
**Ganymed** →Jupitermonde.
**Ganymed(es),** griech. Sagengestalt, Sohn des Tros, als schöne Jüngling von →Zeus geliebt un von ihm (oder seinem Adler) au den →Olymp entführt, wo er sei Mundschenk wurde und in ewige Jugend die Tafel der Götter bewir tet. Häufig in der bildenden Kuns dargestellt.
**Ganz,** Bruno, Theater- und Film schauspieler, *22. 3. 1941 Zürich in den 70er Jahren Mitgl. de →Schaubühne in Berlin. Film- un Fernsehrollen, u. a. in ›Der ameri kanische Freund‹ (1976), ›Messe im Kopf‹ (78), ›Der Erfinder‹ (80) ›Väter und Söhne‹ (86; Serie), ›De Himmel über Berlin‹ (87), ›Tassilo – Ein Fall für sich‹ (91; Serie). Sei 1996 Träger des Iffland-Ringes.
**ganz**/das Ganze, zur Groß- un Kleinschreibung siehe ›Praxistip Sprache‹.
**ganze Note** (engl. *semibreve*, USA *whole note*, frz. *ronde*, ital. *sem breve*) →Notenschrift.
**ganze Pause** (engl. *semibreve rest*

---

### Praxistip Sprache — ganz/das Ganze

Als Adjektiv wird *ganz* klein geschrieben: *der ganze Tag, das ganze Dorf.* Auch in festen Wendungen ist Kleinschreibung obligatorisch: *im großen und ganzen, im ganzen gesehen.* Dagegen wird das Wort als Substantiv mit großem Anfangsbuchstaben geschrieben: *nichts Halbes und nichts Ganzes, das Ganze, ein Ganzes, es geht ums Ganze.* Dies gilt auch für die Apposition (Beifügung im gleichen Fall): *die Regierung als Ganzes, von dem Staat als Ganzem.*
Anmerkung:
1. Nur in der gesprochenen Sprache akzeptabel ist *ganz* anstelle von *alle*: *die ganzen Pakete* (= alle Pakete).
2. Mit einem nachfolgenden Adjektiv wird *ganz* in einem Wort geschrieben: *ganzseidene Tücher, ganzlederne Buchrücken.*

# Ganztagsschule

USA: *whole-note rest*, frz. *pause*, ital. *pausa di semibreve*) → Notenschrift.

**Ganzheit,** jeder in sich gegliederte, versch. Elemente vereinigende und zugleich über deren Eigenschaften hinaus einen bes. Bedeutungsgehalt repräsentierende (›Das Ganze ist mehr als die Summe seiner Teile‹) Sachverhalt (→ Struktur). – Der Begriff der G. ist schon in der Antike bekannt; als Gegenbegriff zur beziehungslosen Anhäufung von Elementen ist er wissenschaftl. von großem heurist. Wert (→ Heuristik), bes. im Bereich des Organischen, speziell des Seelischen; fand in der Psychol., danach auch in Biol., Med., Soziologie und Pädag. Aufnahme.

**Ganzheitsmedizin,** med. Ansatz, der die Selbstheilung eines Organismus von innen heraus, ohne unnötige Medikamentengabe, anstrebt; dieses Ziel soll durch völligen Einklang von Körper, Geist und Seele mit der Umwelt erzielt werden; zur Unterstützung werden Methoden der → Naturheilkunde, → Homöopathie und → Psychotherapie herangezogen.

**Ganzheitsmethode** (*Ganzheitsunterricht*), Unterrichtsmethode, die vom Verständnis des Ganzen als einer unteilbaren, sich in die einzelnen Glieder differenzierenden Einheit ausgeht. Beim Auswendiglernen wird entspr. versucht, ganze Zusammenhänge oder größere Teilabschnitte zu erfassen und zu üben, um mechanisches, sinnleeres Einprägen zu vermeiden. Mit der G. wurde versucht, die additive Elementen- und Assoziationspsychologie im Unterricht zu überwinden (→ Ganzheitspsychologie).

**Ganzheitspsychologie,** eine im Jgs. zu der im 19. Jh. vorherrschenden → Elementenpsychologie entstandene Forschungsrichtung. Als erster betonte W. → Dilthey den ganzheitl. Zusammenhang des seel. Lebens. Die G. wurde bes. von der *Leipziger Schule* (u. a. F. → Krueger, A. → Wellek) ausgebaut; sie unterscheidet Erlebnisganzheiten jedes Erlebnis ist nur ganzheitl. verstehbar: So ist z. B. das Erlebnis einer Melodie nicht als Summe einzelner Tonerlebnisse aufzufassen) und Strukturganzheiten (psychol. und objektiv-geistige Ganzheiten wie Sprache, Kunstwerke usw.) und untersucht sie im gesamtseelischen Zusammenhang.

**Ganzheitsunterricht,** Pädagogik: → Ganzheitsmethode.

**Ganzkörperbestrahlung,** *Medizin:* Bestrahlung des gesamten Organismus mit ionisierenden Strahlen bei Unfall. Während bei Teilkörperbestrahlung (auf engbegrenzte Körperbezirke) hohe Dosen toleriert werden, bedeutet eine → Dosis von 5 J/kg (→ Gray) auf den ganzen Organismus wahrscheinl. für die meisten Menschen den Tod. Genaue Angaben liegen nur für einige Tierarten vor. Der G. ist man in der Nähe einer Atombombenexplosion ausgesetzt (→ Strahlenbelastung).

**Ganzkörperdosis,** die durch natürliche oder künstliche radioaktive Strahlung vom gesamten Körper aufgenommene → Strahlenbelastung; entspr. der Strahlenschutzverordnung darf die G. 50 Millisievert (mSv) pro Jahr nicht übersteigen.

**Ganzleinen,** im Buchwesen gebräuchl. Bez. für ein ganz in Leinen gebundenes Buch (→ Halbleinen).

**Ganzmetallbauweise,** heute vorherrschende Konstruktionsart von Flugzeugen, bei der alle tragenden Teile aus Leichtmetallen gefertigt werden.

**Ganzpackung,** *Medizin:* Umschlag um den ganzen Körper für Heilbehandlung.

**Ganzschluß** → Kadenz, → Schluß.

**Ganzseitendarstellung,** Bauart eines Bildschirms, der eine größere Menge Text gleichzeitig darstellen kann, in der Textverarbeitung auch Hochformat-Bildschirme, die im wesentlichen das Format eines Schreibmaschinenbriefes originalgetreu wiedergeben können.

**Ganztagsschule** (*Tagesheimschule*), Schule, in der vormittags und nachmittags Unterricht erteilt wird (häufig mit gemeinsamem Mittagessen der Schüler). Vorteile: bessere Leistungsförderung, Entlastung der Fam. von → Hausaufga-

Die **Gänsekresse** *(Arabis turrita)* blüht im Mai und Juni.

# Ganzton

**Gao:** Einheimische mit traditionellem Silberschmuck in der westafrikanischen Stadt Gao

Georgi Apollonowitsch Gapon

Roger Garaudy

ben, stärkeres soziales Lernen. In der BR Dtld. gibt es G. vorwiegend als Versuchsschulen (gesetzl. Verankerung in Hessen). – Schulen, in denen nachmittags freiwilliger Unterricht stattfindet, heißen *offene Schulen.*

**Ganzton,** *Musik:* Bez. für den Tonabstand einer großen Sekunde (→ Intervalle). Reiht man sechs Ganztonschritte aneinander, erhält man eine Ganztonleiter (z. B. c, d, e, fis, gis, ais, c), die durch den typischen Tritonusschritt (c-fis) charakterisiert ist. Ganztonleitern haben kein tonales Zentrum (Grundton), können also auf jedem ihrer Töne beginnen bzw. schließen.

**Ganzwortmethode** → Lesen.

**Gao,** Stadt in Mali, Westafrika, am Niger, 55 000 E.; muslim. Wallfahrtsort (Grabmoschee der islam. Askia-Dynastie); Karawanenhandel (Vieh, Häute, Wolle); Binnenhafen, Endpunkt einer Transsahara-Autopiste (Tanezrouft-Piste). – Gegr. im 7. Jh.; Hptst. des → Songhai-Reiches, bis es 1591 marokkan. Ansturm unterlag.

**Gaoligong Shan** [-ʃan], bis 4000 m hohe Gebirgskette zwischen China und Myanmar, trennt das Tal des Nu Jiang vom Tal des Irawadi.

**Gao Ling** *(Kaoling, Kauling),* Berg und Fundort antiker Porzellangegenstände in der chin. Prov. → Jiangxi; Kaolinvorkommen.

**Gaoshan** [-ʃan], Volk von 300 000 Menschen in Taiwan; Anbau von Reis, Hirse, Taro u. Süßkartoffeln; Jagd und Fischfang (Lanyu).

**Gaoua** [ga|ua], Ort im SW von Burkina Faso, 160 km südöstl. von → Bobo-Dioulasso; Agrarzentrum; Holzschnitzereien, Schmuckwaren.

**Gap,** Hptst. des frz. Dép. → Hautes-Alpes, in der Dauphiné, 31 000 E.; Bischofssitz; Seiden- und Möbel-Ind.; Luftkurort, Wintersportplatz. – Ab 14 v. Chr. röm. Militärlager, Stadtgründung 378 n. Chr., im 10. Jh. bischöfl. Stadtherrschaft.

**Gap** [engl., gæp], Laborjargon für eine Lücke von → Basen auf einem Strang eines doppelsträngigen DNA-Moleküls; kann nach Abbau von → DNA entstehen.

**Gap-Junction** [engl., gæp dʒʌŋk-ʃən], eine Verbindung zwischen den Zellmembranen benachbarter → Zellen, die dem Molekültransport dient.

**Gapn,** altsyr. Weingott, ein Bote → Baals.

**Gapon,** Georgi Apollonowitsch, russ. Geistlicher, * 5. 2. (17. 2.) 1870 Beljaki (Gebiet Poltawa), † (ermordet) 28. 3. (10. 4.) 1906 Terijoki (Zelenogorsk bei St. Petersburg); gründete 1904 in St. Petersburg die sozialreformer. ›Vereinigung russ. Fabrik- und Werkstättenarbeiter‹; am 9. 1. (22. 1.) 05 (sog. ›Schwarzer Sonntag‹) führte er eine Arbeiterdemonstration vor das Winterpalais in St. Petersburg, um eine Petition an den Zaren zu überreichen. Die Demonstration wurde von Militär und Polizei mit Waffengewalt auseinandergetrieben; sie gab das Signal zu der Revolution von 1905.

**Garajonay** [-xɔnai̯], Hauptvulkan (1487 m) der kanar. Insel → La Gomera; in einem Nationalpark (4000 ha, von der UNESCO zum Naturdenkmal erklärt).

**Garamanten,** im Altertum Nomadenstamm der mittl. Sahara, bereits bei → Herodot erwähnt; Hptst. zeitweilig Garama, das heutige Djerma (Jarmah) in Fessan.

**Garamond** [garamɔ̃], Claude, frz. Schriftkünstler und -gießer, * um 1480 (nach anderen Angaben 1499) Paris, † Nov. 1561 ebenda; schu zahlr. Schriften, so auch eine griech. Type; um 1520 Zusammenarbeit mit dem Buchkünstler *Geoffroy Tory*. Nach G. sind der →Schriftgrad *Garmond* sowie die vermutlich von *Jean Jannon* (tätig bis 1641 in Sedan) entworfene *G.-Antiqua* und auch weitere Abwandlungen benannt.

**Garạnt** [frz.], Bürge.
**Garantie,** Gewähr für das Eintreten oder das Ausbleiben eines bestimmten Umstandes. Im bürgerl. Recht, bes. beim Kaufvertrag, die Haftung des Verkäufers für die Mängelfreiheit der Sache und das Vorhandensein der vertragl. zugesicherten Eigenschaften; schließt die Verpflichtung ein, innerhalb bestimmter Zeit auftretende Mängel kostenlos zu beseitigen (G.-Frist). *G.-Vertrag:* das Versprechen, für das Risiko oder den Verlust einzustehen, der dem Vertragspartner aus einem Rechtsverhältnis mit einem Dritten erwächst. – Im *Völkerrecht* die von einem Staat übernommene Verpflichtung, für die Aufrechterhaltung eines bestimmten Zustandes (z. B. Unabhängigkeit oder Gebietsbestand eines anderen Staates) oder für die Erfüllung eines Vertrages einzustehen.
**Garantieversicherung,** Versicherungsschutz gegen Sachmängelhaftung bei Maschinenanlagen (Maschinen-G.), bei Veruntreuungen, Unterschlagungen usw. eigener Angestellter (Personen-G.), beim Bau (Bau-G.), beim Zoll (Zoll-G.).
**Garạšanin** [-ʃanin], Ilija, serb. Politiker, *28.1.1812 Garaša (bei Kragujevac), †28.6.1874 Belgrad; organisierte die serb. Verwaltung und reformierte Rechts- und Schulwesen; vertrat die großserb. Idee; leitete als Min.-Präs. (1861–67) unter →Michael III. Obrenović in der Auseinandersetzung mit dem →Osmanischen Reich die serb. Befreiungspolitik ein.
**Garaudy** [garodi], Roger, frz. Politiker und Philosoph, *17.7.1913 Marseille; Mitgl. der KPF ab 1933 (im ZK ab 45, Politbüro ab 56); Abgeordneter der Nationalversammlung 46–51 und 56–58, des Senats 59–62; setzt sich seit 56 für eine Reform des Kommunismus und die Synthese zw. Marxismus und Christentum ein; Direktor des Pariser ›Institut pour le Dialogue des Civilisations‹. G. veröffentlichte 70 ›Die ganze Wahrheit oder Für einen Kommunismus ohne Dogma‹, eine Anklageschrift gegen die KPdSU und die sowjet. Regierung; das führte im selben Jahr zu seinem Ausschluß aus der Partei.
**Gạrbarek,** Jan, norweg. Jazzmusiker, *4.3.1947 Mysen; der Tenorsaxophonist und Flötist wurde durch sein Zusammenspiel mit Keith →Jarrett (›Belonging‹, 1975) bekannt; Musiker des Free Jazz und der Post-Free-Phase; zitiert häufig norweg. Folklore. – *CDs:* Dansere (1977), It's OK to Listen to the Grey Voice (85).
**Garbe, 1)** gebündelte Getreidepflanzen oder gebündeltes Stroh; **2)** →Schafgarbe.
**Gạrbo,** Greta (eigtl. *G. Lovisa Gustafsson*), schwed. Filmschauspielerin, *18.9.1905 Stockholm, †15.4.1990 New York; von M. →Stiller entdeckt und gefördert, spielte unter der Regie von G. W. →Pabst in Dtld., später im amerik. Film bis 1941; lebte seitdem in völliger Zurückgezogenheit. Das Publikum der 20er und 30er Jahre erhob sie zum Idol (die ›Göttliche‹). – *Filme:* Gösta Berling (1925); Die freudlose Gasse (25); Anna Karenina (27); Mata Hari (32); Menschen im Hotel (32); Königin Christine (34); Die Kameliendame (36); Ninotschka (39); Die Frau mit den zwei Gesichtern (41).

# Garbo

**LIBRA**
*imprim*

**Claude Garamond:**
Die im 20. Jh. wieder aufgekommene Schrifttype ›Garamond‹ geht zurück auf Jean Jannon, der im 17. Jh. in Anlehnung an Claude Garamond Typen schnitt, die durch klare Form großen Anklang fanden.

**Greta Garbo:**
Szenenbild aus dem Film ›Anna Karenina‹

## Garborg

Federico García Lorca

Gabriel García Márquez

**Garborg,** Arne Evensen, norweg. Schriftsteller, *25.1.1851 Time (Jæren), †14.1.1924 Asker (bei Oslo); Bauernsohn, als staatl. Revisor wegen liberaler Anschauungen entlassen; entwickelte sich vom Naturalisten im Roman ›Bauernstudenten‹ (1888; Bondestudentar, 83) zum Vertreter der impressionistischen Dekadenz im Roman ›Müde Seelen‹ (93; Trætte Mænd, 91).

**Garbrand** [gar-] → Porzellan.

**Garbsen,** niedersächs. Stadt (seit 1968) im Lkr. und Reg.-Bz. Hannover, in Vorortbereich von Hannover, 62 000 E.

**Gärbstahl,** miteinander feuerverschweißte und anschließend ausgeschmiedete Stahlstäbe, ähnlich → Damaszener Stahl.

**Garching bei München,** oberbayr. Gemeinde im nördl. Vorortbereich von München, 12 000 E.; erster Forschungsreaktor der BR Dtld. (1957), Max-Planck-Institute für Physik und Astrophysik sowie für Plasmaphysik; versch. Fakultäten der TU München.

**García** [garθia], Manuel Patricio Rodríguez, span. Sänger und Gesangslehrer, *17.3.1805 Madrid, †1.7.1906 London; Sohn von Manuel del Popolo Vicente G., einem Bassisten (Almaviva im ›Barbier von Sevilla‹ und Komponisten; lehrte in Paris und London; Erfinder des → Kehlkopfspiegels.

**García Calderón** [garsia kalderɔn], Francisco, peruan. Schriftst., *1883 Valparaiso, †1.6.1953 Lima; Bruder von Ventura G. C.; bed. Schriftst. und Diplomat.

**García Calderón** [garsia kalderɔn], Ventura, peruan. Schriftst. und Diplomat, *23.2.1886 Paris, †28.10.1959 ebenda; elegant stilisierte, aus peruan. Folklore geschöpfte Novellen, deren Mittelpunkt der peruan. Indio ist: ›Peruan. Novellen‹ (1926; La venganza del cóndor, 24), ›Traum in der Sierra‹ (36; Couleur de sang, 31).

**García de la Huerta** [garθia ðe la uɛrta], Vicente, span. Schriftst., *9.3.1734 Zofra (Prov. Badajoz), †12.3.1787 Madrid; verteidigte das Theater des ›Siglo de oro‹ gegen Gedanken der europ. Aufklärung. Seine Tragödie ›La Raquel‹ (1778) gilt als bestes span. polit. Theaterstück des 18. Jh.

**García Gutiérrez** [garθia ɣutiɛreθ], Antonio, span. Dramatiker (1813 bis 1884): → spanische Literatur.

**García Lorca** [garθia -], Federico, span. Dichter, *5.6.1898 Fuentevaqueros (Granada), †(von Anhängern F. Francos erschossen) 19.8.1936 bei Viznar (Granada); Schlüsselfigur der span. Dichter-Generation von 1927; brachte in seinem Werk Einflüsse des → Modernismo, volkstüml. Poesie, gelehrte Kunstdichtung des Barock (→ Góngora y Argote) und surrealist. Tendenzen zur Synthese (›Romancero gitano‹, 1928; ›Poeta en Nueva York‹, 40). Sein Werk öffnete dem span. Drama neue Wege: ›Bluthochzeit‹ (44; Bodas de sangre, 33); ›Yerma‹ (34; dt. 46); ›Bernarda Albas Haus‹ (47; La casa de Bernarda Alba, 45).

**García Márquez** [garsia markɛs], Gabriel, kolumbian. Schriftst., *6.3.1928 Aracataca; wichtigster Vertreter des magischen Realismus; erneuerte mit den Romanen ›Hundert Jahre Einsamkeit‹ (1970; Cien años de soledad, 67) und ›Der Herbst des Patriarchen‹ (78; El otoño del patriarca, 75) die lateinamerik. Erzählkunst; Nobelpreis 1982. – WW: Der Oberst hat niemand, der ihm schreibt (68; El coronel no tiene, quien le escriba, 58); Chronik eines angekündigten Todes (81; Crónica de una muerte anunciada, 81); Die Liebe in den Zeiten der Cholera (87; El amor en los tiempos de cólera, 85); Der General in seinem Labyrinth (89; El general en su laberinto, 89).

**García Navarro** [garθia -], Luis, span. Dirigent, *30.4.1941 Chiva (Valencia); 1980–82 Musikdirektor des Teatro São Carlos in Lissabon; seit 87 Generalmusikdirektor der Staatsoper Stuttgart.

**García Pérez** [garsia pɛrɛs], Alán, peruanischer Politiker, *23.5.1949 Lima; seit 1982 Generalsekretär des Partido Aprista Peruano, 1985–90 Staatspräsident.

**García Sola, Embalse de** [- ðe garθia -], Stausee des → Guadiana in der östl. Extremadura, Spanien.

# Garde

**Garcilaso de la Vega** [garθilạso -], span. Dichter, *um 1501 Toledo, †14.10.1536 Nizza; lebte am Hofe Karls V.; steht am Beginn des ›Goldenen Zeitalters‹, der Literaturblüte Spaniens im 16. und 17. Jh. Seine an →Horaz und →Vergil und an der ital. Renaissance-Poesie gebildete Dichtung befruchtete die span. Literatur.

**Garcilaso de la Vega** [garθilạso ðe la bẹγa] (gen. *El Inka*), peruan. Schriftst., *12.4.1539 Cuzco, †22.4.1616 Córdoba (Spanien); Sohn eines span. Offiziers und einer Inkaprinzessin; ab 1561 in Spanien lebend; Verf. der ›Geschichte der Eroberung von Florida‹ (1605) und der ›Geschichte der Incas, Könige von Peru‹ (1609–17).

**Garcinia** →Garzinie.

**Garçon** [frz., garsõ], Junge, Junggeselle; Kellner. *Garçonne*, veraltet für Junggesellin.

**Gard** [gaːr], **1)** südfrz. Dép. mit 5853 km² und 560 000 E., Hptst. →Nîmes; fruchtbares Hügelland, reiche Bodenschätze. **2)** re. Nebenfluß der unteren Rhône, 135 km lang, entspringt in den Cevennen, mündet oberhalb von Beaucaire; wird in der Nähe von Remoulins vom *Pont du G.* (röm. Aquädukt) überquert.

**Gardanne** [gardạn], Ort in Südfrankreich, 20 km nördl. von Marseille, 24 000 E.; Aluminiumhütte mit bed. Bauxitverarbeitung.

**Gardano**, Antonio, ital. Musikverleger und Notendrucker, *1509, †28.10.1569 Venedig; einer der erfolgreichsten Musikverleger Venedigs, der ab 1538 die Chansons, Messen, Motetten und Madrigale u. a. von Arcadelt, Willaert und Orlando di Lasso druckte; zus. mit seinem Konkurrenten Girolamo Scotto druckten sie praktisch die gesamte Musikliteratur ihrer Zeit. Seine Söhne Alessandro G. (1539–91) und Angelo G. (1540–1611) setzten sein Werk fort.

**Gardasee** (ital. *Lago di Garda* oder *Benaco*), größter der oberital. Seen, 370 km², auf der Grenze zw. Lombardei und Venetien, in 65 m Höhe, mit 346 m Tiefe eine der bedeutendsten Kryptodepressionen der Erde; vom Mündungsdelta der Sarca bis zum Abfluß des →Mincio 55 km lang, der schmalere Nordteil ist zw. steile Berghänge eingebettet; mildes Klima, bekannte Kurorte: →Riva, Gardone Riviera, Garda.

**Garde** [frz., von mhd. warte ›spähen‹, ›wachen‹] *die*, urspr. Bez. für fürstl. Leibwachen und Haustruppen zum Ehrenwachdienst (→Schweizergarde, →Hartschiere); seit dem 18. Jh. Verwendung auch im Felde. Anstoß zur Entwicklung der G. als Kern- und Mustertruppe gab →Napoleon I. mit seiner *G. Impériale*. Nach ihrem Vorbild schufen u. a. Preußen und Rußland G.-Korps. Die russische Armee hat noch heute G.-Formationen, das österreichische Bundesheer ein G.-Bataillon (→Linientruppen).

**Garde:** Helm des preußischen Garde du Corps

■ **Gard:** vgl. Karte →Frankreich (Verwaltungsgliederung)

**Gardasee,** im Hintergrund der bekannte Kurort Riva am Nordende des Sees

# Gardel

**Gardel,** Maximilien, frz. Tänzer und Ballettmeister, *18.12.1741 Mannheim, †11.3.1787 Paris; Vertreter der Ballettpantomime; trat als erster Tänzer ohne Maske auf.

**Gardelegen,** Stadt nordwestl. von Magdeburg, Sachs.-Anh., in der Altmark, 13 000 E.; Kleinindustrie, Spargel- und Hopfenanbau. – Im 14. Jh. Mitgl. der Hanse.

**Gardella,** Ignazio, ital. Architekt, *30.3.1905 Mailand; strebt danach, klare formale Ordnung, materialbezogene Ästhetik und die jeweiligen lokalen Bautraditionen miteinander in Einklang zu bringen.

**Gardemanger** [frz., gardəmãʒe] *der,* 1. (Essens-)Vorratsschrank; 2. *Gastronomie:* für die kalten Speisen zuständiger Koch.

**Gardena** [gaːdiːnə], Stadt im US-Bundesstaat Kalifornien, im NW von Los Angeles, 50 000 E.; chem. Ind.; Herst. von Flugzeug- und Raketenteilen.

**Garde nationale** [frz., gard nasjɔnal] → Nationalgarde.

**Gardena,** Val → Grödner Tal.

**Garden City** [gadən sɪtɪ], Stadt im SO des US-Bundesstaates New York, auf → Long Island, 22 000 E.; Wohnvorort von New York; zahlr. Verlage und Druckereien.

**Gardenie** [-njə, nach dem engl. Arzt A. Garden] *(Gardenia),* artenreiche trop.-subtrop. Gattung der → Rötegewächse, Sträucher oder Bäume mit ledrigen Blättern und großen, wohlriechenden Blüten; liefern → Eisenholz (z. B. *Gardenia rothmannii*); Schmuckpflanzen in Warmhäusern.

**Garden of the Gods** [engl., gadən ɔv ðə gɔdz ›Garten der Götter‹], Naturpark im US-Bundesstaat Colorado; Fremdenverkehr.

**Garden Reach** [engl., gadən riːtʃ], ind. Stadt, 200 000 E., im südwestl. Vorortbereich von → Kalkutta.

**Garderobe** [frz.] *die,* Kleiderablage, Umkleideraum; Kleidervorrat.

*Garderobier, Garderobiere,* Gewandmeister(in) beim Theater.

**Gardez** *(Gardes),* Stadt im östl. Afghanistan, 95 km südl. von Kabul, mit 22 000 E.; Verwaltungssitz einer Prov.; nahebei Kupfervorkommen.

**gardez!** [frz., garde], im Schachspiel: (veralteter) Warnruf bei Angriff auf die Königin.

**Gardinenpredigt,** Strafpredigt (die früher die Ehefrau hinter den zugezogenen Bettgardinen dem zu spät heimkommenden Ehemann hielt).

**Gardiner** [gadnə], Sir Alan Henderson, brit. Ägyptologe, *29.3.1879 Eltham (London), †19.12.1963 Oxford; veröffentlichte bed. Untersuchungen zur ägypt. und allg. Sprachwissenschaft; gab zahlr. Quellen zur ägypt. Lit., Rechts- und Verfassungsgeschichte heraus.

**Gardiner** [gadnə], John Eliot, brit. Dirigent, *20.4.1943 Fontmell Magna (Dorset); bekannt für seine neuartigen Interpretationen alter Musik, darunter ›Vesperae Mariae Virginis‹ von Claudio Monteverdi; seit 1981 Künstler. Leiter der → Göttinger Händel-Festspiele, seit 82 Musikdirektor der Oper Lyon; 90 Debüt bei den Salzburger Festspielen; seit 91 Chefdirigent des Symphonieorchesters des Norddeutschen Rundfunks.

**Gardisette**®, ein vollsynthetischer Gardinenstoff.

**Gardner** [gadnə], Ava (eigtl. *Lucy Johnson*), amerik. Filmschauspielerin, *24.12.1922 Smithfield (NC), †25.1.1990 London. – *Filme:* Schnee am Kilimandscharo (1952); Mogambo (53); Die barfüßige Gräfin (54); Knotenpunkt Bhowani (56); Zwischen Madrid und Paris (57); Die Nacht des Leguan (64); Regina (86).

**Gardner** [gadnə], Erle Stanley, amerik. Schriftsteller, *17.7.1889 Malden (MA), †11.3.1970 Temecula (CA); Verfasser von über 100 Kriminalromanen, deren bekannteste Figur Perry Mason ist.

**Gardnerella,** Gattung → gramnegativer, fakultativ → anaerober Bakterien; *G. vaginalis:* vermutl. Erreger der unspezif. → Scheidenentzündung.

**Gardone Riviera** [-vjɛra], Kurort am Gardasee, Oberitalien, 2500 E.

**Gare, 1)** *Kürschnerei:* zur Glacéledergerbung verwendetes Gemisch (Kochsalz, Alaun, Eigelb, Weizenmehl, in Wasser gelöst). **2)** *Landw.:* → Bodengare.

# Garigliano

**Garen,** Wärmebehandlung von küchenfertigen Lebensmitteln, z. B. Kochen, Braten, Dünsten, Grillen.
**Gar_eth_,** Benedetto (gen. *Il Cariteo*), ital. Schriftst., *um 1450 Barcelona, †um 1514 Neapel; kam 1467 an den aragones. Hof. G. schrieb Liebesgedichte im Stil Petrarcas und polit. Preisgedichte auf die Aragonesen; griff als erster auf die Tradition der provenzal. Troubadours zurück.
**Gärfett,** ein Antischaummittel, bei Fermentationsprozessen der Nährlösung zugesetzt; z. B. bei Soja- und Erdnußöl.
**Garfield** [ga-], James Abraham, amerik. Politiker (Republikaner), 20. Präsident der USA (1881), *19.11.1831 Orange (OH), †19.9.1881 Elberon (NJ); Altphilologe, Advokat; starb an den Folgen eines am 2.7.1881 verübten Attentats.
**Gärfutter** *(Silofutter, Silage)*, in luft- und wasserdichtem Behälter (→Silo) oder in Flachsilos (längliche Erdgruben oder Massivbauten) durch Milchsäuregärung haltbar gemachtes Grünfutter, z. B. Gras, Luzerne, Grünmais. Abgewelktes Futter ergibt An- oder Vorwelksilage. Betriebs- und arbeitswirtschaftl. vorteilhafteste Art der Futterkonservierung, weil vollmechanisierbar. Fehlgärung (durch Buttersäure) ergibt übelriechende Silage.
**Gargallo** [-γajo], Pablo, span. Metallplastiker, *5.12.1881 Maella (Prov. Zaragoza), †28.12.1934 Reus; durch den →Kubismus beeinflußt; schuf Figuren, Köpfe und Masken aus Eisen- und Kupferblechen.
**Gargam_i_sch** →Karkemisch.
**Garganega,** ital. Rebsorte im Gebiet von Verona; bringt trockenen, samtweichen, hellgoldenen Wein.
**Gargano** *(Monte G.)*, im Monte Calvo 1056 m hohes, einst dicht bewaldetes Kalkgebirge an der unterital. Adriaküste, nördliches Apulien, Rückgrat einer mächtigen Halbinsel von 45 km Länge (Sporn des ›ital. Stiefels‹); Bauxitabbau.
**Gargantua** [frz. -gãtya], Held französischer Volkslegenden; Riese bei →Rabelais und →Fischart.

**Gargar_i_sma** [griech.], Medizin: Gurgelmittel.
**Gärgase,** Gase, die unter Ausschluß von Luftsauerstoff bei Gärprozessen (→Gärung) entstehen. Je nach Gärweg können Kohlendioxid, Wasserstoff, Ammoniak, Schwefelwasserstoff (Fäulnis) und Methan (Faulturm) enstehen. G. können zu Erstickungsanfällen in Silos, Gärkellern oder Abwassergruben führen.
**Garg_a_s, Grotte de** [grɔt də -], 600 m lange Höhle in Südfrankr. (Dép. Hautes-Pyrénées), 75 km östl. von →Pau; prähist. Funde und Wandmalereien; unter Denkmalschutz.
**Ga_r_hwal,** Landschaft im Himalaja, im indischen Unionsstaat Uttar Pradesh, bis 1816 zu Nepal gehörig; Quellgebiet von →Ganges und →Yamuna.
**Gariba_l_di,** Giuseppe, ital. Freiheitskämpfer, *4.7.1807 Nizza, †2.6.1882 Insel Caprera (vor der Nordostküste Sardiniens); piemontesischer Marineoffizier, kämpfte 1848 gegen die Österreicher und leitete 49 die Verteidigung des aufständ. Rom gegen die Franzosen; nach Rückkehr aus amerik. Exil Landwirt auf der Insel Caprera; 60 eroberten er und seine ›Rothemden‹ mit →Cavours Unterstützung Sizilien und Neapel; 62 und 67 vergebl. Versuche, den Kirchenstaat einzunehmen; 66 focht er gegen Österreich in Südtirol, im →Deutsch-Französischen Krieg kämpfte er nach Proklamation der frz. Republik unter Seiten der Franzosen; ab 74 war G. als eine der Hauptfiguren des ital. →Risorgimento Mitgl. des ital. Parlaments.
**Gariba_l_difisch** *(Hypsypops rubicunda)*, 30 cm langer Korallenbarsch; erwachsene einheitl. rot; kaliforn. Küsten.
**Garicoits** [-kwat], Michael, frz. Ordensgründer, *1797 Ibarre, †1863 Bétharram; Heiliger (Tag: 14.5.).
**Garigliano** [garilj_a_no], mittelital. Fluß von 158 km Länge, wird im Oberlauf *Liri* genannt; er entspringt in den Monti Simbruini (Abruzzen) und mündet in den Golf von Gaeta.

James Abraham Garfield

Giuseppe Garibaldi

3401

# Garigue

**Garigue** [frz., gar*ig*, von provenzal. garoulia ›Kermeseiche‹], immergrüne mediterrane Zwergstrauchformation, entstanden auf Grund menschl. Einwirkung, u. a. Beweidung; es kommen bes. solche Pflanzen vor, die vom Vieh gemieden werden (mit Stacheln, Milchsaft, aromat. Duft), z.B. →Wolfsmilchgewächse, →Zwergpalme; meist nur kniehoher, immergrüner Bewuchs, der lichter ist als in der →Macchie.

**GARIOA** (*Government and Relief in Occupied Areas*), die nach dem II. Weltkrieg von US-Streitkräften gewährte Hilfe für die Zivilbevölkerung besetzter Gebiete.

**Garizim** (heute *Dschebel at-Tor*), hl. Berg der Samariter in Palästina, südl. von →Nablus, 868 m hoch.

**Garküche,** einfache Speisewirtschaft.

**Garland** [galənd], (Hannibal) Hamlin, amerik. Schriftst., *14.9.1860 West Salem (WI), †4.3.1940 Los Angeles (CA); beschrieb, von →Howells beeinflußt, in Romanen und Kurzgeschichten das Pionier- und Farmerleben im mittleren Westen; Vertreter des Naturalismus.

**Garland** [galənd], Judy (eigtl. *Frances Gumm*), amerik. Filmschauspielerin, *10.6.1922 Grand Rapids (MN), †22.6.1969 London; bekannt geworden als Kinderstar, später Erfolge mit Gesangs- und Tanzrollen (›A Star is born‹, 54).

**Garland** [galənd], Stadt im NO des US-Bundesstaates Texas, 180 000 E.; Herst. von Flugzeugteilen, Verarbeitung von Baumwolle.

**Garm** *(Garmr)*, Riesenhund der german. Mythologie; bewacht den Eingang zur →Hel.

**Garmisch-Partenkirchen,** oberbayrischer Markt und Kreisort am Fuße des Wettersteingebirges, am Zusammenfluß von →Loisach und →Partnach, mit 27 000 E. Garmisch und Partenkirchen wurden 1935 zu einer Marktgemeinde zusammengeschlossen; neben zentralörtlichen Funktionen vor allem bed. als Wintersportplatz, insbes. seit den Olymp. Winterspielen 1936; zahlr. Bergbahnen und Lifte, Talstation der bayr. Zugspitzbahn. Der heilklimatische Kurort hat jährlich etwa 300 000 Gäste und 1,5 Mio. Fremdenübernachtungen.

**Garn,** Bez. für einen gezwirnten oder ungezwirnten Faden, aus Fasern, Haaren oder Endlosfäden.

**Garnat** →Garnelen.

**Garnelen** *(Natantia),* Unterord-

Garmisch-Partenkirchen

Blick auf **Garmisch-Partenkirchen** und die westlichen Ausläufer des Estergebirges

nung der →Zehnfußkrebse, meist Meerestiere, einige Süßwasserarten; Körper schlank, seitl. abgeflacht, Antennen lang, Schreitbeine dünn, Hinterleibsbeine als Schwimmfüße ausgebildet; manche G. passen ihre Farbe dem Untergrund an. Größere Arten dienen der menschl. Ernährung, so die etwa 7 cm lange Nordsee-G. (Granat, Sand-G.; *Crangon crangon*) und die 5 cm lange Ostsee-G. (Fels-G., Stein-G.; *Palaemon squilla*); kleinere Arten werden zu Futtermittel *(Granatmehl)* verarbeitet. Im Handel →Krabben, in der Fischerei-*Garnat (Granat)* genannt.

**Garner** [ganə], Erroll, amerik. Jazzpianist, *15.6.1921 in Pittsburgh (PA), †2.1.1977 Los Angeles; Pianist des modernen →Jazz mit unverwechselbarem, auf dem →Swing basierendem eigenem Stil.

**Garner** [ganə], James, amerik. Filmschauspieler, *7.4.1928 Norman (OK); bekannt durch Rollen in TV-Serien: ›Maverick‹ (1957–60), ›Detektiv Rockford‹ (72–78). – *Filme:* Victor/Victoria (1982); Die zweite Wahl (85); Sunset (88).

**Garnett** [ganɪt], David, engl. Schriftst. und Verleger, *9.3.1892 Brighton, †17.12.1981 Le Verger Charry/Montcuq (Frkr.); übte in grotesken Romanen und Novellen durch die Gegenüberstellung von Mensch und Tier Kritik an der Ges.: ›Meine Frau die Füchsin‹ (1952; Lady into Fox, 22), ›Der Mann im Zoo‹ (52; A Man in the Zoo, 24).

**Garnier** [garnje], Charles, frz. Architekt, *6.11.1825 Paris, †3.8.1898 ebenda; Bauten in eklekt. Neubarock: Pariser Oper, Casino in Monte Carlo.

**Garnier** [garnje], Robert, frz. Dichter, *1534 La Ferté-Bernard, †20.9.1590 Le Mans; von der →Pléiade beeinflußter Dramatiker der Renaissance, gestaltete antike und bibl. Stoffe; Hauptwerk ist die bibl. Tragödie ›Les Juives‹ (1583; mit ›Bradamante‹, einem Stück nach →Ariosto, führte er die Tragikomödie in die frz. Dichtung ein. Sein Werk bezeichnet den Übergang vom Renaissance-Drama zum klass. Drama →Corneilles.

# Garofalo

**Garnelen:** Weißbandputzgarnele mit Schmetterlingsfisch

**Garnier** [garnje], Tony, frz. Architekt, *13.8.1869 Lyon, †19.1.1948 Roquefort-la-Bédoule (Bouches-du-Rhône); Konzepte zur ›Cité industrielle‹; Entwurf für das Stadion in Lyon (1913–16), das richtungweisend für den Stahlbetonbau in Frkr. wurde.

**Garnierit** [-ni|e-, nach dem frz. Geologen *Jules Garnier*] *der, (Noumeait),* grünl. Mineral in faserigen Aggregaten, chem. Nickelmagnesiumsilicat; wichtiges Nickelerz.

**Garnison** [frz. ›Standort‹], 1. Friedensstandort eines Truppenteiles; 2. Sammel-Bez. für die in einer G. untergebrachten Truppen.

**Garnitur** [frz.] *die,* 1. Einfassung, Verzierung (an Kleidung, Schmuck usw.); 2. zwei oder mehrere zusammengehörige Stücke (z.B. Wäsche-G., Möbel-G.).

**Garnnummer,** Maß für die Stärke und das Gewicht eines Garnes; die metrische G. (Nm) gibt an, wieviel Meter des betreffenden Garnes 1 g wiegen (z.B. bedeutet 10 Nm: 10 m wiegen 1 g); diese Klassifizierung soll durch die gesetzl. Einheit →Tex (Zeichen tex) ersetzt werden, die angibt, wieviel Gramm 1000 m eines Garnes wiegen (z.B. 500 tex = 500 g/1000 m).

**Garnwaage,** Waage zur Bestimmung des Gewichts bzw. der Stärke von Garn einer bestimmten Länge (→Garnnummer).

**Garo,** eines der →Bodo-Völker in den G.-Bergen →Assams. Die G. wohnen in Pfahldörfern, legen ihre Felder durch →Brandrodung an und besitzen den Hakenpflug.

**Garofalo,** Benvenuto da (eigtl. *Benvenuto Tisi*), ital. Maler, *um 1481 Garofalo (?), †6.9.1559 Ferrara; relig. und mytholog. Thematik.

## Garonne

**Garonne** [garõn], größter Fluß SW-Frankreichs, 575 km lang, entspringt auf span. Gebiet in den zentralen Pyrenäen, durchfließt das fruchtbare *G.-Becken* (auch *Aquitanisches Becken*; Getreide, Obst, Wein), vereinigt sich unterhalb von Bordeaux mit der →Dordogne und bildet den weiten Mündungstrichter →Gironde; wegen unregelmäßiger Wasserführung nur bedingt zur Schiffahrt geeignet, die den *G.-Seitenkanal* bevorzugt; durch den →Canal du Midi Verbindung zum Mittelmeer.

**Garotte** [span.] *die, (Garrotte),* Halseisen, Würgeschraube.

**Garoua** *(Garua),* Handelsstadt mit 95 000 E. in der Rep. Kamerun, am Endpunkt der Schiffahrt auf dem Benue; Umschlaghafen (Transitverkehr nach der Rep. Tschad); Textil- und Nahrungsmittelindustrie.

David Garrick als Richard III. (Stich von William Hogarth)

**Garouille** [garujə], Wurzelrinde der →Kermeseiche.

**GARP,** Abk. für →*Global Atmospheric Research Program.*

**Garphyttan-Nationalpark,** Schutzgebiet in Südschweden; 111 ha; alte kleinräumige Kulturlandschaft; Laubwaldreste.

**Gärprobe, 1)** Methode zur Bestimmung der Vergärbarkeit bestimmter Substanzen (z. B. Zucker) durch Mikroorganismen. Dabei wird der Menge und bei Bedarf die Art des entwickelten →Gärgases in einem →Gärröhrchen gemessen; **2)** Probeansatz mit Bierwürze, Milch oder Most, um die Vergärbarkeit und/oder die Anwesenheit von bier-, käse- bzw. weinverderbenden Mikroorganismen mikroskop. zu bestimmen.

**Garp und wie er die Welt sah,** Film von G. R. →Hill (1982) mit R. →Williams und G. →Close; Adaption des gleichnamigen Romans von J. →Irving.

**Garrafeira** [-fəırə], portug. Rotweine hervorragender Qualität, kommen hauptsächlich aus dem Ribatejo.

**Garrett,** João Baptista da Silva Leitão de Almeida, portug. Dichter, *4. 2. 1799 Porto, †9. 1. 1854 Lissabon; Begr. und Hauptvertreter der portug. Romantik; von engl. und dt. Lit. geprägt; gründete 1836 das portug. Nationaltheater und erneuerte das portug. Drama, bes. durch die romant. Schicksalstragödie ›Frei Luís de Sousa‹ (1844); gab portug. Volkslieder heraus: ›Romanceiro e Cancioneiro Geral‹ (1843–51).

**Garrick** [gærık], David, engl. Schauspieler und Bühnendichter, *19. 2. 1717 Hereford, †20. 1. 1779 London; leitete 1747–76 das Drury-Lane-Theater in London; bahnte als Bühnendarsteller ein neues Verständnis der Werke von Shakespeare an; Lustspiele.

**Garrick** [gærık, nach D. →Garrick] *der, (Carrick),* weiter Herrenmantel mit mehreren Schulterkragen.

**Garrison** [gærısn], William Lloyd, amerik. Journalist, *10. 12. 1805 Newburyport (MA), †24. 5. 1879 New York; Begr. der ›American Antislavery Society‹; nach dem Sezessionskrieg Befürworter der Prohibition und des Frauenwahlrechts.

**Gärröhrchen, 1)** mit Nährlösung gefülltes Glasröhrchen zum Nachweis der Gasbildung bei Vergärung durch Mikroorganismen (z. B. Durham-Röhrchen); **2)** →Gärverschluß.

**Gärröhre** →Gärspund.

**Garrotxa** [katalan., garɔtʃə], Naturpark mit zahlr. inaktiven Vulkankegeln in der katalan. Provinz Girona in NO-Spanien.

**Garrulus** →Eichelhäher.

**Garschin** *(Garšin),* Wsewolod Michailowitsch, russ. Erzähler, *2. 2. (14. 2.) 1855 Gut Prjatnaja Dolina (Gebiet Donezk), †(Freitod) 24. 3. (5. 4.) 1888 St. Petersburg; schil-

# Garten

**Garten:** In modernen Gewächshäusern werden die zur Verfügung stehenden Flächen maximal ausgenutzt, die Räume sind u. a. vollklimatisiert (Heizung im Winter, automatische Belüftung im Sommer); Luftfeuchtigkeit und Lichtmenge werden genau auf die Kulturpflanzen abgestimmt. Je nach Größe des Betriebes Monokultur (nur eine Pflanzenart bzw. -sorte) oder Anzucht mehrerer Pflanzen.

derte in der Erzählung ›Die vier Tage‹ (1877; dt. 1956) seine Erlebnisse im Russ.-Türk. Krieg 1877/78, in ›Die rote Blume‹ (1883; dt. 1963) zeichnete er das Seelenleben eines Irren nach.

**Gärspund** *(Gärröhre)*, gebogenes Rohr mit → Siphon, in Fässer für nachgärende Getränke (z. B. für Wein, Most) eingespundet; gestattet Austritt des entstehenden → Kohlendioxids bei Luftabschluß von außen.

**Garsten,** südl. Vorort von Steyr an der oberösterr. Enns, 6000 E.; Benediktinerstift aus dem 11. Jh., seit 1850 Strafanstalt.

**Gärtassenbehälter,** → Biorcaktor mit übereinander angeordneten Schalen, in dem mikrobielle Stoffwechselprodukte von an Oberflächen wachsenden Mikroorganismen (z. B. → Aspergillen) gewonnen werden.

**Garten,** intensiv bearbeitetes, umfriedetes Land, das als *Nutz-G.* mit Obst, Gemüse u. a. bepflanzt wird, als *Zier-G.* Rasenflächen, Gehölze und Blumenbeete trägt; als → Alpinum mit Polsterstauden und Zwergsträuchern. Die Laubenkolonien der Stadtrandgebiete bestehen aus Gruppen von *Schreber-G.* (benannt nach dem Leipziger Arzt D. G. M. Schreber, 1808–1861). In *Gärtnereien* und → Baumschulen wird der Anbau erwerbsmäßig betrieben; *Schul-G.* dienen dem Anschauungsunterricht; in → botanischen Gärten werden Aussehen, Namen und Herkunft einheim. und fremdländ. Pflanzen gezeigt; in *Versuchs- und Sichtungs-G.* werden Sorten im Vergleichsanbau getestet und neue Pflanzensorten gezüchtet, in G.-Schauen (z. B. → Bundesgartenschau, in der BR Dtld. im Abstand von zwei Jahren) Neuzüchtungen sowie Geräte und Ideen zur G.-Gestaltung vorgestellt.

Die G.-Gestaltung ist von prakt. Erwägungen, vom persönl. und modischen Geschmack abhängig (→ G.-Kunst). G.-Bau ist in Ost- und Südostasien die vorherrschende Kulturform: intensiv bearbeitete Terrassen mit künstl. Bewässerung. In Europa wird G.-Bau oft als Liebhaberei betrieben. Größere und dem Erwerb dienende Anlagen versorgen *Gärtner,* deren Ausbildung an anerkannten Lehrbetrieben und Gartenbauschulen erfolgt (→ Ausbildungsberuf); Weiterbildung zum

**Garten:** Folientunnel (hier in Norditalien) ermöglichen frühe bzw. späte Ernte im Frühjahr bzw. Herbst; Verwendung vor allem im Gemüsebau.

3405

# Gartenaere

**Gartenkunst:**
Ursprünglich wurde Natur als etwas Feindliches, Gefährliches empfunden, vor dem sich der Mensch in das gesicherte Haus einer Kultur zurückzog. Ein Höhepunkt dieser Tendenz ist der geometrische Stil des Barock, der zuerst in der französischen Gartenkunst zur Vollendung gelangte (Entwurf eines Irrgartens, Stich von Paulus Decker).

**Gärtnermeister** nach 3jähriger Berufserfahrung. Weitere Ausbildungsabschlüsse: *Gartenbautechniker* nach Studium an Fachschule (→ Berufs-, Fach- und Hochschulwesen); *Diplomingenieur (FH)* der Fachrichtungen Gartenbau oder Landespflege nach Studium an Fachhochschule; *Diplomingenieur Fachrichtung Gartenbau* und *Diplomingenieur Fachrichtung Landespflege* nach Studium an Universität oder Technischer Universität. Ein Diplomingenieur Fachrichtung Landespflege kann nach zweijähriger Berufserfahrung von der Architektenkammer die Berechtigung erhalten, den geschützten Titel *Landschaftsarchitekt* zu führen. Landespfleger und Landschaftsarchitekten befassen sich vor allem mit Landschaftsgestaltung, der Anlage von G. und Parks.
**Gartenaere** [-nɛrə], Wernher der → Wernher der Gartenaere.
**Gartenbauausstellung** → Gartenschau.
**Gartenbauberufe** → Garten.
**Gartenbaubetrieb** → Gärtnerei.
**Gartenbaumläufer** → Baumläufer.
**Gartenblumen** → Gartenpflanzen.
**Gartenbohnen** → Bohnen.
**Garten der Finzi Contini, Der,** Film von V. → De Sica (1970) über das Schicksal zweier jüd. Familien in Ferrara 1938–43; Adaption des Romans von G. → Bassani.
**Gartenerbse** → Erbse.
**Gartenerdbeere** → Erdbeere.
**Gartengrasmücke,** kleiner Singvogel: → Grasmücken.
**Gartenhaus,** zusammenfassende Bez. für unterschiedliche Gebäudetypen, die seit der Barockzeit innerhalb von Gartenanlagen errichtet wurden. Das Spektrum reicht dabei vom aufwendigen Lustschloß (Belvedere, Eremitage) über kleinere, orientalisierende Bauten (Moschee, Pagode, Teehaus) bis hin zu Borkenhäusern und künstlichen Ruinen. Sonderformen des G. sind die zur Aufbewahrung empfindlicher Gewächse gedachten Glashäuser und Orangerien.
**Gartenjasmin** → Jasmin.
**Gartenkolonie** → Kolonie.
**Gartenkresse** (*Lepidium sativum*), aus dem Mittelmeergebiet stammender → Kreuzblütler, liefert bei Aussaat im Frühjahr sehr schnell schmackhaften Salat.
**Gartenkunst,** künstlerisch ausgestaltete Gärten großen Stils gab es bereits bei Ägyptern und Babyloniern (→ hängende Gärten). Die Griechen und Römer versahen die Innenhöfe ihrer Häuser mit Ziergärten und umgaben ihre Villen, namentl. in der Kaiserzeit, mit gärtner. Anlagen. Die G. der Araber (→ Alhambra) und der Chinesen stand seit alters auf großer Höhe; in Japan hat sich der Miniatur- und Steingarten

# Gartenpflanzen

herausgebildet. Während das dt. MA, dem der eigtl. Natursinn fehlte, sich auf kleine, von Mauern umgebene Burg-, Kloster- und Hofgärten beschränkte, bildete die ital. Renaissance des 16. Jh. in Weiterführung der röm. Gärten und im Zusammenhang mit der Architektur prächtige, mit zahlr. Skulpturen geschmückte Gartenanlagen aus (Villa d'Este bei Rom; Villa Medici in Fiesole; Boboli-Gärten in Florenz). Mit dem Bau der frz. Barockschlösser kamen die architekton. gegliederten und geometrisch-regulären Gärten mit Skulpturen und Wasserkünsten zur vollendeten Ausbildung, so in den Parkanlagen von → Versailles durch → Le Nôtre (ab 1662) u. a. Sie wurden Vorbild für die Parkanlagen vieler dt. Schlösser (Schönbrunn, Belvedere, Wien; Nymphenburg, München; Schwetzingen; Würzburg; Veitshöchheim; Herrenhausen bei Hannover; Sanssouci bei Potsdam). Im 18. Jh. machte sich ein neuer, aus England kommender Gartenstil geltend, der die architekton.-geometr. gebundenen Barockgärten durch Anlagen verdrängte, die der freien Natur nachgebildet waren. Sie hatten einen betont landschaftl. Charakter, zeigten weite Rasenflächen, dazwischen Baumgruppen, Ruinen, Pavillons u. a. bauliche Unterbrechungen, wie sie dem romant. Naturbild entsprachen. Diese *Englischen Gärten* wurden im 18. und 19. Jh. bes. in Dtld. künstler. nach- und fortgebildet, so in dem von F. L. von → Sckell aus einem Barockgarten erweiterten ›Englischen Garten‹ in München, im Wörlitzer Park bei Dessau, in den Parkanlagen des Fürsten → Pückler-Muskau, in dem von F. von Hohenberg umgestalteten Schloßpark von Schönbrunn und dem von P. J. → Lenné geschaffenen Berliner Tiergarten. Die neueste Zeit hat neue Lösungen nur auf kleinstem Raum versucht. Der öffentl. Garten als Erholungslandschaft des Stadtbewohner bietet die Möglichkeit künstlerisch großzügiger Gestaltung.

**Gartenlattich** → Lattich.
**Gartenlaube, Die,** in der 2. Hälfte des 19. Jh. verbreitete einflußreiche Zschr. (Aufl. 1875: rd. 400 000); von *Ernst Keil* 1853 in Leipzig gegr., erschien nach Besitzwechsel und Fusionierungen bis 1943. Der unterhaltsam-belehrende ›G.-Stil‹ wurde vielfach ironisiert.
**Gartenlaubkäfer** *(Kleiner Rosenkäfer; Phyllopertha horticula)*, ein blaugrüner → Blatthornkäfer mit dunkelbraunen Flügeldecken, 1 cm lang; kann durch Blattfraß an Obstbäumen schädlich werden.
**Gartenlaufkäfer** → Laufkäfer.
**Gartenpflanzen,** die Zuchtformen wildwachsender Pflanzen oder fremdländ. Gewächse, die wegen ihres Aussehens oder Nutzens in

**Gartenkunst:** Im 18. Jh. machte sich ein neuer, aus England kommender Gartenstil geltend, der geometrische Stil des Barock wurde durch Ideen von freier Natürlichkeit abgelöst, wie sie J.-J. Rousseau propagierte (Romantische Gartenlandschaft, Stich von Salomon Geßner).

## Gartensalat

**Gartenpflanzen:**
**1** Gladiole; **2** Dahlie; **3** Stockrose; **4** Rittersporn; **5** Rose; **6** Königslilie; **7** Federnelke; **8** Kokardenblume; **9** Tränendes Herz; **10** Hyazinthe; **11** Studentenblume; **12** Pfingstrose; **13** Schwertlilie; **14** Tulpe; **15** Stiefmütterchen; **16** Tausendschön; **17** Schleifenblume. – In voller Sonne gedeihen am besten: 1, 3, 5, 7, 8, 10, 13, 14; auch in leichtem Schatten: 2, 4, 6, 9, 11, 12 (liebt Morgensonne), 15, 16, 17; Zwiebeln können im Winter und Sommer im Boden bleiben: 6, 10, 14; Zwiebeln bzw. Knollen müssen im Herbst herausgenommen werden: 1, 2; winterhart sind: 3, 4, 5 (Winterschutz durch Reisig!), 6, 7, 9 (Schutz bei Spätfrost im Frühjahr!), 10, 12, 13, 14, 15, 16, 17; einjährig sind: 8, 11; Pflanzzeit im Frühjahr, wenn Frostgefahr vorüber: 1, 2, 8, 11, im Hochsommer oder Frühherbst: 6, 13, im Frühjahr oder Herbst: 3, 4, 5, 7, 9, 12, 15, 16, 17, im Herbst: 10, 14; von vielen Gartenpflanzen gibt es Hunderte oder sogar Tausende (z. B. 5, 13, 14) von Zuchtformen.

Gärten und Gärtnereien kultiviert werden.
**Gartensalat** →Lattich.
**Gartenschau** (*Gartenbauausstellung*), nationale oder internat. öffentl. Leistungsschau des Gartenbaus mit bleibenden Park- und Gartenanlagen; in der BR Dtld. findet alle zwei Jahre eine →Bundesgartenschau, alle zehn Jahre die →Internationale Gartenbauausstellung statt.
**Gartenschierling** →Hundspetersilie.
**Gartenschläfer** →Schlafmäuse.
**Gartenschnirkelschnecke,** Art der →Schnirkelschnecken.

**Gartenspötter** →Gelbspötter.
**Gartenstadt,** Stadt in lockerer Bauweise bei hohem Flächenanteil von meist öffentl. Grünanlagen, in der Nachbarschaft einer Großstadt. Versch. Pläne in England verwirklicht. Dt. G.-Gesellschaft zu Beginn des 20. Jh. gegr. Das Prinzip der G. ist den ungesunden Wohnverhältnissen der Gründerzeit entgegengestellt. Heute werden auch Vororte einer Großstadt mit Einfamilienhausbebauung und Gärten als G. bezeichnet.
**Garthog,** tibet. Stadt →Gartok.
**Gartmann,** Heinz, Raketeningenieur, Fachschriftsteller, *12.12.

# Garuda

1917 Dessau, †7.8.1960 Stockholm; war an der Entwicklung der ersten Strahltriebwerke beteiligt, schrieb u. a. ›Träumer, Forscher, Konstrukteure‹ (1954). Mitbegründer der Internat. Astronautischen Föderation.

**Gartner,** Jörg, Bildhauer, 1505–30 in Passau nachweisbar; später Vertreter des gotischen Stils; schuf Grabmäler u. a. für die Spitalkirche in Burghausen, den Dom in Passau und die Dominikanerkirche in Regensburg.

**Gärtner,** Eduard, Maler, *2.6.1801 Berlin, †22.2.1877 ebenda; Bilder von Straßen und Plätzen Berlins im Stil des Biedermeier.

**Gärtner,** Friedrich Ritter von (ab 1837), Architekt, Sohn von Johann Andreas G., *10.12.1792 Koblenz, †21.4.1847 München; ab 1842 Dir. der Akad. in München; Generalinspektor der bayr. Kunstdenkmäler; Leiter der →Nymphenburger Porzellanmanufaktur; zahlr. Bauwerke in München (Gestaltung der Ludwigstraße).

**Gärtner,** Johann Andreas, Architekt, *10.8.1744 Dresden, †15.11.1826 München; wirkte ab 1804 als Hofbauintendant in München.

**Gärtner** →Garten.

**Gärtnerei** *(Gartenbaubetrieb),* auf erwerbswirtschaftl. Ziele ausgerichteter Betrieb zur Kultivierung und Verwertung von Nutz-, Zier- und Nahrungspflanzen, meist bei großer Spezialisierung: z.B. Zierpflanzen-G., Gemüse-G., Schnittblumen-G.; auch Garten- und Landschaftsbaubetrieb, Stadt-G. (→Garten).

**Gärtnerin aus Liebe, Die** →finta giardiniera, La.

**Gärtnerkonstruktion,** Mathematik: →Fadenkonstruktion.

**Gärtnerlaubenvögel** *(Amblyornis),* eine Gattung der →Laubenvögel; Männchen teils mit langem gelbem oder orangefarbenem Schopf, den sie bei der Balz zeigen; Bergwälder Neuguineas. Der Gelbhauben-Gärtnervogel *(Amblyornis macgregoriae)* errichtet für die Balz ein geschmücktes Bäumchen, der Schmucklose Gärtnervogel *(Amblyornis inornatus)* eine zeltartige Hütte.

Garuda: Der Vishnu zugeordnete König der Vögel und Vernichter der Schlangen. Katmandu, Nepal

**Gartok** *(Geer, Garthog),* fast 4500 m hoch gelegene Handelsstadt in SW-Tibet, durch eine nur im Sommer offene Straße mit Sinkiang im N und Lhasa im O verbunden; von Indien beansprucht.

**Garua,** Stadt in Kamerun: →Garoua.

**Garúa** [span.] *die,* Nebel der chilen.-peruan. Küstenwüste; Bildungsstätte ist der kalte Humboldtstrom vor der Küste.

**Garuda** [Sanskrit ›Verschlinger‹], in der hinduist. Mythologie halbgöttl. Wesen, meist dargestellt als Mensch mit Adlerkopf, Flügeln und

Friedrich von Gärtner: Feldherrnhalle in München (1840–44)

## Gärung

Krallen. G. wird als König der Vögel und Vernichter der Schlangen (Nagas) bezeichnet und symbolisiert den Wind und die Sonne; Tragtier → Vishnu.

**Gärung,** Abbau organ. Verbindungen unter Ausschluß von Luftsauerstoff durch → anaerobe Mikroorganismen (Bakterien, Hefen, Pilze), die so, entspr. anderen Lebewesen durch → Atmung, Energie gewinnen. Nach den Endprodukten unterscheidet man 1. *alkoholische G.*, bei der Hefen gärungsfähige Zucker zu Ethylalkohol (→ Alkohol) und → Kohlendioxid abbauen; 2. *Milchsäure-G.* durch *Streptococcus lactis*, bedingt das Sauerwerden der Milch, wichtig bei Sauerkrautbereitung und Konservierung des Silofutters (→ Gärfutter); 3. *Buttersäure-G.* durch Clostridium-Arten, an der Zersetzung des Fallaubs beteiligt; 4. *Zitronensäure-G.* durch Schimmelpilze. – Die sog. Essigsäure-G., die Essigsäure aus Alkohol entstehen läßt, ist keine echte G.; erfolgt mittels Luftsauerstoff (→ alkohol. Gärung, → Glykolyse).

**Gärungsalkohol,** Bez. für Ethanol, gewonnen durch → alkoholische Gärung, im Ggs. zu synthetischem Alkohol aus industriellen Prozessen, z. B. beim → Brennen von Branntwein.

**Gärungsdyspepsie,** *Medizin:* Störung der Kohlenhydratverdauung; Blähungen, Erbrechen, Durchfall, bes. nach Genuß von rohem Obst, Most usw.

**Gärungsenzym,** veraltet für *Zymase* (→ alkoholische Gärung).

**Garve,** Christian, Philosoph, *7. 1. 1742 Breslau, †1. 12. 1798 ebenda; Popularphilosoph der dt. → Aufklärung; Vermittler der engl. Moralphilosophie des 18. Jh. nach Dtld.; Übersetzer griech. Philosophen.

**Gärverschluß,** N-förmig geformtes Glasröhrchen, z. T. mit Flüssigkeit gefüllt; zum Verschluß von Gärgefäßen; erlaubt das Entweichen von → Gärgasen und verhindert das Eindringen von Luft-Sauerstoff und unerwünschten Mikroorganismen.

**Gary** [gɛrɪ], amerik. männl. Vorname.

**Gary** [garí], Romain (eigtl. *Roman Kassew*), frz. Diplomat und Schriftst. russ. Herkunft, *8. 5. 1914 Wilna, †(Freitod) 2. 12. 1980 Paris; Romane: ›Die Wurzeln des Himmels‹ (57; ›Les racines du ciel‹, 56), ›Du hast das Leben noch vor Dir‹ (79; ›La vie devant soi‹, 75).

**Gary** [gɛrɪ], Industriestadt in Indiana (USA), 1906 im Sumpf- und Dünengelände am Südende des Michigansees gegr., mit 120000 E. (über 55% Schwarze); mit Vororten 600000 E.; zweitgrößtes Stahlzentrum der USA (gehört zum → Calumet District).

**Garza García** [garθa garθia], Stadt in NO-Mexiko mit 90000 E., im Gliedstaat Nuevo León, nahe → Monterrey gelegen.

**Garzinie** *(Garcinia),* artenreiche trop. Gattung der → Hartheugewächse. In Südasien der Mangustobaum *(Garcinia mangostana)* mit schmackhaften Früchten (Mangostanen); der Bitterkolabaum *(Garcinia cola)* liefert Samen für Fettherstellung; einige Arten liefern → Gummigutt.

**Gas** [von griech. *chaos*, seit 1600 gebräuchl.], physik. → Aggregatzustand, bei dem die anziehenden zwischenmolekularen Kräfte so schwach sind, daß sich der betreffende Stoff in jedes freie Volumen hinein ausbreitet. Bei genügend ho-

**Gas:** Die Maxwellsche Geschwindigkeitsverteilung von Gasmolekülen bei verschiedenen Temperaturen; die Größe $W$ bezeichnet die Wahrscheinlichkeit, in einem Volumenelement ein Teilchen mit einer bestimmten Geschwindigkeit anzutreffen.

# Gasanalyse

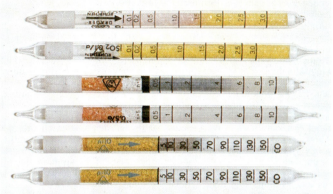

her Temp. läßt sich jeder Körper durch Verdampfen aus dem flüssigen oder durch Sublimieren aus dem festen in den gasförmigen Zustand überführen. Das Verflüssigen eines G. ist unterhalb der jeweiligen kritischen Temperatur bei genügend hohem Druck möglich (→Gasverflüssigung, →Luftverflüssigung). Man unterscheidet die Modellvorstellung des →idealen Gases vom →realen Gas. Bei idealen G. werden die Atome als harte, elastische Kügelchen angesehen, die – außer beim Zusammenstoß – keine Kräfte aufeinander ausüben. Das ideale G., das auch nicht verflüssigt werden könnte, ist trotzdem als Modellgas von großer Bed., es gehorcht der Zustandsgleichung $pV = nRT$; dabei ist $p$ der Gasdruck, $V$ das vom G. eingenommene Volumen, $n$ die Anzahl der →Mole, $R$ die molare Gaskonstante (8,31 Joule/KelvinMol) und $T$ die Gastemperatur in Kelvin. Die Gasgesetze (Boyle-Mariottesches Gesetz, Gay-Lussacsches Gesetz) leiten sich daraus ab. Bei genügend hoher Temp. und Verdünnung gehorchen auch die wirklich vorhandenen G. diesem Gesetz; die Atome dieser *realen* G. üben jedoch bei niedrigen Temp. *van-der-Waalssche-Kräfte* (→Waals) aufeinander aus, die zur Verflüssigung führen können. – Techn. G. dienen als Brennstoffe und für chem.-techn. Prozesse, die wichtigsten G. sind →Luft, →Wassergas, →Acetylen, →Generatorgas, →Erdgas, →Knallgas und Kokereigas bzw. →Leuchtgas (→Gaserzeuger).

**Gasa** [ga̱za] *(Gaza, Ghaza, Ghasa, Ghazze)*, Stadt und Grundwasseroase im südpalästinens. Küstengebiet, zählt als Agglomeration von Alt-G., Neu-G., Strandlagern und vielen Flüchtlingsansiedlungen im →Gasastreifen über 600 000 E. – G. war eine der fünf Hauptstädte der Philister, im 12. Jh. Kreuzfahrerbesitz; es teilte in besonderem Maße das polit. Schicksal des syr.-palästinens. Landbrücke. Bekannt aus dem Feldzug Napoleons I. 1799, den Palästinakämpfen im I. Weltkrieg 1916/17 und durch die ägypt.-israel. Friedensverhandlungen Ende der siebziger Jahre.

**Gasabszeß,** Entzündung bei einer Mischinfektion von Eitererregern und gasbildenden anaeroben Bakterien (→anaerob); im Unterschied zum →Gasbrand keine Gasbildung in der Muskulatur.

**Gasanalyse** *(Gasometrie)*, ein Teilgebiet der →chemischen Analyse zur Bestimmung der Zusammensetzung von Gasen nach Art und Menge der einzelnen Bestandteile. Vor der G. muß die Art der Gase durch eine systemat. Vorprobe (auf Brennbarkeit, Geruch, Farbe, Verhalten gegenüber best. Reagenzien) ermittelt werden. Zur quantitativen G. dienen sog. Gasbüretten (→Bürette), aus denen das Gasgemisch nacheinander mit absorbie-

*Gasanalyse: links* verschiedene Prüfröhrchen jeweils im unbenutzten und benutzten Zustand; ganz unten Prüfröhrchen für Kohlenmonoxid-Konzentrationen zwischen 5 und 150 ppm (angezeigt werden 50 ppm), in der Mitte Prüfröhrchen für nitrose Gase im Konzentrationsbereich zwischen 0,5 und 10 ppm (angezeigt werden 5 ppm), ganz oben Prüfröhrchen für Schwefeldioxid-Konzentration zwischen 0,1 und 3 ppm (angezeigt werden 1,5 ppm); *rechts* Gasspürgerät, bestehend aus Pumpe und Prüfröhrchen

## Gasan-Kuli

renden Flüssigkeiten in Berührung gebracht wird, wobei der jeweils übrigbleibende Rest das Volumen der absorbierten Gase anzeigt (→Orsat-Apparat). Bei großen Gasmengen kann auch die Gewichtszunahme der Absorptionsmittel durch Wägen bestimmt werden. Physik. Methoden der G. bestehen in der Messung des Lichtbrechungsindex (→Interferometer), elektr. Messung der →Wärmeleitfähigkeit oder der Bestimmung von Verfärbungen von Reagenzien durch Gase oder →Indikatoren, z. B. im *Dräger-Gasspürgerät*, das aus einer Pumpe und dem betreffenden Prüfröhrchen besteht. Das Prüfröhrchen wird nach Abschneiden seiner beiden zugeschmolzenen Enden mit einer Spitze in die Pumpenöffnung gesteckt, mit dem Balg wird eine vom Hersteller für das betreffende Röhrchen vorgeschriebene Anzahl von Hubbewegungen ausgeführt, wobei jedesmal 100 cm³ Luft durch das Röhrchen gesaugt werden. Eine in der Anzeigeschicht auftretende Verfärbung signalisiert die Gaskonzentration. In automatischen G.-Geräten (→Analysenautomat) werden solche Verfärbungen durch lichtelektrische Meßgeräte auch quantitativ ausgewertet. Die G. ist wichtig zur Abwendung von Gefahren (→Grubengas, →Leuchtgas) und zur technischen Kontrolle von Abgasen (z. B. Verbrennungsgase, Gichtgas bei der Eisengewinnung).

**Gasan-Kuli,** Stadtsiedlung im SW Turkmenistans; Fischverarbeitung; Herst. von Teppichen; nahebei Vogelschutzgebiet.

**Gasanzünder,** Vorrichtung zum Entzünden brennbarer Gas-Luft-Gemische. Beim *Reibzünder* wird durch Reibrad oder Reibplatte der Zündfunke vom Cereisen-Feuerstein abgerieben. *Elektr. G.* benutzen einen Glühdraht oder elektr. Funken (piezoelektr. Zündung) zur Zündung, *katalytische G.* ein Stück Platinschwamm, der durch Wasserstoffaufnahme aus dem Gemisch aufglüht. In automat. Gashaushaltgeräten brennt eine kleine Gas-Zündflamme (→Feuerzeug).

**Gasastreifen** [gaza-], ein etwa 363 km² großer Küstenstrich im südl. Palästina mit der Stadt →Gasa; im israel. Unabhängigkeitskrieg 1948 von Ägypten, 56/57 kurzfristig von Israel besetzt. Ab 62 ›unabhängiges Territorium‹ unter dem Schutz der UN; 67 erneut von Israel besetzt, Militärverwaltung. 79 wurde von →Begin (Israel) und →Sadat (Ägypten) ein Autonomie-Status für den G. vereinbart. Ab Ende 87 Streiks und Demonstrationen gegen die israel. Besatzungsarmee; im Sept. 93 wurde zw. der israel. Regierung und der Palästinens. Befreiungsfront (PLO) ein Teilautonomie-Abkommen für den G. ausgehandelt.

**Gasaustausch,** der Austausch von Gas zw. Organismus und Außenmedium; erfolgt beim Menschen in der Lunge.

**Gasautomat** *(Münzgasmesser),* Gaszähler, der eine bestimmte Menge Gas nach Einwurf einer Münze zum Verbrauch freigibt.

**Gasbad,** Aufenthalt in einem mit Gas (z. B. mit Kohlendioxid oder mit Schwefelwasserstoff) gefüllten Raum, meist einem Holzkasten, der Kopf bzw. Oberkörper frei läßt; zur Behandlung von Herz- und Kreislaufschwäche, Hautkrankheiten.

**Gasbehälter** →Gasspeicher.

**Gasbeleuchtung,** Lichterzeugung durch Verbrennung von Gasen; Acetylen-Luft-Gemisch gibt hellleuchtende Flamme. Bis zur Einführung der Elektrizität erfolgte die Raum- und Straßenbeleuchtung durch Leuchtgas, das beim Verbrennen einen →Glühstrumpf erhitzte und ihn zur hellen Weißglut brachte. Dieses *Gasglühlicht* wurde von →Auer von Welsbach erfunden, wird heute vielfach für Camping, Wohnwagenbeleuchtung u. a. mit Flüssiggas (Butan, Propan) genutzt.

**Gasbeton,** ein Leichtbeton, der durch gasentwickelnde Zugaben aufgetrieben wird und porig erstarrt; bes. zur Wärmedämmung.

**Gasbrand, 1)** *Medizin: (Gasödem, Gasphlegmone),* schwere Wundinfektion durch →Clostridien, die sich nur bei Luftabschluß, daher in

# Gascoyne

tiefen, gequetschten Wunden, entwickeln können. Gewebszerfall durch Bakteriengifte; das sehr schmerzhafte Wundgebiet wird durch Gewebswasser und Fäulnisgase aufgetrieben; häufig tödl. Kreislaufschädigung. Behandlung durch breite Eröffnung (evtl. Amputation), Sauerstoffüberdrucktherapie, Antibiotika (Penicillin, Metronidazol), Intensivbehandlung.
**2)** *Tiermedizin:* →Rauschbrand.
**Gasbrandbakterien,** Bakterien der Gattung →Clostridium, die beim Menschen →Gasbrand verursachen können.
**Gascar,** Pierre (eigtl. *P. Fournier*), frz. Schriftst., *13.3.1916 Paris, †20.2.1997 Lons-le-Saunier; seine Romane, Novellen und Essays reflektieren weitgehend Erlebnisse seiner Jugend und des Krieges, aber auch das fragwürdig gewordene Verhältnis von Mensch und Natur.
**Gaschromatographie** [-kro-], ein Trennverfahren der →chemischen Analyse von Gasen und unzersetzt verdampfbaren Flüssigkeiten und Feststoffen, Teilgebiet der →Chromatographie. Auch unverdampfbare Substanzen lassen sich nach →Pyrolyse oder Bildung von Derivaten durch G. untersuchen. Wegen sehr guter Trennleistung, extremer Empfindlichkeit, hoher Schnelligkeit sowie der Möglichkeit zur Automatisierung (bes. bei Koppelung mit einem →Massenspektrographen; →Analysenautomat) ist die G. zu einem der wichtigsten Analyseverfahren geworden. Sie beruht auf der Auftrennung der Komponenten eines Gemisches durch Verteilungsvorgänge zw. einer stationären (festen oder flüssigen) und einer mobilen, gasförmigen Phase (Edelgase, Stickstoff, Wasserstoff). Bei der *Gas-Fest-Chromatographie* ist die stationäre Phase ein Adsorbens (→Adsorbenzien), bei der *Gas-Flüssig-Chromatographie* befindet sich die flüssige stationäre Phase entweder auf der Innenoberfläche einer Trennsäule als dünner Film oder auf einem Trägermaterial mit großer Oberfläche und enger Kornverteilung, das in die Trennsäule gefüllt wird. Zur

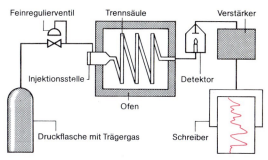

Anzeige der die Trennsäule verlassenden Fraktionen mit versch. Retentionszeiten dienen u.a. auf Ionisation oder Wärmeleitfähigkeit ansprechende →Detektoren (→Headspace-Analyse).
**Gaschurn,** flächenmäßig größte Gemeinde Vorarlbergs, 1700 E.; Fremdenverkehrsort im →Montafon, am Fuße der →Silvretta-Hochalpenstraße.
**Gascogne** [gaskɔnj] (das alte *Vasconia, Waskonien:* ›Baskenland‹), Landschaft in SW-Frankreich, zw. Pyrenäen und Garonne, weite Heide- und Forstflächen, Bed. der Landw. durch künstl. Bewässerung; Erdöl- und Erdgasfelder um Lacq und →Parentis-en-Born. – Erhielt seinen Namen von den →Basken, die zw. 560 und 600 eindrangen; Ende des 6.Jh. als selbständiges Hzgt. dem →Fränkischen Reich eingegliedert; Mitte des 11.Jh. mit →Aquitanien vereinigt.
**Gascoigne** [gæskɔɪn], George, engl. Dichter, *um 1530 Bedford, †7.10.1577 Bernack (bei Stamford); bahnbrechend für die engl. Lit. durch Einführung neuer Gattungen: Maskenspiel, Prosakomödie und Prosaerzählung (mit Alltagsschilderung).
**Gascoyne** [gæskɔɪn], David Emery, engl. Schriftst., *10.10.1916 Harrow (heute zu London); in den 30er Jahren Hauptvertreter der surrealist. Lyrik in Großbritannien, ehe er sich dem christl. Existentialismus zuwandte.
**Gascoyne** [gæskɔɪn] (*G. River*), period. Fluß in Westaustralien, 816 km lang, mündet in die Shark Bay des Indischen Ozeans.

**Gaschromatographie:** schematischer Aufbau eines Gaschromatographen; die vom Schreiber aufgezeichnete Kurve ermöglicht die Identifizierung der zu analysierenden Substanz.

● **Gascogne:** Karten →Angevinisches Reich; →französische Geschichte (die französischen Provinzen vor der Revolution von 1789)

## Gasdetektor

**Gasdetektor** →Gassuchgerät.
**Gasdiffusionsverfahren,** Methode zur Anreicherung von Kernbrennstoff, z.B. für den Einsatz in Leichtwasserreaktoren, nutzt die unterschiedl. Diffusionsgeschwindigkeit verschieden schwerer Atome oder Moleküle durch eine poröse Membran.
**Gasdruck,** der von den Teilchen eines →Gases auf die Behälterwände ausgeübte Druck.
**Gasdruckfeder,** Bauelement zur Abfederung von Körpern, besteht aus einem gasgefüllten Zylinder und einem passenden Kolben.
**Gasdynamik,** ein Teilgebiet der →Aerodynamik, befaßt sich mit schnellen Gasströmungen bei raschen Druckänderungen, wie z.B. in Dampf- und Gasturbinen oder Raketen.
**Gasel** →Ghasel.
**Gasembolie** →Aerämie.
**Gasentladung,** elektr. Entladung beim Durchgang eines Stromes durch ein →Gas oder ein →Plasma. Je nachdem, ob die Ladungen z.B. durch eine Glühkathode (→glühelektrischer Effekt) zugeführt werden bzw. durch →Strahlung erzeugt werden oder im Gas selbst durch Stoß- und Photo-Ionisation entstehen, spricht man von *unselbständiger* oder von *selbständiger G.*; letztere besteht auch nach Unterbrechen der primären Ladungserzeugung weiter. Eine G. brennt stationär, wenn jeder Ladungsträger für seinen eigenen Ersatz sorgt. Da stets einige Ionen im Gas vorhanden sind (z.B. durch die →Höhenstrahlung erzeugt), ist oberhalb einer bestimmten Zündspannung immer eine G. möglich; sie ist im allg. höher als die Spannung, bei der die G. im Betrieb brennt (Brennspannung). Man teilt die G. ein in die *Dunkelentladung* (bei geringer Stromstärke), die →Glimmentladung und bei großer Stromstärke die *Bogenentladung* (→Lichtbogen); eine →Funkenentladung ist eine schnell erlöschende Bogenladung. Techn. genutzt wird die G. v.a. in →Gasentladungsröhren.
**Gasentladungsröhre** (*Gasentladungslampe*), aus der →Geißlerschen Röhre entwickelte Lichtquelle. Die G. verwendet das durch die Gasentladung erzeugte Licht, das je nach Gasfüllung versch. gefärbt ist, z.B. rot bei Neon. Je nach Gasdruck unterscheidet man *Niederdruck-* und *Hochdruck-G.*; letztere zeichnen sich durch höhere Lichtausbeute aus. Zur Zündung der G. ist eine bes. Vorrichtung nötig. Das Licht der mit Xenon gefüllten Hochdruck-G. kommt dem Tageslicht sehr nahe (→Leuchtröhre, →Leuchtstofflampe). Weitere wichtige Bauarten: das →Ignitron und das →Thyratron.
**Gasentladungsstrecke,** ein einfaches elektr. Meßgerät zur Messung von elektr. Spannungen im Bereich von 5 bis 500 kV.
**Gaserzeuger,** Einrichtung zur Erzeugung techn. Gase. Es gibt 1. Erzeugung aus anorgan. Stoffen, z.B. →Acetylen aus Calciumcarbid und Wasser in einem Acetylen-Entwickler; 2. Gewinnung von Faulgas

**Gasentladung:** selbständige Gasentladung in verdünnter Luft bei zunehmender Evakuierung und einer Spannung von 6 kV (Bildfolge von *links oben* nach *rechts unten*)

(→Biogas), das sich in *Faultürmen* von Kläranlagen bei der Zersetzung organ. Stoffe bildet; 3. Entgasung fester oder flüssiger Brennstoffe unter Koksanfall in →Gaswerken und →Kokereien, wobei Leuchtgas, Koksofengas (→Ferngasversorgung) sowie Holzgas frei werden; 4. Spaltung von flüssigen und gasförmigen Brennstoffen (Flüssiggas, Leichtbenzin) in Spaltanlagen zur Erzeugung von *Spaltgas* an Stelle von Leuchtgas; 5. Vergasung von festen Brennstoffen (Steinkohle, Koks, Braunkohle) im *Gasgenerator*, wobei sich durch unvollkommene Verbrennung ein →Generatorgas mit hohem Kohlenmonoxidgehalt bildet. Durch die Zufuhr von Wasserdampf enthält man →Mischgas oder →Wassergas mit einem hohen Anteil an Wasserstoff. Das Generatorgas ist allein für die öffentl. Gasversorgung nicht verwendbar (kleiner Heizwert), daher Einführung der Druckvergasung von Steinkohle mit Sauerstoff und Wasserdampf zur Erzeugung von Steinkohlegas (→Kohlevergasung, →Kohlehydrierung).
**Gasfederung** →Luftfederung
**Gasfernzünder,** früher übliche Einrichtung zum Anzünden und Löschen einer →Gasbeleuchtung (Straßenlaterne) von zentraler Stelle aus. Durch Gasdruckstoß werden die Gasventile geöffnet und geschlossen; ständig brennende kleine Gasflamme (Beipaßflamme) zündet bei Ventilöffnung.
**Gasflasche,** nahtlos gezogener Druckbehälter zum Transport unter Druck stehender (bis zu 200 bar) oder verflüssigter techn. Gase. Um Verwechslungen zu vermeiden, sind Anstrich der G. und Anschlußstutzen gesetzlich vorgeschrieben. Nicht brennbare Gase besitzen einen Anschlußstutzen mit Rechtsgewinde, brennbare einen mit Linksgewinde, für Acetylen ist ein Bügelanschluß vorgeschrieben. Sauerstoff-G. sind blau angestrichen, Stickstoff-G. grün, brennbare Gase rot und Acetylen-G. gelb. Zur Entnahme von Gas aus G. sind Druckreduzierventile notwendig
**Gasgenerator** →Gaserzeuger

**Gasgesetze,** die das Verhalten idealer →Gase beschreibenden physik. Gesetzmäßigkeiten.
**Gasgleichung,** die für ideale →Gase geltende Zustandsgleichung über Druck, Volumen und Temperatur; für reale Gase gilt die durch Korrekturglieder erweiterte Gleichung nach J. D. van der →Waals.
**Gasglühlicht** →Gasbeleuchtung
**Gash-Delta** [gaʃ-], Binnendelta des Flusses Nahr al-Gash im O der Rep. Sudan, nördl. von Kassala; alljährlich Überflutung von rd. 25000 ha Land; die alluvialen Schwemmböden sind für den Baumwollanbau gut geeignet.
**Gasheizung** →Heizung
**Gasherbrum** [gæʃəbrum], Gebirgsgruppe im Karakorum, Pakistan: *G. I* (auch *Hidden Peak*) 8068m hoch, Erstbesteigung durch US-Expedition 1958; *G. II* 8035 m, Erstbesteigung durch eine österr. Expedition 1956.
**Gaskanal,** spezieller →Windkanal für Messungen des gasdynam. Verhaltens von Körpern in hyperschallschnellen Gasströmungen (ab 5facher Schallgeschwindigkeit); als Strömungsmedium dienen erwärmte Luft oder Helium.
**Gaskell** [gæskəl], Elizabeth Cleghorn, engl. Schriftstellerin, *29.9. 1810 Chelsea (London), †12.11. 1865 bei Alton (Hampshire); schilderte das Leben der Industriearbeiter: ›Mary Barton‹ (1848), ›North and South‹ (55). Ihr bekanntestes Werk ist die Dorfidylle ›Cranford‹ (53; dt. 1950).
**Gaskell** [gæskɛl], Sonia, niederl. Pädagogin, Choreographin und Ballettdirektorin, *14.4.1904 Vilkaviškis (Litauen), †9.7.1974 Paris; von Einfluß auf die Entwicklung des niederl. Balletts.
**Gaskessel** →Gasspeicher
**Gaskohle,** zur Gaserzeugung (→Leuchtgas) geeignete →Steinkohle mit 28–35% flüchtigen Bestandteilen, rd. 85% →Kohlenstoff sowie einem heizwert von 33000–34000 kJ/kg.
**Gaskonade** [nach der frz. Landschaft Gascogne] *die,* veraltet: Aufschneiderei; *Gaskogner,* Prahler.

# Gaskonstante

**Gaskrieg:** Rote-Kreuz-Schwestern leisten Gasvergifteten im I.Weltkrieg Erste Hilfe

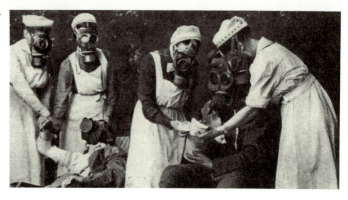

**Gasmesser:** Beim Flügelradzähler, der vor allem für größere Versorgungsleistungen Verwendung findet, treibt der Gasstrom an einer Rohrverengung ein Flügelrad an, das über eine Magnetkupplung einen Zähler in Bewegung setzt. Durch die magnetische Übertragung der Drehbewegung treten keine Dichtigkeitsprobleme auf.

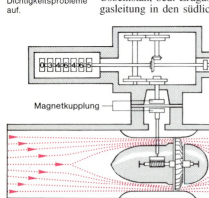

**Gaskonstante** → Gas.
**Gaskrieg,** Bez. für die Verwendung → chem. Waffen im I.Weltkrieg; erstmals am 22.4.1915 angewandt. Im II.Weltkrieg wurden keine chemischen → Kampfstoffe eingesetzt. Ihre Anwendung ist durch das Genfer Protokoll vom 17.6.25 verboten, nicht jedoch ihre Herst. und Lagerung. Einzelne Staaten unterhalten eine chem. Rüstung, alle modernen Armeen verfügen über entsprechende Abwehrtruppen (→ ABC-Abwehrtruppe).
**Gaslampe** → Lampe.
**Gaslaser** [-lɛɪzə], ein → Laser, dessen Licht durch Entladung in einem Gas erzeugt wird (z.B. Helium-Neon-Gemisch), Ggs. → Festkörperlaser.
**Gasli̩** *(Gazli)*, Wüstensiedlung mit 20 000 E. westl. von → Buchara in Usbekistan, bed. Erdgaslager; Erdgasleitung in den südlichen Ural.

**Gasmaske,** im I.Weltkrieg entwickeltes → Atemschutzgerät: eine Gesichtsmaske aus gummiertem Baumwollstoff mit zwei beschlagfreien Augenfenstern und je nach Bedarf auswechselbaren Filtereinsätzen zum Schutz gegen chem. → Kampfstoffe, heute auch Verwendung durch Feuerwehr, Technisches Hilfswerk und andere Organisationen. Durch Einbau von zusätzl. Filtern auch begrenzter Schutz vor radioaktiven Teilchen *(ABC-Schutzmaske).*
**Gasmesser** *(Gasuhr, Gaszähler)*, Gerät zur Messung verbrauchter Gasmengen. Der heute fast ausschließl. bei Haushalts-G. verwendete *trockene G.* besteht aus Kammern mit beweg. Ventile das strömende Gas abwechselnd einleiten. Die Wandverschiebungen werden von einem Zählwerk registriert. Für G. in Versorgungseinleitungen (z.B. Erdgas-Pipeline) finden vor allem *Drehkolbenzähler* und *Flügelzähler* Verwendung.
**Gasmotor,** ein Kolben-Verbrennungsmotor, der mit einem Gemisch von Luft und einem brennbaren Gas (z.B. → Leuchtgas, Kokereigas) betrieben wird; v.a. als ortsfeste Kraftmaschine für → Gichtgas in der Nähe von Hüttenwerken. Der Viertakt-Ottomotor (Benzinmotor) ist ein G., da er mit vergastem Benzin betrieben wird und leicht auf andere Brenngase (z.B. → Flüssiggas) umzustellen ist.
**Gasnebel,** leuchtende gasförmige

Nebel der Milchstraße (→ interstellare Materie).
**Gasödem** → Gasbrand.
**Gasofen,** ein → Industrieofen oder Raumheizgerät (→ Heizung), in dem die Heizwärme durch Verbrennung von Gas (Leucht-, Fern-, Erdgas) freigesetzt wird.
**Gasöl,** dünnflüssiges, brennbares Öl mit Siedepunkt zw. 200 °C und 360 °C, das durch fraktionierte → Destillation von Erdöl und Teer gewonnen und als Dieselkraftstoff und Heizöl verwendet wird (→ Benzin).
**Gasolin** *(Petrolether)*, sehr leicht siedendes → Benzin (40 °C–70 °C), das als erstes Produkt der fraktionierten → Destillation des Erdöls gewonnen wird.
**Gasölverbilligung,** Rückerstattung der Mineralölsteuer an die Land- und Forstwirtschaft.
**Gasometrie** → Gasanalyse.
**Gaspard de la nuit** [frz., gaspar də la nyi], drei Klavierstücke (1908) von Maurice Ravel; die Einzelstücke heißen: ›Ondine‹, ›Le Gibet‹ und ›Scarbo‹.
**Gasparo da Salò** (eigtl. *G. di Bertolotti*), ital. Geigenbauer, * 20. 5. 1540 Polpenazze del Garda, † 14. 4. 1609 Brescia; wirkte ab 1562 in Brescia.
**Gasparri,** Pietro, Kardinal (ab 1907), * 5. 5. 1852 Capovalloza de Ussita (Prov. Perugia), † 18.11.1934 Rom; erneuerte das kath. Kirchenrecht, Verf. der Vorrede zum → Codex Iuris Canonici; 1914–30 Kardinalstaatssekretär, maßgeblich am Abschluß der → Lateranverträge beteiligt.
**Gaspé,** Stadt im O der kanad. Prov. Quebec, am → Sankt-Lorenz-Golf, 17 000 E.; Naturhafen mit bed. Fischerei; hist. Museum.
**Gaspé-Halbinsel,** zur Prov. Quebec gehörige Halbinsel in Kanada, begrenzt von der St.-Lorenz-Mündung im N und der Baie de Chaleur im S, bergig (bis 1268 m) und waldreich; Fischerei, Holzgewinnung; Fremdenverkehr.
**Gaspendel** → Gasrückfuhr-Zapfpistole.
**Gasperi,** Alcide De → De Gasperi, Alcide.

**Gasphasen-Sequenator,** ein Gerät zur Bestimmung der → Aminosäuresequenz von → Proteinen und → Peptiden.
**Gasphlegmone,** in der Medizin: → Gasbrand.
**Gaspistole** → Schreckschußpistole.
**Gaspra,** ein → Planetoid, der als erster Vertreter dieser Himmelskörper im Oktober 1991 von der Raumsonde → Galileo aus einer Entfernung von 16 000 km photographiert wurde. G. zeigte sich als etwa 20 km langer und 13 km breiter Gesteinsbrocken, übersät von Einschlagskratern kleiner Meteoriten; das Alter wird auf 300–500 Mio. Jahre geschätzt (→ Ida).

**Gasnebel:** Lagunennebel im Sternbild Schütze

**Gasreinigung,** Abscheiden von Verunreinigungen (Staub, Wasser) aus Nutzgas durch Absetzkammern, Filter und Prallplatten *(trockene G.)*. Bei der *nassen G.* wird das verunreinigte Gas über Feuchtfilter (Öl oder Wasser) geleitet, wo sich der Staub niederschlägt. *Elektr. G.:* Beim Durchströmen einer Hochspannungskammer werden Fremdteilchen im Gas aufgeladen und an einer Fangelektrode niedergeschlagen. Zur G. dienen Kolonnen und Rieseltürme in Industrieanlagen, Eisenhydroxid (Lux- und Lautamasse) bei der Leuchtgaserzeugung sowie Waschflaschen in Labors.
**Gasrohr,** dünnwandiges Rohr, meist aus Stahlblech oder Kupfer, zur Fortleitung von Gas bei Drücken bis zu etwa 10 bar.

## Gasrückführ-Zapfpistole

Gasspeicher: Trocknungsanlage für Erdgas; hier wird die Feuchtigkeit abgeschieden, die das Erdgas während seiner Speicherung aus dem umliegenden Gestein aufgenommen hat.

● Gasspeicher: weitere Bilder → Untertagespeicher

Gasspeicher: Bohrlochköpfe auf einem unterirdischen Erdgasspeicher

**Gasrückführ-Zapfpistole** *(Gaspendel),* Vorrichtung, welche die beim Füllen von Tanks auftretenden Benzindämpfe in den sich entleerenden Tank zurückführt; in Dtld. seit 1.1.1993 Pflicht bei neuen Tankstellen.
**Gasruß,** bei unvollkommener Verbrennung von Leucht- oder Fettgas entstehender →Ruß; wird bei der Herstellung von →Gummi und als schwarzes →Pigment verwendet.
**Gasschutz,** die Maßnahmen gegen schädl. Wirkung von giftigen Gasen und Dämpfen, z.B. durch →Gasmasken oder G.-Raum.
**Gasselschlitten,** österr. für kleinen, einspännigen Pferdeschlitten.
**Gassendi** [gasɛ̃di], Petrus (eigtl. *Pierre Gassend*), frz. Naturforscher und Philosoph, * 22.1.1592 Champtercier (Provence), † 24.10.1655 Paris; Gegner des Aristotelismus und Anhänger der Atomistik von →Epikur(os); von Bed. für mechanist. Denken der Neuzeit.

**Gassendorf** →Straßendorf.
**Gassenhauer** [eigtl. ›Gassenbummler‹, später auch dessen Lieder und Tänze], seit dem 16. Jh. ein volkstüml. Lied; zuerst vewendet bei Christian Egenolffs ›Gassenhawerlin und Reutterliedlin‹ (1535); im 18. Jh. machten oft (obszöne) Melodien und Lieder aus Oper und Singspiel Karriere als G.; der damals nicht abschätzige Begriff wurde später vom Schlager verdrängt.
**Gassenlaufen** →Spießrutenlaufen.
**Gasser** [gæsə], Herbert Spencer, amerik. Physiologe, * 5.7.1888 in Platteville (WI), † 11.5.1963 New York; Forschungen über Funktion der Nervenfasern; 1944 Nobelpreis für Med., zus. mit Josef →Erlanger.
**Gassi** *(al-G.),* Erdölfeld (1959 entdeckt) in der ostalger. Sahara, südl. →Hassi-Messaoud.
**Gassicherung,** Vorrichtung bei Gasgeräten (Gasherd, Gasdurchlauferhitzer), welche die Gaszufuhr bei ungenügendem Gasdruck (bzw. Wasserdruck bei Durchlauferhitzern) oder beim Erlöschen der Flamme automat. schließt, um Vergiftungen und Explosionen durch brennbare Gase zu verhindern. Bei der *Druckmangelsicherung* schließt ein Ventil bei Unterschreitung eines bestimmten Gasdrucks. Die *Zündsicherung* arbeitet mit einem →Bimetall-Streifen, der bei Erwärmung durch eine kleine Zündflamme ein Ventil abhebt und die Gaszuleitung zum Brenner freigibt, bei Abkühlung dann wieder schließt.
**Gaßln** →Fensterln.
**Gassman,** Vittorio, ital. Film- und Theaterschauspieler, Regisseur, * 1.9.1922 Genua; bed. Darsteller des ital. Films, u.a. in ›Bitterer Reis‹ (1949), ›Krieg und Frieden‹ (55), ›Der Duft der Frauen‹ (75), ›Die Familie‹ (87).
**Gaßmann,** Florian Leopold, böhm. Komponist, * 3.5.1729 in Brüx, † 20.1.1774 Wien; ab 1774 in Wien; sein Werk steht stilistisch zw. Spätbarock und Frühklassik: 25 Opern (am bekanntesten →›La contessina‹, 1770), 54 Symphonien, Kammer- und Kirchenmusik; begr. 1771 die ›Tonkünstler-Societät‹ in

# Gastarbeiter

Wien zur Unterstützung der Witwen und Waisen von Musikern.

**Gasspeicher** (*Gasbehälter, Gaskessel*), Behälter zur Speicherung techn. Gase, der eine gleichmäßige Gaserzeugung bzw. die Belieferung eines Netzes bei schwankendem Verbrauch ermöglicht. Der ältere *nasse Gasbehälter* stellt eine Glocke mit teleskopartig ineinander verschiebbaren Zylinderteilen dar, deren offenes Unterteil je nach Gasfüllung mehr oder weniger weit in ein Wasserbad taucht, das auch als Gasabdichtung dient. In →Gaswerken und →Kokereien wird der *Niederdruckgasbehälter* verwendet. Der *trockene Gasbehälter* (*Scheibengasbehälter*, bis über 600 000 m³), hat einen feststehenden Zylindermantel, in dem eine mit Teer abgedichtete Scheibe auf der Gasfüllung auflastet und sich je nach Füllstand auf und ab bewegt. Gas von hohem Druck, z. B. Ferngas, wird in *Hochdruckgasbehältern* gespeichert, die große Gasmassen bei relativ kleinem Volumen aufnehmen. →Untertagespeicher dienen bei der →Ferngasversorgung zur Deckung von Winterspitzen. Hierbei werden riesige Gasmengen in erschöpfte Erdgasfelder oder in ähnlich geartete Erdformationen (poröser Sandstein) gepreßt, die unter einer gasundurchlässigen Gesteinsschicht die Ausbildung einer Gasblase gestatten. – G. für kleine Mengen techn. Gase wie Sauerstoff, Chlor, Acetylen werden als *Bomben* bezeichnet.

**Gasstoffwechsel,** die im →Stoffwechsel ausgetauschte Gasmenge; beim Menschen in Ruhestellung 200–250 ml/min, bei Schwerarbeit 3000–4000 ml/min.

**Gassuchgerät** (*Gasdetektor, Gasspürgerät*), Einrichtung zur Feststellung von (giftigen) Gasen; entweder durch →Diffusion: Das Gas dringt durch eine →semipermeable Wand und erzeugt dahinter Überdruck, oder durch Verfärbung chem. Substanzen durch das betreffende Gas ( →Gasanalyse).

**Gast,** Mannschaftsdienstgrad der Marine in bestimmter Verwendung, z. B. Steuermanns-G., Signal-G.

**Gastanker,** Spezialschiffe zum Transport verflüssigten Erdgases (→Flüssigerdgas).

**Gastarbeiter,** ausländ. Arbeitnehmer, die im Inland als unselbständige Erwerbstätige beschäftigt sind. G. benötigen zur Aufnahme einer Beschäftigung in der BR Dtld. außer einer Aufenthaltserlaubnis eine →Arbeitserlaubnis, sofern sie aus Nicht-EU-Ländern stammen. G. aus Nicht-EU-Ländern dürfen im Ggs. zu G. aus EU-Ländern nur durch die Bundesanstalt für Arbeit vermittelt und nur auf der Grundlage zwischenstaatl. Verträge angeworben werden. 1992 betrug die Zahl der in Dtld. (West) beschäftigten ausländischen Arbeitnehmer 2,0 Mio. oder 8,5% aller abhängig Beschäf-

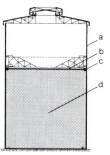

**Gasspeicher** (Scheibenbehälter für Stadtgas): **a** Behälterwand, **b** in a senkrecht bewegliche Scheibe, **c** Flüssigkeitsrinne zur Dichtung, **d** eingeschlossene Gasmenge unter Druck von b

**Gastanker:** Der Flüssigerdgas (Liquefield Natural Gas, LNG) transportierende Tanker ›GIMI‹ hat ein Fassungsvermögen für 126 277 m³ verflüssigtes Erdgas, das entspricht rd. 76 Mio. m³ Erdgas unter Normaldruck. Das auf −160 °C abgekühlte, verflüssigte Gas befindet sich in nach außen stark isolierten Tanks, deren oberer Teil zusammen mit den Einrichtungen für die Be- und Entladung das Schiffsdeck weit überragt.

# Gastein

**Gastrulation:** *oben* Querschnitt durch Gastrula (Blasenkeim); *Mitte* beginnende Einstülpung *(Pfeil)*; *unten* Ausbildung von außen gelegenem Ektoderm (weiß) und innen gelegenem Entoderm (schwarz), aus dem dann das Mesoderm hervorgeht, das sich zwischen Ektoderm und Entoderm schiebt.

tigten. Die Zahl der in Dtld. (West) lebenden Ausländer belief sich demgegenüber auf rund 5,7 Mio. (→Europäische Wirtschaftsgemeinschaft). – In *Österr.*: 267 000 ausländische Arbeitnehmer, in der *Schweiz:* 990 000 (1991).
**Gastein,** Siedlungen im *Gasteiner Tal* (von der *Gasteiner Ache* durchflossen) in den Hohen Tauern, Land Salzburg. Bei 830 m ü. M. das noch dörfl. *Dorfgastein* mit 1400 E.; *Bad Hofgastein* (um 860 m) mit 6000 E. und *Badgastein* (bei 1050 m) mit 5600 E. sind weltbekannte Badeorte mit 19 radiumhaltigen Thermalquellen, neuerdings auch Wintersportplätze; der Ort Böckstein liegt bei 1150 m am Nordausgang des Tauerntunnels, durch den das Gasteiner Tal durchfahrende Tauernbahn nach Mallnitz in Kärnten führt. Im Gasteiner Tal während des MA Goldbergbau.
**Gasteiner Konvention,** am 14. 8. 1865 zw. Österr. und Preußen in Badgastein geschlossener Vertrag; letzte gütl. Vereinbarung zw. den beiden Mächten vor dem →Deutschen Krieg: Österr. erhielt die Verwaltung Holsteins, Preußen die Schleswigs. Lauenburg ging gegen finanzielle Entschädigung Österr. an Preußen über.
**Gasteiner Symphonie,** Name der verlorenen Symphonie (D 849) von F. →Schubert, die dieser um 1825 im Tiroler Gastein schrieb.
**Gaster,** griech. für →Magen.
**Gasteropelecidae,** Fischfamilie: →Fliegende Fische.
**Gasterosteidae** →Stichlinge.
**Gasthermometer,** ein →Thermometer, dessen Arbeitsweise auf dem Verhalten eines →idealen Gases beruht. Bei tiefen Temp. bis etwa 15 K muß man deshalb Helium oder Wasserstoff als Füllgas verwenden. Mit dem G. läßt sich die →absolute Temperatur direkt bestimmen.
**Gasthörer,** in Univ. und anderen Hochschuleinrichtungen Teilnehmer an Lehrveranstaltungen mit Sonderstatus. Das Studium als G. berechtigt nicht zur Ablegung akad. Prüfungen.
**Gastmahl der Liebe,** Film von P. P. →Pasolini (1963).

**Gastọldi,** Giovanni Giacomo, ital. Komponist, *um 1550 Caravaggio, †1622; Tanzlieder, Madrigale.
**Gaston** [gastõ], in Frkr. und Belgien verbreiteter männl. Vorname.
**Gastralgie** [griech.], Medizin: Magenkrampf.
**Gastralraum** →Schwämme.
**Gastralsie** [griech.], Med.: Magenschmerz, Magenkrampf.
**Gastrektasie** [griech.], Medizin: →Magenerweiterung.
**Gastrektomie,** operative Entfernung des Magens.
**Gastrin** →Gewebshormone.
**Gastriole,** Syn. für Nahrungsvakuole (→Vakuole).
**Gastritis** →Magenschleimhautentzündung.
**gastr(o)-** [griech.], Vorsatz mit den Bed. ›Magen-, Bauch-‹; Beispiel: →Gastroskopie.
**Gastroduodenostomie** [griech.-lat.], operative Herstellung einer (künstl.) Verbindung zw. Magen und Zwölffingerdarm.
**Gastrodynie** [griech.], krampfartiger Magenschmerz.
**Gastroenteritis,** Magen-Darm-Entzündung: →Darmentzündung.
**Gastroenterologe,** auf Erkrankungen des Magen-Darm-Bereiches spezialisierter Arzt.
**Gastroenterologie** [griech.], Wiss. der Magen- und Darmkrankheiten.
**gastrogen** [griech.], vom Magen ausgehend.
**gastrointestinal** [griech.-lat.], Magen und Dünndarm betreffend.
**gastrointestinale Hormone,** Hormone, die Verdauung und Absorption von Nahrungsstoffen steuern und z. T. auch Hunger und Sättigungsgefühl in →Hypothalamus regulieren (Gastrin, Sekretin, Enteropeptidase u. a.).
**Gastrokamera** [lat.-griech.], verschluckbarer photograph. Apparat in Kleinstformat, von der →Gastroskopie abgelöst.
**gastrokardiales Syndrom,** Verlagerung und Beengung des Herzens durch Hochstand des Zwerchfells; verursacht durch Blähungen im Magen- oder Darmbereich.
**Gastrolith** [griech.], Magenstein.
**Gastrologie,** Lehre vom Magen und seinen Erkrankungen.

**Gastromalazie** [griech.], saure Erweichung, Selbstverdauung des Magens (Leichenerscheinung).
**Gastromegalie** [griech.], abnorme Vergrößerung des Magens.
**Gastromycetales** →Bauchpilze.
**Gastronomie** [griech.], **1)** Gaststättengewerbe; **2)** Kochkunst.
**Gastropacha** →Glucken.
**Gastroparese** [griech.], Erschlaffung, Muskelschwäche des Magens.
**Gastropathie** [griech.], Sammel-Bez. für Magenleiden.
**Gastropexie** [griech.], Anheftung des Magens an die Bauchwand bei Magensenkung.
**Gastrophilus** →Magenbremse.
**Gastropoda** →Schnecken.
**Gastrorrhagie** [griech.] →Magenblutung.
**Gastroskopie** [griech.] *(Magenspiegelung)*, Besichtigung des Mageninneren mit Hilfe eines mit Faseroptik und Kaltlicht versehenen Gerätes, des *Gastroskops* (→Endoskop), das durch Mund und Speiseröhre in den Magen eingeführt wird; auch mit Vorrichtung zur Entnahme von Gewebestückchen (→Biopsie). Mit aufschraubbarer Kamera kann das Mageninnere photographiert werden.
**Gastrospasmus** [griech.] *(Magensteifung)*, krampfhafte, bretthart Zusammenziehung der Magenmuskulatur.
**Gastrostomie** →Magenfistel.
**Gastrotheca** →Laubfrösche.
**Gastrotomie** [griech.], operative Öffnung des Magens, Magenschnitt.
**Gastrulation,** *Biol.:* kurze und krit. Phase der Embryonalentwicklung. Im Verlauf der G. bilden sich Ektoderm und Entoderm (→Entwicklung); außerdem beginnt die Synthese der für die Weiterentwicklung notwendigen →RNA. Die für die →Furchung benötigte RNA wird während der Reifung des →Eies bereitgestellt. Das Stadium der G. heißt *Gastrula* (Becherkeim).
**Gastspiel,** Darbietung eines Bühnenkünstlers oder -ensembles an einer fremden Bühne; oft als Station einer *G.-Reise* (Tournee), die über mehrere Bühnen des In- oder Auslandes führt.

**Gaststätte,** Betrieb, der gewerbsmäßig Nahrung und Getränke verabreicht (Gastwirtschaft, Restaurant, Café, Stehbierhalle, Weinstube, Bar) oder Unterkunft gewährt (Gasthof, Pension, Hotel). Urformen antike Taverne und mittelalterl. Herberge. Betreiben einer G. nur mit gewerbepolizeil. Erlaubnis (→Konzession), deren Erteilung in der BR Dtld. von der Eignung und Zuverlässigkeit des Antragstellers sowie von der Eignung der Betriebsräume abhängt; geregelt durch G.-Gesetz vom 5.5.1970, in *Österr.* ähnlich geregelt durch GewO; *Schweiz:* kantonal geregelt (Art. 31 BV). Zusätzl. kann Bedarfsnachweis verlangt werden.
**Gastúne,** Kleinstadt im griech. Bezirk →Elis; Viehmarkt; nahebei Erzeugung von Korinthen.
**Gasturbine,** Strömungskraftmaschine ähnl. der Dampfturbine, die durch die Strömungsenergie heißer Gase betrieben wird und sie in mechan. Energie oder elektr. Strom umsetzt (→Turbine, für Flugzeuge →Strahltriebwerk).
**Gasturbinenkraftwerk** →Kraftwerk, bei dem Gas als Strömungsmedium verwendet und eine →Gasturbine eingesetzt wird.
**Gastwirt,** Inhaber einer →Gaststätte. In Beherbergungsbetrieben haftet er auch bei Nichtverschulden für Verlust oder Beschädigung der vom Gast eingebrachten Sachen, mit Ausnahme von Kfz und deren Inhalt sowie lebenden Tieren (§§ 701 ff. BGB; ähnliche Regelung in *Österreich:* §§ 970 ff. ABGB; *Schweiz:* Art. 487 ff. OR).

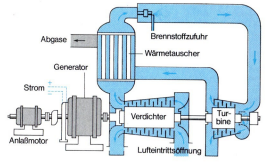

**Gasturbine:** Kreislauf der verschiedenen Treibstoff- und Abgassysteme innerhalb einer Gasturbine zur Stromerzeugung

# Gasuhr

**Gasuhr** →Gasmesser.

**Gasulla-Schlucht** [gasuja-], hist. Fundstätte mit Höhlenkunst in der spanischen Provinz Castellón de la Plena.

**Gasvakuolen**, vorwiegend mit Stickstoff gefüllte Hohlräume vieler Wasserbakterien (Cyanobakterien), die diese dazu befähigen, im Wasser zu schweben (→Wasserblüte).

**Gasverflüssigung**, das Überführen eines Gases in den flüssigen Aggregatzustand; die dazu erforderl. Maßnahmen sind bestimmt durch die Lage des sog. *kritischen Punktes* des betreffenden Gases, der durch *kritische Temp.* und *krit. Druck* definiert ist (→Thermodynamik). Solange die kritische Temp. des Gases nicht überschritten ist, gelingt die G. durch Erhöhung des Druckes und die damit verbundene Volumenverringerung, oberhalb der kritischen Temp. ist ein Gas auch durch Anwendung höchster Drücke nicht mehr zu verflüssigen. Da die kritische Temp. vieler Gase über den normalen Umgebungstemperaturen liegt, lassen sie sich durch Druckerhöhung recht einfach verflüssigen, andere müssen erst durch Kältemaschinen und Anwendung des Joule-Thomson-Effekts (→Inversionstemperatur) bis unterhalb ihrer kritischen Temp. gekühlt werden (→Luftverflüssigung). Die G. wird techn. zum Trennen von Gasgemischen vielfach eingesetzt, bes. Bed. hat sie auch für den Transport von Gasen, da verflüssigte Gase wesentl. weniger Raum beanspruchen (→Flüssiggase, →Flüssigerdgas).

**Gasverflüssigung:** Die angegebenen Werte für Temperatur und Druck sind die Maximalwerte, bei denen eine Verflüssigung des Gases noch möglich ist. Je weiter man sich unterhalb der kritischen Temperatur befindet, um so geringer wird der aufzuwendende Druck: Wasserdampf kondensiert z. B. bei 100 °C bereits unter Normaldruck.

| Gas | kritische Temperatur [°C] | kritischer Druck [bar] |
|---|---|---|
| Wasserdampf | 374 | 213,9 |
| Schwefeldioxid | 157 | 76,9 |
| Ammoniak | 133 | 110,4 |
| Ethan | 35 | 44,5 |
| Kohlendioxid | 32 | 71,9 |
| Sauerstoff | −119 | 50 |
| Luft | −140,7 | 39,1 |
| Stickstoff | −147 | 32,5 |
| Wasserstoff | −240 | 14,8 |
| Helium | −268 | 2,2 |

**Gasvergiftung** →Vergiftung.

**Gasverteiler**, Gerät zur Bestimmung und Feinverteilung von Gasen in Flüssigkeiten; große Bed. beim →Submersverfahren.

**Gasvulkan**, ein vorwiegend durch Gasausbrüche entstandenes vulkan. Gebilde (→Vulkan).

**Gaswaschflasche** →chemische Laborgeräte.

**Gaswasser**, bei der Leuchtgasgewinnung zum Kühlen und Waschen des Gases verwendetes Wasser, das →Ammoniak aufgenommen hat; zur Stickstoffdünger-Gewinnung.

**Gaswechsel**, der Austausch von Gasen (Sauerstoff, Kohlendioxid) zw. Lebewesen und ihrer Umgebung (Wasser, Luft). Bei Tieren und nichtgrünen Pflanzen besteht der G. in der Aufnahme von Sauerstoff und der Abgabe von Kohlendioxid; bei grünen Pflanzen überwiegt dagegen die →Assimilation mit Aufnahme von Kohlendioxid und Abgabe von Sauerstoff.

**Gaswerk**, Anlage zur Erzeugung von →Leuchtgas (Stadtgas). In Kammeröfen, die zu einer Ofenbatterie zusammengefaßt sind, wird Gaskohle (Gasflammkohle) unter Luftabschluß auf 1200 °C bis 1300 °C erhitzt, wobei die flüchtigen Bestandteile als Rohgas ausgetrieben werden (trockene Destillation). Der im Rohgas enthaltene Teer wird durch Abkühlung in einer Teervorlage, der Restteer in einem Fliehkraftabscheider ausgeschieden. In nachgeschalteten Anlagen erfolgt das Auswaschen von Naphthalin, Ammoniak und Benzol. Über eine *Entschwefelungsanlage* gelangt das gereinigte Rohgas als Leuchtgas in den →Gasspeicher. Durch Beimischung von Generatorgas (oder zusätzl. Erzeugung von Spaltgas (→Gaserzeuger) kann die erzeugte Gasmenge, bes. bei hohem Bedarf (Winterspitze), gesteigert werden. Der entstehende *Gaskoks* wird im glühenden Zustand aus dem Ofen gestoßen, mit Wasser gelöscht, gebrochen und nach Stückgröße sortiert. Die Verdrängung von Gaskoks für Heizzwecke durch das Heizöl sowie das starke Aufkommen von →Ferngasversorgung

verursachten in neuerer Zeit einen starken Rückgang der Gaseigenerzeugung. Kleine moderne G. beschränken sich auf die Erzeugung von Spaltgas, während die örtl. G. oft zu Fremdbezug übergingen. Bei größeren G. ist der Koks (bes. für Hochöfen) Hauptprodukt.
**Gaszähler** → Gasmesser.
**Gaszentrifugenverfahren,** Prozeß zur Gewinnung von angereichertem Uran für Kernkraftwerke. Gasförmiges Uranhexafluorid, $UF_6$, befindet sich in einem schnell rotierenden Hohlzylinder. Da die Zentrifugalkraft proportional zur Molekülmasse zunimmt, stellt sich für die schwere Komponente des Isotopengemischs in radialer Richtung ein größerer Druckanstieg ein als für die leichte. Die Folge ist eine teilweise Entmischung der Uranisotope. Der physik. Vorteil des G. liegt in seinem hohen Anreicherungsfaktor, der es ermöglicht, Natururan in etwa zehn Stufen bis zu einem Gehalt von etwa 3% U 235 anzureichern; auch ist der spezif. Energieverbrauch gegenüber dem Verfahren der →Thermodiffusion geringer (→Trenndüsenverfahren).
**Gaszerlegung,** das Trennen eines Gasgemisches in seine einzelnen Bestandteile, erfolgt heute meist nach dem Prinzip der fraktionierten Destillation, wobei das Gemisch durch Abkühlen zunächst vollständig verflüssigt wird; bei anschließender langsamer Erwärmung entweichen die einzelnen Bestandteile an ihren jeweiligen Siedepunkten. Die techn. wichtigste G. ist die →Luftverflüssigung.
**Gat** →Gatt.
**Gata, Kap** (span. *Cabo de Gata*), Kap in Südspanien, andalus. Provinz Almería; Gebirgslandschaft vulkan. Ursprungs mit den geringsten Niederschlägen Europas; Naturpark.
**Gata, Sierra de,** westl. Teil des →Kastilischen Scheidegebirges, bis 1548 m hoch.
**Gate** [engl., gɛɪt], die Steuerelektrode beim →Feldeffekt-Transistor und →Thyristor.
**Gateleg Table** [engl., gɛɪtlɛg tɛɪbl], Form des Klapptisches mit ova-

ler, runder oder viereckiger Platte, dessen aufgeklappte Teile von schwenkbaren Beinen gestützt werden; seit dem 16. Jh. in England und Nordamerika hergestellt.
**Gateshead** [gɛɪtshɛd], nordengl. Industrie- und Hafenstadt am Tyne, gegenüber Newcastle upon Tyne, 90 000 E.; Kohlebergbau, chem., Glas-, Metall-Ind., Schiffswerften, Lokomotiv- und Waggonbau.
**Gates of the Arctic** [gɛɪts ɔv ði aktɪk], Nationalpark in Alaska (USA); 3,5 Mio. ha; u.a. Lebensraum des Arktischen →Karibus.
**Gatewood** [gɛɪtwud], Charles Robert, amerik. Photograph, *8.11. 1942 Chicago; Bildjournalist bei der ›Manhattan Tribune‹; seit 1974 freier Photograph mit Vorliebe für Provokantes.
**Gathas** [avestisch], Bez. der im →Avesta überlieferten 17 ›Gesänge‹ →Zarathustras, wichtigste Quelle zur Kenntnis seines Lebens und seiner Lehre.
**Gatianus** *(Gratianus),* Bischof von Tours (Frkr.), *1. Hälfte des 3.Jh. Rom, †301 Tours; Heiliger (Tag: 18.12.).
**Gâtinais** [-nɛ], seenreiche Landschaft im südl. Abschnitt des →Pariser Beckens; neben Weidewirtsch. Anbau von Getreide, Kartoffeln und Wein.
**Gatineau** [-no], Stadt im S der kanad. Prov. Quebec, 81 000 E.; Verarbeitung von Holz und Kunststoffen.
**Gato,** Volk im S Äthiopiens mit kuschit. Sprache; Ackerbauern; Holzskulpturen (Gedenkpfähle).

*Gaszentrifugenverfahren:* Zentrifugenkaskaden der Urananreicherungsanlage der Urenco in Almelo, Niederlande

# Gatooma

**Gatooma** [engl., gətumə], Stadt in Simbabwe: →Kadoma.

**Gatsch,** ältere Bez. für die bei der Kohlehydrierung nach dem →Fischer-Tropsch-Verfahren gewonnenen Kohlenwasserstoffe.

**GATT** (*General Agreement on Tariffs and Trade, Allgemeines Zoll- und Handelsabkommen*), am 31.10. 1947 in Genf zw. 23 Staaten abgeschlossen. Das GATT verpflichtete seine Mitgl., Wohlstand und Vollbeschäftigung durch schrittweisen Abbau von Zöllen, Anwendung der unbedingten →Meistbegünstigung und Abbau nichttarifärer Handelshemmnisse zu fördern. Die strenge Anwendung der GATT-Regeln setzt die inländ. Wirtschaft dem internat. Wettbewerb aus. Aus Rücksicht auf soziale und politische Interessen des eigenen Landes wird auf die langfristigen Vorteile des Freihandels häufig bei Wahrung des liberalen Scheins verzichtet. Dazu wird bes. auf administrative Behinderungen als freiwillig deklarierte Selbstbeschränkungsabkommen und auf Antidumpingverfahren zurückgegriffen, die zu einseitigen Strafzöllen und mengenmäßigen Beschränkungen führen. Auch Freihandelszonen und Wirtschaftsgemeinschaften mit entspr. Außenschutz widersprechen den Prinzipien des GATT.
Als Ergebnis jährl. Vollversammlungen und mehrerer Verhandlungsrunden, deren 8. von 1986 bis 1993 dauerte (*Uruguay-Runde*), wurde von den zuletzt 115 Mitgliedern beschlossen: Einbeziehung des Agrarhandels und von Dienstleistungen (Finanzdienstleistungen, Luftverkehr, Tourismus), Schutz des geistigen Eigentums (Patente, Copyright, Warenzeichen), allmähliche Eingliederung des Welttextilhandels (Übergangsfrist 10 Jahre), Senkung der Industriezölle. Zusätzl. Konzessionen (Inlandssubventionen, Flugzeugbau, Filmindustrie, mögl. Gegenmaßnahmen bei Verstößen), um das Abkommen zu sichern. Mit Wirkung vom 1.1.1995 tritt an die Stelle des GATT die →Welthandelsorganisation.

**Gatt** (*Gat*), **1)** *seemännisch:* Loch, z.B. in Segeln, umsäumt, zum Durchziehen des Reffbändsels; auch Ausdruck für Ablaufloch für Seewasser in der Bordwand (*Speigatt*), kleiner Aufbewahrungsraum an Bord (wie *Kabelgatt*); enge Durchfahrt in Gewässern (→Kattegat); **2)** *Geogr.:* lokale Bez. für →Priel.

**Gattamelata** [ital. ›gescheckte Katze‹] (eigtl. *Erasmo da Narni*), venezian. Kondottiere, * um 1370 Narni, † 16.1.1443 Padua; führte 1432–41 die venezianischen Truppen gegen Mailand; Reiterstandbild in Padua.

**Gatter, 1)** *Elektronik:* (*Torschaltung*), einfache elektron. Schaltung (Kombination von →Dioden und Widerständen) mit mehreren (meist zwei) Eingängen und einem Ausgang, zur logischen Verknüpfung von elektr. Impulsen (→logische Schaltungen). Beim *UND-G.* muß am Eingang 1 und 2 gleichzeitig ein Impuls eintreffen, damit der Ausgang einen Impuls abgibt. Der Aus-

---

**Praxistip Sprache**     **Gattin/Gemahlin/Frau**

Spricht ein Ehemann von seiner Ehefrau, so gebraucht er den Ausdruck *meine Frau* (\*meine Gattin/Gemahlin); spricht hingegen eine dritte Person von dieser Frau, so kann diese Person – im Falle besonderer Höflichkeit – die Formulierung *Ihre/seine Gattin* bzw. *Gemahlin* sowie, im männlichen Fall, *Ihr/ihr Gatte/Gemahl* verwenden: *Grüßen Sie, bitte, Ihre Gattin/Gemahlin.* Eine Steigerung, die freilich häufig als veraltet bzw. übertrieben angesehen wird, wäre: *Ihre Frau Gemahlin/ Ihr Herr Gemahl.* Die Anrede lautet aber stets: *Frau Müller,* im Regelfall auch für nichtverheiratete Frauen (statt: *Fräulein*). Bei Titeln setzt sich immer mehr die feminine (movierte) Form durch: *Frau Professorin, Frau Ministerin* (neben: *Frau Minister*).     \* nicht korrekt

gang des *ODER-G.* führt einen Impuls, wenn an Eingang 1 oder 2 ein Impuls auftritt. Durch Aneinanderschaltung von G. lassen sich versch. logische Kombinationen bilden.
**2)** Wildschutzzaun zum Fernhalten des Wildes aus forstl. Jungkulturen; auch durch Zaun eingefriedete Fläche zum Halten von Wildtieren *(Wildgatter)*, z. B. Hirsche, Damwild, Wildschweine.

**Gattersäge,** eine →Säge zum Auftrennen von Baumstämmen und Holzblöcken zu Brettern und Bohlen. Unterscheidung in Vertikal- und Horizontal-G. je nach Anordnung der Sägeblätter *(Gatter)*, in Walzen- oder Schlittengatter je nach Art des Materialvorschubs.

**Gatti,** Armand, frz. Schriftsteller, *26.1.1924 Monaco; führender Vertreter des frz. polit. Theaters. – W: Das imaginäre Leben des Straßenkehrers Auguste Geai (1963; La vie imaginaire de l'éboueur Auguste Geai, 62); Öffentlicher Gesang vor zwei elektr. Stühlen (68; Chant public devant deux chaises électriques, 66); Der Übergang über den Ebro (69, Fernsehfilm); Rosa Spartacus prend le pouvoir (71).

**Gattin**/Gemahlin/Frau, zum Gebrauch siehe ›Praxistip Sprache‹.

**Gattinara,** berühmter ital. Rotwein aus Piemont, recht selten.

**Gatschina** *(Gatčina),* Stadt im W Rußlands, südl. von St. Petersburg, mit 75 000 E.; Schloß und Parkanlagen aus dem 18. Jh.; Maschinenindustrie, Ausrüstungen für Papier- und Zellulosefabriken.

**Gattung, 1)** *Lit.:* die drei Grundformen dichter. Aussage und Stoffgestaltung: →Epik, →Lyrik und →Drama, bestimmt durch die Haltung des Dichters gegenüber Welt und Kunstwerk. I. e. S. Bezeichnung der einzelnen Dichtarten innerhalb dieser Grund-G., die, nach inhaltl. (wie →Abenteuerroman, →bürgerl. Trauerspiel usw.) und formalen Merkmalen (z. B. →Sonett, →Ballade, →Briefroman) festgelegt, oft nicht scharf voneinander abgrenzbar sind. G. in diesem Sinne bilden kein festes Schema dichter. Gestaltung, sondern nur Anhaltspunkte zum theoret. Verständnis.

**2)** *Malerei:* übergeordnete Bez. für einen fest umrissenen thematischen Bildbereich. Zu den G. zählen beispielsweise Architekturbild, Genrebild, Gesellschaftsstück, Landschaft, Schützenstück, Seestück, Stilleben usw. Die Einreihung von Gemälden in G. wurde angesichts der zunehmenden Vielfalt weltlicher Themen seit der niederl. Barockmalerei vorgenommen. In der Kunst des MA und der Renaissance war lediglich zwischen relig. und profanen Dastellungen unterschieden worden.
**3)** *Biol.:* (*Genus*), Einheit der bot. und zool. →Systematik; umfaßt miteinander nah verwandte Arten. In der wissenschaftl. (meist lat.) Bez. erscheint der Gattungsname an erster, der Artname ( → Art) an zweiter Stelle, z. B. *Anagallis arvensis* ( →Gauchheil).

**Gattungskauf** *(Genuskauf),* Kauf, bei dem der Kaufgegenstand nur nach Gattungsmerkmalen bestimmt wird (z. B. zehn Flaschen Rheinwein). Der Schuldner hat die Ware in mittlerer Art und Güte zu leisten. Ggs.: Stückkauf.

**Gattungsname** →Appellativ(um).

**Gattungsschuld,** Schuld, die durch eine →vertretbare Sache zu tilgen ist; Ggs.: Speziesschuld. Geldschulden sind immer G.

**Gatumdu(g),** sumer. Muttergöttin der Stadt →Lagasch, Tochter des →An.

**Gatún,** Ort in der Panamakanalzone, an der Einmündung des nördl. (atlant.) Kanalstücks in den zum *Gatúnsee* (423 km²) gestauten Río Chagres; Schleusen.

**GaU** (Abk. für *Größter anzunehmender Unfall),* Begriff aus der →Kerntechnik. Als GaU eines →Leichtwasserreaktors wird ein Störfall bezeichnet, bei dem infolge eines plötzl. doppelendigen Bruches einer Hauptkühlmittelleitung ein Kühlmittelverlust der →Kernreaktors auftritt. Man betrachtet heute ein ganzes Spektrum solcher Kühlmittelverluststörfälle. Die Sicherheitseinrichtungen werden so ausgelegt, daß alle diese Störfälle, einschl. des größten, so beherrscht werden, daß gesetzl. festgelegte

## Gau

**GaU:** Ablauf des größten anzunehmenden Störfalles vom Bruch einer Hauptkühlmittelleitung über die Reaktorschnellabschaltung, die Wassereinspeisung aus den Druck- und Flutbehältern bis hin zur langfristigen Kühlung; nach allen theoretischen Berechnungen und Computersimulationen dürfte auch ein derartiger Störfall zu keinen Auswirkungen auf die Umwelt führen.

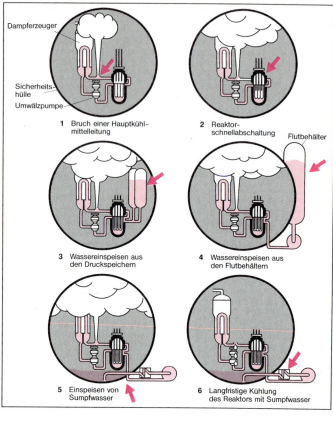

1 Bruch einer Hauptkühlmittelleitung
2 Reaktorschnellabschaltung
3 Wassereinspeisen aus den Druckspeichern
4 Wassereinspeisen aus den Flutbehältern
5 Einspeisen von Sumpfwasser
6 Langfristige Kühlung des Reaktors mit Sumpfwasser

Grenzwerte der Strahlenbelastung eines Menschen in der Umgebung nicht überschritten werden.

Die Ursachen und Folgen eines GaU sind auch durch aufwendige Computersimulationen nicht vollständig erfaßbar. Der einzige bislang bekanntgewordene GaU eines Kernkraftwerks ereignete sich Ende April 1986 in Block 4 des Kernkraftwerks Tschernobyl (Ukraine), bei dem es zu massiver Freisetzung radioaktiver Spaltprodukte kam, die neben der unmittelbaren Umgebung des Kraftwerks auch Nord- und Mitteleuropa betraf.

**Gau, 1)** (lat. *pagus*), in german. Zeit die räuml.-polit. Untergliederung eines Stammesgebietes. In fränk. Zeit wurde die G.-Einteilung von der Grafschaftsverfassung verdrängt; die Grafschaftssprengel deckten sich meist nicht mit den G., die oft als großräumigere Landschaftsbezeichnungen fortlebten und z. T. noch heute lebendig sind. Die Namen der G. sind nach Völkerschaften, Flüssen, Gebirgen, Himmelsrichtungen oder römischen Verw.-Bz. gebildet.
**2)** im 19./20. Jh. Bez. für regionale Untergliederungen von Verbänden und polit. Vereinigungen; auch in der nat.-soz. Partei (›Reichs-G.‹).

**Gaube** → Gaupe.

**Gaubert** [gob_ɛ_r], Philippe, frz. Flötist, Dirigent und Komponist, *3. 7. 1879 Cahors, †8. 7. 1941 Paris; 1919–38 Dirigent der Société des Concerts du Conservatoire; ab 20 Kapellmeister der Grand Opéra; umfangreiches Œuvre.

# Gauguin

**Gäuboden,** Agrargebiet in der Donauebene zw. Regensburg und Vilshofen: →Dungau.
**Gauch** *der,* urspr. Name für den Kuckuck; i.ü.S. Narr, Schelm, Spitzbube.
**Gauchblume** →Lichtnelke.
**Gaucher-Krankheit** [frz., gosche̱-] →Enzymopathie.
**Gauchheil** *(Anagallis),* Gattung der →Primelgewächse; verbreitete Art der einjährige Acker-G. *(Anagallis arvensis),* ein zartes, kriechendes Kraut mit roten, gelegentl. auch blauen Blüten; früher volksheilkundl. gegen versch. Leiden verwendet, im MA zur ›Heilung‹ von Besessenen (→Gauch).
**Gaucho** [gautʃo; araukan.-span. cauchu ›Schmuggler‹], Viehhüter der südamerik. Pampas, berühmt als Reiter und Werfer von →Lasso und →Bola; meist →Mestizen.
**Gauck,** Joachim, Theologe und Politiker, * 24.1.1940 Rostock; 1989 Mitbegr. des Neuen Forum; 1990 Abgeordneter der Volkskammer der DDR; Vors. des Parlamentar. Sonderausschusses zur Überprüfung der Auflösung des Min. für Staatssicherheit (Stasi); seit 1990 Sonderbeauftragter der Bundesregierung für die Stasi-Akten.
**Gaudeamus** *(Stichting G.),* niederl. Organisation zur Förderung zeitgenöss. Musik; 1945 von Walter Alfred Friedrich →Maas in Bilthoven gegr. (ab 51 Stiftung); seit 51 jährl. ›Internat. Musikwochen‹, seit 63 auch Interpretenwettbewerb; zahlreiche Konzerte und Öffentlichkeitsarbeit.
**Gaudeamus igitur** [lat. ›Laßt uns also fröhlich sein‹], Anfang eines studentischen Trinkliedes.
**Gaudí** (eigtl. *G. y Cornet*), Antonio, span. Kunstschmied und Architekt, * 25.6.1852 Reus (bei Tarragona), † 10.6.1926 Barcelona; konzipierte Bauten und Parks als Gesamtkunstwerk; in der Kathedrale ›Sagrada Familia‹ in Barcelona (begonnen 1883) führte G. Konstruktionsprinzipien der Gotik weiter. Im katalan. Jugendstil erzielte er eine Synthese aus pflanzlich-tierischer Formenwelt, →maurischer Kunst (mit dekorativer Verwendung von →Azulejos) und dem →Churriguerismus.
**Gaudig,** Hugo, Pädagoge, * 5.12.1860 Stöckey (Sachsen), † 2.8.1923 Leipzig; Vertreter der →Arbeitsschule, als deren Hauptmerkmal er (im Unterschied zu →Kerschensteiner) die Selbsttätigkeit des Schülers sah (›freie geistige Schularbeit‹, mit selbständiger Wahl von Zielsetzung, Arbeitsmitteln, Methode usw. durch die Schüler). G. forderte die wissenschaftl. Lehrerbildung.
**Gaudium** [lat. ›Freude‹] *das,* ausgelassenes Vergnügen.
**Gaudy,** Franz Frhr. von, Schriftst. schott. Herkunft, * 19.4.1800 Frankfurt/Oder, † 5.2.1840 Berlin; seine Gedichte und Novellen stehen literaturhistorisch zw. Spätromantik und Realismus.
**Gaue̱ko,** Nachtgeist der bask. Mythologie.
**Gauermann,** Friedrich, Maler, * 20.9.1807 Miesenbach (Niederösterr.), † 7.7.1862 Wien; Vertreter des Biedermeier; stimmungsvolle Wald- und Berglandschaften, vorzugsweise mit Tierstaffage.
**Gaufrieren** [frz., go-], Einprägen eines Musters auf Stoffe, Leder, Plastik mit Prägeplatte oder -walze; *Gaufré,* Gewebe mit geprägter Musterung *(Gaufrage).*
**Gaugamela,** altassyr. Stadt, heute *Gomal* (Irak), in deren Nähe 331 v.Chr. →Alexander d.Gr. endgültig über →Dareios III. siegte.
**Gauge** [engl., gɛɪdʒ] (Abk. *gg*), Feinheitsmaß in der Flach-Strumpfwirkerei; Zahl der Maschen je 1,5 engl. Zoll (38,1 mm).
**Gauguin** [gogɛ̃], Paul, frz. Maler, * 7.6.1848 Paris, † 8.5.1903 Atuona (Marquesasinsel Hiva Oa); 1865 bis 71 bei der Marine, dann Bankangestellter, ab 83 Maler. 86 Ausstellung mit den Impressionisten, anschließend in Pont-Aven (Bretagne). Entscheidend für die Herausbildung seiner Themen und Farbigkeit waren die Reise (87) nach Martinique und die Begegnung mit der trop. Vegetation und dem naturhaften Dasein der Einwohner. Durch van →Gogh wurde er mit dem japan. Farbholzschnitt bekannt; ihre Zu-

**Gauchheil** *(Anagallis arvensis):* Das harmlose Feld- und Gartenunkraut blüht den ganzen Sommer.

**Joachim Gauck**

## Gauhati

**Paul Gauguin:** Selbstbildnis (Ausschnitt). Paris, Privatsammlung

sammenarbeit in Arles (88) endete in Krise. 91–93 auf Tahiti, 93–95 in Frkr., ging 95 wieder nach Tahiti, 1901 nach Hiva Oa. Die ›Schule von Pont-Aven‹, von G. wesentlich mitgeprägt, hat die moderne Malereientwicklung entscheidend beeinflußt. Der inneren Auflösung des →Impressionismus wurden hier feste Konturen (›cloisons‹) entgegengesetzt, die Flächigkeit wird bestimmt durch die Leuchtkraft der Farben. – W: Noa-Noa (autobiographisch; 1897).

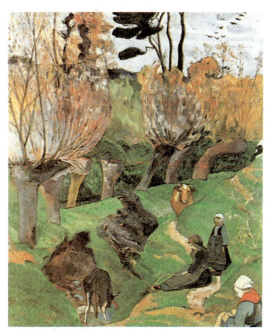

**Paul Gauguin** ›Bretonische Landschaft mit Kühen‹ (1889). Oslo, Nasjonalgalleriet

**Gauhati** (*Guwahati*), Stadt im ind. Unionsstaat Assam, am Brahmaputra, mit 160 000 E.; hinduistischer Wallfahrtsort; Universität (gegr. 1948); Flußhafen, Erdölraffinerie.

**Gauja-Nationalpark,** Schutzgebiet in Lettland; 83 750 ha; Kulturlandschaft.

**Gauk,** Alexander Wassiljewitsch, russ. Dirigent, * 15.8.1893 Odessa, † 30.3.1963 Moskau; Schüler von A.N. →Tscherepnin; 1923–31 Kapellmeister der Leningrader Oper, 31–33 Leitung der Leningrader Philharmoniker, 33–36 und 53–61 Symphonieorchester des sowjet. Rundfunks, 36–41 Symphonieorchester der UdSSR; daneben pädag. Arbeit; Engagement für zeitgenöss. Musik mit Urauff. zahlr. Werke von Prokofjew, Schostakowitsch und Chatschaturjan.

**Gaukler** (*Terathopius ecaudatus*), bis 60 cm langer →Greifvogel mit kurzem Schwanz und langen, schmalen Flügeln; hervorragender Flieger; lebt südl. der Sahara.

**Gauklerblume** (*Maskenblume; Mimulus*), Gattung der →Rachenblütler, mehrere Arten als Zierpflanzen, mit prächtigen, oft gefleckten, sattgelben oder scharlachroten Blüten; auch aus Gärten verwildert.

**Gauklerfische** (*Chaetodotinae*), kleine bis mittelgroße, prächtig gefärbte Fische mit hohem, stark zusammengedrücktem Körper; leben in den Korallenriffen trop. und subtrop. Meere.

**Gaul,** August, Bildhauer, * 22.10.1869 Großauheim (heute zu Hanau), †18.10.1921 Berlin; zeitweilig Mitarbeit bei R. →Begas; Tierplastiken.

**Gaul,** Winfred, Maler, * 9.7.1928 Düsseldorf; einer der Hauptvertreter der *Signalkunst;* später →analytische Malerei.

**Gäulandschaften** (*Gäue*), Bez. für die meist lößbedeckten Muschelkalkplatten des Schwäb.-Fränk. Schichtstufenlandes; allg. fruchtbares Ackerland.

**Gaulanitis,** antiker Name des →Golan.

**Gaulle** [gol], Charles (André Joseph Marie) de, frz. General und Staatsmann, * 22.11.1890 Lille, † 9.11.1970 Colombey-les-deux-Églises (Dép. Haute-Marne); 1932 Generalsekretär des Nationalen Verteidigungsrates. Führte nach dem Zusammenbruch Frkr. Juni 40 das ›Komitee Freies Frankreich‹ in London; Juni 42 in Algier zusammen mit General Giraud (Nov. 43 Rücktritt) Präs. des ›Nationalen Befreiungskomitees‹. Initiator der →Französischen Union (Brazzaville-Konferenz, Jan. 44). Von Sept. 44 bis Nov. 45 provisor. Präs. der

4. Republik. 13.11.45 Wahl zum Min.-Präs. und provisor. Staats-Präs., Rücktritt Jan. 46. Gründete 47 das ›Rassemblement du peuple français‹ (RPF, 53 aufgelöst). De G. wurde in der durch die Militärrevolte in Algier ausgelösten Staatskrise am 1.6.58 Min.-Präs. und Verteidigungs-Min., erhielt Sondervollmachten, setzte eine grundlegende Verfassungsänderung (Präsidialverfassung) durch. Am 21.12. 58 zum Präs. der (5.) Republik gewählt. Vollzog die Auflösung des frz. Kolonialreichs, schloß am 22.1.63 mit der BR Dtld. einen Konsultativvertrag, strebte, z.B. mit der Anerkennung der VR China und der Lockerung des →NATO-Bündnisses, eine von den USA unabhängige nationale Politik der europ. Staaten an. Nach innenpolit. Schwierigkeiten am 28.4.69 vorzeitiger Rücktritt.

**Gaulli**, Giovanni Battista, ital. Maler des Barock: → Baciccio.

**Gaullismus** [go-], Doktrin von der nationalen Größe Frkr. und der überragenden Rolle des charismat. Führers Ch. de →Gaulle. Die innenpolit. Krise 1968 führte zu Prestigeverlust der Partei seiner Anhänger *(Gaullisten)*. Der G. war gekennzeichnet im Innern durch ein persönl. Regiment und Einschränkung des Parlaments, nach außen durch Betonung der nationalen Unabhängigkeit, bes. im Rahmen der Europapolitik (›Europa der Vaterländer‹) und der NATO. Innenpolitische Probleme blieben weitgehend ungelöst.

**Gaulthēria** [nach dem kanad. Naturforscher *J.-F. Gaulthier*, 1708 bis 1756] *(Teebeere, Wintergrün)*, Gattung der →Heidekrautgewächse (Ostasien, Nordamerika); *G. procumbens*: ein kriechender Strauch mit weißen Blüten und roten Früchten, Blätter für Tee und ether. Öle *(Wintergrünöl, G.-Öl)*.

**Gaultier** [gotje], Denis, frz. Lautenist und Komponist, *um 1603 Marseille (?), †Jan. 1672 Paris; Mitgl. einer Fam. von Lautenisten, die stark auf die Lauten- und Klaviermusik gewirkt hat. – W: La Rhétorique des Dieux (um 1655).

# Gaunersprache

**Gaultheria** mit Früchten

**Gaumāta**, pers. Priester (Magier), †29.9.522 v.Chr.; empörte sich gegen →Kambyses II. und usurpierte im März 521 v.Chr. den pers. Thron, wurde im Oktober desselben Jahres durch eine Verschwörung von →Dareios I. gestürzt.

**Gaumen** *(Palatum)*, Decke der Mundhöhle, die diese von der Nasenhöhle trennt. Vorn liegt der knöcherne harte G. *(Palatum durum)*, gebildet vom G.-Fortsatz des Oberkiefers und den G.-Beinen; hinten der aus Muskeln bestehende weiche G. (G.-Segel; *Palatum molle)*, der in der Mitte in das →Zäpfchen, zu beiden Seiten in je zwei Schleimhautfalten ausläuft, die *G.-Bögen*; zw. diesen liegen die →Mandeln. Bei Lähmung des weichen G. Schling- und Sprachstörungen.

**Gaumenlaut** →Palatal.
**Gaumenmandeln** →Mandeln.
**Gaumenspalte** *(Palatoschisis)*, angeborene Spaltbildung im harten Gaumen, meist mit Spaltung des weichen Gaumens und der Oberlippe (→Hasenscharte) verbunden *(Wolfsrachen)*; Folgen sind Störungen beim Saugen, Schlucken und Sprechen. Durch Operation kann die Spalte geschlossen werden.

**Gaunersprache**, in fast allen Ländern Europas nachweisbare Geheimsprache, im Deutschen *Rotwelsch*, in Frkr. →*Argot*, in Spanien *Germania*, in Rußland *Susdal*, in Italien *Gergo*, in England *Pedlar's French* genannt.

**Charles de Gaulle**

# Gaunerzinken

**Gaunerzinken:** Passierschein für arme Leute, ausgestellt vom Schinderhannes mit ›Rotwelsch Zinken‹, um 1800. Nürnberg, Germanisches Nationalmuseum

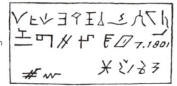

**Gaunerzinken,** Zeichenschrift zur Verständigung zw. Bettlern und Landstreichern; meist Mitteilungen an Mauern und Türen über Taktiken, Warnungen, Verabredungen.
**Gaunt** [gɔnt], Johann von, Begr. des Herrscherhauses →Lancaster.
**Gaupe** die, (Gaube), Dachaufbau für senkrecht stehende Fenster (→Dachgaupe).
**Gaur,** Ruinenstadt in →Westbengalen, nördlich von Kalkutta; 1211–76 islam. Hptst. von Bengalen, verfiel nach der Pestepidemie von 1575.
**Gaur** der, (Bos gaurus), größtes Wildrind der Erde, Schulterhöhe bis 2 m; Indien, SO-Asien. Stammform des Hausrindes Gayal.
**Gauri,** hinduist. Muttergöttin.
**Gaurisaṇkar** (Gauri Shankar), ein 7145 m hoher Himalajagipfel westl. des Mount Everest, mit dem er lange verwechselt wurde.
**Gaus,** Günter, dt. Politiker (SPD) und Publizist, * 23.11.1929 Braunschweig; 1965–73 journalist. Tätigkeit; 73 Staatssekretär im Bundeskanzleramt; 74–80 Leiter der Ständigen Vertretung der BR Dtld. in der DDR; 81 Senator für Wissenschaft und Forschung in Berlin (West).

● **Gaur:** Bild →Huftiere

Carl Friedrich Gauß

**Gaupe:** wichtigste Formen der Dachgaupe

Schleppgaupe — stehende Gaupe — Walmgaupe — Fledermausgaupe

**Gause-Prinzip** [nach dem russ. Forscher Gause] (Konkurrenz-Ausschließungs-Prinzip), zwei verschiedenen Arten von Organismen ist es nicht möglich, bei gleichen begrenzten →Ressourcen gleichzeitig und dauerhaft zusammen zu überleben. Eine Art wird die andere über kurz oder lang durch Konkurrenz ausschalten. Die Organismen haben daher in der Mehrzahl offenbar Mechanismen entwickelt, um diesem Prinzip auszuweichen (z.B. Trennung ihrer ökolog. Nischen).
**Gause-Volterra-Gesetz,** Beobachtung, daß zwei um Nahrungsangebot, Nist- und Schlafplätze konkurrierende Tierarten auf Dauer nicht nebeneinander existieren können.
**Gauß,** Carl Friedrich, Mathematiker und Astronom, * 30.4.1777 Braunschweig, † 23.2.1855 Göttingen; math. Wunderkind, sein Hauptwerk ›Disquisitiones arithmeticae‹ (1801) ist grundlegend für die Zahlentheorie: die →Zahlen lassen sich auf einer Ebene, der Gaußschen (Zahlen-)Ebene, darstellen (→komplexe Zahlen); er fand erstmals einen strengen Beweis des Fundamentalsatzes der Algebra, nach dem jede Gleichung n-ten Grades $n$ Lösungen hat, arbeitete u.a. auch über die Theorie von Funktionen und die nichteuklidische →Geometrie, Berechnungen von Planetenbahnen und zus. mit dem Physiker W. →Weber über Verfahren zur Messung erdmagnet. Größen. Beide konstruierten 1833 den ersten elektromagnet. Telegraphen. Ferner begründete G. das Gaußsche Maßsystem, ein absolutes physik. →Maßsystem.
**Gauß** [nach C.F. →Gauß] das, (Abk. G), Einheit der magnetischen →Induktion im →CGS-System; 1 G entspricht $10^{-4}$ Vs/m²; soll durch die Einheit →Tesla (T) ersetzt werden; 1 G = $10^{-4}$ T.
**Gaußberg,** Berg (→Nunatak) im Kaiser-Wilhelm-II.-Land, östliche Antarktika, 371 m.
**Gauß-Krüger-Koordinaten,** seit 1923 →Gitternetz in →Amtlichen Karten Dtld. auf der Grundlage des von C.F. →Gauß erstm. angewandten und von L. Krüger erweiterten

**Gavarni**

querachsigen, winkeltreuen →Zylinderentwurfs für 3° breite Meridianstreifen. (Meridianstreifenabbildung); Bezifferung erfolgt nach →Rechtswert und →Hochwert.
**Gauß-Modell,** ein eindimensionales Modell für →Ausbreitungsrechnungen in der Meteorologie; häufig zur Berechnung der räuml. Verteilung und Konzentration von Gasen in der Nähe von Emissionsquellen (Hausbrand, Industrie) verwendet.
**Gaußsche Ebene,** ein Koordinatensystem zur Darstellung reeller und imaginärer Zahlen.
**Gaußsche Glockenkurve,** andere Bez. für →Normalverteilung.
**Gaußsche Krümmung** →Krümmung.
**Gaußsche Normalverteilung** →Normalverteilung.
**Gaußsche Zahlenebene,** die Darstellung der reellen und komplexen Zahlen in einem Koordinatensystem (→komplexe Zahl).
**Gauß-Verteilung** →Normalverteilung.
**Gautama,** Siddharta, eigtl. Name von →Buddha.
**Gauten,** nordgerman. Volk, das im heutigen Götaland (Schweden) lebte. Die Taten der G. werden im →Beowulf-Lied besungen; der Name des Volkes hat sich bis heute im Titel des schwed. Königs erhalten: ›König der Schweden, Goten (Gauten) und Wenden‹.
**Gautier** [gotje], Théophile, frz. Dichter, * 30.8.1811 in Tarbes, † 23.10.1872 Neuilly (bei Paris); zunächst von V. →Hugo geprägter Anhänger der Romantik, dann Wegbereiter und Vorbild der →Parnassiens; verfocht in Dichtung und Kritik die Autonomie zweckfreier Schönheit in der Kunst und wurde zum Begr. des →l'art pour l'art, vor allem durch die programmat. Vorrede seines Romans ›Mademoiselle de Maupin‹ (1835; dt. 1903); von großem Einfluß auf →Baudelaire. Ausdruck seines auf entpersönlichte, objektive Dichtung zielenden Stilwillens ist das durch strenge Formkunst ausgezeichnete lyrische Hauptwerk ›Emaillen und Kameen‹ (1919; Émaux et camées, 1852). – *WW:* Fortunio (1837); Kapitän Fracasse (64; Le capitaine Fracasse, 63); Histoire du romantisme (74).
**Gauting,** oberbayr. Gemeinde im Lkr. Starnberg, im Würmtal, mit 18 000 E.; Maschinen-, feinmechan. Ind.; Zentralkrankenhaus der LVA; Wohnvorort von München.
**Gautschen, 1)** bei der Herst. von →Karton und →Pappe das Verbinden dünner Papierbahnen durch Druck unter gleichzeitiger Entwässerung; **2)** im Druckgewerbe Feier nach bestandener Gesellenprüfung.
**Gavarni,** Paul (eigtl. *Sulpice Guillaume Chevalier*), frz. Zeichner, * 13.1.1804 in Paris, † 24.11.1866 Auteuil; in Frkr. neben →Daumier und →Doré Hauptmeister der Illustration im 19. Jh.; zunächst Modezeichner, dann Mitarbeiter illustrierter Zschr.; Lithographien; Aquarelle, Zeichnungen für den Holzschnitt.

**Gaurisankar:** Ansicht von Süden, über die Vorberge des Himalaya in Nepal

**Paul Gavarni:** ›Schneiderwerkstatt‹ (1839)

## Gavarnie

**Gavarnie** [-nį], Kurort in den frz. Zentralpyrenäen, vor einem großartigen Talschluß *(Cirque de G.)* mit hohen Wasserfällen, 700 ständige Einwohner.

**Gaveau** [frz., gavo̱], 1847 in Paris von Joseph-Gabriel G. (1824 bis 1903) gegr. Klavierbaufirma; führender Klavierhersteller in Frkr.; 1959 Zusammenschluß mit →Érard; 08 Eröffnung des Konzertsaals ›Salle Gaveau‹ in Paris.

**Gave de Pau** [ga̱v də po̱], li. Nebenfluß des Adour in SW-Frkr., durchfließt →Lourdes und →Pau; im Bereich der Pyrenäen energiewirtschaftl. genutzt.

**Ga̱via** →Seetaucher.

**Gavia̱le** *(Gavialidae),* Fam. der Krokodile mit nur einer Art, dem Gangesgavial *(Gavialis gangeticus)* in Indien; über 6 m lang, extrem lange Schnauze. Der Sundagavial gehört zur Fam. der Echten Krokodile.

**Ga̱vi, Cortesi di,** trockener ital. Weißwein, gekeltert aus Cortesetrauben; Anbaugebiet: Piemont.

**Gaví̱ria Trujillo** [- truxijo], César, kolumbian. Politiker, *31.3.1947 Pereira; 1973 Bürgermeister von Pereira, ab 74 Mitgl. des Parlaments für die Liberale Partei; ab 78 stellvertretender Min. für Entwicklung; ab 83 Vors. der Wirtschaftskommission des Parlaments; 86 Finanz-Min.; 87–89 Innen-Min.; amtiert seit 90 als Staats- und Regierungschef.

**Gävle** [jɛvlə] (früher *Gefle*), Hptst. der mittelschwed. Prov. →Gävleborg, am Bottnischen Meerbusen, mit Vororten 88 000 E.; Ausfuhrhafen für Erze und Holz; Textilfabriken, Papier- und Zelluloseindustrie v. a. an der nahen Mündung des Dalälv.

**Gävleborg** [jɛvləbɔrj], Provinz in Mittelschweden, mit 18 191 km² und 290 000 E., Hptst. →Gävle.

**Gavo̱tte** [frz.] *die,* ländl., mäßig bewegter frz. Tanz im Zweiertakt, der im 18. Jh. in die →Suite kam, wo er häufig auf die →Sarabande folgt.

**Gavr'inįs,** Insel im Golf von Morbihan (Bretagne) mit dem größten Galeriegrab *(allée couverte)* der spätesten Jungsteinzeit; Seitenplatten mit symbolischen Reliefs.

**Ga̱wain** *(Gawan, Gawein),* ritterl. Held der Artus-Epik, Neffe des Königs →Artus; im ›Parzival‹ Wolframs von Eschenbach weltl. Gegenfigur zum geistl. Gralsrittertum Parzivals.

**Gawri̱low,** Andrej, russ. Pianist, *21.9.1955 Moskau; gewann den Tschaikowsky-Wettbewerb 1974; 79–84 Ausreiseverbot; seit 84 internat. Auftritte und Erfolge, u.a. mit Werken russ. (Skrjabin, Rachmaninow) und dt. Komponisten (Schumann).

**Gay** [gɛɪ], John, engl. Dichter, *30.6.1685 Barnstaple (Devonshire), †4.12.1732 London; Satiren und Fabeln im Stil J. de →La Fontaines sowie die ›Bettleroper‹ (The Beggar's Opera, 1728), die von J. Ch. →Pepusch vertont wurde und als Vorlage für Brechts ›Dreigroschenoper‹ (1928) diente.

**Gay** [ge] *(Ge),* Nikolaj Nikolajewitsch, russ. Maler, *27.2.1831 Woronesch, †13.6.1894 Chutor Michajlowskij (Gouv. Tschernigow); schuf in realist. Stil v. a.

Andrej Gawrilow

**Gaviale:** junger Gavial in der Uferzone des Mahanadi (Orissa, Indien)

# Gazankulu

hist. und relig. Darstellungen sowie Porträts.

**Gaya** *(Gaja)*, Stadt am Südrand der Gangesebene im indischen Unionsstaat Bihar, mit 280 000 E.; Magadh-Univ. (1962); berühmter hinduist. Wallfahrtsort mit 45 Heiligtümern (zumeist im Stadtinnern), darunter der Tempel Wischnupad; 12 km südl. befindet sich der Wallfahrtsort *Buddh Gaya*, Ort der Erleuchtung Buddhas; Seiden- und Teppichindustrie.

**Gayal** →Gaur.

**Gayatri**, Versmaß der →Veden von dreimal acht Silben, i.e.S. Bez. des Gebetes Rigveda 3,62,10, gerichtet an den Sonnengott Savitar (daher auch Savitri gen.), das von jedem Angehörigen der drei oberen Kasten während der tägl. Morgen- und Abendandacht rezitiert wird. Personifiziert als Göttin gilt G. als Frau oder Tochter →Brahmas und als Mutter der vier Veden und der drei oberen Kasten.

**Gaye** [gɛɪ], Marvin, amerik. Sänger, *2.4.1939 Washington (D.C.), †(erschossen) 1.4.1984 Los Angeles; sein Konzeptalbum ›What's Going On‹ (1971) war ein Meilenstein des schwarzen →Soul; Zusammenspiel mit Diana Ross, Quincy Jones, Aretha Franklin und Gil Scott-Heron; von seinem Vater erschossen. – *LPs:* Trouble Man (1970); Let's Get it On (73); Here My Dear (79); In Our Lifetime (81); Sexual Healing (82).

**Gay-Lussac** [gelysak], Louis Joseph, frz. Physiker und Chemiker, *6.12.1778 in St. Léonard-de-Noblat (Haute-Vienne), †9.5.1850 Paris; untersuchte das Verhalten von →Gasen und fand dabei die nach ihm benannten *Gay-Lussacschen Gesetze*: 1. Ein Gas dehnt sich bei Erwärmung um 1 °C bei konstantem Druck um $1/273$ des Volumens aus, das es bei 0 °C einnimmt, bei konstantem Volumen erfolgt eine Druckerhöhung um $1/273$; techn. Anwendung hiervon bei Gasthermometer. 2. Die innere Energie eines →idealen Gases ist nur von der Temp. abhängig.

**Gay-Lussacsche Gesetze** [gelysak-], zwei von L. J. →Gay-

Gazanie: Zuchtform
*Gazania splendens*

Lussac entdeckte Gesetze über das Verhalten von Gasen.

**Gayomart**, in der iran. Mythologie der erste Mensch.

**Gaza**, Stadt in Palästina: →Gasa.

**Gazali, al-** [-za-] *(Ghasali, Algazel)*, islam.-arab. Theologe und Philosoph, *1059 in Tus (Iran), †19.12. 1111 al-Tabaran; vertrat gegen den herrschenden Aristotelismus ein mystisches, am →Neuplatonismus orientiertes Denken.

**Gazanie** [-niǀə] *(Gazania)*, südafrik. Gattung der Korbblütler, ein- oder mehrjährige Pflanzen mit margeritenähnl. Blüten in vielen Farbtönen von Weiß über Gelb, Rosa, Rot bis Dunkelbraun; z.T. Gartenzierpflanzen.

**Gazankulu**, eines der in Verfolgung der Apartheidspolitik errichteten autonomen →Bantu-Heimatländer (Nationalstaaten) innerhalb der Rep. Südafrika, im O von Transvaal, 6750 km² (drei isolierte Teilgebiete) mit 700 000 E. (meist Tsonga-Shangaan), davon 43% außerhalb von G. lebend; Verwaltungssitz Giyani, mit Handwerksschule und Lehrerseminar; Weide- und Agrarland, Anbau von Mais, Hirse, Sisal und Tee, ferner Zitrusfrüchte, Papayas sowie Maulbeerbäume zur Seidenraupenzucht; zahlr. Pendler zu grenznahen Industrien; Nkowakowa ist ein im Ausbau begriffenes Industriegebiet innerhalb des Autonomstaates. – G. wurde 1962 eingerichtet; 73 innere Autonomie, 94 aufgelöst.

**Louis Joseph Gay-Lussac**

# Gaze

**Gaze** [gazə] *die,* **1)** *Textiltechnik:* schleierartiger, dünner Stoff aus Seide, Baumwolle oder Leinen, neuerdings auch aus Kunstfasern; **2)** Verbandmull.
**Gazellen** *(Gazella),* Gattung der Unterfamilie →Gazellenverwandte *(Antilopinae);* gesellige, meist zierliche →Hornträger in den Steppen und Wüsten sowie im Buschland Afrikas, teilweise auch Asiens; nur Männchen mit wohlentwickeltem Gehörn, Weibchen mit kleineren, oft nur bleistiftdünnen Hörnern; zu den ›Großgazellen‹ (über Rehgröße) gehören Grant-, Sömmering- und Damagazelle, zu den ›Kleingazellen‹ (unter Rehgröße) Dorkas-, Speke-, Edmi-, Dünen-, →Thomsongazelle u. a.; auch die rein asiat. →Kropfgazelle zählt zur Gattung; heute viele Arten stark dezimiert.
**Gazellenfluß,** Fluß im Sudan: Bahr al →Ghasal.
**Gazellenverwandte** *(Antilopinae),* neben der artenreichen Gattung der →Gazellen gehören zu dieser Unterfamilie →Hirschziegenantilope, →Springbock, →Giraffengazelle und Lamagazelle sowie die Tibet- und Mongoleigazelle.
**Gazette** [ital.-frz.] *die,* veraltet oder abwertend für Zeitung, Zeitschrift; Name der ersten venezian. Zeitung im 16. Jh., die ein Zweisoldistück (›gazzetta‹) kostete.
**Gazi,** Ehrentitel: →Ghasi.
**Gaziantep** [gazi-] (bis 1923 *Aintab*), Hptst. der türk. Prov. G. (8015 km², 1,2 Mio. E.) im östl. Vorland des Taurus, nahe der syr. Grenze, 600 000 E.; landw. Handelszentrum; Baumwollindustrie.
**Gazpacho** [span., gaspatʃo]ʾ, kalt servierte spanische Gemüsesuppe.
**Gazul** [gazul], Clara, Pseud. des Schriftstellers P. →Mérimée.
**gazza ladra, La** *(Die diebische Elster),* Oper (Urauff.: 31.5.1817, Mailand) von G. →Rossini; Libretto: Giovanni Gherardini nach d'Aubigny und Caignez.
**Gazzara** [gəzarə], Ben, amerik. Film- und Theaterschauspieler, *28.8.1930 New York; Rollen in Filmen von J. →Cassavetes: ›Husbands‹ (1970), ›Mord an einem chinesischen Buchmacher‹ (76), ›Die

# Gebärmutter

erste Vorstellung‹ (77). – *Weitere Filme:* Anatomie eines Mordes (1959); Der Professor (86).
**Gazzelloni,** Severino, ital. Flötist, *5.1.1919 Rom, †21.11.1992 ebenda; Interpret bes. der Neuen Musik.
**GB,** internat. Kfz-Kennzeichen für Großbritannien.
**Gbely** *(Egbell),* Ort in der Westslowakei, zw. der March und den Kleinen Karpaten, Mittelpunkt eines Erdölfeldes.
**GBF,** Abk. für →*Gesellschaft für* B*iotechnologische Forschung mbH.*
**GBit,** Zeichen für die Einheit →Gigabit.
**GByte,** Zeichen für die Einheit →Gigabyte.
**GCA-Verfahren** (*Ground Controlled Approach*), vom Erdboden aus gelenktes Blindlandeverfahren: Das Flugzeug erhält nach Präzisionsradarmessungen Landeanweisungen bis zum Aufsetzen zugesprochen (sog. *Heruntersprechen,* insbes. bei aufsitzender Wolkendecke). Auch zusätzl. zu anderen Landeverfahren.
**GCC** (*Gulf Cooperation Council, Golf-Kooperationsrat*), Organisation zur Koordinierung der Außen-, Wirtschafts- und Sicherheitspolitik der Golfstaaten Bahrain, Katar, Kuwait, Oman, Saudi Arabien und Vereinigte Arabische Emirate.
**Gd,** chem. Symbol für das Element →Gadolinium.
**Gdańsk** [gda̩isk], polnisch für →Danzig.
**GDBA,** Abk. für →*Genossenschaft* d*eutscher* B*ühnenangehöriger.*
**GDCh,** Abk. für →*Gesellschaft* D*eutscher* C*hemiker.*
**Gdingen,** poln. **Gdynia** (1939–45 *Gotenhafen*), Hafenstadt an der Danziger Bucht, Westpreußen, 250 000 E.; urspr. kleines Fischerdorf, ab 1926 in Konkurrenz zu Danzig zum poln. Handels- und Kriegshafen ausgebaut und durch Kohle- und Erzbahn unmittelbar mit dem Oberschles. Industriegebiet verbunden; Werften, Metallverarbeitung, Fisch-, Fettindustrie.
**GDP** →Gesamtdeutsche Partei.
**Ge,** griech. Göttin: →Gäa.
**Ge,** russ. Maler: →Gay, Nikolaj Nikolajewitsch.

**Ge,** chem. Symbol für das Element →Germanium.
**Gê** [Tupí-Sprache tsche ›Feinde‹] *(Jê),* indian. Sprachfamilie im ostbrasil. Bergland zw. Rio Tapajós und Rio Tocantins, unterteilt in: 1. *nördl. Gê,* bestehend aus Timbira (Apinayé, Kanela, Krîkatí, Krahó), Kayapó (Gorotire, Xikrin) und Suya; 2. *Zentral-Gê* (→Akwê), bestehend aus Xerente und Xavante; 3. *südl. Gê,* bestehend aus Kaingang und Xokleng. Früher große Bed. der Jagd- und Sammelwirtschaft, Bodenbau (Kartoffeln, Quinoa, Maniok, Mais, Kürbis, Erdnüsse) bes. entlang der Galeriewälder; heute z. T. Reisanbau und Viehzucht (Rinder, Schafe, Schweine). Matrilokale Wohnfolge; →Dualsystem mit kreisförmigem Dorfgrundriß; im Sommer monatelange Zeremonialfeste mit Klotzrennen, Tänzen, Gesängen. Sonne und Mond gelten als Ordner der Welt.
**Geäfter** →Afterklaue.
**Geaster** →Erdstern.
**Geax®,** aus Phenoplasten bestehender Schichtpreßstoff, Verwendung als Isoliermaterial in der Elektrotechnik (→Kunststoffe).
**Geb,** altägypt. Erdgott, nach der Weltschöpfungslehre von Heliopolis der Gemahl der →Nut.
**Gebal,** phöniz. Name der Stadt →Byblos.
**Gebälk,** in der Antike u. a. →Kapitellen und Dach des Tempels liegender waagrechter Aufbau. Die G.-Formen entsprechen den →Säulenordnungen und wurden wahrsch. aus dem Holzarchitektur der frühen Tempel entwickelt: →Architrav als Längsbalken, →Triglyphe als Balkenkopf, →Metope als Verschlußbrett. – Heute Bez. für das Balkenwerk von Zwischendecken und Dachstühlen.
**Gebände** →Gebende.
**Gebärfische** *(Zoarcidae),* Fam. aus der Ordnung der Dorschfische mit aalartigem Körper und Flossensaum; bewohnen Meere kalter Regionen; teilweise lebendgebärend; z. B. die →Aalmutter.
**Gebärmutter** *(Uterus),* Teil der weibl. Geschlechtsorgane, in dem sich das befruchtete Ei bis zur reifen

*Legende zu S. 3434*

**Gazellen: 1** Dorkasgazelle (Bock), mit S-förmigen, rückwärts geschwungenen Hörnern, typischer Gazellenzeichnung des Kopfes (braunes Stirn-Nasen-Band, weißer Überaugenstreif, dunkler Vorgenstreif), dunklem Flankenband, dunkler Rahmung des weißen Analpols (›Spiegel‹) und schwarzem Schwanz; **2** Spekegazelle (Bock) mit drei bis fünf Querfalten auf der Nase; **3** Edmigazelle (Bock) mit steileren Hörnern und schwarzem Sattelfleck im braunen Nasenband; **4** Grantgazelle (Bock) bei der wie bei allen ›Großgazellen‹ der weiße ›Spiegel‹ über die Schwanzwurzel hinaus auf den Rücken übergreift; **5** Thomsongazelle (Geiß und Bock) mit ›Stiftchenhörnern‹ der Geiß, großen, relativ steilen Hörnern des Bocks, schwarzer Rahmung des ›Spiegels‹ und Schwanzes

3435

## Gebärmutterkrankheiten

**Gebärmutter:**
**1** Aufhängeband des Eierstocks, **2** Fransentrichter des Eileiters, **3** Eierstock, **4** Gebärmuttergrund, **5** Eileiter, **6** Gebärmutterhöhle, **7** Führungsband der Gebärmutter, **8** innerer Muttermund, **9** Muskelwand der Gebärmutter, **10** Halskanal, **11** äußerer Muttermund, **12** Scheide mit Schleimhautfalten, **13** Kitzler, **14** Mündung der Harnröhre, **15** große Schamlippen, **16** Mündung der Scheide, **17** Gebärmutterschlagader. Die roten Pfeile zeigen den Weg des reifen Eies.

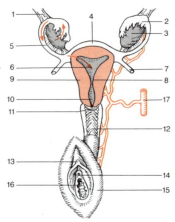

Frucht entwickelt; liegt zw. Mastdarm und Blase, durch bindegewebige Bänder mit Bauchwand, Kreuzbein und Beckenboden verbunden, und besteht aus dem G.-Körper mit starker Muskelwand und dem G.-Hals, der sich durch den äußeren Muttermund in die Scheide öffnet. In den G.-Körper mündet oben beidseitig je ein Eileiter. Die *G.-Höhle* ist mit Schleimhaut ausgekleidet, in der sich das befruchtete Ei einnistet. Die durch →Hormone des →Eierstocks in einem meist 28tägigen →Zyklus aufgebaute Schleimhaut zerfällt beim Ausbleiben einer Befruchtung (→Regelblutung); →Geschlechtsorgane, →Plazenta.
**Gebärmutterkrankheiten, 1.** *angeborene Mißbildungen:* selten Fehlen oder Verdoppelung, öfters Unterentwicklung der Gebärmutter; Verschluß des Halskanals bewirkt von der →Menarche an alle vier Wochen zunehmende Schmerzen ohne Regelblutung. **2.** *erworbene Krankheiten:* a) gutartige Geschwülste: →Polypen des Halskanals und der Gebärmutterhöhle, ferner Muskelgeschwülste (→Myom); b) bösartige Geschwülste (→Krebs), bes. um den äußeren Muttermund und im Halskanal; c) Schleimhautentzündung (fast nur nach Geburten und Fehlgeburten); d) Lageveränderungen: Knickungen (meist ohne Bed.); Senkung kann zu einem →Gebärmuttervorfall führen.

### Praxistip Sprache — Gebäudenamen

Namen für öffentliche Gebäude (Hotels, Geschäfte, Kinos, Kaffeehäuser, Restaurants usw.) haben im Regelfall – analog zu *Haus* bzw. *Gebäude* – das sächliche (grammatische) Geschlecht und werden mit Anführungszeichen geschrieben: *das ›Adlon‹, das ›Capitol‹, das ›Kranzler‹, das ›Regent‹* usw. Auch bei Adjektiven dominiert das Neutrum: *ins ›Blue‹, das ›Elegant‹* usw.
Falls es sich aber um erkennbare Genusbezeichnungen (→Genus, z.B. bei →Komposita) handelt, wird das Femininum oder Maskulinum gebraucht: *die ›Damenmode‹, die ›Kurbel‹, die ›Schaubühne‹, der ›Michel‹* (= in Hamburg).
In der Standardsprache ist es obligatorisch, die Gebäudenamen zu deklinieren: *der Chef des ›Chemnitzer Hofs‹, die Graphiken des ›Prados‹*. Will man die deklinierte Form vermeiden, muß eine Gattungsbezeichnung davorgestellt werden: *der Chef des Hotels ›Chemnitzer Hof‹*. Tendenziell setzt sich aber auch in der Standardsprache die undeklinierte Form durch.
Zur Groß- und Kleinschreibung: Zum Gebäudenamen gehörige Adjektive werden groß geschrieben: *im Alten Rathaus von Köln, Zum Goldenen Anker, das Weiße Haus*.
Zur Getrennt- und Zusammenschreibung: Im Regelfall werden Gebäudenamen mit Personenbezeichnungen zusammengeschrieben: *das Bachhaus, die Goethekirche*. Dagegen dominiert die Schreibung mit Bindestrich, wenn der Gebäudename aus einem Personennamen und einem zusammengesetzten Grundwort besteht: *das Beethoven-Geburtshaus, die Schiller-Gesamtschule, die Wagner-Gedächtnisstätte* usw. Ist schließlich auch das Bestimmungswort mehrgliedrig (z. B. Vorname und Name) oder wird es durch mehrere Namen gebildet, wird ein Durchkoppelungsbindestrich gesetzt: *Hans-Böckler-Stiftung, Goethe-Schiller-Gedenkstätte* usw.

# Gebetbuch

**Gebetbuch:** reich illuminierte Doppelseite aus dem Gebetbuch der Königin Elisabeth I. von England (Burgund, um 1500). Plymouth, City Museum

G. machen sich fast immer durch Kreuz- und Unterleibsschmerzen, →Ausfluß und Regelstörungen bemerkbar und müssen sofort ärztl. behandelt werden.
**Gebärmuttervorfall,** Folge einer Scheidensenkung bei allg. Eingeweidesenkung oder Schädigung des Beckenbodens: Die Gebärmutter tritt vor das Niveau des Scheideneingangs. Operation erforderlich.
**Gebärparese, 1)** *Med.:* →Entbindungslähmung. **2)** *Tierheilkunde:* (fälschl. auch *Geburtslähme, Kalbefieber, Milchfieber*), Erkrankung nach der Geburt, bes. bei jungen, guten Milchkühen, auch bei anderen Wiederkäuern und Schweinen. Bewußtseinsstörungen, Lähmungen, kein Fieber; Ursache: Störungen im Mineralstoffwechsel (bes. Calcium).
**Gebäudenamen,** zur Schreibweise siehe ›Praxistip Sprache‹.
**Gebäudeversicherung,** Versicherung von Gebäuden in der Feuer-, Sturm-, Hagel-, Leitungswasserschaden-, Glasversicherung u. ä. Die G. für Wohngebäude wird häufig in Form der *Verbundenen Wohn-G.* gegen Feuer-, Leitungswasser- und Sturmschäden abgeschlossen. Gegen eine Unterversicherung können eine gleitende Neuwertversicherung oder auch eine *Wertzuschlagsklausel* vereinbart werden.
**Gebauer,** Jan, tschech. Philologe, *8. 10. 1838 Úbislavice (bei Jitschin), †25. 5. 1907 Paris; Vertreter der junggrammat. Schule; arbeitete über Bohemistik, Folkloristik und slaw. Philologie; Verf. eines alttschech. Wörterbuches (1901–13).
**Gebel** [arab. ›Berg‹], dialektal, vor allem im Ägyptisch-Arabischen, für das hocharab. Jabal (→Dschebel).
**Gebẹnde** *(Gebände),* zur Frauentracht des 13. und 14. Jh. gehörende weißleinene Wangen- und Kinnbinde, mit einem Schapel oder flachen Barett getragen.
**Gebet,** Form der Verehrung und des Umgangs mit Gott, in der der Mensch einzeln oder in Gemeinschaft Bitte, Heilsverlangen, Dank, Lobpreis und Fürbitte ausdrückt. Neben dem spontanen, freien G. stehen das rituelle G., die hl. Formel und der Kulthymnus.
**Gebetbuch,** kath. Kirche: Sammlung von Gebetstexten zur privaten Andacht oder für den öffentl. Gottesdienst (Laien-Meßbuch); die ersten G. in Irland und England (8. Jh.) mit bes. Verwendung der Psalmen; das im MA meist in Klöstern geschriebene G. wurde durch den Buchdruck volkstümlich; seit dem 19. Jh. sind für jede Diözese eigene kirchenamtl. Ausgaben üblich. – In den *ev. Kirchen* führte die Polemik gegen das mechan. Beten zu eigenen G., in die nach 1530 auch kath. Texte übernommen wurden – häufig als Anhang dem Gesangbuch beigegeben.

3437

# Gebetsfahnen

Gebetsfahnen beim Heiligtum von Muktinath, nördlich der Annapurna, Nepal

**Gebetsfahnen,** im tibetisch-lamaistischen Raum mit heiligen Texten (v. a. mit Gebetsformeln) beschriftete Fahnen aus Stoff oder Papier, die im Bereich von Kultstätten (Tempel, Stupas, Tschorten, Klöster), aber auch auf Berggipfeln, Paßhöhen, an Wegkreuzungen und Brücken und bei Quellen meist an langen Stöcken befestigt werden. Die G. dienen der Abwehr von Dämonen; durch den Wind sollen die Texte auf den G. verstreut und vervielfacht werden.

**Gebetsmantel** (hebr. *Tallit*), rechteckiges Tuch, das sich Juden beim Morgengebet umlegen, mit Quasten an den vier Ecken (›Schaufäden‹) zur Erinnerung an die göttl. Gebote. Den sog. ›kleinen G.‹ tragen orth. Juden ständig unter der Kleidung.

**Gebetsmühle,** im →Lamaismus übl. drehbares Gerät, das Papierstreifen mit rituellen Formeln (→Mantras, zumeist →Om mani padme hum, enthält; besteht aus einem um eine Achse drehbaren Metall- oder Holzzylinder. Der meist ziselierte oder bemalte Zylinder enthält mit Gebetsformeln beschriftete Papierstreifen. Jede Umdrehung des Zylinders entspricht der Rezitation der Gebetsformel. Neben Hand-G. gibt es auch größere, meist in Umfriedungsmauern von Kultstätten eingelassene G., die bei der rituellen Umwanderung der Kultstätte in Drehung versetzt werden, und sog. Gebetstrommeln, die in eigenen Gebäuden untergebracht sind.

**Gebetsnische,** leere Nische in der Moschee: →Kibla, →Mihrab.

**Gebetsnuß** (*Betnuß*), aufklappbare Miniaturkapsel aus Elfenbein, Holz oder Metall, in deren Innerem sich relig. Reliefschnitzereien befinden; im 15. und 16. Jh. häufig als Rosenkranzanhänger verwendet.

**Gebetsriemen** (hebr. *Tefillin*, griech. *Phylakterien*), zwei Lederriemen, von Juden werktags zu Beginn des Morgengebets um Stirn und linken Arm in Höhe des Herzens gebunden, mit je einer Kapsel, die vier Pergamentröllchen mit den Texten Ex 13,1–10, 11–16 sowie Dtn 6,4–9; 11,13–21 enthält; symbol. Bekenntnis, Kopf, Herz und Hand von Gott lenken zu lassen.

**Gebetsteppich,** *Islam:* für das rituelle Gebet bestimmter kleiner (Knüpf-)Teppich, meist mit stilisierter Darstellung einer Gebetsnische (→Mihrab); *Reihenteppich* für mehrere Personen, die in einer Reihe nebeneinander beten.

**Gebhard,** Bischof von Konstanz, *949 bei Bregenz (Österr.), †995 Konstanz; stiftete 983 die Benediktinerabtei Petershausen bei Konstanz; Heiliger (Tag: 27.8.).

**Gebhardt,** Eduard von, Maler, *13.6.1838 St. Johannis (Järva-Joani, Estland), †3.2.1925 Düsseldorf; wirkungsvolle, an altdt. und

# Gebietsreform

## Praxistip Sprache

### Gebietsnamen

Gebietsnamen sind Teil der →geographischen Namen. Sie sind im Regelfall artikellos: *Böhmen, Mecklenburg, Oberbayern.* Es gibt jedoch zahlreiche Ausnahmen: *der Balkan, das Baltikum, die Bretagne, das Elsaß, der Peloponnes, die Pfalz, die Provence, das Tessin, die Toskana* usw. Auch pluralische Gebietsnamen existieren: *die Hebriden* (Inseln), *die Kykladen* (Inseln), *die Niederlande* (erst später als Name für den Staat gebraucht) usw.
*Ganz* bzw. *halb* vor dem jeweiligen Gebietsnamen folgen dieser Regel: *ganz Böhmen, halb Mecklenburg* (ohne Artikel); *der ganze Balkan, das halbe Baltikum, die ganzen Hebriden* (dekliniert).

---

altniederl. Kunst geschulte relig. Darstellungen.
**Gebhartsberg,** Aussichtsberg bei →Bregenz; Burgruine Hohenbregenz, 1723 err. Wallfahrtskapelle.
**Gebietscharakter,** Summe der Eigenschaften der Weine eines →bestimmten Anbaugebietes, die bes. vom Boden, der Rebsorte sowie den Anbau- und kellertechn. Ausbaubedingungen geprägt werden.
**Gebietskartell** → Kartell.
**Gebietskörperschaft,** jurist. Person des öffentl. Rechts mit räuml. abgegrenztem Hoheitsgebiet. Die Bewohner des Gebiets sind Mitgl. der G. Wichtigste G. sind die Gemeinden und die Länder.
**Gebietskrankenkasse,** ein Träger der gesctzl. → Krankenversicherung in Österreich.
**Gebietsnamen,** siehe ›Praxistip Sprache‹.

**Gebietsreform** *(Kommunal-, Territorialreform),* BR Dtld.: die in den Jahren von 1968–78 in den alten Bundesländern durchgeführte Reform von Verwaltungseinheiten, teils auf freiwilliger, teils auf gesetzl. Basis, mit dem Ziel, wirtschaftl. und administrativ leistungsfähigere Einheiten zu schaffen. Zu diesem Zweck wurden Regierungsbezirke, Kreise und Gemeinden aufgelöst, umgebildet bzw. zusammengeschlossen; je nach Bundesland entstanden Einheitsgemeinden, Samtgemeinden, Verwaltungsgemeinschaften, Regionalverbände usw. Die G. bildet die Voraussetzung für eine Verlagerung von Verwaltungsaufgaben, in der Regel ›von oben nach unten‹ *(Funktionalreform),* z. B. Verlagerung von Kreisaufgaben auf Gemeindeebene (Paßwesen u. a.).

Gebietsreform:
in den alten Ländern der Bundesrepublik Deutschland
[1] in Schleswig-Holstein Ämter bzw. Kirchspielslandgemeinden, in Niedersachsen Samtgemeinden, in Rheinland-Pfalz Verbandsgemeinden, in Baden-Württemberg und Bayern Verwaltungsgemeinschaften
[2] einschl. kreisfreie Städte und bewohnte gemeindefreie Gebiete
[3] in Baden-Württemberg: Stadtkreise
[4] darunter ein Stadtverband

| Quelle: Statistisches Jahrbuch 1989 | 30.6.1968 | | | | 1.1.1989 | | | |
|---|---|---|---|---|---|---|---|---|
| | kreisfreie Städte[3] | Landkreise (Kreise) | Gem.-Verbände[1] | Gemeinden[2] | kreisfreie Städte[3] | Landkreise (Kreise) | Gem.-Verbände[1] | Gemeinden[2] |
| Schleswig-Holstein | 4 | 17 | 199 | 1378 | 4 | 11 | 119 | 1131 |
| Hamburg | 1 | – | – | 1 | 1 | – | – | 1 |
| Niedersachsen | 15 | 60 | 236 | 4231 | 9 | 38 | 142 | 1031 |
| Bremen | 2 | – | – | 2 | 2 | – | – | 2 |
| Nordrhein-Westfalen | 37 | 57 | 285 | 2277 | 23 | 31 | – | 396 |
| Hessen | 9 | 39 | – | 2684 | 5 | 21 | – | 426 |
| Rheinland-Pfalz | 12 | 39 | 132 | 2905 | 12 | 24 | 163 | 2303 |
| Baden-Württemberg | 9 | 63 | – | 3379 | 9 | 35 | 272 | 1111 |
| Bayern | 48 | 143 | – | 7083 | 25 | 71 | 341 | 2051 |
| Saarland | 1 | 7 | 42 | 346 | – | 6[4] | – | 52 |
| Berlin (West) | 1 | – | – | 1 | 1 | – | – | 1 |
| **Bundesgebiet** | **139** | **425** | **894** | **24287** | **91** | **237** | **1037** | **8505** |

# Gebildbrot

**Gebildbrot:** von Hand geformtes Festgebäck in Gestalt einer Melusine (Reggio di Calabria, Süditalien)

**Gebildbrot,** frei von Hand geformtes Festgebäck in menschl., tier. oder auch nur rein geometr. Gestalt, wohl kult. Ursprungs. Bestimmten Bildtypen hat man noch in jüngerer Zeit gewisse magische Kräfte zugeschrieben. In den meisten Fällen ist kaum noch zu entscheiden, inwieweit tatsächl. Glaubensvorstellungen eine Rolle gespielt haben. Noch heute werden zu bestimmten Anlässen G. im Haushalt gebacken oder gekauft. Ältere Formen wie der Striezel sind längst Alltagsgebäck geworden.

**Gebinde** *das,* **1)** *Bautechnik:* 1. Bez. für ein Sparrenpaar (→ Dach) einschließlich Verbandshölzern; 2. eingedeckte Reihe aus Flachziegeln (z. B. Biberschwänzen) oder Dachschiefer (→ Kronendach). **2)** *Maßeinheit:* 1. Garnhandel: eine Anzahl von Garnfäden; 10–20 G. = 1 *Strähn;* 2. Holzschlag: ein zusammengeschnürtes Bündel Holz (Äste), das eine Person tragen kann; 3. Flüssigkeit: größeres Faß (Größe uneinheitl.). **3)** *Blumenbinderei:* kunstvoller Strauß.

**Gebirge, 1)** zusammenhängende Gruppe von → Bergen, meist gebildet durch Hebung eines Teiles der Erdkruste und anschließende Verschärfung der Formen durch → Erosion, bisweilen auch durch vulkan. Aufschüttung (z. B. → Kilimandscharo) entstanden; unterscheidet sich vom Hügelland in der Höhe und vom Bergland in der stärkeren Geschlossenheit seiner Erhebungen. Die Einteilung in *Gebirgstypen* kann nach versch. Gesichtspunkten erfolgen: 1. nach der Höhe: *Mittel-G.* (bis etwa 1000 m relative Höhe), *Hoch-G.* (über etwa 1000 m aufragend); 2. nach Art der Gipfelregion: *Kamm-G.* (nach beiden Seiten abgedacht), *Ketten-G.* (von Längstälern in gleichlaufende Ketten aufgeteilt), *Plateau-G.* (mit Hochflächencharakter); 3. nach der Entstehung: *Falten-G.* (durch geol. → Faltung gebildet), *Bruchfalten-G.* (Falten von zahlr. Brüchen durchsetzt; → Bruch), *Schollen-G.* (Heraushebung älterer → Schollen), *Horst-G.* (durch allseitigen Druck gleichmäßig gehobene Scholle; → Horst), *Keilschollen-G.* (durch einseitigen Druck schräggestellte Scholle), *Decken-G.* (aus Überschiebungsdecken aufgebaut; → Decke), *Rumpf-G.* (durch Hebung des Unterbaus, d. h. Rumpfes, eines älteren, abgetragenen und weitgehend eingeebneten Falten-G. entstanden), *Rumpfschollen-G.* (aus alten, eingeebneten Schollen zusammengesetzt), *vulkanische G.* (Anhäufung von Vulkanbergen und → Vulkanitgestein).
**2)** in der bergmänn. und auch geol. Terminologie Bez. für einen Teil der Erdkruste oder für einen bestimmten Gesteinsverband (z. B. *Steinkohle-G.*), ohne daß ein Zusammenhang mit einer sichtbaren Aufragung an der Erdoberfläche gegeben sein muß.

**Gebirgsanker,** vorgefertigte Stahlstangen, über die nicht zusammenhängende Gesteinsschichten oder lose Gesteinsschalen am festen Gebirge angeheftet werden.

**Gebirgsarmeekorps,** *Schweiz:* → Armeekorps (3. AK), das für die Verteidigung des schweiz. Alpenraumes zuständig ist.

**Gebirgsbahnen,** → Bergbahnen, die spezielle Anlagen und Einrichtungen zur Überwindung von großen Höhenunterschieden besitzen:

**Gebirge,** Entwicklungsstufen: *oben* schematisiert dargestelltes junges Faltengebirge: **1** Granit-Batholith; **2** eine die Schichten durchschneidende Verwerfung; **4** Seespiegel; **5** Metamorphitgestein; **6** Antiklinale der gefalteten Schichten; **7** Synklinale; *Mitte* Gebirge im Reifestadium; **8** Gletschertal; **9** Gletscherbach; **10** Verwitterung und Erosion des freigelegten Granitkörpers; *unten* Fastebene (Peneplain) des alten Gebirgskomplexes; **11** durch Abtragung entstandene flachwellige Verebnungsfläche; **12** mäandrierende Flüsse im Erosionsniveau; **13** Gebirgsrest

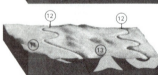

# Gebiß

Kehrstrecken und Kehrtunnel zur Streckenverlängerung, auch Zahnstangenantrieb (→Zahnradbahn).

**Gebirgsdivision,** in der *Schweizer Armee* Heereseinheit, die vorwiegend für den Kampf im Gebirge ausgebildet und ausgerüstet ist. Organisatorisch entspricht die G. einer →Felddivision, jedoch ohne mechanisierte Truppen, dafür mit Trainabteilungen.

**Gebirgsjäger,** Militär: →Jäger.

**Gebirgskampfschule,** in der *Schweizer Armee* militärische Ausbildungsstätte in Andermatt (UR). Sie schult Kader und Spezialisten der Gebirgstruppen im Kampfverfahren im Gebirge und im alpinist. Können.

**Gebirgsmassiv,** zusammenhängende, geschlossen wirkende Gebirgseinheit.

**Gebirgsmolche** *(Euproctus),* Gattung der →Molche; tagsüber unter Steinen; unterscheiden sich von den Wassermolchen (Gattung *Triturus*) durch fehlenden Rückenkamm und flacheren Kopf; in Südeuropa.

**Gebirgsnamen**/Bergnamen, zum →Genus siehe ›Praxistip Sprache‹.

**Gebirgsschlag,** *Bergbau:* bei hoher Gebirgsspannung plötzlich und schlagartig auftretende Gebirgsbewegung.

**Gebirgsschweißhund, Bayrischer** →Schweißhunde.

**Gebirgsstelze** →Stelzen.

**Gebirgstruppe,** eine Sondertruppe, die durch Ausrüstung, Ausbildung, Rekrutierung gebirgstüchtigen Ersatzes den Besonderheiten des Kampfes im Hochgebirge gewachsen ist. Moderne G. sind mit →Hubschraubern und Leichtflugzeugen ausgestattet; ihre Artillerie ist z. T. auf Tragtieren verlastet. Die →Bundeswehr kennt die Bez. G. noch für die 1. Gebirgsdivision; diese verfügt aber nur noch über eine Gebirgsjägerbrigade.

**Gebiß, 1)** Gesamtheit der →Zähne eines Wirbeltieres. Die meisten Fische, Amphibien und Reptilien besitzen ein G. gleichartiger Zähne *(homodontes G.),* die dem Knochen nur oberflächl. aufsitzen *(akrodontes G.)* und nach Ausfall beliebig oft ersetzt werden können *(Polyphyodontie);* die Vögel und Schildkröten sind zahnlos *(anodont).* Bei Säugern stecken die Zahnwurzeln in Höhlungen des Kieferknochens

**Gebirgsbahnen:**
Die von Brannenburg auf den Wendelstein verkehrende ›Wendelsteinbahn‹ ist die älteste Gebirgsbahn Deutschlands. Mit ihrem Bau wurde 1910 begonnen, Betriebsbeginn war am 12. 5. 1912. Die Strecke überwindet bei einer Streckenlänge von heute 7,6 km (ursprünglich 9,9 km) einen Höhenunterschied von 1217 m, die größte Steigung liegt bei 23%.

## Praxistip Sprache

### Gebirgsnamen/Bergnamen

Bei Gebirgsnamen dominiert die maskuline Form: *der Himalaya, der Kaukasus, der Taunus* usw.; etymologisch bedingt sind Ausnahmen wie: *die Eifel, die Hardt, die Hohe Tatra, die Rhön.* Nur im Plural kommen vor: *die Alpen, die Anden, die Dolomiten, die Kordilleren, die Pyrenäen, die Rocky Mountains, die Vogesen* usw.
Bei Bergnamen steht im Regelfall ebenfalls *der* (analog zu: *der Berg*) vor dem Namen des Berges: *der Ätna, der Großglockner, der Kilimandscharo, der Montblanc, der Mount Everest* usw. Handelt es sich hingegen um ein zusammengesetztes Substantiv mit eindeutigem →Genus im Grundwort, folgt der Bergname dieser Form: *die Wildspitze, die Zugspitze.*

# Gebißentwicklung

**Gebiß:** Das menschliche Gebiß der Dauerzähne besteht aus vier Zahngruppen mit je acht Zähnen, die sich in zwei Zahnbögen im Unter- und im Oberkiefer spiegelbildlich gegenüberstehen. Das Gebiß schließt sich in der Kauebene. Von der Mitte her gesehen stehen in jeder Zahngruppe zwei Schneidezähne (1, 2), denen jeweils ein Eckzahn (3), zwei Backenzähne (4, 5) und drei Mahlzähne (6, 7, 8) folgen. Um die Zähne genau zu kennzeichnen, setzt man neben alle Zähne des Oberkiefers ein + und neben die des Unterkiefers ein – ein. Diese beiden Zeichen stehen links vor der Zahnnummer, wenn die linke Gruppe gemeint ist, oder rechts nach der Zahnnummer, wenn die rechte Gruppe gemeint ist; z. B. + 1 = links oben 1 oder 3– = rechts unten 3.

Mensch, Menschenaffen
I 2 C 1 P 2 M 3   oder   2 1 2 3
I 2 C 1 P 2 M 3          2 1 2 3

Hund
I 3 C 1 P 4 M 2   oder   3 1 4 2
I 3 C 1 P 4 M 3          3 1 4 3

Rind
I 0 C 0 P 3 M 3   oder   0 0 3 3
I 3 C 1 P 3 M 3          3 1 3 3

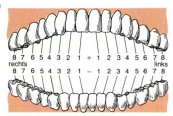

8 7 6 5 4 3 2 1 + 1 2 3 4 5 6 7 8
rechts                            links
8 7 6 5 4 3 2 1 – 1 2 3 4 5 6 7 8

*(thekodontes G.)*, die Zähne sind versch. gestaltet *(heterodontes G.)*: Schneidezähne *(Incisivi)*, Eckzähne *(Canini)*, vordere und hintere Backenzähne *(Praemolares* und *Molares)*. Zahnzahl und -art werden durch eine *Zahnformel* ausgedrückt, jeweils für Oberkiefer und Unterkiefer einer Seite, wie das nachfolgende Beispiel zeigt: Backenzähne können als breite Mahlzähne (z. B. bei Pflanzenfressern) oder als spitze Reißzähne (z. B. bei Raubtieren) gestaltet sein. Bes. ausgebildete Schneidezähne sind die Stoßzähne der Elefanten. Bei Säugern folgt auf das Milch-G. das zweite, *permanente G. (Diphyodontie)*; das Milch-G. des Menschen besteht aus 20 Zähnen (es fehlen die Molaren), das zweite G. aus 32 Zähnen; die hintersten Backenzähne erscheinen vielfach erst beim Erwachsenen (Weisheitszähne).
**2)** Mundstück (meist in Form einer Metallstange oder eines Hartgummistabs) der →Trense von Reit- und Arbeitspferden; an den G.-Ringen auf beiden Seiten des Pferdemauls wird der Zügel eingeschnallt (→Zaumzeug).
**Gebißentwicklung,** 1. phylogenet. Entwicklung des Gebisses von einfachen Typen (z. B. Reptilzähne) zu differenzierten Formen (Milch- und Dauergebiß bei Säugern); 2. ontogenet. Entwicklung der Zahnkeime zum Milch- und Dauergebiß (→Zahnwechsel).
**Gebißwechsel,** Ersatz der Milchzähne durch bleibende Zähne: →Zahnwechsel.
**Gebläse,** →Arbeitsmaschine zum Fördern und Verdichten von Gasen und Dämpfen bei niedrigem Überdruck; z. B. für Raumbelüftung (→Klimaanlage) und Zwangsluftkühlung von Motoren, bei elektr. Heizgeräten u. ä. Es gibt *Verdränger-G.,* z. B. →Blasebalg, *Kolben-G.* (→Kolbenpumpe) und *Kapsel-G.* (→Kapselwerk) sowie *Kreisel-G.* (→Kreiselpumpe) und *Strahl-G.* (→Strahlpumpe).
**Geblütsrecht,** mittelalterl. Prinzip der Thron- und Erbfolge, das auf der charismat. Vorstellung vom besonderen Heil der Königssippe beruhte. Konnte sich nur bedingt gegen das Wahlprinzip behaupten.
**gebogene Fläche,** Fläche, die drei Raumkoordinaten aufweist, aber in eine Ebene abwickelbar ist (→abwickelbare Flächen), z. B. die Mantelfläche von Zylinder und Kegel.
**Gebotszeichen,** →Verkehrszeichen.
**Gebräch(e)** *(Gebrech[e])*, **1)** im *Bergbau:* leicht brechendes Gestein; **2)** *Jägersprache:* Rüssel (des Wildschweins), auch: der mit dem Rüssel aufgewühlte Boden.
**gebrannter Kalk** →Kalk.
**Gebrauchsabnahme** →Bauüberwachung.
**Gebrauchsanmaßung** *(Gebrauchsdiebstahl)*, unbefugte Ingebrauchnahme fremder Sachen ohne Zueignungsabsicht. Auf Antrag wird die G. an Kfz oder Fahrrädern verfolgt (§ 248 b StGB). – In Österr. ist der unbefugte Gebrauch von Fahrzeugen, die zum Antrieb mit Maschinenkraft eingerichtet sind, strafbar (§ 136 StGB). – *Schweiz:* G. auf Antrag als Sachentziehung strafbar, wenn ein materieller Schaden entsteht (Art. 143 StGB). G. bei einem Kfz als Entwendung zum Gebrauch ist auf Antrag strafbar (Art. 94 Straßenverkehrsgesetz).

Gebläse

# Gebrauchsmuster

**Gebrauchsgraphik,** im dt. Sprachgebiet übl. Bez. für den Zweig der angewandten Kunst, der sich vornehml. mit der künstlerischen Gestaltung von Werbemitteln wie →Plakaten, Prospekten, Anzeigen befaßt, ferner u. a. mit Urkunden, →Banknoten, Verpackungen, Signeten, →Briefmarken, Schriften, Buchillustrationen (bes. Sachdarstellungen auch wissenschaftl. Art), Zschr., Schallplattenhüllen. — *Geschichtliches:* Nach Vorstufen zu Beginn der Neuzeit, etwa der Schildermalerei, der Briefmalerei (Entwurf und Kolorierung von Drucken, z. B. Spielkarten, Flugblättern), der weiteren Entwicklung des Buchdrucks und der →graphischen Techniken, wirkte vor allem die Farblithographie (→Lithographie) mit ihrer Vielfalt an Möglichkeiten künstler. und techn. animierend (Plakate z. B. von →Toulouse-Lautrec, →Chéret, Cassandre). Die wachsende Bed. der Werbung ließ die Aufgaben des Gebrauchsgraphikers immer umfassender werden. Farbphotographie und moderne →Reproduktionstechniken bewirkten, daß ein Großteil des ›Grafik-Design‹ in der Entwicklung und Anordnung (Layout) von Bildideen besteht.

**Gebrauchsgut,** Konsumgut, das über längere Zeit genutzt werden kann, ohne zerstört zu werden. Ggs. →Verbrauchsgut.

**Gebrauchskreuzung,** Zuchtverfahren, bei dem zwei versch. Tierrassen miteinander gekreuzt werden; das Zuchtprodukt ist für die Endnutzung bestimmt, mit ihm wird nicht mehr weitergezüchtet.

**Gebrauchslast,** die Gesamtheit aller Lastfälle (Belastungen), denen ein Bauteil im vorgesehenen Gebrauch ausgesetzt ist.

**Gebrauchsliteratur,** als Gegenbegriff zur sog. ›schönen Literatur‹ geprägte unscharfe Sammelbezeichnung für lit. Formen, die (relativ) zweckgebunden sind (Werbe- und Schlagertexte, Kirchenlieder, situationsabhängige polit. Lit.).

**Gebrauchsmusik** →funktionale Musik.

**Gebrauchsmuster,** das Muster eines Gebrauchsgegenstandes, das ohne Patentfähigkeit durch eine neue Gestaltung, Anordnung oder Vorrichtung dem Arbeits- oder Gebrauchszweck dienen soll. G.-Schutz wird vom Deutschen Patentamt, München, erteilt; bewirkt, daß allein dem Inhaber das Recht zusteht, gewerbsmäßig das Muster nachzubilden, die Nachbildungen in den Verkehr zu bringen, zu verkaufen oder zu gebrauchen. Die Schutz-

**Gebrauchsgraphik:** *oben* Plakatwerbung für die Zeitschrift ›Simplicissimus‹ von Th. Th. Heine; die Bulldogge ist stets wiederkehrendes Kennzeichen des satirischen Blattes, das zahlreiche namhafte Graphiker beschäftigte; *unten* Phase aus einem Werbefilm von Matthew Leibowitz, USA (1965); plakative Farbwirkung ist hier mit dem zusätzliche Aufmerksamkeit erregenden Bewegungsablauf verbunden.

## Gebrauchsprüfung

Jean Gebser

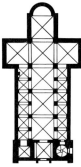

gebundenes System:
Idealgrundriß

frist beträgt drei Jahre mit der Möglichkeit einer zweimaligen Verlängerung um insgesamt fünf Jahre; während dieser Zeit steht dem Erfinder des G. dessen ausschließliches Verwertungsrecht zu. In der BR Dtld. geregelt im G.-Gesetz i.d.F. vom 28.8.1986. – *Österr.:* Ähnl. im Musterschutzgesetz 1970. – *Schweiz:* Musterschutz erstreckt sich nur auf →Geschmacksmuster, nicht jedoch auf die techn. Ausgestaltung.

**Gebrauchsprüfung,** Disziplin im →Fahrsport; bewertet werden Gesamteindruck und Ausbildungsstand eines Gespanns (Ein- und Mehrspänner) in versch. →Gangarten.

**Gebrauchstarif,** in der BR Dtld. der jeweils gültige →Zolltarif.

**Gebrauchsvermögen,** Teil des →Vermögens, den private und öffentliche Haushalte zu Konsumzwecken nutzen.

**Gebrauchswert** *(Nutzwert),* Wert, der den Gütern durch ihre Tauglichkeit, Bedürfnisse zu befriedigen, verliehen wird; Ggs. zum →Tauschwert.

**Gebrauchtwagenkauf,** siehe hierzu ›Praxistip Recht‹.

**Gebręch(e)** →Gebräch(e).

**Gebrechen,** organ. Fehler, der die geistigen oder körperl. Fähigkeiten des Menschen dauernd beeinträchtigt, z.B. →Blindheit, Geistesschwäche.

**gebrochener Exponent,** ein Bruch als →Exponent; die Schreibung $a^{3/5}$ bedeutet math. $\sqrt[5]{a^3}$.

**Gębsattel,** Victor Emil Frhr. von, Psychotherapeut, *4.2.1883 München, †22.3.1976 Bamberg; vertrat die anthropolog. Richtung moderner Psychotherapie auf christl.-kath. Grundlage. – *W:* Prolegomena einer medizin. Anthropologie (1954); Imago hominis (64).

**Gębser,** Jean, Kulturphilosoph, *20.8.1905 Posen, †14.5.1973 Bern; kulturphänomenolog. Analyse der modernen Welt (›Ursprung und Gegenwart‹, 1949–53).

**Gebück,** früher Bez. für Verhau aus Hainbuchenhecken, zum Schutz von Siedlungen u.ä. (im Rheingau).

**Gebühren,** Abgaben, die als Entgelt für spezielle Inanspruchnahme öffentl. Einrichtungen (Benutzungs-G.) oder öffentl. Leistungen (Verwaltungs-G.) erhoben werden (→Beitrag, →Steuern).

**Gebührenerfassung,** im Rahmen der →Vermittlungstechnik die Feststellung der für ein Ferngespräch anfallenden Kosten.

**Gebührenordnungen,** Verzeichnisse von im öffentl. Interesse liegenden Dienstleistungen mit zugeordneten Gebühren- bzw. Vergütungssätzen oder Bewertungszahlen. G. kommen insbes. in den Bereichen Kommunalverwaltung, Gesundheitswesen, Rechtspflege, Rechtsschutz und Steuerberatung

### Praxistip Recht

### Gebrauchtwagenkauf

Der Gebrauchtwagenkauf ist der Nachfolger des nicht zu Unrecht in Verruf geratenen Pferdekaufs. Allerdings sind moderne Fahrzeuge inzwischen so einheitlich und in Mitteleuropa auch durch die regelmäßigen Prüfungen so zuverlässig, daß das Risiko, ›einen Fehlgriff zu tun‹, deutlich gesunken ist. (Es gibt sogar Gebrauchtwagengarantien!) Wegen der Vielzahl der möglichen Fallen, in die Sie als Käufer aber trotzdem geraten können, ist es sinnvoll, auf einen Mustervertrag zurückzugreifen. Zumindest sollten Sie aber den Verkäufer nach allen wichtigen Details fragen, auf einem schriftlichen Vertrag bestehen und sich die zugesicherten Eigenschaften schriftlich bestätigen lassen. Diese Zusicherung wird auch nicht durch die Klausel ›Verkauft wie besichtigt‹, die Sie als Käufer häufig akzeptieren müssen, entkräftet. Auf größere Unfallschäden hat der Verkäufer sogar unaufgefordert hinzuweisen. Durch Prüfung des Kfz-Briefs sollten Sie sich davon überzeugen, daß der Verkäufer auch tatsächlich als letzter Halter eingetragen ist. Andernfalls muß er eine Vollmacht vorzeigen. – Ist der Kaufvertrag zustande gekommen, wird Ihnen der Verkäufer den Kfz-Brief jedoch erst dann aushändigen, wenn Sie das Fahrzeug vollständig bezahlt haben, denn der Kfz-Brief gilt als Nachweis des Eigentums.

vor; sie werden durch staatl. Rechtssetzung oder durch die Selbstverwaltungskörperschaften der freien Berufe festgesetzt. **Gebührenordnung für Ärzte** *(GOÄ),* am 12.12.1982 erlassene Verordnung (zuletzt geändert mit Wirkung vom 1.7.1988) zur Regelung der Vergütungen für die berufl. Leistungen der Ärzte. Danach dürfen diese die Gebühren für ihre Leistungen unter Berücksichtigung der Schwierigkeit und des Zeitaufwands der einzelnen Leistung sowie der Umstände bei der Ausführung nach billigem Ermessen in der Regel bis zum 2,3fachen, in begr. Sonderfällen bis zum 3,5fachen der in der GOÄ genannten Sätze festsetzen. – *Schweiz:* kantonal unterschiedl. zw. Krankenkassen und Ärzten geregelt; (noch) keine eidgenössische Regelung.
**Gebührenüberhebung,** der Tatbestand, daß ein Amtsträger (Notar, Gerichtsvollzieher, beamteter Arzt usw.) oder Anwalt bzw. sonstiger Rechtsbeistand Gebühren oder Vergütungen verlangt, von denen er weiß, daß der Zahlende sie nicht oder in geringerem Umfang schuldet; strafbar nach § 352 StGB.
**gebundene Rotation,** Verhalten eines kleineren Körpers auf seiner Umlaufbahn um einen Planeten, wenn die Zeit für die Eigenrotation des kleineren Körpers genau mit seiner Umlaufzeit übereinstimmt; auf diese Weise wendet der Körper dem Planeten immer die gleiche Seite zu; eine g. R. zeigt z.B. der →Mond.
**gebundenes System,** Grundriß- und Gewölbeanordnung roman. Kirchen, in der das Vierungsquadrat die Maßeinheit bildet; auf ein Joch des Mittelschiffs kommen in den Seitenschiffen je zwei Joche halber Breite.
**Geburt,** die Vorgänge, die beim Menschen (und bei Säugetieren) zur Ausstoßung der reifen Frucht aus den mütterl. Fortpflanzungsorganen führen. Diese erfolgt durch Zusammenziehungen der Gebärmutter (→Wehen), 263–273 Tage nach dem befruchtenden Beischlaf oder 280 Tage nach Beginn der letzten →Regelblutung (→Schwangerschaft). Regelmäßige Wehen in etwa fünf Minuten Abstand kennzeichnen den G.-Beginn. Nach Eröffnung des Halskanals der Gebärmutter und des Muttermundes und Bersten der →Fruchtblase wird die Frucht durch das kleine Becken auf den Beckenboden und durch die Beckenöffnung über den →Damm ausgestoßen, wobei die Gebärende durch die Zusammenziehung der Bauchmuskeln mitarbeitet. Nach Durchtrennung der Nabelschnur (→Abnabelung) löst sich die Nachgeburt von der Gebärmutterwand und wird ausgestoßen. Die normale G.-Dauer beträgt bei Erstgebärenden 5–10, bei Mehrgebärenden 2–4 Stunden. Abweichungen von der normalen Dauer und vom normalen Verlauf kommen jedoch häufig vor (→Geburtshilfe, →Frühgeburt, →Fehlgeburt).
**Geburt einer Nation, Die,** Film von D.W. →Griffith (1915) über das Schicksal zweier Familien im amerik. Bürgerkrieg.

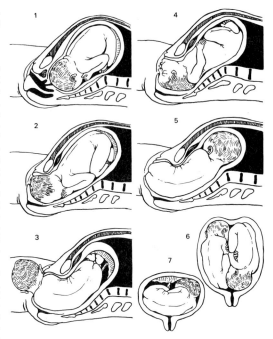

Geburt: **1** erste Hinterhauptseinstellung am Anfang der Geburt; **2** Lage wie bei 1: Der Kopf hat mit dem großen Durchmesser das Becken passiert und schickt sich zum Austreten an; **3** Geburt des Kopfes, an dem die Geburtsgeschwulst sichtbar ist, aus erster Hinterhauptslage; **4** Gesichtslage mit vorderer Kinneinstellung; **5** erste Beckenendlage mit Einstellung des Rückens nach links; **6** Zwillingsschwangerschaft mit Kopfeinstellung des einen und Beckenendeinstellung des anderen Kindes; **7** Querlage mit Einstellung des Rückens nach vorn

# Geburtenbuch

**Geburtenstatistik:** allgemeine Geburtenziffer für die Bundesrepublik Deutschland (früheres Bundesgebiet) 1950–1991

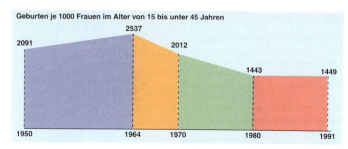

**Geburtenbuch,** Personenstandsbuch, in dem vom Standesbeamten Geburten eingetragen und beurkundet werden (BR Dtld. und *Österr.*: §§ 16 ff. Personenstandsgesetz). – *Schweiz: Geburtsregister* (→Personenstand).
**Geburtenregelung** *(Geburtenkontrolle),* das Bestreben, die Zahl der Kinder und die Aufeinanderfolge der Geburten aus persönl., gesundheitl. oder sozialen Überlegungen planmäßig zu regeln. Jede Ges. weist eine ihr eigentüml. Form der G. auf, z. B. durch lange Stillzeit, erzwungene Enthaltsamkeit, Ehelosigkeit jüngerer Söhne. Das Abhängigkeitsverhältnis zw. G. und sozialen Faktoren wird sichtbar bei der Einführung von Hygiene und med. Erkenntnissen: Geht die Kindersterblichkeit als natürl. Faktor der G. zurück, so ist eine zeitweise Übervölkerung die Folge; sie nimmt jedoch bald ab, da neue Mittel der G. angewandt werden. Maßnahmen der G.: Sterilitätsberatung und -behandlung (→Sterilität), →Empfängnisverhütung, →Zeugungsverhütung.
**Geburtenrückgang,** das Absinken der Geburtenziffer (→Geburtenstatistik), bisher meist eine Folge der Industrialisierung, der damit verbundenen Veränderung der Familienstruktur, der wirtschaftl. Verhältnisse und der Hygiene. In sich entwickelnden Industriegesellschaf-

## Praxistip Gesundheit

### Geburtserleichterungen

Wenn Sie ein Kind erwarten, dann sollten Sie schon Wochen vor der Geburt entscheiden, ob Sie daheim oder im Krankenhaus entbinden wollen. Neben dem Wissen um die Sie behandelnde Hebamme bzw. den Arzt sind auch Einzelheiten wichtig wie Möglichkeit des →Rooming-in, Begleitperson u. a. Zu den natürlichen Erleichterungen zählen in den Monaten und Wochen vor der Geburt tägliche Bewegung und häufiger Wechsel der Lage (Liegen, Hocken, Stehen, Sitzen); empfehlenswert sind darüber hinaus Massagen im Kreuzbeinbereich, am Bauch und an der Oberschenkelinnenseite. Modernen Entspannungstechniken wie Hypnose, Yoga, autogenes Training oder Akupunktur sollten Sie sich jedoch nur zuwenden, wenn diese von ausgebildeten Fachleuten ausgeführt werden.
Unmittelbare Erleichterung bei der Geburt bringt ein warmes Vollbad: Die Schmerzen sind geringer, und ein Ertrinken des Kindes brauchen Sie nicht zu befürchten, weil das Neugeborene erst zu atmen beginnt, wenn es aus dem Wasser gehoben wird.
Alle medizinischen Geburtserleichterungen sind für die Mutter von Vorteil, nicht aber für das Kind. Schmerzmittel, vor allem wenn sie häufig eingenommen werden, können dem Kind schaden. Bei der sog. schmerzlosen Geburt sollte die werdende Mutter bedenken, daß die dafür notwendige Rückenmarkbetäubung Unterleib und Beine schmerzunempfindlich macht, aber andere Probleme schafft: Meist wird ein Wehentropf notwendig, die Geburt dauert sehr lange, und eine intensive Überwachung ist notwendig. Bedauerlicherweise muß in solchen Fällen oft auch die Saugglocke eingesetzt werden. – Ein Kaiserschnitt ist keine Variante der Geburtserleichterung; er bedarf einer strengen ärztlichen Indikation!

# Geburtslähmung

ten sinkt zunächst die Sterblichkeitsziffer bei gleichbleibender Geburtenziffer (›Bevölkerungsexplosion‹). Nach einem Prozeß der Angleichung ging Ende des 19. Jh. in den westlichen Industriegesellschaften die Geburtenziffer bei leichtem →Geburtenüberschuß zurück.

**Geburtenstatistik,** Teil der →Bevölkerungsstatistik; erfaßt die Zahl der Geburten bzw. Geborenen nach versch. Merkmalen: Geschlecht, Lebend- oder Totgeborene, Mehrlingsgeburten; Alter, Familienstand, Konfession, Beruf, Ehedauer der Eltern.
Wichtige Kennzahlen: *Allgemeine Geburtenziffer:* Zahl der Geburten eines Jahres auf 1000 E.; *Allg. Fruchtbarkeitsziffer:* Zahl der Geburten eines Jahres auf 1000 Frauen im gebärfähigen Alter (15–44 Jahre).

**Geburtenüberschuß,** Differenz zw. der Zahl der Geburten und der der Sterbefälle eines Jahres; bestimmt die Richtung der natürl. Bevölkerungsbewegung.

**Geburtsgeschwulst,** eine harmlose Schwellung an derjenigen Körperregion des Kindes (meist am Kopf), die nach dem →Blasensprung im eröffneten Muttermund freiliegt und der Druckdifferenz zwischen außen und innen ausgesetzt ist. In diesen Bezirk strömt Gewebswasser, das bald nach der Geburt wieder aufgesaugt wird.

**Geburtsgewicht,** das Gewicht unmittelbar nach der Geburt; beim reifen Kind im Durchschnitt bei Mädchen 3300g, bei Knaben 3500g; Neugeborene unter 2500g gelten als →Frühgeburten.

**Geburtshelferkröte** *(Feßlerkröte, Glockenfrosch; Alytes obstetricans),* zu den →Scheibenzünglern gehörender →Froschlurch; in Höhlen und Spalten lebendes Dämmerungstier Westeuropas; bei der Paarung (an Land) wickelt sich das Männchen die Laichschnüre um die Hinterbeine, nach etwa zwei bis drei Wochen sucht es ein stehendes Gewässer auf, wo die Kaulquappen sofort schlüpfen; sie verwandeln sich oft erst nach einem Jahr zu Kröten.

**Geburtshilfe,** Hilfsmaßnahmen von Arzt oder →Hebamme während der Geburt zur Abwendung von Gefahren für Mutter und Kind, bes. bei engem Becken, Beckenendlage, Schräglage, Querlage (→Kindslage), Wehenschwäche (→Wehen). Die G. kann durch Medikamente, Handgriffe, Instrumente (→Geburtszange, →Vakuumextraktion) oder Operation (z. B. →Kaiser-

Bei den **Geburtshelferkröten** trägt das Männchen die zwei Eischnüre, die über 100 Eier enthalten können, an den Hinterbeinen mit sich und hält sie feucht, damit die Eigallerte aufquellen kann.

schnitt) erfolgen. I. w. S. umfaßt die G. auch Beobachtung und Betreuung von Mutter und Kind während der Schwangerschaft und nach der Geburt (Teilgebiet der →Frauenheilkunde).
▪ Zu Geburtserleichterungen siehe auch ›Praxistip Gesundheit‹.

**Geburtslage** →Kindslage.

**Geburtslähme,** Medizin: →Gebärparese.

**Geburtslähmung,** Lähmung des Neugeborenen infolge Schädigung von Nerven durch Zug oder Druck während der Geburt. Durch Druck der →Geburtszange kann der untere Ast des Gesichtsnervs geschädigt werden (→Fazialislähmung): Herabhängen des Mundwinkels der betroffenen Seite; meist Heilung nach einigen Tagen. Bei schwieriger Entwicklung des Kopfes, bes. bei Beckenendlage (→Kindslage) und einem Mißverhältnis zw. dem Kopf des Kindes und dem mütterl. Becken, kann es zu Schädigung des den Arm versorgenden Nervenbündels kommen: schlaffe Lähmung des Armes; kann sich zurückbilden (→Entbindungslähmung).

## Geburtsrauschbrand

**Gedächtnis:** Wie durch die Bezeichnung angedeutet, können die verschiedenen Gedächtnisstufen und -unterstufen Informationen zunehmend länger behalten. Voraussetzung für dieses längere Speicherungsvermögen ist die Abnahme der Geschwindigkeit der Informationsaufnahme bzw. -verarbeitung.

Geschwindigkeit der Informationsaufnahme

$10^6$ Bit/Sek.

16–20 Bit/Sek.

0,5–0,7 Bit/Sek.

0,05 Bit/Sek.

**Geburtsrauschbrand,** *Tiermed.:* Infektionskrankheit nach schweren Geburten und Verletzungen der Geburtswege, bes. beim Rind; Erreger: *Pararauschbrandbazillus*.
**Geburtsregister,** Schweiz: →Geburtenbuch.
**Geburtstag,** in der Antike am Jahrestag der Geburt zu Ehren des persönl. Schutzgottes begangene Feier, im Frühchristentum (→Origenes) als heidnisch abgelehnt. Später nur in prot., seit den letzten Jahrzehnten auch in kath. Gebieten gefeiert.
**Geburtstagsfeier, Die** *(The Birthday Party)*, Schauspiel von H. →Pinter; Urauff.: 1958, Cambridge.
**Geburtstermin,** Zeitpunkt, zu dem die Geburt zu erwarten ist; Berechnung des G.: →Geburt.
**Geburtstrauma** →Trauma.
**Geburtswehen** →Wehen.
**Geburtszange,** schon um 1620 in England gebräuchl., seither weiterentwickeltes Instrument zur Entbindung einer Gebärenden, wenn für sie oder das Kind eine Gefahr droht oder unbehebbare Wehenschwäche oder Erschöpfung der Gebärenden infolge langer Geburtsdauer besteht. Einsatz der G. heute sehr selten, abgelöst durch →Vakuumextraktion.
**Gebweiler,** frz. **Guebwiller** [gebvilɛr], Stadt im Oberelsaß, Frkr., am Fuße des Großen Belchen, 10 000 E.; roman.-got. Kirche St. Leodegar; Textil- und Maschinenindustrie; Weinbau.

SINNESORGANE

ULTRAKURZZEITGEDÄCHTNIS

KURZZEITGEDÄCHTNIS

LANGZEITGEDÄCHTNIS

**Geckos** [malaiisch] *(Haftzeher; Gekkonidae)*, artenreiche, in warmen Gebieten aller Erdteile verbreitete Fam. der →Reptilien; eidechsenähnl., bis 40 cm lange Nachttiere; fressen Insekten, leben auch in menschl. Wohnungen; können mit Hilfe hakenbesetzter Lamellen der breiten Zehen an Zimmerdecken und Fenstern klettern; Schwanz abwerfbar, oft verbreitert und ebenfalls mit Haftvorrichtung; laute Stimme. In Mittelmeerländern der Mauer-G. *(Tarentola mauritanica).*
**Géczy** [getʃi], Barnabas von, dt.-ung. Geiger und Orchesterleiter, *4.3.1897 in Budapest, †2.7.1971 München; bekannt geworden durch kultivierte Unterhaltungsmusik in den zwanziger Jahren in Berlin.
**Gedächtnis,** die Fähigkeit, früher Wahrgenommenes, Erlebtes und Erlerntes zu speichern und sich erneut zu vergegenwärtigen; Informationsspeicher eines Organismus. – Das Einprägen (→Lernen) von G.-Inhalten erfolgt unter Bedingungen, die zuerst von H. →Ebbinghaus, heute überwiegend durch die Kognitionspsychologie und Lernpsychologie systemat. untersucht wurden. Nach weitverbreiteter Auffassung wird zw. Kurzzeit-G. mit kurzer Speicherzeit (einige Sekunden) und begrenzter Speicherkapazität und dem Langzeit-G. unterschieden. Kritisiert wird dieses Modell mit dem Begriff der Verarbeitungstiefe, wonach einfach besser behalten wird, was umfangreicher verarbeitet wurde. Die G.-Leistung ist abhängig von Merkmalen des Inhalts (leichte Assoziierbarkeit, logische Ordnung innerhalb eines Zusammenhangs sinnvoller Denkleistungen, Strukturierbarkeit), von der Zahl der Wiederholungen (vor allem bei mechan. G.-Leistungen) und deren zeitl. Verteilung (die ›Interferenz‹ von versch. Inhalten führt zu G.-Hemmung), aber auch von subjektiven Faktoren, bes. vom G.-Typ (man unterscheidet den visuellen, den akust. und den motor. G.-Typ), sowie von Ermüdungsgrad, Bedürfnissen, Interessen usw. des Lernenden. Unerledigte Aufträge und Vor-

sätze und abgebrochene Handlungen werden besser behalten als erledigte. Nicht reproduzierte Inhalte werden meist allmähl. wieder vergessen. Tiefenseel. Mechanismen können zu unwillkürl. Erinnern oder Vergessen sowie zu G.-Täuschungen führen (→ Fehlhandlung). – Physiol. ist das G. an die Nervenzellen der Hirnrinde gebunden. Bei G.-Prozessen scheinen biochem. Abläufe an den Nucleinsäuren dieser Zellen stattzufinden. Hirnschädigungen können zu versch. Störungen der G.-Tätigkeit führen (→ Amnesie).

**Gedächtnispsychologie** *(Gedächtnisforschung)*, von H. → Ebbinghaus eingeführtes Teilgebiet der experimentellen Psychologie, in dem das → Gedächtnis erforscht wird.

**Gedächtniszellen** *(Memory-Zellen)*, Unterart der → B-Lymphozyten, die bei erneutem Kontakt mit einem bestimmten → Antigen zu → Plasmazellen differenzieren und so zur raschen Produktion von → Antikörpern beitragen (→ Booster-Effekt).

**gedackt,** Bez. für Orgelpfeifen, deren oberes Ende geschlossen (gedeckt) ist und die dadurch obertonarm, dumpfer und eine Oktave tiefer klingen als offene Pfeifen gleicher Länge.

**GEDAG,** Abk. für → G*esamtverband* D*eutscher* A*ngestellten-*G*ewerkschaften.*

**gedämpfte Schwingung,** eine → Schwingung, deren Amplitude nach einer → Exponentialfunktion abnimmt.

**Gedanke,** jeder als Denkeinheit abgrenzbare und formulierbare, anschaul. oder unanschaul. Bewußtseinsinhalt; im Akt des → Denkens diskontinuiert sich das Bewußtsein in vereinzelte Momente, die es in reflexiv-relationaler Verknüpfung wieder dem Bewußtseinsstrom zurückintegriert. – G.-Ding (lat. ›ens rationis‹), das bloß in der Vorstellung, nicht wirklich Existierende.

**Gedankenflucht** → Ideenflucht.

**Gedankenlesen** → Telepathie.

**Gedankenlyrik,** von innerem Erlebnis geprägte lyrische Gestaltung einer Idee, einer allgemeingültigen Erkenntnis oder einer tiefen Erschütterung (im Unterschied zur → Lehrdichtung); bes. in Dtld. von → Lyrik als Gefühls- und Stimmungsausdruck unterschieden.

**Gedankenstrich,** siehe ›Praxistip Sprache‹, S. 3450.

**Gedankenübertragung** → Telepathie.

**Gedda,** Nicolai (eigtl. *N. Ustinov*), schwed. Sänger (Tenor) russ. Herkunft, * 11. 7. 1925 Stockholm; v. a. Mozart-Partien sowie frz. Opern.

**Geddes** [gɛdɪs], Andrew, schott. Maler, * 5. 4. 1783 Edinburgh, † 5. 5. 1844 London; von → Rembrandt beeinflußter Schöpfer ausdrucksvoller Porträts; auch Radierungen.

**Gedeck,** 1) Eßbesteck und Serviette; 2) festgelegte Speisenfolge in der Gaststätte, Menü.

**Gedenkemein,** eine Zierpflanze: → Nabelnuß.

**Gedicht,** ein Sprachkunstwerk in Versen.

**gediegen,** 1) *allg.:* sorgfältig, lauter, rechtschaffen; umgangssprachl. auch: drollig, seltsam. 2) *Mineralogie:* Bez. für Metalle, die im elementaren Zustand vorkommen, z. B. Gold, Silber, Platin.

**Gedimin** (litauisch *Gediminas*), Großfürst von Litauen (1316–41), † 1341; Begr. eines Großreiches, eroberte weite Gebiete des heutigen Rußlands; durch Vermählung seiner Tocher Aldona-Anna mit dem poln. Thronerben → Kasimir 1325 stellte

**Geckos:** Tokay-Gecko *(Gecko gecko)*

◼ **gedämpfte Schwingung:** Bild → Dämpfung

*Ä ist wie A ins Abc eingeordnet.*

## Gedinge

er eine enge Verbindung mit Polen her.

**Gedinge,** dem Akkord ähnliche Leistungsentlohnung (Gruppenakkord) der Untertagearbeiter im Bergbau.

**Gediz** [gędiz] (griech. *Hermos*), 350 km langer, schlammreicher Fluß in Westanatolien; entspringt am →Murat Daği (2312 m), mündet im Golf von İzmir ins Ägäische Meer.

**Gedon,** Lorenz, Baumeister, Bildhauer und Innenarchitekt, *12.11.1843 München, †27.12.1883 ebd.; vielseitiger Repräsentant des Historismus.

**Gedrosien** [-siǀən], altpers. Prov., etwa das heutige →Belutschistan, dürres oder fast wüstes Land mit der Hptst. Pura.

**gedruckte Schaltung,** ein elektr. Leitersystem aus dünnen Kupferbahnen und den Bauelementen einer elektron. Schaltung auf einer Isolierplatte, die gleichzeitig als mechan. Halt dient. Sie läßt sich in großen Stückzahlen automat. herstellen und bestücken und ermöglicht Miniaturbauweise, →Tauchlötung und den Aufbau auch sehr komplizierter Geräte aus einzelnen leicht austauschbaren, oft steckbaren Bausteinen auf Schaltungsplatten. Die g. Sch. hat sich im gesamten Bereich der →Elektronik, Rundfunk- und Fernsehtechnik durchgesetzt. Beim Ätzverfahren wird der Verlauf der Leiterbahnen meist durch →Siebdruck mit Abdeckfarbe auf die Kupferschicht einer Isolierplatte aufgedruckt; beim nachfolgenden Ätzen bleiben die durch Farbe geschützten Bahnen stehen. Beim CC4®-Verfahren wird Kupfer galvanisch auf die auf der Isolierplatte ohne Kupferschicht vorgedruckten Bahnen aufgebracht, wobei die Platte beidseitig mit Leitungsbah-

---

**Praxistip Sprache** — **Gedankenstrich**

Der Gedankenstrich dient in der deutschen Sprache
1. zur Markierung einer größeren Pause zwischen Wörtern oder Satzteilen:

›Komm dann eben mit dem – du setzt dich ja sowieso durch!‹ (unvollständiger Satz)
*Auf die Plätze – fertig – los!* (Kommando)
*einerseits – andererseits, oben – unten* (Gegenüberstellung)
*FC Bayern München – Eintracht Frankfurt* (bei Sportergebnissen: statt *gegen*)
*Seiten 105 – 117, die ICE-Linie München – Hamburg* (als Zeichen: statt *bis*)
*IG Chemie – Papier – Keramik* (als Zeichen: statt *und*)
*Die Grammatik besteht aus: Lautlehre – Formenlehre – Satzlehre – Textlehre.* (Inhaltsangabe)

2. zur Abgrenzung eines in den Obersatz eingeschobenen Satzes (vor und hinter dem eingeschobenen Satz stehen Gedankenstriche, auch am Zeilenende):

*Wir fuhren in die Stadt und wollten – es war bereits später Nachmittag – noch etwas einkaufen.* (Verstärkung der Aussage)

3. zur Abgrenzung von Redeteilen bzw. zur Kennzeichnung eines Sprecherwechsels:

›Willst du damit sagen, daß ...?‹ – ›Ja, genau das will ich sagen!‹

4. zur Gliederung anstelle eines Kommas oder Doppelpunktes:

*Wir waren schon drei Tage in Rom – und wir hatten noch immer keine einzige Kirche gesehen!*

5. zur Gliederung zusammen mit Ausrufe- oder Fragezeichen:

*Ich rate Dir – hoffentlich merkst Du es Dir nun endlich! –, mit Deinem Geld etwas sorgsamer umzugehen.*

Anmerkung:
Der Gedankenstrich sollte nicht zu häufig verwendet werden, weil sonst der Textfluß ständig unterbrochen und die Aussage in ihre Teile aufgelöst wird.

# Gefahr

nen versehen werden kann (→ Dickschichttechnik, → Dünnschichttechnik, → integrierte Schaltung).
**Gedser** [gesər] *(Gjedser)*, dän. Fährort an der Südspitze von → Falster mit 1200 E.; seit 1903 Eisenbahnfähre nach → Warnemünde, 1951 auch nach → Großenbrode Kai.
**Geduldflasche** → Eingericht.
**Geduldsspiele,** meist für eine Person konzipierte Spiele, die Ruhe und Überlegung erfordern (auch zur Beruhigungstherapie), z.B. Patiencen, Puzzle, Solitär.
**Geel** [xel] *(Gheel)*, Ort im O der belg. Prov. Antwerpen, 30000 E.; Textil-, Lederindustrie; seit dem 13.Jh. bek. für die Betreuung von Geisteskranken.
**Geelong** [dʒilɔŋ], austr. Hafenstadt im Staat Victoria, an der Port-Phillip-Bai südwestlich von Melbourne, 150000 E.; nach dem II. Weltkrieg zum Großhafen ausgebaut; Wollindustrie, Maschinen-, Fahrzeug-, Schiffbau, Erdölraffinerien, Aluminiumschmelze, Zementwerk.
**Geelvinkbai** [niederl., xel-], fast 300 km ins Land eindringende Meeresbucht an der Nordseite W-Neuguineas, bis 1200 m tief; vor ihr liegen die Insel Yapen und die Schouteninseln. Bekanntes Zentrum einer hochentwickelten Holzschnitzkunst, die früher auch den → Korwar-Stil pflegte.
**Gee-Navigation** [engl., dʒi-], ein Funkortungsverfahren für die Weitstrecken-Navigation mit Trägerfrequenzen zw. 20 und 80 MHz, arbeitet ähnl. wie → LORAN.
**Geer,** tibetische Stadt → Gartok.
**Geertgen** [xertxɛ] (eigtl. *G. tot Sint Jans;* auch *Gerrit van Harlem*), niederl. Maler, * um 1460 Leiden, † um 1493 (?) Haarlem; einer der ursprünglichsten Meister der altniederl. Malerei, unter Einfluß von R. van der → Weyden und H. van der → Goes. Menschen- und Landschaftsdarsteller von nuancierter Farbigkeit mit hervorragend gemalten Einzelheiten. – *W:* Beweinung Christi, Verbrennung der Gebeine Johannes' des Täufers, Wien; Johannes der Täufer, Berlin.
**Geest** *die,* das höhergelegene, die → Marsch überragende, aus eiszeitl. Ablagerungen (Sande, Schotter) aufgebaute Gebiet nahe der Küste NW-Dtld.; im allg. trocken, unfruchtbar, mit Heide oder lichtem Kiefernwald bedeckt (→ Sander).
**Geestemünde,** ein Stadtteil von → Bremerhaven.
**Geesthacht,** Stadt im Kr. Hzgt. Lauenburg, Schleswig-Holst., am re. (hohen) Elbufer östl. von Hamburg, mit 25000 E.; → GKSS-Forschungszentrum G.; → Kernkraftwerk Krümmel (seit 1984), Pumpspeicherwerk (530 MW, Höhendifferenz 80 m); Hafen, Staustufe (Schleusenkanal); Papier-, Textilverarbeitung, Metall-, Maschinenbau, Westdeutsche Quarzschmelze.
**Gefahr,** Möglichkeit des Eintritts eines Schadens für Personen oder Sachen. – *Schuldrecht:* Risiko (Gefahrtragung) für zufälligen Untergang oder zufällige Verschlechterung des zu leistenden Gegenstan-

Geertgen: ›Anbetung der Könige‹ (um 1490). Winterthur, Sammlung Oskar Reinhart ›Am Römerholz‹

## Gefährdungshaftung

**Gefahrenklassen:** Gefahrgut-Transporter mit entsprechenden Hinweistafeln: *oben* Angabe der Gefahrenklasse (88 = stark ätzend), *unten* Angabe des Stoffes (1824 = Natronlauge)

des. Der Schuldner wird von der Verpflichtung zur Leistung frei, wenn er die Unmöglichkeit nicht zu vertreten hat, verliert aber auch den Anspruch auf die Gegenleistung. Die G. der Leistung trägt hier also der Gläubiger, die G. der Gegenleistung (z.B. Kaufpreis) der Schuldner. Mit Übergabe der Kaufsache an den Käufer geht die G. auf diesen über (BR Dtld.: § 446 BGB, Österr.: §§ 1064, 1048 ff. ABGB). Beim →Gläubigerverzug trägt der Gläubiger die G. des Untergangs oder der Verschlechterung (§ 300 Abs. 2 BGB; § 1419 ABGB), ebenso beim Versendungskauf mit Übergabe der Sache an die Transportperson (§ 447 BGB), beim Werkvertrag mit Abnahme des Werkes (§ 644 BGB), beim Erbschaftskauf von dem Abschluß des Kaufvertrags an (§ 2380 BGB; § 1168a ABGB). Im Zwangsversteigerungsrecht geht die G. des zufälligen Untergangs bei Grundstücken mit dem Zuschlag, bei allen übrigen Gegenständen mit dem Schluß der Versteigerung auf den Ersteher über (§ 108 Zwangsversteigerungsgesetz; §§ 156, 278 österr. Exekutionsordnung). Ähnl. Regelung in der *Schweiz* (Art. 119, 185 OR). *Handeln auf eigene G.*: führt in der Regel zum Haftungsausschluß. *G. im Verzug*: unmittelbar drohende G., ermächtigt im Strafprozeßrecht und Polizeirecht zu sonst unzulässigen Maßnahmen. **Gefährdungshaftung,** Haftung für Schäden ohne Verschulden, z.B. Tierhalterhaftung, Haftung für Schäden nach dem →Atomgesetz, Haftung des Kraftfahrzeughalters, der Eisenbahn, der Straßenbahn für Betriebsgefahren, die von diesen Verkehrsmitteln ausgehen.

▸ Siehe dazu ›Praxistip Recht‹.

**Gefahrenklassen,** für den Transport giftiger, brennbarer oder ätzen-

### Praxistip Recht

### Gefährdungshaftung

Die zivilrechtliche Haftung für einen Vermögensschaden, den Sie – unverschuldet – einem Dritten zufügen, nennt man Gefährdungshaftung. Auf Vorsatz oder Fahrlässigkeit kommt es dabei nicht an. Allein die Gefahr, die von der Sache ausgeht, für die Sie verantwortlich sind, ist maßgeblich. Die wichtigsten Fälle sind die Haftung des Fahrzeughalters für einen Verkehrsunfall, die Produzentenhaftung für das von ihm hergestellte Produkt, die Haftung des Arzneimittelherstellers, und die Tierhalterhaftung. Nur höhere Gewalt (z.B. eine Naturkatastrophe) oder der Nachweis eines von außen kommenden unabwendbaren Ereignisses (z.B. eine grobe Vorfahrtsverletzung durch den Geschädigten) befreit von der Haftung, die durch Versicherungen (z.B. die in Deutschland vorgeschriebene Kraftfahrzeughaftpflichtversicherung) abgedeckt wird. Die Gefährdungshaftung ist auf Höchstbeträge begrenzt. Jenseits dieser Höchstbeträge muß das Verschulden nachgewiesen werden. Auch der Anspruch auf Schmerzensgeld kommt nur zum Zuge, wenn Sie schuldhaft gehandelt haben.

# Gefälle

der Güter durch Lkw vorgenommene Einteilung nach ihrer objektiven Gefährlichkeit; ausgedrückt durch vorgeschriebene orangefarbene Hinweistafeln mit schwarzen Ziffernfolgen, die deutl. sichtbar an dem jeweiligen Fahrzeug angebracht werden müssen. Die obere Ziffernfolge auf der Tafel nennt die Gefahrenklasse, wobei die erste Ziffer die Hauptgefahr angibt, z. B. 2 = Gas, 3 = brennbare Flüssigkeit, 6 = giftiger Stoff, 8 = ätzender Stoff. Die zweite und dritte Ziffer der oberen Nummer bezeichnen zusätzl. Gefahren; sind die ersten beiden Ziffern gleich, so bedeutete dies eine Zunahme der Hauptgefahr, z. B. 33 = leicht entzündbare Flüssigkeit (wie Benzin), 88 = stark ätzender Stoff (wie Schwefelsäure), 22 = Flüssiggas. Beispiele für Klassifizierungen: Propan: brennbares Gas, Kennziffer 23; Heizöl: brennbare Flüssigkeit ohne weitere Gefahren, Kennziffer 30; konzentrierte Salpetersäure: ätzende Flüssigkeit mit entzündenden und giftigen Eigenschaften, Kennziffer 856; Methan: Flüssiggas, brennbar, Kennziffer 223. Die untere Ziffernfolge auf der Tafel ist eine Stoffnummer, nach der jedes Produkt identifiziert werden kann (z. B. Benzin 1203, Heizöl 1223, Salpetersäure 2032).

**Gefahrenschutz** →Betriebsschutz.

**Gefahrensymbole** (*Warnzeichen*), meist internat. genormte Bildzeichen (1955 eingeführt) zum Hinweis auf gefährl. Stoffe, so z. B. Explosionsgefahr, Brandgefahr, chem. Vergiftungsgefahr, biol. Vergiftungsgefahr, Strahlengefahr, Verätzungsgefahr.

**Gefahrgut,** Güter, die bei Herst., Transport und Lagerung der →Gefahrstoffverordnung unterliegen.

**Gefahrguttransporte,** durch internationale Bestimmungen geregelter Transport gefährl. Stoffe; Einteilung der Güter in 15 Gefahrenklassen; transportierende Fahrzeuge haben Kennzeichnungspflicht.

**Gefährliche Liebschaften, 1)** Film von R. →Vadim (1959) mit J. →Moreau und G. →Philipe; Adaption des Romans ›Les liaisons dan-

explosionsgefährlich

leicht entzündlich

giftig

ätzend

gesundheitsschädlich

radioaktiv

gereuses‹ (1782; dt. 1905) von P. Ch. de →Laclos; **2)** Neuverfilmung von St. →Frears (1989) mit M. →Pfeiffer, G. →Close und John →Malkovich.

**gefährliches Gut,** andere Bez. für →Gefahrgut.

**gefährliche Stoffe,** Substanzen, die wegen unterschiedl. chem. oder biol. Eigenschaften eine erhebliche Gefährdung für Mensch und Umwelt bedeuten; Kennzeichnungsvorschriften und Verpackungsrichtlinien beim Transport gesetzlich geregelt.

**Gefahrstoffverordnung,** bundesdt. Rechtsverordnung vom 26. 8. 1986, die den Umgang mit Gefahrstoffen, insbes. deren Produktion, Transport, Lagerung und Vernichtung regelt.

**Gefälle, 1)** *Physik:* Änderung einer physik. Größe je Längeneinheit (→Gradient); **2)** *Technik:* bei der Steigung Höhenunterschied zw. zwei Punkten oder auch Verhältnis von Höhenunterschied zur Horizontalentfernung (Angabe in % bezogen auf 100 m oder in $^0/_{00}$ bezogen auf 1000 m). Das Gefälle läßt sich mit einem →Nivellier bestimmen.

**Gefahrensymbole:** Darstellung der Grundsymbole; die Kennzeichen können durch danebengestellte Zeichen noch verschärft werden; so bedeutet z. B. die Kombination F + vor dem Symbol ›leicht entzündlich‹ die Gefahrenklasse ›hoch entzündlich‹, die Kombination T + vor ›giftig‹ die Gefahrenklasse ›sehr giftig‹.

**Gefälle:** Angabe von horizontaler Wegstrecke und vertikalem Höhenunterschied für verschiedene Gefälle bzw. Steigungen

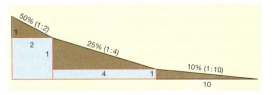

## Gefälligkeitsakzept

| Ergebnismatrix der Gefangenen A und B | | Strategien von B | |
|---|---|---|---|
| | | leugnen | gestehen |
| Strategien von A | leugnen | $f_A; f_B$ | $s_A; m_B$ |
| | gestehen | $m_A; s_B$ | $m_A; m_B$ |

**Gefangenendilemma:** Die einer gemeinsamen Tat verdächtigten, isoliert gehaltenen Gefangenen A und B erhalten eine milde Strafe *(m)*, wenn sie gestehen. Leugnen sie beide, muß man sie freilassen *(f)*; doch wer leugnet, während der andere gesteht, wird streng bestraft *(s)*. Leugnen wäre für beide die beste Strategie, doch da keiner sicher weiß, was der andere tut, gestehen sie. Das gemeinsame Optimum $f_A; f_B$ wird nicht erreicht. Die Tabelle, in der die Ergebnisse des Zusammentreffens der gewählten Strategien aufgezeichnet sind, wird in der Spieltheorie Ergebnismatrix oder Auszahlungsmatrix genannt.

**Gefälligkeitsakzept,** aus Gefälligkeit akzeptierter Wechsel, dem keine Schuldverbindlichkeit zugrunde liegt. Haftung des Akzeptanten daher nicht gegenüber dem Aussteller, jedoch gegenüber Dritten (→ Akzept).

■ **Gefälligkeitsfahrt,** siehe dazu ›Praxistip Recht‹.

**Gefänge** → Geweih.

**Gefangenenbefreiung,** vorsätzliche Befreiung eines Gefangenen, strafbar mit Geld- oder Freiheitsstrafe bis 3 Jahre; bis 5 Jahre, wenn der Täter als Amtsträger (→ Beamter) eigens dazu bestellt worden ist, ein Entweichen des Gefangenen zu verhindern (§ 120 StGB). Ähnlich geregelt in *Österreich* (§ 300 StGB) und in der *Schweiz* (Art. 310 StGB).

**Gefangenendilemma,** oft gegebene und nach einem Modellfall der → Spieltheorie benannte gesellschaftl. Situation, in der der einzelne nicht die für ihn selbst und die Allgemeinheit beste Verhaltensmöglichkeit wählt, sondern sich bewußt für eine schlechtere entscheidet, und zwar deshalb, weil die andere nur unter der Voraussetzung besser ist, daß alle sich in gleicher Weise verhalten, er aber nicht sicher sein kann, ob das alle tatsächl. auch tun. Das G. dient deshalb u. a. dazu, die Notwendigkeit von Verhaltensvorschriften und Zwang (z. B. im Umweltschutz) auch für liberale Gesellschaften plausibel zu machen.

**Gefangenenfürsorge,** die Wohlfahrtseinrichtungen für Strafgefangene und ihre Familie während der Haftzeit und nach der Entlassung. Der Hauptzweck einer temporären Haft, die Wiedereingliederung ehem. Verbrecher in die Gesellschaft, kann nur erreicht werden, wenn Vorsorge für normale Lebensbedingungen nach Rückkehr in das bürgerl. Leben getroffen wird. Ehem. Häftlinge sind von Arbeitslosigkeit, schlechtem Umgang und Diskriminierung bedroht, wenn nicht staatl. Einrichtungen und Fürsorge Hilfestellung leisten (→ Strafvollstreckung).

**Gefangene von Chillon, Der,** Verserzählung von → Byron (1816).

**Gefängnis,** nicht mehr amtliche Bez. für eine Verwahrungsanstalt zum Vollzug der → Freiheitsstrafe *(Justizvollzugsanstalt)*. *Untersuchungsgefängnis,* Haftanstalt für Untersuchungsgefangene.

**Gefängnisstrafe,** bis zu ihrer Abschaffung mittelschwere → Freiheitsstrafe. – *Schweiz:* Mindestdauer der G. 3 Tage, Höchstdauer 3 Jahre.

**Gefäße,** *Anat.:* Sammel-Bez. für röhrenförmige Leitungsbahnen, in denen Körperflüssigkeit fließt, z. B. *Blut-G.* und *Lymph-G.* (→ Lymphgefäßsystem).

**Gefäßbündel** *(Leitbündel),* Stoffleitungssysteme der → Kormophyten; Stränge aus meist langgestreckten Zellen, angeordnet in zwei funktionell versch. Einheiten: Bast- oder Siebteil, Holz- oder Gefäßteil (→ Leitgewebe).

**Gefäßchirurgie** → Chirurgie.

**Gefäßerweiterung** *(Angiektasie),* die Erweiterung von → Arterien (→ Aneurysma), von → Venen (→ Krampfadern) und → Kapillaren (→ Blutgefäßgeschwulst) oder von Lymphbahnen (→ Lymphgefäßsystem). G. (bes. der Kapillaren) tritt auch bei Hautentzündungen durch Bakteriengifte und Ultraviolettbestrahlung (Sonnenbäder) auf. Die seel. bedingte G. (Zorn-, Schamröte) wird durch gefäßerweiternde Nerven herbeigeführt.

**Gefäßgeschwulst** → Angiom.

**Gefäßinjektion,** *Med.:* das Sichtbarwerden von → Gefäßen bei → Blutstauungen.

**Gefäßklappe, 1)** rechte bzw. linke Segelklappe zw. Herzvorhof und Herzkammer (→ Herz); **2)** halbmondförmige Klappe in den großen Venen der Gliedmaßen.

**Gefäßkrampf** *(Angiospasmus),* Blutgefäßverengung durch Zusammenziehung der Gefäßmuskeln.

3454

# Geflügelcholera

Reize wie Schreck, Kälte oder Gifte bewirken über →Ganglien und Gefäßnerven des →Sympathikus eine Minderung der Blutversorgung, die sich in Blässe, Abnahme der Körpertemperatur und Schmerzen äußern kann (→Migräne, →Frostbeulen).
**Gefäßkryptogamen** →Kryptogamen.
**Gefäßmuskulatur**, alle in der Gefäßwand ringförmig angeordneten Muskelfasern, die Zusammenziehung, Erweiterung und Spannung der Gefäße regulieren.
**Gefäßnerven**, zum vegetativen Nervensystem gehörende Nerven, die die Gefäßweite regeln.
**Gefäßpflanzen** →Kormophyten.
**Gefäßteil** →Xylem.
**Gefäßverkalkung** →Arteriosklerose.
**Gefäßverschluß** →Embolie.
**Gefecht**, zeitlich und räumlich zusammenhängende Auseinandersetzung zw. bewaffneten Kräften jeder Art und Größe.
**Gefechtsart**, das durch die Zielsetzung einer milit. →Operation bestimmte Verhalten einer Truppe im →Gefecht; in der Terminologie der →Bundeswehr: →Verteidigung, →Angriff, →Verzögerung.

**Gefechtsstand**, Befehlsstelle, von der aus ein →Kommandeur mit seinem Stab die Kampfhandlungen leitet. Es gibt Haupt-, rückwärtige, vorgeschobene und Ausweich-G.
**Gefechtsvorposten**, Kampfkräfte, die etwa 3–5 km vor einer Truppe, bes. in der Verteidigung die Absichten des Feindes rechtzeitig erkennen, seine Annäherung verzögern und der eigenen Truppe Zeit für die Herstellung der Gefechtsbereitschaft sichern sollen.
**Gefege**, *Jägersprache:* vom Gehörn bzw. Geweih abgefegter Bast.
**gefesselte Prometheus, Der** [griech., -tɔɪs], Tragödie von →Aischylos (nach 470 v.Chr.).
**Gefjon**, german. Göttin des Glücks; Segenspenderin und Fruchtbarkeitsgöttin.
**Gefle** →Gävle.
**Geflecht**, Anat.: →Plexus.
**Geflügel**, Sammelbegriff für als Haustiere gehaltene Vögel: Hühner (→Fasanen, →Haushühner, →Perlhühner, →Truthühner), →Entenvögel, →Gänse, →Tauben.
**Geflügelcholera**, weltweit verbreitete, anzeigepflichtige, meist tödliche Seuche des Geflügels; Erreger sind Stäbchenbakterien *(Pasteurelle multocida),* Impfung möglich;

(■) **Geflügel:**
Bilder S. 3456

---

## Praxistip Recht

## Gefälligkeitsfahrt

Steigt zu Ihnen ein Beifahrer ins Auto, so liegt entweder ein Beförderungsvertrag vor (z. B. wenn Sie als Taxifahrer tätig sind), oder Sie befinden sich auf einer Dienstfahrt mit einem Kollegen, oder es handelt sich um eine Gefälligkeitsfahrt. Anders als in den ersten beiden Fällen, ist Ihr Risiko bei einer Gefälligkeitsfahrt nicht völlig abgesichert. Kommt es zu einem Unfall, der von Ihnen oder einem Dritten verursacht ist, so treten die Haftpflichtversicherungen ein. Es gibt jedoch auch Unfälle, die keinen haftbar zu machenden Verursacher haben (z.B. bei einem Wildschaden). Hier trifft Sie als Fahrer ein Restrisiko, wenn der Mitfahrende verletzt wird oder einen Vermögensschaden erleidet. Dies ist bei einer Fahrt, bei der Sie jemanden, z.b. einen Ihnen völlig fremden Anhalter, mitnehmen, um diesem eine Gefallen zu tun, besonders ärgerlich. Gegen derartige Ansprüche können Sie sich durch eine Insassenunfallversicherung schützen. Soweit Sie keine derartige Versicherung abgeschlossen haben, muß zwischen Ihnen und dem Mitfahrer geklärt sein, daß der Mitfahrer einen solchen Schaden selbst trägt. Dazu genügt nicht Ihr Hinweis, daß Sie für etwaige Schäden nicht haften. Vielmehr muß die Zustimmung des Mitfahrenden dazu ausdrücklich, am besten in schriftlicher Ausführung, erteilt worden sein.

# Geflügeldiphtherie

**Geflügel: 1** Rebhuhnfarbige Italiener, Heimat: Italien, Abstammung: italienische Landhühner, Legehuhn; **2** weißes Leghorn, Heimat: Italien, Legehuhn; **3** Brahma, Heimat: Asien, Nordamerika, Abstammung: Cochinhuhn + Malaienhuhn; **4** Rhodeländer (Rhode Island), Heimat: Nordamerika, Fleisch- und Legehuhn; **5** Perlhuhn (Hausperlhuhn), Heimat: Afrika, Madagaskar, Abstammung: Helmperlhuhn, geringer Wirtschaftswert; **6** Chabo-Zwerghühner (japanisches Zwerghuhn), Heimat: Japan, kleinste Hühnerrasse; **7** New-Hampshire, Heimat: Nordamerika, Abstammung: Rhodeländer Huhn, Fleisch- und Legehuhn; **8** Brieftaube; **9** Pfautaube; **10** deutsche Trommeltaube; **11** Bronzeputen, Heimat: Mittel- und Nordamerika, Abstammung: Wildes Truthuhn, Fleisch-, Lege- und Bruthuhn; **12** Pekingente (chinesische Ente), Heimat: China, Lege-, Feder- und Mastente; **13** Pommerngans, Heimat: Pommern, Abstammung: Landgans + Emdener Gans, beste Fleischgans, sichere Brüterin; **14** Höckergans, Heimat: Ostasien, Abstammung: Schwanengans, Brat- und Ziergans, brütet selten. – **1, 2, 4** und **7** sind noch heute von Bedeutung für die Zucht von Lege- und Masthybriden.

Symptome: Fieber, Durchfall, Nasenausfluß, Abszeßbildung.
**Geflügeldiphtherie,** Veterinärmedizin: →Pockendiphtherie.
**Geflügelfarm,** Geflügelhaltung, in der von der Brut bis zur Verwertung alle Produktionsstufen und -richtungen im selben Betrieb durchgeführt wurden. Heute durch extreme Spezialisierung überholt: Eiererzeugungsbetrieb, Junghennenaufzucht, Hähnchenmastbetrieb.
**Geflügelfleischhygienegesetz** (GFlHG), vom 12.7.1973 mit Änderungsgesetz vom 10.5.80, regelt hygien. Anforderungen an frisches Geflügelfleisch, Mindestanforderungen an Schlachtbetriebe, Überwachung durch den amtl. Tierarzt.

**Geflügelkrankheiten,** durch Viren (→Virus), Bakterien, Parasitenbefall, auch durch einseitige Fütterung verursachte Erkrankungen des Geflügels, die bei sog. Intensivhaltung Totalschaden des Bestandes herbeiführen können. Häufige Infektionskrankheiten: →Geflügelpest, Geflügeltuberkulose (→Tuberkulose), →Geflügelcholera, →Kükenruhr und Hühnertyphus, →Pockendiphtherie, →Mareksche Hühnerlähme, →Leukose.
**Geflügelpest** (*Hühnerpest*), zwei durch versch. Viren (→Virus) verursachte, anzeigepflichtige Geflügelseuchen: 1. →klassische G.; 2. *atyp. (asiat.) G.:* →Newcastle Disease. Atemnot, Nasenausfluß,

# Gefrierschnittverfahren

Durchfall und nervöse Kopfbewegungen; Schutzimpfung mögl.; Bekämpfung veterinärpolizeil. durch Tötung des ganzen Bestandes.
**Geflügelpocken** → Vogelpocken.
**Geflügelte Worte,** Zitatensammlung von G. → Büchmann.
**Geflügelzucht,** 1. die *Sport-* oder *Liebhaberzucht* beschäftigt sich mit zahlr. Rassen und ist auf rein äußerl. Merkmale, wie Formen und Farben, eingestellt; ohne wirtschaftl. Bed.; 2. die *Gebrauchs-* oder *Leistungszucht* will Nutzgeflügel erzielen mit guter Eier- und Fleischleistung unter Beachtung von Gesundheit (insbes. geringer Anfälligkeit gegen → Geflügelkrankheiten), Frühreife und bester Futterverwertung.
**Gefreiter,** Rang über dem untersten Mannschaftsdienstgrad der Streitkräfte. Die Bez. G. stammt aus dem → Landsknechts-Heer, in dem der ›gefreyte Knecht‹ im Ggs. zum ›gemeinen‹ von gewissen Dienstverrichtungen befreit war (→ milit. Dienstgrade). – In der *Schweizer Armee* nimmt der G. bei Bedarf die Funktion eines Unteroffiziers wahr.
**Gefrierbrand,** starke Austrocknung der Oberfläche von gefrorenen Lebensmitteln (Fleisch, Geflügel). Vermeidung durch eine Verpackung, die sich dicht an die Oberfläche des Lebensmittels anpaßt und dadurch Verdunstung verhindert.
**Gefrierchirurgie** → Kryochirurgie.
**Gefrieren,** das Erstarren einer Flüssigkeit oder einer Lösung beim Abkühlen unter ihren → Gefrierpunkt; bei Lebensmitteln meist auf $-18\,°C$.
**Gefriergerät** *(Gefrieranlage, Gefrierschrank, Gefriertruhe),* Haushaltsgerät zum → Gefrieren und Lagern von Lebensmitteln bei Temp. zw. $-1\,°C$ und $-35\,°C$; im Aufbau und Wirkungsprinzip dem → Kühlschrank gleich; → Kühl-Gefrier-Kombination, → No-Frost-System, → Schnellgefrieren, → Tiefgefrieren.
**Gefrierkerne,** in der Luft schwebende feste Teilchen (→ Aerosole), die Ansatzpunkte für die Eisbildung sind. In der Atmosphäre kondensiertes Wasser (Wolken, Nebel) kann bis unter $-12\,°C$ abkühlen, ohne zu gefrieren (unterkühltes Wasser); den Anstoß zum Gefrieren geben die G. Sie sind wasserunlösl. und viel seltener (1 G. je 1 l Luft) als → Kondensationskerne. Durch Impfen von unterkühlten → Wasserwolken mit künstl. G. ($CO_2$-Trockeneis) können diese in → Eiswolken verwandelt werden (Möglichkeit der künstl. → Wetterbeeinflussung).
**Gefrierkonserven,** Lebensmittel, bei $-30\,°C$ bis $-50\,°C$ eingefroren und bei mindestens $-18\,°C$ gelagert; müssen nach dem Auftauen sofort verbraucht werden.
**Gefrierpressung,** Verfahren zum Zellaufschluß gefrorener Mikroorganismen unter hohem Druck durch eine enge Düse (z. B. French Press).
**Gefrierpunkt,** Temp., bei der eine Flüssigkeit in einen festen Körper übergeht *(gefriert).* Eine Lösung hat einen niedrigeren G. als ihr Lösungsmittel (→ Gefrierpunktserniedrigung), was das Auftauen von Eis durch Salze ermöglicht.

| | |
|---|---|
| Wasser | $0,0\,°C$ |
| Benzol | $+\ 5,5\,°C$ |
| Essigsäure | $+\ 16,6\,°C$ |
| Glycerin | $-\ 20,0\,°C$ |
| Quecksilber | $-\ 38,8\,°C$ |
| Methylalkohol | $-\ 94,0\,°C$ |
| Ethylalkohol | $-112,0\,°C$ |

*Gefrierpunkte einiger Stoffe*

**Gefrierpunktserniedrigung,** das Herabsetzen des Gefrierpunktes eines Lösungsmittels durch in ihm gelöste Stoffe. Die G. ist, unabhängig von der Art des gelösten Stoffes, der molaren Konzentration proportional und läßt sich wie die → Dampfdruckerniedrigung und die → Siedepunktserhöhung zur Bestimmung des Molekulargewichtes unbekannter Stoffe benutzen. Für 1 kg Wasser beträgt die G. je Mol gelösten Stoff bei 1013 hPa B. $1,86\,°C$, für Benzol $5,07\,°C$, für Tetrachlorkohlenstoff $29,8\,°C$. Techn. Anwendung z. B. bei → Kältemischungen.
**Gefrierschnittverfahren,** *Medizin:* Methode zur Herst. histolog. Präparate: Das zu untersuchende Gewebe wird rasch vereist und kann dann in hauchdünne Schnitte zerlegt werden (→ Histologie).

## Gefrierschutzmittel

**Gegard:** Kirche der Muttergottes (Hauptkirche)

**Gefrierschutzmittel** *(Frostschutzmittel)*, chem. Substanzen (z. B. →Glycerin, →Glykol, Glysantin®), die dem Wasser in Kühlsystemen beigegeben werden und dessen Gefrierpunkt herabsetzen, um Schäden durch Eisbildung zu verhindern; bes. im Kühlwasser von Kfz-Motoren als Frostschutz, je nach Mischung bis etwa $-40\,°C$. Im Baugewerbe verwendet man als G. einen Zusatz von Calciumchlorid zum Beton (→Calcium).

**Gefrierschutzproteine,** Proteine und zuckerhaltige →Peptide in der Körperflüssigkeit antarkt. Fische und überwinternder Insekten; wirken gefrierpunktsenkend und ermöglichen so das Überleben bei sehr niedrigen Temperaturen.

**Gefriertrocknung** *(Lyophilisation)*, Verfahren zum Trocknen von Nahrungsmitteln bei tiefen Temperaturen, z. B. $-70\,°C$, im Vakuum. Die getrockneten Produkte sind sehr haltbar und können mit Wasser erneut genießbar gemacht werden. Bei G. bleiben die meisten →Vitamine erhalten, Bakterien und Viren überleben.

**Gefriertruhe** →Kühlschrank.

**Gefrierverfahren** *(Gefrier-Abteufverfahren)*, bergbautechn. Verfahren zur Erleichterung des Niederbringens von Schächten, Abteufens und Ausmauerns von Stollen in lockeren Bodenschichten, bei dem das Erdreich bis nach Vollendung der Stützarbeiten z. B. durch Kältelaugen künstl. festgefroren wird; auch zur Verhinderung von Wassereinbrüchen im Tiefbau.

**Gefrierwärme** →Erstarrungswärme.

**Gefüge,** der Aufbau metall. Werkstoffe aus Einzelkristallen, der durch metallograph. Untersuchungen (Schliffbilder) bestimmt wird. Bei einphasigen Werkstoffen besteht das G. aus einem regellosen Haufwerk vieler in sich verdrehter Einzelkristalle, die an den Korngrenzen miteinander in Berührung treten. Bei mehrphasigen Werkstoffen (Legierungen usw.) sind vor allem die Ausbildung der Kristalle der Einzelphasen und ihre Anordnung im Gesamtverband des Werkstoffes von Bedeutung. Vom G. sind die Gebrauchseigenschaften eines Werkstoffes weitgehend abhängig.

**Gefühl,** eine elementare Erlebnisqualität wie Angst, Freude, Lust, Trauer, Wut usw.; das G. ist von einem Impuls zur Herbeiführung und Bewahrung bzw. zur Vermeidung der Situation oder des Gegenstandes begleitet, an den sich das G. knüpft. Plötzl. und starke G.-Abläufe heißen →Affekte. Es gibt versch. begriffl. Klassifizierungen der G.; vor allem unterscheidet man gerichtete G., die sich der Vorstellung eines Gegenstandes anheften, und ungerichtete G., zu denen bes. auch die →Stimmungen gehören, ferner einfache und zusammengesetzte G. (letztere enthalten häufig sogar entgegengesetzte Komponenten, →Ambivalenz). Von den sog. Primäremotionen wie Hunger, Ekel, Lust usw. werden differenzierte G. wie Genuß, Verachtung, Liebe usw. unterschieden, bei deren Entstehung der Wille und das Denken eine wichtige Rolle spielen. Im Ausmaß an körperl. Erregung und in der Intensität, mit der die G. erlebt werden, bestehen große interindividuelle Unterschiede. – Die Entstehung von G. ist eng mit neurophysiologischen und endokrinen (→Sekretion) Prozessen verbunden. Die Wahrnehmung der G. und der zulassende Umgang mit ihnen ist ein wichtiges Ziel vieler Ansätze der →Psychotherapie.

# Gegenkathete

**Gefühlsverkehrung** *(Parathymie)*, die Umkehrung des Affektlebens (→Affekt) bei bestimmten Depressionen, Schizophrenie sowie anderen Geisteskrankheiten.

**Gegard**, Höhlenkloster bei Garni, Armenien; gegr. im 4. Jh. n. Chr., heutiger Baubestand aus dem 9. bis 13. Jh., umfaßt u. a. mehrere Höhlenkirchen (12.–13. Jh.), Hauptkirche ist eine Kreuzkuppelkirche (geweiht 1215).

**Gegenanzeige**, Medizin: →Kontraindikation.

**Gegenbaur**, Karl, Zoologe, *21. 8. 1826 Würzburg, †14. 6. 1903 Heidelberg; Arbeiten über die menschl. Anatomie und die vergleichende Anatomie der Wirbeltiere.

**Gegenbewegung**, *Musik:* Führung zweier Stimmen in entgegengesetzter Richtung (auseinanderlaufend oder aufeinander zulaufend); auf die Einzelstimme bezogen ist G. synonym mit →Umkehrung.

**Gegenbrief** →Chirographum.

**Gegendarstellung**, schriftl. Äußerung derer, die von einer in einer periodischen Druckschrift aufgestellten Tatsachenbehauptung betroffen sind; die G. muß in der nächstfolgenden Nummer der Druckschrift kostenfrei veröffentlicht werden, unabhängig vom Wahrheitsgehalt. Die G. darf keinen strafbaren Inhalt haben und muß im Umfang angemessen sein (→Presserecht).

**Gegendruck**, vom Künstler während des Entstehungsprozesses einer Graphik durchgeführter Kontrollabzug: ein feuchter Probedruck wird nochmals auf Papier gepreßt; die Darstellung erscheint dadurch, wie auf der Druckplatte, seitenverkehrt, was die Beurteilung von Korrekturen auf der Platte erleichtert.

**Gegenfeuer** *(Vorfeuer)*, Notmaßnahme bei Waldbrand; wird von einer nicht bewachsenen Stelle aus angelegt und dem Feuerherd entgegengetrieben, um Weiterverbreitung des Brandes zu verhindern.

**Gegenfließpressen**, spanlose Verformung: →Fließpressen.

**Gegenfuge**, *Musik:* ein Typ der →Fuge, bei der die Themenbeantwortung durch den Comes die melod. Umkehrung des Themenaufstellung des Dux bildet.

**Gegengewicht, 1)** *Maschinenbau:* Gewicht bzw. Materialmenge zum Ausgleich einseitiger statischer (z. B. bei Kränen, Aufzügen) oder dynam. Belastungen (→Massenausgleich); **2)** *Elektrotechnik:* Metallmasse als Ersatz für die (elektrische) Erde für den fehlenden Halbteil eines →Dipols, z. B. bei geerdeten Antennen oder der Kfz-Karosserie.

**Gegengift** *(Antidot)*, Stoff, der vor Vergiftung schützt oder nach Vergiftungen Heilung bringt.

**Gegeninduktivität** →Induktivität.

**Gegenkathete**, bei der Ableitung der →trigonometrischen Funktionen verwendete Bez. für die Seite im rechtwinkligen Dreieck, die dem betrachteten Winkel gegenüberliegt.

**Karl Gegenbaur**

⦿ **Gefüge:** weitere Bilder →Gußeisen; →Sprödigkeit

**Gefüge:** *links* Mikroskopaufnahme einer Beryllium-Bor-Legierung im polarisierten Licht, aufgenommen mit dem Zeiss Axiomat, Abbildungsmaßstab im Original 100:1; *rechts* Gefügeanschliff von Nimonic NB 125 (hochwarmfeste Ni-Cr-Co-Legierung) im Differential-Interferenz-Kontrastverfahren (DIC) nach Nomarski, aufgenommen mit dem inversen Kameramikroskop ICM 405, Abbildungsmaßstab im Original 500:1

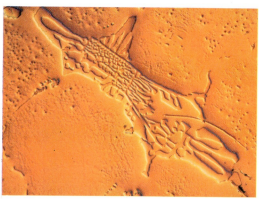

## Gegenkolbenmotor

**Gegenkolbenmotor,** als Zweitakter arbeitende →Verbrennungskraftmaschine mit je zwei Kolben in einem Zylinder. Beim Verdichten bewegen sich beide Kolben aufeinander zu, beim Expandieren entfernen sie sich voneinander, ein Kolben steuert den Spül- und Füllungsvorgang, der andere den Auslaß. Die Kolbenbewegungen werden auf zwei Kurbelwellen mit gemeinsamem Abtrieb oder über Gestänge auf eine gemeinsame Kurbelwelle übertragen. Der G. besitzt ruhigen Lauf durch natürlichen →Massenausgleich und höhere Leistung (durch Gleichstromspülung); z. B. als Flugzeugdieselmotor verwendet, früher auch als Rennmotor (→Doppelkolbenmotor).

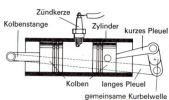

**Gegenkönig,** ein dem gewählten König von der Opposition entgegengestellter König; das dt. MA kannte mehrere G. (u. a. Otto IV., Albrecht I., Friedrich der Schöne, Ruprecht von der Pfalz).

**Gegenkopplung,** eine negative →Rückkopplung, z. B. in Verstärkern, um u. a. Verzerrungen herabzusetzen. Die frequenzabhängige G. dient in Verstärkern zur Anhebung der hohen und tiefen Töne.

**Gegenlegung,** Verstärkung von Naturfäden durch synthet. Fäden bei →Kettware, z. B. →Charmeuse.

**Gegenlichtblende** →Blende.

**Gegenmachtprinzip** →countervailing power.

**Gegenmittel,** Pharm.: →Antidot.

**Gegenmutter** →Kontermutter.

**Gegenpapst,** Prätendent auf den päpstlichen Stuhl, der die Papstwahl annimmt, obwohl nach dem kanonischen Recht bereits ein →Papst gewählt ist.

**Gegenprobe,** bei Abstimmungen die Frage nach den Nein-Stimmen. Bei parlamentar. Abstimmungen

→Hammelsprung, wenn Mehrheitsverhältnisse unklar sind.

**Gegenpropeller,** Bez. für Leitvorrichtung für den Wasserstrom der Schiffsschraube zur Erhöhung ihres Wirkungsgrades.

**Gegenreformation,** i. e. S. die Abwehr des Protestantismus und die Rekatholisierung prot. Gebiete als Gegenbewegung des Katholizismus auf die Reformation, i. w. S. wird darüber hinaus auch die vorausgegangene innere Erneuerung der kath. Kirche, bes. durch das →Tridentinische Konzil (1545–63), verstanden (kath. Reform). Hauptträger der G. waren die →Jesuiten, die als Erzieher und Gewissensräte des Adels wirkten, und die →Kapuziner, die sich des einfachen Volkes annahmen. Größere Erfolge waren ihren Restaurationsbemühungen jedoch nur durch Unterstützung seitens der weltl. Gewalt beschieden. Im Heiligen Röm. Reich betrieben vor allem die →Wittelsbacher und →Habsburger unter Durchsetzung des →geistlichen Vorbehalts die Rekatholisierung, die mit dem Restitutionsedikt von 1629 ihren Höhepunkt erreichte. Das Edikt, das die Rückerstattung des seit 1552 säkularisierten Kirchenguts verlangte, wurde jedoch durch den →Westfäl. Frieden 1648 aufgehoben und durch die für den Protestantismus wesentl. günstigere Fixierung des geistl. Besitzstandes auf das Jahr 1624 (Normaljahr) ersetzt. Sofern die G. im Reich Erfolg hatte, war damit meist eine Stärkung der zentralist.-absolutist. Tendenzen der Landesherren verbunden: durch weitgehende Ausschaltung der vielfach der neuen Lehre anhängenden Landstände, zum andern durch Errichtung von →Sekundogenituren in zurückgewonnen geistl. Territorien. Die G. war auch in den Südprovinzen der Niederlande, in Frkr., Polen und dem kgl. Ungarn erfolgreich.

**Gegenregierung,** Bez. für ein Kabinett, das mitunter ohne Legitimation durch Wahlen in einer Kriegs- oder Bürgerkriegssituation die Regierungsgewalt in einem Staat beansprucht.

# Gegenstromverteilung

**Gegensatz,** in der →Logik die gegenseitige Ausschließung zweier Begriffe oder Urteile. Man unterscheidet zwei Arten von G.: den ›kontradiktorischen‹, d. h. vollständigen G. Setzung und Verneinung (z. B. A im G. zu Nicht-A; →Widerspruch) und den ›konträren‹ G. zweier positiver Inhalte, die auf etwas Gemeinsames bezogen sind (wie z. B. schwarz–weiß, Freude–Trauer). Ontisch treten als konträre G. noch ›privative‹ (zw. einer Seinsvollkommenheit und ihrem Mangel, z. B. gesund – krank), ›relative‹ (aufeinander bezogene gegensätzl. Sachverhalte, z. B. Vater–Sohn) und ›polare‹ G. (die in gewisser Hinsicht Zwischenstufen zulassen, z. B. männl. –weibl.) auf. In rein begriffl. Sinne sind allerdings auch diese G. kontradiktorisch. – Als ontolog. Prinzip spielt der G. vor allem in der →Dialektik eine Rolle. Bei →Nikolaus von Cues besteht die Welt aus lauter endl. G., die in Gott zusammenfallen (›coincidentia oppositorum‹).

**Gegenschein,** schwache Aufhellung des Nachthimmels an dem der Sonne gegenüberliegenden Ort (Gegenpunkt der Sonne; →interplanetare Materie; →Zodiakallicht).

**Gegenseitigkeit,** *internat. Recht:* jurist. Gleichstellung fremder mit eigenen Staatsbürgern; auch die Gleichbehandlung von bestimmten Fragen (z. B. bei Auslieferungen).

**Gegenseitigkeitsverein** →Versicherungsverein auf Gegenseitigkeit.

**Gegensonne,** seltene opt. Erscheinung in der Atmosphäre (→Halo), die als heller Lichtfleck in Höhe der Sonne, aber in entgegengesetzter Himmelsrichtung sichtbar ist.

**Gegenspieler,** Med.: →Antagonist.

**Gegensprechanlage,** eine Einrichtung, die eine einzige doppeladrige Leitung zum Senden und Empfangen von Gesprächen in beiden Richtungen benutzt.

**Gegenstand,** jeder Inhalt einer Vorstellung: →Objekt.

**gegenständig,** *Bot.:* auf gleicher Stengelhöhe (am selben Knoten) gegenüberstehend.

**gegenstandslose Kunst,** Richtung der bildenden Kunst, die sich in den zwanziger Jahren u. a. in der Sowjetunion, den Niederlanden (De →Stijl) und in Dtld. (→Bauhaus) entwickelt hat. Im Unterschied zur →abstrakten Kunst verwendet die g. K. Formen und Farben völlig unabhängig von der Natur. Die Bilder und Plastiken (z. B. von J. →Albers, M. →Bill, N. →Gabo, Th. van →Doesburg) sollen somit beim Betrachter auch keine Natureindrücke oder symbolischen Deutungen hervorrufen (→Konstruktivismus).

**Gegenstandsweite,** bei der opt. →Abbildung die Entfernung des abzubildenden Gegenstands vom →Hauptpunkt des opt. Systems (z. B. der Linsenmitte bei einer dünnen Linse). G. und →Bildweite stehen über das →Abbildungsgesetz miteinander in Beziehung.

**Gegenstrahlung,** die von dem in der →Atmosphäre enthaltenen Wasserdampf und Kohlendioxid (→Luft) und den →Wolken emittierte und zur Erdoberfläche gerichtete langwellige (4–100 µm) Wärmestrahlung (→Ausstrahlung). Wegen der G. ist das →Klima der Erde wärmer, als es dem Strahlungsgleichgewicht ohne G. entsprechen würde (→Treibhauseffekt).

**Gegenstromdestillation,** Destillationsverfahren, bei dem ein Teil des Kondensats (der Rücklauf) und der aufsteigende Dampf einander entgegenlaufen (→Destillation).

**Gegenstromprinzip,** ein Verfahren zum Wärmeaustausch zw. kalten und warmen Flüssigkeiten oder Gasen. Die Stoffe strömen in entgegengesetzten Richtungen an Scheidewänden entlang, die als Wärmeübergangsflächen wirken, so daß das Temperaturgefälle überall annähernd gleich ist. Das G. wurde erstm. von →Linde zur Luftverflüssigung angewandt und wird heute der Technik bei vielen Wärmeaustauschverfahren eingesetzt (→Luftverflüssigung).

**Gegenstromverteilung,** Verfahren zur Trennung von Substanzen mit nur geringen Löslichkeitsunterschieden. In den Geräten zur G. sind

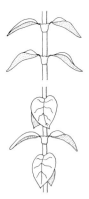

**gegenständige** Blattstellung *(oben)*, kreuzweise gegenständige Blattstellung *(unten)*

## Gegentaktendstufe

**Gehäuse** von Schnecken (einige Typen, *von oben nach unten*): Gefleckter Bohrer, Weinbergschnecke, Sumpfdeckelschnecke, Porzellanschnecke, Napfschnecke. – Schneckengehäuse bestehen aus einem Stück.

z. T. über 200 gleiche Glasrohrzellen enthalten, die durch fortwährende Kippbewegungen die gelösten Substanzen von Zelle zu Zelle weiterleiten und dabei trennen. Anwendung u. a. zur Trennung biochem. wirksamer Stoffe, zur Reindarstellung von →Antibiotika und von Metallen der Seltenen Erden.
**Gegentaktendstufe,** Schaltung der Endtransistoren von Niederfrequenz-Leistungsverstärkern mit geringem Klirrfaktor und hoher Flankensteilheit.
**Gegenvorstellung,** in der BR Dtld. formeller Rechtsbehelf gegen Verwaltungsakte, im Strafprozeßrecht formloser Einwand gegen rechtskräftigen Beschluß.
**Gegenwart** →Präsens.
**Gegenwartswert,** 1. der im gegenwärtigen Zeitpunkt für ein Wirtschaftsgut erzielbare Veräußerungspreis (→Zeitwert); 2. →Barwert.
**Gegenwertmittel** *(Counterpart Funds),* bei der Deutschen Bundesbank angesammelte Erlöse aus dem Verkauf der im Rahmen der →GARIOA- und →ERP-Hilfe von den USA gewährten Güter; Bestandteil des ERP-Sondervermögens.

**Gegenzeichnung,** Mitunterschrift einer zweiten Person; erforderl., wenn eine Erklärung nur von mehreren gemeinschaftl. abgegeben werden kann. Nach Art. 58 GG bedürfen Anordnungen und Verfügungen des Bundes-Präs. zu ihrer Gültigkeit der G. durch den Bundeskanzler oder den zuständigen Bundesminister; in *Österr.* ähnl. (Art. 67 BVerfG).
**Gegisch,** Dialekt der →albanischen Sprache.
**Gehalt,** Arbeitsvergütung für Angestellte, wird gewöhnlich monatlich berechnet und ausgezahlt.
**geharnischter Reichstag** →Augsburger Interim.
**Gehäuse, 1)** *allg.:* feste Bedeckung, Hülle; **2)** *Biol.:* die aus einem Stück (im Ggs. zur Muschelschale) bestehende Schneckenschale; auch i. w. S. Röhre des Köcherwurmes (Larve der →Köcherfliegen).
**Geh aus mein Herz und suche Freud,** evang. Kirchenlied; Text: P. →Gerhardt (1653), Melodie anonym (16.Jh.).
**Geheck** *das,* beim →Haarraubwild die Jungen aus einem Wurf, vor allem bei Wolf *(Gewölf)* und Fuchs; auch die Brut bei Entenvögeln.
**Geheeb,** Paul, Pädagoge, \*10.10.1870 Geisa (Thür.), †1.5.1961 Goldern (Berner Oberland); leitete ab 1904 das von H. →Lietz gegr. Landerziehungsheim in Haubinda; übernahm 06 mit G. →Wyneken die Leitung der Freien Schulgemeinde Wickersdorf; gründete 10 die →Odenwaldschule in Oberhambach (Bergstraße), 34 in der Schweiz die *École d'Humanité,* heute in Goldern.
**Gehege, 1)** abgegrenzter, großer Bereich in Tiergärten und Wildparks, in dem Tiere gehalten werden; **2)** *Jägersprache:* eingezäuntes Gebiet, in dem Wild weidmännisch betreut und gejagt wird.
**Geheimagent, Der,** Roman von J. →Conrad (1907).
**Geheimbünde** *(geheime Gesellschaften),* Organisationen, deren Hauptziel in der Sicherung von ›Geheimwissen‹ besteht, vor allem, um eine Sonderstellung der Mitgl. vor den anderen Angehörigen der

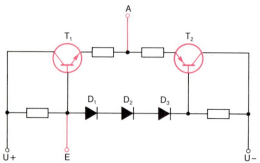

**Gegentaktendstufe** mit komplementären Transistoren; E = Eingang, A = Ausgang, U+ = positive, U− = negative Versorgungsspannung

# Geheimdienste

Ges. zu betonen. Geheimhaltung von Zielen und bestimmten Tätigkeiten gibt es in allen Gruppen und Organisationen, die in Konkurrenz mit anderen stehen, z. B. bei Militär, Industriefirmen, revolutionären polit. Gruppen. G. unterscheiden sich von solchen Organisationen dadurch, daß die Geheimhaltung von Wissen und Ritualen anderen Zwecken vorangestellt wird. Bei sog. →Naturvölkern sind G. meist Vereinigungen von Männern (seltener von Frauen), die der kult. und profanen Ordnung der Gruppe dienen. Geheim sind nicht die Zugehörigkeit zu einem G., sondern die im G. praktizierten kult.-relig. Überlieferungen. Die von den Mitgl. getragenen →Masken sollen nicht den Träger verbergen, sondern ihn verwandeln und vor Geistern schützen. Die G. sind häufig polit.-religiöse Institutionen, die über das einzelne Dorf und die Stammesgrenzen hinausgreifen. Der Mitgliedschaft geht eine →Initiation voran; häufig kauft man sich durch Verdienstfeste in best. Rangklassen der G. ein. In China wurde die Bez. ›Geheimgesellschaft‹ seit Ende des 19. Jh. auch auf Organisationen angewandt, die sich außerhalb der gesellschaftl.-polit. Ordnung des chin. Kaiserreichs stellten. Man unterscheidet ›Jiao‹ (Sekten) und ›Hui‹ (Logen). Ihr Entstehen war durch relig., polit. und soziale Faktoren bestimmt und läßt sich bis ins 3. vorchristl. Jh. verfolgen. Die ›Jiao‹ operierten vornehml. im N, fanden ihre Anhängerschaft unter der ärmeren Bauernschaft und waren stark relig. geformt, die ›Hui‹ stützten sich auf verarmte Städter und Bauern im S und waren stark politisiert. G. spielten stets eine hervorragende Rolle beim Sturz chin. Dynastien; Mitte des 19. Jh. Vereinigung der G. in zwei großen Organisationen, den versch. Nachfolgeges. der ›Weißen Lotus‹ im N und der ›Trias-Gesellschaft‹ im S. Auch die →Boxer weisen zahlr. Verwandtschaften mit den G. auf. →Sun Yat-sen arbeitete eng mit G. zusammen, um den Sturz der letzten Dynastie herbeizuführen.

**Geheimbünde:** Figur des weiblichen Teils eines ›Elan‹, der im ›Ogboni‹-Geheimbund der Yoruba juristische, prophetische, medizinische und apotropäische Funktionen erfüllt, aber auch zur Nachrichtenübermittlung verwendet wird (Bronze, 39 cm). Privatsammlung, München

**Geheimbündelei,** Teilnahme an einer überwiegend aus Ausländern bestehenden Verbindung, deren Bestehen, Zielsetzung oder Tätigkeit vor den Behörden geheimgehalten wird, um ein Verbot abzuwenden. Freiheits- oder Geldstrafe für Ausländer (§ 47 Ausländer-Gesetz) vorgesehen. – In *Österr.* ist der Tatbestand nicht strafbar. In der *Schweiz* nur Strafandrohung bei einer auf Hoch- und Landesverrat gerichteten rechtswidrigen Vereinigung (Art. 275 StGB).

**Geheimdienste,** Behörden und Organisationen zur Beschaffung und Auswertung von Nachrichten auf den Gebieten der Politik, der Wirt-

**Geheck:** Rotfuchs mit Jungen

## Geheimdiplomatie

schaft und des Militärs, die für die eigene Staatsführung wichtig, aber öffentl. nicht zugängl. sind; umgekehrt zum Schutze des eigenen Staates vor Spionage, Sabotage und illegaler, staatsfeindl. Tätigkeit. Ihre Aufgaben erfüllen sie unter weitgehender Abschirmung gegen öffentl. Einblick. Die unterschiedl. Arbeitsweise bei der Abwehr als staatsfeindlich eingestufter Handlungen im eigenen Staat und bei der polit., milit. und wirtschaftl. Aufklärung gegen potentielle äußere Gegner hat in vielen Staaten zu einer Zwei- oder Mehrteilung des geheimdienstl. Bereiches geführt. In parlamentarischen Demokratien haben die G. keine Exekutivbefugnisse, sondern sollen lediglich Erkenntnisse sammeln; so z. B. →Bundesnachrichtendienst, →Verfassungsschutz und MAD (→Abschirmdienst) in Dtld., Staatspolizei und Heeresnachrichtenamt in Österr., →CIA und →CIC in den USA. In totalitären Staaten sind geheimdienstliche Aufklärung und Staatsschutz-Exekutive meist verbunden, so z. B. bei der →Gestapo im nat.-soz. Deutschland.

**Geheimdiplomatie,** diplomatische Vereinbarungen unter Ausschluß der Öffentlichkeit, üblich in der Kabinettspolitik der absolutist. Monarchien. Die Forderung auf Abschaffung der G. war 1917 der erste der ›Vierzehn Punkte‹ Präsident Wilsons. In der Praxis wurde auf die G. jedoch auch später nicht verzichtet, etwa im geheimen Zusatzabkommen zum Hitler-Stalin-Pakt 1939.

**geheime Gesellschaften** →Geheimbünde.

**Geheimer Rat, 1.** in absolutist. Monarchien die oberste Regierungsbehörde und ihre Mitgl., Anf. des 19. Jh. durch Ministerien ersetzt; 2. im 19. Jh. verliehener Ehrentitel: Wirklicher G. R. mit dem Titel ›Exzellenz‹; in Preußen bis 1918.

**geheimer Vorbehalt** *(Mentalreservation),* im bürgerl. Recht die Absicht, etwas Erklärtes in Wirklichkeit nicht zu wollen. Die Erklärung ist dennoch gültig, es sei denn, daß der andere, dem gegenüber die Erklärung abzugeben war, den Vorbehalt kannte (§ 116 BGB). – Ähnlich in *Österreich* (§ 869 ABGB) und in der *Schweiz* (Art. 18 OR).

**Geheime Staatspolizei,** Abkürzung →Gestapo.

**geheime Wahl,** ein Wahlkriterium: →Wahlsysteme.

**Geheimmittel** →Arkanum.

**Geheimnisverrat,** unbefugtes Offenbaren eines bei Ausübung des Amtes anvertrauten oder zugängl. gewordenen Geheimnisses durch einen Amtsträger (→Beamten) oder früheren Amtsträger, wenn dadurch wichtige öffentl. Interessen gefährdet werden. Einem Amtsträger stehen Personen gleich, die für den öffentl. Dienst bes. verpflichtet wurden oder Aufgaben nach Personalvertretungsrecht wahrnehmen (§ 353 b StGB). Strafbar mit Geldstrafe oder Freiheitsstrafe; Verfolgung nur mit Ermächtigung der zuständigen Behörde. *Österr.* (§ 310 StGB) und *Schweiz* (Art. 320 StGB): Verletzung des Amtsgeheimnisses; in der Schweiz: auch diplomat. Landesverrat (Art. 267 StGB).

**Geheimnisvolle Erbschaft,** Film von D. →Lean (1946); Adaption des Romans ›Große Erwartungen‹ von Ch. →Dickens.

**Geheimratsecken** *Mz., scherzhaft:* zurückweichender Haaransatz beidseits der Stirn bei Männern.

**Geheimschriften,** Schriften, die nur Eingeweihte lesen können. Es werden entweder bes. vereinbarte Schrift- und Zahlenzeichen für Buchstaben, Silben, Wörter und Sätze (→Code) verwendet, oder die Reihenfolge der Buchstaben, Silben oder Wörter wird vertauscht. Dieser Vorgang heißt Verschlüsseln oder Chiffrieren, die Auflösung Dechiffrieren. Als G. dienen ferner Schreibstoffe (z. B. Geheimtinten), die nur mit Hilfe chem. oder physik. Verfahren sichtbar gemacht werden können (→Kryptogramm).

**Geheimsprachen,** Sprachen, die durch bewußte systemat. Entstellung von Landessprachen, künstliche Neuschaffung usw. entstehen und bestimmten Kreisen oder Klas-

# Gehirn

sen als Zeichen ihrer Zusammengehörigkeit gegenüber allen anderen dienen, so z. B. die Sprache von Geheimbünden, von Priestern bei einigen Eingeborenenstämmen und auch von Gruppen Jugendlicher.

**Geheimtinte** →Tinte.

**Geheimwissenschaften** *(okkulte Wissenschaften)*, die Lehren über verborgene Mächte und den Umgang mit ihnen in Mysterien, Beschwörungen usw. Sie werden meist nur wenigen Auserwählten mitgeteilt (→Theosophie).

**Gehen,** Disziplin in der Leichtathletik; beim sportl. G. darf der hintere Fuß erst dann den Boden verlassen, wenn der vordere bereits den Boden berührt hat. Wettbewerbe auf der Bahn oder Straße über Strecken von 3–50 km (olymp. Wettbewerbe über 20 und 50 km) oder nach Zeit (1 und 2 Stunden).

**Gehẹnna** [hebr.] *die,* Tal bei Jerusalem, wo nach 2 Kön 23 dem →Moloch Kinderopfer dargebracht wurden. In der Apokalyptik, im N.T. und Islam Bez. für →Hölle.

**Gehetzt,** Filmmelodram von F. →Lang (1936) über einen unschuldig Angeklagten und seine Rache an den Vertretern der Lynchjustiz; mit H. →Fonda.

**Gehilfe, 1)** *Gewerbe:* der kaufmänn. Angestellte nach Abschlußprüfung vor der Industrie- und Handelskammer im →Ausbildungsberuf; **2)** *Strafrecht:* derjenige, der dem Täter bei der Begehung eines Verbrechens, Vergehens oder einer Übertretung vorsätzlich Beihilfe leistet.

**Gehilfenschaft,** im *schweiz.* Strafrecht Syn. für →Beihilfe.

**Gehirn** *(Cerebrum, Encephalon),* der bedeutendste, hochentwickelte Teil des Nervensystems, sammelt und verwertet Sinneseindrücke, speichert sie (Gedächtnis), bewirkt ihre sinnvolle Beantwortung. Übergeordnete Nervenzentren finden sich bereits bei niederen →Wirbellosen, so insbes. das Nervenknotenpaar des Kopfes *(G.-Ganglion),* das den meisten Sinnesorganen räuml. am nächsten gelegen ist und die Ganglien des am Bauch verlaufenden Strickleiternervensystems an Größe und Bed. überragt; doch behalten diese teilweise Selbständigkeit (ermöglichen z. B. Gehbewegung bei enthirnten Tieren). Bei hö-

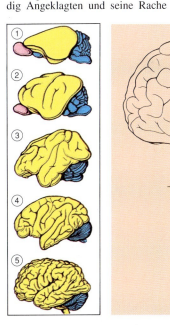
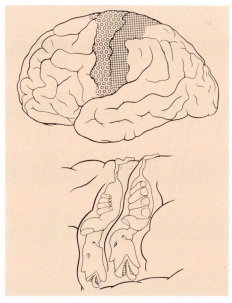

**Gehirn:** *links* Die Entwicklung des Gehirns bei den Primaten: Spitzhörnchen **(1)**, Halbaffe **(2)**, Makak **(3)**, Schimpanse **(4)**, Mensch **(5)** *(gelb:* Großhirn; *violett:* Riechlappen; *blau:* Hirnstamm mit Kleinhirn).
*rechts* Funktionelles Abbild des Körpers in der Großhirnrinde: In der vorderen Zentralwindung *(oben links)* befindet sich die Schaltstation für die Muskeltätigkeit. Zeichnet man in diese Windung die Umrisse der entsprechenden Körperhälfte ein und berücksichtigt die Zahl der zuständigen Nervenzellen, dann ergeben sich ungewöhnliche Proportionen *(unten links):* Zunge, Lippen, Gesichtsmuskulatur und Hand sind übermäßig groß auf Grund ihrer funktionellen Bedeutung. Der besonders große Daumen ist auf die große Zahl der Daumenmuskeln und deren vielfältige Bewegungsmöglichkeiten zurückzuführen. In der hinteren Zentralwindung *(oben rechts)* ergibt sich ein ebenso typisches Abbild des Menschen *(unten rechts):* Hier dominiert der Zeigefinger, da er in seiner Fingerbeere die meisten Tastkörperchen beherbergt.

## Gehirn

**Gehirn** des Menschen (linke Seite): **a** Stirnlappen, **b** Scheitellappen, **c** psychomotorische Zentren, **d** Zentralfurche, **e** psychosensible Zentren, **f** Hinterhauptslappen, **g** Kleinhirn, **h** verlängertes Mark, **i** Brücke, **k** Schläfenlappen

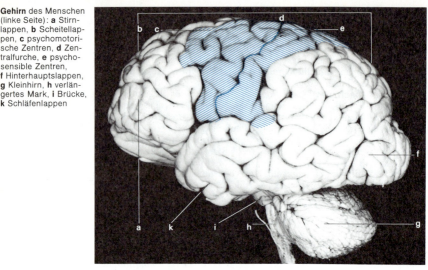

heren Wirbellosen (Insekten, Tintenfische) kann das G.-Ganglion sehr ausgeprägt sein. Bei den Wirbeltieren (Fische, →Amphibien, →Reptilien, Vögel und Säugetiere einschl. Mensch) ist das G. aus dem vorderen Abschnitt des Rückenmarks hervorgegangen, besteht wie dieses aus Nervenfasern und Nervenzellen und ist von Hirnhäuten und Schädelkapsel umschlossen. Es besteht aus fünf Teilen: Vorder-, Zwischen-, Mittel-, Hinter- und Nachhirn.

**Gehirn** des Menschen, *Längsschnitt (Sagittalschnitt):* **a** Stirnlappen, **b** Scheitellappen, **c** psychomotorische Zentren, **d** Zentralfurche, **e** psychosensible Zentren, **f** Thalamus und Hypothalamus, **g** Zirbeldrüse, **h** Verbindungsgang zwischen III. und IV. Gehirnkammer, **i** Hinterhauptslappen, **k** Kleinhirn, **l** vierte Gehirnkammer, **m** verlängertes Mark, **n** Brücke, **o** Hypophyse (mit Stiel), **p** Sehnervenkreuzung, **q** Balken, **r** rechter Schläfenlappen

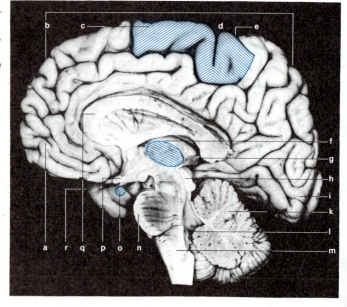

# Gehirn

Im *Vorderhirn (Großhirn; Prosencephalon, Telencephalon)* enden die Riechnerven; das Dach des Vorderhirns *(Neopallium)* gewinnt von den Lurchen bis zu den Säugern an Größe und Bed., die Oberfläche wird durch Furchen vergrößert, mit rd. 2200 cm² überdeckt es beim Menschen alle G.-Teile. Hier werden Bahnen aus allen Sinneszentren miteinander verknüpft, →Engramme werden gespeichert, Reaktionszentren angeregt. Die Großhirnrinde *(Cortex cerebri)* besteht aus vielen Bezirken, z. B. Seh-, Hör-, Bewegungszentrum.

Bei Säugetieren ist das *Zwischenhirn (Diencephalon)*, bes. die beiden Sehhügel (→Thalamus opticus), Hauptverbindungsstelle und Mündung der Sehnerven; eine Ausstülpung *(Infundibulum)* bildet den Hinterlappen der →Hypophyse.

Das *Mittelhirn (Mesencephalon)* ist bei niederen Wirbeltieren die Hauptverknüpfungsstelle zw. Sinneserregungen und Muskeltätigkeit; im Mittelhirndach entspringen die Sehnerven (Zweihügel-, bei Säugern Vierhügelregion); bei Augentieren, wie z. B. Knochenfischen, Vögeln, bes. ausgeprägt.

Das *Hinterhirn (Kleinhirn; Metencephalon, Cerebellum)* ist Zentrum für Bewegung und Lage im Raum; hier sammeln sich Meldungen von Muskeln, Sehnen, Gelenken und Gleichgewichtsorganen und opt. Eindrücke; bes. ausgebildet bei Fischen, Vögeln und Säugern.

Im *Nachhirn (verlängertes Mark; Myelencephalon)* entspringen sieben der zwölf →Gehirnnerven-Paare, liegen lebenswichtige Reflex-Zentren (z. B. für Atmung, Stoffwechsel) und Schaltstationen zur Weiterleitung der aus dem Rückenmark kommenden Erregungen.

*Menschliches G.:* 1300–1800 g schwer, von zwei weichen Hirnhäuten *(Pia mater* und *Arachnoidea* oder *Spinnwebshaut)* und einer harten Hirnhaut *(Dura mater)* umgeben, zusätzlich geschützt durch Flüssigkeitspolster (→Gehirn-Rückenmark-Flüssigkeit) zwischen den weichen Hirnhäuten und in den im Innern liegenden vier G.-Kammern *(Ventrikel)*, die mit dem Zentralkanal des →Rückenmarks in Verbindung stehen. Die Oberfläche der aus Stirn-, Schläfen-, Scheitel- und Hinterhauptlappen bestehenden Großhirnhälften *(G.-Hemisphären)* ist gefurcht. Anzahl und Ausprägung der Furchen bestimmen das Leistungsvermögen des G.

Feinaufbau des G.: An den beiden Halbkugeln des Großhirns findet sich außen die 2–3 mm dicke, aus Nervenzellen in sechs Schichten

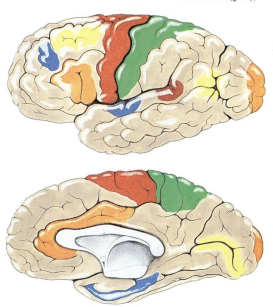

(graue Substanz) bestehende Rinde; unter ihr liegen die Stammganglien. Einzelne Rindenfelder sind Sitz bestimmter Funktionen (z. B. Hören, Sehen, Sprache, opt. Erinnerung, Wort-, Satzverständnis). Die Ausgangsnervenzellen für Muskelbewegungen liegen in der vorderen Zentralwindung und in angrenzenden Bezirken der oberen Stirn- und Scheitelwindungen, die Zentren für Hautgefühlsempfindungen in der hinteren Zentralwindung gegenüber den entspr. motor. Feldern für die versch. Körperteile. Das Sehzentrum befindet sich an der Innenseite des Hinterhauptlappens, das Hör-

**Gehirn** *(die ›Hirnkarte‹):* Vor allem auf Grund von Beobachtungen an Patienten mit Hirnerkrankungen oder -verletzungen konnte man feststellen, welche Gebiete der Hirnrinde für welche Funktionen zuständig sind. Daraus ist ein Bild von Rindenfeldern entstanden: das Bewegungszentrum *(rot)*, das Tastzentrum *(grün)*, das Hörzentrum *(blau)*, das Wahrnehmungszentrum für das Sehen *(gelb, unten rechts)*, das Zentrum für optische Erinnerungen *(orange, rechts)* usw., insgesamt etwa hundert weitere Zentren. Außerdem gibt es auf dieser Karte viele ›weiße Flecken‹, denen man bestimmte Funktionen nicht zuordnen kann und die wahrscheinlich für Intelligenz und Persönlichkeitsstruktur zuständig sind.

## Gehirnabszeß

zentrum im hinteren Teil der oberen Schläfenwindung. Unter der grauen Hirnrinde verlaufen Bahnen markhaltiger, daher weißer, von den Nervenzellen der Rinde ausgehender Nervenfasern *(weiße Substanz)*; so besteht der die beiden Großhirnhälften verbindende Balken nur aus Nervenfasern, in denen ›Informationen‹ von einer G.-Hälfte zur anderen geleitet werden (→ Kommissur). Die Leitungsgeschwindigkeit ist abhängig von der Faserdicke, durchschnittlich 20 m/s. Nervenfaserbahnen sowie Nervenzellschichten werden von einem spezif. Bindegewebe gestützt und voneinander isoliert, der *Glia (Neuroglia)*, die auch den Stoffwechsel vermittelt. Spezif. menschliche, insbes. schöpfer. Leistungen sind wahrscheinlich Ergebnis der Tätigkeit der gesamten Großhirnrinde und nicht an abgegrenzte Gebiete gebunden. Das Ausmaß der manuellen Geschicklichkeit wird bei Rechtshändigkeit gewöhnl. von der linken Großhirnhälfte gesteuert. Dies ergibt sich aus der Kreuzung der absteigenden motorischen Bahnen. Auch die Hautsinnesbahnen kreuzen sich.
Die wichtigsten Teile des Zwischenhirns sind der Thalamus und der Hypothalamus. Der Thalamus ist die Hauptschaltstelle zw. den Sinnesorganen und dem Großhirn. Der Hypothalamus ist das Steuerzentrum des vegetativen Nervensystems. An seiner Unterseite liegt die Hypophyse, ihr Hinterlappen besteht aus marklosen Nervenfasern. An der Oberseite des Zwischenhirns liegt die Epiphyse (→ Zirbeldrüse), sie enthält Glia- und Nervenzellen.
Das *Mittelhirn* ist Reflexzentrum für die Verarbeitung von Reizen, die von → Ohr und → Auge kommen; es beeinflußt Körperhaltung und Extremitätenbewegung und enthält die Ausgangskerne der die Augenmuskeln versorgenden G.-Nerven.
Das *Hinterhirn* umfaßt Brücke und Kleinhirn und dient als Reflexzentrum in enger Zusammenarbeit mit den → Bogengängen Regulierung der Muskelspannung; Kombination, Genauigkeit, Stetigkeit und Symmetrie der Muskeltätigkeit beim Gehen, Stehen und bei gezielten Bewegungen.
Im *Nachhirn* wird der Atemrhythmus gesteuert (→ Atemzentrum); hier liegen Schaltstellen für Herz- und Kreislaufreflexe.
**Gehirnabszeß,** Eiteransammlung in einem abgeschlossenen Bereich des Gehirns, meist nach Kopfschüssen von der zweiten Woche an oder als Spätabszeß noch nach Monaten oder Jahren; auch durch Fortleitung von Eiterungen des Mittel- und Innenohres oder der Nasennebenhöhlen sowie durch Verschleppung von Eitererregern auf dem Blutwege. Behandlung mit → Antibiotika, Operation.
**Gehirnanhangsdrüse** → Hypophyse.
**Gehirnblutung,** eine der häufigsten Gehirnstörungen, bes. bei → Hochdruckkrankheit, → Arteriosklerose und → Schlaganfall. Die durch stumpfe Schädelverletzung verursachte G. ist fast immer eine Blutung zw. Schädelknochen und harter Hirnhaut oder zw. harter und weicher Hirnhaut (subdurales bzw. epidurales Hämatom); meist ist die Pupille auf der Blutungsseite erweitert.
**Gehirne,** Novellensammlung von G. → Benn (1916).
**Gehirnentzündung** (Hirnentzündung, *Enzephalitis*), infektiöse Erkrankung des Gehirns, verursacht durch Bakterien, Viren oder Parasiten; oft als Folge von Erkrankungen des Ohres, der Nase und der Nebenhöhlen, z.T. mit Beteiligung der Hirnhäute (Meningitis). Symptome sind Fieber, Benommenheit bis Bewußtlosigkeit, psych. Veränderungen und je nach Erkrankungsort Herdsymptome.
**Gehirnerschütterung** (*Commotio cerebri*), nach Gewalteinwirkung auf den Schädel einsetzende Bewußtlosigkeit oder Benommenheit, die zw. wenigen Augenblicken und einer Stunde dauert. Während der Bewußtlosigkeit oder danach Erbrechen, Blässe, Schweißausbruch, Pulsverlangsamung und Kopfschmerz; häufig auch Gedächtnisstörungen (→ Amnesie).

# Gehirnschwund

**Gehirnerweichung,** falsche umgangssprachl. Bez. für progressive →Paralyse. Erweichung des Gehirns kommt als *Enzephalomalazie* durch →Embolie oder die Wanderkrankung von Gehirngefäßen mit oder ohne →Thrombose vor; ist eine Folge ungenügender Blutversorgung. Die verflüssigten Hirnpartien können aufgesaugt werden, an ihrer Stelle entsteht eine →Zyste; meist ernste Prognose.

**Gehirngeschwulst** →Hirntumor.

**Gehirnhautentzündung** *(Hirnhautentzündung, Meningitis),* 1. Entzündung der weichen Gehirn- und Rückenmarkhaut: a) *(Meningitis cerebrospinalis epidemica, Genickstarre),* Infektion, besonders im Kindesalter, durch Bakterien ( →Meningokokken); →Inkubationszeit 1–4 Tage; hohes Fieber, Erbrechen, heftige Kopfschmerzen, Dauerkontraktion der langen Rückenmuskeln mit Rückwärtsbeugung des Kopfes und Streckung der Wirbelsäule; durch →Antibiotika und →Sulfonamide völlige Heilung möglich; meldepflichtig; b) Teilerscheinung einer Infektion mit anderen Krankheitserregern, z. B. Tuberkelbakterien. 2. Entzündung der harten Hirnhaut bei →Syphilis und →Alkoholismus. Die syphilitische G. verläuft chron. mit nächtl. Kopfschmerzen im Sekundärstadium.

**Gehirnnerven,** zwölf Nervenpaare, die an der Hirnbasis aus dem Mittelhirn und dem verlängerten Mark hervorgehen und hauptsächl. Kopf und Hals versorgen. I: Riechnerv, besteht aus 15–20 Riechfäden; II: Sehnerv, enthält etwa 500000 Nervenfasern; III: Augenbewegungsnerv, versorgt die meisten Augenmuskeln; IV: Augenrollnerv; V: Drillingsnerv ( →Trigeminus), versorgt als Gefühlsnerv Gesicht und Kopf bis zum Scheitel sowie Augen-, Nasen- und Mundhöhle, mit seinem motor. Anteil die Kaumuskulatur; VI: Augenabziehnerv, bewirkt Blickwendung nach außen; VII: Gesichtsnerv ( →Fazialis), versorgt mit motor. Fasern die mim. Muskulatur, mit Geschmacksfasern die vordere Zungenhälfte, mit Sekretionsfasern Mundspeichel- und Tränendrüsen; VIII: Hör- und Gleichgewichtsnerv; IX: Zungen-Schlund-Nerv, enthält die Geschmacksfasern für die hintere Zungenhälfte sowie Bewegungs- und Empfindungsfasern für den Schlund, Sekretionsfasern für die Ohrspeicheldrüse; X: →Vagus, enthält motor. Fasern für Rachenwand und Kehlkopfmuskulatur (versorgt Brust- und Baucheingeweide); XI: Akzessorius (›Beiläufer‹ des Vagus beim Austritt aus dem Gehirn), versorgt motorisch →Kopfnicker und →Trapezmuskel; XII: Zungennerv mit motor. Fasern für die Zungenmuskulatur ( →Gehirn).

**Gehirnquetschung** *(Contusio cerebri),* Verletzung durch stumpfe Gewalteinwirkung ohne Schädeleröffnung, wie bei →Gehirnerschütterung; Bewußtseinsstörungen halten meist länger an als bei dieser. Später oft Ausfallserscheinungen, psych. Störungen, Krämpfe.

**Gehirn-Rückenmark-Flüssigkeit** *(Liquor cerebrospinalis),* fortlaufend von den Adergeflechten der Hirnkammern, eventuell auch Hirnhautgefäßen erneuerte klare Flüssigkeit, die einige weiße Blutzellen und sehr geringe Mengen von Eiweiß, Enzymen u. a. enthält; schützt in den inneren und äußeren Liquorräumen des Schädels und des Wirbelkanals durch Pufferwirkung das →Zentralnervensystem, scheint für den Druckausgleich zw. dessen arteriellem und venösem Blutgefäßsystem zu sorgen. Veränderungen in der Zusammensetzung der G.-R.-F. (Zell- bzw. Eiweißvermehrung) liefern bes. bei Krankheiten des Nervensystems und seiner Hüllen wichtige Hinweise. Zu Untersuchungszwecken wird die G.-R.-F. meist durch →Lumbalpunktion entnommen; auch Einspritzungen in die G.-R.-F.

**Gehirnschäden,** allg. Bez. für dauernde Störungen von Gehirnfunktionen, die als Folge einer Schädelverletzung oder Gehirnkrankheit zurückgeblieben sind.

**Gehirnschlag** →Apoplexie.

**Gehirnschwund,** oft altersbedingte Schrumpfung der Gehirnsubstanz.

## Gehirntrust

● **Gehölze:** Bilder
→ Ziersträucher

**Gehirntrust** [-trʌst] → Brain Trust.
**Gehirntumor** → Hirntumor.
**Gehirnvolumen,** oft benutztes Maß für die Größe des Gehirns; gibt einen ersten Anhalt für dessen Leistungsfähigkeit, wobei allerdings die Körpergröße berücksichtigt werden muß. Messung beim Schädel durch das Hinterhauptloch *(Foramen magnum)* mit Füllmittel (Hirse); beim Lebenden durch math. Formel; das durchschnittliche G. beträgt 1400 cm³, beim → Neandertaler 1600 cm³, beim → Homo erectus 800–1200 cm³ und bei →Australopithecinae 400–600 cm³.
**Gehirnwäsche** *(Mentizid),* Form der Folter, mit körperl. und psych. Druckmitteln erreichte Umstrukturierung der Gesamtpersönlichkeit, damit bes. auch der polit. Einstellung.
**Gehlen,** Arnold, Philosoph und Soziologe, *29.1.1904 Leipzig, †30.1.1976 Hamburg; analysierte die Sonderstellung des Menschen gegenüber anderen Lebewesen sowie gegenüber seiner geschaffenen Umwelt, der ›Kultursphäre‹ und den Institutionen. – *W:* Der Mensch (1940); Urmensch und Spätkultur (56, ²64); Die Seele im technischen Zeitalter (57); Einblicke (75).

**Gehlen,** Reinhard, dt. Generalleutnant und Geheimdienstchef, *3.4.1902 Erfurt, †8.6.1979 in Berg (Starnberger See); leitete ab 1942 im Oberkommando des Heeres die Abteilung ›Fremde Heere Ost‹; baute nach 45 in Zusammenarbeit mit den Amerikanern einen Auslandsnachrichtendienst auf *(Organisation G.),* der 56 als ›Bundesnachrichtendienst‹ in den Behördenapparat der BR Dtld. eingegliedert wurde; bis 30.4.68 Präsident des → Bundesnachrichtendienstes.
**Gehölze,** holzbildende, ausdauernde Pflanzen wie Bäume und Sträucher; können geringe Nährstoff- und Wasserversorgung, Unwetter, Frost und Hitze ertragen. Man unterscheidet zwischen immergrünen G. ( → Koniferen und →Hartlaubgewächsen) und laubwerfenden G. ( → Laubfall). Viele Hartlaubgewächse verlangen mildes Klima und somit in Mitteleuropa mehr oder weniger Winterschutz oder einen geschützten Standort. Zu ihnen zählen die frostempfindliche Magnolie und → Rhododendron-Arten, von denen es aber auch winterharte Züchtungen gibt; unempfindlich ist der immergrüne → Kirschlorbeer und die →Mahonie. Die größten G. sind die bis 100 m hohen → Mammutbäume. Die kleinsten G. erreichen nur wenige cm Höhe, z.B. die am Boden kriechende, 1–8 cm hohe Zwergweide *(Salix herbacea)* der Hochalpen und arktischen Gebiete. Schnell wachsende G. (z.B. Weiden und Pappeln) haben weniger festes Holz und sind brüchiger als langsam wachsende G. Tiefen Schatten spenden u.a. hochwüchsige Ahornarten und Eichen, lichten Schatten Birken. Die Pflanzzeit für die meisten G. sollte in die Ruheperiode fallen (Herbst oder Frühjahr). Die meisten Bäume werden im Alter von 3–4 Jahren gekauft, langsam wachsende Arten sind dann etwa 1,5 m, schnellwüchsige 2,5–3 m hoch.
**Gehörgang,** der Verbindungsgang zwischen Ohrmuschel und Trommelfell.
**Gehörknöchelchen** → Ohr.

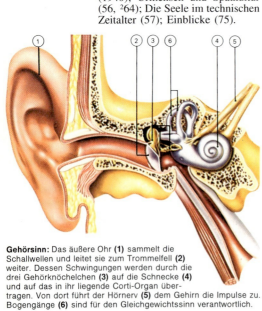

**Gehörsinn:** Das äußere Ohr **(1)** sammelt die Schallwellen und leitet sie zum Trommelfell **(2)** weiter. Dessen Schwingungen werden durch die drei Gehörknöchelchen **(3)** auf die Schnecke **(4)** und auf das in ihr liegende Corti-Organ übertragen. Von dort führt der Hörnerv **(5)** dem Gehirn die Impulse zu. Bogengänge **(6)** sind für den Gleichgewichtssinn verantwortlich.

# Gehry

**Gehörlosigkeit** →Taubstummheit.
**Gehörn** →Geweih.
**Gehorsam,** Befolgung von Anordnungen unter Anerkennung überlegener →Autorität. **1.** *Erziehung:* Die Notwendigkeit von G., von der tradierten Pädag. meist bejaht, wird zunehmend zugunsten der Förderung von Einsicht und Selbstverantwortung des Kindes relativiert und auf Grenzfälle (z. B. akute Gefährdung bes. bei Kleinkindern) beschränkt. **2.** *Milit.:* Der G. gegenüber Befehlen Vorgesetzter und die Befolgung allg. Dienstvorschriften ist unerläßl. Grundlage milit. Zweckerfüllung. Bei allerdings versch. gezogenen Grenzen der nur in Dienstangelegenheiten bestehenden G.-*Pflicht* wurde bedingungsloser, sog. ›Kadaver-G.‹, in der preuß.-dt. Militärgeschichte niemals gefördert. Ähnl. wie in anderen modernen Armeen darf der Soldat der →Bundeswehr nur die Ausführung eines →unverbindl. Befehls verweigern. Andernfalls wird er wegen G.-*Verweigerung* straffällig. – *Schweiz:* G.-Pflicht nur bei Befehlen in Dienstsachen.
**Gehörsinn,** die Fähigkeit, Schallwellen in Luft oder Wasser durch geeignete Sinnesorgane aufzunehmen. Spezifische Organe des G. wurden nur bei Insekten und Wirbeltieren entwickelt. Bei Insekten besitzen einige Gruppen (Heuschrecken, Grillen, Zikaden, manche Nachtschmetterlinge) Hörorgane *(Tympanalorgane)* an den Beinen, am Hinterleib oder an der Brust (Eulenfalter). Diese Schallempfänger sind durch ein dünnes Häutchen verschlossen, das die Schallschwingungen auf Gruppen von (2 bis über 100) Sinneszellen überträgt. Die Tympanalorgane unterscheiden nicht versch. Tonhöhen; einige Insekten können →Ultraschall wahrnehmen, Laubheuschrecken z. B. Schwingungen bis 90 kHz, Nachtfalter bis 175 kHz. Das Gehörorgan der Wirbeltiere entwickelte sich aus den Gleichgewichtsorganen des *Labyrinths* im Innenohr ( →Gleichgewichtssinn, →Ohr). Von den Polstern aus Sinneszellen erfuhr bes. der Sinnesfleck in der *Lagena* (seitl. Ausbuchtung des *Sacculus*) eine Umgestaltung zu einem leistungsfähigen Gehörorgan; bei Reptilien und Vögeln ist er zu einem Band ausgewachsen, bei Säugetieren in der Schnecke *(Cochlea)* aufgewunden *(Corti-Organ).* Von den Froschlurchen an tritt der schallzuleitende Apparat des *Mittelohrs* auf, der das häutige *Trommelfell* über die Gehörknöchelchen (*Columella* der Amphibien, Reptilien und Vögel; *Hammer, Amboß* und *Steigbügel* der Säuger) mit dem Hörorgan verbindet. Bei Säugern verbessert das *äußere Ohr* (Ohrmuschel und Gehörgang) das Auffangen des Schalls. Die Druckstöße werden in der Schnecke durch Flüssigkeit (Gehörwasser) weitergeleitet und dadurch Schwingungen (Wanderwellen) einer Membran (Deckmembran im Schneckengang) hervorgerufen, die Berührungsreize auf die feinen haarförmigen Fortsätze der Hörsinneszellen ausübt. Die mechan. Schwingungen lösen elektr. Impulse aus, die über den *Hörnerv* (VIII. Gehirnnerv) zum *Hörzentrum* des Gehirns geleitet werden. Bes. Leistungen des Wirbeltierohres sind: 1. Tonhöhenunterscheidung; 2. Ausnutzung der →binauralen Zeitdifferenz zur Bestimmung der Richtung.
**Gehreisen** →Geißfuß.
**Gehren** *(Gehre),* **1)** Zwickel, Einsatz, Keil; **2)** dreieckiges Grundstück.
**Gehrock** *(Bratenrock),* knielanger schwarzer Herrenrock mit vorn übereinandergelegten Schößen. Im 19. Jh. neben dem Frack als Alltagsrock getragen, später durch das Jakkett abgelöst.
**Gehrung** *die, (Gehre),* Abschrägung (meist 45°), mit der zwei meist im rechten Winkel aneinanderzufügende Holz- oder Metallwerkstücke gestoßen werden. Die G. wird mit der G.-*Säge,* die in einer G.-*Lade* geführt wird, hergestellt.
**Gehry** [gɛri], Frank O., amerik. Architekt kanad. Herkunft, *28. 2. 1929 Toronto; Vertreter des Dekonstruktivismus, einer gegen strenge

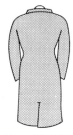

Gehrock (um 1900)

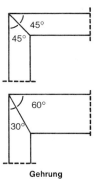

Gehrung

# Gehtest

**Geier:** Gänsegeier in Makedonien. In Mitteleuropa kommt dieser Vogel nur noch als Gast vor.

Emanuel Geibel

Konstruktionsprinzipien gerichteten Architektur. – *W:* California Aerospace Museum, Los Angeles (1981–84); Design-Museum, Weil am Rhein (89).

**Gehtest,** Feststellung des Ausmaßes der arteriellen Mangeldurchblutung durch Zählen der Schritte bzw. der Zeit bis zum Auftreten von Wadenschmerzen.

**Gei** *die, (Geitau),* Tau zum Befestigen von Segeln; *geien,* Segel zusammenschnüren.

**Geibel,** Emanuel, Dichter, * 17. 10. 1815 Lübeck, † 6. 4. 1884 ebenda; Mitgl. des →Münchner Dichterkreises; seiner preuß. Gesinnung wegen 1868 Verlust der kgl.-bayr. Pension und Rückkehr nach Lübeck; als patriot.-pathet. Lyriker gefeiert; einige Naturgedichte wurden volkstüml. (z. B. ›Der Mai ist gekommen‹); Dramen.

**Geier,** i. w. S. große Greifvögel mit nacktem Kopf, Aasfresser; i. e. S. zwei nicht verwandte systematische Gruppen: 1. die →Neuweltgeier. 2. die Altweltgeier *(Aegypiinae):* 16 Arten leben in Eurasien und Afrika; 4 Arten in Südeuropa: Mönchsgeier *(Aegypius monachus),* rd. 12 kg schwer, bis 2,8 m Flügelspannweite; Gänsegeier *(Gyps fulvus)* mit ›gänseähnl.‹, hell befiedertem Hals und Kopf, gelegentl. auch in Teilen der Alpen; Schmutzgeier *(Neophron percnopterus),* klein, hauptsächl. schmutzig weiß gefärbt; →Bartgeier.

**Geierfalken,** Unterordnung *Daptrii* der Falken mit neun, meist hochbei-

nigen Arten; in Lebensweise und Ernährung den Geiern ähnl., Bewohner der Steppen und Hochgebirge Mittel- und Südamerikas; am bekanntesten der *Karakara,* verbreitet von Mexiko bis Feuerland.

**Geierrinde** →Kondurango.

**Geierseeadler** *(Palmgeier; Gypohierax angolensis),* ein 35 cm langer, den Geiern nahestehender →Greif; im trop. Afrika außerhalb der südl. und östl. Trockengürtel, bewohnt dort Küstenstriche und mit Ölpalmen bewachsene Ufersäume von Wasserläufen; frißt Meerestiere, aber auch Ölpalmenfrüchte.

**Geige,** älterer Name für eine Gruppe bogengestrichener Saiteninstrumente; populärer Name der →Violine.

**Geigenbau,** die Herstellung der modernen Violine entwickelte sich im 16. Jh. in Norditalien, wo Familien von Instrumentenbauern Werkstätten zur Produktion von Violinen, Violen, Violoncelli, Kontrabässen, Zupfinstrumenten und Harfen einrichteten. Die wichtigsten Zentren waren zunächst Brescia (da Salò, Maggini), Cremona (Amati, Guarneri, Ruggieri, Stradivari, Bergonzi) und (in wechselseitiger Beeinflussung mit Cremona) Absam in Tirol (Stainer, Klotz in Mittenwald, Widhalm in Nürnberg). Von diesen Schulen leiten sich die anderen wichtigen Werkstätten in Mailand (Testore, Grancino), Neapel (Gagliano), Venedig (Montagnana), Turin (Guadagnini), Piacenza, Florenz und Genua her. Von Italien, bes. Cremona beeinflußt, aber in selbständiger Entwicklung übernahm Frkr. im späten 18. Jh. die führende Rolle im G. (Lupot, Vuillaume).

**Geigenrochen** *(Rhinobatidae),* Familie haiähnlicher →Rochen; selten länger als 150 cm, Körper abgeflacht, Brustflossen bilden einen schmalen Schwingensaum; leben in Flachwasser; im Mittelmeer der Gemeine G. *(Rhinobates rhinobates).*

**Geiger,** Abraham, Rabbiner und Judaist, * 24. 5. 1810 Frankfurt a. M., † 23. 10. 1874 Berlin. 1832–71 war G. Rabbiner in Wiesbaden, Breslau, Frankfurt und Berlin. Ab 72 lehrte

er an der Hochschule für die Wissenschaft des Judentums in Berlin und wurde zum Führer des Reformjudentums in Deutschland.
**Geiger,** Hans, Physiker, *30.9.1882 Neustadt an der Weinstraße, †24.9.1945 Potsdam; Erfinder des Geigerschen Spitzenzählers (→Geiger-Müller-Zähler); er fand mit J. M. Nuttall eine Beziehung zw. Energie und Reichweite von α-Strahlen.
**Geiger,** Moritz, Philosoph, *26.6.1880 Frankfurt a. M., †9.9.1937 Seal Harbor (ME); Schüler von E. →Husserl; wandte die phänomenolog. Methode vor allem auf ästhet. Probleme an (›Zugänge zur Ästhetik‹, 1928; ›Die Bedeutung der Kunst‹, 76); daneben auch Beiträge zur Psychologie.
**Geiger,** Nikolaus, Bildhauer, *6.12.1849 Lauingen (Donau), †27.11.1897 Berlin; von R. →Begas beeinflußter Vertreter des neubarocken Stils; auch als Genremaler hervorgetreten.
**Geiger,** Rudolf, Meteorologe und Klimatologe, *24.8.1894 Erlangen, †22.1.1981 München; Begr. der →Mikrometeorologie und Mitbearbeiter der Köppenschen Klimaklassifikation (→Klimaformel).
**Geiger,** Rupprecht, Architekt und Maler, Sohn von Willi G., *26.1.1908 München; Mitbegründer der Gruppe ›Zen‹ und bed. Vertreter der Farbraummalerei: Monochrome Kreisformen oder Rechtecke überlagern raumfüllend ähnl. getönte oder kontrastierende Hintergründe in fließenden Modulationen mit bes. Effekten durch Leuchtfarben.
**Geiger,** Theodor, Soziologe, *9.11.1891 München, †(auf einer Schiffsreise) 16.6.1952; emigrierte 1933 nach Skandinavien, beschäftigte sich mit der Möglichkeit ideologiefreier Erkenntnis und mit der Ideologiekritik. Arbeiten zur sozialen Schichtung und Mobilität, Rechtssoziologie, Berufssoziologie, Soziologie der modernen Massenges. und des kollektiven Verhaltens.
– *W:* Die Klassengesellschaft im Schmelztiegel (1949); Arbeiten zur Soziologie (62); Demokratie ohne Dogma (63).

**Geiger,** Willi, Maler und Graphiker, *27.8.1878 Schönbrunn (heute zu Landshut), †1.2.1971 München; Graphikfolgen und Gemälde im Stil eines expressiv gesteigerten Realismus.
**Geiger-Müller-Zähler,** aus dem Geigerschen Spitzenzähler (1913) von H. →Geiger und W. Müller (1928) entwickeltes →Zählrohr zum Nachweis von radioaktiven Strahlen.

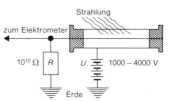

**Geiger-Müller-Zähler:** Die einfallende Strahlung erzeugt Ionen, die über den Widerstand *R* abfließen und mit einem Elektrometer nachweisbar sind.

**Geiger-Nuttall-Beziehung** [-nʌtɔːl-], von H. →Geiger und *J. M. Nuttall* (1890–1958) entdeckte Regel über die Energie und Reichweite von α-Strahlen bei radioaktiven Zerfallsprozessen.
**Geigy** →Ciba-Geigy AG.
**Geijer** [jɛiər], Erik Gustaf, schwed. Dichter und Historiker, *12.1.1783 Ransäter (Värmland), †23.4.1847 Stockholm; gründete den vaterländ. Götischen Bund; bed. als Verf. romantischer Lyrik und hist. Werke.
**Geilamir,** Wandalenkönig →Gelimer.
**Geilenkirchen,** Garnisonstadt im Kr. Heinsberg, Reg.-Bz. Köln, Nordrh.-Westf., an der Wurm nördlich von Aachen, 23000 E.; Wasserburg Trips, Patrizierhäuser, klassizist. Pfarrkirche.
**Geiler von Kaysersberg,** Johann, Theologe, Volksprediger, *16.3.1445 Schaffhausen, †10.3.1510 Straßburg; leidenschaftl. Sitten- und Ständekritik in lebensvollen, derb-drast. Kanzelreden.
**Geilinger,** Max, Schriftst., *30.8.1884 Zürich, †11.6.1948 St. Maurice (Wallis); schrieb bilderreiche, →Whitman verwandte Naturlyrik, Dramen, Essays.
**Geilo** [jɛilu], Wintersportort in Norwegen, 794 m ü. M., am nördlichen Ausläufer des →Hardangervidda.

## Geirangerfjord

Geislingen an der Steige

**Geirangerfjord** [gɛjraŋərfjuːr], südöstl. Seitenarm des →Storfjordes in Westnorwegen, bekannt durch hohe Wasserfälle (›Sieben Schwestern‹); starker Fremdenverkehr im Sommer; Hauptsiedlungen Maråk und Geiranger (am Fjordende).
**Geirrödr** [gɛj-], Riese der german. Mythologie.
**Geisa**, ung. Herrscher: →Géza.
**Geisel,** Ernesto, brasil. Politiker, * 3. 8. 1908 Bento Gonçalves; 1964 mitbeteiligt am Sturz des Präs. J. Goulart; 64–67 Chef des Militärkabinetts, 74–79 Staatspräsident.
**Geisel,** Person, die mit Vermögen, Freiheit, Leben für das Tun und Lassen anderer haftet. Die in german. Zeit auf das Einstehen für Schuldverbindlichkeiten beschränkte Geiselhaftung wurde schon im frühen MA durch die →Bürgschaft ersetzt. – Völkerrechtl. war, allerdings unter Einschränkungen, die vergeltende und vorbeugende Geiselnahme bis in die jüngste Zeit zulässig, um in besetzten Gebieten Anschläge der Bev. auf die Besatzungsmacht zu unterbinden. Durch die IV. →Genfer Konvention von 1949 ist die Geiselnahme und damit auch die Hinrichtung von Geiseln für illegal erklärt worden. – Strafrechtl. ist Geiselnahme in der BR Dtld. seit 1971, in *Österr.* seit 74, in der *Schweiz* seit 82 ein eigener Tatbestand.
**Geiselgasteig,** südl. Ortsteil von München; Filmateliers.
**Geiseltal,** eines der wichtigsten mitteldeutschen Braunkohlegebiete, südwestlich von Merseburg, benannt nach der *Geisel,* einem linken Nebenfluß der Saale; Fundstelle fossiler Tier- und Pflanzenreste aus dem mittleren Eozän.
**Geisenheim,** altes hess. Weinstädtchen im Rheingau-Taunus-Kreis, Reg.-Bz. Darmstadt, am re. Rheinufer östl. von Rüdesheim, mit 11 000 E.; staatl. Forschungsanstalt für Weinbau, Gartenbau, Getränketechnologie und Landespflege, entspr. Fachbereiche der Fachhochsch. Wiesbaden, Bundesanstalt für Qualitätsforschung pflanzl. Erzeugnisse; doppeltürmiger ›Rheingaudom‹ (12. bis 16. Jh., Türme 19. Jh.), mehrere Schlösser, im Ortsteil Marienthal Franziskaner-Wallfahrtskloster; Kaolinwerk, Maschinenbau u. a. Ind.; Fremdenverkehr.
**Geiser,** Karl, Bildhauer, * 22. 12. 1898 Bern, † Ende März 1957 Zürich; individuelle Akt- und Gruppenplastiken in formal verknapptem realistischem Stil; ebenso bed. als Radierer und Zeichner.
**Geiser** →Geysir.
**Geiserich** *(Genserich),* König der →Wandalen (428–477), † 25. 1. 477; führte sein Volk 429 von Spanien nach Afrika, wo er ein mächtiges Reich errichtete; als →Arianer ging er gegen die Katholiken vor; er eroberte Sizilien, Korsika, Sardinien und die Balearen, wurde aber von den Römern anerkannt, da sie auf Afrika als Kornkammer angewiesen waren. 455 n. Chr. ließ er Rom plündern, jedoch ohne Kunstwerke zu zerstören, wie fälschlich behauptet wurde (→Wandalismus).
**Geisha** [geʃa, von jap. geisha ›in

Geisha bei einem Fächertanz. Material auf Seide eines unbekannten Meisters (Mitte 18. Jh.). Tokio, Nationalmuseum

# Geißel

der Kunst Bewanderte‹], in Japan Gesellschafterin, Tänzerin und Sängerin in Teehäusern, Hotels, bei Festlichkeiten u. ä., gewöhnl. auf Anforderung der Gäste von einem Unternehmer vermittelt. G. machen vor ihrer berufsmäßigen Tätigkeit eine jahrelange (in der Jugend beginnende) Ausbildung in Gesang, Tanz, Musizieren und gewandter Konversation durch. – Seit 1872 offizielle Trennung zw. konzessionierten G. und Dirnen.

**Geising,** Erhebung im östl. Erzgebirge, bei Altenberg, 824 m.

**Geislingen an der Steige,** württ. Stadt (Große Kreisstadt) im Lkr. Göppingen, Reg.-Bz. Stuttgart, am NW-Rand der Schwäb. Alb, mit 28 000 E.; Außenstellen der Fachhochschulen Nürtingen und Ulm; Metallindustrie (WMF), Maschinenbau und Kfz-Zulieferindustrie. Über der Stadt Burgruine Helfenstein.

**Geison** [griech. ›Kranzgesims‹] *das,* Abschluß eines antiken Giebels oder Gebälks.

**Geiß,** das weibl. Tier von Ziege, Gemse, Reh und Steinbock.

**Geißbart,** *Bot.:* 1. *(Aruncus),* Gattung der →Rosengewächse; hohe Stauden mit weißen, fedrigen Blütenständen; zerstreut in schattigfeuchten Bergwäldern der Wald-G. *(Aruncus dioicus)*; 2. ein Pilz: →Ziegenbart.

**Geißblattgewächse** *(Caprifoliaceae),* Sträucher und Kletterpflanzen mit gegenständigen Blättern und strahligen oder zweilippigen Blüten. In über 300 Arten auf der nördlichen Halbkugel verbreitet. Hauptgattung Geißblatt (Heckenkirsche; *Lonicera*), oft mit Doppelbeeren; verbreitet in Gebüschen und Hecken die strauchige Rote Heckenkirsche *(Lonicera xylosteum),* Schlingpflanzen sind das Waldgeißblatt *(Lonicera periclymenum)* und das in den Gärten beliebte, aber auch verwilderte Jelängerjelieber *(Lonicera caprifolium)*; alle mit wohlduftenden gelbl.-weißen Blüten. Zu den G. gehören ferner →Weigelie, →Schneeball, →Holunder, →Moosglöckchen und →Schneebeere.

**Geißel,** *Biol.:* (*Flagellum*), der Fortbewegung dienender langer, fadenförmiger Zellfortsatz bei →Geißelträgern u. a. →Einzellern, Schwärmsporen (→Sporen) und vielen →Samenzellen. Sie entspringt in Ein- oder Zweizahl (selten in Vierzahl oder darüber) meist mit einem Basalkorn (Kinetosom) vorwiegend am Vorderende des Zellkörpers; nach hinten ragende G. wird *Schlepp-G.* genannt. Glatte Fäden heißen *Peitschen-G.,* Fäden mit feinsten haarartigen Anhängen *Flimmer-G.* Bei manchen parasit. Geißelträgern bleibt die Schlepp-G. durch eine dünne Plasmalamelle mit der Zelloberfläche verbunden (undulierende Membran) und erinnert dann an einen Flossensaum. Die G. bewirken durch rasches Schlagen (mehr als zehn Schläge in der Sekunde) die Fortbewegung des Zellkörpers; sie können rudernde, schlängelnde, propellerartige und

**Geirangerfjord:** auf dem Schwemmkegel am östlichen Ende des Fjords der Ort Geiranger, Anlegestelle von Kreuzfahrtschiffen.

**Geißblattgewächse:** Wenn das Waldgeißblatt mit seinen bis zu 5 m langen holzigen Sprossen Bäume umschlingt, dann kann es im Extremfall zum ›Baumwürger‹ werden.

## Geißel

**Geißel**, wie sie für das gesamte Tierreich typisch ist (Querschnitt): Eine Zellmembran (1) und eine Geißelmembran (2) umschließen 20 Microtubuli: in einem äußeren Kreis (3) neun Doppeltubuli, von der Zentralscheide (4) umschlossen zwei Zentraltubuli.

● **Geißel**: weiteres Bild →Einzeller

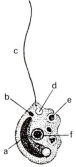

**Geißelträger: a** Farbstoffträger, **b** Augenfleck, **c** Geißel, **d** Ausscheidungsvakuole, **e** Nahrungsvakuole, **f** Kern

Hans W. Geissendörfer

andere Bewegungsformen ausführen. Im Elektronenmikroskop zeigen G. und auch →Zilien eine einheitl. Feinstruktur aus neun peripheren und zwei zentralen Längselementen (→Mikrotubuli), die sog. >9 mal 2-Struktur<.
**Geißel**, peitschenähnl. Züchtigungsinstrument aus mehreren, an einem Stab befestigten Riemen oder Schnüren.
**Geißelalgen** →Geißelträger.
**Geißel-Schildechsen** *(Tetradactylus)*, Gattung der in Afrika südl. der Sahara heimischen Schildechsen *(Gerrhosauridae)*; die Fünfzehige G.-S. *(Tetradactylus seps)* bewegt sich beim schnellen Kriechen durch schlängelnde Bewegungen des 5 cm langen Rumpfes und des bis zu 12 cm langen geißelartigen Schwanzes vorwärts.
**Geißelskorpione** *(Uropygi)*, Unterordnung der Skorpionsspinnen in den Tropen und Subtropen mit einem langen Schwanzfaden (Geißel), sind ungiftig, können aber aus Afterdrüsen ätzende Flüssigkeiten absondern.
**Geißelspinnen** *(Amblypygi)*, Unterordnung trop. und subtrop. Skorpionsspinnen; lange mit Dornen besetzte Kiefertaster, das erste Beinpaar ist ein Tastorgan von mehrfacher Körperlänge.
**Geißeltierchen** →Geißelträger.
**Geißelträger** *(Flagellata)*, Gruppe meist einzelliger Lebewesen mit den Untergruppen der pflanzlichen G. (Geißelalgen; Phytoflagellaten, *Phytomastigina*) und der tierischen G. (Geißeltierchen; Zooflagellaten, *Zoomastigina*). Sie bilden den Hauptanteil der im Meer schwebenden →Einzeller, sind weltweit verbreitet in Meer- und Süßwasser, an feuchten Orten, sogar in heißen Quellen, schmelzenden Gletschereis u. a.; bewegen sich meist mit ein oder zwei (selten mehreren) →Geißeln fort. Die Vermehrung der G. erfolgt meist ungeschlechtl. durch Längsteilung. Die Tochterindividuen können →Kolonien bilden: bei *Pandorina* z. B. aus 16, bei *Eudorina* aus 32 Zellen bestehend, von denen jede noch allein lebensfähig ist, bei → *Volvox* dagegen aus bis

zu 20000 Zellen, die infolge Arbeitsteilung versch. gestaltet und aufeinander angewiesen sind. G. stehen an der Grenze zw. Tier- und Pflanzenreich.
*Geißelalgen* besitzen pflanzl. Ernährungsweise (→Photosynthese), mit Hilfe von chlorophyllhaltigen →Chromatophoren sind sie zur →Assimilation fähig; das lichtempfindl. Vorderende (→Augenfleck) läßt sie das für die Assimilation notwendige Licht finden. Einige →Euglena-Arten können experimentell (bei genügend langem Aufenthalt im Dunkeln in Nährlösung) von pflanzl. zu tierischer Ernährungsweise gebracht werden. *Geißeltierchen* besitzen dagegen tier. Ernährungsweise, sie sind z. T. (sekundär) geißellos und bewegen sich nach Art der →Amöben durch Scheinfüßchen; unter ihnen auch Parasiten; so leben versch. Arten von →Trypanosomen als Krankheitserreger im Blut von Menschen und Wirbeltieren, →Leishmania in menschl. Zellen.
G. leben auch symbiont. in großen Einzellern (z. B. →Wimpertierchen, →Foraminiferen) oder in niederen Vielzellern (z. B. in Schwämmen, Strudelwürmern, Schnecken, Muscheln), wobei sie ihren Wirten Kohlendioxid, stickstoff- und phosphorhaltige Verbindungen u. a. entziehen und sie dafür mit Sauerstoff versorgen; grüne Formen: *Zoochlorellen*, gelbe bzw. braune: *Zooxanthellen*.
**Geissendörfer**, Hans W(erner), Filmregisseur, *6.4.1941 Augsburg; Literaturverfilmungen mit >Sternsteinhof< (75, nach L. Anzengruber), >Die Wildente< (76, nach H. Ibsen), >Theodor Chindler< (79, nach B. von Brentano), >Der Zauberberg< (82, nach Th. Mann). Mit-Regisseur und Produzent der Fernsehserie >Lindenstraße< (seit 85).
**Geißfeige** →Feige, Feigenwespe.
**Geißfuß** *(Giersch, Gänsestrenzel; Aegopodium podagraria)*, Staude aus der Fam. der →Doldengewächse; an Zäunen, Gebüschen und in Laubwäldern häufig; Selbstverbreitung durch Ausläufer.
**Geißfuß**, 1. *(Gehreisen)*, Werkzeug

# Geist

mit V-förmiger Schneide zum Ausheben von winkligen Nuten (Gehrungen) aus Holz ( → Holzschnitt); 2. Werkzeug mit abgeflachtem, gegabeltem Ende zum Ausziehen von Nägeln.

**Geißklee** *(Cytisus)*, eine Gattung der → Schmetterlingsblütler; kleine Sträucher; die gelben Blüten in endständigen Trauben oder Dolden; zerstreut an trocken-felsigen Standorten; zahlr. ausländ. Arten als Zierpflanzen.

**Geißler,** Heiner (Heinrich), dt. Politiker (CDU), * 3.3.1930 Oberndorf am Neckar; 1967–77 Sozialminister von Rheinland-Pfalz, 77–89 Generalsekretär der CDU, Okt. 82 bis Sept. 85 Min. für Jugend, Familie, Gesundheit.

**Geißler,** Horst Wolfram, Schriftsteller, * 30.6.1893 Wachwitz (bei Dresden), † 19.4.1983 München; erfolgreich mit liebenswürdig-beschwingten Unterhaltungsromanen, oft aus dem süddt. Rokoko, u.a. ›Der liebe Augustin‹ (1921), ›Der blaue Traum‹ (30), ›Die Glasharmonika‹ (36), ›Der unheilige Florian‹ (38), ›Frau Mette‹ (40), ›Wovon du träumst‹ (42), ›Der seidene Faden‹ (57).

**Geißler** *(Geißelbrüder, Flagellanten)*, Anhänger einer enthusiast. Bußbewegung im 13.–15. Jh., die die mönch. Übung der Selbstauspeitschung auch für Laien einführte; sie wurde 1260 von Raniero Fasani in Perugia gegr. und verbreitete sich bis Süddtld. und Böhmen, während der Pest 1348 sogar bis Polen und England. Die G. zogen durch die Länder und stellten Endzeiterwartungen und myst. Bußlehren über die Sakramente auf. Verbot der G. 1417 durch das Konstanzer Konzil; *G.-Lieder,* zur Gruppe des geistl. Volkslieds gehörend, oft Kontrafakturen bestehender Lieder.

**Geissler,** Christian, Schriftsteller, * 25.12.1928 Hamburg; neben Fernsehfilmen sozialkrit. Romane: ›Anfrage‹ (1960); ›Wird Zeit, daß wir leben‹ (76); ›Kamalatta‹ (88); Gedichte.

**Geißlerlieder,** Lieder und Gesänge der → Flagellanten im 13.–15. Jh.; nur wenige Melodien sind überliefert; G. werden den → Leis (Leichs) zugerechnet und sind meist → Kontrafakturen bestehender Lieder.

**Geißlersche Röhre,** Urtyp der → Gasentladungsröhre, von dem dt. Mechaniker *Heinrich Geißler* (1815–1879) entwickelt.

**Geißraute** *(Galega officinalis),* südosteurop. → Schmetterlingsblütler, mit weißen Blüten in dichten, achselständigen Trauben; früher angebaut als Futterpflanze; Heilpflanze, auch verwildert.

**Geist** (griech. *pneuma,* lat. *spiritus* ›Atem‹, ›Hauch‹), immaterielles, substantielles, einfaches, lebendiges und schöpfer. Prinzip im Ggs. zu → Materie, Stoff; bei Plato und Aristoteles kosmologisch verstanden als ›ewige Selbstschau des Ewigen‹ und ›das sich selbst denkende Denken‹. Die heute unterschiedenen Bed. gehen bes. auf die Philos. des → Deutschen Idealismus zurück. – Als ›subjektiver G.‹ ist der G. individuell und Wesensmoment des Menschen; er äußert sich in Verstand, Selbst- und Seinsverständnis, in freier Selbstverwirklichung und schöpfer. Handeln. In diesem Sinne spricht man auch von der ›G.-Seele‹ des Menschen (im Ggs. zum Leib). Die unbeschränkte Potenzierung der Bestimmungen des subjektiven G. führte zum Begriff einer rein geistigen Gottheit (›nus‹ des → Aristoteles; vgl. auch den christl. Gott, dessen Geistigkeit sich als bes. Person in der göttl. Substanz, als ›Heiliger Geist‹, darstellt); diese galt teils als Schöpfer, teils als Wesen aller endl. Dinge. Im übrigen entstanden aus den Be-

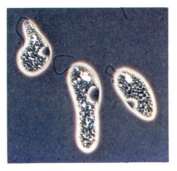

**Geißelträger** *(Euglena spec.)*

**Geißklee** blühend, *rechts* reife Hülse mit Samen, *darunter* Einzelblüte

**Heiner Geißler**

## Geistchen

stimmungen der Kraft und der Körperlosigkeit des G. vielerlei relig. Vorstellungen über endliche ›Geister‹. – Den Inbegriff der Gebilde, in denen geistiges Schaffen des Individuums sich niederschlägt (›Kulturgüter‹), bezeichnet man häufig als ›objektivierten G.‹. – Als ›objektiver G.‹ gilt dagegen die überindividuelle, geistig-geschichtl. Welt, in der der einzelne Mensch hineinwächst, mit der er sich auseinandersetzt, die er mitträgt; sie manifestiert sich insbesondere in Sprache und Institutionen. Für →Hegel sind subjektiver und objektiver G. dialektische Stufen der Entfaltung des ›Welt-G.‹, der schließlich als ›absoluter G.‹ zu sich selbst zurückfindet.

Kunst der **Geisteskranken:** Johann Hauser ›Frauengestalt‹ (Wachskreide und Bleistift, 1969)

**Geistchen** →Federmotten.
**Geiste** *(Obstgeiste)*, Branntweine, aus frischen oder tiefgekühlten (nicht vergorenen) Früchten oder deren Säften durch Überziehen mit Alkohol und nachfolgender Destillation gewonnen (Himbeer-, Wacholder-G. u. a.).
**Geister,** in den Relig. vielgestaltige, machtbegabte Wesen, die schädigend oder hilfreich ins Leben der Menschen eingreifen und teilweise kult. verehrt werden wie Toten-, Ahnen-, Natur-G. (→Dämon, →Exorzismus, →Spiritismus).

**Geisterbild** →Störung.
**Geisterfahrer,** Autofahrer, der auf der Autobahn entgegen der Fahrtrichtung fährt.
**Geisterhaie** →Seedrachen.
**Geisterharfe** →Äolsharfe.
**Geisterschicht,** Bez. für die selbständige Herst. von Werkstücken durch Roboter und automatisierte Fertigungseinrichtungen während der Nachtstunden ohne die Anwesenheit von Bedienungspersonal.
**Geisterseher, Der,** Erzählfragment von F. von →Schiller (1788).
**Geisterstunde,** die Stunde von zwölf Uhr nachts bis ein Uhr morgens.
**Geister-Tanz-Religion** (englisch *Ghost Dance religion*), Sammel-Bez. für messian. Heilserwartungsbewegungen unter den in Reservaten lebenden Indianern Nordamerikas; Blütezeit 1889–91, als der Paviotso-Prophet Wovoka (Jack Wilson), als Sohn Gottes und wiedergekommener Christus verehrt, die Rückkehr der Ahnen und den Anbruch eines goldenen Zeitalters für die Indianer verhieß; kult. Tänze dienten der Beschleunigung dieses Prozesses und der Kommunikation mit den Geistern; Ablehnung europ. Güter. Die Tötung des Sioux-Propheten Sitting Bull führte zum Aufruhr gegen die Weißen, der am 28./29. 12. 90 im Massaker am Wounded Knee Creek (SD) durch US-Kavallerie beendet wurde. Mit dem Ausbleiben der Verheißungen erlosch die G.-T.-R.
**Geistertrio,** Klaviertrio (1808) D-Dur, op. 70, Nr. 1, L. van →Beethovens.
**Geistesgeschichte** *(Ideengeschichte),* der Zweig der Geschichtswissenschaft, der sich mit der Entwicklung und den Tendenzen in Philos., Wissenschaft, Lit. und Kunst einer bestimmten Epoche sowie den das öffentl. Leben prägenden Bewegungen in Politik und Wirtschaft beschäftigt. Als Ergänzung zur wiss. Erforschung der polit., verfassungsrechtl., wirtschaftl. und sozialen Fakten des hist. Geschehens und als Versuch, den geschichtl. Ablauf in all seinen Einzelerscheinungen als Ganzes und

## geistig

sich gegenseitig Bedingendes zu erfassen, kommt der G. große Bed. zu. In Dtld. ist sie bes. von W. →Dilthey und dessen Schülern betrieben worden; auch F. →Meinecke setzt sich mit ihr auseinander. **Geisteskranke,** frühere Bez. für psych. Kranke, bes. Schizophrene. *Kunst der G.:* das mit künstlerischen Kriterien umschreibbare Schaffen seelisch Kranker (Zeichnungen, Malerei, Plastik, seltener Architektur). Allg. wird der Begriff Kunst der G. nur auf Laienkünstler bezogen und nicht auf Personen, bei denen seelische Krankheitsanzeichen erst während ihrer künstlerischen Tätigkeit auftraten (van →Gogh, R. Dadd). Die Kunst der G. fand zuerst die Aufmerksamkeit der Ärzte (Marcel Réja, ›L'art chez les fous‹, 1907; Hans Prinzhorn, ›Bildnerei der Geisteskranken‹, 22), für die sie auch praktische Bedeutung hatte (Fritz Moor, ›Über Zeichnungen von Geisteskranken und ihre diagnostische Verwertbarkeit‹, 07), später fand sie auch das Interesse sowohl der Kunstwissenschaft, die die ihr adäquaten Kriterien auf diese Kunst anzuwenden wußte, wie der Künstler, speziell der Surrealisten, so z.B. von A. →Masson, V. →Brauner und J. →Dubuffet (→Art Brut), die aus der Kunst der G. Anregung bezogen, die Farbe, Fläche, Idee, Ikonographie und Übersetzung von Inhalten berührte. Die Kunst der G. ist häufig gekennzeichnet durch raffinierte Farbwahl, manierist. Verschnörkelungen, randvoll Überladung, Akribie, Geometrisierung (Symmetrie), Beschriftungen, Mißachtung räumlicher Verhältnisse, mediale Einflüsse, sie ist aber immer gekennzeichnet durch die labile oder deformierte Psyche des Autors, deshalb ist sie nicht nur unter künstlerisch-ästhet. Gesichtspunkten zu betrachten, sondern sie ist ein für die Diagnose und Therapie gestörter Psychen wichtiges Indiz. **Geisteskrankheiten,** frühere Bez. für psych. Erkrankungen, insbes. für →Schizophrenie. **Geisteswissenschaften** *(Kulturwissenschaften),* diejenigen Wissenschaften, die die Phänomene des geschichtlich-gesellschaftl. Lebens (Staat, Recht, Wirtschaft, Sprache, Relig., Kunst usw.) ordnen und deuten. Ihre Abhebung von den →Naturwissenschaften geht im wesentl. auf W. →Dilthey zurück, entspricht aber der alten Antithetik von Natur und Geist; Dilthey sieht den Unterschied nicht nur sachl., sondern vor allem method. begründet; während das Naturgeschehen kausal erklärt wird, lassen sich geistig-kulturelle Sachverhalte nur in ihrem Zusammenhang ›verstehen‹. Alle G. wurzeln nach Dilthey im lebendigen Seelenleben des Menschen; die geisteswissenschaftl. Psychol. ist daher für ihn die Grundlage der G. – Ähnl. differenzierten auch →Windelband (›ideographische‹, d.h. das Besondere beschreibende, gegenüber ›nomothetischen‹, Gesetze aufstellenden Wissenschaften) und H. →Rickert (›individualisierende‹ gegenüber ›generalisierenden‹ Wissenschaften). Die Unterscheidung ist in den heutigen Wissenschaften nicht mehr aufrechtzuerhalten: die traditionellen G. haben vielfach Methoden der Naturwissenschaften übernommen, umgekehrt weckte die Einsicht, daß Methodik, Prämissen und die Forschungsgegenstände der Naturwissenschaften wiederum kulturell vermittelt sind, auch Interesse für solche Fragestellungen in den traditionellen Naturwissenschaften (z.B. der →Wissenschaftstheorie).

**geisteswissenschaftliche Psychologie,** psychol. Forschungsrichtung, die sich im Unterschied zur empirischen Psychologie nicht der statistisch-experimentellen Überprüfung ihrer Theorien bedient; nach Auffassung der g.P. unterliegt sozial und kulturell geprägtes Verhalten und Erleben nicht der Kausalität wie die Gegenstände naturwissenschaftlicher Forschung, sondern bedarf der Methoden des Verstehens, Nacherlebens, der Interpretation u.a., die den Sinn und Wert psych. Vorgänge erfassen sollen; →verstehende Psychologie.

■ **geistig**/geistlich, zum Gebrauch siehe ›Praxistip Sprache‹, S. 3480.

## geistige Landesverteidigung

Hans Geitel

**geistige Landesverteidigung,** in den 30er Jahren in der Schweiz entstandener Begriff, der die Abwehr von ausländ. kulturpolit. Einflüssen durch bewußte Pflege des traditionellen schweiz. Gedankengutes bezeichnet.

**geistiges Eigentum,** Recht des Erfinders und Urhebers im Patent-, Gebrauchsmuster-, Geschmacksmuster-, Warenzeichen- und Urheberrecht.

**geistliche Fürsten,** diejenigen Bischöfe, Pröpste, Äbte und Äbtissinnen, die im Hl. Röm. Reich ein reichsunmittelbares Territorium bzw. eine reichsunmittelbare Herrschaft innehatten. Schon in karoling. Zeit, bes. aber unter den Sachsenkaisern wurden Bistümer und Abteien reich mit weltl. Gütern ausgestattet, um ihre Inhaber, die Reichsbischöfe und Reichsäbte, für ihre Aufgaben und Leistungen im Reich und für den König zu befähigen. Da dem dt. König im Ggs. zum engl. und frz. König der Ausbau einer zentralen Königsherrschaft nicht gelang, vermochten die g. F., die die entscheidenden Träger der Reichsverfassung wurden, ebenso wie die weltl. Fürsten ihre Territorien, die sog. geistlichen Fürstentümer, zu reichsunmittelbaren Territorialstaaten auszubauen. Der →Investiturstreit und die ›Confoederatio cum principibus ecclesiasticis‹ (1220) waren wichtige Marksteine auf diesem Wege. Durch den →Reichsdeputationshauptschluß von 1803 verloren die g. F. ihre weltl. Herrschaften, die weltlichen Dynasten als Entschädigung für Verluste auf dem linken Rheinufer zugesprochen wurden. Nur für den Kurerzkanzler und Erzbischof von Mainz, Fürstprimas K. Th. von →Dalberg, blieb bis 1810 ein geistl. Fürstentum erhalten, das aus Aschaffenburg, Wetzlar und Regensburg bestand.

**geistliche Gerichtsbarkeit** →kirchliche Gerichtsbarkeit.

**geistliche Jahr, Das,** relig. Gedichtzyklus von A. von →Droste-Hülshoff (1851).

**geistlicher Vorbehalt,** Bestimmung des →Augsburger Religionsfriedens (1555), wonach geistl. Fürsten bei Übertritt zum Protestantismus ihren weltl. Herrschaftsanspruch verloren (→Dreißiger Krieg).

**geistliches Konzert,** musikal. Gattung des 17. Jh.; geistl. Text für Solisten und →Generalbaß; ging später in der →Kantate auf. Bed. g. K. stammen von L. →Viadana, J. H. →Schein und H. →Schütz; im 20. Jh. Versuch einer Wiederbelebung.

**geistliche Verwandtschaft,** durch Taufpatenschaft eingetretene Verwandtschaft, die nach kath. und orth. Kirchenrecht zw. Paten und Täufling eintritt und als Ehehindernis gilt.

**Geitau** →Gei.

**Geitel,** Hans, Physiker, * 16. 7. 1855 Braunschweig, † 15. 8. 1923 Wolfenbüttel; arbeitete zus. mit J. Elster (1854–1920) über Elektrizitätsleitung in Gasen, atmosphär. →Elektrizität, →Photoeffekt und →Radioaktivität (radioaktiver Gehalt von Heilquellen).

**Geithain,** sächs. Stadt zw. Leipzig und Chemnitz, mit 7500 E.; Ziegel-, Kalk-, Emailleindustrie.

**Geitonogamie** [griech.-lat.], *Botanik:* Blütenstaubübertragung zw.

---

**Praxistip Sprache**     **geistig/geistlich**

*Geistig* wird umschrieben mit ›den menschlichen Geist betreffend‹ bzw. ›gedanklich‹. Daher: *der geistige Austausch, die geistige Entwicklung, die geistigen Verbindungen.* Eine Nebenbedeutung schließt ›alkoholisch‹ ein: *geistige Getränke, geistige Nahrung.* Dagegen bedeutet *geistlich* stets ›die Religion betreffend, kirchlich‹. Daher: *die geistliche Musik, geistliche Literatur, der Geistliche* usw. *Der Geistliche* wird wie ein Adjektiv dekliniert oder als Apposition gebraucht: *der Rat des Geistlichen.*

# Geländefahrzeug

Blüten, die auf derselben Pflanze stehen.

**Geizige, Der,** Komödie von →Molière; Urauff.: 1668, Paris.

**Geiztriebe,** Nebentriebe, die aus Blattachseln entspringen, z. B. bei Weinrebe und Tabak; *ausgeizen,* G. ausbrechen (zur Kräftigung des Haupttriebes).

**Gejiu** *(Kokiu),* Bergbaustadt im S der südchin. Prov. Yunnan, 200 000 E.; Zinn- und Antimongruben, Phosphatvorkommen; Buntmetallerzverhüttung.

**Gekkonidae** →Geckos.

**Gekrätz,** ein Metall-Schlacken-Gemisch, das beim Abziehen der Oxidschicht von der Oberfläche einer Metallschmelze oder als Rückstand in Gießpfannen anfällt (→Krätze).

**gekritztes Geschiebe,** Gesteinsstück, das beim Transport von →Gletschern durch andere Steinstücke deutl. Kratzer erhalten hat (→Geschiebe).

**gekröpftes Gesims,** um Mauervorsprünge, Wandpfeiler usw. in gleichbleibender Ausladung weitergeführtes Gesims.

**Gekröse** *(Mesenterium),* Teil des →Bauchfells, der den Dünndarm umgibt und ihn mit einer zweischichtigen, bandartigen Falte an der hinteren Bauchwand fixiert; zw. den beiden Schichten verlaufen die den Dünndarm versorgenden Nerven und Gefäße.

**gekrümmte Fläche,** Fläche mit drei Raumkoordinaten, die nicht in eine Ebene abwickelbar ist (z. B. Kugeloberfläche).

**Gel** *das,* ein formbeständiges, wenig festes System, meist aus einem höhermolekularen, kolloiden Stoff (→Kolloide) und einem Dispersionsmittel, z. B. Wasser. Ein typisches G. ist ein Gelatine-Wasser-Gemisch (→Sol).

**Gela** [dʒela], ital. Hafenstadt an der Südküste Siziliens mit 80 000 E.; Seebad; Baumwollanbau, seit 1963 Erdölindustrie. Reste des antiken G. (688 v. Chr. gegr.), um 500 v. Chr. mächtigste Stadt Siziliens (→Gelon); um 280 zerstört; 1230 von →Friedrich II. als *Terranova di Sicilia* (bis 1927) neugegründet.

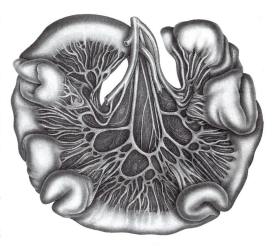

**Gelage** *(Geläger),* bei der Gärung entstehender Niederschlag.

**Geländeaufnahme** →topographische Vermessung.

**Geländedarstellung,** graph. Wiedergabe der Formen der Erdoberfläche in Karten mit Ansichtsbildern, Felszeichnung, →Schraffen, →Koten, →Höhenlinien, →Schummerung, farbigen Höhenschichten.

**Geländefahren,** eine Disziplin im →Fahrsport; Querfeldeinfahren mit oder ohne Hindernisse.

**Geländefahrzeug,** zur Überwindung schlechter Wege und unwegsamen Geländes geeignetes Kfz mit großer Bodenfreiheit, Allradantrieb, sperrbarem →Differential

**Gekröse:** Eine Schlinge des Dünndarms, befestigt am Gekröse und versorgt durch seine Blutgefäße mit der typischen ›Arkadenaufzweigung‹

**Geländefahrzeug:** Kennzeichen dieses Fahrzeugtyps sind einzeln zuschaltbarer Vierradantrieb, große Bodenfreiheit und Reifen mit breiter Lauffläche.

## Geländeklima

und hoher Übersetzung *(Geländegang)*, auch bes. großen Luftreifen mit niedrigem Auflagedruck oder →Gleiskettenfahrzeug; verwendet in der Landw. und für Forstarbeiten (→Traktor), Erdbauarbeiten, milit. Verwendung.
**Geländeklima,** das spezif. Klima eines geograph. Raumes bis zu einer Größe von rd. 100 km², wie es sich unter dem ungestörten Einfluß des Untergrundes (→Albedo, Bodenrauhigkeit, →Verdunstung usw.) entwickelt.
**Geländeklimatologie,** Wissenschaft zur Untersuchung regionalklimat. Strukturen; Ziel ist eine verbesserte Vorhersage von Klimaänderungen als Folge von Änderungen der Bodennutzung.
**Geländelauf** *(Crosslauf)*, bes. anstrengender Wettbewerb über lange Strecken im Gelände; weit verbreitet in Frkr., England, Skandinavien. Im →Modernen Fünfkampf der über 4 km führende letzte Wettbewerb.
**Geländeritt,** eine Disziplin im →Reitsport; besteht aus Ritt auf Wegen bzw. Straßen, auf Jagdrennbahn und Querfeldeinreiten mit oder ohne natürl. oder künstl. Hindernisse; bewertet werden fehlerfreies Überwinden der Hindernisse und die benötigte Zeit. Der G. ist Wettbewerb der →Military (bis zu 35 km).
**Gelasius I.,** Papst (492–496), †19.11.496 Rom; verteidigte gegenüber Ostrom den Primat Roms und formulierte die sog. →Zweigewaltenlehre; Heiliger (21.11.).

**Gelasma** [griech.], Med.: Lachkrampf.
**Gelatine** [frz., ʒe-] *(Glutin)*, glasartig durchsichtige, glänzende, geschmacklose Leimsubstanz (Molekulargewicht 40 000–100 000), die in heißem Wasser aufquillt und abgekühlt gallertartig erstarrt. Sie besteht hauptsächl. aus →Kollagen und wird u.a. zur Zubereitung von Speisen (→Aspik), als Träger der Bromsilber-Emulsion photograph. Filme und Platten, für Bakteriennährböden und Medikamentenkapseln verwendet (→Leim).
**Geläuf** →Fährte.
**Geläut, 1)** das Läuten von Glocken; **2)** *Jägersprache:* Gebell der Jagdhunde.
**Gelbaal** →Aal, →Blankaal.
**Gelbbauchunke** →Unken.
**Gelbbeeren,** getrocknete, unreife Beeren v.a. des Purgierkreuzdorns (→Kreuzdorn); zur Farbstoffgewinnung; Abführmittel.
**Gelbbleierz** →Wulfenit.
**Gelbbrennen,** Abätzen der Oxide und Verunreinigungen von Kupfer- und Messingteilen durch Gemisch aus Salpeter- und Schwefelsäure.
**Gelbbrustara** →Ara.
**Gelbbuch** →Farbbücher.
**gelbe Gefahr,** polit. Schlagwort der Jahrhundertwende, in dem sich die Furcht der europ. Nationen vor einer mögl. Expansion der entstehenden modernen Großmächte Asiens (China, Japan) niederschlug.
**gelbe Gewerkschaften,** wirtschaftsfriedliche Arbeitnehmerverbände, die von gemeinsamen Interessen der Arbeitgeber und Arbeitnehmer ausgehen; lehnen aber Klassenkampf und Streik ab. Der Name entstand um 1900, als frz. Streikbrecher ihre eingeschlagenen Fenster mit gelbem Papier verklebten (→Hirsch-Dunckersche Gewerkvereine).
**Gelbeisenerz** →Jarosit.
**Gelbe Kirche** →Dalai Lama, →Tsongkhapa.
**Gelber** [xɛlbɐr], Bruno Leonardo, argent. Pianist, *19.3.1941 Buenos Aires; Beginn seiner internat. Karriere um 1960; v.a. klass.-romant. Repertoire des 19. Jh.
**Gelber Enzian** →Enziangewächse.

**Geländeritt:** Durchqueren eines Wasserlaufs bei der Military-Prüfung

# Gelblinge

**gelber Fleck** →Auge, →Fixation, →Netzhaut.
**Gelber Fluß** →Hwangho.
**gelber Galt** →Galt.
**Gelber Hanf** →Datisca.
**Gelbe Riesen** →Riesensterne.
**Gelber Jasmin** →Gelsemium.
**Gelber Speik** →Aurikel.
**gelbe Rübe** →Möhre.
**Gelbes Meer** (chin. *Hwanghai, Huang Hai*), buchtenreiche Flachsee des Pazif. Ozeans zw. China und Korea; Gelbfärbung durch den vom →Hwangho dem Meere zugeführten Lößschlamm. Der Nordteil ist im Winter regelmäßig vereist infolge kalter Monsunwinde vom Festland her. Wichtige Zugangshäfen zu Nordchina: →Qingdao, →Lüda, →Tientsin.
**Gelbe Tonne,** Mülltonne zum Sammeln von Verpackungsmüll.
**Gelbe Turbane,** Bez. für die chin. Bauern, die durch den Aufstand der G.T. ab 184 n.Chr. das Ende der →Han-Dynastie einleiteten. Der Name kommt von den gelben Kopftüchern, die sich die Bauern um den Kopf gebunden hatten. Der auf messian. Heilslehren gegr. Aufstand breitete sich über große Teile Chinas aus; Ausdruck der Auflehnung gegen ein demoralisiertes Beamtentum und gegen Refeudalisierungstendenzen.
**Gelbfieber,** akute Infektionskrankheit in Mittel- und Südamerika sowie in Westafrika, verursacht durch ein beim Stich der Gelbfiebermücke übertragenes →Virus. Symptome: Fieber, →Gelbsucht, Leberschwellung, Haut- und Schleimhautblutungen, Kreislaufkollaps. Vorbeugung durch Schutzimpfung; Impfschutz hält etwa 5 Jahre an.
**Gelbfilter,** Farbfilter, das im blauen und blaugrünen Spektralbereich undurchlässig ist; wird auch in der Schwarzweiß-Photographie zur Steigerung von Kontrasten benutzt, z.B. um Wolken gegen blauen Himmel stärker abzuheben.
**Gelbglut** →Glühen.
**Gelbguß,** Legierung aus Kupfer und Zink, Zinn oder Blei in versch. Mischungsverhältnissen. Zum G. zählen auch Bronze (Kupfer und Zinn) und Messing (Kupfer und Zink). G. bes. in den Hochkulturen Westafrikas (→Benin, →Ife, →Yoruba) und Altamerikas.
**Gelbhalsmaus** *(Große Waldmaus),* in Europa und Asien verbreitete Art der Echtmäuse mit etwa 10 cm Körperlänge, der kleineren Feldwaldmaus sehr ähnl., aber meist mit orangebraunem Band auf der Halsunterseite, größeren Ohren; lebt stets im Wald.
**Gelbhauben-Gärtnervogel** →Gärtnerlaubenvögel.
**Gelbholz,** 1. gelbes Holz versch. Bäume, zum Färben, z.B. *Echtes G.* von der trop.-amerik. *Chlorophora tinctoria,* einem →Maulbeergewächs; 2. →Perückenstrauch.
**Gelbhorn** →Seifenbaumgewächse.
**Gelbknoten** →Xanthom.
**Gelbkopf,** Papagei: →Amazonen.
**Gelbkörper** *(Corpus luteum),* eine Drüse der inneren →Sekretion; geht hervor aus dem →Follikel im Eierstock nach dem Eisprung durch Vergrößerung der Wandzellen, die einen gelben Farbstoff einlagern und die *Gelbkörperhormone (Gestagene)* produzieren; am wichtigsten ist das *Progesteron (Schwangerschaftshormon, Corpus-luteum-Hormon):* es bereitet die Gebärmutterschleimhaut zur Aufnahme des befruchteten Eies vor und schützt dessen Entwicklung; u.a. verhindert es die Ausreifung neuer Follikel und damit die Ovulation. Im vierten Monat der Schwangerschaft übernimmt der Mutterkuchen (→Plazenta) die alleinige Herst. der Gestagene. Ohne Schwangerschaft wird der G. abgebaut (→Geschlechtshormone).
**Gelbkörperhormone** *(Gestagene)* →Gelbkörper.
**Gelbkörperreifungshormon** →LH.
**Gelbkreuz** →Kampfstoffe.
**Gelbling** 1) *(Sibbaldia),* Gattung der →Rosengewächse, kleine mehrjährige, rasenbildende Pflanze mit gelben Blüten; in den Alpen in Schneemulden, Bergwiesen und auf Geröll; 2) →Pfifferling.
**Gelblinge** *(Colias),* Gattung mittelgroßer Tagschmetterlinge aus der Familie der Weißlinge (→Goldene Acht, →Postillion).

**Gelbguß:** Öllampe aus Byzanz (6. Jh.). München, Bayerisches Nationalmuseum

▣ **Gelbkörper:** Bild →Geschlechtsorgane

# Gelbmützen

**Gelbrand:** schwimmender Gelbrandkäfer

**Gelbmützen,** Richtung im Lamaismus: →Tsongkhapa.
**Gelbrand** (*G.-Käfer; Dytiscus*), Gattung räuber. →Schwimmkäfer, schwarz mit gelbem Rand; Larve und Käfer leben im Süßwasser, fressen Kaulquappen, Molche und kleine Fische.
**Gelbrost** (*Puccinia glumarum*), auf Blättern und Ähren von Wildgräsern und Getreide (bes. Weizen, aber auch Roggen und Gerste) schmarotzender →Rostpilz; mit streifenförmigen, gelben Sporenlagern (→Sporen).
**Gelbscheibe,** ein →Farbfilter.
**Gelbspötter** (*Gartenspötter; Hippolais icterina*), den →Grasmücken und →Rohrsängern nahestehender Singvogel, 13 cm lang, gelblichgrün; Gesang laut und ausdauernd mit Motivwiederholungen, z. T. mißtönend; lebt in Europa und Asien, überwintert im trop. Afrika. Dem G. sehr ähnl. ist der Orpheusspötter (*Hippolais polyglotta*) in Südwesteuropa und Nordafrika.
**Gelbstern** →Goldstern.

**Gelbstoffe,** im Meerwasser gelöste Humusstoffe, die überwiegend vom Festland zugeführt werden oder bei der Zersetzung von →Plankton entstehen. G. beeinflussen die Färbung des Meerwassers.
**Gelbsucht** (*Ikterus*), Gelbfärbung der Haut bei bestimmten Leber- und Blutkrankheiten, beruht auf Vermehrung der →Gallenfarbstoffe im Blut und Ablagerung von Bilirubin im Gewebe; fällt zuerst an der weißen Lederhaut des Auges auf. Ursachen: Behinderung des normalen Gallenabflusses in den Darm (durch →Gallensteine oder Tumoren), erhöhte Durchlässigkeit der Leberzellen mit direktem Übertritt der Gallenfarbstoffe in das Blut, z. B. bei Leberschädigung durch Gifte oder bei massenhaftem Zugrundegehen von Leberzellen bei versch. Leberkrankheiten wie →Hepatitis. Die G. vieler Neugeborener (Gelbfärbung der Haut und der Lederhaut der Augen) tritt am 2.–3. Lebenstag auf, dauert wenige Tage und beruht auf dem Zugrundegehen eines nach der Geburt nicht mehr benötigten Überschusses an roten →Blutzellen. Gefährlich ist dagegen die G. bei der früher immer tödl. →Erythroblastose.
**Gelbvieh,** vorwiegend in bayr., hess. und pfälz. Mittelgebirgslagen gehaltene einfarbig gelbe Rinderrasse, früher vor allem zur Arbeit verwendet, heute gleichermaßen auf Milch- und Fleischleistung gezüchtet; versch. früher selbständige, einfarbig gelbe Rinderrassen wie etwa das *Scheinfelder Vieh*, das *Glan-Donnersberger Vieh*, das

**Geld:** *links* Elektron-Drittelstater aus Lydien, zwischen 625 und 610 v. Chr.; *rechts* Vorder- und Rückseite eines attischen Tetradrachmons aus Silber, 430–407 v. Chr.

# Geldern

*Glanvieh* der Eifel, das *Limpurger Vieh* und das *gelbe Frankenvieh* sind im G. aufgegangen. G.-Zuchten neuerdings auch in südamerik. Staaten, in Großbritannien, Kanada, Australien und Südafrika.

**Gelbwurzel** → Kurkuma, → Wasserwurzel.

**Gelchromatographie** *(Gelfiltration, Ausschlußchromatographie),* Methode in der → Chromatographie; mit Hilfe verschiedengroßporiger Trenngele (Agarose, Dextran) können z. B. Biomolekülgemische unterschiedlicher Größen getrennt werden.

**Geld,** allgemein akzeptiertes Zahlungsmittel. Ist die Annahme gesetzl. vorgeschrieben ( → Annahmezwang), spricht man von gesetzl. Zahlungsmitteln, die heute als Bargeld in Form von → Banknoten und Münzen umlaufen. Neben seiner Funktion als Tauschmittel dient das G. bzw. die G.-Einheit als Wertaufbewahrungs- und -übertragungsmittel, als Wert- und Preismaßstab und als Recheneinheit. Voll funktionstüchtig ist G. nur bei stabilem Preisniveau ( → Geldwert). G. als Tauschmittel läßt sich bereits für die vorderoriental. Kulturen der Stein- und Bronzezeit nachweisen; bezahlt wurde mit Schmuck (z. B. Perlen, Muscheln), Kleidung, Vieh, Geräten (z. B. Äxten, Sicheln, Lanzenspitzen) und Metallen (z. B. Kupfer- und Bronzebarren); Hinweise auf die Verwendung von Gold gibt es im Vorderen Orient für die Mitte des zweiten Jahrtausends v. Chr. Um das umständl. Wiegen des Metalles zu vermeiden, wurden die Metallstücke später mit einem Stempel versehen, der das Gewicht garantierte; solches Münz-G. kommt im 7. Jh. v. Chr. in Lydien und Griechenland auf, Vieh-G. existierte daneben weiter, wie die Bezeichnungen ›pecunia‹ (lat. ›Geld‹, aus *pecus* ›Vieh‹) und ›fee‹ (engl., ›Bezahlung‹, ›Gebühr‹) erkennen lassen. – Bei *Kurantmünzen* entspricht der aufgeprägte Wert (Nominalwert) dem Wert des Münzstoffes, der bei *Scheidemünzen* unter dem Nominalwert liegt. Seit dem 18. Jh. verbreitete sich das Papier-G. (Banknoten). In modernen Volkswirtschaften zählt zum G. das *Bargeld* in Form von Scheidemünzen und Banknoten sowie das aus den jederzeit in Bargeld umtauschbaren Sichteinlagen bei Banken bestehende *Giral-G.* Die nicht ganz so rasch, aber doch noch leicht liquidisierbaren Termin- und Spareinlagen heißen *Quasigeld* ( → Geldmenge).

**Geldakkord** → Akkordlohn.

**Geldentwertung** → Inflation.

**Gelder** [xɛldər], Aert de, niederl. Maler, * 26. 10. 1645 Dordrecht, † vor dem 25. 8. 1727 ebd.; letzter bekannter Schüler von → Rembrandt (ab 1661); unter dem Einfluß von dessen Spätwerk schuf er wirkungsvolle, handwerklich souveräne hist. und relig. Gemälde sowie Porträts.

**Gelderland** [xɛl-] (dt. *Geldern*), niederl. Prov. südöstl. des IJsselmeeres, 5011 km², 1,8 Mio. E., Hptst. → Arnheim; sandige Geest in NW ( → Veluwe), Marschland zw. Niederrhein und Maas im S ( → Betuwe), fruchtbares Ackerbaugebiet östl. der IJssel, Viehzucht; im südöstl. Grenzgebiet (Achterhoek) Textil-, Eisenindustrie.

**Gelderländer,** niederl. Pferderasse.

**Geldern, 1)** Stadt im Kr. Kleve, im Reg.-Bz. Düsseldorf, Nordrh.-Westf., an der Niers, 31 000 E.; elektrotechnische Industrie, Druckereien; Blumenzucht. – 1229 Stadtrecht, im MA Hauptort der Gft. G.

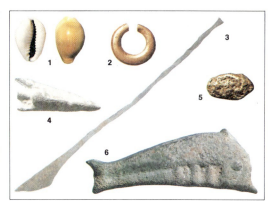

Frühformen des **Geldes** *Schmuckgeld:* **1** Kaurimuschel, war ein in Südostasien sehr verbreitetes Tauschmittel; **2** keltischer Goldring, vermutliches Zahlungsmittel beim Frauenkauf; *Gerätegeld:* **3** Messergeld, Himalayavorland; **4** Pfeilspitzengeld, Schwarzmeerküste; *Barrengeld:* **5** Goldklümpchen aus Zypern, 8. Jh. v. Chr.; **6** griechischer Bronzebarren, 4. Jh. v. Chr.

◉ **Geld:** weitere Bilder → Banknoten (Tafel); → Münzen und Medaillen

**Gelbspötter**

## Geldersche IJssel

2) Grafschaft bzw. Herzogtum; die Grafen von G. gewannen im 12. Jh. zur eigtl. Gft. G. Zütphen, Arnheim und Nimwegen hinzu; 1339 Hzgt. Durch den Geldernschen Erbfolgekrieg (1371–79) kam G. an die Hzg. von Jülich, 1473 an →Karl den Kühnen von Burgund, 1543 den habsburg. Niederlanden einverleibt. Niedergeldern schloß sich 1579 der Utrechter Union an, Obergeldern blieb bei den span. Niederlanden, von denen es auf Grund des Utrechter Friedens 1713 zum großen Teil an Preußen abgetreten wurde; die westl. Hälfte wurde 1815 den Niederlanden zugesprochen (heute Prov. →Gelderland).

**Geldersche IJssel** [- ɛɪsəl], Mündungsarm des Rheins: →IJssel.

**Geldersche Vallei,** Landschaft in den Niederlanden, zw. der Veluwe und dem Utrechter Hügelrücken.

**Geldfälschung,** die Nachahmung oder werterhöhende Veränderung von Metall- oder Papiergeld. G. sowie das Inverkehrbringen von gefälschtem Geld sind strafbar; BR Dtld.: Freiheitsstrafe nicht unter zwei Jahren (§§ 146, 149 StGB). – Österr.: §§ 232 ff. StGB; Schweiz: Art. 240–244 StGB.

**Geldillusion,** Bezeichnung für das Verhalten von Wirtschaftssubjekten, die trotz stetiger Geldentwertung die Preissteigerungen bei ihren Planungen unberücksichtigt lassen.

**Geldkatze,** Geldbeutel aus einem an beiden Enden geschlossenen Schlauch, aus Leder oder Stoff, um den Leib getragen; in der Längsnaht Schlitz zum Hineingreifen.

**Geldkontingente,** Schweiz: →Matrikularbeiträge.

**Geldkurs** (G), Börse: Bez. für Nachfragekurs; Ggs. →Briefkurs (→Kurszusätze).

**Geldlohn,** in Geld ausgezahlter Lohn; Ggs. →Naturallohn.

**Geldmarkt,** Teil des →Kreditmarkts, auf dem im Ggs. zum Kapitalmarkt kurzfristiges Leihgeld gehandelt wird, v. a. Tages-, Monats-, Dreimonatsgeld und tägliches (tägl. fälliges) Geld. Häufig gilt als G. nur der Markt für den zwischenbankl. Handel mit Zentralbankguthaben und den v. a. zw. Zentralbank (z. B. Dt. Bundesbank) und Geschäftsbanken stattfindenden Handel mit →Geldmarktpapieren. Der G. reguliert über die Liquiditätspolitik der Geschäftsbanken die volkswirtschaftliche Geldversorgung.

**Geldmarktpapiere,** kurzfristige Wertpapiere mit Laufzeiten bis zu 2 Jahren; werden hauptsächl. zw. Zentralbank und Geschäftsbanken gehandelt. Zu den G. zählen →Schatzwechsel (Laufzeit bis zu 90 Tagen), unverzinsl. →Schatzanweisungen (die sog. U-Schätze, Laufzeit zw. 91 Tagen und 2 Jahren) und →Privatdiskonten (Laufzeit bis zu 90 Tagen). Die Zentralbank setzt die Bedingungen fest, zu denen sie G. an Geschäftsbanken verkauft (Abgabesätze) und gegebenenfalls vor Fälligkeit von ihnen zurückkauft (Rücknahmesätze). Bei Rückgabe von G. an die Zentralbank erhalten Geschäftsbanken im Gegenzug →Zentralbankgeld, so daß sie die Kreditvergabe an Nichtbanken ausweiten können. Die →Geldmenge in der Volkswirtschaft nimmt zu, im umgekehrten Fall ab. Damit kann die Zentralbank durch Variation der Abgabe- und Rücknahmesätze den Umfang der Geldmenge beeinflussen (→Offenmarktpolitik).

**Geldmenge** (Geldvolumen), Summe aus Bar- und →Giralgeld in einer Volkswirtschaft zu einem bestimmten Zeitpunkt. Die im Umlauf befindl. G. nennt man wirksame oder effektive G. Die Dt. Bundesbank unterscheidet drei versch., mit ›M‹ gekennzeichnete Arten der G.: Bargeldumlauf inländ. Nichtbanken ohne Kassenbestände der Banken + Sichteinlagen inländ. Nichtbanken (= $M_1$) + Termineinlagen inländ. Nichtbanken mit einer Laufzeit bis

**Geldmenge:** ihr Aufbau in Deutschland 1992

|  | Mrd. DM |
|---|---:|
| Bargeld | 201 |
| + Sichteinlagen | 469 |
| = Geldmenge M 1 | 670 |
| + Termingelder | 527 |
| = Geldmenge M 2 | 1197 |
| + Spareinlagen | 522 |
| = Geldmenge M 3 | 1719 |

# Geldstrafe

zu vier Jahren (= $M_2$) + Spareinlagen inländ. Nichtbanken mit gesetzl. Kündigungsfrist (= $M_3$). Die Zentralbank-G. ist die Summe aus Bargeld in den Händen von Nichtbanken und der bei der Zentralbank gehaltenen Sichtguthaben der Geschäfts- und der Nichtbanken.

**Geldmengenziel,** Ziel der Geldpolitik der Zentralbank, die →Geldmenge mit einer jährl. Steigerungsrate zunehmen zu lassen, die sich zusammensetzt aus der stabilitätspolitisch vertretbaren Wachstumsrate des Produktionspotentials der Volkswirtschaft und einer als unvermeidl. geltenden Geldentwertungsrate. Die Dt. Bundesbank verkündet G. seit 1975, die entweder auf die Zentralbankgeldmenge oder auf die Geldmenge $M_3$ bezogen werden.

**Geldnachfrage,** Bezeichnung für den realisierten Bedarf der Wirtschaftssubjekte in einer Volkswirtschaft an Geld. Wichtige Einflußgrößen für die G. sind das Volkseinkommen bzw. das Handelsvolumen sowie der Zinssatz.

**Geldner,** Karl Friedrich, Iranist und Indologe, *17.12.1852 Saalfeld, †5.2.1929 in Marburg a.d. Lahn; philolog. Studien zum →Avesta und zu den →Veden.

**Geldof,** Sir (seit 1986) Bob, irischer Sänger und Musikmanager, *5.10.1952 Dublin; begann bei den Boomtown Rats, hatte jedoch keinen Erfolg; G. organisierte im Herbst 1984 die All-Stars-Band ›Band Aid‹, deren Single ›Do They Know It's Christmas?‹ Millionen für die Afrikahilfe einspielte; ähnliche Konzerte folgten.

**Geldordnung,** gesetzl. geregelte Geldverfassung eines Landes: →Währung.

**Geldpolitik,** Teilbereich der Wirtschaftspolitik, dessen Träger in der BR Dtld. an erster Stelle die von Weisungen des Staates unabhängige Zentralbank (→Deutsche Bundesbank) ist. Aufgabe der G. ist, die Volkswirtschaft ausreichend mit Geld zu versorgen und den Binnenwert des Geldes zu sichern, wobei sie auf die Unterstützung durch die übrigen Träger der Wirtschaftspolitik, vor allem der Lohn- und Finanzpolitik, angewiesen ist. Die wichtigsten Mittel der G. sind: →Diskontpolitik, →Lombardpolitik, →Offenmarktpolitik, →Mindestreservepolitik. Die oft mit erhebl. Verzögerung eintretenden Wirkungen geldpolit. Maßnahmen sind schwer kalkulierbar. Die moderne, auf Verstetigung des Wirtschaftsablaufs ausgerichtete G. orientiert sich daher außer an aktuellen Anlässen vor allem an der voraussichtl. mittelfristigen wirtschaftl. Entwicklung, u.a. mit Hilfe von →Geldmengenzielen (→Monetarismus, →Währungspolitik).

**Geldrop** [xɛl-], Stadt in den südl. Niederlanden, 10 km östl. von Eindhoven, 25000 E.; Maschinenbau, Textilindustrie.

**Geldschöpfung,** Vergrößerung der →Geldmenge dadurch, daß Banken Aktiva (z.B. Wechsel, Wertpapiere, Gold) kaufen und mit Einräumung von Sichtguthaben, im Falle der Zentralbank auch mit Banknoten, zahlen; auch die Umwandlung langfristiger Bankforderungen (z.B. Spartguthaben) in Sichtguthaben ist G. Die G. der Geschäftsbanken wird begrenzt durch die zur Erfüllung der Barabhebungen nötige Barreserve und die von der Zentralbank vorgeschriebene →Mindestreserve.

**Geldschuld,** Verpflichtung zur Zahlung eines bestimmten Geldbetrags.

**Geldstrafe,** im dt. Strafrecht die mildeste Form der Hauptstrafen. Die G. wird in Tagessätzen verhängt und beträgt mindestens 5, höchstens 360 volle Tagessätze. Auf diese Weise wird (nach skand. Vorbild) unabhängig vom Einkommen des Täters bestraft. Anschließend wird vom Gericht unter Berücksichtigung der persönl. und wirtschaftl. Verhältnisse des Täters die Höhe eines Tagessatzes zw. 2 DM und 10000 DM festgesetzt. Dabei soll in der Regel vom Tagesnettoeinkommen des Täters ausgegangen werden. Anstelle einer uneinbringl. G. hat der Verurteilte die Anzahl der nicht bezahlten Tagessätze als Ersatzfreiheitsstrafe zu verbüßen. Das Mindestmaß beträgt

# Geldtheorie

1 Tag. G. kann auch neben Freiheitsstrafe verhängt werden. – Ähnl. in *Österr.*: Tagessatz mindestens 30, höchstens 4500 S (§ 19 StGB). In der *Schweiz*: Höchstbetrag der G. (Buße) 40 000 sfr; bei Gewinnsucht kein Höchstbetrag (Art. 48 StGB). **Geldtheorie,** Teil der Volkswirtschaftslehre, der sich mit den Determinanten bzw. der Erklärung von →Geldordnung, →Geldwert und Geldwirkungen befaßt.
**Geld und Geist** *oder die Versöhnung*, Roman von J. →Gotthelf (1843/44).
**Geldvernichtung,** die umgekehrt zur →Geldschöpfung verlaufende Verringerung der Geldmenge.
**Geldvolumen** →Geldmenge.
**Geldwäsche,** Einschleusung von Gewinnen aus illegalen Geschäften in den normalen Wirtschaftskreislauf. G. vollzieht sich auf vielen Wegen, u. a. durch mehrfache Überweisung zw. Briefkastenfirmen und über den Einsatz in Spielbanken. Um die G. zu verhindern, müssen die Kreditinstitute bei der Annahme und Ausgabe von Bargeld, Wertpapieren oder Edelmetallen im Wert von 25 000 DM und mehr den Geschäftspartner identifizieren. Banken, Spielbanken, Gewerbetreibende und Vermögensverwalter sind gehalten, im Verdachtsfall die Strafverfolgungsbehörden zu informieren. Beim Abschluß von Versicherungen gelten ähnl. Bedingungen.
**Geldwert,** Maßstab für die Kaufkraft des Geldes. Der G. ist gesunken, wenn man für die Geldeinheit weniger Güter als zuvor kaufen kann; im umgekehrten Fall ist der G. gestiegen. Die Erhaltung bzw. Veränderung des G. wird von versch. *Geldtheorien* zu erklären versucht: 1. Die Waren- oder metallist. Theorie leitet den G. vom Wert des Geldstoffs (Gold, Silber) ab. 2. Die nominalist. Theorie macht den G. abhängig vom Machtspruch des Staates. 3. Die Einkommenstheorie sieht den G. wesentl. determiniert durch die Preisentwicklung auf Faktor- und Gütermärkten: Gefährdet wird der G. ebensosehr durch überzogene Lohnerhöhungen und Gewinnaufschläge wie durch Übernachfrage auf den Gütermärkten (→Inflation). Eine zentrale Bed. für die Stabilisierung des G. kommt der antizyklischen Steuerung der wirtschaftl. Entwicklung, v. a. mit den Mitteln der →Fiscal policy, zu. 4. Nach der →Quantitätstheorie hängt die Stabilität des G. von der Parallelentwicklung von realem Sozialprodukt und Geldmenge ab. Die Entwicklung des G. einer Währungseinheit verhält sich umgekehrt proportional zur Veränderung des Preisniveaus. In dem Bemühen um die Erhaltung des G. spielt eine an der Entwicklung des →Produktionspotentials orientierte Geldpolitik die Hauptrolle (→Monetarismus).
**Geldwirtschaft,** Wirtschaftssystem, das sich zur Abwicklung des Warenaustausches des Geldes bedient. In der G. ist der Tausch von Waren und Leistungen in zwei Teile zerlegt: den Tausch Ware (bzw. Leistung) gegen Geld und Geld gegen Ware (bzw. Leistung). G. ist damit eine entscheidende Voraussetzung für eine arbeitsteilige Wirtschaft (→Arbeitsteilung); Ggs. →Tauschwirtschaft.
**Geldwucher,** im *österr.* Strafrecht § 154 StGB: →Wucher.
**Gelechiidae** →Tastermotten.
**Gelee** [frz., ʒəle] *das*, 1. mit Zucker oder Gelierstoffen eingekochter und erkalteten erstarrter Fruchtsaft; 2. die gallertartig erstarrte Kochbrühe von Fleisch und Knochen.
**Geleen** [xəlen], Stadt in der niederl. Prov. Limburg, nordöstl. von Maastricht, 35 000 E.; bildet zus. mit Sittard u. a. Gem. eine Agglomeration von 180 000 E.; nach Auslaufen des Kohlebergbaus industrielle Umstrukturierung: chem., Kunststoff-, Metall-, Holzindustrie, Trikotagenherstellung.
**Gelée royale** [frz., ʒəle roajal] *das*, *(Königin-Futtersaft)*, von den Arbeitsbienen abgesonderter Futtersaft, mit dem sie die Larve, die zur Königin werden soll, ernähren. Teures homöopath. Kräftigungsmittel.
**Gelege,** Gesamtheit der von Vögeln und Reptilien sowie Insekten u. a. Wirbellosen in einer Brutperi-

# Gelegenheitsdichtung

ode an einen (dafür bestimmten) Ort gelegten Eier (im Wasser →Laich). G. sind arttypisch, doch können die Eier in Färbung und Zeichnung stark variieren, andererseits sich bei manchen Arten sehr ähneln (z. B. Lerchen). Vögel legen in selbstgebaute Nester, in Höhlen, Mulden oder gelegentl. auf nackten Boden; Wasservögel bauen schwimmende oder hängende Nester in der Uferzone. Die Männchen von Kaiser- und Königspinguin brüten das Ei mittels einer Gefiedertasche auf ihren eigenen Füßen aus. Je offener ein Gelege ist ihre Färbung der Umgebung angeglichen; umgekehrt sind sie bei Höhlenbrütern (z. B. Spechten) auffällig weiß. Vogel-G. umfassen 1–18 Eier, in manchen Fällen darüber, wenn mehrere Weibchen in ein Nest legen (wie beim Strauß). Zerstörte G. werden oft nachgelegt (ermöglicht die Zucht ständig legender Geflügelarten). Eierlegende Säuger (→Kloakentiere) verfügen über einen Brutbeutel (→Ameisenigel) oder richten ein Höhlennest her (→Schnabeltier). Reptilien graben ihre Eier meist an feuchtwarmen, geschützten Orten in Erde, Laub, Sand u. ä., ohne sich weiter darum zu kümmern. Krokodile bewachen ihre G. Insekten bringen die G. vielfach direkt an die Futterquelle.

**Gelegenheitsdichtung,** eine Gebrauchs- oder Tendenzdichtung, meist zu einem bestimmten Anlaß oder Ereignis (Geburtstag, Hochzeit, Begrüßung, Abschied, Tod;

Gelege: **1** Der Jagdfasan legt 6 bis 18 Eier in eine Bodenmulde. **2** Die 3 bis 9 Eier der Rohrdommel sind in einem am Schilf knapp über dem Wasser aufgehängten Nest untergebracht. **3** Der Mäusebussard bebrütet seine Eier hoch oben in Baumkronen. **4** Brutkolonien der Dünnschnabelmöwe stehen oft auf Flußbänken.

## Gelegenheitsgesellschaft

**Gelegenheitsdichtung:** Titelblatt zu Martin Luthers ›Abbildung des Bapstum‹, Wittenberg 1545 (übersetzt: ›Wenn Päpste und Kardinäle auf Erden gestraft werden sollen, dann haben ihre Lästerzungen das verdient, was hier dargestellt ist.‹)

Fürstenpreis), oft auf Bestellung verfaßt. Bes. beliebt in der Zeit des Humanismus, der Renaissance und des Barock.

**Gelegenheitsgesellschaft,** zur Abwicklung eines einzelnen Geschäftsvorhabens gegründete Gesellschaft des bürgerlichen Rechts von geplanter kurzer Dauer.

**Gelegenheitsparasit,** nur gelegentl. als Schmarotzer auftretender Organismus; hat die Fähigkeit, auch ohne Wirt zu überleben.

**Gelegenheitswirt,** Organismus, der einem Schmarotzer nur unter geeigneten Bedingungen (z. B. einseitige Ernährung) die Möglichkeit zur Vermehrung gibt.

**gelehrten Frauen, Die** *(Les femmes savantes),* Komödie von → Molière; Urauff.: 1672, Paris.

**Gelehrtenrepublik, Die,** utopischer Roman von A. → Schmidt (1957).

**Geleise** → Gleis.

**Geleit, 1)** *Geschichte:* im MA Schutz für Reisende, Händler und Kaufleute, meist gegen Entgelt *(Geleitgeld).* Das Geleitsrecht stand zunächst dem König (Regal) und dann auch den Landesherren zu; das G. konnte durch bewaffnete Begleiter oder durch einen *Geleitsbrief* gewährt werden; oft als *Geleitszwang* mißbraucht.
**2)** *Seekrieg:* die aus versch. Kriegsschifftypen, insbes. auch → Fregatten, bestehenden Sicherungsstreitkräfte eines → Geleitzuges. Das G. hat sich in beiden Weltkriegen als sehr wirksam für die U-Boot-Abwehr erwiesen.
**3)** *Recht: (sicheres G.),* 1. Strafprozeß: → freies Geleit; 2. Völkerrecht: der den Vertretern eines fremden Staates gewährte Schutz vor Übergriffen und die Zusicherung der persönl. Unverletzlichkeit.

**Gelenk:** vereinfachte Formen der Gelenke – einachsige Gelenke, Bewegung nur in einer Ebene möglich: Scharniergelenk **(1)** und Radgelenk **(2).** Zweiachsige Gelenke, Bewegung in zwei Ebenen möglich: Eigelenk **(3)** und Sattelgelenk **(4).** Drei- bzw. mehrachsige Gelenke, Bewegung in mehreren Ebenen möglich: Kugelgelenk **(5)** und Nußgelenk **(6).** Als Beispiel für ein Scharniergelenk das Ellenbogengelenk **(7),** für Kugelgelenk das Schultergelenk **(8).**

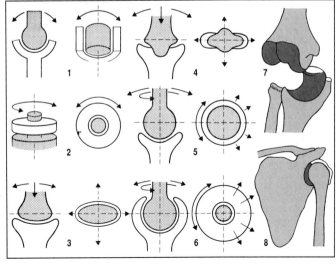

# Gelenkkontusion

**Geleitboot,** kleineres, für U-Boot-Jagd und U-Boot-Abwehr ausgerüstetes und vorzugsweise im →Geleit eingesetztes, bes. wendiges Kampfschiff (→Fregatte).
**Geleitschiff,** Kriegsschiff, begleitet ein anderes Schiff zur Sicherung gegen feindl. Angriffe.
**Geleitschutz,** Begleitung von Bombenflugzeugen durch Langstreckenjäger, um jenen den Durchbruch durch die feindl. Luftverteidigung zu erleichtern.
**Geleitzug** (engl. *Convoy*), Zusammenfassung einer größeren Zahl von Seefahrzeugen zu gemeinsamer, von See- und Luftstreitkräften geschützten Fahrt durch gefährdete Seegebiete (→Konvoi).
**Gelelektrophorese,** eine Art der →Elektrophorese; mit Hilfe eines Trenngels, z. B. Agarose (→Agar-Agar) als Trägermaterial, werden elektr. geladene hochmolekulare Stoffe (Nucleinsäuren, Proteine) aufgrund ihrer unterschiedl. Wanderungsgeschwindigkeit im elektr. Feld getrennt. Mit bes. Färbetechniken können nach der G. die aufgetrennten Moleküle sichtbar gemacht werden.
**Gelendžik** [gılındẓik], russ. Kurort südöstl. von →Noworossisk am Schwarzen Meer, 48 000 E.; zahlr. Spuren einer Besiedelung vor 4000 Jahren.
**Gelenk, 1)** *Anatomie:* bewegl. Verbindung zweier oder mehrerer Knochen. Die G.-Flächen sind überknorpelt; die G.-Kapsel aus straffem Bindegewebe umgibt die artikulierenden Knochenabschnitte muffenartig, ihre innere Schicht sondert die G.-Flüssigkeit (Synovia) ab. Manche G. enthalten zur Festigkeitserhöhung Innenbänder, zur Pufferung Zwischenscheiben und Schleimbeutel (→Knie-G.).
**2)** *Bot.:* (Blattpolster, Blattkissen), polsterförmige Anschwellungen an Blattstielen mancher Pflanzen, z. B. vieler →Schmetterlingsblütler; verleihen dem Blatt eine gewisse Beweglichkeit. Die schnellen Bewegungen der Sinnpflanze (→Mimose) beruhen auf raschen Druckänderungen in den Zellen der Blattgelenke.

**3)** *Technik:* bewegl. Verbindung von Bau- oder Maschinenteilen, z. B. Dreh-G. (Gabel- und Achs-G.), →Kardan, →Kugel-G, Schub-G. (→Kreuzkopf; →Gelenkgetriebe).

**Gelenkchondromatose,** Bildung von Knorpelgeschwülsten, v. a. in Ellenbogen- und Kniegelenk, auch in Form freier Gelenkkörper. Muß operativ behandelt werden.
**Gelenkempyem,** Gelenkeiterung.
**Gelenkentzündung** →Arthritis.
**Gelenkerguß,** Vermehrung der Gelenkflüssigkeit im Inneren eines →Gelenks durch Gewebsflüssigkeit (Gelenkwassersucht; *Hydrops, Hydarthros*), Bluterguß *(Hämarthros)* oder Eiter *(Empyem)*; schmerzhafte Anschwellung des Gelenks. Oft Folge von Verletzungen. Behandlung: Ruhigstellung, Wärme; →Punktion.
**Gelenkgetriebe,** Vorrichtung aus →Hebeln bzw. Rädern, die mit Schub- bzw. Zugstangen gelenkig miteinander verbunden sind; zur Übertragung von Kräften und Bewegungen sowie deren Richtungsänderung und zur Kraftübersetzung. Mit vielgliedrigen Anordnungen lassen sich geradlinige bzw. gleichförmig rotierende in komplizierte Bewegungen umwandeln, z. B. beim →Storchschnabel. Ein G. von großer techn. Bed. ist das →Kurbelgetriebe.
**Gelenkhöcker,** höckerartiger Fortsatz an Knochen, wodurch eine bewegl. Verbindung zu anderen Skeletteilen ermöglicht wird.
**Gelenkkette,** *Technik:* 1. eine Laschenkette (→Kette), bestehend aus einzelnen, durch Gelenke miteinander verbundenen Gliedern; als Element zur Übertragung von Zugkräften oder in Lasthebevorrichtungen vielfach eingesetzt; 2. andere Bez. für Gelenkgetriebe.
**Gelenkkontraktur** →Kontraktur.
**Gelenkkontusion,** *Medizin:* mit einer →Verstauchung verbundene Prellung oder Quetschung eines →Gelenks.

**Gelenk:** Das Kugelgelenk besteht aus einer oder zwei Hohlkugelschalen, die den Kugelkopf teilweise umschließen; es läßt bis zu einem bestimmten Winkel beliebige Verdrehungen zu.

*Was Sie unter G nicht finden, kann unter Dj, Dsch, J stehen*

3491

# Gelenkmäuse

Christian Fürchtegott Gellert

**Gelenkmäuse** *(Gelenkkörper)*, die meist durch Verletzung abgesprengten Knorpel- oder Knochenpartikel, am häufigsten im Knie- und Ellbogengelenk; die G. ändern ihre Lage im Gelenkinneren und verursachen Schmerzen, →Gelenkerguß und Bewegungshemmung durch Einklemmung.
**Gelenkrheumatismus,** häufigste Form des →Rheumatismus.
**Gelenkscheibe,** aus Faserknorpel bestehende Scheibe, die in einigen Gelenken zw. den Gelenkflächen liegt (z. B. Meniskus).
■ **Gelenkschmerzen,** siehe ›Praxistip Gesundheit‹.
**Gelenkschwamm,** Gelenktuberkulose (→Tuberkulose).
**Gelenkträger** →Gerberträger.
**Gelenkviereck,** Sonderart eines Getriebes, besteht aus vier Gliedern, die durch vier Gelenke beweglich verbunden sind. In Abhängigkeit von der Länge der einzelnen Glieder und der Wahl eines feststehenden Gliedes führen die übrigen Teile entweder volle Umdrehungen oder nur Schwing- und Nickbewegungen aus.
**Gelenkwagen,** aus mehreren gelenkig verbundenen Wagenteilen bestehendes Schienen- oder Straßenfahrzeug, das bei großer Gesamtlänge gute Kurvengängigkeit besitzt (z. B. Großraumwagen der Straßenbahn, Eisenbahn-Triebwagenzüge, Linienomnibusse; bei Lastkraftwagen →Sattelschlepper).
**Gelenkwassersucht,** Med.: →Gelenkerguß.
**Gelenkwelle,** Welle mit einem oder mehreren Kardangelenken (→Kardan) oder elast. Kupplungen zur Übertragung von Drehkräften (→Drehmoment) über Abwinklungen bis etwa 45°, z. B. →Kardanwelle, zum Antrieb gefederter Räder usw.
**Geleucht,** bergmänn. Bez. für alle Einrichtungen zur Beleuchtung in Gruben und die →Grubenlampen der Bergleute.
**Gelfiltration** →Gelchromatographie.
**Gelgel,** balinesisches Königreich, seit dem 14. Jh. unter dem Einfluß von Java, bis Ende des 17. Jh. Sitz des Herrschers von Bali (Dewa Agung).
**Gelibolu** →Gallipoli.
**Gelidium** →Gallertalgen.
**Geliebte des französischen Leutnants, Die,** Film von K. →Reisz (1981) mit M. →Streep und J. →Irons; Adaption des Romans von John Fowles.
**geliebte Stimme, Die** *(La voix hu-*

## Praxistip Gesundheit · Gelenkschmerzen

Schmerzen in den Gelenken treten akut nach Verletzungen (z.B. Bänderrisse, Meniskusschäden, Verrenkungen) auf oder äußern sich als chronische Beschwerden durch jahrelangen Verschleiß: Statistische Untersuchungen haben ergeben, daß etwa 50% der Bevölkerung vom 50. Lebensjahr an über solche Abnutzungserscheinungen in den Gelenken (Arthrose) klagt. Meist sind Überlastungen oder Fehlstellungen die Ursache; Linderung verschaffen Bäder, Massagen und andere physikalische Anwendungen sowie die Gabe von bestimmten Salben oder Medikamenten. Nur in seltenen Fällen ist eine Operation angeraten bzw. notwendig. Gelenkschmerzen werden aber auch durch →Gicht, →Schuppenflechte und →Sklerodermie verursacht.
Am häufigsten werden diese Beschwerden jedoch durch →Rheumatismus ausgelöst, eine chronische Erkrankung der Gelenke, Nerven, Muskeln und des Bindegewebes, die sich in etwa 100 verschiedenen Formen manifestiert und von der allein in der Bundesrepublik Deutschland rund 5 Millionen Menschen betroffen sind. Diät (kein Schweinefleisch essen!), verschiedene Medikamente und physikalische Therapie bringen meist Linderung der Schmerzen. Versagen auch diese Mittel, dann muß man erwägen, ob ein künstliches Hüft- oder Kniegelenk eingesetzt werden soll. Rheumakranke sollten besonders auf die Nebenwirkungen der vielen Rheumamittel achten, denn meistens müssen diese Präparate über Jahre hin eingenommen werden, und verschiedenen Langzeitschäden kann man unter Umständen durch Wechsel der Medikation vorbeugen.

# Gelöbnis

*maine)*, Theaterstück von J. →Cocteau; Urauff.: 1930, Paris.
**Gelimer** *(Geilamir)*, letzter König der →Wandalen in Afrika (ab 530), 534 von →Belisar besiegt.
**Gélin** [ʒelɛ̃], Daniel, frz. Theater- und Filmschauspieler, *19.5.1921 Angers. – *Filme:* Der Reigen (1950); Edouard und Caroline (51); Le testament d'Orphée (60); Herzflimmern (71); Flucht nach Varennes (82); Der Löwe (88).
**Gellée** [ʒəle], Claude, eigtl. Name des Malers C. →Lorrain.
**Gellert,** Christian Fürchtegott, Dichter, *4.7.1715 in Hainichen (Sachsen), †13.12.1769 Leipzig; vertrat in seinen ›Fabeln und Erzählungen‹ (1746–48) rationalist. Lebensweisheit und wirkte mit seinem Familienroman ›Das Leben der schwed. Gräfin von G…‹ (47/48) und dem lehrhaften Rührstück ›Die Betschwester‹ (45) anregend auf die zeitgenössische dt. Lit.; von den ›Geistl. Oden und Liedern‹ (57) lebt ›Die Himmel rühmen‹ bis heute fort.
**Gelli** [dʒɛli], Giambattista (eigtl. *Giovan Battista*), ital. Schriftst., *12.8.1498 Florenz, †24.7.1563 ebd.; Mitbegr. der Florentiner Akademie. G. hielt Vorlesungen über Dante und Petrarca und setzte sich für den Gebrauch der florent. Volkssprache ein, die er in seinen moralist. Dialogen und Komödien selbst verwendete.
**Gelligaer** [gɛθlɪ], Stadt in Südwales, nördl. Cardiff, 33 000 E.; Kohlebergbau, Fahrzeugbau, Stahlerzeugung.
**Gellius,** Aulus, röm. Schriftst., Mitte des 2. Jh. n. Chr.; seine ›Noctes Atticae‹, eine Sammlung von Lesefrüchten, enthalten Auszüge aus verlorenen Werken griech. und lat. Schriftsteller.
**Gellivara** →Gällivare.
**Gell-Mann** [-mæn], Murray, amerik. Physiker, *15.9.1929 New York; seit 1956 Ordinarius für Theoret. Physik an der TH von Kalifornien (CALTEC). Beschäftigt sich bes. mit der Theorie der Elementarteilchen, wobei er eine einfachste Gruppe von Teilchen postuliert, die →Quarks, aus denen alle anderen aufgebaut sein sollen. Trotz intensiver Suche in Kernforschungslaboratorien gelang es aber noch nicht, ein einzelnes Quark nachzuweisen. 1969 Nobelpreis für Entdeckungen bei der Klassifizierung der Elementarteilchen und ihrer Wechselwirkungen.
**Gelmetti** [dʒɛl-], Gianluigi, ital. Dirigent, *11.9.1945 Rom; Studium bei Franco Ferrara, Sergiu Celibidache und Hans Swarowsky; 1980–84 Leitung des Symphonieorchesters der RAI Rom, 84–85 Musikdirektor der Oper von Rom, seit 89 Chefdirigent des Symphonieorchesters des Süddeutschen Rundfunks Stuttgart.
**Gelnhausen,** hess. Stadt im Main-Kinzig-Kreis, im Reg.-Bz. Darmstadt, an der Kinzig, 19 000 E.; romanisches Rathaus, Marienkirche (13. Jh.); Landwirtschaftsschule, milchwirtschaftl. Lehranstalt; vielseitige Industrie; US-Garnison; Fremdenverkehr. – 1170 Reichsstadt durch Kaiser Friedrich I. (Barbarossa), besterhaltene stauf. Kaiserpfalz.
**Gelo,** verstreut lebende nationale Minderheit (54 000 G.) im Bergland der südwestchin. Provinzen Guizhou, Guangxi und Yunnan.
**Gelobet seist du, Jesus Christ,** evang. Kirchenlied; Text: M. →Luther, Melodie anonym (1524).
**Gelöbnis,** 1) Versprechen des österr. Bundes-Präs. bei Antritt seines Amtes vor der Bundesversammlung, daß er die Verfassung und alle

Gelnhausen: Stadtbild mit der viertürmigen romanisch-gotischen Marienkirche (13. Jh.)

Gelnhausen

Murray Gell-Mann

## gelobte Land, Das

Gesetze getreulich beobachten und seine Pflicht erfüllen wird; **2)** im *österr.* Strafverfahren das Versprechen eines Untersuchungshäftlings vor Entlassung aus der Untersuchungshaft, daß er nicht flüchten, sich verbergen oder die Untersuchung vereiteln werde; **3)** *Milit.:* →Fahneneid.

**gelobte Land, Das,** Film von A. →Wajda (1974) über die Entwicklung kapitalist. Verhältnisse am Beispiel der Stadt Lodz.

**Gelochelidon** →Lachseeschwalben.

**Gelolepsie** [griech.] *(Geloplegie), Medizin:* plötzliches Hinstürzen bei Affekterregungen, verbunden mit Bewußtlosigkeit.

**Gelon,** Tyrann, Bruder von →Hieron I., *um 540 v.Chr., †478 v.Chr., ab 491 Tyrann von Gela, ab 485 auch von →Syrakus, das er zur Großstadt machte; mächtigster griech. Herrscher seiner Zeit; besiegte 480 bei →Himera die Karthager unter Hamilkar.

**Gelpke,** André, Photograph, *15.3.1947 Beienrode (Kr. Gifhorn); seine durch dramat. Lichtführung gekennzeichneten Aufnahmen haben erheblichen Einfluß auf die zeitgenöss. europ. Photographie.

**Gelsemium,** Gattung der Loganiazeen; im südöstl. Nordamerika als Schlingstrauch der Gelbe Jasmin. Wurzeln enthalten nervenwirksames →Alkaloid.

**Gelsen** →Stechmücken.

**Gelsenkirchen,** kreisfreie Stadt im Reg.-Bz. Münster, Nordrh.-Westf., industrieller Mittelpunkt des Emscher-Lippe-Raumes, an Emscher und Rhein-Herne-Kanal (Stadthafen, Container-Terminal, Ölhafen, Industriehäfen), mit 294 000 E.; Steinkohlebergbau, Maschinenbau, Metallind., Stahlbau; Fachhochschulen, Schulzentrum des Landschaftsverbandes Westfalen-Lippe; Schloß Berge (1248); Ruhrzoo; Parkstadion, Pferderennbahnen. – 1928 durch Zusammenschluß der Städte G., Buer und des Amtes Horst entstanden, im II. Weltkrieg stark zerstört.

**Gelsted** [gɛlsdɛð] (eigtl. *Jeppesen*) Einar Otto, dän. Schriftst., *4.11.1888 Middelfart (Fünen), †22.12.1968 Kopenhagen; befaßte sich mit Psychoanalyse, der Philos. Kants und der griech. Antike. Seine Lyrik strebt nach gedanklicher Klarheit und Durchdringung der Sinnenwelt.

**Geltung,** in der Philos. die besondere Seinsweise idealer Sachverhalte (im Ggs. zur →Existenz der realen Dinge); die Anerkanntheit von log. und math. Sätzen, von Ideen, Werten usw. unabhängig vom denkenden Subjekt. Der Begriff wurde von R. H. →Lotze in die Philos. eingeführt.

**Geltungsbedürfnis** *(Geltungsdrang),* die vielfach als Grundtrieb betrachtete Tendenz des Ich, sich gegenüber der Umwelt durchzusetzen sowie Beachtung und Anerkennung zu finden. Ein übersteigertes G. dient häufig der Kompensation von Minderwertigkeitsgefühlen (A. →Adler); Gehemmtheit des G. äußert sich in Schüchternheit, Unterwürfigkeit und übertriebener Selbstkritik.

**Geltzer,** Jekaterina Wassiljewna, russische Tänzerin, *14.11.1876 Moskau, †12.12.1962 ebd.; bestach durch große Darstellungskraft und ausgefeilte Technik.

**Gelübde,** Versprechen, das der Mensch freiwillig dem Numinosen (z.B. der Gottheit) gibt. Mönche und Nonnen der Hochreligionen verpflichten sich, bestimmte asket. Gebote zu beachten; die Laien ge-

Gelsenkirchen

Gelsenkirchen: Heinrich-König-Platz

# Gemeinde

loben besondere Leistungen oder Spenden, meist um die Gottheit gnädig zu stimmen.

**Gelugpa** →Tsongkhapa.

**Gelünge**, weidmänn.: →Geräusch.

**GEM** (Abk. für engl. *Graphics Environment Manager*), ein graph. orientiertes →Betriebssystem für Computer; die Ein- und Ausgabe von Informationen des Betriebssystems erfolgt über graph. Symbole.

**GEMA** (*Gesellschaft für musikalische Aufführungs- und mechanische Vervielfältigungsrechte*), als die Nachfolgeorganisation der STAGMA (1947 umbenannt) verwaltet die G. treuhänderisch musikal. Werknutzungsrechte (Konzert, Rundfunk, Schallplatte) mit Ausnahme derjenigen für Bühnenwerke (sog. große Rechte, z. B. Oper, Ballett). Die Einnahmen sind gestaffelt, oft pauschal von Veranstaltern (Rundfunk) entrichtet und nach besonderem Verteilungsschlüssel abzügl. der Unkosten voll ausgeschüttet. Teile der Einnahmen aus Unterhaltungsmusik fließen Komponisten ernster Musik zu; versch. Versorgungseinrichtungen, Alterskassen u. ä. Die G. arbeitet internat. zus. mit ähnl. Inkassogesellschaften, die in der →CISAC und im BIEM zusammengeschlossen sind. Aufsichtsrat: Komponisten, Musikverleger sowie Textdichter; Sitz: Berlin und München (→Verwertungsgesellschaften).

**Gemächt(e)** *das*, veraltet für männl. Geschlechtsteil.

**Gemäldekonservierung**, die Erhaltung alter Gemälde und die Beseitigung von Schäden; erfordert oft sehr schwierige und umfassende Konservierungsverfahren, u. a. Behandlung mit chem. Mitteln, maler. Ergänzungen und Erneuerungen (→Restauration).

**Gemara** [aramäisch ›Erlerntes, Vervollständigung‹], Teil des jüd. →Talmuds, enthält Diskussionen der Gesetzeslehrer (Amoräer) aus dem 3.–5. Jh. über die →Mischna.

**Gemarkung**, 1. Grenze; 2. umgrenztes Gebiet, insbes. Gemeindebezirk oder Gemeindeflur (→Flur).

**Gemarkungsregulierung** →Flurbereinigung.

**gemäßigte Zonen** (*Mittelbreiten*), die zw. den Wende- und Polarkreisen liegenden beiden →Klimazonen; sie umfassen zus. etwa 52% der Erdoberfläche. Das →Klima der g. Z. ist jedoch keineswegs einheitlich; so befinden sich z. b. innerhalb der nördl. Zone neben Mitteleuropa die Nordhälfte der Sahara und der größte Teil Sibiriens. Im allg. ist der jährl. Witterungsablauf in den g. Z. durch das Auftreten von vier →Jahreszeiten gekennzeichnet.

**Gematrie**, Teilgebiet der jüdischen →Kabbala, in dem der in der hebr. Sprache angezeigte Zusammenhang von Laut und Zahl – Buchstaben sind zugleich Zahlenzeichen – zur Methode einer symbolischen Bibeldeutung entwickelt wurde.

**Gemayel** [ʒemajɛl], Amin, libanes. Politiker, *1942 Bikfayya; Mitgl. der christlich-maronitischen Falangepartei; ab 1970 Parlamentarier; 82–88 Staatspräsident; 88–92 im Exil.

**Gembloux** [ʒãblu], Stadt in Belgien, 15 km nordwestl. von →Namur, 20 000 E.; Maschinenbau, Metallverarbeitung; Benediktinerabtei aus dem 10. Jh.

**Gemeinde, 1)** Gebietskörperschaft des öffentl. Rechts mit dem Recht der →Selbstverwaltung durch eigene gewählte Organe. Die G. sind in ihrem Gebiet die ausschließl. Träger der örtl. öffentl. Verwaltung und haben das Recht, alle Angelegenheiten der örtlichen Gemeinschaft zu regeln (Grundsatz der Allzuständigkeit). Die Regelung des G.-Rechts gehört in die Zuständigkeit der Länder, in denen nach 1945 zum Teil voneinander abweichende G.-Ordnungen erlassen wurden. Die G. können allg. verbindl. Satzungen erlassen. Die Verwaltungstätigkeit der G. umfaßt neben den Selbstverwaltungsangelegenheiten die vom Staat zur Erfüllung nach Weisung übertragenen Auftragsangelegenheiten. *G.-Verfassung:* Die in allg., freier, gleicher, geheimer und unmittelbarer Wahl gewählte G.-Vertretung ist das oberste Organ der G. Sie trifft alle wichtigen Entscheidungen (z. B. Erlaß von Satzungen,

⬛ **gemäßigte Zonen:**
Karte →Klimazonen

3495

# Gemeinde

Feststellung des Haushaltsplans) und überwacht die gesamte Verwaltung. Die laufende Verwaltung besorgt der G.-Vorstand. Verfassungsformen: 1. *Bürgermeisterverfassung:* Bürgermeister ist G.-Vorstand. Er ist nur ausführendes Organ und vertritt die G. (Rheinland-Pfalz, Land-G. in Hessen und Schleswig-Holstein). 2. *Magistratsverfassung:* Verwaltungsbehörde der G. ist der kollegial gestaltete Magistrat aus Bürgermeister *(Oberbürgermeister)* als Vorsitzendem und haupt- oder ehrenamtl. Beigeordneten (Städte in Hessen und Schleswig-Holstein). 3. *G.-Verfassungen mit Funktionsverbindung:* Beschlußorgan der G. ist der G.- oder Stadtrat (G.-Vertretung). Er ist zugleich ausführendes Organ (Bayern und Baden-Württ.). Der Bürgermeister ist hier Vorsitzender des G.-Rats und Leiter der Verwaltung (G.-Ratsverfassung). 4. *G.-Ratsverfassung mit doppelter Verwaltungsspitze* (Nordrh.-Westf. und Niedersachsen): Die Verwaltungsgeschäfte sind verteilt auf den Bürgermeister und einen hauptamtl. G.-Beamten (Stadtdirektor, Amtsdirektor). *Staatsaufsicht:* Der Staat übt die Aufsicht über die G. aus. Bei Selbstverwaltungsangelegenheiten spricht man von *Rechtsaufsicht,* bei den zur Erfüllung nach Weisung übertragenen Angelegenheiten von der *Fachaufsicht* des Staates. Aufsichtsbehörde ist für kreisangehörige G. der Landrat, für Stadtkreise der Regierungs-Präs. bzw. der Min. des Innern als oberste Aufsichtsbehörde. *G.-Wirtschaft:* Die G. führt einen eigenen Haushalt (→ Gemeindehaushalt). Auf Grund eigener Finanzhoheit erheben die G. zur Deckung ihrer Ausgaben örtliche Abgaben und Steuern, u. a. G.-Getränkesteuer, Jagdsteuer, Hundesteuer, Schankerlaubnissteuer, Vergnügungsteuer, Grundsteuer. *Geschichte:* Die G. haben sich aus Siedlungen und Markgenossenschaften entwickelt. Grundlegend für die moderne gemeindl. Selbstverwaltung wurde die preuß. Städteordnung des Frhr. vom Stein vom 19.11.1808, durch die den Städten weitgehende Selbständigkeit ihrer Verwaltung gewährt wurde. Sie diente einer Reihe weiterer Länder als Vorbild, so Bayern (1818), Württemberg (1822), Kurhessen (1834). Eine allg. institutionelle Garantie des Selbstverwaltungsrechts brachte Art. 127 Weimarer Verfassung; die Deutsche G.-Ordnung vom 30.1.1935 galt mit Änderungen bis zum Erlaß neuer G.-Ordnungen in den Ländern der BR Dtld. weiter. *Österr.:* G.-Recht wurde durch die B-VG-Novelle 1962 neu geregelt: Die G. ist Gebietskörperschaft mit dem Recht auf Selbstverwaltung und zugleich Verwaltungssprengel. Einer G. mit mindestens 20000 E. kann auf Antrag durch Landesgesetz ein eigenes Statut (Stadtrecht) verliehen werden. Eine Stadt mit eigenem Statut besorgt neben der G.-Verwaltung die Bezirksverwaltung. Nach der Novelle 1962 sind als *G.-Organe* vorzusehen: 1. G.-Rat, ein gewählter allg. Vertretungskörper; 2. G.-Vorstand (Stadtrat), bei Städten mit eigenem Statut Stadtsenat; 3. Bürgermeister. Die Geschäfte der G. werden durch das G.-(Stadt-) Amt besorgt, bei der Städte mit eigenem Statut durch den Magistrat mit dem Magistratsdirektor als Leiter. Die G. ist zum Erheben eigener G.-Steuern berechtigt. *Geschichte:* Die G. unterstanden bis 1849 dem Grundherrn, nur die landesfürstl. Städte und Märkte waren selbständig. Weitgehende Selbstverwaltung erlangten die G. durch die Verfassung vom 4.3.1849 und das Provisorische G.-Gesetz vom 17.3.49. Die Reichs-G.-Ordnung vom 5.3.62 regelte die Einrichtung der G. in den Ländern durch allg. G.-Ordnungen. Sie wurde 1945 mit den übrigen G.-Gesetzen wieder in Kraft gesetzt. Zur Durchführung der in der BVerfG-Novelle 1962 enthaltenen Grundsätze wurden seither erforderl. Landesgesetze erlassen. *Schweiz:* Die Organisation der G. wird durch kantonales Recht bestimmt. Daher bilden die G. innerkantonale Herrschaftsverbände auf territorialer Grundlage. Die meisten

# Gemeindesteuern

kantonalen Verfassungen sehen im allg. die Gliederung der Kantone in G. vor, doch garantieren nur etwa die Hälfte der Kantone den Bestand der einzelnen G. verfassungsrechtlich. Der Umfang der G.-Autonomie ist durch Gesetz ausdrücklich oder stillschweigend umschrieben. Man kann in der Schweiz drei Gruppen unterscheiden: Die erste (die Kantone Zürich, Schwyz, Obwalden, Nidwalden, Glarus, Zug, Appenzell A.-Rh., Appenzell I.-Rh., Graubünden, Aargau und Thurgau) läßt den G. den größten Spielraum, die zweite (die Kantone der frz. Schweiz) engt ihn am stärksten ein, die dritte (die Kantone Bern, Luzern, Uri, Solothurn, Basel-Stadt, Basel-Land, Schaffhausen, St. Gallen und Tessin) hält ungefähr die Mitte.
*G.-Typen:* 1. auf territorialer, 2. auf territorialer und personeller, 3. auf personeller Grundlage beruhend. G. mit allg. Zwecken auf territorialer Basis: die sog. Einwohner-, Orts-, polit. oder G. schlechthin; G. mit speziellem Zweck auf territorialer Basis: die Schul-G. Die Kirch-G. sind bes. G. mit speziellen Zwecken auf territorialer und personeller (Konfession der Betroffenen) Basis. Daneben noch die Armen-G. Eine typisch schweiz. Institution ist die Bürger-G., die sich nur aus den Bürgern der betroffenen G. zusammensetzt. Zu ihren Aufgaben gehört neben der Erteilung des Bürgerrechts der Bürger- und Einwohner-G. gelegentl. auch das Vormundschaftswesen; die Bürger- oder Heimat-G. ist eine Nutzungskorporation, die für ihre Angehörigen das Vermögen der G. verwaltet. Die G. unterliegen der Kantonsaufsicht. Die schweiz. G. weisen grundsätzl. zwei *Organe* auf: die Gesamtheit der Stimmberechtigten und den G.-Rat (Bürgerrat, Kirchenpflege bzw. Schulpflege). Der G.-Rat ist dabei auch die Exekutive, an deren Spitze der G.-Präs. (→Gemeindeammann, Ammann, maire, syndic, sindaco) steht, der im allg. die G.-Versammlung, also die Zusammenkunft aller Stimmberechtigten, leitet.
2) →Kirchgemeinde.

**Gemeindeammann,** *Schweiz:* 1. in einigen Kt. Oberhaupt der Gem. und Vorsitzender des Gemeinderates; 2. in den Kt. der Ostschweiz ein Vollzugsbeamter für kommunale Aufgaben und Betreibungssachen.
**Gemeindebetrieb** *(Kommunalbetrieb)* →öffentliche Unternehmen.
**Gemeindefinanzreformgesetz** →Gemeindehaushalt.
**Gemeindehaushalt** *(Kommunalhaushalt),* Grundlagen der Finanzwirtschaft der Gemeinden; in der BR Dtld. gesetzl. geregelt v. a. durch das *Gemeindereformgesetz* vom 8. 9. 1969 und die Gemeindeordnungen der Länder. Der G. wird in Form einer Haushaltssatzung jährl. beschlossen und verkündet, die der kommunalen Aufsichtsbehörde zur Genehmigung vorgelegt werden muß. – In *Österr.* durch Gemeindeordnungen der Länder und Gemeindestatute ähnl. geregelt. – In der *Schweiz* wird der G. (Finanzbudget) jährlich durch die Gemeindeversammlung (Gemeindeparlament) auf Antrag des Gemeinderates festgelegt. Infolge der Gemeindeautonomie im Finanzwesen besteht keine bundesrechtl. Regelung. Die wichtigsten Gemeindeeinnahmen sind: →Gemeindesteuern, die Finanzzuweisungen der Länder oder Kantone (→Finanzausgleich), →Gebühren, →Beiträge, Erwerbseinkünfte (Gemeindebetrieb) und aufgenommene Kredite (→öffentl. Kredit); die wichtigsten Gemeindeausgaben: Wohnungsbau, Verkehrseinrichtungen, Bildungs-, Sozial- und Gesundheitswesen, kommunale Verwaltung, Energie-, Wasserversorgung.
**Gemeindeordnung, Deutsche,** Vorläufer der heute in Ländergesetzen geregelten Gemeindeordnungen (→Gemeindehaushalt); wurde 1935 erlassen.
**Gemeinderschaft,** im schweiz. Recht Form des familiengebundenen Gesamthandvermögens (Art. 336 ZGB).
**Gemeindesoziologie** →Stadtsoziologie.
**Gemeindesteuern,** in der BR Dtld. alle Steuern, die nach dem Grundgesetz der Ertragshoheit der Ge-

3497

## Gemeindetypisierung

meinden unterliegen. Zu den G. gehören die →Realsteuern, darunter vor allem die →Grundsteuer, sowie örtl. →Verbrauchsteuern und Aufwandsteuern wie die →Getränke-, →Hunde- und →Vergnügungsteuer. Vom Aufkommen der von den Gemeinden erhobenen →Gewerbesteuer fließt ein Teil im Rahmen der →Gewerbesteuerumlage Bund und Ländern zu (→Bundes-, →Länder-, →Gemeinschaftsteuern). Ähnl. Regelung in *Österr.*
– In der *Schweiz* werden die G. auf Einkommen und Vermögen in Prozenten der einfachen Staats-(Kantons-)Steuern erhoben und jährl. durch die Gem. selbst festgesetzt (→Steuerfuß). Daneben partizipieren die Gem. auch an einer Reihe von anderen →Kantonssteuern.

**Gemeindetypisierung,** Methode der Typusbildung bei der Kennzeichnung von Gemeinden nach wesentl. Merkmalen, z. B. nach der Erwerbsstruktur, der Wirtschaftsstruktur oder den vorherrschenden Funktionen.

**Gemeindeverband,** Zusammenschluß mehrerer Gemeinden zum Zwecke der Erfüllung überörtl. Aufgaben, die über die Leistungsfähigkeit einzelner Gemeinden hinausgehen (→Kreis, →Provinzialverband).

**Gemeindewald,** die einer Gemeinde gehörende Waldung; untersteht der Staatsaufsicht, die Ertragsnutzung steht den Gemeindemitgliedern zu. G. nahm 1910 im Dt. Reich 16% der Gesamtwaldfläche ein, 1937 21%; gegenwärtig sind in der BR Deutschland 24% der Waldfläche im Besitz von Gemeinden bzw. Körperschaften, in *Österreich* 14% und in der *Schweiz* 74%.
**Gemeindewege,** in der Unterhaltungspflicht einer Gem. stehende öffentl. Straßen und Wege.
**gemeine Figuren** →Heraldik.
**Gemeiner,** ›kleiner‹ Buchstabe: →Minuskel.
**gemeiner Bruch,** ein →Bruch mit ganzzahligem Zähler und Nenner.
**Gemeiner Pfennig,** zw. 1427 und 1551 elfmal erhobene direkte Reichssteuer zur Finanzierung der für die Abwehr der Türken und Hussiten erforderl. Heere; ab 1521 wieder →Matrikularbeiträge.
**gemeiner Wert,** Begriff des Steuerrechts (BR Dtld.: nach § 9 des Bewertungsgesetzes vom 16. 10. 1934 in der Fassung vom 30. 5. 85;

### Praxistip Recht

### Gemeingebrauch

Jedermann hat das Recht, öffentliche Straßen, Wege, Plätze und Gewässer innerhalb ihrer Zweckbestimmung zu benutzen. Die Zweckbestimmung ergibt sich aus der jeweiligen Widmung (Radweg, Kinderspielplatz, Durchgangsstraße usw.). Als Eigentümer eines Grundstücks, das an eine öffentliche Straße angrenzt, haben Sie darüber hinaus das Recht auf einen angemessenen Zugang (Garagenzufahrt!) und auf freien Zutritt von Licht und Luft. (Als Mieter wenden Sie sich aber an den Hauseigentümer.)
Im Rahmen des sog. Anliegergebrauchs können Sie auch an Ihrem Haus ein Reklameschild anbringen, das auf den Gehweg hinausragt, soweit dadurch andere nicht beeinträchtigt werden. Was über diesen ›gesteigerten Gemeingebrauch‹ hinausgeht, ist als ›Sondernutzung‹ erlaubnis- und gebührenpflichtig, also z. B. die Einrichtung eines Straßencafés oder das Musizieren auf der Straße. Die zuständige Behörde entscheidet in dieser Sache nach freiem Ermessen, wobei auch auf die Erlaubnis ganz verzichtet werden kann. Das Parken von Kraftfahrzeugen auf öffentlichen Straßen gehört noch zum Gemeingebrauch, nicht dagegen das Abstellen von Wohnwagen. Letzterer ist rechtlich ein Anhänger und darf höchstens zwei Wochen auf einer öffentlichen Straße stehen. Auch die vorübergehende Lagerung von Baumaterialien ist ohne besondere Erlaubnis gestattet.

# Gemeinlastprinzip

*Österr.*: § 10 des Bewertungsgesetzes von 1955); durch den Preis bestimmt, der bei der Veräußerung eines Wirtschaftsgutes im gewöhnl. Geschäftsverkehr ohne Berücksichtigung ungewöhnl. oder persönl. Verhältnisse zu erzielen wäre. Gilt für alle steuerrechtl. Bewertungen, soweit nichts anderes vorgeschrieben ist. – *Österr.:* Jener Wert, der als Schadenersatz bei leichter Fahrlässigkeit zu leisten ist (§ 1332 ABGB). – *Schweiz:* kantonal versch. geregelt.

**gemeines Recht,** 1. *allg.:* das allg. geltende Recht eines Staates im Ggs. zu dem besonderen (partikularen) Recht einzelner Staatsteile oder Personen, z. B. in England das Common Law, in Frankreich das Droit Commun, in Italien das Diritto Commune; 2. *Deutschland:* etwa seit der Reichskammergerichtsordnung von 1495 das als des ›Reiches gemeines Recht‹ bezeichnete Recht, das im wesentl. das röm. Privat- und Prozeßrecht umfaßte, in der Form, in der es ital. Juristen (→ Postglossatoren) überliefert hatten. Der Begriff ist also nicht eindeutig; er kann sich z. B. auch auf das Straf- oder Völkerrecht beziehen. Das g. R. wurde in den dt. Staaten von Rechtsprechung und Gesetzgebung weiterentwickelt und galt in vielen dt. Staaten, sich keine Kodifikation gegeben hatten, bis zum Inkrafttreten des BGB am 1.1.1900 (→ Rezeption); dt. Kodifikationen des 18./19. Jh. schlossen die weitere Gültigkeit des g. R. oft aus.

**gemeines Zeichen,** im alten Rom: → Indiktion.

**Gemeinfreie,** freibäuerl. Bev. in der Karolingerzeit; z. T. sind sie Nachkommen der german. *Volksfreien,* z. T. Angehörige der im Frühmittelalter aufkommenden Schicht der *Königsfreien.*

**Gemeingebrauch,** die jedermann zustehende Befugnis zur Benutzung einer öffentl. Sache, ohne daß es hierfür einer besonderen Erlaubnis bedarf (öffentl. Straßen und Plätze, Wege, Grünanlagen, Meeresstrand, Flüsse, Seen).
▪ Siehe dazu ›Praxistip Recht‹.

**gemeingefährliche Verbrechen und Vergehen,** Delikte, die eine Gemeingefahr für Menschen oder Sachen herbeiführen (§§ 306 ff. StGB): Brandstiftung, vorsätzliche Überschwemmung, Herbeiführung einer Sprengstoff- oder Kernexplosion, Mißbrauch oder Freisetzen ionisierender Strahlen, fehlerhafte Herstellung einer Kernenergieanlage, Verkehrsgefährdung, Betriebssabotage, Luftpiraterie, räuberischer Angriff auf Kraftfahrer, Brunnenvergiftung, Verletzung von Absperrungs- oder Aufsichtsmaßregeln, die zur Verhütung von ansteckenden Krankheiten oder Viehseuchen erlassen sind, Unterlassung der Hilfeleistung. – *Österreich:* §§ 169 ff. StGB. – *Schweiz:* Art. 221–230 StGB.

**Gemeingut** → Allmende.

**Gemeinheit,** auf Gemeineigentum basierende gemeinschaftl. Nutzung landw. Grundstücke (→ Allmende). Die G. wurde im 19. Jh. weitgehend durch die *Gemeinheitsteilung* beseitigt, oft im Zusammenhang mit Aufhebung des Flurzwangs und → Flurbereinigung.

**Gemeinjahr,** im Ggs. zum Schaltjahr (alle vier Jahre) ein Normaljahr mit 365 Tagen.

**Gemeinkosten,** Kosten, die für alle oder eine Gruppe von Erzeugnissen gemeinsam anfallen und daher dem einzelnen Produkt nicht genau zugerechnet werden können, z. B. Lager-, Verwaltungs-, Grundstückskosten. Sie werden in der → Kostenrechnung über G.-Zuschläge auf die direkt zurechenbaren → Einzelkosten verrechnet.

**Gemeinlastprinzip,** ein Umweltschutzprinzip, dem zufolge die Kosten einer Schädigung der Umwelt dem Steuerzahler angelastet werden müssen, wenn der Verursacher nicht (mehr) feststellbar, verstorben oder mittellos ist oder die Anwendung des → Verursacherprinzips einen unvertretbaren Aufwand erfordert. Das G. bewirkt wegen fehlender Zurechnung des Schadens zu dem erzeugten Gut einen zu niedrigen Preis dieses Gutes und damit eine zu hohe Nachfrage (→ Vorsorgeprinzip).

3499

# Gemeinlebarn

**Gemeinlebarn,** Ortschaft westl. von →Wien; im Ortsgebiet wurden Flachgräber der frühen, Brandgräber der späten →Bronzezeit und Hügelgräber der →Hallstatt-Zeit gefunden; ein Holzkammergrab aus dem 7. Jh. v. Chr. enthielt eine Urne mit figürl. Reliefs (Rinder, Reiter, Frauen, Vögel).

**Gemeinnützigkeit,** Eigenschaft, die solchen Unternehmen (Kapitalgesellschaften, Genossenschaften und eingetragenen Vereinen) zuerkannt wird, die ohne erwerbswirtschaftl. Motiv Zwecke verfolgen, die der Förderung der *Allgemeinheit* auf materiellem, geistigem und sittl. Gebiet dienen. Gemeinnützige Unternehmen genießen steuerl. Vergünstigungen wie Befreiung von der Körperschaftsteuer. Die bes. Bestimmungen für *gemeinnützige Wohnungsbauunternehmen* sind mit Aufhebung des Wohnungsgemeinnützigkeitsgesetzes vom 29. 2. 1940 und der Durchführungsverordnungen von 69 und 70 seit 1. 1. 90 nicht mehr in Kraft.

**Gemeinsamer Markt,** Schaffung binnenmarktähnlicher Verhältnisse zw. versch. Nationalwirtschaften durch Bildung einer →Zollunion, Freizügigkeit für Waren, Arbeitskräfte und Kapital, Koordinierung der Wirtschafts- und Finanzpolitik. Innerhalb der →Europäischen Wirtschaftsgemeinschaft ist der G. M. gemäß den →Römischen Verträgen weitgehend verwirklicht (gemeinsamer Außenzolltarif und Agrarmarkt, Rechtsangleichung). Ende 1993 waren noch nicht alle Maßnahmen in nationales Recht umgesetzt, die Grenzkontrollen nicht vollständig abgeschafft (Großbritannien, Dänemark, Irland) und v. a. noch keine Einigung über eine allg. Verbrauchsteuer erzielt (mit der Folge hohen Aufwands bei der Verrechnung). – Der G.M. der *Andenländer* bilden Bolivien, Ecuador, Kolumbien, Peru, Venezuela. Zum *Zentralamerikanischen G. M.* haben sich zusammengeschlossen Costa Rica, El Salvador, Guatemala, Honduras, Nicaragua. Mitglieder des *Karibischen G. M.* sind Antigua und Barbuda, Bahamas, Barbados, Belize, Dominica, Grenada, Guyana, Jamaika, Montserrat, Saint Christopher und Nevis, Saint Lucia, Saint Vincent und die Grenadinen, Trinidad und Tobago; Suriname ist assoziiert.

**Gemeinschaft, 1)** *Soziologie:* von F. →Tönnies eingeführter idealtyp. Begriff, um Gruppen und Vereinigungen zu kennzeichnen, deren hauptsächl. Ziele in den Beziehungen der Gruppenmitglieder selbst liegen und nicht nach außen gerichtet sind. Die Beziehungen entstammen zugeschriebenen Gemeinsamkeiten der Mitgl. (z. B. Blutsverwandtschaft), nicht ähnlichen Interessen; sie sind gefühlsbetont, nicht rational bestimmt. Gemeinschaftl. Tendenzen haben Gruppen wie Familien, Clans, Freundschaftsgruppen und relig. Sekten.
**2)** *Recht:* Beteiligung mehrerer an einem Recht; 1. *G. zur gesamten Hand, Gesamthands-G.,* z. B. Erben-G., eheliche Güter-G.: Der einzelne Berechtigte hat Anteil am Ganzen, kann aber über einzelne Vermögensbestandteile weder ganz noch teilweise verfügen; 2. *G. nach Bruchteilen,* z. B. Miteigentum an einem Grundstück: Jeder Berechtigte hat einen festbestimmten Anteil, über den er frei verfügen kann.

**Gemeinschaften des christlichen Lebens,** seit 1967 Bez. der →Marianischen Kongregationen.

**Gemeinlebarn:** Stierkopfgefäß (Ton) aus einem Hügelgrab der Hallstatt-Zeit. Wien, Naturhistorisches Museum

## Gemeinschaftssteuern

**Gemeinschaftsantenne,** Antennenanlage, an die über Leitungen und Verteiler mehrere Empfangsgeräte angeschlossen sind (z. B. die Rundfunk- und Fernsehgeräte einer Hausgemeinschaft). Bei G. mit vielen Anschlüssen muß zw. →Antenne und Verteilernetz ein breitbandiger →Verstärker (→Band) eingeschaltet werden, der die Leitungsverluste ausgleicht. In Gebieten schlechter Rundfunk- und Fernsehversorgung (z. B. Gebirgstälern) werden Groß-G. errichtet, an die alle Wohnhäuser des betreffenden Gebietes über ein baumartiges oder auch sternförmiges Verteilernetz angeschlossen werden können (→Drahtfunk), gelegentl. auch mit Sekundärabstrahlung (→Umsetzer). Durch techn. Erweiterung läßt sich eine derartige Groß-G. zu einer Kabelfernsehanlage (→Kabelfernsehen) ausbauen.

**Gemeinschaftsaufgaben,** durch Finanzreformgesetz vom 12.5.1969 (in Kraft seit 1.1.70) in das GG eingeführte Neuverteilung der Aufgaben zw. Bund und Ländern. Danach wirkt der Bund an der Gestaltung und Finanzierung folgender bislang den Ländern überlassenen Aufgaben mit: Ausbau und Neubau der Hochsch. und Hochschulkliniken, Verbesserung der regionalen Wirtschafts- und Agrarstruktur und des Küstenschutzes (Art. 91 a GG). Auch in der Bildungs- und Forschungsplanung können Bund und Länder die gemeinsame Erledigung von überregionalen Aufgaben vereinbaren (Art. 91 b GG).

**Gemeinschaftsbalz** →Gruppenbalz.

**Gemeinschaftsbewegung,** Bez. für die in Dtld. im 19.Jh. durch →Erweckungsbewegungen entstandenen neupietistischen (→Pietismus), streng bibelgläubigen ev. Laienkreise, die Bekehrung, Heiligung, Gebet und allg. Priestertum der Gläubigen betonen. Seit dem Jahre 1897 ist die G. im *Dt. Verband für ev. Gemeinschaftspflege und Evangelisation* (›Gnadauer Verband‹) zusammengeschlossen. In *Österr.* entspricht der G. die ›österr. Volksmission‹, in der *Schweiz* haben die ›Pilgermission St. Chrischona‹ (gegr. 1840 von C. F. Spitteler) wie auch die ›Ev. Gesellschaften‹ in den versch. Kantonen und die ›Landeskirchliche Gemeinschaft‹ Bedeutung.

**Gemeinschaftshaft,** im Strafvollzug die gemeinschaftl. Unterbringung von Gefangenen; Ggs.: *Einzelhaft.*

**Gemeinschaftskonto,** Wirtschaft: →Oder-Konto, →Und-Konto.

**Gemeinschaftskunde,** aus Sozialkunde, Geschichte und Geografie bestehendes Schulfach, Staatsbürgerkunde.

**Gemeinschaftsproduktion** →Co-Produktion.

**Gemeinschaftsprogramm,** das von den elf Landesrundfunkanstalten der BR Dtld. (Bayerischer Rundfunk, München; Hessischer Rundfunk, Frankfurt am Main; Mitteldeutscher Rundfunk, Leipzig; Norddeutscher Rundfunk, Hamburg; Ostdeutscher Rundfunk Brandenburg, Potsdam; Radio Bremen, Bremen; Saarländischer Rundfunk, Saarbrücken; Sender Freies Berlin, Berlin; Süddeutscher Rundfunk, Stuttgart; Südwestfunk, Baden-Baden; Westdeutscher Rundfunk, Köln) gestaltete erste Fernsehprogramm (→ARD); der Anteil jeder der Landesrundfunkanstalten ist prozentual aufgeschlüsselt.

**Gemeinschaftsschule** *(Simultanschule),* Organisationsform der Volksschule, in der Kinder versch. relig. Bekenntnisse in allen Fächern außer Relig. gemeinsam unterrichtet werden. In allen Ländern der BR Dtld. sind die öffentl. Schulen G. (Ggs. →Bekenntnisschule). – In *Österr.* haben die staatl. G., deren Interkonfessionalität im Schulorganisationsgesetz von 1962 festgehalten ist, ein großes Übergewicht gegenüber den konfessionellen Privatschulen. Ähnlich in der *Schweiz.*

**Gemeinschaftssteuern,** Steuern, deren Ertrag Bund und Länder gemeinsam zusteht: →Einkommen-, →Körperschaft- und →Umsatzsteuer. An den Erträgen der Einkommensteuer sind auch die Gem. beteiligt (→Gemeindehaushalt).

## Gemeinschaft Unabhängiger Staaten

**Gemeinschaft Unabhängiger Staaten** *(GUS)*, mit den Abkommen von Minsk (8.12.1991) und Alma-Ata (21.12.1991) formell gegr. Staatenbund, dem bis auf Estland, Lettland, Litauen und Georgien alle Unionsrepubliken der zerfallenen Sowjetunion beitraten; im Okt. 92 trat Aserbaidschan aus der GUS aus, im Sept. 93 trat das Land wieder bei; im Dez. 93 trat Georgien der GUS bei. Mitgliedsstaaten der GUS: Armenien, Aserbaidschan, Georgien, Moldau, Kasachstan, Kirgistan, Russ. Föderation, Tadschikistan, Turkmenistan, Usbekistan, Ukraine und Weißrußland. Die GUS umfaßt 22 100 900 km² mit rd. 280 Mio. E. Ziel der Gemeinschaft ist die Koordination der Außen-, Wirtschafts- und Verteidigungspolitik. Höchstes Gremium ist der Rat der Staatsoberhäupter der Mitgliedsstaaten. Der urspr. Intention, mit der Gründung der GUS neue Ordnungsstrukturen auf dem Territorium der ehem. Sowjetunion zu schaffen, sind durch die Interessengegensätze der Mitgliedsstaaten und deren gegenseitigen wirtschaftl. Abhängigkeit enge Grenzen gesetzt. Erschwerend kommt hinzu, daß sich einige GUS-Staaten durch die Regierung der Russ. Föderation in ihrer Souveränität erhebl. eingeschränkt fühlen. Als größte Sprengsätze sind derzeit der die ethn. und relig. Konflikte im Kaukasusgebiet (Abchasien, Tschetschenien) und in einigen mittelasiat. Republiken (insbes. Tadschikistan) anzusehen.

**Gemeinschuldner** → Konkurs.

**Gemeinsprache**, Gesamtheit aller sprachl. Außerungen in geschriebener und gesprochener Form (Standard- und Alltagssprache); nicht zur G. zählen die → Fachsprachen.

**Gemeinwirtschaft**, Wirtschaftsform, bei der die wirtschaftl. Aktivitäten unmittelbar auf das Wohl der Gemeinschaft gerichtet sind. Gemeinwirtschaftl. Ziele werden von → Genossenschaften, Verbänden für ihre Mitgl. oder vom Staat verfolgt, der die G. entweder für die gesamte Wirtschaft (→ Planwirtschaft) oder für einzelne Wirtschaftsbereiche (z. B. Energieversorgung, Wohnungswirtschaft, Verkehr, Landw.) verordnen kann. Die Absicht allein, dem Gemeinwohl verpflichtet zu sein, reicht nicht aus, die Vorteilhaftigkeit der G. zu begründen, zumal eine inhaltl. Bestimmung des Gemeinwohls bisher nicht befriedigend gelungen ist.

**Gemeinwirtschaftsbanken** *(Gewerkschaftsbanken)*, von Gewerkschaften und (z. T.) Konsumgenossenschaften gegr. Banken, die Bankgeschäfte einschl. des Spargeschäfts betreiben. Unter dem mit zunehmender Internationalisierung der Märkte für Bankgeschäfte wachsenden Wettbewerbsdruck haben die G. die ihnen urspr. zugedachte Rolle als Preisbrecher weitgehend verloren. BR Dtld.: Bank für Gemeinwirtschaft AG (→ BfG) in Frankfurt a. M. mit einigen nahestehenden oder angeschlossenen Instituten. – *Österreich:* Bank für Arbeit und Wirtschaft (Wien). *Schweiz:* Genossenschaftl. Zentralbank (Basel). – Die älteste Bank dieser Art entstand 1913 in Belgien.

**Gemeinwohl**, gesellschaftspolit. Oberziel, dessen inhaltl. Konkretisierung sich aus der Beachtung der Grundrechte, des Minderheitenschutzes, sozialer Gerechtigkeit und geregelten Verfahren in demokrat. Abstimmungsprozessen ergibt. Die Wahrung des G. gilt als Voraussetzung für das Erreichen der individuellen Wohlfahrtsziele. Die Sicherung des G. ist erste Aufgabe eines demokrat. verfaßten Staates.

**Gemelli** [dʒɛ-], Agostino, ital. Philosoph und Psychologe, * 18.1. 1878 Mailand, † 15.7.1959 ebd.; Franziskaner, zunächst Arzt, gründete 1919 die ›Università del Sacro Cuore‹ in Mailand. Förderte die experimentelle Psychologie.

**Gemellus** [lat.] *(Geminus)*, Medizin: Zwilling.

**Gemencer Wald** [-tsɔr-], mit 20 000 ha größtes Wildreservat in Ungarn, nahe → Szekszárd, in Teilen period. von der Donau überschwemmt.

**Gemenge**, Gemisch verschiedener fester Stoffe, die chem. nicht verbunden sind; das G. ist mit physik. Mitteln (z. B. Sieb) trennbar.

# gemischtes Doppel

**Gemengelage,** zerstreute Lage der zu einem Hof gehörenden landw. genutzten Grundstücke; häufig durch Erbteilung, erschwert rationelle Bewirtschaftung des Bodens; Beseitigung durch →Flurbereinigung.

**Gemengesaat** *(Mengkorn, Mengfutter)*, Anbau versch. Pflanzen auf einem Ackerstück zur gleichen Zeit, z. B. Halm-Hülsenfrucht-G. für Futter und zur →Gründüngung, Weizen-Roggen-G. für Brotgetreide, Klee-Gras-Mischung.

**Geminate** *die*, Konsonant, der hinsichtl. seiner Dauer und seiner Funktion in bezug auf die Silbenbildung wie die Kombination von zwei versch. Konsonanten behandelt wird, z. B. ital. ›otto‹ (acht). Die Silbengrenze liegt bei G. zw. den Konsonanten. Die dt. Sprache kennt keine echten G.; die Doppelschreibung der Konsonanten wie ›hatte‹, ›Teller‹ usw. dient ledigl. zur Bezeichnung der Kürze der vorausgehenden Vokale, die Wörter sind phonet. in die Silben ha-te bzw. teler zu zerlegen.

**Geminativ** →Epizeuxis.

**Gemini** [lateinisch ›Zwillinge‹], **1)** *Astron.:* das Sternbild →Zwillinge; **2)** *Weltraumfahrt:* US-Raumflugprogramm (→Weltraumfahrt) mit zweisitzigen Weltraumfahrzeugen, das 1966 nach insgesamt 12 Flügen abgeschlossen wurde; diente zur techn. Erprobung der →Rendezvous und des freien Aufenthalts der Astronauten im Weltraum als Vorbereitung des Apollo-Programms für die bemannten Mondlandungen.

**Geminiani** [dʒeminjaːni], Francesco, ital. Geiger und Komponist, getauft 5.12.1687 Lucca, †17. 9. 1762 Dublin; lebte ab 1714 in London; Instrumentalwerke (u. a. 36 Violinsonaten, 24 Concerti grossi) sowie eine wegweisende Violinschule.

**Geminianus,** Bischof von Modena (Italien), †396 Modena; Heiliger (Tag: 31. 1.).

**Geminiden** [lat.] *(Sternschnuppenschwarm)*, Meteorstrom, der aus dem Sternbild der Zwillinge zu kommen scheint; Maximum am 12. 12. jeden Jahres.

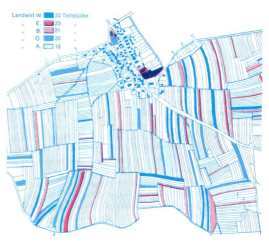

Landwirt W. ■ 25 Teilstücke
„ E. ■ 23 „
„ B. ■ 21 „
„ O. □ 20 „
„ A. □ 18 „

**Geminos,** griech. Philosoph im 1. Jh. v. Chr., Schüler des Stoikers Poseidonios. Schrieb eine Einführung in die Astronomie, in der Antike war er v. a. bekannt wegen seiner nicht erhaltenen Theorie der Mathematik.

**Gemisch, 1)** *allg.:* ein Gemenge aus versch. Bestandteilen; **2)** *Technik:* 1. eine entflammbare Mischung aus verdampftem leichtflüchtigem Kraftstoff (Benzinen, Benzin-Benzol-Mischungen) mit Luft zur Zylinderfüllung von Ottomotoren (→Verbrennungsmotor); entsteht durch Kraftstoff-Zerstäubung und Verdunstung im →Vergaser bzw. im Ansaugkanal bei der →Benzineinspritzung; 2. Mischung von leichtflüchtigem Kraftstoff, bes. Benzin, mit Öl für den Betrieb von →Zweitaktmotoren; das nichtflüchtige Öl schlägt sich an den inneren Motorteilen zur Schmierung nieder (Gemischschmierung).

**Gemischaufbereitung,** die Bereitstellung eines zündfähigen Brennstoff-Luft-Gemisches bei Verbrennungsmotoren.

**gemischter Bruch,** Bruch, der aus einer ganzen Zahl und einem nachgestellten Bruch besteht, z. B. 1 3/4.

**gemischtes Doppel** *(Mixed)*, Wettbewerb im Badminton, Tennis, Tischtennis und Squash, wobei jeweils eine Dame und ein Herr zusammen eine Mannschaft bilden.

**Gemengelage:** typische Besitzstückelung vor einer Flurbereinigung

**Francesco Geminiani** (nach einer Zeichnung von Bouchardon)

## gemischte Zahl

**Gemskresse:** links fruchtend, rechts blühend

■ **Gemse:** weiteres Bild → Fährten

**Gemse:** Deutlich erkennt man an diesem Tier die Krickel und die kontrastreichen Abzeichen im Gesicht.

**gemischte Zahl,** ein unechter → Bruch, der als ganze Zahl und Bruch dargestellt wird, z. B. $3^1/_2$.
**Gemischtköstler** → Allesfresser.
**gemischtwirtschaftliches Unternehmen,** in Form einer AG oder GmbH nach erwerbswirtschaftl. Gesichtspunkten betriebenes Unternehmen, an dem Privatkapital und öffentl.-rechtl. Körperschaften (Bund, Länder, Gem.) gemeinsam beteiligt sind. Bei Unternehmen üblich, deren Betrieb im öffentl. Interesse liegt (Versorgungs-, Verkehrsbetriebe).
**Gemlįk,** türk. Stadt am Marmarameer, südl. von Istanbul, 50 000 E.; Textilind. (bes. Kunstseide); nahebei Weizenanbau.
**Gemma** [lat. ›Edelstein‹], hellster Stern (α) des Sternbildes → Krone (nördl. Sternhimmel); Größenklasse 2,24$^m$, Entfernung etwa 63 Lichtjahre.
**Gemma** [dʒεma], Giuliano, ital. Filmschauspieler, * 2. 9. 1938 Rom. – Filme: Der Leopard (1962); Eine Pistole für Ringo (65); Wanted (68); Der eiserne Präfekt (78); Corleone (79); Claretta (84).

**Gemme,** Edel- oder Halbedelstein mit vertieft (oder erhaben, → Kamee) eingeschnittenem Bild; kann daher auch als Siegel benutzt werden. Die Steinschneidekunst (→ Glyptik) wurde in der Antike gepflegt, bes. in der röm. Kaiserzeit, und in der Frührenaissance wiederaufgenommen.
**Gemmen,** direkt aus den vegetativen Hyphen asexuell entstandene Pilzsporen; stellen → Dauerzellen dar.
**Gemmi** die, 2322 m hoher Alpenpaß mit Saumweg zw. dem Berner Oberland (→ Kandersteg) und dem Wallis (→ Leukerbad).
**Gemmingen-Hornberg,** Otto Heinrich Frhr. von, Bühnendichter, * 5. 11. 1755 Heilbronn, † 15. 3. 1836 Heidelberg; kurpfälz. Kämmerer in Mannheim, badischer Gesandter in Wien; verfaßte nach der Vorlage von → Diderots ›Père de famille‹ den ›Deutschen Hausvater‹ (1780), durch den er Einfluß auf das dt. bürgerliche Schauspiel, insbes. auf → Ifflands Familienstücke und → Schillers ›Kabale und Liebe‹, ausübte.
**Gemmoglyptik** → Glyptik.
**Gemmologie** [lat.-griech.] → Edelsteinkunde.
**Gemmoskop** [lat.-griech. ›Edelsteinbetrachter‹] das, binokulares → Mikroskop zum Untersuchen von Edelsteinen und wertvollem Schmuck.
**Gęmmulae** → Schwämme.
**Gemsbüffel** → Büffel.
**Gemse** (Gams; Rupicapra rupicapra), zu den → Hornträgern zählendes Wild der europ.-kleinasiat. Hochgebirge; eingebürgert im Schwarzwald, Elbsandsteingebirge, in den Vogesen und auf Neuseeland. Schulterhöhe um 75 cm; Sommerkleid gelbbraun mit schwarzem Aalstrich am Rücken; Winterfell fast schwarz mit langen, aufstellbaren Rückenhaaren (Gamsbart); beide Geschlechter tragen schwarze, spitze, nach hinten gebogene → Hörner (Krickel, Krucken); Hauptaufenthalt im Latschengebiet, jedoch örtl. und bes. im Winter auch im Wald. Brunft Nov./Dez., mit Rivalitätskämpfen der G.-Böcke. Im Mai/Juni setzt die Geiß meist nur ein Kitz, im Sommer sind Bock- und Geißenrudel getrennt; starke Böcke leben oft allein. G. sind ein sehr seuchengefährdetes Wild; verwandte Arten: → Gemsenverwandte.
**Gemsenverwandte** (Rupicaprinae), Unterfamilie der → Hornträger, die mitunter auch als Gattungsgruppe (Rupicaprini) der → Böcke

# genant

*(Caprinae)* aufgefaßt wird; zu den G. gehören die →Gemse, die →Schneeziege sowie →Goral und →Serau, manchmal wird auch noch die →Rindergemse dazugerechnet.
**Gemshorn,** Früchte von Pflanzen der Gattungen *Proboscidea* und *Ibicella* (Fam. *Martyniaceae*) aus den Trockengebieten Nord- und Südamerikas; gelegentl. auch in Gärten.
**Gemskresse** *(Gamskresse; Hutchinsia),* Gattung weiß blühender →Kreuzblütler; heimisch nur die Alpen-G. *(Hutchinsia alpina);* Geröllpflanze der Kalkalpen, wird mit den Flüssen ins Vorland hinabgeschwemmt.
**Gemswurz** *(Doronicum),* gelb blühende Gattung der →Korbblütler, in den Alpen auf Hochstaudenfluren und Felsschutt; auch Gartenpflanzen.
**Gemünden am Main,** Stadt im Lkr. Main-Spessart, Reg.-Bz. Unterfranken, Bayern, am Ostrand des Spessarts und an der Mündung von Fränk. Saale und Sinn in den Main, mit 10 000 E.; Schleppergerätebau, Holz-, Bekleidungs- u. a. Industrie.
**Gemüse,** krautige Pflanzen oder deren Teile, die für die menschl. Ernährung wegen ihres Gehalts an Eiweiß, Kohlenhydraten, Vitamin-, Mineral- und Geschmacksstoffen wertvoll sind; Anbau im Garten oder auf dem Feld, auch wild wachsend; z. B. Früchte: Tomaten; Samen: Linsen; Knollen: Kartoffeln; Wurzeln: Rüben; Sprosse: Spargel; Knospen: Rosenkohl; Blätter: Spinat.
**Gemüt,** seit dem MA (bes. seit Meister →Eckhart) Bez. für Geist, aber auch für Innerlichkeit, seel. Empfänglichkeit, Seele überhaupt. Im psychol. Sinne wird heute unter G. der Inbegriff der Gefühlsseite des Psychischen verstanden (→Gefühl); z. T. meint man damit auch speziell die Gefühle der mitmenschl. Anteilnahme. Die Abläufe von Gefühlen, →Affekten und Stimmungen werden als Gemütsbewegungen zusammengefaßt. *Gemütskrankheiten:* Störungen des emotionalen Erlebens.
**Gen,** Vererbungslehre: →Gene.
**Gena** [lat.], Wange, Backe.
**Genaktivierung,** Bez. für die Aktivierung der Transkription bestimmter Gene in Abhängigkeit von der Umwelt oder dem Zustand der Zelle.
**Gen-Amplifikation,** selektive Vervielfachung bestimmter Abschnitte des Genoms in vielen eukaryontischen Zelltypen, die das gleiche oder ähnliche Genprodukte bilden können.
**genant** [frz., ʒe-] →genieren.

■ **Gemüse:** vgl. Tabelle →Nährwert

**Gemüse:** Anbaufläche der wichtigsten Arten in ha für Deutschland 1992

|  |  |
|---|---|
| Weißkohl | 7644 |
| Rotkohl | 3741 |
| Wirsing | 1704 |
| Blumenkohl | 6337 |
| Kopfsalat | 3700 |
| Spinat | 3756 |
| Möhren und Karotten | 7058 |
| Speisezwiebel | 5710 |
| Spargel | 7524 |
| Frischerbsen | 3663 |
| Pflückbohnen | 5913 |
| Gurken | 3020 |
| übrige | 13730 |

Die **Gemswurz** *(Doronicum pardalianches)* blüht auf Bergwiesen und in Wäldern im Mai und Juni.

## genau

**genau**/genauso, zum Gebrauch sowie zur Getrennt- und Zusammenschreibung siehe ›Praxistip Sprache‹.

**Genauigkeit,** Übereinstimmungsgrad eines Meß- oder Rechenwerts mit dem richtigen Wert einer Größe (→Fehler).

**Genaustausch,** beim →Crossingover möglicher Austausch von →Genen zw. homologen Chromosomen.

**Genbank,** eine Art ›Sammelstelle‹ von Erbanlagen (→Gene): Bei den meisten Nutzpflanzen wird das genet. Material in Form von ganzen Pflanzen, Samen, Keimlingen oder →Protoplasten gelagert. Zunehmend größere Bed. gewinnen darüber hinaus molekularbiolog. G.: Mit Hilfe von →Restriktionsenzymen wird die →DNA eines Lebewesens in kurze Abschnitte aufgeteilt. Diese Bruchstücke lassen sich nun in →Plasmide oder →Bakteriophagen (→Vektoren) übertragen und damit speichern. Da sich Plasmide oder Bakteriophagen in Bakterien vermehren lassen, erhält man auf diese Weise praktisch eine unbegrenzte Menge der gespeicherten DNA.

**Genchirurgie** →Genmanipulation.

**Genck,** belg. Stadt →Genk in der Provinz Limburg.

**Gendarmerie** [frz., ʒan-, auch ʒã-, →Gens d'armes], seit Anf. des 19. Jh. in Preußen und anderen Ländern z. T. offizielle, stets aber volkstüml. Bez. für die Polizei auf dem Lande. Sie war in Preußen als ›Land-G.‹ bis 1918 in Doppelunterstellung unter Kriegs- und Innen-Min. milit. organisiert, 19–34 als ›Landjägerei‹ reine Polizei, danach bis 45 als ›G.‹ polizeiliche Reichstruppe. *Österreich:* 1849 nach frz. Vorbild gegr. Polizei, versieht den Sicherheitsdienst im Bundesgebiet mit Ausnahme jener Gebiete, in denen Bundespolizeibehörden eingerichtet sind. Die sog. Bundes-G., eine Sondereinheit mit 6000 Mann, bildete nach dem II. Weltkrieg den Grundstock des Bundesheeres. – *Schweiz:* Kantonspolizei.

**Gender,** Metallophon aus Java; wird häufig im →Gamelan gespielt.

**Gendiagnostik** →genetische Diagnose.

**Gendrift** *(Allelen-Drift, Sewall-Wright-Effekt),* Vorgang bei der →Evolution, der zu einer Veränderung im Genbestand kleiner Teilpopulationen gegenüber der Aus-

---

### Praxistip Sprache                                           genau/genauso

1. In der gesprochenen Sprache wird *genau* entweder als Adjektiv (als →Synonym für *exakt*) oder anstelle von *ja* gebraucht:

   *Das ist die genaue Beschreibung des Ortes.*
   *Der ist doch nicht bei Trost! – Genau!*

Nichts/wenig Genaues wird groß geschrieben, *aufs genau(e)ste* hingegen klein.

2. *Genauso* wird zusammengeschrieben (Bedeutung: *ebenso, geradeso*), wenn der Wortakzent auf *genau* liegt:

   *Er ist gen<u>au</u>so groß wie sein Bruder.*

Hingegen wird getrennt geschrieben, wenn *so* betont wird und beide Wörter ihre ursprüngliche Bedeutung bewahrt haben:

   *Es waren genau <u>so</u> viele Zuschauer, wie man erwartet hatte.*

3. Die gleiche Regelung gilt bei nachfolgendem Adverb, Numerale (nichtdekliniert) oder Adjektiv:

   *Sie ist gen<u>au</u>solange da wie er.*
   *Das ist gen<u>au</u>soviel Geld wie gestern.*
   aber: *Das Haus ist genau <u>so</u> hoch wie breit.*

# Gene

gangspopulation führt. Je kleiner eine →Population ist, um so leichter kann der Zufall eine vom allgemeinen Durchschnitt abweichende Kombination von Genen zusammenführen. Gelangen z. B. nur wenige Individuen einer Art in ein isoliertes Gebiet (Insel, abgeschnittenes Gebirgstal), so können sich nun von ihrem Selektionswert unabhängige Mutationen auf Grund des Zufalls durchsetzen oder verlorengehen. Dies kann zu Formen führen, die in einzelnen Merkmalen nicht angepaßt sind (z. B. auffällige Färbung, die sie als Beutetiere mehr gefährdet). Der Wirkungsgrad der G. kann durch die math. Statistik erfaßt werden; er wurde zuerst von Sewall Wright 1931–44 untersucht (→Gründer-Populationen).

**Genduplikation,** beim →Crossing-over eine mögliche Verdoppelung von →Genen oder →DNA-Abschnitten.

**Gene** [griech.], Einzahl *das Gen (Erbfaktoren)*, 1909 vom dän. Botaniker W. L. Johannsen (1857 bis 1927) geprägter Begriff für Teile der in den →Chromosomen in kettenartiger Anordnung lokalisierten Erbinformation, (→genetische Information, →DNA). G. bestehen aus →Exons, →Introns und versch. Kontroll- und Steuerabschnitten (→Regulator-G., →Promotoren, →Terminatoren). Sie sind frei kombinierbar und damit Einheiten der →Rekombination, lassen sich (natürlich und künstlich) verändern *(mutieren)*, bewirken die Ausbildung jeweils eines bestimmten Merkmals (z. B. braune Augen) oder zumindest eines →Proteins und sind somit Einheiten der Funktion. Kennt man von einem Gen ein oder mehrere Mutanten, spricht man von Allelen bzw. *multipler Allelie*. Die Gesamtheit der G. eines Individuums heißt *Genotypus*. Die freie Kombinierbarkeit der G. ist dann eingeschränkt, wenn die betreffenden G. innerhalb eines Chromosoms liegen. Zwischen Genpaaren eines Chromosoms besteht jedoch Austauschmöglichkeit durch →Crossing-over. Aus der Häufigkeit des Austausches (Rekombinationswahrscheinlichkeit) und aus zytolog. Untersuchungen kann bei linearer Anordnung der G. ihr relativer Abstand voneinander festgestellt werden. Auf diese Weise lassen sich →Genkarten erstellen (Th. H. →Morgan). Die chem. Grundlage des genetischen Materials sind Nucleinsäuren (DNA, bei einigen Viren →RNA). Die Rolle der im Zellkern vorgefundenen Eiweiße ist noch unklar (→Histone). Die Genaktivität wird den Bedürfnissen der Zelle entspr. gesteuert (→Expression). Spezielle G. (→Regulator-G.) kontrollieren gewisse Gengruppen (→Operator-G.), die die Schlüsselstellung bilden für die eigtl. biosynthetisch aktiven G. (→Struktur-G.). Primäre Wirkung ist Synthese von Eiweißen. Über das Zusammenspiel der Genwirkungen und ihre Regelung bei der Entwicklung von Pflanzen und Tieren, bes. bei Formbildungsvorgängen, ist noch wenig bekannt; man hat jedoch inzwischen einige gestaltbildende G. bei Insekten gefunden. Ein G. kann mehrere Merkmale ausprägen *(Polyphänie)*, andererseits können mehrere G. gemeinsam an der Ausprägung eines Merkmals beteiligt sein *(Polygenie)*. In der →molekularen Gene-

Preußische **Gendarmerie** in Berlin (1848), von *links* Wachtmeister, Abteilungs-Wachtmeister, berittener Schutzmann, Leutnant, Oberst

## Genealogie

Bonaventura Genelli (gemalt von J. Marschall, 1859). Berlin, Alte Nationalgalerie

tik kann das genet. Material bis zu den einfachen Bausteinen hinab analysiert werden (→ Sequenzanalyse). Mit Hilfe der →Gentechnik lassen sich G. sogar zw. Individuen versch. Arten übertragen. **Genealogie** [griech.], Familien- oder Geschlechterkunde, Stammbaumforschung. I. w. S. Ableitung eines Dinges von seinem Ursprung unter Berücksichtigung der verwandtschaftl. Zusammenhänge; so kann z. B. von einer G. der Begriffe, Systeme, Pflanzen, Tiere usw. gesprochen werden. I. e. S. →historische Hilfswissenschaft von den ›auf Abstammung beruhenden Zusammenhängen zw. Menschen‹ (Forst-Battaglia). Methodisch wird dabei die Erforschung der Vorfahrenschaft *(Aszendenz)* von der der Nachfahrenschaft *(Deszendenz)* unterschieden. Dementsprechend können Verwandtschaftsverhältnisse in Form von *Ahnentafeln* oder *Nachfahrentafeln* schemat. dargestellt werden. Beschränkt sich die Aufzeichnung der Nachfahren auf männl. Angehörige, spricht man von einer *Stammtafel. Genealog.* Zeichen: ☐ männl., ○ oder ♀ weibl., * geb., ⚭ verh., † gestorben, ☐ begraben, ▽ eingeäschert.
**Genée** [ʒəneː], Dame (ab 1950) Adeline (eigtl. *Anina Jensen*), dän. Tänzerin, *6. 1. 1878 Århus, †23. 4. 1970 Esher (Surrey); erfolgreich an zahlr. europ. Bühnen, z. B. in ›Coppélia‹; Verdienste um die Entwicklung des brit. Balletts.
**Genehmigung**, 1. im bürgerlichen Recht die nachträgl. Zustimmung; 2. im öffentl. Recht die Erlaubnis, Konzession. Einer polizeil. G. bedürfen gewerbl. Anlagen, die wegen der örtl. Lage oder ihrer Beschaffenheit für die Nachbarn oder die Allgemeinheit erhebl. Nachteile, Gefahren oder Belästigungen herbeiführen können (§ 16 GewO). Ähnlich in *Österr.* (§ 74 GewO); in der *Schweiz* auch Art. 43 BV.
**Genehmigungsverfahren**, gesetzl. geregeltes Verwaltungsverfahren mit Einwendungsfrist; Zulässigkeit von Projekten wird geprüft, und Bedingungen sowie Auflagen werden festgelegt ( → Kernkraftwerk).

**Genelli** [dʒe-], Bonaventura, Maler und Zeichner, *26.9.1798 Berlin, †13.11.1868 Weimar; gehörte in Rom zu den →Nazarenern; in München und Weimar tätig; Bilder mythologischen Inhalts, Umrißzeichnungen zu Dante, Homer u. a.
**General**, 1) milit. Sammelbegriff für die oberste Rangklasse der Offiziere (Generalität); Bez. für den höchsten Rang (Viersterne-General, früher: Generaloberst, Sowjetunion: Armeegeneral; → militärische Dienstgrade). – *Schweiz:* im Frieden kein Dienstgrad. Erst in Zeiten aktiven Dienstes wird der G. von der → Bundesversammlung gewählt. **2)** Leiter versch. kath. Orden, z. B. der Jesuiten. **3)** Titel des Leiters der →Heilsarmee.
**general-** [lat.], Vorsilbe mit den Bed. ›allgemein-, haupt-‹; Beispiel: →Generalklausel, → Generalkommando.
**Generalabsolution**, 1. vom kath. Priester in Todesgefahr erteilte allg. sakramentale Lossprechung von den Sünden, wenn deren Einzelbeichte nicht möglich ist; 2. ein vollkommener Sterbeablaß; 3. vollkommener → Ablaß für Angehörige versch. Orden.
**Generaladjutant**, Adjutant im Generalsrang, → Flügeladjutant. In der *Schweiz:* hoher Dienstgrad der mobilisierten Armee.
**Generaladmiral**, im dt. Seewesen des 17. und 18. Jh. Titel des ranghöchsten Admirals; 1936–45 in Dtld. als dem Generaloberst entspr. Dienstgrad wieder eingeführt.
**General Agreement on Tariffs and Trade** [engl., dʒɛnərəl əgriːmənt ɔn tærɪfs ənd treɪd] →GATT.
**Generalamnestie**, für eine größere Anzahl von Personen bestimmte → Amnestie.
**Generalanzeigerpresse**, Tageszeitungen, die im wesentl. nur Nachrichten veröffentlichen und diese in Ggs. zur Meinungspresse nicht durch die Redaktion kommentieren; stark verbreitet 1870–1914.
**Generalbaß** (ital. *Basso continuo*; Abk. *B. c.*), in der Barockmusik Bez. für die gesamte harmon. Geschehen eines Stückes bestimmende Baßmelodie. Die zu den einzelnen

# Generalisierung

Baßtönen gehörenden Akkorde werden entweder durch Zahlen- und Zeichensymbole, die unter der Baßstimme vermerkt sind *(bezifferter Baß)*, vorgeschrieben oder auf Grund des harmon. Zusammenhangs und der ausgeschriebenen Baß- und Melodiestimmen improvisiert. Der G. wird ausgeführt von einem *G.-Instrument (Continuo)* wie Orgel, Cembalo oder Laute; die Baßstimme wird meist noch durch ein Streich- oder Blasinstrument verstärkt. Wegen der zentralen Bed. des G. seit etwa 1600 wird das Barock in der Musik auch *G.-Zeitalter* genannt.

**Generalbundesanwalt,** der Leiter der Staatsanwaltschaft (→Bundesanwaltschaft) beim Bundesgerichtshof in Karlsruhe.

**Generaldirektorium,** in Preußen 1723–1808 oberste Verwaltungsbehörde für die innere Finanz- und Militärverwaltung.

**General Electric Company Ltd.** [dʒɛnərəl ɪlɛktrɪk kʌmpənɪ lɪmɪtɪd], größtes US-Unternehmen der Elektroindustrie, der elektron. und der Atomindustrie, Sitz: Fairfield (CT); Umsatz: 60,6 Mrd. US-$; Beschäftigte: 268 000 (1993).

**Generalfeldmarschall** →Feldmarschall, →Marschall.

**Generalgewaltiger** *(Generalprofos)*, in den Landsknechtsheeren Gerichtsherr und Chef der Heerespolizei.

**Generalgouvernement,** nach dem Polenfeldzug 1939 von Hitler am 12. 10. 39 für die besetzten poln. Gebiete errichtet; von Generalgouverneur H. →Frank wurde ein Terrorregiment ausgeübt. Der poln. Widerstand gipfelte im Warschauer Aufstand (August 44). Die dt. Politik im G. diente als Modell für die weitere dt. Besatzungspolitik im Osten und belastete nach dem II. Weltkrieg langfristig die dt.-poln. Beziehungen.

**Generalgouverneur,** 1. oberster Beamter eines Gebietes, der dort die Staatsgewalt eines anderen Staates repräsentiert, insbes. in besetzten Gebieten oder in Kolonien; 2. Vertreter der brit. Krone in den Ländern des →Commonwealth.

**Generalhandel,** in der →Außenhandelsstatistik die gesamte Ein- und Ausfuhr eines Landes einschl. der ohne Be- oder Verarbeitung die Zoll- und Freihafenlager passierenden Durchfuhr (→Spezialhandel).

**Generalić** [-litɕ], Ivan, kroat. Maler, *21.12.1914 Hlebine (Kroatien); Bilder seiner bäuerl. Umgebung in unreflektiertem Realismus voll poet. Einfühlungsvermögens; bed. Vertreter der naiven Malerei; begr. die ›Schule von Hlebine‹.

**Generalife** [span., xe-], Sommerresidenz der maurischen Könige in Granada (Baubeginn 1319), auf einem Hügel nordöstlich der →Alhambra.

**Generalinspekteur,** Dtld.: ranghöchster Offizier der →Bundeswehr; dem Bundes-Min. der Verteidigung verantwortl. für Entwicklung und Realisierung der Gesamtkonzeption der milit. Verteidigung; milit. Berater der Bundesregierung und des Bundes-Min. der Verteidigung; kein Oberbefehlshaber, da im Frieden die Befehls- und Kommandogewalt beim Bundes-Min. der Verteidigung, im Kriege beim Bundeskanzler liegt, soweit sie nicht an NATO-Befehlshaber delegiert ist. Ähnl. im österr. →Bundesheer Generaltruppeninspektor.

**Generalintendant, 1)** *Milit.:* im dt. Heerwesen während der Reichswehr- und Wehrmachtszeit Funktions- auch Rangbezeichnung für Inhaber hoher Führungsstellen im milit. Verwaltungswesen; ähnl. im österr. →Bundesheer. **2)** *Theater:* Leiter eines Theaterunternehmens mit mehreren Gattungen (Schauspiel, Oper, Ballett). **3)** *Österr.:* Funktions-Bez. für den Leiter des österr. Rundfunks.

**Generalisator,** Syn. für Allquantor (→Quantor).

**Generalisierung** [lat.], verallgemeinernde Darstellung; *Kartographie:* graph. und begriffl. Verallgemeinerung, die bei der Wiedergabe der Erdoberfläche bes. in kleinmaßstäbigen und themat. →Karten notwendig ist, wie Vereinfachen, Vergrößern, Verdrängen, Auswählen, Zusammenfassen, Typisieren und Betonen.

**General** in Bayern (1806)

■ **Ivan Generalić:** Bild →naive Malerei

3509

## Generalissimus

**Generalissimus,** der Höchstkommandierende; früher höchster Generalsrang in Frkr., Österr., Rußland und dem alten Deutschen Reich, zuweilen mit polit. Vollmachten ausgestattet (→ Wallenstein). → Franco Bahamonde führte diesen Titel ab 1936. J. W. → Stalin wurde 45 sowjet. Generalissimus.

**Generalist** *der,* Organismus, der in seinen Lebensansprüchen wenig spezialisiert ist und daher unter sehr verschiedenartigen Bedingungen zu leben vermag; Ggs.: Spezialist.

**Generalitätslande,** Bez. für Teile der Prov. Flandern, Brabant, Geldern und Limburg, die nach der Eroberung durch die Republik der Vereinigten Niederlande (→ Generalstaaten) unter deren direkter Verwaltung standen, ohne Gleichberechtigung mit den übrigen Provinzen.

**Generalkapitel,** Gesamtheit der Oberen eines kath. Ordens.

**Generalklausel,** eine nur allg. Rechtsgrundsätze enthaltende Gesetzesbestimmung, die daher im Einzelfall ausfüllungsbedürftig ist; → Treu und Glauben.

**Generalkommando,** im dt. Heer bis 1918 die milit. und verwaltungsmäßige Führungsinstanz für ein → Armeekorps und seinen räuml. Bereich. Im Krieg trat an die Stelle des ins Feld gerückten G. das Stellvertretende G.; 1935–45 war das G. Führungsstab für Armeekorps ohne territorialen Bereich (z. B. Panzerkorps), während die übrigen Armeekorps für die Truppenangelegenheiten i. e. S. als G., für territoriale Belange als Wehrkreiskommando bezeichnet wurden. – Ähnl. in *Österr.-Ungarn* 1719–1882; dann in Korpskommandantur umgewandelt.

**General Motors Corp.** [dʒɛnərəl moutəz kəpərɛɪʃən], größtes Automobilunternehmen der Welt, Detroit (MI); Umsatz: 138,2 Mrd. $; Beschäftigte: 711000 (1993). Produziert u. a. Maschinen, Fahrzeuge, Autos (Lkw, Pkw; Marken: Chevrolet, Buick, Pontiac, Oldsmobile, Cadillac; in der BR Dtld.: → Opel; in England: Vauxhall).

**Generalmusikdirektor** *(GMD),* ursprüngl. → *Musikdirektor* (MD): der Musikbeauftragte einer Stadt (z. B. J. S. Bach in Leipzig, G. Ph. Telemann in Hamburg; seine Aufgaben waren denen eines Kapellmeisters am Hofe vergleichbar; später wurde der Titel auch von Universitäten und Kirchen (*Kirchenmusikdirektor,* KMD) verliehen. In größeren Städten wird vielfach der Titel *Generalmusikdirektor* (GMD) gebraucht; der erste GMD war G. Spontini 1819 in Berlin.

**Generaloberer,** Leiter katholischer Orden.

**Generalpause** *(G.P.),* in der Musik gleichzeitiges Pausieren aller Instrumente und Stimmen.

**Generalplan,** als Längsriß gehaltene Übersichtszeichnung eines Schiffes mit allen Decks, Schotten, Maschinen- und Laderaum, Passa-

Stark vereinfachter **Generalplan** von MS ›Europa‹: 21 514 BRT, Länge 183 m, Breite 23,5 m, Tiefgang 8 m, Maschinenleistung maximal 13 230 kW, die Dienstgeschwindigkeit beträgt 17 sm/h (31,5 km/h), 280 Mann Besatzung, 570 Passagiere

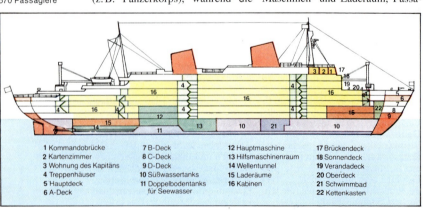

1 Kommandobrücke
2 Kartenzimmer
3 Wohnung des Kapitäns
4 Treppenhäuser
5 Hauptdeck
6 A-Deck
7 B-Deck
8 C-Deck
9 D-Deck
10 Süßwassertanks
11 Doppelbodentanks für Seewasser
12 Hauptmaschine
13 Hilfsmaschinenraum
14 Wellentunnel
15 Laderäume
16 Kabinen
17 Brückendeck
18 Sonnendeck
19 Verandadeck
20 Oberdeck
21 Schwimmbad
22 Kettenkasten

# Generalstabschef

gier- und Mannschaftsunterkünften sowie weiteren techn. Einzelheiten. Der G. gibt u. a. auch Hinweise auf das ordnungsgemäße Be- und Entladen eines Schiffes (Reihenfolge der Laderäume bzw. Tanks).
**Generalplan Ost,** Bez. für eine 1941 im Auftrag H. →Himmlers ausgearbeitete Studie über die zukünftige Behandlung der Völker Osteuropas (Polen, Baltikum, UdSSR) unter dt. Besatzung; geplant war eine fast vollständige Deportation der Bev. nach Sibirien.
**Generalprävention** →Prävention.
**Generalprofos,** Syn. für →Generalgewaltiger.
**Generalprokurator** →Prokurator.
**Generalquartiermeister,** 1. im dt. Heer bis 1919 nächst dem Chef des Großen Generalstabs der ranghöchste Offizier des Großen Generalstabs. Zum Ausdruck seiner Mitverantwortlichkeit gegenüber dem nominellen Chef des →Generalstabs P. von →Hindenburg erhielt E. →Ludendorff 1916 den Titel ›Erster G.‹. 2. In der →Wehrmacht war G. die Dienstbezeichnung für den mit Kriegsausbruch verantwortl. Leiter der Heeresversorgung im Generalstab des Heeres.
**Generalrat, 1)** Aufsichtsrat der österr. Nationalbank; **2)** Selbstverwaltungsorgan frz. Départements.
**General San Martín** [xe-], argent. Stadt im NW von Buenos Aires, 400 000 E.; bed. Industriezentrum (Herst. von Textilien, Möbeln und Maschinen).
**Generalsekretär,** Bez. für Geschäftsführer von Parteien, Verbänden und internat. Organisationen; neuerdings v. a. mit der Spitzenstellung des NATO-Rates identifiziert; in der Hierarchie kommunist. Parteien bekleidete der G. des Zentralkomitees die höchste Funktionärsposition.
**Generalstaaten, 1)** im 15. Jh. der Landtag der niederl. Prov.; nach der Unabhängigkeitserklärung der sieben nördl. Prov. von Spanien (1581) Bez. für deren regierende Abgeordnetenversammlung und für das Land selbst (bis 1795); **2)** seit 1818 die beiden Kammern des niederl. Parlaments.

**Generalstaatsanwalt,** BR Dtld.: höchster Beamter der Staatsanwaltschaft bei den Oberlandesgerichten. – In *Österr.:* Oberstaatsanwalt; in der *Schweiz:* Bundesanwalt für der Bundesstrafgerichtsbarkeit unterstellte Delikte.
**Generalstab,** von →Scharnhorst und →Gneisenau im preuß. Heer geschaffene, heute in allen Armeen vorhandene Institution, deren Angehörige (*G.-Offiziere*) für die Aufgaben der mittleren und höheren milit. Führung bes. geschult sind. Sie werden als Gehilfen des Truppenführer vom Brigadekommandeur aufwärts eingesetzt. Der preuß. G. gliederte sich bis 1918 in den *Großen G.,* eine dem Kaiser als König von Preußen unterstellte Immediatbehörde, aus der im Kriegsfall die →Oberste Heeresleitung zur Führung der gesamten dt. Landstreitkräfte und der Stellvertretende Große G. aufgestellt wurden, und in den *Truppen-G.,* die die G.-Offiziere aller hohen Truppenstäbe bildeten. Der G. wurde 1918 und nach seiner Wiedererrichtung in der Wehrmachtszeit erneut aufgelöst, vom Nürnberger Tribunal von der Anklage freigesprochen, eine kriegsverbrecher. Organisation gewesen zu sein. Die →Bundeswehr und das *österr.* →Bundesheer kennen kein in sich geschlossenes G.-Korps, sondern nur Offiziere im G.-Dienst; in bes. festgelegten Stellen der Stäbe als ›Offiziere i. G.‹. – *Schweiz:* Generalstabskorps.
**Generalstabschef,** in der Schweizer Armee Chef der Gruppe für Ge-

*Generalstab:* Offiziere des Generalstabs der Kgl. Bayerischen Armee 1804–24

# Generalstabskarte

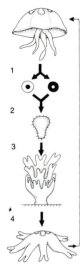

**Generationswechsel** am Beispiel einer Ohrenqualle: Die Generation freischwimmender Medusen erzeugt auf geschlechtlichem Weg Eier und Spermien **(1)**; nach Befruchtung gehen aus den Eiern Larven hervor **(2)**, die sich später festsetzen und zur Generation der Polypen werden **(3)**; diese schnüren durch Knospung Medusenlarven **(4)** ab, die sich wieder zu Medusen entwickeln.

■ **Generationswechsel:** weiteres Bild →Fortpflanzung (Tafel)

neralstabsdienste, im Range eines Korpskommandanten. In Zeiten des Aktivdienstes vom Bundesrat gewählt; plant den Einsatz der Armee. **Generalstabskarte** *(Reichskarte)*, erste – für den Generalstab bearbeitete – einheitl. topographische *Karte des Deutschen Reiches* im Maßstab 1:100 000 (1 cm entspricht 1 km), fertiggestellt 1910.
**Generalstände** (frz. *États généraux*), ab Anf. des 14.Jh. Bezeichnung der frz. Stände (Adel, Klerus, Bürger) bzw. ihrer Abgeordnetenversammlung. Die Aufgaben der G. lagen v. a. in der Steuerbewilligung und dem Vortragen von Beschwerden. Von 1614 bis 1789 wurden die G. nicht mehr einberufen; nach Zusammentritt der G. am 5.5.89 in Versailles erklärte sich der →dritte Stand am 17.6.89 zur Verfassunggebenden Nationalversammlung (Auftakt zur →Französischen Revolution).
**Generalstreik,** Form des Arbeitskampfes, bei der alle oder die meisten Arbeitnehmer eines Wirtschaftsgebietes in den Streik treten.
**General Studbook** [engl., dʒɛnərəl stʌdbuk], Zucht- und Stammbuch für →Vollblutpferde.
**Generalstudium** → Studium generale.
**Generalsuperintendent** →Konsistorium.
**Generalsynode,** oberste →Synode der ev. Kirche.
**Generalversammlung, 1)** oberstes Entscheidungs- und Kontrollorgan einer Genossenschaft; der G. einer Genossenschaft entspricht die Gesellschafterversammlung bei einer GmbH und die Hauptversammlung einer Aktienges. **2)** oberstes Organ der →UN.
**Generalvikar,** Stellvertreter des kath. Bischofs in der Verwaltung der Diözese.
**Generalvollmacht** →Vollmacht.
**Generatio aequivoca** [lat. -ɛkvi-] →Urzeugung.
**Generation** [lat.], **1)** *allg.*: eine einzelne Stufe aus der Geschlechterfolge artgleicher Lebewesen; i. w. S. die durch kulturelle Einheit verbundenen Menschen einer Altersstufe. **2)** *Technik:* Sammelbegriff für

techn. verbesserte Geräte, die sich in ihren Konstruktionsmerkmalen deutlich von früheren Geräten für denselben Zweck unterscheiden.
**Generationenvertrag,** umgangssprachl. für das der Rentenversicherung zugrunde liegende Solidaritätsprinzip, nach dem die erwerbsfähige, jüngere Generation durch Beiträge die Ruhegelder der Älteren finanziert.
**Generationspsychose,** meist vorübergehende psych. Erkrankung von Frauen in Phasen der hormonellen Umstellung: Menstruation, Schwangerschaft, Wechseljahre.
**Generationswechsel,** der bei vielen Pflanzen- und Tierarten vorkommende regelmäßige Wechsel zw. zwei, selten auch drei Generationen mit unterschiedl. Art der →Fortpflanzung und versch. Aussehen. Stets zeigt eine der Generationen geschlechtl. Fortpflanzung, während die anderen sich durch ungeschlechtl. Keimzellen (Agameten, →Sporen), durch →Parthenogenese oder →vegetativ (Sprossung, Knospung) fortpflanzen. Je nach den biol. Unterschieden zw. den zwei (oder drei) Generationen ergeben sich mehrere Typen des G.: 1. *Heterophasischer G.;* die Generationen sind abwechselnd →haploid und →diploid. Dieser Typ ist bei vielen niederen Pflanzen (Algen, Pilzen, Moosen, Farnen) zu finden, in abgewandelter Form auch bei allen Blütenpflanzen; bei Tieren ist er selten (Foraminiferen). Die beiden Generationen können einander äußerl. ähnlen, sind jedoch meist versch. gestaltet; im Extrem ist eine von ihnen mikroskop. klein und rückgebildet (so z. B. die haploide Generation der Blütenpflanzen). 2. *Sekundärer G.;* beide Generationen haben die gleiche Kernphase, d. h. die gleiche Anzahl von →Chromosomen; der Wechsel vollzieht sich zw. Generationen mit geschlechtl. und vegetativer Fortpflanzung *(Metagenesis)* oder zwischen befruchtungsbedürftigen Generationen und solchen mit Parthenogenese *(Heterogonie)*. Metagenesis ist z. B. der Wechsel zwischen Polypen- und Medusengeneration

# Generator

bei vielen →Hohltieren oder der G. der Salpen; Heterogonie zeigen z.B. Rebläuse, Wasserflöhe und Rädertiere.
**Generationszeit, 1)** *allg.: (Verdopplungszeit, Generationsdauer),* zeitl. Abstand zweier aufeinanderfolgender Generationen. **2)** *Mikrobiol.:* Verdopplung der Anzahl der Mikroorganismen in einer Kultur unter optimalen Wachstumsbedingungen.
**Generation von 1898,** Schriftstellergruppe: →span. Literatur.
**gener<u>a</u>tio spont<u>a</u>nea** [lat.] →Urzeugung.
**generat<u>i</u>ve Sem<u>a</u>ntik,** Weiterentwicklung der →generativen Transformationsgrammatik N. →Chomskys. Im Ggs. zu dessen Theorie werden die den Sätzen einer Sprache zugrundeliegenden abstrakten →Tiefenstrukturen nicht als syntakt. verstanden; sie sind vielmehr semant. Repräsentationen (Prädikat-Argument-Strukturen wie in der Prädikatenlogik), die über versch. Transformationen, die bislang noch nicht vollständig entwickelt werden konnten, in den normalsprachl. Satz überführt werden.
**generative Transformationsgrammatik** *(Erzeugungsgrammatik),* die Theorie von N. →Chomsky zur Überwindung des taxonomischen →Strukturalismus. Chomsky fragte, wie ein Sprecher einer beliebigen Sprache mit einer endlichen Anzahl von Regeln eine unendl. Anzahl von Sätzen produzieren kann und ein Hörer Sätze versteht, die er zuvor nie gehört hat. Eine g.T. ist also das Modell der Beschreibung des dynam. Prozesses der Sprachproduktion und -rezeption, die Fähigkeit des idealen Sprechers/Hörers, grammatikalische Ausdrücke zu erzeugen und zu verstehen (→Kompetenz). Die Sprachverwendung dagegen bezeichnet Chomsky als →Performanz. Die Standardversion bei Chomsky besteht aus einem Erzeugungsteil (Basis), der →Tiefenstrukturen erzeugt, die im Transformationsteil nach einzelsprachl. (z.B. englisch, deutsch) unterschiedl. Transformationen in die Oberflächenstrukturen überführt werden und dabei eine semantische und eine phonologische Interpretation erfahren. Die Basis dieser Grammatik ist syntaktisch. Eine solche Grammatik liefert also für jeden Satz, den sie ›generiert‹ (hervorbringt), eine Tiefen- und eine Oberflächenstruktur sowie die Bedeutung und die lautliche Realisation.
**Generativität,** Fortpflanzungs-, Zeugungskraft.
**Gener<u>a</u>tor** [lat.], allg. jede Vorrichtung, die als Quelle elektr. Energie wirkt (z.B. →Bandgenerator, Solargenerator).
**1)** *Elektrotechnik:* Maschine zur Umwandlung von Bewegungsenergie in elektr. Energie, z.B. durch →Induktion; dieser großtechn. verwendete G. arbeitet nach dem umgekehrten Prinzip des →Elektromotors. Der *Gleichstrom-G.* ist ein von außen angetriebener Gleichstrom-Elektromotor; sein Feld wird durch eine fremde Stromquelle (Fremderregung) oder den durch den G. selbst gelieferten Strom (Eigenerregung) erregt. In den Wicklungen des sich im Feld drehenden Läufers wird eine Wechselspannung mit einer Frequenz entspr. der Polzahl und Drehzahl

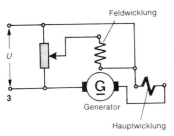 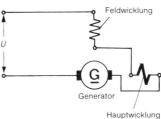

**Generator:** Schaltungen von Gleichstromgeneratoren, *links* Nebenschlußgenerator, *rechts* Hauptschlußgenerator

## Generatorgas

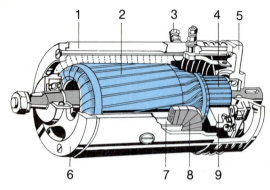

**Generator** (Aufbau eines Gleichstromgenerators): **1** Polgehäuse, **2** Anker, **3** Anschlußklemme, **4** Kommutator, **5** Kommutator-Lagerschild, **6** Antriebs-Lagerschild, **7** Polschuh, **8** Erregerwicklung, **9** Bürstenhalter und Kohlewicklung zur Abnahme des erzeugten Gleichstroms

induziert, die dann bei Abnahme über den Kommutator gleichgerichtet wird.
Beim *Wechselstrom-G.* einfachster Bauart (Fahrraddynamo) dreht sich ein Permanentmagnet in einem Ständer mit Induktionsspulen. Bei großen Maschinen hoher Leistungsabgabe ist der Permanentmagnet durch einen Läufer mit Elektromagneten ersetzt, die durch Gleichstrom aus einer Erregermaschine erregt werden, der dem Läufer über Schleifringe zugeführt wird. Polzahl von Ständer und Läufer sowie Läuferdrehzahl bestimmen bei diesem *Synchron-G.* die →Frequenz des erzeugten Wechselstroms, der direkt am Ständer abgenommen wird. Die Maschinen in Kraftwerken sind allg. für 50 Hz (in den USA 60 Hz) ausgelegt, zur Stromversorgung elektr. Eisenbahnen auch für $16^2/_3$ Hz. Statt als Innenpolmaschine mit am Ständer befestigten Induktionsspulen kann der G. auch als Außenpolmaschine ausgelegt werden, bei der die Spulen des Läufers Strom über die Schleifringe liefern, während die Wicklungen des Ständers erregt werden. Der *Asynchron-G.* entspricht in seinem Aufbau dem Asynchronmotor und hat einen einfachen Kurzschlußläufer ohne elektr. Anschluß, der mit höherer Drehzahl angetrieben wird, als es der Netzfrequenz entspricht. Je höher die Drehzahl, um so mehr →Wirkleistung wird von der mit dem Netz verbundenen Ständerwicklung abgegeben. Sinkt die Antriebsdrehzahl unter die synchrone Drehzahl, so läuft die Maschine als Motor und entnimmt dem Netz Wirkleistung. Der Vorteil des Asynchron-G. gegenüber dem Synchron-G. besteht in der einfacheren Bauweise und dem Wegfall einer Erregermaschine. Angetrieben werden die großen G. in Kraftwerken von Dampf-, Wasser- oder Gasturbinen (→Turbine), kleinere G. auch von Dieselmotoren (z. B. bei ortsbewegl. Stromaggregaten). Der G. der Kfz (→Lichtmaschine) ist heute meist ein *Drehstrom-G.* (Drehstromlichtmaschine) mit Diodengleichrichtung, der schon bei Motorleerlauf Ladung an die Wagenbatterie liefert (→Elektrizitätsversorgung, →Elektroenergietechnik, →Elektrodynamik).

2) *chemische Verfahrenstechnik:* Schachtofen zur Gaserzeugung aus festen Brennstoffen wie Holz oder Kohle. Bei Verwendung von Luft als Vergasungsmittel erhält man →Generatorgas, bei Verwendung von Wasserdampf →Wassergas mit einem gegenüber dem Generatorgas niedrigeren Heizwert (→Kohlevergasung).

3) *Meßtechnik:* Bezeichnung für Signalquellen; so gibt es u. a. Rechteck-G., Impuls-G. und Rausch-G.

4) *Datenverarbeitung:* Bez. für ein Programm, das in einer bestimmten Programmiersprache abgefaßte Programme oder Folgen von Anweisungen erzeugt *(generiert)*.

5) *Musik:* in elektron. Instrumenten und Synthesizern verwendete Maschinen, die mittels Oszillatoren bestimmte Schwingungen erzeugen.

**Generatorgas,** durch unvollständige Verbrennung, wegen Sauerstoffmangel, beim Durchleiten von Luft und Wasserdampf durch dicke Schichten von Braunkohle, Steinkohle oder Koks bei etwa 1000 °C im Wirbelschichtverfahren nach F. →Winkler gebildetes Gas. Durchschnittl. Zusammensetzung 34% CO und 65% $N_2$, für chem. Synthesen (→Ammoniak) oder als Heizgas eingesetzt (→Gichtgas, →Wassergas).

**Generatormaschinensatz,** mit der Antriebsmaschine (Verbrennungs-

## genetische Information

motor, Turbine) unmittelbar gekoppelter elektr. →Generator.
**Generatorpotential,** Physiologie: →Rezeptorpotential.
**Generic-Weine** [engl., dʒınɛrık-] →Country-Weine.
**Generika** [lat.], Einz. *das -kum,* Medikamente, die nach Ablauf des Patentschutzes für das Original von einem anderen Hersteller als wirkstoffgleiche Kopien unter einem anderen Namen und zu einem – wegen eingesparter Forschungs- und Entwicklungskosten – meist niedrigeren Preis in den Handel kommen.
**generisches Maskulinum,** für männl. und weibl. Personen verwendete gramm. Form des Maskulinums.
**generös** [frz.], großzügig, freigebig, großmütig.
**Generoso, Monte** [dʒe-] *(Calvagione),* Berggipfel mit guter Fernsicht zw. Luganer See und Comer See, auf der schweizerisch-italienischen Grenze, 1701 m hoch; Zahnradbahn.
**Genese** [griech.], **1)** *allg.:* Entstehung, Entwicklung; **2)** *Med.:* Entwicklung einer Krankheit.
**Genesis** [dʒɛnısıs], 1967 gegr. engl. Rockgruppe um die Musiker P. →Gabriel, Phil →Collins, Anthony Banks, Steve Hackett, Mike Rutherford u. a.; effektvolle Bühnenshows mit opernhaften Szenen machten G. schnell zur Kultband. – *CDs:* Trespass (1970); Nursery Cryme (71); Foxtrot (72); Genesis Live (73); Selling England By the Pound (73); The Lamb Lies Down on Broadway (74); A Trick of the Tail (76); Wind and Wuthering (76); Duke (80); Abacab (81); Invisible Touch (86); When the Sour Turns to Sweet (86); The Way We Walk (90); We Can't Dance (93).
**Genesis** →Bibel.
**Genet** [ʒənɛ], Jean, frz. Schriftst., *19.12.1910 Paris, †15.4.1986 ebenda; schrieb stark autobiographisch getönte Romane (u. a. ›Le miracle de la rose‹, 1946; ›Querelle de Brest‹, 53) sowie Schauspiele wie ›Die Neger, eine Clownerie‹ (62; Les nègres, 58) und ›Wände überall‹ (61; Les paravents, 61), in deren Mittelpunkt der nicht durch Moral und Konvention gebundene und die Ges. befehdende, ins Dämonenhafte gesteigerte Mensch steht.
**genetic engineering** [engl., dʒınɛtık ɛndʒınıərıŋ] →Gentechnik.
**Genetik** [griech.] *die,* Wissenschaft von den Vorgängen der Vererbung (→Vererbungslehre). – *Genetiker,* Vererbungsforscher (→molekulare Genetik).
**genetisch,** die Entstehung, die Erbanlagen betreffend.
**genetische Assimilation,** Festlegung eines Erbmerkmals (→Phänotypus) unter selektivem Einfluß der Umwelt (→Assimilation).
**genetische Beratung,** Beratung über mögl. chromosomale Schädigungen (→Aberrationen), die bei Kindern auftreten können, v. a. bei Familien, die mit Erbkrankheiten vorbelastet sind (→genetische Diagnose).
**genetische Defekte,** →Mutationen, die Erbkrankheiten und Erbfehler hervorrufen.
**genetische Diagnose** *(Gendiagnostik),* Untersuchungen von →Chromosomen und →Nucleinsäuren zum Nachweis und zur Identifikation von genet. bedingten Krankheiten mit Hilfe von DNA-, RNA- oder Oligonucleotid-Gensonden (→Genom-Analyse).
**genetische Flexibilität,** die Fähigkeit von →Genotypen oder →Mendel-Populationen, sich verändernden Umweltbedingungen im Laufe von Generationen anzupassen.
**genetische Information,** formaler Begriff für die in chem. Strukturen verschlüsselten, vererbbaren Anlagen (→Gene) der Lebewesen, gleichsam die Anweisung, nach der sich die typ. Eigenschaften ausbilden. Chem. Grundlage der g. I. ist die *Desoxyribonucleinsäure* (→DNA), bei einigen Viren die *Ribonucleinsäure* (→RNA). Ein DNA-Molekül kann aus Millionen von Einzelgliedern, den →Nucleotiden, bestehen, die in einer langen, unverzweigten Kette aufgereiht sind. Jedes Nucleotid besteht aus Phosphorsäure, einem Zucker und einer organ. Base. Die Zucker sind durch Phosphorsäure miteinander

Jean Genet

3515

## genetische Information

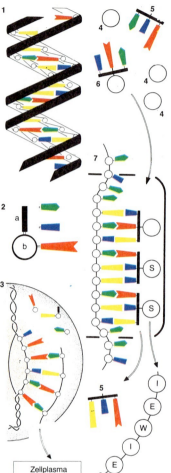

**genetische Information: 1** Ausschnitt aus dem spiralisierten DNA-Doppelstrangmolekül; **2** einzelner Baustein (Nucleotid) aus DNA, bestehend aus Phosphorsäure **(a)** Zucker **(b)** und eine der vier Basen: Adenin *(rot)*, Thymin *(grün:* bzw. Uracil in der m-RNA), Guanin *(gelb)*, Cytosin *(blau)*. – Informationsfluß in der Zelle: Im Kern **(3)** erfolgt Entspiralisierung des DNA-Moleküls und Synthese der m-RNA unter Mithilfe eines Enzyms (rot punktiert). Es kommen nur folgende Basenpaare vor: Adenin-Uracil, Guanin-Cytosin, Thymin-Adenin, Cytosin-Guanin. Im Zellplasma wird je eine freie Aminosäure **(4)** an ein t-RNA-Molekül **(5)** gebunden **(6)**, das sich in einem Ribosom **(7)** vorübergehend mit jeweils drei passenden Basen (Triplett) der m-RNA gemäß dem Urtext der DNA paart. So werden die Aminosäuren in einer festgelegten Reihenfolge (Sequenz) zu Eiweißen **(8)** verknüpft *(Proteinbiosynthese)*. Anschließend erfolgt die Ablösung der einzelnen t-RNA-Moleküle **(5)**

verknüpft und bilden die fortlaufende Kette (das ›Rückgrat‹); die Basen hängen sozusagen an den Zuckermolekülen. Während Phosphorsäure und Zucker bei allen Nucleotiden gleich sind, treten vier versch. Basen auf: *Adenin, Guanin, Cytosin* und *Thymin*. Diese vier Basen bilden die eigentl. g. I.; sie sind gleichsam die vier Buchstaben der ›Sprache‹ der Gene. In den benachbarten Nucleotiden können diese Zeichen in jeder Kombination aufeinanderfolgen. Die Art der Reihenfolge der Basen *(Basensequenz)* stellt einen ›Text‹ (den → genetischen Code) dar. Er enthält die Anweisungen für den Aufbau der Eiweiße (→ Proteine), die letztl. die Eigenschaften und Funktionen des Körpers bestimmen.

Im Kern der lebenden Zelle liegen die DNA-Moleküle als Doppelstränge vor: Zwei Einzelstränge mit gegenläufiger Polarität sind jeweils zu einem spiraligen Band umeinander geschlungen *(Doppelhelix)*. Dabei stehen sich in den Nucleotiden immer die Basen Adenin und Thymin oder Cytosin und Guanin gegenüber. In Form der Doppelhelix kann die DNA keinen Einfluß auf die Synthese der Proteine nehmen. Dies wird erst möglich, wenn sich der Doppelstrang öffnet und wieder in Einzelstränge trennt. Vorerst wird dann jeder Einzelstrang in Form einer *Informations-* oder *m-RNA* spiegelbildlich kopiert (→ Transkription); in dieser steht statt Thymin das *Uracil*, das sich nur mit Adenin paart. Die m-RNA wandert aus dem Zellkern in das Zellplasma, wo eine Reihe von Aminosäuren ›auf Abruf‹ warten, um richtig ausgewählt und zu den entspr. Proteinen zusammengefügt zu werden. Dies ist möglich, weil der Code der m-RNA (da als Einzelstrang vorliegend) vollständig entschlüsselt ist: Jeweils drei Nucleotide *(Triplett, Codon)* stehen für eine → Aminosäure, die Reihenfolge des Tripletts bewirkt die richtige Auswahl der Aminosäuren. Die *Proteinsynthese* selbst erfolgt an kleinen Plasmapartikeln, den → Ribosomen, mit Hilfe der *Träger-RNA (t-RNA)*, die die einzelnen Aminosäuren an die m-RNA heranträgt und entspr. der Sequenz der Tripletts ordnet (→ Translation). Nach Verknüpfung der Aminosäuren zur Peptidkette löst sich diese ab und erlangt durch spontane Faltung ihre endgültige, biol. aktive Form (→ Peptide). Die Ablesung der g. I. in RNA-Viren verläuft ähnl., nur wird die Information der RNA mit Hilfe eines → Enzyms (reverse Transkriptase) zuerst in eine doppelsträngige DNA-Kopie umgewandelt.

# Genexpression

Die gesamte g. I. einer Zelle ist niemals gleichzeitig und auch nicht ständig wirksam. Obschon alle Zellen eines Organismus die gleiche DNA, d. h. gleiches genet. Material besitzen, ist durch spezif. Blockierung jeweils nur ein Teil aktiv (→Expression). Auf dieser Gen-Aktivität beruht u. a. die Differenzierung versch. Zelltypen. Außerdem unterliegt die Aktivität jedes Gens einer Regulation durch die Bedürfnisse der Zelle.
Die Weitergabe der g. I. bei der Zellvermehrung erfolgt durch Verdoppelung der DNA (→Replikation). Diese besteht im Auseinanderweichen der Stränge und spiegelbildl. Ergänzung durch komplementäre Nucleotide; z. B. wird an einem Elternstrang mit der Sequenz -AATGCG- der Tochterstrang -TTACGC- gebildet.
**genetische Klimaklassifikation,** Typ der →Klimaklassifikation, dessen Einteilungskriterien – im Unterschied zur → effektiven K. – die physikal. Ursachen des Klimas bilden; bek. ist die g. K. von H. →Flohn.
**genetische Krankheiten** →Erbkrankheiten.
**genetische Psychologie** →Entwicklungspsychologie.
**genetischer Code,** *Biol.:* Verschlüsselung der →genetischen Information in den Basensequenzen der →Nucleinsäuren. In lebenden Organismen werden vier Buchstaben entspr. den Basen *Adenin, Guanin, Cytosin* und *Thymin* bzw. *Uracil* (in →RNA) verwendet. Der g. C. setzt sich aus Nucleotid-Dreiergruppen (Codon, Triplett) zus., die nicht überlappend und ohne Abstände in den Nucleinsäuren angeordnet sind. Die insgesamt 64 Tripletts bestimmen 20 versch. Aminosäuren (d. h. für einige Aminosäuren gibt es mehr als ein Codon). Drei der Tripletts entsprechen keiner der Aminosäuren, sie signalisieren den Beginn oder das Ende einer Informationseinheit (→Cistron).
**genetischer Fingerabdruck** *(DNA-Fingerprinting),* auf Grund der Einmaligkeit der Zellkernsubstanz (DNA) kann durch Untersuchung menschlicher Zellen – gewonnen aus Körperflüssigkeiten wie Blut, Sperma, Speichel sowie aus Fingernagel oder Haar – eine Person wie beim Fingerabdruck identifiziert werden *(DNA-Verfahren).*
**genetisches Geschlecht,** durch den Besitz männlicher oder weiblicher →Geschlechtschromosomen bestimmtes Geschlecht (→Geschlechtsdiagnose).
**genetische Strahlenschäden,** mutagener Einfluß ionisierender Strahlung auf die →Keimzellen; Veränderung der →DNA führt zur →Mutation; Totgeburten, Erbkrankheiten oder angeborene Mißbildungen sind die Folgen.
**Genette** [arab.-frz., ʒə-] *(Ginsterkatze; Genetta),* Gattung der →Schleichkatzen in Afrika und Spanien; die nordafrik. Art *Genetta genetta* wurde bereits im alten Ägypten als Haustier und Mäusefänger gehalten; geschmeidig, etwa hauskatzengroß, mit gefleckstem oder schwarzem Fell.
**Genève** [frz., ʒənɛv], französisch für →Genf.
**Genever** [ʒə-, frz. genièvre ›Wacholder‹] *der,* insbes. in den Niederlanden hergestellte Branntweinspezialität; 1. *oude G.* (alter G.): Branntwein aus einer Maische, die zu gleichen Teilen aus Gerstenmalz, Roggen und Mais besteht; 2. *jonge G.* (junger G.): mit sehr schwacher Aromatisierung; Wacholdercharakter bei den niederl. G.-Typen nur sehr dezent oder überhaupt nicht ausgeprägt.
**Geneviève** [frz., ʒənvjɛv] →Genovefa.
**Genevoix** [ʒənvwa̯], Maurice, frz. Schriftst., *29. 11. 1890 Decize (Dép. Nièvre), †8. 9. 1980 Alicante; zunächst Verf. realist. Kriegsromane, später Landschaft und Menschen der Sologne schildernde Romane; 1958–73 Sekretär der Académie française.
**Genèvre, Mont** [frz., mɔ̃ ʒənɛvrə] *(Montgenèvre),* Paß in den Westalpen, auf der frz.-ital. Grenze, 1850 m hoch.
**Genexpression,** die Synthese von t-RNA, r-RNA und m-RNA bei der →Transkription (primäre Genpro-

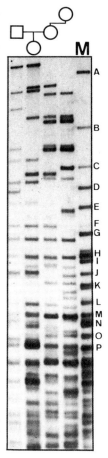

**genetischer Fingerabdruck:** Das Foto zeigt deutlich die Unterschiede in den DNA-Sequenzen selbst so nahe verwandter Personen wie Vater *(ganz links),* Kind *(zweite Reihe von links),* Mutter *(dritte Reihe von links)* und mütterlicher Großmutter *(ganz rechts).*

## Genezareth, See

dukte) und anschließende →Translation der m-RNA zu Proteinen (sekundäre Genprodukte).

**Genezareth, See** (*Gennesaret*; *Galiläisches Meer*; hebr. *Jam Kinneret*), bibl. Bez. für den *See von Tiberias*, vom Jordan durchflossener, 165 km² großer und 212 m u. M. liegender, fischreicher See an der Grenze Israels gegen Syrien. Aus ihm entnimmt Israel eine größere Menge des Zuflusses, bes. zur Bewässerung des nördl. →Negev. In Verbindung mit weiteren Wasserentnahmen befürchten die arab. Anliegerstaaten eine Versalzung des Jordanwassers. Am Ufer liegen Winterkurorte; es gedeihen trop. Früchte, Frühobst und -gemüse.

**Genf,** frz. **Genève** [ʒənεv], **1)** Kanton im äußersten SW der Schweiz, flaches Hügelland um das Südende des Genfer Sees und die ausfließende Rhone, 282 km² mit 380 000 E.,

**Genf:** die Altstadt am Ausfluß der Rhone aus dem Genfer See

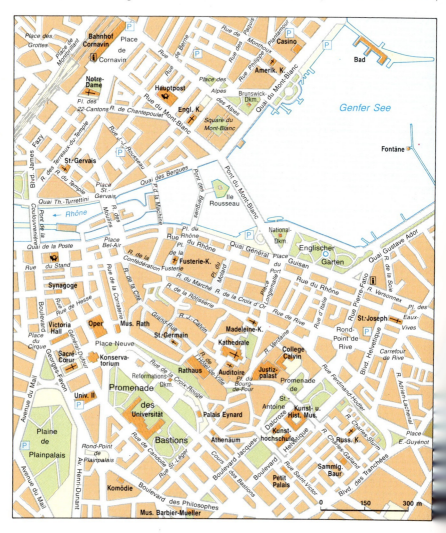

# Genfer Schule

**Genf:** Blick vom Quai du Mont-Blanc über das Seebecken auf den Jet d'eau (die als Wahrzeichen der Stadt bekannte mächtige Fontäne) und den Quai Gustave Ador; im Hintergrund rechts das Montblanc-Massiv.

65% frz.-sprachig, 53% kath.; Viehzucht, Garten- und Weinbau. **2)** Hptst. des Kt. G., am Austritt der Rhone aus dem Genfer See, 380 m ü. M., 165000 E. (als Agglomeration 470000 E.); am li. Rhoneufer die enge Altstadt mit Kathedrale St. Pierre (12. Jh.), Rathaus (15./16. Jh.), Univ. (gegr. 1559 von J. Calvin) und Athenäum, re. des Seeausflusses Kursaal und Palais des Nations. G. ist kultureller Mittelpunkt der frz. Schweiz mit zahlr. Lehranstalten, Museen und Theater, ferner Sitz der Europazentrale der UN, vieler wissenschaftl. Ges. und internat. Vereinigungen (Rotes Kreuz, internat. Arbeitsamt, Ökumen. Rat, Luther. und Reformierter Weltbund); 1919–46 war es Sitz des Völkerbundes. Bed. Verkehrsknotenpunkt und Eingangstor zw. Jura und Alpen *(Genfer Pforte)* nach Frkr.; Zentrum der Uhren- und Schmuckwarenindustrie, dazu Maschinen- und Gerätebau, Textil-, Nahrungs- und Genußmittelherstellung, lebhafter Handel, starker Fremdenverkehr (jährl. über 2 Mio. Gästeübernachtungen). *Geschichte:* Im 5./6. Jh. war G. Sitz der Könige von Burgund; mit Burgund kam es 1032 ans Heilige Röm. Reich; im Kampf gegen Bischofsherrschaft und zum Schutz gegen die Herzöge von Savoyen wurde die Stadt 1526 der Eidgenossenschaft ›zugewandter Ort‹, sie führte 1532 bis 36 die Reformation ein und stand 41–64 unter dem Regiment von →Calvin (bis Ende des 18. Jh. Zentrum des →Calvinismus), später unter aristokrat. Geschlechterherrschaft; 1792 unter revolutionärer Regierung nach frz. Muster, 1798 von Frkr. annektiert, schloß sich G. jedoch 1815 als 22. Kanton der Schweiz an.
**Genfer Ärztegelöbnis,** Neufassung der ärztl. Berufspflichten auf der Basis des hippokrat. Eides (→ärztlicher Eid); 1948 vom Weltärztebund in Genf beschlossen.
**Genfer Konventionen,** heute gültig die am 12. 8. 1949 in Genf vereinbarten Abkommen zum Schutz der Verwundeten, Kranken und Schiffbrüchigen (I. und II. Abkommen), der Kriegsgefangenen (III. Abkommen) und der Zivilpersonen in Kriegszeiten (IV. Abkommen). Diese von über 70 Staaten (BR Dtld. am 3. 9. 1954) ratifizierten Konventionen ersetzen und ergänzen zahlr. frühere Abkommen des Kriegsvölkerrechts.
**Genfer Protokoll über das Verbot des chemischen und bakteriologischen Krieges** →Kriegsrecht.
**Genfer Rotkreuz-Abkommen** →Kriegsrecht.
**Genfer Schule,** neben Prager und →Kopenhagener Schule die dritte Schule des europ. →Strukturalis-

**Genf:** Wappen von Stadt und Kanton

# Genfer See

**Genfer See:** Von Lausanne im Schweizer Waadtland reicht der Blick über den See hinweg zum größtenteils zu Frankreich gehörenden Südufer.

mus. Wichtigste Vertreter: F. de →Saussure sowie seine Schüler Charles Bally und A. Séchehaye, die vor allem Mißverständnisse in Saussures Werk klarstellten. Die G. Sch. betonte die Notwendigkeit der →Synchronie (aktueller Sprachzustand, nicht hist. Entwicklung wird untersucht) und forderte eine linguist. Stilistik sowie Erforschung der Satzstruktur.

**Genfer See** (frz. *Lac Léman*), mit 581 km² größter der Alpenrandseen, von der Rhone durchflossen, 72 km lang, bis 13,8 km breit, bei 372 m Seespiegelhöhe bis 310 m tief. Das dünner besiedelte savoyische Südufer zählt mit 234 km² Seefläche zu Frkr., an die übrigen Gestade grenzen die schweiz. Kantone Genf, Waadt und Wallis. Mildes Klima begünstigt intensiven Rebbau, bes. in den Landschaften →La Côte und →Lavaux; zahlr. Kurorte (›Schweiz. Riviera‹) am Nordufer: →Montreux, →Vevey und →Lausanne.

**Genfer Wellenplan** →Rundfunk.

**Genfrequenz** →Genhäufigkeit.

**Genga** [dʒɛŋga], Girolamo, ital. Baumeister, Maler und Bildhauer, *um 1476 Urbino, †11.8.1551 ebd.; Dekorationen für Theateraufführungen und Feste am Hof der Montefeltro in Urbino.

**Gengenbach**, Pamphilus, Dichter und Buchdrucker: →schweizerische Literatur.

**Gengenbach**, bad. Stadt im Ortenaukreis, Reg.-Bz. Freiburg, an der Kinzig oberhalb von Offenburg, 11 000 E.; ab 1360 Reichsstadt, mittelalterl. Stadtbild mit roman. Pfarrkirche (wurde 1120 als Klosterkirche einer Benediktinerabtei erbaut); Fremdsprachenschule, betriebswirtschaftl. Zweig der Fachhochsch. Offenburg, sozialpädag. Fachseminar; Holz-, Polstermöbel-, Papier-Ind.; Weinbau.

**Gengou** [ʒãgu], Octave, belg. Bakteriologe, *27.2.1875 Ouffet (bei Lüttich), †25.4.1957 Brüssel; Schüler von J. →Bordet.

**Genhäufigkeit** (*Genfrequenz*), die Häufigkeit, mit der ein →Gen im →Genom eines Lebewesens vorhanden ist.

**Genialität**, kreative Begabung, geistig überragende Veranlagung.

**Genickbeule**, asept. oder eitrige Schleimbeutelentzündung auf dem Nacken des Pferdes; Ursache: Geschirrdruck oder Infektion; Gefahr der Fistelbildung.

**Genickbruch**, Bruch des Zahns des zweiten Halswirbels, meist mit tödl. Ausgang durch Abquetschung des Rückenmarks und verlängerten Marks und damit der Nervenzentren von Blutkreislauf und Atmung.

**Genickfang**, *Jägersprache:* Stich mit dem Genickfänger (Jagdmesser) ins Genick.

**Genickstarre** →Gehirnhautentzündung.

# genital

**Genie** [frz., ʒəni] *das*, in Dtld. seit dem 18. Jh. Bez. für höchste schöpfer.-geistige Begabung (im Unterschied zum →Talent). Das künstler. G. als Ausnahmemensch wurde seit →Shaftesbury und →Kant Gegenstand des Interesses; in der sog. *Geniezeit*, dem →Sturm und Drang, zum Ideal und zur gesetzgebenden Norm erhoben und von Klassik und Romantik als der vollendete Mensch verstanden; bei →Nietzsche und →Schopenhauer endl. galt die Hervorbringung von G. als Sinn der Menschheitsgeschichte überhaupt. Früh schon wurde die häufige Verbindung von Genialität mit psychopatholog. Zügen beobachtet (z. B. bei →Hölderlin, →Lenau, →Nietzsche, R. →Schumann) und erforscht (u. a. von C. →Lombroso); →Kreativität.
**genieren** [frz., ʒə-], stören, hindern; *sich g.*, sich schämen, gehemmt, unsicher fühlen; Eigw. *genant (genierlich)*.
**Genictruppe** [ʒəni-], Truppengattung, die mit ihren bes. techn. Hilfsmitteln den Einsatz anderer Waffen unterstützt. Im dt. Heerwesen hat sich seit 1810 für die G. der Name →Pioniere durchgesetzt. –

Die G. der *schweiz. Armee* gliedert sich in Bautruppen, Zerstörungstruppen (Mineure) und Pioniere.
**Geniezeit** [ʒəni-] →Sturm und Drang.
**Genil** [xenil], Fluß in Südspanien, 360 km lang, entspringt in der Sierra Nevada, mündet bei Palma del Río in den →Guadalquivir.
**Genisa** →Geniza.
**Génissiat** [ʒenisja], großes Kraftwerk an der Rhône im frz. Dép. Ain, 23 km langer Stausee (über 50 Mio. m³); jährl. Stromerzeugung 1,7 Mrd. kWh.
**Genista** →Färberginster.
**Genistin**, ein Naturfarbstoff im →Färberginster.
**genital** [lat.], die →Geschlechtsorgane *(Genitalien)* betreffend. *Genitale Phase*, nach S. →Freud Abschnitt in der Entwicklung der →Sexualität, der (nach der oralen, analen und phallischen Phase der frühen Kindheit sowie einer anschließenden Latenzzeit) während der →Pubertät eine Zentrierung auf die Sexualorgane – gleichzeitig mit der Tendenz zur libidinösen Bindung an einen Partner – und damit die Reifestufe der Sexualität erreicht wird.

## Praxistip Sprache

### Genitiv -s/-es

1. Die Deklination der starken männlichen und sächlichen Substantive sieht im Genitiv ein *-s* bzw. *-es* vor: *des Stuhls, des Hauses*. Dabei steht die volle Form *-es* obligatorisch bei Zischlauten (*-s, -ss, -ß, -x, -z, -tz*) und im Regelfall bei auslautendem *-st* oder *-sch*: *des Glases, des Flusses, des Fußes, des Quarzes, des Platzes, des Mastes, des Busches*. Dagegen steht stets *-s* bei den Endungen *-el, -em, -en* und *-er*: *des Jubels, des Atems, des Regens, des Priesters*. Auch bei festen Wendungen (*anderentags, von Amts wegen* usw.) steht *-s*.
2. Schwankender Gebrauch von *-s* und *-es*: Bei einsilbigen und endsilbenbetonten Substantiven dominiert die volle Endung *-es* selbst dann, wenn sie nicht auf Zischlaut enden: *des Rates, des Kindes, des Vertrages*. Das gilt auch für Substantive mit Mehrfachkonsonanz als Endung: *des Kampfes, des Schalles*. Werden diese Formen aber als übertrieben oder gespreizt empfunden, wird *-s* bevorzugt: *des Lärms, des Schalls, des Verkehrs*.
3. Zur Endung *-s* tendieren grundsätzlich stammbetonte zwei- oder mehrsilbige Substantive – sofern sie nicht auf einen Zischlaut enden – sowie solche mit der Endung Diphthong oder langem Vokal (bzw. Vokal + *h*): *des Uhrwerks, des Vormittags, des Baus, des Zoos, des Geweihs, des Schuhs*. Allgemein wird hier die volle Endung *-es* als gespreizt empfunden: *des Vormittages, des Schuhes* usw.

Anmerkung:
1. In Analogiebildung zu männlichen und sächlichen Substantiven werden in festen Wendungen auch feminine Substantive mit einem *-s* als Endung versehen: *von Armuts wegen*.
2. Nicht akzeptabel sind Formen wie *das Zeugs/Dings da*.

# Genitalkörperchen

**Genitalkörperchen,** an der Eichel des →Penis sowie an der →Klitoris gelegene erogene Rezeptoren.

**Genitalpräsentieren,** ein bei den Primaten vorkommendes →Sozialverhalten, bei dem die →Geschlechtsorgane gezeigt werden.

**Genitalzentrum,** Nervengeflecht im Rückenmark; löst beim Mann die →Ejakulation, bei der Frau den Geburtsakt aus.

**Genitiv** [lat. ›Herkunftsfall‹] *der, Linguistik:* zur Präzisierung eines Begriffes dienende →Deklinations-Form, die die Herkunft wie ›Sohn des Königs‹, die Eigentumszugehörigkeit wie ›Haus des Vaters‹, die Urheberschaft wie ›Produkt der Firma X‹ usw. angibt. Urspr. in allen indogerman. Sprachen vorhanden; oft durch präpositionale Fügungen ersetzt: engl.: House *of* Lords.
▪ Zu den Formen mit -*s* bzw. -*es* siehe ›Praxistip Sprache‹, S. 3521.

**Genius,** in der röm. Mythologie vergöttlichte Lebens- und Wirkungskraft (nicht nur Zeugungskraft) des Mannes, Summe seiner Persönlichkeit. Dem G. entspricht die ›Iuno‹ der Frau. Unter platon. Einfluß auch Schutzgeist, →Dämon; seinen Geburtstag beging der Römer als Festtag seines G.; geschworen wurde beim G. des Hausherrn (pater familias), später auch des röm. Kaisers; schließl. wurde auch Kollektiven und sogar Orten ein G. beigelegt (Genius loci, heute i. w. S. geistiges Klima eines Ortes).

**Genius:** Zwei Genien beschützen Hera (370 v. Chr.). Paestum, Nationalmuseum.

**Geniza** [hebr. ›Aufbewahrungsort‹] *(Genisa),* Raum in einer Synagoge für unbrauchbar gewordene Kultgeräte und relig. Schriften, die wegen ihrer Heiligkeit nicht vernichtet werden dürfen.

**Genji** [gɛndʒi], jap. Adelsfamilie, →Minamoto, →japanische Geschichte.

**Genji-monogatari** [gɛndʒi-], jap. Prosawerk von →Murasaki Shikibu.

**Genk** [xɛŋk] *(Genck),* industriereiche Stadt in der belg. Prov. Limburg, 62 000 E.; nach Auslaufen des Kohlebergbaus im Kempenland Ansiedlung von neuen Industrien: Stahlbau, Kfz, Textilien, Chemie.

**Genkartierung,** Darstellung der linearen Anordnung von Erbanlagen (→Gene) und ihrer relativen Abstände auf →Chromosomen. Bei physik. G. werden die Erbanlagen mit →Restriktionsenzymen aufgeschnitten und anschließend physik. der Größe nach getrennt.

**Genklonieren** →Klonieren.

**Genlis** [ʒɑ̃lis], Stéphanie Félicité du Crest de Saint-Aubin, Comtesse de, frz. Schriftstellerin, *25. 1. 1746 Schloß Champcéri bei Autun, †31. 12. 1830 Paris; von der Aufklärung beeinflußt, verfaßte sie als Erzieherin der Kinder des Herzogs von Chartres pädagogische Werke (›Théâtre d'éducation‹, 1779–80), aber auch hist. und Gesellschaftsromane.

**Genlisea,** Gattung der Wasserschlauchgewächse; in Brasilien *G. ornata,* eine fleischfressende Wasserpflanze.

**Genlocus** →Genort.

**Genlokalisation,** Bestimmung der genauen Lage von →Genen innerhalb eines →Genoms bzw. auf →Chromosomen mit Hilfe spezieller biochem. Methoden.

**Genmanipulation** *(Genchirurgie),* gezielter Eingriff in das Erbgut von Individuen (→Gentechnik).

# Genossenschaft

**Genmutation,** Veränderung innerhalb eines Gens (→ Mutation).
**Gennadios II.** (eigtl. *Georgios Scholarios*), griech. Theologe, *um 1405, † um 1472; verfaßte als Patriarch von Konstantinopel (1453 bis 56) für Sultan → Mehmed II. neben verschiedenen anderen theologischen Werken 1454 eine christl. Dogmatik.
**Gennargentu, Monti del** [- dʒɛnnardʒɛntu], höchste Gebirgsgruppe Sardiniens, in der Punta la Marmora 1834 m hoch.
**Gennes** [ʒɛn], Pierre-Gilles de, frz. Physiker, *24.10.1932 Paris; Untersuchungen zum Phasenübergang bei Polymermolekülen, seine dabei gewonnenen Erkenntnisse ermöglichen ein besseres Verständnis für das Entstehen und Verhalten flüssiger Kristalle und eröffnen neue Wege zu deren Nutzung. 1991 Nobelpreis für Physik.
**Gennesaret,** See an der Grenze Israel/Syrien: → Genezareth, See.
**Gennevilliers** [ʒɛnviljɛ], frz. Stadt im nördl. Einzugsbereich von Paris, an der Seine, 45 000 E.; Herst. von Autos und Flugzeugteilen; Flußhafen.
**Genocidium** [lat.] → Gruppenmord.
**Genom** *das*, die Summe aller auf den → Chromosomen angeordneten → Gene. In der *Zytologie*: einfacher (→ haploider) Chromosomensatz.
**Genomanalyse,** heftig umstrittenes Verfahren zur Analyse der menschl. Erbinformation; Genkarten sollen eine bessere Identifizierung von Erbkrankheiten durch → Pränataldiagnostik ermöglichen (→ Genomprojekt).
**genomische DNA,** Bez. für die im Zellkern vorhandene → DNA, im Ggs. z. B. zur DNA der → Mitochondrien oder → Chloroplasten.
**Genommutationen,** Veränderung in der Gesamtzahl eines normalen Chromosomensatzes (→ Chromosomenanomalien).
**Genomprojekt** (engl. *Human Genome Project*), i. e. S. das bekannteste Projekt HUGO (*Human Genome Mapping Organization*); befaßt sich mit der Aufklärung des genauen Aufbaus des menschl. Genoms, d. h. der gesamten Basensequenz der rd. 3 Mrd. Basenpaare des etwa 100 000 Gene umfassenden Genoms.
**Genopathie,** Medizin: → Enzymopathie, → Keimschäden.
**Genort** *(Genlocus),* Stelle an einem → Chromosom, an der ein bestimmtes Gen liegt; liegt für jedes Gen fest (→ Gene).
**Genossenschaft,** der Zusammenschluß gleichgesinnter Personen *(Genossen)* zur Erreichung eines gemeinsamen Ziels durch Selbsthilfe, Selbstverwaltung und Selbstverantwortung. Die frühesten Formen von G. waren Mark-, Dorf- und Deich-G., die mittelalterlichen Bruderschaften, Gilden und → Zünfte. Um 1840 Beginn der neuzeitl. G.-Bewegung, verursacht durch die Bedrohung der Arbeiter und Bauern durch die → Industrielle Revolution. 44 erste Konsum-G. der ›redlichen Pioniere von Rochdale‹. 49 gründete → Schulze-Delitzsch die erste Rohstoff-G., → Raiffeisen die erste landw. Darlehnskasse. Seitdem ständige Ausweitung des G.-Wesens, nur unterbrochen durch die Inflation der 20er Jahre und die Einschränkungen unter dem Nat.-Soz. – Rechtl. Grundlage der G. bildet in der BR Dtld. das G.-Gesetz vom 1.5.1889. Danach sind G. ›Gesellschaften von nicht geschlossener Mitgl.-Zahl, welche die Förderung des Erwerbs oder der Wirtschaft ihrer Mitgl. mittels gemeinschaftl. Geschäftsbetriebs bezwecken‹. Sie müssen mindestens sieben Gründer haben und im G.-Register eingetragen sein. Die Genossen besitzen Geschäftsanteile. Das oberste Entscheidungsorgan ist die Generalversammlung, die bei G. mit mehr als 3000 Mitgl. aus Vertretern der Genossen besteht (Vertreterversammlung). Die weiteren Organe der G. sind Vorstand (mindestens zwei Genossen) und Aufsichtsrat (mindestens drei Mitgl.), beide von der Generalversammlung zu wählen; ihre Funktionen entsprechen denen von Vorstand und Aufsichtsrat einer → Aktiengesellschaft. – In Österr. (G.-Gesetz von 1873) und der Schweiz (Art. 828–926 OR) enthält

Pierre-Gilles de Gennes

# Genossenschaft Deutscher Bühnenangehöriger

Hans-Dietrich Genscher

das G.-Recht ähnl. Grundsätze. – Nach ihrem Zweck unterscheidet man vor allem Einkaufs-G. (Bezugs-G.), Absatz-G.), Konsum-G. (Verbraucher-G.), Produktions-G. (Verwertungs-G.), Kredit-G. (G.-Banken, Volksbanken), Wohnungsbau-G. Während die G. in den Industrieländern an Zahl und Bedeutung abnehmen, sind sie als Selbsthilfeeinrichtungen in Entwicklungsländern mit noch kleinbetriebl. geprägter Wirtschaftsstruktur eine vielversprechende Unternehmensform. G. sind in verschiedenen Verbänden zusammengefaßt (→Deutscher Genossenschafts- und Raiffeisenverband e. V., Österr. Genossenschaftsverband, →Internationaler Genossenschaftsbund).

**Genossenschaft Deutscher Bühnenangehöriger** *(GDBA/DAG)*, 1871 gegr. Vereinigung des künstlerischen und techn. Bühnenpersonals. Fungiert als Tarifpartner; der →Deutschen Angestellten-Gewerkschaft angeschlossen.

**Genossenschaftliche Zentralbank,** Zentralinstitut der →Kreditgenossenschaften auf regionaler Ebene. Im Aufbau des kreditwirtschaftl. Genossenschaftswesens bilden die G.Z. die mittlere Ebene zw. den örtl. Kreditgenossenschaften und dem überregionalen Spitzeninstitut →DG-Bank. Aufgabe der G.Z. war urspr. die Förderung des Liquiditätsausgleichs zw. den angeschlossenen Instituten, heute darüber hinaus deren Unterstützung in allen Bankgeschäftsarten.

**Genossenschaftsbauer,** *ehem. DDR:* einer landwirtschaftl. Produktionsgenossenschaft angehörender Bauer.

**Genoßsame,** schweiz. für →Genossenschaft.

**genotypische Geschlechtsbestimmung** →Geschlechtsbestimmung.

**Genotypus** [griech.], *Vererbungslehre:* Gesamtheit der extrachromosomalen und der auf den →Chromosomen liegenden Erbanlagen (→Gene). Da sich in der Regel nicht alle genet. Merkmale ausprägen, unterscheidet sich der G. vom →Phänotyp(us).

**Genova** [dʒɛnova], italienisch für →Genua.

**Genovefa** [-fe-] (frz. *Geneviève*), Schutzpatronin von Paris; rettete nach der Legende 451 Paris vor den Hunnen.

**Genovefa** [-fe-], Gattin eines Grafen Siegfried von Brabant (um 750), die nach einer Legende fälschl. des Ehebruchs bezichtigt wurde und mit ihrem Sohn Schmerzensreich sechs Jahre in der Waldeinsamkeit lebte, bis die Schuldlose von ihrem Gatten gefunden und heimgeholt wurde. Das 1687 von Martin von Cochem aufgezeichnete Volksbuch wurde von Ludwig →Tieck und →Hebbel dramatisiert, von R. →Schumann vertont.

**Genovesi** [dʒɛnɔvezi], Antonio, ital. Philosoph und Volkswirt, *1.11.1712 Castiglione, †21.9.1769 Neapel; hatte 1754 in Neapel erstes Ordinariat für Volkswirtschaft in Europa.

**Genoveva,** Oper (Urauff.: 25.6.1850, Leipzig), op. 81, von R. →Schumann; Text: R. Reineck nach L. Tieck und F. Hebbel.

**Genozid** [lat.] →Völkermord.

**Genpool** [engl., -puːl], gemeinsamer Gesamtbestand an Erbanlagen (Genen) einer zusammengehörigen →Population.

**Genprodukt** →Genexpression.

**Genre** [frz., ʒɑ̃rə], Gattung, Art, Wesen.

**Genregulation,** Aktivierung oder Inaktivierung eines →Gens zum richtigen Zeitpunkt.

**Genremalerei** [frz., ʒɑ̃rə- ›Gattung‹, ›Wesen‹] (*Sittenmalerei*), Malerei, die das Alltagsleben in versch. Gesellschaftsschichten und Lebensformen darstellt; relig. Motive selten. Die G. ist mit dem Realismus um 1500 entstanden, erster Höhepunkt bei der niederl. Malerei des 17. Jh.

**Genro** [jap. ›Staatsältester‹], in der ersten Hälfte des 20. Jh. Bez. für außerhalb der Verfassung stehende, einflußreiche Berater der jap. Krone; 1940 starb mit Saionji Kimmochi der letzte G.; →japanische Geschichte.

**Gens** [lat.], 1. Stamm, Sippe; 2. im alten Rom: Verband von Familien

3524

**Genremalerei:** Jan Steen (1626 – 79) ›Lustige Gesellschaft‹. London, Wellington-Museum

gleicher Abstammung und gleichen Namens.

**Gensan,** nordkorean. Hafenstadt →Weonsan.

**Genscher,** Hans-Dietrich, dt. Politiker (F.D.P.), *21.3.1927 Reideburg (bei Halle/Saale); Jurist; 1965 MdB; 69–74 Bundes-Min. des Innern; versuchte, bes. den Problemen des Umweltschutzes und der Verbrechensbekämpfung wirksamer zu begegnen; 74–92 Außen-Min. und Vizekanzler; in diesem Amt setzte sich G. mit Erfolg für die Wiedervereinigung Deutschlands ein; 74 bis 85 Vors. der F.D.P.

**Gens d'armes** [frz., ʒãdarm ›Bewaffnete‹], im MA die von Edelleuten gebildete Leibgarde der frz. Königin; ab Mitte des 15. Jh. bis 1789 eine Truppe schwerer Reiter. In Preußen bis 1806 ein Kürassierregiment (→Gendarmerie).

**Genserich** →Geiserich.

**Gensfleisch,** Johannes, eigtl. Name von J. →Gutenberg.

**Gensler,** Brüder, Hamburger Künstlerfamilie:
**1)** Günther, Maler, *28.2.1803 Hamburg, †28.5.1884 ebd.; machte sich durch lebendige Porträts im Stil des Biedermeier einen Namen.
**2)** Jakob, Maler, *21.1.1808 Hamburg, †26.1.1845 ebd.; Freilichtgemälde naturalistischer Landschaften in stimmungsvoller, fein abgestufter Farbigkeit.
**3)** Martin, Maler und Graphiker, *9.5.1811 Hamburg, †14.12.1881 ebd.; Naturstudien und Landschaftsbilder.

**Gensonde,** klonierte oder chem. synthetisierte DNA- bzw. RNA-Sequenz; geeignet zur Lokalisierung und Identifizierung gesuchter Gene in einer →Genbank.

# Gent

Gent

**Gent** [niederl. xɛnt] (frz. *Gand*), Hptst. der belg. Prov. Ostflandern, an der Mündung der →Leie in die Schelde, mit Vororten 230 000 E., modernisierte Altstadt mit got. Kathedrale Sint Baafs (Genter Altar der Brüder van →Eyck), Stadthaus (15.–17. Jh.), Belfried, Tuchhalle, roman. ›Stapelhuis‹, got. Schipperhuis, Wasserburg 's Gravensteen (1180) u. a. Zeugen der Blütezeit G. als Handelszentrum; geistiger Mittelpunkt der Flamen, Univ. (gegr. 1816), Bibl., Museen; internat. Messe; bed. Ind.-Stadt (Textilien: ›Flandrisch Leinen‹, Maschinenbau, Gerberei, Brauerei), Blumenzucht; durch mehrere verzweigte Kanäle mit der See verbunden. Ausbau des Hafens und des *G.-Terneuzen-Kanals* zur Westerschelde förderte die Entstehung einer neuen Industriezone. – G., schon im 8. Jh. genannt, wuchs im MA neben Brügge zur bedeutendsten Stadt Flanderns heran (Tuchindustrie). Der Niedergang erfolgte im Verlauf des niederl. Aufstandes (16. Jh.).

**Gentechnik** *(Gentechnologie; genetic engineering)*, molekularbiol. Methode zur gezielten Isolierung und →Klonierung von einzelnen →DNA-Fragmenten über Artgrenzen hinweg. Zweck der G. ist die biotechnolog. Herst. von nützl. →Proteinen, die natürlich vorhanden sind oder künstlich so verändert wurden, daß sie neue Funktionen oder vorhandene Funktionen besser ausüben können. Die G. ist in der biol. Forschung zu einer der wichtigsten Methoden überhaupt avanciert. Ihre Anwendung gewinnt zunehmend an wirtschaftl. Bedeutung. Mit der Übertragung von menschl. →Genen in Mikroorganismen lassen sich Arzneimittel wie →Insulin, →Interferon oder →Wachstumshormon produzieren. In der Tier- und Pflanzenzüchtung wird die G. in Zukunft klass. Züchtungsmethoden ergänzen und beschleunigen. Mit Hilfe der G. lassen sich ertragreichere und gegen Krankheitserreger widerstandsfähigere Nutzpflanzen-Sorten züchten. Pflanzen und Tiere können gentechnisch verändert werden, so daß sie Arzneimittel und andere hochwertige Substanzen erzeugen. In der Umwelttechnologie könnte die G. bislang nicht abbaubare Gefahrstoffe durch veränderte Mikroorganismen zu unschädl. Stoffen abbauen.
Für die G. sind versch. ›Werkzeuge‹ nötig: Mit →Restriktionsenzymen läßt sich die DNA des Erbguts an exakt definierten Stellen aufschneiden und mit →Ligasen wieder zusammenfügen. Der Einbau fremder DNA in Organismen kann geschehen: 1. durch →Vektoren (→Plasmide, →Bakteriophagen, →Retroviren), 2. durch direkte Injektion von DNA in Embryos oder 3. unter Inanspruchnahme elektr. Felder, die die →Membran einer Zelle durchlässig für DNA machen.
Umstritten ist die G. in ihren Anwendungsmöglichkeiten beim Menschen (→Humangenetik, →Gentherapie). Auch Laborrisiken werden diskutiert. Strittig ist zudem, ob gentechnisch erzeugte Organismen außerhalb des Labors freigesetzt werden dürfen.

**Gent:** Gildehäuser des 16./17. Jh. an der Graslei

# Gentile da Fabriano

Gentile da Fabriano: ›Madonna mit Kind‹ (um 1410). Perugia, Galleria Nazionale

In den meisten Ländern bestehen inzwischen für die G. Sicherheitsrichtlinien; in *Dtld.* war bisher die Durchführung von Forschungsvorhaben in den Gen-Richtlinien i. d. F. vom 28. 5. 1986 als Verwaltungsvorschrift geregelt; am 1. 7. 1990 trat ein *Gentechnikgesetz* in Kraft.

**Gentechnologie** →Gentechnik.

**Genter Altar,** 1432 vollendetes Meisterwerk der niederl. Malerei, von den Brüdern Hubert und Jan van →Eyck geschaffen; aufgestellt in der Kathedrale Sint Baafs (St. Bavo) in Gent.

**Genter Pazifikation** →Wilhelm I. von Oranien.

**GENTEX,** Name des seit 1956 bestehenden Telegraphenwählnetzes der europ. Postverwaltungen für den Telegrammdienst, wird in der BR Dtld. in das Netz von →ISDN integriert.

**Genthe,** Arnold, amerik. Photograph dt. Herkunft, * 8. 1. 1869 Berlin, † 9. 8. 1942 New Milford (CT); 1895 emigriert; Pionier der Bildreportage.

**Gentherapie,** der gezielte Eingriff in das (menschl.) →Genom zur Heilung von →Erbkrankheiten. Unter somatischer G. versteht man den Eingriff in die Körperzellen eines Individuums, bei dem der Erbdefekt behoben wird, die Keimzellen den Defekt jedoch weiter tragen; das Individuum kann die Erbkrankheit deshalb weiter auf seine Nachkommen übertragen. Wesentlich einschneidender ist die G. der Keimbahn, die sich gegenwärtig noch im tierexperimentellen Stadium befindet. Hierbei werden bereits embryonale Zellen – und daher auch Keimzellen – durch einen Eingriff (→Gentechnik) verändert. Diese Form der G. wird jedoch von den meisten Wissenschaftlern abgelehnt (→Eugenik). 1989 gelang es zwei US-amerik. Forschern zum ersten Mal, ein Gen in die Körperzellen eines Krebspatienten zu übertragen.

**Genthin,** Stadt nordöstl. von Magdeburg, Sachs.-Anh., Umschlaghafen am Plauer Kanal, 17 000 E.; Zucker-, Waschmittelindustrie.

**Gentiamarin** →Bitterstoffe.

**Gentiana** →Enziangewächse.

**Gentianaviolett,** ein →Methylviolett, Verwendung u. a. in der Mikrobiol. zur →Gramfärbung sowie zum Anfärben von Zellkernen, Geweben und Zellbestandteilen; →Desinfektion.

**Gentile** [dʒɛnˈtiːle], Ada, ital. Komponistin, * 26. 7. 1947 Avezzano; 1979 Gründung des Festivals ›Nuovi spazi musicali‹; Streichquartette, Kammermusikwerke, bes. für Klavier und Flöte.

**Gentile** [dʒɛnˈtiːle], Giovanni, ital. Philosoph, * 30. 5. 1875 Castelvetrano, † (ermordet) 15. 4. 1944 Florenz; vertritt einen antipositivistischen, antiindividualistischen ›aktualistischen Idealismus‹, demzufolge aus dem absoluten Ich eines schöpferischen Geistes alle Realität entspringt. Kulturorganisator und Theoretiker des ital. Faschismus, dem er durch seine religiös-konservative, Gewalt ablehnende und nicht rassist. Position Rechtfertigung verschaffte.

**Gentile da Fabriano** [dʒɛnˈtiːle -], ital. Maler, * vor 1370 Fabriano,

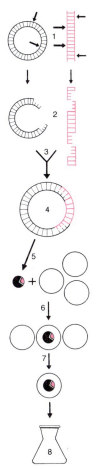

**Gentechnik:**
**1** Plasmid- (schwarz) und Spender-DNA (rot) werden durch ein Restriktionsenzym aufgebrochen (Pfeile); **2** die zwei Teilstücke; **3** Einbau der RNA-Teilstücke (rot) in das ringförmige Plasmid; **4** neukombiniertes Molekül; **5** Transformation des neuen Moleküls in Bakterienzellen ohne Plasmid; **6** einige Bakterienzellen haben das Plasmid aufgenommen; **7** Selektion der plasmidhaltigen Bakterien; **8** Weiterzüchtung dieser Zellen.

## Gentileschi

**Gentileschi,** † 1427 Rom; zarte, phantasiereiche, in der Spätgotik verwurzelte Malerei (→weicher Stil), gehört zur →umbrischen Schule. – *W:* Anbetung der Könige (1423), Florenz (Uffizien).
**Gentileschi** [dʒɛntilɛski], Artemisia, ital. Malerin, Tochter von Orazio G., * um 1597 Rom, † nach 1651 Neapel; farbl. delikate Bilder in der Caravaggio-Nachfolge.
**Gentileschi** [dʒɛntilɛski], Orazio, ital. Maler, * 1563 Pisa, † 7.2.1647 London; vom röm. Frühbarock bestimmte Bilder von differenzierter Koloristik.
**Gentilhomme** [frz., ʒãtijɔm] *der,* Mann von vornehmer Gesinnung und guter Erziehung.
**Gentilucci** [dʒɛntilutʃi], Armando, ital. Komponist und Musikpublizist, * 8.10.1939 Lecce (Apulien), † 12.11.1989 Mailand; Studium bei Franco Donatoni; arbeitete als Komponist, Lehrer und Musikpublizist für sein Konzept der sozialen Einbindung zeitgenöss. Musik; 1970–89 Leitung der Musikschule ›J. Peri‹ in Reggio Emilia.
**Gentiogenin** →Bitterstoffe.
**Gentiopikrin** →Enziangewächse.
**Gentle Giant** [dʒɛntl dʒaɪənt], 1970 in London gegr. Rocksextett um die Brüder Phil, Derek und Raymond Shulman; mit großer instrumentaler Besetzung mischte G. G. Blues und Folk mit Free Jazz, Madrigalen und Ostinato-Elementen. – *LPs:* Gentle Giant (1971); Acquiring the Taste (71); Octopus (72); In a Glass House (73); The Power and the Glory (74); Giant Steps (75); Free Hand (75); The Missing Piece (77); Giant for a Day (78); Civilian (80).
**Gentleman** [engl., dʒɛntlmən], urspr. Edelmann; Mann mit ritterl. Charakter, vornehmer Gesinnung, guten Umgangsformen.
**Gentlemen's Agreement** [engl., dʒɛntlmənz əgriːmənt] *das, (Gentleman's A.),* Vereinbarung auf Vertrauensgrundlage, ohne Sicherung durch regulären Vertrag.
**Gentofte,** dän. Stadt, 65 000 E., auf Seeland, im N von Kopenhagen, bildet mit diesem und Frederiksberg eine städt. Agglomeration.
**Gentransfer,** Übertragung eines →Gens von einem Organismus auf einen anderen. In der Natur vollzieht sich dieser Prozeß laufend, etwa beim G. zw. Mikroorganismen mittels →Plasmiden. Der G. kann aber auch experimentell erfolgen (→Gentechnik).
**Gentry** [dʒɛntrɪ], urspr. der brit. niedere Adel; das Großbürgertum, die gute Gesellschaft in Großbritannien.
**Gentz,** Friedrich von, Publizist, * 2.5.1764 Breslau, † 9.6.1832 Weinhaus (heute zu Wien); trat Ende des 18.Jh. unter dem Einfluß von E. →Burke, dessen Hauptwerk er übersetzte, gegen die →Französische Revolution auf und bekämpfte →Napoleon I.; 1802 wechselte er von preuß. in österr. Dienste; ab 1810 im Banne →Metternichs, löste er sich von seinen liberalen und nationalen Ideen, die die dt. Einheit in einem Bündnis zw. Preußen und Österr. als Ausgangspunkt eines allg. Bundes verwirklicht sehen wollten; wurde zum geistigen Vater der Zensurbestimmungen sowie einer reaktionären Interpretation der →Bundesakte.
**Gentz,** Heinrich, Architekt, Bruder von Friedrich von G., * 5.2.1766 Breslau, † 3.10.1811 Berlin; frühklassizist. Stil; Aufbau des Großherzogl. Schlosses in Weimar, für das ihm Goethe die Entwürfe lieferte (1802–04).
**Gentz,** Wilhelm, Maler, * 9.12.1822 Neuruppin, † 23.8.1890 Berlin; farblich effektvolle, wirklichkeitsgetreue Darstellungen oriental. Lebens und Wüstenlandschaften.
**Genu** [lat.], Knie.
**Genua,** ital. Genova [dʒɛnova], Hptst. der italienischen Region →Ligurien und der Provinz G. (1836 km² und 950 000 E.) mit 680 000 E.; wichtigster Hafen und Seehandelsplatz Italiens, an steiler Gebirgsküste des Apennins gelegen, im Sammelpunkt bequemer Paßstraßen, die G. an den alpenüberschreitenden Verkehr und ganz Oberitalien anschließen; Freihafen der Schweiz; Sitz großer Reedereien, Maschinen-, Fahrzeug-, Schiffbau, chem. und Textilindustrie; Univ. (gegr. 1243), Akade-

● **Genua:** Karte
→Handelswege

# Genußmittel

mien, Kunstsammlungen; reich an Kirchen (romanischer Dom San Lorenzo, 12.Jh.) und Palästen (Dogenpalast) aus der Glanzzeit der führenden Handelsmacht im Mittelmeerraum.
*Geschichte:* Hptst. und Handelszentrum der →Ligurer ab dem 5.Jh. v.Chr.; Ende des 3.Jh. v.Chr. unter röm. Einfluß (später →Munizipium); ab 641 langobard., ab dem 10.Jh. selbständige Republik, überwand 1284 die konkurrierende Seerepublik →Pisa, der es die Inseln Sardinien, Korsika und Elba entriß, unterlag aber in langen Rivalitätskämpfen →Venedig (1256 bis 1381). Geschwächt durch innere Unruhen und Parteikämpfe zw. →Guelfen und →Ghibellinen, geriet G. seit der 2. Hälfte des 14.Jh. in wechselnde Abhängigkeit von →Mailand und Frkr. Die auf zahlr. Handelskolonien gestützte Vorherrschaft im Ägäischen und Schwarzen Meer, die G. im Bund mit dem byzantin. Kaiser →Michael VIII.. Palaiologos gegen das →Lateinische Kaiserreich und Venedig (Vertrag von Nymphaion 1261) errungen hatte, ging im 15.Jh. durch das Vordringen der Osmanen verloren. Die Entdeckung des Seewegs nach Indien brachte einen weiteren Rückgang des Levantehandels und der wirtschaftl. Machtstellung von G. Unterstützt von Kaiser →Karl V. konnte Andrea →Doria 1529 die Unabhängigkeit der Republik für einige Zeit zurückgewinnen. Im Zuge der →Französischen Revolutionskriege in die Ligurische Republik umgewandelt; 1815 an das Kgr. Piemont-Sardinien, mit dem es 1860 im Kgr. Italien aufging.
**Genuatief,** über dem Golf von Genua entstandenes →Tiefdruckgebiet, das häufig über die Ostalpen in Richtung Polen zieht und dabei im Alpenraum zu ergiebigen Niederschlägen führt.
**Genugtuung,** *Recht:* Wiedergutmachung bei Verletzung eines Rechtsgutes, z.B. bei Ehrverletzung der Widerruf, Erteilung der Befugnis zur öffentl. Bekanntmachung eines Urteils auf Kosten des Schuldigen (→Schmerzensgeld). – In der Schweiz ist die Zahlung einer Geldsumme als G. in den Art. 28, 29, 93, 134, 151 ZGB und in Art. 47, 49, 60, 61 OR geregelt. Darüber hinaus gibt es keinen Anspruch auf G.
**Genugtuungssumme,** Schweiz: →Schmerzensgeld.
**genuin** [lat.], angeboren, echt.
**Genu recurvatum** [lat.], *Medizin:* Bänderschlaffheit im Kniegelenk.
**Genus** [lat. ›Gattung‹] *das,* **1)** *Linguistik:* 1. beim Substantiv Angabe der Zugehörigkeit zum männl. *(der Vater),* weibl. *(die Mutter)* oder sächl. *(das Kind)* Geschlecht; das G. wird am →Artikel erkennbar; 2. beim →Verbum die Zustandsform: →Aktiv, →Medium oder →Passiv; **2)** *Biol.:* →Gattung. ▪ Zu den Substantiven mit schwankendem Genus siehe ›Praxistip Sprache‹, S. 3530.
**Genuskauf** →Gattungskauf.
**Genußaktie,** mit Stimmrecht ausgestatteter →Genußschein, rechtl. der →Vorzugsaktie vergleichbar. Im dt. und österr. Aktienrecht nicht vorgesehen.
**Genußmittel,** Stoffe, die nicht zur Ernährung des Menschen, sondern zur Steigerung des Wohlbefindens und zur Anregung dienen, wobei die Wirkung gewöhnl. von Bestandteilen hervorgerufen wird, die das →Zentralnervensystem beeinflussen und in konzentrierter Form →Gifte darstellen: Kaffee, Tee, Alkohol, Tabak u.a.

**Genuatief:** Wolkenwirbel mit Zentrum über dem Golf von Genua

# Genußrecht

## Praxistip Sprache — schwankendes Genus

Im Regelfall hat jedes Substantiv der deutschen Sprache nur ein Genus (grammatisches Geschlecht), das an dem vorausgehenden Artikelwort *(der, die, das)* deutlich wird: *der Baum, die Kuh, das Land.* Ebenso gibt es weitgehende Entsprechungen zwischen natürlichem Geschlecht (Sexus) und grammatischem Geschlecht (Genus): *der Mann, die Frau.* Aber: *die Wache* (meist männlich), *das Mannequin* (männlich oder weiblich). Daneben existiert eine relativ große Zahl abstrakter und konkreter Substantive mit schwankendem Genus, also zwei bzw. drei Artikelwörtern.

1. Substantive mit gleicher Form, gleicher Bedeutung und unterschiedlichem Genus:

der/die Abscheu
der/das Barock
der/das Bonbon
der/das Dotter
der/die/das Dschungel
der/das Episkopat
der/das Erbteil
der/das Gelee
der/das Gulasch
der/das Joghurt
der/das Katheder
der/das Knäuel

der/das Lasso
der/das Liter
der/das Meter
der/das Podest
der/das Poster
der/das Pyjama
der/das Sakko
der/das Silo
der/das Teil
der/das Virus
der/das Zölibat
der/das Zubehör

2. Substantive mit gleicher Form, verschiedener Bedeutung und unterschiedlichem Genus:

der Alp (seelischer Druck)
der Band (Buch)
der Bulle (Stier)
der Bund (Union; Hosenbund)
der Erbe (Person, die erbt)
der Gehalt (Wert)
der Kiefer (Knochen)
der Kunde (Käufer)
die Mark (Geldeinheit)
der Ort (Ortschaft)
der Raster (Druckwesen)
der See (Binnengewässer)
die Steuer (Abgabe)
der Verdienst (Gehalt)

die Alp (Bergweide)
das Band (etwas zum Binden)
die Bulle (Urkunde)
das Bund (Bündel)
das Erbe (Vermächtnis)
das Gehalt (Lohn)
die Kiefer (Nadelbaum)
die Kunde (Nachricht)
das Mark (Knocheninneres)
das Ort (bergmänn. Ausdruck)
das Raster (Fernsehtechnik)
die See (Meer)
das Steuer (Lenkrad)
das Verdienst (Leistung)

3. Verwandte Wörter mit ähnlicher Form, verschiedenem Genus und unterschiedlicher oder gleicher Bedeutung:

der Akt (Theateraufzug)
das Etikett (Aufkleber)
der Laden (Geschäft)
der Rabatt (Preisnachlaß)
der Spann (Fußrücken)
der Streifen (Band)
der Typ (Gattung)
die Zehe (Körperteil)

die Akte (Schriftstück)
die Etikette (Umgangsformen)
die Lade (Möbelteil)
die Rabatte (schmales Beet)
die Spanne (Zeitraum)
die Streife (Patrouille)
die Type (Druckbuchstabe)
der Zeh (Körperteil)

---

**Genußrecht** → Genußschein.
**Genußreife,** Reifezustand, bei dem Früchte gegessen werden können (→ Baumreife).

**Genußschein,** Urkunde, in der Genußrechte, v. a. Ansprüche auf Beteiligung am Reingewinn und am Liquidationserlös einer Handelsgesellschaft, verbrieft sind; wird u. a. als Gründerlohn und als Entschädigung im Sanierungsfall ausgegeben.

**Genu valgum** →X-Beine.

**Genzmer,** Harald, Komponist, *9.2.1909 Blumenthal (bei Bremen); Schüler von →Hindemith, dessen Ansätze er weiterführte; Orchester-, Klavier- und Chorwerke, Kammer- und Jugendmusik (→Trautonium).

**geo-** [griech.], Vorsilbe mit der Bed. ›Erd-‹; Beispiel: →geozentrisch.

**Geoantiklinale** [griech.] *die*, ein weiträumiges Aufwölbungsgebiet (→Falte) der Erdkruste; Ggs. →Geosynklinale.

**Geobiologie** [griech.], Wissenschaft von der Verbreitung der Tiere und Pflanzen auf der Erde.

**Geobionten,** ausschließl. im Boden lebende Organismen.

**Geobotanik** *(Pflanzengeographie, Phytogeographie),* Teilgebiet der →Botanik bzw. der →Geographie, Wissenschaft von der Verbreitung der Pflanzen; beschäftigt sich mit den in versch. Gebieten vorkommenden Pflanzenarten (→Florenreiche) und den Zusammenhängen ihrer Verbreitung *(Arealkunde, florist. G.),* mit der Analyse der Pflanzengesellschaften *(Vegetationskunde, Pflanzensoziologie),* der Geschichte von Flora und Vegetation *(historische G., Floren- und Vegetationsgeschichte)* sowie der Ursachenforschung von Pflanzenarealen und Pflanzengesellschaften *(botanische Standortlehre, ökolog. G.)* und der Ökosystemforschung.

**Geochemie,** Wissenschaft von der chem. Zusammensetzung des Erdkörpers, bes. der →Erdkruste; untersucht die chem. Beschaffenheit der Gesteine.

**Geochronologie,** Wissenschaft, die sich mit der →absoluten Zeitbestimmung in der Erdgesch. befaßt.

**Geodäsie** [griech.] *(Vermessungskunde),* Wissenschaft und Technik der Messung und Berechnung der Erdgestalt und von Teilen der Erdoberfläche sowie ihrer Darstellung in →Katasterkarten und →topographischen Karten. Erdmessung und Landesvermessung berücksichtigen Erdkrümmung und Schwerebeschleunigung *(höhere G.),* Land- und Feldmessung berücksichtigen diese nicht *(niedere G.).* Allg. Bedeutung haben die →Landesvermessung und die →Katastervermessung; spezielle Aufgaben hat die G. bei der Planung und Durchführung techn. Maßnahmen *(Ingenieur-G.)* und im Bergbau *(Markscheidekunde).* Kontinentübergreifende Messungen erfolgen heute mittels →Satellitengeodäsie.

Geode: Schnitt durch eine Gesteinsknolle (Streifenchalzedon, Schnittfläche poliert)

**Geode** [griech.] *die,* kleiner kugeliger, knolliger Gesteinskörper; entstanden durch Ausfüllung eines Hohlraums (→Druse) oder durch Ausscheidung zirkulierender Lösungen (→Konkretion).

**Geodimeter,** geodätischer Entfernungsmesser, der mit Lichtstrahlen nach dem →Radarprinzip arbeitet.

**Geoffrey of Monmouth** [dʒɛfrɪ əv mʌnməθ], engl. Historiker (um 1100–54): →englische Literatur.

**Geoffroy Saint-Hilaire** [ʒɔfrɑ sɛtilɛr], Étienne, frz. Zoologe, *15.4.1772 Étampes (bei Paris), †19.6.1844 Paris; vertrat die Auffassung, daß eine Umwandlung der Arten möglich sei durch Einwirkungen der Außenwelt auf die Organismen. Mit →Cuvier, der an der Konstanz der Arten festhielt, 1830 ein berühmter wissenschaftl. Streit; G. unterlag aber infolge der größeren Autorität Cuviers. Die Ideen G. trugen jedoch in der Folgezeit wesentl. zum Durchbruch des Deszendenzgedankens (→Abstammungslehre) bei. – W: Philosophie anatomique (1818–22); Principes de Philosophie zoologique (30).

Étienne Geoffroy Saint-Hilaire

**GeoForschungsZentrum Potsdam** (Abk. *GFZ*), 1992 gegr. For-

# Geogenese

schungseinrichtung des Landes Brandenburg, Sitz: Potsdam; multidisziplinäre Grundlagenforschung zu globalen geowissenschaftlichen Themen; Mitgl. der →Arbeitsgemeinschaft der Großforschungseinrichtungen.
**Geogenese** *(Geogenie, Geogonie)*, Teilgebiet der →Geologie, Lehre von der Entstehung und Entwicklung der Erde.
**Geognosie** [griech.], veraltete Bez. für →Geologie.
**Geograph** [griech. ›Erdbeschreiber‹], befaßt sich mit der Erdoberfläche, ihrer Beschaffenheit und Bed. für Mensch und Kultur; nach der Hochschulausbildung (Berufs-, Fach- und →Hochschulwesen) Tätigkeit meist in Schulen, Verlagen sowie in der Regional- und Landesplanung.
**Geographenflechte,** eine Art der →Flechten.
**Geographie** [griechisch ›Erdbeschreibung‹] *(Erdkunde)*, Wissenschaft von der Erdoberfläche im ganzen wie in ihren Teilen (Landschaften, Ländern), die sie nach genet., kausalen und funktionellen Gesichtspunkten untersucht. Dem zweifachen Forschungsziel der G. entspricht ihre Gliederung: 1. Die *Allgemeine G.* analysiert die Erscheinungsfülle, die die Erdoberfläche bietet, so daß die Gesetzmäßigkeit der Einzelkomponenten (Geofaktoren) über die ganze Erde hin aufgeklärt werden kann. Innerhalb der *Physischen G.* wird die Erdoberfläche im Hinblick auf ihre Formen (→Geomorphologie) und als Träger anderer lageabhängiger Naturerscheinungen (Landschaftsbildner) betrachtet, z. B. in der Klima-G. (→Klimatologie), Hydro-G. (→Hydrographie, →Ozeanographie), Boden-G. (→Bodenkunde), Vegetations- und Tier-G., die auch als →Bio-G. zusammengefaßt werden und unter der man die physische Anthropo-G. zurechnen kann. Die →Anthropo-G. behandelt die Erdoberfläche als Lebensraum des Menschen, der sich den Naturgegebenheiten anpassen muß, diese andererseits auch verändert (→Kultur-G.). Hierbei sind u. a. die Zweige der →Siedlungs-, Staaten- (→Politische G.), →Wirtschafts- und →Verkehrs-G. zu unterscheiden, deren gemeinsame gesellschaftliche Basis die →Sozial-G. untersucht. Als Grundlage aller (primär-)anthropogeogr. Zweige dient die →Bevölkerungs-G., welche die Verteilung und Entwicklung der Weltbevölkerung nach Zahl und Art behandelt. 2. Der →*Länderkunde (Spezielle, Regionale G.)* fällt die Synthese zu; sie hat das Zusammenspiel der Komponenten in dem spezif. Erscheinungsbild einzelner Erdräume zu verfolgen und in logisch durchschaubarer Ordnung darzustellen. Sie kann in dieser Aufgabe auch historisch- oder gar paläogeographisch tätig sein; immer pflegt sie den Vergleich und die Bewertung der geordneten Einzeltatsachen mit dem Ziel, das Wesentliche zu erkennen und hervorzuheben. – Wichtigstes Arbeits- und Ausdrucksmittel der G. ist die →Karte, in deren Entwicklung sie gleichberechtigt mit der →Kartographie teilhat. Die *Angewandte G.* dient als normative Zweckwissenschaft den vielseitigen Bedürfnissen des prakt. Lebens; sie hat hierbei bes. auch die Ergebnisse der jeweiligen Nachbarwissenschaften zu berücksichtigen und findet dort ihren Platz, wo es auf synthet. Zusammenschau erdräuml. Faktoren ankommt: in Landesentwicklung und -planung, in Naturschutz, Fremdenverkehr, Entwicklungshilfe und in der Organisation überregionaler Staaten-, Wirtschafts- und Sozialgemeinschaften. Pflegestätten der G. sind insbes. die Geogr. Inst. der Hochschulen. Deren Arbeit wird durch die *Geographischen Gesellschaften* unterstützt, die nach Vorläufern in Paris 1821, Berlin 1828, Wien 1856 gegr. wurden. *Internat.* (seit 1871) und *Deutsche Geographentage* (seit 1881) dienen der Diskussion geogr. Probleme. Anfänge einer G. sind bereits im griech. Altertum gegeben (→Herodot, →Eratosthenes, →Strabo); neben der ungeordneten Beschreibung wurden auch damals schon einzelne

# Geographisch-Nord

Komponenten der Erdoberflächen behandelt. Diese Ansätze gingen (wenigstens im Abendland) in Spätantike und MA wieder verloren. Die Fülle neuer Kenntnisse aus dem 1. großen Entdeckungszeitalter (1450–1600) wurde weitgehend nur in →Kosmographien behandelt; bis ins 19. Jh. erhielt sich der Charakter einer rein deskriptiven Staatenkunde. Anlaß zur Weiterentwicklung gab erst das 2. Entdeckungszeitalter (1800–60). Die Neubegründung geht auf A. von →Humboldt und C. →Ritter zurück. O. →Peschel, F. von →Richthofen, F. →Ratzel, A. →Penck, A. →Hettner, N. →Krebs u. a. schufen nach Zielsetzung und Methodik die heutige Geographie.

**Geographische Meile,** nicht mehr zulässiges Längenmaß, 1 G. M. = ¹/₁₅ eines Äquatorgrades der Erde = 7420,4 m.

**geographische Namen,** zur Schreibweise s. ›Praxistip Sprache‹.

**geographischer Formenwandel,** von H. →Lautensach eingeführtes Ordnungsprinzip für die beschreibende Erfassung der Erdoberfläche: die Abfolge geogr. Gegebenheiten im Raum unterliegt bestimmten Regeln; er unterscheidet 4 Kategorien: 1. *hypsometr. F.* (Unterschiede infolge der Höhenlage), 2. *planetar. F.* (Unterschiede je nach Lage zw. Äquator und Pol), 3. *peripher-zentraler F.* (Differenzierung von der Küste zum Innern der Erdteile), 4. *westl.-östl. F.* (Differenzierung von der West- zur Ostseite der Erdteile).

**Geographisches Informationssystem** *(GIS),* in Datenbanken gespeicherte digitale Daten über alle wesentlichen Elemente des geogr. Umweltsystems eines Ortes oder einer Region; sie können korreliert und als Tabellen, Matrizen, Graphiken oder thematische →Karten ausgegeben werden.

**Geographisch-Nord,** für einen Geländepunkt die Richtung zum geogr. Nordpol.

## Praxistip Sprache

## geographische Namen

Die meisten geographischen Namen (→Gebietsnamen, Kontinentnamen, Ländernamen, →Ortsnamen) sind Neutra: *das historische Böhmen, das südliche Afrika, das vereinigte Deutschland, das schöne Wien.* Unproblematisch sind auch die →Pluraletantum: *die Alpen, die Anden, die Azoren, die Bahamas, die Dardanellen, die Niederlande, die USA* usw.
Berg- und Gebirgsnamen (→Gebirgsnamen) sind hingegen im Regelfall Maskulina, analog zu *der Berg,* →Flußnamen häufig auch.
Im allgemeinen stehen vor geographischen Namen ohne Attribut die Artikelwörter: *Afrika, Asien, Bayern, China, Deutschland, Friesland,* usw.
Besonderheiten:
1. Eine Reihe von Länder- und Landschaftsnamen mit der Endung *-a, -au, -e, -ei* oder *-ie* sind Feminina: *die Puszta, die Toskana, die Wachau, die Bretagne, die Provence, die Ukraine, die Slowakei, die Türkei, die Normandie, die Picardie.* Außerdem: *die Krim, die Pfalz, die Eifel.*
2. Maskulina sind: *(der) Irak, (der) Iran, (der) Libanon.* Die artikellose Form *(Irak, Iran, Libanon)* wird jedoch immer häufiger gebraucht.
3. Maskulina sind ebenso alle Planetennamen *(der Jupiter, der Saturn* usw.) mit Ausnahme von *Erde* und *Venus (die).* Sterne und Sternbilder hingegen haben unterschiedliches Genus: *der Orion, der Bär, der Sirius, der Löwe,* aber: *die Kassiopeia, die Waage.*
4. Bei Aufzählungen von geographischen Namen kann der Artikel weggelassen werden: *(der) Thüringer Wald und (die) Eifel sind Mittelgebirge. (Der) Rio Negro und (der) Rio Solimoes vereinigen sich zum Amazonas.*

### Deklination der geographischen Namen
1. Artikellose Neutra enden im Genitiv auf *-s: die Seen Deutschlands, unterhalb Leipzigs, die Zerstörung Polens.* In der gesprochenen Sprache dominiert dagegen *von* + Dativ: *Die Seen von Mecklenburg, der Aufbau von Berlin* usw. Dies trifft auch auf Substantive mit der

# geographische Namen

## Praxistip Sprache — geographische Namen

Endung *-s, -ß, -z* und *-x* zu: *die Kirchen von Paris,* aber auch: *die Berge des Harzes, die Städte des Elsasses* (ebenso undekliniert: *des Elsaß*).
2. Steht ein Adjektiv voran, sind beide Formen – dekliniert oder undekliniert – korrekt: *der Aufbau des zerstörten Berlin(s).* Ebenso lautet der Plural mit oder ohne *-s: die beiden Amerika(s).*

### Groß- und Kleinschreibung
1. Groß geschrieben werden Adjektive oder Partizipien, die Teil des geographischen Namens sind: *das Tote Meer, der Weiße Nil, die Vereinigten Staaten von Amerika, die Hohe Tatra.* Weiterhin Ableitungen auf *-er: das Ulmer Münster, das Wiener Schnitzel.* Dazu gehören auch abgeleitete Adjektive auf *-isch: die Schwäbische Alb, die Westfälische Pforte, das Römische Reich.*
2. Dagegen werden diese Ableitungen klein geschrieben, wenn sie nicht Teil des geographischen Namens sind: *das bayerische Bier, das rheinische Essen, der westfälische Schinken.*

### Getrennt- und Zusammenschreibung
Zusammengeschrieben werden:
1. Komposita aus Grundwort und geographischem Namen: *Ammersee, Elbmündung, Großglocknermassiv, Poebene, Rhônedelta.*
2. Zusammensetzungen mit *groß, klein, ober, mittel, unter, alt, neu, hinter* usw.: *Großbritannien, Kleinasien, Oberbayern, Mitteldeutschland, Unterengadin, Altkastilien, Neuengland, Hinterindien* usw.
3. Zusammensetzungen mit vorangestellten Himmelsrichtungen: *Westafrika, Nordamerika, Südostasien.*
4. Undeklinierte Ableitungen auf *-isch* von geographischen Namen mit Substantiv: *Kölnischwasser* (aber Trennung bei Ortsnamen: *Schwäbisch Gmünd*).

Getrennt geschrieben werden:
1. Ableitungen von geographischen Namen auf *-er,* wenn sie den geographischen Ort kennzeichnen: *Schweizer Alpen, Luganer See, Starnberger See, Thüringer Wald.*
2. *Sankt/Saint/Santa/San/Sao* [deutsch, englisch, italienisch, spanisch, portugiesisch] bleibt vom geographischen Namen getrennt: *Sankt Anton, Saint Martin, Santa Catarina, San Sebastián, São Paulo.* Französische Namen werden jedoch mit Bindestrich geschrieben: *Saint-Denis (St.-Denis).* Die entsprechenden Adjektive auf *-isch* werden zusammengeschrieben, die auf *-er* mit Bindestrich verbunden: *die sanktjohannische (johannitische) Neujahrsfeier, die Sankt-Johanner Basilika.*
3. Ortsnamen mit vorangestelltem *Bad: Bad Tölz, Bad Münstereifel.*

Mit Bindestrich werden geschrieben:
1. Mehrgliedrige Zusammensetzungen mit geographischen Namen: *Französisch-Äquatorial-Afrika.*
2. Metaphorische Namen: *Klein-Paris* (=Leipzig), *Elb-Florenz* (=Dresden).
3. Zusammensetzungen aus zwei oder mehr geographischen Namen: *Baden-Württemberg, Halle-Neustadt, Köln-Kalk, München-Pasing.* Aber: Handelt es sich um eine Himmelsrichtung am Ende des Kompositums, erscheint im Regelfall kein Bindestrich: *Halle Süd, Hamburg Nord.*
4. Komposita mit Hervorhebung des geographischen Namens als Bestimmungswort: *Uruguay-Runde, Magellan-Straße* (auch: Magellanstraße), *Washington-Konferenz.*
5. Zusammensetzungen mit einem zwei- oder mehrgliedrigen Bestimmungswort, das einen geographischen Namen beinhaltet: *Rhein-Main-Donau-Kanal, La-Plata-Mündung, Franz-Joseph-Land.*

# Geomantie

**Geoid** [griech. ›erdgestaltig‹], Erdfigur, die physik. dadurch definiert wird, daß die Niveaufläche in allen Punkten senkrecht von den Lotrichtungen geschnitten wird. Sie ist Bezugsfläche der Höhenmessung. Wegen der ungleichen Massenverteilungen in Erdkruste und Erdmantel weicht sie in den *G.-Undulationen* von der math. definierten Erdfigur (→Rotationsellipsoid) geringfügig ab.

**Geoisotherme**, eine Linie gleicher Erdwärme (Temperatur) in definierter Bohrtiefe.

**Geokarpie** [griech. ›Erdfrüchtigkeit‹], Ausreifung von Früchten im Boden, z. B. bei →Erdnuß oder →Erderbse.

**Geologenkompaß**, ein →Kompaß zum Ermitteln der geol. Richtungsmaße →Fallen und Streichen.

**Geologie** [griech.] (veraltet *Geognosie*), die Wissenschaft von der →Erdkruste, insbes. von ihrem Bau, ihrer Gesch. und den Kräften, die sie gestalten. Zweige der G.: 1. *Allgemeine G.*, untersucht allg. Gesetzmäßigkeiten der Erdkruste bezügl. des Stoffbestandes und des Bauplans; 2. *Historische G.*, erforscht die Geschichte der Erde; 3. *Spezielle* oder *Regionale G.*, behandelt die geol. Verhältnisse in einzelnen Erdräumen; 4. *Angewandte G.*, befaßt sich mit der Anwendung geol. Erkenntnisse in Technik und Wirtschaft. Eng mit der G. verknüpft sind einige Nachbarwissenschaften: die →Petrographie untersucht Entstehung, Aufbau, Eigenschaften und Verbreitung der Gesteine; die →Stratigraphie befaßt sich mit der Aufeinanderfolge der Gesteine und ihren fossilen Inhalten; die Lebewesen der geol. Vergangenheit sind Forschungsgegenstand der →Paläontologie; die geogr. Verhältnisse in der geol. Vergangenheit ermittelt die →Paläogeographie; mit den natürl. physik. Erscheinungen der festen Erde i. e. S. beschäftigt sich die →Geophysik, sie dient damit auch der Erkundung nutzbarer Lagerstätten; die →Geochemie untersucht die chem. Zusammensetzung von Erdkrustenteilen.

**geologische Karte**, Karte geol. Sachverhalte der Erde, des Mondes oder der Planeten. Gesteine werden nach Art und Struktur in *petrographischen* bzw. *lithologischen* (früher *geognostischen*) *Karten*, nach der Entstehungszeit (geol. Formation) in *stratigraphischen Karten*, nach den Lagerungsverhältnissen in *tektonischen Karten* dargestellt. Die Aufnahme von g. K. erfolgt durch staatl. Institutionen in *geol. Spezialkarten* (1:25 000, 1:50 000), ebenso die Bearbeitung *geol. Übersichtskarten* und internat. geol. Kartenwerke (Europa 1:1 500 000).

**Geologische Orgel** *(Erdorgel)*, Serie von röhrenförmigen senkrechten, oft mehrere Meter tiefen Löchern (Schlotten) in lösl. Gestein (Kalk-, Gipsstein), durch Auslaugung entstanden, meist mit lockerem Schutt gefüllt; gehört zu den Karsterscheinungen (→Karst).

**geologische Strukturen**, durch tekton. Bewegungen (→Faltung, →Überschiebung, →Verwerfung) geschaffene Lagerungsverhältnisse der Gesteine; sie prägen die Grundformen der Erdoberfläche.

**geomagnetischer Pol** →Pol.

**Geomagnetismus** →erdmagnetisches Feld.

**Geomantie** [griech. ›Erdweissagung‹] *(Geomantik)*, bes. bei den alten Arabern und Chinesen verbreitete Kunst des Orakels, aus natürlichen Erdformationen (Flußverlauf, Berg-, Hügelformen u. a.), Punkten

⬛ **geologische Karte:**
→Mitteleuropa, Geologie

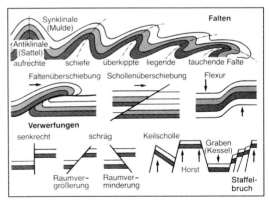

Synklinale (Mulde) · Antiklinale (Sattel) · aufrechte · schiefe · überkippte · liegende · tauchende Falte · Faltenüberschiebung · Schollenüberschiebung · Flexur · **Falten**

**Verwerfungen**
senkrecht · schräg · Keilscholle · Horst · Graben (Kessel) · Staffelbruch · Raumvergrößerung · Raumverminderung

**geologische Strukturen:** schematische Darstellung von Falten und Verwerfungen im Bereich der Erdkruste

3535

# Geomedizin

**geometrischer Ort:**
Der Thaleskreis über der Strecke AB definiert drei geometrische Örter: Von allen Punkten der Kreislinie aus erscheint die Strecke AB unter einem rechten Winkel, von allen Punkten innerhalb der Kreisfläche erscheint AB unter einem Winkel, der größer als 90° ist, und von allen Punkten außerhalb der Kreisfläche sieht man AB unter einem Winkel, der kleiner als 90° ist.

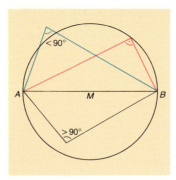

**geometrischer Stil:**
attische Amphore, Höhe 51 cm (8. Jh. v. Chr.). München, Antikensammlung

und Linien des Erdbodens eine günstige Lage für Siedlungs-, Kult- und Grabstätten zu erkunden.
**Geomedizin,** Teilgebiet der Lehre von den Krankheitsursachen; befaßt sich mit der zeitl. und räuml. Bindung von Krankheits- und Seuchenvorkommen an das Erdgeschehen im weitesten Sinne (einschl. atmosphär. Vorgänge) sowie mit ihrer Ausbreitung; wichtig für die internat. Bekämpfung von →Epidemien und Ausrottung von →Seuchen wie →Malaria und →Pocken.
**geomedizinische Karte,** kartograph. Darstellung der Beziehung zw. bestimmten Krankheiten und geogr. Räumen. Hauptwerk: ›Welt-Seuchen-Atlas‹ (3 Bde., 1952–61).
**Geometrical Style** [dʒɪəmɛtrɪkəl staɪl], Stilphase innerhalb der engl. Gotik um die Mitte des 13. Jh., benannt nach den streng geometrischen Formen des Maßwerks; frühe Beispiele sind die um 1240 errichtete Westfront des Klosters Binham (County Norfolk) sowie Westminster Abbey in London.
**Geometridae** →Spanner.
**Geometrie** [griechisch ›Erdmessung‹], urspr. praktische Verfahren, von den Ägyptern zur Feldvermessung (nach den Nilüberschwemmungen) entwickelt; von den Griechen zur Wissenschaft ausgebaut (→Thales, →Pythagoras, →Hippokrates, →Plato, →Euklid, →Archimedes, Appolonius), behandelt zunächst mit Zirkel und Lineal konstruierbare flächenhafte und räuml. Gebilde (→Planimetrie bzw. →Stereometrie) sowie deren Berechnung durch Formeln und Gleichungen (→analytische G.); unter Verwendung der höheren Analysis →Differentialgeometrie genannt. Zweige der G. sind die →Trigonometrie und die G. gekrümmter Flächen, wovon die →sphärische G. einen Spezialfall darstellt. Die →darstellende G. ist ein Sonderfall der sog. →projektiven G. (synthetische G.), welche der Abbildungen geometr. Gebilde in bezug auf ihre gegenseitige Lage untersucht (J. →Poncelet, J. →Steiner, Ch. F. →Klein). Die *Euklidische G.* gründet sich auf das Euklidische Parallelen-Axiom; die *nichteuklidische G. (absolute G.)* verzichtet auf dieses Axiom (→Gauß, →Bolyai, →Lobatschewski), während B. →Riemann die Zahl der Dimensionen über 3 erweiterte und den Gedanken des gekrümmten Raumes entwickelte (endlich, aber unbegrenzt), eine Vorstellung, die →Einstein zu physik. Erkenntnissen auswertete (→Relativitätstheorie).
**geometrische Folge,** →Zahlenfolge, bei der die Division eines Gliedes mit seinem vorhergehenden einen konstanten Quotienten $q$ ergibt, z. B. 1, 2, 4, 8, 16 ...; ($q = 2$).

# Geopolitik

**geometrische Optik,** das wichtigste Teilgebiet der →Optik, das sich mit der geradlinigen Ausbreitung von Lichtstrahlen und deren Annahme als Teilchenstrom befaßt.

**geometrische Reihe,** Summe der Glieder einer →geometr. Folge: $a + a \cdot q + a \cdot q^2 + a \cdot q^3 \ldots + a \cdot q^{n-1}$; die Summe einer endlichen g. R. mit $n$ Gliedern ist

$$a \frac{1-q^n}{1-q};$$

die Summe einer unendlichen g. R. ist $a/(1-q)$, wenn $q < 1$ ist (→Konvergenz).

**geometrischer Ort,** Gesamtheit aller Punkte, die eine bestimmte Bedingung erfüllen (z. B. haben alle Punkte eines →Kreises gleichen Abstand vom Kreismittelpunkt).

**geometrischer Stil,** früheste Epoche der griech. Kunst (10.–8. Jh. v. Chr.), bes. in der →Vasenmalerei durch geometr. Muster (Kreise, Quadrate u. a.) gekennzeichnet.

**geometrisches Mittel,** Mittelwertbildung durch Multiplikation der Einzelwerte und Wurzelziehen entspr. der Anzahl der Einzelwerte, z. B. g. M. von 3, 4 und 5 ist

$$\sqrt[3]{3 \cdot 4 \cdot 5} = \sqrt[3]{60} \approx 3{,}915.$$

**Geomorphologie** [griech.], Lehre von den Formen der festen Erdoberfläche, d. h. von den Formen der Berge, Täler, Ebenen usw.; sie ist ein Teilgebiet der →Physischen Geographie. Die rein beschreibende G. ist die *Morphographie*, wogegen die *genetische G. (Morphogenese)* die Prozesse erklärt, die zur Herausbildung der Oberflächenformen führen. Solche Prozesse sind in erster Linie die →Erosion und →Denudation des fließenden Wassers, die →Akkumulation der Flüsse sowie die ebenfalls erodierende und akkumulierende Wirkung der Gletscher und des Windes. Während diese →exogene Vorgänge namentlich das feinere Relief modellieren, werden die großen Erhebungen und Einsenkungen als Ganzes von den →endogenen Kräften (→Faltung, →Verwerfung, →Vulkanismus) geschaffen, ohne die die exogene Gestaltung nicht möglich wäre. Die *analyt. G.* untersucht die Tätigkeit der einzelnen Gestaltungsfaktoren (z. B. der Flüsse), die *synthet. G.* das Ergebnis des Zusammenwirkens der verschiedensten Kräfte. Mit dem Einfluß der versch. klimat. Bedingungen bei der Formenbildung befaßt sich die *Klima-G.*

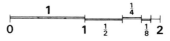

**Geomyidae** →Taschenratten.
**Geoökologie** →Landschaftsökologie.
**Geophagie** *(Erdessen),* weltweit bei vielen Völkern verbreitete Sitte, bestimmte ton-, salz- und fetthaltige Erden als Genußmittel oder Med., aber auch bei Fruchtbarkeitsriten zu essen.
**Geophilus** →Hundertfüßer.
**Geophon** [griech.], Gerät zur Aufnahme und Messung von Schwingungen der Erdkruste (auch von künstl. erzeugten Erdbebenwellen).
**Geophysik** [griech.], i. w. S. die Wissenschaft von den natürl. physik. Erscheinungen der Erde, des Meeres und der Lufthülle, i. e. S. nur der festen Erde. Arbeitsschwerpunkte sind →Gravimetrie, →erdmagnetisches Feld, →Erdbeben, Aufbau des Erdkörpers (→Erde). Die *Angewandte G.* dient der Erkundung nutzbarer →Lagerstätten (→Geophysikalisches Jahr).
**Geophysikalisches Jahr** *(Internat. G. J.),* internat. Forschungsunternehmen auf dem Gebiet der →Geophysik vom Juli 1957 bis Dez. 59, an dem sich Wissenschaftler aus über 50 Nationen beteiligten. Erforscht wurden u. a. Höhenstrahlung, Ionosphäre, Meeresströmungen, Magnetismus der Erde und Bewegung der Kontinente. Als moderne Hilfsmittel wurden Forschungsschiffe und Erdsatelliten benutzt.
**Geophyten** *(Erdpflanzen),* mehrjährige Pflanzen, die ausschließlich mit unterirdischen Organen überwintern, während alle oberirdischen Teile absterben.
**Geopolitik,** Lehre von der Abhängigkeit des Staates und polit. Vorgänge vom geogr. Raum. Von den

**geometrische Reihe:** Die fortgesetzte Halbierung einer Strecke ergibt Teilstrecken, deren Summe sich als geometrische Reihe mit $q = 1/2$ deuten läßt.

## Geopsychologie

Georg Wilhelm von Brandenburg

Georg I. von Griechenland

Georg VI. von Großbritannien

Georg V. von Hannover

seestrateg. Werken des amerik. Admirals Mahan und von der polit. Geographie (F. →Ratzel) ausgehend, wurde die G. von dem Schweden R. →Kjellén zu einer Staatswissenschaft, von Karl →Haushofer zu einer Kunstlehre ausgebaut, die schließlich in pseudowissenschaftl. Unterbauung eines sozialdarwinist. Machtstrebens und die scheinwissenschaftl. Begründung von Aggressionen ausartete. Nach dem Krieg auch von amerik. Seite (E. A. Walsh) unternommene Versuche, die G. in Dtld. wiederzubeleben, sind gescheitert.
**Geopsychologie,** Lehre vom Einfluß geogr. Gegebenheiten (z. B. Klima, Wetter, Landschaft) auf die Psyche.
**geordnetes Paar,** Paar von Zahlen oder anderen Größen (Elementen), deren 1. Koordinate (1. Element) stets einer ersten Menge und deren 2. Koordinate (2. Element) einer zweiten Menge entstammen muß. Beispiel: Die Ausdrücke (1/*a*), (4/*K*) usw. sind g. P., deren 1. Koordinate eine natürl. Zahl und deren 2. Koordinate ein Buchstabe ist. Die →komplexen Zahlen sind ebenfalls g. P.
**Georg** [griech. ›der die Erde Bearbeitende, Landmann‹], in vielen Sprachen einer der beliebtesten männl. Vornamen.
**Georg,** legendärer christl. Märtyrer, der 303 als röm. Offizier gestorben sein soll. Sein Drachenkampf ist eine spätere Zutat aus dem 11. Jh.; Kreuzfahrer brachten die Verehrung nach dem Westen, wo er als einer der 14 →Nothelfer, auch in örtl. Flurumgängen, verehrt wurde. Seit dem 13. Jh. Nationalheiliger Englands; Schutzpatron der Reiter, Bauern und Waffenschmiede. Der den Drachen tötende Ritter G. ist beliebtes Motiv der christlichen Kunst. Heiliger (23. 4.).
**Georg,** Fürsten:
*Brandenburg*
**Georg Wilhelm,** Kurfürst (1619 bis 40), *3.11.1595 Cölln (Spree, heute Berlin), †1.12.1640 Königsberg; unentschlossene Politik während des Dreißigjährigen Kriegs; kämpfte 1631–35 auf schwed. Seite.

*Griechenland*
**Georg I.,** König (1863–1913), zweiter Sohn König →Christians IX. von Dänemark, *24.12. 1845 Kopenhagen, †(ermordet) 18.3.1913 Saloniki; auf Betreiben Großbritanniens zum König von Griechenland gewählt; Anlehnung an Rußland. Unter G. I. Ausdehnung Griechenlands: 1864 Erwerb der Ion. Inseln, 81 Thessaliens, 1913 Kretas, von Epirus und von Mazedonien.
**Georg II.,** König (1922–24, 35–47), Enkel von Georg I., *19.7.1890 Schloß Tatoi bei Athen, †1.4.1947 Athen; eine Offiziersrevolte zwang ihn nach Ausrufung der Republik 1924 zum Verlassen des Landes, 35 zurückgerufen; ermöglichte 36 die Militärdiktatur des Generals Metaxas, floh 41 vor den dt. Truppen nach Großbritannien, Rückkehr 46.
*Großbritannien*
**Georg I.,** König (1714–27), zugleich als *G. Ludwig* Kurfürst von Hannover (1698–1727), *7.6.1660 Hannover, †22.6.1727 Osnabrück; als Urenkel →Jakobs I. wurde er nach dem Aussterben der engl. (bzw. schott.) Linie der Stuarts mit Königin →Anna auf den Thron berufen. Mangelhafte engl. Sprachkenntnisse und geringes Interesse an der Innenpolitik erwarben ihm wenig Sympathien bei der Bev. und führten zur Stärkung der Stellung des Kabinetts gegenüber der Krone.
**Georg II.,** König (1727–60), zugleich als *G. August* Kurfürst von Hannover, Sohn von Georg I., *10.11.1683 Herrenhausen, †25.10. 1760 London; stiftete 1734 die Univ. Göttingen; im Österr. Erbfolgekrieg brachte er mit seinem Sieg über die Franzosen bei Dettingen (43) eine entscheidende Wende; Teilnahme am →Siebenjährigen Krieg an der Seite Preußens. Für die Kolonialpolitik seines letzten Premier-Min. →Pitt d. Ä. zeigte er wenig Verständnis.
**Georg III.,** König (1760–1820), zugleich Kurfürst, ab 1814 König von Hannover, Enkel von Georg II., *4.6.1738 London, †29.1.1820 Windsor; im Ggs. zu seinen beiden Vorgängern ganz zum Briten ge-

# Georg II.

worden, konnte er in seinen ersten Regierungsjahren die monarch. Stellung wieder stärken. Sein Starrsinn und seine zentralist.-absolutist. Neigungen verschuldeten den amerik. Unabhängigkeitskrieg (1775 bis 83), dessen Ausgang das Ende seines persönl. Regiments bedeutete und das polit. Übergewicht von Parlament und Kabinett gegenüber der Krone endgültig sicherte. Ab 1810 geisteskrank.

**Georg IV.**, König (1820–30), zugleich König von Hannover, Sohn von Georg III., * 12. 8. 1762 London, † 26. 6. 1830 Windsor; führte 1811–20 für seinen geisteskranken Vater die Regentschaft; Gegner liberaler Bestrebungen, kümmerte sich kaum um die Regierungsgeschäfte; sein Versuch, sich 21 von seiner Gemahlin scheiden zu lassen, erregte öffentl. Aufsehen.

**Georg V.**, König (1910–36), zweiter Sohn König →Eduards VII., * 3. 6. 1865 London, † 20. 1. 1936 Sandringham (Norfolk); trug durch vornehmes Wesen und polit. Klugheit zur Stärkung der konstitutionellen Monarchie in Großbritannien bei; nahm 1917 den Namen Windsor an.

**Georg VI.**, König (1936–52), zweiter Sohn von Georg V., * 14. 12. 1895 Sandringham (Norfolk), † 6. 2. 1952 ebenda; bestieg nach Abdankung seines Bruders →Eduard VIII. den Thron; 1948 Verzicht auf den Titel ›Kaiser von Indien‹.

## Hannover

**Georg V.**, König (1851–66), Sohn König →Ernst Augusts, * 27. 5. 1819 Berlin, † 12. 6. 1878 Paris; regierte konservativ (1855 Aufhebung der 48er Verfassung); im →Deutschen Krieg von 1866 kämpfte er an der Seite Österr. gegen Preußen; nach Annexion seines Landes durch Preußen lebte er in Österr., später in Frkr. im Exil. 67 stellte G. V., der formell nie auf die Regierung verzichtet hatte, eine Welfenlegion zur Rückgewinnung seines zur preuß. Provinz gewordenen Landes auf.

## Sachsen

**Georg der Bärtige**, Hzg. (1500 bis 39), * 27. 8. 1471 Meißen, † 17. 4.

**Georg:** der hl. Georg als Drachentöter, farbig gefaßtes Lindenholz, Rüstungsteile ehemals versilbert, ostbayerische Arbeit (um 1400). München, Bayerisches Nationalmuseum

1539 Dresden; Erbe der albertin. Lande; erstrebte eine innere Erneuerung der kath. Kirche, trat dabei energisch gegen →Luther und die →Reformation auf; zus. mit →Philipp von Hessen schlug er 1525 den Bauernaufstand in Thüringen und Sachsen nieder; Umgestaltung Dresdens zur Residenzstadt.

## Sachsen-Meiningen

**Georg II.**, Herzog (1866–1914), * 2. 4. 1826 Meiningen, † 25. 6. 1914 Bad Wildungen; machte Sachsen-Meiningen nach der von Preußen erzwungenen Abdankung seines Vaters (1866) zum liberalen Musterstaat; als ›Theaterherzog‹ inszenierte er auf dem Meininger Hoftheater klass. Stücke in möglichst großer hist. Treue; berühmt auch seine Meininger Hofkapelle.

**Georg** der Bärtige (Kupferstich)

## Georg-Büchner-Preis

**Heinrich George**

**Georg-Büchner-Preis:**
Preisträger seit 1951

**Georg-Büchner-Preis,** der angesehenste Preis für deutschsprachige Lit.; gestiftet vom Land Hessen und der Stadt Darmstadt; vergeben von der Dt. Akademie für Sprache und Dichtung (→Literaturpreis).
**George,** Götz, Schauspieler, *23.7.1938 Berlin; Sohn des Schauspielerehepaars H. →George und Berta Drews; bek. durch die Rolle des ›Schimanski‹ in der TV-Krimiserie ›Tatort‹ (81–92). – *Weitere Filme:* Abwärts (84); Die Katze (87); Blauäugig (89); Schtonk (92); Der Totmacher (95).

| | |
|---|---|
| 1951 | Gottfried Benn |
| 1952 | nicht verliehen |
| 1953 | Ernst Kreuder |
| 1954 | Martin Kessel |
| 1955 | Marie Luise Kaschnitz |
| 1956 | Karl Krolow |
| 1957 | Erich Kästner |
| 1958 | Max Frisch |
| 1959 | Günter Eich |
| 1960 | Paul Celan |
| 1961 | Hans Erich Nossack |
| 1962 | Wolfgang Koeppen |
| 1963 | Hans Magnus Enzensberger |
| 1964 | Ingeborg Bachmann |
| 1965 | Günter Grass |
| 1966 | Wolfgang Hildesheimer |
| 1967 | Heinrich Böll |
| 1968 | Golo Mann |
| 1969 | Helmut Heißenbüttel |
| 1970 | Thomas Bernhard |
| 1971 | Uwe Johnson |
| 1972 | Elias Canetti |
| 1973 | Peter Handke |
| 1974 | Hermann Kesten |
| 1975 | Manès Sperber |
| 1976 | Heinz Piontek |
| 1977 | Reiner Kunze |
| 1978 | Hermann Lenz |
| 1979 | Ernst Meister |
| 1980 | Christa Wolf |
| 1981 | Martin Walser |
| 1982 | Peter Weiss |
| 1983 | Wolfdietrich Schnurre |
| 1984 | Ernst Jandl |
| 1985 | Heiner Müller |
| 1986 | Friedrich Dürrenmatt |
| 1987 | Erich Fried |
| 1988 | Albert Drach |
| 1989 | Botho Strauß |
| 1990 | Tankred Dorst |
| 1991 | Wolf Biermann |
| 1992 | George Tabori |
| 1993 | Peter Rühmkorf |
| 1994 | Adolf Muschg |
| 1995 | Durs Grünbein |
| 1996 | Sarah Kirsch |
| 1997 | H. C. Artmann |

**George,** Heinrich (eigtl. *Georg Heinrich Schulz*), Schauspieler, *9.10.1893 in Stettin, †wahrsch. 25.9.1946 im sowjet. Internierungslager Sachsenhausen; Charakterdarsteller (Götz, Falstaff, Macbeth, Othello); seit 1923 in Berlin, zuletzt Intendant des Schillertheaters. Zahlr. Filmrollen (›Affäre Dreyfus‹, ›Der Postmeister‹ u. a.).
**George** [dʒɔdʒ], Henry, amerik. Volkswirtschaftler, *2.9.1839 Philadelphia, †29.10.1897 New York; forderte Aufhebung des Privateigentums an Grund und Boden, steuerl. Belastung der Grundrente zur Linderung der sozialen Not. Starker Einfluß auf die dt. und engl. Bodenreformbewegung.
**George,** Stefan, Dichter, *12.7.1868 Büdesheim (Bingen), †4.12.1933 Minusio (Tessin); in Verbindung mit bed. Zeitgenossen in Frkr., England, Österr. und den Niederlanden. Begr. der ›Blätter für die Kunst‹ (1892–1919), Haupt des →George-Kreises, wirkte als bedeutendster Vertreter des →Symbolismus für eine gegen den →Naturalismus gerichtete Literaturreform. Seine Lyrik in erlesener, oft verschlüsselter Sprache und strenger Form versteht Kunst als sakralen Wert, dem der Dichter priesterl. zu dienen hat, so die ›Hymnen‹ (1890), ›Pilgerfahrten‹ (91), ›Algabal‹ (92), ›Bücher der Hirten- und Preisgedichte‹ (95), ›Das Jahr der Seele‹ (97) und ›Der Teppich des Lebens…‹ (1900). In ›Der siebente Ring‹ (07), ›Der Stern des Bundes‹ (14) und ›Das neue Reich‹ (28) verkündete G. zunehmend irrational den vergöttlichten Menschen und ein überpersönl. Reich. Prosawerk ›Tage und Taten‹ (03); Übersetzungen, bes. →Dante Alighieri, →Mallarmé, →Baudelaire.
**George Dandin oder der betrogene Ehemann** [ʒɔrʒ dãdɛ̃], Komödie von →Molière; Urauff.: 1668, Paris.
**George-Kreis,** ideeller Bund von Dichtern, Künstlern und Wissenschaftlern um Stefan →George, der sich mit der Zschr. ›Blätter für die Kunst‹ (1892–1919), dem ›Jahrbuch für die geistige Bewegung‹

# Georgetown

Götz George als Sensationsreporter in der Filmsatire ›Schtonk‹ von Helmut Dietl (1992)

(1910–12) und Buchveröffentlichungen im Verlag Bondi, Berlin, an die Öffentlichkeit wandte. Ziel war Erneuerung der Kunst und des Lebens aus religiös-vergeistigter Weltanschauung. Kennzeichnend für den G.-K. waren künstlerische Formenstrenge, ein bindendes Ethos, Elitebewußtsein. Mitglieder waren u.a.: M. →Lechter, K. →Wolfskehl, L. →Derleth, L. →Klages, H. von →Heiseler, F. →Wolters, Berthold Vallentin (1877–1933), Paul Thiersch (1879 bis 1928; Architekt), F. →Gundolf, Kurt Hildebrandt (1881–1966), E. →Bertram, Robert Boehringer (1884–1974), Ernst Morwitz (1887–1971; übersetzte, zus. mit Olga Marx, George ins Englische), Ludwig Thormaehlen (1889–1956), Ernst Kantorowicz (1895–1963), Erich Boehringer (1897–1971), M. →Kommerell, A. Graf Schenk von →Stauffenberg.

**Georg Elser – Einer aus Deutschland,** Film von und mit K.M. →Brandauer (1989) über den Widerstandskämpfer J.G. →Elser.

**Georgescu** [dʒordʒesku], Corneliu Dan, rum. Komponist und Musikethnologe, * 1.1.1938 Craiova; Forschungen zur Musikethnologie, u.a. ›Romanian Folk Music Dance‹ (84), ›About the Definition of Melodic Systems‹ (80); Anschluß an C.G. Jung (›The Study of Musical Archetypes‹, 79–87); 87 Emigration nach Dtld.

**Georgescu** [dʒordʒesku], George, rum. Dirigent, * 12.9.1887 Sulina, † 1.9.1964 Bukarest; 1918 Debüt bei den Berliner Philharmonikern; Assistent von Arthur Nikisch; 20–44 und 54–64 Leitung der Bukarester Philharmoniker; 22–26 und 32–44 Musikdirektor der Oper Bukarest; internat. Karriere.

**Georgescu** [dʒordʒesku], Ion, rum. Bildhauer, * 18.1.1856 Bukarest, † 30.11.1898 ebd.; schuf mythologische Figuren, Standbilder und v.a. psychologisch einfühlsam charakterisierende Porträtbüste.

**Georgetown** [dʒɔdʒtaun], **1)** *(bis 1814 Stabroek)*, Hptst. der Rep. Guyana im nördl. Südamerika, an der Mündung des Demerara, mit 200 000 E.; Sitz eines anglikan. Erzbischofs und eines kath. Bischofs; Univ. (gegr. 1963), Bibl., ethnolog. Museum; Ausfuhrhafen für trop. Früchte, Zucker, Reis, Edelhölzer, Bauxit, Gold und Diamanten; Textil-, Möbel- und Farbenindustrie.
**2)** Hauptort der brit. →Caymaninseln, Mittelamerika, auf Grand Cayman, 13 000 E.; Hafen, Flugplatz.

Henry George

Stefan George

# George Town

**Georgia:** Flagge mit Emblem

**georgische Kunst:** Hauptkirche des Klosterkomplexes in Gelati (1. Viertel des 12. Jh.)

**George Town** [dʒɔdʒtaun] *(Penang)*, Hptst. des malaysischen Inselstaates →Penang, vor der Westküste der Halbinsel Malakka, mit rd. 300 000 E.; Univ. (gegr. 1969); Überseehafen, Exportindustriezone; internat. Flughafen.

**Georgette** [frz., ʒɔrʒɛt] *der*, leichtes, durchsichtiges Kreppgewebe mit körniger Oberfläche.

**Georgi,** Walter, Maler, * 10. 4. 1871 Leipzig, † 17. 6. 1924 Holzhausen; Mitbegründer der Künstlergruppe ›Scholle‹; malte großformatige bayr. Voralpenlandschaften sowie Porträts und Stilleben.

**Georgi,** Yvonne, niederl. Tänzerin und Choreographin dt. Herkunft, * 29. 10. 1903 Leipzig, † 25. 1. 1975 Hannover; Schülerin von M. →Wigman und Partnerin von H. →Kreutzberg. Vertreterin des dt. Ausdruckstanzes; als Choreographin auch klass. Ballett.

**Georgia** [dʒɔdʒə] (Abk.: postal. GA; Ga.), Bundesstaat der USA, 152 576 km² mit 6,8 Mio. E. (davon fast 30% Schwarze), Hptst. →Atlanta; im N gebirgig (→Blue Ridge), das vorgelagerte fruchtbare Hügelland geht nach SW in die z. T. versumpfte Küstenebene über; Erzeugung bes. von Baumwolle, Reis, Tabak, Zuckerrohr und Erdnüssen; Viehwirtschaft, Milchprodukte; Holz-, Textil- und Nahrungsmittelindustrie. Seit 1788 Gliedstaat der USA (einer der 13 Gründerstaaten).

**Georgiades,** Thrasybulos Georgios, dt. Musikforscher griech. Herkunft, * 4. 1. 1907 Athen, † 15. 3. 1977 München; wichtige Aspekte seiner Forschungen sind die Beziehungen zw. Musik und Sprache bzw. Musik und Schrift.

**Georgian Architecture** [engl., dʒɔdʒən akitɛktʃə], Bez. für den klassizist., von der Formensprache →Palladios geprägten Baustil in England und seinen nordamerik. Kolonien während der Regierungszeit der Könige Georg I., Georg II. und Georg III. (1714–1820).

**Georgian Bay** [dʒɔdʒən bɛɪ], rd. 15 000 km² große Bucht im NO des →Huronsees; zahlr. Inseln; Naherholungsgebiet; am Südrand der G. B. Obstbau.

**Georgiastraße** [dʒɔdʒə-], 240 km lange insel- und buchtenreiche Meeresstraße zw. dem SO-Teil der →Vancouverinsel und dem kanad. Festland, 30–40 km breit.

**Georgien,** siehe S. 3544–3547.

**Georgier** (*Grusinier,* Eigen-Bez. *K'art'veli*), Volk im südl. Kaukasus (Georgien); seit dem 4. Jh. christl., später bekehrte sich ein kleiner Teil zum Islam. Die G. sind Bauern (Getreide, Wein, Obst, Viehzucht) mit ehem. geschichteter Gesellschaft (Adel und Königtum).

**Georgine** [nach dem russ. Ethnographen *J. G. Georgi,* 1729–1802], ältere Bez. für →Dahlie.

**Georgische Heerstraße** →Grusinische Heerstraße.

**georgische Kunst,** schon die Metallkultur der Vorfahren der →Georgier erreichte in der Bronzezeit (3.–1. Jt. v. Chr.) hohe Blüte, bes. Gold- und Silberschmuck aus Hügelgräbern des 2./1. Jt. v. Chr. sowie der ersten Jh. n. Chr. Volle Ausbildung der g. K. seit der Christianisierung Anf. des 4. Jh.; im Vordergrund die Metallkunst mit kontinuierl. Entwicklung bis ins 19. Jh. Der christl. Kirchenbau (einschl. Bauskulptur, Freskomalerei sowie Wand- und Bodenmosaik) weist schon Ende des 6. Jh. eigenständige Formen auf; zweite Blüte im 10./11. Jh. Aus der Kleinkunst ragen bes. die Goldschmiedearbeiten hervor; daneben Handschriftendekor,

# Georg Michael Pfaff Gedächtnisstiftung

Steinschnitte, Schnitzerei in Bein und Holz, Keramik und Nadelmalerei (Buntstickerei). **georgische Literatur**, die g. L. umfaßt drei Perioden: 1. altgeorgische Lit. (5.–18. Jh.): Übersetzungen aus dem Armenischen, Syr. und Griech. sowie eigene Heiligenviten, Martyrologien, Hymnen und Homilien (5.–11. Jh.). Einige altchristl. Werke sind nur in der georg. Übersetzung erhalten. Vom 11. bis 13. Jh. Meisterwerke weltl. Lit., Reiseberichte, Helden- und Liebesdichtung wie das georg. Nationalepos ›Der Mann im Tigerfell‹ von Schota Rustaweli (um 1200; dt. 1889) und die Novellensammlung ›Visramiani‹ (12. Jh.; dt. 1974). In den folgenden Jh. Verfall. Im 18. Jh. nationale Wiedergeburt mit Autoren wie Sulchan-Saba Orbeliani (1658–1725), Verf. eines georg. Wörterbuchs und der relig.-phil. Schrift ›Weisheit der Lüge‹. 2. Unter russ. Vorherrschaft (1828 bis 1920) beeinflußten die Strömungen der europ. Lit. auch das lit. Schaffen in Georgien: die Romantik (Alexander Tschawtschawadse, 1786–1846; Grigor Orbeliani, 1800–83), der Realismus (Georgi Eristawi, 1811–64), der kritische Realismus (Ilja Tschawtschawadse, 1837–1907, 1988 von der georgischen orth. Kirche heiliggesprochen; Akaki Zereteli, 1840 bis 1915), aber auch Klassizismus und Symbolismus. 3. Ein reges lit. Leben entwickelte sich nach 1921 unter den Bedingungen einer staatl. gelenkten Kultur in der ehem. Grusinischen SSR. Grigol Robakidse (1884–1962) ging ins dt. Exil und wurde hier durch seine Erzählungen bekannt. **georgische Schrift**, die g. Sch. beruht auf einem streng phonolog. Prinzip: 33 Zeichen für die 5 Vokale und 28 Konsonanten. Sie entstand Anf. des 5. Jh. auf der Grundlage des Altaramäischen und in Anlehnung an das griech. Alphabet. Überliefert sind drei Varianten: 1. die sog. Priesterschrift (5.–10. Jh.), 2. die daraus entwickelte eckige Buchschrift, im kirchl. Schrifttum bis zum 18. Jh. verwendet, 3. die daraus im 11. Jh. abgeleitete sog.

**georgische Schrift**: das georgische Alphabet in der sog. Priesterschrift aus dem 5. Jh. (oben) und in der heute verwendeten Schrift (Mchedruli, rechts)

Kriegerschrift für den weltl. Gebrauch, im wesentl. die heutige Schrift. **georgische Sprache** (Eigen-Bez. *Khartweli, Kartveli*), Verwaltungs- und Schulsprache in Georgien; gehört zur khartwelischen Gruppe der südkaukas. Sprachen und ist die einzige alte Lit.-Sprache dieser Gruppe. Man unterscheidet zwei Perioden, das *Altgeorgische* (5. bis 12. Jh.) und das *Neugeorgische*, das sich nach einer Übergangsphase seit der 2. Hälfte des 18. Jh. herausbildete. Besonderheiten: Die g. Sp. kennt die Kategorie des Genus nicht und hat dafür die semant. Kategorien Person und Sache; das Verbsystem ist kompliziert; sechs Fälle in der Deklination. – Zahlr., nicht sehr stark ausgeprägte Dialekte.

**Georg Michael Pfaff Gedächtnisstiftung**, Stiftung zur Förderung wiss. Vorhaben in den Bereichen Bildung und Gesundheit; wurde 1962 von Karl Werner Kieffer gegründet; initiiert 1975 die *Stiftung Ökologischer Landbau* und *Stiftung Mittlere Technologie*. Anfang 1991 wurden die drei Stiftungen zusammengelegt unter dem Namen *Stiftung Ökologie und Landbau (SÖL)*. Sitz der SÖL ist Bad Dürkheim.

## Georgien

**Georgien** (amtl. *Republik Georgien*, georgisch *Sak'art'velos Respublika*), Staat im westl. Kaukasien, am Schwarzen Meer gelegen; grenzt im N an die Russische Föderation, im O an die Aserbaidschanische Rep., im S an die Rep. Armenien und an die Türkei. Im NW liegt die Rep. Abchasien, die sich von G. losgesagt hat, aber nicht als souveräner Staat anerkannt ist.

*Natur*
Das Relief G. wird vom Großen Kaukasus im N, dem Kleinen Kaukasus im S und der dazwischen gelegenen transkaukasischen Senke geprägt. Der mit der alpidischen Gebirgsbildung entstandene Große Kaukasus weist mit der → Schara (5068 m) und dem erloschenen Vulkan Kasbek (5033 m) die höchsten Berge G. auf. Von den georg. Gletschern befinden sich die längsten (teilweise über 10 km lang) im Einzugsgebiet des Flusses Enguri. Die Höhen des Kleinen Kaukasus kulminieren auf georg. Gebiet im Didi Abuli (3301 m). Die transkaukasische Senke wird durchflossen von dem ins Schwarze Meer fließenden Fluß Rioni und von der Kura, die aus der Türkei kommt und durch Aserbaidschan dem Kaspischen Meer zufließt. Das überwiegend subtrop. Klima wird überlagert von einer deutl. Höhenzonierung im Gebirge und einem starken Niederschlagsgradienten von W nach O. Während am Schwarzen Meer bis über 2000 mm/Jahr fallen, sind es im O nur 400–700 mm; dort, in den Trockengebieten, profitieren die landw. Kulturen von der Bewässerung mit dem sommerlichen Schmelzwasser der Gletscher. In Tiflis (Station auf 490 m) beträgt der mittlere Jahresniederschlag 500 mm und die Jahresmitteltemperatur 12,9 °C, wobei Extremwerte um +40 °C und um −20 °C auftreten können. Rund ein Drittel G. ist bewaldet (konzentriert auf die westl. Landesteile). An der Schwarzmeerküste herrschen Laubmischwälder vor (v. a. Eichen, Buchen, Eschen und Erlen), in höheren Lagen Nadelwälder. Im trockenen O gibt es ausgedehnte Steppengebiete, in den dünn besiedelten Landesteilen Rückzugsgebiete für Bären, Wölfe, Luchse, Wildschweine, Rehe und Hirsche; in den höheren Bergregionen leben auch Wildziegen und

| | |
|---|---|
| Zeitzone | Mitteleuropäische Zeit + 2 Std. |
| Fläche | 69 700 km² (etwas kleiner als Österreich); Ausdehnung: W–O 400 km, N–S 180 km |
| Einwohner | 5,5 Mio.; mittl. Dichte 79 E./km²; jährl. Zuwachsrate 0,7 %; mittl. Lebenserwartung 73 Jahre |
| Hauptstadt | Tiflis, 1,3 Mio. E.; 380–600 m ü. M., an beiden Ufern der Kura, im O des Landes |
| Verwaltungsgliederung | 79 Bezirke und bezirksfreie Städte; Rep. Abchasien, Rep. Adscharien, Gebiet Südossetien |
| Mitgliedschaft | UN (seit 1992), GUS (seit Dezember 1993) |
| Amtssprache | Georgisch |
| Währung | 1 Lari = 100 Tetri |

# Georgien

Kaukasische Antilopen. Die Flüsse und Bergseen sind sehr fischreich. Insgesamt gibt es in G. 17 Naturschutzgebiete; in jenem von Achmetsk wächst der mit 3812 ha flächengrößte Eibenwald der Welt.

*Bevölkerung*
Die größte Bevölkerungsgruppe bilden mit 70% die Georgier, die sich selbst ›K'art'veli‹ nennen. 8% der Landesbewohner sind Armenier, jeweils 6% Russen und Aserbaidschaner. Hinzu kommen 3% Osseten, 2% Adscharen, 1,7% Abchasen sowie griechische, ukrainische und andere Minderheiten. Hauptsiedlungsraum G. ist die fruchtbare Rioni-Niederung im W sowie das Tal der oberen Kura, wo bes. der Großraum Tiflis Anziehungskraft besitzt. Insgesamt lebt mehr als die Hälfte der Gesamtbevölkerung in Städten. Seit der vom benachbarten Armenien ausgehenden Christianisierung (4. Jh.) sind die Georgier mehrheitlich orth. Christen, von denen sich einige später zum Islam bekehren ließen (v. a. Abchasen). Auch die Adscharen sind Muslime. In der abtrünnigen Rep. Abchasien waren 47% der Bevölkerung Georgier, bis sie 1993 von den Abchasen (sie stellten 18%) fast alle vertrieben wurden; 17% waren Russen.

*Staat*
Mit der Wiederherstellung der staatl. Unabhängigkeit G. wurde auch die vormals geltende sowjet. Verfassung abgeändert. Seit 1990 besteht ein Mehrparteiensystem, wobei eine extreme polit. Zersplitterung kennzeichnend ist. Das Parlament hat 235 Sitze. Mit der im Okt. 1995 in Kraft getretenen, parlamentarisch beschlossenen neuen Verfassung wurde ein Präsidialsystem etabliert; der Präsident ist zugleich Regierungschef. Insgesamt 22% des urspr. georg. Staatsterritoriums werden von Regionen eingenommen, die eine starke Autonomie haben bzw. beanspruchen: Praktisch von G. losgesagt haben sich Abchasien im NW und weitgehend auch Südossetien im N, während die autonome Rep. Adscharien im SW ihre Zugehörigkeit zu G. kaum in Frage stellt.

Teerunde in einem Kaukasus-Bergdorf

# Georgien

*Wirtschaft*

Der Umbau von der vormals bestehenden sozialist. Planwirtschaft zur Marktwirtschaft bereitet erhebl. Probleme. Seit 1989 ist die gesamtwirtschaftl. Leistung in G. stark rückläufig; verschärft wird die desolate wirtschaftl. Lage durch die anhaltenden Nationalitätenkonflikte. Wie in vielen anderen ehem. Sowjetrepubliken herrschen in G. katastrophale Versorgungsmängel, bes. im Lebensmittel- und Energiebereich. Der für UdSSR-Verhältnisse ehem. hohe Lebensstandard ist drastisch gesunken. Die georg. Landwirtschaft, in der mehr als ein Viertel aller Beschäftigten tätig ist, gilt als relativ leistungsfähig. Bedingt durch die Gebirgslage gibt es eine kleinräumige Agrarstruktur, in der sich Spezialkulturen entwickeln konnten. Die wichtigsten Anbauprodukte sind Tee, Zitrusfrüchte, Tabak, Mais und Wein. In höheren Lagen wird Weidewirtschaft betrieben, an den Gebirgshängen Forstwirtschaft. G. ist stark von Energieimporten abhängig; zwar besitzt es bed. Kohlevorkommen; Erdöl und Erdgas müssen bislang jedoch überwiegend über Fernleitungen aus der Aserbaidschan. Rep. und der Russ. Föderation eingeführt werden. Der Bergbau fördert u. a. Eisen- und Manganerz, Baryt und Zink, in geringen Mengen Gold. Ferner gibt es zahlr. Mineralquellen.
Die wichtigsten Industriezweige sind Eisenverhüttung, Fahrzeug-, Maschinen- und Schiffbau, chem. Industrie, Erdölverarbeitung sowie Nahrungsmittel- und Textilindustrie. Die Industrieproduktion ist insgesamt stark gesunken. Vor allem die Schwerindustrie ist auf Grund der gestiegenen Preise für die importierten Energieträger und Rohstoffe unrentabel geworden. Eingeführt werden außerdem versch. industrielle Vorprodukte (z. B. für den Maschinenbau) sowie Lebensmittel (Getreide, Milch, Fleisch). Haupthandelspartner sind die GUS-Staaten. Bei Fertigprodukten der Nahrungsmittelindustrie hatte G. einen hohen Ausfuhrüberschuß; im September 1991 wurde auf Grund der schlechten Versorgungslage jedoch ein komplettes Exportverbot für diese Güter erlassen. Die Gesamtlänge des Straßennetzes beträgt 22000 km, die des Schienennetzes knapp 1600 km. Die wichtigsten Schwarzmeerhäfen sind Batumi und Poti. Tiflis verfügt über einen internat. Flughafen. Für den Ausbau des Tourismus hätte G. gute Voraussetzungen im Gebirgsraum und an der Schwarzmeerküste.

*Daten zur Wirtschaft* (1995)
Bruttosozialprodukt: 2,4 Mrd. US-$; je Einwohner 440 US-$
Sektoranteile am Produktionsvolumen: Land- u. Forstwirtschaft 67%; Produzierendes Gewerbe 22%; Dienstleistungen 11%
Warenexport: 200 Mio. US-$;
Warenimport: 647 Mio. US-$
Saldo der Leistungsbilanz: −160 Mio. US-$

*Geschichte*

An der georg. Schwarzmeerküste, dem antiken Kolchis, entstanden ab etwa 600 v. Chr. mehrere griech. Kolonien; der Osten des heutigen G. stand unter pers. Hoheit. Nach dem Feldzug des Pompejus, 65 v. Chr., gelangte G. unter röm. Einfluß. Ab etwa 330 n. Chr. breitete sich das Christentum in G. aus. Ende des 4. Jh. geriet Kolchis unter byzant., der Osten wiederum unter pers. Herrschaft. Ab dem Ende des 8. Jh. dehnte die Dynastie der Bagratiden ihren Einfluß über ganz G. aus; Anfang des 13. Jh. umfaßte das Georg. Reich die ganze Kaukasusregion zw. dem Schwarzen und dem Kaspischen Meer. Im Zuge der Invasionen der Mongolen im 13. und 14. Jh. zerfiel das Reich in einzelne Fürstentümer, die zunächst unter osman., ab Anfang des 17. Jh. unter pers. Fremdherrschaft standen. Ab 1801 wurde nach und nach ganz G. dem Russ. Reich einverleibt. Die Verwaltung des Landes erfolgte durch Militärgouverneure, die eine rigide Russifizierungspolitik betrieben. Nach dem Sturz des Zaren erklärte G. am 26. 5. 1918 seine Unabhängigkeit. 1919 wurde, zus. mit

# Georgien

Die Altstadt von Tiflis wird überragt von den Resten einer Zitadelle aus dem 13. Jh.; sie wurde 1576 von den Türken instandgesetzt und später als Gefängnis genutzt.

Armenien und Aserbaidschan, die Transkaukas. Föderation proklamiert, doch bereits im Febr. 1921 besetzten sowjet. Truppen G.; das Land wurde der Transkaukas. SFSR eingegliedert. 1936 wurde die Grusin. (Georg.) SSR gegründet. Im Zuge des Zerfalls der Sowjetunion beschloß der Oberste Sowjet von G. im April 1991 die Wiederherstellung der staatl. Unabhängigkeit. Im Sept. wurde die Nationalisierung des sowjet. Besitzes eingeleitet. Der Beitritt zur Gemeinsch. Unabhängiger Staaten (GUS) wurde im Dez. 1991 strikt abgelehnt. Gegen die autoritäre Herrschaft des gewählten Präs. S. →Gamsachurdia regten sich Ende 1991 massive Proteste. Nach schweren Straßenkämpfen zw. Anhängern und Gegnern Gamsachurdias in Tiflis floh der Präs. im Jan. 1992 außer Landes. In der Folge wurde G. durch einen provisor. Staatsrat unter Vorsitz des ehem. sowjet. Außen-Min. E. →Schewardnadse regiert, der am 11.10.1992 zum Präs. gewählt wurde. 1992 führten die einseitigen Unabhängigkeitserklärungen von Südossetien und insbes. von Abchasien zu militär. Konflikten. Trotz des Eingreifens russischer Truppen konnte die Separationsbewegung nicht bezwungen werden; Ende 1995 erreichten die Abchasen ihre weitgehende polit. Autonomie. Eine ähnliche Lösung deutet sich 1996 auch für Sodossetien an. Bei den Präsidentschaftswahlen im Oktober 1995 wurde E. Schewardnadse mit großer Mehrheit im Amt bestätigt.

*Kultur*
Die kulturelle Entwicklung G. wurde ab dem 4. Jh. durch die von →Armenien ausgehende Christianisierung geprägt. Die frühesten Sakralbauten folgten der Kuppelarchitektur, die im 6. Jh. mit der Dschwari-Kirche in Mzcheta Modellcharakter u. a. für die Kirchen in Ateni und Martwili (7. Jh.) bekam. Eine Weiterentwicklung erlebten die georg. Sakralbauten, u. a. mit dem Klosterbau von Gelati.

*Literatur:* Das georg. Schrifttum war jahrhundertelang rein geistl. Natur (erstes Zeugnis eine Bibelübersetzung aus dem Armen., 5. Jh.). Mit dem polit. Aufschwung G. im 12. Jh. entstand eine höfische Kultur mit zahlr. Ritterromanen. Anfang des 20. Jh. fand der Symbolismus Eingang (Gruppe ›Blaue Trinkhörner‹). Zu den bed. Vertretern der neueren georg. Lit. zählen Grigol Robakidse (1884–1962), Konstantin Gamsachurdia (1891 bis 1975) und Galaktion Tabidse (1892–1959).

## Georgslied

**Georgslied,** älteste dt. Legendendichtung in hymnenartigen Reimversen, wohl um 896 auf der Insel Reichenau entstanden; als Fragment in alemannischer Mundart erhalten.
**Georgsmarienhütte,** niedersächsische Stadt (seit 1970) im Lkr. Osnabrück, Reg.-Bz. Weser-Ems, im nördl. Teutoburger Wald, 34 000 E.; Fachwerkbauten, ehem. Benediktinerinnenkloster (gegr. 1170); Stahl-, Maschinen-, Fertigbau-, Möbelindustrie, Milchverarbeitung.
**Georgstaler,** Silbermünze mit dem Bild des hl. Georg als Drachentöter. Als Amulette begehrt waren bes. die G. von Mansfeld (1521–23 und 1606–15).
**Georg-von-Neumayer-Station** *(GVN),* 1981 errichtete, vom Alfred-Wegener-Institut unterhaltene Forschungsstation der Bundesrep. Deutschland in der Antarktis. Sie liegt auf dem Ekström-Schelfeis an der Atkabucht bei 70°08′S, 8°22′W und bietet eine Überwinterungsmöglichkeit für neun Personen, die ein geophysik. und meteorolog. Observatorium unterhalten.
**Georhychus,** eine Gattung der Fam. der →Sandgräber.
**Geosphäre,** ein parallel zur Erdoberfläche verlaufender Raum mit gegenseitiger Beeinflußung von →Atmosphäre, →Hydrosphäre und →Lithosphäre.
**Geospizinae** →Darwinfinken.
**geostationärer Satellit** →Nachrichtensatellit.
**geostrophische Strömung,** *Meereskunde:* Strömung, bei der sich die antreibende Druckkraft und die →Coriolis-Kraft im Gleichgewicht befinden. Meeresströmungen kommen g. St. sehr nahe. Dies ermöglicht Strömungsberechnungen aus Messungen von Salzgehalt und Temperatur, die meßtechnisch einfacher zu erfassen sind als Strömungen.
**geostrophischer Wind** [griech.], idealisierte Vorstellung einer Luftströmung, die sich nur unter dem Einfluß eines großräumigen Druckfeldes und der →Coriolis-Kraft bewegt. Der resultierende Wind weht parallel zu den →Isobaren. Die Verhältnisse in der Atmosphäre außerhalb der →planetaren Grenzschicht kommen dieser Modellvorstellung meist sehr nahe.
**Geosynklinale** [griech.] *die,* weiträumiges Senkungsgebiet (→Falte) der Erdkruste, in dem sich mächtige →Sedimentgesteine ablagern, die später gefaltet und schließl. zu Gebirgen gehoben werden; Ggs. →Geoantiklinale.
**Geotektonik** [griech.] *die,* Zweig der →Geologie, der Krustenbewegungen und Massenverlagerungen der Erde untersucht (→Tektonik).
**Geotherapie,** Medizin: klimat. Heilbehandlung.
**Geothermie,** die Nutzung der Erdwärme als Energiequelle (→geothermisches Kraftwerk).
**geothermische Anomalie,** das Auftreten von Werten der →geothermischen Tiefenstufe, die weit außerhalb der Durchschnittsmessungen liegen.
**geothermische Energie** *(geothermische Wärme),* Energie in Form von Erdwärme, die z. B. in einem →geothermischen Kraftwerk genutzt wird.
**geothermische Lagerstätte,** Auftreten von durch Erdwärme erhitztem Gestein, das z. B. für den Betrieb eines →geothermischen Kraftwerks genutzt wird.
**geothermisches Kraftwerk,** ein →Kraftwerk, das die Erdwärme zur Erzeugung elektr. Stromes nutzt. Aus dem Erdinnern entweichender Wasserdampf oder in Erdspalten eingepreßtes Wasser, das verdampft, wird mit Hilfe einer Dampfturbine zur Stromerzeugung genutzt. Auch zur Gewinnung von heißem Wasser oder Wasserdampf lassen sich g. K. einsetzen, wobei entweder das in der Tiefe zirkulierende Wasser unmittelbar in Rohren gesammelt und für Heizzwecke genutzt oder von der Erdoberfläche in Wärmeaustauscher eingepreßtes Wasser in der Tiefe erwärmt wird. G. K. lassen sich nur dort kostengünstig betreiben, wo die →geothermische Tiefenstufe gering ist. Größere Anlagen stehen u. a. in Italien, Frankreich (Pariser Becken) und Neuseeland, in der BR Dtld. laufen einige Versuchsprojekte im

# Gepiden

Bereich der Schwäbischen Alb und im südl. Rheingraben.
**geothermisches Potential,** das Vorhandensein von Erdwärme, die techn. zur Energiegewinnung genutzt werden kann.
**geothermische Tiefenstufe,** Anzahl der Meter, innerhalb der beim Eindringen in die Erdkruste die Temp. um 1°C zunimmt. Durchschnittl. erhöht sich die Eigenwärme der Erde *(Erdwärme)* um 1°C auf je 33 m Tiefe, stellenweise (in Vulkangebieten) aber schon auf je 10 m, andernorts erst auf je 100 m oder mehr.
**geothermische Wärme** →geothermische Energie.
**Geothermometer,** Gerät zum Messen der Temperatur im Erdinnern.
**Geotrichum,** Schimmelpilzgattung; *G. candidum* (Milchschimmel) kann den Verderb von Milchprodukten verursachen.
**Geotropismus,** Botanik: →Statolith, →Tropismen.
**Geotroposkop** →Gyroskop.
**Geotrupes** →Mistkäfer.
**Geowissenschaften,** zusammenfassende Bez. für die Wissenschaften von der Erde, insbes. →Geographie, →Geologie, →Geophysik, →Paläontologie, →Petrographie.
**geozentrisch,** auf die Erde als Mittelpunkt bezogen; *g. Ort* eines Sternes, z. B. eines Planeten, ist der Ort, den er am Himmel von der Erde aus gesehen einnimmt. Das *g. Weltbild,* z. B. des →Ptolemäus, betrachtet die Erde als Mittelpunkt, um den die Sonne, der Mond, die Planeten und die Sterne kreisen. Der Überwindung der Vorstellung eines solchen Systems standen entgegen: relig. Vorurteile (→Galilei), das Fehlen eines ›Weltwindes‹, Unkenntnis der Wirkungen von Bewegungen auf den menschl. Körper und das scheinbare Fehlen von Fixstern-Parallaxen (→Bessel); Ggs. →heliozentrisches Weltsystem.
**Geozoologie,** Lehre von der Verbreitung der Tiere auf der Erde.
**Gepäckversicherung** →Reisegepäckversicherung.
**Gepard** *(Jagdleopard; Acinonyx jubatus),* leopardenähnl. Katze mit hohen Beinen und kleinem Kopf,

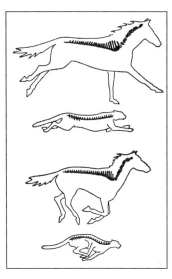

85 cm hoch; Tagtier, schneller Läufer auf Kurzstrecken (bis 100 km/h), hetzt Beute; in der Antike zur Jagd abgerichtet; selten in Ost- und Südwestafrika, Vorderasien (Afghanistan, Iran); in Indien Mitte des 20. Jh. ausgestorben.
**Gepard,** Flugabwehrpanzer des Heeres der BR Dtld. (→Bundeswehr) zur Verteidigung gegen Flugzeuge bis zu einer Entfernung von 3500 m; mit hochentwickelter Radarausstattung und einer 35-mm-Zwillingskanone auf Fahrgestell des Panzers →Leopard I.
**Gepatschferner,** Gletscher in den →Ötztaler Alpen, 9,2 km lang.
**Gepiden,** urspr. zu den →Goten gehörendes Volk. Die G. wanderten im 3. Jh. ins Gebiet der →Daker. Um 400 wurden sie ins Reich der →Hunnen integriert und besetzten später Gebiete bis zur Theiß und nach Syrmien. Ab 540 war das Reich der G. durch die →Langobarden gefährdet, die es 567 zusammen mit den →Awaren zerstörten. Siebenbürgen war im 7. Jh. unter awar. Führung noch gepidisch. Archäolog. sind die G. aus Reihengräberfriedhöfen des 5. und 6. Jh. bekannt; reich ausgestattet wurden die Gräber der Führungsschicht (→Apahida).

Der **Gepard** ist das schnellste Säugetier. Dank seiner stark biegsamen Wirbelsäule beteiligen sich bei der Bewegung mehr Muskelgruppen als z. B. beim Pferd. Dadurch wird eine höhere Geschwindigkeit erreicht (max. 100 km/h), was allerdings zu größerem Energieverlust und zur baldigen Ermüdung führt: Beutetiere, die nicht nach kurzer Hetzjagd überwältigt werden, entkommen.

● **Gepard:** (Flugabwehrpanzer): Bild →Geschütz

3549

# Gepräge

**Gera:** Markt mit restaurierten Renaissancebauten, Rathaus (1573–76) und Simsonbrunnen

**Gepräge, 1)** Gesamtheit der eingeprägten Zeichen auf Münzen und Medaillen; **2)** bes. Eigenart, kennzeichnende Merkmale.
**Ger** der, german. Wurf- und Stoßwaffe; wurde von F. L. →Jahn als Sportgerät mit Holzschaft und Metallspitze eingeführt, Vorläufer des heute in der Leichtathletik gebräuchl. →Speeres.
**Gera, 1)** kreisfreie und wichtigste Stadt in Ostthüringen, bis 1990 Hptst. des Bezirks G., an der Weißen Elster, 130 000 E.; Bahnknotenpunkt; Tuchindustrie, Kammgarnweberei (eingeführt nach 1569 von niederl. Glaubensflüchtlingen), Maschinen-, Fahrzeug-, Apparatebau, Metallwaren- und Möbelherstellung. Um 1237 Stadtrecht, ehem. Universität (gegr. 1392), vom 16. Jh. bis 1918 Residenz der Fürsten →Reuß jüngster Linie.
**2)** rechter Nebenfluß der Unstrut in Thüringen, 75 km lang, entspringt am Schneekopf im Thüringer Wald und mündet in zwei Armen bei Gebesee und Werninghausen.
**Geraardsbergen** [xɛraːrdzbɛrxə] (frz. *Grammont*), altes Städtchen in der belg. Prov. Ostflandern, an der →Dender, 31 000 E.; got. Kirche und Rathaus; Textil-, Tabak-, Kunstfaserindustrie und Streichholzfabrikation.
**Gerace** [geratʃe], ital. Ort in Kalabrien, nahe →Locri; bek. normann. Kastell und Dom aus dem 11. Jh. (eine der bed. Kirchen Süditaliens).

**Gerade, 1)** *Math.*: Grundgebilde der Euklidischen Geometrie, definiert als nach beiden Richtungen unbegrenzte Linie ohne Krümmung. Liegen zwei G. in einer Ebene, schneiden sie sich in einem Punkt, oder sie sind parallel. Zwei G. im Raum schneiden sich in einem Punkt oder gar nicht; sie sind dann parallel oder windschief zueinander. Eine G. ist bereits durch zwei Punkte festgelegt. Ein Teil der G. ist die kürzeste Verbindung der beiden Punkte.
**2)** *Sport:* beim →Boxen gerade und schnell ausgeführter Stoß.
**gerade,** durch zwei teilbar; Ggs. *ungerade* (→Parität).
**gerade Funktion,** eine Funktion, deren Graph spiegelsymmetrisch zur $y$-Achse verläuft bzw. in deren Funktionsgleichung $x$ durch $-x$ ohne Änderung der Funktion ersetzt werden kann.
**Geradflügler** (*Orthopteroidea*), primitive Überordnung der →Insekten, rd. 20 000 Arten, weltweit verbreitet, nur in Polargegenden fehlend. Sie besitzen kauende Mundwerkzeuge, derbe Vorderflügel und weichhäutige, längs faltbare Hinterflügel. Die Beine sind oft als Sprung- oder Grabbeine ausgebildet; die Entwicklung zum Vollinsekt erfolgt als unvollständige Verwandlung. Zu den G. zählen →Schaben, →Fangheuschrecken, →Gespenstheuschrecken, →Heuschrecken, →Grillen. Viele der ältesten Insektenfossilien sind G.
**Geradführung,** Einrichtung zur Führung von bewegl. Maschinenteilen usw. auf einer Geraden, so z. B. durch *Prismenführungen* (→Schwalbenschwanz), auch bei manchen →Kurbelgetrieben als *Kreuzkopf* (so z. B. →Dampfmaschine).
**Geradsichtprisma,** Bauart eines Prismas, bei dem ein Lichtstrahl in seine Spektralfarben zerlegt, aber nicht abgelenkt wird.
**Geräff** = Geräusch.
**Geräffel,** Gamsrudel mit Geißen, Kitzen und jüngeren Böcken (ohne jagdbaren Gamsbock).
**Geragogik** [griech.-lat.], Teilgebiet der Pädagogik, befaßt sich mit Bil-

**Geradflügler** *(Heuschrecke)* mit derben Vorderflügeln, weichhäutigen, faltbaren Hinterflügeln und kräftigen Sprungbeinen; die kauenden Mundwerkzeuge sind in der Abbildung vom Kopf verdeckt.

dungshilfen und -fragen für ältere Menschen.
**Geraldton** [dʒɛrəltən], Hafenstadt und Seebad in Westaustralien, mit 20000 E.; anglikan. und kath. Bischofssitz; Düngemittel-, Fischkonserven-Ind., Brauerei; Ausfuhr landw. Produkte.
**Gerald von Aurillac** [- ɔrijak], frz. Graf, Klostergründer, *um 855 Aurillac, †909 Cezeinac-en-Guercy; zu den Schülern des von ihm gegr. Benediktinerklosters gehörte auch →Gerbert von Aurillac; Heiliger (Tag: 13.10.).
**Gerald von Mayo** [-mɛɪou], angelsächs. Klostergründer, *um 642 in England, †732 Mayo (Irland); Heiliger (Tag: 13.3.).
**Geraniaceae** →Storchschnabelgewächse.
**Geranial** →Citral.
**Geranie** [griech.], 1. *(Geranium)*, Gattung der →Storchschnabelgewächse, Stauden mit breitlappigen Blättern und großen rosa bis violetten Blüten; verschiedene Zierpflanzen; 2. volkstümlich auch →Pelargonie.
**Geraniol** [griech.] *das*, $C_{10}H_{17}OH$, Terpenalkohol von rosenartigem Duft; Vorkommen in etherischen Ölen; Verwendung in der Parfümerie.
**Geraniumaldehyd** →Citral.
**Geraniumgras** →Rusagras.
**Geraniumöl**, unechtes →Rosenöl, das aus Pelargonien gewonnen wird.
**Gerant** [frz., ʒe-], schweiz. für Geschäftsführer.
**Gérard** [ʒerar], François, Baron (seit 1819), frz. Maler, *4.5.1770 Rom, †11.1.1837 Paris; Schüler von J.-L. →David. Hofmaler Napoleons I. und (seit 1817) Ludwigs XVIII. Graziöse und sensible Porträts berühmter Zeitgenossen im klassizist. Stil (z.B. ›Madame Récamier‹, 1802).
**Gérard** [ʒerar], Jean Ignace Isidore, eigtl. Name des Karikaturisten →Grandville.
**Gérard** [ʒerar], Marguerite, frz. Malerin, *28.1.1761 Grasse (Dép. Alpes-Maritimes), †18.5.1837 Paris; Schülerin von J.-H. →Fragonard; vor allem Familienbilder.

**Gérardmer** [ʒerarmɛ], frz. Urlaubsort in den Vogesen, 80 km südwestl. von Straßburg, 10000 E.; Wassersport auf dem *Lac de G.*; Wintersport.
**Gerardus Magnus** →Groote, Geert.
**Geras**, Kleinstadt im nördlichen Weinviertel, Niederösterreich, mit 1600 E.; seit 1180 Prämonstratenserabtei.
**Gerasa** *(Jerash)*, röm. Ruinenstätte in Jordanien, 40 km nördl. von Amman; älteste Siedlungsspuren stammen aus dem 6. Jt. v.Chr.
**Gerassimow**, Aleksandr Michajlowitsch, russ. Maler, *12.8.1881 Koslow (heute Mitschurinsk), †23.7.1963 Moskau; Porträts von Führungspersönlichkeiten der Sowjetunion im Stil des sozialist. Realismus.
**Gerassimow**, Sergej Wassiljewitsch, russ. Maler, *26.9.1885 Moschajsk, †20.4.1964 Moskau; von frz. Kunst (Cézanne, Derain) beeinflußter Vertreter des sozialist. Realismus; malte v.a. Landschaften und Genrebilder mit werktätigem Volk.

Marguerite Gérard: ›Der Sommer‹. Perpignan, Museum

## Gerät

Die **Gerbera** auch für Balkone geeignet, benötigt einen warmen geschützten Standort und volle Sonne.

**Gerät,** in Vor- und Frühgeschichte wie Verhaltensforschung Bez. für jeden Gegenstand, der von einem Lebewesen – zuerst →Primaten – für einen bestimmten Zweck zugerichtet oder auch mitgenommen wird (im Ggs. zum ›Werkzeug‹, das aber nicht verändert wird). So richten Schimpansen Gräser oder Zweige durch Abstreifen von Blättern bzw. Seitenteilen usw. als Termitenangeln her.

**Geräteeinheit,** BR Dtld.: Truppenteil ohne →Kader, für den Waffen und Gerät eingelagert sind (erst bei Aufstellung im Spannungs- oder Verteidigungsfall ausgegeben).

**Geräteglas** *(Apparate-, Röhrenglas),* für techn. Geräte geeignete und weitgehend gegen Temperaturwechsel unempfindl. Glassorten, z. B. →Jenaer Glas®.

**Gerätetauchen,** im →Tauchsport Tauchen in einem Tiefwasserbereich bis zu max. 75 m mit Hilfe eines Preßluft-Atemgeräts.

**Geräteträger,** ein landw. Spezialschlepper mit Ladepritsche, bei dem Bearbeitungs- und Pflegegeräte entweder im Frontanbau oder zw. Vorder- und Hinterachse angebracht werden können.

**Gerätturnen,** körperl. Übungen an speziellen →Turngeräten zur Entwicklung von Kraft und Gewandtheit; das G. ist trotz abnehmender Bed. immer noch wichtiger Bestandteil der schulischen Leibeserziehung; die wettkampfmäßige Form des G. wird als →Kunstturnen bezeichnet.

**Geräusch, 1)** *Physik:* Schallempfindung, die (im Ggs. zum →Ton und →Klang) nicht auf einfachen period. Bewegungen beruht; **2)** *weidmännisch: (Gelünge, Geräff),* Herz, Lunge, Leber, Nieren des →Schalenwilds; die übrigen Eingeweide: *Gescheide*; G. und Gescheide: *Aufbruch.*

**Geräuschmesser,** Gerät zur Messung der Lautstärke von Geräuschen, die, von einem →Mikrophon aufgenommen, in einem Verstärker unter Berücksichtigung der Ohr-Empfindlichkeitskurve verstärkt und direkt in →Phon angezeigt werden.

**Geräuschminderer** →Kompander.
**Geräuschmine** →Mine.

**Gerben** *(Gerbung),* chem. Umwandlung tier. Häute in →Leder durch Einwirken von →Gerbstoffen; diese setzen das →Protein der Häute in haltbare Verbindungen um; pflanzl. G. *(Lohgerbung)* verwendet organ. Gerbmittel (aus Kastanien oder Quebrachorinde) und dient bes. zur Herst. kräftiger Ledersorten; mineral. G. (mit Chromsalzen) für Schuh-, Bekleidungs- und Kofferleder. Die Häute werden nach Entfernen der Oberhaut und der Gewebeschicht mit den Gerbmitteln längere Zeit in Gruben eingelegt *(Gruben-G.)*, heute meist in

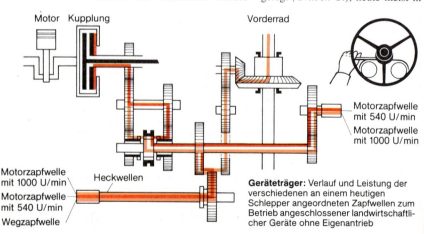

**Geräteträger:** Verlauf und Leistung der verschiedenen an einem heutigen Schlepper angeordneten Zapfwellen zum Betrieb angeschlossener landwirtschaftlicher Geräte ohne Eigenantrieb

# Gerbstoffe

rotierenden Fässern mit den Gerbmitteln gewalkt; Weißleder mit Kochsalz und Alaun; Sämischleder durch Einkneten von Fetten.
**Gerber,** Heinrich, Bauingenieur, *18.11.1832 Hof, †3.1.1912 München; Erfinder eines mehrgliedrigen →Durchlaufträgers, bei dem in jedem zweiten Feld →Gelenke angeordnet werden, die keine Biegemomente übertragen (→Gerberträger).
**Gerber,** →Ausbildungsberuf; verarbeitet Tierhäute zu Leder.
**Gerbera,** Gattung der →Korbblütler (Ostasien und Südafrika); Stengel blattlos, mit gelben, roten oder mit orangefarbenen Blütenständen; Zierpflanzen.
**Gerberakazie** →Katechu.
**Gerberlohe,** Pflanzenteile mit hohem Gehalt an →Gerbstoffen, z.B. zerkleinerte Rinde von Eichen, Fichten, Akazien, Kernholz des südamerik. →Quebracho-Baumes; auch zum →Gerben von Leder.
**Gerber-Norm,** andere Bez. für die →Fernsehnorm nach CCIR.
**Gerberstrauch** *(Lederstrauch; Coriaria),* einzige Gattung der G.-Gewächse *(Coriariaceae),* bis 1 m hohe Ziersträucher. Früher wirtschaftlich wichtig wegen ihres hohen Gehaltes an →Gerbstoffen die mediterrane Gerbermyrte *(Coriaria myrtifolia).*

**Gerbersumach** →Sumach.
**Gerbert,** Martin, Benediktiner, *12.8.1720 Horb am Neckar, †13.8.1793 St. Blasien; ab 1764 Fürstabt von St. Blasien, dessen Kuppelkirche er bauen ließ. G. war einer der bedeutendsten kath. Theologen im Zeitalter der Aufklärung.
**Gerberträger,** von H. →Gerber erfundener Durchlaufträger; ein statisch bestimmtes Tragsystem, aus Einfeldträgern mit einseitiger oder beidseitiger →Auskragung und sog. Einhängeträgern zusammengesetzt. Sollen $n$ Öffnungen überspannt werden, sind $n-1$ sog. *Gerbergelenke* erforderl. Bes. Bed. heute nur noch in Ausnahmefällen, z.B. bei Stützensenkungen (in Bergsenkungsgebieten u.a.) und starken Temperaturänderungen.
**Gerbert von Aurillac** [- ɔrijɑk], bed. Philosoph, Gelehrter und Papst des MA (→Silvester II.).
**Gerbillinae** →Rennmäuse.
**Gerbrandy** [xɛrbrɑndiː], Pieter Sjoerd, niederl. Politiker, *13.4.1885 Goënga, †7.9.1961 Den Haag; 1940–45 Min.-Präs. der niederl. Exilregierung in London.
**Gerbsäure** →Tannin.
**Gerbstoffe,** wasserlösl., meist kolloidal gelöste Stoffe (→Kolloide) aus Pflanzen; schmecken ›zusammenziehend‹, fällen Eiweißstoffe, verhüten Fäulnis, geben mit Eisen-

*Gerben:* Grubengerbung in Marrakesch, Marokko

Gerberstrauch

# Gerbung

salzen schwarzblaue oder grüne Farbstoffe. Sie kommen in Baumrinden (Fichte, Roßkastanie, Eiche) und Hölzern (→ Katechu, → Quebracho), Früchten (bes. Divi-Divi, den Schoten der südamerik. → Caesalpinia coriaria), Blättern (→ Sumach, Tee), Pflanzengallen (→ Gallen), bes. Eichengalläpfeln (hierin als → Tannine, sog. *Gerbsäure*) vor. Durch Einwirkung von G. wird das Eiweiß der tier. Häute unlösl., quillt und fault nicht mehr (→ Leder). Weitere Verwendung zum → Beizen in der Färberei, zur Herst. von Tinten, in der Medizin als → Adstringenzien. Heute werden G. auch synthet. hergestellt, z. B. Chrom-, Zirkonium- und Eisensalze.

**Gerbung** → Gerben.

**Gerd,** in der german. Mythologie Riesin und Göttin der Erde.

**Gerd,** Namenskurzform zu → Gerhard.

**Gerda** [altnord. gerdhr ›Schützerin‹], weibl. Vorname nach der Gemahlin des nord. Gottes → Freyr; heute auch Kurzform zu → Gertrud.

**Gerdauen,** russ. **Schelesnodoroschny** seit 1945, Stadt im W Rußlands, südöstlich von Königsberg, mit 6000 E.; Brauerei; ehem. Burg des Dt. Ordens (13./14. Jh.). Bis 1945 Krst. im ehem. Reg.-Bz. Königsberg, Ostpreußen.

**Gere** [gɪə], Richard, amerik. Filmschauspieler, * 29. 8. 1949 Syracuse (NY). – *Filme:* Ein Mann für gewisse Stunden (1980); Ein Offizier und Gentleman (82); Atemlos (83); Cotton Club (84); Pretty Woman (90); Sommersby (92).

**Gerebelte(r),** österr. für Wein aus gerebelten (einzeln abgenommenen) Beeren.

**Gerechten, Die** *(Les Justes),* **1)** Schauspiel von A. → Camus; Urauff.: 1949, Paris; **2)** Filmsatire von M. → Allegrét (1959).

**gerechter Lohn** → Lohntheorie.

**gerechter Preis** (lat. *iustum pretium*), gemäß der Lehre der → Scholastik (bes. bei → Thomas von Aquin) der Preis, der ein sittl. gerechtfertigtes Austauschverhältnis von Leistung und Gegenleistung gewährleistet, die Produktionskosten deckt und einen standesgemä-ßen Unterhalt sichert. Die Idee des g. P. ist bereits bei → Aristoteles zu finden.

**Gerechtigkeit** (lat. *iustitia*), ein Grundbegriff der → Ethik; 1. als *objektive G.* gilt die Idee einer vollkommenen Ordnung innerhalb der Ges., und zwar sowohl hinsichtlich des Verhältnisses der einzelnen untereinander (›kommutative‹, ausgleichende G.) als auch in bezug auf die Rechte und Pflichten des einzelnen gegenüber der Gemeinschaft (›distributive‹, austeilende G.). Das Bestreben, durch einen Interessenausgleich zw. konkurrierenden Ansprüchen G. zu schaffen, liegt an sich jeder staatl. Gesetzgebung *(iustitia legalis)* zugrunde und bestimmt die Prinzipien des positiven Rechts (Grundsatz der Gleichheit aller vor dem Gesetz). 2. Die *subjektive G.,* das Bemühen des Menschen um die Verwirklichung der objektiven G., gilt als → Kardinaltugend. – Die philos. Entwicklung des Gedankens der G. geschah durch → Plato; auf Aristoteles geht die Unterscheidung von austeilender und ausgleichender G. zurück. → Leibniz, → Kant u. a. trugen zur Differenzierung des modernen G.-Begriffs bei, der die veränderten geschichtl. Bedingungen berücksichtigen muß (›soziale G.‹, → Menschenrechte).

**Gerechtsame,** deutschrechtl. Bez. für veräußerl. und vererbl. Nutzungsrecht an einem Grundstück, z. B. → Bergrecht, → Fischereirecht.

**Geregelter Markt,** im Börsenzulassungsgesetz vom 16. 12. 1986 geregelter und am 1. 5. 87 eingeführter Markt für Wertpapiere mit amtl. Notierung, deren Kurse nicht wie im → Freiverkehr durch Freimakler, sondern durch vom Börsenvorstand bestimmte und beaufsichtigte Makler festgesetzt werden. Dadurch sollen das Vertrauen der Anleger gestärkt und die Kapitalbeschaffungsmöglichkeiten der nicht zum amtl. Handel zugelassenen (meist kleineren) Unternehmen verbessert werden.

**Gerenuk** → Giraffengazelle.

**Gereon,** kath. Heiliger, starb mit anderen Soldaten der im 3. Jh. aus

# Gerhard von Csanád

Oberägypten nach Köln verlegten ›Thebäischen Legion‹ den Märtyrertod. Seine Grabeskirche in Köln soll von Helena, der Mutter Konstantins, gestiftet worden sein.
**Geretsried,** oberbayr. Stadt im Lkr. Bad Tölz-Wolfratshausen, mit 22 000 E.; Heimatvertriebenengemeinde, auf dem Gelände eines ehem. Rüstungswerks gezielt entwickelter Industriestandort; chem. Ind., holz- und kunststoffverarbeitende Ind., Maschinenbau.
**Gerfalke** *(Falco rusticolus)*, 50 bis 55 cm langer, früher oft zur → Beize verwendeter Jagdfalke; arkt. Tundrengebiete Eurasiens und Nordamerikas, kommt in einer weißen (Island und Grönland) und einer grauen Phase vor.
**Gergiev,** Walery, russ. Dirigent, *21.9.1953 Moskau; gewann 1976 den Herbert-von-Karajan-Wettbewerb in Berlin; Assistent von Jurij → Temirkanow im Kirow-Theater in St. Petersburg; 81–85 Leitung des armen. Staatsorchesters; seit 88 Musikdirektor des Kirow-Theaters.
**Gergo** [dʒɛrgo], ital. Bez. für die → Gaunersprache.
**Gergovia** [lat.], Ausgrabungsstätte in der Auvergne bei Clermont-Ferrand (Frkr.); → oppidum der → Arverner, drei Mauerringe erhalten; von Cäsar 52 v. Chr. belagert, aber nicht eingenommen. Die Einwohner von G. wurden in römischer Zeit nach Augustonemetum (Clermont-Ferrand) umgesiedelt.
**Gerhaert von Leyden** [xɛrɑːrt -], Nicolaus, niederl.-dt. Bildhauer, *um 1430 Leiden, †1473 (?) Wiener Neustadt; durch seine realist., anatom. genaue Bildnerei und die lebenswahre Erfassung seel. Vorgänge hatte er großen Einfluß auf die spätgot. Plastik in Süddeutschland und Österr. – *W:* Grabmal des Erzbischofs Jakob von Sierck (1462), Trier; Entwurf und Platte für das Grab Friedrichs III. im Stephansdom, Wien.
**Gerhard** [ahd. ger ›Speer‹, hart ›hart, stark‹], männl. Vorname.
**Gerhard,** Adele (geb. *de Jonge*), Schriftstellerin, *8.6.1868 Köln, †10.5.1956 Köln; emigrierte 1938 in die USA; Verf. biograph. Frauenromane, psychol. und zeitkrit. Erzählungen.
**Gerhard,** Hubert, niederl.-dt. Bildhauer, *um 1550 Amsterdam (?), †1622/23 München; bed. Vertreter des süddt. Frühbarock. – *W:* Hl. Michael an der Michaelskirche in München (um 1590); Augustusbrunnen in Augsburg (89–94).
**Gerhard,** Johann, ev. Theologe, *17.10.1582 Quedlinburg, †17.8.1637 Jena; mit seinem dogmatischen Standardwerk ›Loci communes theologici‹ (9 Bde., 1610–22) Hauptvertreter der luth. Orthodoxie.
**Gerhard,** Roberto, katalanischer Komponist schweiz. Herkunft, *25.9.1896 Valls (bei Tarragona/Katalonien), †5.1.1970 Cambridge (England); 1923–28 Studium u. a. bei Felipe Pedrell und Arnold Schönberg; 39 Emigration nach dem Span. Bürgerkrieg; übertrug das Prinzip der Dodekaphonie (Zwölftönigkeit) auf die Rhythmik (zwölf verschiedene Zeiteinheiten). – *W:* 4 Symphonien; Ballettmusik ›Don Quixote‹ (40/41); Konzertmusik ›The Plague‹ (1963/64).
**Gerhardinger,** Maria Theresa, Gründerin der Kongregation der Armen Schulschwestern (1833), *20.6.1797 Regensburg, †9.5.1879 München; Nov. 1985 von Papst Johannes Paul II. seliggesprochen.
**Gerhards,** Gerhard, eigtl. Name von → Erasmus von Rotterdam.
**Gerhardt,** Elena, Sängerin (Mezzosopran), *11.11.1883 Leipzig, †25.1.1975 Hannover; als Liedinterpretin bekannt geworden.
**Gerhardt,** Paul, luth. Kirchenlieddichter, *12.3.1607 Gräfenhainichen (Sachsen), †27.5.1676 Lübben (Spreewald); entsagte 1667 aus Gewissensgründen (Gegner des Toleranzedikts) seinem Amt als Berliner Diakon. Seine Lieder (›Geistliche Andachten‹, 1666 ff.) sind Ausdruck empfindsamer Frömmigkeit und schlichten Gottvertrauens (u. a. ›O Haupt voll Blut und Wunden‹, ›Befiehl du deine Wege‹, ›Geh aus, mein Herz‹).
**Gerhard von Csanád** [- tʃɔnaːt], ung. Bischof, Märtyrer, *10. Jh. Venedig, †24.9.1046 Budapest; Heiliger (Tag: 24.9.).

Paul Gerhardt

# Gerhoh von Reichersberg

**Théodore Géricault:** ›Offizier der Garde Impériale‹ (1812). Paris, Louvre

**Gerhoh von Reichersberg,** kath. Theologe, *um 1093 Polling (Oberbayern), †27.6.1169 Reichersberg (Oberösterreich); ab 1132 wurde der erst kaiserlich, dann päpstlich gesinnte G. Propst des Augustiner-Chorherrenstiftes Reichersberg; einer der fruchtbarsten Kirchenschriftst. des MA.

**Geriatrie** [griech.] *(Altersheilkunde),* die Lehre von den Krankheiten des alternden Menschen. Im Vordergrund steht die Multimorbidität, d. h. die Tatsache, daß der alternde Mensch an mehreren Krankheiten gleichzeitig leidet. Ursachen sind Abbauvorgänge der Gewebe, Verminderung der Elastizität und der Widerstandskraft und Folgen früherer Erkrankungen.

**Geriatrikum,** Mz. *-a,* Arznei zur Therapie von Alterserscheinungen.
▬ Siehe ›Praxistip Gesundheit‹.

**Géricault** [ʒerik̲o], Théodore, frz. Maler, *21.9.1791 Rouen, †26.1.1824 Paris; Schüler von Ch. →Vernet und →Guérin; mit →Delacroix befreundet. 1819 stellte er das ›Floß der Medusa‹ aus, dessen realistdramat. Bewegtheit und gesteigerte Ausdruckskraft den Klassizismus überwand. Pferdebilder, Kampfepisoden, Darstellungen von Geisteskranken.

# Gerichtsbarkeit

**Gerichte,** staatl. Organe, denen die Rechtsprechung obliegt. Je nach dem Zweig der →Gerichtsbarkeit unterscheidet man zw. *ordentlichen G. und besonderen G.* Das Verfahren vor den ordentl. G. ist in der BR Dtld. für die streitige Gerichtsbarkeit im *Gerichtsverfassungsgesetz* vom 27.1.1877/12.9.1950, für die →freiwillige Gerichtsbarkeit im *Gesetz über die Angelegenheiten der freiwilligen Gerichtsbarkeit* vom 17.5./20.5.1898 geregelt. Die G. gliedern sich in mehrere Instanzen. Man unterscheidet Einzel- und Kollegialgerichte. G. der ordentl. Gerichtsbarkeit sind die Amts-G., Land-G., Oberlandes-G. (in Bayern zusätzl. das Bayer. Oberste Landes-G.) und der Bundesgerichtshof. G. der besonderen Gerichtsbarkeit sind Verfassungs-G., Verwaltungs-G., Arbeits-G., Sozial-G., Finanz-G. und das Patent-G.

**gerichtliche Medizin** →Gerichtsmedizin.

**gerichtliche Psychiatrie** *(forensische Psychiatrie),* ein Zweig der →Psychiatrie, der sich vor allem mit der Untersuchung und Begutachtung der →Geschäftsfähigkeit und →Schuldfähigkeit von Personen befaßt. Die g. P. bedient sich dabei auch med. und psychol. Testverfahren. Aufgabe der g. P. ist vor allem die Diagnose von Geistesschwäche, psych. Erkrankungen (→Neurosen, →Psychosen), hirnorgan. Erkrankungen sowie tiefgreifenden Bewußtseinsstörungen.

**gerichtliche Psychologie** *(forensische Psychologie),* Teilgebiet der →angewandten Psychologie; Aufgabe: Untersuchung und Begutachtung der →Geschäfts- und →Schuldfähigkeit (neben →gerichtlicher Psychiatrie) von Personen sowie der Glaubwürdigkeit von Zeugenaussagen im Bereich der gerichtl. Praxis, bes. des Strafrechts. Dabei finden zahlr. psychodiagnostische Verfahren Anwendung (→Test, →Tatbestandsdiagnostik). Auch die psychol. Tätigkeit im Zusammenhang des Strafvollzugs gehört zur g.P., bes. die psychagog. und psychotherapeut. Betreuung von Gefangenen und Hilfsmaßnahmen zur Vorbeugung von Rückfällen (→Resozialisierung). – I. w. S. ist g. P. identisch mit →Kriminalpsychologie.

**Gerichtsbarkeit,** Verwirklichung der Rechtsordnung durch Rechtsprechung und Rechtspflege. Im modernen Staat ist die G. ausschließl. Angelegenheit des Staates. Träger der G. in der BR Dtld. sind die Länder. Die → Bundesgerichte unterliegen der Gerichtshoheit des Bundes. Man unterscheidet hauptsächl. *streitige G.* (streitige Zivil-G.

Tafel **Gerichte**
S. 3558–3561.

## Praxistip Gesundheit

## Geriatrika

Als Geriatrika werden Arzneimittel bezeichnet, die in verschiedener Weise die körperliche und geistige Leistungsfähigkeit des alternden Menschen steigern sollen. Eine solche Wirkweise existiert jedoch nicht: Mit keinem Medikament kann man das Altern aufhalten. Vitamine nimmt man besser durch Frischkost als durch Vitaminpräparate auf, und beinahe alle Stärkungsmittel enthalten Alkohol, so daß sie nur teilweise zu empfehlen sind wie beispielsweise Ginseng- und Lecithinpräparate. Die seit Jahrhunderten bekannten Heilpflanzen wie Mistel, Rosmarin, Weißdorn und vor allem Knoblauch sind dagegen eher angeraten, zumal wenn sie frisch zubereitet verwendet werden.
Eine für den alternden Menschen günstige Wirkung scheint das →Procain zu haben, das im Körper rasch in zwei Komponenten gespalten wird, die sowohl vor Streß schützen als auch die Regeneration fördern. Allen Mitteln gegen Verkalkung sollte man sehr skeptisch gegenüberstehen, ebenso der oft empfohlenen Frischzellentherapie gegenüber.
Ältere Menschen sind aber angehalten, vom Arzt verordnete Herzkreislaufmittel, Stoffwechselpräparate und Lungenmedikamente genau nach Vorschrift einzunehmen, um Komplikationen vorzubeugen; die Einnahme von Psychopharmaka ist jedoch eher zu reduzieren. Für den Betroffenen wie für den behandelnden Arzt gilt, daß jede Arzneimitteldosis vom 65. Lebensjahr an alle zehn Jahre um 10% vermindert werden sollte.

# Gerichte

## Zuständigkeit und Instanzenwege der zivilen Gerichtsbarkeit

### BUNDESREPUBLIK DEUTSCHLAND
(Abweichungen in den neuen Bundesländern)

**Bundesgerichtshof:** Revisionsinstanz für Urteile a) der Oberlandesgerichte, b) der Landgerichte (Sprungrevision) bei Voraussetzungen wie a) in vermögensrechtlichen Sachen nur, wenn der Streitwert über 40000 DM liegt oder es sich um eine Sache von besonderer Bedeutung handelt.

**Oberlandesgericht:** Berufungs- und Beschwerdeinstanz für Urteile und Entscheidungen der Landgerichte in 1. Instanz.
In Verfahren der freiwilligen Gerichtsbarkeit in Bayern: Bayerisches Oberstes Landesgericht.

**Landgericht:** 2. Instanz: Berufungs- und Beschwerdegericht für die vor den Amtsgerichten verhandelten bürgerlichen Rechtsstreitigkeiten.
1. Instanz: *Zivilkammer:* alle bürgerlichen Rechtsstreitigkeiten, die nicht den Amtsgerichten zugewiesen sind. – *Kammer für Handelssachen:* an Stelle der Zivilkammer für alle Handelssachen.

**Amtsgericht:** Streitigkeiten gemäß § 23 Ziff. 2 GVG und vermögensrechtliche Streitsachen bis 3000 DM.

### ÖSTERREICH

**Oberster Gerichtshof:** entscheidet über Revisionen und Rekurse gegen Urteile und Beschlüsse des Berufungsgerichts.

**Landes-(Kreis-)gericht:** Berufungs- und Rekursinstanz für Urteile und Beschlüsse der Bezirksgerichte und des Arbeitsgerichts.

**Oberlandesgericht: Bezirksgericht:** Berufungs- und Rekursinstanz für Urteile und Beschlüsse der Landes-(Kreis-)gerichte und des Handelsgerichts Wien.

**Handelsgericht Wien:** Berufungs- und Rekursinstanz für Urteile und Beschlüsse des Bezirkgerichts für Handelssachen Wien.

**Arbeitsgericht:** arbeitsrechtliche Streitsachen.

**Bezirksgericht:** vermögensrechtliche Streitsache; bis 50000 S sowie bestimmte andere Streitsachen.

**Handelsgericht Wien:** handelsrechtliche Streitsachen; vor dem Einzelrichter bis 500000 S.

**Landes-(Kreis-)gericht:** Streitsachen, die nicht dem Bezirksgericht zugewiesen sind; vor dem Einzelrichter bis 500000 S; insbesondere Ehescheidungen.

**Bezirksgericht für Handelssachen Wien:** handelsrechtliche Streitigkeiten bis 50000 S.

### SCHWEIZ
(kantonale Instanzen nach der im Kanton Zürich geltenden Regelung)

Jeder der 26 Kantone hat seine eigene Gerichtsorganisation und seine eigene Zivil- und Strafprozeßordnung. Der Weiterzug an das Schweizerische Bundesgericht ist dagegen durch eidgenössisches Recht geregelt. Es wird im folgenden für das kantonale Recht die im *Kanton Zürich* geltende Regelung dargestellt. Die Zusammensetzung, der Instanzenweg sowie die Bezeichnung der Gerichte in den anderen Kantonen sind anders. So heißen die erstinstanzlichen Gerichte teilweise Bezirks-, Amts-, Zivil- oder Strafgericht, die zweite kantonale Instanz meist Obergericht oder Kantonsgericht. Ein kantonales Kassationsgericht gibt es nur in einzelnen Kantonen.

**Bundesgericht:** nur Überprüfung der Rechtsanwendung in bezug auf Bundesrecht. Streitwert über 8000 sfr sowie nicht vermögensrechtliche Zivilrechtsstreitigkeiten.

**Kantonales Kassationsgericht:** nur soweit Weiterzug an Bundesgericht ausgeschlossen und spezielle Kassationsgründe vorliegen (außerordentliches Rechtsmittel).

**Obergericht:** Entscheidet über Berufungen, Rekurse und Nichtigkeitsbeschwerden gegen Entscheide unterer Instanzen.

**Handelsgericht:** Im wesentlichen für Streitigkeiten aus Handelsverhältnissen zwischen im Handelsregister eingetragenen Parteien, Streitwert über 8000 sfr.

**Bezirksgericht:** Einzelrichter für Streitigkeiten von 300 sfr bis 8000 sfr. Erstinstanzlich eine Abteilung von drei Richtern bei Streitwerten ab 8000 sfr sowie in nicht vermögensrechtlichen Streitigkeiten (z.B. Scheidungen).

**Arbeitsgericht/Mietgericht:** Für Streitigkeiten aus dem Arbeits- bzw. dem Mietverhältnis, erstinstanzlich bei einem Streitwert ab 8000 sfr.

**Friedensrichter:** Sühnbeamter, der vor dem gerichtlichen Verfahren angerufen werden muß. Er entscheidet endgültig Streitigkeiten mit einem Streitwert bis zu 300 sfr.

# Gerichte

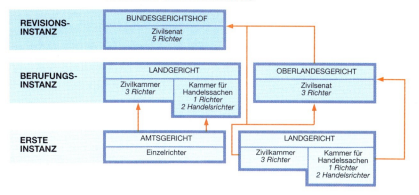

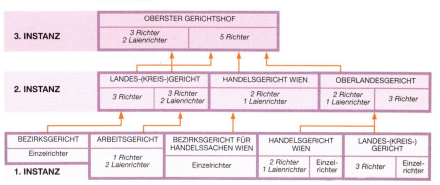

# Gerichte

## Zuständigkeit und Instanzenwege der Strafgerichtsbarkeit

BUNDESREPUBLIK DEUTSCHLAND
(Abweichungen in den neuen Bundesländern)

**Bundesgerichtshof:** Revisionsinstanz für Urteile der Oberlandesgerichte und Landgerichte in 1. Instanz.

**Oberlandesgericht:** (in Bayern: Oberstes Landesgericht): Revisionsinstanz *(Kleiner Strafsenat)* für a) Urteile des Amtsrichters, soweit sie nicht mit Berufung angefochten sind; b) Berufungsurteile der Kleinen und Großen Strafkammern. 1. Instanz *(Großer Strafsenat)* für Staatsschutzsachen (§ 120 GVG).

**Landgericht:** Berufungsinstanz: a) *Kleine Strafkammer* für Urteile des Amtsrichters; b) *Große Strafkammer* für Urteile des Schöffengerichts; c) *Jugendkammer* für Urteile in Jugendsachen. 1. Instanz: a) *Große Strafkammer* für alle Verbrechen, die nicht in die Zuständigkeit des Amtsgerichts, des Schwurgerichts und des Oberlandesgerichts gehören, ferner für alle Vergehen und Verbrechen, die von der Staatsanwaltschaft wegen ihrer besonderen Bedeutung hier angeklagt werden. b) *Schwurgerichtskammer* für alle (vorsätzlichen) Verbrechen mit Todesfolge. c) *Jugendkammer:* Sachen, die nach allg. Vorschriften zum Schwurgericht gehören oder wegen ihres bes. Umfangs von der Jugendkammer übernommen werden, wenn die Angeklagten Jugendliche oder Heranwachsende sind.

**Amtsgericht:** Amtsrichter (Einzelrichter): 1. Ordnungswidrigkeiten, 2. Vergehen, a) wenn sie im Wege der Privatklage verfolgt werden, b) wenn die Tat mit keiner höheren Strafe als Freiheitsstrafe von 6 Monaten bedroht ist, c) wenn die Staatsanwaltschaft Anklage zum Einzelrichter erhebt und keine höhere Strafe als Freiheitsstrafe von 1 Jahr zu erwarten ist. – *Schöffengericht:* Vergehen und Verbrechen, wenn im Einzelfall keine höhere Strafe als 3 Jahre Freiheitsstrafe zu erwarten ist und die Staatsanwaltschaft nicht Anklage beim Landgericht erhebt oder die Zuständigkeit des Schwurgerichts oder des Oberlandesgerichts begründet ist. – *Jugendrichter:* Jugendstrafe bis zu 1 Jahr, ferner alle Erziehungsmaßregeln und Zuchtmittel. – *Jugendschöffengericht:* Verfehlungen, die nicht in die Zuständigkeit des Jugendrichters oder der Jugendkammer gehören.

## ÖSTERREICH

**Oberster Gerichtshof:** Instanz für Nichtigkeitsbeschwerden und Berufungen, wenn sie zugleich mit einer Nichtigkeitsbeschwerde eingelegt sind.

**Landes-(Kreis-)gericht:** 1. Instanz bei schweren Delikten und Rechtsmittelinstanz für Bezirksgerichte.

**Oberlandesgericht:** Entscheidungen über Beschwerden gegen Ratskammerbeschlüsse, Einsprüche gegen Anklagen und über Berufungen gegen Urteile der Geschwornengerichte und Schöffengerichte, des Einzelrichters.

**Bezirksgericht:** Strafsachen, die mit höchstens 6monatiger Freiheitsstrafe bedroht sind, Mitwirkung bei Voruntersuchungen.

**Jugendgerichtshof Wien:** Strafsachen Jugendlicher unter 18 Jahren.

**Geschwornengericht:** schwere Verbrechen und politische Delikte.

## SCHWEIZ
(kantonale Instanzen nach der im Kanton Zürich geltenden Regelung)

**Bundesgericht:** Nichtigkeitsbeschwerde für die Überprüfung der Verletzung von Bundesrecht.

**Kantonales Kassationsgericht:** nur zuständig, soweit ein Weiterzug an das Bundesgericht ausgeschlossen ist und spezielle Kassationsgründe vorliegen (außerordentliches Rechtsmittel).

**Obergericht:** als einzige kantonale Instanz an Stelle des Geschworenengerichtes bei schweren Delikten (Mord/Raub usw.).

**Geschworenengericht:** Gerichtshof mit 3 Richtern, Geschworenenbank mit 9 Geschworenen. Einzige kantonale Instanz bei schweren Delikten.

**Bezirksgericht:** Einzelrichter für Freiheitsstrafen bis zu drei Monaten oder Bussen bis zu 40 000 sfr, bei Gewinnsucht auch über 40 000 sfr.

**Bezirksanwaltschaft:** Erklärt sich ein Angeklagter für geständig und schuldig, so kann der Bezirksanwalt (= Untersuchungsrichter) anstelle einer Anklage einen Strafbefehl erlassen.

# Gerichte

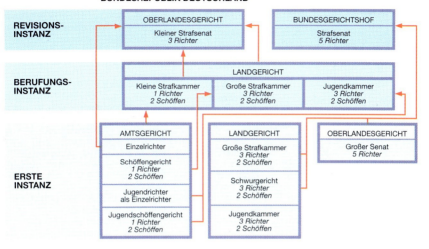

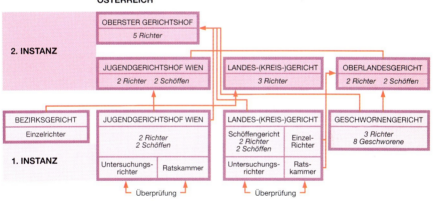

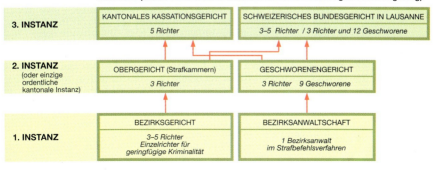

# Gerichtsferien

Gliederung der ordentlichen **Gerichtsbarkeit**

| streitige G. | freiwillige G. |
|---|---|
| Zivil-G. Straf-G. | (Urkunds-, Vormundschafts-, Nachlaßwesen; Registerwesen: Vereins-, Güter rechts-, Handels Genossenschaftsregister; Grundbuchwesen) |

und Straf-G.), *freiwillige G.* und Verwaltungs-G. Die *besondere G.* gliedert sich in →Verfassungs-G., →Verwaltungs-G., Arbeits-G. (→Arbeitsgerichte), →Sozial-G., Finanz-G., Patent-G. (→Patentgerichte). – In *Österr.* liegt die Gerichtshoheit allein beim Bund, in der *Schweiz* grundsätzl. bei den Kantonen.

**Gerichtsferien**, die Zeit, in der Gerichte nur dringl. Sachen verhandeln und entscheiden, sog. Ferien-(Ferial-)Sachen (z. B. →einstweilige Verfügungen, Mietstreitigkeiten, Wechselsachen). Der Lauf von Fristen wird für die Dauer der G. gehemmt, mit Ausnahme der →Notfristen. G. in Dtld.: 15.7. bis 15.9. – *Österr.:* 15.7.–25.8.; *Schweiz* (Bundesgericht): 15.7. bis 15.8. und 18.12.–1.1.; für kantonale Gerichte bes. Vorschriften.

**Gerichtsherr**, allg. der Inhaber der Gerichtsbarkeit, die grundsätzl. mit der höchsten Gewalt im Staate verbunden war; z.B. stand sie im Dt. Reich des MA dem König bzw. Kaiser zu. – I. e. S. in der →Militärgerichtsbarkeit der Kommandant der milit. Einheit.

**Gerichtshilfe**, meist beim Landgericht eingerichtete Stelle, die im strafrechtl. Ermittlungsverfahren durch Nachforschungen ein Bild von der Persönlichkeit, der Entwicklung und der Umwelt des Beschuldigten nachprüfbar vermitteln soll.

**Gerichtskosten**, Gebühren für die Inanspruchnahme der Gerichte. Für das Verfahren vor den ordentl. Gerichten nach der ZPO, der Konkursordnung, der Vergleichsordnung, dem Gesetz über die Zwangsversteigerung und die Zwangsverwaltung, der StPO und dem Gesetz über Ordnungswidrigkeiten werden in der BR Dtld. Gebühren nach dem *G.-Gesetz* erhoben. Ihre Höhe richtet sich nach dem Wert des Streitgegenstandes, im Strafprozeß nach der Höhe der Strafe. Für die Kosten der →freiwilligen Gerichtsbarkeit gilt die Kostenordnung. – *Österr.:* geregelt durch das Gerichts- und Justizverwaltungsgebührengesetz von 1962 für Zivil-, Exekutions-, Konkurs- und Ausgleichsverfahren, Verfahren außer Streitsachen, Strafverfahren und Justizverwaltungssachen. – *Schweiz:* in den kantonalen und eidgenössischen Prozeßordnungen geregelt.

**Gerichtsmedizin** *(forensische Medizin),* Fachgebiet der Med., das die gesamte Med. sowie einige andere naturwissenschaftl. Gebiete (z.B. Chemie und Physik) umfaßt, soweit diese zur Klärung rechtl. Fragen (z. B. Mordverdacht, Vaterschaftsermittlung) beitragen.

**Gerichtsschreiber**, *Schweiz:* gerichtl. Urkundsbeamter.

**Gerichtsstand** (lat. *forum),* die Zuständigkeit eines Gerichts für eine bestimmte Rechtssache. Im *Zivilprozeß* ist *allg. G.* grundsätzl. das Gericht des Wohnorts des Beklagten, in Ermangelung eines solchen das Gericht seines Aufenthaltsorts oder letzten inländ. Wohnsitzes. Für bestimmte Klagen gilt ein *besonderer G.,* z.B. bei dinglichrechtl. Grundstücksklagen das Gericht des Ortes, wo das Grundstück gelegen ist; in vermögensrechtlichen Streitigkeiten, außer bei Abzahlungskäufen, können die Parteien Vereinbarungen über den G. treffen (§§ 12ff. ZPO). – In *Österr.* (§§ 65ff. Jurisdiktionsnorm) und der *Schweiz* ähnlich geregelt. Im *Strafprozeß* ist entweder das Gericht des Tatortes, des Wohnsitzes des Beschuldigten, seines Aufenthaltsorts oder des Orts zuständig, in dessen Bezirk der Beschuldigte ergriffen worden ist (§§ 7ff. StPO). – In *Österr.* ist in der Regel das Gericht des Tatorts zuständig (§§ 51ff. StPO). Ebenso in der *Schweiz,* bei Begehung im Ausland jedoch das

Gericht des schweiz. Wohnorts, des Heimatorts oder des Orts der Ergreifung (Art. 345–351 StGB).
**Gerichtstag, Der,** expressionist. Gedichtband von F. →Werfel (1919).
**Gerichtsverfassung,** Gesamtheit der Bestimmungen über die Ordnung des Gerichtswesens (Organisation, Zusammensetzung und Zuständigkeit der ordentl. Gerichte). In der BR Dtld. geregelt im G.-Gesetz vom 27.1.1877/12.9.1950. – *Österr.:* Gerichtsorganisationsgesetz von 1945; *Schweiz:* BG über die Organisation der Bundesrechtspflege vom 16.12.1943 und kantonale G.-Gesetze.
**Gerichtsvollzieher,** BR Dtld.: für Zustellungen und Zwangsvollstreckungen zuständiger Beamter, soweit nicht die Gerichte zuständig sind. Er wird tätig meist im Auftrag der Prozeßparteien; er untersteht der Dienstaufsicht des Gerichts. – *Österr.:* Vollstreckungsbeamter des Gerichts in Exekutionssachen. – *Schweiz:* Betreibungsbeamter.
**Gerig,** Hans G., Musikverleger, *16.7.1910 Freiburg i. Br., †15.3.1978 Köln; gründete 1946 in Köln den gleichnamigen Musik- und Bühnenverlag: vorwiegend Unterhaltungsmusik, später auch Schulmusik und musikwissenschaftliche Werke; an →Breitkopf & Härtel übergegangen.
**Geringfügig Beschäftigte,** versicherungsfreie unselbständige Erwerbstätige mit einer Arbeitszeit von maximal 15 Wochenstunden und einem Bruttoeinkommen von maximal 590 DM in West-Dtld. und 500 DM in Ost-Dtld. (Stand 1996). G. B. unterliegen nicht der Sozialversicherungspflicht. – Umstritten wegen des damit verbundenen legalen Ausscherens aus der Solidargemeinschaft der Sozialversicherung und der illegalen Ausnutzung durch Mehrfachbeschäftigung und Schwarzarbeit ( →Sozialversicherungsausweis).
**geringstes Gebot,** im dt. Zwangsversteigerungsverfahren das Gebot, durch das mindestens die Verfahrenskosten und die Rechte gedeckt werden, die denen des betreibenden Gläubigers vorgehen; im *österr.* Versteigerungsverfahren das gesetzl. bestimmte Gebot (die Hälfte oder zwei Drittel des Schätzwertes), unter dem zur Vermeidung von Verschleuderungen nicht verkauft werden darf.
**Geringwertige Wirtschaftsgüter,** abnutzbare bewegl. Wirtschaftsgüter, deren Anschaffungs- oder Herstellungspreis 800 DM nicht übersteigt; können im Jahr der Anschaffung oder Herstellung vollständig als Betriebsausgaben vom zu versteuernden Einkommen abgesetzt werden.
**Gerinnungsenzyme,** spezifische →Enzyme, die bei der →Blutgerinnung von Bed. sind.
**Gerinnungsfaktoren** →Blutgerinnung.
**gerinnungshemmende Mittel** →Antikoagulans.
**Gerlach,** Ernst Ludwig von, dt. Politiker, *7.3.1795 Berlin, †18.2.1877 ebenda; mit seinem Bruder Leopold von G. 1848 Gründer der Konservativen Partei in Preußen und der reaktionären ›Kreuzzeitung‹ (›Neue Preußische Zeitung‹); Einfluß auf die preuß. Politik bis 58); später Kritiker der kleindt. Reichseinigung unter →Bismarck.
**Gerlach,** Helmut Georg von, dt. Politiker und Publizist, *2.2.1866 Mönchmotschelnitz (Kr. Wohlau), †1.8.1935 in Paris; Mitbegründer der ›Demokratischen Vereinigung‹, 1918/19 Staatssekretär im preuß. Innenministerium, beschränkte sich danach auf journalist. Tätigkeit und setzte sich für den Pazifismus, eine demokrat. Staatsform und die dt.-frz. Verständigung ein; Vors. der ›Dt. Liga für Menschenrechte‹; 33 Emigration nach Frankreich.
**Gerlach,** (Ludwig Friedrich) Leopold von, dt. General, *17.9.1790 Berlin, †10.1.1861 Potsdam; Generaladjutant von →Friedrich Wilhelm IV. von Preußen; als einflußreiches Mitgl. der →Kamarilla (ab 48) trat er gegen die Unionspolitik auf (J. M. von →Radowitz) und setzte sich für eine Verständigung mit Österr. ein; Vertreter des polit. Konservativismus.

Leopold von Gerlach

# Gerlach

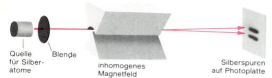

Quelle für Silberatome | Blende | inhomogenes Magnetfeld | Silberspuren auf Photoplatte

**Walther Gerlach** *(Stern-Gerlach-Versuch):* Silberatome stellen sich in zwei Möglichkeiten zu den Magnetfeldlinien ein; in diesen Lagen werden sie unterschiedlich abgelenkt; auf der Photoplatte entstehen daher zwei scharfe schwarze Striche.

**Gerlos:** Wimmerbach am Gerlospaß

**Gerlach,** Manfred, dt. Politiker (LDPD), *8.5.1928 Leipzig; 1954 bis 67 Generalsekretär, 67–90 Vors. der Liberaldemokrat. Partei Deutschlands; Dez. 89 bis März 90 Vors. des Staatsrates der DDR.
**Gerlach,** Philipp, Baumeister und Ingenieur, *24.7.1679 Spandau (heute zu Berlin), †17.9.1748 Berlin; Vertreter eines an frz. und niederl. Vorbildern orientierten frühen Klassizismus in Preußen.
**Gerlach,** Walther, Physiker, *1.8.1889 Biebrich (heute Wiesbaden), †10.8.1979 München; Forschungen über Strahlengesetze und Zusammenhänge zwischen Atombau und Magnetismus; in dem nach O. →Stern und ihm benannten Versuch (1921) wurde die Quantelung der Richtung des Drehimpulses der Elektronen in einem äußeren Feld entdeckt; bekannt auch durch seine Warnungen vor den Gefahren der Kernwaffen.
**Gerle,** Hans, dt. Lautenspieler, *um 1500 Nürnberg, †1570 ebd.; Sohn des Nürnberger Lautenmachers Conrad G. (†4.12.1521 Nürnberg); publizierte drei Bände mit Lautenmusik (›Musica Teusch auf die Instrument der grossen unnd kleinen Geygen, auch Lautten‹, 1532) mit wichtigen aufführungspraktischen Hinweisen.
**Gerlinde** [ahd. ger ›Speer‹, lind ›mild, sanft‹], weibl. Vorname nach einer Gestalt aus dem Heldenepos →Kudrun.
**Gerlingen,** württ. Stadt (seit 1958) im Lkr. Ludwigsburg, Reg.-Bz. Stuttgart, im Strohgäu, 18 000 E.; liegt im Verstädterungsbereich von Stuttgart; Hauptverwaltung und Forschungszentrum der Robert Bosch GmbH; Maschinen-, Gerätebau, Druckereien und andere Industrie. Nahebei Schloß →Solitude.
**Gerling-Konzern,** dt. Versicherungskonzern, gegr. 1904, Sitz: Köln. Tätig in fast allen Versicherungssparten. Prämieneinnahmen: 8,1 Mrd. DM; Beschäftigte: 8900 (1991).
**Gerlitzen,** 1909 m hoher, markanter Aussichts- und Skiberg (Seilbahn) über den →Ossiacher See, Kärnten.
**Gerloff,** Wilhelm, Finanzwissenschaftler und Soziologe, *24.6.1880 Krefeld, †23.7.1954 Oberursel (Taunus). – W: Die öffentl. Finanzwirtschaft, 2 Bde. ($^2$1949–52).
**Gerlos,** langgestrecktes Pfarrdorf im *G.-Tal,* einem re. Seitental des Zillertals in Tirol, mit 750 E.; Sommerfrische und Wintersportplatz, 1245 m ü. M. Der *G.-Paß* (1507 m; zw. G.- und Salzachtal) ist für den Verkehr zw. Tirol und Salzburg von Bedeutung.
**Gerlsdorfer Spitze** (slowak. *Gerlachovský štít*), mit 2654 m höchste Erhebung der Hohen Tatra, in der Slowakei nahe der poln. Grenze, im Tatra-Nationalpark; Firnfelder, zahlr. pleistozäne Karseen.
**Germain** [ʒɛrmɛ̃], frz. Goldschmiedefamilie des 17. und 18. Jh., in Paris tätig:
**1)** François-Thomas, Sohn von Thomas G., *18.4.1726 Paris, †1791 ebd.; führte die Werkstatt seiner Vorfahren weiter.

**2)** Pierre I., * um 1645, † 23.9.1684; stand im Dienst von König Ludwig XIV.
**3)** Pierre II. (gen. *Le Romain*), * 1716 Avignon, Seelenmesse 3.2. 1783 Paris; ist mit den anderen Meistern mit dem Namen G. wahrscheinlich nicht verwandt; er publizierte 1748 ein berühmtes Vorlagenbuch für Goldschmiede (›Éléments d'Orfèvrerie‹).
**4)** Thomas, Sohn von Pierre I. G., * 15.8.1673 Paris, † 11.8.1748 ebd.; wurde 1723 Hofgoldschmied und entwarf hervorragendes silbernes Kirchen- und Tafelgerät im Stil des Rokoko.

**German Dance** [engl., dʒɜmən dæns], in den 20er und 30er Jahren in den USA gebräuchliche Bez. für →Ausdruckstanz.

**Germanen,** Völkergruppe der →Indogermanen (Indoeuropäer); unterscheidet sich sprachl. durch die erste (german.) Lautverschiebung von den übrigen indogerman. Völkern, von denen ihnen die →Kelten und →Italiker am nächsten verwandt sind. Der Name ›Germanen‹, den die G. selbst nie gebrauchten, erscheint in den um 80 v.Chr. entstandenen ›Historiai‹ des Poseidonios wahrsch. zum ersten Mal; nach Tacitus stammt er von einem linksrhein. Stamm, den Tungri; er wurde auf das Gesamtvolk übertragen. G.-Stämme kamen vor dieser Zeit mit der antiken Welt in Kontakt (→Bastarnen, →Kimbern, →Teutonen, →Sweben); unter →Ariovist überschritten sie den Rhein, von →Cäsar wurden sie 58 v.Chr. zurückgeschlagen. Die Römer versuchten, das Gebiet zw. Rhein, Donau, March und Elbe zu erobern; die Niederlage des →Varus 9 n.Chr. beendete den Vorstoß (→Arminius, →Marbod). Diese Zone (›Germania Libera‹) wurde rechtl. jedoch erst unter Kaiser →Claudius aufgegeben. Der Höhepunkt der Auseinandersetzung zw. G. und Römern waren die Markomannenkriege (167–181), denen Umgruppierung und Neubildung german. Stammesverbände folgten; sie bilden die Basis des spätantiken und frühmittelalterl. Stammesystems (→Alemannen, →Burgunden, →Franken, →Gepiden, →Goten, →Langobarden, →Sachsen, →Thüringer, →Wandalen).

Aufschlüsse über die Ausbreitung der G. in Mitteleuropa gibt die Archäologie. Siedlungs- und Kulturkontinuität zurück bis zum Beginn der vorröm. →Eisenzeit (Jastorf-Kultur) gibt es allein zw. Weser/Aller, Oder und dem nördlichen Mitteldeutschland. Die Bev.-Gruppen hier bildeten die Grundlage der →Elbgermanen. Aus diesem Bereich stießen ab dem 1. Jh. v.Chr. Einzelgruppen nach S vor; einige lösten sich aus diesem Verband und siedelten in der Moldauprovinz (Bastarnen). Von Dänemark und Schweden aus durchsiedelten weitere G. in der röm. Kaiserzeit den Subkontinent. Diese Überschichtungsvorgänge führten bald zur Ausbildung größerer kultureller Einheiten mit spezif. Befund in

**Germanen:** Unterwerfung germanischer Stämme durch Kaiser Mark Aurel (161 – 180 n. Chr.). Rom, Konservatorenpalast

# Germania

**Germanen:** fadengenaue Nachbildung eines Prachtmantels (3. Jh. n. Chr.). Schleswig, Schleswig-Holsteinisches Landesmuseum für Vor- und Frühgeschichte

Sprache und Brauchtum (Nord-, Ost-, Westgermanen), zur sozialen Differenzierung (Freie, Halbfreie und Sklaven) und der Ausbildung einer Führungsschicht mit Gefolgschaftswesen (teils erbl. Königtum, teils auf mehr demokrat. Grundlage). Diese Führungsschicht übernahm Teile röm. Sachkultur und Bräuche, sie ist in Bestattungen materiell faßbar (›Fürstengräber‹).
Wirtschaftl. Grundlage waren entwickelter Landbau mit Individualeigentum an Grund und Boden (nach Größe und Lage verschieden) und Tierherden, auch →Ackerbau. Wo es zu langer Siedlungsdauer an Ort und Stelle kam (→Wurt), führte die abweichende Besitzverteilung zur Ausgliederung von Handwerkern (wie Schmiede, Kammacher, Bronzegießer u. a.); vorherrschende Wirtschaftsform war die geschlossene Hauswirtschaft. Siedlungstyp ist das Dorf, das eine bestimmte Größe nie überschritt (20–25 Höfe). Die Stabilität der Dorfverbände war gering (drei bis vier Generationen), die Folge war eine häufige Siedlungsverlagerung. Dies wirkte sich auch auf die Stabilität der Stämme aus; kaum einer der im 1./2. Jh. namentl. bekannten existierte noch im 3./4. Jh.
An relig. Vorstellungen sind aus schriftlichen Quellen Vegetations- (Nerthus) und Ahnenkult (Matronensteine) überliefert, ferner Götternamen (Wodan/Ziu, Tyr, Donar/Thor, Frija/Frigg), doch ist umstritten, inwieweit sie personifiziert gedacht waren und wieweit sie mit den Göttern der nord. Überlieferung (→Edda) übereinstimmen. Die bei antiken Schriftstellern erwähnten ›heiligen Haine‹ sind archäologisch in versch. Formen bekannt, darunter die Mooropferplätze Jütlands (→Thorsberg) und Mitteldeutschlands. Zuerst dem Vegetationskult bestimmt, dienten sie später als Weihestätten milit. Ausrüstung. Christl. Glaube setzte sich bei den G. regional und zeitl. abweichend durch, im S bei den →Goten (Bischof Wulfila, um 341), den Franken (→Chlodwig, um 500), den Alemannen, Bajuwaren (→Baiern) und →Burgunden (6. Jh.) früher als in Skandinavien (11. Jh.), ohne daß Eigenvorstellungen gänzlich verdrängt wurden, wie der →Tierstil der Völkerwanderungs- und Merowingerzeit zeigt.

**Germania** [lat.] *die*, Personifikation des dt. Wesens, im 19. Jh. als jungfräul. Walküre dargestellt.

**Germania**, span. Bez. für die →Gaunersprache.

**Germania**, Kurztitel der geogr.-ethnographischen Schrift ›De origine et situ Germaniae‹ von Tacitus (98 n. Chr.).

**Germanicus**, Gajus Julius Cäsar, röm. Feldherr, Sohn des →Drusus, *24. 5. 15 v. Chr. Rom, †10. 10. 19 n. Chr. Daphne (bei Antiochia); führte 14–16 n. Chr. drei Feldzüge in Germanien und siegte 16 über →Arminius in der Schlacht von Idistaviso (nahe der Porta Westfalica). Darauf wurde er von →Tiberius abberufen und 17 nach Syrien ent-

## germanische Kultur

sandt. An Schriften sind Epigramme und ein astronom. Lehrgedicht (Übers. des →Arat) erhalten.
**Germanien** (lat. *Germania*), das von den Römern so bezeichnete Siedlungsgebiet der Germanen, etwa von der Mosel bis zur Weichsel und von der Donau bis zur Ost- und Nordseeküste reichend. Nach der Eroberung des linksrhein. G. durch →Cäsar unterschied man *Germania Magna* oder *Germania Libera*, das freie rechtsrheinische Germanien, dessen röm. Inbesitznahme bis zur Elbe unter Augustus scheiterte (→Varus), von *Germania Romana*, dem von den Römern eroberten linksrhein. G., das sich in die Prov. *Germania Inferior* mit Köln und *Germania Superior* mit Mainz als Mittelpunkt gliederte. Eine rechtsrhein. Erweiterung stellte das →Dekumatland dar, das unter den Flavierkaisern erobert und durch den obergerman. →Limes (bis Mitte 3. Jh.) gesichert wurde. Hierzu: →germanische Kultur, →germanische Kunst, →germanische Sprachen.
**Germaniglazial** [nach *Germanien*], veraltete Bez. für einen mittleren Abschnitt der →Weichseleiszeit, etwa 25 000–15 000 v. Chr.
**Germanin**® *(Bayer 205)*, synthet. Mittel gegen die →Schlafkrankheit und andere Krankheiten, die durch →Trypanosomen hervorgerufen werden; von O. Dressel 1916 erstm. hergestellt.
**germanische Kultur,** erste Spuren der g. K. sind aus der →Bronzezeit überliefert; die Germanen siedelten in Einzelhöfen und in Dörfern. Die Häuser waren aus Holz, Wohnräume und Stallungen häufig unter ein und demselben Dach (Giebeldach). Die aus wollenen und leinenen Gewändern sowie aus geschnürten Sandalen bestehende Tracht der Germanen ist uns durch Moorfunde und durch Darstellungen der Antike bekannt. Die Wirtschaft kennzeichneten extensiver Ackerbau sowie Viehzucht und Jagd. Den einfachen Hakenpflug löste um Christi Geburt der Räderpflug ab. Das Handwerk wurde als Hausgewerbe betrieben. Durch den Handel ergaben sich schon früh Beziehungen zum Mittelmeerraum: Bernstein und Rohstoffe gingen nach dem Süden, Fertigprodukte nach dem Norden. Wein- und Obstbau lernten die Germanen von den Römern. Auf dem Landwege erfolgte der Austausch in Form des Karawanenhandels, auf dem Wasser durch beachtenswerte Schiffahrt, aus der die Hochseeschiffahrt der Normannen hervorging.
Die german. Gesellschaft wurde geprägt von der Sippe, die Kult-, Friedens-, Rechts-, Siedlungs- und Wehrverband zugleich war. Die wohl als älteste Einungen der Germanen anzusehenden Kultverbände wurden von den freien und gleichberechtigten Sippengenossen gebildet. Mit Beginn der Wanderzeit um 500 v. Chr. begannen sich jedoch Abhängigkeitsverhältnisse abzuzeichnen, die starke soziale Differenzierungen mit sich brachten und zur Voraussetzung für Stammes- und Staatsbildung wurden. Aus dem Großbauern mit zahlreicher Hausgenossenschaft, der auf seinem ererbten Besitz (→Odal) saß, entwickelten sich der adelige Herr und seine Herrschaft. Aus der Herrenschicht ging kraft der ihm von der Gefolgschaft übertragenen Vorrechte als Anführer der Genossen auf Kriegszügen der Herzog und König hervor, mit dem sich im Falle des Erfolges und Sieges das Kö-

Gajus Julius Cäsar **Germanicus** (antike Büste). Rom, Kapitolinische Museen

**germanische Kultur:** Boot von Hjortspring, 1921/22 im Moor der dänischen Insel Alsen gefunden (Rekonstruktion). Bei diesem Plankenboot aus Lindenholz handelt es sich um den ältesten Fund dieser Art in Nordeuropa (3./2. Jh. v. Chr.). Kopenhagen, Nationalmuseet

## germanische Kunst

**germanische Kunst:** Reiterstein von Hornhausen (7. Jh. n. Chr.). Halle, Landesmuseum

**germanische Sprachen:** Karte →Sprachen (Europa)

nigsheil verband, das Voraussetzung für die Ausbildung eines Königsrechtes und einer Königssippe war. Herrschaft und Gefolgschaft bestimmten die german. Gesellschaft in der Spätzeit und gaben dem ›Staat‹ der Germanen den Charakter eines Personenverbandes. Beide Elemente fanden Eingang in die mittelalterliche dt. Gesellschaft, die als Aristokratie mit monarchischer Spitze anzusehen ist.

**germanische Kunst,** Kunst der german. Stämme von der Bronzezeit (1700–600 v. Chr.) bis zur christl.-abendländ. Kunst (8. Jh. n. Chr., →karoling'ische Kunst; in Skandinavien bis ins 12. Jh.). Ornamentale Verzierungen von Schmuck, Waffen, Geräten in geradlinigen, Spiral- oder Sternmustern, ab 900 v. Chr. Wellenbänder. Im 4.–6. Jh. n. Chr. Übernahme von neuen Techniken (Email, Kerbschnitt) und Formen (Tierornament, Bandgeflecht). Sonderentwicklung der Wikinger-Kunst, die von reiner Ornamentik zur Plastik und zur figürlichen Buchmalerei überging.

**germanische Religion** →nordische Mythologie.

**Germanisches Nationalmuseum,** 1852 in Nürnberg gegr. Museum für Zeugnisse dt. Kunst und Kultur; Bibl. mit rd. 400 000 Bänden.

**germanische Sprachen,** Gruppe der indogerman. Sprachen, gekennzeichnet durch die sog. erste oder german. →Lautverschiebung; gesprochen von über 300 Mio. Menschen; wird mit ihren jeweiligen Vorformen in ›nordgermanische‹ (Schwedisch, Dänisch, Norwegisch, Isländisch, Färöisch) und ›westgerman.‹ Sprachen (Englisch, Deutsch, Niederländisch, Friesisch sowie Jiddisch und Afrikaans) eingeteilt. Weiterhin gehören die ausgestorbenen Sprachen der Goten, Gepiden, Wandalen, Burgunden und Heruler zu dieser Gruppe.

**germanische Volksrechte,** das auf mündl. Tradition beruhende Recht der german. Stämme; erste Aufzeichnungen im 5.–9. Jh.

**Germanismus,** in eine nichtdeutsche Sprache übernommene dt. Spracheigentümlichkeit.

**germanische Kunst:** Goldhalskragen, Filigranarbeit mit Granulation, aufgelötete tier- und menschengestaltige Ornamente; Fundort: Mönekyrka, Västergötland (6. Jh. n. Chr.). Stockholm, Historisches Museum

# Germanistik

**Germanistik,** urspr. Bez. für die Wissenschaft vom german. Recht; i. w. S. die Wissenschaft von Wesen, Eigenart, Kultur und Gesch. der german. Völker; i. e. S. seit Mitte des 19. Jh. Bez. für die Wissenschaft von den german. Sprachen und Lit., insbes. für die deutsche Philologie. Im 16. Jh. setzte mit dem Erwachen des Interesses für das Deutsche als Nationalsprache die Beschäftigung mit german. Altertümern, Wortschatz, Etymologie und Grammatik nach griech. und lat. Vorbild ein. Im 17. Jh. erschloß der Niederländer Franciscus Junius (1589–1677) wichtige altgerman. Quellen (Hrsg. des ›Codex argenteus‹, 1665) und begründete die vergleichende german. Sprachforschung, bes. im Hinblick auf das Gotische und Angelsächsische. Im Zeitalter der →Aufklärung herrschte neben philos. Spekulationen über Ursprung und Wesen der Sprache das Streben nach allg. Sprachregelung und -vergleichung vor. Seit Ende des 18. Jh. entwickelte sich die G. als eigtl. Sprachwissenschaft. Entscheidende Anregungen für die hist. Sprachbetrachtung und die Würdigung nationaler Eigenart gaben →Herder und in seiner Nachfolge die →Romantik. Die germanist. Textkritik stützte sich auf das Vorbild der klass. Philologie des 18. Jh.; ihre Begründer waren J. →Grimm und K. →Lachmann. Im Laufe des 19./20. Jh. wurden fast sämtl. altdt. und frühneuhochdt. Literaturdenkmäler in krit. Ausgaben ediert. – Die Sprachvergleichung als wissenschaftl. Methode der G. erwuchs um die Wende zum 19. Jh. aus der Beschäftigung mit dem Sanskrit, zu der F. →Schlegel anregte. J. Grimm schuf mit seiner ›Dt. Grammatik‹ (1819–37) das für die hist. german. Sprachforschung bahnbrechende Werk. Seine ›Gesch. der dt. Sprache‹ (48) förderte die Sprachgeschichte als Disziplin der G.; zugleich wurde mit dem →Deutschen Wörterbuch (54 ff.) eine hist. Bestandsaufnahme des dt. Sprachschatzes in Angriff genommen. Die Folgezeit stand im Zeichen wachsender Spezialisierung der G. in getrennte Fachgebiete, für die sachl. und nationale Gesichtspunkte bestimmend wurden. So trennte sich die →Literaturgeschichte – von den Brüdern Grimm noch im großen Zusammenhang der Philologie, Volkskunde, Rechts- und Religionsgeschichte mit erfaßt – von der eigtl. Sprachforschung. Unter dem Einfluß des Positivismus strebte die

Schule der →Junggrammatiker mit starker Betonung der Flexionslehre und Phonetik und der sprachl. Gesetzmäßigkeiten nach einer Verbindung der sprachhist. und -vergleichenden Methode mit psychol. Betrachtung der Umgangssprache. Als neuer Zweig der G. entwickelte sich gegen Ende des 19. Jh. aus der Mundartforschung, für die Johann Andreas Schmellers (1785–1852) ›Die Mundarten Bayerns, grammatisch dargestellt‹ (1821) bahnbrechend wirkte, die Sprachgeographie (→Deutscher Sprachatlas).
Die dt. G. des 20. Jh. ist durch weitere Spezialisierung der im wesentl. hist. (diachronisch) ausgerichteten Sprachforschung gekennzeichnet. Das führte ähnlich wie in der →Literaturgeschichte zu Methodenpluralismus. Erst in den letzten Jahrzehnten setzte sich in verspätetem Anschluß an die Zeichentheorie

**germanische Kunst:** Zierscheibe, vergoldete Bronze, Preßblechauflagen mit barbarischer Imitation einer provinzial-römischen Darstellung des Mars, teilweise später durch stilisierte Tierbilder verdeckt, Durchmesser 135 mm (frühes 3. Jh. n. Chr.); Fundort: Thorsberg, Kreis Schleswig. Schleswig, Schleswig-Holsteinisches Landesmuseum für Vor- und Frühgeschichte

# Germanium

● **Germer:** weiteres Bild →Giftpflanzen

Germer

F. de →Saussures (→Indogermanistik), den russ. →Formalismus und den amerik. ›New Criticism‹ eine strukturelle →Linguistik durch (→Strukturalismus). Diese ermöglicht durch Beschreibung der Sprache als System aller ihrer Elemente und als Kommunikationsmittel eine stärkere Hinwendung zu soziol. und anthropolog. Fragestellungen. Dem entspricht eine sozialgeschichtlich orientierte Literaturforschung, die sich vornehml. für die Entstehungsbedingungen und die Wirkung von Literatur interessiert (Rezeptionsforschung).

**Germanium** *(Ge)*, zwei- und vierwertiges Element der Ordnungszahl 32, Atommasse 72,59, Dichte 5,32 g/cm$^3$, Schmelzpunkt 937,4 °C, Siedepunkt rd. 2830 °C; ein seltenes, sehr sprödes, grauweißes, kristallines, aber auch amorph darstellbares Metall, das in dem sehr seltenen Argyrodit und Germanit sowie in Zinkerzen vorkommt. Es wurde von →Mendelejew als *Eka-Silicium* vorausgesagt, 1886 von C. →Winkler entdeckt und zu Ehren Deutschlands G. benannt; als →Halbleiter in Form von Einkristallen bes. für optoelektron. Bauelemente verwendet. G.-Zusätze zu Gold ergeben ein bei 359 °C schmelzendes Goldlot; G.-Salze erhöhen Lichtbrechung und →Dispersion.

**Germaniumdiode**, eine Halbleiterdiode (→Diode), deren Halbleiterkristall aus Germanium besteht, sie hat gegenüber der Siliciumdiode eine geringere Durchlaßspannung.

**Germaniumtransistor**, ein →Transistor, dessen Halbleiterkristall aus Germanium besteht, heute vom Siliciumtransistor fast völlig abgelöst.

**Germanophilie**, Vorliebe für alles Deutsche; Eigw. *germanophil.*

**Germanophobie**, Abneigung gegen alles Deutsche; Eigw. *germanophob.*

**germanotype Tektonik**, allgemeine Bez. für Verformung (→Tektonik) der Erdkruste durch Brüche (→Bruch), weitgespannte Einmuldungen und Aufwölbungen, wie in ›Germanien‹, d. h. im nördl. Deutschland typisch ausgeprägt. Ggs. →alpinotype Tektonik.

**German Rex** [dʒɜmən -] →Rex-Katzen.

**Germantown** [dʒɜməntaun], nördlicher Wohnvorort von →Philadelphia (USA); 1683 als erste dt. Siedlung in Nordamerika gegründet.

**Germanus**, Benediktinerabt in Münster-Granfelden (Schweiz), Märtyrer, * um 610 Trier, † 675; Heiliger (Tag: 21. 2.).

**Germanus von Auxerre** [-ɔsɛr], frz. Bischof, Gründer mehrerer Klöster, * um 378 Auxerre, † 31. 7. 448 Ravenna; einer der meistverehrten frz. Heiligen (Tag: 31. 7.).

**Germanus von Paris**, frz. Bischof, * 496 bei Autun, † 28. 5. 576 Paris; Heiliger (Tag: 28. 5.).

**Germer** *(Veratrum)*, Gattung der →Liliengewächse; Stauden der euroasiat. Gebirge. In den Alpen verbreitet der Weiße G. *(Veratrum album)*; in den Südalpen, im Balkan und südl. Osteuropa der Schwarze G. *(Veratrum nigrum).* Wurzelstöcke enthalten sehr giftige →Alkaloide, med. äußerl. verwendet, z. B. als Krätzemittel.

**Germering**, oberbayr. Gemeinde westl. von München, Lkr. Fürstenfeldbruck, 36 000 E.; Medizintechnik, Phototechnik, Stahlbau.

**Germersheim**, Krst. im Reg.-Bz. Rheinhessen-Pfalz, an der Mündung der Queich in den Rhein, 13 000 E.; Inst. für Angewandte Sprachwissenschaft der Univ. Mainz; Hafen; Möbel-, Glas-, Wellpappe- und Gummifabrikation, Schiffswerft, Emaillierwerke; Bundeswehr- und US-Garnison. – An der Stelle eines ehem. Römerstells angelegt, 1276 Freie Reichsstadt durch Rudolf von Habsburg.

**Germi** [dʒɛrmi], Pietro, ital. Filmregisseur, * 14. 9. 1914 Colombo, † 5. 12. 1974 Rom; neorealist. Filme und Komödien: ›Verlorene Jugend‹ (1948), ›Im Namen des Gesetzes‹ (49), ›Weg der Hoffnung‹ (51), ›Das rote Signal‹ (56), ›Unter glatter Haut‹ (59), ›Scheidung auf italienisch‹ (61), ›Alfredo, Alfredo‹ (72).

**Germinal** [frz., ʒɛrminal ›Keimmonat‹] *der*, siebenter Monat (Frühlingsmonat) des frz. Revolutionskalenders, vom 21./22. 3. bis 19./20. 4.

**germinal** [lat.], den Keim betreffend.
**Germinaldrüse** *(Germinalie)*, Keim- oder Geschlechtsdrüse.
**Germination,** Keimung von Samen.
**Germinie Lacerteux** [frz., ʒɛrmini lasɛrtø], Roman der Gebrüder →Goncourt (1864; dt. 96).
**Germiston** [dʒɔmɪstən], eine der Minen- und Industriestädte am →Witwatersrand, Südafrika, östlich an Johannesburg grenzend, mit 200000 E. (darunter 65000 Weiße); größte Goldraffinerie der Welt, vielseitige Ind., Eisenbahnwerkstätten; Bahnknotenpunkt und Flughafen.
**Germizide,** keimtötende Stoffe (→Bakterizide).
**Gernhardt,** Robert, Karikaturist, *13.12.1937 Reval (Estland); gründete 1964 in Frankfurt a.M. zus. mit F.W. Bernstein und F.K. Waechter die ›Pardon‹-Beilage ›WimS – Welt im Spiegel‹; auch Prosa, Satiren, Gedichte, Kinderbücher (›Der Weg durch die Wand‹, 1983), Comics (›Schnuffi‹) und Bildergeschichten.
**Gernot,** im →Nibelungenlied Bruder von Kriemhild, Gunther und Giselher.
**Gernrode,** Stadt im Lkr. Quedlinburg, Sachs.-Anh., am Nordrand des Unterharzes, 5000 E.; Luftkurort; Holzverarbeitung. – Entstand als Weiler bei dem um 960 von →Gero gegr. Kanonissenstift (romanische Stiftskirche, 10.–12. Jh.), Stadtrecht um 1540.
**Gero,** Markgraf, †20.5.965; von →Otto I. an Mittelelbe und Saale gegen slaw. Volksstämme eingesetzt, die er in mehreren Kriegszügen unterwarf; zwang Mieszko von Polen zur Anerkennung der dt. Oberherrschaft; in dem von ihm um 960 gestifteten Kloster →Gernrode beigesetzt.
**Geroderma** [griech.-lat.], *Medizin:* welke, runzelige Haut.
**Gerok,** (Friedrich) Karl von (ab 1868), ev. Theologe und Schriftst., *30.1.1815 Vaihingen a.d. Enz, †14.1.1890 Stuttgart; Verf. erbaulicher Schriften, patriot. und geistl. Gedichte.
**Gerokruzifixus,** ein monumentales Frühwerk der ottonischen Holzplastik, um 970 von Erzbischof Gero von Köln dem dortigen Dom gestiftet; der G. zeichnet sich durch seine für die Zeit neuartige realistische Darstellung des leidenden Christus aus.
**Geröll,** durch Wasser transportiertes und dabei abgerundetes Gesteinsbruchstück; man unterscheidet *fluviatiles G. (Fluß-G.)* und *marines G. (Brandungs-G.).*
**Geröllwüste,** eine →Wüste, deren Oberfläche mit →Geröll übersät ist (→Serir).
**Gerolstein,** altes Städtchen im Lkr. Daun, Reg.-Bz. Trier, Rheinl.-Pfalz, in der Eifel, an der Kyll, 6000 E.; heilklimat. Kurort, Mineralwasser- und Kohlensäurewerke; Kleinindustrie.
**Gerolzhofen,** Stadt im Lkr. Schweinfurt, Reg.-Bz. Unterfranken, Bayern, am Westrand des Steigerwaldes, mit 6000 E.; Zentrum einer intensiv bewirtschafteten Agrarlandschaft, industrielle Ansätze.
**Gérôme** [ʒerɔm], Léon, frz. Maler, *11.5.1824 Vesoul, †10.1.1904 Paris; versuchte in seinen vorwiegend antike Themen behandelnden Bildern klassizist. Idealisierung mit realist. Präzision zu verbinden.
**Gerona** [xe-], span. Stadt → Girona.
**Geronten** [griech. ›Greise‹], im alten Griechenland die Ältesten, Berater und Rechtsprecher; im Staatsleben Mitgl. der Gerusia, die in Sparta aus 28 über 60jährigen Män-

**Germersheim:** Weißenburger Tor (1838), erbaut von Friedrich von Gärtner in italienischer Renaissanceform

Karl von Gerok

## Geronticus

Gersfeld (Rhön):
Oberes Schloß
(1607/08)

George Gershwin

nern bestand. Sie wurden auf Lebenszeit gewählt, waren Ratgeber der Könige und hatten das Recht der Vorberatung von Volksbeschlüssen sowie Befugnisse in der Außenpolitik, Gerichtsbarkeit, Verwaltung, im Polizeiwesen.
**Geronticus** → Waldrapp.
**Gerontologie** [griech.], ein Forschungszweig, der sich mit den Vorgängen des → Alterns med., psychol. und soziolog. befaßt (→ Geriatrie).
**Geropiga,** Traubenmostkonzentrat, gewonnen aus frischem Traubenmost durch Eindampfen; wird oft zu wenig erlesenen Portweinen beigegeben.
**Gero von Köln,** Erzbischof, * um 900 in Thüringen, † 976 Köln; Heiliger (Tag: 28. 6.).
**Gerrhosauridae** → Geißel-Schildechsen.
**Gerridae** → Wasserläufer.
**Gers** [ʒɛːr], **1)** Dép. in SW-Frankreich, 6257 km², 170 000 E., Hptst. → Auch.
**2)** li. Nebenfluß der Garonne in Frkr., 178 km lang, entspringt am Fuße der Zentralpyrenäen, mündet bei Agen.
**Gersão** [ʒɛrsɐ̃u], Teolinda, portug. Schriftstellerin (* 1946): → portugiesische Literatur.
**Gersau,** Bezirkshauptort im Kt. Schwyz und vielbesuchter Kurort am Nordufer des Vierwaldstätter Sees, 1800 E.; Seidenspinnerei.
**Gerschom ben Juda** (oder *Jehuda,* gen. *Leuchte der Diaspora*), jüd.

Gelehrter, * 960 Metz, † 1040 (1028?) Mainz; seine Verordnungen, u.a. Verbot der Polygamie und der Ehescheidung ohne Zustimmung der Frau, setzten sich im westl. Judentum als verbindl. durch.
**Gersfeld (Rhön),** hess. Städtchen im Lkr. Fulda, Reg.-Bz. Kassel, mit 5000 E.; Kneipp-, Luftkurort und Wintersportplatz in der Rhön, am Fuße der Wasserkuppe; Schlösser der Herren von Ebersberg.
**Gershuni,** Moshe, israel. Maler, * 1936 Tel Aviv; ab 1980 ausdrucksstarke Bilder in vitalen Farben und ungewöhnl. Materialien (Lack, weißglänzendes Papier). Für G. fallen die Gegensätze Leben und Tod in der Ekstase zusammen.
**Gershwin** [gaʃwın], George, amerik. Komponist, * 26. 9.1898 Brooklyn (New York), † 11. 7. 1937 Beverly Hills (CA); äußerst einfallsreicher Melodiker; mit meisterlicher Beherrschung der techn. Mittel vereinigt G. Elemente des Jazz, amerik. und europ. E-Musik zum ›symphon. Jazz‹; große Erfolge mit Songs, Musicals, Filmmusiken und Revuen. – *W:* ›Porgy and Bess‹ (1935); ›Rhapsody in Blue‹ (24) und ›An American in Paris‹ (28) für Orchester; ›Concerto in F‹ (25) für Klavier und Orchester.
**Gerson** [ʒɛrsɔ̃], Johannes (eigtl. *Jean Charlier*), frz. Theologe, * 14. 12. 1363 Gerson (bei Rethel, Ardennen), † 12. 7. 1429 Lyon; Kanzler der Sorbonne, vertrat auf dem Konstanzer Konzil 1417 den Episkopalismus; wirkte dort auch gegen → Hus.
**Gerson,** Wojciech, poln. Maler und Illustrator, * 1. 7. 1831 Warschau, † 25. 2. 1901 ebd.; schuf national gestimmte Historienbilder und polnische Landschaften.
**Gersprenz** [gɛrs-] *die,* li. Nebenfluß des unteren Mains, 47 km lang, entspringt im Odenwald, mündet bei Aschaffenburg.
**Gerstäcker,** Friedrich, Schriftst., * 10. 5. 1816 Hamburg, † 31. 5. 1872 Braunschweig; schrieb nach abenteuerl. Wander- und Reisejahren spannende, techn. geschickte Reise- und Abenteuerromane, bes. über Nordamerika: ›Die Regulatoren in

## Gertrud von Nivelles

Arkansas‹ (1845), ›Die Flußpiraten des Mississippi‹ (48), ›Gold‹ (58) sowie Reisebeschreibungen, u. a. ›In Mexico‹ (71).

**Gerste** *(Hordeum)*, Grasgattung mit zahlr. Wild- und Kulturarten, bereits vor 6000 Jahren in Kleinasien Getreidepflanze. Nach der Zahl der Körnerzeilen an den Ähren unterscheidet man *zwei-, vier-* und *sechszeilige G.* (*Hordeum distichon* und *Hordeum vulgare*); Verwendung bes. als *Braugerste* für die Bierbereitung, ferner als Nahrungsmittel (Graupen, Grieß), zur Branntweinherstellung und, meist geschrotet, als Futter.

**Gerstein,** Kurt, Widerstandskämpfer, *11.8.1905 Münster, †23.7.1945 Paris; trat als ev. Christ und Kritiker des Nat.-Soz. 1933 in die →NSDAP, später in die →SS ein, um Gewißheit über die Realisierung des →Euthanasie-Programms zu gewinnen; wurde Augenzeuge nat.-soz. Vernichtungsaktionen, über die er berichtete. Die Umstände seines Todes (Erhängung in einer Pariser Zelle) blieben ungeklärt; volle Rehabilitation erfolgte erst 1965.

**Gerstenberg,** Heinrich Wilhelm von (Pseudonym *Ohle Madsen*), Schriftst., *3.1.1737 in Tondern (Nordschleswig), †1.11.1823 Altona (Hamburg); begann mit Lyrik unter Einfluß →Gleims; leitete mit dem ›Gedicht eines Skalden‹ (1766) die →Barden-Dichtung ein. Die Tragödie ›Ugolino‹ (68) und die ›Briefe über Merkwürdigkeiten der Literatur‹ (66/67) wirkten auf den →Sturm und Drang.

**Gerstenkorn** *(Hordeolum)*, eitrige Entzündung (→Abszeß) einer Augenliddrüse: 1. einer Moll-Drüse am Lidrand *(äußeres G.)*, 2. einer Meibom-Drüse in der Bindegewebsplatte des Lides *(inneres G.)*.

**Gerstenmaier,** Eugen, dt. Politiker, *25.8.1906 Kirchheim (Teck); †13.5.1986 Remagen; Konsistorialrat; Juli 1944 verhaftet; 49–69 MdB (CDU), 54–69 Präs. des Dt. Bundestages.

**Gersthofen,** bayr. Stadt im Lkr. Augsburg, Reg.-Bz. Schwaben, am Lech, mit 17000 E.; Wohnvorort von Augsburg; versch. Gewerbebetriebe; Freiballon-Startplatz und Ballonmuseum.

**Gerstl,** Richard, Maler, *14.9.1883 Wien, †(Freitod) 4.11.1908 ebd.; Pionier der österreichischen Moderne, der in seinen expressiven, antinaturalistischen Arbeiten die Abkehr von der Ästhetik des Wiener Jugendstil vollzog.

**Gert,** Valeska, Tänzerin und Schauspielerin, *11.1.1892 in Berlin, †15.3.1978 Kampen (Sylt); begründete die moderne Tanzpantomime; Filmrollen unter G. W. →Pabst (›Die freudlose Gasse‹, ›Die Dreigroschenoper‹); sozialkrit.-satir. ›Groteskтänze‹; emigrierte 1933 in die USA, kehrte nach Kriegsende nach Dtld. zurück.

**Gerthener** *(Gerthner)*, Madern, Baumeister und Bildhauer, *um 1360 Frankfurt a. M., †um 1430 ebd.; bed. Meister der Spätgotik in Frankfurt a. M. und Mainz.

**Gertrud** [ahd. ger ›Speer‹, trut ›vertraut, lieb‹] *(Gertraud)*, weibl. Vorname.

**Gertrud von Hackeborn,** Zisterzienserin, *1232, †1292; Gründerin des Klosters Heckersleben, Äbtissin des Klosters Helfta.

**Gertrud von Helfta** (auch: *die Große*), Zisterzienserin, Mystikerin, *6.1.1256 Eisleben (?), †17.11.1302 Helfta (heute zu Eisleben); Heilige (Tag: 17.11.).

**Gertrud von Nivelles,** Äbtissin, *626, †17.3.659 Nivelles (Belgien); angerufen gegen Ratten- und Mäuseplagen; Heilige (Tag: 17.3.).

**Gerste:** Die Ähren des zu den Süßgräsern gehörenden Getreides sind begrannt.

● **Gerste:** weiteres Bild →Getreide

Friedrich Gerstäcker

# Gertsch

**Gertsch,** Franz, Maler, * 8. 3. 1930 Mörigen (Kt. Bern); Vertreter des →Photorealismus; er bevorzugt überdimensionale Formate.

**Geruchsbeseitigung,** die Entfernung geruchsintensiver Beimengungen aus Abgasen und Abluft; eingesetzt werden Verfahren der Neutralisation, Absorption, Adsorption und Verbrennung.

**Geruchssinn,** Fähigkeit, in Luft (bzw. Wasser) gelöste chem. Stoffe *(Riechstoffe)* wahrzunehmen und zu unterscheiden; dient gewöhnlich dem Aufspüren der Nahrung, Zusammenfinden der Geschlechter (→Pheromone), Unterscheiden von Feind und Freund u. a. Über die Art der chem. Sinneswahrnehmungen bei wirbellosen Wassertieren ist wenig bekannt; offenbar sind bei vielen Arten auf chem. Reize reagierende Sinneszellen über den ganzen Körper verstreut ohne klare Trennung von G. und →Geschmackssinn. Diese findet sich unter den Wirbellosen bei Insekten; ihre Geruchswahrnehmung erfolgt durch Sinneszellen der →Antennen. Das Geruchsorgan der Wirbeltiere ist die in der Nasenhöhle und im →Jacobson-Organ ausgebreitete *Riechschleimhaut.* Sie besteht aus Sinneszellen, die feine Sinneshaare tragen und von schleimabsondernden Zellen umgeben sind. Die Riechstoffe werden im Schleim gelöst, kommen dabei mit den Sinneshaaren in Berührung und üben auf diese einen Reiz aus; die Impulse werden über den *Riechnerv* (I. Gehirnnerv) zum *Riechzentrum* im Gehirn geleitet. Durch Faltung der Oberfläche kann die Schleimhaut vergrößert und dadurch ihre Leistungsfähigkeit gesteigert werden; Riechschleimhaut beim Schäferhund etwa 150 cm$^2$ (225 Mio. Riechzellen), beim Menschen 5 cm$^2$ (20 Mio. Riechzellen). Man unterscheidet: gutwitternde Riecher *(Makrosmaten)* wie Hund, Aal, männl. →Seidenspinner, sie können bereits eine Folge von wenigen Molekülen wahrnehmen; schlechtwitternde Riecher *(Mikrosmaten)* wie Menschen und Vögel; Tiere ohne Witterungsvermögen *(Anosmaten)* wie die Wale.

Verlust bzw. Fehlen des G. *(Anosmie)* wird verursacht durch Erkrankungen der Nase (z. B. starker Schnupfen), des Riechnervs, des Riechzentrums im Gehirn oder durch →Hirntumor.

**Geruchsverschluß** →Siphon.

**Gerulf,** fläm. Märtyrer, * um 740 Merendree, † um 750 bei Gent; Heiliger (Tag: 21. 9.).

**Gerundium** [lat.] *das,* im Lateinischen der deklinierte →Infinitiv, der Substantivierung des Infinitivs im Deutschen entsprechend (z. B. *das Schreiben*).

**Gerundivum** [lat.] *das,* im Lateinischen vom →Infinitiv gebildetes →Adjektiv, das ein Sollen oder Müssen ausdrückt, z. B. *laudandus* (von laudare ›loben‹): einer, der gelobt werden soll.

**Gerusia** →Geronten.

**Gerüst** *(Rüstung),* Hilfskonstruk-

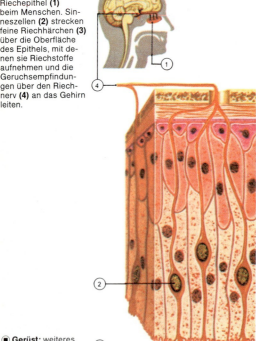

**Geruchssinn:** Schleimhaut mit Riechepithel **(1)** beim Menschen. Sinneszellen **(2)** strecken feine Riechhärchen **(3)** über die Oberfläche des Epithels, mit denen sie Riechstoffe aufnehmen und die Geruchsempfindungen über den Riechnerv **(4)** an das Gehirn leiten.

● **Gerüst:** weiteres Bild →Schalung

# Gerz

**Gerüst:** Lehrgerüst für den Bau der Hammerbrook-Brücke im Rahmen der Erweiterung der Hamburger S-Bahn; das Gerüst kann Spannweiten bis zu 79 m überbrücken.

tion aus Holz (Rund- und Kanthölzer, Bohlen, Bretter) oder Stahlrohren zum Erstellen und Ausbessern von Bauwerken. *Lehr-* und *Schal-G.* sind formgebende Tragkonstruktionen für den Bau ebener und gewölbter Stahlbetontragwerke, die nach dem Abbinden des Betons entfernt werden, auch für gemauerte Bögen; *Aufstell-G.* dienen zu Montagearbeiten (z. B. Stahlträgerbrücken), *Hilfs-G.* als Arbeits-G. oder Arbeitsboden, *Förder-G.* (Aufzug) zur Anfuhr von Baustoffen und Gerät, zum Baustellenverkehr, *Schutz-G.* sichern gegen Absturz und vor herabfallendem Material.

**Gerüstproteine** *(Faserproteine)* → Skleroproteine.

**Gerüststoffe,** bed. Inhaltsstoffe von Wasch- und Reinigungsmitteln; reduzieren die Wasserhärte und unterstützen die Reinigungswirkung von → Tensiden; typ. Vertreter ist das → Phosphat; neuerdings Suche nach geeigneten Ersatzstoffen (→ Zeolith A).

**Gervais** [ʒɛrvɛ], ein frz. Frischkäse.

**Gervaise** [ʒɛrvɛs], Filmmelodram von R. → Clément (1955) mit M. → Schell; nach É. → Zola.

**Gervasius und Protasius,** Zwillingssöhne des hl. Vitalis, Märtyrer, † um 300 Mailand (?); Patrone von Mailand und Breisach; Heilige (Tag: 19. 6.).

**Gervinus,** Georg Gottfried, Historiker und Literarhistoriker, *20. 5. 1805 Darmstadt, †18. 3. 1871 Heidelberg; 1835 Prof. in Heidelberg, 36 in Göttingen, 37 als einer der → Göttinger Sieben entlassen, 44 als Honorarprofessor wieder in Heidelberg, 48 Abgeordneter der → Frankfurter Nationalversammlung, 53 Entzug der Venia docendi wegen angebl. Staatsgefährdung. G. war einer der Wortführer des Liberalismus; nach dem Scheitern der Revolution von 1848 setzte er seine Hoffnung zunehmend auf das Emporkommen des Vierten Standes. Als Literarhistoriker (›Geschichte der poet. National-Lit. der Deutschen‹, 1835–42) wandte sich G. von einer bloß ästhet. Literaturbetrachtung ab und stellte als erster die Dichtung in den Zusammenhang der ethn.-nationalen Entwicklung.

**Geryon(eus),** in der griech. Mythologie ein dreileibiger Riese, der seine Rinderherde auf der Insel Erytheia im → Okeanos am Westende der Erde gegen → Herakles verteidigt und dabei von diesem getötet wird.

**Gerz,** Jochen, Künstler, *4. 4. 1940 Berlin; arbeitet im Bereich der → Prozeßkunst; inszeniert und dokumentiert Abläufe, die durch den Verzicht auf Umwelt und durch totale Isolation gekennzeichnet sind.

**Georg Gottfried Gervinus** (Gemälde von Oesterley)

**ges**, in der Musik das um einen Halbton erniedrigte g.
**Gesamtarbeitsvertrag** →Tarifvertrag.
**Gesamtausgabe**, *Druckwesen:* Ausg. aller Werke eines Dichters, Schriftst. oder Komponisten.
**Gesamtbetriebsrat** →Betriebsrat, →Betriebsverfassungsgesetz.
**Gesamtdeutsche Partei (DP/BHE)** *(GDP)*, im April 1961 hervorgegangen aus dem Zusammenschluß von →Deutscher Partei (DP) und →Gesamtdeutschem Block/BHE. Seit 61 kein Mandat im Bundestag. 65 scheiterte der Versuch der GDP, eigene Kandidaten auf den Listen anderer Parteien zu plazieren; ein Teil der letzten GDP-Wähler wanderte zur →NPD ab.
**Gesamtdeutscher Block/BHE,** ab 1952 Name des 49 gegr. B*lock der* H*eimatvertriebenen und* E*ntrechteten (BHE).* Die Partei ging 61 in der →Gesamtdeutschen Partei auf.
**Gesamtdeutsche Volkspartei** *(GVP),* 1952 von G. →Heinemann und Helene →Wessel gegr. polit. Partei für dt. Wiedervereinigung durch Neutralitätspolitik und gegen Wiederbewaffnung; 57 aufgelöst.
**Gesamtenergie,** die Summe der Einzelenergien der Bestandteile eines abgeschlossenen Systems.
**Gesamtentwurf,** eine übergeordnete Konstruktionszeichnung, aus der die Gesamtanordnung und alle Hauptmaße einer konstruktiven Aufgabe zu entnehmen sind.
**Gesamtgläubiger,** Mehrheit von Gläubigern, von denen jeder die ganze Leistung fordern kann, der Schuldner jedoch nur einmal zu leisten braucht. Durch Leistung an einen der Gläubiger wird der Schuldner befreit (BR Dtld.: § 428 BGB; *Österr.:* §§ 892 ff. ABGB; *Schweiz:* Art. 150 OR).
**Gesamtgut,** ehel. Güterrecht: bei Gütergemeinschaft das beiden Ehegatten gemeinsam gehörende Vermögen.
**Gesamthand,** gemeinschaftl. Eigentum an einem Vermögen, über das die Eigentümer nur gemeinsam verfügen können.
**Gesamthandgemeinschaft** →Gemeinschaft.

**Gesamthochschule,** nach den Plänen zur Hochschulreform seitens des Deutschen →Wissenschaftsrates und versch. Länder der BR Dtld. Integration bisher getrennt bestehender Hochschultypen (insbes. der Fachhochschulen, Pädag. Hochschulen, Techn. Hochschulen, Universitäten) zu neuen Ausbildungsstätten und Forschungseinrichtungen neben tradierten Universitäten.
**Gesamtkonstruktion,** Bez. der Gesamtheit aller zur Lösung einer konstruktiven techn. Aufgabe erstellten Konstruktionszeichnungen.
**Gesamtkunstwerk,** Werk bzw. Konzeption zur künstlerischen Verschmelzung akustischer, optischer, literarischer, tänzerischer und anderer Künste. Die Konzeption des G. wurde bes. von R. →Wagner weiterentwickelt und (teilweise) in seinen Musikdramen realisiert.
**Gesamtnachfolge,** umfassende →Rechtsnachfolge.
**Gesamtschuldverhältnis** (*Solidar-* oder *Korrealschuldverhältnis*), ein Schuldverhältnis, bei dem mehrere Schuldner eine Leistung in der Weise schulden, daß jeder von ihnen zu der ganzen Leistung verpflichtet ist, der Gläubiger die Leistung aber nur einmal verlangen kann. – Ähnl. in *Österr.* (§§ 891 ff. ABGB) und der *Schweiz* (Art. 143 ff. OR).
**Gesamtschule,** Schulzentrum, in dem die herkömml. Schularten (→Hauptschule, →Realschule und →Gymnasium) zusammengefaßt sind. Man unterscheidet vor allem die *additive (kooperative) G.*, in der das dreigliedrige Schulsystem erhalten bleibt und die Schularten nur zu einem Verwaltungs- und Gebäudekomplex verschmelzen (Kooperation zw. Schülern, Eltern und Lehrern der Schularten, erhöhte Durchlässigkeit), und die *integrierte G.*, in der das tradierte Schulsystem aufgehoben ist. Die integrierte G. ist in der Sekundarstufe (ab 5. bzw. 7. Klasse) stark differenziert (daher auch *differenzierte G.*); Prinzipien bzw. Ziele sind: Förderung statt Auslese, Gleichheit der Bildungschancen, optimale Lernleistung durch Begabungsge-

# Gesandten, Die

rechtigkeit für jeden Schüler, Vergrößerung des Anteils qualifizierter Schulabschlüsse, Betonung sozialer Lernziele. Neben den für alle Schüler verbindl. Kern-(Pflicht-)fächern gibt es Wahlpflichtfächer (unter denen jeder Schüler auswählen kann) und Neigungsfächer; außerdem verschiedene Spezialkurse. – Die integrierte G. ist eingeführt in Schweden; in der BR Dtld. gilt sie als wichtigste, bildungspolit. umstrittene Maßnahme der →Schulreform, ebenso in Österr. und der *Schweiz* (kantonal geregelt).

**Gesamtstimme** →Kuriatstimme.

**Gesamtstrafe**, einheitl. gebildete Strafe für einen Täter, der mehrere strafbare Handlungen begangen hat und dadurch mehrere Freiheits- oder Geldstrafen (→Einzelstrafen) erhalten müßte. Die G. ist geringer als die Summe der einzelnen Strafen für jede Tat (§§ 54, 55 StGB); Ggs. →Einheitsstrafe.

**Gesamtumschaltung** *(vegetative G.)*, Ganzheitsreaktion des Organismus mit Erregung des gesamten vegetativen →Nervensystems unter besonderen Bedingungen, z. B. bei akuter Gefahr oder bei Ausbruch einer Krankheit.

**Gesamtunterricht**, ungefächerter Unterricht (im Ggs. zum Fachunterricht) als Unterrichtsform vor allem der →Grundschule. Wichtige Vertreter der G.-Bewegung waren u. a. J. →Dewey, M. →Montessori und B. →Otto.

**Gesamtverband der Christlichen Gewerkschaften Deutschlands** →CGD.

**Gesamtverband der Textilindustrie in der Bundesrepublik Deutschland (Gesamttextil e. V.)**, Spitzenverband des →Textilgewerbes; Sitz: Frankfurt a. M.

**Gesamtverband Deutscher Angestellten-Gewerkschaften** *(GEDAG)*, zur Wahrnehmung gemeinsamer Interessen und zur Führung von Tarifverhandlungen gegr. Dachverband folgender angeschlossener Angestelltengewerkschaften: Dt. Handels- und Industrieangestellten-Verband, Dt. Land- und Forstwirtschaftl. Angestelltenbund, Arbeitnehmerverband Dt. Milchkontroll- und Tierzuchtangestellten, Verband Dt. Techniker, Verband der weibl. Angestellten; Sitz: Hamburg.

**Gesamtvereinbarung** *(Kollektivvereinbarung)*, Arbeitsrecht: Bez. für Tarifvertrag und Betriebsvereinbarung.

**Gesamtverteidigung**, Summe aller polit., milit. und zivilen Maßnahmen zur Wahrung der äußeren Sicherheit des Staates und seiner Bev. einschl. der Krisenbeherrschung; in der Terminologie der →NATO Gesamtheit der Verteidigungsanstrengungen der NATO und ihrer Mitgliedstaaten zum Schutze aller Bündnispartner.

**gesamtwirtschaftliche Nachfrage**, Bezeichnung für die über alle Wirtschaftssubjekte aggregierte →Nachfrage in einer Volkswirtschaft.

**gesandt/gesendet**, zum Gebrauch siehe ›Praxistip Sprache‹.

**Gesandten, Die** *(The Ambassadors)*, Roman von H. →James (1903).

## Praxistip Sprache

### gesandt/gesendet

Regelmäßige und unregelmäßige Konjugation des Verbs *senden* (im Sinne von ›schicken‹) sind korrekt: *sendete – gesendet* bzw. *sandte – gesandt*.
Im Bereich der Technik (Rundfunk/Telefax usw.) wird ausschließlich *sendete/gesendet* gebraucht.
In der gesprochenen Sprache dominiert für ›schicken‹ die unregelmäßige Form *sandte/gesandt*.
Eindeutig und nicht austauschbar ist die Berufsbezeichnung: *der Gesandte* (*der Gesendete)
*nicht korrekt

# Gesandtschaft

**Gesandtschaft,** diplomat. Vertretung eines Staates bei einem anderen. Die Chefs der G. sind seit dem Wiener und den Aachener Kongressen (1815/18) in Rangklassen eingeteilt: 1. Botschafter (Ambassadeur) und päpstl. →Nuntius; 2. Gesandter (Envoyé extraordinaire); 3. Ministerresident; 4. Geschäftsträger (→Chargé d'affaires). Nach dem II. Weltkrieg wurden die meisten diplomatischen Vertretungen in →Botschaften umbenannt.

**Gesang, 1)** *allgemein:* eine von der menschlichen Stimme hervorgebrachte, nach musikalischen Prinzipien geordnete Folge von Tönen. Der Übergang von G. zur Sprache ist z. B. im Sprechgesang fließend, eine Bindung an das gesprochene Wort ist nicht notwendig.
**2)** *Zoologie:* Folge von Lautäußerungen von bestimmter Dauer und Gesetzmäßigkeiten im Aufbau, bes. bei Vögeln (vor allem Männchen), aber auch bei Primaten, Froschlurchen, Fischen und Insekten (Grillen, Zikaden).

**Gesangbuch,** Sammlung von Liedern für Gottesdienst und häusl. Andachten in den christlichen Kirchen; die ersten G. wurden von den Reformbewegungen des 16. Jh. geschaffen mit dem Ziel einer liturg. Beteiligung der Gem. sowie der Verbreitung und Einprägung bibl. Glaubenslehren. In Dtld. ist heute in allen Landeskirchen und Diözesen das ›Ev. Kirchen-G.‹ (EKG) von 1950 bzw. das kath. ›Gotteslob‹ (›Einheits-G.‹) von 1973 in Gebrauch. Sie vereinigen Lieder aus versch. Epochen und Regionen.

**Gesang der Jünglinge im Feuerofen,** ein experimentelles Stück (Urauff.: 30.5.1956, Köln) von K. →Stockhausen; Text aus dem 3. Buch Daniel.

---

**Praxistip Sprache**     **Geschäftsbrief**

Beim Geschäftsbrief ist oben links der Absender (oft gedruckt), oben rechts Orts- und Zeitangabe mit Komma anzugeben. Die Zeitangabe steht im Akkusativ mit oder ohne *den*; bei allgemeineren Zeitangaben *(Mitte '93)* ist ein Apostroph zulässig. Die Anschrift steht im Akkusativ, bei Personen wird auf *An den/An die/An das* verzichtet, bei Firmen und Institutionen im Regelfall nicht. Titel und Berufsbezeichnungen werden, wenn sie vor dem Namen stehen, dekliniert, Abkürzungen sind nur bei Doktor *(Dr.)*, Diplomgraden *(Dipl.-Physiker, Dipl.-Ing., Dipl.-Kfm.)* und Abgeordneten *(MdB)* üblich. Soll der Geschäftsbrief nur von einer bestimmten Person geöffnet werden, muß der Personenname v o r dem Firmennamen stehen; ansonsten (wenn nachgestellt) dürfen auch andere Firmenangehörige den Brief öffnen, selbst wenn *z. H., z. Hd. (zu Händen)* angefügt ist. Soll der Empfänger/die Empfängerin noch besonders betont werden, empfiehlt sich – neben der Voranstellung des Personennamens – der Zusatz *c/o* bzw., wenn am Orte geschrieben, *i. H. (im Hause).*

Es folgt die Angabe dessen, worum es in dem Schreiben geht, sowie die Anrede der betreffenden Person *(Sehr geehrter Herr Professor/Sehr verehrte Frau Müller; Lieber Herr Schulz* usw.) bzw., wenn diese nicht bekannt ist, die Anrede beider Geschlechter *(Sehr geehrte Damen und Herren).* Die Anrede wird mit einem Komma abgeschlossen, selten mit einem Ausrufungszeichen. Im Brief selbst sollten formelhafte Wendungen der Beamtensprache vermieden werden *(unter Hinzuziehung von ..., die Verunfallung ..., die Parkierungsmöglichkeit, die Bedarfe, in Anwendung bringen* usw.).

Beim Briefschluß werden, wie bei der Anrede – je nach dem Verhältnis, das der Briefschreiber zum Empfänger hat –, unterschiedliche Grußformeln benutzt: im allgemeinen *Mit freundlichen Grüßen,* bei höherrangigen Empfängern auch *Mit vorzüglicher Hochachtung/Hochachtungsvoll* bzw. *Mit verbindlichen Grüßen.*

Anmerkung:
Sollte dem Briefschreiber bekannt sein, daß der Empfänger/die Empfängerin besonderen Wert auf eine formelle Anrede legt, so tut er/sie gut daran, das zu beachten. Ansonsten sei vor einer Titelmanie eher gewarnt.

# Geschäftsbrief

**Gesäuse:** das Durchbruchstal der Enns mit der Hochtorgruppe im Hintergrund

**Gesänge** *(Canti),* Gedichte von G. →Leopardi (1831).
**Gesangsprägung,** bei Vögeln mit Brutparasitismus (→Brutfürsorge) Übernahme des Inventars der Lautäußerungen der Wirtsart in das eigene Gesangsrepertoire.
**Gesangverein** →Lied, →Liedertafel.
**gesättigt,** *Chemie:* 1. Zustand von Lösungen, welche die größtmögliche Menge von Salzen oder Gasen im Lösungsmittel aufgenommen haben, z. B. Kochsalz in Wasser, Wasserdampf in Luft; abhängig von der Temp., bei Gasen auch vom Druck. 2. Zustand →organischer Verbindungen, in denen alle vier Bindungen (→chemische Bindung) der Kohlenstoffatome mit Atomen oder Atomgruppen besetzt (›abgesättigt‹) sind.
**gesättigte Verbindungen,** *Chemie:* Substanzen mit vollständiger Besetzung der chem. Bindungen der Kohlenstoffatome in organ. Verbindungen, bekanntester Vertreter sind die →aliphatischen Verbindungen.
**Gesäuge,** Euter des →Haarwildes und Hundes.
**Gesäuse,** 15 km langes Engtal der Enns in den Ennstaler Alpen *(G.-Berge),* Obersteiermark, zw. Admont und Hieflau.

**Geschädigter,** im schweiz. Strafprozeßrecht Bezeichnung für den Verletzten.
**Geschäftsanteil,** Beteiligung am Vermögen einer Handels-Ges., insbes. einer →Genossenschaft oder →Gesellschaft mit beschränkter Haftung.
**Geschäftsbericht,** in der BR Dtld. der vor Inkrafttreten des →Bilanzrichtliniengesetzes vom 19.12.1985 vom Vorstand einer →Aktiengesellschaft dem →Aufsichtsrat und der →Hauptversammlung jährl. zur Genehmigung vorzulegende Bericht über Geschäftsverlauf und Lage der Ges. nebst Erläuterung des →Jahresabschlusses; ersetzt durch →Lagebericht und Anhang (§§ 160, 168 Aktiengesetz; *Österr.:* § 127 Aktiengesetz; *Schweiz:* Art. 724 OR).
**Geschäftsbesorgungvertrag,** vertragl. Verpflichtung zu einer selbständigen, entgeltl. oder unentgeltl. Tätigkeit für einen anderen auf wirtschaftl. oder rechtl. Gebiet (z. B. Auftrag zur Rechtsvertretung, Vermögensverwaltung, Baubetreuung). Es finden die Regeln über den Auftrag Anwendung (§ 675 BGB).
**Geschäftsbrauch,** Bezeichnung für →Handelsbrauch.
■ **Geschäftsbrief,** zu Formfragen siehe ›Praxistip Sprache‹.

3579

# Geschäftsbücher

**Geschäftsbücher,** Handelsrecht: →Handelsbücher.
**Geschäftsfähigkeit,** die Fähigkeit, Rechtsgeschäfte selbständig rechtswirksam vorzunehmen. *Geschäftsunfähig* sind Minderjährige vor Vollendung des 7. Lebensjahres (in *Österr.* auch bei Entmündigung). Willenserklärungen eines Geschäftsunfähigen sind nichtig. Beschränkt geschäftsfähig sind Minderjährige vom 7. bis 18. Lebensjahr. Ohne Zustimmung des gesetzl. Vertreters können sie nur solche Rechtsgeschäfte abschließen, die ihnen ledigl. einen rechtl. Vorteil bringen (§§ 104–115 BGB). – Ähnl. in *Österr.* (bis zum 19. Lebensjahr); 14- bis 19jährige können außerdem über ihr eigenes Einkommen und ihnen zur freien Verfügung Überlassenes (z. B. Taschengeld) bestimmen, wenn dadurch nicht die Befriedigung ihrer Lebensbedürfnisse gefährdet wird. In der *Schweiz* steht für G. die *Handlungsfähigkeit*. Diese setzt Mündigkeit und Urteilsfähigkeit voraus. Mit Inkrafttreten des Betreuungsgesetzes in der BR Dtld. zum 1.1.1992 treten die Wirkungen der beschränkten G. auch ein bei volljährigen Personen, die vom Vormundschaftsgericht einem Betreuer unterstellt sind, und zwar nur in solchen Angelegenheiten, bei denen rechtsgeschäftliche Erklärungen nach gerichtl. Entscheidung unter dem Einwilligungsvorbehalt des Betreuers stehen.
**Geschäftsführung,** das leitende Organ sowie dessen Tätigkeit bei Personen-Ges., Kapital-Ges. oder Vereinen.
**Geschäftsführung ohne Auftrag,** die Besorgung eines Geschäfts für einen anderen durch einen nicht beauftragten Geschäftsführer, z. B. das unbeauftragte Tätigwerden für einen Nachbarn, um von dessen Eigentum einen Schaden abzuwenden. Der ›Geschäftsführer‹ ist verpflichtet, die Interessen und den wirkl. oder mutmaßl. Willen des Geschäftsherrn zu beachten, andernfalls er sich schadenersatzpflichtig macht. Der entgegenstehende Wille des Geschäftsherrn ist unbeachtl., wenn der Geschäftsführer eine im öffentl. Interesse liegende Pflicht oder eine gesetzl. Unterhaltspflicht des Geschäftsherrn erfüllt, die sonst nicht rechtzeitig erfüllt würde. Der Geschäftsführer hat Anspruch auf Ersatz seiner Aufwendungen (BR Dtld.: §§ 677 ff. BGB; ähnlich in *Österreich*: §§ 1035 ff. ABGB; *Schweiz:* Art. 422 OR).
**Geschäftsgeheimnis** →Betriebsgeheimnis.
**Geschäftsgrundlage,** Umstände, die die Parteien zur Grundlage ihrer Vertragsbeziehungen gemacht haben, ohne daß sie Vertragsinhalt geworden sind (→Clausula rebus sic stantibus).
**Geschäftsjahr,** Abrechnungszeitraum, für den die →Bilanz und das →Inventar aufgestellt werden. Muß nicht mit dem Kalenderjahr zusammenfallen, darf jedoch nicht länger als 12 Monate sein (§ 240 HGB); bei Verlegung des Abrechnungszeitraums, bei Eröffnung oder Aufgabe eines Betriebs kann sich ein G. von weniger als 12 Monaten ergeben, das *Rumpf-G.* gen. wird.
**Geschäftsklima,** Frühindikator der konjunkturellen Entwicklung, ermittelt durch Befragung von Unternehmen in monatlichem Abstand.
**Geschäftsordnung,** Regeln für den Verhandlungsgang und die Abstimmung in Versammlungen, Parlamenten u. ä. Gremien.
**Geschäftsraummiete,** ein Vertrag über die Überlassung von Räumen zur gewerbl. Nutzung. Für die G. gelten die allg. Vorschriften über die Miete, nicht dagegen die Sondervorschriften für die Wohnraummiete.
**Geschäftsträger,** ein Missionschef; →Gesandtschaft.
**geschäftsunfähig** →Geschäftsfähigkeit.
**Geschäftswert** →Firmenwert.
**Gescheide,** weidmännisch: →Geräusch.
**Geschein,** der Blütenstand der Weinreben.
**Gescher,** Stadt im Kr. Borken, Reg.-Bz. Münster, Nordrh.-Westf., im westl. Münsterland, 14000 E.; Glocken-, Kutschenmuseum; Ma-

# Geschichtsschreibung

schinenbau, Textilindustrie; Glockengießerei (gegr. 1690).
**Geschichte** *(Historie)*, i. w. S. eine durch die Aufeinanderfolge von versch. Geschehnissen sichtbar werdende Entwicklung; so verstanden, haben auch die Natur, die Erde, Pflanzen und Tiere ihre Geschichte. I. e. S. meint G. die Entwicklung der menschl. Gesellschaft.
**Geschichte der Dienerin, Die,** Film von V. →Schlöndorff (1989) mit F. →Dunaway und R. →Duvall; Adaption eines Romans von Margaret Atwood.
**Geschichte des Agathon,** Roman von Ch. M. →Wieland (1766/67).
**Geschichte meines Lebens,** Memoiren von G. →Casanova (entstanden etwa 1789–98).
**Geschichten aus dem Wienerwald, 1)** Walzer op. 325 (1869) von J. →Strauß (Sohn); **2)** Volksstück von Ö. von →Horváth; Urauff.: 1931, Berlin.
**Geschichte vom Soldaten, Die** (*L'Histoire du soldat*), Ballett mit Erzähler und 7 Instrumentalisten (Urauff.: 28. 9. 1918, Lausanne) von I. →Strawinsky.
**Geschichtsklitterung,** Bez. für eine parteiliche, sinnentstellende Geschichtsschreibung; ist geprägt nach J. →Fischarts ›Affentheurlich Naupengeheurliche Geschichtklitterung‹, der zweiten Ausgabe seiner Gargantua-Bearbeitung (1582).
**Geschichtsmalerei** →Historienmalerei.
**Geschichtsphilosophie,** philos. Deutung der Welt- und Menschheitsgeschichte, d. h. die Frage nach Wesen, Ursprung, Gesetzen und Ziel des Geschichtsganges und der darin auftretenden Kulturen. In krit. Ausprägung ist G. verbunden mit der Analyse des geschichtl. Erkennens und seiner Grenzen. Zugleich setzt sie immer auch ontolog. Begriffe und Interpretationen der Welt voraus. Eine eigentl. G. (das Wort stammt von →Voltaire, 1756) entstand erst in der Neuzeit (→Vico); Ansätze gehen bis in die Antike zurück. Im MA hatte eine (bes. von →Augustinus entwickelte) heilsgeschichtl. orientierte Geschichtstheorie geherrscht. – Seit dem 18. Jh. trugen viele philos. Richtungen zur G. bei: →Aufklärung (bes. →Montesquieu, →Kant), →Deutscher Idealismus (bes. →Hegel), →historischer Materialismus, →Positivismus, →Historismus, →Neukantianismus (Begr. der Geschichtslogik als krit. Methodenlehre), Neuidealismus (→Croce), Geschichtsmorphologie (→Spengler u. a.) und →Existenzphilosophie. Dabei entstanden optimist. und pessimist., determinist. (die Unabänderlichkeit des Gesch.-Ganges betonende) und indeterminist., relativist. (alle Epochen als gleichwertig auffassende) und Fortschrittstheorien; ihre Einseitigkeit suchte die neuere G. zu überwinden (→Toynbee u. a.).
**Geschichtsschreibung,** Darstellung der →Geschichte des Menschen und seiner Werke. Die älteste G. verarbeitete das durch Mythos und Sage überlieferte Wissen um Herkunft und Entwicklung des Menschen bzw. menschl. Gemeinschaften. Zur Blüte gelangte die G. im klass. Altertum bei Griechen und Römern (→Herodot, →Thukydides, →Polybios, →Livius, →Sallust, →Tacitus), die Sagen, schriftl. Überlieferungen und Augenzeugenberichte verwerteten. Am klass. Vorbild orientierten sich die Annalen, Chroniken und Viten der christl. G. des MA. Die quellenkrit. G. setzte mit dem →Humanismus ein (L. →Valla, N. →Machiavelli, F. Guicciardini). Die konfessionelle Polemik im Zeitalter von →Reformation und →Gegenreformation trug zur Vertiefung der G. bei. Das 18. Jh. berücksichtigte auch die Geistes- und Kulturgeschichte (→Voltaire, →Hume, →Schlözer, J. von →Müller). Die deutsche →Romantik weckte ein neues und vertiefte Geschichtsbewußtsein (J. →Möser, →Herder), das den Übergang von der pragmat.-lehrhaften G. der →Aufklärung zu einer genet. (entwicklungsgeschichtl.) G. vorbereitete. Für die G. des 19. Jh. wurde das Bewußtsein von der Geschichtlichkeit alles Seins wesentl. Merkmal. Durch die Entwicklung wissenschaftl. Methoden zur Erforschung der Gesch. (→historische

3581

## Geschichtstheologie

Hilfswissenschaften) und kritische Quellenveröffentlichungen (so für das dt. MA: →Monumenta Germaniae historica) wurde der Grund für die moderne G. gelegt (u.a. L. von →Ranke, →Droysen). Die Überbetonung der Geschichtlichkeit alles Seins führte zum →Historismus. Trotz einiger großangelegter Weltgeschichten trat bei der dt. G. in der 2. Hälfte des 19. Jh. immer ausschließl. die polit. G. in den Vordergrund, in der sich vornehmlich die Auseinandersetzung um die kleindeutsche oder großdeutsche Lösung der deutschen Einigungsfrage spiegelte. Verfassungs-, Wirtschafts- und Kulturgeschichte wurden zu eigenen Disziplinen der G. Trotz des Anspruchs, allein der Wahrheit (Objektivität) zu dienen, wurden in der G. des 19. und frühen 20. Jh. häufig nationalstaatl. Ideologien vertreten. Befreiend wirkte M. →Webers Begriff von der ›wertfreien Wissenschaft‹, der die G. von der vermeintl. Aufgabe, polit. oder moral. Urteile zu fällen, befreite und sie ihren eigtl. Zielsetzungen näherbrachte. War schon die geistesgeschichtl. G. (→Meinecke) ein Versuch, die Trennung von polit. Gesch. und Kulturgeschichte zu überwinden, so berücksichtigt die moderne G. alle Bereiche des menschl. Lebens und nicht nur die polit. und kulturellen Leistungen des Individuums bzw. einer kleinen geistigen oder gesellschaftl. Führungsschicht. Die Synthese versch. gleichzeitiger Entwicklungen nach vorhergegangener Strukturanalyse wie der ethnosoziolog. Vergleich einer Kultur mit Kulturen anderer Zeiten oder anderer Entwicklungsstufen hat die moderne G. zu fruchtbarer Auseinandersetzung mit der Soziologie gezwungen (soziale Strukturgeschichte).

**Geschichtstheologie,** Bez. für das theol. Geschichtsverständnis als Verwirklichung des Heilsplanes Gottes, der von der Schöpfung über die Erlösung bis zum →Jüngsten Gericht reicht. Durch die →Inkarnation Gottes in Jesus Christus läßt sich Gott selbst auf die Geschichte ein, d.h., die Heilsgeschichte ist gleichzeitig Geschichte Gottes.

**Geschicklichkeitsfahren,** im →Fahrsport Prüfung für Gespanne auf einer Hindernisstrecke.

**Geschicklichkeitsprüfung,** Wettbewerb im Motorsport, bei dem die sichere Beherrschung des Fahrzeugs in schwierigem Gelände geprüft wird.

**Geschicklichkeitsspiele,** Spiele für eine oder mehrere Personen, bei denen es auf eine ruhige Hand ankommt (→Fadenspiele, →Mikado, →Bilboquet).

**Geschiebe, 1)** *Geol.:* von Gletscher- oder Inlandeis bewegter und dabei abgeschliffener Gesteinsbrocken; läßt sich von flußtransportierten Gesteinstrümmern (→Geröll) oft durch Kratzer unterscheiden (→gekritztes G.). Mit dem Feinmaterial, das beim Abrieb durch die Gletscherbewegung entsteht, bildet es G.-*Mergel* oder G.-*Lehm* (→Blocklehm). **2)** Im *Wasserbau* bezeichnet man als G. die in Flüssen mitgeführten Gesteinsbruchstücke (über 1 mm Korngröße); die Ablagerungen,

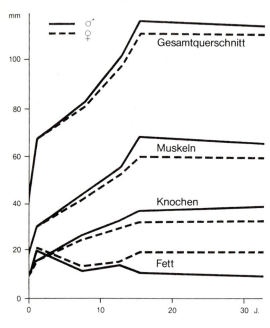

**Geschlecht:** mengenmäßige Zusammensetzung des Körpers von Mann und Frau aus den verschiedenen Gewebearten. Die hier dargestellten Verlaufskurven basieren auf an Unterschenkeln gemessenen Werten. Deutlich wird die Verschiebung der Gewebearten zugunsten des Muskelanteils im Laufe der Entwicklung vom Säugling zum Erwachsenen.

## Geschlechtsanomalien

insbes. am inneren Ufer von Krümmungen und vor Wehren, nennt man *G.-Bänke.*
**Geschiebelehm** →Blocklehm.
**Geschirr, 1)** *allg.:* Geräte im Haushalt. **2)** *Schiffahrt:* Kurz-Bez. für die Einrichtungen zum Be- und Entladen von Frachtschiffen als Teil des →Ladebaums. **3)** *Landw.:* Leder- und Riemenzeug, das die Verbindung zw. Zugtieren und Wagen herstellt. 1. *Sielen-G.* liegt dem Zugtier nur an einer schmalen Stelle über dem Schulterbug auf; nur für leichten Zug geeignet, beeinträchtigt Lungentätigkeit und Bewegung der Schulter; 2. *Kumt-(Kummet-)G.* liegt der Schulterblattgräte in der ganzen Länge auf, behindert Lungentätigkeit nicht. Das für schweren Zug geeignete Kummet, im 10. Jh. eingeführt, ermöglichte eine bessere Ausnutzung der Zugleistung (→Joch).
**Geschlecht, 1)** *Biol.:* Summe der im Dienst der Fortpflanzung stehenden polaren Unterschiede zw. Angehörigen einer Art (→Geschlechtsmerkmale). Es gibt aber auch Körperbauunterschiede zw. den Grundformen ›männlich‹ und ›weiblich‹, die keinen engeren Zusammenhang mit der Fortpflanzung erkennen lassen. **2)** *Psychol.:* Die psychol. G.-Unterschiede sind z. T. biol. bedingt; weitgehend sind sie aber auch kulturabhängig, d. h., sie sind Ausdruck geschlechtsspezif. Rollen. Die angeblich wesensgemäße größere Emotionalität und Erlebnistiefe der Frau gegenüber einer stärkeren Rationalität des Mannes gilt nicht für alle Kulturen. **3)** *Linguistik:* →Genus.
**Geschlechterkunde** →Genealogie.
**Geschlechterrollen,** gesellschaftl. vorherrschende und nicht nur durch biol. Unterschiede begr. Ansichten und Erwartungen hinsichtl. der für das weibl. und männl. Geschlecht als typisch und angemessen geltenden Fähigkeiten, Persönlichkeitseigenschaften, Verhaltensweisen und Einstellungen.
**Geschlechterturm,** festungsartiger Wohnturm einer Adelsfamilie in mittelalterlichen Städten, v. a. in der Toskana (Florenz, San Gimignano), gelegentlich auch im nördlichen Europa anzutreffen (Metz, Regensburg).
**geschlechtliche Fortpflanzung** →Fortpflanzung.
**Geschlechtsakt** →Beischlaf.
**Geschlechtsanomalien** →Chromosomenanomalien, →Hermaphroditismus.

Geschirr: oben ›Russischer Panje-Wagen‹, Aquarell von J.A. Klein, 1813; unten ›Neapolitanischer Einspänner am Golf von Neapel‹, Aquarell von J.A. Klein, 1852

# Geschlechtsbestimmung

**Geschlechtsbestimmung, 1)** *Biol.:* der Vorgang, der über das Geschlecht eines Lebewesens entscheidet. Die G. kann auf zwei Wegen erfolgen: 1. *erbliche (genotypische) G.*; bestimmte Erbfaktoren (→Gene) sind die Ursachen dafür, daß sich nur die Eigenschaften *eines* Geschlechtes entfalten können. Einer der beiden elterl. Organismen, meist der männl., bildet zwei Typen von Geschlechtszellen mit unterschiedlicher Chromosomengarnitur (→Geschlechtschromosomen); →Befruchtung des Eies durch den einen Typus von Geschlechtszellen erzeugt männl., durch den anderen weibl. Nachkommen. 2. *nichterbliche (phänotypische* oder *modifikatorische) G.*; durch äußere Faktoren (Licht, chem. Zusammensetzung der Umwelt usw.) werden Zellen oder Zellverbände mit einheitl. Erbgut zur Entwicklung männl. oder weibl. Merkmale veranlaßt. Bei manchen Organismen kann das Geschlecht das ganze Leben hindurch verändert werden. So können sich Weibchen des Ringelwurms Ophryotrocha durch Hungern oder Veränderung der chem. Zusammensetzung des Meerwassers in Männchen umwandeln; wachsen diese auf 15 bis 20 Körpersegmente heran, werden sie wieder zu Weibchen. Bei anderen Organismen erfolgt die nichterbl. G. endgültig während einer sensiblen Phase. So werden die Larven des Wurmes Bonellia zu Männchen, wenn sie sich während eines bestimmten Zeitraums am Rüssel eines Weibchens festsetzen können; Larven, die keine Gelegenheit dazu finden, werden zu Weibchen.
**2)** *Archäologie:* wichtiges Hilfsmittel zur Unterscheidung männl. und weibl. Skelette. Untersuchung wird am Becken, an den Langknochen und am Schädel vorgenommen.

**Geschlechtschromatin** →Geschlechtsdiagnose.

**Geschlechtschromosomen** *(Gonosomen, Heterosomen, Heterochromosomen),* bei tierischen und pflanzlichen Organismen mit erblicher →Geschlechtsbestimmung die →Chromosomen, in denen u. a. die Erbfaktoren enthalten sind, die über das Geschlecht entscheiden. Den G. stellt man alle übrigen Chromosomen als *Autosomen* gegenüber. In den Körperzellen ist das G.-Paar oft nur bei einem der Geschlechter gleichartig (zwei *X-Chromosomen*), beim anderen Geschlecht dann ungleich *(X-* und *Y-Chromosom* oder nur X-Chromosom). In den Geschlechtszellen (→Gameten) liegen die Chromosomen nur mehr einzeln vor; sie enthalten also ein X- oder Y-Chromosom oder gar kein G. Kommen bei der →Befruchtung zwei X-Chromosomen zusammen, entsteht meist ein Weibchen; XX-Chromosomen haben z. B. weibliche Säugetiere (bei Vögeln und Schmetterlingen jedoch die Männchen). Das X-Chromosom hat stets eine geschlechtsbestimmende Wirkung; daneben ist bei manchen Lebewesen auch das Y-Chromosom von gleicher Bed. (männl. Säugetiere: XY), die in anderen Fällen (Taufliege) aber fehlt. Beim Menschen entscheiden die G. direkt nur über die männl. oder weibl. Entwicklung der Keimdrüsen. Die weitere Differenzierung der Geschlechtsorgane erfolgt durch in Hoden gebildete Stoffe (→Hormone, Fehlsteuerungen →Hermaphroditismus). Das X-Chromosom trägt neben geschlechtsbestimmenden Erbanlagen weitere Gene, die dominant oder rezessiv vererbt werden *(geschlechtsgebundene Vererbung).* Wird durch ein X-Chromosom eine rezessive Krankheit übertragen, so bleibt sie bei der Kombination mit einem zweiten, gesunden X-Chromosom unterdrückt; Frauen (XX) erscheinen daher gesund. Vererben sie das ›kranke‹ X-Chromosom aber an einen Sohn (XY), so kommt bei ihm die Krankheit zum Durchbruch, weil ein zweites, gesundes X-Chromosom als Korrektiv fehlt (→Erbkrankheiten). Über- oder unterzählige G. können beim Menschen zu geistigen und körperlichen Schäden führen (→Chromosomenanomalien).

**Geschlechtsdiagnose,** Feststellung des Geschlechts; man unter-

**Geschlechtschromosomen,** *links* der Frau, bestehend aus zwei gleichartigen X-Chromosomen, *rechts* des Mannes, bestehend aus einem ungleichen Paar, das ein Y- und ein X-Chromosom umfaßt.

# Geschlechtsdrüsen

scheidet zw. *phänotypischem Geschlecht* (→Phänotypus), das in der Ausprägung der äußeren →Geschlechtsmerkmale besteht, *Gonadengeschlecht*, das von der Art der Keimdrüsen (männl. oder weibl.), und *genetisches* oder *chromosomales Geschlecht* (→Chromosomen), das vom Besitz von männl. oder von weibl. →Geschlechtschromosomen abhängt (weibl. Geschlechtschromosomen: XX; männl.: XY). Normalerweise stimmen diese drei Geschlechter überein. Trifft dies nicht zu (→Hermaphroditismus), dann sind körperl. und psych. Anomalien möglich. Solche Personen können sich auch in ihren körperl. Leistungen von normalen unterscheiden. Deshalb werden auch bei manchen Wettkämpfen (z.B. Olympischen Spielen) die Sportlerinnen erst nach einer G. zugelassen. Meist läßt sich das phänotyp. Geschlecht durch äußere Untersuchung feststellen; in seltenen Fällen können bei genetisch männl. Personen aber die äußeren Geschlechtsorgane annähernd weiblich gestaltet sein, wenn die Hoden im Leistenkanal liegen. Sichere Prüfung des Gonadengeschlechts erfordert med. verfeinerte Methoden, Prüfung des Chromosomengeschlechts eine Untersuchung der Chromosomen. 1949 wurden bei weibl. Personen in den Zellkernen versch. Organe (bes. in Haut und Schleimhäuten) kleine →Chromatin-Körperchen (*Geschlechtschromatin*; nach ihrem Entdecker auch *Barr-Körperchen*) gefunden, die auf einfache Weise zur Diagnose des chromosomalen Geschlechts herangezogen werden. Barr-Körperchen sind weitgehend inaktivierte X-Chromosomen, die nach Anfärbung am Rand der Zellkerne als dunkle Verdichtungen erscheinen. Von den zwei X-Chromosomen einer normalen Frau ist nur eines aktiviert (unsichtbar), das andere als Barr-Körperchen feststellbar; beim normalen Mann mit nur einem X-Chromosom ist dieses aktiviert, somit kein Barr-Körperchen zu finden. Hat eine Person mehr als zwei X-Chromosomen (→Chromosomenanomalien), so kann man mehrere Barr-Körperchen nachweisen, und zwar immer um eines weniger als X-Chromosomen vorhanden sind. – 1954 wurden in Granulozyten (→Blutzellen) trommelschlegelförmige Kernanhänge (engl. *drumsticks*) gefunden, die sich als spezifisch für die Kombination XX des weibl. Geschlechts erwiesen; im Blut des Mannes kommen sie nicht oder nur vereinzelt vor. – Neuerdings kann man auch das männl. Geschlechtschromosom Y (durch besondere Färbung und Beleuchtung mit UV-Licht unter dem Fluoreszenzmikroskop) als leuchtendes Pünktchen in den Kernen männl. Zellen sichtbar machen. **Geschlechtsdifferenzierung,** die Ausprägung der männl. bzw. weibl. Geschlechtsmerkmale; G. beginnt beim Menschen in der 7. Embryonalwoche und dauert bis zur Pubertät.
**Geschlechtsdimorphismus,** Bez. für unterschiedl. Aussehen (z.B. Form, Größe, Struktur, Farbe) der beiden Geschlechter einer Art; z.B. beim →Frostspanner oder beim →Kampfläufer.
**Geschlechtsdrüsen** (*Keimdrüsen, Gonaden*), beim Mann die →Hoden, bei der Frau die →Eierstöcke. Sie sorgen für Bildung und Abgabe der Geschlechtszellen und produzieren die →Geschlechtshormone, die die geschlechtsspezif. Ausprägung des Individuums bewirken und bei der Fortpflanzung eine Rolle spielen. Entfernung der G. beim jugendl. Tier verhindert die Ausbildung der primären und sekundären →Geschlechtsmerkmale

**Geschlechtsdiagnose:** trommelschlegelförmiges Anhangsgebilde *(links unten)* an einem Granulozytenkern

## geschlechtsgebundene Vererbung

sowie der dadurch bedingten psych. Veränderungen; beim erwachsenen Tier führt eine Entfernung zum Schwund der Geschlechtsmerkmale, von →Libido und Potenz. Die Hormonproduktion der G. wird durch →Hormone des →Hypophysen-Vorderlappens gesteuert. Bezüglich der embryonalen Entwicklung der G. in männlicher oder in weiblicher Richtung entscheiden beim Menschen die →Geschlechtschromosomen (→Geschlechtsbestimmung).

**geschlechtsgebundene Vererbung**, Weitergabe von Erbanlagen, die an →Geschlechtschromosomen gekoppelt sind (→Erbkrankheiten).

**Geschlechtshormone** *(Keimdrüsenhormone, Sexualhormone)*, Hormone der →Hoden und →Eierstöcke (z. T. auch der Nebennierenrinde), die den Geschlechtern die je spezifische Prägung verleihen, die →Geschlechtsmerkmale zum Wachstum bringen und die Fortpflanzung ermöglichen. Der Eierstock produziert *Östrogene* (→Follikelhormone) und die *Gelbkörperhormone* (→Gelbkörper). Von den männl. Hormonen *(Androgene)* ist das wirksamste das im Zwischengewebe des Hodens entstehende →Testosteron; weitere Androgene liefern die männl. und weibl. Nebennieren sowie die Eierstöcke. Follikelhormone sind auch beim Mann nachweisbar. Alle G. sind chem. →Steroide und synthet. darstellbar. Sie werden therapeutisch in manchen Fällen von Ausfallerscheinungen angewandt, z. B. nach Operationen, bei bestimmten Krebserkrankungen, im Klimakterium; außerdem in der Anti-Baby-Pille zur →Empfängnisverhütung. – *Gonadotrope Hormone* wirken auf das Geschehen in den Keimdrüsen ein, ohne geschlechtsspezifisch zu sein (→Hormone).

**Geschlechtskrankheiten** *(venerische Krankheiten)*, Infektionskrankheiten, deren Übertragung fast ausschließl. durch den Beischlaf erfolgt und die sich vorwiegend (zumindest im Anfangsstadium) an den →Geschlechtsorganen abspielen: →Gonorrhö, →Syphilis, weicher →Schanker, →Lymphogranuloma inguinale (vgl. auch →Trichomoniasis, →AIDS). Auf Grund der sozialen Bed. der G. wurde ihre Bekämpfung in einem Gesetz geregelt (z. Z. gültige Fassung vom 23.7. 1953 mit späteren Änderungen), das Maßnahmen zur Diagnose, Behandlung, Beratung und Infektionsquellenermittlung umfaßt (ähnl. in *Österr.* und der *Schweiz*). Danach sind Personen, die an G. leiden, verpflichtet, sich durch einen in der BR Dtld. approbierten Arzt behandeln zu lassen. Dieser muß die Ansteckungsquelle und mögliche Kontaktpersonen ermitteln und dafür sorgen, daß sich diese ebenfalls einer entsprechenden Behandlung unterziehen. Grundsätzlich besteht für den behandelnden Arzt Belehrungs- und Meldepflicht. Geschlechtskranke sind gehalten, jeglichen Geschlechtsverkehr zu vermeiden und – vor einer geplanten Eheschließung – den zukünftigen Ehepartner über das Leiden zu informieren sowie ein Unbedenklichkeitszeugnis des Arztes einzuholen. Zuwiderhandlungen werden bestraft.

**Geschlechtsmerkmale**, die Merkmale, in denen sich die beiden Geschlechter unterscheiden. Die *primären G.* dienen unmittelbar der Fortpflanzung (→Geschlechtsorgane) und sind schon beim Neugeborenen vorhanden. Die *sekundären G.* entwickeln sich während der →Pubertät: also →Brustdrüsen, →Adamsapfel, Unterschiede in Körperformen, -behaarung, der Stimmlage. Sekundäre G. bei Tieren sind z. B. Geweih der männl. Hirsche, Färbung (bes. Vögel). Behaarung und Gefieder, Gesang der männl. Singvögel, Größe (bei Säugetieren).

**Geschlechtsorgane** *(Sexualorgane, Genitalien)*, Körperteile und Organe, die der →Fortpflanzung dienen. Bei der Frau: als *äußere G.* die großen und die kleinen →Schamlippen mit der →Klitoris; als *innere G.* →Scheide und →Gebärmutter, →Eileiter und →Eierstöcke. Beim Mann: als *äußere G.* der →Penis und der Hodensack, als *innere G.* →Hoden mit Neben-

3586

# Geschmacksmuster

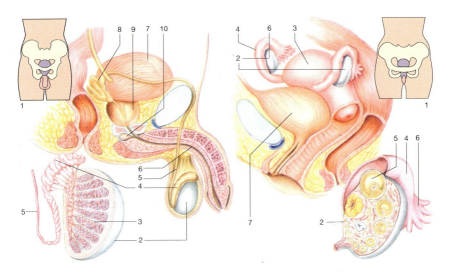

hoden, Samenleiter, →Cowper-Drüsen, →Prostata und →Samenblasen.

**Geschlechtsreife,** der nach Abschluß der →Pubertät erreichte körperliche Entwicklungsgrad, der die Fortpflanzung ermöglicht.

**Geschlechtstrieb** *(Sexualtrieb),* wichtiger, untrennbarer Bestandteil im Gesamttemperament des Menschen, der am Aufbau der ganzen Persönlichkeit beteiligt ist. In seinen physiol. Grundlagen ist der G. weitgehend von hormonalen Faktoren beherrscht ( →Geschlechtsdrüsen, →Hypophyse) sowie von der Geschlechtsreife an auf die Fortpflanzung gerichtet. Die geistigseelische Verfeinerung des G. beim Menschen resultiert aus der Einschaltung gesamtpsych. Wirkungen in das Zusammenspiel zwischen hormonalen und vegetativ-nervösen Steuerungen des Zwischenhirns. Im Alter und bei manchen Krankheiten kommt es zu Reduzierung, auch zum Erlöschen des G. Spielarten und →Perversionen des G. treten auf, wenn das Sexualziel unsicher, verschoben oder durch Koppelung an andere Affektgruppen in spezif. Weise verbildet ist.

**Geschlechtsumwandlung,** operativer Eingriff bei Transsexuellen ( →Hermaphroditismus), um die äußeren Geschlechtsmerkmale dem psychol. Geschlecht anzugleichen.

**Geschlechtsverhältnis,** das zahlenmäßige Verhältnis der Geschlechter innerhalb einer Art.

**Geschlechtsverkehr** →Beischlaf.

**Geschlechtswappen** →Heraldik.

**Geschlechtswort** →Artikel.

**Geschlechtszellen** →Gameten.

**Geschlinge** *das,* Hals, Lunge, Leber und Herz des Wildes.

**geschlossenes Depot** →Depotgeschäft.

**geschlossene Zeit,** im kath. Kirchenjahr Bez. der Advents- und Fastenzeit wegen des Verbots öffentl. Vergnügungen oder feierl. Trauungen; Entsprechendes gilt in der ev. Kirche für Karwoche, Bußtag und Totensonntag.

**Geschmacksknospen,** Biologie: →Geschmackssinn.

**Geschmacksmuster,** neue und eigentüml. gewerbl. Muster oder Modelle, die in der BR Dtld. durch Eintragung in das beim Amtsgericht geführte Musterregister als G. gegen Nachbildung geschützt sind (G.-Gesetz vom 11.1.1876, zuletzt geändert am 18.12.1986). Der Schutz wird für fünf Jahre gewährt, Verlängerung mögl. bis auf höchstens 20 Jahre. – *Österr.:* Ähnl. im

**Geschlechtsorgane:** Die *männlichen* liegen nur zum Teil im kleinen Becken **(1)**. Außerhalb des Körpers befinden sich die Hoden **(2)**, die in den Hodenkanälchen **(3)** die Samenzellen produzieren. Die Spermien werden im Nebenhoden gespeichert **(4)**. Die Samenzellen gelangen durch den Samenleiter **(5)** in die Harnröhre **(6)**, über die auch der Urin aus der Blase **(7)** entleert wird. Samenbläschen **(8)**, Prostata **(9)** und Cowper-Drüse **(10)** produzieren Sekrete. Die *weiblichen* liegen im kleinen Becken **(1)**. In den Eierstöcken **(2)** reift pro Monat eine Eizelle heran. Beim ›Eisprung‹ gelangt die Eizelle über den Eileiter **(4)** in die Gebärmutter **(3)**. Die Eierstöcke eines Neugeborenen enthalten etwa 400 000 Eifollikel **(5)**. Das reife Ei wird von den Fimbrien **(6)** des Eileiters aufgefangen. Der Harntrakt **(7)** ist von den Geschlechtsorganen getrennt.

## Geschmackssinn

**Musterschutzgesetz** 1990, Schutzfrist 3 Jahre, keine Verlängerung. – *Schweiz:* Schutzfrist 5 Jahre, Verlängerung bis 15 Jahre möglich (BG über Muster und Modelle vom 30.3.1900).
**Geschmackssinn,** die Beschaffenheit der Nahrung prüfender chem. Sinn. Bei Wirbeltieren sind die mit kleinen Fortsätzen *(Schmeckstiftchen)* versehenen Sinneszellen *(Schmeckzellen)* zu Geschmacksknospen *(Schmeckbecher)* vereinigt; auf der Zunge eines Menschen finden sich 2000–3000 Geschmacksknospen in den Wänden bestimmter Papillen. Nur gelöste Stoffe können *Geschmacksempfindungen* hervorrufen: süß wird bes. an der Zungenspitze, salzig und sauer am Rand, bitter am Zungengrund geschmeckt. Geruchsempfindungen tragen wesentl. zum Gesamtgeschmack bei.
Auch Tiere nehmen versch. Geschmacksqualitäten wahr, häufig in viel geringerer Konzentration als der Mensch; bei den Fischen sind Geschmacksknospen oft über den ganzen Körper verteilt. Bei Insekten sind Geschmacksorgane auch an den Füßen, z.B. bei der Stubenfliege und bei manchen Schmetterlingen; der trop. Tagfalter *Danaus menippe* kann mit den Fußspitzen eine tausendfach stärkere Verdünnung von Zuckerlösung wahrnehmen als die menschl. Zunge.
**Geschmacksstoffe,** Substanzen, die bei den Geschmacksrezeptoren die Empfindung z.B. süß, sauer, bitter oder salzig auslösen ( →Aromastoffe, →Bitterstoffe, →Essenzen).
**Geschmacksverstärker,** Verbindungen, die den Geschmack und das Aroma von bestimmten Lebensmitteln verstärken können: z.B. Glutamat ( →Glutaminsäure).
**Geschmeide,** kostbarer Schmuck (bes. Halsketten, Armbänder).
**Geschmeiß,** Losung bei Greifvögeln.
**Geschöpfe des Prometheus, Die** [griech., -tɔis], Ballett op. 43 (Urauff.: 28.3.1801, Wien; Choreographie: Salvatore Viganò) L. van →Beethovens.
**Geschöpfe, Die,** Film von A. →Varda (1966) mit M. →Piccoli und C. →Deneuve.
**Geschoß,** Gegenstand, der aus oder mittels einer Waffe verschossen wird und dessen Bewegung während des Fluges nicht mehr willkürlich geändert werden kann, z.B. Pfeil, Infanteriegeschoß und →Granate.
**Geschoßgarbe,** die garbenförmige →Streuung der →Flugbahnen von →Geschossen, die bei einem Feuerstoß aus einer →Maschinenwaffe mit gleicher Abgangsrichtung abgegeben werden.
**geschriebene Sprache,** als Normfaktor – Sprache von hohem gesellschaftl. Rang, Sprache der Lit. und Kommunikationsmittel – ist die g. Sp. selbständige Sprachform. Kennzeichen ist das gelegentl. Auseinanderfallen von Laut und Schrift *(Lerche/Lärche),* der Mangel an gestischer und mimischer Repräsentation im Vergleich zur gesprochenen Sprache, weiterhin die Verständlichkeit erst bei größerem sprachl. Aufwand sowie die Entwicklung der Gedanken vor der schriftl. Fixierung und ein starkes Festhalten an der schriftsprachl. Norm.
**Geschriebenstein,** Berg im →Burgenland, 883 m.
**Geschtinanna** *(Geshtinanna),* sumer. Unterweltsgöttin.
**Geschütz,** seit dem 12.Jh. Bez. für die Waffe des Schützen, den Pfeilbogen; seit dem 14.Jh. für die schweren, zum Handgebrauch nicht verwendbaren Feuerwaffen; heute als Oberbegriff für →Kanonen, →Haubitzen, →Mörser (Granatwerfer) und →Leichtgeschütze. Hauptstufen der G.-Entwicklung von der noch auf Holzgerüsten gelagerten →Bombarde bis zum modernen automat. G. waren: im 15.Jh. die Montierung von Rohren aus Bronzeguß auf fahrbaren Gestellen ( →Lafetten); im 15. und 16.Jh. das Aufkommen unterschiedl. G.-Arten (Mörser, Feldschlangen); im 17.Jh. ständige Verbesserungen in der Beweglichkeit und den Richtvorrichtungen; im 19.Jh. die Ablösung der Vorderlader mit glattem durch Hinterlader mit gezogenem Rohr sowie der Ku-

# Geschütz

gel durch Langgeschosse; um 1900 die Einrichtung des →Rohrrücklaufs, die, verbunden mit der Erfindung des rauchschwachen Pulvers unter gleichzeitiger Steigerung der Schußweiten und Verbesserung der Treffgenauigkeit, die Wirkung des G.-Feuers außerordentlich erhöhte. Das G.-Wesen unseres Jh. zeigt eine vielfältige Differenzierung nach G.-Arten, Kalibergrößen, Munitionsarten, Stand- und Bewegungsmöglichkeiten. Im II.Weltkrieg gab es zw. den automat. 2-cm-Kanonen und dem dt. 60-cm-Mörser ›Thor‹ zahlr. Kaliberzwischenstufen. Die Schußweiten reichten von etwa 5 km beim Infanteriegeschütz bis zu 120 km bei einigen Sonder-G. der Fernkampfartillerie. Je nach Bewegungsart gibt es ortsfeste Festungs-G., Bord-G. auf Schiffen, in Flugzeugen und Panzern, G. für Kraftzug und auf Selbstfahrlafette, Eisenbahn-G. und verlastbare G. (Gebirgs-, Luftlandeartillerie). Pferdebespannte G. spielen ebenso wie die Eisenbahn-G. in modernen Armeen keine Rolle mehr. Die Kampf- und Waffentechnik in und seit dem II.Weltkrieg hat vor allem zur Vervollkommnung halbautomat. G. für Panzer und vollautomat. Flugabwehr-G. sowie der →Raketenwerfer geführt. Die wichtigsten Teile eines G. sind das Rohr mit dem Verschluß, die Lafette, die hydropneumat. Rücklauf- und Vorholeinrichtung, der Richtaufsatz mit Ziel- und Beobachtungsmitteln, bei vielen G. die Mündungsbremse. Moderne großkalibrige G. können Atomsprengkörper verschießen. Für Entfernungen über 20 km sind Geschütze durch →Raketenwaffen ersetzt.

**Geschütz: 1** Feldgeschütz mit Bedienung, I. Weltkrieg; **2** vorderer Drillingsturm des Panzerschiffs ›Deutschland‹ (1931, ab 1939 ›Lützow‹), 28-cm-Geschütz; **3** Feldhaubitze, Kaliber 155 mm, Reichweite bis 30 km; **4** Panzerhaubitze M 109, Kaliber 155 mm, Reichweite bis 18 km; **5** Flugabwehrpanzer ›Gepard‹ mit 35-mm-Zwillingskanone und Radarausstattung

## Geschützstände

**Geschützstände** →Befestigung.
**geschützte Arten** →Artenschutz.
**geschützte Pflanzen,** durch Auswüchse der Zivilisation in ihrer Existenz bedrohte Arten; staatl. geregelte Schutzmaßnahmen (→Bun-

| Geschwindigkeiten | |
|---|---|
| alpiner Gletscher | bis 100 m/Jahr |
| Schnecke | etwa 12 cm/min |
| | km/h |
| Personenaufzug | 3–36 |
| Golfstrom (D) | 4 |
| Rhein bei Mannheim (D) | 5,4 |
| Fußgänger (D) | 5–6 |
| 100-m-Schwimmer (H) | 5,4 |
| Dauerläufer (D) | 12 |
| Radfahrer (D) | 25 |
| Windstärke 3 | 15,5 |
| Rennruderboot (H) | 18 |
| Fallschirm-Sinkgeschwindigkeit (D) | 20 |
| 100-m-Läufer (H) | 36 |
| Windstärke 6 | 40 |
| Schlittschuhläufer (H) | 44 |
| Rennpferd | 50–60 |
| Ozeandampfer (H) | 66 |
| Segelflugzeug | 70–250 |
| Förderkorb (Bergbau) | 72 |
| Federwolken (9000 m) | 75–350 |
| Windhund (H) | 90 |
| Windstärke 12 | 104 |
| Brieftaube (H) | 137 |
| Skifahrer am Steilhang (H) | 175 |
| Schnellzug (D) | bis 200 |
| Schwalbe (D) | 200 |
| Verkehrsflugzeug (D) | 250–2200 |
| Nervenreiz | 360 |
| Motorboot (H) | 480 |
| Propellerflugzeug (H) | 755 |
| Kraftwagen (H) | 967 |
| Schall in der Luft | 1200 |
| Erdumdrehung am Äquator | 1650 |
| Artilleriegeschoß (H) | 5050 |
| Schall im Wasser | 5230 |
| Düsenflugzeug (H) | 6550 |
| Erdbebenwelle (D) | 13 000 |
| Erdsatellit | 30 600 |
| Entweichgeschwindigkeit (Erde) | 40 000 |
| Erde um die Sonne | 107 000 |
| Blitz | $1{,}8 \cdot 10^8$ |
| Spiralnebelflucht (H) | bis $8{,}5 \cdot 10^8$ |
| Lichtgeschwindigkeit | $1{,}08 \cdot 10^9$ |

(D: Durchschnittsgeschwindigkeit; H: Höchstgeschwindigkeit)

desartenschutzverordnung) sollen ein Aussterben verhindern.
**geschützte Tiere,** Tierarten, deren mutwillige Tötung bzw. mißbräuchl. Aneignung gesetzl. verboten ist; Schutz durch →Bundesartenschutzverordnung.
**Geschwader** [lat.-ital. squadra ›Viereck‹, bezogen auf milit. Anordnung], 1. im ausgehenden MA 600–700 Mann starke Reiterformation; 2. in der Marine organisator. und taktische Zusammenfassung typengleicher, vom G.-Kommandeur einheitl. geführter →Kriegsschiffe; 3. Luftwaffenverband, heute meist in eine Fliegende, eine Technische und in eine Fliegerhorst-Gruppe gegliedert (→Staffel, →Fliegerhorst).
**Geschwindigkeit,** der in der Zeiteinheit zurückgelegte Weg, angegeben in Meter pro Sekunde (m/s) oder Kilometer pro Stunde (km/h). Ohne Einwirkung einer äußeren Kraft ist die G. nach dem ersten Newtonschen Gesetz konstant und gleich dem zurückgelegten Weg, dividiert durch die dazu benötigte Zeit. Die *Winkelgeschwindigkeit* ist die Winkeländerung je Zeiteinheit (bei Drehbewegungen). Die *Umlaufgeschwindigkeit* ist die G. eines Punktes auf einem Umfang (wie z. B. beim Rad). Die höchste erreichbare G. eines Signales ist nach der →Relativitätstheorie die Lichtgeschwindigkeit (im Vakuum) $c = 299\,792$ km/s; sie ist für materielle Körper nicht erreichbar. Man kann ihr jedoch (mit entsprechendem Energieaufwand) beliebig nahe kommen.
**Geschwindigkeitsbegrenzung,** Maßnahme zur Verminderung der Unfall- und Verletzungsgefahr sowie Absenkung des Schadstoffausstoßes und des Lärmpegels.
**Geschwindigkeitsmaße,** →Maßeinheiten der Geschwindigkeit, gesetzl. zulässig sind nur die Einheiten Kilometer pro Stunde (km/h) und Meter pro Sekunde (m/s).
**Geschwindigkeitsmesser,** dt. Bez. für →Tachometer.
**Geschwister,** von denselben Eltern abstammende Personen; 1. Voll-G. (haben beide Elternteile gemein-

# Gesellenstück

sam); 2. Halb-G. (haben nur einen Elternteil gemeinsam); 3. Stief-G. (haben keinen Elternteil gemeinsam). In der Rangfolge der gesetzl. Erbfolge gehören Voll- und Halb-G. zur 2. Ordnung (Linie), sie sind miteinander im 1. Grade in der Seitenlinie verwandt. Zw. ihnen besteht Eheverbot.
**Geschwister, Die,** Schauspiel von J. W. von →Goethe; Urauff.: 1776, Weimar.
**Geschwisterehe,** in Ägypten und bei dem von dort ausgehenden →Gottkönigtum übliche Ehe des Königs mit einer seiner Schwestern, die darin begründet ist, daß die Nähe des göttl. Königs jedem gewöhnl. Menschen den Tod brächte. G. herrschte auch in Alteuropa, Hinterindien, Polynesien, Altperu (→Inzest). Im alten Griechenland (außer bei Stiefgeschwistern von demselben Vater) und in Rom war die G. verboten, jedoch bei den →Ptolemäern, teils auch in anderen hellenist. Fürstenhäusern, üblich.
**Geschworne,** in *Österr.* ehrenamtlicher Beisitzer (Laienrichter) des Geschwornengerichts, in der *Schweiz* der kantonalen Schwurgerichte und der Bundesassisen; BR Dtld.: →Schöffen.
**Geschwornengericht,** das in Österr. zur Gerichtsbarkeit in bestimmten Strafsachen berufene Gericht. Das G. besteht aus dem Schwurgerichtshof (drei Richter) und der Geschwornenbank (acht Geschworne). Über die Frage der Schuld entscheiden die Geschwornen, über die Strafe diese gemeinsam mit dem Schwurgerichtshof. Polit. Straftaten und die Verhängung einer mehr als 10jährigen Freiheitsstrafe sind dem G. vorbehalten (→Schwurgericht).
**Geschwulst** *(Tumor),* im eigtl. Sinne nur Anschwellung durch Stauung von Blut oder entzündl. Flüssigkeit im Gewebe; häufig Bez. für Gewebewucherung mit fortschreitendem Wachstum ohne eine erkennbare Ursache: 1. *gutartige (benigne) G.* mit langsamem Wachstum, oft mit Abkapselung in einer Bindegewebehülle und meist ohne lebensbedrohl. Entwicklung;

2. *bösartige (maligne) G.* mit schnellem, lebensbedrohl. Wachstum; dringt in das Nachbargewebe ein und zerstört es, kann auch →Metastasen bilden (→Krebs).
**Geschwür,** schlecht heilende Wunde: →Ulkus.
**Geseire(s)** [jiddisch], unnützes, klagendes Gerede, Gejammer.
**Geseke,** Stadt im Kr. Soest, Reg.-Bz. Arnsberg, Nordrh.-Westf., am Hellweg, 17 000 E.; Stiftskirche aus dem 12. Jh., hist. Stadtumwallung, westf. Heimatmuseum; Zement-, Kalk-, Maschinen-, Textil- und holzverarbeitende Industrie. – 833 erstm. erwähnt, um 1217 Stadtrecht.
**Geselchte(s),** in Bayern und Österr.: geräuchertes Fleisch.
**Gesell,** Arnold, amerik. Psychologe, *21. 6. 1880 Alma (WI), †29. 5. 1961 New Haven (CT); führte vor allem umfassende Verhaltensbeobachtungen an Kindern durch. Seine Entwicklungstests (seit 1925) wurden Vorbilder für ähnl. Tests in Europa.
**Gesell,** (Jean) Silvio, dt. Volkswirt, *17. 3. 1862 St. Vith (Malmedy, Belgien), †11. 3. 1930 Eden (Oranienburg, Brandenburg); Geld- und Wirtschaftsreformer, Gegner von arbeitslosem Einkommen. 1919 Finanzminister der kommunist. Räteregierung in Bayern. – *W:* Natürl. Wirtschaftsordnung durch Freiland und Freigeld (1911).
**Geselle,** Handwerker nach Abschlußprüfung vor der Handwerkskammer oder vor der Innung *(BR Dtld., Österr.)* im →Ausbildungsberuf, die ihn zur Ausübung des Berufes im Anstellungsverhältnis, jedoch nicht freiberuflich, qualifiziert; als Nachweis dient der *Gesellenbrief. – Schweiz:* Ablegung der Prüfung vor einer kantonalen Prüfungskommission oder vom Berufsverband nach vom Bund aufgestelltem Prüfungsreglement.
**Gesellenbruderschaft,** im 14. Jh. aufkommende zunftähnliche Vereinigung der Gesellen mit dem Ziel, ihre Belange gegenüber den Meistern besser durchsetzen zu können.
**Gesellenstück,** handwerkliche Arbeit, die bei der Gesellenprüfung ausgeführt werden muß.

● **Geschwornengericht:** vgl. auch Übersicht →Gerichte

# Gesellenvereine

**Gesellenvereine,** konfessionell gebundene Vereine für die wandernden, sozial schlecht gestellten Handwerksgesellen zur Erziehung für Beruf, Familie und Ges. – *Dtld.:* 1846 Gründung der ersten kath. G. in Elberfeld, 51 des Verbandes kath. G., 94 des Verbandes ev. G. – *Österr.:* kath. G., gegr. 1852 (heute: Österr. Kolpingsfamilie). *Schweiz:* 1854 erste Vereinsgründung, 68 Anerkennung des Schweizerischen Kath. Gesellenvereins als Zentralverband, der sich seit 1967 ›Schweizer Kolpingwerk‹ nennt, Sitz: Zürich.

**Gesellschaft,** ein mehrdeutiger Grundbegriff der Soziologie: 1. alle Sozialbeziehungen innerhalb eines Aggregats von Menschen; 2. die miteinander verflochtenen Sozialbeziehungen und Institutionen sowie die Kultur eines Aggregats von Menschen beiderlei Geschlechts und aller Altersstufen, das territorial von anderen abgegrenzt ist und polit. Grenzen aufweist, relativ autark ist und sich selbst zu regenerieren vermag; 3. G. im Ggs. zu →›Gemeinschaft‹ (→ Tönnies): ein rationaler Zweckverband, der unter eines speziellen Zieles willen (*Kürwillen* im Gegensatz zum *Wesenwillen* der Gemeinschaft) gegründet wird, wobei die Sozialbeziehungen der Mitgl. stets Mittel zur Erreichung anderer Zwecke außerhalb der Vereinigung sind. Hist. meinte der Begriff G. zunächst ausschließl. die bürgerliche G., wobei sich die Zugehörigkeit durch Besitz und Bildung bestimmte. Zus. mit den bürgerl.-liberalen wirtschaftlichen Forderungen (›freie Konkurrenz‹ usw.) war G. ein Gegenbegriff gegen den ›Staat‹: G. sei als natürl. Zustand vor der künstl. errichteten Gewalt des Staates gewesen; jetzt umfaßte und benannte der Begriff G. die Rechte des einzelnen gegenüber dem obrigkeitl. Staat und wurde so zum Kampfbegriff des Bürgertums in der Industrialisierung. Dieser Begriff von G. wurde ergänzt durch das aufkommende Widerstand des neu entstehenden Proletariats im Sinne der ›Klassen-G.‹ (→ Klasse, → Klassenkampf).

Neuerdings wird der Zusammenhang von Staat und G. wieder enger gesehen dadurch, daß man die Existenz von G. nur durch die stabilisierende Aktivität staatl. Institutionen gesichert sieht (staatl. ›Krisenmanagement‹, Sozial- und Wirtschaftspolitik usw., Sozialstaat). Der G.-Begriff kehrt in vielen Wortverbindungen wieder, die eine inhaltl. Interpretation (nationaler, hist. bestimmter) G. anstreben: ›moderne Industrie-G.‹, ›nivellierte Mittelstands-G.‹, ›pluralist. G.‹, ›Leistungs-G.‹ usw. – Bedeutsam ist auch das oft als Kennzeichen moderner G. beschriebene Phänomen der ›Vergesellschaftung‹: der zunehmenden Abhängigkeit des einzelnen von gesellschaftl. Strukturen, etwa hinsichtl. der bürokratischen Apparate (→ Bürokratie) oder der Entfremdung durch den Arbeitsprozeß.

**Gesellschaft** *(Loyalties),* Drama von J. → Galsworthy; Urauff.: 1922, London.

**Gesellschaft der Musikfreunde,** 1812 in Wien gegr. Musikverein; sein 1879 eröffneter Konzertsaal ist weltberühmt (›Musikvereinssaal‹); sein 1817 gegr. Konservatorium wurde zur ›Hochschule für Musik und Darstellende Kunst‹); sein Chor (›Singverein‹, 1858) gehört zu den besten Chören Wiens; bed. Lehrer der G. d. M. waren Mahler und Wolf.

**Gesellschaft der bürgerlichen Rechts** (§§ 705 ff. BGB), Vertragsverhältnis, durch das sich die Parteien (Gesellschafter) gegenseitig verpflichten, die Erreichung eines gemeinsamen Zwecks in der vertragl. bestimmten Weise zu fördern, insbes. die vereinbarten Beiträge zu leisten. Abschluß des → Gesellschaftsvertrags formfrei. Ges.-Vermögen ist gemeinschaftl. Vermögen der Gesellschafter. – Ähnl. *Österr.* (§§ 1175 ff. ABGB); Errichtung des Gesellschaftsvertrags mitunter formgebunden. *Schweiz:* einfache Ges. (Art. 530 ff. OR).

**Gesellschaft des Göttlichen Wortes** *(SVD)* → Mission.

**Gesellschaft Deutscher Chemiker** *(GDCh),* die seit 1946 bestehende Nachfolgeorganisation der → Deut-

# Gesellschaft mit beschränkter Haftung

schen Chemischen Gesellschaft und des Vereins Deutscher Chemiker, Sitz: Frankfurt a. M.; Aufgaben: fachl. Anregung und Weiterbildung der Mitgl., Herausgabe von Fachliteratur, Bearbeitung chem. Fachfragen, Abhaltung von Fortbildungskursen, Förderung des Chemiestudiums.
**Gesellschafterversammlung,** das oberste Organ einer →Gesellschaft mit beschränkter Haftung.
**Gesellschaft für Anlagen- und Reaktorsicherheit mbH** *(GRS),* vom Bundesministerium des Innern und den zuständigen Länderministerien gemeinsam geführte Einrichtung zur Begutachtung der sicherheitstechn. Anlagenteile von →Kernkraftwerken im Rahmen des kerntechn. Genehmigungsverfahrens bei deren Errichtung sowie zur Kontrolle in Betrieb stehender Anlagen; Sitz: Köln.
**Gesellschaft für Biotechnologische Forschung mbH** *(GBF),* Forschungszentrum für biotechnolog. Grundlagenforschung, Sitz: Braunschweig; Mitgl. der →Arbeitsgemeinschaft der Großforschungseinrichtungen.
**Gesellschaft für deutsche Sprache,** 1947 in Lüneburg gebildet; sie ist Nachfolgerin des 1885 gegr. und im II. Weltkrieg erloschenen Allg. Deutschen Sprachvereins zur Pflege und Erforschung der dt. Sprache. Seit 1949 wieder Hrsg. der Zschr. ›Muttersprache‹ sowie seit 57 Hrsg. der Zschr. ›Sprachdienst‹ (→Deutscher Sprachverein).
**Gesellschaft für göttliches Leben,** hinduistische Bewegung: →Divine Life Society.
**Gesellschaft für Mathematik und Datenverarbeitung mbH** *(GMD),* Einrichtung für die Durchführung forschungsintensiver Projekte auf dem Gebiet der Datenverarbeitung, Arbeiten zur Standardisierung und Normung in der EDV, Sitz: St. Augustin; Mitgl. der →Arbeitsgemeinschaft der Großforschungseinrichtungen.
**Gesellschaft für musikalische Aufführungs- und mechanische Vervielfältigungsrechte** →GEMA.
**Gesellschaft für Naturschutz und Ornithologie Rheinland-Pfalz e. V.,** Vereinigung zur Förderung von Naturschutz und Landschaftspflege und zur Erforschung der Tier- und Pflanzenwelt; zahlr. Biotop- und Artenschutzprojekte in Rheinland-Pfalz sowie Kartierungen von Tier- und Pflanzenarten. Gründung 1977; Sitz: Landau.
**Gesellschaft für Schwerionenforschung mbH** *(GSI),* Forschungszentrum für die Erzeugung und Anwendung schwerer Ionen in der Kernphysik, Kernchemie und Festkörperforschung; Sitz: Darmstadt; Mitgl. der →Arbeitsgemeinschaft der Großforschungseinrichtungen.
**Gesellschaft für Sport und Technik,** in der ehem. DDR: →Nationale Volksarmee.
**Gesellschaft für Strahlen- und Umweltforschung mbH München,** früherer Name von →GSF – Forschungszentrum für Umwelt und Gesundheit GmbH.
**Gesellschaft für Wirtschafts- und Sozialwissenschaften** →Verein für Socialpolitik.
**Gesellschaft Jesu** →Jesuiten.
**Gesellschaft mit beschränkter Haftung** *(GmbH),* handelsrechtl. Kapital-Ges. mit eigener Rechtspersönlichkeit (GmbH-Gesetz von 1892, neu formuliert 1985). Stammkapital mindestens 50000 DM, wird von den Gesellschaftern in Form von Stammeinlagen aufgebracht. Mindeststammeinlage je Gesellschafter 500 DM. Veräußerung von Geschäftsanteilen bedarf der notariellen Form. Zur Gründung einer GmbH genügt eine Person. Der Ges.-Vertrag muß Bestimmungen enthalten über Firma und Sitz der Ges., Gegenstand des Unternehmens, Betrag des Stammkapitals und der Stammeinlagen. Die GmbH entsteht erst mit der Eintragung ins Handelsregister. Diese erfolgt nur, wenn mindestens ein Viertel jeder Stammeinlage eingezahlt ist, mindestens an Geld- und Sacheinlagen 25000 DM. Die Haftung des Gesellschafter ist auf die Stammeinlage beschränkt. Gesetzl. vertreten wird die GmbH durch einen oder mehrere Geschäftsführer. Ihr oberstes Willensorgan ist die

3593

# Gesellschaftsinseln

**Gesellschaftsinseln:** Mooréa, nach Tahiti die zweitgrößte Insel des Archipels, ragt bis 1207 m ü. M. empor; ihre Küste wird von Korallenriffen gesäumt.

Gesellschafterversammlung. Der Ges.-Vertrag kann die Bildung eines Aufsichtsrates vorsehen. Bei Ges. mit mehr als 500 Arbeitnehmern und bei Unternehmen des Bergbaus oder der Eisen und Stahl erzeugenden Ind. ist die Bildung eines Aufsichtsrates zwingend. – *Österr.:* Ist im Gesetz vom 6.3.1906 über GmbH ähnlich geregelt. Stammkapital mindestens 100 000 S, Stammeinlage mindestens 500 S. Organe der GmbH: Geschäftsführer (Vorstand), Aufsichtsrat, Generalversammlung. Ein Aufsichtsrat muß bestellt werden, wenn Stammkapital 200 000 S und Zahl der Gesellschafter 50 übersteigt. – *Schweiz:* Art. 772 ff. OR.

**Gesellschaftsinseln** (*Soziétätsinseln, Tahitiinseln*; frz. *Îles de la Société*), zu →Französisch-Polynesien gehörende Inselgruppe im Pazif. Ozean (Südsee), zus. 1647 km² und 150 000 E., Hauptinsel →Tahiti mit der Hptst. ganz Frz.-Polynesiens →Papeete; besteht aus den östl. *Inseln über dem Winde* (mit Tahiti) und den westl. *Inseln unter dem Winde*, meist dicht bewaldete Vulkaninseln (höchste Erhebung 2241 m), von Korallenriffen umgeben, mildes Seeklima; Kokospalmen, Bananen, Zitrusfrüchte, in den Küstenebenen Zuckerrohr; Ausfuhr insbes. von Kopra, Vanille, Perlmutter und Phosphaten. – 1767 von Briten entdeckt; 1769 von J. →Cook zu Ehren der Königl. Geograph. Gesellschaft G. genannt; ab 1842 frz. Protektorat; 1888 Annexion der westl. Inseln.

**Gesellschaftslied,** als Trink-, Tanz- oder Festlied für eine bestimmte Ges. (z. B. Studenten, Bürger) gedichtet, im 17./18. Jh. bes. beliebt; Ggs.: Volkslied, Kunstlied.

**Gesellschaftsroman,** eine Romanform, die in breiter, oft krit. Zustandsschilderung eine Art Querschnitt des gesellschaftl. Lebens einer Zeit gibt.

**Gesellschaftsstück, 1)** ein Theaterstück, das in bestimmten gesellschaftl. Kreisen spielt; oft im Stil geistreich-lockerer Konversation, die den gesellschaftl. Hintergrund charakterisieren oder kritisch beleuchten soll.
**2)** *Malerei:* in der niederl. Kunst des 17. Jh. entwickelte Bildgattung, die die Schilderung menschlichen Zusammenseins zum Gegenstand hat.

**Gesellschaftstanz** →Tanz.

**Gesellschaftsteuer,** eine →Kapitalverkehrsteuer, die in Dtld. bis Ende 1991 erhoben wurde. Gegenstand der K. war die Eigenkapitalzuführung an inländ. Kapitalgesellschaften. Der Steuersatz betrug 1%. – In *Österreich* 1–2% (Kapitalverkehrsteuergesetz vom 16. 10. 1934). In der *Schweiz:* →Stempelsteuern.

**Gesellschaftsvertrag, 1)** ein Vertrag, durch den sich mehrere Personen gegenseitig verpflichten, die

# Gesetz

Erreichung eines gemeinsamen Zwecks zu fördern, insbes. die vereinbarten Beiträge zu leisten (§ 705 BGB), ähnl. in *Österr.* (§§ 1175 ff. *ABGB*) und der *Schweiz* (Art. 530 ff. *OR*). Die Errichtung der G. ist im allg. formfrei. **2)** *(Contrat social)* zentraler Begriff in der Staatsphilosophie von →Hobbes, J. →Locke und J.-J. →Rousseau; das Konzept des G. beruht auf der Annahme einer freiwilligen Übereinkunft zw. im Naturzustand freien Individuen über die Bildung einer Gesellschaft und einer Herrschaftsordnung durch Übertragung ihrer individuellen Rechte auf den allgemeinen Schutz gewährenden Souverän.

**Gesellschaftswissenschaft** →Sozialwissenschaften, →Soziologie.

**Geselschap,** Friedrich, Maler, *5.5.1835 Wesel, †31.5.1898 Rom; beeinflußt von P. →Cornelius, dessen Stil er weiterentwickelte (Kuppelgemälde im Berliner Zeughaus, 1879–90).

**Gesenius,** Wilhelm, ev. Theologe und Orientalist, *3.2.1786 Nordhausen, †23.10.1842 Halle/Saale. G. gilt als Begr. der modernen wiss. Lexikographie des A.T. unter Einbeziehung anderer semit. Sprachen und der semit. Epigraphik.

**Gesenk,** Schmiedewerkzeug mit erhabenem Oberteil *(Patrize)* und hohlem Unterteil *(Matrize).* Beim Zusammenschlagen des G. unter dem →Fallhammer oder der Presse wird das dazwischenliegende Werkstück geformt.

**Gesenke** *(Mährisch-Schlesisches G.,* tschech. *Nízký Jeseník),* östl. Ausläufer der Sudeten im nördl. Mähren, flachwellige, waldreiche Hochfläche zw. 500 und 800 m.

**Gesenkschmieden** →Schmieden.

**Geserichsee,** See auf dem Preußischen Landrücken, nördl. von →Deutsch Eylau, 32 km² groß.

**Gesetz, 1)** *allg.:* die Formulierung einer notwendigen und allg. Regel für ein bestimmtes Geschehen. Die →Naturgesetze geben feste Zusammenhänge zw. Erscheinungen der Außenwelt unter bestimmten Bedingungen an; sie beschreiben teilweise den Einzelfall, teils auch nur das durchschnittl. Verhalten (statistische G.; →Wahrscheinlichkeit). Die *G. des sittlichen Sollens* dienen dem Menschen als Richtschnur für sein Verhalten, sie können ihre Grundlage im natürlichen Sitten-G. oder in den von Menschen gesetzten ›positiven‹, staatlichen G. haben. **2)** *Recht:* Als G. im formellen Sinn bezeichnet man jede Rechtsnorm, die von der gesetzgebenden Gewalt auf dem in der Verfassung vorgeschriebenen Weg erlassen ist. BR Dtld.: Bundes-G. werden von Bundestag beschlossen. Zu ihrer Wirksamkeit bedürfen sie der Ausfertigung durch den Bundes-Präs. und der Verkündung. – *Österr.:* Bundes-G. werden vom Nationalrat und Bundesrat, Landes-G. vom Landtag beschlossen. *Schweiz:* G. im formellen Sinn alle Erlasse, die in die Zuständigkeit der gesetzgebenden Behörde fallen und im Gesetzgebungsverfahren ergehen. Bundes-G. werden von der Bundesverwaltung erlassen. Sie unterstehen der Volksabstimmung, falls diese von 50 000 Stimmberechtigten verlangt wird (fakultatives Referendum Art. 89 BV). In den Kantonen ist das Gesetzgebungsverfahren unterschiedlich geregelt. *Gesetz im materiellen Sinn* ist jede staatl. Rechtssatzung, die allg. verbindliche Rechtsnormen enthält. Hierzu zählen neben den G. im formellen Sinn die auf Grund gesetzl. Ermächti-

◉ **Gesenk:** weiteres Bild →Schmieden

**Gesenk:** *oben* die Patrize, *unten* die Matrize mit dem eingelegten Rohteil, das durch Pressen zum Werkstück verformt wird.

# Gesetz der wachsenden Staatsausgaben

gungen von der Verwaltung erlassenen Rechtsverordnungen, die autonomen Satzungen (→Autonomie), ferner das durch die Gesetzgebung ausdrückl. anerkannte →Gewohnheitsrecht.
3) *Naturwissenschaften:* Zusammenhang, der allen Nachprüfungen theoret. und vor allem prakt. Art (→Experiment) standgehalten hat und sich als Formel darstellen läßt. Math. G. sind letztl. Definitionen, physik. G. sind immer nur empir. und können daher durch die Entdeckung neuer experimenteller Tatsachen jederzeit ungültig werden. Bekannte physik. G. sind das Gravitations-G. und das Coulombsche G.
**Gesetz der wachsenden Staatsausgaben,** von dem Finanzwissenschaftler A. →Wagner 1877 formulierte Regel, nach der sich in einer Volkswirtschaft eine Ausdehnung der Staatstätigkeiten und damit eine Steigerung des finanziellen Staats- und Kommunalbedarfs für die Vergangenheit beobachten und für die Zukunft vorhersagen lasse.
**Gesetzesinitiative,** das Recht, Gesetzesvorlagen einzubringen. In der BR Dtld. haben G. nach dem GG die →Bundesregierung, der →Bundesrat und die Mitgl. des →Bundestages, in *Österr.* die Bundesregierung oder mindestens acht Mitgl. des →Nationalrats. Anträge des Bundesrats oder auf Grund von Volksbegehren sind von der →Bundesregierung einzubringen. In der *Schweiz* steht die G. auf Bundesebene dem Bundesrat, den Kt. und den Mitgl. der →Bundesversammlung zu.
**Gesetzeskonkurrenz,** Strafrecht: →Konkurrenz.
**Gesetzeskraft,** Verbindlichkeit eines Gesetzes. BR Dtld.: Nach Art. 82 GG soll jedes Gesetz den Tag des Inkrafttretens bestimmen. Fehlt eine solche Bestimmung, so tritt es mit dem 14. Tage nach Ablauf des Tages in Kraft, an dem das Bundesgesetzblatt ausgegeben worden ist. – In *Österr.:* nach Ablauf des Tages, an dem das Bundesgesetzblatt herausgegeben und versandt wird; *Schweiz:* fünf Tage nach Veröffentlichung.

**Gesetzesnorm** →Norm.
**Gesetzestafeln,** zwei steinerne Tafeln, mit den ›Zehn Geboten‹, die Gott nach Ex 31,18 Mose auf Berg Sinai übergab (→Bundeslade).
**Gesetzgebungsnotstand,** in der BR Dtld. Gesetzgebungsverfahren nach Art. 81 GG, das die Gesetzgebung auch dann sichern soll, wenn keine arbeitsfähige Mehrheit im Bundestag zustande kommt. Der Bundes-Präs. kann auf Antrag der Bundesregierung mit Zustimmung des Bundesrats für eine von der Regierung als dringend bezeichnete Gesetzesvorlage den G. erklären. Lehnt der Bundestag danach das Gesetz erneut ab oder nimmt er es in einer für die Bundesregierung unannehmbaren Form an, so gilt das Gesetz als zustande gekommen, soweit der Bundesrat ihm zustimmt. Ähnl. in *Österr.:* Notverordnungsrecht des Bundes-Präs. auf Vorschlag der Bundesregierung im Einvernehmen mit dem Ständigen Unterausschuß des Hauptausschusses des Nationalrates gem. Art. 18 B-VG. – In der *Schweiz* ist der Begriff G. unbekannt. Dringl. Bundesbeschlüsse, deren Inkrafttreten keinen Aufschub erträgt, können durch die Mehrheit aller Mitgl. der beiden Räte in Umgehung des ordentl. Gesetzgebungsverfahrens sofort in Kraft gesetzt werden (sog. Notrecht, Art. 89[bis], Abs. 3 BV).
**Gesetz gegen unlauteren Wettbewerb** *(UWG),* Gesetz vom 7.6.1909 mit späteren Änderungen und Ergänzungen durch Nebengesetze zur Regelung des Wettbewerbsverhaltens im geschäftl. Verkehr. Das Gesetz hat zwei Möglichkeiten: Zum einen werden in Einzeltatbeständen bes. häufige Wettbewerbsverstöße untersagt (§ 3 irreführende Werbung, § 12 Bestechung, § 14 Anschwärzung); zum anderen wird mit der auf die ›guten Sitten‹ bezogenen Generalklausel des § 1 versucht, alle anderen unlauteren Praktiken zu erfassen. Wegen der schwierigen Beurteilung, was im Wettbewerb den guten Sitten entspricht und was nicht, hat die Rechtsprechung einen Katalog unlauterer Verhaltensweisen entwik-

# Gesichtsurne

kelt. Ergänzende Regelungen zum UWG sind v. a. Zugabeverordnung und Rabattgesetz. – In *Österr.* (UWG 1984) und in der *Schweiz* (BG über den unlauteren Wettbewerb vom 19.12.1986) ähnl. geregelt.

**Gesetz gegen Wettbewerbsbeschränkungen** *(GWB)*, 1957 verabschiedetes und in der Zwischenzeit durch 5 Novellen ergänztes Gesetz; enthält die rechtlichen Grundlagen zur Sicherung des Wettbewerbs.

**gesetzliche Empfängniszeit**, öffentl. Recht: →Empfängniszeit.

**gesetzlicher Richter**, ein Grundrecht (Art. 101 I GG), das einen von vornherein möglichst eindeutig bestimmten Richter garantiert. Es verhindert unbefugte Eingriffe in die Rechtspflege, insbes. durch Auswechseln eines Richters aus Anlaß eines best. Prozesses. – *Österr.*: Art. 83 Abs. 2 B-VGV.

**gesetzlicher Vertreter**, derjenige, der von Gesetzes wegen zur Vertretung einer anderen (auch juristischen) Person berechtigt ist, z. B. die Eltern für ihre minderjährigen Kinder.

**Gesetz vom Minimum**, Beobachtung, wonach das Auftreten und die Häufigkeit einer Art innerhalb eines Lebensraumes in unmittelbarem Zusammenhang mit ihrer Hauptnahrungsquelle und dessen Menge besteht.

**Gesicht** →Kopf.

**Gesicht, Das,** Film von I. →Bergman (1958) über eine schwed. Gauklertruppe Mitte des 19 Jh., mit M. von →Sydow und I. →Thulin.

**Gesichter,** Film von J. →Cassavetes (1968) mit G. →Rowlands über eine zerrüttete Ehe; ausgezeichnet mit drei Oscars.

**Gesicht in der Menge, Das,** Filmsatire von E. →Kazan (1957) über Showbusiness und Massenmedien.

**Gesichtsatrophie,** halbseitig fortschreitende Verkümmerung von Zellen bzw. Gewebe einer Gesichtshälfte durch Störungen des vegetativen →Nervensystems. Die Folge ist Schwund der Gesichtshaut, oft auch des Untergewebes, der Muskulatur und der Knochen.

**Gesichtschirurgie** →plastische Chirurgie.

**Gesichtsfeld,** der Raum, der bei ruhiger Kopfhaltung ohne Augenbewegungen gerade noch ausreichend klar übersehen werden kann (mit Augenbewegungen: *Blickfeld*). Bei Augen- und Gehirnkrankheiten kann es zu Einschränkung des G. kommen.

**Gesichtsfeldblende,** meist runde →Blende zur scharfen Begrenzung des Gesichtsfeldes in opt. Geräten (→Mikroskop, →Fernrohr); befindet sich meist als Ringblende im Okular im vorderen Brennpunkt der dem Auge nächsten Linse.

**Gesichtsindex,** in der →Anthropometrie Zahlenausdruck für die Gesichtsform, wobei der Wert des Maßes der Gesichtshöhe (Nasenwurzel bis Kinn) mit 100 multipliziert und durch den Betrag der größten Jochbogenbreite (Gesichtsbreite) geteilt wird (→Index).

**Gesichtslähmung** →Fazialislähmung.

**Gesichtsmuskelkrampf,** in mehr oder weniger rhythm. Form auftretende Zusammenziehungen der Gesichtsmuskulatur, bes. der Mund- und Augenpartien (→Lidkrampf); organisch bei Erkrankungen des →Zentralnervensystems, bei Kiefereiterungen u. a.; als *Gesichtsstick (Tic convulsif)* Zeichen seelischer Störung.

**Gesichtsnerven,** die beiden Gehirnnerven, die das Gesicht versorgen: für die Bewegungen der →Fazialis, die Empfindungen der →Trigeminus.

**Gesichtsrose,** auf das Gesicht beschränkte Form des →Erysipels; früher bestand Gefahr des Übergangs auf das Gehirn, heute durch Antibiotika fast immer schnelle Heilung.

**Gesichtssinn** →Auge, →Sehen.

**Gesichtsstarre,** grimassenhaftes Lächeln bei Starre der Kaumuskeln als Folge von →Tetanus.

**Gesichtsstick** →Gesichtsmuskelkrampf.

**Gesichtsurne,** Gefäß mit Gesichtsdarstellung, seit →Troja in versch. Kulturen bekannt: bei den →Etruskern als →Kanope, in den frühen

3597

## Gesichtswinkel

Randstück einer großen **Gesichtsurne:** Nase und Ohr sind mit Rippen, Auge und Mund mit eingeritzten Linien angedeutet. Siedlungsfund aus Füzesabony, Kettöshalom/Nordostungarn, um 3200/3000 v. Chr. Ungarisches Nationalmuseum, Budapest

**Gespensterkrabben** sind durch Algenaufwuchs getarnt.

→Eisenzeit in Mitteldeutschland, Pommern und im Weichselmündungsgebiet, wo sie einer Fundgruppe des 6./5. Jh. v. Chr. den Namen gaben (›G.-Kultur‹); in dieser Kultur sind die G. Leichenbrandbehälter, z. T. figürlich verziert (Schmuck, Schild, bespannte Wagen). – G. sind auch aus außereurop. Kulturen bekannt, so aus dem alten Mexiko und Peru, in Afrika u. a. bei den →Aschanti und →Yoruba.

**Gesichtswinkel** *(Sehwinkel),* der Winkel, den die von den äußersten Begrenzungspunkten eines Gegenstandes ausgehenden Strahlen an ihrem Schnittpunkt im →Auge bilden.

**Gesims** [lat.] *das, (Sims),* vorspringende, waagrechte Leiste an Gebäuden, zur Gliederung (Markierung der Stockwerke) und Verzierung; auch zur Ableitung von Regenwasser.

**Gesinde** *das,* landw. oder häusl. Arbeitskräfte, die in der Familie ihres Dienstherrn leben, heute rechtl. und faktisch durch Hausangestellte (→Hausgehilfe) ersetzt.

**Gesinnung,** Denkweise, sittliche Grundeinstellung. Ob die G. oder die Tat bzw. deren Erfolg den sittl. Wert einer Handlung bestimmt, ist ein zentrales Problem der →Ethik.

**Gesmas,** der böse Schächer zur Linken Christi bei der Kreuzigung.

**Gesner,** Conrad, Naturforscher, Arzt und Philologe, *26. 3. 1516 in Zürich, †13. 12. 1565 ebenda; kann als Begr. der wissenschaftl. Zoologie betrachtet werden (›Historia animalium‹, 1551–58); bemühte sich auch um die systemat. Botanik (›Opera botanica‹) und legte einen botanischen Garten an.

**Gesner,** Johann Matthias, Philologe und Pädagoge, *9. 4. 1691 Roth (bei Nürnberg), †3. 8. 1761 Göttingen; Mitbegr. der ›Königl. Societät der Wissenschaften zu Göttingen‹; reformierte den klass. Sprachunterricht an den gelehrten Schulen.

**Gesneriengewächse** *(Gesneriaceae),* trop.-subtrop. Pflanzenfamilie, ähnl. den →Rachenblütlern. Versch. Arten von *Gesneria* als Topfpflanzen geschätzt.

**Gespan, 1)** Gefährte, Genosse; **2)** Verwaltungsbeamter im alten Ungarn.

**Gespenst, Das,** Film von H. →Achternbusch (1982).

**Gespenst der Freiheit, Das,** Episodenfilm von L. →Buñuel (1974) mit surrealist. Elementen, u. a. mit J.-C. →Brialy und M. →Piccoli.

**Gespenster,** Familiendrama von H. →Ibsen; Urauff.: 1882, Chicago.

**Gespensterkrabben,** zur Fam. der →Meerspinnen zählende wirbellose Tiere mit überlangen dünnen

# Gessler

Beinen. Zu den G. gehören Arten der Gattung *Inachus* und *Macropodia*, die in Algenbeständen leben; Vorkommen: Nordsee bis Mittelmeer.

**Gespenstfledermaus** *(Megaderma gigas)*, mit 14 cm Kopf-Rumpf-Länge eine der größten →Fledermäuse; lebt von kleinen Wirbeltieren in N- und W-Australien.

**Gespenstheuschrecken** *(Phasmida)*, Ordnung der →Geradflügler mit etwa 2000 Arten; in wärmeren Ländern; bizarr gestaltete Pflanzenfresser, in Form und Farbe der Umwelt angepaßt (→Mimese), Zweigen (→Stabheuschrecken) oder Blättern (→Wandelnde Blätter) ähnlich.

**Gespenstlaufkäfer** →Laubkäfer.

**Gespensttiere** →Affen.

**Gespenst von Canterville, Das**, Novelle von O. →Wilde (1887; dt. 1905); Verfilmung 1944 mit Ch. →Laughton.

**Gesperr** →Sperrgetriebe.

**Gesperre**, Jagd: →Kette.

**Gespinstfasern**, pflanzl., tier. und synthet. Fasern, die sich zu Fäden verzwirnen lassen.

**Gespinstmotten** *(Hyponomeutidae)*, Fam. der →Kleinschmetterlinge mit gefransten Flügeln. Die gelbgrünen, schwarz gepunkteten Raupen fressen Blätter, Knospen, Blüten oder Früchte und leben gesellig in großen, grauen Gespinsten. Schädlich z.B.: Apfel-G. *(Hyponomeuta malinellus)*, Kirschblütenmotte *(Argyresthia ephippiella)* oder Kohlschabe *(Plutella maculipennis)*.

**Gesprächsbüchlein**, Dialoge von U. von →Hutten (1521).

**Gesprächspsychotherapie** *(klientenzentrierte Psychotherapie, nichtdirektive Psychotherapie)*, von C.R. →Rogers entwickelte Technik der Psychotherapie, bei der der Therapeut durch unbedingte Zuwendung, einfühlendes Verständnis und Echtheit im Gefühlsausdruck gegenüber dem Klienten diesem die Möglichkeit gibt, sich auch mit den als negativ empfundenen Aspekten seiner Persönlichkeit (den psych. Problemen) auseinanderzusetzen. Er soll so das eigene Erleben verstehen, um sich in seiner Persönlichkeit verändern zu können.

**Gesprächszähler**, Schrittschaltwerk, mit dem im →Selbstwählferndienst die Gesprächsgebühren ermittelt werden: Während der Dauer des Gesprächs erhält der Elektromagnet des Zählwerks period. Stromstöße, die es jeweils um eine Einheit weiterschalten.

**Gesprenge** *das*, **1)** *Kunst:* turmartiger, reich gegliederter Aufbau über spätgotischen Flügelaltären; **2)** *Bergbau:* steil aufsteigendes Gesteinsmassiv.

**gespritet**, Bez. für Weine, deren Alkoholgehalt nach der Gärung durch Zugabe von reinem Alkohol künstl. erhöht wurde (z.B. Sherry, Portwein); in Dtld. und Österr. nicht zulässig.

**Gespritzte(r)** [bayr., österr.], mit Sodawasser vermischter Wein.

**gesprochene Sprache**, im Ggs. zur →geschriebenen Sprache wird die g. Sp. gleichzeitig hervorgebracht und aufgenommen. Sie ist im Regelfall dialogisch; die Gedanken werden während der Rede gebildet und verändert. Die sprachl. Mittel werden durch Intonation, Mimik und Gestik verstärkt; die Normen der Schriftsprache (Standardsprache) treffen auf die g. Sp. nur teilweise zu. Im Grunde ist von zwei unterschiedl. Normsystemen auszugehen.

**Gessenay**, Ort im Kanton Bern: →Saanen.

**Geßler**, habsburg. Dienstmannengeschlecht im Aargau; ein Vertreter dieses Geschlechts soll der tyrann. Landvogt von Schwyz und Uri gewesen sein, der angebl. 1307 von Wilhelm →Tell erschossen wurde.

**Gessler**, Otto, dt. Politiker, *6.2.1875 Ludwigsburg (Württ.), †24.3.1955 Lindenberg i. Allgäu; 1914–19 Oberbürgermeister von Nürnberg, nach dem Kapp-Putsch 20 Mitgl. der DDP; 20–28 Reichswehrminister; bemühte sich um Aufbau der Reichswehr, mußte wegen polit. Differenzen 27 seine Partei verlassen und Jan. 28 wegen einer angebl. Finanzaffäre zurücktreten. 50–52 Präs. des Dt. Roten Kreuzes.

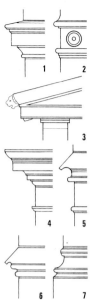

Gesims: **1, 2** antikes Gurtgesims; **3** antikes Kranzgesims; **4** römisches Gesims; **5** gotisches Kranzgesims; **6, 7** gotisches Kaffgesims

3599

## Geßner

Salomon Geßner
(Stich von Augustin
de Saint-Aubin)

**Geßner,** Johannes, Naturforscher, *18.3.1709 Zürich, †6.5.1790 ebenda; Begr. der Zürcher Naturforschenden Ges. (1746).

**Geßner,** Salomon, Dichter und Maler, *1.4.1730 Zürich, †2.3.1788 ebenda; Ratsherr. Als Schriftst. verband er Schäferdichtung des Rokoko mit empfindsamer Naturschilderung (›Idyllen‹, 1756; ›Der Tod Abels‹, 58; ›Gedichte‹, 62). Als Landschafts- und Porzellanmaler und Kupferstecher bevorzugte G. heiter-idyll., in Pastellfarben kolorierte Szenen.

**Gesso** [ital., dʒɛso ›Gips‹], Mischung aus gebranntem Gips und Kleister, manchmal mit Zugabe von Leinöl, Leim oder Pergamentstaub; verwendet für Gußformen in der Bildhauerei und, v. a. in Italien (15./16. Jh.) und England (17./18. Jh.), als Untergrund für Dekorationen (z. B. Reliefornamente und Vergoldungen) von Kunsthandwerk.

**Gesta** [lat. res gestae ›Taten‹], in der Historiographie Bez. für Tatenberichte von Völkern oder berühmten Personen(gruppen); z. B. ›G. Friderici‹ Ottos von Freising.

**Gestade,** an das Wasser grenzende Seite, Küste, Ufer.

**Gestagene** →Gelbkörper.

**Gestalt,** allg. der Umriß eines Lebewesens, bes. einer Person. Im psychol. Sinne jede als gegliedertes Ganzes aufgefaßte Gegebenheit, die in ihrer Erscheinung mehr und etwas anderes ist als die bloße Summe ihrer Elemente. Es lassen sich zahlr. ›G.-Gesetze‹ formulieren (Ergebnisse von Forschungen der →Gestaltpsychologie und der →Ganzheitspsychologie): die Tendenz zur ›guten‹ (vollständigen, geschlossenen) G., zur Gleichartigkeit der Inhalte, zur gemeinsamen Bewegung der Momente der G. usw.

**Gestaltfestigkeit,** Begriff der Konstruktionstechnik zur Unterscheidung der rein durch den verwendeten Werkstoff erzielten Materialfestigkeit gegenüber der durch geeignete Gestaltung von Bauteilen erreichten Materialausnutzung.

**Gestaltkreis,** von V. von →Weizsäcker (›Gestaltkreis‹, 1940) eingeführter Begriff, der die gegenseitige Beeinflussung und letztl. in sich geschlossene Einheit von Individuum und Umwelt durch das Zusammenspiel von Wahrnehmung und Bewegung bezeichnet. Über die Theorie des G. wurde Weizsäcker zum Mitbegr. der →Psychosomatik.

**Gestaltpsychologie,** Forschungsrichtung der Psychol., die im Ggs. zur →Elementenpsychologie zu Anf. des 20. Jh. entstand und die primär gestalthafte Strukturierung der Wahrnehmungsgegebenheiten sowie die ganzheitl. Struktur des Psychischen betonte. Christian von Ehrenfels (›Über Gestaltqualitäten‹, 1890) wies bereits auf Übersummativität (Unableitbarkeit aus den einzelnen Empfindungen) und Transponierbarkeit als wesentl. Merkmale von Gestalten in allen Sinnesgebieten hin. Der sogenannten *Berliner Schule* (M. →Wertheimer, W. →Köhler, K. →Koffka, K. →Lewin und deren Schüler, bes. W. →Metzger und K. Gottschaldt) gelang es, die Gestalttheorie an Wahrnehmungs- und Denkvorgängen experimentell (zuerst durch die Untersuchung opt. Täuschungen) zu rechtfertigen und eine Reihe von Gestaltgesetzen aufzustellen (→Gestalt). Die gestaltpsychol. Prinzipien wurden auch auf andere seel. Gegebenheiten (Intelligenz, Willenshandlungen) ausgedehnt, z. T. unter Verwendung physik. Kategorien (bes. →Feld). Im Ggs. zur *Leipziger Schule* der →Ganzheitspsychologie nahm die Berliner Schule zur Erklärung der Gestaltphänomene eine Entsprechung von psychol. und hirnphysiol. Vorgängen an (Prinzip der ›Isomorphie‹). Nach dem II. Weltkrieg wurde die G. in der Grundlagenforschung zugunsten der empirischen Psychologie verdrängt.

**Gestalttherapie,** Form der →Psychotherapie (begr. in den USA von F. S. Perls), bei der der Patient durch verbesserte Wahrnehmung seiner Gefühle seine leib-seelische Ganzheit erfahren und unabgeschlossene emotionale Erlebnisse durcharbeiten soll, um sie zu einer geschlossenen Gestalt zu entwik-

# Gesteinsbohrer

keln. Die G. ist vor allem von der →Gestaltpsychologie und vom →Existenzialismus beeinflußt.
**Gestaltungsklage,** Klage, die auf eine Änderung des bestehenden Rechtszustandes durch richterl. Urteil hinzielt, z. B. Ehescheidung, Auflösung einer offenen Handelsgesellschaft.
**Gestaltungsregeln,** Regeln, Prinzipien und Richtlinien der Konstruktionstechnik, die der Konstrukteur bei seiner Arbeit zu beachten hat.
**Gestaltwandel,** die von W. Zeller untersuchte, vornehml. auf der Funktion →endokriner Drüsen beruhende Veränderung der kindl. Körperproportionen. Der G. läßt Rückschlüsse auf die psychol. Entwicklung zu (→Schuleignung).
**geständert,** gesagt von Federwild, das durch den Schuß lediglich Bein-(Ständer-)Verletzungen davongetragen hat.
**Geständnis,** 1. *Strafprozeß:* Eingestehen einer belastenden Tatsache. G. unterliegt der freien Beweiswürdigung durch den Richter. Erzwingung von Geständnissen durch Mißhandlung, Ermüdung, körperl. Eingriff, Verabreichung von Mitteln, Täuschung oder Hypnose ist verboten. 2. *Zivilprozeß:* Zugestehen von klagebegründenden Tatsachen. – *Österr.:* Anerkenntnis.
**Gestänge,** 1) bergmänn. Bez. für Gleise; 2) in Achsrichtung miteinander verbundene, meist bewegl. Stangen oder Rohre zur Kraftübertragung.
**Gestapo** (*Ge*heime *Sta*atsp*o*lizei), politische →Polizei im nat.-soz. Deutschland; entstand aus der preuß. ›Geheimen Staatspolizei‹, die schon 1932 nat.-soz. unterwandert war; wegen ihrer Methoden berüchtigt und gefürchtet (Folterungen, Einweisungen in Konzentrationslager; Hinrichtungen). Chef der G. ab 34 R. →Heydrich (als Leiter des Geheimen Staatspolizeiamtes in Berlin), in Zusammenarbeit mit H. →Himmler, der 36 Chef der ›Gesamten dt. Polizei‹ wurde; 36 Vereinigung von G. und Kriminalpolizei zur Sicherheitspolizei (Sipo); 39 wurde die G. Teil des neuen →Reichssicherheitshauptamtes (RSHA). Neben der SS war die G. das wichtigste Instrument für das totalitäre Terrorsystem; insbes. an der Judenverfolgung (Referat IV B 4 unter →Eichmann) und der Ermordung von Fremdarbeitern (›Einsatzgruppen‹) war die G. führend beteiligt. Die Gesamtzahl der Opfer läßt sich nicht ermitteln. Der Internationale Gerichtshof in Nürnberg erklärte die G. zur verbrecherischen Organisation.
**Gesta Romanorum** [lat. ›Taten der Römer‹], mittellat. Sammlung von Novellen, Fabeln, Märchen und Legenden; anonym, vermutl. im 14. Jh. in England entstanden; im MA verbreitete Stoffquelle.
**Gestation,** selten gebrauchte Bez. für →Gravidität.
**Gestattungsproduktion,** *ehem. DDR:* Produktion (von Bedarfsgütern) in Lizenz westl. Firmen.
**Geste** [lat.], Gebärde, Ausdrucksbewegung des Körpers (→Gestik).
**Gestech,** im MA Teil des →Turniers, bei dem es galt, den Gegner aus dem Sattel zu heben.
**Gesteck** *das,* **1)** lose angeordneter Blumenschmuck im Ggs. zum Gebinde; **2)** Hutschmuck, wie Gamsbart oder versch. Vogelfedern.
**Gestein,** das aus →Mineralien zusammengesetzte Baumaterial der →Erdkruste. Die →Petrographie (Gesteinskunde) unterscheidet nach der Entstehung →Magmatitgesteine, →Sedimentgesteine und →Metamorphitgesteine. Zur Kennzeichnung eines G. dienen die mineral. Gemengteile, sein Gefüge (Größe, Form, Kristallentwicklung und Anordnung der Gemengteile) sowie seine Lagerung. Für die techn. Verwendung spielen Härte, Verwitterungsbeständigkeit, Spaltbarkeit und Polierfähigkeit eine Rolle.
**Gesteinsbohrer,** Werkzeug zum Bohren von Löchern in Gestein oder für Tiefbohrungen durch geol. Schichten. Die G. haben bei drehendem Antrieb Hartmetall- oder Diamantschneiden, für kleinere Löcher werden Preßlufthämmer und Stahl-G., für tiefe Löcher G. mit Mahlrädern verwendet.

*Ä ist wie A ins Abc eingeordnet.*

# Gesteinsfaser

**Gesteinsfaser** →Steinwolle.
**Gesteinsgang** →Gang.
**Gesteinsglas** →Glas 2).
**Gesteinskunde** →Petrographie.
**Gesteinsmehl,** Düngemittel aus zerkleinertem Urgestein (z. B. →Basalt); wird im biol. Anbau zur Bodenregeneration und Vermeidung von Übersäuerung verwendet.
**Gesteinsstaubsperre,** im Bergbau verwendete Einrichtung, um die Fortpflanzung von Kohlenstaubexplosionen zu verhindern: mit Gesteinsstaub belegte Bühnen; der bei einem Explosionsstoß auffliegende Gesteinsstaub soll die der Explosionswelle nachfolgende Flamme löschen.
**Gesteinswüste** →Wüste.
**Gestell, 1)** *Maschinenbau:* Rahmen, der versch. Teile einer Maschine trägt und in richtiger Position zueinander hält; **2)** *Hüttenwesen:* unterer Teil des →Hochofens, in dem sich flüssiges Roheisen und Schlacke ansammeln.
**Gestern, heute und morgen,** Episodenfilm von V. →De Sica (1963) mit S. →Loren und M. →Mastroianni.
**gestiefelte Kater, Der,** Komödie von L. →Tieck (1797).
**Gestik** [lat.] *die,* Gesamtheit der Ausdrucksbewegungen des Körpers (→Mimik); *Gestikulation,* heftig gesteigerte G.; Ztw. *gestikulieren.*
**Gestör,** die Verbindung mehrerer Stämme eines Floßes.
**Gestosen** *(Schwangerschaftstoxikosen),* Erkrankungen, die durch die Schwangerschaft ursächl. bedingt sind und nur bei Schwangeren auftreten. Verantwortl. dafür ist die Stoffwechselbelastung des Organismus der Mutter, nicht, wie früher angenommen, ein besonderer Giftstoff. Man unterscheidet Früh- und Spät-G. Zu den *Früh-G.* zählt Erbrechen im ersten Schwangerschaftsdrittel *(Emesis gravidarum, Hyperemesis gravidarum); Spät-G.* sind die →EPH-Gestosen, Präeklampsie und →Eklampsie, die im letzten Drittel auftreten.
**Gestreiftes Ebenholz** →Makassar.
**Gestrenge Herren** →Eisheilige.
**Gestübbe,** Gemisch aus zerkleinertem Koks, Lehm und Schiefer zum Ausfüttern von Herden, Abflußrinnen und metallurg. Öfen.
**Gestüber** *das,* Bez. für →Losung des Federwilds.
**Gestüt** *das,* Pferdezuchtbetrieb; die staatl. G. halten wertvolle Zuchthengste *(Landbeschäler),* die während der Deckperiode von Jan. bis etwa Juli auf den über das ganze Zuchtgebiet verteilten Deckstationen den Privatzüchtern zum Beschälen der Stuten zur Verfügung stehen. Neben einigen Privat-G. gibt es in erster Linie staatl. *Stamm-* und *Land-G.,* Hengstaufzuchtstationen, Hengstprüfungsanstalten und Hengstdepots. Bed. G. in der BR Dtld.: z. B. Niedersächs. Land.-G. →Celle; in *Hauptgestüten* werden auch Stuten gehalten, einziges Hauptgestüt in der BR Dtld.: →Marbach, das zugleich auch Landgestüt ist.
**Gestütbuch** →Herdbuch.
**Gestütsbrand,** auf Keule oder Hals eines Zuchtpferdes eingebranntes Abzeichen als Nachweis der Herkunft und Rassereinheit.
**Gesualdo,** Don Carlo, Fürst von Venosa, ital. Komponist, *um 1560 Neapel, †8.9.1613 ebd.; stark affektbetonte, durch ihre →Chromatik harmonisch ungewöhnl. freie →Madrigale (6 Bücher, 1594 bis 1611). – WW: Sacrae Cantiones (2 Bücher, 1603); Responsoria (11).
**Gesundheit,** nach der Definition der Weltgesundheitsorganisation ›Zustand des vollständigen körperl., geistigen und sozialen Wohlbefindens und nicht nur des Freiseins von Krankheiten und Gebrechen‹.
**Gesundheitsamt,** in der BR Dtld.: durch Gesetz über die Vereinheitlichung des Gesundheitswesens vom 3.7.1934 in den Stadt- und Landkreisen errichtete staatliche Einrichtungen. Aufgaben: Gesundheitspolizei, Schulgesundheitspflege, Mütterberatung, Fürsorge für Tuberkulöse, Geschlechtskranke, Sieche, Süchtige. Seit 52 Bundesgesundheitsamt. – *Österr.:* bei der Bezirksverwaltungsbehörde eingerichtete Stelle mit analogen Aufgaben. – *Schweiz:* Bundesamt für Gesundheitswesen in Bern, daneben G. der Kantone und Gemeinden.

# Gesundheitswesen

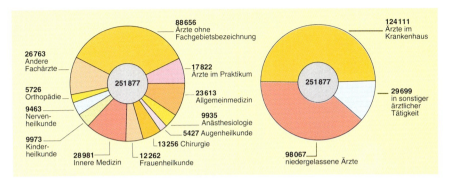

**Gesundheitsdienst** *(öffentlicher G.)*, zusammenfassende Bez. für die Gesundheitsbehörden des Bundes (Bundesgesundheitsministerium), der Länder und Bezirksregierungen, für die ihnen beigeordneten und unterstellten med. Hilfsinstitutionen sowie die staatlichen und kommunalen →Gesundheitsämter. Wichtigste Aufgabe des G.: Gesundheitsaufsicht, Überwachung der allg. →Hygiene, Bekämpfung übertragbarer Krankheiten, gesundheitl. Fürsorge und Aufklärung.
**Gesundheitslehre** →Hygiene.
**Gesundheitsmedizin** *(Präventivmedizin)*, med. Forschungseinrichtung mit dem Ziel, gesundheitsschädl. Faktoren auszuschalten, gesunderhaltende Maßnahmen zu fördern und die Anpassungsfähigkeit des Menschen an die veränderte Umwelt zu steigern; befaßt sich auch mit der Gesunderhaltung des alternden Menschen (→Geriatrie).
**Gesundheitsökonomik**, ein Teilgebiet der →Wirtschaftswissenschaft, welches das Gesundheitswesen und seine ökonomischen Auswirkungen mit Hilfe des wirtschaftswiss. Instrumentariums untersucht.
**Gesundheitsrecht**, die Gesamtheit der Rechtsvorschriften auf dem Gebiete des Gesundheitswesens. In der BR Dtld. liegt die Gesetzgebungszuständigkeit bei den Ländern. Der Bund hat nur die konkurrierende Gesetzgebung, z.B. für Maßnahmen gegen gemeingefährl. und übertragbare Krankheiten (Art. 74 Nr. 19, 20 GG). Die Durchführung des öffentlichen Gesundheitsdienstes obliegt den →Gesundheitsämtern in Stadt- und Landkreisen. – In *Österr.:* Bundessache (Art. 10 Abs. 1, Ziffer 12 B-VG); *Schweiz:* weitgehend Sache der Kantone.
**Gesundheitsreform**, Summe von staatl. Maßnahmen zur Reduzierung der Kosten des Gesundheitswesens, die vor allem durch die in diesem Sektor fehlenden Marktmechanismen (fehlender Preiswettbewerb auf der Angebotsseite und Bedarfsdeckungsprinzip zu Lasten der Versichertengemeinschaft auf der Nachfrageseite) verursacht werden.
**Gesundheitsstrukturgesetz**, zum 1.1.1993 in Kraft getretene 2. Stufe der →Gesundheitsreform zur Eindämmung der Kostenentwicklung im Gesundheitswesen.
**Gesundheitswesen**, Summe aller Einrichtungen, die der Erhaltung, der Förderung und Wiederherstellung der Gesundheit dienen. Dazu gehören Forschungseinrichtungen, Krankenhäuser, die niedergelassenen Ärzte, Heilberufe, Apotheken, der öffentl. Gesundheitsdienst, das Rettungswesen, das System der Krankenversicherung und das gesamte materielle und prozedurale Recht des G.
Aus dem zunehmenden Gesundheitsbewußtsein, wachsenden Möglichkeiten der med. Intervention und steigender Lebenserwartung entsteht ein entsprechender Bedarf nach med. Leistungen, dessen Kosten weitgehend nicht vom unmittelbaren Verursacher getragen werden, sondern über Dritte (öffentl. und private Versicherungen, Ar-

**Gesundheitswesen:** Anzahl der Ärzte nach Fachgebieten *(links)* und Tätigkeitsfeldern *(rechts)* in Deutschland (Stand: 1992)

# Geszty

**Gesundheitswesen:** Anzahl der Personen im Ärztestand *(links)* und in sonstigen Berufen *(rechts)* in Deutschland (Stand: 1992 bzw. 1991).

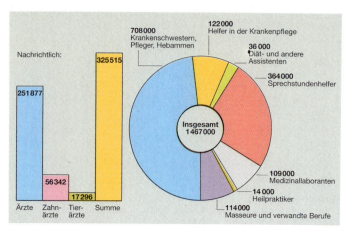

beitgeber und öffentl. Haushalte) abgewickelt wird (→ Gesundheitsreform).

**Geszty** [gɛsti], Silvia (eigtl. *S. Witkowsky*), dt. Sängerin ung. Herkunft (Koloratursopran), *26.2.1934 in Budapest; 1961–70 an der Dt. Staatsoper Berlin; vor allem Mozart-Rollen.

**Getafe** [xe-], span. Stadt im Vorstadtbereich von Madrid, 135 000 E.; Gießereien, Flugzeug-, Landmaschinenbau; Militärflughafen.

**geteilte Himmel, Der,** Roman von Ch. → Wolf (1963); von Konrad Wolf 1964 verfilmt.

**Geten,** Teilstamm der → Thraker zw. Donaumündung und Balkan im Hinterland der griech. Kolonien von Odessos bis → Histria. 513 v. Chr. beim Zug des → Dareios gegen die → Skythen zuerst erwähnt. Die G. kämpften gegen Griechen, Römer und Daker (→ Burebista). 46 n. Chr. gehörte das Gebiet der G. zur röm. Prov. Thracia. Archäolog. sind die G. wohl mit der Babadag- und Basarabi-Kultur der späten → Bronze- und frühen → Eisenzeit zu verbinden. Seit dem 6.Jh. gerieten die G. unter griech. Kultureinfluß (→ Agighiol).

**Gethsemane** [hebr. ›Ölkelter‹] *(Getsemani),* Garten (?) auf dem Ölberg bei Jerusalem, wo Jesus nach Mk 14 verhaftet wurde.

**Getränkesteuer,** in der BR Dtld. nur noch in einigen Bundesländern

**Getreide: 1** Mais; **2** Reis; **3** Kolbenweizen; **4** zweizeilige Gerste; **5** Roggen; **6** Hafer; **7** Rispenhirse

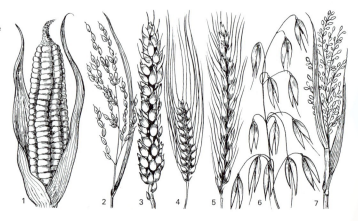

# Getreidemotte

erhobene und den Gemeinden zufließende örtl. →Verbrauchsteuer auf den Ausschank von Getränken wie Wein, Schaumwein, Trinkbranntwein, Mineralwasser, Kaffee, Kakao und Tee; der Steuersatz liegt zw. 5 und 10%. – *Österr.:* Landessteuer, der alle Getränke (Ausnahmen: Bier, Milch, med. Getränke) unterliegen. – *Schweiz:* G. vom Bund gemäß eidgenöss. Alkoholmonopol meist als Warenumsatzsteuer erhoben.
**Getreide** [ahd. gitregidi ›Ertrag‹] *(Zerealien),* Kulturpflanzen aus der Familie der →Gräser, seit Jahrtausenden wegen der stärkereichen Früchte (Körner) angebaut: →Weizen ist das *Korn* West- und Südeuropas, →Roggen das Korn Mittel- Hafer als *Sommer-G.* mit Frühjahrssaat.
**Getreideeinheit** *(GE),* Maß für die Berechnung der Gesamtproduktion eines landw. Betriebes oder Gebietes. Dabei dient das Getreide als Ausgangsbasis (100 kg Getreide = 1 GE). Alle anderen pflanzl. und tier. Produkte werden nach einem (1970 neu festgelegten) Schlüssel in GE umgerechnet, nicht nur unter Berücksichtigung des Nährstoffgehaltes, sondern auch nach Maßgabe der zu ihrer Erzeugung nötigen Nährstoffmengen; z. B. 100 kg Kartoffeln = 0,2 GE; 1 hl Vollmilch = 0,8 GE; 100 Eier = 0,25 GE.
**Getreidehähnchen** *(Rothalsiges G.; Lema melanopa),* 4–5 mm langer →Blattkäfer; Flügeldecken

Getreidelaufkäfer

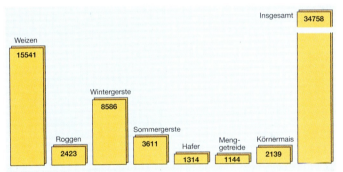

Getreide: Getreideanbau in Deutschland 1992 (Erntemengen in 1000 t)

und Osteuropas, vorwiegend als Brotgetreide, →Hafer und →Gerste auch als wertvolles Tierfutter; →Mais (Korn der Neuen Welt) und →Hirse benötigen warmes, →Reis trop.-subtropisches Klima. Die schon in vorgeschichtl. Zeit kultivierten Weizenarten →Einkorn, →Emmer und →Dinkel sowie der →Buchweizen (ein Knöterichgewächs) sind heute von geringer Bedeutung. Das *Stroh* der ausgedroschenen G.-Halme findet Verwendung als Futter und Einstreu bei der Rinder- und Pferdezucht, als Flechtmaterial, Rohstoff für Kunstseide u. a. *Winter-G.* wird im Herbst gesät, geeignet für Gebiete mit kurzer Vegetationsperiode und ausreichender Schneedecke; schnellwüchsige G.-Sorten wie Gerste und grün oder blau, Halsschild und Beine gelbrot; Larven nagen an Getreide und Grasblättern.
**Getreidehalmwespe** *(Cephus pygmaeus),* 8 mm lange, schädliche Halmwespe, die im Frühjahr ihre Eier in die obersten Knoten der Getreidehalme legt; die Larve steigt im Halm immer tiefer und überwintert als Puppe in Getreidestoppeln.
**Getreidelaubkäfer** *(Anisoplia segetum),* Blatthornkäfer; Schädling.
**Getreidelaufkäfer** *(Zabrus tenebrioides),* sich vegetarisch ernährender →Laufkäfer in vielen Teilen Europas; Schädling.
**Getreidemehltau** →Mehltau.
**Getreidemotte** *(Sitotroga cerealella),* ein Kleinschmetterling, dessen Raupe *(Weißer Kornwurm)* in Getreidekörnern lebt.

Getreidelaubkäfer

## Getreidenager

**Getreidenager** *(Schwarzer G.; Tenebrioides mauretanicus)*, 6 bis 11 mm langer, pechfarben glänzender Jagdkäfer (Fam. Ostomidae); lebt unter Baumrinden, auch in Getreidespeichern und Bäckereien, wo er Larven von Brot- und Kornkäfern jagt.

**Getreideplattkäfer** *(Oryzaephilus surinamensis)*, ein 3 mm langer, braungelber Plattkäfer (Fam. Cucujidae); oft in Massen in Getreidespeichern und Mahlgut; ernährt sich von Überresten und Exkrementen anderer Vorratsschädlinge.

**Getreidereinigung,** Entfernung von Fremdbesatz wie Stroh, Spreu u. a. Getreideverunreinigungen.

**Getreidereinigungsmaschine,** Müllereimaschine, die mittels umlaufender Trommel, Sieben, Magneten usw. Fremdkörper, Unkrautsamen und schlechte Körner aus dem Getreide entfernt.

**Getreiderost,** Befall von Getreide mit →Rostpilzen, bes. →Gelbrost und →Schwarzrost; kann Millionenschäden verursachen. Bekämpfung durch Vernichtung der Zwischenwirte und Verwendung rostresistenter Getreidesorten ( →Wirt).

**Getreidespirituosen,** durch Destillieren vergorener Getreidemaischen gewonnene →Spirituosen (Korn, Kornbrand).

**Getreidetrocknung,** wichtigstes Konservierungsverfahren für Getreide; Ziel der G. und Voraussetzung für die Lagerfähigkeit ist ein Feuchtegehalt von unter 14%.

**Getreidewanze** *(Breitbauchwanze; Eurygaster maura)*, 9–10 mm lange, braune Schildwanze; Getreideschädling, bes. in Weizenanbaugebieten Osteuropas und Vorderasiens.

**Getrenntblumenblättrige** →Choripetalen.

**getrennte Sammlung,** führt verschiedenartige Wertstoffe sortenrein einer Wiederverwertung zu.

**getrenntgeschlechtig** →zweigeschlechtig.

**Getrenntleben** →Ehescheidung.

**Getrennt- und Zusammenschreibung,** siehe dazu ›Praxistip Sprache: Zusammen- und Getrenntschreibung‹.

**Getrennt von Tisch und Bett,** Film von D. →Mann (1958) mit B. →Lancaster und D. →Kerr; Adaption eines Stückes von T. →Rattigan.

**Getriebe,** Vorrichtung zur Übertragung und Umformung mechan. Kräfte und Bewegungen. *Räder-G.* (Zahnrad-G., Reibrad-G.) sowie Riementriebe und Kettentriebe übertragen Drehbewegungen, meist unter Umwandlung von →Drehmoment und →Drehzahl: Treibt ein kleines Rad ein großes an, fällt die Drehzahl, und das Drehmoment steigt im Verhältnis der Rad-Halbmesser bzw. bei Zahnrädern der Zahnzahl ( Übersetzung, genutzt bes., um Drehzahl und Drehmoment der Kraftmaschinen den Arbeitsmaschinen, Antriebsrädern usw. anzupassen). →Wechsel-G. *(Schalt-G.)* sind meist Zahnrad-G. mit stufenweise schaltbarer Drehzahlübersetzung und Drehmomentwandlung ( →Gang, →Schaltung), bes. für Kfz. *Stufenlose G.* erlauben eine kontinuierliche Drehzahländerung ( →Flüssigkeits-G., Riementriebe mit Keilriemen auf veränderl. Riemenscheiben). Die →Gelenk-G. (z. B. →Kurbel-G.) dienen bes. zur Umwandlung schwingender Bewegungen (z. B. eines Kolbens) in Drehbewegungen oder umgekehrt. *Aussetz-G.* dienen zur Erzeugung von schrittweisen Bewegungen (z. B. →Malteserkreuz). *Schraub-G.* wandeln Dreh- in Schubbewegungen um. *Kfz-G.* sind Wechsel-G. bzw. Flüssigkeits-G. und →Differential.

**getriebene Arbeit** →Treibarbeit.

**Getriebeöl** →Schmiermittel.

**Getter** [engl. ›Fänger‹], Metalle (z. B. Alkalimetalle) oder Legierungen (z. B. Thorium-Aluminium-Silber-Legierung), die Reste von Gasen (z. B. Luft, Wasserdampf) durch Adsorption, Lösung oder chem. Reaktionen binden; daher sind G. Hilfsmittel der →Hochvakuumtechnik, bes. bei der Herst. von hochevakuierten Röhren, wie Radio-, Fernseh-, Röntgenröhren, auf deren Innenseite sie aufgedampft werden. Bei Relais verhindern G. die Entstehung eines Fremd-

● **Getriebe:**
weitere Bilder
→Differential;
→Planetengetriebe;
→Zahnrad

● **Getreiderost:**
Bild →Sporen

## Getriebe

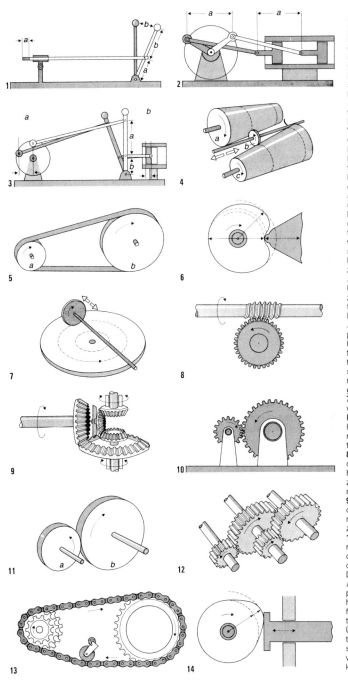

**Getriebe: 1** Schubkurbelgetriebe, die Bewegungsgröße a entsteht durch Verschieben der Kurbel um die Strecke b, der Betrag von a ist bestimmt durch das Verhältnis der Hebelarme a und b; **2** Kurbelgetriebe, der Weg a des Kolbens entspricht der Verschiebung a des Gelenkpunkts auf dem Radumfang; **3** Schubkurbelgetriebe mit Untersetzung, der Kolbenweg b ist gegeben durch die Distanz a auf dem Radumfang und das Verhältnis der beiden Hebelarme a und b; **4** Reibradgetriebe mit stufenlos veränderlicher Übersetzung, je nach Stellung des Reibrades b zwischen den Walzen a und c ergibt sich Über- oder Untersetzung; **5** Zugmittelgetriebe, Verhältnis der Drehzahlen der Räder a und b umgekehrt proportional dem Verhältnis der Radumfänge; **6** Kurvengetriebe mit Kurvenscheibe als Doppelnocken für Hubbewegungen des Stößels; **7** Gonellagetriebe mit verschiebbarem Reibrad für stufenlose Drehzahländerungen und Richtungsumkehr; **8** Schneckengetriebe, das Übersetzungsverhältnis ist 1/Zähnezahl des angetriebenen Rades; **9** Differential, verteilt das Drehmoment einer Antriebswelle auf zwei Abtriebswellen; **10** einfaches Zahnradgetriebe; **11** einfaches Reibradgetriebe, das Verhältnis der Drehzahlen der Räder a und b ist umgekehrt proportional dem Verhältnis der Radumfänge; **12** Zahnradgetriebe mit doppelter Übersetzung; **13** Kettengetriebe als Wechselgetriebe; **14** Kurvengetriebe als Nockenantrieb

# Getto

J. Paul Getty

schichtwiderstandes an den Kontakten und erhöhen damit Kontaktsicherheit und Lebensdauer.
**Getto** [hebr.-ital.] das, *(Ghetto),* Stadtviertel, in dem die →Juden zwangsweise abgeschlossen von den übrigen Stadtbewohnern lebten. Seit dem späten MA in Europa verbreitet; der Name G. ist erstmals 1531 für das venezian. Judenviertel bezeugt (gegr. 1516). Im 19. Jh. im Zug der Judenemanzipation aufgehoben; erst das nat.-soz. Regime errichtete in den besetzten osteurop. Staaten wieder G.; 1943 verzweifelter Aufstandsversuch des Warschauer G. – Heute allg. Wohnviertel einer sozial deklassierten Minderheit.
**Getty,** J(ean) Paul, amerik. Industrieller, * 15. 12. 1892 Minneapolis, † 6. 6. 1976 Sutton Place (England); tätig im Erdöl-, Transport- und Versicherungsgeschäft.
**Getty Museum** [- mjuzɪəm] *(J. Paul Getty Museum),* von J. P. →Getty 1953 in Malibu (CA) gegr. Museum, der ›Villa dei Papiri‹ in Herculaneum nachgebaut; die Sammlung enthält u. a. Werke aus der Antike, Gemälde von der Renaissance bis zum 19. Jh. sowie frz. Kunsthandwerk.
**Gettysburg** [-bəg], Stadt in Pennsylvania (USA), südwestl. von Harrisburg, mit 7500 E.; 1863 entscheidende Niederlage der Südstaatler im →Sezessionskrieg, bei der Totenfeier berühmte Rede A. →Lincolns *(G.-Address);* das Gelände wurde 1895 zum ›National Military Park‹ erklärt.
**Getxo** [xɛtxo], Industriestadt an der nordspan. →Riasküste nahe Bilbao, 80 000 E., in der span. Provinz Vizcaya.
**Getz,** Stan (eigtl. *Stanley Gayetzsky),* amerik. Jazzsaxophonist, * 2. 2. 1927 Philadelphia (PA), † 6. 6. 1991 Malibu (CA); Saxophonist des →Cool Jazz, berühmt für seine Improvisationen und seinen trocken-vibratolosen, aber weichen Klang; er leitete die Synthese von Jazz und brasil. Musik mit Titeln wie ›One Note Samba‹ (62) oder ›The Girl from Ipanema‹ (64) ein (→Bossanova).

**Geulincx** [xøliŋks], Arnold, niederl. Philosoph, Physiker, * 31. 1. 1624 Antwerpen, † Nov. 1669 Leiden; Hauptgründer des →Okkasionalismus (in Fortführung des Descartesschen Dualismus von Körper und Geist): Gott ist Ursache für die Gleichzeitigkeit der korrespondierenden leibl. und seel. Funktionen; auch die Erkenntnis der Welt geschieht nur in ihm, dem der Mensch sich ganz hinzugeben hat. Vertrat eine am Begriff der Pflicht orientierte Ethik und forderte die Ergebung in den Weltlauf.
**Geum** →Nelkenwurz.
**Geusen** [niederl. xøsə, aus frz. gueux ›Bettler‹], die niederl. Freiheitskämpfer gegen die span. Herrschaft in der 2. Hälfte des 16. Jh.
**Geush Urvan** [awest. geuʃ - ›Seele des Rindes‹] *(Goshurvan, Goshurun),* in der iran. Mythologie der Wächter über die Rinder.
**Gevaert** [xeva:rt], François Auguste Baron, belg. (fläm.) Komponist und Musikwissenschaftler, * 31. 7. 1828 Heusden (bei Gent), † 24. 12. 1908 Brüssel; 1867 Musikdirektor der Pariser Grand Opéra; 71 Direktor des Konservatoriums Brüssel; unter seinen Kompositionen (7 Opern, 3 Kantaten) ragt die Kantate ›De nationale verjaerdag‹ (57) hervor; bed. Arbeiten zur Musikgeschichte, bes. zum Gregorianischen Gesang, zur Kirchenmusik und Instrumentation.
**Gevaert Photo-Producten N.V.** [xeva:rt -] →Agfa-Gevaert.
**Gevelsberg,** Industriestadt im Ennepe-Ruhr-Kreis, Reg.-Bezirk Arnsberg, Nordrh.-Westf., an der Ennepe südwestl. von Hagen, 33 000 E.; Metall-, Metallwaren- und Maschinen-Ind., Gerätebau, Kunststoffverarbeitung.
**Geviert, 1)** *Erdbau:* geschlossener Rahmen aus Rundhölzern oder Stahlprofilen, im Berg- und Tunnelbau zum Ausbau von Strecken unter starkem Gebirgsdruck oder als Sonderbauart des Türstocks; **3)** *Druckwesen:* nicht mitdruckendes Ausschlußstück mit quadrat. Grundfläche aus Schriftmetall (→Letter).
**Geviertschein,** *Astronomie:* Stel-

# Gewalt

lung eines Planeten, wenn er, von der Erde aus gesehen, zur Sonne im rechten Winkel steht; →Quadratur.
**Gewächshaus,** zur Anzucht oder Überwinterung von Pflanzen bestimmter Raum mit Wänden aus Glas, transparentem Kunststoff oder Folie, in der Regel mit Heizung, Lüftungs- oder Schattierungsvorrichtungen versehen; Kalthaus bis 12 °C, temperiertes Haus 12–18 °C, Warmhaus über 18 °C heizbar.
**Gewächshauspflanzen,** Bez. für Zierpflanzen, die mindestens im Winter Kälteschutz verlangen. *Warmhauspflanzen:* trop. Pflanzen, die hohe Wärme, Luftfeuchtigkeit, oft auch tiefen Schatten brauchen; bei uns nur in ständig geheiztem →Gewächshaus (z. B. viele Orchideen, Bromelien und Aronstabgewächse). *Kalthauspflanzen:* Pflanzen, die frostfrei überwintert werden müssen; zahlr. →mediterrane, ostasiat. und austr. Arten (z. B. Akazie, Drachenbaum, Fuchsie, Geranie, Myrte, Lorbeer). Temperiertes *Lauwarmhaus* (mit rd. 12 bis 20 °C) verlangen bes. während der kalten Jahreszeit subtrop. Pflanzen (z. B. viele Palmen).
**Gewaff,** die vier Eckzähne beim männl. →Schwarzwild.
**Gewährleistung, 1)** die Haftung des Verkäufers für Sachmängel (→Garantie, →Kauf, →Hauptmängel); **2)** in der *Schweiz:* G. der Kantonsverfassung durch den Bund.
**Gewährsfehler,** bestimmte Tierkrankheiten, die zu Lasten eines Viehverkäufers gehen, wenn sie innerhalb einer Gewährsfrist auftreten; G. werden im Gesetz als →Hauptmängel bezeichnet.
**Gewalt, 1)** *Soziologie:* Form der Ausübung von Macht durch Anwendung von Zwangsmitteln; G. kann sowohl phys. als auch psych. ausgeübt werden. G.-Verhältnisse tragen zunächst stets einseitigen Charakter, können jedoch Gegen-G. provozieren. Allg. läßt sich G. unterscheiden in innerstaatl. (z. B. Justiz), außerstaatl. (z. B. Kriege), personelle und strukturelle, systembedingte G. (z. B. Ausbeutung, Un-

In jedem **Gewächshaus** lassen sich dank moderner Technik Lichteinfall, Temperatur und Luftfeuchtigkeit nach Belieben regeln.

terdrückung von Minderheiten). Das Moment der G. durchzieht die ganze Menschheitsgeschichte; ebenso durchgängig sind Versuche, alternative Konfliktmodelle zu entwickeln, wie auch Versuche, G. zu rechtfertigen (›gerechter Krieg‹, ›heiliger Krieg‹).
**2)** *Staatsrecht:* (lat. *potestas*), G. tritt in versch. Erscheinungsformen auf, z. B. als Amts-G., Staats-G., richterl. G., milit. G.; alle G.-Träger bedürfen sachl. oder personaler Mittel, um im Falle der Gehorsamsverweigerung entspr. differenzierte G.-Anwendungen durchführen zu können. Staats-G. war unter dem →Absolutismus als Ausdruck legitimer Herrschaft als gleichsam sakrosankt anerkannt; unter dem Einfluß bürgerlicher und revolutionärer Freiheitsforderungen und unter dem Eindruck vielfältigen Machtmißbrauchs wurde sie zunehmend verrechtlicht. Insbes. die Anwendung von G. in internat. Auseinandersetzungen wird heute prinzipiell abgelehnt. In Rechtsstaaten unterliegt die staatl. G. immer rechtl. Bindungen; sie wird eingeschränkt vor allem durch →Gewaltenteilung, →Grundrechte und einen umfassenden gerichtl. Rechtsschutz. Gewaltlosigkeit ist jedoch sowohl mit der Staatssicherheit wie mit der Rechtssicherheit unvereinbar; doch

# Gewaltbruch

bedarf die legitime G. stets eines sittl. Fundaments, das die christl. Staatsethik in der Ableitung aller G. von Gott findet, die aufgeklärte in der der Vernunft, die demokrat. im Gemeinwillen, der das Gemeinwohl verwirklicht (→ Gewaltmonopol des Staates).
**3)** *Zivil-, Strafrecht:* (lat. *violentia*), Gewaltsamkeit (→ Raub, → Nötigung, → Vergewaltigung). Opfer von Gewalttaten können entschädigt werden (Opferentschädigungsgesetz).
**Gewaltbruch,** Technik: → Bruch.
**Gewaltenteilung,** von der Staatslehre der → Aufklärung (→ Locke, → Montesquieu) entwickeltes Prinzip des Rechtsstaates, nach dem die drei Hauptaufgaben der Staatsgewalt, Gesetzgebung (Legislative), vollziehende Gewalt (Exekutive), Rechtsprechung (Jurisdiktion), von drei voneinander unabhängigen Staatsorganen (in der Demokratie: Parlament, Regierung, unabhängige Gerichte) wahrzunehmen sind.
**Gewaltmonopol des Staates,** das dem Staat im Interesse des inneren Friedens vorbehaltene Recht der Gewaltausübung, das er durch Polizei, Armee und Zwangsvollstreckung wahrnimmt. Dem G.d.St. korrespondiert die Friedenspflicht des Bürgers. Im Ggs. zum G. d. St. stehen → Fehde, Selbstjustiz und → Landfriedensbruch.
**Gewalt und Leidenschaft,** Film von L. → Visconti (1974) mit B. → Lancaster, S. → Mangano und H. → Berger.
**Gewaltverzicht,** tragender, aber vielfach mißachteter Grundsatz der → UN, wonach sich ihre Mitgl. in ihren gegenseitigen Beziehungen der Androhung oder Anwendung von Gewalt zu enthalten haben. Ideolog. und polit. Gegensätze haben bisher eine allg. anerkannte Formulierung der Begriffe → Aggression, → Terrorismus, → Angriffskrieg verhindert. Die BR Dtld. hat den G. zum Verfassungsgebot (Art. 26 Abs. 1 GG) erhoben. Wegen des fragwürdigen Schutzes durch die UN mehren sich zwischenstaatl. G.-Verträge.
**Gewand, Das,** Monumentalfilm von H. → Koster (1953) mit R. → Burton und J. → Simmons; erster Film in → Cinemascope.
**Gewände,** Einfassung von Wandöffnungen (Fenster und Türen) durch senkrechte (Wangen, Pfosten) und waagrechte (Sturz, Schwelle) Elemente aus Natur- und Kunststein; oft reiche künstlerische Durchbildung, z. B. bei roman. und got. Kathedralen (Stufenportal).
**Gewandhaus,** im MA Lager- und Verkaufshalle der mit dem Tuchhandel beschäftigten Zünfte.
**Gewandhauschor,** 1869 in Leipzig zur Urauff. von Brahms' ›Deutschem Requiem‹ gegr. Chor; enge Zusammenarbeit mit dem Gewandhausorchester; bed. Chorleiter u. a. Carl Reinecke (1869–95), Arthur Nikisch (1895–1920), Karl Straube (20–32), Günter Ramin (33–34, 45–51), Andreas Pieske (65–80), Georg Christoph Biller (80–91).
**Gewandhausorchester,** 1781 gegr. Orchester in Leipzig; Nachfolger der 43 gegr. ›Großen Konzert-Gesellschaft‹; 1881–84 Bau des zweiten Konzertsaals; 8.10.1981 Einweihung des dritten Saals; zahlr. Unterformationen, u. a. Gewandhausquartett, Bläserquintett, ›Bach Colle-

**Gewände:** Die Goldene Pforte am Dom von Freiberg; im Bogenfeld Anbetung der Hl. Drei Könige, im Gewände die Vorfahren Christi

# Gewässerschutz

gium‹, ›Neues Bach Collegium Musicum Leipzig‹; bed. Chefdirigenten, u. a. F. Mendelssohn Bartholdy (1835–47), Niels Gade (52–53), Arthur Nikisch (1895–1922), Wilhelm Furtwängler (22–28), Bruno Walter (29–33), Hermann Abendroth (34 bis 45), Franz Konwitschny (49 bis 62), Václav Neumann (64–68), Kurt Masur (70–92).

**Gewann(e)** [ahd. ›wenden‹, ›Akkerlänge‹] *das, (Gewende)*, Unterteilung der Dorfflur in Ackerstreifen (Besitzparzellen in Gemengelage) von möglichst gleicher Breite und Länge *(G.-Flur)*.

**Gewässer,** die zusammenfassende Bez. für alle größeren natürl. Wasseransammlungen: → Ozeane und Binnen-G.; bei denen man stehende (→ See) und fließende G. (→ Fluß) unterscheidet; schließt i. w. S. auch unterirdische Wasser (→ Grundwasser, → Kluftwasser) ein. *Gewässerkunde:* → Hydrographie.

**Gewässerbelastung,** die Verminderung der Wasserqualität durch ungeklärte Abwässer und Temperaturerhöhung (→ Gewässererwärmung).

**Gewässererwärmung,** von natürl. Faktoren unabhängige Erhöhung der Gewässertemperatur; in Industrieländern häufig durch Abwärme aus Kühlprozessen verursacht.

**Gewässergüte,** Qualität eines Gewässers; Voraussetzung zur Trinkwassergewinnung und Eignung als Lebensraum für Pflanzen und Tiere; gesetzl. Norm dient der Beurteilung (→ Gewässergüteklassen).

**Gewässergüteklassen,** Einteilung von stehenden und fließenden Gewässern in 4 Qualitätsklassen nach dem Grad ihrer Verunreinigung (Gütestufe I: nicht oder kaum verunreinigt, II: mäßig verunreinigt, III: stark verunreinigt, IV: sehr stark verunreinigt.); Beurteilung von Seen erfolgt nach dem Nährstoffangebot, von Flüssen nach dem Vorkommen von → Saprobien.

**Gewässersanierung,** Programme zur Verbesserung der Wasserqualität; eine Abnahme der Verschmutzung soll durch bessere Klärprozesse und Selbstreinigung der Gewässer erzielt werden.

**Gewässerschutz,** alle Maßnahmen zum Schutz oberirdischer fließender oder stehender Gewässer (einschl. Küstengewässer und Hoher See) sowie des Grundwassers vor Verunreinigungen durch Abwasser, Abfälle u. a. wassergefährdende Stoffe (z. B. Pflanzenschutzmittel, Substanzen mit radioaktiver Strahlung). In der BR Dtld. geregelt u. a. durch das Wasserhaushalts- und Wassersicherstellungsgesetz (→ Wasserrecht), das Waschmittelgesetz über die Abbaubarkeit anionischer und nichtionischer grenzflächenaktiver Stoffe, das Abwasserabgabengesetz (→ Abwasserabgabe) über die Einleitung häusl., gewerbl. und landw. Schmutz- und Niederschlagswässer und das Gesetz über das Internat. Übereinkommen zur Verhütung der Verschmutzung der See durch Öl. Ziel des G. ist eine optimale volkswirtschaftl. Nutzung des in seiner Ge-

**Gewandhaus:** Seit Oktober 1981 wieder musikalischer Mittelpunkt der Messestadt Leipzig ist das Neue Gewandhaus, das anstelle des traditionsreichen Gewandhauses aus dem 15. Jh. errichtet wurde und mit seinem großartigen Konzertsaal akustisch wie architektonisch internationalen Ansprüchen gerecht wird. Abgebildet sind die Münchner Philharmoniker unter Sergiu Celibidache.

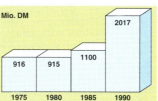

**Gewässerschutz:** Entwicklung der Investitionen in Deutschland (früheres Bundesgebiet seit 1975)

3611

## Gewässerschutzbeauftragter

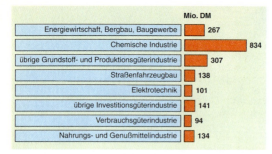

Zusammensetzung der Investitionen in den **Gewässerschutz** nach wichtigsten Industriebereichen

samtmenge prakt. konstant bleibenden Oberflächen- und Grundwassers; *Österr.*: ähnl. (insbes. Wasserrechtsgesetz – WRG 1959), *Schweiz*: G.-Gesetz vom 24.1.1991 (→Gewässergüteklassen, →Umweltschutz).

**Gewässerschutzbeauftragter,** von Betrieben, die in größerem Umfang Abwässer in Gewässer einleiten, zu bestellender Beauftragter, der die Interessen des Umweltschutzes wahrzunehmen hat. Bei Investitionsentscheidungen muß er gehört werden (§ 21a, b Wasserhaushaltsgesetz).

**Gewässeruntersuchung,** eine Maßnahme zur Bestimmung des Verschmutzungsgrades eines Gewässers.

**Gewässerverschmutzung,** von natürl. Faktoren unabhängige Verunreinigung eines Gewässers durch eingebrachte Schadstoffe; Hauptverursacher sind insbes. Phosphate sowie Industrie- und Haushaltsabwässer.

**Gewebe, 1)** *Biol.*: aus annähernd gleichartigen Zellen bestehende Zellverbände, die, in bestimmter Weise zusammengefügt, die Organe der mehrzelligen Lebewesen aufbauen. Bei *Mensch* und *Tier* unterscheidet man: →Epithel-G., →Muskel-G., Stütz- oder →Binde-G., →Nerven-G. Bei *Pflanzen* stehen die teilungsfähigen →Bildungs-G. den nicht mehr teilungsfähigen Dauer-G. gegenüber. Die wichtigsten unter den Dauer-G.: Grund-G. (→Parenchym), Abschluß-G. (→Epidermis, →Endodermis, →Borke), Festigungs-G. (→Kollenchym, →Sklerenchym),

→Leit-G., Ausscheidungs-G. und Drüsen-G.
**2)** *Weberei:* Erzeugnis aus sich kreuzenden, über- und untereinander geführten Fäden (→Bindung), die eine Fläche bilden. Art und Eigenschaften sind von Fadenmaterial (bes. Wolle, Baumwolle, Flachs, Seide, Kunstfasern), Bindungsart und Gewebedichte abhängig, heute vorwiegend auf mechanischen Webstühlen hergestellt; verwendet vornehmlich als Kleiderstoffe und industrielle Gewebe (Säcke, Tücher, Gurte u. ä.).

**Gewebebank,** Einrichtung, die konservierte menschl. Gewebe zur Verpflanzung auf Abruf bereithält (→Transplantation).

**Gewebeentstauber,** *Chemie:* die zur Feinstaubabscheidung bei Wirbelschichtfeuerungen eingesetzten schlauchförmigen Filter aus speziellen Filtermaterialien.

**Gewebekultur,** Methode zur Pflanzenvermehrung, bei der unterschiedliche Pflanzenteile, häufig →Bildungsgewebe, steril auf die Nährmedien kultiviert werden; dadurch wird eine Massenvermehrung neuer Züchtungen ermöglicht.

**Gewebelehre** →Histologie.
**Gewebetiere** →Metazoen.
**Gewebezüchtung** →Zellkultur.

**Gewebshormone,** Stoffe des Körpers, die wie →Hormone in kleinster Menge spezif. Wirkungen entfalten und mit dem Blut zum Wirkungsort gelangen, die aber im Ggs. zu den echten Hormonen nicht in spezialisierten inkretor. Drüsen gebildet werden. Das *Sekretin* z.B. entsteht in der Schleimhaut des Zwölffingerdarms und regt die Bauchspeicheldrüse zur Sekretion an, das *Cholecystokinin* stimuliert die Gallenblase, das *Gastrin* die Sekretion des Magensaftes. Stoffe, die am Ort ihrer Entstehung selbst wirken, wie →Histamin, →Serotonin, werden fälschl. zu den G. gezählt.

**Gewebstod** →Nekrose.
**Gewebsverpflanzung,** wenig gebräuchl. Form für →Transplantation.
**Gewebsverträglichkeit** *(Histokompatibilität),* Verträglichkeit zw. Empfänger- und Spendergewebe

# Gewerbe

bei Transplantationen (→ Histokompatibilitätsantigene).
**Gewehr,** beidhändige → Handfeuerwaffe.
**Gewehre,** die aus dem → Gebräche des männl. → Schwarzwildes hervorstehenden langen Unterkiefereckzähne (Hauer).
**Gewehrgranate,** mit → Sprengstoff, chem. Kampfmitteln oder anderen Stoffen gefüllter Wurfkörper, dessen mit → Zünder versehener Stiel zum Abschuß in die Rohrmündung eines Gewehres gesteckt oder mittels eines Zusatzgeräts *(Schießbecher, G.-Gerät)* an ihr befestigt wird.
**Gewehrschießen,** im Schießsport Wettbewerbe für Luftgewehre, Kleinkalibergewehre (bis 5,6 mm), Großkalibergewehre (bis 8 mm) und Schrotgewehre.
**Geweih,** ein Paar knöcherne Auswüchse auf Knochenzapfen *(Rosenstöcken)* der Stirnbeine bei männl. hirschartigen Wiederkäuern (außer → Wasserreh und → Moschustier), beim → Rentier auch beim Weibchen; wird periodisch, bei Hirschen der gemäßigten Zonen alljährlich neu gebildet. Das G. wächst unter schützendem Fell *(Bast)* heran. Vor der Brunft bremst ein männl. Geschlechtshormon das Wachstum, G. und Bast sterben ab. Der Bast wird mit den Hufen der Hinterfüße abgekratzt und durch *Fegen* (Scheuern und Schlagen des G. gegen Bäume und Büsche) abgestreift. Fehlen infolge von Verletzung oder Erkrankung der Hoden die für den G.-Zyklus maßgebenden Hormone,
wächst entweder kein G. oder ein Perücken-G., wuchernde Strukturen, die immer von Bast bedeckt sind und nie verfegt werden. Die Form des G. ist artverschieden und häufig altersabhängig. Mit zunehmendem Alter wird es z. B. beim Rothirsch jährl. größer und reicher verzweigt *(Spießer, Gabler, Sechs-, Acht-, Zehn-, Zwölfender)* und erst im Greisenalter wieder kleiner (zurückgesetzt). Jede G.-Hälfte *(Stange)* trägt an der Basis einen Kranz von kleinen Auswüchsen *(Rose);* die Sprossen oder *Enden* werden von unten nach oben als *Augsprosse, Eissprosse, Mittelsprosse* und *Endsprosse* bezeichnet. Wenn der obere Teil des G. drei oder mehr Enden aufweist, bezeichnet man ihn als *Krone.* Die Jäger nennen das G. des Rothirsches auch *Gefänge,* das des Rehbocks *Gehörn* (Gewichtel, Krone) und das plattenförmige G. des Elches und Damhirsches *Schaufeln.*
**Geweihfarn** *(Platycerium),* baumbewohnende trop. Farngattung mit geweihähnlichen Wedeln; Zimmerpflanze für schattige Fenster.
**Geweihschwamm** *(Axinella damicornis),* bis 1 m hoher, stark verzweigter goldgelber Hornschwamm (→ Schwämme); Mittelmeer.
**Gewende** → Gewann(e).
**Gewerbe,** i. w. S. jede erlaubte, dauernde, selbständige, auf Erwerb gerichtete Tätigkeit; i. e. S. die rohstoffbe- und -verarbeitende Tätigkeit in → Industrie und → Handwerk (Landw., Forstwirtschaft und Fischerei sowie Handel, Verkehr und

⬛ **Geweihschwamm:** Bild → Schwämme

**Geweih: 1 – 5** Reh: **1** Knopfbock, **2** Spießer, **3** Gabler, **4** Sechser im Bast, **5** Sechser, Bast abgefegt; **6 – 11** Rothirsch: **6** Spießer, **7** Sechser, **8** Achtender, **9** Kronenzwölfer, **a** Rosenstock, **b** Rose, **c** Aug-, **d** Eis-, **e** Mittel-, **f** Gabel-, **g** Kronensproß, **h** Spieß (*f, g, h* Krone), **10** mit abgeworfenem Geweih, **11** Achtender im Bast; **12** Damhirsch mit Schautelgeweih (Hauptschaufler); **13** Ren (Geweihform wechselnd und asymmetrisch); **14** Elch, kapitaler Schaufler mit Schaufelgeweih (**12** und **14** ab sechs Jahre)

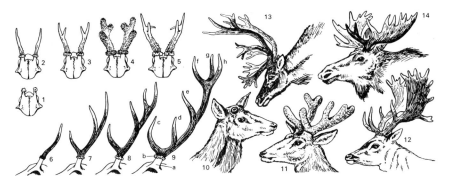

3613

## Gewerbeabfälle

andere Dienstleistungsunternehmen zählen nicht zum G. i. e. S.). Gesetzl. Regelung in der →Gewerbeordnung (→Gewerbepolitik).

**Gewerbeabfälle,** Industriemüll mit geringen Wiederverwertungseigenschaften; wegen der großen Menge und hoher Schadstoffkonzentration oft nur von Spezialunternehmen entsorgbar.

**Gewerbeaufsicht** (früher: *Fabrik-, Arbeitsinspektion*), Überwachung der Einhaltung der Arbeitsschutzvorschriften; obliegt in der Regel den örtl. G.-Ämtern (§§ 139 b, g GewO), denen landesrechtl. Regelungen auch weitere Aufgaben übertragen können. – In *Österr.* wird die G. durch Arbeitsinspektoren ausgeübt; *Schweiz* ebenso.

**Gewerbeaufsichtsamt,** staatliche Kontrollbehörde mit Abteilungen für Arbeits- und Umweltschutz.

**Gewerbefreiheit,** Berechtigung zur Ausübung eines →Gewerbes oder Berufs ohne besondere Genehmigung an jedem beliebigen Ort. Das Prinzip der G. entwickelte sich unter dem Einfluß des wirtschaftl. Liberalismus und löste den mittelalterl. Zunftzwang ab. Erstm. in Frkr. nach 1789 verwirklicht, in Dtld. durch die →Gewerbeordnung von 1869 eingeführt, nach 1933 zum größten Teil abgeschafft. In der BR Dtld. heute durch Art. 12 GG garantiert, in *Österr.* durch Art. 6 des Staatsgrundgesetzes über die allg. Rechte der Staatsbürger, in der *Schweiz* durch Art. 31 BV. Ausnahmen und Beschränkungen in Bereichen, in denen es das öffentl. Interesse gebietet (Ärzte, Apotheken, Gaststätten, Sprengstoffhandel).

**Gewerbegebiet,** im Flächennutzungsplan einer Gemeinde auszuweisendes Bebauungsgebiet, das der gewerblichen Nutzung vorbehalten ist.

**Gewerbehygiene,** Bekämpfung gesundheitsschädl. Arbeitsbedingungen, um →Berufskrankheiten und Frühinvalidität zu verhindern; obliegt staatl. Gewerbeaufsicht.

**Gewerbekammern** →Handwerkskammern.

**Gewerbekrankheit,** frühere Bez. für →Berufskrankheit.

**Gewerbelehrer,** ehem. Berufs-Bez. für Lehrer, die in gewerblichen oder hauswirtschaftlichen Berufsschulen (→Berufs-, Fach- und Hochschulwesen) unterrichten. Heute →Studienrat an berufsbildenden Schulen gewerbl.-techn. Fachrichtung.

**Gewerbemedizin,** moderne Fachrichtung der Medizin: →Arbeitsmedizin.

**Gewerbeordnung** *(GewO),* BR Dtld.: Gesetz vom 21.6.1869/ 26.7.1900 mit zahlr. späteren Änderungen und Ergänzungen, zuletzt i. d. F. vom 1.1.1987, regelt das Gewerberecht: Bestimmungen über Zulassung, Umfang und Ausübung eines Gewerbes, Marktverkehr, Arbeitsschutz, Strafen. Nach Art. 125 GG geltendes Bundesrecht. *Österr.:* G. von 1973 mit zahlreichen Novellen.

**Gewerbepolitik,** Teil der Wirtschaftspolitik ohne fest umrissenen Inhalt. Der Begriff G. ist heute durch den ebenfalls nicht eindeutig definierten Begriff →Mittelstandspolitik abgelöst.

**Gewerbesteuer,** durch das G.-Gesetz in der Fassung vom 14.5.1984 (zuletzt geändert durch Steuerreformgesetz 1990) geregelte →Gemeindesteuer, der alle inländischen Gewerbebetriebe im Sinne des Einkommensteuergesetzes unterliegen. Als Besteuerungsgrundlage dienen nebeneinander der Gewerbeertrag (nach §§ 7 ff. GewO der um Hinzurechnungen und Kürzungen korrigierte Gewinn aus dem Gewerbebetrieb) und das Gewerbekapital (nach § 12 GewO der um Hinzurechnungen und Kürzungen korrigierte →Einheitswert des Betriebsvermögens am Ende des Erhebungszeitraums). Durch Anwendung der Steuermeßzahlen (Steuersatz) auf Gewerbeertrag und Gewerbekapital werden die →Steuermeßbeträge für den Erhebungszeitraum ermittelt. Die G.-Schuld ergibt sich durch Anwendung des von den Gemeinden jährl. neu festgesetzten Hebesatzes auf den Steuermeßbetrag. Die Bedeutung der G. für die →Gemeindehaushalte sowie das regional sehr unterschiedl. G.-Aufkommen sind v. a. Ursache für Re-

# Gewerkschaften

formbestrebungen bei der Gewerbebesteuerung. – Ähnl. in *Österr.* (G.-Gesetz vom 3.12.1953): Die Erhebung der G. nach Gewerbeertrag und -kapital obliegt den Finanzämtern der Bundesverwaltung, die Lohnsummensteuer ist als Selbstzahlerabgabe ausgebildet. Neben der G. wird eine Bundes-G. erhoben. In der *Schweiz* gibt es keine spezielle G. Hingegen unterliegen Gewinn wie Kapital jurist. Personen der Einkommensbesteuerung durch Bund und Kantone.

**Gewerbesteuerumlage,** Umlage, durch die Bund und Länder am Aufkommen der Gewerbesteuer beteiligt werden (Art. 106 VI GG).

**gewerbliche Kreditgenossenschaft** →Volksbanken, →Kreditgenossenschaft.

**gewerblicher Rechtsschutz,** Bez. für alle Vorschriften zum Schutze von techn. Erfindungen, Mustern, Warenzeichen, Firmen-Bez. (→Patent, →Geschmacks-, Gebrauchsmuster, →Warenzeichen, →unlauterer Wettbewerb).

**Gewerbsmäßigkeit,** im dt., österr. und schweiz. Strafrecht die Begehung strafbarer Handlungen in der Absicht, sich durch wiederholte Begehung eine nicht nur vorübergehende Einnahmequelle zu verschaffen. Bei einigen Delikten wirkt die G. strafverschärfend.

**Gewere** [ahd. varjan ›wachen‹, lat. investitura], Hauptbegriff des mittelalterl. dt. Sachenrechts; bezeichnete den abschließenden Akt der Eigentumsübertragung; auch Bez. für den Besitz, bei unbewegl. Sachen auch für die Nutzung.

**Gewerk,** *regional:* Zweig des Bauhandwerks; *veraltet:* Zunft, Innung.

**Gewerke,** *Bergbau:* Mitgl. einer Bergbau-Genossenschaft.

**Gewerkschaft, bergrechtliche,** vor 1986 auf den Bergbau beschränkte Form einer →Kapitalgesellschaft ohne festes Grundkapital. Die bergrechtl. G. gibt es seit 86 nicht mehr. Aus ihnen hervorgegangene Kapitalgesellschaften können die Bez. weiterführen. Die Gesellschafter hießen *Gewerke,* die Mitgliedschaftsrechte (Anteile an der G.) *Kuxe.* – In *Österr.* durch Berggesetz von 1954 zum 31.12.60 aufgelöst.

**Gewerkschaften,** Vereinigungen von Arbeitnehmern mit dem Ziel, durch Zusammenschluß ihre Position gegenüber den Arbeitgebern zu stärken und eine Verbesserung der Arbeitsbedingungen (Lohnhöhe, Arbeitszeit, Jugend- und Kündi-

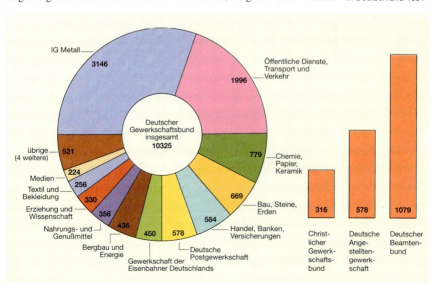

Gewerkschaften: Mitglieder (in 1000) in Deutschland 1994

## Gewerkschaftsbanken

gungsschutz) und damit ihrer wirtschaftl. und sozialen Lage zu erreichen *(Solidaritätsprinzip).* Die G. führen die Tarifverhandlungen mit den Arbeitgebern, denen sie im äußersten Fall durch die Organisation von →Streiks Nachdruck verleihen, gewähren Unterstützungen bei Krankheit, Alter und Arbeitslosigkeit, vertreten ihre Mitglieder vor den Arbeitsgerichten und betreiben Bildungsarbeit (Gewerkschaftsschulen und -Zschr.; Büchergilden; →Arbeiterbewegung). Die Gewerkschaftsbewegung begann in Dtld. um 1848 mit der Gründung lokaler Arbeiterverbände, die 54 durch einen Beschluß des →Bundestags wieder aufgelöst wurden. Nach der Aufhebung des Koalitionsverbots (61 bzw. 69) erneuter Aufschwung; (→Allgemeiner Deutscher Arbeiterverein, F. →Lassalle). Später enge Verbindung der →Freien G. mit der Sozialdemokratie. 68 Gründung der liberalen → Hirsch-Dunckerschen Gewerkvereine, beginnende Organisation christl. Arbeitervereine. 78 Unterdrückung der Gewerkschaftsbewegung durch das Bismarcksche Sozialistengesetz. Nach dessen Aufhebung 90 sprunghafter Aufstieg aller drei Richtungen der G.: 1. *Freie G.*: 1919 Gründung des →Allgemeinen Deutschen Gewerkschaftsbundes (ADGB) und des Allgemeinen Freien Angestelltenbundes (AfA-Bund), 21 des Allgemeinen Deutschen Beamtenbundes (ADB). 2. *Christliche G.*: 1899 Gründung des Gesamtverbandes der christl. G. (Vors. Adam Stegerwald), seit 1919 Deutscher Gewerkschaftsbund (DGB). 3. *Hirsch-Dunckersche Gewerkvereine.* Von 1933 bis 45 Verbot der G., 45 wiedererrichtet. 49 Gründung des →Deutschen Gewerkschaftsbundes, der 16 Einzel.-G. umfaßt. Daneben →Deutsche Angestelltengewerkschaft und →Christlicher Gewerkschaftsbund Deutschlands. Der Freie Deutsche Gewerkschaftsbund (→FDGB, gegr. 1946) war die Einheits-G. der DDR. In *Österr.* ähnl. Entwicklung wie in Dtld.; 1906 Gründung der Zentralkommission der christl. G., 1928 des Bundes der freien G. (→österreichische Gewerkschaften). In der *Schweiz* erste Zusammenschlüsse um 1850. Neben dem Schweiz. Gewerkschaftsbund (80 gegr., 15 angeschlossene Teilverbände) bestehen der Christlichnationale Gewerkschaftsbund der Schweiz (1907), die Vereinigung Schweiz. Angestelltenverbände (18), der Landesverband freier Schweizer Arbeiter (19) und der Schweizer Verband ev. Arbeitnehmer (20). Internationale G.-Organisationen: →Internationaler Bund Freier Gewerkschaften, →Weltverband der Arbeitnehmer.

**Gewerkschaftsbanken** →Gemeinwirtschaftsbanken.
**Gewerkschaftsbund für Arbeiter und Angestellte** →österreichische Gewerkschaften.
**Gewese, 1)** *niederdt.:* Anwesen; **2)** *umgangssprachl.:* Getue.
**Gewicht, 1)** *Physik:* (Gewichtskraft), Formelzeichen G, diejenige Kraft, die eine Masse im Schwerefeld (→Gravitation) eines Körpers (Erde, Mond) auf ihre Unterlage ausübt bzw. die ihm eine Fallbeschleunigung erteilt; das G. ist auch auf der Erde geringfügig ortsabhängig. Nach I. →Newton ist Gewicht = Masse × örtliche Fallbeschleunigung ($G = m \cdot g$). Als die Normalfallbeschleunigung (→Fall) an der Erdoberfläche ist der Wert $g_n = 9,80665$ m/s² internat. festgelegt. – In Handel und Wirtschaft wird zw. Masse und G. in der Regel nicht unterschieden und beides in g

**Gewerkschaften:** sinnbildliche Darstellung des Zusammenschlusses der Gewerkschaften im Transportgewerbe

# Gewichtsmaße

**Gewichtheben: Reißen**

**Gewichtheben: Stoßen**

oder kg angegeben; die Technik hat früher für das G. die Einheit kp (Kilopond) verwendet (1 kp = Gewichtskraft einer Masse von 1 kg bei Normalfallbeschleunigung). Nach dem neuen Gesetz über Einheiten im Meßwesen ist seit 1.1.1978 nur noch die Einheit N *(Newton)* zulässig:
$1\,N = 1\,kg \cdot m/s^2$; $1\,kp \approx 9{,}806\,N$.
**2)** *Handel:* Gewichtstück oder Wägestück; die im Handel verwendeten G. müssen geeicht sein. Dies geschieht durch Vergleich mit einem Normal-G.
**3)** *Math.:* Bedeutung einer Größe im Vergleich zu einer entsprechenden anderen.

**Gewichtheben,** eine Sportart der Schwerathletik; das Heben und das Zur-Hochstrecke-Bringen von →Hanteln durch beidarmiges →Reißen oder beidarmiges →Stoßen. Beim *Reißen* muß die Hantel in ununterbrochener Bewegung vom Boden in die Hochstrecke gebracht werden; beim *Stoßen* wird die Hantel zunächst durch Umsetzen in die Brusthöhe und erst in einer zweiten Phase weiter in die Hochstrecke gebracht. G. wird wettkampfmäßig als olympischer Zweikampf in zehn →Gewichtsklassen durchgeführt. G. ist auch wichtiger Bestandteil des →Krafttrainings in allen Sportarten.

**Gewichtsanalyse** *(Gravimetrie),* Teilgebiet der →chemischen Analyse, deren Durchführung auf Wägung beruht. Dazu müssen die betreffenden Substanzen in eine wägbare, gewichtsbeständige und reine Form übergeführt werden, die Fällungen (→Ausfällen) müssen vollständig (quantitativ) sein und dürfen keine Fremdsubstanzen mehr enthalten (z. B. Wasser oder Bestandteile der Glasgefäße). Vollständige Trocknung oder Beständigkeit wird oft erst durch Ausglühen erhalten, wobei der Niederschlag mitsamt einem Filter von vernachlässigbarem Aschengewicht im Porzellantiegel geglüht wird. Aus den mit →Analysenwaagen gewogenen Verbindungen lassen sich die einzelnen Bestandteile mittels →Stöchiometrie berechnen (→Thermogravimetrie).

**Gewichtsausgleich,** *Pferdesport:* bei →Ausgleichsrennen vorgenommener Ausgleich der Gewinnaussichten durch Anbringen von Gewichten am Sattel der Pferde.

**Gewichtsklassen,** nach dem Körpergewicht festgelegte Einstufung der Wettkämpfer beim Boxen, Gewichtheben, Ringen, →Rasenkraftsport und bei Kampfsportarten (→Budo).

**Gewichtskraft,** das auf eine Masse wirkende →Gewicht.

**Gewichtsmaße,** die →Maßeinheiten des Gewichts, gesetzl. zulässig ist nur die Einheit Newton (N), da

## Gewichtszunahme bzw. -abnahme

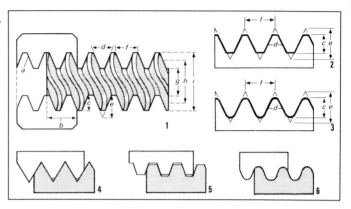

**Gewinde: 1** Gewindemutter mit eingängiger Schraubenspindel, *a* Innengewinde der Mutter, *b* Länge des eingeschraubten Außengewindes (Einschraublänge), *c* Gewindetiefe, *d* Flankenwinkel, *e* theoretische Dreieckssteghöhe, *f* Steigung des Gewindegangs, *g* Kerndurchmesser, *h* Flankendurchmesser bei halber Steghöhe, *i* Außendurchmesser; **2** metrisches Gewinde, *c* tatsächliche Steghöhe; *d* Flankenwinkel 60°, *e* theoretische Steghöhe, *f* Steigung; **3** Whitworth-Gewinde, *c* tatsächliche Steghöhe, *d* Flankenwinkel 55°, *e* theoretische Steghöhe, *f* Steigung; **4** dichtendes Spitzgewinde für Rohre; **5** Trapezgewinde; **6** Rundgewinde für besonders feingängigen und genauen Lauf

aber im tägl. (erdgebundenen) Leben kein Unterschied zw. Gewicht und Masse gemacht werden muß, dienen die Massenmaße (Gramm, Kilogramm und Tonne) fälschlich meist zur Gewichtsangabe eines Körpers.
■ **Gewichtszunahme bzw. -abnahme**, s. ›Praxistip Gesundheit‹.
**Gewinde,** auf der Außenfläche zylindrischer, seltener auch konischer Rundkörper *(Außen-G.)* bzw. der Innenwandung von zylindrischen bzw. konischen Löchern *(Innen-G.)* schraubenförmig in gleichem Abstand eingeschnittene Nuten, zwischen denen Stege stehenbleiben.

Bei *Rechts-G.* steigt die Schraubenlinie nach rechts, bei *Links-G.* nach links an. Nach Anzahl der nebeneinanderliegenden Schraubenlinien unterscheidet man ein- und mehrgängige G. (für größere Steigung), nach der Form des schraubenförmigen Profils *Spitz-G.* (meist für Befestigungs-G.), *Flach-, Trapez-, Sägezahn-, Rund-G.* (meist für Bewegungs-G., z. B. auf der Leitspindel einer →Drehmaschine). *Fein-G.* sind Spitz-G. mit geringer Tiefe und Steigung, zu ihnen zählt das *Gas-G.* (gute Dichtung). *Schneid-G.* sollen sich das Gegen-G. (Innen-G.) selbst schneiden (z. B. *Holzschrauben-*

### Praxistip Gesundheit

### Gewichtszunahme bzw. -abnahme

Wenn sie nicht zuviel oder zu fett essen, wenig oder keinen Alkohol trinken und trotzdem ständig dicker werden, so kann das an den Nebenwirkungen bestimmter Medikamente liegen: →Cortison, →ACTH, Promethazin, Valproinsäure, Pizotifen und Methysergid. Bei Herz- und Nierenkranken hängt Gewichtszunahme – bedingt durch das Grundleiden – oft mit Wassereinlagerung zusammen; Schilddrüsenunterfunktion hat ebenfalls steigendes Gewicht zur Folge. Weibliche Personen nehmen – hormonell bedingt – vor der Menstruation zu. Die Gefahr überflüssiger Pfunde besteht auch, wenn sich Ihre Lebensumstände entscheidend ändern (beispielsweise Absetzen von Nikotin bzw. Übernahme einer sitzenden Tätigkeit): In solchen Fällen sollten Sie Ihre tägliche Kalorienzufuhr dieser Veränderung anpassen.
Unerklärliche Gewichtsabnahme weist auf eine Krebserkrankung, Tbc oder AIDS hin, ebenso können ein bestehender (nicht erkannter) Diabetes, eine Schilddrüsenüberfunktion oder starkes Rauchen die Ursache sein. Alle Magen- und Darmerkrankungen sind durch Appetitlosigkeit gekennzeichnet und bewirken einen Rückgang des Gewichts. Letzteres ist auch bei der →Anorexia nervosa zu beobachten; Streß und ein nervöser Magen stören häufig Nahrungsaufnahme und Verdauungsvorgang mit der Konsequenz des Abnehmens. Schließlich muß jeder Patient, der →Diuretika oder Medikamente gegen →Fettstoffwechselstörungen einnimmt, mit sinkendem Gewicht rechnen.

# Gewinnsteuer

G.). Die wichtigsten G.-Systeme für Spitz-G. sind das *metrische G.* und das *Withworth-G.*; diese beiden G. sollen durch das neue, dem metrischen ähnliche *ISO-G.* abgelöst werden.

**Gewindebohrapparat,** eine Vorrichtung, mit deren Hilfe ein Innengewinde hergestellt werden kann.

**Gewindeherstellung,** Einschneiden oder Fräsen von Gewindenuten (→ Gewinde) mit Schneideisen, Gewindebohrer, Fräsmaschinen u. ä.; in der Massenfertigung meist spanlos durch Walzen zw. Profilbacken.

**Gewindelehre,** ein Meßzeug zum Prüfen von → Gewinden; → Lehre.

**Gewinn, 1)** *Wirtschaft:* Überschuß der Erträge über die Aufwendungen (→ Gewinn- und Verlustrechnung); der Jahres-G. dient als Grundlage für die Berechnung der gewinnabhängigen Steuern (→ Einkommensteuer, → Körperschaftsteuer, → Gewerbesteuer). Er kann ausgeschüttet werden oder als Rücklage im Unternehmen verbleiben. Der effektive G. ist auf Grund von Bewertungsvorschriften und -wahlrechten mit dem sich aus den Geschäftsbüchern ergebenden Buch-G. nicht zwangsläufig identisch. Der Bilanzgewinn umfaßt auch alle nicht unmittelbar mit dem Betriebszweck zusammenhängenden Aufwendungen und Erträge. Das Streben nach dem größten G. (*G.-Maximierungsprinzip*) ist ein wesentl. Merkmal privatwirtschaftl. organisierter Wirtschaftssysteme. **2)** *Elektrotechnik:* die Differenz zwischen dem technisch erreichten Wert einer Größe und dem vorgefundenen, zu verbessernden Wert; z. B. Differenz zwischen den Abständen der → Störpegel von einem Vergleichspegel vor und nach dem Eingriff in einen Informationsfluß.

**Gewinnabführungsvertrag,** Vertrag über die Weitergabe von Gewinnen einer Aktiengesellschaft an ein anderes Unternehmen, wie üblich gegenüber Holdinggesellschaften. Der Gewinnabführungsvereinbarung muß eine entspr. Zusage über die Verlustübernahme gegenüberstehen.

**Gewinnbeteiligung** *(Erfolgsbeteiligung),* 1. Form der → Mitarbeiterbeteiligung; 2. → Tantieme.

**Gewinngemeinschaft,** Zusammenlegung des Gewinns mehrerer rechtlich selbständiger Unternehmen und Neuverteilung nach einem vereinbarten Schlüssel.

**Gewinnmaximierungsprinzip,** das Streben nach größtem → Gewinn; Ggs. → Bedarfsdeckungsprinzip.

**Gewinnschuldverschreibung** *(Gewinnobligation),* Schuldtitel einer → Aktiengesellschaft, bei der der Gläubiger nicht nur feste Verzinsung, sondern auch Beteiligung am Gewinn erhält (BR Dtld.: § 221 Aktiengesetz; die Ausgabe von G. muß von der Hauptversammlung mit einer Mehrheit von wenigstens $^3/_4$ des bei der Beschlußfassung vertretenen Grundkapitals beschlossen werden. § 174 österr. Aktiengesetz von 1965).

**Gewinnschwelle** (engl. *Break even point),* jene Produktionsgröße, bei der der Erlös gerade die Kosten deckt und über die hinaus das Unternehmen in die Gewinnzone kommt. Die G. wächst mit den Fixkosten, d. h. mit der Größe des Produktionsapparats.

**Gewinnsteuer,** *Schweiz:* in den meisten Kt. übliche Besteuerung von Gewinnen, die beim Verkauf von Grundstücken und Wertpapie-

● Bild Seite 3620

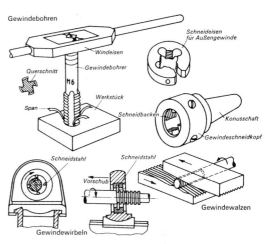

**Gewindeherstellung:** Die üblichen Verfahren sind das Gewindebohren, das Gewindeschneiden mit dem Schneideisen, das Gewindewirbeln und das Gewindewalzen; letzteres wird vor allem in der Massenproduktion eingesetzt.

# Gewinn- und Verlustrechnung

**Gewinnmaximierungsprinzip:** Die Unternehmung kann ihren Gewinn durch Ausdehnung der Produktmenge vergrößern, solange die Grenzkosten geringer sind als der Grenzerlös. Das Gewinnmaximum liegt dort, wo die Grenzkosten und der Grenzerlös gleich groß sind, d. h., wo die Grenzkostenkurve die Grenzerlöskurve (hier Preislinie) von unten schneidet. Bei dieser Produktmenge liegt die Kostenkurve am weitesten unter der Erlöskurve.

ren erzielt werden; diese Gewinne unterliegen der Einkommensteuer oder bilden einen gesonderten Steuertatbestand. **Gewinn- und Verlustrechnung,** Gegenüberstellung der Erträge und Aufwendungen eines Unternehmens am Ende eines Rechnungsjahres. Aus dem Saldo der G. u. V. ergibt sich der Gewinn bei Überwiegen der Erträge bzw. der Verlust bei Überwiegen der Aufwendungen. Die G. u. V. ist Bestandteil des →Jahresabschlusses und in Kapitalgesellschaften entsprechend der Gliederungsvorschrift des § 275 HGB (eingefügt durch Bilanzrichtliniengesetz vom 19.12. 1985) aufzustellen. Die Unternehmen haben die (einmalige) Wahlmöglichkeit zw. dem älteren, auf Kostenartenrechnung aufbauenden *Gesamtkostenverfahren* und dem internat. üblicheren Kostenstellenrechnung voraussetzenden *Umsatzkostenverfahren.* Die zum gleichen Resultat führenden Verfahren unterscheiden sich in der Ermittlung des Betriebsergebnisses: Während beim Gesamtkostenverfahren den Umsatzerlösen – vermehrt um die Bestandsänderungen bei fertigen und unfertigen Erzeugnissen, um die anderen aktivierten Eigenleistungen und um die sonstigen betriebl. Erträge – der gesamte Material- und Personalaufwand, die Abschreibungen und die sonstigen betrieblichen Aufwendungen gegenübergestellt werden, stehen beim Umsatzkostenverfahren den Umsatzerlösen zunächst nur die Herstellungskosten der zur Erzielung dieser Umsatzerlöse nötigen Leistungen gegenüber. Von dieser als *Bruttoergebnis vom Umsatz* ausgewiesenen Differenz kommen dann die Vertriebskosten und die allg. Verwaltungskosten zum Abzug; hinzugefügt bzw. abgesetzt werden schließl. die sonstigen betriebl. Erträge und die sonstigen betriebl. Aufwendungen. Die Gliederung der übrigen Teile (Finanzerträge und -aufwendungen, außerordentl. Erträge und Aufwendungen, Steuern) ist bei beiden Verfahren gleich. Als Zwischenresultate werden ausgewiesen das *Ergebnis der gewöhnlichen Geschäftstätigkeit* (Summe aus Betriebsergebnis und Finanzergebnis) und das *außerordentliche Ergebnis* (Differenz zw. außerordentlichen Erträgen und außerordentlichen Aufwendungen). Kleine und mittelgroße Unternehmen können bestimmte Posten als *Rohergebnis* zusammenfassen, und zwar beim Gesamtkostenverfahren die Umsatzerlöse mit den Bestandsänderungen, den anderen aktivierten Eigenleistungen und den sonstigen betriebl. Aufwendungen, beim Umsatzkostenverfahren die Umsatzerlöse mit den erlösbezogenen Herstellungskosten und ebenfalls den sonstigen betriebl. Aufwendungen (§ 276 HGB). – Österr.: Rechtsgrundlage § 193 HGB; Schweiz: keine gesetzl. Vorschriften über die Gliederung.

**Gewinnungskosten,** Schweiz: Aufwendungen zur Erzielung eines Einkommens; bei der Einkommensbesteuerung abzugsberechtigt.

**Gewinnvortrag,** Übernahme eines nicht ausgeschütteten Teils des Jahresgewinns einer Kapital-Ges. in

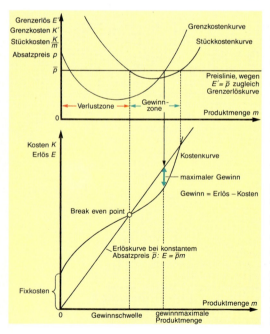

# Gewitter

die Bilanz und die Gewinn- und Verlustrechnung des kommenden Jahres (→Verlustvortrag).

**Gewirk,** durch Verschlingung eines oder mehrerer fortlaufender Fäden ähnl. dem →Stricken entstehendes Textilerzeugnis (Maschenware), das eine Fläche bildet; auf Wirkmaschinen hergestellt. *Kulierware* ist aus einem Faden gewirkt, bei der *Kettware* verschlingen sich viele parallel verlaufende Fäden zu Maschen.

**Gewissen,** allg. die Einsicht in das sittl. Gute überhaupt und die daraus sich ergebende Verpflichtung für das freie menschl. Handeln; i. e. S. das sittl. Urteilsvermögen, das den einzelnen in seinem personalen Handeln bindet und das sich auf Grund eines Abwägens zw. den wählbaren Werten vor jeder sittl. Tat gutheißend oder warnend, nach der Tat bestätigend oder verwerfend (in →Reue, Schuldgefühl, Antrieb zur Wiedergutmachung usw.) manifestiert. Häufig wird es als ›innere Stimme‹ bezeichnet. Das G. ist Ausdruck einer Wert- und Normwelt, die in den einzelnen Kulturen sehr versch. ist (→Über-Ich). Die Begründung der Normen erfolgt entweder relig. (in einem göttl. Willen) oder sozial-ethisch (aus der Normbedürftigkeit des Menschen und gesellschaftl. Erfordernissen). Eine rein philosoph. Begründung des G. aus der existentialen Verfassung des Menschen versuchten M. →Heidegger und J.-P. →Sartre.

**Gewissensehe,** 1. ehegleiches Zusammenleben eines Mannes und einer Frau ohne staatl. oder kirchl. Eheschließung; 2. im kath. Eherecht eine formrichtige, jedoch geheimgehaltene Ehe; 3. im ev. Kirchenrecht bis ins 19. Jh. formlose Ehe ohne Trauung kraft Dispenses des Landesherrn als Träger der Kirchenhoheit.

**Gewissensfreiheit,** ein in Rechtsstaaten verbürgtes Grundrecht, sich unter Berufung auf das Gewissen der Pflicht zu bestimmten Handlungen oder Unterlassungen entziehen zu können. Unterliegt dem Vorbehalt des allg. Rechts (→Glaubensfreiheit).

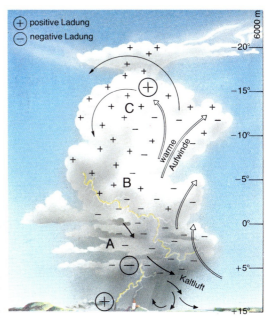

**Gewißheit,** subjektive Überzeugung von einem Tatbestand (Gegensatz: →Zweifel); als ›objektive G.‹ ein unbezweifelbarer Tatbestand als solcher (→Evidenz).

**Gewitter,** mit →Donner verbundene elektr. Entladungen (→Blitz) in *G.-Wolken* (›Cumulonimbus‹ oder zw. diesen und der Erdoberfläche, im allg. von kurzen, oft nur schauerartigen Niederschlägen (meist Regen, seltener auch Hagel) begleitet. G. entstehen in Mitteleuropa oft längs sommerl. → Kaltfronten *(Front-G.)* oder auch in feuchten und warmen →Luftmassen *(Wärme-G.)* allein durch Sonneneinstrahlung. Welche Vorgänge zur Bildung der Raumladungen in den G. führen, ist noch nicht ganz geklärt, allerdings sind die starken →Aufwinde (bis 30 m/s) und das Vorhandensein von Eis (Hagel oder Schnee) in der Wolke Voraussetzung dafür. Die Häufigkeit der G. nimmt polwärts ab: in Mitteleuropa etwa 15–25, in den feuchten Tropen 80–100 G.-Tage. Ferne G.-Erscheinungen, deren Donner nicht zu hören ist, heißen *Wetterleuchten*.

**Gewitter:** Ladungsverteilung in einer Gewitterwolke: Durch das Zerreißen der in der Aufwindzone entstehenden großen Wassertropfen bilden sich mehrere Schichten unterschiedlicher Ladungen. Der Ausgleich zwischen den einzelnen Ladungsschichten führt zum Entstehen eines Blitzes.

■ **Gewitter:** weiteres Bild →Blitz

## Gewitter, Das

**Gewölbe** (Kreuzgewölbe) des Rittersaals von Burg Lockenhaus im Burgenland

**Gewitter, Das,** Drama von A. →Ostrowski; Urauff.: 1859 in Moskau.

**GewO** →Gewerbeordnung.

**Gewohnheit,** jedes mehr oder weniger automatisierte Verhalten des Individuums ( →Lernen). Die Ausbildung sozial erwünschter und die Einschränkung sozial unerwünschter G. ist wesentlicher Bestandteil der →Erziehung ( →Sozialisation).

**Gewohnheitslähmung,** eine Lähmungserscheinung, die nach langer Ruhigstellung bzw. bei Nichtgebrauch einer Extremität – trotz Wiederherstellung der vollen Funktionsfähigkeit der Muskulatur – auftritt (z. B. nach Knochenbruch).

**Gewohnheitsrecht,** ungeschriebenes, auf der Rechtsüberzeugung der Gemeinschaft beruhendes Recht, das durch längere, gleichförmige Übung praktiziert worden ist. Das G. wird neben dem gesetzten Recht als Rechtsquelle anerkannt.

**Gewohnheitsverbrecher** →Hangtäter.

**Gewöhnung** →Habituation.

**Gewölbe,** gekrümmtes, bogenförmiges Tragwerk aus radial geschichteten Steinen; auch Bez. für einen überwölbten Raum. Die senkrechte Last setzt sich in schrägen Druck um, der vom *Widerlager* aufgenommen wird. Das G. wird über einem Stützgerüst (Lehre) gemauert und ist erst nach Einsetzung des Scheitelsteines tragfähig *(echtes G.).* Im Ggs. dazu steht das *unechte G.* mit stufenweise ausgekragten Steinen. *Schein-G.* sind stuckierte, am Dachgerüst aufgehängte Schalen. – Grundsätzl. unterscheidet man zw. zylindr. G. (Bewegung des Profils längs einer Achse) und sphär. G. (Drehung des Profils um eine Achse). Die einfachste Zylinderform ist das langgestreckte, halbkreisförmige *Tonnen-G.,* häufig durch *Gurte* unterstützt. Bei rechtwinkliger Durchdringung zweier Tonnen-G. entsteht das *Kreuz-G.,* als *Kreuzgrat-G.* mit scharfen Graten an den Verschneidungslinien, als *Kreuzrippen-G.* mit unterstützenden *Rippen* anstelle der Grate oder als *Stern-, Netz-, Fächer-G.* bei Verästelung der Rippen (Hochgotik). Das *Mulden-G.* ist eine Tonne mit durch Wölbungen geschlossenen Stirnflächen; schneidet man seinen oberen Teil ab und ersetzt ihn durch eine Scheibe *(Spiegel),* entsteht das *Spiegel-G.*

**Gewölbe:**
1 Grundform,
2 Tonnengewölbe,
3 Kreuzgewölbe,
4 Sterngewölbe,
5 Kuppelgewölbe,
6 Muldengewölbe,
7 Kraggewölbe,
8 Scheingewölbe
(**1 – 6** echte Gewölbe;
**7, 8** unechte Gewölbe)

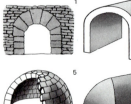

# Gewürze

*Kugel-G.* über Kreisgrundriß, *böhmische Kappe* als rechteckiger Ausschnitt einer Kugelkappe, Zwickelkuppel u. a. (→Kuppel). Die Technik des Wölbens wurde im Altertum von den Römern aus dem Vorderen Orient übernommen und verbessert (römische Thermen, Triumphbögen) und gelangte über die byzantin. Zentralbauten (Hagia Sophia) in die islam. Baukunst (Kuppelmoscheen). In Europa wurde die Wölbung, insbes. das Kreuz-G. mit seinen Sonderformen, im roman. und got. Kirchenbau erst um 1100 wieder ein bed. Bauelement.

**Gewölf,** weidmännisch: →Geheck.
**Gewölle,** von Eulen und Greifvögeln als Ballen ausgewürgte, unverdauliche Nahrungsreste (Haare, Federn, Knochen).
**Gewürzapfel,** andere Bez. für →Zimtapfel.
**Gewürze,** Wurzeln *(Gewürzel)* oder andere Teile von Pflanzen (→Gewürzpflanzen) mit Inhaltsstoffen von spezif. Geruch und Geschmack, so ether. Öle, Harze, Bitterstoffe. Gewürze wirken in Speisen und Getränken geschmackgebend, appetitanregend sowie verdauungsfördernd, sind gewöhnl.

**Gewürze** *(Gewürzpflanzen)*: **1** Zweig eines Gewürznelkenbaums und Gewürznelke (getrocknete Blütenknospe); **2** Zweig eines Muskatnußbaums und Nuß, quergeschnitten (Samen); **3** Vanille und Vanilleschote; **4** Zweig eines Pfefferstrauchs und unreif getrocknete Frucht, die den schwarzen Pfeffer liefert; **5** Kümmel und reife Spaltfrucht; **6** Ceylon-Zimtbaum und Zimtrinde; **7** Gartenthymian; **8** Anis und reife Spaltfrucht; **9** Bohnenkraut; **10** Majoran; **11** Zitronenmelisse; **12** Borretsch.

In gemäßigtem Klima gedeihen **5, 7 – 12**; heißes Klima verlangen **1 – 4, 6**; viele Gewürzpflanzen werden auch pharmakologisch verwendet.

3623

## Gewürzinseln

**Gewürznelke:**
Bild →Gewürze

**Geysir:** Strokkur-Geysir im SW Islands

auch Heilkräuter, werden durchweg in kleinen Mengen verwendet und sind dann nie gesundheitsschädlich. Als G. i. w. S. werden gelegentl. auch Salz, Zucker und Essig bezeichnet.

**Gewürzinseln** →Molukken.

**Gewürznelke** (*G.-Baum; Eugenia caryophyllata*), ein bis 12 m hohes →Myrtengewächs; Heimat: Molukken, in vielen Tropenländern kultiviert; Blütenknospen liefern das etherische Nelkenöl (80–90% Eugenol) und getrocknet die Gewürznelken.

**Gewürzpflanzen** (*Küchenkräuter*), Pflanzen, die →Gewürze liefern; wichtige *inländ. G.*: →Anis, →Borretsch, →Dill, →Estragon, →Fen-

chel, →Kümmel, →Liebstöckel, →Majoran, →Petersilie, →Koriander, →Schnittlauch, →Sellerie, →Thymian, →Wacholder, →Zitronenmelisse; *ausländ. G.*: →Gewürznelke, →Ingwer, →Knoblauch, →Lorbeer, →Muskatnußbaum, →Paprika, →Pfeffer, →Vanille, →Zimt.

**Gewürztraminer,** hervorragende Traubensorte mit rosafarbenen, blaubereiften Beeren, Spielart des →Traminers; ergibt würzigen, alkoholreichen Wein; Anbaugebiete: Elsaß, Baden und Tirol.

**Geyer,** Florian, fränk. Reichsritter und Bauernführer, *um 1490 Giebelstadt, †10.6.1525 bei Würzburg; Landsknechtshauptmann und Anhänger Luthers, schloß sich 1525 den Bauern im Kampf gegen Adel und Klerus an und versuchte, auch die Städte zu gewinnen; nach Ausweisung aus Rothenburg von zwei Knechten seines Schwagers W. von →Grumbach erstochen. – Schauspiel von G. →Hauptmann (1896).

**Geyer,** Wilhelm, Maler, *24.6.1900 Stuttgart, †5.10.1968 Ulm; Gemälde und Graphikserien mit überwiegend relig. Thematik.

**Geyersberg,** höchste Erhebung des →Spessarts, 585 m.

**Geyger,** Ernst Moritz, Graphiker und Bildhauer, *9.11.1861 Berlin, †29.12.1941 Florenz; schuf als Bildhauer v. a. Tierplastiken.

**Geysir** [isländ.] *der, (Geiser),* heiße Springquelle, die in meist regelmäßigen Zeitabständen (Minuten bis Stunden) ihr Wasser (bis 70 m hoch) auswirft. Diese Eruptionen erfolgen, wenn das sich in einem unterird. Hohlraum sammelnde Wasser so stark erhitzt wird, daß der Dampfdruck den oberen Teil der Wassersäule durch den engen Quellschlot hinaustreibt. Im Wasser gelöste Mineralien lagern sich als →Sinter um die Quelle ab. G. kommen nur in Gebieten mit jungem Vulkanismus vor, z. B. auf Island (von dort kommt der Name), in Neuseeland, Japan und im Yellowstone-Nationalpark in den USA.

**GEZ,** Abk. für *Gebühreneinzugszentrale* der öffentl.-rechtl. Rundfunkanstalten in der BR Dtld.; Sitz: Köln.

**Géza** [gɛzɔ] *(Geisa),* ungarische Herrscher aus dem Geschlecht der Arpaden:
**Géza I.,** König (1074–77).
**Géza II.,** König (1141–62), holte niederl. und dt. Siedler nach Ungarn.

**Gezähe,** Sammel-Bez. für die Handwerkzeuge des Bergmanns.

**Gezeichneten, Die,** Film von F. →Zinnemann (1948) über das zerstörte Deutschland nach dem Ende des II. Weltkriegs.

**Gezeiten,** period. Nachgeben der festen Erde, der Luft- und Wasserhülle gegenüber Störungen der

# Gezhouba

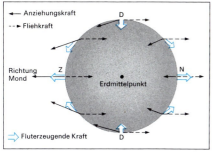
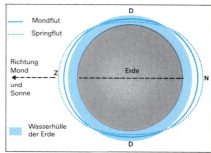

Gezeiten: *links* Gezeitenkräfte; *rechts* Gezeitenwirkung: Flut bei Z (= Zenit) und N (= Nadir), Ebbe bei D. Die fluterzeugende Kraft ergibt sich jeweils aus der Differenz von Anziehungs- und Fliehkraft.

Schwerkraft, die durch die Anziehungskräfte von Sonne und Mond hervorgerufen werden. G. der festen Erde und der Atmosphäre sind praktisch bedeutungslos. G. des Meeres dagegen sind für Schiffahrt, Wasserbau und für die Küstenbewohner sehr wichtig: sie breiten sich als lange →Meereswellen aus und bewirken period. Schwankungen des Meeresspiegels, wobei das Steigen des Wasserstandes *Flut*, das Fallen *Ebbe* genannt wird. Man unterscheidet ganztägige, halbtägige und gemischte G.; bei halbtägigen G. vollzieht sich eine Periode in etwa $12^{1}/_{2}$ Stunden. Der Verlauf des Wasserstandes in dieser Zeit heißt *Tide*, der höchste Wasserstand *Hochwasser*, der niedrigste *Niedrigwasser*; der Unterschied zw. Hoch- und Niedrigwasser heißt *Tidenhub* (T.H.). Großer Tidenhub tritt auf, wenn die Anziehungskräfte von Sonne und Mond sich verstärken *(Springtide)*, kleiner Tidenhub, wenn sie sich gegenseitig schwächen *(Nipptide)*; in der →Fundybai (Kanada) wird mit 21 m Springtidenhub der höchste Wert der Erde erreicht. Die mit den G. verbundene, die Richtung period. wechselnde Wasserströmung wird als *G.-Strom* bezeichnet und in Flutstrom bei steigendem, in Ebbstrom bei fallendem Wasser unterschieden. Die Geschwindigkeiten der G.-Ströme betragen auf den Watten der Nordseeküste 2–3 Seemeilen pro Stunde (3,5–5 km/h).

**Gezeitenenergie,** Energie, die dem Meer von den gezeitenerzeugenden Kräften zugeführt wird. Die Nutzung ist wegen der geringen Energiedichte schwierig; bei Ausnutzung der natürlichen Verstärkung in bestimmten Küstenbereichen ist der Betrieb von →Gezeitenkraftwerken möglich.

**Gezeitenkraftwerk** *(Flutkraftwerk)*, nutzt die periodischen Meeresspiegelschwankungen (→Gezeiten) zur Stromerzeugung (→Kraftwerk): durch Dämme abgetrenntes Meerbecken an Küsten mit großem Tidenhub (z.B. nordfrz. Küste, →Saint-Malo), in das das Wasser bei Flut einströmt und bei Ebbe unter Arbeitsleistung durch Turbinen wieder abfließt.

**Gezeitenreibung,** auf die Rotation der Erde einwirkende bremsende Kraft der →Gezeiten.

**Gezeitenzone** →Litoral.

**Gezelle** [xəzɛlə], Guido (Pierre Théodore Joseph), fläm. Dichter, *1.5.1830 Brügge, †27.11.1899 ebenda; 1854 Priesterweihe; einer der bedeutendsten fläm. Lyriker.

**Gezhouba,** 70 m hoher und 2560 m langer Staudamm des →Jangtsekiang nahe der Stadt Yichang, unterhalb der Drei Schluchten (→San Xia).

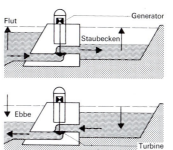

Gezeitenkraftwerk: Bei aufkommender Flut drängt das Wasser in das Staubecken und treibt dabei den Turbinen-Generator-Satz, mit einsetzender Ebbe fließt das Wasser wieder aus dem Staubecken ab und setzt ebenfalls die Turbine in Bewegung.

# GFAVO

**GFAVO,** Abk. für →*Großfeuerungsanlagen*-*Verordnung*.

**GFK,** Abk. für →*glasfaserverstärkte Kunststoffe*.

**GFZ,** Abk. für →*GeoForschungsZentrum Potsdam*.

**GG,** Abk. für →*Grundgesetz*.

**gg,** Abk. für →*Gauge*.

**Ggantija** [gan-], um 3900 v. Chr. erbauter Tempelkomplex in Malta, auf der Insel →Gozo; zählt zu den ältesten →Megalithbauten der Welt.

**ggT,** Abk. für *größter gemeinsamer Teiler*, bei Brüchen die größte Zahl, durch die Zähler und Nenner ohne Rest dividiert (gekürzt) werden können.

**Ghadames** (*Gadames, Ghudamis*; das antike *Cydamus*), Oasenstadt im N der Sahara, in Libyen, an der Grenze zu Algerien, 10000 E.; Kreuzpunkt von Karawanenstraßen; Herst. von Teppichen, Lederwaren, artesische Bewässerung.

**Ghaghara** (*Gogra*), li. Nebenfluß des Ganges in Hindustan, Vorderindien, entspringt als *Karnali* im Himalaya, Südtibet, durchfließt den W Nepals, mündet nach 1000 km oberhalb Patna (Indien).

**Ghana,** siehe S. 3628–3631.

**Gharapuri,** Insel in der Bucht von Bombay: →Elephanta.

**Ghardaïa,** Oasenstadt in Algerien, südl. des Saharaatlas, 90000 E.;

**Ghasni:** Mausoleum des Sultans Abd ar-Razzak, Gegner von Sultan Babur (timuridische Baukunst, 1. Hälfte 16. Jh.); heute Museum für die Kunst der Ghasnawiden.

Handelszentrum des →Mzab an der Transsaharastraße über den Ahaggar; Lederwarenherstellung.

**Ghardaka** (*al-G., Hurghada*), kleiner ägypt. Hafen und Prov.-Hauptort am Roten Meer, 4000 E.; produktives Ölfeld seit 1911.

**Ghar Dalam,** Höhle auf Malta, eine der bedeutendsten Fundstätten prähist. Fauna; nahebei Museum zur Frühgeschichte.

**Ghasa** →Gasa.

**Ghasal, Bahr al-** (*Gazellenfluß*), Fluß im SW der Rep. Sudan, vereinigt sich mit dem *Bahr al-Dschebel* zum Weißen →Nil (Bahr al-Abiad).

**Ghasel** [arab. ›Gespinst‹] *das, (Gasel)*, urspr. oriental. Gedichtform von beliebiger Länge, meist 3–15 Verspaare, deren erstes reimt, während sämtl. weiteren geraden Verszeilen diesen Reim (oft dasselbe Wort) wiederholen und die ungeraden Verszeilen reimlos bleiben (Schema: aa ba ca da ...). Die urspr. arab. Form wurde vollendet im Persischen von →Hafis ausgeprägt, in Dtld. bes. bei →Goethe, →Platen, →Rückert und →Hagelstange.

**Ghasi** [arab.-türk. ›Kämpfer im heiligen Krieg‹] *(Gazi)*, türk. Ehrentitel, verliehen an Sultane und Feldherren, zuletzt 1921 an →Atatürk.

**Ghasnawiden,** türk. Herrschergeschlecht, begr. Ende des 10. Jh.; bedeutendster Herrscher der G. war →Mahmud von Ghasni, der sich als erster den Titel →Sultan beilegte und die islam. Eroberung Indiens begann; seine Nachfolger wurden in der 2. Hälfte des 12. Jh. von den afghan. Ghoriden abgelöst.

**Ghasni** *(Ghazni)*, Provinzhauptstadt in Ostafghanistan mit 40000 E., auf dem zentralen Plateau in 2200 m ü. M.; Handelszentrum. – Im 11. und 12. Jh. Hptst. des islamischen Reiches der →Ghasnawiden (→Mahmud von Ghasni).

**Ghassaniden,** arab. Fürstengeschlecht des 6. Jh. in Syrien und Jordanien; die G. kämpften als monophysit. Christen mehrfach mit Byzanz gegen die mit den Sasaniden verbündeten →Lachmiden.

**Ghaswin,** iran. Stadt →Kaswin.

**Ghat,** Oasengebiet in der Sahara, Fessan, nahe der SW-Grenze Libyens, rd. 6000 E.; Karawanenstation.

**Ghats** [hindustan. ›Treppe, Anstieg‹] *Mz.,* die beiden Randgebirge im W und O des Hochlands von

→Dekkan in Vorderindien, treppenartig zur Küstenebene abfallend, von dichtem trop. Feuchtwald bedeckt; die *West-G.* erreichen im S 2695 m, die *Ost-G.* nur 1680 m.
**Ghawar-Feld** *(Gawar-Feld)*, größtes je entdecktes on-shore-Erdölfeld der Erde in Saudi-Arabien, westl. von →Hofuf, enthält rd. 10 Mrd. m$^3$ Erdöl.
**Ghaza** →Gasa.
**Ghazan**, Herrscher aus der mongol. Dynastie im Iran im 13. Jh.: →Raschid ed-Din.
**Ghaziabad**, ind. Stadt, 20 km östl. von Delhi, 550000 E. in der Agglomeration; Elektro- und chem. Ind.; Hptst. eines Distrikts.
**Ghedini** [gεdini], Giorgio Federico, ital. Komponist, *11.7.1892 Cuneo (Piemont), †25.3.1965 Nervi; lehrte an den Konservatorien von Turin, Parma und Mailand; schrieb neoklass. und neobarocke Werke fast jeder Gattung.
**Ghee** [Sanskrit + engl., gi], bes. in Asien und Afrika handelsübl. Art von →Butterschmalz; nach europ. Vorstellungen ist der Geschmack ranzig.
**Ghega**, Karl Ritter von, Eisenbahn-Ingenieur, *10.1.1802 Venedig, †14.3.1860 Wien; erbaute 1850 bis 54 die Semmeringbahn von Wien nach Süden über die Alpen.
**Ghelderode** [xεl-], Michel de (eigtl. *Aldemar Martens*), belg. Schriftst., *3.4.1898 Elsene, †1.4.1962 Brüssel; schrieb mehr als 50 expressionist. Dramen visionären Charakters, vorzugsweise auf dem Hintergrund hist. Epochen. – *W:* Pantagleize (1934; dt. 63); Ausgeburten der Hölle (50; Fastes d'enfer, 49).
**Gheorghe-Gheorghiu-Dej** [-dʒ], alter Name für die rumän. Stadt →Oneşti.
**Gheorghiu-Dej** [-dʒ], Gheorghe, rum. Politiker, *8.11.1901 Bârlad, †19.3.1965 Bukarest; 1933–44 in Haft; 45–52 mehrfach Minister, 45 bis 54 Generalsekretär der KP, 52–55 Min.-Präs., ab 55 Erster Sekretär der KP, 61 Vors. des Staatsrats (Staats-Präs.).
**Gheorgiu-Dež** [-dʒ], alter Name für die russ. Stadt →Liski.

**Gherardesca** [gerardεska], ital. Adelsfamilie, ab dem 10. Jh. in Pisa nachweisbar. Ugolino della G., Graf von Donoratico, wollte im ausgehenden 13. Jh. mit Unterstützung der →Guelfen eine Tyrannis errichten, wurde jedoch 1288 gestürzt und dem Hungertode preisgegeben (von Dante in der ›Göttlichen Komödie‹ behandelt); 1317 gelang es der Familie, in Pisa wieder zu Einfluß zu kommen.
**Ghetto** →Getto.
**Ghettoblaster** [engl., -blaːstə], großer, aber noch tragbarer Stereo-Kassettenrecorder mit leistungsfähigem Verstärker; zentraler Bestandteil von Rap-, Hip-Hop- und Breakdance-Aktionen.
**Gheyn** [xεin] *(de Gheyn)*, niederl. Künstlerfamilie des 16. und 17. Jh.: **1)** Jacob I., *um 1532, †1582 Amsterdam; namhafter Glas- und Miniaturmaler sowie Radierer.
**2)** Jacob II., Sohn von Jacob I. G., *1565 Antwerpen, †29.3.1629 Den Haag; als Kupferstecher durch H. →Goltzius geprägt; auch Schöpfer von vollendeten Federzeichnungen, Miniaturporträts sowie Blumen- und Tierstücken.
**3)** Jacob III., Sohn von Jacob II. G., *um 1596 Leiden (?), †nach dem 27.4.1644 Utrecht; namhafter Radierer.
**Ghezzi** [gεtsi], Pier Leone, ital. Maler, Kupferstecher und Zeichner, *28.6.1674 Rom, †5.3.1755 ebd.; schuf Altarbilder für versch. römische Kirchen im Rokokostil; bed. v.a. durch seine karikaturistischen Zeichnungen.
**Ghiaurov**, Nicolai, bulg. Baß, *13.9.1929 Velingrad; 1959 Debüt an der Mailänder Scala, seit 65 an der Metropolitan Opera und bei den Salzburger Festspielen.
**Ghibellinen** [nach der Stauferburg *Waiblingen*] *(Gibellinen)*, in Florenz 1216 erstm. bezeugte Bez. für die Anhänger des Kaisers bzw. der kaiserl. Politik in Italien; die Gegenpartei waren die →Guelfen, die Anhänger des Papstes und der Städtefreiheit waren; den Namen G. und Guelfen weisen zurück auf den ältesten Ggs. von →Staufern und →Welfen.

# Ghana

**Ghana** (amtl. *Republik G.*, englisch *Republic of G.*), westafrikanischer Staat am Golf von Guinea (Atlantik), von Elfenbeinküste, Burkina Faso und Togo umgrenzt.

| | |
|---|---|
| Zeitzone | Mitteleuropäische Zeit – 1 Stunde (Westeuropäische Zeit oder Greenwich Mean Time, GMT) |
| Fläche | 238 537 km² (zwei Drittel so groß wie Deutschland); Ausdehnung: N–S 720 km, W–O 500 km |
| Einwohner | 15,3 Mio.; mittl. Dichte 64 E./km²; jährl. Zuwachsrate 3,4%; mittl. Lebenserwartung 55 Jahre |
| Hauptstadt | Accra, 1,7 Mio. E.; 10–70 m ü. M., an der Atlantikküste im Südosten des Landes |
| Verwaltungsgliederung | 10 Regionen (darunter Groß-Accra) mit 110 Verwaltungsbezirken |
| Mitgliedschaft | UN (seit 1957), Commonwealth, OAU, CEDEAO, AKP |
| Amtssprache | Englisch, mehr als 70 einheimische Sprachen und Dialekte (u. a. Twi, Ewe, Ga, Gur und Haussa) |
| Währung | 1 Cedi (₵) = 100 Pesewas (p) |

*Natur*
Die 540 km lange Küste G., die sog. Goldküste, ist wenig gegliedert; lediglich im mittl. Teil treten felsige Abschnitte auf und im Bereich der Voltamündung Lagunen und Nehrungen. Von der 20 bis max. 100 km breiten Küstenniederung steigt das Land zum Hochland von Aschanti an (300–800 m. ü. M.). Stellenweise überragen Hügelketten und Inselberge die Plateaulandschaft. Nordöstlich schließt großräumig das Voltabecken an (200 bis 400 m ü. M.), von ausgeprägten Schichtstufen umgeben. Das Land entwässert großenteils über den →Volta, der in seinem Unterlauf durch den Damm bei Akosombo zu einem der größten Stauseen der Erde aufgestaut wird. G. hat trop. Klima mit zwei Regenzeiten (Mai bis Juli, Okt./Nov.) im S und einer sommerl. Regenzeit (Juli bis Sept.) im N. Die nördl. Gebiete zählen bereits zur Großlandschaft Sudan. Die jährl. Niederschlagsmenge beträgt im N um 1000 mm, im Aschanti-Hochland um 1500 mm, im westl. Küstenabschnitt bis zu 2200 mm; in der östl. Küstenregion, bei Accra, erreicht sie kaum 800 mm. Die monatl. Mitteltemperaturen liegen im S zw. 26 und 28 °C, im N zw. 23 und 31 °C. Nur im feuchtheißen SW wächst trop. Regenwald, der gegen O und N in regengrünen Feuchtwald übergeht. Noch ist ein Drittel der Landesfläche bewaldet; die Waldbestände sind jedoch durch die fortschreitende Rodung (Holzgewinnung, Agrarnutzung) bedroht. Landeinwärts folgen Feucht- und schließlich Trockensavanne, z. T. offene Grasfluren. Es existieren mehrere Nationalparke.

*Bevölkerung*
Die ghanaische Bev. besteht überwiegend aus Sudangruppen: im S dominieren Akanvölker (→Aschanti, Fanti, Akim u. a.), im O (W-Togo) siedeln Ewe, im SO Ga-Adangme sowie im N v. a. Mossi; zu nennen sind ferner Haussa, Fulbe und Yoruba. Unter den Ausländern überwiegen die Wanderarbeiter aus Burkina Faso und Togo. G. gehört zu den dichter besiedelten Ländern

# Ghana

Afrikas. Die Bev. konzentriert sich bes. in den südl. Regionen, während – ebenso wie in den Nachbarländern der Guineaküste – im mittl. Landesteil ein bevölkerungsarmer Gürtel folgt. Mehr als die Hälfte der Ghanaer bekennt sich zum Christentum (Katholiken, Protestanten); der Anteil der Anhänger von Naturreligionen (derzeit etwa 30%) ist rückläufig, 15% sind Muslime (bes. im N). Das Bildungswesen wurde nach 1960 mit Nachdruck ausgebaut; seit 1961 besteht allgemeine Schulpflicht, dennoch ist die Analphabetenquote noch immer relativ hoch (offiziellen Angaben zufolge liegt sie bei 40%). Universitäten gibt es in Legon (bei Accra), Kumasi und Cape Coast.

*Staat*
Die neue, per Referendum angenommene Verfassung von 1993, die G. als eine unabhängige präsidiale Republik im Commonwealth of Nations definiert, schreibt die Einführung des Mehrparteiensystems fest. Nachdem seit dem Staatsstreich des Militärs von 1981 ein ›Provisorischer Nationaler Verteidigungsrat‹ über die Macht im Staat verfügt hatte, wurden mit den freien Wahlen Ende 1992 erste Demokratisierungsmaßnahmen vollzogen. Der Staatspräsident ist zugleich Staatsoberhaupt und Regierungschef. Das Parlament, die Nationalversammlung, zählt statt bisher 140 jetzt 200 Mitglieder. Das Rechtswesen des Landes orientiert sich am brit. Vorbild.

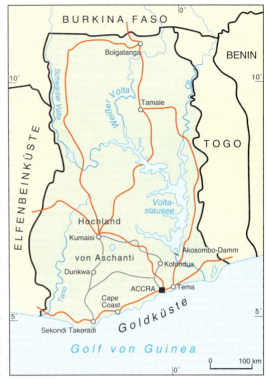

*Wirtschaft*
Grundlage der ghanaischen Volkswirtschaft ist die Landwirtschaft. Kakaobohnen sind das wichtigste Erzeugnis. Der ehemals größte Kakaoproduzent der Erde hat heute jedoch nur noch einen Weltmarkt-

Der Hochseehafen Tema, 25 km östlich der Hauptstadt Accra. Die seit 1954 planmäßig erbaute Stadt (mit Accra als Metropolitan Area zusammengefaßt) ist heute einer der wichtigsten Industriestandorte des Landes.

# Ghana

anteil von 10% und belegt damit den 4. Rang. Den Hauptteil der Ernte erbringen kleine Pflanzer in der Waldzone. Außerdem werden Reis, Mais, Hirse, Knollenfrüchte und Bananen angebaut. Viehzucht leidet aber weiterhin unter einseitiger Exportabhängigkeit, einem nicht ausreichend leistungsfähigen Bankensystem und dem Fehlen von Investoren. Der Niedergang der Industrie konnte jedoch gestoppt wer-

Der Fischerort Dixcove am ›Kap der Drei Spitzen‹, dem südlichsten Landvorsprung an der Goldküste

● Vgl. auch Karte → Afrika

wird fast nur in den nördl. Savannen betrieben, Fischfang im Voltastausee und vor der Küste. Die nach Kakao (bis zu 50% aller Exporterlöse) wichtigsten Devisenbringer sind die Bodenschätze – Gold, Manganerz, Bauxit, Industriediamanten – sowie Tropenhölzer. Der nach der Unabhängigkeitserklärung begonnene Versuch einer Industrialisierung führte zu hoher Importabhängigkeit und massiven Überkapazitäten. In Verbindung mit dem Fallen der Kakaopreise, Bürokratisierung und Mißwirtschaft aller Art kam es zu einem beträchtl. Niedergang der Volkswirtschaft. Durch die Kolonialherrschaft geprägte Verhaltensmuster (Minderschätzung von Handarbeit) und Stammesrivalitäten verschärften die strukturelle Krise des Landes. Das 1983 auf Druck von Weltbank und Internat. Währungsfonds in Angriff genommene marktwirtschaftl. orientierte Reformprogramm zeitigt erste Erfolge (Verkleinerung des Staatsapparates, Deregulierung). G. ist der Hoffnungsträger der marktwirtschaftl. Reformbemühungen in Afrika. Die ghanaische Wirtschaft

den. Die Wasserkraftwerke des aufgestauten Volta versorgen G. mit Strom (Export auch in die Nachbarländer). Der Staudamm bewirkt jedoch auch einen Rückgang der landw. Produktion unterhalb des Staudamms, er mindert die zuvor durch Meeresfrüchte gewährleistete Proteinversorgung der Bevölkerung und hat das Mündungsgebiet des Volta zu einer Brutstätte von Krankheitserregern gemacht. G. besitzt ein relativ dichtes Straßennetz. Straßen und Eisenbahn sind jedoch auf Grund unzureichender Instandhaltung in einem schlechten Zustand. Tiefwasserhäfen sind Tema und Takoradi. Internat. Flughafen ist Kotoka bei Accra.

*Daten zur Wirtschaft* (1994)
Bruttosozialprodukt: 7,3 Mrd. US-$; je Einwohner 430 US-$
Sektoranteile am Produktionsvolumen: Landwirtschaft 46%;
Produzierendes Gewerbe 16%;
Dienstleistungen 39%
Warenexport: 1,4 Mrd. US-$;
Warenimport: 2 Mrd. US-$
Saldo der Leistungsbilanz: −83 Mio. US-$

# Ghana

*Geschichte*
1471 wurde die Goldküste von portug. Seefahrern entdeckt. Bis Anfang des 18. Jh. wurden dort von Portugiesen, Niederländern, Dänen, Briten und Brandenburgern Befestigungen zur Sicherung des Gold- und Sklavenhandels errichtet. Während des 19. Jh. gewannen die Briten die Vorherrschaft und proklamierten 1850 die Kolonie Goldküste. 1901 konnten auch das Kgr. der →Aschanti und das nördl. Hinterland unterworfen werden. 1922 wurde der Goldküste der westl. Teil von Togo als Mandatsgebiet unterstellt. 1954 erhielt die Goldküste die innere Autonomie, 1957 unter dem Namen *Ghana* die Souveränität. Nach Ausrufung der Republik übernahm K. →Nkrumah das Amt des Staatspräs.; urspr. ein Verfechter des panafrik. Sozialismus, führte er schließlich ein diktatorisches Regime und erhob die von ihm gegr. Convention People's Party zur Einheitspartei. 1966 wurde Nkrumah durch das Militär gestürzt. Bis 1969 regierte der Nationale Befreiungsrat, der nach freien Wahlen Kofi Busia die Regierung übertrug. Ungeachtet der Unterstützung der westl. Industrienationen zeichnete sich keine Lösung der wirtschaftl. und sozialen Probleme ab. Von 1972 an regierte wieder das Militär. Nach einem erneuten Putsch übernahm 1979 Hauptmann J. →Rawlings die Macht; er überließ nach Parlamentswahlen im gleichen Jahr Hilla Limann die Regierung, setzte ihn jedoch im Dez. 1981 wieder ab. Seitdem ist Rawlings Staatsoberhaupt und Regierungschef. In Abstimmung mit dem Internat. Währungsfonds und der Weltbank führt er ein wirtschaftl. Sanierungsprogramm durch. 1991 akzeptierte die Regierung die Einführung des Mehrparteiensystems. Bei den Parlamentswahlen am 30.12.1992 gewann der National Democratic Congress (NDC) mit 189 von 200 Parlamentssitzen die absolute Mehrheit. Am 7.1.1993 wurde formell die IV. Republik proklamiert.

*Kunst*
Bekannt sind eine Reihe kunstschaffender Völker, vor allem im Süden die →Akan-Gruppe, mit Holz- und Terrakotta-Plastiken und Bronzearbeiten (→Aschanti, →Goldgewichte); im Norden (Komaland) wurden zahlr. Terrakotta-Plastiken aus dem 14.–16. Jh. ausgegraben. Im Bereich der Literatur erwarben sich der Lyriker Koofi Awoonor (* 1936) und die Romanciers Ayi Kwei Armah (* 1939) und Ama Ata Aidoo (* 1942) internationalen Ruf.

›Akua-Ba‹, Fruchtbarkeitspuppe des Stammes der Fante (vermutlich Ende 19. Jh.)

Buntes Treiben auf einem der vielen kleinen Märkte in der Hauptstadt Accra. Das Angebot umfaßt Produkte aus eigenem Anbau wie auch importierte Waren.

## Ghiberti

**Ghiberti** [gi-], Lorenzo, ital. Bildhauer, Architekt und Goldschmied, *1378 in Florenz, †1.12.1455 ebenda; Hauptmeister der Florentiner Bronzeplastik der 1. Hälfte des 15. Jh.; unterhielt eine große Werkstatt, in der u. a. →Donatello arbeitete. Im Ggs. zu dessen realist. Darstellung waren ihm Harmonie und Anmut wichtiger als Dramatik. Dennoch verband er seinen noch got. Rhythmus der Formen bereits mit dem der Antike verpflichteten Schönheitsideal der Renaissance. Am Kuppelbau des Doms von Florenz beteiligt. Seine ›Denkwürdigkeiten‹ (hrsg. von J. von Schlosser, 1912) sind eine wichtige Quelle ital. Kunstgeschichte.

**Ghibli** [arab.] *(Gibli)*, nach N wehender Staubsturm im Bereich der →Libyschen Wüste; tritt vor allem im Frühjahr auf und verwandelt sich beim Absteigen über das Randgebirge zu einem föhnartigen, heißen Fallwind.

**Ghica** [gika], Ion, rum. Schriftst. und Politiker, *16.8.1816 Bukarest, †4.5.1897 Ghergani (Kr. Dîmbovița). G. war einer der Führer der Revolution von 1848, ging anschließend ins Exil und wurde osman. Gouverneur von Samos (1834–58). Nach Bildung des rum. Staates war er 1859–71 mehrfach Min.-Präs. bzw. Innen- und Außen-Min.; G. gilt als Meister der rum. Prosa, kulturhist. Wert haben seine ›Briefe an Vasile Alecsandri‹ (1880–83).

**Ghil,** René (eigtl. *R. Guilbert*), belg. Dichter, *27.9.1862 in Tourcoing, †15.9.1925 in Niort; Lyriker aus dem Kreis um St. →Mallarmé; trat für die Überwindung des wissenschaftl. Materialismus ein.

**Ghilzai** *(Ghilsai)*, Nomadenstamm im östl. Afghanistan (→Afghanen).

**Ghiorso** [gɪ͡osou], Albert, amerik. Physiker, *15.7.1915 Vallejo (CA); Arbeiten zur Physik und Chemie schwerer Atomkerne, zus. mit G. Th. →Seaborg Entdecker zahlr. Transurane.

**Ghirlandaio** [gir-], Domenico (eigtl. *Domenico di Tommaso Bigordi*), ital. Maler, *1449 Florenz, †11.1.1494 ebenda; gibt in seinen Monumentalfresken ein genaues Bild von der Lebensweise der Florentiner während der Renaissance, indem er die relig. Themen in wirklichkeitsnaher Darstellung in die zeitgenöss. Szenerie einbindet. Tafelbilder, Porträts von großem Farbreichtum, Fresken in der Sixtin. Kapelle, im Vatikan (1481), in Santa Trinità (85) und in Santa Maria Novella (90) in Florenz. Lehrer von →Michelangelo.

**Ghisi** [gizi], Giorgio, ital. Reproduktionsstecher, *1520 oder 21 Mantua, †15.12.1582 ebd.; arbeitete u. a. nach Vorlagen von Michelangelo, Primaticcio, Raffael und Romano.

**Ghislandi** [giz-], Giuseppe (ab 1675 Ordensname *Fra Vittore*, auch *Fra Galgario* gen.), ital. Maler, *4.3.1655 Bergamo, †3.12.1743 ebd.; bed. Porträtist des Barock, dessen Werke durch breiten Farb-

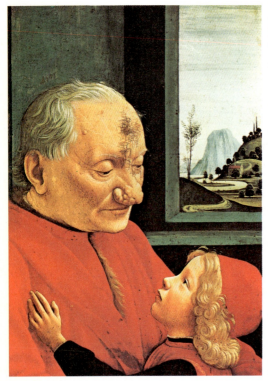

Domenico Ghirlandaio: ›Großvater und Enkel‹ (Ausschnitt, 1488). Paris, Louvre

auftrag und lebhafte Helldunkelkontraste charakterisiert sind.
**Ghislieri** [giz-], Antonio, urspr. Name von Papst →Pius V.
**Ghom,** iranische Stadt →Kum.
**Ghond,** Volk im östlichen Zentralindien (etwa 2 Mio.), gehört sprachl. zur →Drawida-Gruppe.
**Ghoom** [gum], Ort in NO-Indien, 15 km südl. von →Darjeeling; tibet.-buddhist. Kloster mit der 4 m hohen vergoldeten Statue des →Maitreya.
**Ghor** *(al-G.)*, die Akkumulationsterrassen des →Jordan in Palästina (zw. See Genezareth und Totem Meer), der die Grabensohle etwa 40 m tief zerschnitten und sich eine bis 1 km breite Aue, das *Zor,* geschaffen hat.
**Ghor Canal** [engl., gɔ kənæl], 100 km langer Kanal im östl. Tal des →Jordan, zur Bewässerung von rd. 30 000 ha Agrarland (Getreide, Obst, Gemüse).
**Ghoriden,** afghan. Herrschergeschlecht: →Ghasnawiden.
**G-Horizont,** durch Grundwasser beeinflußte Bodenschicht (→Bodenprofil).
**Ghost Town** [engl., goust taun ›Geisterstadt‹], Siedlung, die für den Abbau von Rohstoffen angelegt, nach deren Erschöpfung aber wieder aufgegeben wurde (z. B. Bergwerks- oder Goldgräbersiedlung).
**Ghostwriter** [goustraɪtə ›Geisterschreiber‹], amerik. Bez. für einen Schriftsteller, der anonym für eine andere Person (→Mummy) Reden und Bücher verfaßt.
**GHz,** Zeichen für die Einheit →Gigahertz.
**G. I.** [amerik., dʒi: aɪ, Abk. für *Government Issue] (GI),* in den USA: staatl. Lieferung von Bekleidung und Ausrüstung für Soldaten; i. ü. S.: Bez. für den amerik. Wehrpflichtsoldaten.
**Giacometti** [dʒa-], Alberto, Bildhauer und Maler, Sohn von Giovanni G., * 10. 10. 1901 Borgonovo (heute zu Stampa, Kt. Graubünden), † 11. 1. 1966 in Chur; lebte seit 1922 meist in Paris. Zunächst unter kubistischem Einfluß, schloß er sich um 1930 dem →Surrealismus an.

# Giacosa

Alberto Giacometti: ›Die Nase‹ (1947). Köln, Museum Ludwig

Überschlanke menschl. Bronzefiguren. Die Isoliertheit des Individuums wird u. a. durch hemmende Gerüste betont.
**Giacometti** [dʒa-], Augusto, Vetter von Giovanni G., Maler, * 16. 8. 1877 Stampa, † 9. 7. 1947 Zürich; gelangte, ausgehend von Jugendstil und Neoimpressionismus, zu einer sehr persönlichen, abstrakten Malweise.
**Giacometti** [dʒa-], Giovanni, Maler, * 7. 3. 1868 Stampa, † 25. 6. 1933 Glion; Hauptvertreter des schweiz. Spätimpressionismus.
**Giacometti** [dʒakɔ-], Zaccaria, schweizer. Staatsrechtler, * 26. 9. 1893 Stampa, † 10. 8. 1970 Zürich. – W: Das Staatsrecht der Schweizer Kantone (1941); Allg. Lehren des rechtsstaatlichen Verwaltungsrechts (Bd. 1, 1960).
**Giacomo** [dʒa-], ital. männl. Namensform zu Jakob.
**Giàcomo da Lentini** [dʒa-], ital. Schriftst., * Ende des 12. Jh.(?) Lentini, † vor 1250; ältester Dichter der Sizilianischen Dichterschule zur Zeit Friedrichs II.; gilt als Schöpfer des Sonetts und wird bei Dante anerkennend erwähnt.
**Giacosa** [dʒa-], Giuseppe, ital. Dichter, * 21. 10. 1847 Colleretto Parella, † 1. 9. 1906 Mailand; unter dem Einfluß H. →Ibsens; realist. Dramen vorwiegend nach mittelalterl. Stoffen, u. a. ›Tristi amori‹

*Namen, die mit Gh beginnen, können auch mit G (ohne h) geschrieben sein.*

3633

## Gia Dinh

Ivar Giaever

(1887), ›La dame de Challant‹ (91), ›Come le foglie‹ (1900). Librettist G. →Puccinis (›La Bohème‹, 1896; ›Tosca‹, 99; ›Madame Butterfly‹, 1904).

**Gia Dinh,** vietnames. Stadt nahe Ho-Chi-Minh-Stadt, 220 000 E.; Verwaltungszentrum der gleichnamigen Provinz.

**Giaever** [jɛvər], Ivar, amerik. Physiker, *5.4.1929 Bergen (Norwegen); befaßte sich u. a. mit dem Verhalten von Leitungselektronen bei tiefen Temp. in metallischen Leitern, war an der Entwicklung der Esaki-Dioden und der theoret. Deutung des Josephson-Effekts beteiligt. 1973 Nobelpreis für Physik zusammen mit L. →Esaki und B.D. →Josephson.

**Giambologna** [ital., dʒambolɔnja], Giovanni da →Bologna.

**Giambono** [dʒam-], Michele (eigtl. *Michele di Taddeo Bono*), ital. Maler und Mosaizist, tätig zwischen 1420 und 62 in Venedig; schuf Tafelbilder sowie die bed. Mosaiken des Marienlebens in der Cappella dei Mascoli der Markuskirche in Venedig.

**Giambullari** [dʒam-], Pier Francesco, ital. Schriftst., *um 1495 Florenz, †24.8.1555; Mitbegr. der späteren Florentiner Akademie. G. verfaßte Studien über Dante und die erste Grammatik der toskan. Schriftsprache. Sein Hauptwerk

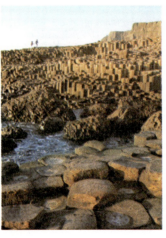

Der **Giant's Causeway** in Nordirland

›Historia dell'Europa‹ blieb unvollendet.

**Gianelli** [dʒa-], Antonius, ital. Ordensgründer, Bischof, *1789 Cerreto, †1846 Piacenza; Heiliger (Tag: 7.6.).

**Giannini** [dʒan-], Giancarlo, ital. Film- und Theaterschauspieler, *1.8.1942 La Spezia. – *Filme:* Liebe und Anarchie (1973); Sieben Schönheiten (75); L'Innocente (76); Lili Marleen (80); New Yorker Geschichten (89).

**Gianni Schicchi** [dʒani skiki], Oper (Urauff.: 14.12.1918, New York) von G. →Puccini; Text: Giovacchino Forzano nach Dantes ›Inferno‹; dritter Teil der Trilogie →Trittico.

**Giannotti** [dʒan-], Donato, ital. Humanist, *27.11.1492 Florenz, †27.12.1573 Rom; überzeugter Republikaner in der Nachfolge N. Machiavellis. Von den Medici aus Florenz verbannt, verfaßte er mehrere Schriften, in denen die Staatsform Venedigs als ideale Staatsform dargelegt wurde; schrieb auch Gedichte und Komödien.

**Giant's Causeway** [engl., dʒaɪənts kɔːzweɪ ›Damm des Riesen‹], rd. 5 km langer Streifen der Nordküste Nordirlands, zw. Portrush und Ballycastle, Naturdenkmal: von der Brandung horizontal abgeschliffene Basaltsäulen.

**Giaquinto** [dʒakinto], Corrado, ital. Maler, *8.2.1703 Molfetta, †1765 Neapel; ab 1753 Leiter der Academia de S. Fernando in Madrid, wo er maßgeblich zur Ablösung des Barock durch den Rokokostil beitrug.

**Giarabub,** Oase →Dscharabub.

**Giauque** [ʒiɔk] (eigtl. *G.-Kleinpeter*), Elsi, Künstlerin, *15.11.1900 Wald-Zürich, †11.12.1989 Ligerz; namhafte Textilgestalterin.

**Giauque** [dʒɪouk], William Francis, amerik. Physikochemiker, *12.5.1895 Niagara Falls (Kanada), †28.3.1982 Berkeley (CA); 1949 Nobelpreis für Experimente zur Erreichung von Temperaturen unter 1 K (→Kelvin, Lord).

**Giaur** [arab.-türk.], in der Türkei Bez. für Nichtmuslim.

**Giaur, Der,** Verserzählung von Lord →Byron (1813).

**Gibb,** Sir Hamilton Alexander Roskeen, brit. Orientalist, * 2.1.1895 Alexandria (Ägypten), † 22.10. 1971 Oxford; Prof. in London, Oxford, Cambridge; Verf. bedeutender Untersuchungen zur islam. Geistesgeschichte.

**Gibberelline,** Gruppe pflanzl. →Wuchsstoffe *(Phytohormone),* in Höheren Pflanzen vor allem in wachsenden Geweben (z. B. in Sprossen, Wurzeln, unreifen Samen, Früchten) gebildet. Sie haben, wie andere Phytohormone, vielfältige Wirkungen, teilweise ähnl. denen der →Auxine; auffällig ist die Förderung der Samenkeimung und Blütenbildung, an der bestimmte G. beteiligt sind. Mit Hilfe von G. bringt man Pflanzen vorzeitig zum Blühen, Gerste in der Mälzerei vorzeitig zur Keimung und erzielt im Weinbau größere Trauben.

**Gibberellinsäure,** Pflanzenhormon aus der Gruppe der →Gibberelline, die u. a. die Keimung von Pflanzensamen begünstigen.

**Gibbon** [gıbən], Edward, engl. Historiker, * 8.5.1737 Putney (Surrey), † 16.1.1794 London; war in seinen aufklärer. Anschauungen →Voltaire verwandt; schrieb u. a. eine bis 1453 reichende ›History of the Decline and Fall of the Roman Empire‹ (1776–88).

**Gibbons** [gıbənz], Grinling, engl. Bildhauer und Holzschnitzer, * 4.4.1648 Rotterdam, † 3.8.1721 London; wirkte ab etwa 1667 in England; Hofbildhauer von König Karl II.; schuf neben monumentalen Bronze- und Marmorplastiken (Reiterdenkmal Jakobs II., 1686; heute vor der National Gallery in London) v. a. dekoratives Schnitzwerk, das in England stilbildend wirkte.

**Gibbons** [gıbənz], Orlando, engl. Komponist, getauft 25.12.1583 Oxford, † 5.6.1625 Canterbury; als Cembalist und Organist Hofmusiker; Virginalmusik, Madrigale, Kirchenmusik.

**Gibbons** *(Kleine Menschenaffen; Hylobatidae),* Familie baumbewohnender, schwanzloser →Menschenaffen mit extrem langen Armen; akrobatische Schwinghangler im Geäst; sehr schnell und beweglich; Fortbewegung auf dem Erdboden meist zweibeinig; lautfreudig, vielfach ›Duettgesänge‹ der Paare; leben in den Wäldern Südostasiens, sind heute aber durch Vernichtung der Wälder erheblich bedroht. Fünf Arten, am größten der Siamang *(Hylobates syndactylus),* aufrecht sitzend 90 cm hoch, Spannweite beider Arme 180 cm; im Dschungel Sumatras und der Malaiischen Halbinsel.

**Gibbs,** James, brit. Architekt, * 23.12.1682 Aberdeen, † 5.8.1754 London; von der röm. Antike beeinflußte Kirchen, Bibliotheken; theoret. Schriften.

**Gibbs,** Josiah Willard, amerik. Physiker, * 11.2.1839 New Haven (CT), † 28.4.1903 ebenda; führte den Begriff der →Phase in der →Thermodynamik ein; fand die →Gibbssche Phasenregel; Begr. der Lehre vom →chemischen Gleichgewicht.

**Gibbsit** [nach dem nordamerikanischen Mineraliensammler *G. Gibbs,* 1776–1833] *der,* →Hydrargillit.

**Gibbssche Phasenregel,** von J. W. →Gibbs aufgestelltes Gesetz für physik. Systeme, das eine Beziehung herstellt zw. der minimalen Anzahl der voneinander unabhängigen Bestandteile, der Anzahl der Phasen und der Anzahl der thermodynam. Freiheitsgrade.

**Gibbus** [lat.], Medizin: Buckel.

**Gibellinen** →Ghibellinen.

**Gibeon,** 1) bibl. Ort in Palästina, nordwestl. von Jerusalem.
2) Hauptort des →Namalandes in Namibia, Südwestafrika, 5000 E.;

**Gibbons** sind sog. Schwinghangler: Ihr gedrungener Körper hängt an überlangen Armen und wird durch Gewichtsverlagerung wie ein Pendel in schwingende Bewegung gebracht und kräftesparend von Ast zu Ast geschleudert. Die Räume zwischen den Bäumen überqueren die Tiere durch über 10 m weite Sprünge.

■ **Gibbons:** weitere Bilder →Affen; →Menschenaffen

## Gibil

André Gide

Getreideanbau (Bewässerung durch artes. Brunnen), Schafzucht. 1863 als Missionsstation gegr.; Meteoritenfunde.
**Gibil**, sumer. Feuergott.
**Gibli** → Ghibli.
**Gibraltar** [span. xibraltar, von arab. *Dschebel al Tarik* ›Felsen des → Tarik‹], 425 m hoher Kalkfelsen an der Südspitze der Iberischen Halbinsel, durch einen schmalen Schwemmlandstreifen mit dem span. Festland verbunden; isoliertes Vorkommen der einzigen freilebenden Affenart (→ Magot) in Europa. 6 km² umfassendes brit. Dominion (1704 von England erobert, formell von Spanien abgetreten, das heute wieder Anspruch erhebt); an der Westseite die terrassenförmig ansteigende Stadt G. mit 30 000 meist span. sprechenden E.; Fremdenverkehr; Handelshafen, Flotten- und Luftwaffenstützpunkt.
**Gibraltar, Straße von,** Meeresstraße zw. Spanien und Marokko, verbindet das Europ. Mittelmeer mit dem Atlant. Ozean, engste Stelle 14,5 km breit, über 300 m tief; Einstrom atlant. Wassers an der Oberfläche, Ausstrom schweren, salzreichen Wassers am Boden. Die Felsen zu beiden Seiten der Meerenge wurden im Altertum *Säulen des Herkules* genannt.

**Gibson** [gɪbsən], John, engl. Bildhauer, *(getauft) 19. 6. 1790 Conway, †27. 1. 1866 Rom; schuf von →Canova und →Thorwaldsen beeinflußte klassizistische Plastiken.
**Gibson** [gɪbsən], Mel (eigtl. *Frank Dunne G.*), amerik. Film- und Theaterschauspieler austr. Herkunft, *16. 1. 1956 Peekshill (NY). – *Filme:* Gallipoli (1981); Ein Jahr in der Hölle (82); Lethal Weapon (87 und 89); Hamlet (90).
**Gibson** [gɪbsən], Ralph, amerik. Photograph, *16. 1. 1939 Los Angeles (CA); knüpfte mit formal klaren, mystisch-surrealist. Bildsequenzen an die photographische Avantgarde der 20er und 30er Jahre an.
**Gibson** [gɪbsən], Wilfrid Wilson, engl. Schriftsteller, *2. 10. 1878 Hexham (Northumberland), †26. 5. 1962 Virginia Water (Surrey); führender Vertreter der ›Georgian poetry‹. Seine Gedichte schildern den Alltag von Bauern und Arbeitern; auch Dramen.
**Gibsonwüste** [engl., gɪbsən-], fast vegetationslose, trockene Steinwüste im W des inneraustral. Tafellandes (zentrales Westaustralien), südl. der Großen Sandwüste und nördl. an die Große Viktoriawüste anschließend; Salzseen, -pfannen.
**Gicht, 1)** *Med.:* (*Arthritis urica*), Stoffwechselkrankheit mit erhöhter

| Praxistip Gesundheit | Gicht |
|---|---|

Wenn Sie zuviel Fleisch und Fett zu sich nehmen und darüber hinaus noch reichlich Alkohol, dann müssen Sie mit Gichtanfällen rechnen. Angeboren ist das Leiden selten. Die Erkrankung zeigt sich meist an der großen Zehe mit Rötung, Schwellung und Schmerzen, Ursache ist der erhöhte Harnsäurespiegel im Blut (höher als 6 mg/100 ml).
Die Harnsäure ist ein Abbauprodukt von Muskelfleisch sowie von Innereien wie Leber und Nieren; sie wird über die Nieren ausgeschieden, lagert sich aber bei erhöhter Konzentration im Blut in den Gelenken und Weichteilen ab (Gichtknoten). Betroffene sollten deshalb Fleisch (vor allem fettes), Wurst und Innereien meiden, auf Ölsardinen, Hering, Mayonnaise und Remoulade u.a. verzichten und den Alkoholkonsum reduzieren. Gewichtsabnahme bei reichlich Flüssigkeitszufuhr ist angesagt.
Der akute Gichtanfall tritt meistens nachts auf: Linderung bringen kalte Umschläge, später schmerzstillende Mittel, die der behandelnde Arzt spritzt. Vorbeugung und Dauerbehandlung beinhalten Gewichtsreduktion, Diät, Senkung des Blutdrucks sowie der Harnsäurewerte durch Einnahme von Allopurinol bzw. Benzbromaron. Beim akuten Anfall haben sich Kolchizin, Indometacin und Phenylbutazon bewährt. Der noch schmerzfreie Patient mit erhöhten Harnsäurewerten sollte rechtzeitig versuchen, das Leiden zu bekämpfen, denn die Harnsäurekristalle schädigen auch die Nieren, und eine spätere Nierensteinbehandlung ist weitaus komplizierter!

# Gide

Bildung von →Harnsäure und deren Ablagerung bes. an Gelenken. Dadurch anfallsweises Auftreten von akuten, sehr schmerzhaften Gelenkentzündungen mit Bildung von harten Knoten, die Harnsäurekristalle enthalten. Meist beginnt die G. am Grundgelenk der Großzehe *(Podagra)*; häufig kommt es zur Bildung von Nierensteinen. Die anfangs akuten Anfälle gehen allmählich zurück; es kommt zur Entwicklung dauernder Gelenkveränderungen und sekundärer Organerkrankungen. Bes. bei Männern. Behandlung mit Diät und Medikamenten.
■ Siehe ›Praxistip Gesundheit‹.
**2)** *Biol.*: *(Radekrankheit)*, Bildung von schwarzen *Radekörnern* oder *Gichtkörnern* in den Ähren von Weizen, seltener von Gerste und Roggen; verursacht durch einen →Fadenwurm, das Weizenälchen *(Anguina)*. Ein G.-Korn kann bis 17 000 Larven enthalten, die nach der Aussaat ausschlüpfen und neue Ähren befallen.
**3)** *Hüttenwesen:* 1. Oberteil des →Hochofens, von dem aus die Beschickung (Füllung) erfolgt; 2. Beschickungsgut des Hochofens, meist Erz, Koks und Kalkstein.
**Gichtbeere** →Johannisbeere.
**Gichtel**, Johann Georg, Theosoph, getauft 4.5.1638 in Regensburg, †21.1.1710 Amsterdam; zunächst Anwalt, gründete eine ›Christerbauliche Jesusgesellschaft‹, mußte wegen seiner Angriffe gegen die luth. Lehre nach den Niederlanden fliehen. Wegen der von ihm empfohlenen geistlichen Ehe wurden seine Anhänger in Norddeutschland ›Engelsbrüder‹ genannt.
**Gichtgas** *(Hochofengas)*, Nebenprodukt bei der Verhüttung von Eisenerzen, das an der Gicht mit 150 bis 250 °C austritt, Zusammensetzung: 28–33% CO, 6–12% $CO_2$, 2–4% $H_2$, 55–60% $N_2$, Rest $CH_4$. Heizwert rd. 3700 kJ/m³ (900 kcal/m³); vielfach innerbetriebl. als Heizgas genutzt. Die Kontrolle von G. mitgerissenen *Gichtstaubes* gestattet Rückschlüsse auf den Verhüttungsprozeß *(Ofengang)*. Nach Abscheidung wird der Gichtstaub dem Hochofen wieder zugeführt.

**Gichtmorchel** →Stinkmorchel.
**Gichtstaub** →Gichtgas.
**Gidal**, Tim Nachum, Photograph, *18.5.1909 München; Pionier des modernen Bildjournalismus; machte vor 1933 Reportagen für alle bed. dt. Zeitungen; 33 Emigration; ab 48 war er in New York für ›Life‹ tätig; seit 70 in Jerusalem.
**Giddings**, Franklin Henry, amerik. Soziologe, *23.3.1855 Sherman (CT), †11.6.1931 Scarsdale (NY); mit seinem psychologisierenden und empir. Ansatz von großem Einfluß auf die amerik. Soziologie.
**Gide** [ʒid], André, frz. Schriftst., *22.11.1869 Paris, †19.2.1951 ebenda; stand →Mallarmé und dem →Symbolismus nahe; Mitbegründer der ›Nouvelle Revue Française‹ (1909); vom calvinist. Erbe ebenso geprägt wie von →Montaigne, →Pascal, →Nietzsche, →Dostojewski und →Goethe; schuf ein alle lit. Formen und Gattungen umfassendes Werk, dessen Mitte, Tagebücher und autobiographische Darstellungen, Zeugnis unentwegter Selbsterforschung ist: ›Tagebuch 1889–1939‹ (1950; Journal 1889–1939, 39); ›Journal 1939–42‹ (44; dt. 48); ›Journal 1942–49‹ (50; dt. 67); ›Stirb und werde‹ (48; Si le grain ne meurt, 24). Durchgehender Wesenszug ist die Revolte gegen jede moral.-eth. oder religiöskirchl. begründete Konvention. Die

Der Felsen von **Gibraltar**, der in der Antike zu den sog. ›Säulen des Herkules‹ gerechnet wurde.

3637

## Gide

**Therese Giehse** *(rechts)* mit Christa Berndl in einer Aufführung der ›Magdalena‹ von Ludwig Thoma (Münchner Kammerspiele)

Summe seines Denkens und Glaubens gab G. in dem polem. Erziehungsroman ›Die Falschmünzer‹ (29; Les faux-monnayeurs, 25). Sein Alterswerk ›Theseus‹ (49; Thésée, 46) ist ein Spiegel seines Selbst und Schau über sein Lebenswerk. 1947 Nobelpreis.

**Gide** [ʒid], Charles, frz. Nationalökonom, * 29.6.1847 Uzès (Dép. Gard), † 12.3.1932 Paris; Vertreter des Genossenschaftsgedankens.

**Gideon**, charismat. Führer aus der Richterzeit des A. T. (Ri 6–8).

**Gidim**, sumer. Totengeist.

**Gidran** *(Angloaraber)*, ung. Pferderasse, gezüchtet auf der Grundlage von Arabern und Engl. Vollblut.

**Giebel**, dreieckige, meist an der Schmalseite von Gebäuden liegende Abschlußfläche von Satteldächern, zur Dachfläche hin vom Giebelgesims *(Ortgang)* begrenzt; bei überkragendem Dach als *gedeckter G.*, bei nichtüberdachten G.-Wänden als *freier G.* ausgeführt. Bei den griech. Tempeln flaches, von Gesimsen umschlossenes G.-Feld *(Tympanon)* mit Plastiken; in den Städten des MA bes. reiche Ausbildung der straßenseitigen, steilen G.-Fronten (G.-Häuser): Fachwerk-G. z. B. mit Schnitzereien.

**Giebichenstein**, nördl. Stadtteil (seit 1900) von Halle/Saale; auf einem Porphyrfelsen über der Saale die Burgruine G., ehem. Reichsschloß, 937 von Otto I. dem Stift Magdeburg geschenkt.

**Giehse**, Therese, Schauspielerin, * 6.3.1898 München, † 3.3.1975 ebenda; 1925–33 an den Münchner Kammerspielen, 33–45 in Zürich, dann wieder in Dtld., ab 53 meist in München; bed. Brecht-Interpretin; Erinnerungen: ›Ich hab nichts zum Sagen. Gespräche mit Monika Sperr‹ (1973).

**Gielen**, Josef, Schauspieler und Regisseur, * 20.12.1890 Köln, † 19.10.1968 Wien; tätig in Dresden, Wien, Buenos Aires, 1948–54 Direktor des →Burgtheaters.

**Gielen**, Michael (Andreas), Dirigent und Komponist, * 20.7.1927 Dresden; 1952–60 Kapellmeister an der Wiener Oper, 60–65 Chefdirigent der Stockholmer Oper, 69–72 des belg. Nationalorchesters, 72–75 der niederl. Nationaloper; 77–87 GMD in Frankfurt, 80–86 Musikdirektor des Cincinnati Symphony Orchestra; seit 86 beim Symphonieorchester des Südwestfunk Baden-Baden; Engagement für zeitgenöss. Musik mit Urauff. von B. A. Zimmermanns ›Soldaten‹ (65), Werken von Henze, Ligeti, Müller-Siemens, Stockhausen und Yun.

**Gielgud** [gɪl-], Sir (seit 1953) John, brit. Schauspieler und Regisseur, * 14.4.1904 London; spielte v. a. an Londoner Theatern und wurde bekannt durch seine intellektuell-sensible Spielweise bes. in Shakespeare-Rollen; ab 1924 auch Filmrollen, u. a. ›Der Geheimagent‹ (1936), ›Julius Cäsar‹ (53), ›Richard III.‹ (55), ›Falstaff‹ (66), ›Der Dirigent‹ (80), ›Der Elefantenmensch‹ (80), ›Arthur‹ (81), ›Gandhi‹ (82), ›Prosperos Bücher‹ (91); auch Regisseur.

**Giemen**, trockenes, pfeifendes Geräusch beim Ausatmen, u. a. bei Bronchialasthma (→Asthma) und bei krampfartigem →Bronchialkatarrh.

**Giemsa-Färbung** [nach dem dt. Apotheker und Chemiker *Gustav Giemsa*, 1867–1948], Methode zur Färbung von Blutausstrichen und Bakterien.

**Gien** [ʒjɛ̃], frz. Stadt, 130 km südl. von Paris, 18 000 E.; Schloß aus dem 15. Jh. mit Jagdmuseum; Keramikmanufaktur.

**Gien,** *Seewesen:* starker Flaschenzug.

**Giengen an der Brenz** [giŋən], württ. Stadt im Lkr. Heidenheim, Reg.-Bz. Stuttgart, 18000 E.; ehem. Reichsstadt (1307–1802); roman.-got. Stadtkirche; Herst. von Metallwaren (Bosch-Siemens-Hausgeräte), Spielwaren (Steiff), Schlauch- und Feuerlöschgeräten, Filzfabrik; südl., im Ortsteil Hürben, die →Charlottenhöhle.

**Gienger,** Eberhard, Turner, *21.7.1951 Künzelsau; Titelgewinn bei den Weltmeisterschaften 1974 sowie den Europameisterschaften 73, 75 und 81 am Reck; *G.-Salto,* ein von G. international bekannt gemachter Doppelsalto am Reck mit doppelter Schraube.

**Gier,** Film von E. →Stroheim (1924); Adaption des Romans ›McTeague‹ von F. →Norris.

**Gierek** [gjɛrɛk], Edward, poln. Politiker, *6.1.1913 Porabka (Kr. Bedzin); 1948 leitender Parteifunktionär in Oberschlesien, 56 Sekretär des ZK, 59–80 Mitgl. des Politbüros der Vereinigten Poln. Arbeiterpartei, nach Unruhen wegen wirtschaftlicher Schwierigkeiten Dez. 70 Nachfolger W. →Gomułkas als 1. ZK-Sekretär; im Sept. 80 nach Arbeiterunruhen gestürzt.

**Gieren,** Neigung eines See- oder Luftfahrzeugs, durch Drehung um die Hochachse vom Kurs bzw. der Fluglage abzufallen (z.B. infolge Querruderausschlags bei Flugzeugen, Seegang bei Wasserfahrzeugen). *Luvgierig* ist ein Seefahrzeug, das dazu neigt, gegen den Wind zu drehen (Ggs. *leegierig*). Das *Giermoment* ist das eine Gierbewegung verursachende →Drehmoment.

**Gierfähre,** an einem Seil geführte Fähre, die durch die Kraft der Wasserströmung bewegt wird.

**Gierke,** Otto von, Rechtsgelehrter, *11.1.1841 Stettin, †10.10.1921 Berlin-Charlottenburg; schuf Theorie der sozialen Verbände und Genossenschaften, die er als tragende Stützen des dt. Rechts ansah. – *W:* Das deutsche Genossenschaftsrecht, 4 Bde. (1868–1913); Deutsches Privatrecht, 3 Bde. (1895 bis 1917).

**Gierke-Krankheit** [nach dem dt. Pathologen *Edgar von Gierke,* 1877 bis 1945] *(Glykogenose),* vermehrte Speicherung von →Glykogen in Leber und Niere; führt zu Schwellungen beider Organe.

**Giers,** Nikolai Karlowitsch von, russ. Politiker, *9.5.(21.5.) 1820 bei Radziwillow, †14.1.(26.1.) 1895 St. Petersburg; 1882–95 russ. Außen-Min., zunächst Gegner eines Bündnisses mit Frkr., nach Nichterneuerung des →Rückversicherungsvertrages durch Dtld. aber gezwungen, 92 Rückhalt bei Frkr. zu suchen.

**Giersch,** Herbert, Nationalökonom, *11.5.1921 in Reichenbach (Eulengebirge); lehrt an der Univ. Kiel, Dir. des →Instituts für Weltwirtschaft 1969–89; arbeitet vor allem über Probleme der Konjunkturtheorie, -politik und -beobachtung.

**Giersch** →Geißfuß.

**Gier unter Ulmen** *(Desire Under the Elms),* Drama von E. →O'Neill; Urauff.: 1924, New York.

**Gierymski** [gjɛrimski], Aleksander, poln. Maler, *30.1.1850 Warschau, †4.5.1901 Rom; realistische Landschaften und Genreszenen aus dem Leben der poln. Juden.

**Gierymski** [gjɛrimski], Maksymilian, Bruder von Aleksander G., poln. Maler, *15.10.1846 Warschau, †16.9.1874 Reichenhall; naturalist. Jagd- und Reiterdarstellungen, Genreszenen, Landschaften.

**Gies,** Ludwig, Bildhauer, *3.9.1887 München, †27.1.1966 Köln; expressionist. Arbeiten mit christl. Thematik, figürl. Kleinplastiken.

**Giese,** Ernst Friedrich, Architekt, *16.4.1832 Bautzen, †12.10.1903 Charlottenburg (heute zu Berlin); Bauten im Neurenaissance-Stil.

**Giese,** Hans, Psychiater und Psychotherapeut, *26.6.1920 Frankfurt a.M., †22.7.1970 Saint-Paul (Dép. Alpes-Maritimes); begr. 1950 das Inst. für Sexualforschung in Frankfurt a.M. (seit 59 in Hamburg), gab zus. mit H. Bürger-Prinz u.a. das Handbuch ›Die Sexualität des Menschen‹ (1950, ²71) heraus. – *WW:* Der homosexuelle Mann in der Welt (1958, ²64); Die sexuelle Perversion (68).

Otto von Gierke

## Gieseking

**Gieseking,** Walter, Pianist, * 5.11. 1895 Lyon, † 26.10.1956 London; Interpret vor allem der Werke →Debussys und →Mozarts; auch Musik-Schriftst. und Komponist.

**Gießblech,** Kupferblech zur Aufnahme von Metallproben in der Hüttentechnik.

ger Pfalzgrafen, 1265 an Hessen; 1944 wurde die mittelalterl. Innenstadt fast völlig zerstört. Bildete 1977–79 mit →Wetzlar Stadt *Lahn*.

**Gießen,** Verfahren zur Herst. eines Werkstückes durch Einfüllen einer Metallschmelze in einen Hohlraum gegebener Form (→Gießerei).

Gießerei: Auslauf der Vorbrammenstranggießanlage eines Stahlwerks

**Gießen,** Hptst. des hessischen Reg.-Bz. G. und Sitz des gleichnamigen Landkreises im *Gießener Becken*, an der Lahn, 74 000 E., mit Vororten 155 000 E.; Justus-Liebig-Univ. (gegr. 1607), Fachhochschule für Ingenieurwesen und Wirtschaft, Verwaltungsfachhochschule; Liebig-Museum; Oberhessisches Museum, Gail'sche Sammlung, Kunstausstellungen, Stadttheater, Bot. Garten, Kongreßhalle; Altes und Neues Schloß, Zeughaus; Heilstätten; Eisen-, Maschinen-, Gummi-, optische, elektrotechn., keram., pharm. Industrie. – 1248 als Stadt genannt, urspr. Exklave der Tübin-

**Gießerei,** Betriebsanlage zur Herst. von Gegenständen durch Gießen verflüssigten Materials in Gußformen. Durch Gießen geformt werden bes. Eisenlegierungen (Stahlguß, Grauguß), Kupferlegierungen mit Zink/Zinn, verschiedene Aluminiumlegierungen, auch Kunstharze. Der Arbeitsprozeß gliedert sich in Formen, Schmelzen und Putzen. In der *Formerei* werden die Sand- oder Lehmformen (für höhere Temp.) von Hand oder maschinell hergestellt; dazu werden Modelle aus Holz, Gips oder Metall benutzt, die unter Berücksichtigung des Schwindmaßes dem zu gießenden Gegenstand nachgebildet sind. Bei offenen Herdformen wird auf dem Gießereiboden aus Modellsand der *Herd* bereitet, in den das Modell eingedrückt wird. Dieses Verfahren wird nur für einfache Gußteile angewendet. Bei schweren Gußteilen wird in geschlossenen Bodenformen eine Grube ausgehoben, in der das Modell schichtweise umstampft wird. Um eine Profilierung der

Gießen

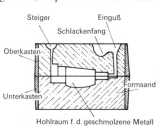

Gießerei: Benennungen einer Gußform

# Gift

Oberseite des Gußstückes zu ermöglichen, wird auf die im Boden liegende Formhälfte ein Deckkasten aufgesetzt. Zur Gießgasabführung wird unter dem Herd bei schweren Gußstücken ein Koksbett mit Rohrleitungen an die Oberfläche angelegt. Hohlräume im Gußstück entstehen durch meist aus Lehm bestehende Gegenformen *(Kern)*. Sand- bzw. Lehmformen werden nach jedem Guß unbrauchbar (sog. *verlorene Form)*; Dauerformen, sog. *Kokillen,* werden aus Stahl- oder Gußeisen in der Schlosserei hergestellt. Sie eignen sich nur für bestimmte Gußarten, da wegen der guten Wärmeleitfähigkeit der Kokille das Gußstück schnell abkühlt und dadurch das Gefüge der metall. Gießstoffe wesentl. beeinflußt wird. Das *Schmelzen* der Gießstoffe erfolgt nach der Gattierungsvorschrift (der Zusammenstellung der Ausgangsmaterialien) in den →Kupolöfen, Siemens-Martin- oder Elektro-Schmelzöfen für Stahlguß sowie in Tiegelöfen für Kupfer- und Leichtmetallegierungen. Der flüssige Gießstoff wird mit Gießpfannen oder Gießtiegeln von Hand oder mittels Kran in die Formen eingefüllt. Vielfach werden aus kippbaren Schmelzöfen die Formen auch unmittelbar beschickt. In der *Putzerei* werden die erkalteten Gußstücke mit Sandstrahlgebläsen oder durch Schleifen gesäubert und geglättet.
**Gießfieber** *(Metalldampffieber),* durch Einatmen von Zinkrauch verursachter kurzfristiger Anstieg der Körpertemperatur, begleitet von einer Reizung der Atemwege.
**Gießharze,** Gruppe von →Kunstharzen, die in offene Formen vergossen werden und durch →Polymerisation oder →Polyaddition aushärten (→Duroplaste), z. B. →Epoxidharze, →Polyesterharze und →Phenolharze. Mit eingelegten Glasfasern können G., abhängig vom Glasfasergehalt, stahlähnl. Festigkeiten (bis zu 1000 N/mm² [∼ 100 kp/mm²] und mehr) erreichen, z. B. bei aus G. hergestellten Druckbehältern, Bootsrümpfen.
**Gießkannenschimmel** →Schimmelpilze.

**Gießmaschine,** halb- oder vollautomat. Maschine zum Gießen von Metallen *(Druckgießmaschine)* oder Kunststoffen *(Spritzgießmaschine)* in geschlossene Formen.
**Giethoorn** [xit-], niederl. Stadt östl. des →Nordostpolders, 12 000 E.; zahlr. Kanäle; Museen mit Sammlungen von Mineralien und Musikinstrumenten.
**Giffard** [ʒifar], Henry-Jacques, frz. Luftschiffkonstrukteur, *8. 1. 1825 Paris, † 14. 4. 1882 ebenda; erbaute 1852 das erste halbstarre →Luftschiff, 44 m lang mit Dampfmaschine von 3 PS Leistung; entwickelte 1858 den →Injektor für Dampfkessel.
**Gifhorn,** niedersächs. Krst. im Reg.-Bz. Braunschweig, an der Aller, 42 000 E.; Welfenschloß (16. Jh.), Fachwerkhäuser, Mühlenmuseum; holz-, kunststoff- und metallverarbeitende, elektrotechn., Bau- und Lebensmittelindustrie.
**GIFT** (*gamete intra fallopian transfer),* Keimzellentransfer in den Eileiter: Die entnommenen Eizellen werden →in vitro befruchtet und sofort wieder in den Eileiter – und nicht wie sonst üblich in den Uterus – transferiert. Reproduktionsmediziner versprechen sich von dieser Form des Embryotransfers höhere Schwangerschaftsraten.
**Gift,** Sammelbegriff für alle Stoffe, die durch chem. Wirkungen Krankheit und Tod verursachen können. Die Empfindlichkeit gegen G. ist individuell versch., hängt außerdem von Alter, Ernährungszustand, Neigung zu →Allergie, Gewöhnung (→Mithridatismus) u. a. ab. Viele Stoffe haben nur in geringen Mengen keine G.-Wirkung (z. B. Arzneimittel, →Genußmittel); sogar lebensnotwendige Stoffe (z. B. Wasser, Sauerstoff, Kochsalz, Vitamine) wirken als G., wenn sie dem Körper übermäßig oder abwegig zugeführt werden. Zu den G. zählen auch die weitgehend unerforschten karzinogenen Stoffe (→Krebs) und die Bakteriengifte (→Toxine). Viele Stoffe (v. a. Produkte der chem. Ind.), die man früher für unbedenkl. hielt, erweisen sich durch eingehende Untersuchungen doch

Gifhorn

# Giftbeere

**Giftpflanzen: 1** Blauer Eisenhut; **2** Seidelbast, blühend (**2a** fruchtend); **3** Gefleckter Schierling; **4** Schwarzbeerige Zaunrübe; **5** Mutterkorn; **6** Roter Fingerhut; **7** Tollkirsche; **8** Schwarzes Bilsenkraut; **9** Herbstzeitlose; **10** Weißer Germer; **11** Weißer Stechapfel. – Viele Giftpflanzen enthalten Wirkstoffe (Alkaloide, Glykoside usw.), die in sehr niedrigen Dosen heilend wirken; der Genuß der abgebildeten Arten hat schwere bis tödliche Folgen.

als G.; für sie werden Grenzkonzentrationen festgelegt (→MAK, →MEK, →MIK). Auch Strahlung kann als G. wirken (→Strahlenschutz). Jedes G. hat seine spezif. Wirkungsart und bevorzugt bestimmte Organsysteme (→Vergiftungen).

**Giftbeere** *(Nicandra physaloides)*, 1 m hohes, einjähriges →Nachtschattengewächs, mit großen blauen, einzelnen Glockenblüten; Gartenpflanze, zuweilen verwildert; in Peru heimisch.

**Giftchampignon** →Champignon.

**Giftfische** →Teufelsfisch, →Rotfeuerfische, →Petermännchen; *giftige Fische:* →Barben, →Kugelfische, →Pfeilhechte; trop. Fischvergiftung →Ciguatera.

**Giftgase,** Sammelbezeichnung für gasförmige und giftige →Kampfstoffe.

**Gifthütte,** Anlage zur Verhüttung von Arsenerzen (→Arsen).

**Giftlattich** →Lattich.

**Giftliste,** Zusammenstellung von Giftstoffen in der →Gefahrstoffverordnung.

**Giftmüll,** die Umwelt bes. gefähr-

dende Abfälle (z. B. radioaktive Rückstände aus Kernreaktoren, schwermetall- oder cyanidhaltige Stoffe der Ind.). Die Lagerung bzw. Vernichtung von G. unterliegt gesetzl. Bestimmungen (Abfallbeseitigungsgesetz).
**Giftmüllexport,** legaler bzw. illegaler Export von Sondermüll in aufnahmewillige Länder (→Abfalltourismus).
**Giftnattern** *(Elaphidae),* Fam. giftiger Schlangen (→Giftschlangen). Zu den G. zählen u. a. →Brillenschlange, →Mambas und →Korallenotter. Die meisten Schlangen Australiens sind G., in den USA leben nur zwei Arten, in Europa fehlen G.
**Giftnotrufzentralen,** in den meisten Großstädten rund um die Uhr erreichbare Auskunftstellen für Vergiftungsfälle.
**Giftpflanzen,** Pflanzen oder Pflanzenteile, deren Genuß den menschl. Organismus schädigt; Giftwirkung wird oft von →Alkaloiden hervorgerufen, wie →Atropin der Tollkirsche, →Morphin u. a. im Milchsaft der unreifen Kapseln des Schlafmohns, →Curare-Alkaloide bes. der Mondsamengewächse (trop. Schlingpflanzen), →Strychnin und Brucin in Samen der Brechnuß; Blätter des Fingerhuts und Frucht der Einbeere enthalten giftig wirkende →Glykoside; das →Phalloidin des Knollenblätterpilzes ist ein →Peptid. Pflanzengifte in richtiger Dosierung finden med. Verwendung, z. B. Morphin zur Schmerzlinderung, Digitalis-Glykoside gegen Kreislaufstörungen; G. können daher auch →Heilpflanzen sein. Manche liefern →Rauschgifte.
**Giftpilze** →Pilze.
**Giftreizker** →Reizker.
**Giftschlangen,** Schlangen mit einem oder zwei Paar Giftzähnen im Oberkiefer, die mit Giftdrüsen verbunden sind; töten ihre Beute durch Giftbiß: 1. *solenoglyphe Schlangen,* deren Gift an den Spitzen der in einem Giftkanal durchbohrten Zähne austritt; diese Zähne sind groß und werden beim Schließen des Maules nach hinten umgelegt; die Solenoglyphen umfassen die Fam. →Grubenottern und →Vipern; 2. *proteroglyphe Schlangen,* deren Gift äußerlich in Rinnen an den Giftzähnen abfließt; die Proteroglyphen umfassen →Giftnattern (z. B. →Brillenschlangen), →Seeschlangen und →Trugnattern.
**Giftspinnen,** Spinnen mit für den Menschen giftigem Biß, z. B. →Schwarzer Wolf, →Schwarze Witwe, →Tarantel, →Vogelspinnen; gefährliche G. kommen in Mitteleuropa nicht vor.
**Giftsumach,** Botanik: →Sumach.
**Gifttiere,** 1. Tiere, die zu ihrem Schutz bzw. zum Nahrungserwerb Gifte abgeben, meist durch Giftdrüsen (z. B. Biene, Kreuzotter); 2. Tiere, die in ihrem Körper Giftstoffe enthalten und deren Genuß Vergiftungserscheinungen hervorruft.
**Giftung,** Umwandlung einer zunächst ungiftigen Substanz (z. B. E 605) zu einem giftigen Stoffwechselprodukt *(Paraxon);* führt beim Menschen zu schweren Vergiftungserscheinungen.
**Giftweizen,** mit Ratten- und Mäusegift (z. B. Salze des →Thalliums, →Meerzwiebel) präparierte, rot gefärbte Weizenkörner; auch für Menschen giftig, vor dem Zugriff durch Kinder schützen!
**Giftzüngler** →Schnecken.
**Gifu,** jap. Prov.-Hptst. auf der Hauptinsel Hondo, nördl. von Nagoya, 410000 E.; Univ. (gegr. 1949); Textil- und Papierindustrie; berühmt durch die handbemalten Papierlampions für buddhist. Allerseelenfeiern und als Handlaternen.
**Gig,** 1) *Schiffahrt: die,* 1. leichtes, schnelles Ruderboot, auch zum Segeln eingerichtet; 2. Verkehrsbei-

**Gifttiere:** Wespe, Skorpion, Drückerfisch mit giftigem Fleisch, Brillenschlange

**Giftschlangen:** Einer der beiden Giftzähne (aufgerichtet) ist sichtbar (Kreuzotter).

◼ **Giftschlangen:** weitere Bilder →Sandviper; →Reptilien

3643

## Giga-

boot auf Kriegsschiffen *(Kommandantengig)*; 2) *Pferdesport: das*, zweirädriger, offener Wagen mit Gabeldeichsel. 3) *Musik:* einmalige, bezahlte Mitwirkung eines (Rock-) Musikers bei einer Studioaufnahme oder einem Konzert. Als dt. Bez. ist auch eine ›Mugge‹ (›Musik gegen Geld‹) gebräuchlich.
**Giga-** [griech.] (Abk. *G*), bei Maß- und Gewichtsbezeichnungen: das $10^9$fache einer Grundeinheit (→SI-Einheiten), z.B. 1 GW (Gigawatt) = $10^9$ (1 Milliarde) W.
**Gigabit,** Zeichen GBit, Maßeinheit für 1 073 741 824 Bit (= $2^{30}$ Bit).
**Gigabyte,** Zeichen GByte, Maßeinheit für 1 073 741 824 Byte (= $2^{30}$ Byte).
**Gigahertz,** Zeichen GHz, eine Frequenz von 1 Milliarde Hertz = $10^9$ Hz.
**Gigante** [dʒi-], Giacinto, ital. Maler, *10.7.1806 Neapel, †29.11.1876 ebd.; zartfarbige Landschaften und Architekturdarstellungen, überwiegend Aquarelle, die den Stil der neapolitanischen Freilichtmalerei des 19. Jh. prägten.
**Giganten,** in der griech. Mythologie Riesen, die von den olymp. Göttern mit Hilfe des →Herakles besiegt wurden *(Gigantomachie).* Die bekanntesten Darstellungen der Gigantomachie finden sich in der bildenden Kunst am Nordfries des Schatzhauses der Siphnier zu →Delphi und am Altar von →Pergamon. In hist. Zeit wurde die Gigantomachie zum Symbol des Sieges der Griechen über die Barbaren.
**Giganten,** Film von G. →Stevens (1955) mit E. →Taylor, R. →Hudson und J. →Dean; die Chronik einer texan. Viehzüchterfamilie über zwei Generationen; Oscar für die Regie.
**Gigantismus** →Riesenwuchs.
**Gigantomanie,** Sucht, Bestreben, alles ins Riesenhafte zu übersteigern (z.B. in der Baukunst).
**Gigantopithecus** [griech. ›Riesenaffe‹], Primatenform aus Südchina (*G. blackii*) und Nordindien (*G. bilaspurensis*); 1935 zuerst anhand sehr großer isolierter Zähne aus chin. Apotheken beschrieben; seit 56 wurden vier große und massige Unterkiefer bekannt, die sich auf die beiden Arten beziehen.
**Gigantostraca,** eine ausgestorbene Tiergattung: →Riesenkrebse.
**Gigartina,** eine Gattung der Rotalgen: →Karrag(h)een.
**Gigaswuchs,** vererbbarer Riesenwuchs von Pflanzen und Tieren; bedingt durch Zellvergrößerung oder DNA-Vervielfachung (→polyploid).
**Gigawatt,** Zeichen GW, eine Leistung von 1 Milliarde Watt = $10^9$ W.
**Gigawattstunde** (Abk. GWh), eine Milliarde ($10^9$) Wattstunden.
**Gigi** [ʒiʒi], Filmmusical von V. →Minelli (1958) mit L. →Caron und M. →Chevalier.
**Gigli** [dʒilji], Beniamino, ital. Tenor, *20.3.1890 Recanati, †30.11.1957 Rom; kam 1918 an die Mailänder Scala, 20 an die Metropolitan Opera, New York; berühmtester Tenor nach →Caruso, gefeiert als Opern-, Konzert-, Filmsänger.
**Gigliato** [ital., dʒiljato, von giglio ›Lilie‹], 1. *Zecchino G.,* urspr. eine Goldmünze von etwa 4 g Gewicht, die auf der Rückseite ein lilienendiges Kreuz trug; erstm. 1304 von König Karl II. von Neapel geprägt; im östl. Mittelmeerraum häufig imitiert; 2. häufige Bez. für die Goldmünzen von Florenz, die das Stadtwappen, die Lilie, auf der Rückseite trugen; 3. *G. d'argento (Carlino),* silberne Groschenmünze, 14.–19. Jh.
**Gigola** [dʒi-], Giovanni Battista, ital. Maler, *1769 Brescia, †7.8.1841 Mailand; Vertreter des Klassizismus; Bildnisminiaturen und kleinformatige mythologische Darstellungen; auch namhafter Buchillustrator.
**Gigolo** [frz., ʒi-], 1. Angestellter in Tanzlokalen, der weibl. Gäste auffordert, um die übrigen Gäste zum Tanzen zu animieren, Eintänzer; 2. Geck, Fant; junger Mann, der sich von Frauen aushalten läßt.
**Gigoux** [ʒiɡu], Jean, frz. Maler, *8.1.1806 Besançon, †12.12.1894 ebd.; hist. Darstellungen, Porträts und Lithographien; seine Holzschnitte zu ›Gil Blas‹ von →Lesage (1835) zählen zu den bedeutendsten Werken der romant. Buchkunst.

Beniamino Gigli

**Gigue** [frz., ʒig] die, ein im 17. Jh. beliebter schneller Tanzsatz, meist ungeradtaktig, in Dtld. oft polyphon gearbeitet (→Suite).

**Gijón** [xixɔn], nordspan. Hafenstadt an der Biskaya, Asturien, mit 265 000 E.; Seebad; Nahrungsmittel-, Glas-, Keramik-, Eisen- und Stahl-Ind., Erdölraffinerie, Fischereihafen, Ausfuhr von Erzen. – Arab. Gründung; nach der Eroberung durch die Christen 722 wurde G. Residenz der astur. Monarchen.

**Gijsen** [xɛisə], Marnix (eigtl. *Jan-Albert Goris*), flämischer Dichter, *20. 10. 1899 Antwerpen, †29. 9. 1984 Lubbeek; lebte 1941–64 in New York; in den 20er Jahren expressionist. Gedichte und Romane; nach 40 deutl. Distanz zu kath.-klerikalen Auffassungen.

**Gila** [engl., dʒilə] (*G. River*), li. Nebenfluß des unteren →Colorado (des Westens), USA, rd. 1000 km lang, entspringt in den Bergen des westl. New Mexico, durchfließt das südl. Arizona mit der großen *G.-Wüste* beiderseits des Unterlaufs und mündet bei Yuma; mehrere Stauanlagen (Coolidgedamm).

**Gilakrustenechse** [dʒilə-] →Krustenechsen.

**Gilan**, Landschaft und Prov. in Iran, am Südufer des Kasp. Meeres, 14 709 km², 1,9 Mio. E., Hptst. →Rescht; Anbau von Reis, Baumwolle, Obst, Tee und Tabak; Seidenraupenzucht.

**Gilardi** [dʒi-], Domenico →Schiljardi, Dementij.

**Gilbert** [gɪlbət], Sir (ab 1932) Alfred, brit. Bildhauer, *12. 8. 1854 London, †4. 11. 1934 ebenda; im viktorian. England hochgeschätzter Bronzeplastiker: Denkmals- und Brunnenskulpturen, u. a. Eros-Brunnen auf dem Piccadilly Circus in London (1886–93); Grabmal für Albert Victor Herzog von Clarence in Windsor (1892–99).

**Gilbert** [gɪlbət], Cass, amerik. Architekt, *24. 11. 1859 Zanesville (OH), †17. 5. 1934 Brockenhurst (Hampshire, England); entwarf Geschäfts- und Verwaltungsgebäude, bei denen er die moderne →Skelettbauweise mit historisierender Fassadengestaltung kombinierte.

**Gilbert** [ʒilbɛr], Jean (eigtl. *Max Winterfeld*), Komponist und Dirigent, *11. 2. 1879 in Hamburg, †20. 12. 1942 Buenos Aires; populäre Operettenmelodien; mußte 1933 aus Dtld. emigrieren; ab 39 leitete G. das Radio-Symphonieorchester El Mundo in Buenos Aires. – *W:* Wenn der Vater mit dem Sohne (1910); Wie schön bist du, Berlin (12); Geh'n wir mal zu Hagenbeck (12); Puppchen, du bist mein Augenstern (12); In der Nacht, wenn die Liebe erwacht (13); Die Kinokönigin (13).

**Gilbert** [gɪlbət], Sir (ab 1871) John, engl. Maler und Illustrator, *21. 7. 1817 London, †5. 10. 1897 ebd.; romant. Historiengemälde in Aquarell und Öl; Holzschnitte.

**Gilbert** [gɪlbət], Kenneth, kanad. Cembalist, *16. 12. 1931 Montreal; Studium u. a. bei Nadia Boulanger und Gaston Litaize; Prof. in Montreal, Quebec, Antwerpen, Haarlem (Nachfolger von Gustav Leonhardt), Stuttgart, Straßburg, Salzburg und Siena; bed. Interpret der Werke Couperins, Scarlattis und Rameaus.

**Gilbert** [ʒilbɛr], Robert, Komponist, *29. 9. 1899 Berlin, †20. 3. 1978 Muralto; Sohn von Jean G.; schrieb zahlr. Filmmusiken, Operetten sowie Gesangstexte für Operetten (z. B. ›Im weißen Rößl‹), für Filme (›Die Drei von der Tankstelle‹) und übersetzte amerik. Musicals (z. B. ›My Fair Lady‹, ›Hello Dolly‹).

**Gilbert** [gɪlbət], Walter, amerik. Biochemiker, *21. 3. 1932 Boston; seit 1959 Prof. für Biophysik und Molekularbiologie an der Harvard University; entwickelte Methoden, die es erlauben, die Reihenfolge der Bausteine der Desoxyribonucleinsäure (→DNA) zu bestimmen; untersuchte außerdem an Bakterienchromosomen die Teile, die das Ablesen der →genetischen Information ermöglichen. 1980 erhielt er den Nobelpreis für Chemie zus. mit P. →Berg und F. →Sanger.

**Gilbert** [gɪlbət], William, engl. Arzt und Naturforscher, *24. 5. 1544 Colchester, †30. 11. 1603 London; Leibarzt Elisabeths I. und Jakobs I.

Walter Gilbert

3645

# Gilbert & George

**William Gilbert:** Das Gemälde von A. Ackland Hunt zeigt den Forscher (stehend), wie er vor Königin Elisabeth I. einen seiner Versuche demonstriert. Sein Werk ›Von Magneten, magnetischen Körpern und dem großen Magneten Erde‹ war bahnbrechend durch seine Erkenntnisse (er erkennt die Erde als großen Magneten und erklärt damit das Funktionieren des Kompasses) und vorbildlich durch seine empirische und exakte Methode.

Er entwickelte auf empirischer Grundlage eine Lehre vom →Magnetismus und der →Elektrizität.

**Gilbert & George** [gɪlbət ənd dʒɔːdʒ], engl. Künstlerpaar: Gilbert Proersch (* 1943) und George Passmore (* 1942); gestalten ornamentale Flächen mit z. T. aus Montagen und Übermalungen hervorgegangenen Photographien. Diese Bildelemente stehen häufig in Zusammenhang mit Performances, wobei meist die Personen der Künstler im Zentrum stehen.

**Gilbert de la Porrée** [ʒilbɛr -] *(Gilbertus Porretanus)*, Bischof, frz. Scholastiker, * um 1076 Poitiers, † 4. 9. 1154 ebenda; vertrat (als Angehöriger der Schule von Chartres) im →Universalienstreit einen scharfsinnig differenzierenden Realismus. Einflußreich waren auch seine Gedanken zu Substanzlehre und Logik.

**Gilbertinseln,** Inselgruppe im Pazifik, südöstl. Mikronesien, zus. 259 km² mit 67 000 E.; Kerngebiet des seit 1979 als →Kiribati unabhängigen Inselstaates.

**Gilbert von Sempringham** [gɪlbət sɛmprɪŋəm], engl. Ordensgründer, * um 1085 Sempringham, † 4. 2. 1189; Heiliger (Tag: 4. 2.).

**Gilbhard** *(Gilbhart),* früher Bez. für Oktober.

**Gilbweiderich** *(Lysimachia),* Gattung der →Primelgewächse, gelb blühend; an feuchten Standorten verbreitet der bis 1,5 m hohe Gemeine G. *(Lysimachia vulgaris)* und das kriechende Pfennigkraut *(Lysimachia nummularia);* anspruchslose Zierpflanzen.

**Gildas der Weise** *(Gildas Sapiens),* Mönch, erster britann. Geschichtsschreiber, * um 510, † um 570; lebte in Irland und Wales; ›De excidio et conquestu Britaniae‹ (vor 547; Gesch. Britanniens seit der röm. Eroberung).

**Gilde,** mittelalterl. Vereinigung von Berufsständen, oft mit genossenschaftl. Charakter, z. B. Handwerkergilde ( →Zunft) oder Kaufmannsgilde ( →Hanse).

**Gil de Hontañón** [xɪl ðe ontanjɔn], Rodrigo, span. Baumeister, * um 1500 Rasines bei Burgos, † 1577 Segovia; wirkte an der Errichtung zahlr. spätgotischer Kathedralen in Spanien mit, wurde zum Vorreiter für den →Platéresken-Stil.

**Gildensozialismus,** in England zw. 1906 und 25 von Anhängern der Fabian Society vertretene Lehre zur Ablösung der kapitalist. Wirtschaftsordnung. Aus den einzelnen Wirtschaftszweigen sollten Organisationen mit Selbstverwaltung und Eigentum an den Produktionsmitteln zusammengeschlossen werden.

**Gildo,** Rex (eigtl. *Ludwig Alexander Hirtreiter*), Schlagersänger, * 2. 7. 1939 München; Ausbildung

# Giller

bei den Regensburger Domspatzen; spielte in über 30 Filmen und Musicals.

**Gilead,** im A.T. 1. Name eines Berges, 2. Bez. des Gebietes östl. des Jordan zw. Jarmuk und Jabbok sowie des ganzen Ostjordanlandes.

**Gilels,** Emil (Grigorjewitsch), russ. Pianist, *19.10.1916 in Odessa, †14.10.1985 Moskau; Klavierlehrer am Moskauer Konservatorium; weltweite Konzertreisen; berühmter Mozart-, Schubert-, Schumann- und Tschaikowsky-Interpret.

**Gilet** [frz., ʒilɛ̱] *das,* Ende des 18. Jh. aufgekommene hochgeschlossene →Weste ohne Schöße.

**Gilg** →Lilie.

**Gilgal,** Heiligtum im alten Israel bei Jericho, wo in vorstaatl. Zeit das →Passah-Fest gefeiert und Saul zum König eingesetzt wurde.

**Gilgamesch,** sagenhafter vergöttlichter König von →Uruk, 28. oder 27. Jh. v. Chr., zentrale Gestalt sumer. Dichtungen (→Sumerer) und des akkad. *G.-Epos* (→Akkad), das etwa im 12. Jh. v. Chr. in einer später als kanon. geltenden Form aufgezeichnet wurde und in der Bibl. des →Assurbanipal bruchstückhaft erhalten blieb. Das Epos erzählt von Freundschaft, Unsterblichkeitssehnsucht und einer Sintflut. Akkadische, churritische und hethitische Fragmente wurden in →Boğazköy gefunden.

**Gilge,** südlicher Mündungsarm der →Memel in Ostpreußen zum →Kurischen Haff, durch Kanal zur Deime mit dem →Pregel verbunden.

**Gilgit,** zur Rep. Pakistan gehöriges Verwaltungsgebiet im nordöstl. Kaschmir, rd. 75 000 km²; Hochgebirgsland, umfaßt Bergketten des Hindukusch und des zentralen NW-Himalaja sowie den größeren Teil des Karakorum, Hauptort G. (4500 E.); in den durch Zuflüsse des Indus und G. gebildeten Seitentälern (→Hängetäler) zahlr. ehem. Fürstentümer, u. a. das der →Hunza; in den Tälern Bewässerungsfeldbau mit zwei Ernten jährl. (Reis u. a. Getreide, Baumwolle, Obst); Viehzucht.

**Giljaken** (Eigen-Bez. *Niwchen* ›Mensch‹), paläasiat. Volk, Jäger und Fischer an der Amurmündung, auf Nordsachalin und den Kurilen, mit →Schamanismus, →Ahnenkult und →Bärenkult; eigene Sprache: Giljakisch.

**Gill,** Sir (ab 1900) David, brit. Astronom, *12.6.1843 Aberdeen, †24.1.1914 London; 1878–1907 Königl. Astronom und Dir. der Sternwarte am Kap der Guten Hoffnung; Begr. der photograph. Messung von Sternpositionen (1882).

**Gill,** Eric (Routon Peter Joseph), engl. Bildhauer, Graphiker, Buchkünstler und Schriftentwerfer, *22.2.1882 Brighton, †17.11.1940 Uxbridge; expressionist. Denkmäler und Kirchenplastiken, Holzschnitte u. a. zu bibl. Schriften.

**Gill,** Irving John, amerik. Architekt, *1870 Syracuse (NY), †7.10.1936 Carlsbad (CA); Entwürfe in einem individuellen architektonischen Purismus, der wesentlich auf einfachen kubischen Formen aufbaut.

**gill** [engl., dʒɪl], Flüssigkeitsmaß; in England 1 gill = 0,142 l, in den USA 0,118 l.

**Gillain** [ʒilɛ̃], Joseph (›Jijé‹), belg. Comic-Künstler, *13.1.1914 Gedinne, †20.6.1980 Paris; gehörte mit →Hergé und A. →Franquin zu den bedeutendsten Comiczeichnern der klass. belg. Schule. – W: Spirou (1940–50); Don Bosco (41–42); Christophe Colomb (42–45); Baden Powell (48–50); Valhardi (ab 41); Jerry Spring (ab 54).

**Gille,** Christian Friedrich, Maler, *20.3.1805 Ballenstedt (Kr. Quedlinburg), †9.7.1899 Wahnsdorf bei Dresden; zunächst v. a. Lithographien (Bildnisse, Genreszenen, Landschaften und Tierdarstellungen), später Naturstudien in Öl, die bereits impressionistische Züge zeigen.

**Gillebert** [ʒilbɛr], frz. Bildhauer: →Gislebertus.

**Gillenwaran** →Warane.

**Giller,** Walter, Schauspieler, *23.8.1927 Recklinghausen; Darsteller in Unterhaltungsfilmen: ›Die Drei von der Tankstelle‹ (1955), ›Rosen für den Staatsanwalt‹ (59), ›Schloß Gripsholm‹ (63), ›Die Herren mit der weißen Weste‹ (70).

Gemeiner **Gilbweiderich**

3647

## Gilles

**Gilles,** Werner, Maler, * 29. 8. 1894 Rheydt, † 22. 6. 1961 Essen; Schüler von L. →Feininger. Sein Werk verwandelt die reale Welt, vor allem die südl. Landschaft, durch surrealist. Elemente ins Poetisch-Symbolische, in dem sich Antike und Traumwelt vermischen.

**Gillespie** [gɪlɛspɪ], Dizzy (eigtl. *John Birks G.*), amerik. Jazztrompeter, * 21. 10. 1917 Cheraw (SC), † 6. 1. 1993 Englewood (NJ); begann im Stil des →Swing und wurde neben Ch. →Parker und Th. →Monk in den 40er Jahren zum stilbildenden Musiker des →Bebop. Zusammenspiel u. a. mit Cab Calloway (1939–41), Earl Hines (42/43) und Duke Ellington (43); ab 45 leitete G. zahlr. eigene Bands. Seine Kompositionen (wie z. B. ›A Night in Tunisia‹) gehören zum Standardrepertoire.

**Gillette** [dʒɪlɛt], King Camp, amerik. Industrieller, * 5. 1. 1855 Fond du Lac (WI), † 10. 7. 1932 Los Angeles; erfand Rasierklinge und -apparat, gründete 1901 die *G.-Company*; Sitz: Boston; Umsatz: 5,4 Mrd. $; Beschäftigte: 33 400 (1993).

**Gilliam** [gɪljəm], Terry, amerik. Filmregisseur, * 22. 11. 1940 Minneapolis (MN). – *Filme:* Monty Pythons wunderbare Welt der Schwerkraft (1971); Time Bandits (81); Brazil (84); Die Abenteuer des Baron Münchhausen (89); König der Fischer (91).

**Gilliams** [xɪljams], Maurice, fläm. Schriftst., * 20. 7. 1900 Antwerpen, † 18. 10. 1982 ebd.; Verf. esoter.,

nach musikal. Gesetzen aufgebauter Gedichte. In seiner Prosa stehen Gefühle und innere Vorgänge im Vordergrund.

**Gilliéron** [ʒiljerõ], Jules, Romanist, * 21. 12. 1854 La Neuveville (Kt. Bern), † 26. 4. 1926 Schernelz (Kt. Bern); Begr. der modernen Sprachgeographie durch seine Sprachatlanten und methodisch wegweisenden Untersuchungen.

**Gilling** *(Gillung), Schiffbau:* der nach innen gebogene Teil des Schiffshecks.

**Gillingham** [dʒɪlɪŋəm], südostengl. Stadt in der Gft. Kent, an der Mündung des Medway, 95 000 E.; Marinestation; Schiffbau, Ziegeleien u. a. Ind.; Auspendler nach London.

**Gillon** [ʒilõ], Paul, frz. Comiczeichner, * 11. 5. 1926 Paris; begann 1947 beim Magazin ›Vaillant‹. Erfolgreichste Serien: ›13, rue de l'Espoir‹, ›Naufragés du temps‹ (dt. ›Die Schiffbrüchigen der Zeit‹, ab 1964).

**Gillot** [ʒilo], Claude, frz. Maler und Graphiker, getauft 27. 4. 1673 Langres, † 4. 5. 1722 Paris; führender Wegbereiter des frz. Rokoko; schuf amüsante kleinformatige Gemälde, Stiche und Radierungen.

**Gillray** [gɪlreɪ], James, engl. Karikaturist, * 13. 8. 1757 in Chelsea (London), † 1. 6. 1815 London; bis zu seiner geistigen Umnachtung 1811 schilderte er in etwa 1500 Radierungen mit beißendem Witz und schonungsloser Satire engl. Politik und Gesellschaft.

**Gilly,** David, Architekt, * 7. 1. 1748 Schwedt, † 5. 5. 1808 Berlin; Gründer der Berliner Bauakademie. Schlösser in klassizist. Stil (Freienwalde, Paretz u. a.).

**Gilly,** Friedrich, Architekt, Sohn von David G., * 16. 2. 1772 Altdamm (bei Stettin), † 3. 8. 1800 Karlsbad; neben seinem Schüler →Schinkel der bedeutendste Architekt des dt. →Klassizismus; auch romant. Elemente spürbar: Meierei im Park von Schloß Bellevue, Berlin; Schauspielhaus Königsberg.

**Gilly** [ʒili], belg. Stadt im östl. Einzugsbereich von →Charleroi, mit 24 000 E.; Glas- und Textilind.; früher bed. Steinkohlebergbau.

**Friedrich Gilly:** Entwurf für ein Berliner Schauspielhaus auf dem Gendarmenmarkt

# Gimpel

**James Gillray:** ›Der Plumpudding in Gefahr‹ (Pitt d. J. und Napoleon I. bei der Aufteilung der Welt; Radierung, 1805)

**Gilm zu Rosenegg,** Hermann von, Schriftst., *1.11.1812 Innsbruck, †31.5.1864 Linz; volkstüml., empfindsame Natur- und Liebeslyrik, politische Gedichte und antiklerikale ›Jesuitenlieder‹, auch Dramen und Kritiken.
**Gilson** [ʒilsõ], Étienne, frz. Philosoph, *13.6.1884 Paris, †19.9.1978 Cravant (Dép. Yonne); Vertreter des →Neuthomismus; philos.-geschichtl. Untersuchungen, bes. zur christl. Philos. (›Der Geist der mittelalterl. Philosophie‹, 1932).
**Giltinę** [von gelti ›stechen‹, wchtun‹], litauische Todesgöttin.
**Gimenez** [ximɛnɛθ], Carlos, span. Comiczeichner, *6.3.1941 Madrid; die erfolgreichsten Alben: ›Hom‹ (1975), ›España Una‹, ›España Grande‹ und ›España Libre‹ (ab 79).
**Giménez Caballero** [ximɛnɛθ kabaχero], Ernesto (Pseud. *Gecé*), span. Schriftst., *2.8.1899 Madrid, †14.5.1988; trat in seinem Frühwerk und der von ihm gegründeten Zeitschrift ›Gaceta Literaria‹ (1927–32) für eine avantgardist. Lit. im Sinn der ›Generation von 1927‹ ein. Sein maßloser Nationalismus (›Genio de España‹, 1932) ließ ihn später zum ersten lit. Propagandisten des span. Faschismus werden.
**Gimignani** [dʒiminjani], Giacinto, ital. Maler und Radierer, getauft 23.1.1606 Pistoia, †9.12.1681 Rom; ab etwa 1630 in Rom wirkender Vertreter des Spätbarock; Altargemälde und Fresken.
**Gimịrru** →Kimmerier.
**Gimmi,** Wilhelm, Maler und Graphiker, *7.8.1886 Zürich, †29.8.1965 Chexbres (Kt. Waadt); schuf, durch Cézanne und die Kubisten angeregt, Figurenbilder, Porträts und Städtepanoramen in strenger Komposition und differenziert abgestuften Farben.
**Gimpe** *die, (Gipüre),* Schnur aus Baumwollfäden, die mit bunter Seide übersponnen sind; als Besatz verwendet.
**Gimpel** *(Dompfaff; Pyrrhula pyrrhula),* Finkenvogel mit schwarzer Kopfplatte, Männchen mit leuchtend roter Unterseite; in vielen Ras-

⬛ **Gimpel:** weiteres Bild →Vögel

**Gimpel:** Männchen am Nest

## Gimpeltaube

Ginkgo

sen in Europa sowie im nördl. und gemäßigten Asien; in Wäldern und Gärten.

**Gimpeltaube,** Haustaubenrasse, in vielen Farbschlägen mit stark glänzendem Gefieder.

**Gin** [engl., dʒɪn] *der,* Branntwein aus Mais, Roggen, Malz mit Wacholderzusatz.

**Ginastera** [xi-], Alberto, argent. Komponist, * 11. 4. 1916 Buenos Aires, † 25. 6. 1983 Genf; Werke in folklorist.-klassizist. Stil.

**Gin-Fizz** [engl., dʒɪn fɪz], Mixgetränk aus Gin, Sodawasser und gesüßter Zitrone.

**Gingellisamen** →Guizotia.

**Ginger ale** [engl., dʒɪndʒeɪl] *das,* mit Ingweressenz und Zucker versetztes Sodawasser.

**Ginger und Fred** [engl., dʒɪndʒə -], Filmsatire von F. →Fellini (1985) über Massenunterhaltung und Konsumgesellschaft; mit G. →Masina und M. →Mastroianni.

**Gingiva** [lat.] *die,* Zahnfleisch.

**Gingivitis** →Zahnerkrankungen.

**Ginkgo** [jap.] *(Chinesischer Tempelbaum, Fächerbaum; Ginkgo biloba),* einzige rezente (überlebende) Art der G.-Gewächse *(Ginkgoaceae),* ist als →Nacktsamer mit den Nadelhölzern verwandt; bis 40 m hoher, sommergrüner Baum, zweihäusig, mit fächerförmigen, einmal gespaltenen Blättern und kirschgroßen gelben, beerenähnl. Samen. Parkbaum; Heimat Ostasien. Der Baum kam um 1730 erstmals nach Europa; er regte Goethe zu einem Gedicht an.

**Ginnungagap** [altnord. ›gähnender Schlund‹], die vollkommene Leere in der →nordischen Mythologie.

**Ginsberg** [-bəːg], Allen, amerik. Lyriker, * 3. 6. 1926 Newark (NJ), † 5. 4. 1997 New York; Hauptvertreter der →Beat Generation, ekstat. Proteste gegen Konvention und Massengesellschaft, u. a. ›Das Geheul und andere Gedichte‹ (1959; Howl and Other Poems, 56).

**Ginsberg,** Ernst, Schauspieler und Regisseur, * 7. 2. 1904 Berlin, † 2. 12. 1964 Zürich; nach 1933 in Zürich, ab 52 auch wieder in Dtld. Psychol. differenzierte Interpretation verschiedenartiger Charaktere.

Alexander Ginsburg

Luca Giordano:
›Selbstbildnis‹.
Florenz, Uffizien

**Ginsburg,** Alexander, russischer Schriftsteller und Bürgerrechtler, * 1938; gab 1959/60 die illegale lit. Zschr. ›Sintaxis‹ heraus; mehrmals verhaftet; mitbeteiligt an der Abfassung des Weißbuchs über den Fall der sowjet. Dissidenten A. D. Sinjawski und J. M. Daniel; April 79 Ausreise in den Westen.

**Ginseng** [chin.] *(Panax ginseng),* ostasiat. Efeugewächs; Wurzel bes. in China und Korea seit alters volkstüml. Allheilmittel, neuerdings auch in Europa angeboten. Von den zahlr. ihr zugeschriebenen Wirkungen (u. a. Mittel gegen Alterskrankheiten, →Aphrodisiakum) ist noch keine eindeutig erwiesen. G. wird als Anregungsmittel bei nervösen Erschöpfungszuständen verwendet.

**Ginsheim-Gustavsburg,** hessische Gemeinde im Lkr. Groß-Gerau, Reg.-Bz. Darmstadt, an der Mündung des Mains in den Rhein, 15 000 E.; Metallindustrie; Fremdenverkehr.

**Ginster,** meist gelb blühende, häufig dornige →Schmetterlingsblütler aus versch. Gattungen; Halbsträucher oder Sträucher mit grünen Stengeln und kleinen Blättern, vorwiegend an sonnig-trockenen Standorten; angepflanzt z. B. in Schonungen zur Bodenverbesserung ( →Knöllchenbakterien). 1. Besen-G. *(Cytisus scoparius),* mit rutenförmigen Zweigen, verbreitet auf sandigen Heiden und Kahlschlägen; 2. Stech-G. *(Ulex europaeus),* stark verdornt und sparrig, auf Heiden bes. im NW; 3. *Genista,* mit mehreren einheim. Arten, meist nur zerstreut vorkommend, verbreitet der →Färberginster.

**Ginsterkatze** →Genette.

**Gin Tonic** [engl., dʒɪn tɔnɪk], Gin mit Tonic und Zitronensaft.

**Ginza** [mandäisch ›Schatz‹] (auch *Sidra Rabba* ›großes Buch‹) *das,* hl. Schrift der →Mandäer.

**Ginzburg,** Natalia, ital. Schriftstellerin, * 14. 7. 1916 Palermo, † 3. 10. 1991 Rom. – *W:* Alle unsere Jahre (1967; Tutti i nostri ieri, 52); Die Stimmen des Abends (64; Le voci della sera, 61); Mein Familienlexikon (65; Lessico famigliare, 63); Caro Michele (73; dt. 74).

# Giorgione

**Ginzkey,** Franz Karl, Schriftst., *8.9.1871 Pola (Istrien), †11.4.1963 Wien; neuromant. Lyriker mit zarten melod. Gedichten, auch Erzähler aus der altösterr. Gesch.; Autobiographie: ›Der Heimatsucher‹ (1948).

**Gioberti** [dʒɔ-], Vincenzo, ital. Philosoph, Staatsmann, *5.4.1801 Turin, †26.10.1852 Paris; vertrat eine undogmatische mystische Theol. und Philososphie; setzte sich vor allem für die nationale Einigung Italiens ein.

**Giocondo** [dʒɔ-] (gen. *Fra Giovanni*), ital. Architekt, *um 1433 Verona, †1.7.1515 Rom; 1513 Bauleiter von St. Peter in Rom; seine Bauten sind nicht sicher nachzuweisen. Durch die Herausgabe von Werken röm. Schriftsteller, u. a. von →Vitruv, trug er wesentlich zur archäolog. Wiederentdeckung der Antike bei.

**giocondo** [ital., dʒɔ-], musikalische Vortragsbezeichnung: fröhlich, heiter, anmutig.

**giocoso** [ital., dʒɔ-], musikal. Vortrags-Bez.: spielerisch, scherzend.

**Giofra** →Dschofra.

**Gioia del Colle** [dʒɔja -], süditali. Stadt auf dem Höhenzug Murge im mittl. Apulien, 27000 E.; durch Kaiser →Friedrich II. ausgebautes Kastell (12. Jh.); Landmaschinenbau, Textilindustrie.

**Giolitti** [dʒɔ-], Antonio, ital. Politiker, Enkel von Giovanni G., *12.2.1915 Rom; Journalist, 1946 bis 57 kommunist. Abgeordneter im Parlament, ab 57 Sozialist; ab 63 wiederholt Min.; vertrat eine Politik des →Deficit spending.

**Giolitti** [dʒɔ-], Giovanni, ital. Politiker, *27.10.1842 Mondovì (Prov. Cuneo), †17.7.1928 Cavour (Prov. Turin); ab 1882 liberaler Abgeordneter, mehrfach Ministerpräsident (zuletzt 1920/21); war Anhänger des →Dreibundes. Initiierte die Verstaatlichung der Eisenbahn (05), Erwerbung Libyens (11), Einführung des allg. Wahlrechts (13). Keine eindeutige Stellungnahme zum →Faschismus, mit dem er 21–23 aus takt. Motiven Bündnisse einging; 28 erklärte er sich gegen die faschist. Wahlreform.

**Giono** [dʒonọ], Jean, frz. Schriftst., *30.3.1895 Manosque (Dép. Basses-Alpes), †9.10.1970 ebenda; schilderte in seinen Romanen die ins Mythische gesteigerte Welt der Hirten und Bauern seiner provenzal. Heimat: u. a. ›Der Hügel‹ (1932; Colline, 29), ›Ernte‹ (31; Regain, 30); näherte sich dem psychol. Roman in ›Ein König allein‹ (51; Un roi sans divertissement, 47); verwob Historisches und Legendäres in seinen ›Chroniques‹ gen. Romanen, u. a. ›Der Husar auf dem Dach‹ (52; Le hussard sur le toit, 51).

**Giordano** [dʒɔr-], Luca, ital. Maler, *18.10.1634 Neapel, †3.1.1705 ebenda; Meister des neapolitan. Barocks; 1692–1702 als Hofmaler in Madrid; Fresken und Ölbilder, vorwiegend techn. und handwerkl. Können; kopierte unbedenkl. alle großen Maler des In- und Auslands. Fresken in Kirchen von Neapel, Rom, Florenz.

**Giordano** [dʒɔr-], Umberto, ital. Komponist, *28.8.1867 Foggia, †12.11.1948 Mailand; veristische, auf äußerste Spannung und Wirklichkeitsnähe angelegte Opern, u. a. ›André Chénier‹ (1896).

**Giorgio Martini** [dʒɔrdʒɔ -], Francesco di →Francesco di Giorgio Martini.

**Giorgione** [dʒɔrdʒone] (eigtl. *Giorgio da Castelfranco*), ital. Maler, *1477 oder 78 Castelfranco (bei Treviso), †vor dem 25.10.1510

**Ginster:** Der Besenginster kann bis 1,80 m hoch und mindestens ebenso breit werden.

**Giorgione:** ›Die drei Philosophen‹ (nach 1504). Wien, Kunsthistorisches Museum

# Giorgi-System

Giotto: ›Begegnung von Anna und Joachim an der Goldenen Pforte‹ (Fresko, 1303 bis 10). Padua, Cappella degli Scrovegni all'Arena

◉ Giotto:
weiteres Bild
→ Franz von Assisi

Venedig; Schüler G. →Bellinis; wie bei diesem sind G. ›poetische‹ Landschaften – mit oft mytholog. und arkadischen Szenen – in zartes Licht getaucht, das weiche Farbübergänge schafft. Anders als bei Bellini tritt bei ihm Natur als wirkende Macht, als fast gleichberechtigtes Thema neben die Darstellung des Menschen. G. hatte großen Einfluß auf seinen Schüler →Tizian und die zeitgenöss. Malerei. Nur wenige Werke sind ihm mit Sicherheit zuzuschreiben. – *W:* Thronende Madonna mit Heiligen, Castelfranco; Drei Philosophen, Wien; Das Gewitter, Venedig; Jüngling, Berlin; Ruhende Venus, Dresden.
**Giorgi-System** [dʒɔrdʒi-, nach dem ital. Physiker *Giovanni Giorgi,* 1871–1950], ein vom →MKS-System abgeleitetes →Maßsystem.
**Giotto** [dʒɔto] (eigtl. *G. di Bondone),* ital. Maler und Architekt, * (wahrsch.) um 1266 Colle di Vespignano (bei Florenz), † 8. 1. 1337 Florenz. Große entwicklungsgeschichtl. Bed. durch die Abkehr von den Prinzipien der byzantin. Malerei (z. B. Abkehr vom Goldgrund). Durch gemalte Archit. schuf G. einen engen Bezug von Gestalt und Ort der dargestellten Handlung. Neuartig ist auch die plastisch klare Formgebung, mit der G. die Figur autonom, die Geschehniserzählung eindringlich macht. G. arbeitete in Assisi, Florenz, Padua und Rom. Sein ungeheurer Einfluß auf die ital. Malerei zeigt sich u. a. darin, daß er bereits von →Alberti, →Leonardo und – im 16. Jh. – von →Vasari als der Begr. der ital. Malerei gepriesen wurde; war von 1334 an als Baumeister des Campanile am Dom in Florenz tätig. – *Fresken:* Arena-Kapelle, Padua; Santa Croce, Florenz; San Francesco, Assisi.
**Giotto-Sonde** [dʒɔto-, nach dem ital. Maler *Giotto*], Name einer europ. Raumsonde, die im März 1986 den Halleyschen Kometen (→Halley) in geringer Entfernung passierte und zahlr. Daten übermittelte. Trotz schwerer Beschädigungen an der Kamera und einigen Meßgeräten gelang es, den Flug der Sonde so zu steuern, daß im Juli 1992 ein

Vorbeiflug an dem Kometen Grigg-Skjellerup möglich war, wobei wiederum zahlr. wiss. Daten zur Erde übermittelt wurden.
**Giovanni** [dʒo-], ital. Namensform zu Johannes.
**Giovanni da Bologna** [dʒɔvani -] → Bologna, Giovanni da.
**Giovanni d'Alemagna** [dʒɔvani dalemanja] *(G. d'Alamagna)*, ital. Maler dt. Herkunft, † 1450 Padua; ab 1443 in Venedig nachweisbar; durch fein abgestuftes Kolorit und einfühlsame Figurengestaltung übten seine immer zus. mit seinem Schwager Antonio Vivarini geschaffenen Arbeiten bed. Wirkung auf die venezian. Malerei aus.
**Giovanni da Milano** [dʒo-] *(G. da Como)*, ital. Maler des 14. Jh., *Caversaccio bei Como; nachweisbar in Florenz (ab 1346) und Rom (1369); schuf Fresken in der Nachfolge Giottos.
**Giovanni da Modena** [dʒo-] (eigtl. *G. di Pietro Faloppi*), ital. Maler des 15. Jh.; aus Modena stammend, 1420–51 in Bologna nachweisbar, wo er Fresken für die Kirche S. Petronio schuf.
**Giovanni da San Giovanni** [dʒo-] (eigtl. *G. Mannozzi*), ital. Maler, *20.3.1592 San Giovanni Valdarno, † 6.12.1636 Florenz; barocke Fresken in der Toskana und in Rom.
**Giovanni da Udine** [dʒo-] → Udine, Giovanni da.
**Giovanni da Verona** [dʒo-], Fra (ab 1476], ital. Holzschnitzer und Miniaturmaler, *um 1457 Verona (?), † 10.2.1525 ebd.; reich intarsiertes Chorgestühl.
**Giovanni di Balduccio** [dʒo--dutʃo] (gen. *G. da Pisa*), ital. Bildhauer der 1. Hälfte des 14. Jh.; wirkte in Pisa, Florenz und v.a. in Mailand.
**Giovanni di Paolo** [dʒo-], ital. Maler und Illuminator, *um 1403 Siena, † 1482 ebd.; wichtiger, eigenständiger Repräsentant der sienes. Malerei des 15. Jh.
**Giovine Italia** [ital., dʒo- ›Junges Italien‹], von G. → Mazzini 1831 in Italien gegr. Geheimbund mit dem Ziel eines republikan.-demokrat. Einheitsstaates.

# Gips

**Giovipaß** [dʒovi-], für Bahn und Autostrada untertunnelter Paß im Ligurischen Apennin, in 472 m Höhe; wichtigste Verbindung Genuas mit Norditalien.
**Gipfelflur**, die bei vielen Gebirgen vorhandene Niveaugleichheit der höchsten Gipfel; bisweilen als Rest einer alten Landoberfläche gedeutet, aber auch dadurch erklärbar, daß die höchsten Erhebungen am stärksten abgetragen werden und sich so die Gipfelhöhen angleichen (oberes Denudationsniveau).
**Gipfelhöhe,** größte erreichbare Flughöhe eines Flugzeugs über NN; kleinere Flugzeuge mit Kolbenmotoren erreichen etwa 7 km G., größere etwa 12 km, Flugzeuge mit Strahltriebwerken 15–28 km.
**Gipfelkonferenz,** seit 1955 (Viermächtekonferenz in Genf) Bezeichnung für Konferenz leitender Staatsmänner.
**gipfeln,** das Einkürzen der überlangen Triebe von Rebstöcken; Teil der Laubarbeiten im Weinbau.
**Gipkens,** Julius, Gebrauchsgraphiker, *16.2.1883 Emmerich, †(?); mit L. → Bernhard und Julius Klinger Hauptvertreter des Berliner künstler. Plakats.
**Gippsland,** Landschaft im austr. Staat Victoria, umfaßt die fruchtbare südöstl. Küstenebene und die Abhänge der Great Dividing Range; Getreide-, Gemüse- sowie Zukkerrübenanbau, Milchviehhaltung; Braunkohleabbau; im Schelfbereich Erdöl- und Erdgasgewinnung.
**Gips** [griech.] *der,* **1)** *(Gipsspat),* urspr. farbloses oder weißes, durch Beimengungen auch in anderen Farben auftretendes Mineral, chem. ein wasserhaltiges Calciumsulfat, Mohshärte 2, sehr gut spaltbar, bildet tafelförmige Kristalle (→Marienglas), oft in Form von ›Schwalbenschwanzzwillingen‹, in Trokkengebieten mit rosettenartigen Formen (→Wüstenrose). Vorkommen zusammen mit → Steinsalz und → Anhydrit.
**2)** *(Gipsstein),* ausschließl. aus Mineral G. aufgebautes (→monomineral.) Gestein. Verwendung als Pulver aus gebranntem und gemahlenem G.-Mineral *(Plaster),* wel-

◉ **Gips:** Bild
→ Mineralien

## Gipsbauelemente

**Gipskraut:** Das Mauergipskraut *(Gypsophila muralis),* ein zartes Kräutchen, trifft man oft auf sandigen Äckern, Wiesen und Mauern.

ches das beim Brennen ausgetriebene Kristallwasser beim Anrühren mit Wasser wieder aufnimmt und dadurch je nach Art innerhalb von 15 Min. bis 20 Std. erhärtet. Modell-G. zum Abformen von Körpern, für →Gipsverband u. ä. ist schnellbindend, G. für Bauzwecke *(Putz-G., Estrich-G.)* vorwiegend langsam erhärtend, wetterfest. G. für Verzierungen → Stuck.

**Gipsbauelemente,** aus Gips bestehende Bauteile; neben Baugips werden verwendet: *Gips-Wandbauplatten,* glatt oder rauh, meist mit Nut und Feder; *Gips-Decken-*

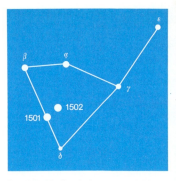

Sternbild **Giraffe** mit dem extragalaktischen Nebel 1501 und dem Kugelsternhaufen 1502

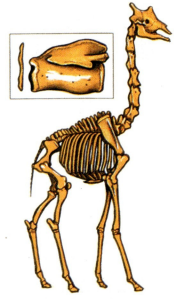

*platten* als Trockenstuckplatten, Schallschluckplatten, Lüftungsplatten; *Gipskartonplatten* mit beidseitig saugender Kartonauflage, dadurch biegesicher, überwiegende Verwendung als Ersatz für herkömml. Putz (→Gipsbetonsteine, →Gipsdielen).

**Gipsbetonsteine,** Bausteine aus Gips mit Sand, Kies, Schlacke, Ziegelsplitt u. ä. als Zuschlagstoffen; nicht wasserbeständig, wenig druckfest, für Ausbauarbeiten im Gebäudeinneren verwendet.

**Gipsbett,** *Medizin:* gepolsterte, dem Körper angepaßte Gipsschale zur Ruhigstellung des Rumpfes.

**Gipsdielen,** brettartige Bauplatten aus Stuckgips mit faserigen Beimengungen (Sägemehl, Rohr u. a.), die meist mit Falzen versehen sind; für unbelastete Trennwände, Balkeneinschub, Verschalungen usw.; *Gipsbauplatten* bes. für Schalldämmung, Unterfußböden und Ausfachungen, nagel- und sägbar, feuerhemmend.

**Gipsen,** im Weinbau das Zusetzen von Calciumsulfat oder Gips zu den Trauben vor der Gärung; dient zur Steigerung des Säuregrades und Verbesserung der Farbe (z. B. bei Sherry); in Dtld. verboten.

**Gipshut,** eine vorwiegend aus Gips und Ton bestehende Überdeckung von Salzstöcken (→Diapir), gebildet als Rückstand im Bereich des Grundwassers durch Auslaugung von leichter löslichen Salzen.

**Giraffen** haben trotz des langen Halses wie andere Säugetiere auch nur sieben, allerdings stark verlängerte Halswirbel *(oben).* Halskampf junger Bullen um die Rangordnung *(unten).*

# Giraldi Cinzio

**Gipskraut** *(Gypsophila)*, Gattung der →Nelkengewächse; drei einheim. Arten, grauweiße Blätter, rötlichweiße Blüten. Als Gartenpflanze das Schleierkraut *(Gypsophila paniculata)*.
**Gipsmörtel** →Mörtel.
**Gipsverband**, aus Gipsbinden hergestellter Verband zur Ruhigstellung von Knochen und Gelenken nach Unfällen, Operationen oder Entzündungen. Heute teilweise durch Kunststoffverbände ersetzt.
**Gipüre**, Geflecht, Spitze aus →Gimpen.
**Giraffe**, Astronomie: *(Camelopardalis, Camelopardus)*, Sternbild des nördl. Himmelspols; in Mitteleuropa zirkumpolar (→Zirkumpolarsterne).
**Giraffen** [arab.] *(Giraffidae)*, Fam. der →Paarhufer; ernähren sich vorwiegend von Blättern, die sie mit der langen Zunge pflücken; am Kopf 2, 3 oder 5 fellüberzogene Knochenzapfen.
Die eigtl. G. *(Giraffa camelopardalis)* mit 3 m langem Hals bis 6 m hoch, Fell netz- oder sternförmig gemustert; lebt gesellig in afrik. Savannen und Baumsteppen.
Das hirschgroße, kurzhalsige Okapi *(Okapia johnstoni)* trägt Querstreifung an Beinen und Keulen; lebt einzeln oder paarweise im afrik. Urwald nördl. des Kongo; erst 1901 entdeckt.
**Giraffendorn**, afrikanische Akazie, Syn. für →Kameldorn.
**Giraffengazelle** *(Gerenuk; Litocranius walleri)*, zierliche →Gazelle mit hohen, dünnen Beinen und sehr langem, schlankem Hals, Männchen mit leierförmigen Hörnern; leben in kleinen Rudeln bis zu 12 Tieren; vorwiegend Laubfresser der Dornbuschsteppen des Somalilandes und des äquatorialen Ostafrika.
**Giraffenhirschkäfer**, eine Art der →Hirschkäfer.
**Giraffenklavier**, aufrecht stehender Hammerflügel, dessen Saiten in ein vertikal stehendes, einseitig gewölbtes Gehäuse verlaufen; im 18. Jh. und Anf. des 19. Jh. in Gebrauch.
**Giralda** [xi-], Glockenturm der Kathedrale von Sevilla (Höhe: 97 m); 1184–96 von den Mauren als Minarett der Hauptmoschee errichtet; 1568 mit einem Renaissance-Aufbau versehen.
**Giraldi Cinzio** [dʒi- tʃintsio], Giovanni Battista, ital. Dichter, *1504 Ferrara, †29.12.1573 ebd.; schrieb in Nachahmung →Senecas die erste ital. Tragödie nach klass. Kanon: ›Orbecche‹ (1541); schuf in Anlehnung an →Boccaccios ›Decamerone‹ die 113 Novellen umfassende

**Giraffenklavier:** Das Musikinstrument hat eine Höhe von 233 cm.

**Giraffengazellen** erreichen durch ihre langen Beine und den langen Hals ein Nahrungsangebot, das allen anderen Gazellen verschlossen bleibt.

*Was Sie unter G nicht finden, kann unter Dj, Dsch, J stehen.*

# Giralgeld

Jean Giraudoux

Sammlung ›Gli Hecatommithi‹ (1565). Die Novelle ›Il moro di Venezia‹ diente Shakespeare als Quelle (›Othello‹).

**Giralgeld** [ʒi-] *(Buch-, Depositengeld)*, die dem bargeldlosen Zahlungsverkehr dienenden Bankguthaben ( → Sichteinlagen), über die durch → Überweisung oder durch → Scheck verfügt werden kann. Diese Bankguthaben werden deswegen als Geld akzeptiert, weil sie jederzeit ohne Verlust in → Bargeld umgetauscht werden können. Das G. ist Bestandteil der → Geldmenge und entsteht v. a. durch → Geldschöpfung der Geschäftsbanken.

**Girandole** [frz., ʒi-] *die*, **1)** mehrarmiger Leuchter; **2)** Ohrgehänge aus Edelsteinen.

**Girant** [ʒi-], Inhaber eines → Orderpapiers, das er mittels → Indossament überträgt.

**Girard** [ʒirar oder dʒirad], René, frz.-amerik. Literaturwissenschaftler und Anthropologe, * 25. 12. 1923 Avignon; Begr. einer anthropolog. Kulturtheorie. – *W:* Seit der Weltgründung verborgene Dinge (1978); Der Sündenbock (81).

**Girardelli**, Marc, österr.-luxemburg. Skiläufer, * 18. 7. 1963 Lustenau; mehrfacher Sieger im Alpinen Weltpokal, Weltmeister in der Alpinen Kombination (1987 und 89) und im Spezialslalom (91).

**Girardi** [ʒi-], Alexander, Schauspieler, * 5. 12. 1850 Graz, † 20. 4. 1918 Wien; spielte am Wiener Volkstheater und am → Burgtheater, beliebt als Charakterkomiker und Coupletsänger in Operetten und Volksstücken ( → Raimund, → Nestroy).

**Girardon** [ʒirardɔ̃], François, frz. Bildhauer, * 17. 3. 1628 in Troyes, † 1. 9. 1715 Paris; in Rom ausgebildet. Dekorative Bildwerke für die königl. Bauten; Grabmal Kardinal Richelieus; Reiterdenkmal Ludwigs XIV. (1792 zerstört).

**Girardot** [ʒirardo], Annie, frz. Film- und Theaterschauspielerin, * 25. 10. 1931 Paris; 1954–57 Mitglied der Comédie-Française. – *Filme:* Rocco und seine Brüder (1959); Drei Zimmer in Manhattan (65); Lebe das Leben (67); Jedem seine Hölle (77); Partir, revenir (85).

**Girardot** [xirarðɔt], kolumbian. Stadt am Río → Magdalena, mit 85 000 E.; Textilind.; Agrarzentrum; Verkehrsknotenpunkt (Flußhafen, Flughafen).

**Giratar** [ʒi-], Empfänger eines durch → Indossament übertragenen → Orderpapiers.

**Giraud** [ʒiro], Albert (eigtl. *A. Keyenbergh*), * 23. 6. 1860 Löwen, † 26. 12. 1929 Brüssel; Verf. von Gedichten in der Tradition der frz. Parnassiens.

**Giraud** [ʒiro], Henri-Honoré, frz. General, * 18. 1. 1879 Paris, † 13. 3. 1949 Dijon; geriet als Oberbefehlshaber der 7. frz. Armee 1940 in dt. Gefangenschaft, floh 42 nach Algier; nach → Darlans Ermordung Oberkommissar für Frz.-Nordafrika, 43 zus. mit de → Gaulle Präs. des Nationalen Befreiungskomitees.

**Giraud** [ʒiro], Jean (›Moebius‹), frz. Comiczeichner, * 8. 5. 1938 Fonteney-sous-Bois; bedeutendster frz. Comic-Künstler, der unter dem Kürzel ›Gir‹ vornehmlich Western-Comics, unter dem Namen ›Moebius‹ v. a. Fantasy- und Science-fiction-Comics zeichnet; debütierte unter ›Jije‹ (eigtl. J. › Gillain) mit ›Jerry Spring‹; meisterliche Western-Serien: ›Blueberry‹ (seit 1963) und ›Jim Cutlass‹ (ab 79); bed. Serien ›Arzach‹, ›John Difool‹ (ab 80), ›Major Grubert‹ u. a.

**Giraudoux** [ʒirodu], Jean, frz. Schriftsteller, * 29. 10. 1882 Bellac (Dép. Haute-Vienne), † 31. 1. 1944 Paris; sein dramat. und erzähler. Werk ist vom Geist der klass. frz. Tradition (bes. → Voltaires) sowie des → Symbolismus und der dt. → Romantik geprägt; romaneske Phantasie und spieler., durch Witz und Ironie bestimmte Geistigkeit, das Reale ins Zauberhafte verfremdende poet. Sprache. G. erneuerte das frz. Drama durch bühnenstarke Komödien und Tragödien, die meist antike und bibl. Stoffe im Sinne moderner Problematik individuell abwandeln: z. B. ›Amphitryon 38‹ (1929; dt. 31); ›Judith‹ (31; dt. 51); ›Der Trojanische Krieg findet nicht statt‹ (36; La guerre de Troie n'aura pas lieu, 35); ›Elektra‹ (59; Électre,

Girlitz: Männchen

3656

# Gironde

37); ›Sodom und Gomorrha‹ (44; Sodome et Gomorrhe, 43), Romane, u. a. ›Bella‹ (25; dt. 27), ›Églantine‹ (27; dt. 28). – *WW:* Undine (1949; Ondine, 39); Die Irre von Chaillot (46; La folle de Chaillot, 45); Für Lukrezia (61; Pour Lucrèce, 53).

**Gireşun** *(Kerasond),* Hptst. der gleichnamigen türk. Prov. (6965 km$^2$, 520 000 E.) am Schwarzen Meer, westl. von Trabzon, 70 000 E.; byzantin. Festung; Metall-Ind. und Bergbau; Ausfuhrhafen für Haselnüsse.

**Girga** *(Jirja),* Stadt in Oberägypten, am Nil oberhalb von Sohag, 70 000 E.; Baumwollverarbeitung, Töpferei.

**Girgensohn,** Karl, ev. Theologe und Religionspsychologe, *22.5. 1875 Carmel (auf Ösel), †21.9. 1925 Leipzig; untersuchte mit experimentellen Methoden, in Anlehnung an die Würzburger Schule der Denkpsychologie (O. Külpe), die psych. Strukturen des relig. Erlebens.

**Girke,** Raimund, Maler, *28.10. 1930 Heinzendorf (Schlesien); Bilder mit systemat. Farbreduktion auf Weiß- und Grauunancierungen; durch serielle Linienanordnung erhält das Bild eine zusätzl. Strukturierung.

**Girl** [engl., gəl] *das,* Mädchen; Mitgl. einer Tanzgruppe, die Formationstänze in Revueveranstaltungen vorführt; *G. Friday* (nach Robinson Crusoes Diener Freitag), Mädchen für alles, rechte Hand des Chefs. *Pin-up-girl,* Bild eines attraktiven, meist leicht- oder unbekleideten Mädchens in Zeitschriften (zum Ausschneiden und Anheften).

**Girlande,** Blumengewinde; in der Archit. der röm. Antike, in Renaissance und Barock als Verzierung beliebt.

**Girlitz** *(Serinus serinus),* kleinster Finkenvogel Mitteleuropas, gelbl. mit graubrauner Streifung; urspr. nur in den Mittelmeerländern verbreitet, seit dem letzten Jh. nach N und NW vorgedrungen; Gesang zart-schwirrend. Aus dem nahe verwandten Kanaren-G. *(Serinus canaria)* wurde der →Kanarienvogel gezüchtet.

**Giro** [ʒi-, ital. ›Kreis‹], 1. →Indossament, Vermerk der Übertragung eines Wechsels; 2. →Giroverkehr.

**Girodet-Trioson** [ʒirodɛ triosõ], Anne-Louis (eigtl. *A.-L. Girodet de Roucy),* frz. Maler, *29.1.1767 Montargis, †9.12.1824 Paris; Schüler von J.-L. →David, 1790 bis 95 in Italien; Historienbilder, Porträts (u. a. der Familie Bonaparte), Illustrationen zu Werken von Vergil und Racine.

**Giro d'Italia** [ital., dʒiro -], Italienrundfahrt; seit 1909 alljährl. durchgeführtes →Etappenrennen der Berufsradrennfahrer über eine Strecke von etwa 2500 km.

**Gironde:** Château de Labrède (13. – 15. Jh.); hier wurde Montesquieu geboren.

**Girokonten** [ʒi-], Bankkonten, über die der bargeldlose Zahlungsverkehr abgewickelt wird, im Unterschied zu Sparkonten; Guthaben werden nicht oder nur gering verzinst (→Sichteinlagen).

**Girona** [xi-] *(Gerona),* Hptst. der nordostspan. Prov. G. (5886 km$^2$, 490 000 E.) in Katalonien, nordöstl. von Barcelona, mit 71 000 E.; Bischofssitz mit got. Kathedrale, theol. Hochsch., Festung; Kork-, Textilindustrie; Flughafen, bes. als Zubringer für Ferienorte der Costa Brava.

**Gironde** [ʒirõd], **1)** Dép. in SW-Frankreich, 10 000 km$^2$, 1,2 Mio. E., Hptst. ▸ Bordeaux; bed. Weinbau, waldreich.

**2)** 90 km langer gemeinsamer Mündungstrichter von →Garonne und →Dordogne in die Biskaya; für Seeschiffe befahrbar.

3657

# Girondisten

Thomas Girtin:
›Bamburgh Castle‹
(Aquarell, Ausschnitt)

**Girondisten** [ʒirɔ̃-], nach dem Dép. Gironde, aus dem ihre Führer stammten, benannte Gruppe gemäßigter, größtenteils dem Besitzbürgertum entstammender Republikaner, die während der →Französischen Revolution in der Nationalversammlung politisch richtungweisend war. Die G. wurden ab Juni 1793 von der radikalen →Bergpartei, mit der sie zunächst zusammengearbeitet hatten, zurückgedrängt. Ihre Führer wurden während der Schreckensherrschaft in den Jahren 1793/94 größtenteils hingerichtet.
**Gironella** [xironɛlja], José María, spanischer Schriftsteller (*1917): →spanische Literatur.
**Gironetz** [ʒi-], Verbund von Filialen (Filialverbund) oder gleichartigen Instituten (Institutsverbund) zur Abwicklung des bargeldlosen Zahlungsverkehrs. Einen *Institutsverbund* bilden 1. die Postgiroämter im Postgironetz, 2. die Sparkassen, deren regionale Clearingstellen die →Girozentralen sind, deren überregionale Verbindungsstelle die Deutsche Girozentrale-Deutsche Kommunalbank ist, 3. die Kreditgenossenschaften, die regional über die genossenschaftl. Zentralbanken und überregional über die Deutsche Genossenschaftsbank als Clearingstellen miteinander verbunden sind. Im *Filialverbund* stehen 1. die Filialen von Großbanken und Regionalbanken, 2. die Zweiganstalten und Hauptverwaltungen (Landeszentralbanken) der Deutschen Bundesbank. – Die Verbindung der verschiedenen G. untereinander stellen die Deutsche Bundesbank, aber auch das Postgironetz her, weil die Clearingstellen im allgemeinen Postgirokonten besitzen.
**Girotti** [dʒi-], Massimo, ital. Filmschauspieler, *18.5.1918 Mogliano; bekannt geworden durch neorealist. Filme. – *Filme:* Von Liebe besessen (1942); Im Namen des Gesetzes (49); Bellissima (51); Sehnsucht (54); Teorema (68); Medea (70); Der letzte Tango in Paris (72); Die Unschuld (76); Leidenschaften (85).
**Giroverkehr** [ʒi-], bargeldloser Zahlungsverkehr durch Umbuchung auf das Konto des Zahlungsempfängers bei derselben oder einer anderen Bank (→Gironetz).
**Girozentralen** [ʒi-], zentrale Kreditinstitute der Sparkassen. G. sind öffentl.-rechtliche Körperschaften unter staatl. Aufsicht. Vermitteln den Kontenausgleich für die angeschlossenen Sparkassen, verwalten deren Liquiditätsreserve und betreiben praktisch alle Bankgeschäfte (→Bank, →Gironetz, →Landes-

# Gisela

bank). – Ähnl. in *Österr.*: ›G. der österr. Sparkassen‹ mit bundesweiter Zuständigkeit.
**Girra** *(Girru),* akkad. Feuer- und Lichtgott.
**Girsu** →Lagasch.
**Girtin** [gə̄tɪn], Thomas, engl. Maler, *18.2.1775 London, †9.11.1802 ebenda; beeinflußte mit seinen Aquarellen die Landschaftsmalerei des 19.Jh.
**GIS**, Abk. für →*Geographisches Informationssystem.*
**gis**, in der Musik das um einen Halbton erhöhte g.
**Gisa**, ägypt. Stadt →Giseh.
**Gisander**, Pseud. des Schriftstellers J.G. →Schnabel.
**Gisborne** [-bɔːn], Hafenstadt im O der Nordinsel Neuseelands, 32 000 E.; Zentrum eines Ackerbau- und Viehzuchtgebietes; Ausfuhr von Fleisch und Obst.
**Giscard d'Estaing** [ʒiskar dɛstɛ̃], Valéry, frz. Politiker, *2.2.1926 Koblenz; Vertreter einer wachstumsorientierten Wirtschafts- und Finanzpolitik; 1962–65 Finanz-Min., 69–74 Wirtschafts- und Finanz-Min.; 66 Begr. und Vors. der Fédération Nationale des Républicains Indépendants (FNRI); 78 Begr. und seitdem Vors. der Union pour la Démocratie Française (UDF); 74–81 als Nachfolger G. →Pompidous Staatspräsident. Der knappe Erfolg der Regierungsparteien in den Wahlen März 78 schwächte die Stellung von G., wie auch seinen Bemühungen um eine grundlegende Wirtschafts- und Sozialreform nur geringer Erfolg beschieden war.
**Gischt**, Schaum, der beim Brechen von Meereswellen entsteht oder bei starkem Wind von den Wellenkämmen abgeblasen wird.
**Giseh** *(al-G., Gizeh, Gise, Gisa, Giza),* Prov.-Hptst. in Unterägypten, am li. Nilufer gegenüber Kairo, zu dessen Agglomeration (Groß-Kairo) es als Wohn- und Satellitenstadt gehört, 1,9 Mio. E.; Sitz der Kairo-Univ. (gegr. 1908), zahlr. Behörden und öffentl. Einrichtungen (Botschaften, Ministerien); Zoo, Bot. Garten; Handelszentrum, lebhafter Fremdenverkehr, Tabakindustrie. Am nahen Wüstenrand des Niltales altägypt. Nekropole mit den ursprünglich bis 146 m hohen Pyramiden der Herrscher der 4. Dynastie (→Cheops, →Chephren, →Mykerinos) und der Großen →Sphinx.
**Gisel**, Ernst, Architekt, *8.6.1922 Adliswil; kennzeichnend für seine Entwürfe sind irrationale Abweichungen von einer im Prinzip klaren, harmonisch gegliederten Baustruktur.
**Gisela** [ahd. gisal ›junger Adliger‹], weibl. Vorname.
**Gisela**, röm.-dt. Kaiserin, *um 990, †15.2.1043 Goslar; Tochter Hzg. Hermanns II. von Schwaben und Gerbergas, der Schwester König Rudolfs III. von Burgund, 1007 vermählt mit dem späteren Hzg. Ernst I. von Schwaben, 1017 mit

Valéry Giscard d'Estaing

■ Giseh: weiteres Bild →ägyptische Kunst (Tafel)

**Giseh**: Pyramiden des Mykerinos, Chephren und Cheops *(von links nach rechts).* Die auf etwas erhöhtem Untergrund stehende Chephren-Pyramide ist nur scheinbar höher als die – ursprünglich 146 m hohe – Cheops-Pyramide.

## Gisela-Kreuz

dem späteren Kaiser →Konrad II.; unterstützte durch ihre verwandtschaftl. Beziehungen zu Burgund die Ansprüche Konrads auf dieses Land; berühmt ihr 1880 in Mainz aufgefundener Goldschmuck.

**Gisela-Kreuz,** um 1006 in Regensburg angefertigtes, vergoldetes Grabkreuz, gestiftet von Königin Gisela von Ungarn, der Schwester König Heinrichs II.; heute in der Schatzkammer der Residenz in München.

**Giselher,** hist. Burgundenkönig, im →Nibelungenlied jüngster Bruder Gunthers.

**Giselle** [ʒizɛl] *(Giselle ou Les Wilis),* phantast. Ballett (Urauff.: 28.6.1841, Paris) von Adolphe →Adam; Choreographie: J. Coralli und J. Perrot; Inbegriff des romant. Balletts; Handlung basiert auf einer Erzählung Heinrich Heines.

**Gisenyi** [-ni], Stadt in NW-Ruanda, am Ufer des →Kiwusees, 17000 E. (1983); Verwaltungszentrum; Tabakanbau; Fremdenverkehr (Seebad).

**Gislebertus** *(Gillebert),* frz. Bildhauer im 12.Jh.; schuf den plast. Schmuck der Kathedrale von →Autun (1125–35).

**Giß,** bei Schiffen oder Flugzeugen: Mutmaßung (des Schiffers oder Fliegers) über den Standort.

**Gissing,** George (Robert), engl. Schriftst., *22.11.1857 Wakefield, †28.12.1903 in Saint-Jean-de-Luz (Pyrénées-Atlantiques). G. schilderte in seinen oft krass-naturalist. Romanen Elend und Trostlosigkeit in den Armenvierteln Londons und die sozialen Probleme des verarmten Mittelstandes.

**Gitagovinda,** in Indien verbreitete Dichtung des bengal. Hofpoeten Jayadeva (12.Jh.) in zwölf Gesängen, vorwiegend Tanzliedern. Ihr Thema ist das erotische Spiel →Krischnas mit den Hirtenmädchen (Gopi), insbes. seine Liebe zu Radha, oft myst. gedeutet als Hingabe der menschl. Seele (Radha) an Gott (Krischna).

**Gitalin** →Fingerhut.

**Gitano** [span., xi-] *der,* Bezeichnung für seßhaften spanischen Zigeuner; *Gitana,* temperamentvoller Zigeunertanz, von →Kastagnetten begleitet.

**Gitarre** *(Guitarre),* Zupfinstrument mit kastenförmigem, an beiden Seiten eingebuchtetem Schallkörper, Bünden und meist sechs Saiten. Seit dem 13.Jh. in Europa verbreitet, in Spanien Nationalinstrument; in der musikal. →Jugendbewegung als *Zupfgeige* oder *Klampfe.* Hawaii-G., aus der →Ukulele entwickelt, meist mit einem elektr. Verstärker versehen; charakterist. für ihre Spielweise sind →Glissando und →Vibrato (→Musikinstrumente). In der Pop- und Rockmusik wird heute meist die →Elektrogitarre verwendet.

**Gitega** *(Kitega),* Stadt in Burundi, Äquatorialafrika, mit 95000 E.; alte Residenz der Watussi-Herrscher; Handelszentrum; Flugplatz.

**Gitoxin** →Fingerhut.

**Gitta** *(Gitte),* Namenskurzform zu Brigitte.

**Gitter, 1)** *Math.:* ebenes oder räuml. *Punktgitter:* die Schnittpunkte eines Netzes sich schneidender Scharen von gleichabständigen parallelen Geraden.
**2)** *Technik:* Bauteil aus gekreuzten Stäben, Drahtgeflecht oder durchlochtes Blech; in der Bautechnik, z.B. zum Abschließen von Öffnungen und Betonarmierungen; in →Elektronenröhren als Steuerelektrode verwendet.
**3)** *Physik:* auf ebene oder gekrümmte Glasplatten geritzte parallele Linien *(Beugungsgitter),* die Licht u.a. elektromagnetische Wellen beugen (→Beugung); hierbei entstehen →Spektren. Als *Gitterkonstante* bezeichnet man den Abstand *d* der Beugungszentren (z.B. der eingeritzten Striche); α und die Wellenlänge λ bestimmen diejenigen Richtungen des gebeugten

**Gitter** (Strahlengang am Beugungsgitter): Die parallel einfallenden Lichtstrahlen werden am Gitter mit der Gitterkonstanten *g* um den Beugungswinkel α abgelenkt, wobei durch Laufzeitunterschiede λ Interferenzerscheinungen mit ausgeprägten Maxima und Minima entstehen.

3660

# Gitterschlange

Lichtes, in denen Aufhellungen (Helligkeitsmaxima) auftreten, es gilt: $d \cdot \sin\alpha = n \cdot \lambda$. Die Zahl $n$ heißt die *Ordnung* des Maximums, auch die Ordnung des Spektrums. Zwischen diesen Aufhellungen liegen Stellen, an denen das Licht durch →Interferenz völlig ausgelöscht wird.
**4)** *Chemie:* →Kristallgitter (→Kristalle, →Kristalloptik).
**Gitterbasisschaltung,** Schaltung einer →Elektronenröhre in einer Verstärkerschaltung mit dem Gitter als Bezugspunkt für Eingangs- und Ausgangsspannung.
**Gitterbaufehler,** die bei natürl. Kristallen stets vorhandenen Abweichungen einzelner Atome oder Moleküle vom idealen →Kristallgitter; G. entstehen entweder bereits bei der Bildung des Kristalls oder werden nachträglich durch auf ihn einwirkende mechan. Kräfte oder durch Bestrahlung erzeugt. Allg. unterscheidet man zw. *nulldimensionalen G.,* zu denen z. B. nicht besetzte Gitterplätze, zusätzl. in das Gitter eingebaute Atome *(Zwischengitteratome)* oder Fremdatome zählen, *eindimensionalen G.,* bei denen es sich um Versetzungen innerhalb des Gitters handelt, und *zweidimensionalen G.,* zu denen z. B. Korngrenzen und Grenzflächen zw. versch. Kristallarten zählen. G. können sich stark auf die Eigenschaften des betreffenden Stoffes auswirken, z. T. werden sie sogar bewußt erzeugt, um die Eigenschaften von Metallen zu verbessern oder um die elektrischen Eigenschaften halbleitender Materialien zu verändern (→Halbleiter).
**Gitterbausteine,** die das →Kristallgitter eines Stoffes aufbauenden Atome und Ionen.
**Gitterbrücke,** veraltete Brückenkonstruktion, deren Hauptträger aus Gurten bestehen, die durch ein engmaschiges Flachstahlgitter verbunden sind *(Gitterträger).*
**Gitterenergie,** Energie, die bei der Bildung eines Ionengitters (z. B. bei einem →Kristall) freigesetzt wird.
**Gitterfalter** →Landkärtchen.
**Gitterflügler** →Netzflügler.
**Gitterkonstante,** der Abstand zw.

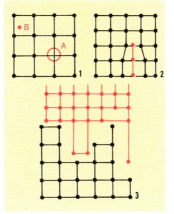

**Gitterbaufehler:**
**1** nulldimensionaler Gitterfehler, A nicht besetzter Gitterplatz, B Zwischengitteratom; **2** eindimensionaler Gitterfehler durch Versetzung des Kristallgitters; **3** zweidimensionaler Gitterfehler, verursacht durch Korngrenzen verschiedener Kristallarten

zwei Linien bzw. Furchen eines Beugungsgitters (→Gitter).
**Gitterkugelpilz** →Gitterschwamm.
**Gitterleinen** →Stramin.
**Gitterling** →Gitterschwamm.
**Gittermast, 1)** *Elektrotechnik:* Mast aus Flach- oder Profileisen, für elektr. →Freileitungen, als Sendemast u. ä.; **2)** *Luftfahrt:* →Ankermast.
**Gittermodulation** →Modulation.
**Gitternetz,** aus sich schneidenden Geraden gebildetes Quadratnetz auf der Erdoberfläche und auf Karten; →Gauß-Krüger-Koordinaten, →Universale Transversale Mercatorprojektion.
**Gitter-Nord,** für einen Geländepunkt der nach N verlaufende Strahl parallel zum Mittelmeridian in →Gitternetzen.
**Gitterpflanze,** *Botanik:* →Fenstergitterkraut.
**Gitterrost,** luftdurchlässige Abdeckung von Schächten und Gräben, auch als Zwischenboden in Maschinenräumen, für Heizanlagen u. a. aus parallel geführten, hochkant gestellten Stahl-Flachprofilen.
**Gitterrostaufstallung,** neuzeitliche Form der Aufstallung von Rindern; sie stehen mit den Hinterbeinen auf einem →Gitterrost, wodurch der Kot in den darunterliegenden Güllauffangbehälter fällt. Das tägl. mehrmalige Entmisten des Stalles entfällt.
**Gitterschlange** →Netzpython.

## Gitterschwamm

Gitterschwamm:
Die Art *Clathrus ruber* kommt in Südeuropa vor.

Giovanni Giuliani:
Altar in der Kapelle St. Bernhard, Heiligenkreuzer Hof, Wien

**Gitterschwamm** *(Gitterkugelpilz; Clathrus)*, Gattung tropisch-subtrop. →Bauchpilze; Fruchtkörper gitterartig durchbrochen oder lappig verzweigt.
**Gitterschwingungsquant,** *Physik:* andere Bez. für →Phonon.
**Gitterspannung,** in Elektronenröhren die elektr. Spannung zw. dem Elektronengitter und der Kathode.
**Gittersparrendach,** Bez. für ein Sparrendach über große Spannweiten (→Dach), bei dem die Sparren nicht mehr aus einem Vollholzquerschnitt, sondern aus parallelgurtigen Trägern, aufgelöst in Ober-, Untergurt und sog. Gitterstäbe (Diagonalen und/oder Pfosten), bestehen (→Fachwerk).
**Gitterspektrometer,** von →Fraunhofer eingeführtes Gerät zur Messung der Wellenlänge von Licht mittels der Beugung an einem →Gitter.
**Gittersteine,** →Lochsteine mit schmalen, diagonal sich kreuzenden Stegen und rhombenartigen Löchern in vertikaler Richtung.
**Gitterstoff** *(Kanevas, Canevas, Stramin)*, Gewebe aus stark gedrehten Kett- und Schußfäden mit netzartigem Charakter.
**Gitterstrom,** in →Elektronenröhren der von der Kathode zum Gitter fließende Strom.
**Gitterstruktur,** der Aufbau eines Festkörpers aus einer Vielzahl regelmäßig geformter Elementarzellen (→Kristall).
**Gitterträger** →Gitterbrücke.
**Gitterturm** →Ankermast.
**Giuliani** [dʒu-], Giovanni, Bildhauer, *1663 Venedig, †5.9.1744 Stift Heiligenkreuz (bei Wien); dekorative Plastiken für Kirchen; Lehrer G. R. →Donners.
**Giulini** [dʒulini], Carlo Maria, ital. Dirigent, *9.5.1914 Barletta; Dirigent beim ital. Rundfunk (1946 bis 53), Gastdirigent in Europa und den USA, 73–77 Chefdirigent der Wiener Symphoniker, 78–84 auch in Los Angeles.
**Giunta** [dʒunta], ital. Drucker- und Verlegerfamilie des 15. und 16. Jh.:
**1)** Filippo (1450–1517), verlegte und druckte in Florenz lat. und griech. Klassiker.
**2)** Jacques (1486–1546), verlegte in Lyon theol., jurist. und med. Werke.
**3)** Lucas Antonius (1457–1538), brachte in Venedig vornehmlich liturgische Bücher heraus.
**Giunta Pisano** [dʒunta -], ital. Maler des 13. Jh., von 1229 bis 1254 nachweisbar; entwickelte den für das ital. 13. Jh. charakteristischen, schlichten Standardtypus der Kruzifixbemalung.
**Giuoco piano** [ital., dʒuoko -], eine Schachspiel-Eröffnung.
**Giurgiu** [dʒurdʒu], rum. Donauhafen südl. Bukarest mit 73 000 E., Hptst. des Bezirks G. (3636 km², 640 000 E.); bis zum II. Weltkrieg bed. Agrar- und Erdölexport nach Mitteleuropa; kleine Reparaturwerft, Lebensmittelindustrie; Bahn- und Straßenbrücke nach dem bulgarischen →Ruse. – Vermutl. röm. Gründung, im MA genuesische Faktorei, später osman. Festung.
**Giurlani** [dʒur-], Aldo, eigtl. Name des Schriftst. A. →Palazzeschi.
**Giusti** [dʒusti], Giuseppe, ital. Schriftst., *13.5.1809 Monsummano Terme (bei Pistoia), †31.3.1850 Florenz; dichterischer Wegbereiter des Risorgimento.
**Giustiniani** [dʒu-], Laurentius, Bischof und Patriarch von Venedig, *1.7.1381 Venedig, †8.1.1456 ebd.; Heiliger (Tag: 8.1.).
**giusto** [ital., dʒu- ›richtig‹], musikalische Vortragsbezeichnung: im

# Glacier National Park

richtigen (normalen) Tempo, z. B. *allegro giusto*: normales Allegro-Tempo.
**Giusto di Giovanni de' Menabuoi** [dʒusto di dʒovani -] →Menabuoi, Giusto di Giovanni de'.
**Givenchy** [ʒivãʃi], Hubert (James Taffin) de, frz. Modeschöpfer, *21.2.1927 Beauvais; bekannt durch seinen eleganten, ausgeprägt femininen Stil; entwarf zahlr. Filmkostüme, u. a. für A. →Hepburn.
**Givors** [ʒivɔr], frz. Stadt an der Rhône, südl. von Lyon, 23 000 E.; Bahnknotenpunkt; Eisenhütten-, Metall-, elektrotechnische, Textil-, Schuh-, Glasindustrie.
**Giza, Gizeh,** ägyptische Stadt: →Giseh.
**Giżycko** [giʒitsko] (dt. *Lötzen*), Stadt im NO Polens, Woiwodschaft Suwałki, auf der Masurischen Seenplatte, am Löwentinsee, mit 23 000 E.; Ordensschloß (1377); Nahrungsmittelindustrie; Fremdenverkehr. Bis 1945 Krst. im ehem. Reg.-Bz. Allenstein der Prov. Ostpreußen.
**Gjalski** [djal-] *(Djalski),* Ksaver Šandor (eigtl. *Ljubomir Babić*), kroat. Dichter, *26.10.1854 Gredice, †9.2.1935 ebenda; Vertreter des kroat. Realismus.
**Gjandsha** [-ʃa] *(Gandscha,* aserbaidschan. *Gäncä,* 1935–91 *Kirowabad*), Stadt in Aserbaidschan, 280 000 E.; Textilind.; Landmaschinenbau; Wein- und Obstbau.
**Gjedser** [dän., gesər] →Gedser.
**Gjellerup** [dän. gɛlərob], Karl Adolph, dän. Dichter, *2.6.1857 Roholte (Seeland), †11.10.1919 Klotzsche (bei Dresden); zuerst von →Darwin beeinflußt, dann mehr und mehr dem Buddhismus zuneigend; lebte ab 1892 in Dresden; schrieb u. a. relig. Romane wie ›Der Pilger Kamanita‹ (1907; Pilgrimen Kamanita, 06), ›Die Weltwanderer‹ (10; Verdensvandrerne, 10), ›Der goldne Zweig‹ (17; Den gyldne gren, 17). – 1917 Nobelpreis.
**Gjirokastër** *(Gjinokastër;* griech. *Argyrokastron,* ital. *Argirocastro),* Hptst. Südalbaniens, am Dhrino, mit 22 000 E.; Festung (14.Jh.); Museum; Tabak-, Textil-, Leder-, Schuhindustrie.

**Gjöll** [nord. ›Lärm‹], german. Unterweltsfluß am Rande der →Hel.
**Gjøvik,** größte Stadt am →Mjøsa in NO-Norwegen, 28 000 E.; Glas- und Textilind.; größte Angelhakenfabrik der Welt; Freilichtmuseum.
**Gjumri** (bis 1924 *Alexandropol,* 1924–91 *Leninakan*), Stadt im NW Armeniens, nahe der türk. Grenze, mit 230 000 E.; Textil-, chem. Ind., Maschinenbau, Schlachtereien.
**GKSS-Forschungszentrum Geesthacht,** Einrichtung zur Umweltforschung, Wasserentsalzung, Entwicklung von Unterwassertechniken, zur Reaktorsicherheitsforschung und zur Erprobung von Verfahren der Meerwasserentsalzung; Sitz: Geesthacht-Tesperhude (Schleswig-Holstein); Mitgl. der →Arbeitsgemeinschaft der Großforschungseinrichtungen.
**Gla,** griech. Fluchtburg aus myken. Zeit im Gebiet des einstigen →Kopais-Sees; Reste des Palastes sind noch erhalten.
**Glabella** [lat.] *die,* 1) Erhebung des Stirnbeins über der Nasenwurzel zw. den Augenwülsten, Meßpunkt der →Anthropometrie; 2) Teil des Kopfschildes der →Trilobiten.
**Glace** [frz., glas], dick eingekochte Fleischbrühe; Zuckerglasur.
**Glacé** [frz., glase], 1. Westenfutter, das durch Kalandern glänzend appretiert wird; 2. changierende Gewebe (Changeant), aus verschiedenfarbigen Kett- und Schußfäden in Köper-, Atlas- oder Phantasiebindungen hergestellt.
**Glace Bay** [glɛɪs bɛɪ], Hafenstadt im NO der kanad. Prov. Nova Scotia, 20 000 E.; Zentrum eines Gebietes mit bed. Steinkohleabbau; Tiefseefischerei.
**Glacéleder,** glänzendes Ziegenleder für Handschuhe.
**Glacier** [frz., glasje] →Gletscherwein.
**Glacier Bay** [engl., glæsjə bɛɪ], Nationalpark in Alaska (USA); 1,3 Mio. ha.; dient v. a. als ›Labor‹ zur Erforschung der letzten Eiszeit.
**Glacier National Park** [glæsjə næʃənəl pak], ein 4046 km² großes Naturschutzgebiet in Montana (USA) an der kanad. Grenze, umfaßt den nördl. Teil der Lewis

Die **Glabella** *(Pfeil)* ist der vorderste Punkt in der Mediosagittalebene zwischen den Überaugenwülsten.

3663

# Glacis

**Glacier National Park:** St. Mary Lake in den Rocky Mountains, Montana

Range (Rocky Mountains) mit 80 Gletschern und über 250 Seen.

**Glacis** [frz., glasi̯], 1. deckungsloses Schußfeld vor Festungsanlagen; 2. Sicherungszone um ein Schutzobjekt, z. B. um das europ. Diplomatenviertel in Peking nach dem →Boxer-Aufstand; 3. von einem Staat polit. beherrschter fremdstaatl. Nachbarraum.

**Glackens** [glækɪnz], William James, amerik. Maler, *13.3.1870 Philadelphia, †22.5.1938 Westport (CT); zunächst Vertreter einer realistischen, an →Courbet und →Manet geschulten Malweise, später auch impressionistische Elemente; Mitglied der →Ashcan School.

**Gladbeck,** Industriestadt im Kr. Recklinghausen, Reg.-Bz. Münster, Nordrh.-Westf., am Nordrand des Ruhrgebiets, 80 000 E.; Wasserschloß Wittringen (16. Jh.); chem., glasverarbeitende und Kunststoffindustrie. 1919 Stadtrecht.

**Gladenbach,** Stadt, Luft- und Kneippkurort im Lkr. Marburg-Biedenkopf, Reg.-Bz. Gießen, südwestl. von Marburg, im *Gladenbacher Bergland,* 11 000 E.; Metall-, Textil-, Möbelindustrie; Fremdenverkehr.

**Gladiatoren** [lat. ›Schwertkämpfer‹], Kriegsgefangene, Verurteilte und bes. Sklaven, die in Kampfspielen auf Leben und Tod in den röm. →Amphitheatern (→Kolosseum) auftraten; lebten und erhielten ihre Ausbildung in G.-Kasernen. Die G.-Spiele, etrusk. Ursprungs und aus Leichenspielen (als Ersatz für frühere Menschenopfer) entwickelt, fanden 264 v. Chr. in Rom Eingang, wurden von Privatunternehmern und als beliebtes Massenvergnügen (›circenses‹) später von röm. Kaisern und hohen Beamten veranstaltet; unter christl. Einfluß von →Konstantin d. Gr., endgültig von →Honorius abgeschafft.

**Gladiole** [lat.] *(Siegwurz; Gladiolus),* Gattung der →Schwertliliengewächse; heimisch (aber selten) die Sumpf-G. *(Gladiolus palustris)* und die Wiesen-G. *(Gladiolus imbricatus),* beide geschützt. Aus südafrik. Arten zahlr. Gartenformen als Zier- und Schnittpflanzen gezüchtet.

**Gladkow** *(Gladkov),* Fjodor Wassiljewitsch, sowjetruss. Schriftsteller, *9.6.(21.6.) 1883 Tschernawka (Gouv. Saratow), †20.12.1958 Moskau; schuf mit ›Zement‹ (1925; dt. 27) den von der Partei anerkannten Typus des Industrieromans. Mehrfacher Stalinpreisträger.

**Gladstone** [glædstən], William (Ewart), brit. Staatsmann, *29.12.1809 Liverpool, †19.5.1898 Hawarden (Nordwales); ab 1832 konservativer Unterhausabgeordneter,

**Gladiole** (eine Gartenform)

## Glan-Donnersberger-Vieh

einer der größten polit. Redner seiner Zeit; trat während des Krimkrieges als Gegner von B. →Disraeli auf die Seite der Liberalen, deren Führung er 65 im Unterhaus übernahm. Premier-Min. 68–74, 80–85, 86 und 92–94, immer wieder abgelöst von den Konservativen, deren imperialist. Politik er ablehnte, von denen jedoch seine Außenpolitik als Schwäche ausgelegt wurde.

**Gladstone** [glædstən], Stadt an der austr. Ostküste, im SO von →Rockhampton, 22 000 E.; Exporthafen für Steinkohle und landw. Produkte.

**Glaeser,** Ernst, Schriftst., *29.7. 1902 Butzbach (Hessen), †8.2.1963 Mainz; 1933–39 als Emigrant in der Schweiz; internat. erfolgreich mit Zeitromanen wie: ›Jahrgang 1902‹ (1928), ›Der letzte Zivilist‹ (35) und ›Glanz und Elend der Deutschen‹ (60); auch Dramen, Hörspiele, Essays und Berichte wie ›Köpfe und Profile‹ (52).

**Glagolitische Messe,** eine Messe (Urauff.: 5.12.1927, Brno) in altslaw. Sprache von L. →Janáček.

**Glagoliza** [slaw.], nach allg. Auffassung von dem Slawenapostel Konstantin →Kyrill für seine Missionstätigkeit – in Anlehnung an bekannte Schriftsysteme – geschaffenes slaw. Alphabet, das im 10.Jh. in Bulgarien unter Zar Simeon durch die →kyrillische Schrift ersetzt wurde. Die G. wurde im MA in Teilen Bosniens und Dalmatiens in einer ›eckigen‹ Variante verwendet, in der Neuzeit noch in den Küstengebieten Kroatiens und auf einigen dalmatinischen Inseln (Krk) in kirchl. Gebrauch (seit 1483).

**Glaise von Horstenau,** Edmund, Militärhistoriker und Politiker, *27.2.1882 Braunau, †(Freitod) 20.7.1946 im Lager Langwasser (Nürnberg); 1936 österr. Innenminister, 38 für kurze Zeit Vizekanzler, ab 39 dt. General.

**Glåma,** norweg. Fluß →Glomma.

**Glamorgan** [glæmɔgən] *(Glamorganshire),* drei Grafschaften in Südwales *(West, Mid-, South G.),* zus. 2250 km², 1,3 Mio. E., größte Städte →Swansea und →Cardiff;

**Gladiatoren** im Zweikampf (Mosaik, um 250 n. Chr.). Bad Kreuznach, Museum

Ausdehnung von der Küste bis ins Bergland von Breconshire; reiche Steinkohlevorkommen (Kohleexport), Erzbergbau, stark industrialisiert seit dem frühen 19.Jh. (Eisenerzverhüttung, Metall-Ind., Schiffbau); nach dem II. Weltkrieg Strukturschwierigkeiten, Diversifizierung der Industrie.

**Glamourgirl** [engl., glæməgə:l], reizvolles Mädchen in betörender Aufmachung (auf Mode-, Reklamephotos u.a.).

**Glan, 1)** *der,* re. Nebenfluß der Nahe in der Pfalz, 68 km lang, durchfließt das Pfälzer Bergland, mündet unterhalb Odernheim.

**2)** *die,* etwa 60 km langer re. Nebenfluß der →Gurk in Kärnten, durchfließt Klagenfurt.

**Glan-Donnersberger-Vieh,** Rinderrasse: →Gelbvieh.

William Gladstone

**Glamorgan:** Ruine des imposanten Caerphilly Castle in Caerphilly (nördlich von Cardiff)

## Glandula

**Glanzkäfer:** Rapsglanzkäfer

Glanzkraut

**Glanzsittich:** Weibchen

**Glandula** [lat.] →Drüse: →Afterdrüsen, →Schilddrüse, →Cowper-Drüsen, →Zirbeldrüse, →Epithelkörperchen.
**Glanert**, Detlev, Komponist, *6.9.1960 Hamburg; Studium bei D. de la →Motte und H. W. →Henze; 1986 Tanglewood; Oper ›Leyla und Medjun‹ (88), Orchester- und Kammermusik.
**Glans** [lat.], *Medizin:* Eichel, das etwas verdickte Ende des →Penis und der →Klitoris.
**Glanum**, Ruinenstätte bei Arles (Frkr.); ausgegraben wurde die Stadt der →Ligurer mit Heiligtum, die hellenist. Stadt des 2.Jh. v. Chr. (Mauer, Bauwerke), die röm. Stadt des 1.Jh. v.Chr.; ältestes röm. Stadttor Galliens mit Darstellung gefangener Gallier, röm. Villen, Bäder und Tempel. 480 von den Westgoten zerstört.
**Glanville-Hicks** [glænvıl-], Peggy, amerik. Komponistin austr. Herkunft, *29.12.1912 Melbourne; Studium bei Ray Vaughan Williams (1931–35) und Nadia Boulanger; gründete den International Music Fund. In ihren Opern verbindet sie altgriech. Traditionen mit oriental. und asiat. Folklore und mod. Elementen. – W: Opern: The Transposed Heads (1953), Sappho (65); Orchesterwerke: Sinfonia da Pacifica (53), Tapestry (64); Ballette, Kammer- und Filmmusik.
**Glanz, 1)** *Physik:* eine Lichtstreuung mit Bevorzugung bestimmter Richtungen, z. B. bei polierten Metalloberflächen.
**2)** *Mineralogie:* Der G. der Kristalle ist ein wichtiges charakteristisches Kennzeichen, der von den versch. Kristalleigenschaften abhängt. Man unterscheidet Metall-, Diamant-, Glas-, Fett-, Harz- und Wachs-, Perlmutter- und Seiden-G.
**Glanzauge**, feucht glänzendes, tränennasses Auge; bei Erregungszuständen oder bei Überfunktion der Schilddrüse (→Basedow-Krankheit).
**Glanzbäder** →Galvanisieren.
**Glanzbatist**, appretierter Wäschestoff aus Baumwolle.
**Glanzblech**, 1. Stahlblech mit einer Schutzschicht aus Eisen(II,III)-oxid, $Fe_3O_4$, die beim Durchgang durch ein poliertes Walzenpaar bei Rotglut entsteht; 2. Art des →Weißblechs.
**Glanz des Hauses Amberson, Der** [- æmbəsən], Film von und mit O. →Welles (1941) über Aufstieg und Niedergang einer amerik. Bürgerfamilie; weitere Darsteller: J. →Cotten und A. →Baxter.
**Glanze**, aus der Bergmannssprache übernommene Bez. für eine Gruppe metallisch glänzender sulfidischer Mineralien (→Sulfide), so z. B. →Bleiglanz, →Kupferglanz.
**Glanzeisenerz** →Hämatit.
**Glanzenten** (*Cairinini*), Gattungsgruppe in Baumhöhlen brütender trop. Enten; einige Arten mit metallischem Gefiederglanz, Erpel größer als Weibchen: →Brautente, →Höckerglanzente, →Mandarinente, →Moschusente.
**Glanzfasan** (Monaul; *Lophophorus impejanus*), bunter Fasan des Himalaya.
**Glanzfische** →Gotteslachs.
**Glanzgras** (*Phalaris*), Grasgattung; das Rohr-G. (*Phalaris arundinacea*) häufig an Gewässerufern und auf nassen Wiesen; Abarten bei uns in Gärten, Blätter weiß oder gelb gebändert (Bandgras). Samen des subtrop. Kanariengrases (Kanarienhirse; *Phalaris canariensis*) als Vogelfutter.
**Glanzkäfer** (*Nitidulidae*), Fam. meist unter 5 mm langer Käfer; ernähren sich von ausfließendem Baumsaft oder von Blütenstaub und -blättern, z. B. Rapsglanzkäfer (*Meligethes aeneus*); von Borkenkäferlarven lebt *Rhizophagus depressus*.
**Glanzkohle**, Bez. für glänzende, d. h. stark inkohlte (→Inkohlung) Kohlearten oder einzelne Kohlepartien (→Pechkohle, →Anthrazit).
**Glanzkölbchen** (*Aphelandra*), Gattung der Akanthusgewächse mit etwa 100 Arten im wärmeren Amerika; bis 25 cm lange, glänzend grüne Blätter, oft buntgeadert, Blütenähren mit dicht dachziegelartig stehenden, oft leuchtend gefärbten Hochblättern; bes. *Aphelandra squarrosa* wird in vielen Sorten als Zimmerpflanze kultiviert.
**Glanzkörper**, Botanik: →Statolith.

# Glarus

**Glanzkraut** *(Liparis loesellii)*, eine bis 20 cm hohe Orchideenart mit fettig glänzenden Blättern und grüngelben Blüten, die in Torfsümpfen und Flachmooren wächst, in Dtld. jedoch vom Aussterben bedroht ist.
**Glanzlieschgras** → Lieschgras.
**Glanzmoos** → Stockwerkmoos.
**Glanzruß,** bei Verwendung sehr feuchter oder teerhaltiger Brennstoffe im Rauchabzugskanal niedergeschlagener → Ruß; kann zu Kaminbränden führen.
**Glanzsittich** *(Neophema splendida)*, einer der schönsten → Sittiche, 22 cm lang, Oberseite grün, Unterseite gelb, Kopf- und Halsseiten, Flügeldecken und Schwingensäume blau; bewohnt Trockengebiete Australiens, nistet in Baumhöhlen; selten; dem G. ähnlich ist der kleinere Schönsittich *(Neophema pulchella)*.
**Glanzstare** → Stare.
**Glanzvögel** *(Galbulidae)*, Fam. sperlings- bis drosselgroßer Baumvögel mit metallisch glänzendem Gefieder; verbreitet vor allem in Mittel- und Südamerika.
**Glareanus** (eigtl. *Heinrich Loriti*), Humanist und Musiktheoretiker, * Juni 1488 Mollis (Kt. Glarus), † 28. 3. 1563 Freiburg i. Br.; erweiterte in seinem ›Dodekachordon‹ (1547) durch Einführung des Ionischen (Grundton c) und des Äolischen (Grundton a) die Zahl der Kirchentöne von 8 auf 12, neulateinische Dichtungen.
**Glareola** → Brachschwalben.
**Glarner,** Fritz, amerik. Maler schweiz. Herkunft, * 20. 7. 1899 Zürich, † 18. 9. 1972 Locarno; ab 1936 in New York; Vertreter des → Konstruktivismus; entwarf Wandbilder u. a. im Time-Life-Gebäude, New York (1958–61) und in der Hammarskjöld-Bibliothek des Gebäudes der UN (1961).
**Glarner Alpen,** Westalpengruppe zw. Walensee, Rhein- und Reusstal, mit Einzugsgebiet der Linth (→ Limmat), im → Tödi 3614 m hoch.
**Glärnisch,** Bergstock der → Glarner Alpen, südwestl. von Glarus, im Bächistock 2914 m.

**Glarus, 1)** ostschweiz. Kanton mit 685 km² und 38000 E. (davon 83% deutschsprachig und 56% prot.), das Einzugsgebiet der oberen Linth (→ Limmat) zw. der Hauptkette der → Glarner Alpen und dem → Walensee; Almwirtschaft, im ›Großtal‹ infolge intensiver Wasserkraftnutzung stärker industrialisiert (Textil-, Maschinen-Ind.). – Das im 6. Jh. von Alemannen besiedelte Glarner Tal verband sich 1352 mit den Eidgenossen, gewann 1388 in der Schlacht bei Näfels die volle Unabhängigkeit vom habsburg. Einfluß, kaufte sich 1395 von Säckingen los und wurde 1450 vollberechtigtes Mitgl. der → Eidgenossenschaft. 1528 mehrheitl. Anschluß an die Reformation. **2)** Hauptort des Kt. G. mit 6000 E.; 481 m ü. M. im Linthtal, am Fuße des → Glärnisch; nach Brandkatastrophe 1861 neu aufgebaut; Fachschulen; Holz-, Textilindustrie.

**Glanzkölbchen:** Zimmerpflanze mit auffallend schönen Blättern und Blüten

**Glarus:** *oben* Stadtwappen; *unten* Kantonswappen

**Glarus:** Die Landsgemeinde im Hauptort des Kantons, eine traditionelle Form direkter Demokratie

## Glas

**Glas, 1)** *allg.:* ein Schmelzprodukt, gebildet aus den Rohstoffen Sand, Metall-, Alkali- bzw. Erdalkalioxiden und Flußmitteln (Soda, Pottasche), das ohne Kristallbildung (amorph) erstarrt ist; meist durchsichtig, farblos oder durch Metalloxide gefärbt, bei Raumtemperatur spröd, kurz vor dem Schmelzen (500–1000 °C) plast. formbar, beständig gegen Witterungseinflüsse und viele Chemikalien; besitzt nur geringe elektrische und Wärmeleitfähigkeit (guter Isolator). Die Rohstoffe wurden früher im sog. *Hafenofen* erschmolzen, in den ein oder mehrere Tiegel (Hafen) eingesetzt wurden, die z. T. unterschiedl. G.-Sorten enthielten; das Fassungsvermögen eines Hafens betrug zw. 100 und 500 kg G.- Masse. Diese Hafenöfen werden nur noch für das Mundblasverfahren und die Herst. von Spezialgläsern verwendet. Zur Verarbeitung größerer G.-Massen werden heute *Wannenöfen* verwendet, die entweder als *Tageswannen* mit Fassungsvermögen bis zu 10 t täglich neuer Beschickung ausgeführt werden oder als *Dauerwannen* mit ununterbrochener Beschickung Produktleistungen von bis zu 400 t je Tag gestatten. Zur Flachglaserzeugung eingesetzte Dauerwannen erreichen Längen bis zu 100 m und können 2500 t G.-Schmelze aufnehmen. Der *Schmelzvorgang* gliedert sich in mehrere Stufen: Bei der *Rauhschmelze* kommt es bei Temp. zw. 1000 °C und 1200 °C zum Erweichen des Gemenges, wobei beträchtl. Gasmassen freigesetzt werden. Die Rauhschmelze ist beendet, wenn das Gemenge durchsichtig geworden ist. Noch während der Rauhschmelze beginnt der Prozeß der *Läuterung*, bei dem eine vollkommene Homogenisierung der Schmelze mit der Beseitigung der Gasblasen stattfindet. Meist werden Läuterungsmittel (*Glasmacherseife* wie z. B. Arsenik, Glaubersalz u. a.) eingesetzt, die Temp. wird erhöht, um die Schmelze dünnflüssiger zu machen und das Entweichen der Gasblasen zu beschleunigen (*Blankschüren*). Danach erfolgt wieder eine Temp.-Erniedrigung (*Abstehen*) bis zur Verarbeitungs-Temp. von etwa 900 °C bis 1200 °C. Die beiden wichtigsten G.-Sorten

---

**Glas: 1** schematische Darstellung des Floatglasverfahrens; **a** Glasschmelze, **A** Schmelzaufbereitung, **B – G** Formung und Kühlung des auslaufenden Glasbandes, **b** flüssiges Zinn als Träger der Glasmasse, **c** Schwimmbalken, **d – f** Walzen zur Vorwärtsbewegung des Glasbandes
**2** Fließschema der Arbeitsweise einer Flaschenblasmaschine; **a** durch Unterdruck wird die Glasmasse in die Apparatur gesaugt, **b** überflüssige Glasmasse wird abgestreift, **c** Öffnen der Form mit dem Flaschenrohling, **d** Einführen in die Blasform, **e** Formgebung der Flasche durch Druckluft, nach dem Öffnen der Blasform kann die fertige Flasche entnommen werden.
**3** Guß eines optischen Glasblocks aus dem Hafen, einem Glasschmelzofen
**4** Glasschmelze im Hafen bei einer Temperatur von etwa 1200 °C
**5** Probenentnahme aus dem Wannenofen
**6** Herstellung eines Schleifmusters am Kelchglas
**7** *oben* Glasherstellung nach dem Glasziehverfahren, **a** Glasschmelze, **b** Rollen, **c** Kühler zum Verfestigen der Schmelze, **d** Biegerolle, **e** auslaufendes flaches Glasband; *unten* Glasherstellung nach dem Glaswalzverfahren, **f** Glasschmelze, **g** Düse aus feuerfestem Material, **h** Walzen zur Glasverfestigung, **i** auf Rollen auslaufendes Glasband mit Kühlung
**8** Glasmacher beim ›Wulgern‹, d. h. beim Formen des mundgeblasenen Glaskörpers in einer Buchenholzform
**9** Automatisches Pressen von Schüsseln; beim Pressen wird ein Posten flüssigen Glases in die Form eingespeist und vom Stempel ausgepreßt.
**10** In aufwendiger Forschungsarbeit wurde jetzt ein Verfahren entwickelt, bei dem Glas auf einer Drehmaschine spanabhebend bearbeitet werden kann. Diese Art der Glasbearbeitung ermöglicht die Herstellung asphärischer Linsen, d. h. von Linsen, deren Oberfläche von der Kugelform abweicht und die mit bisherigen Bearbeitungsverfahren nicht gefertigt werden konnten. Asphärische Linsen können aber den Aufbau von Linsensystemen vereinfachen.
**11** Blick in einen Wannenofen, seine Lebensdauer beträgt etwa acht Jahre.
**12** Bunte Glasfenster werden aus verschiedenfarbigen Glasstücken zusammengesetzt. Nach dem Entwurf **(a)** wird ein Schnittmuster aus Karton gefertigt **(b)**, nach dem Glasstücke zurechtgeschnitten **(c)**, mit Blei eingefaßt **(d)** und verlötet werden **(e)**.

---

■ **Glas:**
weitere Bilder
→ Dispersion;
→ Doppelbecher;
→ Glaskeramik;
→ Millefiori;
→ Spiegel

# Glas

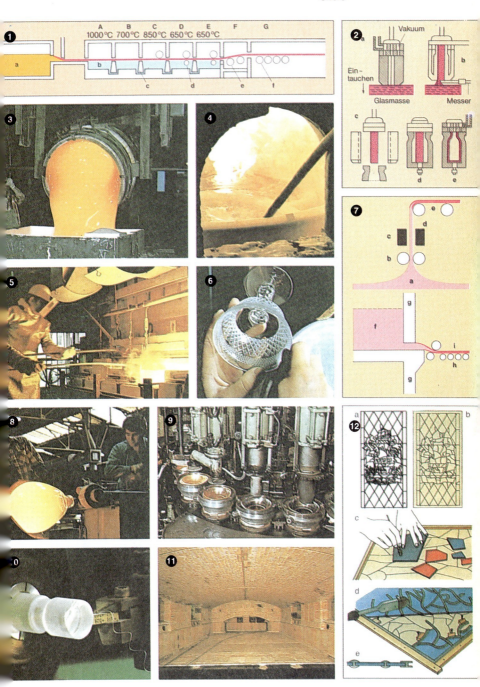

## Glas

sind das Flach-G. und das Hohl-G. Beim *Flach-G.* lassen sich wiederum die Gruppen Guß-G. und Fenster- bzw. Spiegel-G. unterscheiden. Beim *Guß-G.* handelt es sich um nicht klar durchsichtiges Kalknatron-G., das in den versch. Formen (wie →Rohglas, →Drahtglas, →Ornamentglas, →Profilglas) überall dort eingesetzt wird, wo klare Durchsicht überflüssig oder nicht erwünscht ist. Einen wesentl. höheren Aufwand bei der Herst. verlangt das Fenster- bzw. *Spiegel-G.*, das früher nur nach dem Mundblasverfahren und anschließendem Aufschneiden und Glätten der erhaltenen Glaszylinder erhalten werden konnte. Erst nach 1900 war es möglich, Flach-G. unmittelbar aus der G.-Schmelze zu gewinnen. Von den inzwischen entwickelten Verfahren setzt sich das *Floatglasverfahren* seit Beginn der 60er Jahre weltweit eindeutig durch. Bei diesem in Großbritannien entwickelten Prozeß wird die flüssige G.-Schmelze in Form eines endlosen Bandes mit genau eingestellter Dicke auf ein Bad aus flüssigem Zinn geleitet, wobei das Zinnbad an der Eintrittsstelle der G.-Schmelze eine Temp. von 1000 °C hat und an der Austrittsstelle des G.-Bandes auf 600 °C gekühlt wird. Derartige Zinnbäder haben Längen von bis zu 60 m. Mit dem Floatglasverfahren lassen sich Flach-G. mit Stärken zw. 1,5 und 20 mm gewinnen, die Produktionsleistungen der Anlagen reichen bis zu 3000 m$^2$ Flach-G. je Stunde. Das Flach-G. wird entweder unmittelbar als Fenster-G. verwendet oder nach versch. Verfahren weiterveredelt, z. B. zum →Sicherheitsglas, →Verbundglas, →Panzerglas, →Mattglas, →Heizglas; bes. Prozesse verlangt die Herst. von →Spiegeln. Den weitaus größten Anteil aller G.-Erzeugnisse stellt jedoch das →Hohlglas, bei dem es sich auch überwiegend um Kalknatron-G. handelt, daneben auch um →Kristallglas, →Bleikristall und eine Reihe versch. Gläser für spezielle Zwecke. Nach dem Herstellungsverfahren läßt sich grob unterscheiden zw. mundgeblasenem Hohl-G. (→Glasbläserei) und maschinengeblasenem G., bei dem zahlr. Verfahren zur Anwendung kommen; hierzu zählen auch das Pressen von Gläsern *(Preß-G.)* in speziellen Hohlformen sowie der *Schleuderguß*, bei dem die Glasschmelze durch rasche Rotation eines Hohlzylinders die gewünschte Form erhält. Die wichtigsten Hohlglassorten sind: *Behälter-G.* für Verpackung, Aufbewahrung und Transport von Getränken, Flüssigkeiten, Lebensmitteln, chem., pharmazeut. oder kosmet. Artikeln; *Wirtschafts-G. (Gebrauchs-G.)*, zu dem in erster Linie Trink-G. (oft mit anspruchsvollem Design), G.-Geschirr (auch →Glaskeramik) gehören; *Bauhohl-G.* wie Glasbausteine, Betongläser und Glasdachziegel (→Schaumglas); *Beleuchtungs-G.* für Lampenschirme und die Ausstattung von Leuchten aller Art (einschließl. Scheinwerfern); *Labor-G.* und med.-techn. Hohl-G. zur Fertigung von Laborgeräten und med. Gebrauchsartikeln (→Jenaer Glas®, →Quarzglas).
Die künstlerische Verarbeitung (Kunst-G.) erfolgt mit eingeschmolzenem andersfarbigem G. *(Fadenglas, Millefiori)*, Bemalung mit Emailfarben, Schwarzlot oder

**1** phönizisch-griechische Amphoriske aus Glas (3./2. Jh. v. Chr.), Karlsruhe, Badisches Landesmuseum
**2** römische Grabbeigaben, im Rheinland ausgegraben (2./3. Jh. n. Chr.), Privatbesitz
**3** Wasserkännchen und Flasche aus Persien (15./16. Jh.), London, Victoria und Albert Museum
**4** Diatretglas (4. Jh. n. Chr., gefunden in Köln), München, Staatliche Antikensammlung
**5** Glaskelch aus Murano (16. Jh., emailliert), Dublin, Nationalmuseum von Irland
**6** Glasserie ›Blütenkelch‹ aus Bleikristall, Design Michael Boehm und Claus Josef Riedel (Rosenthal Kollektion 1989)
**7** geblasene Glasflaschen aus dem Bayerischen Wald (Anfang 19. Jh.), München, Bayerisches Nationalmuseum
**8** Ranftbecher von Anton Kothgasser (1828), Wien, Österreichisches Museum für angewandte Kunst
**9** Moscheelampe aus emailliertem und vergoldetem Glas mit arabischer Inschrift (Kairo, 14. Jh.), Dublin, Nationalmuseum von Irland

# Glas

3671

## Glasaal

Gold, Überzug mit andersfarbigen Glasschichten (sog. *Überfangglas*); wird die erhitzte Glasmasse abgeschreckt, entstehen Craqueluren, daher der Name *Eisglas*. Bei Zwischengoldgläsern liegt zw. zwei Glasschichten eine Goldfolie. In der Masse gefärbte G.: *Rubinglas, Hyalith*. Oberflächenbehandlung durch *Glasschnitt*, Gravieren, *Glasschliff*, Ätzen, Stippen mit der Diamantnadel. Bes. Anforderungen werden an opt. *Glas* gestellt, das für Linsen, Filter und Spiegel verwendet wird. Wichtigstes Merkmal opt. Gläser ist ihre extreme Homogenität, die Abweichungen in der Zusammensetzung liegen über das gesamte Volumen des Glaskörpers im ppm-Bereich (→ppm). Außerdem werden durch spezielle Zusammensetzung der G.-Schmelze sehr hohe Brechungsindizes und besondere Dispersionsgrade (→Dispersion) erreicht. Neu entwickelt wurden in den letzten Jahren auch sog. *metallische G.*, bei denen es sich um extrem rasch abgekühlte Metallschmelzen handelt, wobei es durch die rasche Abkühlung nicht zur Ausbildung einzelner Kristalle im Gefüge kommt, sondern die Schmelze amorph erstarrt. Wegen der notwendigen Abkühlungsgeschwindigkeit lassen sich metall. G. bis jetzt nur in geringer Dicke herstellen. Sie zeichnen sich durch große Härte und mechan. Festigkeit aus, lassen sich z. T. sehr leicht magnetisieren; Verwendung in der Elektrotechnik.
*Geschichte:* G. war in Ägypten im 4. Jt. v. Chr. bekannt, in Mitteleuropa wurde G. seit der mittleren Bronzezeit in Form von Perlen hergestellt, seit der →Hallstatt-Zeit auch zu Gefäßen verarbeitet, in der →Latène-Zeit zu ein- und mehrfarbigen nahtlosen Armringen. Die Römer verwendeten erstm. G. als Fensterfüllung, jedoch wurde es bis zum Ende des MA fast nur zu Schmuck und Kunstgegenständen verarbeitet (Blütezeit im 15. Jh. in Venedig). Entwicklung opt. Gläser im 19. Jh. u. a. durch →Abbe, →Fraunhofer, →Schott (→Waldglas).

**Donald Arthur Glaser**

**2)** *Geol.: (Gesteinsglas, vulkan. G.)*, ein nichtkristallisiertes (amorphes) →Vulkanitgestein, teils kompakt wie →Obsidian und →Pechstein, teils sehr porenreich wie →Bimsstein *(schaumiges G.)*.
**Glasaal** →Aale.
**Glasarchitektur,** v. a. im 19. und 20. Jh. praktizierte Bauweise aus der Verbindung von tragendem Skelett (zunächst ausschließlich Eisen) mit füllenden Glasflächen, die das Erscheinungsbild des Gebäudes weitgehend bestimmen. Frühe Beispiele sind die Gewächshäuser und Orangerien des Barock, die eigtl. Entwicklung der G. wurde jedoch erst im 19. Jh. durch die fabrikmäßige Massenproduktion von Eisen und Glas ermöglicht.
**Glasätzung,** Mattieren oder Einätzen von Vertiefungen in Glas durch Behandlung mit Flußsäure (→Fluor).
**Glasbarsche** *(Centropomidae)*, Fam. räuber. Fische; bis 90 kg schwer der Nilbarsch *(Lates niloticus)*; nur bis 4,5 cm lang und durchscheinend *Ambassis lala*, in Indien und Birma, Aquarienfisch.
**Glasbatist,** feiner →Taft, der durch chemische Behandlung ein durchsichtig glasiges Aussehen und einen harten Griff erhalten hat.
**Glasbausteine,** in versch. Formen hohl geblasene oder gepreßte und rundherum mit Rillen, Wulsten und griffigen Überzügen versehene lichtdurchlässige Bausteine für tragende Wandteile.
**Glasbläserei,** Formen von Hohlkörpern aus zähflüssiger Glasmasse durch Aufblasen eines Glastropfens *(Glasposten)* mit der *Glasbläser-Pfeife*; dient heute zur Herst. von Kunstgewerbeartikeln und komplizierten chem. Laborgeräten. Flaschen und andere Massenteile werden auf Automaten geblasen oder gepreßt (→Glas).
**Glasbläser-Star** →Feuerstar.
**Glasbohrer,** Maschinenwerkzeug zur Glasbearbeitung mit dreikantiger Spitze aus Hartmetall oder Diamant; für große Durchmesser Metallrohr mit schleifender Diamantkrone als Kernbohrer.
**Glaselektrode,** an einen Glasrohr-

# Glasfaseroptik

schaft angeblasene, kugelförmig aufgeweitete Glasmembran, die in ihrem Inneren meist mit einer gesättigten Silberchloridlösung gefüllt ist; in diese ist ein Silberdraht als Ableitungselektrode (→ Elektrode) eingetaucht. Beim Eintauchen der G. in eine Lösung entsteht ein elektr. Potential, das der Konzentration der Wasserstoffionen dieser Lösung proportional ist. Anwendung der G. z. B. zur Messung des → $p_H$-Wertes mit einem $p_H$-Meter (→ Potentiometrie).

**Glasen** [urspr. vom Glas der → Sanduhr], das halbstundenweise Anschlagen der Schiffsglocke zur Zeitbekanntgabe auf Schiffen innerhalb der aus 8 G. bestehenden 4stündigen Wache; heute auch allg. Bez. für Uhrzeit an Bord.

**Glasenapp**, Helmuth von, Indologe und Religionswissenschaftler, * 8. 9. 1891 Berlin, † 25. 6. 1963 Tübingen; arbeitete über Buddhismus, Jainismus und Hinduismus.

**Glaser** [glɛɪzə], Donald Arthur, amerik. Physiker, * 21. 9. 1926 Cleveland (OH); Erfinder der → Blasenkammer; 1960 Nobelpreis.

**Glaser**, Julius, österr. Strafrechtler, * 19. 3. 1831 Postelberg (Böhmen), † 26. 12. 1885 Wien; beeinflußte die Reform der österr. Gesetzgebung; Verf. der österr. Strafprozeßordnung 1873.

**Glaser**, → Ausbildungsberuf; verarbeitet Tafelgläser aller Art.

**Glaserkitt** (*Leinölkitt*), pastenartige Masse, die langsam erhärtet; aus Kreide mit → Leinöl oder anderen trocknenden Ölen als → Bindemittel, bes. zur Befestigung von Fensterscheiben im Rahmen. Durch Zusatz von → Sikkativen wird die Trocknung beschleunigt (→ Dichtungsmassen).

**Glasfaser**, fadenförmig ausgezogenes Glas (0,01–0,03 mm Durchmesser) hoher Zugfestigkeit; langfädige G. finden Verwendung für Glasseide und Glasgespinst und vor allem im Rahmen der → Glasfaseroptik, kurzfädige G. werden zu Glaswatte und Glaswolle für Isolierungen verarbeitet.

**Glasfaserkabel**, aus Glasfasern bestehendes Nachrichtenkabel, das im Rahmen der → Glasfaseroptik eingesetzt wird.

**Glasfasernachrichtentechnik**, die Übermittlung von Nachrichten über Lichtwellenleiter mit den Methoden der → Glasfaseroptik.

**Glasfasernetz**, ein Nachrichtennetz auf der Basis der → Glasfaseroptik.

**Glasfaseroptik**, Sammel-Bez. für opt. Verfahren, bei denen biegsame Fasern aus Glas (→ Glasfaser) oder glasklarem Kunststoff zur Lichtleitung und Nachrichtenübermittlung eingesetzt werden. Geeignete Fasern bestehen aus einem hochbrechenden Kern, umgeben von einem niedrigbrechenden Mantel. Ausgangspunkt für derartige Fasern ist ein Quarzrohr, dessen Innenseite mit Substanzen unterschiedl. Lichtbrechung beschichtet wird. Durch Zusammenschmelzen des Rohres wird ein Glasstab gewonnen, aus dem dann die Fasern gezogen werden. An der Stirnseite einer solchen Faser einfallendes Licht wird im Faserinneren durch Totalreflexion (→ Reflexion) zum anderen Faserende geleitet. Ungeordnete Faserbündel, die aus mehreren 100 000 Einzelfasern von einigen Mikrometern ($10^{-3}$ mm) Stärke bestehen, werden bereits seit längerem als ›Lampe‹ bei der Untersuchung schwer zugängl. Stellen in der Technik eingesetzt, da sie sich beliebig biegen lassen. Auch in der Medizin finden sie vielfach Verwendung zur Untersuchung von Körperhöhlen (→ Laparoskopie, → Endoskopie). Glasfaserbündel werden ferner in Strahlungsthermometern zur berührungslosen Temperaturmessung verwendet, sie dienen auch zum Zünden von → Thyristoren und ersetzen so die aufwendigen induktiven Einrichtungen. Zunehmende Bedeutung erlangten in den letzten Jahren geordnete Faserbündel im Bereich der Informations- und Nachrichtentechnik. Bei ihnen handelt es sich um sog. *Lichtwellenleiter (Lichtleiter),* die an beiden Enden in jeweils gleicher Anordnung gefaßt und miteinander verklebt sind. Sie werden zur digitalen Datenübertragung mit sehr

**Glasfaseroptik:** Prinzip des Strahlengangs in einem Lichtwellenleiter

3673

# Glasfaseroptik

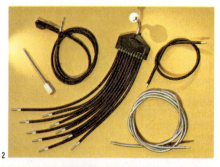

**Glasfaseroptik:**
**1** Kontrolle von optischen Lichtwellenleitern während der Fertigung; **2** zum Schutz gegen mechanische Beanspruchungen werden Lichtwellenleiter mit Kabelmänteln oder starren Gehäusen umgeben; **3** aus Lichtwellenleitern aufgebauter Wechselzeichensignalgeber zur Anzeige von Verkehrsstaus oder Geschwindigkeitsbegrenzungen; **4** Herstellung von Gradientenfasern

hohen Bit-Raten verwendet. Neue Wege eröffnen sich vor allem im Bereich der Fernsprech- und Fernsehtechnik, da Lichtwellenleiter gegenüber herkömml. metall. Leitern entscheidende Vorteile aufweisen: Weil sie elektr. nicht leitend und unempfindl. gegenüber elektr. und magnet. Störfeldern sind, kann auf aufwendige Kabelabschirmungen verzichtet werden; sie sind außerordentl. flexibel (Biegeradien von wenigen Millimetern) und besitzen eine große Zugfestigkeit. Durch einen leicht auftragbaren nichttransparenten Schutzfilm lassen sich die Einzelfasern eines Bündels vollkommen gegeneinander isolieren, Störungen zw. den Fasern sind damit ausgeschlossen. Die Verluste in Lichtwellenleitern lassen sich sehr gering halten, bei den heute verwendeten Übertragungsstrecken sind Zwischenverstärker erst in Streckenabständen von 15–20 km erforderlich, außerdem sind die benötigten Verstärker einfach und billig herzustellen. Der bestechendste Vorteil liegt jedoch in ihrer Übertragungskapazität: Einem einzigen Lichtwellenleiter von der Stärke eines Menschenhaares könnten theoretisch 21 000 Telephonkanäle oder 21 Farbfernsehkanäle zur gleichzeitigen Übertragung aufmoduliert werden. Zum Vergleich: Für die gleiche Übertragungskapazität benötigt man heute ein Koaxialkabel mit 10 mm Durchmesser und aufwendigen Zwischenverstärkern in Abständen von 1,5 km. Übertragungsnetze mit Glasfaser-Lichtleitern (2000 Telephonkanäle je Leiter) befinden sich heute bereits in prakt. Erprobung. Der G. kommt insbes. beim Aufbau digitaler Nachrichtennetze unter Einschluß von Telephon, Bildschirmtext, Fernsehen und Teletext eine Schlüsselrolle zu (→ ISDN).

Als Sendeelement zur Einspeisung der Informationen in den Lichtwellenleiter, d.h. zur Umwandlung elektr. Impulse in Lichtimpulse, wurden Halbleiterlaser entwickelt, die bis zu 1 Mrd. Impulse/s abstrah-

# Glashafen

len; als Empfangelement zur Umwandlung der Lichtimpulse in elektr. Signale eignen sich Silicium-Photodioden. Die für Glasfaser-Lichtleiter günstigste Wellenlänge mit der geringsten Dämpfung liegt zw. 1300 und 1600 nm (Infrarotbereich).

**Glasfaserstoffe,** Werkstoffe aus feinen, mittels Ziehen durch Düsen oder Schleudern der flüssigen Glasmasse hergestellten, biegbaren Glasfasern für feuerfeste und isolierende Materialien.

**Glasfaserstrecke,** die aus einem Lichtwellenleiter mit den dazugehörigen Wandlern am Anfang und am Ende sowie den eventuell notwendigen Verstärkern bestehende Nachrichten-Übertragungsstrecke (→ Glasfaseroptik).

**glasfaserverstärkte Kunststoffe** *(glasfaserarmierte Plaste, GFP),* zu Halbzeug wie Stangen und Platten oder auch fertigen Gegenständen meist in der Form verarbeitete, vielfach kalthärtende → Kunstharze mit einem hohen Anteil an Glasfaserstoffen (in Form von Matten oder Geweben). Die → Glasfasern nehmen alle Zugkräfte prakt. ohne Dehnung auf; sie sind hoch belastbar bis rd. 3000 N/mm² ($\approx$ 300 kp/mm²), hochelast. und biegefest; für selbsttragende Schalen von Bootsrümpfen, Karosserien, für Sturzhelme, Angelruten, Flugzeug-Rumpfschalen und Tragflächen in Schalenbauweise, Sitzmöbel u. a. Größere Werkstücke werden durch Einlegen von Glasmatten in Hohlformen und anschließendes Bestreichen oder Bespritzen mit Kunstharz geformt; bes. hohe Festigkeit bei Aushärtung im Vakuum.

**Glasfliesen,** Glaswandplatten mit undurchsichtiger Oberfläche, für feuchte Räume, Laboratorien usw. (säurebeständig).

**Glasflügler** *(Sesiidae),* Schmetterlingsfamilie mit fast unbeschuppten Flügeln, Hinterleib gelb geringelt, wespenähnl.; Raupen in Wurzeln, Stengeln und Stämmen; Schädlinge z. B. Johannisbeer-G. *(Synanthedon tipuliformis),* Himbeer-G. *(Bembecia hylaeiformis);* Größe und Färbung der Hornisse zeigt der Hornissenschwärmer *(Aegeria apiformis).*

**Glasfluß** *(Glaspaste),* 1. → Bleiglas zur Herst. unechter Edelsteine (→ Straß); 2. eine → Glasur aus → Email.

**Glasfritten,** aus → Sinterglas hergestellte Filter mit sehr feinen Poren genau gleicher Größe.

**Glasfrösche** *(Centrolemidae),* Familie süd- und mittelamerik. → Froschlurche; grün und gelbl. gefärbt mit weißl. durchscheinender Bauchseite; legen Eier an Blätter über dem Wasser, schlüpfende Larven fallen ins Wasser.

**Glasgeschirr,** aus Glas bestehende Geräte im Haushalt.

**Glasgespinst** → Glasfaser.

**Glasgewebe,** aus → Glasfasern hergestellte Gewebe für Filtertücher, Matten zur Wärmedämmung u. a. In Schichtpreßstoffen mit → Kunstharzen als Matrixwerkstoff nimmt das sehr zugfeste G. die Zugkräfte auf.

**Glasgow** [glǣsgou], Ellen (Anderson Gholson), amerik. Schriftstellerin, * 22. 4. 1874 in Richmond (VA), † 21. 11. 1945 ebenda; brach mit der Tradition des sentimentalen Südstaatenromans und beschrieb realistisch die sozialen und polit. Probleme ihrer Heimat: ›So ist das Leben‹ (1948; In this Our Life, 41); 1942 Pulitzerpreis.

**Glasgow** [glǣsgou], größte und wirtschaftlich bedeutendste Stadt Schottlands, Region Strathclyde, am Unterlauf des Clyde, 730 000 E.; Sitz eines kath. Erzbischofs und eines anglikan. Bischofs, frühgot. Kathedrale, 2 Univ. (älteste von 1450), TH, Landw.- und Musikhochschule, Museen; Seehafen (Kanalverbindung zum Firth of → Forth) und Zentrum des schott. Industriegebiets mit Eisen- und Steinkohlebergbau; bed. Schiffbau, Eisen-, Stahl-, Fahrzeug-, Maschinen-, chem., Textil-, Glas- u. a. Industrie; internat. Flughafen. Seit dem II. Weltkrieg große Umstrukturierungsschwierigkeiten (erhebl. Exportabhängigkeit); Bevölkerungsrückgang durch Abwanderung. Ab dem 17. Jh. Entwicklung zu einer bed. Handelsstadt.

**Glashafen,** alte Bez. für das Gefäß

**Glasflügler:** Die Flügel dieser Schmetterlinge sind durchscheinend, ihr Hinterleib ist gelb geringelt; durch diese Ähnlichkeit mit Wespen oder Hornissen sind sie vor Freßfeinden geschützt.

# Glasharfe

Seldon Lee Glashow

**Glaskeramik:** Schleifen eines Spiegelträgerrohlings aus Glaskeramik Zerodur®; der Schleifer steht in der Öffnung, die die spätere Lagerung aufnimmt.

zur Herst. und Verarbeitung der Glasschmelze.
**Glasharfe** → Glasharmonika.
**Glasharmonika,** Musikinstrument, bei dem eine Reihe von Glasglocken, -stäben oder -röhren zum Rotieren und mittels eines feuchten Fingers oder einer Hebelmechanik zum Klingen gebracht werden; beliebt zwischen 1760 und 1830.
**Glashauseffekt** → Treibhauseffekt.
**Glashauskulturen,** Pflanzen, die unabhängig von klimatischen Faktoren, in beheizbaren und lichtdurchlässigen Räumen gezüchtet werden.
**Glashow** [glæʃou], Seldon Lee, amerik. Physiker, *5.12.1932 New York; arbeitet vor allem auf dem Gebiet der Physik der → Elementarteilchen und entwickelte eine Theorie, die die schwache und die elektromagnet. Wechselwirkung in einer gemeinsamen Formel vereinigt. Ein Ergebnis der neuen Theorie war die Vorhersage, daß es neben den bekannten elektromagnet. Prozessen auch schwache Prozesse geben müsse, die ohne Ladungsänderung der beteiligten Partner vor sich gehen; diese Prognose konnte inzwischen auch experimentell bestätigt werden. Eine Folge dieser Entdeckung war, daß das bisher angenommene Modell von drei Quarks als Urbausteinen der Materie um ein viertes Quarkteilchen (›charmed Quark‹) erweitert werden mußte. 1979 erhielt G. zus. mit St. → Weinberg und A. → Salam, die unabhängig von ihm zu den gleichen Ergebnissen gelangt waren, den Nobelpreis für Physik.
**Glashütte,** Anlage zur Glaserzeugung mit dem in Dauerbetrieb arbeitenden *Glasofen,* in dem die Grundrohstoffe Sand, Soda und Kalkstein zu → Glas geschmolzen werden, und den Verarbeitungswerkstätten für die dickflüssige Schmelze. Gießen, Walzen, Ziehen, Formen und Blasen erfolgen heute meist maschinell.
**Glasieren** (*Glacieren*), Überziehen von Lebensmitteln mit einer salzigen oder süßen Glasur.
**Glasinac** [-nats], Hochebene bei Sarajevo mit rd. 20 000 Grabhügeln von der Bronze- bis zur Eisenzeit (15.–2. Jh. v. Chr.). Characteristische Metallfunde, bes. im Trachtzubehör, repräsentieren die Sachkultur illyrischer Bevölkerungsgruppen (→ Illyrer).
**Glasinkrustationen,** in Glas eingeschlossene Keramikreliefs, die durch Lichtbrechung in der sie umgebenden Luftschicht metallartig glänzen.
**Glasintarsia,** selten ausgeführte Einlegearbeit aus undurchsichtigen, farbigen Glasplatten, v. a. an Wandflächen, auch an Möbeln.
**Glaskapsel,** kleiner, rundlicher Glasbehälter für chem. und pharmazeut. Präparate.
**Glaskeramik,** durch eine gesteuerte Kristallisation von Glasmassen erhaltene Festkörper. Die Herst. von G. erfolgt durch Abkühlung der geschmolzenen Glasmasse nach dem Guß auf Raumtemperatur und erneute Aufheizung zur Einleitung der Kristallisation sowie erneute, sehr langsame Abkühlung. G. besitzt dieselben opt. Eigenschaften wie normales Glas, erreicht aber die Festigkeitswerte von → Keramik und weist extrem kleine therm. Ausdehnungskoeffizienten auf. Der Anteil der kristallinen Phase schwankt je nach Herstellungsbedingungen zw. 60 und 80%; Restanteil jeweils normales Glas. Verwendung findet G. zur Herst. äu-

# Glasmalerei

ßerst genau gearbeiteter opt. Spiegel für →astronomische Instrumente (Marken-Bez. *Zerodur®*), für →Glaskeramik-Kochfelder (Marken-Bez. *Ceran®*), Töpfe (Marken-Bez. *Ceradur®*) und für bes. widerstandsfähige Abdeckplatten in chem. Labors.
**Glaskeramik-Kochfeld** (*Ceran®*-Kochfeld), Kochfläche, deren einzelne Kochplatten in einer Ebene mit der Herdoberfläche liegen. Die Kochzonen funktionieren wie Automatikplatten (→Herd) und haben etwa dieselbe Aufheizzeit und denselben Energiebedarf wie diese (→Glaskeramik).
**Glaskirsche** →Kirsche.
**Glasklischee** (*Diaphanradierung*; frz. *Cliché verre*), manuell gefertigte Form des photographischen Negativs in Form einer Glasplatte mit dunkler Beschichtung (v. a. Kollodium), auf der eine Zeichnung eingraviert ist; vom G. können Abzüge auf lichtempfindl. Photopapier angefertigt werden.
**Glaskolben**, dünnwandiger, länglicher Glasbehälter mit bauchigem Unterteil zur Durchführung chem. Reaktionen.
**Glaskopf** (eigtl. *Glatzkopf*), nierigtraubiges Mineralaggregat mit glatter und glänzender Oberfläche; *Roter G.* ist →Hämatit, *Brauner G.* →Limonit, *Schwarzer G.* →Psilomelan.
**Glaskörper**, gallertiges, durchsichtiges →Bindegewebe; füllt das Innere des Augapfels (→Auge) und fängt schädl. Wärme- und Lichtstrahlen (Ultraviolettstrahlung) auf.
**Glaskraut** (*Parietaria erecta*), an Mauern wachsende Staude aus der Fam. der Brennesselgewächse, mit glasartig glänzenden Blättern.
**Glaskrebse** →Spaltfüßer.
**Glaslot**, Spezialglas mit niedrigem Schmelzpunkt zur Verbindung von Glasteilen oder Glas-Metall-Übergängen.
**Glasmacherseife** →Braunstein, →Glas.
**Glasmalerei**, Herstellung von Glasfenstern mit bildl. Darstellungen. Urspr. aus Glasplatten, die in der Masse gefärbt waren, herausgeschnitten und mit Bleiruten zusammengesetzt, die dem Bild gleichzeitig die starken Konturen gaben. Feinere Linien wurden mit sog. Schwarzlot (Mischung pulverisierter Metalloxide mit pulverisiertem Glas) angelegt. Bei flächigem Auftrag konnte man anschließend feine Linien herauskratzen. Anstatt Schwarzlot nahm man nach 1300 auch Silbergelb oder Eisenrot. In der weiteren Entwicklung wurde auf ungefärbtes Glas bes. gefärbtes Glas als dünne Schicht aufgeschmolzen (*Überfangglas*). Die flächenhafte ›musivische‹ G. wurde von der Schmelzmalerei verdrängt, die im 16. Jh. in der Schweiz entwickelt wurde und für kleinere Formate, sog. Kabinettscheiben, Verwendung fand, die sich auch aufhängen ließen. G. in Kirchen gab es schon im 9./10. Jh. Die noch erhaltenen Fenster des Augsburger Doms, in St. Denis (Chorfenster) und in Chartres (Westfenster) gehören dem 12. Jh. an. Mit der allmähl. Vergrößerung der Fenster in der Gotik gewann die G. in Frkr. (Chartres, Sainte-Chapelle in Paris) an Bedeutung, in Dtld. und England kam es erst im 14./15. Jh. zu einer Blüte (Köln, Straßburg, Marburg, Regensburg, Ulm u. a.). Im Barock wurde die G. bedeutungslos. Nach ersten, wenig erfolgreichen Wiederaufnahmeversuchen im 19. Jh. führte erst das 20. Jh. eine neue künstlerische Entwicklung herbei (J. →Thorn-Prikker), die teilweise an die urspr. Technik anschloß (M.

**Glaskopf:** Limonit (Brauneisenerz)

Der **Glaskörper** *(Pfeil)* füllt den Augapfel aus.

Das **Glaskraut** trägt unscheinbare Blüten.

# Glasmalerei

→Chagall, F. →Léger, G. →Meistermann).
**Glasmehl** →Glaspulver.
**Glasmenagerie, Die** [-ʒəriː], Drama von T. →Williams; Urauff.: 1944, Chicago; Verfilmung von Anthony Harvey (1973) mit K. →Hepburn und S. →Waterston.
**Glasmeteorit** →Tektit.
**Glasmosaik** →Mosaik.
**Glasnost** [russ. ›Öffentlichkeit‹], vom ehem. Generalsekretär der KPdSU M. →Gorbatschow im Rahmen seines innenpolit. Reformprogramms (→Perestroika) geprägter Begriff; G. bezeichnete eine weitestgehend unzensierte, kritische Berichterstattung in den Medien über die Politik der sowjet. Regierung sowie über soziale und ökonom. Mißstände in der ehem. UdSSR, die eine umfassende Information der Bevölkerung und damit die öffentl. Diskussion auch sehr kontroverser Themen ermöglichen sollte. Die Kampagne für G. zeitigte auch beträchtl. Anstrengungen offizieller Stellen in einer bemerkenswerten Neubewertung der sowjet. Geschichte (Rehabilitierung der Opfer des Stalinismus, Verurteilung der Okkupation der Tschechoslowakei 1968, Anprangerung der Korruption in Partei und

---

**Glasmalerei:**
1 ›Christuskopf‹, Fragment eines Glasfensters aus der Abtei Weißenburg/Elsaß (um 1070). Straßburg, Museé de L'Œuvre Notre-Dame
2 ›Prophet Hosea‹, Glasgemälde der südlichen Hochwand im Dom zu Augsburg (um 1130)
3 Glasfenster an der Westfassade (13. Jh.) in der Kathedrale von Le Mans/ Frankreich
4 ›Heiliger Bischof‹, Vierpaßscheibe aus dem südlichen Querschiff des Freiburger Münsters (13. Jh.). Freiburg, Augustinermuseum
5 westliches Rosenfenster der Kathedrale in Chartres/Frankreich (12. Jh.)
6 ›Einhorn und Jungfrau‹, Kabinettscheibe (1502). Zürich, Schweizerisches Landesmuseum
7 Jugendstilfenster (20. Jh.), Zwickelfüllung und Glasbild
8 Jan Thorn-Prikker: Gesellenhausfenster (1912). Krefeld, Kaiser Wilhelm Museum
9 Jean René Bazaine: Glasfenster in Betonstegtechnik in der Taufkapelle der Pfarrkirche von Audincourt bei Belfort (1950)

Staat). G. wurde von der Bev. mehrheitlich unterstützt.
**Glasopal,** Syn. für →Hyalit.
**Glasow** *(Glazov),* Stadt im N der Udmurtischen Republik, 85 000 E.; Holz-, Nahrungsmittel-, (Chemie-) Maschinenindustrie.
**Glaspaste** →Glasfluß.
**Glasperlenspiel, Das,** Roman von H. →Hesse (1943).
**Glasposten,** eine mit der Glasmacherpfeife aufgenommene kleine Menge der Glasschmelze, die zum gewünschten Gegenstand geformt wird.
**Glaspulver** *(Glasmehl),* feinkörniges, scharfkantiges Glas für →Sandpapier.
**Glass,** Philip, amerik. Komponist, *31.1.1937 Baltimore (MD); einer der stilprägenden Komponisten der →Minimal Music, die er mit starken Einflüssen aus der zentralasiat. und ind. Musik verbindet; 1968 gründete er das ›Philip Glass Ensemble‹; Höhepunkt seines Schaffens ist seine Operntrilogie ›Einstein on the Beach‹ (76; mit Robert Wilson), ›Satyagraha‹ (80) und ›Echnaton‹ (84); am bekanntesten wurde seine Filmmusik ›Koyaanisqatsi‹ (82).
**Glassäge** →Säge.
**Glaßbrenner** (Pseud. *Brennglas*), Adolf, Schriftst., *27.3.1810 Berlin, †25.9.1876 ebenda; zeitweise wegen seiner liberalen Einstellung verfolgt; Verf. witziger Lokalsatiren und humorvoller Schilderungen des Berliner Volkslebens mit stehenden Typen: ›Berlin, wie es ist – und trinkt‹ (1832–50), ›Politisierende Eckensteher‹ (33), ›Berliner Volksleben‹ (47–50), ›Komischer Volkskalender‹ (46–65).
**Glasschlange** →Blindschleiche.
**Glasschliff** →Glas.
**Glasschmalz,** Pflanze: →Queller.
**Glasschnecken** *(Vitrinidae),* Fam. der (Land-) →Lungenschnecken; mit kleinem, glasartig durchsichtigem Gehäuse; sind selbst im Winter unter der Schneedecke aktiv.
**Glasschneider,** Gerät mit Diamantspitze oder Hartmetallrädchen zum Anritzen von Glas, das dann entlang dem Riß gebrochen werden kann.

Adolf Glaßbrenner (zeitgenössische Lithographie)

# Glasschwämme

**Glatthafer**

**Glattnasen:** Kopf des Kleinmausohrs *(Myotis oxygnathus)*

Alexander Konstantinowitsch Glasunow

**Glasschwämme** →Schwämme.
**Glasseide** →Fiberglas.
**Glasspinnfäden,** sehr feine Glasfasern, die als Zwischenprodukt in Form eines *Spinnkuchens (Cake)* bei der Herst. von Glasfäden anfallen.
**Glasstab,** aus Glas gefertigtes chem. Laborgerät für die unterschiedlichsten Einsätze.
**Glasstahlbeton,** ein dekorativ wirkendes Baumaterial aus dicken Glaskörpern, die durch ein Netz dünner Stahlbetonstege verbunden werden, meist als Fertigbauteile verlegt; auch runde Glaskörper, die zw. die →Bewehrung auf der Schalung versetzt und mit einbetoniert werden.
**Glasstapelfaser,** aus einer Glasschmelze gewonnene Textilfaser mit festgelegter Länge (bis 60 mm) und gleichbleibendem Durchmesser; Verwendung für Isoliermaterialien.
**Glastinte** →Tinte.
**Glastonbury** [glæstənbərı], Stadt in der Gft. Somerset, Südwestengland, mit 6800 E. In der Nähe Reste von Seeufersiedlungen der späten →Latène-Zeit (2. Jh. v. Chr.); gefunden wurden gut erhaltene Holzbauten, -geräte und -werkzeuge, Wagen mit Speichenrädern, Einbäume und gedrechselte Holzschüsseln; Weberei, Metallhandwerk und Töpferei belegbar. Im 7. Jh. Benediktinerabtei, 1539 säkularisiert.
**Glasunọw** *(Glazunov),* Alexander Konstantinowitsch, russ. Komponist, *29.7. (10.8.) 1865 St. Petersburg, †21.3.1936 Paris; Schüler von →Rimski-Korsakow, lebte ab 1928 in Paris; u. a. 9 Symphonien, Solokonzerte, 7 Streichquartette, Klaviermusik, Lieder.
**Glasụr,** 1. glasartiger Überzug auf einer Keramik oder Emaillegrundmasse mit niedrigem Schmelzpunkt; sie soll die rauhe und oft porige Oberfläche glätten, dichten und ihr Glanz geben (→Schmelzfarben); 2. Farbstoffpigmente in →Lacken.
**Glasversicherung,** Versicherungsschutz gegen Bruchschäden von fertig eingesetztem Flachglas (Fenster, Türen usw.) und Leuchtröhren.

**Glaswatte** →Glasfaser.
**Glaswels** →Welse.
**Glaswolle** →Mineralwolle.
**Glaswollefilter** *(Glasfaserfilter),* mit Glaswolle gefüllte Filter, im Forschungslabor zur Luftentkeimung verwendet.
**Glatt** *die,* 36 km langer li. Nebenfluß des Rheins im Kt. Zürich, Abfluß des →Greifensees.
**Glattbrand** →Porzellan.
**Glattechsen** →Skinke.
**Glatteis,** nahezu homogener und durchsichtiger Eisüberzug, der sich bei unterkühltem →Regen oder →Nieseln auf dem Boden bildet. Kann auftreten, wenn die Boden- oder Lufttemperaturen, oder beide, unter dem Gefrierpunkt liegen. Gefährl. Form von →Straßenglätte.
**Glätten, 1)** *allg.:* das Beseitigen von Rauhigkeiten einer Oberfläche durch Walzen, Polieren, Schleifen, bei Textilien durch Bügeln, Dämpfen oder Pressen; **2)** *Elektrotechnik:* das Beseitigen der Schwankungen eines pulsierenden Gleichstroms (→Gleichrichter) durch Kondensatoren, Drosselspulen oder elektronische Schaltungen.
**Glatthafer** *(Arrhenatherum elatius),* haferähnl. Gras, wichtige Futterpflanze.
**Glatthaie** *(Triakidae),* Fam. relativ kleiner Haie (1,5 – 2 m), die hauptsächl. im Indischen und Stillen Ozean leben.
**Glattnasen** *(Vespertilionidae),* die artenreichste Fledermausfamilie, ohne Nasenaufsätze; ist weltweit verbreitet. In Mitteleuropa u. a. Zwergfledermaus *(Pipistrellus pipistrellus),* mit knapp 4 cm die kleinste einheim. Art, Mausohr *(Myotis myotis),* größte mitteleurop. Art, Braunes →Langohr (Großohrfledermaus; *Plecotus auritus)* sowie →Abendsegler.
**Glattnatter** →Schlingnatter.
**Glattstellung,** der Ausgleich einer Verpflichtung durch ein entspr. Gegengeschäft an der Wertpapier- und der Devisenbörse, z. B. die Abdeckung einer Verpflichtung, bestimmte Wertpapiere zu einem bestimmten Kurs zu liefern, durch deren Ankauf.
**Glattstirnkaiman** →Kaimane.

# Glaubensflüchtlinge

**Glattwale** *(Balaenidae)*, Fam. der →Bartenwale, ohne Hautfurchen, plump, Kopf ein Drittel der Körperlänge; Kleintierfresser; wegen Tran sowie Fischbein der →Barten verfolgt und nahezu ausgerottet. Zu den G. zählen Grönlandwal (Nordwal; *Balaena mysticetis*), 20 m lang, davon 2/3 Kopflänge, Maul 5–6 m breit; Nordkaper (Biskayawal; *Eubalaena glacialis*) und Südkaper *(Eubalaena australis)*, bis 17 m lang, dickleibig.
**Glatz**, poln. Stadt →Kłodzko.
**Glatze** →Haarausfall.
**Glatzer Bergland**, 300 bis 400 m hohes Hügelland im Innern eines von Eulengebirge, Heuscheuergebirge, Habelschwerdter Gebirge, Glatzer Schneegebirge (bis 1423 m) und Reichensteiner Gebirge umrahmten Kessels in den mittl. Sudeten. Hauptort ist Kłodzko an der Glatzer Neiße, die das Bergland durchfließt. An den Verwerfungslinien zw. Kreide-, paläozoischen und kristallinen Gesteinen treten zahlr. Mineralquellen hervor (Kudowa Zdrój, Duszniki Zdrój, Lądek Zdrój). Außerdem finden sich eine Reihe von Bodenschätzen, insbes. Nickel und Steinkohle, in Spuren auch Gold; neuerdings wird nach Uran geforscht.
**Glatzer Neiße** (polnisch *Nysa Kłodzka*), li. Nebenfluß der Oder: →Neiße.
**Glatzer Schneeberg**, Syn. für Großer →Schneeberg.
**Glatzflechte** *(Kälbergrind; Trichophytie)*, Hautkrankheit an Kopf und Hals versch. Haustiere, insbes. der Rinder, bei Saugkälbern in der Umgebung des Mauls *(Teigmaul, Maulgrind)*; verursacht durch Pilz; menschl. Ansteckung möglich.
**Glaube**, ein bejahendes Verhältnis des Menschen zum Göttlichen im Sinne eines Grundvertrauens. Der Inhalt des G. wird bestimmt durch sein jeweiliges Ob- bzw. Subjekt.
**Glaube Liebe Hoffnung**, Theaterstück von Ö. von →Horváth; Urauff.: 1936, Wien.
**Glaubensartikel**, seit dem MA Bez. für die Summe von Offenbarungswahrheiten, die jeder Christ glauben muß. Urspr. sah man sie gegeben in den 12 bzw. 14 Artikeln des Apostol. Glaubensbekenntnisses. In den wissenschaftstheoret. Diskussionen der Scholastik wurden die Glaubensartikel als erste Prinzipien einer wissenschaftl. Theol. angesehen.
**Glaubensbekenntnis** *(Glaubenssymbol)*, die in knappen Formeln zusammengefaßte christl. Lehre (→Credo). Die drei altkirchl. G. sind das Apostol. G. (→apostolisch), →Nikän. G. und →Athanasian. G. (→Bekenntnisschriften).
**Glaubensdelikte**, im kath. Kirchenrecht Bez. für Glaubensabfall und →Häresie; die G. bewirken Exkommunikation (→Kirchenbann).
**Glaubensflüchtlinge**, wegen ihrer relig. Überzeugung oder gewisser

**Glaubensflüchtlinge** (Salzburger Emigranten): ›Hans Gruber, ein Ackersmann, 39 Jahre... gebürtig... 30 Meilen hinter Salzburg, hat nebst seinem Weib und 7 Kindern um der Evangelischen Lehre willen... 1732 seine Emigration angetreten.‹ (zeitgenössischer Kupferstich von E. Bach)

# Glaubensfreiheit

Kultgebräuche durch Unduldsamkeit oder Verfolgung zur Emigration gedrängte Anhänger einer Religionsgemeinschaft, z. B. →Bogomilen, →Hugenotten, →Mennoniten, →Mormonen, →Mzabiten, →Nestorianer, →Sephardim und andere Teile des jüdischen Volkes, Ulsterschotten, →Waldenser. Die Vertreibung von G. hat erhebl. Bevölkerungsverschiebungen ausgelöst sowie die Entvölkerung ganzer Provinzen, aber auch die Aufsiedlung noch unwirtlicher oder kriegszerstörter Gebiete zur Folge gehabt (Westpreußen, →Utah, →Mzab).
**Glaubensfreiheit,** rechtl. gesicherte Freiheit der Wahl des relig. Bekenntnisses (Ggs. *Glaubenszwang*); ein Menschenrecht (Art. 18 der allg. Erklärung der Menschenrechte der UN vom 10.12.1948). BR Dtld.: Art. 4 Abs. 1 GG; in *Österr.:* Art. 14 Staatsgrundgesetz; in der *Schweiz:* Art. 49 BV.
**Glauber** [xl<u>ou</u>bər], Jan (gen. *Polydor*), niederl. Maler, * 1646 Utrecht, †um 1726 Schoonhoven; Landschaften in klassizist. Stil.
**Glaubersalz,** Bez. für Natriumsulfat, $Na_2SO_4$, von dem Alchemisten *Johann Rudolf Glauber* (1604 bis 1670) als Abführmittel in die Heilkunde eingeführt; natürl. Vorkommen u. a. in Karlsbad, Marienbad, Bad Mergentheim.
**Glaubhaftmachung,** ein minderer Grad der Beweisführung. Die G. verlangt lediglich die Darlegung der überwiegenden Wahrscheinlichkeit.
**Gläubiger,** derjenige, der auf Grund eines Schuldverhältnisses berechtigt ist, vom Schuldner eine Leistung zu fordern (§ 241 BGB).
**Gläubigerbegünstigung,** von einem Schuldner nach Zahlungseinstellung oder Konkurseröffnung einem Gläubiger gewährte Sicherung oder Befriedigung in der Absicht, ihn vor den übrigen Gläubigern zu begünstigen; mit Freiheitsstrafe bis zu zwei Jahren bedroht (§ 283c StGB; →Schuldnerbegünstigung). Ähnl. in *Österr.* (§ 158 StGB); *Schweiz* (Art. 167 StGB).
**Gläubigerversammlung,** die Versammlung der Konkursgläubiger; Berufung und Leitung der G. durch das Gericht. Aufgaben: Wahl des Konkurs-(Masse-)Verwalters und Entgegennahme seiner Berichte, Bestellung eines Gläubigerausschusses, Beschlußfassung.
**Gläubigerverzug** *(Annahmeverzug),* liegt vor, wenn der Gläubiger die ihm angebotene geschuldete Leistung nicht annimmt. Der G. hat Haftungsbeschränkung für den Schuldner zur Folge; für die Zukunft haftet er nur noch für Vorsatz und grobe Fahrlässigkeit, ferner hört bei verzinsl. Schulden der Zinslauf auf. Bewegliche Sachen können auf Kosten des Gläubigers hinterlegt werden (→Hinterlegung). – Ähnliche Regelung in *Österreich* (§ 1419 ABGB) und der *Schweiz* (Art. 91 ff. OR).
**Glaubwürdigkeit,** die Wahrscheinlichkeit, daß jmd. einen Sachverhalt objektiv und verläßl. darstellt, bes. auch Ereignisse, deren Zeuge er war. Voraussetzungen für G. sind Fähigkeit zu realitäts- und sinngetreuer Auffassung, unbeeinflußte Erinnerung, ein entspr. Ausdrucksvermögen sowie die Absicht, die Wahrheit zu sagen. – Im Zusammenhang mit Ermittlungen zu Sexualstraftaten wird die G. bes. jugendl. Zeugen durch psychol. Untersuchungen festgestellt (→gerichtliche Psychologie).
**Glauchau,** sächs. Krst. nördl. Zwickau (Lkr. Chemnitzer Land), an der Zwickauer Mulde, 26 000 E.; zwei Schlösser; Baugewerbe, Metallverarbeitung, Textilindustrie.
**Glaucidium** →Sperlingskauz.
**Glaucium** →Hornmohn.
**Glaukom,** Augenmedizin: →Star.
**Glaukonit** [griech.] *der,* grünes, rundl. kleine Körner bildendes Mineral, chem. wasserhaltiges Eisenaluminiumsilicat; gehört zur Familie der →Glimmer.
**Glaukophan** [griech.] *der,* graublaues bis blauschwarzes Mineral aus der Gruppe der →Amphibole.
**Glaukos,** *griech. Sagengestalten:* 1. Meergott, halb Fisch, halb Mensch; Vater des →Bellerophon; 2. Anführer der Lykier vor →Troja, von Ajax getötet; Enkel des →Bellerophon.

*Ä ist wie A ins Abc eingeordnet.*

**Glaukos** *von Chios,* griech. Kunstschmied, 2. Hälfte des 6. Jh. v. Chr., soll Löten oder Schweißen von Eisen erfunden haben.

**Glaux** → Milchkraut.

**Glaux** [griech. ›Eule‹], volkstüml. Bez. für die att. Silbermünzen, bes. der Tetradrachmen, mit dem Bild der G., dem heiligen Tier der Göttin Athene, auf der Rückseite. – Im Zusammenhang mit dem im alten Athen (nicht zuletzt als Münzbild) häufig vorkommenden Vogel steht die Redensart ›Eulen nach Athen tragen‹: etwas Überflüssiges tun.

**glazial** [lat.], eiszeitlich, mit dem Eis in Zusammenhang stehend, vom Eis (→ Inlandeis, → Gletscher) hervorgerufen; auch als Hauptwort für → Eiszeit, z. B. Hoch-G. (Höhepunkt einer Eiszeit), Spät-G. (ausklingende Eiszeit). *G.-Formen* sind z. B. → Kar, → Trogtal, → Gletscherschliff, → Moräne.

**Glazialerosion,** *Geologie:* die abtragende Tätigkeit eines Gletschers.

**Glazialfauna,** die Tierwelt der Eiszeit.

**Glazialflora,** die Pflanzenwelt der Eiszeit.

**Glaziallandschaft,** durch die Eiszeit geformte Landschaft.

**Glazialrelikt,** Überrest der Eiszeit; durch Temperatursenkung während der Eiszeit aus kalten Zonen in gemäßigte Gebiete eingewanderte Lebewesen; finden sich heute vorwiegend an Standorten mit rauhem Klima (z. B. → Silberwurz in Gebirgen) und auf nährstoffarmen Böden (z. B. Zwergbirke in Torfmooren). I. w. S. Zeugen der Vereisung wie → Findlinge, → Gletscherschliff.

**Glazialsee,** durch → glaziale Einwirkung (→ Gletscher, → Moräne) entstandener → See.

**Glazialzeit** [lat.] → Eiszeit.

**glazifluvial** → fluvioglazial.

**Glaziologie** → Gletscherkunde.

**Glechoma** → Gundermann.

**Gleditschie** [-tʃiə] *(Christusdorn; Gleditschia),* Gattung robinienähnl. → Hülsenfrüchtler Nordamerikas und Ostasiens; bis 40 m hohe Bäume mit z. T. langen, verzweigten Dornen an Stamm und Ästen; Parkbaum die *Dreidornige G.*

**Glee** [engl., gli:] *das,* engl. Gesellschaftslied → a cappella und für mehrere Solostimmen (meist Männer), vom 17.–19. Jh. gepflegt.

**Gleiboden** → Gley.

**Gleich**/gleich, zur Schreibung siehe ›Praxistip Sprache‹.

## Praxistip Sprache

### Gleich/gleich

Groß geschrieben wird **Gleich** in substantivischer Verwendung: *Gestern geschah das Gleiche. Er ist Gleicher unter Gleichen.*

Dagegen wird **gleich** klein geschrieben, wenn ›dasselbe‹ mitgedacht wird, bzw. es sich um lexikalisierte (feste) Wendungen handelt: *Er ist der gleiche* (= derselbe) *geblieben. Wenn zwei das gleiche tun, ist es noch lange nicht das gleiche* (= dasselbe). *Es läuft aufs gleiche hinaus; gleich und gleich gesellt sich gern.*

### Getrennt- und Zusammenschreibung

Vom nachfolgenden Adjektiv wird *gleich* getrennt geschrieben, wenn seine ursprüngliche Bedeutung (= ebenso) erhalten ist: *Sie ist gleich alt wie ihre Freundin. Der Ort ist gleich weit entfernt.* Ebenso bei Verben: *gleich sein, gleich werden.*
Zusammengeschrieben wird eine Wortfügung mit *gleich,* wenn
1. das Wort und das nachfolgende Adjektiv zusammen eine neue Bedeutung schaffen: *gleichviel* (= einerlei). Auch: *gleichartig, gleichgeschlechtlich (-geschlechtig), gleichgültig, gleichseitig, gleichwertig, gleichzeitig* usw. (Akzent auf *gleich*);
2. das Wort mit einem Partizip ein duratives Adjektiv (Dauer) bildet: *gleichberechtigt, gleichgelagert, gleichgestellt, gleichlautend* usw. (Akzent auf *gleich*);
3. das Wort mit einem nachfolgenden Verb eine neue Bedeutung schafft: *gleichkommen* (= gleichen), *gleichmachen* (= angleichen, auch: zerstören), *gleichstellen, gleichziehen* usw. (Akzent auf *gleich*).
Aber: *Er wird gleich kommen* (= sofort, in wenigen Minuten – Akzent auf dem Verb).

3683

# Gleichbehandlungsgrundsatz

**Gleichflügler:** Schilfzikaden

**Gleichflügler:** Blattlaus, die ein Junges zur Welt bringt

**Gleichbehandlungsgrundsatz,** der aus der Gleichheit vor dem Gesetz (Art. 3 I GG) folgende Anspruch gleicher rechtl. Behandlung in gleicher rechtl. Lage. **Gleichberechtigung von Mann und Frau,** in der BR Dtld. in Art. 3 II GG verankerte spezielle Gleichbestimmung, die seit 1.4. 1953 geltendes Recht ist. Bestimmungen, die der G. widersprechen, sind mit diesem Zeitpunkt außer Kraft getreten. Zulässig sind Regelungen, die den biolog. Besonderheiten Rechnung tragen, z.B. im Arbeitsschutz, Strafrecht (Homosexualität). Ungleichbehandlung im Rahmen eines Arbeitsverhältnisses (insbes. Entgelt) ist bei gleicher Beschäftigungslage nicht zulässig *(Diskriminierungsverbot)*. Durch das Gleichberechtigungsgesetz (in Kraft getreten am 1.7.58) erfolgte u.a. Neuregelung des →ehelichen Güterrechts und des elterlichen Sorgerechts. – In *Österr.* ist G. in Art. 7 BVG verankert; das Gleichbehandlungsgesetz vom 23.2.1979 verbietet jede Diskriminierung bei der Entgeltfestsetzung auf Grund des Geschlechtes, wenn sie ohne sachliche Rechtfertigung vorgenommen wird. In der *Schweiz* wurde die G. in polit. Hinsicht in den Jahren 1969 bis 72 weitgehend verwirklicht. Seit 1.1. 1988 gilt ein neues ehel. Güterrecht. Ein grundsätzl. Gleichstellungsgesetz fehlt. Verfassungsbasis ist Art. 4, Abs.2. – In Europa war die Frau bis zum 19.Jh. rechtl. nicht gleichberechtigt (→Frauenbewegung); für die meisten außereurop. Hochkulturen gilt dies bis heute. Nur in einer Reihe von Pflanzerkulturen naturvölk. Charakters ist die Frau, vor allem als Besitzerin des Bodens, rechtlich die Stärkere (→Mutterrecht).

**Gleichdruckturbine** →Turbine.
**Gleichenberg, Bad,** Kurort im Bz. Feldbach, Steiermark, am Fuße der vulkan. *Gleichenberger Kogeln*, 2000 E.; Heilbad mit alkalischen Säuerlingen.
**Gleichen, Drei** →Drei Gleichen.
**Gleichen-Rußwurm,** Carl Alexander Frhr. von, Schriftsteller, Urenkel Schillers, *6.11.1865 auf Schloß Greifenstein (Unterfranken), †25.10.1947 Baden-Baden; verfaßte u.a. eine Schiller-Biographie (1914) und ›Kultur- und Sittengeschichte aller Zeiten und Völker‹ (29–31).
**Gleichen-Rußwurm,** Ludwig Frhr. von, Maler, *25.10.1836 Schloß Greifenstein (Unterfranken), †9.7. 1901 Weimar; Landschaften in impressionist. Stil sowie Radierungen und Lithographien.
**gleicherbig,** Bez. für →diploide oder →polyploide Lebewesen, die aus genet. gleichen Eltern hervorgehen (→homozygot).
**Gleichfälligkeit,** zeitlich nach Größe und Gewicht gestuftes Ausfällen in Wasser aufgeschlämmter Mineralteilchen; genutzt zum Sortieren nach *G.-Klassen.*
**Gleichfeld,** elektr. oder magnet. Feld, dessen Stärke nach Richtung

# Gleichgewichtszentrifugation

und Betrag konstant bleibt; Ggs. →Wechselfeld.

**Gleichflügler** *(Homoptera),* Ordnung der →Insekten; ihre beiden Flügelpaare sind weitgehend gleich gebaut und weichhäutig; →Parthenogenese und →Generationswechsel kommen häufig vor. Meist Pflanzensauger: →Blattflöhe und →Blattläuse, →Schildläuse und →Zikaden.

**Gleichgewicht,** Zustand, in dem sich entgegengesetzte Tendenzen (z. B. Kräfte) aufheben:
**1)** *Physik:* 1. in der Mechanik das *stabile,* das *indifferente* und das *labile* G., je nachdem, ob bei einer beliebig kleinen auslenkenden Kraft der Körper in seine alte Lage zurückkehrt, in der neuen bleibt oder sich weiter davon entfernt (→Statik). 2. *Thermodynamisches G.* liegt bei einem abgeschlossenen System dann vor, wenn die →Entropie ihr Maximum erreicht hat. 3. Ein →chemisches G. oder *radioaktives G.* liegt vor, wenn von einem Stoff je Zeiteinheit ebensoviel neu gebildet wird wie zerfällt *(dynamisches Gleichgewicht).*
**2)** *Wirtschaft:* in den Wirtschaftswissenschaften üblicher, der Mechanik entlehnter Begriff zur Kennzeichnung der Übereinstimmung der auf unterschiedl. Funktionen gerichteten Verhaltensweisen von Wirtschaftssubjekten, z. B. Gleichheit des von Unternehmen geplanten Investitionsvolumens mit dem beabsichtigten Konsumgüterverzicht (Ersparnis) privater Haushalte. Bei Übereinstimmung von Angebot und Nachfrage auf einem Markt herrscht *Markt-G.*; der sich dabei einstellende Preis wird G.-preis, auch →Marktausgleichspreis, die zu diesem Preis umgesetzte Menge G.-Menge oder auch Marktausgleichsmenge genannt; →Globalsteuerung.
**3)** *Biologie:* →biologisches Gleichgewicht.

**Gleichgewichtsbedingungen,** die an mechan. Systeme gestellten Forderungen, wenn sie im stat. Gleichgewicht verharren sollen.

**Gleichgewichtskonstante,** bei chem. Reaktionen die Größe, die Schnelligkeit und Verlauf einer Reaktion bestimmt (→chemisches Gleichgewicht, →Massenwirkungsgesetz).

**Gleichgewichtslinie,** Grenze zw. Bereichen mit positiver und negativer →Massenbilanz auf einem Gletscher; die G. verbindet Punkte, bei denen der Massenzuwachs an Schnee und Eis dem -verlust entspricht.

**Gleichgewichtspreis** →Marktausgleichspreis.

**Gleichgewichtssinn** *(Schweresinn, Lagesinn, statischer Sinn),* die Fähigkeit, mit Hilfe von besonderen Sinnesorganen die Schwerkraft wahrzunehmen und zur Orientierung im Raum zu benutzen. Bei den meisten Tieren sind die G.-Organe mit Flüssigkeit gefüllte Bläschen *(Statozysten,* fälschl. auch ›Hörbläschen‹ gen.), die Polster aus Sinneszellen mit haarförmigen Fortsätzen enthalten, auf die ein kleiner, schwerer Körper *(Statolith, Otolith,* fälschl. auch ›Hörsteinchen‹ gen.) je nach Raumlage des Tieres versch. starken Scherungsreiz ausübt. Anzahl und Lage der Statozysten im Körper versch.: Nur eine besitzen die Rippenquallen (am aboralen, d. h. dem Mund gegenüberliegenden Körperpol), zwei der Flußkrebs (am Grunde der beiden ersten →Antennen), eine größere Zahl die Hydro- und Skypho-Medusen (am Schirmrand). Beim Menschen liegen diese Organe im häutigen Labyrinth des inneren →Ohres. Die drei Bogengänge, die den drei Bewegungsrichtungen des Raumes entspr. angeordnet sind, registrieren jeweilige Richtungsänderungen; für die Orientierung im Raum ist zusätzl. die Wahrnehmung mit dem Auge notwendig.

**Gleichgewichtstheorie,** in den →Wirtschaftswissenschaften auf verschiedenen Ebenen weit verbreiteter Theorietyp, der dem →Paradigma des Gleichgewichtsdenkens unterliegt.

**Gleichgewichtszentrifugation,** *Chemie:* Trennung eines Partikelgemisches entsprechend seiner Dichte durch →Dichtegradientenzentrifugation.

**Gleichgewichtssinn** (Säuger) im Innenohr: *oben* das häutige Labyrinth mit den in drei Bewegungsrichtungen angeordneten Bogengängen (**1, 2, 3**); *unten* schließt sich das schneckenförmige Hörorgan (**4**) an.

**Gleichgewicht 2):** Bild →Marktausgleichspreis

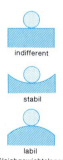

Gleichgewichtslagen

# Gleichgröße

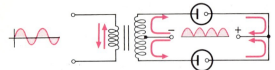

**Gleichrichter:** *oben* Aufbau eines Einweggleichrichters; rechts oben gleichgerichtete Spannung ohne, darunter gleichgerichtete Spannung mit Kondensator C. Der in den Stromkreis geschaltete Kondensator bewirkt eine Glättung der anliegenden Spannung U; R = Widerstand zur Begrenzung der Stromstärke.

*Unten* Aufbau eines Zweiweggleichrichters; die beiden Dioden lassen wechselseitig je eine Halbwelle des Wechselstroms durch, es entsteht dadurch für den angeschlossenen Verbraucher ein pulsierender Gleichstrom. Durch Zwischenschaltung eines Kondensators läßt sich auch hier eine Glättung der Gleichspannung erreichen. Die Mittelanzapfung des Transformators wirkt als Minuspol, die Kathode als Pluspol.

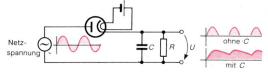

**Gleichgröße,** bei H. →Glinz deklinierbares Satzglied im Nominativ (Prädikativum), das nicht Subjekt ist. Beispiel: Er ist *Lehrer.* Auch Gleichsetzungsnominativ oder – bei Verben mit dem Akkusativ – Gleichsetzungsakkusativ genannt. Beispiel: Ich nenne ihn *einen Hochstapler.*

**Gleichgültigen, Die** *(Gli indifferenti),* Roman von A. →Moravia (1929).

**Gleichheit,** *Verfassungsrecht:* der aus dem Naturrecht abgeleitete Grundsatz der modernen Demokratien, zuerst niedergelegt in der *Bill of Rights* von Virginia von 1776, wonach alle Menschen von Natur gleichermaßen frei und unabhängig sind und unveräußerl. angeborene Rechte besitzen. Ähnl. in der Erklärung der Menschen- und Bürgerrechte von 1789 und der ›Allg. Erklärung der Menschenrechte‹ durch die UN von 1948. In der BR Dtld. ist der G.-Grundsatz in Art. 3 GG verankert: ›Alle Menschen sind vor dem Gesetz gleich‹ (ähnl. in *Österr.* Art. 7 BVG; in der *Schweiz* Art. 4 BV); er richtet sich nicht nur an Verwaltung und Rechtsprechung, sondern nach herrschender Meinung auch an den Gesetzgeber (Gleichberechtigung).

**Gleichheitsrelation,** bei Relationen eine Beziehung, die die gleiche Größe zweier Variablen ausdrückt: $a = b$; daraus folgt $b = a$.

**Gleichheitszeichen,** Zeichen =, math. Symbol, das die Gleichheit zweier Größen ausdrückt.

**Gleichlauf,** bei Fernsehbildröhren durch das Synchronsignal bedingte Übereinstimmung der Zeilenablenkung des Elektronenstrahls mit der Zeilenabtastung der Bildaufnahmeröhre.

**Gleichlaufschaltung,** elektrische Schaltung, die mechan. nicht gekoppelte umlaufende Maschinenteile zum synchronen Umlauf zwingt; für Filmprojektoren, Papiermaschinen.

**gleichmächtig,** *Math.:* Bez. für zwei →Mengen, wenn sich zw. ihren Elementen eine umkehrbar eindeutige Zuordnung herstellen läßt. Endliche Mengen sind g., wenn sie die gleiche Anzahl von Elementen haben. Der Begriff ist jedoch auch auf unendliche Mengen anwendbar.

**gleichnamig,** in der *Math.:* Bez. für →Brüche mit gleichem Nenner, z. B. sind $4/27$ und $16/27$ gleichnamig.

**Gleichnis,** poet. erweiterte Form des bloßen Vergleichs, in der Vorgänge oder Zustände durch solche aus anderen (meist sinnlich-anschaul.) Bereichen verdeutlicht werden; Beispiel: *Die Nachricht schlug ein wie ein Blitz aus heiterem Himmel.* Früheste Verwendung in der griech. Epik (Homer); die bibli-

**Gleichrichter** *(Prinzip der Gleichrichtung):* Die Elektronen der Kathode einer Elektronenröhre oder des Emitters einer Kristalldiode werden je nach Polarität der ankommenden Wechselstromphase festgehalten oder abgestoßen und von der Anode bzw. dem Kollektor abgezogen; es entsteht ein pulsierender Gleichstrom.

# Gleichstrom

schen Gleichnisse sind eigentlich →Parabeln.
**Gleichrichter,** i.e. S. ein Bauelement, das →Wechselstrom in →Gleichstrom umformt, in der Elektrotechnik aber auch meist zusammenfassende Bez. für *G.-Geräte* (die ein oder mehrere G. und entsprechende *G.-Schaltungen* enthalten). Ein G. kann als elektr. Ventil angesehen werden, da sein Widerstand für eine Stromrichtung bis 10millionenmal kleiner ist als für die andere Richtung. Je nach Aufbau lassen sich unterscheiden: 1. *mechan.* G., bei dem ein Schalter im Takt mit dem Wechselstrom betätigt wird; 2. *elektr.* G., im einfachsten Fall eine →Diode; weitere Bauarten des elektr. G. sind: *Glühkathoden-G.*, dessen glühende Kathode Elektronen emittiert, ein Stromübergang findet nur bei positiver Gegenelektrode statt; *Quecksilberdampf-G.* mit Quecksilberkathode, der Stromtransport erfolgt über eine Gasentladung im Quecksilberdampf; *Trocken-G.*, bei dem sich an der Grenzfläche zw. verschiedenen festen Körpern eine Potentialdifferenz ausbildet (bes. bei →Halbleitern), die in eine Richtung als Sperrschicht wirkt (→Thyratron, →Thyristor). Diese Trocken-G. bestehen meist aus →Silicium, aus →Germanium, Kupfer(I)-oxid oder →Selen.
Die einfachste G.-Schaltung nutzt beim *Einweg-G.* nur eine Halbwelle des Wechselstroms aus, die *Brükken-* oder *Graetz-Schaltung* dagegen beide. Die Qualität des entstehenden, mehr oder weniger pulsierenden Gleichstromes kann durch →Glätten, d.h. durch zusätzl. in die Schaltung eingebaute Kondensatoren und Drosseln weiter verbessert werden. Anwendung finden G. in Batterieladestationen, in Elektrolyse- und Elektrophoreseanlagen sowie bei Straßenbahnen.
**Gleichschaltung,** die erzwungene Vereinheitlichung des polit., wirtschaftl. und kulturellen Lebens in Diktaturen, z.B. im nat.-soz. Dtld. G. der Länder mit dem Reich (Gesetze vom 31.3.1933, 7.4.33 und 30.1.34).

**gleichschenkelig,** Bezeichnung für →Dreiecke mit zwei gleich langen Seiten.
**gleichseitig,** Bezeichnung für →Dreiecke mit drei gleich langen Seiten; sie haben auch gleichgroße Innenwinkel von je 60°.
**gleichsinnig,** gesagt von Abbildungen, die den Drehsinn des Bildes gegenüber dem Original nicht umkehren; g. sind z.B. Verschiebungen, *ungleichsinnig* sind dagegen Spiegelungen.
**Gleichspannung,** elektr. Spannung konstanter →Polarität. Ihr Betrag bleibt gleich oder schwankt beim pulsierenden →Gleichstrom nur geringfügig. G. wird vor allem zur →Elektrolyse, →Elektrophorese und beim →Galvanisieren verwendet.
**Gleichspannungswandler,** Elektrotechnik: ein →Wechselrichter.

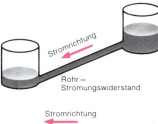

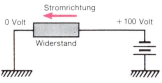

**Gleichstrom,** elektrischer Strom, dessen Richtung im Ggs. zum →Wechselstrom sich nicht verändert; wird in einem linearen Stromkreis nach dem →Ohmschen Gesetz durch eine Gleichspannung hervorgerufen, die z.B. in galvanischen Elementen und →Batterien entsteht. G.-Generatoren erzeugen einen pulsierenden G., dessen Stärke leicht schwankt. Die Energie des G. kann in →Akkumulatoren gespeichert und durch G.-Transformatoren umgeformt werden (z.B. →Wechselrichter mit anschließendem →Transformator und →Gleichrichter). Im Rahmen der

**Gleichstrom:** eine Wasserströmung als Modell für den elektrischen Gleichstrom. Das Wasser hat im höher gelegenen Behälter eine potentielle Energie (vergleichbar mit dem höheren Potential einer Spannungsquelle), es strömt in den tiefer gelegenen Behälter, wobei die Menge des fließenden Wassers vom Querschnitt des Verbindungsrohres abhängig ist (vergleichbar mit Stromstärke und Widerstand im Stromkreis).

# Gleichstromdestillation

→Hochspannungs-Gleichstrom-Übertragung kann G. über weite Strecken (bis über 1000 km) transportiert werden. G. mit niedriger Spannung wird vor allem in der Elektrochemie eingesetzt.
**Gleichstromdestillation,** Destillationsverfahren, bei dem ein zu trennendes Gemisch nur durch Erhitzen und damit bedingtes dampfförmiges Entweichen eines Bestandteils getrennt wird (→Destillation).
**Gleichstromgenerator,** Elektrotechnik: →Generator.
**Gleichstromtelegraphie,** früher übl. Übertragungsverfahren der Telegraphie, bei dem Gleichstrom für die Übermittlung der Signale verwendet wurde; heute weitgehend von der →Wechselstromtelegraphie verdrängt.
**Gleichstromverstärker,** Elektrotechnik: →Verstärker.
**Gleichung,** math. Ausdruck für die Gleichheit von Größen, dargestellt durch Gleichheitszeichen (=). *Identische G.* kennzeichnen die Gleichwertigkeit zweier math. Ausdrücke, die nur durch Umformungen auseinander hervorgehen, z. B. $(a + b)^2 = a^2 + 2ab + b^2$. Die *Bestimmungs-G.* enthalten eine oder mehrere Unbekannte, meist mit $x, y, z$ bezeichnet, z. B. $2x + 5 = 9$; die Lösung $x = 2$ heißt auch die *Wurzel* der G. Man unterscheidet *algebraische G.* (→Algebra) ersten, zweiten, dritten, ...$n$-ten Grades (auch lineare, quadratische, kubische G. genannt), je nach der höchsten Potenz der Unbekannten; z. B.
$$a \cdot x^3 + b \cdot x^2 + c \cdot x + d = 0$$
(Normalform der G. dritten Grades). Die G. $n$-ten Grades haben $n$ Lösungen. *Transzendente G.* sind: Exponential-G. ($x$ als →Exponent), logarithmische G. (→Logarithmus) und goniometrische G. (→Trigonometrie). Außerdem gibt es *Differential-G., Integral-G., Vektor-G., Matrizen-G., Operatoren-G.* usw., je nachdem, welche math. Ausdrücke die Zusammenhänge enthalten.
**Gleichungssystem,** System von →Gleichungen mit mehreren Unbekannten (Anzahl $n$). Besteht das Ziel in der Bestimmung der Unbekannten, so sind dafür bei $n$ Unbekannten mindestens $n$ voneinander unabhängige Gleichungen nötig, sie bilden das G. Von besonderem Interesse sind G. von linearen Gleichungen (→lineare Algebra).
**Gleichverteilung,** Spezialfall einer math. Verteilung, z. B. sind die Wahrscheinlichkeiten für die sechs Merkmalsausprägungen eines Würfels gleichverteilt.
**Gleichverteilungssatz,** von L. →Boltzmann entdeckte Grundlage der →Thermodynamik: Ein System mit $n$ Freiheitsgraden und der Möglichkeit, Energie zw. ihnen auszutauschen, teilt seine Gesamtenergie so auf alle Freiheitsgrade auf, daß *im Mittel* auf jeden Freiheitsgrad dieselbe Energie entfällt (→Boltzmann-Konstante).
**gleichwahrscheinlich,** in der Wahrscheinlichkeitsrechnung gesagt von Ereignissen, von denen keines in irgendeiner Weise bevorzugt eintritt.
**Gleichwarme** →Warmblüter.
**Gleichwelle** *(Gleichwellenfunk),* Sendung mehrerer Rundfunkstationen, die das gleiche Programm mit der gleichen Frequenz ausstrahlen. Der Empfang ist an bestimmten Orten durch Interferenzerscheinungen (→Interferenz) gestört.
**Gleim,** Johann Wilhelm Ludwig, Dichter, *2.4.1719 Ermsleben (bei Halberstadt), †18.2.1803 in Halberstadt; führender Lyriker des dt. Anakreontik mit ›Versuch in scherzhaften Liedern‹ (1744–58); setzte sich bes. auch für junge Talente ein; berühmt durch die volkstüml. ›Preußische Kriegslieder‹ (58); ›Fabeln‹ (56 f.), Romanzen, Balladen im Bänkelsängerton, Oden, Epigramme, Satiren.
**Gleinalpe,** Teil der →Norischen Alpen, bis 1988 m hoch, in der Steiermark (→Steirisches Randgebirge).
**Gleink,** Ort in Oberösterr., seit 1938 Stadtteil von Steyr; 1125–1784 Benediktinerkloster. Die im Grundriß roman. Stiftskirche wurde 1648 bis 1708 barockisiert.
**Gleis** *(Geleise),* Bez. für die in der Spurweite (→Spur) verlegten →Schienen von Schienenfahrzeu-

Johann Wilhelm Ludwig Gleim (Kupferstich von G. W. Weise, nach einem Gemälde von J. H. Tischbein d. Ä.)

## gleitender Mittelwert

gen (Straßenbahn, Eisenbahn usw.) einschl. ihrer Haltevorrichtungen *(Schwellen)*, →Weichen und Kreuzungen.
**Gleisbaumaschine,** Vorrichtung zum Verlegen und zum Reinigen von →Gleisen. *Gleisstopfmaschinen* treiben die Steine der Bettung mit Stopfhämmern unter die Schwellen. *Bettungsreinigungsmaschinen* haben kleine Bagger mit Eimerketten, die in Schwellenrichtung arbeiten und die verschmutzte Bettung ausheben.
**Gleisbildstellwerk,** das zentrale →Stellwerk für größere Bahnhöfe mit Schalttafel für →Weichen und Signale in Form eines graph. Schaubildes der Gleisanlagen *(Gleisbild)*, die auch die jeweiligen Stellungen anzeigt und durch entspr. Schaltung Fehlstellungen nicht zuläßt.
**Gleisbremse,** Vorrichtung an Gleisen von Verschiebebahnhöfen zum ferngesteuerten Abbremsen von Eisenbahnwagen; Stahlschienen parallel zur Laufschiene, die gegen die Räder der Wagen gepreßt wird, elektr. durch →Induktion von Wirbelströmen in den Rädern.
**Gleisdorf,** Stadtgemeinde im Bz. Weiz, Oststeiermark, 5200 E; ehem. Piaristenkloster und -kirche (1745); Maschinenbau, Aluminiumwerk.
**Gleiskettenfahrzeug** *(Kettenfahrzeug)*, sehr geländegängiges Kfz mit mehreren ungelenkten Laufrädern und einem Antriebsradpaar, über die an jeder Fahrzeugseite eine endlose Kette aus gelenkig verbundenen Stahlplatten umläuft *(Gleiskette)*. Die Laufräder rollen auf den jeweils auf dem Erdboden liegenden Kettengliedern wie auf einer Schiene, wodurch unebener Untergrund ausgeglichen und das Fahrzeuggewicht auf eine große Haftfläche verteilt wird; die Lenkung erfolgt durch Abbremsen der Gleiskette auf der Kurveninnenseite. Verwendung finden G. als Schlepper für unwegsames Gelände *(Raupenschlepper)*, als Gerätefahrzeuge, Selbstfahrlafetten (→Lafette) und →Panzer.
**Gleiswaage,** Gleisstück mit Wiegevorrichtung für Eisenbahnwagen.

**Gleitaar** *(Elanus caeruleus)*, kleiner, möwengrauer Greifvogel, fliegt wie eine Papierschwalbe; seltener Brutvogel in Portugal, Nordafrika.
**Gleitbeutler,** →Beuteltiere Australiens und Melanesiens mit Hautsäumen zw. Vorder- und Hinterbeinen, die sie zu Gleitflügen befähigen.
**Gleitbilche** *(Idiurus)*, Gattung der Dornschwanzhörnchen; die gleitflugfähigen, kleinen Tiere (Körperlänge 7–10 cm) leben in den Wäldern West- und Zentralafrikas.
**Gleitboot,** flaches →Motorboot mit Stufen am Rumpf; erhebt sich bei höherer Fahrtgeschwindigkeit durch Strömungsauftrieb aus dem Wasser, wodurch der Wasserwiderstand stark vermindert wird.
**Gleitbügel,** bügelförmiger Stromabnehmer bei elektr. Schienenfahrzeugen mit Oberleitung.
**gleitende Arbeitszeit,** Arbeitszeit, deren Anfang und Ende innerhalb bestimmter Zeitspannen von den Arbeitnehmern selbst bestimmt werden kann. Die g. A. kann die tägliche, Wochen- und Jahresarbeitszeit betreffen. Die g. A., deren Einführung gewöhnlich auf Betriebsvereinbarungen zw. Arbeitgeber und Betriebsrat beruht, ermöglicht es, einerseits den individuellen Gestaltungsspielraum der Mitarbeiter zu erweitern, anderseits auf produktionstechnische Zwänge Rücksicht zu nehmen. Außerdem entlastet die tägliche g. A. den Berufsverkehr. Bei der täglichen g. A. wird unterschieden zwischen *Gleitzeit*, innerhalb welcher Beginn (z. B. zw. 7.00 und 9.00h) und Ende (z. B. zw. 15.00 und 17.00h[)] der Arbeitszeit frei bestimmbar sind, und *Kernarbeitszeit*, die zw. den Gleitzeiten (z. B. 9.00 und 15.00h) liegt und während welcher Anwesenheitspflicht besteht.
**gleitender Lohn** →Indexlohn.
**gleitender Mittelwert,** arithmet. Mittel, das über mehrere Teilperioden einer längeren Zeitreihe berechnet und dabei jeweils um eine Periode weitergeschoben wird. Seine Berechnung erlaubt die Abschwächung von saisonalen und zufälligen Einflüssen. Es wird also

⊙ Gleisbildstellwerk:
Bild →Automation

3689

# Gleitfilamenttheorie

**Gleitfilamenttheorie:** Modell der molekularen Struktur des Sarkomers (kleinste funktionelle Untereinheit eines Muskels) im maximal gestreckten *(oben)* sowie im maximal kontrahierten Zustand *(unten)*. Ionen-Konzentrationsänderungen innerhalb des Sarkomers bewirken ein Gleiten der Myosinköpfe (rot) entlang der Aktinfilamente (schwarz-weiß), was für die ganze Einheit ein Zusammenziehen zur Folge hat.

⦿ **Gleitflugzeug:** Bild →Flug

**Gleitlager:** Benennung der Teile

z. B. der Durchschnitt aus den ersten 3 Zeiteinheiten einer Reihe, dann der Durchschnitt der 2. bis 4. Zeiteinheit usw. ermittelt.
**Gleitfilamenttheorie,** Lehrmeinung, die besagt, daß Muskelkontraktionen durch Ineinandergleiten bzw. Aneinandervorbeigleiten von längl. Eiweißstrukturen (den sog. →Filamenten) zustande kommen (→Aktin, →Myosin, →Aktomyosin). Dabei wird Energie verbraucht. Die Streckung erfolgt stets passiv durch einen Antagonisten (→Antagonismus). Möglicherweise finden nicht nur die Muskelbewegungen, sondern alle Formen tier. Bewegung nach diesem Prinzip statt, dessen molekularer Mechanismus in Details geklärt ist.
**Gleitflug,** antriebsloser →Flug eines Flugzeugs, bei dem der freie Fall in eine langsam sinkende Vorwärtsbewegung umgewandelt wird. Der Winkel zw. der Horizontalen und der G.-Bahn wird als →Gleitwinkel bezeichnet (→Flugmechanik).
**Gleitflugzeug,** einfachste Form des →Flugzeugs, ohne Eigenantrieb, das die zum Fliegen notwendige Vorwärtsgeschwindigkeit durch Höhenverlust (→Sinkgeschwindigkeit) in abwärts geneigter Flugbahn erhält. Nutzung des G. vorwiegend als →Segelflugzeug und →Lastensegler (→Flugmechanik, →Space Shuttle).
**Gleithang,** der flachere, auf der Innenseite von Flußkrümmungen (→Mäander) befindl. Hang; ihm gegenüber liegt der →Prallhang.
**Gleithörnchen,** eine Gruppe der →Hörnchen mit →Flughaut beiderseits zw. Hinterkopf, Vorder- und Hinterbeinen und Schwanzansatz; dadurch ist Gleitflug möglich. G. sind 15–60 cm lange, nächtl. lebende →Nagetiere der nördl. Erdhälfte; das Gewöhnl. G. *(Pteromys volans)* mit Unterarten in Nord- und Osteuropa, Sibirien und im nördl. Ostasien.
**Gleitjolle,** eine →Jolle mit flacher Unterwasserform, die konstruktionsbedingt bei voller Geschwindigkeit schon ab Windstärke 3 auf der Wasseroberfläche entlanggleitet.
**Gleitklausel,** eine Vertragsklausel, durch die ein Punkt (insbes. der Preis) von späteren Umständen abhängig gemacht wird.
**Gleitkomma** *(Fließkomma, Floating point),* Konstruktionsprinzip bei →Rechenmaschinen, bei denen das Dezimalkomma an jeder beliebigen Stelle des verfügbaren Stellenumfangs auftreten kann (→Festkomma).
**Gleitlager,** meist einfaches Lager für eine Achse oder Welle; die gelagerte Stelle gleitet großflächig im Lagerkörper, der bei höherer Belastung aus bes. →Lagerwerkstoffen gefertigt ist; zw. drehendem und feststehendem Teil muß sich ein Schmiermittelfilm befinden, so daß keine trockene Reibung stattfindet. Bes. für Lagerungen benutzt, die größeren und veränderl. Kräften ausgesetzt sind (z. B. bei →Kurbelwellen) sowie bei einfachen Maschinen. *Sinterlager* sind G. mit selbstschmierenden Lagerwerkstoffen.
**Gleitmittel,** chem. Produkte zum besseren Entformen bei der Herstellung von Preßmassen z. B. aus →Kunstharzen. Man verwendet u. a. →Wachse, →Stearinsäure sowie Zink-, Magnesium- und Calciumsalze der Stearin- und Palmitinsäure.
**Gleitmodul** *der, (Schubmodul),* Kennwert für die Beanspruchung eines Materials durch →Scherung.
**Gleitpfad,** *Flugwesen:* der Landung vorausgehende Flugphase.
**Gleitreibung** →Reibung.
**Gleitschalung** →Schalung.

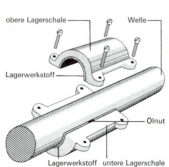

# Gleizes

**Gleitschirmfliegen** *(Paragliding),* Gleiten mit einem doppelbödigen Schirm aus reißfestem, synthet. Gewebe; der Start erfolgt von einer Erhebung aus. G. wird auch wettkampfmäßig betrieben.

chanik) optimal erreichen kann; Maßzahl für die aerodynam. Flugfähigkeit, auch ausdrückbar als Kehrwert von Widerstandsbeiwert zu Auftriebbeiwert der →Tragflächen. Je größer die G. ist, um so fla-

**Gleitschirmfliegen:** Diese Sportart erfreut sich zunehmender Beliebtheit.

**Gleitschutzregler,** eine Einrichtung an Schienenfahrzeugen, die beim Bremsen das Gleiten der Radsätze verhindert.
**Gleitsitz,** genau passende Berührung zweier Maschinenteile, die gegenseitige Gleitbewegung zuläßt.
**Gleitung** →Scherung.
**Gleitwinkel,** Winkel der abwärtsgeneigten Flugbahn eines im Gleitflug befindl. Flugzeugs zur Horizontalen; ausgedrückt in Höhenverlust zu horizontaler Flugstrecke pro Sekunde, meist angegeben mit dem Kehrwert dieses Verhältnisses, der →Gleitzahl (→Flugmechanik).
**Gleitwinkelbefeuerung,** Teil der →Befeuerung von Flugplätzen.
**Gleitzahl,** der Kehrwert des Verhältnisses von Höhenverlust zu horizontaler Strecke pro Sekunde *(Gleitwinkel),* den ein Flugzeug im antriebslosen Gleitflug (→Flugme-

cher ist der erreichbare Gleitflug (G. 30 entspricht z. B. einem Höhenverlust von 1 m auf 30 m Flugstrecke). Flugzeuge mit Verbrennungsmotor erreichen etwa G. 15, Großflugzeuge mit Strahlantrieb bis 20, Segelflugzeuge bis 51, Möwen bis 60.
**Gleitzeit** →gleitende Arbeitszeit.
**Gleitzirkel,** Meßinstrument in der →Anthropometrie; Schublehre mit aufgestecktem →Goniometer für Gesichts- und Winkelmessungen.
**Gleitzoll,** handelspolit. Instrument zur Stabilisierung des Inlandpreises von Importgütern: Bei steigenden (sinkenden) Einfuhrpreisen werden die Zollsätze gesenkt (erhöht). Wegen seiner komplizierten Handhabung wenig verwendet.
**Gleiwitz,** poln. Stadt →Gliwice.
**Gleizes** [glɛz], Albert, frz. Maler, Illustrator und Kunstschriftsteller, *8. 12. 1881 in Paris, †24. 6. 1953 in

# Glemmtal

Albert Gleizes:
›Porträt Florence Schmitt‹ (1915). Paris, Musée National d'Art Moderne

Avignon; Theoretiker des →Kubismus (›Du Cubisme‹, 1912) und kubistische Bilder mit differenzierten Schattierungen; später wandte sich G. einer stark geometrisierenden, flächenbetonten und gegenstandslosen Malerei zu.
**Glemmtal,** Quellgebiet der Saalach; bed. Wintersportgebiet von Salzburg mit dem Hauptort →Saalbach und dem bek. Skiort Hinterglemm.
**Glemp,** Józef, poln. kath. Theologe (Kardinal seit 1983), *18.12.1929 Inowrocław; am 7.7.1981 von Papst Johannes Paul II. zum Erzbischof von Gnesen und Warschau ernannt, damit Primas von Polen.
**Glen,** John, brit. Filmregisseur, *15.5.1932 Sunbury-on-Thames; ›Bond‹-Filme ›In tödlicher Mission‹ (1980), ›Octopussy‹ (82), ›Im Angesicht des Todes‹ (84), ›Lizenz zum Töten‹ (89); auch Darsteller.
**Glencheck** [engl., glɛntʃɛk], Stoff aus festen Garnen in Karomusterung, urspr. in versch. Grautönen; für Anzüge und Kostüme.

**Glen Cove** [- kouv], Stadt im US-Bundesstaat New York, im W von →Long Island, 24 000 E.; Herst. von elektron. Geräten; nahebei Gewinnung von Wolfram.
**Glendale** [glɛndɛɪl], Stadt in Kalifornien (USA), im nördl. Vorortbereich von Los Angeles, 180 000 E.; Flugzeugwerke, pharm. Industrie.
**Glen More** [- mɔ] *(Glen Albyn)*, großes, sich von NO nach SW über 90 km hin erstreckendes Längstal (Grabenbruch) im schott. Gebirgsland, zw. →Moray Firth und Loch Linnhe, trennt die Northwest Highlands von den Grampian Mountains und wird von tiefen Talseen (Loch →Ness) eingenommen, die der →Kaledonische Kanal verbindet.
**Glenn,** John Herschel, amerik. Luftwaffenoffizier, *18.7.1921 in Cambridge (OH); umkreiste als erster Astronaut der USA am 20.2. 1962 die Erde (drei Umläufe in einer Mercury-Raumkapsel).
**Glenner,** Bezirk im Kt. Graubünden: →Glogn.

Józef Glemp

# Gletscher

**Glenveagh-Nationalpark** [glɛnvɪx-], Schutzgebiet in Nordwestirland; 9700 ha; Moore vorherrschend.

**Glescker** *(Gleßkher)*, Justus, Bildhauer und Elfenbeinschnitzer, \*zw. 1610 und 23 Hameln an der Weser, †2.12.1678 Frankfurt a. M.; an internationalen Vorbildern (→Duquesnoy, →Bernini) geschulter Vertreter der dt. Barockplastik; Hauptwerk: Kreuzigungsgruppe im Peterschor des Bamberger Doms (zw. 1648 und 53).

**Gletsch** *das*, oberster Talboden des Rhonetals in den Walliser Alpen, vor dem Rhonegletscher, 1750 m.

**Gletscher** [von lat. glacies ›Eis‹] *(Ferner, Kees, Wader)*, große, geschlossene Eismasse, die aus verfestigtem Schnee (→Firn) entstanden ist und sich dem Gefälle folgend talabwärts bewegt (in den Alpen jährl. 40–200 m, in Grönland bis über 6 km). Die G. des →Inlandeises bewegen sich auch mit Hilfe der →Regelation, dem Tauen und Wiedergefrieren auf Grund von Eisdruck und Druckentlastung. G. bilden sich, wo die jährl. in Form von Schnee fallenden Niederschläge größer sind als das Abschmelzen (→Ablation) von Schnee und Eis: in den Polargebieten bereits wenig über Meereshöhe, in mittleren Breiten in größerer Höhe, so in den Alpen bei etwa oberhalb 2800 m (→Schneegrenze), in den Tropen z.T. erst bei 6000 m ü.M. Die Schneegrenze (auf dem G. *Firnlinie* gen.) trennt das *Nährgebiet* des G. vom *Zehrgebiet*, mit den meist langgestreckten *G.-Zungen*. Der von den G. mitgeführte und abgelagerte Gesteinsschutt wird als →Moräne bezeichnet. Infolge der Bewegung bilden sich auf dem G. vielfach →Gletscherspalten. Das am Ende der G.-Zunge austretende Schmelzwasser führt der →Gletscherbach ab. *G.-Schwankungen*, d. h. Vorstöße und Rückgänge von G., sind durch Klimaschwankungen bedingt; gegenwärtig sind die meisten G. im Rückzug begriffen; in den Alpen war das letzte bedeutende Maximum um 1855 (kleinere Vorstöße noch um 1890 und 1920 sowie 1965–80). Der mächtigste G. der Alpen ist der →Aletschgletscher mit 24 km Gesamtlänge, wesentlich größer sind viele G. der zentralasiat. Gebirge (→Fedtschenkogletscher 72 km), in Alaska, auf Grönland oder in der Antarktis. Man unterscheidet folgende *G.-Typen*: *Tal-G.* (auch *alpiner G.-Typ* gen.), die durch Firnfelder genährt werden und meist eine deutl. G.-Zunge besitzen, sie können sich über Pässe hinweg zu einem *Eisstromnetz* oder außerhalb des Gebirge zu *Vorland-G.* vereinigen; *Lawinen-G.* ohne eigtl. Nährgebiet,

◼ **Gletscher:** weiteres Bild →Aletschgletscher

**Gletscher:** 1 Nährgebiet; 2 Bergschrund; 3 Kar; 4 Altschnee und Firn; 5 pyramidenförmiger Berggipfel (Karling); 6 Lawinenkegel; 7 Schneegrenze; 8 Randspalte; 9 Grat; 10 Seitenmoräne; 11 Mittelmoräne; 12 Obermoräne; 13 Trogtal (U-Tal); 14 Gletschertisch; 15 Gletschersee; 16 gekappter Bergvorsprung; 17 Hängetal; 18 Querspalte; 19 Serac; 20 Gletscherbruch; 21 Innenmoräne; 22 Grundmoräne; 23 Gletscherschrammen; 24 Felsbuckel; 25 Geschiebe; 26 Gletscherhöhlung; 27 Endmoräne; 28 Schmelzwasserkanal; 29 Os; 30 Sander; 31 Toteisloch; 32 Drumlin

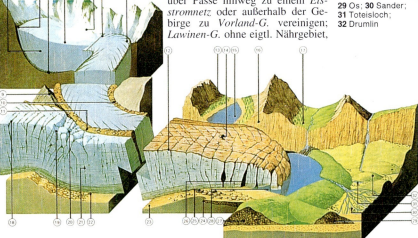

## Gletscherbach

Gletscherfloh

**Gletscher:** Im Nährgebiet oberhalb der Schneegrenze fällt mehr Schnee, als abtauen kann; er wird zu Firn und schließlich zu Eis verfestigt, das talwärts fließt und unterhalb der Schneegrenze, im Zehrgebiet, wieder abtaut.

sie werden vorwiegend durch →Lawinen gespeist (bes. im →Karakorum); die spaltenarmen *Plateau-G.* auf hochgelegenen reliefarmen Flächen (z. B. in Norwegen) sowie die großen *Inlandvergletscherungen* (→Inlandeis) der polaren Zonen (Antarktis, Grönland). Ein kleines Gebiet, in dem die Spuren einstiger Vergletscherung (→Eiszeit) bes. gut erkennbar sind, nennt man →Gletschergarten.
Entstehung, Strukturen und Bewegungen der G., die frühere Ausdehnung des Eises und der Anteil an der Gestaltung der Erdoberfläche sind Gegenstand der Untersuchungen der *G.-Kunde (Glaziologie).*
**Gletscherbach,** das am Ende einer Gletscherzunge (→Gletscher) meist aus einem Eistunnel *(Gletschertor)* ausfließende Schmelzwasser, durch mitgeführtes feines Gesteinsmehl oft milchig trüb *(Gletschermilch).* G. in mittleren Breiten (z.B. in den Alpen) zeigen starke Schwankungen der Wasserführung: Während im Hochwinter fast kein Wasser fließt, erreicht der Abfluß im Sommer maximale Werte; bei sommerl. Schönwetter treten auch starke tageszeitl. Abflußschwankungen mit Minima am Morgen und Maxima am Nachmittag auf.

**Gletscherbrand** *(Gletscherkatarrh),* Entzündung von Haut und Augenbindehaut durch ultraviolette Höhenstrahlung, die durch das Gletschereis reflektiert wird (→Sonnenbrand).
**Gletscherbruch,** in Eistürme (Séracs) und -blöcke zergliederter →Gletscherabschnitt, entsteht bei dessen Fließen über Steilstufen.
**Gletschereis,** einheitl. körnig-kristallines Eisaggregat, durch Verdichtung aus →Firneis entstanden.
**Gletscherfloh** *(Isotoma saltans),* auf Gletschern lebender →Springschwanz; ein sehr urtümliches Insekt; ernährt sich von organ. Stoffen, die der Wind heranträgt.
**Gletschergarten,** kleines Gebiet, in dem die ausräumenden Wirkungen ehemaliger Gletscher, wie →Gletscherschliffe, →Gletschermühlen, →Rundhöcker, bes. gut zu erkennen sind; z. B. in Luzern, Inzell und Fischbach bei Kiefersfelden.
**Gletscherhahnenfuß,** Botanik: →Hahnenfuß.
**Gletscherkatarrh,** andere Bez. für →Gletscherbrand.
**Gletscherkunde** *(Glaziologie),* die Wissenschaft von den →Gletschern, ihrer Entstehung, ihren Strukturen, Bewegungen, Ausdehnungen und Auswirkungen.
**Gletschermann** →Tisenjoch, Mann vom.
**Gletschermannsschild,** Botanik: →Mannsschild.
**Gletschermilch,** durch sehr feine Schwebteilchen milchig-trüb aussehendes Wasser eines →Gletscherbachs.
**Gletschermühle** *(Gletschertopf),* kesselartige Hohlform im festen Gestein, entstanden unter Eis durch die Schmelzwässer eines →Gletschers, die strudelnd mit Hilfe von Gesteinsbrocken diese Tiefform ausgeschliffen haben. Bisweilen sind die *Mahlsteine* noch auf dem Boden der G. zu finden. Eine große G. wird als *Riesentopf* oder *Riesenkessel* bezeichnet.
**Gletscherschliff** *(Gletscherschramme),* Felsfläche, die von einem →Gletscher glattgeschliffen und mit Kratzern in Fließrichtung des Eises versehen wurde.

**Gletscherschwankungen,** infolge Klimaschwankungen bewirkte Vorstöße und Rückgänge von →Gletschern. Eine Häufung von kühlen und niederschlagsreichen Jahren führt zu Gletschervorstößen, überwiegend trockenes und warmes Klima verursacht ein Zurückschmelzen der Gletscher; daher sind G. wichtige Indikatoren für Veränderungen des Klimas.

**Gletscherspalte,** bis über 100 m tiefe Spalten im Eis eines →Gletschers, verursacht durch dessen verschiedenartige Bewegung. Es gibt *Querspalten* am Übergang von Firnfeld und Gletscherzunge (→Bergschrund) und beim Überfließen von Steilstufen, *Längsspalten* bei Verbreiterung des Tales, *Radialspalten* an der Gletscherstirn oder der Außenkrümmung bei kurvigem Verlauf, *Randspalten* infolge der Geschwindigkeitsverringerung am Gletscherrand. Für den Bergsteiger sind bei Gletscherbegehungen die mit Schnee bedeckten und deshalb nur schwer erkennbaren Spalten besonders gefährlich.

**Gletschertisch,** Steinblock auf einem Eisfuß an der Oberfläche eines →Gletschers; entstanden durch die schützende Wirkung der Steinplatte vor Sonnenstrahlung und damit vor →Ablation des Eisfußes.

**Gletschertopf** →Gletschermühle.

**Gletschertor,** nischenartige Öffnung am Ende eines →Gletschers, aus der der →Gletscherbach austritt.

**Gletscherwein** *(Glacier),* nur noch von schweiz. Bergbauern hergestellter Wein, wird 10–15 Jahre lang in Lärchenholzfässern ausgebaut und immer wieder mit neuem Wein versetzt; heute sehr selten. G. ist leicht bitter, herb, alkoholreich, sehr lagerfähig.

**Gletscherwind,** lokales Windsystem, das sich über →Gletschern ausbildet, wobei die Luft, die sich hier abgekühlt hat, infolge ihrer größeren Dichte talwärts abgleitet (→katabatischer Wind).

**Gletscherzunge,** unterster, zungenartig ausgebildeter Teil eines →Gletschers.

**Gleukometer** →Mostwaage.

**Gley** [russ. ›Lehm‹] *(Gleiboden),* mineralischer Naßboden; unter dem vom Grundwasser unbeeinflußten A-Horizont folgt zunächst ein grauer, rostfleckiger, nur gelegentl. vom Grundwasser durchtränkter Horizont, dann ein graublauer, unter ständigem Grundwassereinfluß stehender unterster Horizont (→Bodenprofil).

**Gleyre** [glɛr], Charles, frz. Maler schweiz. Herkunft, *2.5.1806 Chevilly (Kt. Waadt), †5.5.1874 Paris; verschmilzt in seinen Gemälden (historische, mythologische und religiöse Darstellungen) klassizist. Abklärung mit romant. Empfinden.

Gletscherschliff bei Fischbach (Inntal)

Gletschertisch in den Walliser Alpen

**Gliederfüßer:** *Spinnentiere* mit Klauenkiefer (*Chelizeren*, **1a**) und Kiefertaster (*(Pedipalpen,* **1b**):
**1** Spinnen,
**2** Afterskorpione,
**3** Weberknechte,
**4** Milben;
*Krebse* besitzen Kiemen und zwei Paar Fühler:
**5** Blattfußkrebse,
**6** Muschelkrebschen,
**7** Ruderfußkrebse,
**8** Fischläuse,
**9** Rankenfüßer,
**10** Großkrebse;
*Tausendfüßer:*
**11** Hundertfüßer,
**12** Doppelfüßer;
**13** *Insekten*

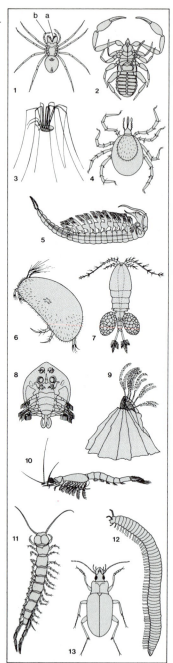

**Glia** *(Neuroglia),* Bindegewebe im →Gehirn, das die Nervenzellen stützt und ernährt (→Nervengewebe).
**Gliadin** →Kleber.
**Gliederfrucht** *(Bruchfrucht),* mehrsamige →Frucht, die bei der Reife in einsamige Bruchstücke zerfällt, z. B. *Gliederhülse* bei →Schmetterlingsblütlern, *Gliederschote* bei →Kreuzblütlern.
**Gliederfüßer** *(Arthropoda),* ein Stamm der →Wirbellosen, über 1 Mio. Arten, Körper aus deutl. verschiedenen Abschnitten bestehend, Hautpanzer aus →Chitin; dieses Außenskelett wird von Zeit zu Zeit abgestoßen und erneuert (→Häutung); Nervensystem in Strickleiterform auf der Bauchseite (→Bauchmark) gelegen; →Augen bei Insekten und Krebstieren als Facettenaugen ausgebildet; Blutgefäßsystem offen (nur wenige, kurze Gefäße, die frei in die Leibeshöhle münden); Atmung durch →Tracheen oder →Kiemen. G. sind getrenntgeschlechtig, →Parthenogenese ist häufig; Entwicklung über Larvenformen (→Metamorphose). Zu den G. zählen: →Pfeilschwänze, →Spinnentiere, →Asselspinnen, →Tausendfüßer, →Krebstiere, →Insekten.
**Gliederkaktus** →Blattkaktus.
**Gliedermaßstab** *(Klappmaßstab, Zollstock),* zusammenklappbarer Maßstab aus Holz, Metall oder Kunststoff.
**Gliederpuppe,** Puppe mit bewegl. Gliedern; für Bewegungsstudien, Dekoration, Mode.
**Gliedertiere** *(Artikulaten; Articulata),* Sammelbegriff für die miteinander verwandten →Ringelwürmer, →Gliederfüßer und andere kleinere Stämme mit zus. rd. 80% aller Tierarten; ihr Körper ist entweder in homonome (gleichgebaute) Abschnitte (Segmente) gegliedert, z. B. bei Regenwürmern, oder in heteronome (ungleichgebaute), z. B. bei Insekten.
**Gliederwürmer,** andere Bez. für →Ringelwürmer.
**Gliedmaßen** *(Extremitäten),* paarige, bewegl. Körperteile vieler Tiere und des Menschen, dienen bes. der Fortbewegung. Primitive

# Gliedstaaten

G. besitzen bereits meeresbewohnende Ringelwürmer: als seitl. Fortsätze jedes Körperringes zwei lappenförmige Stummelfüße *(Parapodien)*; einfach gebaut sind auch die Hinterleibs-G. *(Abdominalfüße)* vieler Insektenlarven, so z. B. der Schmetterlingsraupen. Gegliederte G. sind bezeichnend für die Gliederfüßer: Aus der Grundform mit paarigen Endgliedern *(Spaltfuß)* sind Fühler, Mundwerkzeuge und vielerlei Beinformen hervorgegangen, z. B. Sprungbeine der Heuschrecke, Ruderbeine des Gelbrandkäfers, Grabbeine der Maulwurfsgrille, Klammerbeine der Laus, Sammelbeine der Honigbiene. Die G. der Wirbeltiere leiten sich von einer fünffingrigen Grundform ab, die beim Menschen wenig verändert ist; Verlängerung der G. und Gehen auf den Zehen (*Zehengänger*, z. B. Hund; *Zehenspitzengänger*, Pferd) erlauben eine schnellere Fortbewegung auf dem Land als beim *Sohlengänger* (Bär, Mensch). Schmale, lange Vorder-G. mit nur zwei Fingern bilden das Gerüst des Vogelflügels; bei Fledermäusen sind Vorder-G. und Finger stark verlängert zum Ausbreiten der Flughaut. Brust- und Bauchflossen der Fische sind kurze, breite G. Manche Wirbeltiere (Schlangen, →Blindschleiche) besitzen keine G., doch zeigen Reste von G.-Knochen, Schulter- und Beckengürtel, daß diese im Verlauf der Entwicklung rückgebildet wurden (→Arm, →Bein, →Hand, →Fuß).

**Gliedmaßenphlegmone,** Tiermedizin: →Einschuß.

**Gliedsatz** *(Nebensatz),* syntakt. untergeordneter Teilsatz einer Hypotaxe (Satzgefüge), vom Hauptsatz abhängig. Der Gliedsatz steht anstelle eines Satzglieds des Hauptsatzes. Beispiel: Objektsatz: Er weiß, *was er kann.* (←Er weiß etwas.) Kausalsatz: Sie kommt nicht, *weil sie krank ist.* (←Sie kommt nicht wegen Krankheit.) Gliedsätze werden nach ihrer Stellung (Vordersatz, Nachsatz), nach der Art ihrer Einleitung (Relativsatz, Konjunktionalsatz, uneingeleiteter Gliedsatz) sowie nach ihrem Inhalt (Temporalsatz, Modalsatz, Finalsatz, Kausalsatz) unterschieden.

**Gliedstaaten,** Mitgliedstaaten eines Bundesstaates. Im Dt. Reich 1871 bis 1919 ›Bundesstaaten‹, 19–33 und seit 49 ›Länder‹; in Österr. ›Bundesländer‹; Schweiz: ›Kantone‹.

**Gliedmaßen:** unterschiedliche Proportionsverhältnisse der fünfstrahligen Extremität beim Fledermausflügel *(links)* und der Delphinflosse *(rechts)* – Oberarm (rot), Unterarm (grün), Handwurzel (blau), Mittelhand (gelb), Finger (braun).

Die **Gliederfrucht** zerfällt bei der Reife in Bruchteile, die jeweils einen Samen *(schwarz)* enthalten.

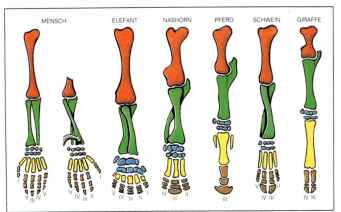

**Gliedmaßen:** Aufbauschema der Vorderextremität der Säugetiere am Beispiel des rechten Armskeletts der Primaten (Mensch), Rüsseltiere (Elefant), Unpaarhufer (Nashorn, Pferd), Paarhufer (Schwein, Giraffe). Farbgebung wie oben. Die fünf Strahlen sind bei den Unpaarhufern auf drei bzw. eins, bei den Paarhufern auf vier bzw. zwei rückgebildet. Der Primatenarm ist bei Auswärtsdrehung und Einwärtsdrehung dargestellt. Ansonsten sind die Gliedmaßen in Einwärtsdrehung fixiert.

## Glière

Michail Iwanowitsch Glinka

**Glière** [gliɛr], Reinhold Moritzowitsch, russ. Komponist, * 30. 12. 1874 (11.1.1875) Kiew, † 23.6. 1956 Moskau; mit seinen Opern, Balletten, Symphonien und symphon. Dichtungen sowie seiner Kammermusik einer der bekanntesten Vertreter der spätromantischen russ. Musik; zu seinen Schülern gehören u.a. S. Prokofjew und A. Chatschaturjan.

**Gliese,** Rochus, Bühnenbildner, * 6. 1. 1891 Berlin, † 21.12.1978 ebenda; gestaltete von 1913–44 Bühnenbilder an Berliner Bühnen unter J. Fehling und G. Gründgens (›Faust‹-Inszenierung), später an anderen in- und ausländ. Bühnen.

**Glima,** in Island beheimateter Ringkampf; die Wettkämpfer versuchen, sich durch Hub und Zug an einem um Hüften und Oberschenkel befestigten Riemen aus dem Gleichgewicht zu bringen und zu Boden zu werfen; Wettkämpfe in drei Gewichtsklassen.

**Glimmentladung,** selbständige →Gasentladung bei geringer Stromstärke (zw. 10 µA und 0,4 A) und niedrigem Gasdruck. Sie hat ihren Namen von der die →Elektroden überziehenden Lichthülle *(Glimmlicht).* Die anliegende elektrische Spannung fällt auf einem kurzen Stück hinter der →Kathode ab *(Kathodenfall);* in der *positiven Säule,* einem →Plasma, ist nahezu keinerlei elektr. Feldstärke mehr vorhanden. Anwendungen: →Leuchtstofflampe, →Glimmlampe, Spektralröhren. Die G. zeigt normalerweise das Spektrum des Gases.

**Glimmentladungsanemometer,** ein auf elektr. Basis aufgebautes →Anemometer; die Widerstandsänderung eines zw. zwei Elektroden befindl. ionisierten Zwischenraumes beim Durchströmen von Luft wird zur Geschwindigkeitsmessung ausgenutzt.

**Glimmer,** Gruppe gesteinsbildender, blättriger Mineralien von auffälligem Glanz und vollkommener Spaltbarkeit; chem. Aluminiumsilicate. Bekannte Vertreter sind →Paragonit, →Muskovit, →Fuchsit, →Roscoelith, →Phlogopit, →Biotit, →Zinnwaldit, →Lepidolith, →Margarit.

**Glimmerschiefer,** meist grünliches →Metamorphitgestein mit hohem Gehalt an →Glimmer (vor allem →Muskovit) und →Quarz; läßt sich leicht spalten.

**Glimmlampe,** eine Lichtquelle, die das Kathoden-Glimmlicht einer →Glimmentladung benutzt; sie folgt Stromschwankungen nahezu trägheitsfrei. Die gebräuchlichste Form: *Bienenkorblampe* aus zwei koaxialen Eisendrahtspiralen. Die Gasfüllung besteht meist aus 75% Neon und 25% Helium bei 10 bis 20 mbar, wobei ein rötl. Licht entsteht. Die G. dient u.a. als Polsucher, Signallampe, zur stroboskop. Beleuchtung (→Stroboskop) und zur Spannungs-Konstanthaltung (→Ionenröhre).

**Glimmlicht** →Glimmentladung.

**Glinka,** Michail Iwanowitsch, russ. Komponist, * 20.5. (1.6.) 1804 Nowospaskoje (Gouv. Smolensk), † 3.2. (15.2.) 1857 Berlin; lebte lange Zeit im Ausland, vor allem in Italien und Dtld., wurde aber dann durch seine Opern, die sich von ital. und dt. Vorbildern lösten, zum Begr. der nationalrussischen Musik. – *W:* Opern ›Das Leben für den Zaren‹ (1836) und ›Ruslan und Ljudmilla‹ (42); Orchesterwerke; Kammer-, Klaviermusik, Chorwerke und Lieder.

**Glimmlampe:** Die Bienenkorblampe mit ihrer engen Verschlingung der beiden Elektroden ist eine spezielle Bauart dieses Lampentyps.

**Glinka Kwartętt,** von Zino Vinnikov geführtes Streichquartett; bestand 1980–90; nach ihrer Emigration nach Holland setzten der ehem. Konzertmeister der St. Petersburger Philharmonie Vinnikov und der Cellist Dimitri Ferschtmann ihr Zusammenspiel aus dem ›Quartett des Komponistenverbandes der UdSSR‹ im G. K. fort.

**Glinz,** Hans, Sprachwissenschaftler, * 1.12.1913 St. Gallen. – W: Die innere Form des Deutschen (1952); Der deutsche Satz (57); Deutsche Grammatik (70–71).

**Gliom** → Hirntumor.

**Glion,** ein Ort in Graubünden: → Ilanz.

**Gliotoxin,** Peptid-Antibiotikum, aus versch. Schimmelpilzen (Aspergillus) gewonnen; hemmt das Enzym → Reverse Transkriptase; stark toxisch, daher therapeutisch nicht anwendbar; Saatbeizmittel.

**Gliridae** → Schlafmäuse.

**Glis** → Schlafmäuse.

**Glišić** [gliʃitɕ], Milovan, serb. Schriftst. (1847–1908): → serbische Literatur.

**Glissade** [frz.], *Tanz:* Schleif-, Gleitschritt.

**Glissando** [ital. ›gleitend‹] *das,* schnelles Durchgleiten einer Tonfolge.

**Glissant** [-ã], Édouard, Schriftsteller aus Martinique (* 1928): → schwarzafrikanische Literatur.

**Glisson-Schlinge** [glɪsən-, nach dem engl. Anatomen *Francis Glisson,* 1597–1677], Ledergurt mit zwei Schlingen, die, unter Kinn und Nacken gelegt, Ausübung eines Zuges in Kopfrichtung erlauben; wird verwendet zur Streckung der Wirbelsäule bei Wirbelbruch, tuberkulösen Wirbelerkrankungen und bei Schäden der → Bandscheiben.

**Glittertind,** mit 2451 m (einschl. Firnfeld 2472 m) neben → Galdhøpiggen höchster Berg Norwegens, im Massiv von → Jotunheimen.

**Gliwice** [-tse] (dt. *Gleiwitz*), oberschles. Industriestadt im S Polens, in der Woiwodschaft Katowice, mit 220 000 E.; Industriehafen am Endpunkt des → Kolodnitzkanals, Steinkohlebergbau, Hüttenwerke, chem. und Metallindustrie; Inst. für Metallurgie, Fachschulen. – G., das ehem. Verwaltungszentrum der ostdt. Hüttenindustrie, erhielt 1276 Stadtrecht, war jedoch bis Ende des 19. Jh. nur ein kleines Landstädtchen; mit dem Steinkohleabbau erfolgte die rasche Entwicklung zur Industriegroßstadt mit 1939 bereits 117 000 E.; Schauplatz eines am 31.8.39 von der SS inszenierten milit. Überfalls auf den Rundfunksender, um eine propagandistisch verwertbare Rechtfertigung für den Überfall auf Polen zu haben (→ Weltkrieg II).

**global** [lat.], weltweit, weltumfassend.

**Global 2000** (Kurzform für *The Global 2000 Report to the President*), im Auftrag von Präs. J. → Carter vom US-Außenministerium und dem Council on Environmental Quality erstellte und 1980 hrsg. Studie über gegenwärtige polit. Strategien und ihre Auswirkungen auf die Zukunft; maßgebl. Themen sind die Umweltverschmutzung, die Energieversorgung, das Wachstum der Weltbevölkerung, die Nahrungsproduktion und die Entwicklung in der dritten Welt.

**Global Atmospheric Research Program** [engl., gloubl ætməsferɪk rɪsətʃ prougræm] (Abk. *GARP*), internat., langfristiges wiss. Programm zur Erforschung der Atmosphäre, das 1967 von der → WMO und dem International Council of Scientific Unions begonnen wurde. Ziel ist die Verbesserung mittelfristiger → Wettervorhersagen und des Verständnisses des globalen Klimas vor allem im Hinblick auf mögliche → Klimaänderungen.

**Global Positioning System** [engl. gloubl pəzɪʃənɪŋ sɪstəm], Abk. *GPS,* ein weltweit einsetzbares Navigationssystem, das die Signale von insgesamt 24 in 20 200 km Höhe die Erde umkreisenden Satelliten zur auf wenige Meter genauen Ortsbestimmung nutzt. Zur Standortbestimmung genügt der Empfang der Signale von jeweils drei Satelliten; das Gewicht des zum Empfang der Signale und deren Auswertung

## global sourcing

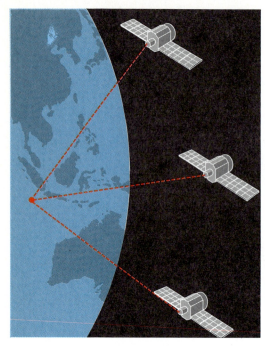

**Global Positioning System:** Die Signale von drei im Empfangsbereich liegenden Satelliten genügen zur bis auf wenige Meter genauen Ortsbestimmung.

benötigten Geräts liegt inzwischen bei unter 2 kg.
**global sourcing** [engl., gloubl sɔsɪŋ], internationale Ausrichtung des Versorgungsmanagements von Unternehmen.
**Globalsteuerung,** wirtschaftspolit. Konzeption, die mit Hilfe der Beeinflussung volkswirtschaftl. Aggregatgrößen (Konsum, Investieren, Sparen, Besteuerung, Staatsausgaben, Wechselkurse) die Verstetigung des Konjunkturablaufs anstrebt. Die Grenzen der G. liegen im wesentl. in der Berücksichtigung anderer ebenso wichtiger Ziele (z. B. der Entscheidungsfreiheit der Wirtschaftssubjekte), in institutionellen Starrheiten (Steuersystem), in polit. Widerständen, außenhandelspolit. Rücksichtnahmen und den verschiedenen zeitl. Verzögerungen bis zum Ergreifen und Wirksamwerden der Maßnahmen (→ Deficit spending).
**Globalstrahlung,** in der → Meteorologie die Summe direkter → Sonnenstrahlung und diffuser → Himmelsstrahlung auf eine horizontale Fläche.
**Globe Theatre** [engl., gloub θɪətə], Londoner Theater, 1599 von R. → Burbage auf dem Südufer der Themse erbaut; wichtigstes öffentl. Theater Londons, auf dem zahlr. Stücke → Shakespeares erstmals gespielt wurden. Brannte 1613 nieder, in achteckiger Form wiederaufgebaut, 1644 abgerissen.
**Globetrotter** [englisch], Weltenbummler.
**Globicephala** → Grindwal.
**Globigerinenschlamm,** eines der vorherrschenden pelag. → Meeressedimente; → Foraminiferen.
**Globin** → Hämoglobin.
**Globke,** Hans, dt. Jurist und Politiker, *10.9.1898 Aachen, †13.2.1973 Bonn; 1932–45 Ministerialrat im Reichsinnen-Min.; ab 49 im Bundeskanzleramt; 53–63 Staatssekretär; wurde wegen seiner Mitwirkung am Kommentar zu den Nürnberger Rassegesetzen vehement angegriffen.
**Globoid** [lat.], **1)** *Biol.:* kleinstes Teilchen im pflanzl. Reserveeiweiß; **2)** *Mathematik:* durch einen um eine beliebige Achse rotierenden Kreis erzeugte Fläche.
**Globokar,** Vinko, frz. Komponist und Posaunist, *7.7.1934 Anderny (Frankreich); 1968 Dozent in Köln, seit 75 am Pariser Musikinstitut → IRCAM tätig. Werke bewußt experimentell, oft von J. → Cage beeinflußt.
**Globol**® → Dichlorbenzol, → Mottenschutzmittel.
**Globularia** → Kugelblume.
**Globulen** [lat. ›kleine Kugeln‹, Mz., in leuchtenden galaktischen Nebeln vorkommende kleine, kugelförmige, scharf begrenzte Dunkelnebel aus Staub; vermutlich Anfangszustände von Sternentwicklungen (Durchmesser beträgt etwa 0,1–2 Lichtjahre); → interstellare Materie.
**Globuline** [lat.], hochmolekulare, in Wasser nicht oder nur teilweise lösl. → Proteine von kugelähnl. Molekülbau mit versch. biol. Funktionen (u. a. → Antikörper, Transportfunktion). Im menschl. Blutplasma (→ Blut) bestehen 35% des Gesamt-

# Glockenbecher-Kultur

eiweißes aus G.; durch →Elektrophorese lassen sie sich in einzelne Fraktionen trennen: $\alpha$-, $\beta$-, $\gamma$-*Globuline*.

**Globus** [lat. ›Kugel‹], maßstäbl. verkleinerte, vereinfachte Nachbildung der Erde *(Erd-G.)*, des Mondes *(Mond-G.)*, anderer Planeten (z.B. Mars-G.) oder des sphär. gedachten Sternenhimmels *(Himmels-G.)* auf Holz-, Metall- oder Plastikkugeln. Einziges verzerrungsfreies Modell der Erde. Erster Erd-G. von M. →Behaim 1492 in Nürnberg. Neben polit. und physik. Globen gibt es in neuer Zeit u.a. Relief-G., Klima-G., geol. G.

**Glochidien** [-diən] Mz., 1. Larven der →Flußmuscheln, sie besitzen zwei Schalenklappen; 2. borstenartige Stacheln des →Feigenkaktus.

**Glocke,** aus Metall gefertigter, runder, kelchartig eingestülpter Klangkörper, der, nur in der Mitte gelagert, durch Anschlagen auf den Rand in Eigenschwingungen versetzt, entspr. Töne abgibt. Material, Größe und Formgebung bestimmen Tonhöhe und Klangcharakter; auch Schallerzeuger in techn. Geräten (elektr. →Klingel, Läutewerk). – In irischen Klöstern wurden im 5. Jh. G. gegossen. Die *Kirchenglocke* dient der Zeitangabe und dem Aufruf der christl. Gemeinde. Sie ist meist aus *Glockenbronze* (80% Kupfer, 20% Zinn) in gebrannten Lehmformen gegossen, im Glockenturm bewegl. aufgehängt, wird durch freischwingenden *Klöppel* (am inneren Gipfelpunkt der G.) angeschlagen, vielfach mit eingegossenen Inschriften und kult. Bildern. Die dem Bischof oder einem von ihm beauftragten Geistlichen vorbehaltene *Glockenweihe* läßt sich bis ins 8. Jh. zurückverfolgen. Größte G. der Welt (200 t) *Zar Kolokol* in Moskau, heute im Kreml aufgestellt. Älteste G. in Dtld. ist die *Lullusglocke* (1059) in Bad Hersfeld.
Die erste Stahlglocke wurde 1854 in Bochum gegossen. Dem *Glockenläuten* wird Schutzfunktion zugeschrieben, so z.B. Abwehr von Gewittern. *Glockenmaterial* (Metall, Schmiere) verwendete man in abergläubischen Heilpraktiken. Die G. ist Gegenstand zahlreicher Sagen.

**Glockenapfel,** Apfelsorte, hochgebaut, groß, gelb.

**Glockenbecher-Kultur,** gesamteurop. Kulturgruppe der späten →Kupferzeit (19./18. Jh. v.Chr.), benannt nach einer Keramikform, dem meist strich- oder stempelverzierten glockenförmigen Becher; zum Typenbestand gehören: kleine Kupferdolche, gelochte Schieferplatten zum Schutz der Hand vor zurückschnellender Sehne beim Bogenschießen (›Armschutzplatte‹) und V-förmig durchbohrte Knochenknöpfe. Die Angehörigen der G.-K. sind anthropolog. einheitl.; ihre weiträumige Verbreitung hängt wohl mit Wanderungen zusammen (vom westl. Mittelmeerraum aus).

**Globus:** arabischer Himmelsglobus von 1279 aus der Sternwarte in Meragha (Persien). Dresden, Mathematisch-Physikalischer Salon im Zwinger.

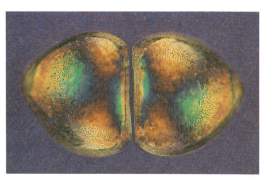

**Glochidien** der Teichmuschel, Polarisation Quarz 40:1

# Glockenblumengewächse

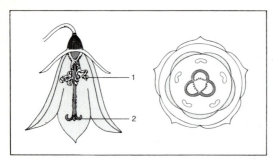

**Glockenblumengewächse:** *links* Längsschnitt durch die Blüte: Wenn die Narbe **(1)** sich ausbreitet und bestäubt werden kann, welken die Staubblätter **(2)** bereits, so daß Selbstbestäubung verhindert wird; *rechts* Blütengrundriß.

**Glockenblumengewächse** *(Campanulaceae),* Fam. mit rd. 1200 Arten, meist Kräuter, mit röhrig-glokkigen Blüten und Kapselfrucht. Bekannteste einheim. Gattung: *Glockenblume (Campanula),* artenreich, vor allem verbreitet in der nördl. gemäßigten Zone, mit blauen, roten oder weißen Blüten. Häufige Wiesenpflanzen sind Wiesenglockenblume *(Campanula patula)* sowie die Rundblättrige Glockenblume *(Campanula rotundifolia);* viele Zierpflanzen. Weitere Gattungen: →Frauenspiegel, →Teufelskralle.
**Glockenboje** →Boje.
**Glockendon** *(Glockenton),* Nürnberger Miniaturenmalerfamilie des 15. und 16. Jh.: Albrecht G. († 1545) illuminierte das ›Glockendonsche Missale‹ (Stadtbibliothek Nürnberg), sein Bruder Nikolaus († 1534) ein Missale für Kardinal Albrecht von Mainz (1524; Bibliothek Aschaffenburg).
**Glockenfrosch** →Geburtshelferkröte.
**Glockenheide** →Heidekraut.
**Glockenkurve** →Normalverteilung.
**Glockenleiste** →Karnies.
**Glockenmühle,** Maschine zur Feinzerkleinerung harter Stoffe: ein stumpfer, gerippter Kegel dreht sich in einem ebenfalls gerippten Hohlkegel; Hauptanwendung bei der Kalisalzmüllerei, im Haushalt bei manchen Kaffeemühlen.
**Glockenrebe** *(Cobaea scandens),* südamerik. Art der Sperrkrautgewächse *(Polemoniaceae);* beliebte rankende Zierpflanze mit großen, meist dunkelvioletten, oft gelb gestreiften Glockenblüten.

**Glockenspiel** *(Carillon),* im MA eine im Rahmen aufgehängte Reihe abgestimmter Glocken, die mit Hämmern zum Klingen gebracht wurden, in neuerer Zeit durch Metallstäbe (Röhrenglocken) ersetzt (damit der →Celesta verwandt); Umfang bei großen Turm-G. fast vier Oktaven der chromat. Tonleiter. Das G. der Militärkapellen wird →Lyra genannt.
**Glockenstuhl,** Gerüst für bewegl. Aufhängung einer oder mehrerer →Glocken.
**Glockensund** (norweg. *Bellsund*), Fjordsystem an der Westküste von →Spitzbergen.
**Glockentierchen** *(Vorticella),* Gattung der →Wimpertierchen; im Süßwasser lebende, glockenförmige Einzeller, die mit einem zusammenziehbaren Stiel an einer Unterlage festgeheftet sind.
**Glockenvogel** *(Procnias),* Gattung der →Schmuckvögel, bis 30 cm lang; Männchen mit weitklingendem Ruf; amerik. Tropen.
**Glockenwespen** →Lehmwespen.
**Glockenwinde** *(Codonopsis),* eine Gattung der →Glockenblumengewächse; aus Asien stammende, mehrjährige Pflanzen; windend, mit glockenblumenähnl., schön gezeichneten Blüten; versch. Arten in Gärten.
**Glockner,** Hermann, Philosoph, *23.7.1896 Fürth, †11.7.1979 Braunschweig; Hegel-Forscher, Hrsg. der Hegel-Jubiläumsausgabe (24 Bde., 1927–59).
**Glocknergruppe,** vergletscherte Gebirgsgruppe in den mittl. Hohen Tauern, zw. Felber Tauern und Hochtor, mit →Großglockner (3797 m), dem höchsten Berg der österr. Alpen; außerdem Glocknerwand (3730 m), Wiesbachhorn (3564 m), Eiskögele (3434 m).
**Glockner-Kaprun,** Kraftwerksgruppe an der oberen →Möll in Kärnten.
**Glöckner von Notre-Dame, Der** [-dəm], Film von W. Dieterle (1939) mit Ch. Laughton und M. →O'Hara; nach ›Notre-Dame de Paris. 1482‹ von V. →Hugo; Remake von Jean Delannoy (1956) mit A. →Quinn, G. →Lollobrigida.

# Glossatoren

**Glockturm,** Berg der →Ötztaler Alpen, 3355 m hoch.
**Gloeden,** Wilhelm von, Photograph, *18.9.1856 bei Wismar, †16.2.1931 Taormina; ab 1880 auf Sizilien; Aktaufnahmen von Jünglingen, die er in antiker Szenerie posieren ließ; im scharf konturierten Realismus der Körperwiedergabe heben sich seine Arbeiten von den retuschierten Aktphotographien des Zeitgeschmacks ab.
**Gloeocapsa** →Blaualgen.
**Głogau,** poln. Stadt Głogow.
**Glogersche Regel** *(Färbungsregel)*, Klimaregel, wonach die Melaninbildung (dunklere Pigmentierung) bei warmblütigen Tieren feuchtwarmer Regionen stärker ist als bei solchen kühltrockener Regionen; benannt nach dem dt. Zoologen C. W. L. *Gloger* (1803–63).
**Gloggnitz,** Stadt in Niederösterr., am Fuße des Semmering, 6000 E.; ehem. Benediktinerstift; versch. Industrie.
**Glogn** [glɔnj] (dt. *Glenner*), Bezirk im Kt. Graubünden, Vorderrheingebiet, mit 697 km² und 11 000 überwiegend romanischsprachigen, kath. Einwohnern; umfaßt die Kreise →Ilanz (Hauptort), Lungnez und Ruis.
**Głogów** [gwɔguf] (dt. *Glogau*), Stadt im W Polens, Woiwodschaft Legnica, an der Oder, mit 35 000 E.; Hafen und Handelsplatz für landw. Produkte; Maschinen- und Möbelindustrie, südl. G. Kupferhütte. Der mittelalterl. Stadtkern mit Dom (got. Backsteinbau) wurde bei der Belagerung 1945 schwer beschädigt. – Um 1010 gegr., kam G. 1526 an die Habsburger, 1742 an Preußen; bis 1945 Krst. im ehem. Reg.-Bz. Liegnitz, Niederschlesien.
**Glomar Challenger** [engl., glouməˈtʃælɪndʒə], ein speziell für Tiefseebohrungen ausgerüstetes Forschungsschiff der USA von 10 500 BRT, 1968 in Dienst gestellt; trägt einen 43 m hohen Bohrturm, um Bohrungen zur Erklärung der Entstehung der Ozeane durchführen zu können. 1984 nach 96 Forschungsreisen außer Dienst gestellt.
**Glomerulonephritis** →Nephritis.
**Glomerulus** →Nieren.

**Glomma** *(Glåma)*, längster Fluß Norwegens, 598 km, entspringt im Aursundsee südöstl. von Trondheim, bildet nahe der Mündung (bei Fredrikstad) in das Skagerrak den 23 m hohen Wasserfall Sarpsfoss; vom Østerdal an wichtig für die Flößerei; Kraftwerke.
**Glomus** [lat.], *Anat.:* (Gefäß-) Knäuel, Knoten.
**Glomustumor,** erbsengroßer, bläulicher, sehr schmerzhafter Hauttumor an Zehen oder Fingern, selten unter den Nägeln; meist gutartig.
**Gloria** [lat. ›Ehre‹, ›Ruhm‹], Bez. für Lobgesänge in der christl. Liturgie: 1. *kleines G.:* G. Patri et Filio et Spiritui Sancto (›Ehre sei dem Vater und dem Sohne und dem Hl. Geiste‹); 2. *großes G.* (*Englischer Lobgesang*, nach Lk 2): G. in excelsis Deo... (›Ehre sei Gott in der Höhe...‹).
**Gloriaseide,** dichtgewebter Halbseidentaft; Schirm-, Mantel- und Futterstoff.
**Glorie** [lat., -riə] *die,* **1)** *allg.:* Ruhm, Glanz; Heiligenschein; **2)** *Meteorologie:* Anordnung von konzentr. farbigen Ringen um den Gegenpunkt der Sonne, auf →Nebel (→Brockengespenst) oder auf →Wolken (vom Flugzeug aus) um den Schatten des Beobachters sichtbar; entsteht durch Rückwärtsstreuung des Sonnenlichts an Nebel- oder Wolkentröpfchen und Interferenz des gestreuten Lichts.
**Gloriette** [frz.], pavillonartiger Bau auf einer Anhöhe als Abschluß großer barocker oder klassizist. Parks (→Schönbrunn in Wien).
**Glorifikation** [lat.] *(Glorifizierung),* Verherrlichung; Ztw. *glorifizieren.*
**Gloriole** [lat.], Heiligenschein.
**glorreichen Sieben, Die,** Western von J. →Sturges (1960) u. a. mit Y. →Brynner und St. →McQueen.
**Glossa** [griech.-lat.], *Medizin:* →Zunge.
**Glossar** [griech.], Sammlung →Glossen; auch systematisch oder alphabetisch geordnetes Wörterbuch.
**Glossatoren,** ital. Rechtsgelehrte an der Univ. Bologna im 12. und 13. Jh.; versahen den Gesetzestext des →Corpus Iuris mit Erläuterun-

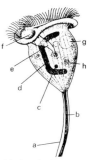

**Glockentierchen:**
**a** Stiel, **b** Stielmuskel, **c** Kleinkern, **d** Großkern, **e** Zellschlund, **f** Zellmund, **g** Ausscheidungsvakuole, **h** Nahrungsvakuole (nach Kühn)

■ **Glockentierchen:** weiteres Bild →Einzeller

# Glosse

Peter Glotz

gen (→Glosse), um ihn allgemeinverständl. zu machen. Die bedeutendsten G. waren Irnerius, Bulgarus, Martinus, Jacobus, Azo und Accursius. Ihre Arbeit wurde von den *Post-G.* (oder *Kommentatoren*) im 13. und 14. Jh. für die Praxis brauchbar gemacht.

**Glosse** [griech. glossa ›Zunge‹, ›Sprache‹] *die,* **1)** urspr. ein schwerverständl. Ausdruck, dann dessen Erklärung oder Übersetzung (am Textrand: *Marginal-G.*; zw. den Textzeilen: *Interlinear-G.*). Das Abfassen von G. *(Glossographie)* und ihre Sammlung in →Glossaren wurde seit dem 5. Jh. v. Chr. ein Hauptanliegen der Philologie. Die frühesten deutschen lit. Sprachdenkmäler sind althochdeutsche G. zu lateinischen Texten; **2)** span. Gedichtform, meist vier zehnzeilige Strophen, deren Schlußzeilen zusammen das gereimte Motto ergeben, das im Gedicht abgewandelt wird; **3)** kurzer, oft polemischer Kommentar zu aktuellen Geschehnissen.

**Glossematik,** Linguistik: →Kopenhagener Schule.

**Glossina** →Tsetsefliegen.

**Glossographie** →Glosse.

**Glossolalie** [griech. ›Zungenre-

**Glove Box:** Analyse plutoniumhaltiger Substanzen in einem Handschuhkasten

den‹], ekstat. Stammeln unzusammenhängender und oft auch unverständl. Worte; Erscheinung im Urchristentum (1 Kor 14).

**Glossoplegie** [griech.], Zungenlähmung.

**Glossoptose** [griech.], Zurücksinken der Zunge bei tiefer Bewußtlosigkeit (Narkose) infolge Muskelerschlaffung.

**Glossoschisis** [griech.], Spaltzunge.

**Glossospasmus** [griech.], Zungenkrampf.

**Glottal,** im Kehlkopf gebildeter Laut.

**Glottalisierung,** sekundäre Artikulation: →Phonetik.

**Glottis** [griech.] *die,* der von den beiden Stimmbändern im →Kehlkopf gebildete Stimmapparat, insbes. die Stimmritze. *G.-Ödem* (→Ödem), Anschwellen der Kehlkopfschleimhaut mit Behinderung der Atmung bis zur Erstickungsgefahr (bei Verletzung durch Fremdkörper oder Verätzung, Infektionskrankheiten u. a.).

**Glottolalie** →Glossolalie.

**Glotz,** Peter, dt. Publizistikwissenschaftler und Politiker (SPD), *6. 3. 1939 Eger (Böhmen); seit 1961 Mitgl. der SPD; 70–72 Geschäftsführer des Instituts für Zeitungswissenschaft der Univ. München; 70–72 Mitgl. des Bayr. Landtags; 72–77 und seit 83 MdB; 74–77 Parlamentar. Staatssekretär im Min. für Bildung und Wissenschaft; 77–81 Senator für Wissenschaft in West-Berlin; 81–87 Bundesgeschäftsführer der SPD. – *W:* Der Weg der Sozialdemokratie (1975); Die deutsche Rechte (89); Die Linke nach dem Sieg des Westens (92).

**Glotzauge** →Exophthalmus.

**Gloucester** [glɔstə], engl. Herzogstitel jüngerer königl. Prinzen.

**Gloucester** [glɔstə], Hptst. der westengl. Gft. →Gloucestershire, am unteren Severn, 90 000 E.; got. Kathedrale (11.–14. Jh.), Bischofssitz; Metall- und Holzindustrie, Getreidemühlen, Schiff-, Flugzeug-, Waggonbau. – Ab dem 7. Jh. Hptst. des angelsächs. Kgr. *Mercia*; ab 1483 selbständige Grafschaft.

# Gluck

**Gloucestershire** [glɔstəʃiə], westengl. Gft., 2638 km² und 520 000 E., Hptst. →Gloucester; Erstreckung von den →Cotswold Hills bis zur →Severn-Mündung; im N Kohle- und Erzbergbau, im S Viehzucht, Obstbau.

**Glove Box** [engl., glʌv -] *(Handschuhkasten)*, ein meist mit einer Sicherheitsglasscheibe versehener dichter Kasten, in dem sowohl bei leichtem Über- wie auch Unterdruck oder mit Schutzgasfüllung sicher mit gefährl. (radioaktiven) oder empfindl. Substanzen hantiert werden kann. Dazu sind in die Frontscheibe spez. Gummihandschuhe eingesetzt; in einer Seitenwand sind oft Schleusen zum Ein- und Ausbringen der zu bearbeitenden Materialien angebracht. Für den Umgang mit größeren Mengen radioaktiver Substanzen verwendet man die →Heiße Zelle.

**Gloverturm**, mit Bleiblech-Mantel und säurefester Mauerung ausgekleideter Turm zur Konzentrierung von →Schwefelsäure aus Röstgasen der Metallerzverhüttung.

**Gloxinie** [-niə, nach dem dt. Arzt und Botaniker *B. J. Gloxin*, † 1784] *(Sinningia)*, aus Brasilien stammende Pflanzengattung aus der Fam. der →Gesneriengewächse, mit großen Glockenblüten und feinbehaarten Blättern; →Zimmerpflanzen, in Kultur vorwiegend Hybriden.

**GLP**, Abk. für engl. →*Good Laboratory Practices*.

**Glubb** [glʌb], Sir (ab 1956) John Bagot (gen. *Glubb Pascha*), brit. Offizier, * 16. 4. 1897 Preston, † 17. 3. 1986 Mayfield; führte in Jordanien ab 1931 die ›Wüstenpatrouille‹ *(Desert Patrol)*, 39–56 die Arabische Legion.

**Głubczyce** [gwubtʃitsɛ] (dt. *Leobschütz*), Stadt im SW Polens, Woiwodschaft Opole, am Ostrand der Sudeten, 13 000 E.; landw. Verarbeitungsindustrie. Bis 1945 Krst. im ehem. Reg.-Bz. Oppeln der Prov. Oberschlesien.

**Glucagon**, ein Hormon der →Bauchspeicheldrüse, erhöht den Blutzuckerspiegel durch Abbau des →Glykogens in der Leber; Gegenspieler des →Insulins; manchmal in Insulinpräparaten enthalten; bewirkt rasch vorübergehendes Ansteigen des Blutzuckers.

**Głuchołazy** [gwuxɔwazɨ] (dt. *Ziegenhals*), Kleinstadt und Höhenluftkurort im SW Polens, Woiwodschaft Opole im Vorland des Altvatergebirges, 13 000 E.; Barockkirche (1729) mit frühgotischer Fassade; Papier-, Zellstoff-, Textilindustrie. Bis 1945 Stadt im ehem. Reg.-Bz. Oppeln der Prov. Oberschlesien.

**Glucin**, ein →Süßstoff.

**Gluck**, Christoph Willibald Ritter von (ab 1756), Komponist, * 2. 7. 1714 in Erasbach (Oberpfalz), † 15. 11. 1787 Wien; kam über Prag nach Wien, ging 1737 zur weiteren Ausbildung zu G. B. →Sammartini nach Mailand, machte sich ab 41 als Opernkomponist in Italien und London bekannt, reiste mit Operntruppen und ließ sich 52 in Wien nieder, wo er 74 zum Hofkomponisten ernannt wurde. Nachdem seine frühen Opern noch im Stil der neapolitan. Oper gehalten waren, entwickelte er in Wien zus. mit dem Textdichter Ranieri da →Calzabigi eine Art Musikdrama, sog. ›Reformopern‹. Seine Absichten – Unterordnung der Musik unter eine dramaturgisch stimmige Handlung, Verzicht auf Koloraturen, Hervorhebung des Accompagnato-Rezitativs, Einbeziehung des Chores, Na-

**Gloucestershire:** Abtei von Tewkesbury, die zu den prächtigsten normannischen Bauwerken Großbritanniens zählt.

◼ **Gloxinie:** weiteres Bild →Zimmerpflanzen

Die **Gloxinie**, eine beliebte Zimmerpflanze, bevorzugt helles, indirektes Licht.

# Glucke

Christoph Willibald Gluck

türlichkeit und Einfachheit – verwirklichte er erstmals in der 62 in Wien aufgeführten Oper ›Orfeo ed Euridice‹. 73–79 lebte G. in Paris, wo er mit seinen Reformopern, darunter auch eine frz. Fassung des ›Orfeo‹ als ›Orphée et Euridice‹ (74), besonderen Erfolg hatte und nach Zurückdrängung der von N. →Piccini repräsentierten ital. spätbarocken Oper die frz. Musik der Klassik stark beeinflußte. – WW: Opern ›Alceste‹ (1767), ›Paride ed Elena‹ (70), ›Iphigénie en Aulide‹ (74), ›Armide‹ (77), ›Iphigénie en Tauride‹ (79) und ›Echo et Narcisse‹ (79); ›Klopstocks Oden und Lieder‹; Orchesterwerke sowie Kammermusik. – Werkausgabe in 40 Bänden, hrsg. von R. Gerber u. a., Kassel 1951 ff.
**Glucke,** brütender oder Küken führender weibl. Hühnervogel.
**Glucke** *(Krause G.; Sparassis crispa)*, guter, aber seltener Speisepilz, blumenkohlähnl., bis 35 cm breit; in Nadelwäldern.
**Glucke** *(künstliche G.),* schirmartiger Wärmestrahler, in niedriger Höhe über den Küken hängend, zur Aufzucht von Jungtieren ohne Mutter.
**Glucken** *(Wollraupenspinner; Lasiocampidae),* Schmetterlingsfamilie; schwerfällige, nachts fliegende Falter mit dickem, behaartem Körper; Raupen oft mit lebhaft gefärbten Querwülsten, Puppen in lockerem Gespinst oder →Kokon. Obstbaumschädlinge sind z. B. →Ringelspinner, →Kiefernspinner und Kupfer-G. *(Gastropacha quercifolia).*
**glückhafft Schiff von Zürich, Das,** Verserzählung von J. →Fischart (1576).
**Gluckhenne,** Astronomie: →Plejaden.
**glückliche Hand, Die,** Musikdrama (Urauff.: 14. 10. 1924, Wien) von A. →Schönberg nach eigenem Text.
**Glückliche Tage** *(Happy Days),* Theaterstück von S. →Beckett; Urauff.: 1961, New York.
**Glücksburg (Ostsee),** Stadt und Ostseeheilbad im Kr. Schleswig-Flensburg, Schleswig-Holst., an der Flensburger Förde, 6000 E.; Wasserschloß (1582–87) der Herzöge von Schleswig-Holst.-Sonderburg-G.; Fremdenverkehr.
**Glückshaube,** bei Geburt eines Kindes noch unzerrissene Eihäute durch Ausbleiben des →Blasensprungs. Sofortige Öffnung der G. wegen Erstickungsgefahr notwendig. Nach dem Volksglauben sind derart geborene Kinder ›Glückskinder‹.
**Glückskäfer** →Marienkäfer.
**Glücksklee,** 1. volkstüml. Bez. für einheim. Kleearten, v. a. für Wiesenklee mit vierzähligen Blättern; 2. afrik. oder amerik., als Zimmer- oder Gartenpflanzen gezogene Arten von →Sauerklee, Blätter stets 4zählig.
**Glücksspiel** *(Hasardspiel),* Spiel, dessen Ausgang ganz oder überwiegend vom Zufall abhängt (z. B. →Bakkarat, →Roulette, →Pokern). Die öffentl. Veranstaltung von G. sowie die Teilnahme an solchen sind ohne behördl. Sondergenehmigung strafbar.
**Glückstadt,** Hafenstadt im Kr. Steinburg, Schleswig-Holst., am re. Unterelbufer, 11 000 E.; barockes Ortsbild, sternförmig vom Markt ausgehende Straßen; Museum, niederdeutsche Bühne; Schiffbau, Papier-, Farben- und Textil-Ind., Fischerei. – 1616 vom Dänenkönig Christian IV. als Festung angelegt, 1813/14 geschleift.
**Glücksverträge** *(aleatorische Verträge),* Verträge, bei denen der Zufall entscheidet, welche der Parteien einen Vorteil oder einen Nachteil hat, z. B. Spiel, Wette, Termingeschäft.
**Glucocorticoide** [griech.-lat.] Steroid-Hormone (→Corticosteroide), die an der Energieversorgung des Organismus beteiligt sind; steuern z. B. Streßbereitschaft und Schlaf-Wach-Rhythmus.
**Gluconeogenese,** bei erschöpften Kohlenhydratreserven (so v. a. in Streßsituationen) eine Neubildung von Glucose (→Traubenzucker) bzw. der Speicherform →Glykogen in der Leber aus →Aminosäuren und Milchsäure; im wesentl. handelt es sich um eine Umkehrung der →Glykolyse.

# Glühkerze

**Glücksburg (Ostsee)** mit einem der schönsten Wasserschlösser Norddeutschlands, umgeben von Schloßsee und Rüder See

**Gluconobacter,** Gattung →gramnegativer, obligat →aerober Bakterien (→Essigsäurebakterien).
**Glucose** →Traubenzucker.
**Glucose-Toleranztest,** Feststellung der Glucose-Dosis (→Traubenzucker), die der Körper toleriert, ehe es zu einem überhöhten Zuckergehalt im Blut und zu Ausscheidungen von Glucose im Harn kommt; Anwendung in der Diabetes-Diagnostik.
**Glucoside,** eine Untergruppe der →Glykoside mit Glucose als Zuckeranteil in esterartiger Bindung, z. B. in den Di- und Trisacchariden oder auch im Methylester der Glucose. Die G. können durch Enzyme, die *Glucosidasen* (z. B. Emulsin), gespalten werden.
**Glucosurie** [griech.] *(Glykosurie, Glykurie),* die Ausscheidung von →Traubenzucker im Harn, z. B. bei →Diabetes.
**Glucotest,** Bestimmung des Glucose-Anteils (→Traubenzucker) im Harn mit schnell reagierenden Teststreifen.
**Glucovanille** →Vanille.
**Glucuronsäure,** durch →Oxidation von Glucose entstehende Säure, die bei Entgiftungsreaktionen in der Leber und in der Niere von Bed. ist.
**Glue-sniffing** [engl., *glu-*], Einatmen von Klebstoff-, Leimdämpfen als ›Billigrausch‹ bei Schulkindern, →Rauschgifte.
**Glühbirne** →Glühlampe.

**glühelektrischer Effekt** *(Richardson-Effekt, Glühemission),* die →Emission von →Elektronen aus erhitztem Metall, das dann als Glühkathode bezeichnet wird; Erdalkalioxide (z. B. Bariumoxid) bewirken eine Steigerung des g. E. *(Oxidkathoden).* Verwendung u. a. in →Elektronenröhren; sie haben eine bes. geringe →Austrittsarbeit für Elektronen und ermöglichen so einen Betrieb bei niedriger Kathodentemperatur.
**Glühen,** die →Emission von →Licht durch einen erhitzten Körper; die Wellenlänge wird mit zunehmender Temperatur kürzer; bei etwa 600 °C *Dunkelrotglut, Rotglut* mit den Abstufungen Kirschrot, Hellrot und Lachsrot zw. 700 °C und 900 °C, *Gelbglut* bei 950 °C und *Weißglut* ab etwa 1200 °C; in zunehmendem Maße wird dabei →Ultraviolett (→Ausglühen) abgestrahlt.
**Glühkathode,** negativ geladene →Elektrode, die, durch eine →elektr. Heizung zum Glühen gebracht, →Elektronen aussendet (→glühelektr. Effekt). Anwendung bes. in der →Elektronenröhre.
**Glühkathodenröhre,** eine spezielle →Elektronenröhre.
**Glühkerze,** Starthilfevorrichtung, insbes. für Dieselmotor, ähnl. der →Zündkerze, jedoch mit Glühwendel, die, elektr. zum Glühen gebracht, den Verbrennungsraum vor

*Ü ist wie U ins Abc eingeordnet.*

3707

# Glühkopfmotor

**Glühlampe:** Aufbau

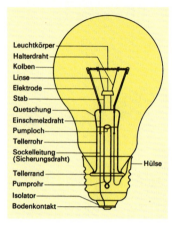

- Leuchtkörper
- Halterdraht
- Kolben
- Linse
- Elektrode
- Stab
- Quetschung
- Einschmelzdraht
- Pumploch
- Tellerrohr
- Sockelleitung (Sicherungsdraht)
- Tellerrand
- Pumprohr
- Isolator
- Bodenkontakt
- Hülse

**Glühlampe:** Aufbau einer Energiesparlampe

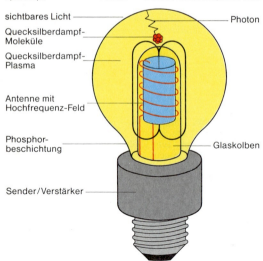

- sichtbares Licht
- Quecksilberdampf-Moleküle
- Quecksilberdampf-Plasma
- Antenne mit Hochfrequenz-Feld
- Phosphorbeschichtung
- Sender/Verstärker
- Photon
- Glaskolben

dem Start anheizt und das eingestäubte Dieselöl in der komprimierten Luft zur Zündung anregt; wird bei laufendem Motor durch Verbrennungswärme in Glut gehalten.
**Glühkopfmotor** →Glühzünder.
**Glühlampe** *(Glühbirne),* elektr. Lichtquelle, in der schwer schmelzbare Drähte u. a. von durchfließendem Strom zum Glühen und damit zur Lichtemission angeregt werden; neben der →Leuchtstofflampe die gebräuchlichste Lichtquelle. Die →Kohlefadenlampe wurde 1854 von H. →Goebel erfunden, aber erst von Th. A. →Edison 1879 zur Fertigungsreife verbessert. Heutige G. sind meist gasgefüllt und enthalten eine →Wendel aus Wolfram, die auf rd. 2500 °C erhitzt wird. (Die Spektralverteilung des Tageslichts wäre erst bei rd. 6000 °C erreicht.) Die schädl. Sauerstoffreste werden durch →Getter gebunden. Nur etwa 4% der verbrauchten Energie werden als sichtbares Licht abgestrahlt, der Rest ist Wärme. Die mittlere Brenndauer beträgt etwa 1000 Stunden.
Seit 1980 sind unter dem Namen *Energiesparlampe (E-Lampe)* G. auf dem Markt, die im Prinzip →Leuchtstofflampen darstellen, deren Entladungsstrecke jedoch in einem glühlampenähnl. Aufbau untergebracht ist. Diese G., die in normale G.-Fassungen passen, verbrauchen bei gleichem →Lichtstrom wie konventionelle G. um 75% weniger Energie und erreichen eine Brenndauer bis zu 8000 Stunden (→Beleuchtung, →Halogenlampe).
**Glühschiffchen** →chemische Laborgeräte.
**Glühstrumpf,** bei der →Gasbeleuchtung verwendeter Glühkörper aus thoriumgetränkter Gewebeasche. Er wird von einer Gasflamme zur Weißglut erhitzt, so daß er Licht aussendet. Der G. wurde 1892 von →Auer von Welsbach erfunden *(Auerstrumpf).*
**Glühwein,** Rotwein mit Zucker und Gewürzen (Zimt, Nelke) sowie Zitrone erhitzt, wird heiß getrunken.
**Glühwürmchen** →Leuchtkäfer.
**Glühzünder,** ein Kolben-Verbrennungsmotor (meist Zweitakter), in dem das →Gemisch (Petroleum- oder Alkoholdämpfe) durch Kompression und glühende Metallteile (→Glühkerze), die durch bei Verbrennungswärme in Rotglut gehalten werden, gezündet wird; heute vorwiegend bei Klein- und Kleinstmotoren (bis 0,16 cm$^3$ Hubraum und 30000 U/min) für →Flugmodelle und Modellfahrzeuge, vereinzelt langsam laufende G. als *Glühkopfmotoren* für Betrieb mit billigen Ölen in landw. Fahrzeugen.

# Glykolyse

**Glukagon** →Glucagon.
**Glukose** →Traubenzucker.
**Gluonen,** die Vermittler der starken →Wechselwirkung.
**Glurns** (ital. *Glorenza*), kleinste Stadt in Südtirol, im Oberen →Vinschgau, 800 E.; Laubengassen; komplett erhaltene Stadtmauer.
**Gluskap** *(Kluskave)*, indian. Kulturheros bei den →Algonkin.
**Glutamate** →Glutaminsäure.
**Glutamin** →Aminosäuren.
**Glutaminsäure** [lat.], eine →Aminosäure; Bestandteil vieler →Proteine, kommt z.B. in keimenden Pflanzensamen vor. G. ist im Stoffwechsel wichtig als Überträger der Amidgruppe ($-NH_2$), damit auch zur Entgiftung (Ausscheidung des Ammoniaks); wahrsch. ist die G. auch am Gehirnstoffwechsel beteiligt; sie wird daher zur Erhöhung der geistigen Leistungsfähigkeit angeboten. *Glutamat* (eigtl. Natriumglutamat, das Natriumsalz der G.) bringt den Geschmack vieler Speisen besser zur Geltung.
**Glutathion** [griech.] *das*, ein aus den Aminosäuren - →Glutaminsäure, →Cystein und →Glykokoll gebildetes →Peptid; in allen Körperzellen vorkommend, Funktion als Co-Enzym.
**Gluten** →Kleber.
**Glutin** →Gelatine.
**Glutinanten** →Nesseltiere.
**Glutinleim,** aus vorwiegend organ. Stoffen bestehender →Klebstoff mit Eiweiß als wirksamem Bestandteil (→Chromleim).
**Glyceria,** Süßgras: →Schwaden.
**Glyceride** →Fette und fette Öle.
**Glycerin** [griech.] *(Glyzerin)*, dreiwertiger →Alkohol, chem. Formel $CH_2OH$–$CHOH$–$CH_2OH$, 1779 von C.W. →Scheele entdeckt; farblose, klare, hygroskop., ölige Flüssigkeit von süßl. Geschmack. G. läßt sich mit Wasser und Alkohol verdünnen, siedet bei 290 °C, bildet unter 0 °C durchsichtige rhomb. Kristalle; Schmelzpunkt 18,2 °C, Dichte 1,261 g/cm³. G. wird entweder durch Verseifung von Fetten od. synthet. aus Propylen gewonnen; es findet u. a. Verwendung als Lösungsmittel, zur Herst. von Nitroglycerin, zum Feuchthalten von Hautcreme, Zahnpasta, Stempelfarbe, Klebstoff, für Haarwasser, zur Synthese von Farb- und Kunststoffen (z.B. →Zellglas, →Alkydharze), als →Weichmacher, →Gefrierschutzmittel, zur →Fettsynthese und für Transparentseifen.
**Glycerintrinitrat,** fachsprachlich für →Nitroglycerin.
**Glycin,** 1. →Glykokoll; 2. Name eines photograph. Entwicklers (p-Hydroxyphenylglycin).
**Glycyphagus** →Vorratsmilben.
**Glycyrrhizin** →Süßholz.
**Glykocholie** [griech.], Auftreten von Zucker in der Gallenflüssigkeit.
**Glykogen** [griech.] *(Leberstärke)*, ein stärkeähnl. tier. Kohlenhydrat (im Ggs. zu →Stärke wasserlösl.), das als Energiereserve in Leber und Muskeln gespeichert wird. Bis zu 20% des →Traubenzuckers im Blut werden unter dem Einfluß von →Enzymen zu G. umgewandelt (→Insulin, →Adrenalin).
**Glykogenose** →Gierke-Krankheit.
**Glykokoll** [griech.] *das*, *(Aminoessigsäure, Glycin)*, eine →Aminosäure, in vielen →Proteinen enthalten, bes. reichl. in →Kollagenen. Die Niere bindet beim Stoffwechsel als Abbauprodukt entstehende →Benzoesäure an G. (→Hippursäure) zur Ausscheidung im Harn.
**Glykol** [griech.] *(Ethylenglykol)*, $CH_2OH$–$CH_2OH$, zweiwertiger Alkohol; giftige, süß schmeckende ölige Flüssigkeit, in Wasser und Alkohol leicht löslich, dient als Glycerinersatz (→Dynamit), →Gefrierschutzmittel und zur →Desinfektion von Krankenhäusern, Schulen u. a. Die großtechn. Herstellung von G. erfolgt aus →Ethylenoxid.
**Glykolaldehyd** →Biosen.
**Glykolipide** *(Glykolipoide)*, Bestandteile von Zellmembranen, die aus Zuckern und lipophilen Gruppen (z.B. Fettsäuren) aufgebaut sind. G. kommen v. a. im Gehirn, in geringen Mengen in der Leber u. a. Geweben vor.
**Glykolyse** [griech.] *(Embden-Meyerhof-Abbau)*, ein Teilvorgang des Zellstoffwechsels, bei dem Kohlenhydrate (→Traubenzucker, →Glykogen) ohne Aufnahme von Sauerstoff über rd. zehn Zwischenstufen

**Glühlampe:** Eine der ersten von Edison entwickelten Glühlampen aus dem Jahr 1879; als Wendel diente eine verkohlte Bambusfaser mit einer Lichtausbeute von vier Lumen je Watt (heutige Lampen: 14 Lumen).

3709

## Glykoneus

in Milchsäure überführt werden und dabei (relativ wenig) chem. Energie liefern. Alle Zellen sind zur G. befähigt; bei genügender Sauerstoffzufuhr wird aber meist die Vorstufe der Milchsäure, die →Brenztraubensäure, vollständig zu Wasser und Kohlendioxid abgebaut (hoher Energiegewinn). Manche Tumoren bilden Milchsäure auch bei reichl. Sauerstoffangebot (O. →Warburgs Hypothese der Krebsentstehung durch Schädigung der Zellatmung).

**Glykoneus** [griech.-lat.], 8silbiger Vers der äolischen Lyrik (→Äoler), nach dem Dichter *Glykon* benannt (Schema: ⌣⌣ – ⌣⌣ – ⌣ –).

**Glykoproteine** *(Glykoproteide)*, →Proteine, die eine Zuckerkomponente enthalten. G. sind sehr weit verbreitet, in Blut, Speichel, allen schleimartigen Substanzen. Die Spezifität der →Blutgruppen beruht auf den Enden der Zuckerketten in den G. der roten Blutkörperchen. Ihre Reaktion mit bestimmten →Globulinen (Isoagglutinine) führt zur →Hämolyse.

**Glykose,** heute ungebräuchl. Bez. für →Traubenzucker.

**Glykoside** [griech.], esterartige Verbindungen von Zuckern mit →Alkoholen, →Phenolen, organ. Säuren, →Aldehyden, →Steroiden usw., meist fest, kristallisierend und nicht flüchtig, teils in Wasser schwer oder nicht löslich. G. kommen in Pflanzen vor, auch in niederen Tieren, z. B. Insekten; einige sind Farbstoffe (z. B. →Anthocyane), →Gerbstoffe oder pharmakolog. wirksame Stoffe (z. B. Digitalisglykosid des →Fingerhuts, →Strophanthin).

**Glykosurie** →Glucosurie.

**Glyndebourne** [glaɪndbɔːn], Landgut in der Nähe von Lewes (Sussex, Südengland) mit einem vom Besitzer John Christie errichteten Privattheater; im Sommer Opernfestspiele: *G. Festival,* begr. 1934 durch C. →Ebert und F. →Busch, später geleitet von Th. →Beecham, C. →Davis u. a.

**Glyoxisomen,** zu den →Zytosomen gehörende Organellen, die →Katalase sowie Enzyme des Glyoxalat-Zyklus (ein Nebenweg des →Zitronensäure-Zyklus) enthalten; bes. zahlr. in den Zellen fettfreier Samen; dienen zur Umwandlung von Reservestoffen in →Kohlehydrate.

**Glyoxylsäurezyklus,** ein in Mikroorganismen und in Pflanzen vorkommender Stoffwechselweg, der die Möglichkeit bietet, Fette in Kohlenhydrate umzuwandeln.

**Glyptik** [griech.] *die,* Steinschneidekunst; *Glypte,* geschnittener Stein (z. B. →Gemme), Skulptur.

**Glyptocephalus** →Rotzunge.

**Glyptodon** →Gürteltiere.

**Glyptothek** [griech.], urspr. eine Sammlung geschnittener Steine; später für Sammlungen antiker Skulpturen: G. in München, 1816 bis 30 von →Klenze erbaut, Ny-Carlsberg-G. in Kopenhagen.

**Glysantin**®, ein →Gefrierschutzmittel.

**Glyzine** [griech.] *(Glyzinie; Wisteria sinensis),* ostasiat. →Schmetterlingsblütler; rasch wachsender Kletterstrauch mit duftenden blauen oder weißen Blüten in hängenden Trauben; wärmeliebende Zierpflanze an Häusern.

**GmbH,** Abk. für G*esellschaft* m*it* b*eschränkter* H*aftung.*

**GmbH & Co. KG,** Kommanditgesellschaft, bei der eine GmbH als vollhaftender Gesellschafter (Komplementär) fungiert; deren Geschäftsanteile liegen meist wiederum in den Händen der Kom-

**Hermann Gmeiner** auf Besuch im SOS-Kinderdorf Dakar (Senegal)

manditisten, also der nur mit ihrer Einlage Haftenden. Ihr Zweck als Rechtskonstruktion liegt in der Beschränkung der Haftung und der Erzielung steuerlicher Vorteile; die Gewinne der Kommanditisten werden nämlich nur der Einkommensteuer, nicht aber der Körperschaftsteuer unterworfen.

**GMD, 1)** Abk. für →*Gesellschaft für Mathematik und Datenverarbeitung mbH.* **2)** Abk. für →*Generalmusikdirektor.*

**Gmeiner,** Hermann, österr. Sozialpädagoge, *23.6.1919 in Alberschwende (Vorarlberg), †26.4.1986 Innsbruck; gründete 1949 das erste SOS-Kinderdorf, 1979 bestanden 168 (→ Kinderdorf).

**Gmelin,** Johann Georg, Naturforscher, *10.8.1709 in Tübingen, †20.5.1755 ebenda; bereiste als Teilnehmer der 2. Expedition von V. → Bering neuneinhalb Jahre lang Sibirien, wo er insbes. die Pflanzenwelt erforschte. Hauptwerk: ›Flora sibirica‹ (1747–69).

**Gmelin,** Leopold, Chemiker, *2.8.1788 Göttingen, †13.4.1853 Heidelberg; entdeckte zahlr. chem. Verbindungen, darunter den → Gallenfarbstoff *Bilirubin,* für dessen Nachweis er das G.-Reagenz entwickelte (verdünnte Salpetersäure mit einigen Tropfen rauchender Salpetersäure). Begr. des ›Handbuchs der anorgan. Chemie‹ (größtes diesbezügl. Sammelwerk der Welt), das am G.-Institut (in der Max-Planck-Ges.) neu bearbeitet wird; Forschungsarbeiten auch über die Verdauung.

**GMS** (engl., *Geostationary Meteorological Satellite*), jap. → geostationärer Wettersatellit, als Glied des weltumspannenden meteorolog. Satellitensystems in 36 000 km Höhe über dem äquatornahen Westpazifik positioniert.

**GMT** (Abk. für engl. *Greenwich Mean Time*), die Ortszeit und → Zonenzeit des → Nullmeridians von → Greenwich.

**Gmünd,** Bezirksstadt in Niederösterr. mit 6500 E.; Schloß (12. Jh.), Pfarrkirche, Glas- und Steinmuseum; Textil- und Lebensmittelindustrie; nahebei der Naturpark

Blockheide G.-Eibenstein. Ein Teil der Stadt fiel durch die Grenzziehung nach dem I. Weltkrieg an die ČSSR.

**Gmunden,** Bezirksstadt und Fremdenverkehrsort am → Traunsee im oberösterreich. Salzkammergut, 13 000 E.; Schlösser Orth und Cumberland; rege Ind. (Holz, Keramik, Schuhe, Textilien, Zement).

**Gmundener See** → Traunsee.

**Gnade** [ahd. ganada ›Wohlwollen‹] (griech. *charis,* lat. *gratia*), in vielen Relig. die göttl. Hilfe für den zu erlösenden Menschen. Das Hauptproblem, ob die G. ohne Bedingung gegeben werde oder aber an die Erfüllung der göttl. Gebote gebunden sei, wird versch. beantwortet. Im → Hinduismus findet sich die eine wie die andere Antwort. Im → Islam wird die im Koran oft genannte G. Allahs durch eine → Prädestination eingeschränkt. Der urspr. → Buddhismus kennt den Begriff der G. nicht, wohl aber die spätere Lehre von → Amida, bes. in ihrer jap. Ausprägung. Das A.T. spricht oft von G. und kennt sogar mehrere Wörter dafür. Der Begriff wird eng im Zusammenhang von Gottes Gerechtigkeit gebraucht. Im → Christentum ist G. Zentralbegriff für das Verhältnis des Menschen zu Gott, wird jedoch seit dem 4. Jh. versch. interpretiert. Während im Osten die G. mit dem göttl. Wesen entströmenden, den Menschen vergottenden Energien Gottes gleichge-

**Gmunden:** Rathaus (1659 erbaut, 1926 erneuert) mit Keramikglockenspiel

**Leopold Gmelin**

# Gnadenbilder

**Gnadenbilder:** Am 14. Juni 1738 sollen aus dem Gesicht einer Holzplastik des gegeißelten Christus im Wieshof bei Steingaden Tränen geflossen sein. Bald darauf setzten Wallfahrten zu diesem Bildnis ein, das beim Bau der Wieskirche (1746–54) als Gnadenbild zum Kernstück des Hochaltars wurde.

setzt wird (→Gregor Palamas), steht in der abendländ. Theol. seit →Augustinus und Pelagius die Frage nach Möglichkeit und Grad des Zusammenwirkens von G. und menschl. Willen im Vordergrund, in der Reformationszeit wieder einer der Hauptdiskussionspunkte.

**Gnadenbilder,** in der Volksfrömmigkeit Gemälde oder Plastiken mit der Darstellung heiliger Personen oder Dinge, von deren Verehrung Heilungen und Wunder erwartet werden, häufig Christus-, Marien- oder Heiligenbilder, meist in die Altäre von Wallfahrtskirchen und -kapellen integriert, die eigens für die G. errichtet wurden (z. B. Altötting, Tschenstochau). Der christl. G.-Kult, bei dem die metaphysische Anwesenheit des Dargestellten im Bild angenommen wird, hat antike Vorläufer im griech. Kult um den Gott →Äskulap, in der christl. Antike in der Verehrung von Märtyrergräbern. Mit dem byzantin. Wunderglauben an nicht von Menschenhand stammende Ikonen (→Acheropita) wurden die byzantin. Bildtypen und die Verehrung solcher Bilder als G. auch in der röm.-kath. Welt populär.

**Gnadenbrot,** Versorgung im Alter aus Dankbarkeit für frühere Dienste; auch das Weiterversorgen von Tieren bis zu ihrem natürl. Ende.

**Gnadenhochzeit,** 70. Hochzeitstag.

**Gnadenpfennige,** Tragmedaillans, an einer Kette um den Hals getragen; im 16. und 17. Jh. von Fürsten, vielfach mit ihrem Porträt, an Hofleute und Günstlinge für Verdienste verliehen; Vorläufer der Verdienstmedaillen.

**Gnadenstreit,** Bez. für die Kontroverse nach dem Konzil in Trient über das Verhältnis von göttl. Gnadenwirksamkeit und menschl. Freiheit. Die versch. Antworten liegen in den Gnadensystemen des →Molinismus und des Banezianismus vor. Das kirchl. Lehramt verbot 1607, die Rechtgläubigkeit der gegenseitigen Ansicht zu bestreiten.

**Gnadenstuhl,** Darstellung der →Dreieinigkeit: Gottvater hält das Kreuz mit dem toten Christus im Schoß, darüber schwebt die Taube. Das Motiv wurde in der Malerei seit dem 12. Jh. verwendet.

**Gnagi,** schweiz. für Schweinsknochen zum Abnagen (als kalte Speise).

**Gnägi,** Rudolf, schweiz. Politiker, *3.8.1917 Schwadernau, †20.4.1985 Bern; 1966–79 Bundesrat (66–68 Verkehrs- und Energiewirtschaftsdepartement, 68–79 Militärdepartement); 76 Bundespräsident.

**Gnaphalium** →Ruhrkraut.

**Gnaphäus,** Guilelmus (eigtl. Willem de Volder), niederl. Humanist, *1493 Den Haag, †29.9.1568 Norden (Ostfriesland); als Anhänger →Luthers verfolgt; schuf mit dem neulat. ›Acolastus‹ (1529) nach Vorbildern des →Plautus und →Terenz das erste bibl. Schuldrama; auch volkssprachl. Streitgespräche über theol. Themen.

**Gnathologie** [griech.], Lehre von der umfassenden Betrachtungsweise der Funktionen des gesamten Kauorgans.

**Gnathotom** [griech.], *Medizin:* Instrument zur Durchtrennung des Unterkieferkörpers.